THE NIV APPLICATION COMMENTARY

NIV 적용주석

게리 버지 ● 요한복음

솔로몬

NIV 적용주석 시리즈 – 요한복음

2015년 12월 15일 초판 3쇄 발행

지은이 | 게리 버지
옮긴이 | 김병국
펴낸이 | 박영호
펴낸곳 | 도서출판 솔로몬

주소 | 서울시 동작구 사당로 155 신주빌딩 B1
전화 | 599-1482
팩스 | 592-2104
직영서점 | 596-5225

등록일 | 1990년 7월 31일
등록번호 | 제 16-24호

ISBN 978-89-8255-460-5 94230
ISBN 978-89-8255-449-0(세트)

THE NIV APPLICATION COMMENTARY

GARY M. BURGE

NIV JOHN

From biblical text... to contemporary life

이 시리즈는 성경의 영원한 메시지를 이 시대에 말하기를 추구하는 목사와 교사들을 위한 필수적인 도구가 될 것을 약속한다.

—빌리 그래함

NIV 적용주석 시리즈는 내가 바라는 사역의 열정과 동일한 목표—하나님의 말씀의 온전한 영향을 느낄 수 있도록, 메시지를 현대의 청중들에게 전하는 것—를 공유하고 있다.

—빌 하이벨스, 윌로우 크릭 교회

NIV 적용주석은 '하나님의 말씀을 행하는 자들'을 양육하는 데 헌신하고 있는 목사와 여타 사람들을 위한 탁월한 자료다.

—릭 워렌, 새들백 교회

이 주석 시리즈는 진부하지 않다. 그것은 새로운 시대의 신선함으로, 친구의 포옹처럼 직접적으로 들려지고 전달될 수 있도록, 오래된 강력한 하나님의 말씀을 현재로 가져오는 일을 제대로 해내고 있다.

—유진 피터슨, 리젠트 대학

해석의 실타래에서 제대로 된 적용을 얻기 원한다면, NIV 적용주석은 바로 당신을 위한 것이다! 이 시리즈는 원 의미와 현대적 의미에서 탁월하다. 나는 이 주석을 전적으로(100%) 추천한다

—하워드 핸드릭슨, 달라스 신학교

NIV 적용주석 시리즈는 이전에 학자들이 다루지 않았던 것을 과감하게 다룬다—목사와 교사들이 매일 직면하는 성경적 적용의 실제적 세계로 나아간다. 이것이 바로 좋은 주석 시리즈가 가져야 하는 모든 것이다.

—레잇 앤더슨, 우드데일 교회 목사

이것은 21세기의 설교 주석이다.

—조지 브루사바르, 베델 대학의 신학교 총장

성경의 세계에서 도시 중심가로 적절히 순회하는 주석이 드디어 나왔다.

—켄트 휴 박사, 일리노이주 휘튼 대학교회 목사

NIV 적용주석은 성경이 무엇을 의미하고, 그것을 어떻게 적용해야 하는지, 또 어떻게 반응해야 하는지를 알기 원하는 독자들에게 크게 봉사한다.

—스튜어트 브리스코, 엘름브룩 교회 목사

NIV 적용주석 시리즈는 하나님의 말씀을 설교하고 가르치는 모든 이들에게 매우 탁월한 도움이 될 것을 약속한다.

—J. I. 패커, 리젠트 대학

NIV 적용주석은 NIV 성경에 기반한 철저하고 권위 있는 주석의 긴급한 필요를 충족시킨다. 이 시리즈를 모든 복음주의 공동체의 도서관과 서재에서 곧 발견하게 될 것이다.

—제임스 케네디 박사, 코랄 리지 장로교회 담임목사

차례

시리즈 서문

NIV 적용주석 시리즈는 독특하다. 대부분의 주석들은 우리들이 사는 이 세상에서 성경의 세계로 거슬러 올라가는 여행을 한다. 이 주석들은 우리를 성경의 세계와 분리시키는 시간, 문화, 언어 그리고 지형의 장벽을 넘어설 수 있게 한다. 하지만 그것들은 과거로의 편도 티켓만을 제공할 뿐이고, 돌아오는 여행은 우리들이 알아서 할 수 있다고 가정한다. 이런 주석들이 성경의 각 권이나 구절의 '원 의미' 를 설명하지만 '현대적 의미' 를 탐구하는 데는 우리에게 거의 아무런 도움을 주지 못한다. 이런 주석들이 제공하는 정보가 가치가 있기는 하지만, 단지 절반의 임무를 다하고 있을 뿐이다.

최근에 몇몇 주석들이 다소 현대적인 적용을 주석의 목표 중 하나로 포함시켰다. 하지만 그 적용이 자주 피상적이며 도덕적인 데서 그치고 있다. 또 다른 주석집들은 주석이라기보다는 인쇄된 설교처럼 들린다.

NIV 적용주석 시리즈의 주된 목표는 고대의 메시지를 현대의 정황으로 가져오는 어려우면서도 중요한 임무를 가지고서 여러분을 돕는 것이다. 이 시리즈가 완성된 하나의 책으로서 적용에 초점을 맞추지만 저자들은 성경 구절의 원 의미에서 현대적 의미로 나아가는 '과정' 을 통해서 독자들이 스스로 생각할 수 있도록 돕는다. 본 시리즈는 주석서이지 대중적인 강해서는 아니다. 이것은 참고서적이지 경건 서적은 아니다.

본 주석은 '원 의미', '상황잇기' 그리고 '현대적 의미' 라는 세 항목으로 시리즈의 목표를 이룰 수 있도록 구성되었다.

원 의미

이 항목은 원래의 배경에서 성경의 의미를 이해하도록 돕는다. 여기서는 간결한 형태로 전통적인 주해의 모든 요소들을 논한다. 성경 본문의 역사적, 문학적, 문화적 배경들이 여기에 포함된다. 주석 시리즈의 저자들은 문법과 구문론 그리고 성경 단어들의 의미와 관련한 문제들을 논한다. 시리즈 저자들은 성경구절들의 주요한 개념들을 탐구하고, 성경의 저자들이 이 개념을 어떻게 발전시키는가를 연구한다.

이 항목을 읽고 나면 '원 청중'이 갖고 있었던 문제와 의문, 그리고 관심을 이해하게 되고, 성경의 저자들이 어떻게 이런 이슈들에 대처했는지를 알게 될 것이다. 이런 이해가 오늘날 성경 본문의 합법적인 적용을 행할 수 있는 기초를 제공해준다.

상황잇기

이 항목은 성경의 세계와 오늘날의 세계를 잇는 다리를 놓는다. 즉 성경 본문의 시간적인 측면과 초시간적 측면에 초점을 맞춤으로써 원래의 배경과 현대의 배경을 서로 연결시켜 준다.

하나님의 말씀은 시간적이다. 성경의 저자들은 구체적인 상황과 문제 그리고 질문들에 대해 이야기하였다. 여호수아의 저자는 진노하시는 전사이신 하나님의 손에 난공불락의 도성으로 보였던 여리고의 함락을 이야기함으로써 원 독자들의 용기를 북돋아 주었다(수 6장). 바울은 할례의 결과에 대해서 그리고 율법으로 의롭다함을 얻으려는 위험성을 갈라디아인들에게 경고하였다(갈 5:2-5). 히브리서의 저자는 그리스도가 모세, 아론계열의 제사장들, 그리고 구약성경의 희생제사보다도 우월하시다는 것을 독자들에게 확증하려고 애썼다. 요한은 초기 영지주의의 형태를 가르쳤던 자들의 "영을 시험해 볼" 것을 독자들에게 촉구했다(요일 4:1-6). 이와 같은 경우에 성경의 시간적인 본질이 추상적이 아니라 '구체적'인 상황에서 우리로 하여금 하나님의 말씀을 들을 수 있게 해준다.

하지만 성경의 시간적인 본질은 몇 가지 문제를 낳을 수 있다. 지금 우리의 상황과 난제와 의문들이 성경의 사람들이 직면했던 것들과 항상 직접적으로 연관이 있을 수는 없다. 따라서 성경 시대의 사람들에게 주어진 하나님의 말씀이 항상 우리와 연관이 있어 보이지는 않는다. 예를 들어, 할례가 칭의의 필수적인 요소라고 주장하면서 지금 당신보고 할례를 받으라고 언제 누가 그렇게 주장하였던가? 그리스도가 아론계열의 제사장보다 우월하다는 것에 오늘날 얼마나 많은 사람들이 관심을 쏟고 있는가? 초기 영지주의를 드러내도록 의도된 "실험"이 현대 문화에서 얼마나 가치가 있겠는가?

다행히도 성경은 시간적일 뿐만 아니라 '초시간적'이다. 하나님이 원 청중들에게 말씀하셨던 것처럼 성경 말씀을 통해서 지금 우리에게도 여전히 말씀하신다.

우리는 성경의 사람들과 공통된 인간성을 공유하고 있기 때문에 성경 시대의 사람들이 직면했던 문제들과 하나님이 그들에게 주셨던 해결책 속에서 '보편적인 특징'을 발견한다. 성경의 초시간적인 본질이 모든 문화의 모든 시간에 능력으로 말씀한다.

성경이 시간적이면서도 초시간적인 측면을 갖고 있음을 인식하지 못하는 사람들은 여러 가지 문제에 직면할 수 있다. 예를 들어, 히브리서와 갈라디아서 또는 신명기와 같은 시간적인 성경책으로 인해 지루함을 느낀 사람들은 오늘날 그런 책들이 의미 없어 보이기 때문에 다시는 그것을 읽지 않으려고 할 수 있다. 한편으로 성경의 초시간적인 본질을 확신하고 있지만 시간적인 요소를 분별하지 못하는 사람들은 멜기세덱의 반차를 좇은 제사장에 대해서 "열변을 토하지만" 청중들은 잠을 자고 있고, 설상가상으로 구약성경의 거룩한 전쟁을 오늘날의 하나님의 대적자들에게 물리적인 방식으로 적용하려고 시도할 것이다.

따라서 이 항목의 목적은 성경의 시간적인 본문에서 무엇이 초시간적인지(또는 무엇이 초시간적이 아닌지)를 여러분들이 식별하도록 돕는데 있다. 예를 들어, 구약의 거룩한 전쟁(성전, 聖戰)은 신약의 영적인 전쟁과 어떻게 관련이 있는가? 바울의 주요한 관심이 (그가 갈 5:6에서 말하고 있는 것처럼) 할례가 아니라면, 그는 무엇에 관심이 있는가? 아론계의 제자장직이나 멜기세덱에 대한 논의가 오늘날 우리와 관련이 없어 보인다면, 오늘날 이 구절에 담겨진 가치는 무엇인가? 1세기의 특정 이단을 분별하기 위해 맞추어진 실험으로 오늘날의 "영을 검증"하려면, 어떤 성경적 검증이 더 적합할 것인가?

하지만 이 항목은 성경 본문에서 어떤 것이 초시간적인지를 밝힐 뿐 아니라 초시간적인 것을 발견하는 방법을 알 수 있도록 돕는다. 주석 시리즈의 저자들은 본문에 함축되어 있는 것들을 명시적으로 밝힌다. 그들은 통상적으로 직관적인 과정을 취하여 논리적이고 정리된 방식으로 그것을 설명한다. 할례가 바울의 주요한 관심사가 아님을 우리는 어떻게 알 수 있는가? 성경 원문이나 배경의 어떤 단서가 바울의 진정한 관심이 더 깊은 차원에 속한 것임을 깨닫게 하는가?

물론 우리들과 원 독자들간의 역사적인 거리가 상당히 있는 구절들은 더 많은 취급을 요할 것이다. 하지만 역사적인 거리가 그리 길지 않거나 겉으로 보기에 거의 존재하지는 않는 구절들은 덜 주의를 기울여도 될 것이다.

마지막으로 덧붙여 말하고 싶은 것은 이 항목이 성경 본문의 '현대적 의미'를 논의하기 위한 방식을 준비하고 있기 때문에 이 항목과 뒤이어지는 '현대적 의미'

항목간에는 분명한 단절이나 예리한 구분은 주어지지 않는다. 하지만 두 항목들을 종합해서 읽을 때, 여러분들은 성경의 세계에서 오늘의 세계로 이동하는 강력한 감정을 체험하게 될 것이다.

현대적 의미

이 항목은 성경이 처음 작성되었을 때에 그러했던 것처럼 오늘날에도 성경의 메시지가 권능으로 역사하도록 만들어 준다. 당신이 예루살렘, 에베소, 또는 고린도에 대해 배운 것을 시카고, 로스앤젤레스, 또는 런던에서 오늘날 필요한 것들에 어떻게 적용할 수 있는가? 본래 헬라어, 히브리어, 아람어로 전해진 메시지를 우리 자신의 언어로 어떻게 명료하게 전달할 수 있는가? 본래 다른 시대와 문화에 전해진 영원한 진리를 취하여, 유사하지만 다른 필요를 갖고 있는 문화의 사람들에게 어떻게 적용할 수 있는가?

이런 목표를 이루기 위해서 이 항목은 몇 가지 핵심적인 영역에서 도움을 준다.

(1) 이 항목은 원 청중들이 직면했던 상황과 문제 또는 의문들에 상응하는 현대적인 문제들을 식별하도록 돕는다. 현대의 상황이 원 청중들이 직면했던 상황과 좀처럼 일치하지 않기 때문에, 당신의 적용이 연관성이 있으려면 유추적인 상황들을 찾아야 한다.

(2) 이 항목은 성경 본문을 오늘날 적용할 수 있는 다양한 배경들을 탐구한다. 개인적인 적용을 살피기도 하지만, 개인적인 관심을 넘어서서 대체로 사회와 문화에 대해 생각하도록 고무시킨다.

(3) 이 항목은 성경본문을 적용하는 데서 발생할 수 있는 문제나 난관들을 환기시킨다. 그리고 어떤 본문이 적용할 수 있는 다양한 합리적 방식들이 있다면 (즉, 기독교인들이 서로 일치하지 않는 영역이 있다면), 본 시리즈의 저자들은 독자들이 이런 다양한 견해들에 관심을 갖고, 스스로 이런 이슈들에 참여하도록 돕는다.

이런 목표를 추구하는 본 시리즈의 기고자들은 두 가지 극단을 피하였다. 하나는 이 주석이 얼마 지나지 않아 구식이 되지 않도록 너무 구체적인 적용을 피하는 것이고, 다른 하나는 현대인의 삶과 문화와 연관짓지 못하는 아주 일반적인 방식으로 성경 본문의 의미를 논하는 것을 삼가는 것이다.

무엇보다도, 본 주석 시리즈의 기고자들은 이 주석이 도덕책이나 설교집이 되지 않도록 상당한 노력을 기울였다. NIV 적용 주석 시리즈는 바로 써먹을 수 있는 설교 자료집을 제공하려 했다기보다는 당신이 하나님의 말씀을 능력으로 전달할 수 있도록 돕는 도구, 개념, 그리고 통찰을 제공하려 했다. 당신으로 하여금 이 목표를 이룰 수만 있게 한다면, 우리는 이 시리즈의 목적을 이룬 셈이다.

편집자 서문

어떤 면에 있어서 요한복음은 복음서와 서신서의 역할을 모두 수행한다. 요한복음은 복음서로서 예수에 대해, 성부 하나님의 계시자이자 모든 인간에게 구원을 제공해 주는 분으로서의 그의 역할에 대해 이야기한다. 그리고 요한복음은 서신서로서 그리스도를 믿는 삶이 유대교와 영지주의의 삶과 어떻게 달랐는지를 보여줌을 통해 1세기의 기독교인들이 자신들이 선택한 삶 속에서 용기를 갖도록 그들을 격려했다. (그리고 요한복음은 오늘날의 우리도 격려해 주고 있다.) 요한복음은 예수와 세례요한과의 관계를 제대로 이해하지 못하고 있던 몇몇 세례요한 추종자들의 생각을 수정해 주었다. 게리 버지(Gary Burge)의 이 훌륭한 주석이 보여주고 있듯이, 요한복음은 예수의 삶의 이야기를 들려주며, 예수를 알았던 자들과 그분에 대해 들었던 자들에게 있어서 그의 삶이 무슨 의미를 지녔었는지를 가르쳐 준다.

이런 이중적인 목적은 요한의 책이 강조하고 있는 것들 중 하나를 밝히는 데 있어서 특히 도움이 된다. 그것은 기독론이다. 기독론은 그리스도의 인격과 사역을 연구하는 교리이다. 말할 필요도 없이 요한의 시대에는 "기독론"이 "교리"가 아니었다. 예수가 그들 가운데로 오셨다. 예수는 갈릴리와 예루살렘 주변에서 공개적으로 표적들을 행하셨다. 그것들은 사람들에 대한 하나님의 구속계획을 계시해 주었다. 예수는 자신을 따르기로 결심한 자들을 가르치셨다. 그리고 그들은 예수가 저항에 직면했을 때, 또 십자가에 못 박히셨을 때 그와 함께 있었다. 그분은 죽음에서 부활했다. 그러나 기적적인 표적들과 명백한 교훈들, 그리고 부활에도 불구하고 (이것들을 원자료로 하여 기독론이 형성되었다.) 교회가 예수의 성육신에 관해—즉, 예수의 인성과 신성에 관해—어떤 일반적 동의에 다다르는 데는 수백 년의 세월이 걸렸다. 여러 면에 있어서 요한복음은 그의 성육신한 본성에 대해 다루고 있는 첫 번째 책이다.

그렇다면 요한복음이 그런 어려운 교리가 자칫 빠질 수 있는 잘못된 강조점들을 지원하기 위해 오용되어 왔다는 것은 별로 놀랄 일이 아니다.—요한복음은 아직도 예수가 누구였는가에 대한 잘못된 인상을 지지하기 위해 사용되고 있다. 요한복음은 오늘날에도 유용하다. 왜냐하면 이 책은 예수가 누구였는지에 대해 들려주면서 21세기의 세계가 공통적으로 필요로 하는 영적 필요들을 너무나 분명하게 일깨워 주고 있기 때문이다.

예를 들자면, 그 필요들 중 하나는 예수가 참으로 하나님의 아들이었는가를 확인하는 일이다. 우리의 믿음은 그것에 근거하고 있다. 비록 어떤 이들은 순수한 인간 예수 속에서 그의 정체성을 더 잘 찾을 수 있을 것이라고 주장하지만 그런 가르침의 결과는—인간예수교(Jesusianity)라고 불리는—상당히 다른 모습의 종교가 될 것이다. 그런 종교는 하나님에 대한 우리의 필요를 결코 충족시키지 못할 것이다. 예수의 인성을 무시한다면 그리스도의 신성이 과도하게 강조될 수 있는 것이 사실이다. 어떤 초기 기독교인들은 바로 그런 일을 했다. 그들은 그리스도가 오직 신적인 존재일 뿐이며 그의 육체적인 몸은 단지 허상에 불과했다고 주장했다. 그러나 (종종 양자론[養子論, adoptionism]이라 불리는) 그 입장은 요한복음에 등장하는, 균형을 잡아 주고 있는 두 번째 가르침, 즉 그리스도의 인성에 관한 가르침을 간과하고 있다. 우리는 인간과 동일시할 수 있는 예수를 필요로 한다. 그러나 그런 예수는 자신의 성품의 일부로서 또한 하나님의 능력을 가지고 있을 때에만 우리를 도울 수 있다. 예수 그리스도는 인성과 신성을 모두 가져야 한다.

우리를 돕는 예수의 능력은 또한 요한복음의 다른 가르침을 통해 드러난다. 그것은 성령의 능력에 대한 가르침이다. 요한복음의 저자는 예수가 성령에 충만했으며, 그가 지상을 떠났을 때 그 성령의 능력이 우리와 함께 머물렀고, 우리로 하여금 하나님께 도달할 수 있도록 하기 위해 성령이 우리 곁에 계시다는 점을 분명히 밝히고 있다.

오늘날 올바른 기독론은 이 모든 요소들을 필요로 한다. 우리를 구속하시는 인간으로서의 그리스도, 하나님의 본성을 계시하시는 신으로서의 그리스도, 그리고 우리가 거룩한 삶을 살도록 우리를 도우시는 성령충만하신 강한 그리스도. 복음서이자 서신서인 요한의 이 책은 그 세 가지를 모두 제공한다.—그리고 신비스러우면서도 학식 있는 방식으로 그렇게 한다. 요한복음은 우리를 하나님의 신비 속으로 더 깊이 인도하면서 그것들을 드러내 주며 우리를 매혹시킨다.

아마도 요한복음에서 가장 유명한 부분은 서문, 즉 요한복음 1장의 첫 18절들일 것이다. 그곳에서 저자는 예수가 어떤 분이셨는가에 대한 지적인 찬양과 시적인 증언으로 우리를 초대한다. 서론은 우리에게 예수가 하나님이셨으며, 로고스 혹은 말씀이셨다고 말한다. “이 말씀이 하나님과 함께 계셨으니 이 말씀은 곧 하나님이시니라. 그가 태초에 하나님과 함께 계셨고.” 그러나 그 말씀은 단지 하나님이신 것만이 아니었다. “말씀이 육신이 되어 우리 가운데 거하시매.”

그것이 기독론의 요약이다. 그것은 예수가 누구이셨는지를 우리에게 말한다. 이것이 우리의 신앙의 독특한 가르침이다. 그리고 세상은 지금 그 어느 때보다도 그것을 필요로 하고 있다. 요한복음은 우리에게 그 이야기를 들려주고 있다.

테리 머크

한국어판 저자 인사말

내 요한복음 주석이 한국어로 번역되고 있다는 소식을 들었을 때 나는 한편으로는 기쁘면서도 한편으로는 송구스러운 마음이 들었습니다. 나는 한국교회가 그 사명을 이루는 데 내가 조금이라도 헌신할 수 있는 길이 열렸다는 데 대해 무척 기쁘게 생각합니다. 이곳 미국에서 우리는 한국교회의 열정과 능력에 대해 놀라운 소식들을 듣고 있습니다. 나는 이곳 휘튼대학(Wheaton College)에서 공부하고 있는 많은 한국인 유학생들에게 그 소식들이 정말로 사실인지를 묻곤 합니다. 그러면 그들은 그것이 모두 사실임을 내게 확인시켜 줍니다.

그 유학생들은 자신들이 한국교회를 그리워하고 있다고 말합니다. 내가 그들에게 무엇이 그렇게 그리우냐고 물으면 그들은 한국교회는 열정을 가지고 기도를 드리고 있는데 자신들은 그런 열정을 가지고 있지 못하다고 말합니다. 그리고 그들은 자신들의 삶에 영양을 공급해 온 한국교회의 영적인 열심에 대해 말합니다. 간단히 말해서 나는 한국 기독교인들에 대해 들었던 것들이 모두 사실이라는 것을 한국 유학생들과의 대화를 통해 확인하게 되었습니다. 물론 그 어떤 교회도 완전하지는 않지만 오늘날 한국교회는 예수 그리스도를 세상에 전하는 데 있어서 큰 역할을 담당하고 있습니다. 만약 나의 이 책이 여러분의 사역과 말씀증거에 조금이라도 도움이 될 수 있다면 나는 그것을 큰 자랑으로 여길 것입니다.

내가 아는 바에 따르자면 사람들이 요한복음에 관심을 갖게 되는 것은 전혀 놀랄 일이 아닙니다. 요한복음은 교회에 있어서 언제나 "사랑 받는 복음서"(beloved gospel)였습니다. 요한복음은 세상의 수없이 많은 기독교인들에게 심오한 영성을 심어 주었습니다. 요한복음은 가장 위대한 신학회의들에 대해 공헌을 했고, 그것들은 다시 우리 신앙의 위대한 교리들을 만들어 냈습니다. 젊은이들은 요한복음의 이야기들을 사랑합니다. 선배 신학자들은 요한의 통찰들을 늘 귀하게 여깁니다. 요한복음이 항상 독수리로 상징화되어 온 것은 이상한 일이 아닙니다. 그것은 하늘 높이 솟아올라서 위엄을 갖춘 채 우리에게 예수님의 모습을 제공해 줍니다. 그리고 그 예수님의 모습은 계속해서 우리를 만족시킵니다.

나는 인내심과 실력을 가지고 이 책을 번역해 준 백석대학교의 김병국 교수에게 감사를 표하고 싶습니다. 이런 종류의 책을 번역하는 일은 고통스럽고 어려운 작업입니다. 나는 김 교수에게 큰 빚을 졌습니다.

여러분이 이 위대한 복음서를 연구할 때마다 하나님의 큰 축복이 함께 하시기를 바랍니다.

주님 안에서 문안 드립니다.
2010년 3월 30일 미국 휘튼대학에서,
게리 버지

저자 서문

요한복음은 교회에서 항상 "사랑 받는 복음서"였다. 모든 목사들은 요한복음을 본문으로 하여 설교를 하거나 성인 성경공부반을 이끌 경우 교인들이 매우 좋아할 것이라는 사실을 알고 있다. 내가 교인들에게 복음서들 가운데 가장 좋아하는 성경 구절이 무엇이냐고 물으면, 그들은 항상 요한복음의 여러 구절들을 들려주곤 한다. "하나님이 세상을 이처럼 사랑하사…" "나는 부활이요 생명이니…" "내 아버지 집에 거할 곳이 많도다.…" 요한복음이 사랑을 받는 이유는 요한이 결코 잊을 수 없는 단순성과 위엄성을 가지고 그리스도의 인격의 깊이를 탐구하고 있기 때문이다. 이것이 아마 요한복음이 "영적 복음서"라는 명성을 얻게 된 (그것은 알렉산드리아의 클레멘트[Clement of Alexandria] 덕분인데) 이유일 것이다. 그리고 중세 필사자들이 독수리를 요한복음의 상징으로 사용한 것도 바로 그 이유 때문일 것이다. 요한복음에서는 신약의 다른 곳에서는 찾아볼 수 없는 방법을 통해 심오함과 명쾌함이 조화를 이루고 있다. 삼위일체와 성육신에 관한 기독교 신앙을 정의하기 위해 열렸던 4세기와 5세기의 초기 종교회의들에 있어서 요한복음은 결정적인 지침을 제공해 주었다.

내가 요한문헌들에 관해 처음 관심을 갖게 된 것은 거의 20년 전 스코틀랜드에서 하워드 마샬(Howard Marshall) 교수의 지도하에 박사과정을 시작할 때였다. 요한복음에 있어서 역사와 신학이 마치 결혼관계처럼 결합되어 있다는 나의 현재의 직관은 지금 생각해 보면 마샬 박사의 지도 아래서 형성된 것이었다. 나는 항상 그 분에게 빚을 진 채 살아갈 것이다. 요한의 성령론에 대한 초기의 연구는(그것은 1987년에 출판되었다) 나로 하여금 요한복음의 매력에 빠져들게 만들었고 그것은 지금도 계속되고 있다. 나는 요한에 대한 다양한 논문들과 신학교용 입문서를 썼고(1992, 1998²), NIV 적용주석 시리즈 중에서 세 권의 요한서신들에 대한 주석을 썼다(1996). 그 각각의 작업을 통해 나는 요한에 대한 관심을 더 심화시킬 수 있었다. 이 주석은 교회에서 사역하는 목사와 교사들을 위해 쓰여졌다. 나는 설교단이나 강의실에서 그리스도의 양떼를 먹이기 위해 매주마다 노력하는 남녀들을 늘 염두에 두고 이 주석을 썼다. 만약 이 책이 그들에게 어떤 통찰이나 영감을 제공해 줄 수 있다면 나는 무척 기쁠 것이다.

모든 주석들은 요한복음의 원 의미를 밝혀 내기 위해 견실한 주해를 제공하고 있지만 이 주석 시리즈는 새로운 시도를 하고 있다. 각 장은 요한의 옛 본문과 지금의 현대적 상황 사이에 어떻게 "다리를 놓을 수" 있을 것인지를 설명한다. 그리고 특정한 예들을 통해 그 본문들이 설교와 가르침에 어떻게 적용될 수 있는지를 보여준다. 대부분의 주석들은 현대적 적용에 대해서는 피상적인 관심만을 보여준다. 그러나 이 시리즈에 있어서 저자들은 단지 적용의 예들을 보여줄 뿐 아니라 그들이 사용한 해석상의 (혹은, 해석학적인) 방법을 설명하도록 도전을 받았다. 이 작업은 이 책을 저술함에 있어서 가장 어렵지만 또한 가장 매력적인 일이었다. 나는 요한복음이 현시대에 대해 그토록 강한 힘을 가지고 있고, 현시대와 그렇게 긴밀하게 연관되어 있는 책인 줄은 이전에는 결코 몰랐었다.

내가 이 책을 쓰는 2년 동안 많은 이들이 내게 도움을 주었다. 마리안느 메이어 톰슨(Marianne Meye Thompson)과 테리 머크(Terry Muck)는 원고를 매우 정성껏 읽어 주었고 수없이 많은 부분들을 교정해 주고 조언을 해 주었다. 그들 덕분에 이 주석이 크게 개선되었다. 존더반출판사의 잭 쿠하트첵(Jack Kuhatschek)은 아마도 가장 인내심이 강한 편집자라고 할 수 있을 것이다. 그리고 벌린 벌브러그(Verlyn Verbrugge)의 전문가적인 편집 솜씨 덕에 이 책은 매 페이지마다 아름다운 모습을 갖게 되었다. 마지막으로 애슐리 버지(Ashley Burge)에게 특별한 감사를 표해야 할 것 같다. 그녀는 조심스러운 작업을 통해 매우 정확한 성경 색인을 만들어 주었다. 그것은 매우 고된 작업이었을 것이다.

나의 연구작업의 대부분은 1998년에 누렸던 안식년 기간동안 이루어졌다. 나는 그때 영국 캠브리지에 있는 틴데일(Tyndale) 도서관에서 작업을 했다. 유럽에서 가장 훌륭한 도서관들 중 하나에서 놀랍도록 유능한 사서들의 도움을 받으며 연구작업을 한다는 것은 모든 저술가들의 꿈일 것이다. 틴데일의 행정직원들에게도 특별한 감사를 표하고 싶다. 브루스 윈터(Bruce Winter [Warden]), 피오나 크레이그(Fiona Craig), 데니스 질리온스(Denise Jillions), 그리고 브루스 롱에넥커(Bruce Longenecker), 린 윈터(Lyn Winter)에게는 그녀의 쾌활한 환대와 영국 요리 및 철물상들에 대한 조언에 대해 감사하고 싶다. 그리고 도서관에서 일하던 데이비드 인스톤 브루어(David Instone Brewer)와 커스티 코리갤(Kirsty Corrigall)에게도 감사하고 싶다. 그들은 그토록 바쁜 중에도 구석진 곳에 있는 논문들과 랍비 문헌들을 기꺼이 찾아 주었다. 하지만 나는 그 누구보다도 아내인 캐롤(Carol)에게 가장 큰 빚을 지고 있다. 그녀의 끝없는 성원 덕분에 나는 항상 새로운 힘을 얻을 수 있었다.

대부분의 나의 학생들은 라이트풋(J. B. Lightfoot)이 나의 개인적인 영웅들 중 하나로 항상 남아 있게 되리라는 것을 안다. 라이트풋은 1828년에 태어났는데 그의 지적인 재능은 캠브리지의 트리니티 칼리지(Trinity College)에서 재빨리 인정을 받았다. 그는 그곳에서 웨스트코트(B. F. Westcott)의 지도하에 고전들을 연구했다. 그는 1859년부터 1879년까지 캠브리지에서 가르쳤다. 그는 독일 튀빙겐(Tübingen)으로부터 몰려오는 "새로운" 역사비평에 대항하여 신약성경의 역사성을 변호하기 위해 애썼다.[1] 라이트풋은 1879년에 더램(Durham)의 주교가 되었는데 이것은 그가 학계를 떠나 목회의 길로 들어섰다는 것을 의미했다. 1879년부터 1889에 사망할 때까지 그는 오클랜드 캐슬(Auckland Castle)에서 살았다. 그 기간 동안 그는 86명의 젊은 제자들을 길러 냈는데 그들은 그곳에서 그와 함께 생활했다. 그들은 후에 "오클랜드의 아들들"(sons of Auckland)—혹은 아마도 더 정확하게 말하자면—"그 주교"(the Bishop)의 아들들로 불렸다.[2]

라이트풋에게 있어서 요한복음은 대단히 중요했다. 그는 교회의 신학을 위해 요한복음이 가지고 있는 신학적 가치를 인식했다. 많은 이들은 요한복음에 대해 진지한 관심을 별로 기울이지 않았지만 라이트풋은 요한복음의 역사성을 방어했다. 그러나 무엇보다도 중요한 것은 요한복음이 이 위대한 학자의 영혼에 양식을 공급했다는 사실이다. 라이트풋은 1871년에 행한 강연에서 요한복음의 가치를 요약해서 설명했다. 그의 말은 요한복음을 연구하는 모든 이들로 하여금 이 복음서가 얼마나 보물과 같이 귀중한 것인지를 다시 한 번 깨닫도록 만든다.

> 나는 [요한]복음이 보다 각별하게 간직하고 있는 진리, 즉 예수 그리스도는 성육신하신 바로 그 말씀(Word)이시며, 인간들에게 아버지(Father)를 보이시는 분이라는 진리

---

1. 오늘날까지도 캠브리지 대학교의 대학원 과정 신약세미나는 '라이트풋 룸'(Lightfoot Room)이라고 불리는 곳에서 열린다. 그곳에는 그의 인상적인 초상화가 걸려 있다.
2. 참조. G. R. Eden and F. C. MacDonald, ed., *Lightfoot of Durham Memories and Appreciations* (Cambridge: Cambridge Univ. Press, 1932). 그 공동체의 표어는 고전 16:13에서 따온 ἀνδρίξεσθε κραταιοῦσθε("용기를 내라, 강건하라")였다.

는, 우리가 그것을 제대로 이해할 경우, 이곳에서의 인간의 삶을 정화하고 향상시키기 위한 우리의 모든 부족한 노력들보다 훨씬 더 뛰어난 일을 할 수 있는 유일한 교훈이라고 전심으로 믿고 있습니다. 그 진리는 우리의 삶에 소망과 빛과 힘을 제공해 줍니다. 이것은 이후에 있을 즐거운 영생을 위해 우리를 합당하게 준비시킬 수 있는 유일한 연구입니다.[3]

2000년 예수 공현일(Epiphany)에,
게리 버지

---

3. J. B. Lightfoot, *Biblical Essays*(London: MacMillan, 1893), 44.

약어표

AB	Anchor Bible
ABD	*Anchor Bible Dictionary*
ABR	*Australian Biblical Review*
ASV	American Standard Version
b.	*Babylonian Talmud*
BA	*Biblical Archaeologist*
BAR	*Biblical Archaeology Review*
BAGD	Bauer, Arndt, Gingrich, Danker, *A Greek-English Lexicon of the New Testament*
BBC	Broadman Bible Commentaries
BDF	Blass, Debrunner, Funk, *A Greek Grammar of the New Testament*
Bib	*Biblica*
BBR	*Bulletin for Biblical Research*
BSac	*Bibliotheca sacra*
BSC	The Bible Speaks Today
BTB	*Biblical Theology Bulletin*
BZ	*Biblische Zeitschrift*
CBQ	*Catholic Biblical Quarterly*
EBC	Expositor's Bible Commentary
EGNT	Expositor's Greek New Testament
ETL	*Ephemerides theologicae lovanienses*
EvQ	*Evangelical Quarterly*
Exp Tim	*Expository Times*
IBS	*Irish Biblical Studies*
IEJ	*Israel Exploration Journal*
IRM	*International Review of Missions*
ISBE	*International Standard Bible Encyclopedia*
ICC	International Critical Commentary
Int	*Interpretation*

IVPNTC	InterVarisity Press New Testament Commentary
KJV	King James Version
JBL	*Journal of Biblical Literature*
JETS	*Journal of the Evangelical Theological Society*
JQR	*Jewish Quarterly Review*
JSNT	*Journal of the Study of the New Testament*
JSNTSup	Journal for the Study of the New Testament Supplement Series
JTS	*Journal of Theological Studies*
LXX	The Septuagint (Greek translation of the Old Testament)
m.	*Mishnah*
NAC	New American Commentary
NCS	New Century Series
NEB	New English Bible
NIBC	New International Biblical Commentary
NICNT	New International Commentary on the New Testament
NIV	New International Version
NIVAC	NIV Application Commentary
NovT	*Novum Testamentum*
NRSV	New Revised Standard Version
NLT	New Living Translation
NTS	*New Testament Studies*
RB	*Revue biblique*
REB	Revised English Bible
RSV	Revised Standard Version
SBLDS	Society of Biblical Literature Dissertation Series
SJT	*Scottish Journal of Theology*
SVTQ	*St. Valdimir's Theological Quarterly*
TDNT	*Theological Dictionary of the New Testament*
TLZ	*Theologische Literaturzeitung*
TNTC	Tyndale New Testament Commentaries
TR	*Theological Review*
TS	*Theological Studies*
TT	*Theology Today*
BS	United Bible Societies
VE	*Vox Evangelica*
WBC	Word Biblical Commentary
ZNW	*Zeitschrift Fur die neutestamentliche Wissenschaft*

서론

유명한 고대 도시인 에베소의 모습을 상상해 보라. 멀리 로마에서 가져온 상품들을 가득 실은 배들이 에게해를 오가고 있다. 대리석으로 만든 선착장이 배에서 내리는 짐들과 승객들을 맞기 위해 바다 쪽으로 쭉 뻗어 있다. 그리고 갈라디아(Galatia), 갑바도기아(Cappadocia), 비두니아(Bithynia)와 같은 동쪽 지역의 물품들을 가득 실은 짐마차들이 서쪽으로의 여행을 기다리며 그곳에 우두커니 서 있다. 날로 번영해 가는 에베소는 그 명성 역시 높아지고 있다. 그곳을 방문한 이들은 그리스 신들에게 봉헌된 수많은 유명한 신전들을 볼 수 있다. 어떤 이들은 아데미(Artemis) 신전을 고대세계의 경이들 중 하나로 꼽는다. 파이온(Pion)산 기슭에 세워진 에베소의 거대한 극장은 2만 5천 명을 수용할 수 있다. 여행객들은 항구로부터 도시 내부까지 기둥들이 늘어선 길들을 통해 걸어 들어올 수 있다. 그 길의 너비는 30피트(약 9미터 15센티)가 넘는다. 그 길은 이제 들어서려고 하는 도시의 위용을 미리 보여주고 있다.[1]

어느 날 방문객들은 한 무리의 그리스인들이 기둥들이 늘어선 도로 저편에 있는 무덤 곁에 모여 있는 것을 본다. 그들은 그 도시의 일반 시민들과 다를 것이 없다. 다만 그들 중의 일부가 유대인들의 특징적인 의복과 두건을 걸치고 있는 것처럼 보일 뿐이다. 그들은 가난하다. 누구나 그것을 한 눈에 알아볼 수 있다. 그들은 너무나 소중하고 의미가 있는 한 사람의 장례식을 치르고 있다. 대리석으로 된 그의 무덤은 그가 그들 중 그 누구와도 비교할 수 없는 소중한 인물이라는 사실을 암시해 준다. 이들은 기독교인들이다. 그리고 그들은 사랑하는 목회자이자 지도자인 요한을 장사지내기 위해 이곳에 왔다.[2]

---

1. 에베소는 현재 터키 서부에 위치하고 있는데 인상적인 도시유적을 가지고 있다. 비록 항구가 지금은 완전히 퇴적물로 덮여 있지만 (현재의 해안선은 고대에 비해 10킬로미터나 멀리 떨어져 있다) 고대에 있어서 에베소 항구는 그리스와 소아시아를 연결해 주는 중요한 무역중심지였다.
2. 초대교회 시대로부터의 확고한 전통에 따르자면 요한은 에베소에 묻혔다. 4세기 역사가였던 유세비우스

이 국제도시에 교회가 세워진 것은 주후 52년경에 사도 바울의 노력을 통해서였다(참조. 행 18장). 기독교는 에베소에 있던 크고 영향력 있던 유대공동체 속에서 뿌리를 내렸다.[3] 에베소 교회의 초기 지도자들은 브리스길라와 아굴라(바울은 여행 도중 이들을 에베소에 남겨 두었다. 행 18:19), 그리고 바울 자신과(바울은 후에 에베소에서 2년 이상을 머물렀다. 행 19:10; 20:3) 디모데였다(딤전 1:3). 그러나 에베소 교회는 또한 유대적 유산을 전혀 간직하고 있지 않은 많은 수의 그리스인들(Greeks)도 포함하고 있었다. 그들 역시 영향력을 갖게 되었다. 바울이 에베소에 보낸 편지와 디모데에게 보낸 두 편지들은 당시의 삶의 모습을 짐작할 수 있게 해 준다. 그들은 오늘날의 보통 사람들처럼 에배네도, 마리아, 안드로니고, 유니아, 암블리아, 우르바노, 스다구, 아벨레, 아리스도불로, 헤로디온, 나깃수, 아순그리도, 블레곤, 허메, 바드로바, 허마, 빌롤로고, 율리아, 네레오, 루포, 그리고 올름바와 같은 평범한 이름을 가진 일반시민들이었다.[4]

요한 역시 지도자가 되었다. 만약 요한이 아시아에 있던 일곱 개의 지도적 교회들에 대해 관할권을 가지고 있었다면(계 1-3장), 에베소는 그의 사역의 본거지였을 것이다. 그는 틀림없이 버가모, 사데, 그리고 두아디라와 같은 곳들을 여행했을 것이다. 이들 교회들에게 있어서 요한은 예수의 이야기를 그들에게 전해 주는 역사가요 신학자였을 것이다. 그는 예수의 삶의 소중한 목격자였고(요 19:35), 먼 갈릴리와 유대 지방에서 발생한 많은 이야기들을 그들에게 들려줄 수 있는 사람이었다. 그는 권위를 가지고 아래 글(요일 1:1-3)을 쓸 수 있었다.

> 태초부터 있는 생명의 말씀에 관하여는 우리가 들은 바요 눈으로 본 바요 자세히 보고 우리의 손으로 만진 바라. 이 생명이 나타내신 바 된지라 이 영원한 생명을 우리가 보았고 증언하여 너희에게 전하노니 이는 아버지와 함께 계시다가 우리에게 나타내신 바 된 이시니라. 우리가 보고 들은 바를 너희에게도 전함은 너희로 우리와 사귐이 있게 하려 함이니 우리의 사귐은 아버지와 그의 아들 예수 그리스도와 더불어 누림이라.

(Eusebius)와 신학자 이레네우스(Irenaeus)에 따르자면 에베소에는 요한의 집이 있었다. 요한으로부터 한 세대가 지난 후 안디옥의 이그나티우스(Ignatius)는 에베소 교회의 신실함과 능력에 대해 기록했다(엡 8-9).

3. Josephus, *Ant.* 14.225ff.; 14.262-63.
4. 이 이름들은 로마서 16장에서 취한 것이다. 어떤 학자들은 로마서 마지막 장에 실린 이 수많은 이름들이 사실은 로마 기독교인이 아니라 에베소 기독교인들을 지칭한다고 믿는다. 그 이론에 따르자면 이 편지의 다른 복사본이 로마뿐만 아니라 에베소로도 보내졌다.

요한은 그곳에 있었다. 그는 생명의 말씀(Word) 자신으로부터 말씀을 들었고, 그분을 보았고, 그분을 만졌다. 요한은 니고데모와 중생에 관해 말한 사람이었고, 가나에서의 예수의 기적과 다른 많은 에피소드들을 기술한 사람이다. 예수에 관한 다른 이야기들이 돌고 있었다. 그러나 요한은 자기 자신의 기억을 갖고 있었고, 예수의 생각에 관한 자기 자신의 통찰을 가지고 있었다. 그들은 분명히 요한이야말로 예수의 사랑하는 제자였다고 생각했다. 요한은 생의 말년에 이르렀을 때 자신이 추종자들과 영원히 함께 있을 수 없다는 것을 깨달았다. 그래서 그는 자신의 이야기들을 정리하여 글로 남기기 시작했다. 그것이 그의 사랑스런 "네 번째 복음서"(Fourth Gospel)의 초판이 되었다.

요한은 또한 끔찍스러운 박해와 갈등의 시기에도 교회 곁에 서 있었다. 이제 갓 태어난 교회 공동체가 이미 명성을 떨치던 회당 공동체와의 싸움에서 큰 수세에 몰려 있는 것처럼 보였을 때, 요한은 굳게 서서 용기 있게 예수 그리스도를 증거했다. 후에 싸움이 교회 내부로 들어와 논쟁과 갈등이 발생했을 때도 요한은 공동체의 힘이 되었다. 격려와 교훈을 담은 편지들을 써 보냄을 통해(참조. 요한1, 2, 3서) 그는 소아시아의 영웅적인 목회자이자 신학자로, 또 영적인 거인으로 유명해졌다. 그래서 그의 복음서는 "영적 복음서"(the spiritual Gospel)로 알려지게 되었다. 훗날 중세의 필사자들이 이 복음서를 복사하여 성경의 다른 책들과 함께 두었을 때, 주님의 '사랑하시는 제자'가 쓴 이 책은 독수리의—위엄스러운 독수리의—문양으로 장식되곤 했다. 그것은 이 복음서의 사상이 얻은 높은 위치를 표시하기 위한 것이었다.

오늘날의 요한복음

오늘날의 요한복음은 요한의 사역의 유산이다. 그리고 그 책은 오늘날에도 그것이 처음 쓰여졌을 때 그의 제자들에 의해 받았던 사랑 못지 않게 많은 사랑을 받고 있다. 성경의 책들 중에서 요한복음만큼 기독교인들의 삶과 생각에 큰 영향을 미친 책은 그리 많지 않다. 사람들은 요한복음의 심오성과 문학적인 에너지를 항상 지적하곤 했다. 기독교인들은 요한복음 속에서 크게 만족스러운 그리스도의 초상화를 발견해 내곤 했다. 우리는 요한이 어떻게 해서 표현의 정교성과 깊이 있는 통찰력을 결합시킬 수 있었는지 궁금해진다. 학자들은 요한복음의 수많은 수수께끼들을 풀기 위해 엄청난 에너지를 쏟아 부어 왔다. 그러나 홍수처럼 쏟아지는 요한복음 관련 논문들과 정기적으로 발행되는 책들의 수는 줄어들 기미를 보이지 않는다. 요한복음은 교묘히 우리의 손길을 피해 달아나고 있는 듯이 보인다. 그 결과 그 책은 지칠 줄 모르는 관심의 대상이 되었다.

신약성경 속에는 전통적으로 요한의 것으로 일컬어지는 상당한 양의 책들이 있다. 요한복음, 세 편의 요한서신들, 그리고 요한계시록. 그리고 성경 밖의 책들 중에서도 그의 것이라고 주장되는 것들이 있다. 전설과 같은 '요한행전'(Acts of John)은 거의 200년 후에 쓰였는데 사도 요한에 대한 허구적인 전기를 제공하고 있다. '요한의 시리아 역사서'(*The Syriac History of John*)는 사도 요한이 마술을 행하는 복음전도자였다고 기술하고 있다. '빌립복음'(the Gospel of Philip)과 같은 영지주의(Gnostic) 자료들은[5] 요한 스타일의 어록의 일부를 보여 주고 있고, 다른 책들은 요한과 예수와의 교제, 그의 임무, 그리고 그의 순교에 관한 이야기들을 제공하고 있다.[6] 이런 외경 문헌들은 쉽게 옆으로 밀어 놓을 수 있지만, 성경에 있는 요한문헌들의 중요성은 상당한 학문적 논쟁을 불러 일으켰다.

초기시대

초대교회에 있어서 요한복음은 가장 높은 명성을 차지했었다. 요한복음은 예수와 가장 친밀했던 사도들 중 한 명(사랑하시던 제자)이 쓴 것으로 생각되었기 때문에, 그것은 가장 가치가 큰 복음서로 평가되었다. 요한은 공관복음서에서는 평행을 찾아볼 수 없는 깊은 통찰력을 제공해 주었다. 그러나 불행하게도 이단들도 역시 요한복음을 사랑했다. 주후 2세기의 한 영지주의 작가는 이집트에서『진리의 복음』(*the Gospel of Truth*)이라는 책을 썼는데, 그것은 놀랄 정도로 요한복음과의 평행구절들을 보여주고 있다. 심지어 요한복음에 관한 가장 초기의 주석들도 영지주의자들의 것이다(참조. 발렌티누스[Valentinus]의 제자였던 헤라클레온[Heracleon]). 요한복음의 주제들은 너무나 인기가 높았기 때문에 한 카리스마적 지도자는(Montanus) 자신이 바로 요한복음 14-16장이 기술하고 있는 앞으로 오실

5. 영지주의적(Gnostic) 혹은 영지주의(Gnosticism)라는 용어는(이들은 '알다'라는 뜻의 헬라어 단어 *ginosko*에서 유래했다) 그것의 기독교적인 형태에 있어서는 주후 2세기경에 분명하게 윤곽을 드러낸 복잡한 종교적 운동을 지칭한다. 이 분파는 정통교회의 가르침과 정면으로 반대되는 내용을 가르쳤던 지도자들에 의해 급속히 형성되었다.

6. E. Hennecke, *The New Testament Apocrypha*, 2 vols. (Philadelphia: Westminster, 1963, 1964). 이 책들의 많은 부분들은 인터넷을 통해 찾아볼 수 있다. http://www.noncanonical.org.

보혜사 혹은 위로자라고 주장했다! 영지주의자들이 요한복음에 너무나 큰 관심을 가졌기 때문에 많은 정통교회 지도자들은 요한복음을 잘 다루려고 하지 않았다. 사실 그들은 공공연하게 요한복음에 반대하기도 했다. 그러나 전체적으로 보았을 때, 요한복음이 받아들여지는 곳에서는 그 책을 크게 존중했다.[7]

이레네우스(주후 약 175년경)와 같은 초대교부들도 요한의 성육신 신학이 기독교 영지주의(Christian-gnostic) 집단들 속에서 우글거리고 있던 이단들에 대항하기 위한 중요한 자원이라고 배웠다. 후에 주후 4세기에 아리안주의자들(Arians)이 예수를 성부에게 완전히 종속된 존재로—즉 우리와 마찬가지인 피조물로—설명했을 때, 아타나시우스(Athanasius)와 니케아(Nicea)의 지도자들은 요한복음의 성육신 신학과 그리스도 교리를 예수의 신성에 관한 타협 불가능한 확언으로 간주했다.[8]

중세의 기독교인들도 요한복음에 대해 동일한 존경을 표했다. 어거스틴(Augustine)으로부터 아퀴나스(Aquinas)에 이르기까지, 요한복음은 성부 하나님을 직접 계시하신 예수의 초상화를 제공했다. 신비주의와 성찬주의(sacramentalism)도 요한복음 속에서 그들이 즐거워하던 언어들과 상징적 이미지들을 찾아냈다. 따라서 이 시대에는 요한복음에 대한 많은 주석들이 쓰였다.

18세기까지 요한복음은 복음서들 중 가장 정확하고 가치 있는 것으로 여겨졌다. 그러나 기술적인 성경비평의 등장과 함께, 요한복음의 명성에는 그늘이 지기 시작했다. 비평가들은 요한복음과 공관복음(마태복음, 마가복음, 그리고 누가복음) 사이의 차이들을 지적했다. 요한복음에서는 긴 강화(講話)들이 비유들과 박진감 넘치는 말씀들을 대체했다. 요한의 언어와 신학은 예수의 이야기가 그리스 세계를 위해 새롭게 탈바꿈했음을 보여주는 것처럼 보였다. 그 결과 요한복음은 더 이상 예수의 삶의 역사를 보여주는 신뢰할 만한 책으로 간주되지 않았다. 요한복음이 사도에 의해 기록되었다는 것에 대해서도 짙은 의심을 갖게 되었다.

---

7. 참조. M. Hengel, *The Johannine Question* (London: SCM, 1989), 1-23.

8. M. Wiles, *The Spiritual Gospel. The Interpretation of the Fourth Gospel in the Early Church* (Cambridge: Cambridge Univ Press, 1960); R. Schnackenburg, *John*, 1: 193-210; J. N. D. Kelly, *Early Christian Doctrines* (London: A. & C. Black, 1977), 52-79, 223-51; 철저하긴 하지만 이제는 좀 오래된 다음의 전기를 참조하라. E. Malatesta, *St John's Gospel, 1920-1965* (Rome. Pontifical Institute, 1967), 157-171, "John in the History of Exegesis." 요한의 성육신 신학에 관하여는 다음을 참조하라. E. Harrison, "A Study of John 1-14," in R. Guelich, ed., *Unity and Diversity in New Testament Theology* (Grand Rapids: Eerdmans, 1978), 23-36; M. M. Thompson, *The Humanity of Jesus in the Fourth Gospel* (Philadelphia: Fortress, 1988).

요한복음에 대한 새 관점

오늘날 신학자들은 요한복음에 대해 엄청나게 다양한 견해들을 갖고 있다. 본문상의, 문법적인, 역사적인, 그리고 신학적 문제들이 끊임없이 논의되고 있다. 그러나 "동의에 도달한" 결과들은 거의 없다. 어떤 다른 해석이론이 새로이 등장할 때 우리는 이 점을 기억하며 주의를 기울여야 한다. 그러나 그 수많은 문헌들 속에서도 적어도 한 가지 경향에 대해서는 주목해야 할 것 같다. 1950년대 이후 요한에 대한 신선한 평가가 거의 보편적인 지지를 받게 되었다. 캠브리지(Cambridge) 대학교의 로빈슨(J. A. T. Robinson)은 이것에 대해 "새 관점"(a new look)이라는 명칭을 붙여 주었다. 요한복음은 공관복음과 차이가 나지만, 요한복음의 독립적인 설화들(narratives)에 대해서는 그 가치를 인정해 주어야 한다. 예를 들면, 오직 요한만이 예수와 니고데모와의 대화를 기록하고 있다. 그러나 이 대화가 요한복음에만 나타난다고 해서 그 사건이 결코 발생한 적이 없다는 의미는 절대로 아니라는 것이다.

보다 중요한 것은, 요한복음의 문화적 배경은 예수 당시의 팔레스타인 유대교에 크게 의존하고 있는 것으로 간주되고 있다. 다른 말로 말하자면, 요한의 사상세계는 반드시 그리스적인 것일 필요는 없다는 것이다. 예를 들면, 이스라엘의 사해 부근(쿰란, Qumran)에서 발견된 중요한 유대 두루말이들은 예수 당시의 유대교가 요한복음의 언어와 비슷한 언어를 사용하고 있었다는 사실을 증명해 주었다. 심지어 고고학적 증거들도 전에는 비평가들에 의해 모진 공격을 받던 요한복음의 어떤 이야기들의 진실성을 입증해 주었다(이를테면, 요한복음 5:2에 나오는 행각 다섯이 있는 못).

이 "새 관점"은 수많은 오랜 문제들을 다시 수면으로 끌어올렸다. 만약 요한의 배경틀(frame)이 유대적인 것이라면 요한복음의 저작연대는 이른 시기일 수 있다. 만약 그것이 이른 시기에 저작된 것이라면, 그것은 사도들의—심지어 세베대의 아들 요한의—집단 내부에서 기원한 것일 수 있다. 이제 요한복음 배후에 사도적 권위가 있을 수 있다는 가능성은 정당하게 변론할 수 있는 대안이 되었다. 요한연구는 참으로 긴 원을 그리며 온 것이다.

무엇보다도 요한복음에 대한 이 새 관점은 해석자들이 구약성경과 모든 사용 가능한 유대자료들을 신중하게 사용할 것을 요구한다. 이를테면, 가나의 기적은 (요 2:1-11) 더 이상, 그녀 역시 물을 포도주로 바꾸었다고 알려진, 헬라의 여신 디오니수스(Dionysus)에 근거하여 해석되어서는 안 된다. 반대로, 요한이 일차적으로 언급하고자 하는 것은 예수의 메시야 주장이다(요한은 구약과 공관복음서의 이미지를 사용하고 있다). 우리의 주석에서는 바로 이 접근방법을 따를 것이다. 요한복음의 메시지는 주후 1세기 유대교에서 솟아 나온 암시들과 은유들로 옷 입혀져 있다. 설사 이 유대교가 복잡하고 헬라문화에 대해 매우 잘 알고 있었다고 해도, 요한복음의 내용은 구약성경과 팔레스타인 유대교에 굳게 뿌리를 두고 있다고 했을 때 가장 잘 설명된다.

저작권

요한복음은 그 저자가 누구인가에 관하여 명백한 내적 증거를 제공하고 있지 않다. 그 어느 곳에서도 "요한"을 저자로 지목하지 않는다. 그러나 이런 침묵은 별난 것이 아니다. 공관복음에서도 같은 모습을 찾을 수 있다. 그러나 요한복음은 "사랑하시는 제자"라는 수수께끼 같은 인물을 통해 해결의 실마리를 제공한다(NIV, "예수께서 사랑하신 제자"). 이런 호칭은 다섯 구절에서 나타난다(요 13:23; 19:26; 20:2; 21:7, 20). 요한복음 21:24은 '사랑하시는 제자'(참조. 요 21:20)를 "이 일을 증언하고 이 일을 기록한 제자"라고 설명하고 있다. 그러므로 요한복음의 기원은 어떤 식으로든 이 인물과 연관되어 있음에 틀림없다. 요한복음은 예수의 삶에 관한 그의 목격자로서의 설명의 기록일 수 있다.

그러나 이 제자는 누구인가? (1) 어떤 이들은 그가 이상화 된 문학적 등장인물이라고 제안했다. 이상적인 기독교인 제자. 이것은 어느 정도 맞는 말이다(그는 신실하며 예수에 대해 잘 알고 있다). 그러나 이것은 그가 실제적인 역사적 인물일 수 있다는 가능성을 불가능한 것으로 만들지 못한다.

(2) 때로는 나사로가 그 후보로 지명되었다. 나사로는 예수께서 사랑하시는 자였다고 언급된 유일한 인물이다(요 11:3, 36). 그리고 '사랑하시는 제자'라는 표현은 요한복음 11장에서 나사로가 소개된 이후에만 등장한다. 그러나 이 해결책은 그럴듯하지 못하다. 요한복음 11장과 12장에서는 나사로의 이름이 언급되었다가 이어지는 설명들에서는 그의 이름이 익명으로 처리될 이유가 뭐란 말인가?

(3) 마가 요한이라고 하는 인물이 초대교회의 일원이었는데(행 12:12) 그는 베드로와 연관되어 있었다. 이것이 요한복음에 등장하는 우리의 제자와(참조. 요 20:2-8; 21:7-14) 베드로 사이의 경쟁관계를 설명할 수 있을지 모른다. 그리고 만

약 마가가 레위인 바나바와 연관되어 있었다면(골 4:10), 이 사실은 또한 '사랑하시는 제자'가 요한복음 18:15에서 어떻게 대제사장을 알고 있었는가 하는 것을 설명해 줄 것이다. 그러나 마가가 두 번째 복음서를 기록했다는 강력한 교부 전승이 있다. 그리고 '사랑하시는 제자'는 분명히 열 두 사도들 중 하나였는데(요 13:23), 마가 요한은 그들 중 하나가 아니었다.

(4) 가장 최근의 제안은 '사랑하시는 제자'로서 도마를 지적한다. 복음서 전체에 걸쳐서 도마는 리더십을 가진 인물로 등장한다(요 11:16). 심지어 그와 예수와의 이야기가 복음서의 결론을 형성한다(제 20장이 원래 요한복음의 마지막이라고 가정할 경우). 그 이야기는 사도들의 부활 이야기와 평행을 이룬다. 무엇보다도 도마는 예수의 옆구리의 상처를 보여줄 것을 요구하는데, 아마도 '사랑하시는 제자'만이 이것에 대해 알고 있던 유일한 인물이었을 것이다(요 19:35). 또한 여기에 그 자체의 책들을 가지고 있었던(『도마복음』*Gospel of Thomas*, 『도마행전』*Acts of Thomas*, 『도마의 유아복음』*Infancy Gospel of Thomas* 등) "도마의 학파 혹은 그의 공동체"에 대한 증거와 그 공동체가 요한복음에 대해 관심을 갖고 있었다는 사실이 덧붙여진다.[9]

(5) 가장 좋은 해결책은 전통적인 해법이다. 세베대의 아들 요한(막 3:17; 행 1:13). 이 사람은 열 두 제자들 중 하나였고 야고보, 베드로와 함께 예수 주위의 측근그룹을 형성했다. 이 사실이 바로 그의 목격자로서의 증언과 깊은 통찰력의 근원이다. 공관복음에서 요한은 그 누구보다도 자주 베드로와 함께 등장한다. 그리고 사도행전에서 그들은 예루살렘뿐만 아니라(행 3-4장) 사마리아에서도(행 8:14) 동료로 나타난다. 이것은 요한복음에서 나타나는 베드로와 요한의 관계와 잘 조화를 이룬다. 레이몬드 브라운(Raymond Brown)은 이 주장을 지지하기 위해 새로운 이론을 제공했다.[10] 그는 요한과 예수가 이종사촌이었을 (즉, 어머니들이 자매였을) 가능성에 대해 증거를 제시한다. 이 사실은 예수가 왜 마리아를 요한에게 의탁

9. 참조. J. H. Charlesworth, *The Beloved Disciple. Whose Witness Validates the Gospel of John?* (Valley Forge, Pa.: Trinity, 1995). 이것은 대부분의 주장들을 담고 있는, 저작권에 대한 (437쪽에 달하는) 철저한 연구서이다. 찰스워스(Charlesworth)는 도마가 요한복음의 저자임을 길게 논한다. 또한 참조. S. M. Schneiders, "'Because of the Woman's Testimony…' Reexamining the Issue of Authorship in the Fourth Gospel," *NTS* 44 (1998): 513-35.

10. R. Brown, *Commentary on John*, 2 vols. [1966, 1970] 1:xcvii: 2:905-6. 브라운은 1979년도에 생각을 바꾸어서 '사랑하시는 제자'가 세베대의 아들로서 열 두 제자들 중 하나라는 견해를 버렸다. 참조. 그의 책. *The Community of the Beloved Disciple* (New York: Paulist, 1979), 33-34.

했는지를(요 19:25) 설명할 것이다.—그것은 자연적인 친족관계에 의한 것이었다(마리아는 요한의 이모였을 수 있다).—그리고 요한은 마리아의 제사장 친족들을 통해 대제사장과 알게 되었을 것이다(요 18:15-16; cf. 눅 1:5, 36).

교부들의 증거는 이 결론을 지지하는 것 같다. 이레네우스(Irenaeus)는 주후 200년경에 쓴 글에서 '사랑하시는 제자'는 예수의 제자였던 요한이었으며, 요한이 에베소에서 요한복음을 썼다고 말하고 있다. 이레네우스는 심지어 자기 자신이 어렸을 때 서머나(Smyrna)의 주교였던 폴리갑(Polycarp, 주후 약 69-155)을 알고 있었는데, 폴리갑은 자신이 요한에게서 배웠다고 주장했다고 적고 있다. 교회 역사가인 유세비우스(Eusebius, 주후 약 300년경) 역시 요한-폴리갑-이레네우스로 이어지는 이 관계에 대해 동일한 방식으로 적고 있다. 그리고 에베소의 주교였던 폴리크라테스(Polycrates, 주후 189-198)는 로마의 주교였던 빅토르(Victor)에게 보내는 서신에서 요한이 요한복음과 연관되어 있다는 사실에 대해 언급하고 있다. 요한 저작설은 또한 알렉산드리아의 클레멘트(Clement of Alexandria, 주후 약 200년경)와 라틴 무라토리안 정경(the Latin Muratorian Canon, 주후 180-200)에 의해서도 확인된다.

이 결론에 대한 비평들은 도처에서 찾아볼 수 있다. 그것들 중 가장 중요한 것들만을 살펴보기로 하자. (1) 1900년대 초에 비평가들은 요한복음의 지리적 세부사항의 정확성이 떨어진다는 점을 자주 지적했었다. 그들은 그렇기 때문에 요한복음은 목격자의 손에 의해 쓰여진 것일 수 없다고 단언했었다. 그러나 그 후에 이루어진 역사적, 고고학적 연구들은 요한복음이 그 부분에 있어서도 신뢰할 만한 책이라는 사실을 보여주었다.

(2) 어부 출신의 사도가 그토록 정교하고 통찰력이 넘치는 책을 쓸 수 있었을까? 갈릴리 사람이 요한복음에서 보는 것과 같이 헬라적 사고에 익숙할 수 있었을까? 물론이다. 팔레스타인 유대교에 관한 최근의 연구는 당시 모든 사회 계층에 있어서 그리스 문화가 놀라울 정도로 깊게 스며들어 있었음을 보여주었다. 신약성경은 사도요한이 "보통사람"(행 4:13)이었다고 말하고 있지만, 우리는 요한이 무엇을 할 수 있었고 무엇을 할 수 없었는지 아직 알지 못하고 있다. 그리고 이 비평은 요한복음의 마지막 편집이 요한의 제자들, 전문적인 필사자(*amanuensis*), 혹은 요한의 공동체에 의해 행해졌을 가능성을 고려하지 않고 있다.

(3) 마지막으로, 어떤 이들은 이 복음서가 초대교회에 있어서 손쉽게 받아들여지지 않았다는 불만을 제기한다. 그것은 사실이다. 그러나 우리는 두 가지 사실들

을 고려해야 한다. ⓐ 요한복음이 거부되었다는 증거는 겉보기와는 달리 그렇게 무게가 나가지 않는다. 초기의 중요한 작가들이 요한의 글을 인용하거나 그에 대해 언급을 안 했을 수도 있다. 그러나 교부들이 언급을 안 했다는 사실에 의존하는 것은 침묵으로부터의 논증(argument from silence)이다. ⓑ 요한복음은 이단적인 영지주의 집단들에 의해 널리 받아들여졌다. 이것은 최근 나그 함마디(Nag Hammadi)에서 발견된 영지주의 문헌들에 의해 확인되었다. 그곳에서 발견된 『진리의 복음』(*The Gospel of Truth*)이라는 책 속에는 요한적인 주제들이 가득하다. 그리스 교회의 주변부에 있던 비정통 집단들이 요한복음을 받아들이고 최초의 널리 알려진 주석들을 내놓았다(Valentinus, Heracleon). 요한복음이 이런 식으로 다른 곳에서 위험스럽게 악용되고 있었기 때문에 정통교회는 요한복음을 사용함에 있어서 주의를 기울여야 했다.

저작연대와 기원

우리가 앞서 말한 바와 같이 요한복음이 유대적 성격을 지니고 있다는 점과 요한복음의 권위의 배후에는 세베대의 아들인 요한이 있다는 사실은 그 저작연대에 대해서도 어떤 결론을 암시해 준다. 요한의 자료들은 이른 시기의 것임에 틀림없다. 그리고 그것들은 첫 번째 세대의 기독교인들에게 뿌리를 두고 있을 것이다. 그러나 요한복음의 저작시기를 정확하게 확정한다는 것은 어려운 일이다. 왜냐하면 객관적인 자료가 아주 적기 때문이다. 가능한 가장 늦은 저작연대는 주후 125년이다. 교부들의 언급들, 외경에 속한 복음서들의(베드로복음 등) 암시들, 그리고 나그 함마디만이 이 연대를 지지하는 것이 아니다. 최근에 이집트에서 요한복음이 적힌 두 개의 파피루스 조각들이 발견되었는데(Rylands Papyrus 457, 그리고 Egerton Papyrus 2), 그것들은 주후 2세기 전반부의 것들로 밝혀졌다. 요한복음이 회람되었을 기간을 고려한다면, 요한복음이 주후 110년보다 훨씬 이후에 쓰여졌다고 말하기는 힘들 것이다.

가능한 가장 빠른 저작연대를 결정하는 것은 더 어렵다. 만약 요한이 공관복음의 존재를 알고 그것을 사용했다면(이 사실에 대해서는 논란이 있다), 주후 70년이나 80년이 적당할 것이다. 요한복음 9:22, 12:42, 그리고 16:2에서 우리는 유대인 신자들이 회당에서 출교 당하는 것에 대해 읽는다. 주후 85년에 팔레스타인의 랍비들이 기독교인들에 대해 그와 같은 제명조치를 취했다(랍비 가말리엘 2세,

Gamaliel II). 그러므로 학자들 사이에서는 요한복음이 주후 80년과 100년 사이에 쓰여졌을 것이라는 견해에 대해 상당한 동의가 이루어져 있다. 이레네우스는 사도 요한이 상당히 장수했다고 말한다. 트라얀(Trajan) 황제의 치세까지(주후 98-117). 그리고 훨씬 후에(주후 약 375년경) 제롬(Jerome)은 요한이 예수의 죽음 이후 "68년째 되는 해에" 죽었다고 주장했다. 그러므로 주후 약 98년.

하지만 보다 이른 저작연대도 생각해 볼 수 있다. 최근의 연구는 공관복음(특히 마가복음과 누가복음)에 대한 요한복음의 "의존성"(dependence)에 대해 도전을 제시했다. 요한은 공관복음 이전의 전승들을 어느 정도 알고 있었을 것이다. 무엇보다도 요한이 예루살렘의 지리를 설명하는 방법과 유대교의 지리적, 정치적 분류에 대한 그의 지식, 그리고 은유들의 사용은 모두 대략 공관복음 작가들의 시대를 시사하고 있다. (로마에 의해 예루살렘이 파괴되었던) 주후 70년은 커다란 분기점으로서 매우 중요하다. 요한은 이 전쟁 이전의 유대교를 전제로 한다. 성전에 대한 그의 비판적인 태도와(2:13ff.; 4:21ff.) 유대교 지도자들과의 심각한 갈등들에도 불구하고(참조. 5, 8, 10장), 이 참담한 사건에 대한 언급이 없는 것은 우리를 놀라게 한다. 다드(C. H. Dodd)의 말을 빌자면, 요한복음의 많은 것들은 주후 70년 이전의 유대교를 배경으로 하지 않고서는 "이해가 거의 불가능하다"(barely intelligible).

요약하자면, 요한이 보존하고 있는 예수에 대한 전승들은 가장 이른 사도시대(아마도 주후 60-65년)로부터 유래한 것일 확률이 대단히 높다. 그러나 요한복음의 최종편집은 나중에 이루어졌을 것이다. 요한 그리고/혹은 그의 제자들은 그 작품을 편집했고, 후대의 기독교를 위해 몇 가지를 추가하고 그 메시지를 날카롭게 다듬었을 것이다(이에 대해서는 다음에 논할 것이다). 전승에 따르자면 요한복음의 기록장소는 에베소이다. 이에 대해서는 반대할 만한 결정적 이유가 제시된 적이 없다. 그것은 오히려 성경적 지지를 받고 있다고도 할 수 있다. 요한복음은 세례요한의 추종자들을 겨냥한 논쟁들을 간직하고 있다(참조. 요 1:19-28, 35-42; 3:22-36; 10:40-42). 사도행전에서 우리는 바울이 세례요한의 추종자들 중 믿음을 갖지 못한 자들을 만나는 것을 본다. 그런데 놀랍게도 그들이 있던 장소 역시 에베소였다.

요한의 신학적 관심

성경 저자로 하여금 글을 쓰도록 만들었던 더 깊은 동기들과 관심사들을 우리가 이해할 때, 해당 성경에 대한 해석은 더욱 강력해진다. 요한복음이 보여주는 열정과 집중은 그가 매우 분명한 목적을 가지고 있었음을 드러낸다. 그것은 마치 어떤 강력한 진리가 그의 머리 위에서 폭발하여 그로 하여금 그것에 대해 쓰지 않을 수 없도록 만든 것 같다. 공관복음보다 더 넓은 범위에 걸쳐서, 요한복음의 모든 부분들은 하나의 중심적 주제를 조명하고 있다. 인간의 역사 속에 나타나신 하나님의 아들. 요한은 이 나타남의 두 가지 측면을 탐구한다. 계시와 구속.

계시와 구속

"빛이 어둠에 비치되 어둠이 깨닫지 못하더라"(요 1:5). 세상 속으로의 하나님의 이 놀라운 침입이 이중적 언어로 묘사되고 있다. 현대적 감수성을 지닌 자들에게는 감정을 상하게 하는 일이겠지만, 요한은 우리가 그리스도 안에서—비록 그가 육체로 나타나셨다 해도—하나님의 영광을 본다고 적고 있다. 그러나 이에 대한 공격은 태고적에도 있던 일이다. 어둠은 빛을 공격하지만 그것을 이길 수 없다. 세상은 아들(Son)에 대해 영원한 적의를 품고 있다. 그러나 비록 예수가 핍박을 받고, 심문을 당하고, 또 십자가에 못 박혔지만, 빛은 꺼지지 않았다고 요한은 확언한다.

그러나 그리스도의 선물은 단지 아버지(Father)를 계시하신 것만이 아니다(요 14:9). 요한의 두 번째 메시지는 구속에 관한 것이다. "그 안에 생명이 있었으니 이 생명은 사람들의 빛이라"(요 1:4). 우리는 세상 속에서 희망을 가지고 있다. 역사 속으로의 침입에 대한 메시지는 또한 희생과 구속에 대한 메시지이다. 이 계시를 받아들이는 자, 즉 빛의 정체를 알아보고 믿음을 갖는 자들은 영원한 생명을 얻게 될 것이다. 아들(Son)의 생명은 희생을 통해 부어졌고, 그것을 통해 구속된 자들의 공동체가 창조되었다(요 17:6ff., 20-26). 그들은 그리스도의 영(Spirit)을 품고 있다. 그 영이 그들을 보존한다. 왜냐하면 한때 아들을 향해 뻗쳤던 증오가 이제 그들을 향해 뻗어 있기 때문이다(요 15:12ff.).

요한의 저술목적은 이 계시와 구속을 설명하고 그 가능성들에 대해 상술하는 것이다. 요한복음 20:31에서 저자는 이 목적을 분명하게 밝힌다. "오직 이것을 기록함은 너희로 예수께서 하나님의 아들 그리스도이심을 믿게 하려 함이요 또 너희로 믿고 그 이름을 힘입어 생명을 얻게 하려 함이니라." 여기서 우리의 모든 주제들은 하나의 점으로 수렴한다. 믿음, 예수의 아들 되심의 인정, 그리고 생명의 약속.

그러나 심지어 여기서도 우리는 요한의 신비와 마주치게 된다. "믿다"라는 단어의 사본상의 다양성이(참조. 요 20:30-31 주해) 그 구절의 의미를 의심스럽게 만든다(πιστεύητε[현재가정법]인가 아니면 πιστεύσητε[부정과거 가정법]인가). 한 가지 독법은 요한이 복음전도의 의도를 가졌음을 뜻한다(부정과거: "너희로 믿음을 갖게 하도록"). 그러나 다른 독법을 따를 경우 요한의 의도는 성도들을 격려하는 것이 된다(현재: "너희가 계속해서 믿도록"). 이 나중 독법이 가장 훌륭한 사본상의 지지를 얻고 있으며 요한의 특징을 보다 더 잘 설명해 준다. 요한복음은 그리스도의 삶과 기독교 진리의 기초에 대해 이미 알고 있으면서 더 앞으로 나아가기를 원하는 기독교인들을 위해 쓰였다. 요한복음에는 비교할 바 없는 사상적 완숙함이 포함되어 있을 뿐만 아니라, 그것의 이야기들은 요한복음이 교회 내부의 어떤 실제적 상황에 대응하기 위해 쓰여졌다는 것을 암시한다. 어떤 이들은 요한이 논쟁을 벌이고 있었다고 말한다. 그는 적대적인 세력들 가운데서 기독교의 진리를 옹호했다. 그러나 요한의 목적 중에는 교회 발전의 초기 단계에 있어서 기독교 교리들을 명료화하는 것이 또한 포함되어 있었다.

유대적 관심사들

우리가 공관복음에서 흔히 보는 예수와 바리새인들 사이의 충돌에 대해 요한복음은 지대한 관심을 표명하고 있다. 요한복음 8:31-59 혹은 10:19-39을 대충 읽어보기만 해도 그 점은 분명해진다. 거기에는 유대주의의 종교적 입장에 대한 일관적인 공격이 있다. 예를 들자면, "유대인"이라는 용어는 사실상 요한복음에 있어서 예수를 거부한 자들에 대한 일종의 기술적 용어이다(70회 사용된다). 예를 들어, 요한복음 9:22에서 맹인이었던 자의 부모는 (그들은 유대인이었는데) "유대인들"을 두려워한다. 그러나 이것이 전부가 아니다. 유대교 축제들 및 제도들과 예수와의 관계와 예수의 메시야성이 모두 강조된다.

이것은 무엇을 의미하는가? 각 복음서는 단지 예수의 역사를 기록하기 위해 쓰인 것만이 아니라 그 첫 번째 독자들의 삶의 특별한 상황에 대응하기 위해 쓰인 것이다. 그래서 어떤 이야기 혹은 말씀은 이런 이유 때문에 기록이 되었고 어떤 다른 것들은 기록되지 않았다. 여기서 요한의 교회의 기독교인들은 아마도 핍박과 적대감 때문에 격려를 필요로 했을 것이다. 요한은 유대인들의 불신앙에 대항하여 기독교의 주장들을 든든히 버티고 있다. 예수 당시의 유대인들의 불신이라는 역사적 사실이 요한 시대의 유대인들의 반대라는 사실과 결합되고 있다.

기독교적 관심사들

요한복음이 출판되었을 때, 초대 기독교회는 성장해 있었고 상당히 다양한 모습을 띠고 있었다. 그렇기 때문에 요한이 자신의 세대의 기독교인들이 가지고 있던 요구들과 관련된 역사적 자료들을 복음서에 포함시켰다는 것은 놀랄 일이 아니다. 그러나 요한의 문학적 설계에 있어서 이런 필요들 중 어떤 것이 지배적인 힘이 되었다고 생각한다면 그것은 잘못일 것이다. 반대로 그것들은 요한복음 전체를 통해 흐르는 하부주제들의 역할을 담당하면서 요한의 상황을 명료하게 해 주고 있다. 학자들은 믿을 수 없을 정도로 많은 수의 그와 같은 주제들의 목록을 만들었다. 그러나 우리는 그 중에서 다섯 개의 주제들만을 간략하게 살피려고 한다.

세례요한의 중요성. 세례요한은 예수를 따르기에 실패한 혹은 그것을 거부한 추종자들을 (혹은 심지어 분파를) 남겼는가? 누가복음 3:15과 사도행전 19:1-7은 이것을 암시하고 있고 후대의 저술들은 이것을 확인해 준다.[11] 요한복음은 세례요한이 메시야가 아니며(요 1:20; 3:28), 빛이 아니라는 것(요 1:8-9), 그리고 예수가 그보다 우월한 분이라는 사실을(요 1:30; 3:29-30; 10:41) 확증하기 위해 노력한다. 요한복음은 심지어 세례요한의 제자들이 예수의 첫 번째 개종자들이었다고 증거한다(요 1:35-42). 마태복음과 마가복음, 그리고 누가복음에는 이와 평행을 이루는 주제가 없다.

성례주의(sacramentalism)의 자리. 요한에게 있어서 그리스도의 성육신은 하나님께서 역사 속에서 참되게 나타나심을 뜻한다. 그렇기 때문에 그는 역사에 대해 "성례적"(sacramental) 견해를 가지고 있다. 예배 상징들(세례, 성만찬)이 자신들이 묘사하고 있는 실체들의 특징을 제대로 가지고 있을 때에만 예배는 그와 같은 참된 나타나심을 확증해 줄 수 있다. 그렇기 때문에 그것들은 "성례"(sacraments)라고 불린다. 학자들은 기독교 예배의 성례들에 관한 요한의 독특한 관심들을 지적해 왔다. 하지만 요한의 의도가 무엇이었는지에 대해서는 동의가 거의 이루어지지 않았다. 어떤 이들은 관심의 결여를 지적한 반면(예를 들면, 요한복음에는 성만찬이 빠져 있다), 어떤 이들은 모든 곳에서 그것에 대한 암시들을 본다(세례: 3, 5, 9

11. 참조. 라틴 가짜 클레멘트(Latin Pseudo-Clementine)의 *Recognitions*.

장; 성찬: 2, 6장; 두 가지 모두: 요 19:34). 각각의 것들에 대한 (요 3:1-21과 6:52-65에서 발견되는) 요한의 중심 메시지는 교정을 의도하는 것이라고 결론 내리는 것이 가장 좋을 것이다. 성령이 없다면 예배의 이런 표현들은 그들의 원래의 목적을 잃은 무력한 의식이 되고 만다.

기독론. 주후 2세기의 교부인 이레네우스는 요한복음이 영지주의 이단인 케린투스(Cerinthus)에 대항하기 위하여 쓰였다고 말했다. 그 말이 옳을 것 같지는 않지만, 그럼에도 불구하고 그리스도에 대한 요한의 소개가 주의 깊게 의도된 것이라는 이레네우스의 관찰은 올바른 것이었다. 요한복음은 그리스도의 본성, 기원, 그리고 아버지(Father)와의 관계에 대한 질문들을, 공관복음에서는 그 평행을 찾을 수 없는 방식으로, 매우 진지하게 검토하고 있다. 예를 들면, 요한은 예수와 아버지의 단일성(요 10:30; 14:9-10), 그들 상호간의 차이(요 14:28; 17:1-5), 그리고 그들의 목적의 단일성(요 5:17-18; 8:42)을 주장한다. 그러므로 삼위일체 교리 형성에 있어서 요한이 중요한 역할을 수행한 것은 놀랄 일이 아니다(cf. Tertullian, Against Praxeas). 아리우스(Arius)가 아들(Son)의 영원한 본성을 부인했던 니케아(Nicea) 종교회의(주후 325년)에서는 특별히 그러했다. 후에 발생한 아리안(Arian) 논쟁에 있어서 아타나시우스(Athanasius)는 요한복음에 크게 의존했다. 그는 요한복음 서론에 등장하는 "로고스"(Logos)라는 명칭이 그리스도의 인격을 표현함에 있어서 가장 효과적인 도구임을 발견했다.[12]

요한은 그리스도의 신성을 주장한다. 만약 어떤 사람이 양자론(즉, 예수는 다만 거룩한 영감을 받은 사람이었다는 이론)에 기울었다면, 요한복음은 그에 대해 강력한 논박을 퍼부을 것이다. 반대로 그리스 세계는 신적인 것들에 대해 만족해했다. 그들은 예수의 완전한 인성을 받아들이기를 주저했다(도세티즘[Docetism, 가현설]). 요한은 예수께서 참으로 인간이셨으며, 참으로 "육신"(flesh)을 가지고 계셨다고 주장한다(요 1:14; cf. 요 20:27). 요한복음의 탁월성과 영원한 가치는 이 책이 두 가지 모두를 포괄한다는 것이다. 예수는 영원한 신성을 갖고 계시며, 완전히 성육신한 분이시다.—즉 완전한 하나님이며 완전한 인간이시다.

그러나 학자들은 이런 "균형 잡힌 기독론"(balanced Christology)이 인위적인 것으로 보인다고 재빨리 지적했다. 만약 요한복음에서 서론(요 1:1-18)을 제거한다면 균형은 기울게 된다. 그리고 어떤 이들의 말에 따르자면 요한은 "소박한 가현

---

12. 참조. 그의 *On the Incarnation of the Word of God.*

설주의자"(naive docetist)가 된다.[13] 그러나 그런 주장은 불공평하게 거친 것이다.[14] 한 해결책에 따르자면 요한복음은 발전의 각 단계들을 포함하고 있다. 다시 말해서 요한복음의 서론은 요한의 서신들이 출판되었을 때, 즉 후기 단계에 복음서에 추가되었을 것이라는 것이다. 요한일서의 전투적 외침은 분명히 가현설(Docetism)에 반대한다(요일 4:1-3). 그리고 만약 요한복음의 고급기독론(high Christology)이 이단적인 가현설 신앙에 연료를 공급하고 있었다면, 찬송시의 추가는 필요한 균형을 맞춰 주는 역할을 했을 것이다.

그러나 그리스도의 인성은 요한복음 전체 속에 내재되어 있다는 말을 반드시 해야 할 것 같다. "요한은 사색이나 숙고 없이 예수의 초상화를 이중의 빛 속에서 그리고 있다. 그는 하나님과 동등하다. 그는 참으로 육신을 입은 하나님이다. 그러나 그는 완전히 인간이다."[15] 이 주장 하나만으로도 요한복음은 교회와 신앙고백들에 대하여 헤아릴 수 없이 값진 것을 제공해 왔다.

성령. 요한은 우리에게 성령과 관련된 풍부한 자료를 제공해 준다. 그리고 많은 경우에 있어서 요한은 성령의 신학적 특징들에 대해 독특한 강조를 하고 있다. 그것은 공관복음에서는 찾아볼 수 없는 것들이다. 그는 두 가지 방향에서 성령론을 취급한다. (1) 기독론적으로 요한은 예수가 하나님을 경험함에 있어서 성령이 얼마나 필수 불가결한 존재인지를 강조한다. 예를 들면, 요한은 예수께서 세례를 받으시는 이야기를 하는 도중에, 성령이 예수 위에 '머무셨다'(remained)는 말을 첨부함으로써(요 1:32-33), 하나님께서 예수 안에 영원히 거하신다는 사실을 강조한다. 예수는 세례요한보다 우월하다. 왜냐하면 하나님께서 그에게 성령을 '한량없이' 주셨기 때문이다(요 3:34). 성령은 은유적으로 생수의 근원으로 묘사된다(요 4:10). 그러나 후에 우리는 그 물의 근원이 바로 예수 자신임을 배우게 된다(요 7:37-39). 사실 성령의 오심은 예수의 죽음에 의존하고 있다(요 7:39). 예수는 다락방에서 "내가 떠나가는 것이 너희에게 유익이라 내가 떠나가지 아니하면 보혜사가 너희에게로 오시지 아니할 것이요"(요 16:7)라고 말씀하신다. 후에 우리가 주석 부분에서 보겠지만, 성령과 그리스도를 연결하는 이런 이미지는 십자가 위에서 예수

13. E. Käsemann, *The Testament of Jesus* (Philadelphia: Fortress, 1968).

14. L. Morris, "The Jesus of St. John," *Unity and Diversity in New Testament Theology: Essays in Honor of George E. Ladd* (Grand Rapids: Eerdmans, 1978), 37-53; 또한 M. M. Thompson, *The Humanity of Jesus in the Fourth Gospel* (Philadelphia: Fortress, 1988).

15. G. E. Ladd, *A Theology of the New Testament* (Grand Rapids: Eerdmans, 1974), 252.

가 상처를 입으셔서 물이 (피와 함께) 그의 몸으로부터 흘러나왔을 때에도 적용되었다(요 19:34).

(2) 요한은 또한 믿는 자들을 위한 성령의 약속에 대해 말한다. 오직 요한만이 우리에게 니고데모와의 대화를 소개한다. 그곳에서 예수께서는 그 랍비에게 거듭나야 한다고 도전하신다(요 3:1-10). 이것은 지적, 혹은 도덕적 변화의 문제가 아니라 초자연적 활동의 문제이다. 사마리아 여인의 경우에도 마찬가지이다. 그 여인은 신학적으로, 사회적으로 니고데모와는 정반대의 성격을 지닌 인물이다. 그녀가 찾고 있는 생수는(요 4:15) 후에 성령으로 정의된다(요 7:37-38). 그리고 예수는 성령을 통한 참된 예배에 대해 말씀하기 위해 사마리아와 유대교 사이의 문화적 단절을 이용하신다(요 4:24). 요한복음에는 성령에 대한 암시들이 풍부하다(참조. 요 6:63); 그것들은 예수의 긴 고별강화(요 14-16장)에서 절정을 이룬다. 그곳에서는 성령에 대한 설명과 함께 모든 믿는 자들에게 성령이 약속된다. 공관복음과는 달리 요한복음은 심지어 예수께서 부활주일에 그의 떠남을 기념하는 마지막 선물로 제자들에게 성령을 주시는 것까지 기록하고 있다(요 20:22).

이 모든 것이 말하고자 하는 것은, 요한의 시각에 따르자면, 성령은 예수의 삶과 정체성에 있어서 결코 부수적인 어떤 것이 아니었으며, 성령은 기독교 제자도에 있어서 선택적인 차원의 것이 아니라는 것이다. 예수와 연합한다는 것은 십자가를 통해 세상에 오게 되신 그의 성령을 경험하는 것이다.[16]

우리의 미래의 소망: 종말론. 많은 초기 기독교인들은 그리스도의 재림을 갈망했으며 역사가 어서 종말에 이르기를 고대했다. 이것은 공관복음에 재림에 대한 예수의 말씀들이 소중하게 보존되고 있는 이유를 설명해 준다(참조. 마 24장; 막 13장; 눅 21장). 이 소망이 좌절되었을 때 그들은 어떻게 이에 대처했을까?(cf. 벧후 3:1-12) 요한은 공관복음에 있는 것과 같은 예수의 종말론적 강화를 전혀 기록하고 있지 않다. 그는 여전히 미래의 소망을 유지하고 있지만(요 5:25ff.; 요일 2:28) 신선

16. 다음의 연구서들을 참조하라. G. Johnston, *The Spirit-Paraclete in the Gospel of John* (Cambridge: Cambridge Univ. Press, 1970); G. Burge, *The Anointed Community: The Holy Spirit in the Johannine Tradition* (Grand Rapids: Eerdmans, 1987) (특히 225-54의 참고문헌 참조); J. Breck, *Spirit of Truth: The Holy Spirit in the Johannine Tradition*, 2 vols. (Crestwood: St. Vladimir's, 1991, vol. 2 forthcoming); S. Smalley, "The Paraclete: Pneumatology in the Johannine Gospel and Apocalypse," in R. A. Culpepper and C. Black, eds., *Exploring the Gospel of John (in Honor of D. M. Smith)* (Louisville: Westminister/J. Knox, 1996), 289-300; 대중적인 책으로는, F. G. Carver, *When Jesus Said Good-Bye: John's Witness to the Holy Spirit* (Kansas City: Beacon Hill, 1996).

한 강조점을 선보인다. 갈망하던 예수의 임재는 지금 성령을 통해 우리에게 실현되었다. 다락방 강화에서 예수의 성령 선포는 종말론적 색채를 띤다(참조. 요 14:18-23). 즉 다시 말해서, 우리가 자주 간과하는 극히 중요한 방법을 통해, 예수께서는 성령 안에서 우리에게 돌아오셨고, 우리와 함께 계시다는 것이다. 기술적 용어로 표현하자면, 요한은 공관복음의 묵시론적 소망과는 대조적으로 실현된 종말론을 강조하고 있는 것이다.

요한복음의 형성

본문주해는 우리가 가지고 있는 본문에 대한 철저한 지식으로부터 시작되어야 한다. 어떤 문구를 그것을 둘러싼 문맥과 분리하여 연구해서는 안 된다. 또한 요한복음의 보다 넓은 신학적 틀을 무시하고 어떤 특정한 이야기의 뜻을 정확하게 알아낼 수 있다고 생각해서도 안 된다. 요한복음은 고대문서이다. 그 속의 이야기들은 우리로부터 거의 2천 년이나 떨어져 있다. 그 책에는 저작권에 대한 정보도 없고 편집역사에 대한 언급도 없다. 우리는 심지어 초판본도 가지고 있지 않다. 필사자들은 수세기 동안 이 복음서를 손으로 베껴 왔다.—그들 중 어떤 이들은 조심성 있고 학문적 소양을 갖춘 자들이었다. 하지만 다른 이들은, 솔직히 말하자면, 그다지 신중한 자들이 아니었다. 그렇다면 지금 우리 손에 들려져 있는 대로의 이 이야기의 모습 혹은 상태는 어떤 것인가? '요한복음의 문학적 현상(literary phenomenon)은 무엇인가?'

요한복음 텍스트의 문학적 현상은 계속 신비로 남아 있다. 요한복음의 이 신비를 풀기 위해 지금까지 엄청난 양의 학문적 저술들이 쏟아졌다.[17] 레이몬드 브라운은 언젠가 요한신학자들은 여가시간에 자주 탐정소설을 즐겨 읽는다고 말했는데, 그것은 이 이유 때문일지도 모른다.

우리가 이 일을 시작하면 몇 가지 과제가 주어진다. 첫째, 우리는 이 복음서가

---

17. 이런 종류의 책들을 개관하다 보면 요한복음에 쏟아 부은 학자들의 엄청난 에너지 때문에 놀라게 된다. 다음의 중요한 작품들을 참조하라: E. Malatesta, *St, John's Gospel 1920-1965* (Rome: Pontifical Biblical Institute, 1967), G. VanBelle, *Johannine Bibliography 1966-1985. A Cumulative Bibliography on the Fourth Gospel* (Leuven. Leuven Univ. Press, 1988); R. Kysar, *The Fourth Evangelist and His Gospel* (Minneapolis: Augsburg, 1975); J. Ashton, ed, *The Interpretation of John* (Philadelphia: Fortress, 1986); and G. Sloyan, *What Are They Saying About John?* (New York· Paulist, 1991). 유럽의 최근 연구서로는, K. Scholtissek, "Johannine Studies: A Survey of Recent Research with Special Regard to German Contributions," *Currents in Research Biblical Studies* 6 (1998): 227-59.

어떻게 형성되었는가에 대해서 무언가를 배울 수 있는가? 요한복음은 혹시 어떤 원자료들을 암시해 주고 있지 않는가? 요한복음은 실제로 다양한 층의 편집과정을 거친 것이 아닐까?—아마도 예수와 그의 기적들에 관한 이야기들이 수집된 후, 그것들이 예수의 가르침에 관한 긴 설명들과 결합되었을 수도 있다. 만약 이것이 사실이고 훌륭한 증거에 기초한 것이라면, 우리는 본문에 대해 훨씬 더 많은 것을 배울 수 있을 것이다. 둘째, 우리는 뒤로 물러서서 요한복음을 하나의 전체로서 바라볼 필요가 있다. 현재 우리가 가지고 있는 정경으로서의(canonical)[18] 모습 속에서, 우리는 유용한 어떤 논리나 대칭구조를 분별해 낼 수 있는가? 요한복음은 그것의 통일성과 신학적 메시지를 설명해 주는 유기체적 구조를 가지고 있는가?

요한복음의 문학적 층

요한복음의 문학적 역사의 퍼즐은 요한복음에 있어서 인식된 첫 번째 비평적 문제였다. 이미 주후 2세기에 타티안(Tatian)은 그의 '디아테사론'(Diatessaron)에서 요한복음의 주요 부분들을 공관복음과 맞추기 위해 재배열했다. 그러나 본문의 위치를 옮기는 작업은 더 광범위하게 수행되어야 했다. 이집트 시나이(Sinai) 사막에 있는 성캐서린(St. Catherine) 수도원에서 1892년에 발견된 시내산 시리아(Sinaitic Syriac) 사본은 설화(narrative)를 "개선하기"(improve) 위해 요한복음 18장을(가야바와 안나스의 심문의 순서를) 재배열했다.

우리가 가지고 있는 것처럼 보이는 것은 내적 실마리들이다.—우리는 아마도 그것을 문학적 이음새라고 부를 수도 있을 것이다.—그것들은 이 복음서의 구성역사를 암시해 준다. 불행하게도 이 문제에 대한 해결책은 공관복음의 해결책과는 다르다. 공관복음의 경우 복수의 전승들을 비교할 수 있다. 예를 들어, 만약 마태복음과 누가복음이 마가복음을 사용하고 있다면, 우리는 그들의 의존과 차이점의 패턴을 분석할 수 있다. 물론 어떤 이들은 요한복음이 누가복음의 일부 혹은 마가복음을 알고 있었을 것이라는 주장을 해 왔다. 그러나 마태복음이 마가복음에 의존하듯이 요한복음이 다른 복음서에 직접적인 문학적 의존을 하고 있다는 용감한 주장을 하는 사람은 없을 것이다. 반대로 요한복음의 자료들은 그들의 역사에 대해 매우 희미한 흔적만을 남기고 있을 뿐이다.

요한복음의 자료들은 "거저 주어지지"(given away) 않기 때문에, 학자들은 요

18. '정경적인'(*canonical*)이라는 용어는 교회에서 용납하여 받아들인 문학적 형태를 말한다.

한복음의 신비들을 풀기 위한 기술들을 개발해 왔다.[19] (1) 우리는 추가적인 편집의 손길이 의심되는 문체상의(stylistic) 증거들을 찾아야 할 것이다. 예를 들어, 우리는 '로고스'(*logos*, 말씀)라는 용어가 1장에서 어떻게 해서 채용된 후 다시 버려졌는지를 알아낼 수 있을 것이다. '플레로마'(*pleroma*, 충만) 혹은 '카리스'(*charis*, 은혜)와 같은 핵심용어들에 대해서도 같은 말을 할 수 있다. 그러나 최고의 연구들은 이 도구를 거부했다. 주의 깊은 언어학적 작업은 문체에 근거를 둔 자료 이론들을 치명적으로 약화시켰고, 1장부터 21장까지가 동일한 손에 의해 기록되었다는 것을 우리에게 확신시켜 주었다.[20] 예를 들어, 기적에 있어서 '뒤나미스'(*dynamis*, 힘)와 같은 중요한 단어가 요한복음에서는 어떻게 일관되게 생략되고 소위 말하는 "요한의 어휘"로 대체되었는지 주목해 보라. '에르곤'(*ergon*, 일)과 '세메이온'(*semeion*, 표적).

(2) 라이벌을 이루는 관점들이 본문 속에 함께 들어 있는 경우가 있다. 우리는 이와 같은 '관념적 성향들'(ideological tendencies)을 찾아야 할 것이다. 요한복음은 이 점에 있어서도 상당히 많은 관심의 대상이 되었다. 저자가 어떤 자료를 채택했을지라도, 그 자료의 내용에 대해서는, 심지어 무의식적인 수준에서라도, 동의를 하지 못할 수가 있다. 이런 불일치가 눈에 띌 경우, 우리는 원자료의 내용과 편집자의 손길을 구별할 수 있을 것이다. 루돌프 불트만(Rudolf Bultmann)은 이런 종류의 탐정 작업의 전문가였다. 그는 상당한 수의 성향들의 목록을 작성했다. 이를테면 '사랑하시는 제자'에 대한 관심, 사역들과 표적들 사이의 대조, 그리고 종말론 등이 그것이다. 요한복음 3:26과 4:1의 전통적인 이야기들에 따르자면 예수께서는 물세례를 베풀고 계셨다. 그런데 놀랍게도 요한복음 4:2은 예수께서 사실은 세례를 베풀지 않으셨다고 이야기를 수정한다.—세례를 베푼 것은 오직 그의 추종자들이었다. 불트만은 이것이 저자와 그의 자료 사이의 불일치의 증거라고 주장한다.

그러나 학자들은 이런 접근방법에 대해서도 동일하게 비판적인 입장을 취해 왔다. 무디 스미스(D. Moody Smith)와 로버트 포르트나(Robert Fortna)는 관념적 층

---

19. 참조. R. Fortna, *The Gospel of Signs: A Reconstruction of the Narrative Source Underlying the Fourth Gospel* (Cambridge: Cambridge Univ. Press, 1970), 1-22. 보다 최근의 것으로는, R. Fortna, *The Fourth Gospel and Its Predecessors: From Narrative Source to Present Gospel* (Philadelphia: Fortress, 1988).

20. E. Schweizer, *Ego Emi. Die religionsgeschichtliche Herkunft und theologische Bedeutung der johanneischen Bildreden, Zugleich ein Beitrag zur Quellenfragen des vierten Evangeliums* (Gottingen: Vandenhoeck, 1938, 1965²); E. Ruckstuhl, *Die literarische Einheit des Johannesevangeliums: Der gegenwärtige Stand der einschlägigen Forschungen* (Freiburg: St. Paul, 1951).

들을 구분해 낼 수 있는 우리의 능력에 대해 의문을 제기한다.[21] 요한복음의 주제들은 너무 섬세하며, 대단히 미묘한 차이를 지니고 있다.—그리고 그 외에도, 그 어떤 저자라도 수많은 내적 긴장들을 내포하고 있는 글을 쓸 것이다. 어떤 견해를 보다 원초적인 것으로 보고 다른 견해를 교정자 혹은 편집자의 견해로 돌리는 것은 객관적 기초를 결여하고 있다.

(3) 세 번째 도구는 보다 가능성이 높다. '문맥상의 증거'(contextual evidence). 문맥상의 증거는 본문에 있어서 어떤 불규칙성, 이야기의 균열을 보여주는 것이다. 그것은 다양한 형태로 나타난다. ⓐ '본문상의 증거'(textual evidence)라는 것이 있는데, 고대의 사본들이 전승에 있어서 불일치를 보여주는 경우이다. 어떤 헬라어 사본은 이런 식으로 어떤 문단 혹은 문장을 기록하고 있는데 다른 사본은 다른 식으로 그것을 기록하고 있을 수 있다. 예를 들어, 마가복음의 긴 종결부가 이것을 보여준다(참조. 막 16:9-20). 하지만 슬프게도 요한복음에서는 이런 것이 좀처럼 나타나지 않는다. 간음한 여인의 이야기가 재빨리 머리에 떠오른다(요 7:53-8:11). 그러나 본문상의 불일치들이 요한복음 해석을 위해 중요한 의미를 지니는 경우는 거의 없다(cf. 요 1:13, 18, 41; 3:34; 6:69; 14:3).[22]

ⓑ 두 번째 문맥상의 도구는 화자 혹은 편집자의 삽입구적인 언급들을 구분해 내어 연구하는 것이다. 그런 언급들은 독자의 이해를 돕기 위해 이야기의 흐름을 끊는다. 이것은 독자들이 이해하지 못할 수도 있는 소재들, 자료들, 혹은 전승들을 저자가 사용하고 있다는 의미이다. 이런 경우는 요한복음에 있어서 흔하게 나타난다. 예를 들어, 요한복음 1:41은 우리에게 아람어 이름 "게바"(Cephas)의 의미는 "베드로"(헬라어로 '페트로스'[*petros*])라고 가르쳐 준다. 요한복음 19:31은 유대인의 안식일은 (문자적으로) "높은 날"(high day)이라고 말한다. 요한복음 4:9에서는 유대인과 사마리아인 사이의 긴장이 부가적으로 설명되고 있다("이는 유대인이 사마리아인과 상종하지 아니함이러라").

가끔 요한은 본문의 논리가 어색할 경우 설명을 첨부한다. 예를 들어, 요한복음 2:9에서 연회장은 포도주의 출처를 알지 못했다. 그러나 화자는 종들이야말로 그

---

21. D. Moody Smith, *The Composition and Order of the Fourth Gospel: Bultmann's Literary Theory* (New Haven: Yale Univ. Press, 1965); R. Fortna, *The Gospel of Signs, and The Fourth Gospel and Its Predecessors.*

22. 요한복음의 본문 연구를 위하여는, V. Salmon, *The Fourth Gospel: A History of the Text* (Collegeville: Liturgical, 1976), 요한복음의 헬라어 본문에 대한 주석들은(특히 C. K. Barrett, 1978²) 일반적으로 특정한 본문상의 문제들을 지적한다.

기적의 진정한 증인들임을 우리에게 상기시킨다. 동일한 "독자 도우미"(reader helps)는 4:2에서도 찾을 수 있다. 그 구절은 예수께서 그 누구에게도 세례를 주지 않으셨다는 사실을 우리에게 상기시킨다. 그러나 대개의 경우 화자는 6:1에서처럼 이야기의 보조 역할을 할 뿐이다. 그곳에서 그는 갈릴리 바다와 디베랴 바다가 같은 것이라고 말한다. 이곳이 바로 자료비평가(source critic)가 앉아 있는 곳이다. 만약 요한의 독자들이 "디베랴 바다"에 대해 이해하고 있었다면, 그리고 요한이 전체 이야기를 자료 없이 썼다면, 이런 설명을 제일 앞에 둘 필요는 없지 않았을까?

ⓒ 세 번째 문맥상의 도구는 내가 '문학적 이음새들'(literary seams)이라고 부르는 것을 본문에서 찾아낼 때 얻을 수 있다. 이것들은 이야기의 시대, 주제, 혹은 극의 흐름이 제대로 맞지 않을 때 나타난다. 요한복음은 공관복음과는 전혀 다른 방식으로 이런 예들을 풍부하게 포함하고 있다.

이런 현상들은 너무나 흔하기 때문에 심지어 하나의 기술적 용어까지 붙여졌다. 1907년에 에드워드 슈바르츠(Edward Schwartz)는 이런 "난제들"(difficulties)을 위해 '아포리아'(*aporia*)라는 용어를 만들어 냈다.[23] 오늘날 이 용어는 로버트 포르트나(Robert Fortna)와 하워드 티플(Howard Teeple)에 의해 채용되었다.[24] 슈바르츠의 책이 나온 지 3년 후에 이 주제를 다룬 최초의 영어 저서인 워버튼 루이스(Warburton Lewis)의 『요한복음의 혼란』(*Disarrangements in the Fourth Gospel*)이 나왔다.[25] 그가 말하는 혼란들 중 몇 가지를 간단히 살펴보기로 하자:

- 먼저 독특한 관용어와 시적 문체를 지니고 있는 요한복음 서문(1:1-18)을 주목해 보자. 이 서문이 없다면 요한복음은 1:19에서 세례요한과 함께 시작될 것이고 공관복음의 전통적인 시작 부분과 평행을 이루게 될 것이다. 이 시의 출처는 무엇인가? 누가 그것을 썼는가? 요한복음 본문과 이 서문의 관계는 무엇인가?
- 예수의 기적들에 대해 요한이 '표적'(헬라어 '세메이온'[*semeion*])이라는 용

23. 헬라어 '아포리아'(*aporia*, 지나가기 어려운 통로; cf. *aporeo*, "어쩔 줄을 모르다")에서 파생되었다. 이 단어는 지나갈 수 없는 해협 혹은 논쟁에 있어서 논리적 어려움을 뜻한다. 참조. E. Schwartz, "Aporien im vierten Evangelium," in *Nachrichten von der königlichen Gesellschaft der Wissenschaften zu Gottingen*(1907), 342-72; (1908), 115-88, 497-650.

24. R. Fortna, *The Fourth Gospel and Its Predecessors*; H. Teeple, *The Literary Origin of the Gospel of John* (Evanston: Religion and Ethics Institute, 1974).

25. Warburton Lewis, *Disarrangements in the Fourth Gospel*(Cambridge: Cambridge Univ. Press, 1910).

어를 사용하는 것에 주목하자. 2:11과 4:54에서는 표적들의 수가 세어진다(첫 번째와 두 번째 "표적들"). 그러나 계수체계는 유지되지 않는다. 그 외에도 많은 이들은 요한복음 2:23이 예수께서 전에 예루살렘에서 여러 표적들을 행하셨다고 말하고 있는데 어떻게 4:54의 기적이 두 번째 표적이 될 수 있는가에 대해 의문을 제기해 왔다.

- 요한복음 3:22은 예수께서 "제자들과 유대 땅으로" 가셨다고 말한다. 그런데 문제는 예수께서는 예루살렘에서 유월절 축제에 참여하신 이후로 계속해서 유대 지역에 계셨다는 것이다(요 2:23-3:21).
- 가장 흥미를 끄는 퍼즐들 가운데 하나는 요한복음 5장과 6장의 순서이다. 현재의 순서에 따르자면 예수께서는 사마리아에서 갈릴리로, 갈릴리에서 예루살렘으로, 예루살렘에서 다시 갈릴리로, 그 후에 다시 예루살렘으로 갑작스럽게 움직이신다.—이 모든 것은 이동에 대한 언급 없이 이루어진다. 예를 들어, 요한복음 5장에 따르자면 예수께서는 예루살렘에서 논쟁에 참여하셨다. 이제 6:1을 보자. "그 후에 예수께서 디베랴의 갈릴리 바다 건너편으로 가시매." 많은 학자들은 5장과 6장의 순서를 바꾸고 싶어 할 것이다.[26]
- 간음한 여인이 등장하는 단락을 생각해 보자(요 7:53-8:11). 이 단락은 비록 성전강화를 중간에서 가로막고 있기는 하지만, 그래도 성전강화와 신학적 연관성들을 가지고 있다. 이것은 사본증거가 중요한 역할을 하는 한 가지 예이다. 아마도 이 단락은 이리저리 떠다니던 복음서 에피소드인데 후에 요한복음(그리고 누가복음) 속으로 들어갔을 것이다.[27]

---

26. 이것을 우리가 요한복음 5장과 6장의 순서를 바꾸었을 때와 비교해 보라(새로운 순서: 요한복음 3, 4, 6, 5, 7장). (1) 요 6:1은 연대기적으로 의미를 지니게 된다. 왜냐하면 4장 마지막 부분에서 예수가 갈릴리에서 기적을 행하시기 때문이다. 예수께서는 그 후에 바다 서쪽 해변에서 동쪽 해변으로 이동하신다. (2) 마찬가지로 요 7:1이 현재와 같이 6장 다음에 오게 하는 것은 어색하다. "그 후에 예수께서 갈릴리에서 다니시고 유대에서 다니려 아니하심은 유대인들이 죽이려 함이러라"(요 7:1). 죽음에 대한 이런 관심은 5장 다음에 곧바로 이어져 나와야 한다. 5장에서는 유대 지역에서 유대인들이 예수를 죽이기로 결정한다. (3) 예수께서 그것 때문에 핍박을 받게 되신, 요 7:21에서 말하는 "한 가지 일"은 무엇인가? 요 7:23의 설명에 따르자면 그것은 5장에 등장하는 병자를 고쳐 주신 사건이다. (4) 4장과 6장 사이에는 수많은 신학적 연계성들이 존재한다(생명의 물/생명의 떡; 표적신학; 하나님의 일을 하는 것 등). 그런데 5장이 이들 사이를 가로막고 있다. (5) 마지막으로, 이렇게 두 장의 위치를 바꾸는 것은 요한복음의 연대기와 마가복음의 연대기가 조화를 이루도록 한다. 마가복음에 따르자면 갈릴리에서의 사역은 오병이어를 통해 절정을 이루고 그 후에 장면이 유대로 바뀐다. 새로운 배열은 갈릴리 이야기들을 모아 하나의 단위로 묶어 주고(4, 6장) 그 이후에 예수의 유대 사역이 등장한다(5장, 7-11장).
27. G. M. Burge, "John 7,53-8,11: The Woman Caught in Adultery," *JETS* 27 (1984): 141-48.

- 또 다른 '아포리아'는 요한복음 11:2에서 찾을 수 있을 것이다. 여기서 베다니의 마리아는 "향유를 주께 붓고 머리털로 주의 발을 닦던 자"로 소개된다. 유일한 문제는 다음 장(요 12장)에 가서야 기름부음 사건이 발생한다는 것이다.
- 요한복음 14:31에서는 예수께서 다락방 강화를 마치시고 그의 체포가 임박한 것 같다. "이 후에는 내가 너희와 말을 많이 하지 아니하리니 이 세상의 임금이 오겠음이라"(요 14:30). 그런데 갑자기 "일어나라. 여기를 떠나자"(요 14:31)라고 말씀하신다. 놀라운 것은 유다가 오기 전에 예수께서 하실 말씀이 아직도 '많이' 있었다는 것이다.—약 86개의 절들. 그렇다면 14:31은 18:1 앞에 와야 하는 것이 아닌가? 만약 당신이 이 순서대로 이야기를 읽는다면 이야기가 자연스럽게 이어지는 것에 대해 놀라게 될 것이다.
- 또 다른 '아포리아'는 요한복음 16:5에서 발견된다. "너희 중에서 나더러 어디로 가는지 묻는 자가 없고." 그러나 사실은 그 반대이다. 왜냐하면 13:36에서 베드로가 바로 그 질문을 했고, 14:5에서 도마도 같은 질문을 던졌기 때문이다. 이 부분에 의해 영감을 받은 많은 이론들은 16:5을 13:36 이전에 위치시키려고 노력했다.
- 마지막 '아포리아'는 앞서 말한 것과 연관이 있다. 우리는 요한복음 21장을 어떻게 볼 것인가? 요한복음 20장의 마지막 절들은 복음서를 마치는 것처럼 보인다. 여기서 모든 종류의 기술적 문제들이 제기된다. 요한복음 1-20장을 쓴 동일한 저자가 21장을 썼는가? 문체상으로 보았을 때는 동일하다.—심지어 요한복음 21:14은 부활 에피소드들에 대한 계수체계를 사용하고 있는데 그것은 20장의 모든 것들을 전제로 한 것이다. 동일하게 중요한 것으로서, 요한복음 13장과 20장에 나타나 있는 베드로와 요한 사이의 경쟁관계가 21장에서도 예수가 해변에 나타나셨을 때 동일하게 전개된다. 그러나 주의 깊은 편집자라면 요한복음 21장의 문체와 형식을 1-20장의 것과 동일하게 맞출 수 있었을 것이다. 가장 흥미로운 부분은 마지막 두 절이다(요 21:24-25). 놀랍게도 여기서 '사랑하시는 제자'와는 다른 편집자들 혹은 저자들이 자신들의 정체를 밝힌다. "이 일을 증언하고 이 일을 기록한 제자가 이 사람이라. '우리'는 '그'의 증언이 참된 줄 아노라." 여기서 "우리"는 누구일까? 이것은 요한복음을 편집함에 있어서 요한의 제자들이 그를 도왔다는 사실에 대한 직접적 증거일까?

요약하자면, 이 문학적 증거가 의미하는 것은 단지 요한이 그의 복음서를 썼을 때 자료들을 이용했다는 것이다. 나에게 있어서 자료들이 지적하는 것은 요한의 전승들이 매우 오래 된 것들이었다는 것이다. 어떤 학자들은 그 자료들의 위치를 역사적으로 보다 믿을 수 있는 곳에 두기 위해 그 자료들을 비교 검토하는데 이는 불필요한 일이다. 대부분의 학자들은 이것을 가장 이른 시기의 편집과정에서 이야기들에 대한 신중한 선별과 배열이 이루어졌다는 증거로 본다. '사랑하시는 제자'가 요한복음을 처음부터 끝까지 한 번에 기술했다고 믿는 사람은 거의 없다. 그 대신 요한복음은 시간을 두고 발전해 왔을 것이다. 요한복음은 일련의 형성과정을 거쳐온 것으로 보인다. 그리고 문학적 이음새들은 각 단계들이 어디서 만났는지를 보여주는 예들이다. 여러 번의 증축과 개축을 거듭한 집처럼, 그 이음새들을 살펴보는 것은 원래의 건축자들의 의도를 재구성하는 데 도움을 준다.

제안된 재구성

많은 학자들은 요한복음의 각 형성단계들을 재구성하려고 노력해 왔다. 그러나 그들 사이에 동의는 거의 이루어지지 않고 있다. 전통적인 재구성은 다음과 같다고 볼 수 있다.

- **제1단계.** 가장 초기의 기독교인들 사이에서 회람되고 있던 예수의 가르침들에 대한 기초적인 자료가 수집되었다. 이것들 중 많은 것들은 요한에 의해 수집되었다. 그것들은 기억되거나 기록된 것으로서 그의 개인적 사역에 있어서 활용되었다.
- **제2단계.** 초기 공동체가 형성되었다(그들은 아마도 세례요한을 따르는 자들로 형성되었을 수도 있다. 참조. 요 1-4장). 그들은 이웃한 유대인 공동체와 강한 긴장 속에서 살았다.[28] 이것은 요한복음에 "유대인들"에 대항한 논쟁이 자주 등장한다는 점, 그리고 요한복음이 유대인들의 문화적, 신학적 자료들을 사용하고 있다는 점을 설명해 준다. 그것은 또한 요한복음의 이원론과 "세상"에 대한 반복적인 경고들도 설명해 준다. 요한복음의 이야기들은 교회가 주위의

28. 여기서 나는 교부들의 전통에 따라 그 공동체가 에베소 내부 혹은 그 인근에 존재했었다고 보고 있다. 요한의 공동체가 세례요한의 공동체에 대해 지대한 관심을 가지고 있었다는 사실에 주목하라(요 1:6-9, 19-28; 3:22-36; 그리고 10:40-42에 등장하는 논쟁 참조). 또한 행 19:1-8에서 바울이 예수를 따르지 않는 세례요한 추종자들을 만난 것에 주목하라: '이 일은 에베소에서 발생했다.'

공동체 속에서 살아남기 위해 애쓰는 과정에서 교회의 삶과 필요들에 의해 형성되었다.

- 제3단계. 공동체가 성장하고 그 정체성을 공고히 하게 됨에 따라 예수의 삶에 대한 요한의 기억에 기초하여 복음서의 초안이 작성되었다. 이 "이전 복음서"(pre-gospel)는 어쩌면 세례요한의 이야기로 시작하여(요 1:19) 요한복음 20:31에서 끝났을 것이다.
- 제4단계. 갑자기 공동체는 내부 갈등을 경험하게 된다. 그것은 초기 영지주의 이단과 내부 분열로 인한 갈등이었다. 요한은 그의 세 편의 서신들을 쓰고(요한1, 2, 3서) 동시에 그의 복음서 서론을 썼다(요 1:1-18). 그 서론은 요한복음에 덧붙여졌는데 요한의 성육신 기독론을 명백하게 확증해 주는 역할을 했다. 그것은 요한복음의 다른 곳에서 발견되는 미묘한 확언들보다 웅변적이고 강력한 확증을 담은 전주곡이다.
- 제5단계. 요한이 죽은 이후 그의 제자들은 그의 마지막 부활 이야기들(요 21장)을 조심스럽게 수집했다. 그리고 제자들은 요한의 목격자로서의 증언의 중요성에 대해 영원한 찬사를 제공했다(요 19:35; 21:24). 그들이 요한복음을 편집할 때, 그들은 요한의 예수와의 친밀성과 요한의 가르침의 깊이에 대한 찬사로서 그에게 "사랑하시는 제자"라는 명칭을 부여했다. 그들은 또한 적당한 곳에서 이야기들을 나누고 요한의 회고록에 마지막 터치를 가하면서 요한복음의 마지막 배열을 완성시켰다.[29]

문학적 구조

요한복음을 사진 복사하여 그 전체를 한데 모아 보는 것은 흥미로운 일이다.[30] 이렇게 하면 복음서를 전체로서 볼 수 있을 뿐만 아니라 본문의 각 단위들 사이의 연결을 볼 수 있다. 요한복음 11장(나사로의 부활)은 이제 요한복음 20장(예수의

---

29. 아마도 이 때에 간음한 여인의 이야기가 요한복음 7,8장의 이야기 속으로 들어갔을 것이다. 비판적 학자들은 이 시기에 요한복음의 종말론(요 5:19ff.)과 성찬주의(요 6:52-59)를 조절한 엄격한 편집이 이루어졌을 것이라고 주장한다. 어떤 학자들은 요한서신과 요한복음 서론의 저술이 요한의 죽음 이후에 이루어졌을 것이라고 생각한다. 그들에 따르자면, 요한서신에 등장하는 "장로"(elder)는 요한의 신임을 받은 제자로서 공동체의 리더가 된 자였다. 그러나 많은 다른 학자들은 이런 재구성에 동의하지 않는다(예를 들면, Morris, Carson). 그들은 복음서의 형성이 단계별로 발전해 왔으며, 복음서 기자는 복음서의 마지막 편집에 관여했고, 복음서는 신학적 "편집"을 거치지 않았다고 설득력 있게 주장한다.
30. 본문을 고정밀도로 축소 복사한 후 칼럼별로 자른다. 잘라 낸 칼럼들을 커다란 종이 위에 순서대로 이어 붙인다. 그렇게 하면 전체 복음서를 몇 장의 종이 위에서 볼 수 있게 된다.

부활)과 쉽게 비교될 수 있다. 주제별 변이 역시 쉽게 알아볼 수 있다.[31] 예를 들어 요한복음 5장과 6장 사이의 갑작스러운 변이가 쉽게 눈에 띈다.

우리가 요한복음 전체를 살펴보면 즉시 어떤 자연적인 구분들을 볼 수 있게 된다. 하지만 복음서가 장별로 나누어진 것은 인위적인 구분에 불과하다는 것을 기억하라. '우리가 원하는 것은 자연스러운 문학적 구분이다.' 예수께서는 1-12장에서 공개적으로 일하시는 것처럼 보인다. 그분은 다양한 종류의 대중들 앞에서 표적을 보이시고 가르침을 베푸신다. 그리고 13-17장에서는 자신을 따르는 자들에게 개인적인 말씀을 하신다. 거의 그들에게 "고별인사"(Farewell)를 하시는 듯하다. 마지막으로 고난과 부활에 대한 상세한 설명으로 이야기가 끝난다.

이런 단위들 사이의 변이에 주목해 보자. 요한복음 12장은 분명히 공적 사역의 절정으로 보인다. 12장은 예수의 노력들에 대한 "요약"(summing up), 불신에 대한 절망적인 탄식, 그리고 예수의 말씀의 신적 기원에 대한 마지막 재확인으로 끝난다. 요한복음 13:1은 장면의 배경을 유월절로 바꾼다. 그 구절은 예수께서 이제 세상으로부터 떠나려 하신다고 말하며, 그를 따랐던 자들로 무대의 범위를 좁힌다. 17장은 긴 기도로 끝나며 새로운 장소(기드론 계곡)로의 이동과 함께 새로운 장면들이 이어진다. 예수의 체포, 재판, 그리고 죽음. '긴 강화들(discourses)은 이제 극적인 설화(narrative)에게 길을 내준다.'

학자들은 이 구분을 재빨리 알아채고 그들에게 이름을 붙여 주었다. 그래서 1-12장은 "표적의 책"(Book of Signs)이라 불린다. 왜냐하면 그것들은 예수의 수많은 계시적인 기적들을 기록하고 있기 때문이다. (다락방 사건과 부활 사건을 결합시키고 있는) 13-21장은 "영광의 책"(Book of Glory)이라 불린다. 왜냐하면 예수께서 십자가 위에서 영광을 받으시기 때문이다(요 13:31).

표적의 책(요 1-12장). 이제 첫 번째 부분인 표적의 책을 자세히 살피기로 하자. 첫 부분에 등장하는 찬송시는 전주곡과 같다. 그것은 실제로는 요한복음 1:19에서 시작되는 드라마를 위해 커튼을 들어올려 주고 있다. 그 다음에는 세례요한과 그의 제자들(그리고 그들이 최초로 예수를 만나는 장면들)에게 중심을 맞춘 부분이 따

---

31. 재미있는 첫 번째 연습은 요한복음에 나오는 모든 유대 절기들에 대한 언급들을 (칼라펜으로) 표시하는 것이다. 안식일, 유월절, 초막절, 그리고 수전절(하누카, Hannukah)을 찾을 수 있을 것이다. 이제 그 언급들 주위에 어떤 이야기들이 적혀 있는지 살핀다. 그들 사이에 연결이 있는가? 이제 두 가지 색의 펜들을 사용하여 유다가 배경인 본문들과 갈릴리가 배경인 본문들을 표시해 본다. 이러 것들을 통해 어떤 패턴이 드러나는가?

른다. 다음에는 이야기들이 빠른 속도로 한 장면에서 다른 장면을 옮겨간다. 가나의 기적, 성전청결사건, 니고데모 등등.

주요 설화의 변이에 주목하면서 이 단위들을 주제별로 분류해 보자. 그러면 이 부분들이 '주제별로 배열되어' 있음이 즉시 분명해진다. 요한복음 2-4장에서 예수께서는 유대교의 제도들 속에서 기적들을 행하신다. 5-10장에서 예수께서는 일련의 유대 축제들 속에서 나타나신다(각 부분에서 각 축제들의 이름이 실제적으로 어떻게 나타나는지 보라). 이 각각의 것들—제도들과 축제들—속에서, 예수께서는 몇몇 유대적인 상징들을 메시야적인 풍부함으로 대체하고 계시다(물 → 생수, 만나 → 산 떡 등등). 우리는 다음과 같이 개요를 작성할 수 있을 것이다.

A. 서론(1:1-18)
B. 예수와 세례요한(1:19-51)
C. 예수와 유대 제도들(2:1-4:54)[32]
  1. 가나에서: 정결예식에 쓰는 돌항아리들(2:1-12)
  2. 예루살렘에서: 성전(2:13-25)
  3. 예루살렘에서: 랍비(3:1-21)
    {세례요한에 대한 부가적 설명(3:22-35)}[33]
  4. 사마리아에서: 거룩한 우물(4:1-42)
  5. 가나로 돌아옴(4:43-54)
D. 예수와 유대 축제들(5:1-10:42)[34]
  1. 안식일(5:1-47)
  2. 유월절(6:1-71)
  3. 초막절(물과 빛의 축제, 7:1-52)
    {간음한 여인에 대한 부가적 설명(7:53-8:11)}[35]

32. 각각의 경우에 있어서 유대교 제도 안의 중요한 요소는 우리를 위해 정체가 밝혀지고 있고, 예수께서는 그것을 자신의 존재로 대체하고 계시다.

33. 이 부분을 요 1:19-51과 비교하라. 많은 학자들은 두 단락들이 모두 유사한 배경에 근거를 두고 있다고 생각한다.

34. 앞선 단락에서와 마찬가지로 여기서도 축제가 언급되며 그것의 주된 상징들이 우리를 위해 설명되고 있다. 예수께서는 그 상징을 대체하시거나 아니면 그 축제의 의미에 대한 자신의 권위를 드러내고 계시다. 예를 들어, 초막절에 성전에서 물과 빛의 행사들이 벌어지고 있을 때, 예수께서는 성전에 서셔서 자신이 "생명의 물"이요 "세상의 빛"이라고 선언하신다.

a. 빛에 대한 강화(8:12-30)

b. 빛과 맹인 됨에 대한 갈등 이야기(9:1-41)

4. 수전절(혹은, 하누카[Hanukkah] 축제, 10:1-39)

5. 다시 세례요한에 대하여(10:40-42)

E. 예수의 죽음과 부활에 대한 전조(11:1-12:50)

1. 나사로: 죽음과 삶의 전형(11:1-57)[36]

2. 예수, 죽음을 위해 기름부음을 받음, 죽기 위해 예루살렘에 입성(12:1-50)

얼마나 많은 문학적 단위들이 각 부분 '내부의' 지시물들에 의해 그 모습이 드러나고 있는지 살펴보라. 가나에서의 에피소드들은(각각의 수가 세어지고 있는 기적들) 유대 제도들에 대한 단락의 틀을 형성한다. 축제 단락은 각 축제들의 이름을 명확하게 제시하며, 그 축제의 주요 상징들을 이용한다(안식일/일, 유월절/떡, 초막절/물과 빛, 수전절/예수의 헌신). 그리고 축제 단락들은 일반적으로 그 상징들의 의미를 확장하는 강화를 제공한다(유월절에 대한 설명인 요 6:15-35 참조). 세례요한에 대한 마지막 언급(요 10:40-42)은 모든 표적들의 출발점을(요 1:19ff.) 다시 되돌아 지적하며, 또 다른 종결 틀을 만들면서 예수의 표적들의 가치에 대해 재설명한다. 마지막으로 두 장들의 종결은 앞으로 닥칠 일에 대한 진지한 경고의 역할을 한다. 우리는 이것으로부터 어떤 결론들을 이끌어 낼 수 있는가? 갑자기 요한복음은 (적어도 1-12장은) 주제별로 배열될 수 있을 것처럼 보인다. 비록 각 단위들 혹은 이야기들은 그 자체로서 분명한 역사적, 연대기적 성격을 지니고 있지만 말이다. 요한은 예수의 사역을 순서대로 이야기하고 있다기보다는, 예수의 메시야 사역이 유대교에 끼친 충격에 대해 말하고 있다. 에피소드들은 우연히 배열된 것이 아니다. 우리가 가지고 있는 요한복음의 최종 편집판은 주의 깊게, 의도적으로 짜여진 구조를 가지고 있다.

영광의 책(요 13-21장). 영광의 책(요 13-21장)에 대해서도 많은 동일한 주장을 할 수 있다. 이곳의 주요 단락에 있어서 예수께서는 마지막 유월절 기간동안 그의 제자들과 개인적인 시간을 가지신다. 아홉 개나 되는 장들이 예수의 생의 겨우 며칠

35. 이 부분에 대해서는 수많은 연구들이 이루어졌는데, 이 이야기는 의심할 바 없이 요한복음의 이 배경에 있어서는 낯선 것이다. 사본 전승들은 이 부분의 진정성에 대해 증거가 나뉘어져 있다. 내가 쓴 "John 7:53-8:11: The Woman Caught in Adultery"와 그곳에 실린 여러 참고문헌들을 참조하라.

36. 이 부분을 수난 이야기(요 19-20장)와 주의 깊게 비교해 보면 놀라운 평행관계를 발견할 수 있다.

에 집중되고 있다는 것은 놀라운 일이다. 예수께서는 그들에게 개인적으로 종 됨에 대해 가르치시고, 그들의 발을 씻으시며, 개인적 계시 및 핍박과 관련하여 오실 성령에 대해 설명하시고, 그의 추종자들 및 그들의 제자들을 위해 길게 기도하신다. 요한복음 18장은 재판과 예수의 죽음 이야기를 연다. 그것은 확장된 설화로서 공관복음과 상당히 유사하다. 즉 요한복음의 특징적인 강화들 없이 장면에서 장면으로 빨리 움직인다. 십자가의 뒤에 상세한 부활 이야기가 온다. 예수께서는 부활 후에 추종자들에게 성령을 부어 주신다. 마지막으로, 요한복음 21장은 추가된 것처럼 보인다. 그것은 갈릴리에서의 부활 이야기들과 예수와 베드로와의 오랜 대화를 추가해 주고 있다.

A. 유월절 만찬(13:1-30)
  1. 세족(13:1-20)
  2. 유다의 배반(13:21-30)
B. 고별강화(13:31-17:26)
  1. 예수의 떠남과 공급(13:31-14:31)
  2. 참포도나무(15:1-17)
  3. 제자들과 세상(15:18-16:33)
    a. 세상의 증오(15:18-16:4a)
    b. 성령의 계속적인 사역(16:4b-33)
  4. 예수의 제사장적 기도(17:1-26)
C. 예수의 고난과 죽음(18:1-19:42)
  1. 체포와 심문(18:1-19:16)
    a. 체포(18:1-11)
    b. 유대인의 재판(18:12-27)
    c. 로마인의 재판(18:28-19:16)
  2. 십자가와 장례(19:17-42)
D. 부활(20:1-29)
E. 후기(21:1-25)
  1. 153마리 물고기의 기적(21:1-14)
  2. 예수와 베드로(21:15-23)
  3. 편집자의 추가(21:24-25)

'영광의 책' 에서 주를 이루는 것은 다락방 사건들과 고난에 대한 설명이다. 요한복음 13-17장에서 예수는 무대의 중심에 계시면서 자신의 죽음에 대해 그의 제자들을 준비시키신다. 반면에 요한복음 18장은 다른 종류의 이야기이다. 예수의 재판과 죽음에 대한 설명은 초기 기독교 내에서, 아마도 구전에 의해 확고하게 정립되었을 것이다. 요한복음 18-19장은 공관복음과의 평행구들을 그 어느 단락보다도 더 많이 가지고 있다. 바로 이 이유 때문에 다드(C. H. Dodd)는 그가 요한복음의 역사적 가치를 조사할 때 고난 설화를 그 출발점으로 삼았다.[37] 그러나 그는 요한복음이 공관복음을 반영하고 있기는 하지만 그 일탈이 너무 심하기 때문에, 요한복음은 아마도 예수의 죽음에 관한 오래 되고 정통성 있는 구전 전승을 기록했을 것이라고 결론을 내렸다.

하지만 처음 보기에는 매끄러운 설화처럼 보이는 것이, 좀더 자세히 살펴보면 표적의 책에서와 거의 동일한 방식으로 한데 모아진 이야기라는 것이 드러난다. 예를 들어, 예수의 고별 이야기는(요 13:31-17:26) 교훈들의 조각들을 한데 이어 놓은 것처럼 보인다. 우리는 요한복음 16:5과 "가는 것"(going)의 문제가 13:36 뒤에 놓이는 것이 난점을 야기한다는 것을 이미 살펴보았다. 주석가들은 14장과 16장 사이의 평행들을 자주 지적한다. 그들은 이것이 유사한 자료들에 대한 두 가지 번역일 수 있다고 주장한다. 그러나 요한복음의 최종 편집은 이 전승자료들을 결합시켰고, 그것들을 이곳에 정리했으며, 예수의 마지막 날들을 일관성 있게 제시하기 위해 작업을 했다.

---

37. C. H. Dodd, *Historical Tradition in the Fourth Gospel* (Cambridge: Cambridge Univ. Press. 1963), 21-151; F. F. Bruce, "The Trial of Jesus in the Fourth Gospel," *Gospel Perspectives I: Studies of History and Tradition in the Four Gospels*, R. T, France and D. Wenham, eds. (Sheffield, JSOT, 1980), 1:7-20; D. Carson, "Historical Tradition in the Fourth Gospel. After Dodd, What?" *Gospel Perspectives II. Studies of History and Tradition in the Four Gospels*, R. T. France and D. Wenham, eds. (Sheffield: JSOT, 1981), 2:83-145.

요한복음의 구조

요한복음 전체의 구조를 도표로 그리면 다음과 같다.

서론, 1:1-18

표적의 책 : 1-12장 (빛이 어둠에 비취었다.)

세례요한, 1:19-51

유대교의 제도들, 2:1-4:54
- 정결예식
- 성전
- 랍비
- 거룩한 우물

유대교의 축제들, 5:1-10:39
- 안식일, 5장
- 유월절, 6장
- 초막절, 7–9장
- 수전절, 10장

나사로와 예수의 기름부음, 11:1-12:8

예루살렘에서의 예수의 마지막 탄원, 12:9-50

영광의 책 : 13-20장 (어둠이 빛을 이기지 못하였다.)

세족, 13:1-32

예수의 고별강화, 13:31-16:33
- 성령
- 핍박
- 계시
- 예수의 마지막 기도, 17장

수난 이야기, 18-20**장**

체포

재판

십자가

부활

후기, 21**장**

참고 문헌

주석들

Barclay, W. *The Gospel of John.* 2 vols. Edinburgh: St. Andrew's, 1956.

Barrett, C. K. *The Gospel According to St. John.* Philadelphia: Westminster, 1955, 1978.

Beasley-Murray, G. R. *John.* WBC. Waco, Tex.: Word, 1987.

Bernard, J. H. *The Gospel of John.* 2 vols. ICC. Edinburgh: T. & T. Clark, 1928.

Blank, J. *The Gospel According to John.* New York: Crossroads, 1981.

Boice, J. *The Gospel of John.* Grand Rapids: Zondervan, 1979.

Borchert, G. L. *John 1-11.* NAC. Nashville: Broadman, 1996.

Brodie, T. L. *The Gospel of John: A Literary and Theological Commentary.* New York: Oxford Univ. Press, 1993.

Brown, R. E. *The Gospel According to John.* 2 vols. AB. New York: Doubleday, 1966, 1970.

Bruce, F. F. *The Gospel of John.* Grand Rapids: Eerdmans, 1983.

Bultmann, R. *The Gospel According to John.* Philadelphia: Westminster, 1964, 1971.

Calvin, J. *The Gospel According to St. John.* 2 vols. Trans. T. H. L. Parker. Grand Rapids: Eerdmans, 1959, 1961.

Carson, D. A. *The Gospel According to John.* Grand Rapids: Eerdmans, 1991.

Comfort, P. *I Am the Way: A Spiritual Journey Through the Gospel of John.* Grand Rapids: Baker, 1994.

Dodd, C. H. *The Interpretation of the Fourth Gospel.* Cambridge: Cambridge Univ. Press, 1953.

Dodds, M. *The Gospel According to St. John.* EGNT. Grand Rapids: Eerdmans, 1976.

Fenton, J. C. *The Gospel According to St. John.* Oxford: Clarendon, 1970.

Filson, F. *The Gospel of St. John.* Atlanta: John Knox, 1963.

Grayston, K. *The Gospel of John.* Narrative Commentaries. Philadelphia: Trinity Press, 1990.

Haenchen, E. *A Commentary on the Gospel of John.* 2 vols. Hermeneia. Philadelphia: Fortress, 1984.

Hendriksen, W. *The Gospel of John.* 2 vols. Grand Rapids: Baker, 1954.

Hoskyns, E., and F. N. Davey. *The Fourth Gospel.* London: Faber & Faber, 1947.

Howard, W. F. *Saint John: Introduction and Exegesis.* The Interpreter's Bible, vol. 8. Nashville: Abingdon, 1952.

Hull, W. E. *John.* BBC. Nashville: Broadman, 1970.

Hunter, A. M. *The Gospel According to John.* Cambridge: Cambridge Univ, Press, 1965.

Kealy, S. P. *That You May Believe: The Gospel According to St, John.* Middlegreen, Slough: St. Paul Pub., 1978.

Kysar, R. *John.* Augsburg Series. Minneapolis, Augsburg, 1986.

_______. *John's Story of Jesus.* Philadelphia: Fortress, 1984.

Lightfoot, R. H. St, *John's Gospel.* Oxford: Oxford Univ. Press, 1960.

Lindars, B. *The Gospel of John.* NCS. London: Oliphants, 1972.

MacGregor, G. H. C. *The Gospel of John.* London: Hodder, 1928.

MacRae, G. W. *Invitation to John.* New York: Doubleday, 1978.

Marsh, *J. Saint John.* Penguin Series. Philadelphia: Westminster, 1968.

McPolin, J. *John.* Dublin: Veritas Pub., 1979.

Michaela, J. R. *John.* NIBC. Peabody, Mass.: Hendrickson, 1984, 1989.

Milne, B. *The Message of John.* BST. Downers Grove: Intervarsity, 1993.

Morris, L. *The Gospel According to St, John.* NICNT. Grand Rapids: Eerdmans, 1995[2]

Newbigin, L. *The Light Has Come: An Exposition of the Fourth Gospel.* Grand Rapids: Eerdmans, 1982.

Plummer, A. *The Gospel According to St. John.* Cambridge: Cambridge Univ. Press, 1891.

Richardson, A. *The Gospel According to St. John.* London: SCM, 1959.

Ridderbos, H. *The Gospel of John.* Grand Rapids: Eerdmans, 1997.

Sanders, J. N., and B. A. Mastin. *A Commentary on the Gospel According to St. John.* HNTC. London: A & C Black, 1968.

Schnackenburg, R. *The Gospel According to St. John.* 3 vols. New York: Seabury, 1968, 1980, 1982.

Sloyan, G. *John*. Interpretation. Atlanta : John Knox, 1988.

Smith, D. M. *John*. Philadelphia : Fortress, 1976.

Strachan, R. H. *The Fourth Gospel*. London : SCM, 1941.

Tasker, R. B. G. *John*. TNTC. Grand Rapids : Eerdmans, 1960.

Temple, Wm. *Readings in St. Johns Gospel*. London : MacMillan, 1945.

Tenney, M. *John : The Gospel of Belief*. Grand Rapids : Eerdmans, 1948.

Tenney, M. *The Gospel of John*. EBC 9. Grand Rapids : Zondervan, 1981.

Westcott, B. F. *The Gospel According to St. John : The Greek Text with Intro. and Notes*. 2 vols. London : J. Murray, 1908.

_______. *The Gospel According to John*. Grand Rapids : Eerdmans, 1973 (orig. 1881).

Whitacre, R. A. *John*. IVPNTC. Downers Grove : InterVarsity, 1999.

Witherington, B. *John's Wisdom*. Louisville : Westminster/John Knox, 1995.

연구물들

Ashton, J., ed. *The Interpretation of John*. Minneapolis : Fortress, 1986.

Ashton, J. *Understanding the Fourth Gospel*. Oxford : Clarendon, 1991,

Barrett, C. K. *Essays on John*. Philadelphia : Westminster, 1982.

_______. *The Gospel of John and Judaism*. London : SPCK, 1975.

Burge, G. M. *The Anointed Community : The Holy Spirit in the Johannine Tradition*. Grand Rapids : Eerdmans, 1987.

_______. *Interpreting the Gospel of John*. Grand Rapids : Baker, 1992.

Culpepper, R. A. and C. C. Black, eds. *Exploring the Gospel of John*. Louisville : Westminster, 1996.

Dodd, C. H. *Historical Tradition in the Fourth Gospel*. Cambridge : Cambridge Univ. Press, 1963.

_______. *The Interpretation of the Fourth Gospel*. Cambridge : Cambridge Univ, Press, 1953.

Ellis, E. E. *The World of St. John*. Grand Rapids : Eerdmans, 1984.

Harvey, A. E. *Jesus on Trial : A Study in the Fourth Gospel*. London : SPCK, 1976.

Hunter, A. M. *According to John : The New Look on the Fourth Gospel*. Philadelphia : Westminster, 1968.

Kysar, R. *The Fourth Evangelist and His Gospel : An Examination of Contemporary Scholarship*. Minneapolis : Augsburg, 1975.

Painter, J. *The Quest for the Messiah : The History, Literature and Theology of the*

Johannine Community. Nashville: Abingdon, 1993[2].
Robinson, J. A. T. *The Priority of John.* Grand Rapids: Eerdmans, 1986.
Smalley, S. *John: Evangelist and Interpreter.* New York: Thomas Nelson, 1978.
Smith, D. M. *Johannine Christianity: Essays on Its Setting, Sources and Theology.* Columbia: Univ. of South Carolina Press, 1984.
Smith, D. M. *John Among the Gospels: The Relationship in Twentieth Century Research.* Minneapolis: Fortress, 1992.
Smith, D. M. *The Theology of the Gospel of John.* Cambridge: Cambridge Univ. Press, 1995.
Thompson, M. M. *The Humanity of Jesus in the Fourth Gospel.* Philadelphia: Fortress, 1988.
Vanderlip, D. G. *Christianity According to John.* Philadelphia: Westminster, 1979.
Wiles, M. F. *The Spiritual Gospel: The Interpretation of the Fourth Gospel in the Early Church.* Cambridge: Cambridge Univ. Press, 1960.

인터넷 자료

오늘날에는 엄청난 양의 참고 문헌 자료들을 인터넷을 통해 얻을 수 있다. 다음의 사이트들은 연구와 학습을 위해 유용한 자료들을 제공한다.

(1) The New Testament Gateway. http://www.bham.ac.uk/theology/goodacre/links.htm. 이 탁월한 사이트는 (영국) 버밍엄대학교의 마크 굿에이커(Mark Goodacre) 박사에 의해 만들어졌다. 굿에이커 박사는 신약연구에 있어서 생각할 수 있는 모든 주제들에 대한 웹링크들(Web links)과 책, 논문 등의 서지사항들을 제공한다.

(2) The Wabash Center Guide to Internet Resources for Teaching and Learning in Theology and Religion. http://www.wabashcenter.wabash.edu/Internet/front.htm. 이 사이트는 원래 벤쿠버(Vancouver)에 있는 리젠트대학의 한 사서에 의해 릴리 기부재단(Lilly Endowment)의 재정적 지원을 받아 만들어졌다. 이곳에서는 참고 문헌, 출판사들, 전자텍스트, 전자저널들에 대한 링크들과 웹에서 찾을 수 있는 여러 경로들을 소개한다. 추가로 이 사이트는 모든 분야의 종교연구들을 망라하고 있다.

(3) Resource Pages for Biblical Studies. http://www.hivolda.no/asf/kkf/relstud.html. 노르웨이 볼다(Volda)에 있는 볼다대학의 토레이 셀란트(Torrey Seland) 박사가 관리하고 있는 이 사이트는 빠른 속도로 연구자료용 인기검색 사이트가 되고 있다. 주제들은 다섯 개의 항목으로 분류되어 있다. (1)

WWW(World Wide Web)에서 출판된 성경 본문들, (2) 전자 출판된 성경 연구서들, (3) 지중해 세계의 국면들, (4) 성경 연구들과 컴퓨터 기술, (5) 알렉산드리아의 필로(Philo of Alexandria).

(4) The Argus Clearinghouse. http://www.clearinghouse.net/. 이 미시간(Michigan) 사이트는 웹 인덱싱 사이트들(web indexing sites)을 조직하고 평가한다. "arts and humanities"라는 항목 아래에 있는 "philosophy and religion" 등을 참조하라.

(5) Jesus of Nazareth in the Early Christian Gospels. http://www.earlygospels.net/. 앤드류 번하드(Andrew Bernhard)가 관리하는 이 특출한 사이트는 현재 웹상에서 얻을 수 있는 모든 고대 복음서들(공관복음부터 도마[Thomas]에 이르기까지)에 대한 링크를 제공한다.

(6) A Synopsis of the Gospels. http://www.princeton.edu/~jwm/synopsis/metsyni.htm. (원래 프린스톤 종교학부에서 출판된) 이 프린스톤대학교 사이트는 요한복음과 공관복음 그리고 도마복음을 나란히 놓고 비교할 수 있도록 해준다.

(7) 다음의 두 사이트들은 요한복음 연구를 위한 참고 문헌들만을 전문적으로 제공한다. ⓐ http://www.uscsu.sc.edu/~johnlitr/(A. Gagne, Univ of Southern Carolina, Sumter), ⓑ http://private.fuller.edu/~talarm/iss4/iss4s1.html(James McGrath, Durham, England).

요한복음 1:1-18

1 태초에 말씀이 계시니라 이 말씀이 하나님과
함께 계셨으니 이 말씀은 곧 하나님이시니라
2 그가 태초에 하나님과 함께 계셨고
3 만물이 그로 말미암아 지은 바 되었으니 지은
것이 하나도 그가 없이는 된 것이 없느니라
4 그 안에 생명이 있었으니 이 생명은 사람들
의 빛이라
5 빛이 어둠에 비치되 어둠이 깨닫지 못하더라
6 하나님께로부터 보내심을 받은 사람이 있으
니 그의 이름은 요한이라
7 그가 증언하러 왔으니 곧 빛에 대하여 증언
하고 모든 사람이 자기로 말미암아 믿게 하
려 함이라
8 그는 이 빛이 아니요 이 빛에 대하여 증언하
러 온 자라
9 참 빛 곧 세상에 와서 각 사람에게 비추는 빛
이 있었나니
10 그가 세상에 계셨으며 세상은 그로 말미암아
지은 바 되었으되 세상이 그를 알지 못하였고
11 자기 땅에 오매 자기 백성이 영접하지 아니
하였으나
12 영접하는 자 곧 그 이름을 믿는 자들에게는
하나님의 자녀가 되는 권세를 주셨으니
13 이는 혈통으로나 육정으로나 사람의 뜻으로
나지 아니하고 오직 하나님께로부터 난 자들
이니라
14 말씀이 육신이 되어 우리 가운데 거하시매
우리가 그의 영광을 보니 아버지의 독생자의
영광이요 은혜와 진리가 충만하더라
15 요한이 그에 대하여 증언하여 외쳐 이르되
내가 전에 말하기를 내 뒤에 오시는 이가 나
보다 앞선 것은 나보다 먼저 계심이라 한 것
이 이 사람을 가리킴이라 하니라
16 우리가 다 그의 충만한 데서 받으니 은혜 위
에 은혜러라
17 율법은 모세로 말미암아 주어진 것이요 은혜
와 진리는 예수 그리스도로 말미암아 온 것
이라
18 본래 하나님을 본 사람이 없으되 아버지 품 속
에 있는 독생하신 하나님이 나타내셨느니라

원 의미

고대교회가 요한복음의 상징으로 독수리를 사용했던 이유들 중 하나는 요한복음의 서론이 획득한 높은 위치 때문이었다. 요한은 기술과 섬세함을 가지고 심오한 중요성을 지닌 문제들을 다루고 있다. 정통 기독교의 그리스도 교리 형성에 있어서 이 서론이 그 토대의 역할을 했다는 것은 놀랄 일이 아니다. 여기서 요한은 믿을 수 없을 정도의 단순성을 가지고 신성과 인성, 선재성과 성육신, 그리고 계시와 희생에 대해 각각 논하고 있다.

이 서론은 고대 기독교의 찬송시였을 가능성이 높다. 우리는 특히 바울의 저작들 속에 현존하는 다른 찬송시들에 대해서 알고 있다. 이곳에서도 역시 언어와 신학의 예술적 흐름이 있다.[1] 중세교회에 있어서 이 서론은 너무나 숭상되었기 때문에 사람들은 질병이나 악한 영으로부터 자신을 지키기 위해 이 서론을 부적에 새겨서 목에 걸고 다니기도 했다. 로마교회에서는 병자를 위해 혹은 새로 세례를 받은 이들을 위해 이 서론을 낭독했다. 이것은 심지어 로마의 미사에서는 마지막 기도로 사용되기도 했다.

많은 학자들은 이 찬송시에 어떤 문학적 양식을 부여하려고 시도했다. 그들의 연구결과를 이곳에서 모두 개괄하는 것은 불가능하다.[2] 나는 많은 학문적 통찰들을 결합시키고 서론을 신학적으로 구분되는 네 개의 '연(聯)들'(strophes)로 분석한, 만족할 만한 구조를 발견했다. 그리스 문학에 있어서 연은 (춤 등에서의) 전환부(turn), 합창시(choral poem), 혹은 춤과 함께 사용되던 서정시를 뜻했다. 시에서는 그것을 연(stanza)이라고 부르기도 한다. 여기서 요한은 네 개의 예술적인 "전환부들"(turnings)을 제공한다. 그것들은 우리에게 말씀(Word)에 대한, 그리고 그 말씀이 하나님 및 세상에 대해 가지고 있던 관계에 대한 안목을 제공한다.

이 서론은 또한 요한복음의 나머지 부분에서 전개될 이야기의 전주곡이다. 이곳에서 언급된 주제들은 후에 다시 채택되어 더 상세하게 전개될 것이다. 그리스도의 선재(1:1; 17:5), 세상에 오신 하나님의 빛(1:4, 9; 8:12; 9:5), 빛과 어둠의 대립(1:5; 3:19), 영광의 나타남(1:14; 12:41), '유일한' 아들(Son)로서의 예수(1:14, 18; 3:16), 거룩한 탄생(1:12-13; 3:1ff.), 그리고 예수의 사역에 있어서 세례요한의 위치(1:7, 15; 1:19, 30).[3] 보다 정확히 말해서, 1:11-12은 요한복음의 전체 구조의 개요 혹은 강조점을 반영한다. "자기 땅에 오매 자기 백성이 영접하지 아니하였으나 영접하는 자 곧 그 이름을 믿는 자들에게는 하나님의 자녀가 되는 권세를 주셨으니." 요한복음의 전반부(1-12장, '표적의 책')는 예수께서 유대교, 즉 "자기 백성"에 의해 거부당하신 것을 묘사한다. 후반부(13-21장, '영광의 책')는 예수

---

1. 신약의 다른 찬송시들은, 엡 5:19, 빌 2:5-11, 골 1:15-20; 3:15에서 찾을 수 있다.
2. 재배열이론들은 종종 비판을 받았다. 왜냐하면 의견의 일치가 거의 이루어지지 않기 때문이다. Brown, *John*, 1:22ff.에 개관적으로 소개되어 있는 이론들을 참조하라. 어떤 이들은 여기서 교차대구법(chiasm, 역순으로 전개되는 대구법)을 발견했다. 참조. A. Culpepper, "The Pivot of John's Prologue," *NTS* 27 (1980-81): 1-31; J. Staley, "The Structure of John's Prologue: Its Implications for the Gospel's Narrative Structure," *CBQ* 48 (1986): 241-63.
3. 보다 상세한 목록을 원한다면, D. A. Carson, *The Gospel According to John*, 111.

가 메시야이심을 믿고 그를 따랐던 "예수의 무리들"(flock of Jesus)을 묘사한다.

요한복음은 최초의 편집판에서는 세례요한의 이야기인 1:19부터 시작했을 수 있다.[4] 이 찬송시는 아마도 요한이 후에 그의 서신들을 썼을 무렵에 (요한일서의 첫 절들과 요한복음을 비교하라) 문학적 서문 혹은 서언으로 사용할 목적으로 추가해 넣었을 것이다. 이 부분을 요한복음에 맞춰 넣기 위해 요한은 세례요한 이야기로부터 얻은 자료뿐만 아니라(요 1:6-8, 15) 찬송시에 대한 자기 자신의 개인적인 설명까지 추가했다(요 1:13, 17-18). 물론 이와 같은 재구성들은 모두 추론일 뿐이다. 그러나 상세히 검토해 보면, 그것은 서론의 신학적 메시지에 대한 우리의 이해를 높여 준다.[5]

첫 번째 연

태초에 말씀이 계셨다.
그리고 그 말씀은 하나님과 함께 계셨다.
그리고 그 말씀은 하나님이셨다.
그는 태초에 하나님과 함께 계셨다.

두 번째 연

모든 것들이 그를 통해 존재하게 되었다.
그리고 그가 없이 존재하게 된 것은 하나도 없었다.
그의 안에서 존재하게 된 것은 생명이었다.
그리고 그 빛은 모든 사람들의 빛이었다.
그 빛이 어둠 속에서 비춘다.
그리고 그 어둠은 그것을 이기지 못했다.

[하나님께로부터 보내심을 받은 자가 있었다. 그의 이름은 요한이었다. 그는 빛을 증거하는 증인으로서 왔다. 그것은 모든 이들로 하여금 그를 통해 믿게 하기 위해서였다. 그 자신은 빛이 아니었다. 그는 빛에 대해 증거하기 위해 왔다.]

---

4. 이것이 대부분의 기술적인 주석들에서 찾아볼 수 있는 요한복음의 문학적 역사의 일반적인 재구성이다 (참조. Brown, Barrett, Smalley, Schnackenburg, Morris).
5. 다음의 구조분석에서 사용된 성경본문은 나의 사역(私譯)이다.

세 번째 연

모든 사람에게 빛을 비추는 참된 빛이 세상 속으로 오고 있었다.
그는 세상 속에 있었고, 세상은 그를 통해 존재하게 되었다.
그러나 세상은 그를 알지 못했다.
그는 자기 자신의 백성에게 왔다.
그리고 그 자신의 백성은 그를 영접하지 않았다.
그러나 그를 영접한 이들, 그의 이름을 믿은 모든 이들에게,
그는 하나님의 자녀가 되는 능력을 주었다.

[그들은{그는} 혈통 혹은 육체의 의지 혹은 인간의 의지로 나지 않고, 하나님께로부터 난 자들이었다.]

네 번째 연

그리고 말씀이 육체가 되어, 은혜와 진리가 가득한 채, 우리 가운데 거했다.
그리고 우리가 그의 영광을 보았다.
그것은 아버지의 유일한 아들의 영광이었다.

[요한이 그에 대해 증거하며 외쳤다. "이 사람이 내가, '내 뒤에 오는 자가 나보다 우월하다. 왜냐하면 그가 내 이전에 있었기 때문이다'라고 말한 그 사람이다."]

그의 풍성함으로부터
우리들 모두는 은혜 위의 은혜를 받았다.

[율법은 참으로 모세를 통해 주어졌다. 은혜와 진리는 예수 그리스도를 통해 왔다. 아무도 하나님을 본 적이 없다. 하나님을 알게 해 준 분은 아버지(Father)의 품에 가까이 있는 분인 {하나님이신} 유일한 아들(Son)이시다.]

첫 번째 연(strophe): 로고스와 하나님(요 1:1-2)

요한복음의 첫 절들은 기독교 신학의 승리이다. 요한은 세계창조 이전부터 존재하고 있던 말씀(Word)의 선재성을 확립하는 것으로 출발선을 삼는다. 첫 부분이 창세기 1장을 연상시킨다는 사실은 놓칠 수 없다(요 1:1). 요한복음은 남자들과 여자들의 재창조와, 소망이 없는 어두운 곳에 생명을 주는 것을 기록하는 복음서가 될 것이다. 이것은 하나님께서 아담의 코에 생기를 불어넣으시고, 세상을 위한 새

로운 가능성들을 제공하시는 창세기 1장의 생각과 평행을 이룬다.

요한은 예수를 "말씀"(*logos*)이라고 소개함으로 복음서를 시작한다. 요한은 당시의 많은 유대적 사고들을 기초로 사용한다. 이에 따르자면 하나님의 말씀은 인격적인 창조적 속성들을 가지고 있었다(창 1장; 시 33:6, 9).[6] 신약시대에 있어서 말씀은 인격화되어 있었으며('솔로몬의 지혜서'[Wisd. Sol.] 7:24; 18:15-16), 어떤 이들에게는 세상 속에서 창조적으로 활동하고 있는, 하나님의 내재적 능력으로 알려져 있었다(필로[Philo]). 요한은 이 말씀(Word)을 예수 그리스도와 동일시한다. 그렇게 함을 통해 요한은 창조(요 1:3, 10) 및 생명을 주는 일과 같은(요 1:4, 14, 16) 여러 신적 기능들을 그에게 돌릴 수 있다.

그러나 요한은 더 멀리 나아간다. 그는 로고스와 하나님 사이의 어떤 인격적 일치성을 암시할 준비가 되어 있다. "이 말씀은 곧 하나님' 이시니라'"(요 1:1). 요한은 때로 주제들의 대조를 전개시키기 위해 유사한 헬라어 동사들을 사용한다. 헬라어 단어 '기노마이'(*ginomai*, …가 되다)와 '에이미'(*eimi*,…이다)는 유사한 뉘앙스를 갖고 있다. 그러나 요한은 요점을 지적하기 위해 자주 그것들을 함께 사용한다. 예를 들어, 요한복음 8:58에서 예수께서는 (문자적으로) 다음과 같이 말씀하다. "아브라함이 있기(*ginomai*) 전에, 내가 있다(*eimi*)." 첫 번째 동사는 아브라함의 태어남과 같이 "존재하게 되는 것"을 암시하는 반면, 두 번째 동사는 존재가 계속 이어지는 것을 의미한다. 그렇기 때문에 요한복음 1:6에서 요한은 이렇게 말한다. "하나님께로부터 보내심을 받은 사람이 '왔으니'(came, *ginomai*)." 요한복음 1:1에서 요한은 조심스럽게 말한다. "태초에 말씀이 '계셨다'(was)"—"그 말씀은 하나님과 함께 '계셨다'(was)"—"그 말씀은 하나님 '이셨다'(was)." 이런 경우에 그는 '에이미'를 사용한다. 요한은 말씀의 영원한 존재성에 대해 절대적인 확언을 하고 있는 것이다. 말씀은 어느 순간에 존재하게 된 것이 아니다. 그리고 "말씀이 존재하지 않았던"[7] 때는 없었다. 무엇이든 우리가 하나님께 대하여 말할 수 있는 것은, 말씀에 대하여서도 똑같이 말할 수 있고 또 반드시 그래야 한다.

---

6. 어떤 학자들은 '로고스'(*logos*)의 최선의 문맥적 배경은 헬라적인(Hellenistic) 것이라고 확신한다. 주후 1세기까지 헬레니즘이 유대 사상에 깊은 영향을 끼친 것은 사실이지만, 본서에서는 요한의 참조틀(frame of reference)이 일차적으로 전통적인 유대종교적 개념들에 신세를 지고 있다는 사실을 명확하게 밝힐 것이다.

7. '말씀이 존재하지 않았던 때가 있었다'는 것은 주후 4세기의 신학자였던 아리우스(Arius)의 말이다. 그는 로고스의 영원한 존재성에 대해 의문을 제기했다. 아리우스의 신학은 주후 325년 니케아(Nicea) 종교회의에서 이단적인 것으로 간주되었다.

그러나 이 말씀은 누구인가? "이 말씀은 하나님이셨다." 문법적 이유들을 근거로 하여 이 문자적 해석으로부터 벗어나려고 하는 시도는(예를 들어, "그 말씀은 하나의 신(a god)이었다[혹은 신적 존재였다]"라고 해석하는 것), 예수를 하나님으로 묘사하고 있는 수많은 구절들을 볼 때 헛수고임이 드러나게 된다. 예를 들어, 예수께서는 구약의 하나님 명칭인 "나는…이다"(I Am)를 사용하시며(요 8:24, 28, 58, etc,), "나와 아버지는 하나이니라"라고 말씀하신다(요 10:30). 심지어 요한복음의 마지막 장면에서 도마는 예수에게 "나의 주님이시요 나의 하나님이시니이다"라고 말한다(요 20:28).

어떤 이들은 '테오스'(*theos*, God, 하나님)에 정관사가 붙지 않았으므로 더 나은 번역은 "그 말씀은 신적이었다"(The word was divine.)가 되어야 한다고 주장해 왔다. 그럴 경우 로고스에 대한 어떤 절대적 주장은 제한을 받게 된다. 그러나 그런 주장은 옳지 않다. 헬라어에는 '신적인'(divine)에 해당하는 다른 일반적인 단어가 있다(*theios*). 그리고 다른 구절들에서 요한은 의미에 변화를 주지 않은 채 정관사를 생략하곤 한다.[8] 심지어 헬라어에서는 어순이 뒤집혀 있다("그리고 '하나님'이 말씀이셨다."[and 'God' was the Word.]). 이것은 말씀이 신성(Godhead)의 전체를 포함하고 있음을 강조하고 있는 것이 아니라, 하나님에 의해 소유되고 있는 신성이 또한 이 말씀에 의해 소유되고 있음을 강조하고 있는 것이다.

이것은 요한의 기독론의 서곡이며 그의 삼위일체 사상의 시작이다. 참으로 "요한은 그의 복음서 전체가 이 구절의 빛 속에서 읽혀질 것을 의도하고 있다. 예수의 사역들과 말씀들은 하나님의 사역들과 말씀들이다."[9] 이것은 요한복음 전체를 통해 메아리칠 주제이다. 예수는 계속 반복해서 우리에게 소개될 것이다. 그리고 매 경우마다 우리는 더욱 더 심오한 이미지를 가지고 예수의 그림을 그려야 할 것이다. 그는 모든 인간들 중에 가장 위대한 분이다. 그는 유대인들이 기대했던 메시야이다. 그러나 그는 그 이상이다. (이것은 요한의 독특한 메시지이다.) 그는 하나님의 아들(Son of God)이며, 아버지(Father)께로부터 온 신성한 메신저이다. 예수에 대한 이런 최상의 궁극적 주장을 생략하고 요한복음을 읽는다면 그 책의 중심적 주장을 놓치게 된다.

---

8. 요 1:49; 8:39; 17:17; cf. 롬 14:17; 계 10:20.
9. Barrett, *John*, 156.

두 번째 연: 로고스와 창조(요 1:3-8)

요한은 로고스와 하나님을 동일시한 후, 이 로고스와 세상 사이의 관계를 설명한다. 로고스는 하나님의 창조의 수행자로서 세상의 창조에 대해 책임이 있다. 여기서 요한의 언어는 신중하고 특별하다. 로고스는 계속해서 다른 것들을 창조해 간 하나의 걸출한 피조물이 아니었다. 사실 로고스는 결코 창조된 적이 없었다. 그가 없이는 '그 어느 것도' 존재하게 되지 못했다(3절).[10] 이것은 창세기의 사상세계와의 또 다른 평행이다. 창세기 1장에서 우리는 이스라엘의 하나님, 우주의 창조주에게 소개된다. 지금 우리는 더 많은 것을 배운다. 하나님의 창조의 능력은 로고스였다. 그러므로 요한은 단지 하나님의 존재는 로고스의 존재와 마찬가지라는 것을 강조하는 것이 아니라(첫 번째 연), 하나님의 사역은 곧, 로고스의 사역이라는 점을 강조한다. 그러므로 요한복음에 있어서 예수가 하시는 일은 곧 하나님의 활동이다. 그가 병을 고치거나 말씀을 하실 때-그가 영생을 주실 때(4절)-일하시는 분은 하나님이시다. 그것은 세상의 기초를 놓을 때 하나님이 일하셨던 것과 마찬가지이다.

요한은 로고스가 세상 속으로 들어온 것(성육신)을 빛이 어둠에 비춘 것으로 묘사하고 있다(5절). 세례요한이 매우 분명하게 증거했음에도 불구하고(6-9절), 예수는 여전히 거절당함을 경험하신다(10-11절). 그러나 상황은 더 나쁘다. 어둠은 적대적이다. 그들은 예수에 대해 적대감을 품고 있다. NIV 성경은 요한복음 1:5을 전통적인 KJV 해석에 따라 세상이 그 말씀(Word)을 "이해할 수"(understand) 없었다고 번역하고 있다. 그러나 여기서 사용된 동사는 두 가지 의미를 지니고 있다. 마음으로 움켜잡아 이해하는 것, 그리고 손으로 움켜잡아 승리 혹은 파괴하는 것. 요한복음에 있어서 두 가지 생각 모두가 어울린다. 그러나 두 번째 의미가 이곳에 가장 잘 어울리는 것 같다.[11]

요한은 어둠이 말씀을 이기거나 압도할 수 없다고 주장한다. 이 주제는 요한복

---

10. 요한은 이 점을 분명히 한다. '모든 것이'(헬라어 *panta*) 그를 통하여 존재하게 되었다.

11. 여기서 헬라어 동사 *katalambano*는 능동태로 사용되었다. 이 단어는 신약성경에 모두 15회 나타나는데 그 중 9회는 적대적 의도를 가지고 붙잡는 것을 의미한다. 막 9:18에서 귀신이 어떤 사람을 "잡았다." 요 12:35에서 예수께서는 어둠이 너를 "붙잡지" 않도록 빛 가운데서 걸으라고 말씀하신다. 요한은 또한 요 8:3-4에서도 이 단어를 사용한다(여인이 행음 도중에 "붙잡혔다"). 그리고 요 6:17의 어떤 사본은 어둠이 아직 사람들을 "덮치지"(overtaken) 못했다고 말한다. 이 단어가 중간태로 사용될 때는 일반적으로 "이해하다"(comprehend)라는 뜻을 갖는다(참조. 행 4:13; 10:34; 25:25; 엡 3:18).

음 전체를 통해 들리게 될 빛과 어둠 사이의 갈등에 대한 암시를 우리에게 준다. 예수에 대한 저항은 극심할 것이다. 로고스가 들어온 세상, 하나님이 사랑하시는 세상은 엄청난 불신의 장소이다. 그에게 반대하는 자들은 이 말씀을 이기기 위해 노력할 것이다. 그러나 그들은 실패할 것이다. 요한은—그들이 승리를 기대했던 자리인—십자가에 대해 생각하고 있다. 그러나 이 복음서가 보여줄 것과 같이, 십자가는 패배의 자리가 아니라 영광의 자리이다. 예수께서 세상을 이기신다(요 16:33; cf. 요 12, 31; 14:30).

나는 서론 자체와 구별하기 위해 6-9절을 따로 떼어놓았다. 그 절들은 (15절도 마찬가지인데) 요한이, 서론을 요한복음 본체에 섞어 짜 넣기 위해 서론에 추가한 자료들에서 왔을 것이다. 사실 이 절들은 요한복음 1:19에서 시작되는 이야기와 잘 결합된다.[12] 요한은 세례요한의 사역의 참된 본질을 강조하며, 그가 예수에 대한 증인으로 왔다는 사실을 보여준다. 이 주제는 요한복음의 다른 "세례요한" 단락들 속에서 분명히 드러난다(요 1:19-34; 3:22-36; 10:40-42). 기자는 무엇이라고 말하는가? 세례요한은 메시아(요 1:20) 혹은 빛이 '아니었다.' 그는 세상에서 발생하고 있는 일에 관하여 진실을 말하기 위해 증인으로서 온 사람이었다.

여기서 우리는 처음으로 요한복음 속에서 "증인"(witness)과 관련된 단어그룹을 만나게 된다(헬라어 '마르튀레오' [*martyrew*, 증거하다], '마르튀스' [*martys*, 증인], '마르튀리아' [*martyria*, 증거]). 이 그룹은 중요하다. 왜냐하면 그것은 말씀(Word)이 세상에 들어왔을 때 무슨 일이 발생했는지를 우리에게 전해주기 때문이다.[13] 재판정에서와 마찬가지로, 예수 사건의 진실성을 검증하기 위해 증거가 제시되고 증인들이 앞으로 불려진다. 세례요한은 이 "문학적"(literary) 증인들 중에서 첫 번째 사람이다. 우리는 요한복음 1:19이하에서 이에 대해 좀더 자세히 살필 것이다. 그곳에서 세례요한은 (예수의 앞에서 달리는 선주자[先走者]로서) 유대교의 지도자들을 향해 예수의 정체에 대해 직접적으로 이야기한다. 그러나 우리는 여기서 세례요한이 (그리고 그와 같은 다른 이들이) 예수의 의미에 대한 통찰력을 제공하며 요한문헌의 무대로 올라갈 것이라는 전조를 발견한다(요 5:31-37, 39; 8:18; 10:25; 15:27; 19:35; 요일 5:6-11). 세례요한의 사역의 핵심은 자신의 중요성을 부정하는 것이었다. "그는 빛이 아니었다." 이것은 요한복음 1:19-24에 등장하는

12. 우리는 심지어 요한복음이 원래 1:6에서 이 짧은 절들과 함께 시작된 후 1:19로 이어졌을 것이라고도 상상할 수 있다. 서론이 추가된 것은 나중의 일이었다(요 1:6-9보다 앞의 부분과 뒤의 부분 모두).

13. 그 단어그룹은 요한문헌 전체에서 모두 64회 등장한다(요한복음에서는 47회).

세 번의 부정에서 다시 나타날 것이다. 이것은 세례요한의 주요역할이 단지 예수의 정체를 밝히고 그를 영광스럽게 하는 것이라는 사실을 암시한다.

세 번째 연: 로고스와 계시(요 1:9-13)

세례요한은 어떤 추상적 개념이나 소망하는 바를 증거했던 것이 아니라 실재에 대해 증거하고 있었다. "참된 빛"이 오고 있었다. "세상 속으로 오고 있는"이라는 부분은 어렵다. 그것은 "모든 사람"을 수식할 수도 있고(이 경우, '참된 빛은 세상 속으로 오고 있는 모든 이들을 비춘다' 라는 뜻이 된다), "빛"을 수식할 수도 있다(이 경우, '모든 이들을 비추는 참된 빛이 세상 속으로 오고 있었다' 라는 뜻이 된다).[14] 말씀이 세상 속으로 들어온다는 생각은 요한에게 있어서 너무나 자주 등장하는 것이기 때문에 후자의 독법이 더 나은 해석이다(cf. 요 1:10; 3, 17, 19, etc.).[15]

그러나 이러한 거룩한 들어오심의 미덕은 그것이 모든 사람, 특히 하나님에 대해 적대적인 자들에게까지 적용된다는 점에 있다. 요한의 어휘에 있어서 "세상"(헬라어 '코스모스' [*kosmos*])이라는 단어는 중요한 신학적 용어로서, 요한복음에만 78번이나 나타난다. 때로는 그 단어가 긍정적 의미를 지니기도 한다(예를 들어, 요 3:16: "하나님이 세상을 이처럼 사랑하사"). 다른 경우에는 중립적이다(예를 들어, 요 8:26에서 예수께서는 "내가 그[하나님]에게 들은 그것을 세상에 말하노라"라고 말씀하신다). 그러나 대부분의 경우에 있어서 '코스모스' 는 분명하게 부정적으로 사용된다. 세계는 창조된 질서 속에 있지 않다. 그것은 원래의 자연환경이 아니다. 그것은 반역 속에서 살고 있는 피조물들의 영역이다(요 1:10; 7:7; 14:17, 22, 27, 30; 15:18-19; 16:8, 20, 33; 17:6, 9, 14, 25). 그러므로 우리가 예수께서 세상 속에 나타나심, 세상에 대한 하나님의 사랑(요 3:16), 혹은 예수께서 세상을 구원하심(요 4:42)에 대해 읽을 때, 그 구절들은 세상에 대해 어떤 승인을 해 주고 있는 것이 아니다. 그것은 단지 하나님의 성품과 그의 사랑을 증거해 주고 있을 뿐이다.[16]

그러나 만약 세상이 적대적이라면—그리고 여기서 우리는 요한복음 1:10에 기술된 거부를 예상하고 있다.—어떻게 빛이 '모든 사람' 에게 비출 수 있는가? 참 빛

---

14. NIV 성경은 첫 번째 독법을 난외에 소개했다. 문법적으로는 두 가지 해석이 모두 가능하다.
15. "세상 속으로"라는 헬라어 어구는 요한복음에 모두 14번 등장하는데 거의 모든 경우에 예수를 지칭한다.
16. Carson, *John*, 123.

의 도래가 모든 이의 마음에 빛을 비추는가? 아마도 요한은 모든 이들이 이 광원에 접근할 수 있다는 사실을 생각하고 있을 것이다. 혹은 바울이 로마서 1장에서 주장하고 있듯이, 하나님에 대한 지식이 널리 퍼져서(일반계시) 모든 사람이 책임에서 벗어날 수 없게 되는 것을 의미하는 것일까?[17] 또 다른 선택은 동사 '포티조'(*photizo*)의 일차적 의미를 생각하는 것이다. 불을 켜다, 빛에 드러내다, 폭로하다. 여기서 문제가 되는 것은 말씀의 객관적 계시가 어떻게 일을 하느냐 하는 것이다. 빛은 어둠에 침입하여 모든 사람에게 비추고, 그들이 누구인가 하는 것을 드러낸다. 그 누구도 예외는 없다. 요한복음이 읽혀지는 동안, 하나님의 계시는 듣는 자들을 둘로 나눈다. 어떤 이들은 도망간다. 왜냐하면 그들의 행위가 악하기 때문이다(요 3:19-20). 그러나 어떤 이들은 그 계시를 받아들인다. 왜냐하면 그들의 행위가 참되기 때문이다(요 3:21). 어쨌든 빛은 구별을 강제하며 모든 사람에게 비추인다(요 8:12; 9:39-41).

로고스가 세상 속에 있음에도 불구하고(요 1:10a), 세계를 만든 그의 창조적 사역에도 불구하고(요 1:10b), 그리고 일반계시의 흔적을 남김에도 불구하고, 세상은 아직도 그를 알아보는 데 실패했다. "자기 땅[중성 복수, '그 자신의 장소' 혹은 '집']에 오매 자기 백성[남성 복수, '그의 백성']이 영접하지 아니하였으나"(요 1:11). 계시의 초점은 메시야의 영적 출생지인 유대교였다. 요한복음 이야기의 커다란 아이러니는 '심지어 여기'에서도, 즉 사람들이 그분을 받아들일 준비가 충분히 되어 있어야 했을 그곳에서도, 오직 거부만이 있었다는 사실이다. 베들레헴의 집에 대한 누가의 묘사와 마찬가지로, 거기에는 방이 없었다. 포도원 주인과 소작인들의 비유에서와 같이, 거주민들은 그의 방문을 거부했다(막 12:1-12). 그러므로 요한은 놀라운 주장을 했다. 비록 계시의 초점은 하나님의 진리의 자연스러운 집인 이스라엘이었지만, 말씀은 단지 유대교를 위해서 온 것이 아니라 온 세상을 위해서 왔다.

그러나 요한은 빛을 따르는 자들이 있다고 말한다. 예수에게는 제자들이 있었다(요 1:12-13). 비록 그 자신의 백성은—유대교에 속해 있던 자들은—그의 메시지를 거부했지만, 그를 영접하는 자들은 하나님의 자녀가 될 수 있는 능력을 얻었다. 12-13절은 이 중생에 대해 탐구하고 있는 니고데모 이야기를 예견하고 있다.

---

17. 그런 주장은, J. Calvin, *John 1-10* (Calvin's New Testament Commentaries: Grand Rapids: Eerdmans, 1961), 15.

13절은 흥미로운 도전을 제시한다. 어떤 사본들은 13a절에서 단수 동사를 적용한다. "이는 혈통으로나 육정으로나 사람의 뜻으로 나지('was' born) 아니하고." 이것은 여기서 주어가 예수라는 뜻이다. 즉 예수께서는 독특하게 하나님의 뜻으로 나셨다는 것이다. 그러나 대부분의 번역들은 복수 동사를 적용한다. 그 결과 13절은 12절의 생각을 이어간다. 말씀을 따르는 자들, 즉 믿고 하나님의 능력을 얻는 자들은, 거룩한 태어남을 함께 누리게 될 것이다. 이것이 회심에 대한 요한의 이해이다. 즉 사려 깊은 믿음이 하나님의 변화시키심과 결합되는 것이다. 요한일서를 주의 깊게 읽어보면 "하나님의 자녀", "중생", 그리고 "하나님께로부터 태어남"이라는 것들이 요한의 제자도를 표현하는 일반적 용어라는 것을 알게 된다(요일 3:2, 9; 4:4, 7, 12-13). 다시 말해서, 이 빛을 기꺼이 받아들이는 자들, 어둠 대신 빛의 편에 서는 자들, 그리고 세상 대신 메시야 편을 선택하는 자들에게는 강력한 변화가 나타나게 될 것이다.

네 번째 연: 로고스와 성육신(요 1:14-18)

14-18절은 서론의 종결부이다. 요한은 이미 말한 내용을 신선한 언어로 요약한다. 이제 빛과 어둠의 추상적 사고는 구체적인 구약 이미지에게 길을 내준다.

요한복음 1:14은 성경 가운데 가장 중요한 구절들 중 하나이다. '말씀'은 단지 인간처럼 보였던 것이 아니다. "말씀이 육신이 되었다." 이 확언은 그리스인들을 깜짝 놀라게 했다. 왜냐하면 그들에게 있어서 신적인 정신세계와 세속적인 세계(육체, '사륵스'[*sarx*])를 구별하는 것이 믿음의 근본원리였기 때문이다. 그러나 두 번째 어구는 유대인들을 똑같이 놀라게 했다. 이 말씀이 우리 가운데 '거하셨고'(*skenoo*) 그의 '영광'(*doxa*)을 계시해 주셨다. '거하셨다'에 사용된 헬라어 동사는 헬라어 구약성경에서 하나님의 성막을 가리킬 때 사용된 용어에서 파생된 것이다. 다시 말해서, 그리스도는 '하나님께서 광야에 있던 성막에서 그들과 함께 거하셨던 것과 마찬가지로'(출 25:8-9, 슥 2:10) 하나님께서 이스라엘과 함께 거하시는 처소이다. 그러므로 한때는 성막에서만 볼 수 있었던(출 40:34) 하나님의 영광을 이제는 그리스도 안에서 볼 수 있게 되었다(요 1:14b).

하지만 두 가지 사실을 기억해야 한다. (1) 이 영광의 경험은 구체적인 것이다. 그것은 신비적 환상이나 어떤 내적 조명이 아니다. 하나님의 영광은 손으로 만질 수 있는 형태를 띠었고 사람들은 그것을 만졌다(요 20:20-29; 요일 1:1ff.). (2) 이 영광은 단지 능력의 과시가 아니었다. 요한에게 있어서 가장 깊은 아이러니는 어떻게 영광이 고난과 굴욕 속에서 찾아질 수 있는가 하는 것이다. 왜냐하면 이 복음서는 그리스도의 십자가를 예수께서 영광을 받으신 것으로 계속 반복해서 표현하고 있기 때문이다(요 12:23-24; 13:31). 물론 그의 표적들과 기적들도 그의 영광을 드러냈다(요 2:11; 11:4). 그러나 신비하고 깊이를 헤아릴 수 없는 하나님의 영광이 발견된 곳은 십자가이다.

신약성경의 다른 곳에서는 그토록 흔하게 등장하는 "은혜"라는 단어가 요한에 의해서는 오직 이곳 서론에서만 사용되었다가(네 번) 곧 사라지는 것은 이상한 일이다. 요한은 아마도 신약의 일반적인 이해에 따라 그의 아들을 보내신, 그래서 결과적으로 우리의 구원을 이루신, 하나님의 자비로운 사역을 염두에 두었을 것이다. 은혜는 세상의 적대와 거부에도 '불구하고' 하나님께서 이 땅에 오셔서 일하셨다는 사실에서 찾을 수 있다. 은혜는 단지 하나님의 속성에 불과한 것이 아니다. 그것은 어떤 사람이 하나님의 선하심을 즐길 때에 알게 된다. 은혜에 대해 아는 사람은 그것을 연구해 온 신학자가 아니라 하나님의 은혜를 받은 자이다. 그렇기 때문에 요한은 1:16에서 우리가 은혜를 경험하는 것과 그것을 받아들이는 것을 은혜의 주요한 가치로서 강조하고 있다.

그러나 요한에게 있어서 더 중요한 단어는 "진리"(truth)이다.[18] 가장 간단히 말해서 진리는 거짓(falsehood)의 반대이다. 그러나 요한은 진리를 훨씬 더 깊이 파고드는 어떤 것으로 본다. 진리는 오직 그것만이 하나님께로부터 오는 자기-드러냄(self-disclosure)이다. 진리는 단지 옳은 것이 아니라 신적인 것이며 '신적인 것이 바로 옳은 것이다.' 그렇기 때문에 예수는 자신을 진리라고 묘사하실 수 있으며(요 14:6), 마찬가지로 성령은 진리의 영이라고 말할 수 있다(요 15:26; 16:13). 그러므로 그리스도의 성육신은(요 1:14a), 하나님께 대해 적대적인 진리주장을 하는 세상의 기만적인 목소리들을 잠재운다.

예수에 대한 세례요한의 외침은(요 1:15; 참조. 요 1:6-7 주석) 증인으로서의 자신의 역할을 되풀이하여 말하는 것이다. 비록 연대순으로는 예수께서 요한 다음에 오셨지만 이것은 요한에게 우월한 지위를 주지 않는다. 세례요한이 등장하는 모든 본문들은 세례요한이 이차적인 지위만을 가지고 있다는 사실을 밝히고 있다.

18. "진리"는 요한복음에 25회 등장하고 요한서신에 20회 등장한다. "진리"에 근거를 둔 전체 단어그룹은 (참된, 신실한 등) 요한복음에 55회 등장한다.

그러나 여기서 우리는 왜 예수께서 우월하신지에 대한 이유를 발견한다. 요한복음 1:1이 보여주는 것처럼, 그의 영원한 선재성은 모든 면에 있어서 세례요한의 지위를 압도해 버린다. 예수는 상대적인 우월성이 아니라 절대적인 우월성을 갖고 계시다.

이 복음서 전체에 있어서 사도요한과 그의 공동체는 유대회당의 반대주장들과 싸우고 있었음이 분명하게 드러난다. 요한복음 9장에서처럼 고침 받은 맹인은 자신이 모세를 따르는 자인지, 아니면 예수를 따르는 자인지를 결정해야 한다. 한 사람이 (외관적으로) 양쪽 모두를 선택할 수는 없다.—최소한 요한의 대적들은 그렇게 주장했다.[19] 여기서 요한은 모세가 참으로 비할 바 없이 중요한 역할을 수행했다는 점을 분명히 한다. 그는 요한이 여기서 "율법"이라고 부르는 것(요 1:17), 즉 성경의 첫 다섯 권의 책인 토라(Torah)를 제공했다. 이것은 낮게 평가되어서는 안된다. 왜냐하면 은혜와 진리가 모세를 통해서도 역시 왔기 때문이다. 요한이 의도하는 것은 그리스도의 은혜와 모세를 통한 계시가 서로 갈등을 겪고 있다는 것을 보이는 것이 아니다. 율법도 하나님의 은혜를 담고 있으며 하나님의 은혜를 더 이른 시기에 드러낸 것이다.[20]

그러나 여기서 중요한 것은 기독교 계시의 남김없이 철저한 성격이다. 출애굽기 33:18에서 하나님을 보고 싶다는 모세의 요구가 거절당한 것은 흥미롭다(출 33:20; cf 신 4:12). 그러나 예수는 바로 아버지(Father)의 가슴으로부터 우리에게 오셨다(요 1:18). 참으로 그는 아버지를 보았다.—그리고 다른 사람은 아무도 아버지를 보지 못했다.[21] 이것은 모세와 또한 이 세상에서 진리를 주장하는 모든 자들을 뛰어넘는 것이다. 히브리서 3:1-6도 같은 생각을 보여준다. 아들(Son)의 계시는 당연히 그 어떤 경쟁자도 가질 수 없다.[22]

NIV는 요한복음 1:18에서 흥미로운 독법을 제시한다. "그 누구도 하나님을 본 자가 없다. 오직 아버지(Father) 곁에 계셨던 유일하신(the One and Only) '하나님'(God)만이 그를 알려주셨다." 어떤 사본들은 "하나님" 대신 "아들"을 집어넣는

---

19. 또한 참조. 요 5:39, 46; 6:32; 8:32ff.

20. R, Edwards, "χάνριν ἀντὶ χάριτος(Jn 1:16), Crace and the Law in the Johannine Prologue," JSNT 32 (1988): 3-15, 또한 참조. Brown, *John*, comments on 1:16; Carson, *John*, 131-34.

21. 요한의 헬라어 어순은 이를 강조한다. "'하나님을' 아무도 보지 못했다."

22. 비록 출 33:11에서 주님이 모세에게 "대면하여" 말씀하셨지만 이것은 은유적 표현이다. 왜냐하면 출 33:17-23에서 모세는 하나님을 보지 않도록 자신을 보호해야 했기 때문이다. 그렇지 않을 경우 그는 분명히 죽었을 것이다(출 33:20).

다.[23] 그러나 NIV의 보다 어렵고, 명확한, 그리스도의 신성에 대한 확언이 원래의 것일 것으로 보인다. 그리고 난 후 요한복음 1:18은 서론의 틀을 마감하는 곳으로서 1:1과 만난다. 1:18은 아들의 신적 기원과 남김 없는 철저한 지식에 대한 진술의 요약을 제공한다. 그리스도의 계시는 존재론적 이유들 때문에 독특하다. 그의 말씀을 하나님의 말씀으로 만드는 것은 그의 정체성, 그의 존재, 그의 본질이다. 참으로 그리스도는 완전히 하나님이시며, 성육신 속에서 '자신을' 세상에 계시하고 계시다.[24]

상황잇기

이 구절들은 아마도 기록된 말들 중에서 가장 중요한 것들 중 하나일 것이다. 이 구절들의 의미를 나 자신의 세대에게 적용할 때는 요한이 그 구절들 속에 섞어 짜 넣은 주요 신학적 주제들에 주의를 기울여야만 한다. 요한복음의 서론은 예수 그리스도, 세상을 향한 하나님의 계시, 그리고 인간의 특성에 대한 귀를 울리는 확언들로 빽빽하게 차 있다. 각 절들은 요한의 세대뿐만 아니라 우리 세대에게도 들려주어야 할 중요한 것들을 가지고 있다. 내가 이곳에서 열거하는 세 가지 주제들은 복음서 중간에서 본격적으로 설명될 것이다. 여기서는 다만 앞으로 설명하게 될 것의 개요를 소개하고자 한다.

하나님의 아들의 정체성. 초대 기독교인들의 묵상에 있어서 그리스도의 정체성과 임무에 대한 생각(기독론)의 매개체 역할을 한 것은 의심할 것도 없이 그의 부활이었다. 예수의 정당성은 입증되었고, 그의 주장들의 진실성은 확인되었다. 왜냐하면 하나님께서 그를 무덤으로부터 구해 내셨기 때문이다. 예수를 십자가에서 패배시키려 했던 일의 실패와 부활이라는 사실은 사도행전 전체에 등장하는 신약 설교의 중심 주제가 되었다. 베드로의 오순절 설교는 예수께서 무덤에서 부활하시는 장면에서 중요한 접합점을 찾는다. "그가 음부에 버림이 되지 않고 그의 육신이 썩음을 당하지 아니하시리라"(행 2:31). 교회의 사명과 확신에 연료를 공급하는 것은 그리스도의 현재적 실재와 그의 주 되심, 그리고 교회 안에서의 그의 임재이다.

이 강조는 바울서신들 속에서 분명하다. 그것들은 사실상 예수의 지상 생애에 대해 아무 관심이 없음을 드러낸다. 바울은 현재 권능을 부여하고 계시고, 생명을

23. "유일한 아들"(Only Son)은 일반적인 요한적 표현이다(참조. 3:16, 18; 요일 4:9).
24. 헬라어 동사 "그를 알리다"(*exegeomai*)는—이 단어에서 *exegesis*(주해)가 파생되었다.—종종 이방 종교들에 있어서 신의 비밀들을 계시하는 데 사용되었다.

주는 영이시고(고전 15:45), 그리고 교회의 통치자이신(골 1:18) 그리스도의 주 되심에 대해 열정적으로 쓰고 있다. 바울은 예수가 교회를 회복하시기 위해, 영광 중에 세상으로 다시 오실 미래에 대해 묘사한다(살전 5:2).

그러나 예수의 공생애 시절로 관심이 이동하는 데는 시간이 오래 걸리지 않았다. 쓰여진 최초의 이야기들은 고난 이야기에 초점을 맞추고 있고 다음과 같은 긴박한 문제에 대해 답을 제시하고 있다. 예수는 왜 십자가에 달리셨는가?[25] 그리고 만약 그가 무덤에 대해 능력을 보여주셨다면, 이 능력은 분명히 그의 사역기간 동안에도 나타났을 것이다. 그러므로 복음서들은 다른 질문들을 추구한다. 지상에서 예수와 함께 하신 하나님의 현존은 어떤 성격의 것이었는가?[26] 유대교 내에서 그의 메시야적 역할을 우리가 어떻게 설명해야 할 것인가?[27] 마가, 마태, 그리고 누가의 복음서들은 이 질문들에 대해 대답하기 위해 시작되었다. 그러나 기독론적인 숙고를 한 단계 더 깊이 수행할 것을 요구하는 질문이 하나 더 있었다. 예수는 선재적 존재였는가? 마태와 누가의 탄생 이야기는 이 논의의 문을 직접적으로 열고 있다. 그러나 그 주제에 대해 충분한 신학적 설명을 제공하는 것은 요한의 몫으로 남겨졌다.

신약에 있어서 실제로 요한복음 서론은 그리스도의 선재성에 대한 가장 완전하고도 명확한 선언이다. 예수의 중요성은 단지 그가 엄청난 일을 할 수 있는 능력자였다는 사실에 있는 것이 아니다. 그것은 그가 지혜로운 위대한 선생이었다는 사실에 있는 것도 아니다. 가장 중요한 것은 그가 '육신을 입은 하나님'(God-become-flesh)이었다는 사실이다. 즉 예수 그리스도를 통해 나타난 사건은 그 이전까지 세상이 결코 보지 못했던 사건이었다. 그것은 하나님이 내려오신(God-in-descent) 사건이었고, 하나님이 인간들의 삶 속으로 걸어 들어오신 사건이었다. 보다 전문적 용어로 표현하자면, 예수는 '존재론적'(ontological) 신성을 가지고 계시다.[28] 그의 존재(being), 그의 본질(essence), 그리고 그의 본성(nature) 자체가 하나님과 하나였다. 이것은 '윤리적'(ethical) 신성과 비교되어야 한다. 이것은 예수가 하신 일을

---

25. 네 개의 복음서가 고난 설화들(narratives)에 있어서 밀접한 평행을 보인다는 사실은 초대교회가 고난에 대해 일치된 설명을 하고 있었다는 것을 암시한다.
26. 여기서 예수의 세례와 그의 많은 기적들, 그리고 귀신을 쫓아내심에 대한 설명들은 그가 누구였는지를 설명하는 데 도움을 주었다.
27. 여기서 많은 메시야 예언들과 유대교와의 연관들이 복음서 기록에 함께 섞여 짜여져 있다.
28. '존재론'(ontology)은 "존재하다"(to be)라는 뜻의 헬라어 동사에서 파생되었다(분사형). 그것은 본질 혹은 존재를 지칭한다.

통해 나타난 증거들을 통해 그를 하나님으로 평가하거나 혹은 하나님과 동급으로 놓는 것이다. 기독교적 환경에서 성장한 사람들에게는 이것이 당연한 것으로 보일 것이다. 그러나 오늘날의 사람들이 요한의 성육신 신학의 기독론적 의미들을 참되게 이해하고 있는 것처럼 보이지는 않는다.

예수의 높은 신성-선재성에 닻을 내린 신성-의 교리로부터 수많은 신학적 주제들이 솟아 나온다. 내가 이 본문을 적용할 때면 나는 그것들을 차근차근 설명해야 한다. '계시'에 대한 요한의 이해는 예수의 말씀을 선지자나 다른 어떤 인간의 말보다 더 높은 위치로 격상시킨다. 예수의 음성은 하나님의 음성이 된다. 이것이 바로 예수께서 빌립에게 예수를 보는 것은 아버지를 보는 것과 같은 것이라고 말씀하실 수 있었던 이유이다(요 14:9). 이것은 또한 도마가 요한복음 마지막 부분에서 예수를 향해 "나의 주님이시요 나의 하나님이시니이다"(요 20:28)라고 말할 수 있었던 이유이기도 한다. 동일한 방식으로, '구속'(redemption)에 대한 요한의 이해는 이제 바울이 고린도후서 5:19에서 한 말과 평행을 이루는 신적 사역이 된다. "하나님께서 그리스도 안에 계시사 세상을 '자기와' 화목하게 하시며." 그러므로 구속은 하나님의 영감을 받은 인간이 하나님의 진노를 풀기 위해 마련하는 어떤 일이 아니다. 구속은 죄의 결과들을 바로잡고, 인간들을 다시 하나님과의 올바른 관계 속으로 되돌려 놓는다는 하나님 자신의 목표들을 달성하기 위해, 하나님 자신이 세상 속에서 하시는 일이다.

그러므로 요약하자면, 예수는 자신의 독특한 기원과 임무의 관점에서 설명되어야 한다. 그리고 이 설명은 예수와 아버지의 동일성에 대한 분명한 이해를 바탕으로 해야 한다. 요한복음에서 이 섬세한 주제에 대해 타협을 한다는 것은 요한복음 전체에 있어서 요한이 그리고 있는 예수의 초상을 위험에 처하게 하는 것이다.

세상의 본질. 요한의 신학적 계획표에 있어서 높은 자리를 차지하고 있는 것은 유대교와 세상이 예수를 거부하는 것에 대한 그의 관심이다.—결국 이 거부가 예수를 십자가로 이끌게 된다. 요한에게 있어서 이것은 결코 예수의 실패를 의미하지 않는다. 오히려 그것은 세상의 성격을 드러내며(어둠의 장소), 그 속에 빛이 비추일 때마다 세상이 어떻게 반응하는지를 보여준다. 요한의 세계관은 엄격하게 이원론적이다. 빛의 세력과 어둠의 세력, 선과 악, 그리고 하나님과 사탄은 서로 너무나 적대적이기 때문에 양자의 타협이란 있을 수 없다. 양자는 섞일 수도 없고 연합도 불가능하다.

세상에 대한 요한의 신학은 유대교에 의해 예수가 거부당하심을 설명해 주기 위한 그의 수단이다(요 1:11). 그것은 또한 대부분의 사람들이 하나님의 것들을 이해하는 데 실패한 것과(요 1:10), 하나님의 것들이 앞에 제시되었을 때 세상이 일반적으로 적대적인 태도를 취한 사실을 설명한다(요 1:5). 요한은 "빛이 세상에 왔으되 사람들이 자기 행위가 악하므로 빛보다 어둠을 더 사랑[했다]"(요 3:19)라고 말한다. 간단히 말해서, '어둠'은 세상의 범죄와 혼란을 암시하는 신학적 표현이다. 이런 이유 때문에 예수를 거의 이해하지 못하고 있던 니고데모는 "밤에" 예수께 왔다(요 3:2). 그리고 유다는 예수를 배반한 후 다락방을 떠나 밤 속으로(into the night) 갔다(요 13:30). 이것들은 이 두 사람들이 그 속에서 살고 일하고 있던 배경에 대해 우리에게 말하기 위해 요한이 채택한 문학적 도구들이다. "밤에 다니면 빛이 그 사람 안에 없는 고로 실족하느니라"(요 11:10, NRSV).

그렇다면 세상은 하나님께 대한 열린 질문과 호기심이 있는 중립적인 장소가 아니다. 이 구절을 현대세계 속으로 옮겨오기 위해서는, 우선 요한의 우주론과 세상에 대한 그의 신학을 염두에 두어야 한다. 세상은 빛에 반대하고 있다. 그러나 세상의 절망적이고 적대적인 상황에도 불구하고 하나님께서는 아직도 세상을 사랑하시며 그것을 구원하기 위해 그 속으로 들어오셨다(요 3:16-17). 그러므로 '세상'은 하나님께 대적하는 인간을 뜻하는 '신학적' 용어이다. "하나님이 세상을 이처럼 사랑하사"라는 것은 자연에 대한 하나님의 사랑이 아니라 그를 대적하는 자들에 대한 하나님의 사랑을 말하는 것이다.

인간을 위한 가능성들. 요한의 세 번째 메시지는 그의 희망의 신학이다. 인간의 절망적인 상황의 반대편에 놓여 있는 것은 하나님의 선하심과 그리스도 안에서 세상을 향해 내놓으신 그의 제안이다. 이것만이, 이 초자연적인 개입만이 오늘날 인간들에게 있어서 유일한 희망이다. 세상의 어둠은 말씀을 이길 수 없다(요 1:5). 왜냐하면 말씀은 세상을 창조하셨으며 세상에 있는 모든 것들을 이해하시기 때문이다(요 1:3). 요한복음 2:24-25에서 예수는 그가 유월절에 보인 표적들을 본 많은 이들에 의해 환호를 받으신다. 그러나 요한은 예수께서 이 천박한 인기에 대해 정확한 이해를 가지고 계셨다는, 눈에 띄는 주석을 제공하고 있다. 그는 모든 사람들과, 그들 속에 있는 모든 것들을 이해하셨다.

이것이 요한이 매달리고 있는 희망이다. 인간의 타락성과 부패에도 불구하고 (이 부패가 모든 것들의 핵심에 있다), 그리고 하나님께 대한 인간의 적의에도 불구하고, 하나님께서는 사람들에게 변화되어 하나님의 자녀가 될 수 있는 능력을 주신다(요 1:12). 이것이 희망이다. 어둠에도 불구하고, '하나의 빛'(One Light)이 비추었고, 이 빛이 다른 이들에게 빛을 비추기 위해 일했다. 어둠에도 불구하고 하나님의 영광이 세상 속에 비추었으며(요 1:14b), 아버지의 은혜와 진리를 드러냈다(요 1:14a).

이것은 본질적으로 현대적인 메시지이다. 왜냐하면 우리는 희망을 갈구하는 문화 속에서 살고 있기 때문이다. 어떤 이들에게 있어서, 희망은 인간의 제도들과 가능성들에 닻을 내려 왔다. 더 젊은 세대들에 있어서, 자주 희망이 없어 보인다. 그들이 세상을 바라볼 때면 그들은 절망을 느낀다. 여기서 열쇠가 되는 것은 내가 기독론적 종말론을 선포해야 한다는 것이다. 그것은 궁극적인 마지막 메시지로서, 하나님을 통해 그리스도 안에서 야기된 가능성들에 기초를 두고 있다. 나는 하나님께서 성육신 속에서 하신 일의 본질에 대해 이미 밝힌 바가 있다.

현대적 의미

목소리들. 우리가 살고 있는 세계는 그것의 상태를 보여주고 갱신 가능성을 제시할 진단을 고대하고 있다. 삶의 고통을 경감시키고 우리를 괴롭히는 문제들을 줄여 줄 것을 약속하는 메시지들을 담고 있는 수많은 목소리들이 있다. 우리는 정치적인, 경제적인 음성들을 듣는다. 그들은 만약 우리가 재분배하고, 재조직하고, 재구성한다면 우리가 공평하고 자비가 넘치는 세상을 만들게 될 것이라고 주장한다. 다른 목소리들은 보다 더 개인적이다. 그들은 문제는 사회학적인 것이 아니라 인간적인 것이라고 주장한다.—인간의 영혼이 수선 혹은 갱신을 필요로 하고 있다. 그리고 만약 우리가 이웃에게 올바른 교육이나 치료법, 혹은 비전을 제공한다면, 모든 것이 잘 될 것이라고 말한다. 이 목소리들, 이 메시지들은 세속적인 것이다. 그러나 우리는 매주 일요일마다 교회 강단에서 그 목소리들을 들을 수 있다. 우리 시대의 이 선지자들은 사람들이 깊이 필요로 하고 있고 유용한 서비스들을 제공한다. 그러나 그들의 목소리들은 요한복음 1:1-18이 소개하고 있는 그 목소리(The Voice)를 대신할 수 없다.

요한복음의 서론은 희망을 제공하는 하나의 '메시지'(a message)에 대한 것이 아니라 유일한 희망인 '그 메시지'(The Message)에 대한 것이다. 그것은 어떤 생각에 대한 것이 아니라 한 인격체에 대한 것이다. '말씀이 육신이 되셨다'라는 것은 하나님께서 단지 어떤 개념들에 대해 우리에게 알려주고 싶으신 것이 아니라는 사실을 말해 준다. 하나님은 자기 자신에 대해 우리에게 알려주고자 하신다. '말씀이 육신이 되셨다'라는 것은 '그 메시지'가 접근 가능한 것이며, 신비주의자나 학자들만을 위해 숨겨진 것이 아니고, 세상 속에서 살았으며, 많은 이들이 그를 만졌고, 그의 목소리를 들었음을 말한다. '말씀이 육신이 되셨다' 라는 것은 인간 예수가 더 이상 죽을 수밖에 없는 존재가 아니라고 우리에게 말한다. 그는 영감을 받은 목수도 아니었고 본보기가 된 인간도 아니었다. 예수는 하나님 자신이었다.—그는 인성(humanity)의 옷을 입으셨으며, 인성을 완전하고 영원히 껴안으셨고, 인성 속에서 걸으셨으며, 그것을 통해서 말씀하셨고, 이전에는 결코 알지 못했던 방법을 통해 하나님의 실재를 보여주셨다. 이 서론은 최종적인 어떤 일, 객관적이고 절대적인 어떤 일이 역사 속에서 발생했음을 말한다. 인간 역사에 하나의 이정표가 세워졌다. 모든 인간은 이제 그것을 중심으로 연대를 측정하고 전진해 가도록 부르심을 받는다.

세 개의 가닥들. 요한복음의 서론은 사고의 세 가지 가닥들을 함께 엮어 직물을 짜고 있는, 하나의 신학적 직조판을 제공한다. 그 가닥들이 하나로 묶여질 경우 기독교 메시지의 핵심적인 구조를 형성한다. 각 메시지는 다른 두 개와 연결되어 있다. 그리고 그 셋을 합한 것은 심지어 어린이를 포함하여 모든 이들이 핵심적인 영적 장비로서 가지고 있어야 할 신앙의 핵심을 구성한다. 이것들은 반사작용을 일으킬 정도로 깊이 뿌리를 내린 신앙이 되어야 한다. 그래서 우리가 그것들을 통하지 않고는 세상을 볼 수 없을 정도가 되어야 한다.

(1) 결정적 기독론(Definitive Christology). 절대로 타협이 있을 수 없는 문제는 그리스도의 본질과 그와 아버지와의 관계에 관한 것이다. 예수는 세상의 많은 구원자들 중 한 구원자가 아니며, 많은 선인(善人)들 중 한 사람의 선인이 아니다. 그는 육체를 입으신 하나님이시다. 혹은 신학자들이 니케아(Nicea)에서 정한 바로는, 그리스도와 아버지(Father)는 동일한 본질 혹은 존재를 공유하신다. 아들(Son)이 존재하지 않았던 때는 결코 없었다.

이 기본적인 명제는—즉, 예수 그리스도에 관한 타협을 모르는 확언은—기독교 진리에 대한 토론이나 다른 종교와 철학체계의 정당성에 대한 논의에 있어서 언제나 문제가 되어 왔다.[29] 그러나 보다 근본적으로, 이 관념은 현대세계가 실재를 보는 방법에 있어서 중대한 도전을 주고 있다.

최근에 내가 레슬리 뉴비긴(Lesslie Newbigin)의 책, 『헬라인에게는 미련한 것:

29. 참조. D. Okholm and T. Phillips, eds., *More Than One Way? Four Views on Salvation in a Pluralistic World* (Grand Rapids: Zondervan, 1995).

복음과 서구문화』(*Foolishness to the Greeks: The Gospel and Western Culture*)를 읽었을 때 나는 그것을 깨달았다.[30] 뉴비긴은 전문적인 인도선교사였다. 그는 중앙아시아에서 40년 동안 사역한 후 고향인 영국으로 돌아왔다. 그러나 그가 돌아왔을 때 그는 자신이 다시 적응해 들어가려고 하는 문화가 복음에 대해 매우 이질적이라는 것을 발견했다. 그것은 인도에서 복음이 이질적인 것과 마찬가지였다. 선교사로 일하는 동안 그는 한 사회의 지적인 구조들을 이해하고, 문화간 대화의 방법을 찾기 위해 문화를 연구하는 데 익숙해 있었다. 그러나 그가 고향에 돌아왔을 때, 그는 서유럽에서 자신이 조금이라도 복음에 대해 말하고자 한다면, 그것 역시 문화간 대화가 되어야 한다는 것을 발견했다. 그의 현대적 청중들에게 있어서 복음은 어리석음처럼 들렸다.—그것은 바울이 고린도의 헬라인들에게서 경험한 것과 마찬가지였다(cf. 고전 1:23).

간단히 말해서 서구사회는 현대인의 삶에 있어서 세상을 신중심적으로 볼 수 있는 능력을 없애 버렸다. 과학의 등장 덕분에 하나님은 외적 세계를 움직이는 역할을 빼앗겨 버렸다. 그리고 하나님의 마지막 영토였던 내면의 세계는 심리학에게 점령당하고 말았다. 모호한 하나님 개념은 아직도 한 자리를 차지하고 있지만, 뉴비긴의 주장에 따르자면, 인격적이고 자신을 계시하시는 하나님이라는 생각은 많은 이들에게 있어서 이해할 수 없는 것이 되었다. 이것이 의미하는 것은 우리는 하나님이 그리스도 안에서 인간이 되셨다고 단순하게 선포할 수는 없다는 것이다. 오히려 우리는 먼저 이런 생각을 무효한 것으로 만들어 버린 현대적 사고의 근본적 구조들을 드러내야 한다. 우리는 오늘날의 '이교도 우주론'(pagan cosmology)을 폭로해야 한다.[31]

역사는 단순히 사회적 변화의 힘들에 의해 형성되는 것이 아니다. 우주는 단지 원인과 결과에 의해서만 설명되지 않는다. 하나님은 역사의 건축가이시다. 그는 자신을 알리는 것을 기뻐하시며, 말씀과 기적을 통해 우리의 실재 속으로 들어오시고, 그의 영광과 능력을 보여주신다. 그리고 우리가 예수 그리스도 안에서 그가 행하셨다고 주장하는 것은 '신학적 우주론'(theological cosmology)과 훌륭하게 들어맞는다. 그리스도는 다시 일하고 계신 하나님이시다. 그는 자신의 피조물들에게 자신을 드러내시고 있다. 그리스도는 사람들의 영역 속으로 들어오시는 하나님

30. Grand Rapids, Eerdmans, 1986.

31. 같은 생각을 가진 책으로는, D. F. Wells, *God in the Wasteland: The Reality of Truth in a World of Fading Dreams* (Grand Rapids: Eerdmans, 1994).

이시다. 그는 자신이 누구인가에 대해 철저하고 확실한 계시를 주시기 위해 '그들의 형상' 을 취하신다.

우리가 요한복음의 균형을 계속해서 점검해 가는 동안 이 주제는 다시 나타날 것이다. 예수는 세상 속으로의 하나님의 개입이다. 그리고 복음서 이야기가 전개되는 동안, 그의 청중들은 여기에 모세보다 더 위대한 존재, 위대한 분이 계시다는 사실을 직관적으로 알게 될 것이다. 그분은 아브라함보다 시기적으로 앞서는 분이다. 그분의 역사는 시간이 시작될 때보다 더 이른 시기로 거슬러 올라간다.

(2) 완전한 거부(Complete rejection). 기독교 신학의 커다란 아이러니는 인간의 상황을 치료할 수 있는 바로 그 치료책이 거부당한다는 것이다. 사람들은 빛보다 어두움을 사랑한다. 왜냐하면 그들의 행위가 악하기 때문이다(요 3:19). 세상이 하늘로부터의 어떤 계시를 간절할 마음으로 기다리고 있다고 생각하는 것은 순진한 것이다. 만약 그 계시가 세상의 방식대로 오고, 만약 그것이 세상의 체제들을 긍정하는 메시지이고, 인간의 능력의 확대를 지지해 주는 것이라면, 그런 계시는 환영을 받을 것이다. 그러나 만약 그것이 어둠의 정체를 밝히고, 그들이 지은 죄를 나열하며, 다양하고 교묘한 형태를 띤 불신앙의 정체를 밝힌다면, 말씀(Word)은 혹독한 적대를 경험하게 될 것이다. 만약 세상의 창조주께서 세상의 창조주와 주로서 자신의 통치권을 주장하신다면, 세상은 아무 것도 갖지 못하게 될 것이다.

기독교 신학은 인간들이 어떤 자유도 없는 상태에 놓여 있다고 주장한다. 죄는 악한 선택들의 연속이 아니라 그곳으로부터 악한 선택들이 계속적으로 나오는 존재의 상태이다. 이것이 뜻하는 것은 인간의 도덕적, 지적, 심지어 미적 능력들도 타락했으며, 인간은 빛의 현존으로부터 멀어지려는 경향을 가지고 있다는 것이다. 이것은 어둠에 빠져 있는 세상에 대해서도 진리이고, 왜곡된 종교적 성향을 지닌 자들에 대해서도 진리이다. "자기 땅에 오매 '자기 백성' 이 영접하지 아니하였으나"(요 1:10). 그 누구도 이 딜레마에서 자유롭지 못하다.

요한은 우리가 살고 있는 이 세상이, 하나님께서 그것을 더 멋지게 만드시려고 의도하고 계신, 멋진 세상이 아님을 이해하고 있다. 오히려 우리가 살고 있는 세상은 진리를 거부하고 그것을 최신유행의 진리들로 대체하는 세상이다. 하나님의 진리는 아담과 하와 시대로부터 인간들이 품어 온 것들을 인간의 영혼으로부터 도려내야 한다. 인간은 중생해야 한다.

(3) 절대적인 변모(Absolute transformation). 우리에게는 단 하나의 희망이 있을 뿐이다. 그것은 그리스도 안의 하나님이시다. 이 성육신 속에서 하나님께서는 그의

자아(selfhood)에 속한 영광과 은혜를 보여주셨다. 그리고 이 성육신을 통해 인간은 자신이 창조되었을 때 한 번 가졌던 적이 있는 영광과 은혜를 다시 얻을 수 있다. 자연적인 눈으로는 하나님의 영광을 볼 수 없다. 왜냐하면 그것은 죄로 인해 어두워졌기 때문이다. 그 대신에 하나님이 일하시는 것이 필요하다. 하나님이 자신을 계시하셔야 하며 그의 아들을 보내셔야 한다. 그 아들만이 하나님의 마음을 나타내셨다(요 1:18).

하나님께서 주도권을 잡고 이 일을 행하실 때, 새로운 가능성들이 태어난다. 하나님의 능력이 깨어진 세계와 깨어진 생명들 속으로 들어와 새로운 생명이 가능하게 된다. 세상이 그토록 이질적으로 여기는 신학적 열쇠가 여기에 놓여 있다. 변모와 희망은 어떤 인간 노력의 열매일 수 없다. 오직 하나님만이 주도권을 잡고 일을 시작하실 수 있다. 인간들은 보고, 받아들이고, 하나님이 하기를 원하시는 일을 믿어야 한다. 그리고 그들이 그렇게 할 때, 그들은 하나님의 자녀가 되기 위해 중생하게 된다.

이교도 세계의 함정은 희망을 그 자신의 생각과 행동의 규범들 속에서 찾으려는 데 있다. 그러나 역사는 이 꿈이 덧없는 것임을 증명해 왔다. 종교적인 사람의 함정은 인간에게는 영적 자질이 있기 때문에 종교적 헌신과 실천을 통해 하나님을 실재 속으로 끌어들일 수 있다고 생각하는 데 있다. 요한은 하나님이 일을 시작하신다고 말한다. 왜냐하면 하나님이 육신이 되시기 때문이다. 하나님께서 자신을 드러내신다. 하나님께서 진리와 은혜를 가지고 우리의 세상 속으로 들어오신다. 그것은 누구든지 그를 영접하는 자들을 변화시키시기 위해서이다. 변화는 영감을 받은 인간의 일이 아니다. 그것은 어디까지나 철저히 하나님의 일이다.

나는 어디를 가건 세상은 변화를 필요로 하고 있다는 사실을 사람들이 알고 있다는 것을 보게 된다. 그들은 세상이 불완전하며 수선을 필요로 하고 있다는 사실을 알고 있다. 서점에 있는 자기도움(self-help)을 위한 책들과, 늦은 밤의 홈쇼핑 방송들은 세계시민들이 결핍을 느끼고 있다는 사실을 웅변적으로 증명해 주고 있다. 한 심야 홈쇼핑에서는 최면술사 마샬 스나이더가 자신의 테이프를 구매하는 모든 자들에게 "번영, 열정, 그리고 힘"을 약속하고 있다(매달 39.95달러씩 3개월 할부이다). 이 세 가지 약속들은 모든 것이 잘 되어 가고 있지는 않다는 세상의 고백을 드러낸다. 그것들은 또한 세상의 해결책의 덧없음을 보여준다.

요한복음 1:19-51

19 유대인들이 예루살렘에서 제사장들과 레위
인들을 요한에게 보내어 네가 누구냐 물을
때에 요한의 증언이 이러하니라
20 요한이 드러내어 말하고 숨기지 아니하니 드
러내어 하는 말이 나는 그리스도가 아니라
한대
21 또 묻되 그러면 누구냐 네가 엘리야냐 이르
되 나는 아니라 또 묻되 네가 그 선지자냐 대
답하되 아니라
22 또 말하되 누구냐 우리를 보낸 이들에게 대답
하게 하라 너는 네게 대하여 무엇이라 하느냐
23 이르되 나는 선지자 이사야의 말과 같이 주
의 길을 곧게 하라고 광야에서 외치는 자의
소리로라 하니라
24 그들은 바리새인들이 보낸 자라
25 또 물어 이르되 네가 만일 그리스도도 아니
요 엘리야도 아니요 그 선지자도 아닐진대
어찌하여 세례를 베푸느냐
26 요한이 대답하되 나는 물로 세례를 베풀거니
와 너희 가운데 너희가 알지 못하는 한 사람
이 섰으니
27 곧 내 뒤에 오시는 그이라 나는 그의 신발끈
을 풀기도 감당하지 못하겠노라 하더라
28 이 일은 요한이 세례 베풀던 곳 요단 강 건너
편 베다니에서 일어난 일이니라
29 이튿날 요한이 예수께서 자기에게 나아오심
을 보고 이르되 보라 세상 죄를 지고 가는 하
나님의 어린 양이로다
30 내가 전에 말하기를 내 뒤에 오는 사람이 있
는데 나보다 앞선 것은 그가 나보다 먼저 계
심이라 한 것이 이 사람을 가리킴이라
31 나도 그를 알지 못하였으나 내가 와서 물로
세례를 베푸는 것은 그를 이스라엘에 나타내
려 함이라 하니라
32 요한이 또 증언하여 이르되 내가 보매 성령
이 비둘기 같이 하늘로부터 내려와서 그의
위에 머물렀더라
33 나도 그를 알지 못하였으나 나를 보내어 물
로 세례를 베풀라 하신 그이가 나에게 말씀
하시되 성령이 내려서 누구 위에든지 머무는
것을 보거든 그가 곧 성령으로 세례를 베푸
는 이인 줄 알라 하셨기에
34 내가 보고 그가 하나님의 아들이심을 증언하
였노라 하니라
35 또 이튿날 요한이 자기 제자 중 두 사람과 함
께 섰다가
36 예수께서 거니심을 보고 말하되 보라 하나님
의 어린 양이로다
37 두 제자가 그의 말을 듣고 예수를 따르거늘
38 예수께서 돌이켜 그 따르는 것을 보시고 물
어 이르시되 무엇을 구하느냐 이르되 랍비여
어디 계시오니이까 하니 (랍비는 번역하면 선
생이라)
39 예수께서 이르시되 와서 보라 그러므로 그들
이 가서 계신 데를 보고 그날 함께 거하니 때
가 열 시쯤 되었더라
40 요한의 말을 듣고 예수를 따르는 두 사람 중
의 하나는 시몬 베드로의 형제 안드레라
41 그가 먼저 자기의 형제 시몬을 찾아 말하되
우리가 메시야를 만났다 하고 (메시야는 번
역하면 그리스도라)
42 데리고 예수께로 오니 예수께서 보시고 이르
시되 네가 요한의 아들 시몬이니 장차 게바라
하리라 하시니라 (게바는 번역하면 베드로라)
43 이튿날 예수께서 갈릴리로 나가려 하시다가
빌립을 만나 이르시되 나를 따르라 하시니

44 빌립은 안드레와 베드로와 한 동네 벳새다
사람이라
45 빌립이 나다나엘을 찾아 이르되 모세가 율법
에 기록하였고 여러 선지자가 기록한 그이를
우리가 만났으니 요셉의 아들 나사렛 예수니라
46 나다나엘이 이르되 나사렛에서 무슨 선한 것
이 날 수 있느냐 빌립이 이르되 와서 보라 하
니라
47 예수께서 나다나엘이 자기에게 오는 것을 보
시고 그를 가리켜 이르시되 보라 이는 참으
로 이스라엘 사람이라 그 속에 간사한 것이
없도다
48 나다나엘이 이르되 어떻게 나를 아시나이까
예수께서 대답하여 이르시되 빌립이 너를 부
르기 전에 네가 무화과나무 아래에 있을 때
에 보았노라
49 나다나엘이 대답하되 랍비여 당신은 하나님
의 아들이시요 당신은 이스라엘의 임금이로
소이다
50 예수께서 대답하여 이르시되 내가 너를 무화
과나무 아래에서 보았다 하므로 믿느냐 이보
다 더 큰 일을 보리라
51 또 이르시되 진실로 진실로 너희에게 이르노
니 하늘이 열리고 하나님의 사자들이 인자
위에 오르락 내리락 하는 것을 보리라 하시
니라

원 의미

균형 잡힌 1장은 우리를 요한복음의 설화(narrative) 세계 속으로 이동시킨다. 그러나 우리는 1장 서론에서 이미 세례요한을 소개받았다는 사실을 염두에 두는 것이 중요하다. 그는 예수의 선주자(先走者)였고, 메시야이신 예수의 오심을 증거하는 자였다(요 1:6ff.). 그리고 그는 예수가 자신보다 우월하며, 자신의 세례 사역을 예수 자신의 사역을 통해 대체하실 것이라는 사실을 명확하게 이해하고 있었다(요 1:15, 33).[1] 요한복음 기자는 공관복음과 비교해 볼 때 세례요한의 정체성과 사역에 대해 최소한의 관심만을 두고 있다(cf. 마 3:1-6; 막 1:2-6, 눅 1:1-24,57-80; 3:1-13). 그 대신 그의 주요 관심은 예수의 정체를 밝히고 그를 높이는 세례요한의 역할에 있다.

19-50절은 흥미로운 단일체를 구성하고 있다. 이 섹션은 네 개의 단락으로 구분될 수 있는데 각 단락은 이어지는 날들을 배경으로 하고 있다("이튿날", 요 1:29, 35, 43). 우리는 각 섹션에서 예수가 누구이며, 그가 어떤 일을 이루실 것인가에 대해 무언가를 배운다. 그러나 또한 우리는 제자도란 무엇이며 그의 증인이 된다는

1. 복음서의 초기 사본에 있어서(서론이 첨가되기 전) 이 구절들이(요 1:6ff., 15) 요 1:19에 첨부되었으며 그것이 복음서의 도입부 역할을 했을 것 같다는 의견을 이미 위에서 제시한 바 있다. 어떤 주석들은 그것을 현재의 섹션에 포함시키는 것을 선호한다. 참조. B. Witherington, *John's Wisdom: A Commentary on the Fourth Gospel* (Louisville: Westminster/John Knox, 1995), 60-75.

것이 무엇을 뜻하는지에 대해서도 무언가를 배운다. 여기에는 심지어 지리적인 개요도 있다. 이 부분은 다음과 같은 흥미로운 구조를 가지고 있다.

A. 베레아의 한 제자 [요단강 건너의 베다니](요 1:19-34) [**첫째, 둘째 날**]
  1. 세례요한의 자기부인(요 1:19-28) [첫째 날]
    • 세례요한은 자신에 대해 증거하지 않음.
  2. 세례요한이 예수의 정체에 대해 말함(요 1:29-34) [둘째 날]
    • 세례요한이 예수에 대해 증거함.
B. 유대의 두 제자들(요 1:35-42) [**셋째 날**]
  • 안드레와 베드로가 제자가 되고 참제자도의 모범이 됨.
C. 갈릴리의 두 제자들(요 1:43-51) [**넷째 날**]
  • 빌립과 나다나엘이 제자가 되고 참제자도의 모범이 됨.

이 구조가 즉시 명확하게 보여주는 것은 이 구절들에 있어서 저자의 목적은 예수를 만나고, 알고, 따르는 것의 의미와 제자도의 본질을 밝히는 것이라는 것이다. 각 경우에 있어서 제자들은 예수와 인격적인 접촉을 갖고, 그가 진실로 누구인지를 인식하도록 초대를 받는다. 이것은 요한복음에서 반복해서 등장하는 주제이다. 예수를 경험하고 그가 누구인지에 대해 바른 이해를 갖는 것. 요한의 문학적 테크닉은 어떤 이야기를 말한 후 어떤 신학적 목적 때문에 그 이야기를 활용하는 것이다. 독자인 우리를 위해 예수의 정체를 밝히는 것, 혹은 우리로 하여금 예수께 질문하는 자들의 마음속에 무엇이 있는지를 보게 하는 것.

세례요한의 자기부인(요 1:19-28)

저자는 세례요한과 예수의 사건들을 직접 말하고 있지 않다. 그는 어떤 다른 사람의 이야기를 들려주고 있다. 이 전체 설명은 세례요한의 "증언"이다("요한의 증언이 이러하니라", 19절). 마치 우리가 재판소 안에 있고, 예수에 대해 유리한 증거들과 불리한 증거들이 독자인 우리들 앞에 제시되는 것과 같다.[2] 이야기는 마치 세

2. 요한복음의 사법적 주제들을 탐구하는 중요한 책으로는, A. E. Harvey, *Jesus on Trial* (London, SPCK, 1976).

례요한이 이것을 회상하면서 말하고 있고, 필자인 요한은 세례요한이 스포트라이트를 받도록 하고 있는 것처럼 보인다.

요단강에서의 요한의 세례 활동은 엄청난 관심을 불러일으켰다. 예루살렘과 그 주위 유대 지역의 수많은 사람들이 그에게 세례를 받기 위해, 혹은 그의 사역에 대해 질문을 던지기 위해 그에게 왔다(마 3:5). 그들 중 하나는 세례요한에게 질문을 하기 위해 "유대인들"이 보낸 자들이었다(요 1:19). '유대인들'(헬라어 '유다이오스'[*Ioudaios*])이라는 용어는 요한복음에 모두 71회 등장하는데 주로 예수에 대해 적대적이었던 예루살렘(특히 성전)의 유대 지도자들을 지칭한다. 어떤 이들은 심지어 '유다이오스'가 예수와 그의 갈릴리 사역에 대해 적대적이었던 '유대지역 사람들'(Judeans)을 의미한다고 주장했다. 이 용어가 모든 유대교도들을 지칭할 수 없는 것은 분명하다. 왜냐하면 9장에서 날 때부터 맹인이었던 자의 부모는 유대인이었는데 성경은 그들이 "유대인들을 두려워했다"(요 9:22)라고 말하고 있기 때문이다. 요한복음에 있어서 "유대인들"이라는 용어는 요한 자신의 세계에 뿌리를 둔 특별한 용법을 가지고 있다. 그 세계는 회당과 교회가 서로 갈등을 겪고 있는 세계이다(서론 참조).[3]

요한에게 온 대표단은 "제사장들과 레위인들"로 구성되어 있었다. 그러므로 우리가 지금 여기서 가지고 있는 것은 성전과 그 이익을 대변하는 "공식적인 유대교"로부터 파송을 받은 자들의 질문인 것이다. 세례요한은 괴상한 현상이었고 따라서 조사를 필요로 했다. 세 이름들이 문제가 되었고 그 이름들은 이스라엘에 대한 요한의 의도들을 알아내기 위한 것들이었다. 요한은 자신을 어떤 식으로든 이스라엘에게 정의의 길로 나설 것을 요구하고 있는, 어떤 종말론적 인물로 보고 있는가? 그는 하나님께서 곧 간섭하실 것이기 때문에 이스라엘에게 주의를 상기시키고 있는가?

(1) 요한은 먼저 자신이 "그리스도"라는 사실을 부인한다. "그리스도"는 "메시야"를 뜻하는 히브리어 단어의 헬라어 번역이다. 후기 구약시대와 특히 신구약 중간기 유대교에 있어서 도래할 메시야에 대한 희망이 널리 퍼져 있었다. 그는 "하나님께 기름 부음을 받은 자"로서 하나님의 능력과 성령으로 충만하여 기적을 통해

3. 어떤 학자들, 특히 유대 신학자들은 요한이 "유대인들"이라는 용어를 자주 사용한 것이 수세기 동안 기독교인들의 반(反)셈족주의(anti-Semitism)에 기여해 왔다고 결론을 내렸다. 요한은 유대인이었다. 그런데 예수께서 메시야이심을 믿던 이 유대인이 그의 동족들과 갈등을 겪게 되자, 이와 같은 내부적 수사적 표현(intramural rhetoric)을 만들어 내게 된 것이다.

하나님의 백성들을 구원할 자였다. 유대교에서는 아마도 모세를 이상적인 메시야 모델로 생각했을 것이다. 모세는 백성들에게 영적인 지도력을 발휘했을 뿐만 아니라 그들에게 이집트로부터의 정치적 자유도 제공해 주었다. 그리스와 로마의 압제를 받고 있던 시절에 (그 시대는 300년이 넘게 지속되었다) 메시아(혹은, 그리스도)라는 용어가 정치적 의미로 채워진 것은 놀랄 일이 아니었다. 세례요한은 자신이 메시야가 아니라는 사실을 확실하게 선포했다.

(2) 말라기 4:5은 구약의 선지자 엘리야가 메시야가 오기 전에 먼저 올 것이라고 가르친다. 만약 요한이 메시야가 아니라면 아마도 그는 엘리야일 수 있었다. 엘리야는 죽지 않고 땅으로부터 취하여졌기 때문에(왕하 2:11), 유대인들은 엘리야가 신비스러운 방법으로 살아 있다가 마지막 때에 돌아올 것이라고 상상했다(cf. 막 8:28). 요한은 자신이 엘리야가 아니라고 분명하게 말한다(요 1:21). 이 메시지의 한 가지 난점은 예수께서 마태복음 11:14에서 "오기로 한 엘리야"가 바로 요한이라고 말씀하신다는 점이다. 이에 대한 해결책은 요한은 누가복음이 설명하고 있다시피 선주자(先走者)로서의 엘리야의 역할을 완성하고 있었다는 것이다. "그가 또 엘리야의 심령과 능력으로 주 앞에 먼저 와서."(눅 1:17) 반면에 요한은 자신이 지상으로 돌아온 엘리야임을 부인하고 있는 것이다.[4]

(3) '선지자'란 아마도 신명기 18:15-19를 가리키는 듯하다. 그 구절은 미래의 어느 때에 "모세와 같은" 선지자가 이스라엘에게 되돌아 올 것이라고 말한다. 이것은 유대인들로 하여금 이 선지자가 누구일 것이냐에 대해 수많은 상상을 하도록 만들었다. 어떤 경우에는 이 선지자의 이미지와 메시야의 이미지가 서로 섞이기도 했다. 다른 유대인들은 메시야와 선지자를 구분했으며(참조. 요 7:40; 마카비1서 4:46; *T. Bn.*[Testament of Benjamin, 벤야민의 유언서-옮긴이] 9:2), 선지자는 단지 메시야의 선주자라는 사실을 이해했다. 예를 들어, 쿰란 공동체는 메시야와 함께 올 종말론적 "선지자"를 고대했다(1QS 9). 요한의 대답은 간결했다. 나는 아니다.

이와 같이 부인들이 이어진 후 요한은 이제 자신의 정체를 밝힌다. 그는 "목소리"이다. 그는 예수의 사역에 있어서 자신이 맡은 역할을 밝히기 위해 이사야 40:3을

4. 또 다른 가능성은 요한이 자신이 엘리야라는 사실을 몰랐거나 혹은 적어도 그가 그 명칭을 받아들이지 않았다는 것이다. 공관복음에 있어서, 예수는 그에게 명칭을 부여했지만 요한은 그것을 받아들이지 않았다. "세례요한은 겸손하게 그 고귀한 명칭을 거절했다. 그러나 반대로 예수는 그것을 요한에게 수여하셨다." (C. F. D. Moule, *The Phenomenon of the New Testament* [London: SCM, 1967], 70, 재인용 L. Morris, *John*, 119n.18).

인용한다. 요한은 자신이 중요한 역할을 맡고 있다고 하면서 자신을 높이지도 않고, 자기 자신의 이름을 내세우지도 않는다. 그는 다만 하나님의 손에 들린 도구일 뿐이다. 자신의 역할은 저곳에 서 계신 '다른 분' 을 가리키는 것이다. 흥미롭게도 사해공동체(쿰란) 역시 자신들의 정체를 설명하기 위한 주요 본문들 중 하나로 이사야 40:3을 사용했다. 그들은 메시야의 오심을 기다리며 사막 가운데 처소를 마련하고 공동체를 형성하고 있었다. 요한의 메시지에 따르자면 메시야 시대의 동이 곧 터 올 것이며 기다림은 더 이상 필요가 없을 것이다.[5]

유대교는 의례적 정결을 위한 제의적인 씻음에 대해 알고 있었다. 그러나 세례는 일반적으로 유대교로 개종한 이방인들을 위해 보존되었다. 그것은 총체적 정결을 뜻하는 것으로서 이제 문지방을 완전히 넘어섰다는 것을 의미했다. 그러나 요한은 유대인들에게 세례를 요구했다(요 1:26). 이것은 물론 다음과 같은 질문을 야기했을 것이다. "무엇이 문지방인가? 우리를 유대인으로서 변화시켜 줄 새로운 질서는 무엇인가?" 제시된 약속은 새로운 종교가 아니라 새로운 인물이었다(요 1:26-27). 요한은 그를 너무나 위대한 인물로 묘사했기 때문에, 그와 비교하자면 자신은 (선지자임에도 불구하고) 종보다도 못한 자였다. 샌들의 끈을 푸는 일은 너무나 하찮은 일이었기 때문에 제자들이 스승을 위해서는 결코 하지 않는 일이었다. 그것은 종들의 일이었다. 요한은 자기 자신이 앞으로 오실 그분을 위해서는 심지어 그와 같은 종의 일도 감당할 가치가 없는 자라고 말한다. 이것은 예수가 얼마나 큰 분인가를 측량할 수 있게 해 준다.

"요단강 건너편"의 베다니의 위치는 언제나 수수께끼였다. 이것은 예루살렘 동쪽 가까이에 있는 마을이 아니었다(나사로, 마리아, 그리고 마르다의 집. cf. 요 11장). 교부 오리겐은 주후 3세기에 그 마을을 찾기 위해 그 지역을 방문했다. 그리고 그 베다니는 "베타라바"(Betharaba)라는 마을과 같은 곳이라고 말했다. 이것은 많은 종류의 사본들에게 영향을 끼쳤다. 그러나 이것은 분명히 오류이다. 이 베다니는 요단강 동쪽 지역인 베레아(Perea)에 있지만, 정확한 위치는 지금은 알 길이 없다.

5. 많은 학자들은 세례요한과 쿰란 공동체를 연관시켜 왔다. 양자 모두는 유대교에 대해 비판적인 메시지를 가지고 사막에서 생활했고(이사야 40장에 근거), 정결의 일반적 수단으로 물세례를 사용했다.

예수에 대한 세례요한의 증거(요 1:29-34)

"다음 날"의 에피소드에서도 예수에 대한 세례요한의 증거는 계속되었다(참조. 요 1:34). 요한은 이전에는 오실 그리스도에 대해 단지 암시만을 줄 수 있었는데, 이제는 분명하게 그리스도의 정체를 밝힌다. 세례요한이 예수에 대한 자신의 지식을 얼마나 확신 있게 밝히는지 주목하라(요 1:33). 여기서 중요한 것은 요한이 예루살렘에서 온 질문자들과 비교될 수 있다는 점이다. 그들은 하나님에 대해 알지도 못했고, 예수의 일들에 대해 아마도 이해하려고 하지도 않았을 것이다. 다음과 같은 보르헤르트(Borchert)의 말은 옳다. "앞으로 오실 이에 대한 요한의 지식은 '원래 가지고 있던 지식'(innate knowledge)이 아니었다(요 1:31-33). 그것은 성령이 예수 위로 내려왔을 때 계시를 통해 그에게 주어진 지식이었다(요 1:32)."[6] 그것은 요한에게 역사하고 있던 계시의 신학이었다. 참된 지식은 인간의 한계를 뛰어넘는다. 그것은 하나님의 계시의 선물이다. 요한은 예수의 정체와 목적에 대해 직접적으로 말할 수 있는 기회를 많이 가졌다.

(1) 예수의 정체는 "세상 죄를 지고 가는 하나님의 어린 양"(요 1:29)으로 밝혀진다. 모든 해석자들은 이 문구의 해석을 어려워한다. 왜냐하면 "하나님의 어린 양"이라는 용어는, 기독교 용어로서 흔히 사용되고는 있지만, 신약성경에서 오직 이곳과 요한복음 1:36에서만 나타나기 때문이다. 요점은 "어린 양"(헬라어 '암노스'[*amnos*])의 의미를 어떻게 이해하는가 하는 것이다. 어떤 이들은 여기서 의미하는 것이 유월절 희생제물이라고 한다. 그것은 (꼭 그럴 필요는 없었지만) 어린양일 수 있었다. 그러나 이 짐승은 헬라어를 사용하는 유대교에 있어서 '암노스'라고 불리지 않고 "파스카"(*the pascha*)라고 불렸다. 요한은 예수를 유월절의 희생자로 보는 것에 대해 깊은 관심을 가지고 있기 때문에(참조. 요 19:31-36), 그가 예수에 대해 이런 개념과 언어를 사용했다는 것이 부자연스러운 일은 아닐 것이다.[7]

다른 이들의 주장에 따르자면 이 어린양은 이사야 53:7에 나오는 희생양 혹은 심지어 창세기 22:8에 등장하는 (이삭을 살리기 위해 아브라함에게 제공된) 어린양이다. 요한은 아마도 요한계시록 5장에 등장하는 승리의 종말론적 어린양을 생각했는지도 모른다. 다른 가능성은 요한이 성전에서 매일 드려졌던 희생제물을 생

6. G. Borchert, *John*, 1:137.

7. 다른 이들은 유월절 희생물이 죄를 제거하지는 않았다고 주장했다. 그러나 그것은 논란이 되고 있는 내용이다. 그리고 많은 이들은 실제로 모든 유대교 희생물들은 어떤 구원적 차원을 가지고 있었다고 주장한다.

각하고 있다는 것이다. 성전에서는 아침과 저녁에 어린양으로 제사를 드렸다(출 29:38-46). 그러나 이것은 불확실하다. 적어도 분명한 것은, 팔레스타인 유대인들에게 있어서 모든 희생양들은 구원(특히 이삭의 구원), 죄의 용서, 그리고 메시야를 통한 구원을 상기시키는 역할을 했다는 것이다.[8] 현재의 문맥 속에서 요한이 유월절 어린양을 염두에 두고 있다는 것이 불가능하지는 '않을' 것이다.

여기서 우리가 기억해 두어야 할 중요한 사실은 예수는 죄를 치워 버리기 위해 '하나님에 의해' 제공된 선물로 제시되고 있다는 것이다. 예수는 어린양으로서 희생 제물이 되신다. 그의 죽음은 우리가 하나님의 존전에 서지 못하도록 만드는 상황을 "치워 버린다"(carries away). 요한복음은 유대교의 축제들, 특히 유월절을 강조하고 있기 때문에, 여기서도 유월절 이미지를 떠올리는 것은 분별없는 일은 아니다.

요한복음 1:30에서 요한은 예수를 "[요한보다] 먼저" 있었던 분으로 묘사한다. 이 언급은 1:15에서 거의 같은 어구들을 사용하여 반복된다. 이것은 예수의 중요성은 그가 무슨 일을 하느냐에 있는 것이 아니라 그가 누구인가에 있다는 사실을 선언한다. 이것은 예수를 명확하게 하나님과 연관시킨, 요한복음의 많은 기독론적 확언들 가운데 하나이다.

(2) 같은 날 요한의 두 번째 증거는 요한복음 1:32-33에 나타난다. 예수의 세례에 대해 (공관복음에서와 같이) 이야기를 들려주는 대신, 요한복음은 단순히 세례요한을 초청하여 그날 요단강에서 그가 목격한 일을 묘사하게 하고 있다. 여기서 그의 증거는 주목할 만하다. 요한은 공관복음에서 그렇듯이 하늘로부터의 소리 혹은 강에서의 세례를 강조하지 않는다. 그 대신 요한은 세 번씩이나 성령이 그리스도 위에 임했다는 사실을 언급한다. 구약성경은 메시야 시대는 갱신의 시대가 될 것으로 기대했다. 구약은 그때가 되면 성령께서 이스라엘을 변화시키실 뿐만 아니라(사 32:15; 겔 36:26-27; 37:14; Jub.[Jubilee, 희년서-옮긴이] 1:23) 메시야 자신 위에도 강하게 임하실 것이라고 기대했다(사 11:2; 42:1; T. Jud.[The Testament of Judas, 유다의 유언서-옮긴이] 24, 11-3).

성령은 구약성경에도 흔히 나타난다. 그러나 성령은 주로 (왕, 사사, 혹은 선지자와 같이) 선정된 지도자들에게 임했으며, 하나님이 지정하신 일을 하는 동안에만 그들에게 머물렀다. 세례요한의 해설은 인상적이다. 성령께서 내려오셔서 그의

---

8. C. Vermes, *Scripture and Tradition in Judaism* (Leiden: Brill, 1961), 193-227.

위에 '머무셨다.' 이것은 영원한 기름 부음이다. 이것은 유대교 안에서 전에는 본 적이 없는 기름 부음이다. 이것은 메시야적 기름 부음이다. 더구나 이 예수는 세례에 있어서 단지 자기 자신만 성령으로 기름 부음을 받은 것이 아니다. 그는 또한 다른 사람들에게도 성령으로 세례를 줄 것이다. 참으로 요한은 메시야 시대가 동터 옴을 증거했다.

(3) 그날 세례요한이 행한 마지막 증언이 요한복음 1:34에 나타난다. "내가 보고 그가 하나님의 아들이심을 증언하였노라." 그러나 중요한 고대 사본들은 "하나님의 아들"(the Son of God; NIV, NRSV)을 "하나님께 선택을 받은 자"(chosen of God; NEB)로 대체하고 있다.[9] 나는 "하나님께 선택을 받은 자"가 옳다고 확신한다. 요한은 후에 요한복음 1:49에서 "아들"(Son)이라는 명칭을 확인해 줄 것이다. 그러나 여기서는 "선택된 자"가 더 어려운 독법이다. 필사자들은 아마도 "선택된 자"를 더 익숙한 "아들"로 바꾸려 했을 것이다. 그리고 "선택된 자"는 이사야 42:1에서 온 것으로 보인다. 이사야서 본문은 성령의 기름 부음을 받는 메시야를 강조하고 있는데, 그를 위해 이 명칭을 사용하고 있다. "내가 붙드는 나의 종, 내 마음에 기뻐하는 자 곧 내가 '택한 사람'을 보라. 내가 나의 영을 그에게 주었은즉 그가 이방에 정의를 베풀리라." 이것은 예수에 대한 요한의 증거의 핵심을 찌르고 있다. 이 메시야는 그의 독특한 기름부음을 통해, 그리고 성령 안에서의 그의 비교할 바 없는 정체성을 통해 알려진다.

요한은 그의 개인적인 증거를 완수했다. 그는 겸손하게 영광과 관심을 거부했으며, 예수가 누구이고 그가 어떤 일을 행할 것임을 강력하게 묘사함을 통해 사람들로 하여금 예수께 관심을 갖도록 했다. 마태복음 4장과 누가복음 4장에서처럼 예수가 당하신 시험들에 대해 기록하는 것은 요한복음의 관심사가 아니다. 이 장은 증언들에 관한, 예수를 만난 사람들에 관한 장이다. 그들은 자신들이 영원히 변화되리라는 것을 인식했고, 예수의 참된 정체성을 발견했다.

9. "아들"이 여러 사본들 속에서 더 자주 나타난다. 그러나 "선택된"은 시내산 사본을 포함하여 많은 강력한 사본족들(manuscript families) 속에서 발견된다. 어떤 독법들은 양쪽을 융합하여 "선택된 아들"(chosen Son)이라고 적고 있다. 상세한 논의를 위하여는 원문성경의 아파라투스(apparatus, [예를 들면, 네슬 알란트] 헬라어 성경의 위쪽에 있는 본문 부분을 textus라 하고 아래쪽의 각주처럼 달려 있는 부분을 apparatus라고 부른다.-옮긴이)를 참조하라.

유대에서의 베드로와 안드레(요 1:35-42)

세례요한은 또 다른 청중들에게 말을 함으로써 증인으로서의 자신의 역할을 계속 수행한다. 이 연속적 사건의 세 번째 날에 요한은 자신을 따르는 자들에게 자신이 아니라 예수를 따르라고 말한다. 한 차원에 있어서, 이 이야기는 세례요한을 따르던 제자들은 충성의 대상을 예수에게로 옮겨야 한다는 것을 보여주는 역할을 한다. 다른 차원에 있어서, 이 이야기는—지금은 유대에서(요 1:3-42) 그리고 후에는 갈릴리에서 볼 수 있는(요 1:43-51)—제자도의 전형적인 모습을 제공한다

37절에서 우리는 두 명의 제자들이 세례요한이 예수에 대해 증거하는 것을 듣는 것을 본다. 그들 중 한 명은 시몬 베드로의 형제 안드레이다(43절). 안드레는 자신의 형제를 찾아서 그를 예수께로 데려온다. 그러나 그것은 37절의 또 다른 제자의 정체를 설명해 주지는 못한다. 공관복음에서 가장 먼저 예수께 돌아온 자들은 안드레, 베드로, 야고보, 그리고 요한이었다(cf. 막 1:16-20). 37절에서 이름이 밝혀지지 않은 제자가 바로 정체를 숨기고 있는 사도 요한일 것이다. 이것은 그에 대한 첫 번째 언급이다. 그는 요한복음의 다른 곳에서 "사랑하시는 제자"라는 수수께끼 같은 명칭으로 불린다. 그러나 세례요한을 따르는 자들과 예수를 따르는 자들 사이의 밀접한 관계에 주목하라. 후에 예수의 제자가 된 자들 중 많은 이들이 원래는 세례요한의 사역에 동참했었다.

요한복음 1:38의 언어는 분명히 제자도에 관한 것이다. 이 두 제자들은 예수를 따른다. 그리고 그들의 관심사에 대해 예수께서 질문하시자("무엇을 구하느냐?") 그들은 예수께서 어디에서 머무시는지 (혹은 거하시는지) 묻는다. 그러자 예수께서는 "와서 보라"라고 대답하신다. 이 언어는 제자도를 묘사하기 위해 의도적으로 구성된 것이다. "따르다"(헬라어 '아쿨로테오' [*akoulotheo*]), "와서 보다", 그리고 "머물다, 거하다"(헬라어 '메노' [*meno*])는 모두 제자도의 각 측면들을 묘사한다. 흥미롭게도 다음 섹션에서 빌립과 나다나엘에 있어서도 동일한 패턴의 제자도가 등장하는 것을 볼 수 있다.[10] 우리가 이 제자도의 보다 넓은 의미를 살필 때('상황

---

10. 어떤 학자들에 따르자면, 오는 것, 보는 것, 그리고 머무는 것에 대한 언급은 직접적으로 유대적 지혜를 암시한다. '솔로몬의 지혜서'(Wisdom of Solomon)는 '지혜'(헬라어 '소피아'[*sophia*], 여성명사)와 연애를 추구하고, 그녀를 발견하고, 그녀를 만나고, 그녀와 함께 머물 것을 교훈한다(cf. 잠언 8장; Sir.[시락서] 51장). 위더링튼(Witherington, *John's Wisdom*)은 여기서 요한이 예수를 현자(賢者)와 현자가 추구하는 지혜 모두로 그리고 있다고 주장한다.

잇기' 섹션 참조), 이 단어들을 주의 깊게 검토할 것이다.

이 사건들은 "열 시쯤"에 발생했다. 오늘날의 시간으로는 아마도 오후 4시쯤일 것이다.[11] 이것은 단지 요한이 증인으로서의 설명을 하나 더 제공하는 것에 그치는 것이 아니다(cf. 요 4:6, 52; 18:28; 19:14). 이것은 예수의 어떤 의도를 암시해 주고 있다. 지금은 낮의 마지막 때이다. 여기서 의미하고 있는 것은 예수께서 그들이 하루의 나머지 시간을 온전히 자신과 함께 보내도록 그들을 초청하셨다는 사실인지도 모른다. 이 방문은 가르침의 장이 된다. 이를 통해 예수께서는 자신의 메시야 정체성을 밝히실 뿐 아니라 이 새로운 추종자들에 대한 자신의 지배권을 드러내신다.

복음서에서 우리가 안드레를 만날 때마다, 그는 누군가를 예수께로 데려오고 있다(요 6:8; 12:22).[12] 안드레가 그의 형제 베드로를 만나 예수께 데려왔을 때, 베드로의 이름은 "게바"로 바뀌었다.[13] 게바라는 이름은 아람어 단어인 '케파스'(*Kephas*)에서 온 것인데 그 의미는 "반석"(rock)이다. 베드로 역시 "반석"이라는 뜻이다(헬라어 '페트로스'[*petros*]). 요한은 복음서 기자들 중 유일하게 원래의 아람어를 활용한 예수의 언어유희를 우리들에게 보여주고 있다. 헬라어 '페트로스'도 아람어 '케파스'도 통상적인 이름은 아니고 실제로는 별명들이다(예를 들면, 미국인 "로키"[Rocky]). 이것들은 자주 어떤 사람의 성격의 한 측면을 가리킨다.

유대인들의 문화에 있어서 이름을 지어 준다는 것은 중요한 사건이다.[14] 이름들은 인간의 성격의 어떤 측면을 드러낸다(예를 들어, '야곱'은 [그의 형제의 뒤꿈치를] "꽉 잡았다"는 뜻이다. 창 25:26). 그리고 이름을 바꾸어 준다는 것은 한 사람이 다른 사람에 대해 권위를 가지고 있음을 시사한다(하나님께서 아브람의 이름을 바꾸신 일, 창 17:5). 예수께서는 여기서 베드로에 대한 자신의 권위를 주장하신다. 예수께서는 베드로에게 이제 그는 다른 사람이라고 말씀하신다. 그는 자신의 참된 이름에 걸맞는 성품을 갖게 될 것이다. 그러나 베드로는 그 이름을 잊어버린 것처럼 보인다. "반석"은 베드로의 초상화를 통해 나오는 이미지가 아니라는 사실이 우

11. 유대인들은 하루를 일몰부터 그 다음 일몰까지로 계산했다. 그럼에도 불구하고 그들은 로마인의 관습을 좇아 일출시부터 낮 시간을 세어 나가는 습관을 채택한 것으로 보인다.

12. Morris, *John*, 140.

13. 공관복음에 있어서 이 사건은 예수의 사역 후기에, 즉 베드로가 가이사랴 빌립보에서 예수의 정체성에 대해 신앙고백을 했을 때 발생한다(마 16:13-20).

14. *The New Bible Dictionary* (3d ed., 1996), 810은 성경적 문화 속에서 이름을 지어 주는 사건의 훌륭한 예들을 다수 제시하고 있다. 이름은 사건, 신분, 그리고 변화를 드러낸다.

리를 놀라게 한다. 베드로는 충동적이며 결국 예수를 부인할 것이다. 그러나 베드로의 연약함에도 불구하고 그 이름은 베드로가 어떤 인물이 될 것인지에 대한 예수의 비전을 보여주고 있다.

갈릴리에서의 빌립과 나다나엘(요 1:43-51)

갈릴리로 옮겨가려는 예수의 결정은 (갈릴리는 유대로부터 약 160킬로미터 정도 북쪽에 위치한다) 이야기가 암시하는 것처럼 그렇게 갑작스럽게 이루어진 것은 아니었다. 요한은 그의 복음서를 위해 극장을 짓고 있고, 열성적으로 대표적인 인물들을 등장시키고 있다. 우리는 한 스냅사진에서 다음 스냅사진으로, 한 프레임에서 다른 프레임으로 움직이며, 요한의 무대 위에서 점점 더 많은 사람들을 만나고 있다.

갈릴리 바다의 북쪽 해변에는 수많은 어촌들이 있었다(벳세다[Bethsaida]의 뜻은 "어업의 집"[house of fishing]이다). 그리고 예수께서는 그 마을들 중 하나를 그의 갈릴리 사역의 근거지로 삼으셨다. 벳세다(아마도 '벳사이다 유니아스'[Bethsaida Junias]일 것이다)는 갈릴리 바다 북쪽 부분의 요단강이 바다로 흘러드는 곳의 동쪽에 위치했으며 가버나움과 가까웠다(가버나움은 북쪽 요단강이 바다로 흘러드는 곳의 바로 서쪽에 위치했다. 요단강의 발원지는 갈릴리 바다보다 더 북쪽이다. 따라서 북쪽으로부터 갈릴리 바다로 흘러드는 요단강과 갈릴리 바다로부터 남쪽으로 흘러 나가는 요단강이 있다.-옮긴이) 베드로와 안드레는 원래 벳세다 출신이었지만(요 1:44) 가버나움으로 이전했다(막 1:21, 29). 복음서들은 예수께서 이 마을들에서 수많은 기적들을 행하셨지만 올바른 반응을 보이지 않았기 때문에 그들이 무서운 심판을 받게 될 것이라고 말하고 있다(마 11:20-24). 그럼에도 불구하고 그 마을들은 중요했다. 왜냐하면 그것들은 유대지역 해안의 산들로부터 그 나라의 북쪽지역으로 통하는 주요 도로상에 위치해 있었기 때문이다(그 길은 '비아 마리스'[*Via Maris*] 즉, '바닷길'[Way of the Sea]로 불렸다).

빌립과 나다나엘은 벳세다 출신이었다. 빌립은 그리스식 이름을 가졌는데("말을 사랑하는 자"[horse lover]), 그것은 헬라화된 유대교에 있어서 인기 있는 이름이었다. 그의 형제의 히브리식 이름(나다나엘, "하나님으로부터의 선물"이라는 뜻)은 그 지역에 있어서 문화들이 섞여 있었음을 보여준다. 빌립은 복음서들에 별로 나타나지 않는다. 공관복음에서 그는 사도들의 명단에 나타난다(막 3:18; 행

1:13). 그리고 빌립은 요한복음에서는 오병이어 사건에서 자신의 걱정을 표현한다(요 6:7). 그리고 후에 예루살렘에서 예수를 뵙고자 했던 헬라인들이 그에게 접근한다(요 12:21-22). 예수와 함께 했던 마지막 저녁에 아버지를 보여주시면 자신들이 기쁠 것이라고 예수께 말한 것도 빌립이었다(요 14:8-9). 나다나엘은 사도들의 명단에 등장하지 않는다. 그렇기 때문에 그가 마태 혹은 심지어 바돌로매와 동일인물일지 모른다는 추측이 생겨났다. 세 공관복음서 모두에 있어서 바돌로매는 빌립과 함께 나열되고 있다(마 10:3).[15] 그러나 우리가 확실하게 알 수는 없다. 예수께서는 12사도 외에도 많은 제자들을 거느리고 계셨다.—누가복음 10장에는 70명의 제자가 나타난다. 나다나엘은 그들 중 한 명이었을 수도 있다.

어쨌든 모세의 메시야 예언을 성취하는 자로서의 예수에 대한 소문을 나다나엘이 들었을 때, 그가 나타낸 반응을 호기심을 보이는 것이었다. "나사렛에서 무슨 선한 것이 날 수 있느냐"(요 1:46). 나다나엘은 나사렛 북쪽에 있는 또 다른 마을인 가나 출신이었다(요 21:2). 그의 언급은 어쩌면 갈릴리 지역의 두 마을 사이의 어떤 경쟁관계에 대해 우리에게 말해 주고 있는지도 모른다. 예수 당시에 나사렛은 특별히 악명을 떨치고 있지도 않았지만 특별히 명성을 떨치고 있지도 않았다. 나사렛은 남갈릴리 지역의 작은 산촌으로서 그 크기는 현대의 아랍 기독교 도시의 작은 일부 정도였다. 나다나엘은 자신의 삶을 온통 집어삼킬 피할 수 없는 증거를 아직 접하지 못한 자의 냉소적 태도를 보이고 있다. 더구나 갈릴리 지역에서는 이전에도 이미 자신이 메시야라고 주장했던 자들이 많이 있었다. 나다나엘은 아직 아무 증거도 보지 못했다.[16] 빌립의 도전은 적절한 것이다. 증거는 그것을 직접 개인적으로 경험할 때 확실성을 갖게 된다. "와서 보라"라는 말은 그 전날 유대지역에서도 들렸던 후렴구이다(요 1:39). 그 말은 이제 나다나엘에게도 도전으로 다가온다.

예수께서는 나다나엘을 이렇게 표현하신다. "보라 이는 참으로 이스라엘 사람이라 그 속에 간사한 것('돌로스' [*dolos*]: no guile[교활하지 않다], RSV; no deceit [속임이 없다], NRSV)이 없도다." '간사한 것' 이라는 이 단어는 신약성경에 모두 11번 나타나는데 속임수 혹은 교활함을 뜻한다. 이것은 야곱이 그의 형의 장자권

15. 바돌로매는 실제로는 개인적인 이름은 아니다. 그 의미는 "톨마이(Tolmai)의 아들[*bar*]"이다. 이것은 '시몬 바르 요나'(Simon bar Jonah)가 요나의 아들 시몬인 것과 마찬가지이다(*bar*는 "아들"을 뜻하는 아람어이다).

16. Josephus, *Ant.* 20.5; 행 5:36-37.

을 훔쳤을 때 그를 표현했던 용어의 개념이다(창 27:35). 예수는 나다나엘 속에서 선한 사람, 정직한 사람을 보신다. 그리고 나다나엘에게는 몹시 놀랍게도, 예수는 이전에 "무화과나무 아래에 있을 때" 그를 보았다고 말씀하신다. 그것은 기도시간이었을까? 아니면 명상이나 연구시간이었을까?[17] 무화과나무의 넓은 그늘은 고대에 있어서 그런 용도로 사용되었다. 그러나 중요한 점은 나다나엘이 예수의 말씀의 요점을 정확히 이해했다는 점이다. 예수는 보통 사람 이상의 인지능력을 갖고 계시다. 즉 예수는 나다나엘이 예수를 알기 전에 이미 나다나엘을 알고 계셨다. 나다나엘은 여기서 기적을 경험했다. 그리고 그것을 통해 결국 커다란 믿음의 걸음을 내딛을 결심을 했다.

예수를 직접 경험한 나다나엘은 그 즉시 의미심장한 호칭들로 그를 부르기 시작한다. "랍비…하나님의 아들…이스라엘의 임금." "랍비"는 유대인 선생들에 대한 존칭이다(요 1:38). "하나님의 아들"은 예수의 신성에 대해 인정함을 드러내는 예기치 못했던 호칭이다. 이 호칭은 구약성경에서는 대단히 신중하게 사용되었다. "이스라엘의 임금"이라는 용어는 이곳 외에 승리의 입성(요 12:13)에서, 그리고 예수께서 십자가 위에 계실 때(마 27:42) 사용되었다. 여기서 이 호칭은 의심할 바 없이 예수의 메시야 정체성의 표현이다. 이 세 호칭들은 1장 전체를 통해 요한이 그리고 있는 초상화를 함께 완성시키고 있다. 나다나엘은 완전한 이스라엘인이며 하나님의 은총을 받은 자이다. 그는 하나님의 일들을 본능적으로, 그리고 즉각적으로 알아차린다. 그렇기 때문에 그는 예수의 정체성도 금방 알아차린다.

나다나엘에 대한 묘사 전체에 있어서 우리는 야곱의 메아리를 듣는다. 야곱은 속이는 자였지만 역사 속에서 하나님의 구속사역의 도구가 된 사람이다. 참으로 야곱은 이스라엘의 위대한 족장이 되었다. 그의 아들들은 이스라엘의 열두 지파를 구성했다. 그리고 그의 이름이 바뀌어 "이스라엘"이라고 불리게 되었다. 나다나엘은 속이는 자였던 옛 야곱과는 닮지 않았다. 그는 하나님께서 계획하셨던 이상적인 이스라엘과 닮았다.

하지만 1장은 놀랄 만한 것을 한 가지 더 가지고 있다. 요한복음 1:51은 예수의 "아멘, 아멘" 형식의 첫 번째 사용을 소개한다(NIV에서는 "내가 너희에게 진실을 말한다"라고 하여 모호하게 되어 있다). 문자적으로 보자면 예수는 "진실로('아

---

17. 이것들은 유대교에 있어서 무화과나무와 일반적으로 연결되던 이미지였다(참조. 왕상 4:25; 미 4:4; 슥 3:10).

멘'), 진실로('아멘') 내가 너희에게 말한다"라고 말씀하고 있는 것이다. 공관복음에서는 이 표현이 등장할 때 '아멘'은 한 번만 등장한다. 그러나 요한복음 전체에서는 특이하게도 아멘이 두 번씩 반복해서 등장한다(모두 25회 사용된다). 이 단어는 확실성 혹은 확증을 뜻하는 히브리어 혹은 아람어 용어였다. 그것은 일반적으로 공동으로 드리는 기도에 덧붙여졌다(고전 14:16; cf. 시 41:13). 예수께서는 엄숙하거나 중요한 어떤 말씀을 하실 때 그 '도입부'에 이 용어를 사용하신다. 유대교에서는 이것과 참으로 평행 되는 것을 찾아볼 수 없었다. 이것은 예수의 독특한 아람어 교훈형태인데 헬라어 복음서 이야기 속에 끼어 들어온 것이다.

요한복음 1:51에서도 예수가 아직 나다나엘과 대화하고 계신 것처럼 보일 지 모르지만 동사가 단수에서 복수로 바뀌었다. "[너희가] 보리라." 예수께서는 그의 제자들에게—그리고 또 그의 독자들에게—지난 4일 동안 그 자신에 대해 계시된 것들 전체를 완결 짓는 선언의 말씀을 하고 계시다. 야곱의 이미지를 다시 끌어들이면서 예수는 하늘이 열리자 "인자"(Son of Man) 위에서 오르락내리락 하는 천사들에 대해 말씀한다. 이 이미지는 야곱의 생애에서 나온 것이다. 창세기 28장에서, 야곱은 브엘세바에서 하란으로 가는 도중, 베델에서 길을 멈추고 잠을 잔다. "꿈에 본즉 사닥다리가 땅 위에 서 있는데 그 꼭대기가 하늘에 닿았고 또 본즉 하나님의 사자들이 그 위에서 오르락내리락 하고"(창 28:12). 그 꿈은 너무나 그를 압도했기 때문에 야곱은 두려움에 사로잡혔다(창 28:16-19).

> 야곱이 잠이 깨어 이르되 "여호와께서 과연 여기 계시거늘 내가 알지 못하였도다." 이에 두려워하여 이르되 "두렵도다 이 곳이여 이것은 다름 아닌 하나님의 집이요 이는 하늘의 문이로다"…그곳 이름을 벧엘이라 하였더라.

히브리어로 벧엘은 "하나님의 집"을 뜻한다. 그리고 예수는 이것이 바로 그의 참모습임을 지적하고 있다. 야곱의 비전은 계시의 장소, 즉 하늘과 땅이 연결된 지점을 묘사해 주고 있다. 예수가 바로 그 장소이다. 예수는 야곱의 꿈을 구체화한다. 그리고 나다나엘은 그것을 스스로 보게 될 것이다. 나다나엘이 가나 출신이라는 점은 흥미롭다. 이 약속 직후에 예수는 가나로 이동하여 그곳에서 그의 첫 번째 표적을 행하신다(요 2:1-11).

요한복음 1:51은 또한 "인자"라는 이상한 용어를 처음으로 우리에게 보여준다. 이 용어는 아람어를 문자적으로 번역한 것이며 헬라어에서는 일반적으로 사용되지 않았다. 이것은 우리의 흥미를 끈다. 왜냐하면 예수는 복음서에서 자기 자신을 묘사할 때 자주 즐겨 이 용어를 사용했기 때문이다. 요한복음은 이 용법을 13회 기록하고 있고 공관복음은 69회 기록하고 있다. 바울은 이 용어를 사용하지 않고 단지 사도행전 7:56에서 스데반이 이 용어를 사용할 뿐이다.

"인자"가 "나"를 뜻하는 히브리어 자기호칭처럼 보이기는 하지만 이 용어에는 다른 의미들이 담겨 있었던 것이 분명하다. 다니엘 7:13-14에서 인자는 천상의 인물에 대한 호칭처럼 보인다. 그는 하나님으로부터 궁극적 권위를 부여받는다. 예수가 이 단어를 채택하여 광범위하게 사용한 것은 정치적 색채로 얼룩져 있던 메시야, 다윗의 아들, 이스라엘의 임금 등의 다른 호칭들을 피하기 위해서였을 것이다. 이 용어를 사용함으로써 예수는 자신의 정체성을 스스로 주조해 나갈 수 있었다. 그것은 (유대교의 메시야적 소망의 환상들을 피하기 위해) 의미가 충분히 모호한 것이면서도 신성과 권위의 의미를 지닌 것이어야 했다.

상황잇기

이와 같은 섹션에 있어서는 단락이 제시하고 있는 많은 역사적, 신학적 세부사항들에 의해 압도되기가 쉽다. 이곳에는 형식적인 유대식 호칭들에 관한 세례요한에 대한 심문이 있다. 또한 이곳에는 예수의 세례와 그 신학적 의미에 관한 문제가 있다. 여기에는 또한 네 사람이—안드레와 베드로, 빌립과 나다나엘—있고, 그들의 이야기가 가지고 있는 열쇠가 있다. 우리가 이 단락의 의미를 알려면 그 열쇠가 필요하다.

두 차원에서의 증거. 그러나 내가 생각할 때 가장 중요한 것은 이 단락이 우리에게 증거로서 제시되었다는 사실이다. "…요한의 증언[*martyria*]이 이러하니라"(요 1:19). 당장 공관복음을 펴고 그곳에서 발견되는 예수의 최초의 추종자들의 회심와 이 단락을 조화시키려 노력하는 것은 부질없는 일이 될 것이다. 요한은 초상화-자기 나름의 초상화-를 그리고 있고, 따라서 이 부분은 그 자체의 용어들 속에서 읽혀져야 한다. 이 이야기가 우리에게 제공되는 목적은 회심과 제자도의 본질에 관하여 우리를 설득시키고 가르치는 것이다. 사실 이 에피소드들은 요한이 그의 복음서 전체를 통해 하고 있는 일을 요약해 주고 있다. 그 이야기들 속에는 설득되고, 확신을 갖게 되는 인물들이 등장한다. 그렇기 때문에 그 이야기는 우연적인 방식으로 구성되어 있지 않다. 이 이야기는 우리가 그것의 일관적인 주제들을 볼 수 있도록 하기 위해 복음서 기자에 의해 치밀하게 구성된 것이다.

우리는 세례요한이 무대에 등장하여 예수에 관하여 증거하는 것을 본다(요 1:19-34); 그리고 네 명의 제자들이, 먼저는 유대에서 나중에는 갈릴리에서, 예수에 대한 증거를 보게 된다(요 1:35-51). 이것이 이 설화들(narratives) 속에 있는 역사적 요소를 부인하는 것은 아니다. 여기서 말하고자 하는 것은 단지 문학과 신학을 섬기기 위해 역사가 사용되고 있다는 것이다. 요한은 예수와 제자도에 관한 초상화를 '우리'에게 제공하기 위해 초대교회가 가지고 있던 자료들을 선별적으로 사용하여 그의 복음서를 기록했다. 이런 관점에서 보자면 요한복음 1:51에서 동사가 갑자기 복수형으로 바뀌는 것은 그 방향이 우리에게 향하는 것이라고 브는 것도 완전히 잘못된 해석은 아닐 것이다. "하늘이 열리고…[너희가] 보리라." 요한이 펼쳐 보이려고 하는 이야기를 우리가 계속 따라간다면, 독자인 우리들은 하나님의 아들의 경이를 보게 될 것이다.

그러므로 요한은 두 차원에서 복음서를 쓰고 있다. 역사적 차원에서 요한은 예수 그리스도의 삶의 핵심적 사건들을 기술하려고 노력하고 있다. 그렇게 하는 이유는 이 기록을 통해 우리가 역사 속에서 발생한 사건들을 정확하게 재구성할 수 있도록 하기 위해서이다. 그러나 그것에 덧붙여 요한은 독자들을 충분히 염두에 두며 글을 쓰고 있다. 그의 이야기는 등장인물들 사이뿐만 아니라 복음서와 그 독자들 사이에도 상호작용을 불러일으킨다. 요한은 우리가 그의 글을 읽고 있다는 것을 알고 있다. 그래서 그는 '독자'로서의 우리가 우리 눈앞에서 펼쳐지는 생각들의 진행을 알아차릴 수 있도록 공교하게 그의 이야기를 구성해 나간다. 요한은 때때로 반어적인 유머나 임박한 어두운 운명에 대한 암시를 우리에게 던져 줌을 통해 등장인물들보다 독자인 우리들이 더 많은 것을 이해하고 있다는 사실을 알려준다. 우리에게는 때로는 등장인물들도 가지고 있지 못한 통찰력이 주어진다. 이것을 통하여 우리는 요한의 역사적 인물들은 가질 수 없었던 일종의 '관점'(point of view)을 갖게 된다.

예수의 이름들. 두 개의 개념들이 증언으로서 중요한 위치를 차지한다. 그것들은 이 이야기에 있어서 시간을 초월하는 것들이다. 요한은 우리가 이 다섯 사람들을 통해 묘사된 것과 유사한 경험을 하기를 원한다. 그는 우리가 이 이야기들에 의해 영감을 받아 지식과 헌신에 있어서 성장을 보이는 제자가 되기를 원한다. 요한은 제자도에는 두 가지 핵심적인 요소들이 있다고 주장하고 있다. 제자들은 예수가 누구인지를 반드시 알아야 한다. 그리고 그들은 자신이 누구인지에 대해 완전히 생각을 바꾸도록 만든 개인적 경험을 가지고 있어야 한다.

이 이야기의 놀라운 특징들 중 하나는 예수의 제자가 된 사람들은 그를 어떻게 불러야 할 지 알고 있다는 것이다. 이 이야기 속에는 예수에 대한 대단히 많은 수의 호칭들이 등장한다. 그것은 신약에 등장하는 예수의 이름들에 대한 색인목록으로 사용해도 될 정도이다.

- 메시아(20,41절)
- 선지자(21절)
- 예수(29절)
- 하나님의 어린양(29, 36절)
- 성령으로 세례를 베푸는 자(33절)
- 하나님의 선택된 자[아들](34절)
- 랍비/선생(38, 49절)
- 그리스도/기름부음을 받은 자(41절)
- 요셉의 아들(45절)
- 나사렛 사람(45절)
- 하나님의 아들(49절)
- 이스라엘의 임금(49절)
- 인자(51절)

신약의 그 어떤 장도 이처럼 광범위한 목록을 제공하지는 않는다. 역사적 차원에서 보자면 이곳에서, 즉 예수의 사역의 초기 단계에서, 추종자들이 예수가 누구인가에 대해 정확한 평가를 내리고 있다는 사실은 놀랍다. 나는 그들이 자신들이 말하는 바의 완전한 의미를 이해했다고는 생각하지 않는다. 왜냐하면 예수는 그의 표적들 중 그 어떤 것도 아직 행하지 않았기 때문이다. 요한은 다음 장에서 이 점을 분명하게 밝힌다. "죽은 자 가운데서 살아나신 후에야 제자들이 이 말씀하신 것을 기억하고 성경과 예수께서 하신 말씀을 믿었더라"(요 2:22). 예수를 따랐던 자들이 예수에 대해 완전한 이해를 갖게 된 것은 부활절 이후의 일이었다.

그러나 여기서 주목해야 할 더 중요한 사실은 이것이 독자인 우리들에 대해 가지고 있는 문학적 효과이다. 첫 번째 극적인 장면인 이곳에서 우리는 제자도의 '기독론적 내용' (Christological content)에 노출되었다. 이야기를 읽어 나가면, 우리는 참된 제자가 되려고 하는 자들이 알아야 할 것이 무엇인지를 보게 된다. 예수를 따르는 자가 된다는 것은 예수라는 이름의 한 인물을 아무 생각 없이 따르는 것을 의미하지 않는다. 그것은 신학적 내용이라고는 전혀 없는 어떤 경험을 하는 것을 의미하지도 않는다. 제자도는 회심뿐만 아니라 그 내용에 대한 헌신도 필요로 한다. 그것은 마음과 정신 모두를 포함하는 설득의 형태이다. 따라서 세례요한은 첫째 날에 그의 일련의 자기부정을 완료한 후(19-28절) 둘째 날에는 자신의 제자들과 세상을 위해 예수의 정체성을 정확하게 밝힌다.

우리가 또한 깨달아야 하는 것은 예수는 단지 여기서 주어진 호칭들의 총체가 아니라는 것이다. 이 호칭들은 우리들 중에 계신 예수의 활동의 어떤 것과 성부 하나님과 함께 하는 그의 정체성을 드러내 준다. 세례 이야기는 기독론적인 어떤 것에 대해 우리에게 말해 주려 노력하고 있다. 예수는 독특한 방식으로 성령 충만하시며, 이것은 그의 메시야 정체성의 특징이다. 그는 우리들 자신이 성령세례를 받기 위해 바라보아야 하는 분이다(요 1:33). 예수가 "어린양"이라는 것은 그가 세상의 죄를 위해 성부하나님께 바쳐질 희생제물이 되실 것이라는 뜻이다. 그는 우리가 구속과 용서를 위해 바라보아야 하는 분이다. 예수가 "임금"이라는 것은 그의 통치권, 이스라엘에 대한 그의 메시야로서의 지배권을 뜻한다. 요한은 예수의 역할의 위엄성을 강조하기 위해 앞으로 펼쳐지는 이야기 속에서 이 호칭을 열 여섯 번 사용할 것이다.

이 호칭들은 우리의 독서에 대해 기대스러운 요소를 더해 준다. 우리는 이야기가 전개되면서 그 호칭들이 펼쳐지는 것을 흥미롭게 바라본다. 그 호칭들이 반복해서 나타날수록 그것들의 의미는 더욱 풍성해진다. 책의 목차와 마찬가지로, 이 호칭들의 목록은 우리로 하여금 예수라는 이름의 이 놀라운 인물이 앞에 놓인 스무 개의 장들 속에서 어떻게 설명될 것인지를 기대하게 만든다.

등장인물들과 제자도. 이야기의 두 번째 극적 특징은 등장인물들 자신에게서 나타난다. 그들에 대해서는 사실 언급이 별로 없다. 그들의 가족이나 집에 대해서도 자세한 역사가 등장하지 않는다. 심지어 그들의 직업에 대해서도 언급이 없고, 베드로와 안드레가 어떻게 해서 세례요한을 위해 일을 하고 있었는지도 설명하지 않는다. 이 이야기의 중심적 초점은 예수와 그들과의 만남에 관한 것이다.

먼저 세례요한은 자신의 정체성에 대한 질문에 대해 일관성 있는 자기부인을 함으로써 회심과 제자도의 원형이 된다. 이것은 역사적 차원에 있어서는, 의심할 여지없이, 주후 1세기에 아직도 세례요한을 추종하고 있던 자들에게 그들의 헌신의 대상을 이제는 예수로 바꾸어야 한다고 말하고 있는 것이다.[18] 그러나 좀더 넓게 보자면, 요한은 일반적인 기독교 제자도의 원형이 된다. 예수와의 만남에 대한 확언은 자기부정으로 이끌게 된다.

가장 중요한 이미지는 그 뒤를 따르는 두 이야기들 속에서 등장한다. 예수는 유대에서 안드레를 만나고 그는 개인적으로 예수를 따른다. 갈릴리에서 예수는 빌립을 만나고 그도 안드레처럼 예수를 따른다. 그후 안드레는 베드로에게 가고, 빌립은 나다나엘에게 가서 동일한 도전을 제시한다. "와서 보라"(요 1:39, 46). 베드로와 나다나엘은 그들 스스로 개인적인 체험을 하기까지는 예수에 대한 진리를 알지 못할 것이다. 사실 나다나엘은 예수를 만나기까지 냉소적이었다. 요한에게 있어서 이것이 회심의 원형이다. 복음서 전체에 있어서 많은 사람들은 "와서 보라"는 도전을 받게 될 것이다. 회심은 지식에 대한 것만이 아니다. 그것은 당신 자신이 예수에게 와서 그와 개인적으로 관계를 갖게 되는 것에 관한 것이다.

각 경우에 있어서 제자도의 경험은 한 가지 차원을 더 가지고 있다. 세례요한, 안드레, 그리고 빌립은 상당히 고의적으로 각자 다른 이들을 예수에게 데려온다. 회심자들이 새 회심자들을 만든다. 그들은 자신들이 예수에 대해 알고 있는 것을 말한다. 그리고 그들은 다른 이들도 "와서 볼 수 있도록" 사람들을 데려온다.

마지막으로 요한은 회심을 하고 제자가 되는 과정은 인간의 손에 달린 문제가 아니라는 사실을 알고 있다. 나다나엘은 "와서 봐야" 했다. 그러나 예수는 그를 이미 이전에 "보았다." "빌립이 너를 부르기 전에 네가 무화과나무 아래에 있을 때에 보았노라"(요 1:48). 이것은 예수의 초자연적 지식을 시사하는 놀라운 말씀이다. 그러나 이것은 또한 빛을 영접할 자들에 대한 하나님의 주권적 지식을 시사하기도 한다. 하나님은 우리가 그를 보기 전에 우리를 보신다.

하나님은 우리가 제자가 되는 것에 대해 심지어 생각도 하기 전에 "와서 보실" 것이다. 하나님은 우리가 아직 자신의 제안서를 만들기도 전에 먼저 우리에게 하나님의 제안서를 내미신다. 이것 역시 요한의 핵심적 주제들 가운데 하나이며, 이것은 제자에게 주어지는 보장의 닻이다.

18. 서론에서 우리는 어떻게 해서 세례요한의 추종자들이 그를 신적 존재 혹은 최소한 메시야 신분을 가진 존재로 떠받드는 종파를 형성하게 되었는지에 대해 논했다.

현대적 의미

하나님에 대한 사랑과 하나님에 대한 지식. 나는 언젠가 어떤 젊은 사역자에게 그의 사역의 목표가 무엇인지 물은 적이 있다. 그는 이렇게 말했다. "내 학생들이 졸업할 때쯤이면 그들은 하나님을 사랑하는 것을 배우게 될 겁니다." 그가 말하고자 했던 것은, 결국 진심에서 우러나오는 경건성이 그의 사역의 목표라는 것이었다. 그리고 나는 고등학생들과 함께 했던 그의 노력이 그 목표를 분명하게 만들어 주었다고 말할 수 있었다. 그의 사역은 젊은이들을 개인적 기도와 지원의 공동체 속으로 인도해 주는 것에 중점을 두고 있었다. 이 사역을 거쳐 나간 졸업생들은 하나님을 사랑하게 되었다.

내가 가르치고 있는 휘튼대학(Wheaton College)에는 열정적으로 하나님께 헌신된 학생들이 있다. 그들이 "하나님을 사랑한다"는 사실에는 의심의 여지가 없다. 그들은 복음주의 교회들 출신인데, 그 교회들은 내가 방금 기술했던 것과 유사한 사역을 하고 있다. 최근 몇 년 동안 우리는 이 학생들이 성경, 신학사상, 그리고 교회사와 관련하여 얼마나 '깊이 있는' 지식을 가지고 있는지를 알아보기 위해 흥미로운 테스트를 진행해 오고 있다.

우리는 그 결과 때문에 충격을 받았다. 강력하고 보수적인 교회들이 그들 가운데 가장 훌륭한 18살 짜리 학생들을 우리에게 보냈다. 그러나 그들은 아브라함과 모세 중에서 누가 먼저 성경에 등장하는 지도 몰랐다. 그들은 바나바가 구약의 인물인지 아니면 신약의 인물인지도 확실히 알지 못했다. 성경의 '중요한' 책들을 (출애굽기, 시편, 이사야, 마태복음, 로마서 등) 순서대로 나열해 보라고 하자 그들은 비참하게 실패했다. 바울이 육체의 부활을 믿었냐고 묻자 그들 중 대부분은 "아니오"라고 대답했다. 그 젊은 기독교인들은 개인적인 경건에 있어서는 깊이가 있었다. 그러나 그들은 지적으로 조리 있게 성경을 파악하지는 못하고 있었다. 최근에 내 학생들 중 한 명은 예수가 이스라엘의 사해바다에서 세례를 받은 것으로 확신하고 있었다고 말했다. 다른 학생은 바울이 열두 사도들 중 한 명이었던 것으로 알고 있었다. 그들은 열등생들이 아니었다. 오히려 그들은 분명한 목소리로 그리스도께 헌신을 다짐한 열정적이고 똑똑한 학생들이었다.[19]

테스트가 신학과 교회사 분야로 넘어갔다. 학생들은 어거스틴, 루터, 그리고 웨

19. 참조. G. M. Burge, "The Greatest Story Never Read: Recovering Biblical Literacy in the Church," *Christianity Today* 43 (Aug., 1999), 45-50. 첫 테스트들은 내 동료인 Dr. Dennis Okholm과 함께 시작했다.

슬리가 누구인지 잘 알지 못했다. 우리가 테스트했던 것은 역사신학의 난제들에 관한 것이 아니었음을 기억해야 한다. 우리는 단지 학생들이 그 믿음의 거장들을 알아보는지만 알려고 했다. 우리는 삶과 믿음에 대한 가장 중요한 결정들 중 일부가 그들의 신학적 무장의 결과물인지가 궁금했다. 그들은 기독교 신앙을 그 기초부터 설명할 수 있을까?—즉, 그들은 한 분이신 하나님께 대한 헌신으로부터 시작하여(유일신론, monotheism) 정통적인 기독론까지 설명할 수 있을까? 우리는 기독론, 구원론, 그리고 성경에 대한 교리 등의 근본적인 문제들을 점검해 보았다. 대부분의 경우 학생들은 기독교인으로서의 자신들의 정체성에 대해 일관성 있는 교리적 근거를 제시하지 못했다. 하지만 그럼에도 불구하고 그들은 "하나님을 참으로 사랑했다."

이런 발견은 교수들로 하여금 정신이 번쩍 들도록 만들었다. 그래서 우리는 단순한 경건을 넘어서는 교과과정의 목표를 이루는 데 대한 우리의 헌신을 새롭게 다짐했다. "기독교적 삶"(Christian walk)은 이해하지만 "기독교적 사고"(Christian thought)는 이해하지 못하는 학생들이 우리에게 오고 있다. 그들의 삶은 세례를 받았다. 그러나 그들의 정신은 아직 그렇지 못한 것처럼 보인다. 그들은 마음을 다해 주님을 따르기로 헌신했다. 그러나 그들은 성경신학과 역사는 말할 것도 없고, 기독교 역사와 신학의 아주 기초적인 것들조차 제대로 알지 못한다.

많은 주요 교단들은 동성연애자들의 목사안수 문제를 두고 상당한 기간동안 고민해 왔다. 최근에 나는 내가 속해 있는 교단의 중요한 토론에 참여한 적이 있다. 그 토론은 선거를 통해 선출된 안수 받은 지도자들이 이끄는 토론이었다.[20]

논의가 진행되는 것을 보고 나는 깜짝 놀랐다. 우리가 거기서 들은 바에 따르자면 가장 중요한 덕목은 하나님을 사랑하고 우리의 이웃을 사랑하는 것이었다. 그리고 동성연애자들은 우리의 이웃이기 때문에 우리는 그들을 사랑해야 할 뿐만 아니라 그들을 사역자로 안수해야 한다는 것이었다. 물론 사랑은 하나의 덕목이다.—그러나 사리에 잘 맞는 신학적 인간론과 사리에 잘 맞는 성경 사용도 역시 덕목이다. 나의 요점은 이것이다. 그날 득세하고 있던 것은 신학 없는 경건이었다. 하나님을 사랑한다는 것은 영적인 주문이 되다시피 했지만, 그분에게 순종하고 인간의 여러 문제들에 있어서 하나님이 기대하고 계신 것을 정확히 알기 위해 그분에게 귀를 기울이려는 노력은 찾아볼 수가 없다. 다시 말해서 어떤 튼튼한 신학적 틀,

---

20. 나는 미국장로교회(the Presbyterian Church, U.S.A.)에서 안수를 받았다.

즉 그것으로부터 우리의 지도자들이 문제에 대한 해답을 찾아낼 수 있는 신학적 틀이 없었다는 것이다. 내가 동성연애자에게 목사 안수를 주어야만 하는가? 여기서 문제가 되는 것은 동성연애가 아니라 이 지도자들의 사역을 도와 줄 신학적 공구실이 텅 비어 있었다는 것이다.

이 장에 있어서 요한의 신학은 그런 텅 빔과는 반대되는 것이다. 한편으로는 우리는 세례요한, 안드레, 베드로, 나다나엘, 그리고 빌립과 같은 사람들이 되기 위해 부름을 받았다.—그들은 그리스도와의 개인적 체험이 있는 사람들이며, "와서 본" 사람들이고, 기독교 신앙에 대해 단지 학자적 이해만을 가진 것이 아니라 예수가 계신 곳에 그들도 함께 머물며, 그분과 함께 있음을 통해 변화를 경험한 사람들이다. 다른 말로 말해서, 이들은 그들의 마음이 포함된, 신앙의 경험적 차원을 가지고 있는 사람들이다. 그리고 그들은 "하나님을 사랑하는" 자들이며, 깊은 경건성과 헌신을 즐거워하는 이들이다.

그러나 우리에게는 더 많은 것이 요구된다. 세례요한은 개인적으로 자신을 부인하고 예수를 영화롭게 하려는 큰 열망만을 경험한 것이 아니다. 그는 또한 예수가 누구인가에 대해 정확한 신학적 설명을 할 수 있었다. 이것이 그의 헌신 아래에 놓인 신학적 토대이다. 이 이야기에서 예수를 따랐던 네 명의 사람들도 마찬가지였다.

요한복음 1:19-51은 그리스도를 따른다는 것이 무엇을 뜻하는가에 대하여 신학적인 모델을 제공한다. 그것은 요한복음 전체에 대하여 (요 1:1-14의 서론에 이어) 두 번째의, 이차적인 서론을 형성한다. 모델로서, 이것은 개인적 경건("하나님을 사랑하는 것")은 반드시 정교한 신학적 지식("하나님을 아는 것")과 결합되어야 한다고 주장한다. 기독교 신앙은 단지 헌신만이 아니라 그 내용이 있어야 한다. 질문자들은 언제든지 와서 강력한 질문을 던질 수 있다. 그러면 제자들은 세례요한과 마찬가지로, 단호하게 답을 줄 수 있어야 한다. 그들이 "네가 누구냐"라고 물었을 때 제자들은 무슨 말을 해야 할 지 정확히 알고 있었다. 사람들은 예수에게 와서 그를 만날 수 있다. 그리고 그들은 결국 예수가 누구인가에 대해 지식을 더욱 더 겸비한 이해를 얻게 된다(예를 들어, 예수, 랍비, 메시야, 하나님의 아들). 그리고 그들이 자신의 경건과 신학적 통찰을 결합시켰을 때, 그들은 다른 사람에게 가서 그들을 복음화 시키게 된다. 그들은 다른 이들에게 진리를 이해하고 그것을 경험해 보라고 도전을 가한다.

개인적 경건과 정교한 신학적 지식에 관한 이런 쌍둥이 강조는 오늘날의 교회에게 절대적으로 필요한 것이다. 우리 대학의 본보기 테스트에 참여했던 학생들처럼, 우리의 교회는 하나님에 대한 사랑은 강력하지만 신앙의 내용에 대한 이해는 부족한 사람들로 가득 차 있다. 그들은 그것을 설명하지 못한다. 그들에게 지적으로 도전이 주어질 경우, 그들은 그것을 방어하는 데 어려움을 겪는다. 언젠가 나는 한 성숙한 어른 신자에게 왜 예수가 "하나님의 어린양"이라고 불리느냐고 물었다. 그의 대답은 "왜냐하면 예수님은 겸손하고 온유하시기 때문"이라는 것이었다. 내가 그 용어가 내포하고 있는 희생제사적 의미를 설명해 주자 그는 홀린 듯이 내 말을 경청했다.

이것을 어떻게 설명해야 할까? 우리의 평신도들의 능력이 일반적으로 이 정도밖에는 안 되는 것일까? 우리의 목회 지도자들의 학문적 열정이 부족한 것일까? 이것은 어렵사리 얻어 낸 주경적 통찰들을 전하기보다는 개인적 경험과 잘 먹고 잘 살기를 강조하는 설교 때문일까? 이것은 내적 삶에 닻을 내린 것들에 대해서만 그 가치를 인정하는 치료를 중시하는 오늘날의 지적 분위기 때문일까? 잘 연마된 신학적 전문지식은 개인적, 영적 경험만큼이나 가치가 있는 것이다. 이것은 빌립과 안드레로 하여금 그들의 마음뿐만 아니라 정신을 다해 헌신하도록 그들을 지켜 준 든든한 닻이었다.

요한복음 2:1-25

1 사흘째 되던 날 갈릴리 가나에 혼례가 있어
예수의 어머니도 거기 계시고
2 예수와 그 제자들도 혼례에 청함을 받았더니
3 포도주가 떨어진지라 예수의 어머니가 예수
에게 이르되 저들에게 포도주가 없다 하니
4 예수께서 이르시되 여자여 나와 무슨 상관
이 있나이까 내 때가 아직 이르지 아니하였나
이다
5 그의 어머니가 하인들에게 이르되 너희에게
무슨 말씀을 하시든지 그대로 하라 하니라
6 거기에 유대인의 정결 예식을 따라 두세 통
드는 돌항아리 여섯이 놓였는지라
7 예수께서 그들에게 이르시되 항아리에 물을
채우라 하신즉 아귀까지 채우니
8 이제는 떠서 연회장에게 갖다 주라 하시매
갖다 주었더니
9 연회장은 물로 된 포도주를 맛보고도 어디서
났는지 알지 못하되 물 떠온 하인들은 알더
라 연회장이 신랑을 불러
10 말하되 사람마다 먼저 좋은 포도주를 내고
취한 후에 낮은 것을 내거늘 그대는 지금까
지 좋은 포도주를 두었도다 하니라
11 예수께서 이 첫 표적을 갈릴리 가나에서 행
하여 그의 영광을 나타내시매 제자들이 그를
믿으니라
12 그 후에 예수께서 그 어머니와 형제들과 제
자들과 함께 가버나움으로 내려가셨으나 거
기에 여러 날 계시지는 아니하시니라
13 유대인의 유월절이 가까운지라 예수께서 예
루살렘으로 올라가셨더니
14 성전 안에서 소와 양과 비둘기 파는 사람들과
돈 바꾸는 사람들이 앉아 있는 것을 보시고
15 노끈으로 채찍을 만드사 양이나 소를 다 성
전에서 내쫓으시고 돈 바꾸는 사람들의 돈을
쏟으시며 상을 엎으시고
16 비둘기 파는 사람들에게 이르시되 이것을 여
기서 가져가라 내 아버지의 집으로 장사하는
집을 만들지 말라 하시니
17 제자들이 성경 말씀에 주의 전을 사모하는
열심이 나를 삼키리라 한 것을 기억하더라
18 이에 유대인들이 대답하여 예수께 말하기를
네가 이런 일을 행하니 무슨 표적을 우리에
게 보이겠느냐
19 예수께서 대답하여 이르시되 너희가 이 성전
을 헐라 내가 사흘 동안에 일으키리라
20 유대인들이 이르되 이 성전은 사십육 년 동
안에 지었거늘 네가 삼 일 동안에 일으키겠
느냐 하더라
21 그러나 예수는 성전된 자기 육체를 가리켜
말씀하신 것이라
22 죽은 자 가운데서 살아나신 후에야 제자들이
이 말씀하신 것을 기억하고 성경과 예수께서
하신 말씀을 믿었더라
23 유월절에 예수께서 예루살렘에 계시니 많은
사람이 그의 행하시는 표적을 보고 그의 이
름을 믿었으나
24 예수는 그의 몸을 그들에게 의탁하지 아니하
셨으니 이는 친히 모든 사람을 아심이요
25 또 사람에 대하여 누구의 증언도 받으실 필
요가 없었으니 이는 그가 친히 사람의 속에
있는 것을 아셨음이니라

원 의미

서론에서 나는 요한복음의 구조를 아는 것이 요한이 그려가고 있는 예수의 문학적, 신학적 모습을 이해하는 데 도움이 된다고 제안했었다. 예를 들어, 우리는 요한복음이 두 개의 주요 부분으로 나누어진 것을 보았다. 첫째는 표적의 책인데(1-12장) 그곳에서 예수는 "표적들"(signs)을 행하신다. 그 표적들은 예수의 정체성의 본질을 유대교에 전달한다. 그리고 둘째는 영광의 책인데(13-21장) 그곳에서 예수는 "영광을 받을 때"(hour of glorification)의 의미를 해석하신다. 그것은 그가 십자가를 통하여 이 세상을 떠날 때이다. 어떤 학자들은 이런 구분이 이미 요한복음 1:9에서 예상되어 있었다고 본다. 표적의 책은 빛이 어둠 속에서 어떻게 비추는지를 묘사하고 있는 반면(요 1:9a), 영광의 책은 어둠이 어떻게 빛을 이기기 위해 노력하고 또 그것이 어떻게 실패하는지를 이야기한다(요 1:9b).

그러나 요한복음을 반으로 나눈 이 섹션들 속에서 요한은 다시 그것들을 세분한다. 요한은 그 속에서 자신의 생각을 조직화하고 예수의 메시야성의 특징들을 분석한다. 여기서 열쇠가 되는 것은 요한이 역사적 자료들을 사용하고 있기는 하지만, 예수에 대한 해석을 곁들인 소개를 제공해 주기 위해 그 자료를 주제에 따라 (혹은 신학적으로) 정리하고 있다는 것이다. 그 소개들의 배경막을 이루는 것은 유대교로부터 가져온 문화적, 종교적 주제들이다.

요한복음 2장은 그런 섹션들 중 하나를 보여준다. '표적의 책'(Book of Signs) 속에서 요한은 축제들과 유대교의 제도들에 집중한다. 그는 그것들을 예수의 특징에 대한 보다 선명한 통찰력을 제공해 주기 위한 해석적 도구로 사용한다. 모든 학자들이 1-12장을 이런 식으로 분석하고 있는 것은 아니지만, 이것이 요한복음의 이 섹션을 조망할 수 있는 효과적인 방법이라는 것은 분명한 사실이다.[1] 섹션 전체에 걸쳐서 우리는 예수가 유대교의 중요한 행사들에 등장하시는 것을 본다. 예수는 (자신의 정체성을 분명하게 만들기 위해) 그 행사들과 관련된 상징들을 사용하시며, 그 행사가 약속해 주고 있는 것의 내용을 더 풍성하게 만드신다. 하지만 대부분의 경우 그는 도중에 오해를 받는다.

예를 들어, 예수는 요한복음 6장에서 유월절에 모습을 드러내신다. (유월절은 애굽으로부터의 기적적인 탈출과 만나의 기적을 기념하기 위한 절기이다.) 예수는

---

1. 많은 학자들은 내가 이곳에서 제시한 구분에 찬성한다. 참조. R. Brown, *The Gospel of John*, 2 vols. (New York: Doubleday, 1966-71).

그때 갈릴리 청중들에게 많은 양의 식량을 기적을 통해 공급하시며 자신이 생명의 떡—즉, 유대교 전승 속의 모든 것을 능가하는 양식—이라고 선포하신다. 그러나 군중들뿐만 아니라 그의 제자들도 그 말을 이해하지 못한다. 요한복음 3장에서 예수가 니고데모와 대화하실 때도 같은 일이 발생한다. 예수는 지금 랍비를 가르치는 선생으로서 단지 지혜만이 아니라 완전한 변화에 대해 말씀하셨다. 두 경우 모두에 있어서 예수는 오해를 받았고 이것은 아이러니와 유머를 위한 길을 열었다. 유월절에 군중들은 자신들이 어떻게 예수를 "먹을 수" 있겠느냐고 의아해 하고(요 6:52), 니고데모는 자신이 어떻게 어머니 뱃속으로 다시 들어갔다가 태어날 수 있느냐고 묻는다(요 3:4).

표적의 책을 구성하고 있는 많은 소단락들은 네 개의 부분으로 이루어진 문학적 구성을 보이고 있다. 각 이야기들이 전개될 때마다 그것을 알아보는 것은 이야기가 가진 의미를 더 풍성하게 해 줄 것이고 우리가 그것을 연구하는 기쁨을 더해 줄 것이다. 에피소드들에 대한 짧은 개관은 요한의 문학적 의도를 명확히 하는 데 도움을 줄 것이다.

유대교의 제도들(**2-4장**)
- 가나의 혼인잔치(2:1-12)
- 예루살렘 성전(2:13-25)
- 예루살렘의 한 랍비(3:1-21)
- 사마리아 우물(4:1-42)

유대교의 절기들(**5-10장**)
- 안식일(5:1-47)
- 유월절(6:1-71)
- 초막절(7:1-9:41)
- 수전절(10:1-39)[2]

2. 표적의 책에 있는 절기 섹션에 뒤이어 요한에게 유일하게 필요했던 것은 생명, 죽음, 그리고 부활에 대한 비유적 에피소드, 즉 나사로 이야기였다. 그것은 예수의 운명을 거울삼아 보여주었으며(11장), 그 후에는 예수의 죽음이 계획되었다(요 11:45ff.). 결국 12장에서 우리는 마리아의 기름부음, 나사로와, 더 나아가, 예수를 죽이려는 음모(요 12:9ff.), 예수의 마지막 예루살렘 입성(요 12:12ff.), 그리고 그의 마지막 공적 탄원(12:27ff.)을 통해 죽음에 대한 예수의 준비를 본다.

요한은 완전한 목록을 제시하는 대신 몇몇 대표적인 사건들을 선별적으로 제시했다. 그 사건들 속에서 예수의 등장은 유대교에 대하여 어떤 상징적, 신학적 의미를 가지고 있다.[3] 그러므로 가나의 이야기는 결혼과 어떤 포도주에 관한 이야기를 훨씬 넘어서는 것이다. 이것은 유대인들과 그들의 메시야에 관한 놀라운 상징을 내포하고 있다. 그리고 그 이야기는 예수께서 오신 세상에 대한 포괄적인 주석이기도 하다. "저들에게 포도주가 없다"라는 것은 단지 결혼식 주최자의 당황스러움에 대한 마리아의 설명이 아니다. 그것은 예수의 첫 번째 기적을 통해 지금 메시야를 만나고 있는 유대교에 대한 신학적 언급이다. 기술적으로 말하자면, 그것은 메시야를 통한 대체(代替)와 풍부함에 대한 언급이다. 사실—가나에서 시작하여 가나에서 끝나는—요한의 이 섹션(요 2:1-4:54) 전체는 새 포도주와 헌 부대에 관한 공관복음에서의 예수의 언급(막 2:22), 혹은 "이전 것은 지나갔으니 보라 새 것이 되었도다"라는 고린도후서 5:17에서의 바울의 언급을 상기시킨다. 예수는 유대교의 종교형식들이 이제는 쇠퇴한 것임을 보이려 한다.

가나 이야기(요 2:1-12)

이제 장면은 갈릴리 북쪽 해변지역(가버나움과 벳세다)으로부터 서쪽에 있는 언덕들로, 나사렛 북쪽에 있는 가나라 불리는 작은 마을로 옮겨진다.[4] 예수와 그의 제자들은 결혼식에 나타난다. 그리고 예수는 요청을 받자 물을 포도주로 변하게 하는 첫 번째 "표적"을 행하신다. 앞에서 우리는 나다나엘이 가나 출신이라는 것을 배웠다. 그리고 그 마을이 나사렛과 가깝다는 사실은 예수의 친척들 중 일부도 그때 가나에 있었을 것이라는 사실을 자연스럽게 만든다.

이 이야기를 둘러싸고 항상 수많은 해석상의 문제들이 제기되었다. (예수의 어머니) 마리아와 그 결혼식은 어떤 관계가 있는가? 왜 그녀는 포도주가 떨어진 데 대해 책임을 느꼈는가? 왜 예수는 그의 어머니를 그렇게 퉁명스럽게 대한 것처럼

3. 이야기 속에는 다른 목적을 가지고 있는 에피소드들도 있음을 주목하라. 요한은 세례요한을 따르는 자들을 교정해 주기 위해 긴 섹션을 추가한다(요 3:22ff.). 그리고 제도들에 관한 그 섹션은 신하의 아들에 관한 가나에서의 이야기로 끝난다(요 4:46-54).

4. 이것은 나사렛 북동쪽 약 4마일(약 6.4킬로미터—옮긴이) 지점이다. 오늘날 그곳에는 크파르 칸나(Kfar Kanna)라 불리는 팔레스타인 기독교 마을이 있다. 그곳에서는 여러 교회들이 서로 자신의 위치가 기적의 자리였다고 주장하고 있다. 어떤 학자들은 그곳이 아니라 키르벳 카나(Khirbet Kana)가 기적의 장소였다고 믿는다. 그곳은 북갈릴리의 나사렛 북쪽 약 9마일(약 14.4킬로미터—옮긴이) 지점에 있는 고고학적 장소이다.

보이는가? 다른 이들은 이 본문이 기독교인의 포도주 사용과 결혼 제도를 정당화하기 위해 이곳에 있는 것인지를 궁금하게 생각했다. 중요한 것은 요한은 우리가 이 이야기를 어느 정도까지 상징적으로 볼 것을 의도하고 있는가 하는 것이다. 2:1에서 그는 "사흘째 되던 날"이라고 말한다. 어떤 이들에게 있어서 이것은 갈릴리에서의 예수의 사역의 진행을 보여주는 순수하고 단순한 연대기적 언급이다. 다른 이들에게 있어서 "사흘째 되던 날"이란 앞으로 다가올 "셋째 날"의 부활에 대한 요한의 암시를 뜻한다.[5] 또 다른 사람들은 요한복음 1장부터 세기 시작하여 7일을 발견한다(4일째 되던 날 발생한 나다나엘 이야기로부터 3일 후에 가나 사건이 발생한다). 그들은 그렇기 때문에 요한은 창세기에서 하나님께서 일주일 동안 창조적으로 일을 하셨던 것처럼, 활동으로 가득 찬 일주일을 보여주고 있다고 말한다. 그러나 이런 결론들은 확실한 것과는 거리가 멀다.

팔레스타인의 마을 문화에 있어서 결혼은 중요한 사건이었다. 그것은 사전에 잘 공지되었으며 마을 전체가 잔치에 참여했다. 어떤 면에서 보자면 결혼은 그 해에 즐겨야 할 '중요한 축하거리'(the chief celebrations)였으며, 따라서 그것은 메시야적 축하와 즐거움의 이미지를 제공했다(아래 참조). 유대인들이 하늘나라 혹은 메시야의 도래에 대해 상상할 때, 그들은 잔치에 대해 생각했다. 그리고 결혼잔치는 그들이 생각할 수 있는 최상의 모델이었다.

오늘날의 약혼보다는 훨씬 더 영속성이 강했던 공적 정혼에 이어, 가족들은 결혼날짜를 발표했다. 그리고 그들은 일주일씩 계속될 수 있는 결혼을 위해 정성껏 준비를 했다(삿 14:12). 지혜로운 처녀와 미련한 처녀의 비유는(마 25:1) 신랑의 야간 행보를 이해하기 위한 유용한 배경지식을 제공한다. 신랑은 그의 친구들과 함께 신부의 집까지 걸어가서, 신부와 그녀의 친구들을 모아 자신의 집으로 돌아온 후, 거기서 축하행사를 시작했다.

선물을 주는 것은 중요하게 생각되었다. 그것은 단지 축하의 표시가 아니라 신혼부부와 그들의 가족들에게 영예를 가져다주는 수단으로 간주되었다.[6] 실제로 전통이 적절하게 지켜지지 못했을 경우 법적인 문제들이 뒤따랐다. 왜냐하면 그것은 신혼부부에게 있어서 공적인 수치를 의미했기 때문이다. 이것은 잔치 도중에 포도주가 갑자기 떨어졌을 때 하인들이 근심한 사실에 대한 흥미로운 통찰을 우리

---

5. Borchert, *John*, 1:153.

6. 참조. D. M. Derrett, *Law in the New Testament* (London: Dartman, Longman, and Todd, 1970), 228-46 (reprint of "Water into Wine," *BZ* 7 [1963] 80-97).

에게 제공한다(요 2:2). 그것은 단지 당혹스러운 상황이 아니었다. 그것은 주인에게 불명예를 끼칠 수 있는 위기였다. 이런 잔치들은 수 일 동안 계속될 수 있었기 때문에 그런 재앙이 발생한 것은 놀라운 일이 아니다.

3절에서의 마리아의 말은("저들에게 포도주가 없다")은 예수의 예상치 못했던 방식의 대답을 촉발시켰다. "여자여 나와 무슨 상관이 있나이까?" 이것의 영어 어조는 무척 거칠어 보인다. 그러나 이것은 단지 형식의 문제일 뿐이다.—예수는 같은 형식의 말("여자여")을 사마리아 여인에게(요 4:21), 음행 중 잡힌 여인에게(요 8:10), 십자가상에서 그의 어머니에게(요 19:26), 그리고 무덤가에서 막달라 마리아에게(요 20:15) 사용하신다. 그렇지만 다른 호칭을 사용할 수 있는데도 불구하고 그의 어머니를 이런 방식으로 부른다는 것은 예수에게 있어서 통상적인 일은 아니다. 어떤 면에서 보았을 때, 마리아는 예수와 자신 사이의 기본적인 관계를 모자관계로 보고 있었는데(눅 2:51) 예수는 이를 재정의하고 있다. 예수는 그녀의 권위 아래서 행동할 수 없다. 그 대신 예수는 하나님께서 그를 위해 정해 놓으신 진로를 따라가야 한다.[7]

예수의 대답은 무례한 것이 아니라 강직한 것이다. "나와 무슨 상관이 있나이까"의 문자적 의미는 "우리가 공통적으로 가지고 있는 것이 무엇입니까?"이고 그것을 의역하면 "당신과 관계된 이 문제가 어떻게 우리들 모두의 공통 관심사가 될 수 있습니까?"이다. 예수의 행동의 방향은 다른 곳을 향하고 있다. "내 때가 아직 이르지 아니하였나이다." NIV가 사용한 "시간"(time)이라는 단어는 중요한 헬라어 단어 "시간"(*hora*)의 의미를 흐리게 만든다. 이 단어는 요한복음 전체에 있어서 십자가에서의 예수의 중요한 사역을 가리키기 위해 사용되고 있다(요 5:28; 7:30; 12:23; 13:1). 그러므로 예수의 행동에 대한 마리아의 요구에는 아이러닉한 요소가 있다. 왜냐하면 예수는 단지 이 결혼식만을 위해서가 아니라 온 세상을 위해 행동할 것이기 때문이다. 십자가에서의 그의 죽음은 포도주보다 훨씬 귀한 것을 제공해 줄 것이다.

그럼에도 불구하고 예수가 행동하실 것이라는 사실이 암시된다. 왜냐하면 그의 어머니가 하인들에게 그에게 순종할 것을 지시하기 때문이다(요 2:4). 이 이야기는 이제 여섯 개의 돌항아리들이 새 포도주의 용기가 될 것이라는 사실의 의미를

7. 어떤 이들은 마리아가 지금 예수에게 기적을 행할 것을 요구하고 있는 것이라고 주장했다. 그러나 이것은 예수의 첫 번째 기적이기 때문에 그런 기대는 전혀 합리적이지 않다. 그녀는 단지 예수가 결혼식에 발생한 문제에 대해 어떤 책임감을 가지고 해결책을 찾아 줄 것을 원하고 있는 것이다.

찾는 데 있어서 중요한 실마리를 제공한다. 이것들은 단지 물을 보관하기 위한 항아리들이 아니다. 돌로 만들어졌다는 것은 그것들이 유대교 정결례에서의 씻음을 위한 것이었음을 보여준다(참조. 막 7:1-4). 진흙 항아리들은 의식법적으로 오염될 수 있었기 때문에 파괴되어야 했다(레 11:33); 그러나 돌항아리는 랍비들의 법에 따르자면 오염될 수 없었다. 이것은 커다란 잔치였기 때문에 여섯 개의 항아리에는 상당한 양의 물이 채워져 있었다. 아마도 각 항아리는 20갤런(약 75.7리터. 1갤런=3.785리터-옮긴이)이 넘는 물을 담을 수 있었을 것이다. 예수는 하인들에게 물을 항아리 입구에까지 채우라고 하셨다. 따라서 그의 기적에 따라 만들어진 포도주는 120갤런(약 454리터)이 넘었을 것이다.

하인들은 포도주가 된 물을 떠서 연회장(head steward)에게 가져가라는 지시를 받았다. 많은 이들은 연회장의 신분이 하인일 수는 없었을 것이라고 생각한다. 왜냐하면 그는 신랑을 불러올 수 있었기 때문이다. 그는 어쩌면 단지 가족들이 믿고 신뢰하는 친구로서 잔치 주인의 역할을 맡은 자였을 것이다. 어쨌든 연회장은 중요한 의미를 지닌 말을 한다. 상식적으로 보았을 때 대부분의 잔치에서는 최상급의 포도주가 제일 먼저 제공된다. 그리고 나서 손님들이 충분히 취했을 때 보다 저렴한 포도주가 제공되기도 한다(요 2:10).

이 말이 의미하는 취함의 정도가 어느 정도인지는 확실하게 알 수 없다. 여기서의 의미는 단지 미각이 민감할 때는 고급 포도주의 맛을 보다 더 충분히 즐길 수 있다는 것이다(그리고 싸구려 포도주를 쉽게 알아차릴 수 있다). 그러나 예수는 그들이 기대할 수 없었던 것을 잔치에 내놓고 계시다. 그것은 잔치 손님들이 보아 왔던 그 어떤 것보다도 우월한 것이다. 그러므로 요한의 강조는 이 포도주의 품질과 그 타이밍에 관한 것이다. 이 포도주 이전에 제공되었던 것은 열등한 것이었다.

요한은 2:11-12에서 이 에피소드를 요약하는 코멘트를 한다. 요한은 "기적"을 뜻하는 공관복음의 용어를 사용하는 대신(헬라어 '뒤나미스', *dynamis*), 예수의 권능 있는 사역을 일관되게 "표적"(헬라어 '세메이온', *semeion*)이라는 용어로 표현한다. 기적이라는 용어는 힘을 강조하며 일반적으로 놀라움을 야기한다(cf. 막 6:2: "많은 사람이 듣고 놀라 이르되 이 사람이 어디서 이런 것을 얻었느냐 이 사람이 받은 지혜와 그 손으로 이루어지는 이런 권능이 어찌 됨이냐.") 그러나 표적은 계시적인 것으로서 하나님으로부터의 어떤 것, 전에는 감추어졌던 어떤 것을 드러낸다. 표적들은 단지 힘과 권능의 행위만이 아니다. 그것들은 하나님께서 예수 안에서 일하고 계시며, 참으로 그의 안에 현존해 계심을 드러낸다. 그러므로 요한은 이 표적을 통해 예수가 그의 "영광"을 드러낸다고 말한다. 이것은 요한에게 있어서 핵심적인 선언이다. 그리고 이것은 그가 예수에 대해 선언하고 있는 것의 핵심으로 우리를 인도한다. 예수는 단지 한 명의 사람이 아니다. 그는 그 이상이시다. 그는 하나님의 현존을 세상 속으로 가져다 주신다(요 1:14). 그리고 그는 하나님의 현존을 사방으로 비추어 주기 때문에, 하나님의 영광을 정확하게 보여준다.

결혼식 이후 예수는 가족들 및 그를 따르는 자들과 함께 그곳을 떠나 가버나움으로 돌아가신다(요 2:12). 가버나움은 가나 "아래쪽"(그는 "내려갔다")에 있다. 가나는 갈릴리의 산악지대에 위치한 반면, 가버나움은 갈릴리 바다 북서쪽 해안에 자리하고 있다. 요한은 이 여행의 이유를 분명히 밝히지 않는다. 왜냐하면 앞에서 그는 예수가 나사렛 출신이라고 했기 때문이다(요 1:45). 그러나 공관복음의 기록들은 예수가 그의 공사역에 있어서 가버나움을 자신의 사역의 근거지로 삼았다는 사실을 분명히 보여준다. 마태복음은 심지어 가버나움을 "본 동네[예수 자신의 동네]"(마 9:1)라고 부른다. 가버나움은 갈릴리를 남북으로 관통하는 주요도로에 위치하고 있던 작은 마을이었기 때문에 여행자들이 들르기 편한 곳이었고 또 널리 알려져 있었다.

예수가 그의 "형제들과 제자들"과 동행했다는 어구는 여러 다양한 해석을 낳았다. 가장 자연스러운 견해는 요셉과 마리아가 예수의 출생 이후 다른 자녀들을 또 생산했다고 보는 것이다. 이것은 공관복음 구절들에 대한 가장 평이한 해석이고(막 6:3, "이 사람이 마리아의 아들 목수가 아니냐 야고보와 요셉과 유다와 시몬의 형제가 아니냐 그 누이들이 우리와 함께 여기 있지 아니하냐") 이곳에서도 잘 들어맞는다.[8] 그러나 주후 2세기에 마리아의 영원한 처녀성이 확실한 것으로 주장되면서 이런 구절들에 대해 다른 해석들이 나타났다. 즉 그 자녀들은 요셉의 전처를 통해 태어난 자들이거나 예수의 사촌들이라는 것이다. 개신교도들은 일반적으로 그들이 예수의 진짜 형제들이라고 믿는다(cf. 요 7:1-8).[9]

성전 이야기(2:13-25)

요한복음 2:13-22에 기록된 예수의 성전청결 사건으로 들어갈 때 가나 이야기

8. 마 1:25(요셉은 "아들을 낳기까지 동침하지 아니하더니")은 다른 자녀들의 출생을 암시한다.
9. 요한이 예수의 제자들에 대해 "형제"(*adelphos*)라는 용어를 사용하지 않는다는 사실에 주목할 필요가 있다.

를 마음에 간직하는 것이 대단히 중요하다. 우리가 2:1-12에서 보았던 문학적, 신학적 주제들이 이곳에서도 등장한다. 첫 번째 섹션에서 예수는 결혼식에 참석하기 위해 집안에 계셨다. 포도주와 관련된 위기 때문에 그는 유대인의 정결례에 사용되는 돌항아리들을 통해 기적을 베푸셨다. 이제 예수는 그 도시의 주요 축제를 위해 예루살렘으로 오신다. 그는 성전 안에 들어가서(그곳은 희생제를 통한 정결례가 행해지는 장소이다) 가나에서와 마찬가지로 상징적인 일을 행하신다. 그것은 성전 역시 (가나의 돌항아리들이 새 포도주로 채워졌듯이) 다른 것으로 대체되고 완전케 될 것을 보이는 것이다. 예수는 그 자신이 성전이시다(21절). 그 자신의 파괴됨과 부활은 이 예루살렘 성전의 재건축을 의미 없는 것으로 만들 것이다(20절). 요한복음 1:35이하에서와 같이 남쪽과 북쪽(유대와 갈릴리)에서의 사역을 대표하는 가나와 예루살렘은 문학적, 신학적으로 병렬구조를 이루고 있다.

역사적 정리가 필요한 부분이 있다. 요한복음과 공관부분이 서로 겹치는 부분은 그리 많지 않다(요 1-5장은 실제로 전혀 평행을 가지고 있지 않다). 그러나 이 성전청결 이야기는 다른 복음서들 속에서도 평행이 발견된다(마 21:12-13; 막 11:15-17; 눅 19:45-46). 요한복음과 공관복음의 이야기들 사이에는 어휘와 주제에 있어서 많은 차이들이 있다. 오직 요한복음만이 소, 양, 노끈으로 만든 채찍, 그리고 떠나라는 명령을 기록하고 있다. 공관복음은 성경 인용을 제공한다(사 56:7; 렘 7:11). 그러나 가장 중요한 차이는 사건의 발생시기이다. 공관복음은 이 사건을 예수의 사역의 마지막에 위치시킨 반면, 요한복음은 이 사건을 초두에서 소개하고 있다. 공관복음에 있어서 이 사건은 예수에 대한 성전관계자들의 반대를 촉발시키는 촉매제의 역할을 한다. 요한복음은 예수의 공사역이 시작되는 곳을 유대로 보고 있다. 그리고 요한복음에 있어서 예수를 체포하도록 만든 주요 이유는 나사로의 부활이다(요 11:1-57; 12:9-11).

이 연대기의 문제는 이 이야기들의 역사적 가치에 대해 서로 다른 평가를 내리고 있는 학자들 사이에 뜨거운 논쟁을 불러 일으켰다. 요한과 공관복음 기자들은 같은 사건을 기록하고 있는가? 성전청결 사건은 오직 한 번 발생했을 뿐이라고 결론 내리는 학자들은 대개 요한의 순서배치가 부정확하며 공관복음의 설명이 정확하다고 본다. 예를 들어, 그들은 성전청결과 같은 일을 시도한 사람은 그 누구라도 공관복음이 우리에게 말하고 있듯이, 추격, 체포되었을 것이라고 주장한다. 그리고 비평적인 학자들은 일반적으로 "이중적 사건"(doubles, 유사한 언급들이나 이야기들)의 역사성을 받아들이기를 거부한다. 그들은 오히려 그것을 기독교 신학이 어떻게 진화하고 확장되었는지에 대한 증거로 보려고 한다.

그러나 레온 모리스(L. Morris)와 같은 보수적인 학자들은 다른 시각을 강력하게 변호하고 있다.[10] 모리스는 왜 우리가 성전청결은 오직 한 번만 발생했다고 추정해야 하느냐고 묻는다. 그는 두 성전청결 사건들 사이의 많은 차이들을 지적하면서, 가장 좋은 역사적 재구성은 예수의 성전청결 사건이 두 번 있었다고 보는 것이라고 주장한다. 예수가 그의 사역 마지막에 그의 행위를 반복했을 때는 당국자들이 그를 처리할 준비가 되어 있었다. 하지만 여기서 문제가 되는 것은 공관복음과 요한복음 사이에는 또한 몇 가지 평행들도 존재한다는 것이다(예를 들어, 유월절, 돈 바꾸는 사람들, 예수의 권위). 그런데 요한복음에 등장하는 한 가지 요소가 공관복음의 재판에 있어서 전제적 요소가 되고 있다. 요한복음 2:19에서 예수는 성전의 파괴에 대해 말씀한다. 그러나 공관복음에서는 이 주제가 언급된 적이 없다. 그러나 마가복음 14:58은 이렇게 말한다. "우리가 그의 말을 들으니 '손으로 지은 이 성전을 내가 헐고 손으로 짓지 아니한 다른 성전을 사흘 동안에 지으리라' 하더라 하되", '이 언급에 대한 근거는 오직 요한복음에만 등장한다.'

발생한 사건에 대한 정확한 설명을 위해서는 두 가지 버전들을 함께 잘 읽어봐야 한다. 나는 요한이 하나의 성전청결 사건에 대해 자기 자신의 버전을 기록한 것이라고 생각한다. 그것이 역사적 사건이기는 하지만 요한은 신학적 이유들 때문에 그 연대기를 옮겨 놓았다. 네 명의 모든 복음서 기자들이 예수의 삶의 이야기와 말씀들의 위치를 자신들의 문학적 목적에 따라 자유롭게 배치시키고 있다는 사실에 대해서는 의심의 여지가 없다. 요한은 타협할 수 없는 역사적 자료를 사용하면서도, 예수의 표적들에 대한 신학적 초상화를 유대교를 배경으로 하여 창조해 내고 있다. 예수는 유대교의 절기들과 제도들의 완성자이자 대체자이다. 그리고 성전은 (예수의 죽음을 통하여) 하나님의 목적에 봉사하는 일을 곧 멈추게 될 곳으로서 요한의 목록 중 높은 곳에 위치해 있다.

유월절에 예수가 그곳에 도착하셨다는 사실은(요 2:13) 그가 유대교의 절기에 충실했다는 것을 보여준다. 요한복음은 세 번의 유월절에 대해 언급한다(요 2:13; 6:4; 11:55).[11] 이것은 종종 예수의 3년이라는 사역기간을 산출하는 근거로 사용된다. 유월절은 애굽으로부터의 이스라엘의 탈출을 기리는 절기로서 매년 봄에 찾아

10. Morris, *John*, 167-68; Carson, *John*, 176-78.
11. 어떤 학자들은 요 5:1의 절기도 역시 유월절이었다고 믿는다.

왔다.[12] 이스라엘의 가족들은 죽음의 사자가 어린양의 희생을 통해 표시를 해 놓은 집들을 "넘어갔기"(pass over, 유월[逾越, 넘을 유, 넘을 월]—옮긴이) 때문에 죽음을 면했다(출 12장). 바로는 고민 속에서 이스라엘 백성들을 보내 주었고 그들은 사막을 통과해 시내산으로 도망했다. 수세기를 거치는 동안 유월절은 순례의 절기가 되었다. 유대인 가족들은 그때 예루살렘으로 여행을 가서 희생제사를 드리고, 상징적 식사를 하고, 이스라엘의 구원에 대해 묵상하며 학습을 해야 했다.

순례자들은 희생제사를 위해 승인된 짐승들을 필요로 했기 때문에 한 해 중 그 시기에는 도시에서 많은 상업거래가 이루어졌다. 어떤 증거에 따르자면 가야바는 성전 뜰들 안에서 짐승들을 파는 것을 허용할 수 있느냐에 대해 산헤드린과 논쟁을 벌였다고 한다.[13] 가야바가 그 논쟁에서 이긴 것 같다. 하지만 그 결과 성전은 경배의 처소에서 상업의 장소로 바뀌고 말았다. 그리고 (20세가 넘은) 유대인 남자들은 매년 반 세겔의 성전세를 내야 했다. 예수는 이 세금에 대해 반대하시지 않았다. 왜냐하면 그 자신이 그 세금을 내셨다는 기록이 있기 때문이다(마 17:24-27). 돈 바꾸는 자들이 있었던 것은 모든 헌금은 특정한 동전으로 내야 한다는 법적 요구사항이 있었기 때문이다(이것은 구전[口傳]율법으로 규정되었고 후에는 '미쉬나'[*Mishnah*]에 기록되었다). 이 규정은 외국 동전에 새겨진 이교도 이미지를 피하기 위한 것이 아니라 헌금으로 들어오는 동전의 품질과 순도를 보장하기 위한 것이었다. 환전상들은 돈을 바꾸어 주고 어느 정도 수수료를 받았지만 그들이 부패했었다는 증거는 없다.

예수의 분노는 우리가 상상할 수 있는 어떤 탐욕이나 착취 때문이 아니라 그 거래들이 성전 안에서 이루어지고 있다는 사실 자체에 기인한 것이었다. "이것을 여기서 가져가라. 내 아버지의 집으로 장사하는 집을 만들지 말라"(요 2:16)라는 말씀은 성전을 원래 의도되었던 용도인 예배, 기도, 교훈, 그리고 거룩한 희생제사에 맞게 다시 되돌려 놓으라는 선지자적 명령이었다. 요한의 원래의 언어 속에는 미묘한 언어유희가 존재하는데 영어 번역은 그것을 놓치고 있다. "이것들을 치워 버려라! 내 아버지의 '집'을 장사하는 '집'으로(Father's 'house' a 'house' of trade)

---

12. 유월절은 춘분 이후의 첫 만월에 지켜진다. 그날은 음력달력으로 니산월(Nisan) 14일이다. 유월절 이후 일주일간의 무교절이 이어진다(니산 15-22일).

13. 예수가 반대하신 짐승 판매는 '히에론'(*hieron*)에서 발생했다(요 2:14). 이곳은 더 안쪽의 성소 혹은 '나오스'(*naos*)와는 구별되어야 한다. '히에론'은 성소를 둘러싸고 있는 바깥쪽 뜰, 특히 넓은 면적의 이방인의 뜰(Court of the Gentiles)을 포함하는 곳이었다.

만드는 일을 멈추라." 예수는 절기들을 둘러싼 재정적 체제에 대해 반기를 들고 계시고, 그것은 분명 가야바 및 성전 지도자들과의 불화를 낳았을 것이다.

그의 제자들이 이 놀라운 장면을 보았을 때(요 2:17), 그들은 시편 69:9 말씀을 상기했다, "주의 집을 위하는 열성이 나를 삼키고." 신학적으로 보았을 때 요한은 이를 통해 두 가지 사실을 지적하고 있다. (1) 예수는 아버지와 자신과의 관계 속에서 일을 하시고 있다. 메시야이자 하나님의 아들로서, 그는 세상에 대한 하나님의 관심을 지키고 촉진시키려는 열정이 충만하다. 하나님의 집이 인간들에 의해 파괴된 것을 보았을 때, 그는 행동의 열망으로 가득 차게 되었다. 성전청결 혹은 성전에 대한 도전은 구약에서 흔히 나타나는 주제이다. '주의 날'(the Day of the Lord)에 있을 이스라엘의 완전한 갱신은 성전의 갱신과 연결된다(사 56:7; 렘 7:11; 슥 14:21; 말 3:1).

(2) 요한은 예수의 삶의 중요한 시점에 있어서 종종 구약을 사용한다. 그가 자주 구약을 인용하는 것은 아니지만(예를 들어, 마태복음과 비교), 그래도 그 배후에는 구약성경이 있어서 중요한 순간마다 예수의 행동을 정의해 주고 있다. 그는 하나님의 목적들을 이루어 가고 있다.—그가 알고 있는 하나님의 목적들은 이미 하나님의 말씀 속에 그 윤곽이 그려져 있다.

그 뒤에 이어지는 성전에서의 대화는 요한복음에만 등장하는 것이다(요 2:18-22). 예수의 행동을 본 그의 비판자들은 그런 소동을 일으킬 수 있는 권위를 증명해 줄 어떤 표적을 요구한다. 이상하게도 예수는 성전의 부족함에 대해서는 언급하지 않는다. 그 대신 그는 자기 자신의 파괴와 부활에 대해 말한다. "너희가 이 성전을 헐라 내가 사흘 동안에 일으키리라." 요한의 많은 설화들 속에서 전형적으로 나타나듯이(예를 들어, 요 3:3ff.; 4:10ff.; 6:41ff.; 11:11ff.; 14:7ff.), 예수의 청중들은 그의 말을 오해하고 그가 (아이러니컬하게도) 예루살렘 성전에 대해 말하고 있다고 생각한다.

주전 20년에 헤롯대왕은 대규모의 성전 재건축 프로그램을 시작했다. 그것은 헤롯을 외부인으로 보고 경멸하는 유대인 신하들을 달래기 위한 것이었다(헤롯은 이두메인이었다). 그는 이 새 성전을 솔로몬의 것과 견주려는 의도를 가지고 있었다. 순수성을 확보하기 위해 일천 명의 제사장들이 석공과 건축가의 훈련을 받았다. 주후 64년에 성전건축이 완성되기까지 총 18,000명의 사람들이 전적으로 그 일에 매달렸다.[14] 어떤 돌들은 그 무게가 70톤에 달했는데, 성전언덕을 지탱하고 있는 벽들 속에서 오늘날에도 그것을 볼 수 있다.

예수가—46년 동안 건설되고 있는—그런 건축물을 파괴하고 그것을 삼일만에 다시 세우겠다는 것은 어이없는 일로 보였다(요 2:20). 그런 일을 할 수 있는 자는 분명 성전에서 발생하는 일들에 대해서도 권위를 주장할 수 있다! 그러나 그런 말은 우리가 생각하듯이 그렇게 낯선 것은 아니었다. 그 당시 유대교에 있어서 많은 영적 지도자들은 새로운 성전이 세워져서 지금의 예루살렘 성전을 대체할 것을 기대하고 있었다. 예를 들어, 에스겔 40-46장을 보면 그 새 성전에 대한 상세한 설명이 등장한다. 쿰란에 있던 사해공동체에 있어서 새 성전에 대한 소망과 계획들은 그 공동체의 신앙의 일부였다. 쿰란의 유대인들은 헤롯의 성전 계획에 대해 매우 비판적이었다. 심지어 주후 70년에 로마에 의해 성전이 무너진 후에도, 유대인들은 새로운 성전을 가져다 줄 메시야에 대한 소망을 계속 간직했다. 주후 1세기 후기의 회당에서는 유대인들이 "18기도문"(Eighteen Benedictions)을 낭송했다. 그 중 14번째 기도는 새로운 성전과 메시야를 고대한다는 내용이었다.

그러나 예수의 더 깊은 의미는 그의 몸을 가리키는 것이었다. 그 몸은 성전과 같은 역할을 수행할 것이며 심지어 그것을 대체할 것이다. 예수의 재판에 나타났던 혼동(막 14:58), 즉 성전의 파괴에 대한 예수의 경고와 3일만에 새 성전을 짓겠다는 약속과 관련된 혼동은 어떤 현대 학자들에 의해 다시 그 고개를 들고 있다. 그들은 여기서 예수가 정말로 성전 당국자들에 대해 위협을 가했다고 본다. 그들의 주장에 따르자면, 이것이야말로 예수에 대한 그들의 분노를 촉발시킨 것이다.

그러나 요한복음에서의 예수의 가르침들은 이중의 의미를 지닌 암호와 같은 말을 자주 사용한다(그것들은 어떤 면에 있어서 공관복음에서의 비유들과 유사하다). 그리고 그런 오해들을 없애 주는 정확한 설명이 종종 주어진다(요 7:5; 11:13; 12:6). 이 경우에 있어서 예수는 자신의 죽음과 부활을 예언하고 있다. 그것은 하나님과의 새 언약을 창조할 것이며, 예루살렘 성전을 쓸모 없는 것으로 만들 것이다.[15] 사마리아 여인과의 대화에서 예수는 참된 예배가 예루살렘(성전)이나 사마리아에서 드려지는 것이 아니라 "영과 진리로" 드려지게 될 때가 올 것임을 분명하게 말씀한다(요 4:24). 이것은 혁명이다. 지금 이 세상 속에서 메시야의 사역이 이루어지고 있다. 그것은 예배와 희생제사의 의미를 근본적으로 바꾸어 놓을 것이다.

---

14. 그러나 슬프게도 6년 후 (주후 70년에) 예루살렘 성전은 로마군에 의해 파괴되었다.
15. 비록 바울이 몸을 교회에 대한 은유로 자주 사용하고 있지만(롬 12:5; 고전 12:12), 여기서 예수가 언급하고 있는 "몸"(body)은 교회가 아니라 그 자신의 몸이다.

이 유월절 기간동안 많은 이들이 예수와 관계를 맺었다. 왜냐하면 많은 이들이 그를 "믿었기"(문자적으로는, '믿게 되었기') 때문이다. 그러나 우리가 이것을 너무 과장해서는 안 된다. 왜냐하면 그들의 믿음의 근거는 표적들이었기 때문이다. 예수가 권능과 권위의 증거를 나타내자 그들은 믿음을 보였다. 그러나 복음서 전체에 있어서 하나님이 자신에 대해 증거를 보이신 것에 기초한 믿음은 비판을 받는다(요 4:48). 그런 믿음은 아예 믿음이 없는 것보다는 낫지만(요 6:26), 가능한 가장 깊은 믿음은 아니다(요 20:29).[16]

요한은 2:24에서 인상적인 언어유희를 사용한다. 23절에서 "믿다"로 번역된 것과 동일한 헬라어 단어가 24절에 등장한다. "비록 이 사람들 중 일부가 그를 '믿었으나'…예수는 그들을 '믿지' 않았다."[17] 주어진 이유는 그가 단지 그들 (즉, 성전 안에 있던 자들) 모두를 알았기 때문이 아니라, 모든 사람들에 대해 지식을 가지고 있었기 때문이다. 요한은 여기서 예수와 일반적인 인간에 대해 언급하고 있다. 예수는 인간성과 그들이 가지고 있는 기만과 이중성에 대해 모든 것을 이해하고 있었다. 그 누구도 그에게 그것들에 대해 설명해 줄 필요가 없었다(요 2:24a). 나다나엘은 요한복음 1:48에서 예수가 자신을 만나기도 전에 자신을 알고 있던 것에 대해 깜짝 놀랐다. 이 섹션도 같은 말로 끝나고 있다. 그러나 지금 요한은 예수와 신적 지식에 대해 중요한 신학적 진술을 하고 있다. 오직 하나님만이 남자들과 여자들의 마음을 아신다.—그런데 지금 예수가 똑같은 능력을 가지고 계시다.

요한복음 2장 본문은 우리가 계속해서 3:1을 읽을 것을 예상하고 있다. "또 사람[안쓰로포스, *anthropos*]에 대하여 누구의 증언도 받으실 필요가 없었으니 이는 그가 친히 사람[안쓰로포, *anthropo*]의 속에 있는 것을 아셨음이니라 그런데 바리새인 중에 니고데모라 하는 사람[안쓰로포스]이 있으니 유대인의 지도자라"(요 2:25-3:1). '안쓰로포스'라는 헬라어 명사는(이것은 한 남성을 뜻할 수도 있고 일반적인 사람을 뜻할 수도 있다) 이 단락 전체를 실을 꿰듯이 연결하여 2장과 3장을 이어주고 있다. 지금 니고데모는 예루살렘에 있는 그와 같은 사람들이 예수와 그를 통한 하나님의 새로운 사역에 대해 실제로 무엇을 이해할 수 있는지 우리에게 보여줄 것이다.

---

16. Morris, *John*, 181.
17. NIV는 2:24의 '피스튜오'(*pisteuo*)를 "맡기다"(entrust)로 번역하고 있다.

상황잇기

가나 이야기. 가나 이야기에 대한 해석자들은 이 이야기가 다른 잘못된 것들을 강조하는 것처럼 이것을 잘못 사용할 수 있다. 예를 들어, 이것은 예수께서 어떤 특정한 결혼이나 결혼제도 자체를 얼마나 신성하게 만드셨는가를 보여주기 위해 마련된 이야기가 아니다. 목회자들의 결혼식 지침서는 종종 가나 이야기를 예수께서 결혼식에 참석하신다는 것이 어떤 것인가를 보여주는 감격적인 예로 사용한다. 복음주의자들 사이에서는 때로 이 이야기가 포도주나 다른 알코올 음료의 소비를 촉진시키는 데 사용되지나 않을까 하는 걱정이 생기기도 한다. 한 가지는 분명하다. 이 이야기에 있어서 결혼식에 포도주스가 사용되지는 않았다는 것이다. 오히려 예수와 연회장은 여기서 진짜 포도주를 제공했다.—그것도 아주 많은 양의 포도주를. 그리스 로마 세계에 있어서 포도주는 식사 때 사용하는 통상적인 음료였다. 일반적으로 그것은 너무 독했기 때문에 그 맛을 개선하기 위해 물을 섞어 사용했다.

예수는 포도주나 파티의 즐거움을 피하지 않았다. 그는 반사회적이지 않았다. 그와 그의 제자들이 왜 금식을 하지 않느냐는 질문을 받았을 때, 그의 대답은 그가 있음으로 해서 금욕주의가 아니라 축하의 분위기가 고취되어야 한다는 것이었다(막 2:18-20). 거친 비판자들은 파티에 참석하는 그의 습관을 지적하며 이렇게 말했다. "보라 먹기를 탐하고 포도주를 즐기는 사람이요 세리와 '죄인' 의 친구로다"(마 11:19). 그러나 이것은 예수가 술에 취했었다는 것을 반드시 의미하는 것은 아니다. 오늘날 알코올 음료를 삼가는 데는 많은 좋은 이유들이 있을 것이다. 그러나 이 단락은 그런 견해를 지지하기 위해서 사용될 수는 없다.

그러나 이런 것들은 요한이 우리가 독자로서 알아보기를 기대하고 있는 것들 중 이차적인 것에 불과하다. 가나에서의 예수의 역사적인 기적은 예수가 유대교의 신학적 배경 속에 도착하셨다는 사실이 갖는 의미에 비하면 그 중요성이 덜한 것이다. 역사적으로 요한은 유대교가 보고 들어야 하는 확고한 선언을 하고 있다. 메시야가 도착했으며 (결혼식 축제로 그려진) 메시야의 만찬이 시작되었다. 예수가 이곳 결혼식에서 그의 영광을 제일 먼저 드러내신 것은 적절한 것이다. 유대교 문헌에 있어서 "결혼식 연회"(wedding banquet)는 많은 의미를 지니고 있었다.

더구나 요한은 우리가 이 이야기를 상징적으로 보아야 한다는 것에 대해 수많은 실마리를 제공해 주고 있다. 결혼식 장면, 많은 양의 포도주, 그리고 돌항아리들에 대한 언급은 모두 두 번째 수준의 의미를 암시한다. 메시야는 절기들 중에 유대교 속에 단지 모습만 드러낸 것이 아니었다. 그는 그것들을 성취하기 위해, 그리고 그가 거기서 발견하는 것들을 뒤집어엎기 위해 온 것이다. 우리는 메시야의 대체성과 그의 풍성함이라는 요한의 주제들을 기억해야 한다. 유대교의 정결례의 그릇들은 이제 새로운 것들로 채워지고 있다. 혹은 보다 중요하게는 지금까지 제공되었던 포도주는 이미 떨어졌으며, 예수의 새 포도주가 그것을 대체하고 있다. 그러므로 "그대는 지금까지 좋은 포도주를 두었도다"라는 것은 예수에 대한 그리고 그가 성취하기 위해 온 종교적 환경의 상대적인 장점들에 대한 신학적 진술이다.

마지막으로 요한은 표적과 (즉, 물로 포도주를 만든 기적과) 믿음 사이에 중요한 다리를 놓는다. "예수께서 이 첫 표적을 갈릴리 가나에서 행하여 그의 영광을 나타내시매 제자들이 그를 믿으니라"(요 2:11). 이것은 신앙과 기적들에 관한 수많은 질문들을 야기했다. 내가 위에서 언급했듯이 요한은 이 사건들을 기적이라고 부르는 것을 조심스러워 한다. 그는 "표적"이라는 용어를 선호한다(예를 들어, 요 2:23; 4:54; 6:2, 14, 26; 7:31; 9:16; 10:41). 이것은 요한에게 있어서 권능의 행위 그 자체는 그 행위가 예수에 대해 말하는 것보다 덜 중요하기 때문이다.

기적을 행할 수 있는 능력은 예수만의 독특한 것은 아니었다. 심지어 엘리야와 같은 선지자들도 엄청난 일들을 행할 수 있었다. 실제로 예수 시대에도 유사한 주장을 하는 기적을 행하는 다른 사람들이 있었다. 요한은 우리가 이 사건을 넘어서는 것을 보기 원한다. 요한은 우리가 그 표적을 목적 자체로 보는 것이 아니라 그것을 어떤 목적을 위한 수단으로 보기를 원한다. 이 이야기는 단지 예수의 능력을 증명하고, 그가 이런 능력을 가지고 있으니 그가 주장하는 바가 옳다는 것을 우리에게 알리려는 것이 아니다. 이 이야기는 예수라는 인물에 대해 날카로운 질문들을 제기하도록 우리를 초청한다. 그리고 그의 영광을 보게 될 때(요 2:11a), 우리는 믿음을 발견하게 될 것이다.

요약하자면, 내가 이 단락을 읽고 그것의 의미를 내 자신의 세상으로 가져오려고 하면, 나는 세 가지의 것들을 추출해 낼 수 있다. 하나님의 역사적인 구원계획 속에서의 예수의 의미, 종교적 갱신을 위한 예수의 의미, 그리고 신자들의 신앙생활에 있어서 "표적들과 영광"의 계시.

성전 이야기. 우리는 예수가 예루살렘에서 행한 일의 중요성을 간과할 수 없다. 예수 시대의 예루살렘 성전의 중요성과 그 영광을 이해하기 시작할 때, 우리는 예수가 하시고자 했던 일의 크기를 느끼기 시작할 것이다. 성전은 주후 1세기에 있어서 유대인들의 삶을 조직화하는 중심체였다. 성전은 정부기구(비록 당시에는 로마

당국에 의해 조종되기는 했지만), 사법체계, 종교생활, 그리고 세금체계의 중심이었다. 성전은 그 국가의 도덕적, 종교적, 그리고 정치적 성격을 좌우했다. 주전 2세기에 유다 막카비(Judas Maccabeus)가 헬라인들을 무찌르기로 결심했을 때, 그는 유대인들의 광범위한 지지를 얻기 위해서는 먼저 성전을 탈환해야 한다는 것을 알고 있었다. 주전 63년에 폼페이(Pompey) 장군의 정복에 의해 그 땅이 로마에게 넘어갔을 때, 그들은 예루살렘 성전 바로 옆에 요새를 지어야 한다는 사실을 즉각 알아차렸다. 그리고 즉시 성전의 북서쪽 구석에 안토니아 요새(Antonia Fortress)를 구축하기 시작했다. 이곳이 바로 빌라도의 병사들이 예수를 십자가에 못박기 위해 그를 "준비시켰던" 곳이다.

주후 66년에 셀롯인들(Zealots)이 로마에 대항하여 일어났을 때, 성전은 다시 한 번 그들의 요새와 버팀목이 되었다. 성전은 유대교의 존속을 위한 싸움에 있어서 사람들을 모으는 구심점이 되었다. 성전은 유대인들의 종교적, 국가적 자존심의 근거였다. 헤롯의 재건축 프로그램이 총 80년 이상 진행되었다는 사실을 생각해 보면, 예수의 갈릴리 출신 제자들이 예루살렘에 도착했을 때 성전의 경이로운 모습을 보고 감탄한 것은 놀랄 일이 아니다. "보소서 이 돌들이 어떠하며 이 건물들이 어떠하니이까"(막 13:1). 예루살렘 성전은 방문자들의 눈을 부시게 했다. 주후 70년에 로마의 티투스(Titus)의 군대가 성전에 밀어닥쳤을 때, 티투스는 그곳의 훌륭함에 감탄한 나머지 그곳을 약탈과 파괴로부터 보존하려고 했다. 그러나 그 도시를 취하기 위해 힘들고 오랜 전투를 벌였던 그의 병사들이 성전의 호화로움을 알게 되자 성전은 파괴되고 말았다. 주후 70년에 완전히 불태워져 파괴된 후 성전은 다시는 재건축 되지 않았다.[18]

그러므로 예수의 행동은 단순한 소동이 아니라 분노를 자극하는 엄청난 사건이었다. 그는 공공 광장의 중심에 있었고, 공적인 저항을 드러내 보인 것이다.

그러나 우리는 이 장면이 보여주는 폭력을 너무 과장하지 않도록 조심해야 한다. 나는 예수가 이글거리는 눈을 부릅뜬 채 무시무시한 검은 채찍을 휘두르고 있고, 탁자들이 날아다니고, 사람들이 도망가고, 짐승들이 울부짖고 있는 그림들을 본 적이 있다. 유대법에 따르자면 성전 안으로 무기를 가지고 들어갈 수 없었다. 그리고 채찍은 무기로 분류되었다. 성전 경찰은 (특히 축제 기간동안에는) 공공 질서

18. 이것은 오늘날의 이스라엘인들이 예루살렘과 성전언덕을 차지하려고 하는 열정을 설명해 준다. 열정적인 유대인들 가운데는 성전을 재건축하려는 꿈이 아직도 살아 있다.

를 유지할 책임이 있었다. 그러므로 예수는 진짜 채찍을 성전 안으로 가지고 들어가지는 않았을 것이다. 그 대신 짐승들 밑에 깔아 놓았던 짚이나 골풀 등으로 임시 대용품을 만들었을 것이다. 만약 예수가 다른 어떤 것을 가지고 들어갔었다면, 내 생각에는, 아마도 체포되었을 것이다.

그럼에도 불구하고 그 장면은 극적이고, 자극적이며, 도발적이다. 비품들이 부서졌고, 짐승들은 도망갔고, 동전들은 사방으로 흩어졌다. 예수는 도발적인 행동을 하고 계시다. 그리고 그의 행동은 자신의 선지자적 메시지의 핵심으로부터 나온 것이다. 그러나 그의 메시지를 성공적으로 만드는 것은 채찍의 힘이 아니라 그의 도덕적 힘이다. 그가 하는 말의 진실성은 듣는 이들의 마음과 양심을 찔렀다. 결론적인 대화에 있어서 그 누구도 그가 한 일에 대해 예수와 논쟁을 하지 않는 것이 흥미롭다. 그 누구도 그런 행동은 부적절한 것이라고 반기를 들지 않는다. 그 대신 그들은 예수의 행동의 근거가 무엇인지 묻는다. 다시 말해서, 많은 이들은 예수가 옳다는 것을 아마도 알고 있었다는 것이다. 그리고 성전이 시끄러운 시장으로 변해 버렸다는 사실도 인지하고 있었다는 것이다. 성전은 타협의 제물이 되고 말았다. 그들 역시 예수의 행동 속에서 하나님의 거룩하고 의로운 분노의 어떤 것을 느꼈다. 그것은 그의 집의 신성함을 더럽히고 있는 사람들에 대한 하나님의 분노였다.

이 단락은 우리의 시대에 대해 다음과 같은 질문들을 제기한다. 예수의 시민 불복종에 대해 나는 어떻게 생각하는가? 이 사건은 우리의 삶의 자리의 중심에 있어서 불순종을 위한 면허장이 될 수 있는가?

두 번째 주제는 이 이야기의 기독론적 메시지에 중점을 둔 것이다. 역사적 수준에서 보자면, 예수는 그 당시의 주요 종교기관과 대결하고 있는 것이다. 아이러닉한 그의 마지막 진술에 암시되어 있는 내용은 장차 무엇인가가 (성전? 그의 몸?) 파괴될 것이고, 3일 후에 그 무엇인가가 다시 일어서게 될 것이라는 것이다. 예수는 성전 제도의 부족한 점들을 지적하고 있다. 그는 성전의 잘못된 방향과 그것의 깨어짐과 대면하고 있다. 그리고 그 과정 속에서 (복음서 전체에 걸쳐서 나타나듯이) 예수는 하나님의 진짜 활동, 진짜 성전은 예수 그리스도 자신임을 지적하신다. 다른 말로 하자면, 유대인들의 종교적 열정의 초점은 이제 새로운 사람으로 대체되어야 한다는 것이다. 그리고 그 대체는 폭력적이고 기적적인 죽음과 재탄생을 통해 나타나게 될 것이다.

이것을 우리의 세계와 연결할 때 나타나는 어려운 문제는 과연 우리의 종교기관들은 지금 얼마나 예루살렘 성전과 같은 일을 하고 있느냐 하는 것이다. 보다 직접적으로 표현하자면, 만약 예수가 우리가 살고 있는 도시에 와서 우리 교회를 방문한다면, 예수는 그곳에서 벌어지고 있는 일을 보며 하나님을 찬양하겠는가, 아니면 끈을 가지고 채찍을 만들겠는가 하는 것이다. 이 단락은 (가나의 이야기가 개인의 종교적 편견에 대해 숙고해 보도록 우리를 초청했듯이) 일반적인 종교기관들에 대해 묵상해 보도록 우리를 초청한다. 이것을 그저 역사적 수준에만 남겨 둔다면, 그것은 단지 예수에 관한, 그리고 유대교와의 투쟁과 갈등에 관한 또 하나의 이야기가 될 것이다. 그러나 내가 이 이야기의 시간을 초월한 의미를 추구해 간다면, 나는 여기서 경배를 받으시려는 하나님의 희망과 그 예배를 편리하게 만들기 위해 인간들이 흔히 세우고 설립하는 종교적 기관들 사이의 갈등을 보게 될 것이다. 그 두 가지는 항상 같은 것이 아니다. 종교적 기관들은 그들이 하려는 일이 단지 하나님과의 관계를 편리하게 하는 것이고, 우리로 하여금 세상을 변화시키는 일에는 별로 관심을 두게 하지 않을 경우, 때로 재정적 이익이나 사회적 이슈들을 추구한다.

현대적 의미

가나의 혼인잔치. 가장 이른 시기부터 동방교회는 1월 6일을 주현절(Epiphany)로 지켜 왔다. 그날이 되면 예수의 탄생, 동방박사들의 찾아옴, 예수의 세례, 그리고 가나의 혼인잔치를 상기한다.[19] 이 목록 속에 가나의 혼인잔치가 포함되었다는 사실이 중요하다. 이것은 어떤 의미에서 볼 때 교부들은 가나에서 일어난 사건을 베들레헴과 요단강에서 발생한 사건과 평행 되는 사건으로 생각했음을 시사한다. 그리스도의 영광—그의 참된 정체성—이 인간들이 볼 수 있도록 드러났다. 영광의 계시야말로 정확히 가나에서 발생한 일이었다. 예수는 행동하라는 요청을 받기 전까지는 단지 결혼식에 초대받은 한 사람의 손님일 뿐이었다. 그 행동 속에서 그의 제자들은 그들이 전에 전혀 보지 못했던 어떤 것을 보았다.

이 이야기 속에는 우리가 쉽게 간과할 수 있는 실제적인 면이 있다. 우리는 이 단락에서 어떤 영적 진리를 모으고자 하는 열성을 갖고 있기 때문에 그것을 놓치게 된다. 예수는 좋은 친구들의 결혼식에 참석해서 간단한 문제를 해결했다. 그들에게는 포도주가 떨어졌고 그 위기는 해결책이 마련되지 않는 한 사회적인 비극이 될 수 있었다. 우리는 오늘날 그리스도의 사역을 영적인 것으로 해석해서 그분은

19. 주후 4세기에(A.D. 336) 서방교회는 로마교회의 주도하에 예수의 탄생을 12월 25일에 경축하기 시작했다. 서방교회는 1월 6일을 동방박사들이 찾아온 것을 기념하는 날로 만들었다.

오직 영혼을 구원하고 생명을 새롭게 하는 일에만 관심을 두신다고 결론을 내리기 쉽다. 하지만 그분은 내 삶의 일상적인 사건들에도 정말로 관심을 갖고 계신가? 그분은 정말로 일상생활의 간단한 문제들에 대해 관심을 갖고 계신가? 가나 이야기는 "그렇다"라고 말한다. 우리는 너무나 하찮게 보이는 문제 속으로—정말 우스울 정도로 실제적인 문제 속으로—그리스도를 초청하여 그분에게 도움을 구할 수 있다.

또한 이 이야기가 우리에게 들려주고 있는 두 가지 중요한 신학적 메시지가 있다. 나는 그것을 두 단계를 통해 접근해야 할 것이다. (1) 요한은 유대교와 역사에 대해 어떤 것을 우리에게 이야기한다. 메시야의 도래가 의미하는 것은 전에는 유례가 없었던 어떤 일이 세상 속에서 발생하고 있다는 것이다. 예수가 공적으로 영광을 드러낸 일은 그 어떤 다른 사건도 그것과 비교될 수 없는 결정적인 사건이었다. 유대교의 그 어떤 것도 이것과 같지 않다. 왜냐하면 여기서 하나님의 "영광"이 갑자기 인간들이 볼 수 있는 형태가 되었기 때문이다. 요한은 셰키나(Shekinah)의 영광을 염두에 두고 있다. 그것은 먼저 회막에 임했고 나중에는 예루살렘 성전에 임했었다(출 24:16; 40:35; 왕상 8:11). 그 찬란한 하나님의 임재가 지금 그리스도 안에 있다. 요한복음 1:14을 상기하라: "말씀이 육신이 되어 우리 가운데 거하시매 우리가 그의 영광을 보니 아버지의 독생자의 영광이요 은혜와 진리가 충만하더라"(cf. 요 8:54; 11:4; 17:5). 예수 그리스도는 한 인간이다. 그러나 단지 인간이기만 한 자는 그 누구도 이 영광을 가질 수 없다. 그러므로 예수 그리스도는 또한 신이며, 하나님의 아들(Son)이다. 그는 인성과 결합하여 완전한 통일체를 이루었다.

(2) 하지만 만약 그것이 정말로 그렇다면, 만약 하나님이 전례가 없었던 방법으로 세상 속에서 일하고 계시다면, 우리들 가운데서의 그의 나타나심은 궁극적으로 모든 종교적, 의식적 표현들의 가치를 바꾸어 놓게 될 것이다. 이것이 바로 요한이 예수에 관한 그의 많은 이야기들 속에서 우리에게 들려주게 될 메시지이다. 여기서 초점은 유대인들의 정결례 의식, 여섯 개의 돌항아리에 맞춰져 있다.[20] 그것들은 새로운 내용물로 채워져 있으며 풍부한 양의 포도주를 제공한다. 이 포도주는 여호와의 날에 관한 많은 선지자들의 말을 상기시킨다. 그날이 오면 하나님의 임재와 축복이 특별히 이 땅에 포도주가 넘치게 되는 것으로 가시화 될 것이다(호

20. 어떤 해석자들은 6이라는 숫자를 상징적으로 해석한다. 유대교에 있어서 7은 완전을 뜻하는 수이기 때문에 (거기에서 모자라는) 6은 불완전을 뜻하는 수이다.

2:22; 암 9:13-14). 그러므로 정결례에 사용되었던 이 용기들은 그들의 이전 용도로 돌아갈 수 없다. 메시야가 그것들에 손을 대었고 그것들은 이제 정결례를 위한 것으로는 폐기처분 되었다. 많은 세대를 통해 전통 속에서 보존되어 온 종교적 도구들은 이제 심각한 재(再)숙고의 과정을 거쳐야 한다.

우리는 이 생각을 현재의 세계 속으로 가져와야 한다. 우리는 가나 이야기에 묘사된 것보다 덜 전통적이라고 할 수 없는 종교적 돌항아리들의 세계를 창조했다. 우리는 종교적 습관들과 연관되어 있을 뿐 하나님과는 거의 상관이 없는 의례들과 관습들을 창조해 냈다. 나는 예수께서 나의 세계 속으로 걸어 들어오셔서 내가 아끼고 애지중지하는 이것들에 대해 날카로운 비판을 해 주셨으면 좋겠다는 생각을 해 본다. 가나 이야기는 이렇게 말한다. 하나님께서 이곳에 도착하셨고, 그리스도는 우리와의 어떤 직접적인 친밀성, 즉 더 이상 생명을 가져다주지 못하는 의례적 형식들에 의해 방해를 받지 않게 될 친밀성을 희망하신다.

아마도 우리가 개혁주의 전통 속에서 교회는 항상 스스로를 개혁하는 존재라고 말할 때 의미하는 것이 바로 이것일 것이다. 개혁은 항상 깨어 있는 정신과 결합되어야 한다. 그 정신은 교회가 하나님의 대리인으로서의 역할을 수행할 수 있도록 해 주는 종교적 형식들을 추구해야 한다. 나는 용감하게 나 자신의 기독교 전통과 내가 출석하고 있는 교회, 그리고 나 자신의 영적 생활의 습관들을 돌아보고 그것들 하나하나를 검토해 보아야 한다. 예수는 가나와 유대교에 갱신을 가져다주시고 있다. 그것들은 그들이 지금까지 해 왔던 모든 일들을 영원히 바꿀 것이다. 예수는 의심할 바 없이 우리에게도 같은 일을 하기를 원하신다.

어느 부활절에 나는 당시 14살이었던 딸과 함께 예루살렘으로 여행을 갔다. 그것은 팔레스타인 목사들과 기독교를 믿는 유대인 목사들을 위해 베들레헴에서 열리는 회의를 인도하기 위해서였다. 나는 우리 두 사람이 부활절 아침에 예루살렘에 있을 수 있도록 여행 계획을 세웠다. 많은 순례자들이 그 도시에 있었다. 그들은 리포터들처럼 각자 손에 비디오 카메라를 든 채 그날을 의미 있게 만들 수 있는 어떤 특별한 방법 혹은 장소를 찾고 있었다. 나는 애슐리(Ashley)와 함께 다마스커스 문(Damascus gate)을 지나 시장으로 들어선 후, 방향을 바꿔 거룩한 무덤 교회(the Church of the Holy Sepulcher)의 기독교 구역으로 갔다. 그곳은 예수의 무덤이자 부활의 장소였다. 이곳은 (비잔틴 사람들과 십자군들 그리고 실제로 다른 모든 순례자들이 믿고 있듯이) 세계에서 가장 거룩한 장소들 중 하나이다.

나는 수많은 사람들이 무덤에서 경배를 드리는 모습을 서서 지켜보았다. 그들은 돌에 입을 맞추며 그리스식 혹은 콥틱식(Coptic) 종교 의례를 거행했다. 나는 이 무덤이 도대체 지금 무엇이 되었는지 묻지 않을 수 없었다. 부활이 의미했던 것은 이 무덤이 그 전에 가지고 있던 의미를 모두 잃었다는 것이다. 이 무덤은 자기 자신이 아닌 다른 곳, 즉 죽음을 넘어선 생명을 가리키고 있다. 그런데 살아 계신 주님을 껴안기 위해 바위에 입을 맞추는 비극적이고 화석화 된 어떤 일이 기독교 의례 속에서 발생했다.[21]

그 순간은 분명 황홀하고 역사적인 것처럼 보였지만 또한 슬퍼 보이기도 했다. 사람들은 향불 냄새와 소음이 뒤범벅이 된 속에서 사진을 찍고 기념품들을 사고 있었다. 우리는 교회 아래쪽에 있는 동굴로 내려왔다. 그곳은 주후 1세기의 바위가 끌로 깎여 나가지 않고 그대로 보존되어 있는 곳이다. 우리는 함께 그 바위(어떤 이들은 그 바위를 "살아 있는 돌"[living stone]이라고 부른다) 위에 우리의 손을 얹었다. 부활의 날에 지금 우리 주위에 있는 교회는 이곳에 없었지만 이 바위는 있었다고 나는 말했다. 바위는 무덤을 막은 돌을 굴려 낸 지진과 진동의 증인이었다(마 28:2). 그리고 이 바위 역시 함께 흔들렸었다. 부활절은 생명의 능력과 부활, 그리고 지진들에 관한 것이었지 죽음에 대한 기억이나 사람들의 경건한 의식들에 관한 것이 아니었다.

이것이 가나의 메시지이다. 예수는 우리가 종교적으로, 습관적으로 행하는 것을 바로잡기 위해 오셨다. 그는 무덤으로부터 부활하셨다. 하지만 우리는 그곳에 교회를 짓고 그곳에서 우리의 종교의식들을 거행한다. 그가 우리에게 원하는 것은 그런 것이 아니라 동산에서 마리아가 그를 보았듯이 그를 보는 것이고 우리의 종교적 편견들을 변화시키는 것이다.

마지막으로 가나 이야기는 우리로 하여금 신앙과 기적 사이의 관계에 대해 연구하도록 만든다. 제자들은 표적을 보고 그를 믿었다. 이것이 의미하는 것은 기적의 체험이 믿음으로 향하는 길이 될 수 있다는 것일까? 하지만 분명히 많은 사람들은 (그리고 이 면에 있어서는 마귀들도) 예수의 기적들을 보았고 그의 능력에 대해 확신을 가졌지만 그를 믿지는 않았다. 그러므로 단순히 하나님의 능력을 경험한다고 해서 반드시 믿음을 갖게 된다고는 말할 수 없다. 사실 우리에게 "나에게 단지 기적만 보여줘 보시오. 그러면 나는 믿겠소"라고 말하는 사람은 믿음 안에서 그리

---

21. 물론 나는 동방교회 기독교인들이 실행하고 있는 다양한 형태의 예배와 경배 형식들을 염두에 두고 있다. 여기서 나의 요점은 그들의 예배형식이 아니라 그것의 대상과 초점이다.

스도를 받아들일 준비가 되어 있지 않다고 말하는 것과 마찬가지이다.[22]

또한 많은 해석자들은 예수가 도마에게 마지막으로 하신 말씀을 우리에게 상기시킬 것이다. "[예수의 표적들, 기적들, 혹은 부활을] 보지 못하고 믿는 자들은 복되도다"(요 20:29). 예수는 "기적-신앙"(miracle-faith)을 비판하고 있는가? 예수의 훈계는 부활하신 그리스도를 보기 전까지는 그를 믿으려 하지 않았던 도마의 반항을 지적한 것이다. 그가 믿음의 근거로 삼으려 한, 부활하신 그리스도를 직접 보는 일은 후대의 신자들에게는 불가능한 것이었다. 특히 요한복음 6:26에 주목하라. 예수는 오천 명을 먹이신 후, 자신을 열심히 따르는 자들에게 이렇게 말씀한다. "너희가 나를 찾는 것은 표적을 본 까닭이 아니요 떡을 먹고 배부른 까닭이로다"(요 6:26). 기적에 닻을 내린 믿음의 심각한 문제는 결국 기적들 자체가 그들의 목적이 되어 버린다는 점이다. 사람들은 생명의 떡이신 예수 대신에 단순히 떡 자체를 찾기 시작한다. 그들은 기적을 보지만 표적을 보지 않는다. 기적들이 더 이상 계시적 능력을 갖지 못하게 될 때, 그리스도가 더 이상 그의 사역을 통해 영광을 받지 못하고 경험되지 못하게 될 때, 예수는 그들에게 쓸모가 없어진다.

강력한 경고를 발했지만, 아직도 복음주의자들은 예수께서 표적들을 제공하셨다는 사실에 주목할 필요가 있다. 그는 놀라운 일들을 행하셨고 이것들을 통해 그의 영광을 드러내셨다. 기적적인 표적들은 믿음을 발견하거나 혹은 강화할 수 있는 강력한 수단이 될 수도 있다. 그리고 우리는 기적들을 사용하는 것을 주저해서는 안 된다. 이성과 인과관계로 이루어진 과학적 세계 속에서 살고 있는 이들에게 있어서, 하나님을 이런 식으로 발견해 가는 것은 요원한 길처럼 보일 수도 있다. 그러나 세계는 반드시 우리 서구인들이 생각하는 그런 방식으로 건축되지 않았을 수도 있다.

크리스티 윌슨(Christy Wilson)은 여러 해 동안 고든 콘웰 신학교(Gordon Conwell Seminary)에서 복음주의와 선교학 교수로 일해 왔다. 이란에서 선교사 부부의 아들로 태어난 그는 아프가니스탄에서 22년 동안 선교사 겸 교사로 일했다. 최근에 나는 그의 책 『금보다 더 원하는 것』(*More to be Desired Than Gold*)을 읽었다. 그 책의 일부에서 그는 선교사 사역에서 겪은 이야기들을 (175페이지에 걸쳐) 하나하나 들려주고 있다.[23] 그 이야기들 속에서 윌슨은 하나님께서 어떻게 무슬림

22. B. Witherington, *John's Wisdom*, 82.

23. South Hamilton, Mass.: Gordon Conwell Seminary, 1994.

사람들에게 기적적인 표적들을 보여주셨으며 하나님께서 어떻게 그것들을 통해 사람들을 그리스도께 대한 믿음으로 인도하셨는가를 보여주고 있다. 그 이야기들은 우리로 하여금 책에서 눈을 떼지 못하게 만든다. 그리고 서구세계에서 살고 있는 우리로 하여금 이런 질문을 던지도록 만든다. "하나님께서는 오늘 이곳에서 동일한 방법으로 그의 영광을 드러내시는 데는 관심이 없으신가?" 나는 그가 관심이 있으시다고 생각한다.

예루살렘에서의 혼란. 성전청결 사건은 중요하면서도 문제를 일으키는 이야기이다. 만약 그 사건이 그저 역사적 수준에만 남겨진다면, 성전은 부패한 것으로 보고(그것은 전적으로 옳은 것은 아니다), 예수는 그 부패를 초래한 자들을 질책하고 계신 것으로 쉽게 정형화 될 수 있을 것이다(그것은 이야기의 반토막일 뿐이다). 여기서는 훨씬 더 많은 것이 진행되고 있다. 이 이야기를 오늘날에 적용하기 위해 그것에 더 가까이 다가갈수록, 그리고 예수의 용기 있는 행동을 더 가까이 다가가서 보면 볼수록, 나는 편안한 느낌이 점점 줄어드는 것을 경험한다.

최근에 나는 교회에서 '프라미스 키퍼스'(Promise Keepers) 사역에 대해 대화를 나눈 적이 있다. 그것은 1990년대에 인기를 끌었던 남성 대상의 사역이었다. 수년 동안 미국 내에서 성공적인 도시 사역들을 수행한 후, 프라미스 키퍼스는 (1997년에) 기독교인 남성들을 워싱턴시로 부르기로 결정했다. 그것은 정부를 위해 기도하고 권력을 갖고 있는 자들에게 복음을 증거하기 위한 것이었다. 나는 전에는 프라미스 키퍼스의 모임에 참가해 본 적이 없었다. 하지만 많은 친구들은 내가 참가하기를 원했었고 워싱턴으로의 이 특별한 여행은 나의 흥미를 자극했다. "어쩌면 저도 함께 갈 수 있겠군요." 나는 커피를 마시는 시간에 몇몇 사람들에게 그렇게 이야기했다. 특별한 일이 없다면 나도 이 운동에 대해 알고 싶다고 나는 생각했다.

하지만 그 후 나는 한 보수적인 교회 지도자로부터 충격적인 말을 들었다. "워싱턴으로 가는 일이 가진 문제는 그것이 '프라미스 키퍼스'를 정치적으로 보이게 한다는 것입니다. 그러면 그 효과가 반감될 수 있습니다." 나는 깜짝 놀랐다. 왜냐하면 많은 친구들이 그 말에 동의하는 것처럼 보였기 때문이다. 6만 명이 모이는 찬양집회를 시카고에서 여는 것은 괜찮은가? 그렇다. 워싱턴으로 향하는 행진은 괜찮은가? 그렇지 않다. 현대에 있어서 두 영역들은—정치적 영역과 영적인 영역—서로 섞이기가 힘든 것으로 생각되고 있다.

하지만 이것이 바로 예수께서 하신 일이다. 그는 유대인들의 삶의 중심으로 오셨다. 그리고 그는 난폭했다. 정치, 종교, 그리고 법률이 사실상 불가분리의 관계에 있었던 그 당시에 성전은 그 모든 것의 중심이었다. 그는 그 중심에서 살아가던 사람들에게 행동의 동기를 부여하던 것들에 대해 거침없이 비판을 가하셨다. 물론 나는 오늘날에는 큰 차이들이 있으며 그렇기 때문에 예루살렘의 상황을 그대로 워싱턴으로 가져올 수는 없다는 것을 알고 있다. 우리 사회는 교회와 국가를 의식적으로 분리시켜 놓았다. 그리고 그들의 영역은 완전하게 구별되는 것처럼 보인다. 하지만 그것은 그렇게 간단하지 않다. 세속 사회는 애국주의, 자기희생, 관용, 그리고 개방성을 북돋우는 무해한 종류의 종교를 장려한다. 워싱턴의 국립 대성당(National Cathedral)을 방문해 보면, 한 나라가 어떻게 종교적 수사를 동원하여 국가적 관심사들에게 세례를 줄 수 있는지를 보게 된다. 하지만 그 성전의 성직자들은 "교회들은 이와 같은 선한 일들을 장려해야 하는 것이 아닌가요?" 라고 묻는다.

나는 미국 독립기념일을 전후한 시기에 드려지는 예배나, 혹은 재향군인의 날(Veteran's Day)을 전후해서 드리는 우리 대학 채플에서 R.O.T.C. 장교들이 드리는 공중기도를 항상 관심을 기울이며 듣는다. 애국주의는 종교적 의무가 아닌가? (그들은 이런 생각을 암시한다.) 어느 해에는 우리 대학 졸업식에서 벨 소리가 울리자 모두 일어서서 국가를 불렀다. 그때 군기를 들고 있던 위병은 미국 국기가 돋보이도록 하기 위해 기독교 깃발을 눈에 띄게 밑으로 내려 버렸다. 이것은 물론 작은 일이다. 그러나 때로는 상징들이 중요하다.

더구나 우리가 살고 있는 공동체들, 주(州)들, 그리고 국가들은 오늘날의 종교적 사조에 대해 의견을 (지지하는 쪽으로든 반대하는 쪽으로든) 형성할 수 있으며, 종교적 가치들의 실천여부도 결정할 수 있다. 내가 살고 있는 공동체에서 이런 일이 있었다. '교도소 협회' (Prison Fellowship)의 지역 회원들이 감옥에서 그리스도를 영접하고 출소한 사람들이 새출발하는 것을 돕기를 원했다. 그들은 여섯 명의 기독교인들을 위해 셋집을 구하려고 했다. 그 지역의 기독교인들이 전적으로 그 프로그램을 지원했다. 그런데 즉시 시정부가 행동에 들어가 그것을 막기 위한 법을 제정했다. 한 이웃이 지역신문에 "그것은 주변 주택들의 재산가치를 떨어뜨릴 것이다" 라고 썼다. 기독교인들은 시청에 가서 분노를 표해야 하는가?

물론 나는 사회의 구성원으로서 내가 속한 사회를 존중하도록 부름을 받았다. 하지만 나는 또한 하나님의 관심사를 증거하는 증인이 되도록 부름을 받았다. 빛과 소금이 되도록 부름을 받았다. 숨기려야 숨길 수 없는, 산 위에 있는 빛이 되도록 부름을 받았다. 나는 변화의 도구가 되어야 한다. 그러기 위해서는 세상을 향해 복음을 외칠 뿐만 아니라, 하나님을 분노하시게 하는 것들에 대해 나도 마찬가지로 분노하는 자가 되어야 한다. 나는 언제 어디서든 내가 할 수만 있다면 하나님 나라의 가치들을 드높이는 격렬한 활동가(saboteur)가 될 필요가 있다. 만약 그것이 의미하는 것이 예수가 분노하셨던 것처럼, 마틴 루터 킹 주니어(Martin Luther King Jr.) 목사가 분노했던 것처럼, 그리고 프라미스 키퍼스가 분노했던 것처럼 분노하는 것이라면, 그렇게 해야 한다.

만약 내가 이 세상 속에서 열정적으로 하나님의 열심들을 추구하고 있다면, 광장에 나서는 일이나 정치적으로 얽혀 드는 것을 두려워할 수 없다. 만약 내가 속한 사회(혹은 정부)가 잘못된 어떤 일을 하고 있다면,—이를테면 불의한 전쟁, 불의한 경제정책, 또는 인종차별적 정책을 수행하거나 교회가 그 사명을 추구하는 것을 방해하고 있다면—나는 기꺼이 행동에 나서야만 한다. 선지자들은 믿는 자들뿐만 아니라 국가권력에 대해서도 목소리를 높였다.

내 생각에는 이것이 바로 이와 같은 단락이 우리를 불편하게 만드는 이유이다. 복음주의적 기독교는 분노하는 모습을 별로 보여주지 않는다. 우리는 설교단이나 교회 문간에서는 용감하게 말하지만, 워싱턴 몰(Washington Mall)에서 용감하게 목소리를 낼 생각은 별로 하지 않는다.[24] 하지만 예수는 워싱턴으로 가셨다. 그는 분노했다. 예수와 기독교인들은 세상과 반목한다. 하나님의 왕국과 이 세상의 왕국들은 서로 반목한다. 스탠리 하우어워즈(Stanley Hauerwas)와 윌리엄 윌리먼(William Willimon)이 쓴 것처럼, 세상은 기독교인들이 권력자에게 문젯거리가 되지 않으면서도 그들이 권력을 함께 나누어 가지도록 만드는 법을 배웠다.[25] 하지만 교회가 그 경계선을 넘어서서 힘을 가진 자들, 안락하게 살고 있는 자들을 방해하려 할 때, 투쟁이 발생한다.

어떤 해석자들은 이런 적용을 싫어할 것이다. 그들에게 있어서 예수는 전형적인 영적 개혁자가 된다. 그리고 그들이 볼 때 "세속적" 정치는 (설사 주후 1세기에 그런 것이 있었다 해도) 예수의 활동영역이 아니었다. 그는 하나님을 예배하는 집에 와서 그곳에서 벌어지는 활동들을 보고는 그것에 대해 철저한 경멸을 표현한다. 공관복음의 설명에 따르자면, 예수는 성전에 들어가기 전에 무화과나무를 발견하고 그것을 저주했다. 그것은 열매를 맺지 못하고 있던 성전에 대한 하나님의

24. 낙태방지를 위한 노력들은 오늘날 복음주의자들이 행하는 중요한 정치적 활동들 중 대표적인 것이다. 그러나 심지어 이 문제에 있어서도 시민불복종의 원칙은 복음주의 지도자들 사이에서 논쟁거리가 되고 있다.

25. S. Haueruwas and W. Willimon, *Resident Aliens* (Nashville: Abingdon, 1989), 27.

심판을 뜻하는 예언적 상징이었다. 이 점에 있어서 본 단락은 우리의 종교기관에 대해, 그리고 그것의 관심범위가 어느 정도나 넓은지에 대해 반성해 볼 것을 우리에게 촉구한다. 그것은 예수의 분노 섞인 질책을 들을 만하지 않은가?

그러나 본 단락은 아직도 우리를 불편하게 한다. 왜냐하면 넓게 보았을 때 교회는 (영적 기관임과 동시에) 인간의 기관이고, 그것은 인간 사회의 단점들로부터 자유롭지 않기 때문이다. 교회는 죄인들로 가득 찬 타락한 기관이다. 그것은 선을 추구하지만 때로는 하나님의 나라와는 아무 상관없는 프로그램들과 계획들에 굴복하기도 한다. 만약 이것이 사실이라면, 작은 재정적 혹은 사회적 이익들이 교회를 이끌어 가고 있을 지도 모른다. 주후 1세기의 예루살렘 성전이 그런 것들에 의해 이끌렸듯이 말이다. 회중들과 교단의 지도부에 있어서 종교정치가 주도권을 잡고 있을 지도 모른다. 지도자들은 보다 현대적이 되고 시대에 맞추어 가라는 압력에 굴복할 지도 모른다. 혹은 지도자들은 공허한 전통과 습관을 지켜 나가라는 압력에 굴복할 지도 모른다. 한 마디로 말해서, 종교기관들은 그들의 건축가들이 알고 있는 전체성을 반영할 뿐이다. 그리고 많은 경우에 있어서 그 건축가들의 깨어진 정도는 매우 심각하다.

요한복음 2:13-25는 내가 속한 종교기관의 삶을 근심어린 눈으로 돌아볼 것을 요구한다. 그것은 예수께서 그곳을 방문하신다면 어떤 일이 벌어질 지 상상해 보라고 묻는다. 예수는 전통적인 성가대와 현대 복음성가(CCM) 워십팀 사이의 분쟁을 보고 분노하시지 않겠는가? 교회 건물을 다시 짓자는 측과 다시 짓지 말자는 측 사이의 분쟁을 보고 분노하시지 않겠는가? 그는 의미를 잃은 단어들을 사용하여 질문을 던지시겠는가? 아니면 비종교적 영역의 현자들로부터 의미를 빌어 온 단어들을 사용하여 질문을 던지시겠는가? 그가 일들을 중단시킬 기회는 있겠는가?

요한복음 2:23-25는 예수가 우리의 내부와 교회의 내부에서 벌어지는 일들을 모두 다 알고 계시다고 우리에게 확신시키고 있다. 그러므로 우리는 그의 분노는 유대인들의 성전 혹은 우리 주위의 자유주의자들에 대한 것일 뿐 우리와는 아무 상관이 없다고 생각하며 편안하게 쉴 수는 없다. 나는 요한계시록 1-3장에 나오는 일곱 교회에 보낸 편지들에 대해 생각해 보지 않을 수 없다. 여기서 우리는 사도적 지도자들에 의해 설립되었고 많은 능력들을 지니고 있던 회중들을 가지고 있다. 그러나 예수의 비전과 음성에 의해 영감을 받아 적은 요한의 편지들은 우리가 이곳 요한복음 2장에서 가지고 있는 것과 차이가 없는 심각성과 신랄함을 보여주고 있다.

요한은 2장의 끝 부분에서 우리가 잠시 멈추어 서서 예루살렘에서의 이야기와 가나 이야기를 묵상해 볼 것을 기대하고 있다. 두 에피소드에 있어서 유사한 주제들이 우리에게 도전을 던지고 있다. 우리는 그것들을 대조해 보도록 초청을 받는다. 가나는 북쪽(갈릴리)에 있고, 예루살렘은 남쪽 유대에 있다.[26] 가나는 (정결례를 위해) 돌항아리들을 제공했고, 지금 예수는 (희생제사를 드리기 위해) 돌로 지은 성전에게 도전했다. 가나에서는 포도주가 부족했는데, 성전도 마찬가지로 잘못된 일들로 가득하다. 두 경우 모두에 있어서 예수의 해결책은 대체물을 제공하는 것이다. 그는 새로운 포도주를 주는 자가 될 것이고, 그 자신이 새로운 성전이 될 것이다. 각 경우에 있어서 눈여겨보아야 할 것은 "그때"(요 2:4, 21), 즉 예수가 죽고 다시 살아날 때라는 암시가 우리에게 주어진다는 점이다. 그러나 갈릴리와 예루살렘은 예수의 사역에 대해 다른 반응들을 제공한다. 갈릴리에서 예수는 받아들여짐과 믿음을 발견한다. 그러나 유대에서, 비록 몇몇은 그를 믿지만(요 2:22), 예수는 의혹의 대상이 된다.

요한복음 전체에 있어서 갈릴리와 예루살렘은 반응에 대한 가시적 은유의 역할을 한다. 그것들을 통해 우리는 만약 예수가 오늘날 결혼식에 참석하거나 성전을 방문한다면 우리가 그분에게 어떤 반응을 보이게 될지 생각해 보도록 도전을 받는다.

26. 1장에서 예루살렘과 갈릴리를 대조했던 것을 기억하라.

요한복음 3:1-36

1 그런데 바리새인 중에 니고데모라 하는 사람
이 있으니 유대인의 지도자라
2 그가 밤에 예수께 와서 이르되 랍비여 우리
가 당신은 하나님께로부터 오신 선생인 줄
아나이다 하나님이 함께 하시지 아니하시면
당신이 행하시는 이 표적을 아무도 할 수 없
음이니이다
3 예수께서 대답하여 이르시되 진실로 진실로
네게 이르노니 사람이 거듭나지 아니하면 하
나님의 나라를 볼 수 없느니라
4 니고데모가 이르되 사람이 늙으면 어떻게 날
수 있사옵나이까 두 번째 모태에 들어갔다가
날 수 있사옵나이까
5 예수께서 대답하시되 진실로 진실로 네게 이
르노니 사람이 물과 성령으로 나지 아니하면
하나님의 나라에 들어갈 수 없느니라
6 육으로 난 것은 육이요 영으로 난 것은 영이니
7 내가 네게 거듭나야 하겠다 하는 말을 놀랍
게 여기지 말라
8 바람이 임의로 불매 네가 그 소리는 들어도
어디서 와서 어디로 가는지 알지 못하나니
성령으로 난 사람도 다 그러하니라
9 니고데모가 대답하여 이르되 어찌 그러한 일
이 있을 수 있나이까
10 예수께서 그에게 대답하여 이르시되 너는 이
스라엘의 선생으로서 이러한 것들을 알지 못
하느냐
11 진실로 진실로 네게 이르노니 우리는 아는
것을 말하고 본 것을 증언하노라 그러나 너
희가 우리의 증언을 받지 아니하는도다
12 내가 땅의 일을 말하여도 너희가 믿지 아니
하거든 하물며 하늘의 일을 말하면 어떻게
믿겠느냐
13 하늘에서 내려온 자 곧 인자 외에는 하늘에
올라간 자가 없느니라
14 모세가 광야에서 뱀을 든 것 같이 인자도 들
려야 하리니
15 이는 그를 믿는 자마다 영생을 얻게 하려 하
심이니라
16 하나님이 세상을 이처럼 사랑하사 독생자를
주셨으니 이는 그를 믿는 자마다 멸망하지
않고 영생을 얻게 하려 하심이라
17 하나님이 그 아들을 세상에 보내신 것은 세
상을 심판하려 하심이 아니요 그로 말미암아
세상이 구원을 받게 하려 하심이라
18 그를 믿는 자는 심판을 받지 아니하는 것이
요 믿지 아니하는 자는 하나님의 독생자의
이름을 믿지 아니하므로 벌써 심판을 받은
것이니라
19 그 정죄는 이것이니 곧 빛이 세상에 왔으되
사람들이 자기 행위가 악하므로 빛보다 어둠
을 더 사랑한 것이니라
20 악을 행하는 자마다 빛을 미워하여 빛으로
오지 아니하나니 이는 그 행위가 드러날까
함이요
21 진리를 따르는 자는 빛으로 오나니 이는 그
행위가 하나님 안에서 행한 것임을 나타내려
함이라 하시니라
22 그 후에 예수께서 제자들과 유대 땅으로 가
서 거기 함께 유하시며 세례를 베푸시더라
23 요한도 살렘 가까운 애논에서 세례를 베푸니
거기 물이 많음이라 그러므로 사람들이 와서
세례를 받더라
24 요한이 아직 옥에 갇히지 아니하였더라
25 이에 요한의 제자 중에서 한 유대인과 더불
어 정결예식에 대하여 변론이 되었더니

26 그들이 요한에게 가서 이르되 랍비여 선생님
과 함께 요단 강 저편에 있던 이 곧 선생님이
증언하시던 이가 세례를 베풀매 사람이 다
그에게로 가더이다
27 요한이 대답하여 이르되 만일 하늘에서 주신
바 아니면 사람이 아무 것도 받을 수 없느니라
28 내가 말한 바 나는 그리스도가 아니요 그의
앞에 보내심을 받은 자라고 한 것을 증언할
자는 너희니라
29 신부를 취하는 자는 신랑이나 서서 신랑의
음성을 듣는 친구가 크게 기뻐하나니 나는
이러한 기쁨으로 충만하였노라
30 그는 흥하여야 하겠고 나는 쇠하여야 하리라
하니라
31 위로부터 오시는 이는 만물 위에 계시고 땅
에서 난 이는 땅에 속하여 땅에 속한 것을 말
하느니라 하늘로부터 오시는 이는 만물 위에
계시나니
32 그가 친히 보고 들은 것을 증언하되 그의 증
언을 받는 자가 없도다
33 그의 증언을 받는 자는 하나님이 참되시다는
것을 인쳤느니라
34 하나님이 보내신 이는 하나님의 말씀을 하나
니 이는 하나님이 성령을 한량 없이 주심이
니라
35 아버지께서 아들을 사랑하사 만물을 다 그의
손에 주셨으니
36 아들을 믿는 자에게는 영생이 있고 아들에게
순종하지 아니하는 자는 영생을 보지 못하고
도리어 하나님의 진노가 그 위에 머물러 있
느니라

원 의미

요한은 가나와 예루살렘에서 드러난 표적들을 통해 예수의 기적들을 기술했다(2장).—하나는 기적적 표적이었고, 하나는 예언적 표적이었던—두 행위들은 모두 그리스도의 영광을 드러내 주었고, 메시야의 오심이 단지 기존의 것을 대체하는 것만이 아니라 유대교의 전통 제도들을 어떻게 압도해 버리는가 하는 것을 보여주었다. 그는 새롭고 풍부한 어떤 것을 제공하며 그를 따르려는 자들에게 어떤 절대적인 것을 요구한다. 유대교의 의례를 위한 항아리들과 유대교의 성전은—그 두 가지는 모두 종교적 정결의 도구들인데—이제 그리스도 안에서 대체물을 찾았다. 그러나 이 대체가 완전케 되기 위해서는 "그때"를 기다려야 한다(요 2:4). 그것은 "성전인 그의 몸"이 파괴되고 다시 세워질 때이다(요 2:19). 다른 말로 말해서 십자가 위에서 예수가 영광을 받으심은 유대교가 그 소멸과 갱신을 보게 될 전환점이 될 것이다.

예수와 니고데모(요 3:1-21)

요한은 계속해서 우리에게 예수와 그의 임무에 대해 다른 힌트를 준다. 요한복음 1:4은 "그 안에 생명이 있었으니 이 생명은 사람들의 빛이라"라고 말한다. 예수는 단지 종교제도들만을 대체하시는 것이 아니다. 그는 사람들에게 생명, 소망, 그리고 새롭게 됨을 주기 위해 오셨다. 2:25이 우리 앞에 놓인 섹션을 어떻게 미리 암시하고 있는지 보라. 예루살렘에 있을 때, 예수는 많은 사람들이 그를 주시하고 있다는 것을 아셨다. 그러나 그는 그들 중 누구에게도 자신을 의탁하지 않으셨다. 왜냐하면 그는 사람들의 내적 성품을 알고 계셨기 때문이다. 헬라어 원문은 현재의 이야기를 멋지게 시작한다. "왜냐하면 그는 '사람'(헬라어 *anthropos*) 속에 무엇이 있는지를 알았기 때문이다. 그런데 바리새인 중에 니고데모라 하는 '사람'(헬라어 안쓰로포스)이 있었다"(요 2:25-3:1).

다른 말로 하자면, 니고데모는 예수에 대한 무작위의 관찰자로 등장한 것이 아니라 2장에 설명된 예수의 사역을 목격한 예루살렘 사람들의 대표로 등장했다는 것이다. 더구나 그는 유대교의 기관을 대표한다. 랍비들 혹은 율법교사.[1] 그들은 율법 전문가들로서 회당에서의 예배를 인도했고, 교육을 담당했으며, 사람들의 영적 인도자의 역할을 했다. 공관복음은 이들과의 많은 갈등을 기록하고 있다. 요한복음에서는 이것이 예수와 그들의 첫 번째 만남이다.

그러므로 니고데모 이야기는 예수가 유대교 제도들의 탁월성을 계속해서 뒤집는 이야기들 중 하나이다. 그렇게 하는 이유는 그것들을 대체하기 위해서이고, 자신의 도래에 비추어 그것들의 불완전성을 보이기 위해서이며, 또 예수 자신의 삶과 사역을 통해 그것들의 역할을 대신하기 위해서이다. 이것은 또한 예수가 그토록 잘 알고 있는 사람들과(요 2:24) 직접 이야기를 나누는 이야기들의 시작이기도 하다. 사마리아 여인(요 4:1-26), 이방인 관리(요 4:43-53), 그리고 베데스다의 환자(요 5:1-15).

그러나 니고데모 이야기는 또한 4장에서 펼쳐지는 사마리아 여인 이야기와 짝을 이룬다(이것은 2장에서 가나 이야기가 성전청결 사건과 짝을 이루는 것과 마찬가지이다). 니고데모는 유대인이고, 남자이며, 유대 사회에 있어서 높은 계층에 속한다. 4장에서 우리가 만나는 사람은 사마리아인이며, 여인이고, 낮은 계층에 속한다. 니고데모는 자신의 의로움을 자랑할 수 있었다. 사마리아 여인은 죄인으로서 서 있다. 이 비교의 아이러니는 예수가 각자에게서 발견하는 상대적 성공이다. 예

1. 어떤 이들은 예수가 이제 막 성전을 "청결케 한" 후에 유대인의 지도자가 예수에게 접근했다는 것이 있을 수 있는 일인지 의아해 했다. 그러나 바리새인들은 성전에 대해 제한적으로만 관여했다. 성전은 주로 사두개인들의 관심과 통제의 영역이었다.

수를 이해하고 받아들이기에는 가장 준비가 안 되어 있을 것이라고 생각되는 사람은 (즉, 사마리아 여인) 예수를 받아들이는 반면, 밤에 찾아온 신학자는 (즉, 니고데모) 예수에게 단지 질문들만을 제기할 뿐이다. 우리가 2장에서 본 바와 같이 예루살렘에서 예수는 제한된 관심과 믿음만을 발견한다. 하지만 그가 예루살렘을 멀리 떠나자 (갈릴리와 사마리아로) 놀라운 결과들이 발생한다.

어떤 학자들은 니고데모가 단지 예수 시대의 한 역사적 인물을 나타내는 것만이 아니라고 길게 주장했다. 그들은 니고데모가 요한 당시의 청중을 상징적으로 대표하거나, 표적에 근거한 불충분한 믿음을 가지고 있던 유대인을 대표하거나, 혹은 그리스도에 대한 사랑보다는 회당에 대한 두려움을 더 많이 가지고 있던 "비밀 신자" 유대인을 대표한다고 보았다. 마지막 그룹은 요한복음 12:42에도 기술되어 있다. "그러나 관리 중에도 그를 믿는 자가 많되 바리새인들 때문에 드러나게 말하지 못하니 이는 출교를 당할까 두려워함이라."[2]

그러나 요한은 예수의 시대와 그의 교회의 시대를 마음속으로 뚜렷이 구분하고 있다(참조. 요 2:22). 그러므로 니고데모를 단순히 문학적 가상인물로 보는 것은 적절치 않다. 그러나 이 에피소드들에 대한 요한의 역사적 전달은 그렇게 간단하지 않다. 그가 글을 쓰는 것은 사람들을 개종시키기 위해서, 그의 독자들이 믿음 안에서 성장하도록 하기 위해서이다(요 20:31). '모든' 에피소드들은 역사적 인물들의 (교육을 받은 자, 버림받은 자, 가난한 자, 부자) 독특성을 활용하여 요한의 청중들에게 이야기하기 위해 디자인된 것이고, 그것은 3장의 경우도 마찬가지이다. 니고데모와 예수와의 만남은 예루살렘뿐만 아니라 그 어느 곳에서도 가능한 한 밤의 사건을 묘사하는 드라마이다.

우리는 또한 요한이 그의 복음서 전체를 통해 보게 될 '강화'(discourse)라는 문학적 구조를 채용하고 있다는 사실에 주목해야 한다. 의심할 바 없이 예수와 니고데모는 그날 밤 늦게까지 이야기를 나누었을 것이다. 그것은 우리가 본 장을 읽는 2, 3분 동안만 계속되지는 않았을 것이다. 그러므로 요한은 그들의 대화의 핵심을 드러내는 인위적인 이야기 구조를 구축한 것이다. 그의 복음서 전체의 요한적 강화들에 있어서 이야기를 보다 높은 수준의 대화로 옮기기 위해 예수에게 질문들이 제기된다. 질문을 던지는 자는 종종 흥미롭게도—그리고 아이러니컬하게도—자신

---

2. 이런 견해를 고무시킨 것은, J. L. Martyn, *History and Theology in the Fourth Gospel* (2d ed.: Nashville, Abingdon, 1979).

에게 주어진 질문을 제대로 이해하지 못한다. 그리고 이것은 극적인 오해를 만들어 낸다.

니고데모가 질문을 던지기 위해 세 차례 무대에 오르는 것을 보라(요 3:1, 4, 9). 이 질문들은 예수에게 자신의 견해를 충분히 설명할 수 있는 기회를 제공한다. 또한 니고데모가 아이러닉한 오해를 어떻게 이용하고 있는지 보라. "[사람이] 두 번째 모태에 들어갔다가 날 수 있사옵나이까?"(요 3:4). 이것과 많은 다른 강화들 속에 담긴 개념은, 어떤 부족함이 채워지지 않으면 (일반적으로 믿음이나 성령의 부족) 예수의 말씀에 관한 더 깊은 이해는 불가능하다는 것이다.

요한복음 3장도 단순한 문학적 패턴을 지니고 있다. 3:1-15에서 예수와 니고데모 사이의 대화가 오간다. 3:16-22은 번역자들에게 항상 문제를 안겨 주었다. 왜냐하면 예수로부터의 인용이 언제 끝나는지 알 수가 없기 때문이다(헬라어에는 인용부호가 없다). 아마도 3:16부터 복음서 기자의 주석으로 이루어진 섹션이 시작되는 것 같다. 그 섹션은 앞선 대화의 더 깊은 의미 속으로 우리를 이끈다. 그리고 3:22-36에서 동일한 패턴이 이어진다. 먼저 대화가 등장한 후(여기서는 세례요한이 중심이다. 요 3:22-30), 그것에 대한 주석이 뒤따른다(요 3:31-36). 그 주석은 우리에게 예수와 세례요한의 역할을 비교해 볼 수 있는 통찰력을 제공한다.[3] 그러므로 요한은 우리에게 두 개의 대화들을 제공해 주는데, 그것들은 각각 그 이전에 발생한 일들의 의미를 드러내 주는 신학적 해설로 마무리되고 있다.

"니고데모"(Nicodemus, 요 3:1)라는 이름은 비록 헬라 이름이었지만 당시 유대인들 사이에서 사용되던 것이었다. 예를 들어, 주후 70년의 전쟁에서 살아남았던 유대인 지도자들 중에서 니고데모(Naqdimon ben Gorion)라는 사람이 있었다는 증거가 있다. 어떤 이들은 그 두 사람이 동일인이었다고 주장하지만 그럴 가능성은 별로 없어 보인다. 그런 주장의 가장 큰 문제는 양자를 동일인물로 볼 경우 요한복음 3장의 인물을 대단히 젊게 보아야 한다는 것이다. 하지만 본문은 그가 산헤드린 의원이었을 뿐만 아니라 저명한 선생이었다고 밝히고 있다.[4] 니고데모는 예수의 입장을 변호해 주는 자로 두 번 더 요한복음에 등장한다. 첫 번째는 초막절

3. 어떤 학자들은 요 3:31-36의 현재 위치가 잘못되었으며, 그것은 원래 12절과 13절 사이에 있어야 한다고 주장한다. 비록 이런 배치가 단락을 이해하기 쉽게 만들기는 하지만, 그런 배치를 지지해 주는 사본은 없다. 그리고 그것은 본 장이 현재 가지고 있는 균형을 깨뜨릴 것이다.

4. 만약 니고데모가 주후 70년에 70세였다면, 현재 그의 나이는 25-30세가 되어야 할 것이다. 하지만 이것은 산헤드린 지도자가 되기에는 너무 어린 나이이다.

때이고(요 7:50-52), 두 번째는 후에 아리마대 요셉과 함께 예수를 장사할 때이다(요 19:39). 각 경우 모두에 있어서 그는 호기심과 용기 그리고 소심함이 결합된 인물로 나타난다.

우리는 니고데모가 산헤드린("유대인의 통치회의") 의원이었다는 사실과 그가 바리새인이었다는 사실을 안다. 바리새인들은 성전의 운영에 있어서 제한된 이해관계만을 가지고 있었기 때문에, 예수가 방금 성전 뜰에서 시장을 뒤집어 놓은 일이 그에게는 그리 큰 관심사가 아니었을 수도 있다(아니 오히려 그를 즐겁게 했을 수도 있다). 하지만 만약 그가 정치적 감각을 지니고 있는 자였다면, 예수의 이 행동을 정치적으로 폭발적으로 위험한 것으로 보았을 수도 있다.

우리는 또한 그가 랍비, 즉 명성이 있는 선생이었다는 것을 안다(요 3:1, 10). 3:10에서 예수는 그를 (문자적으로 볼 때) "이스라엘의 [그저 '한' 선생이 아니고] '그' 선생"이라고 부른다. 이것은 적어도 그가 예루살렘에서는 명성을 갖고 있던 자라는 것을 나타낸다. 이 랍비가 밤에 예수를 찾아왔을 때(요 3:2), 그것은 단순히 그가 두려움 때문에 비밀을 유지하고 싶었기 때문일 수도 있다. 그는 아마도 예수가 방금 도전을 했던 성전 당국자들이 자신을 예수의 협력자로 보지 않을까 걱정했을 것이다.

그러나 또한 "밤"은 진리에 대한 니고데모의 영적 상태를 표현해 주는 (요한복음에서 자주 사용되는) 신학적 상징일 수 있다. 요한은 종종 어둠을 악, 비진리, 그리고 불신앙의 영역으로 언급한다(예를 들어, 요 9:4; 11:10). 밤에 등장하는 또 다른 유일한 배우는 가룟유다이다. 그는 예수를 배신하기 위해 밤에 집을 나선다(요 13:30). 예수는 빛이신 반면 니고데모는 어둠의 사람이다(요 1:4, 8). 예수의 이어지는 해설은(요 3:19ff.) 이것을 평이하게 설명한다. 예수는 세상에 오신 빛이시다. 그러나 사람들은 어둠을 선호한다. 그러나 이 경우에 니고데모는 진지한 결정을 했다. 그는 질문을 던지기 위해 빛 속으로 발걸음을 옮겼다.

니고데모의 첫 번째 질문은(요 3:2) 깜짝 놀랄 만한 존경을 보여준다. 그는 예수가 선생이라는 것을 인정하며(예수가 자격증서를 가지고 있지 않음에도 불구하고, 요 7:15), 또 의심되는 점을 기꺼이 예수에게 유리하게 해석해 주려고 한다. 예수의 행위들은 하나님으로부터 온 것임에 틀림없으며, 그의 노력들은 어떤 하나님의 보증을 가지고 있음에 틀림없다. 이것은 한 신학자가 다른 신학자에게 "말문을 연" 것이었다. 니고데모는 예수를 신학적 대화 속으로 끌어들이기를 원했다. 그가 복수형을 사용한 것은("'우리'가…아나이다") 심지어 그가 어떤 그룹을 대표함을 암시한다. 그는 어딘가로부터 파견된 밀사인가? 그는 보고서를 가지고 돌아가야 할 질문자인가?

예수의 대답은 예상 밖의 것이다(요 3:3). 니고데모의 질문에 맞추어 그와의 대화에 동참하는 대신, 예수는 다른 수준의 질문으로 옮겨가도록 그 랍비에게 강요하신다. 예수는 표적들에 대한 하나님의 입증에는 관심이 없다. 예수가 관심을 가지고 있는 것은 어떤 사람과 하나님과의 관계의 실재성이다. 니고데모는 결정해야 한다. 예수의 인도하심을 따를 것인가, 아니면 다시 어둠 속으로 물러날 것인가? 두 용어들이 정의를 필요로 한다. (1) 비록 구약성경은 '하나님의 나라'(kingdom of God)라는 용어를 그 용어 그대로 사용하지는 않지만, 하나님의 통치, 왕으로서의 다스림이라는 개념은 유대교 경전들 전체에 암시적으로 녹아들어 있다(시 103:19). 그 경전들은 또한 시대에 마지막에 다가올 최후의 나라를 예언했다. 그 나라는 다윗의 자손(사 9:1-7; 슥 9:9-10), 혹은 이사야가 말한 여호와의 종이 다스릴 엄청난 규모의 나라이다(사 42:1-9; 49:1-26). 유대교는 이것이 미래의 나라이며, 율법을 신실하게 지킨 모든 유대인들은 자유롭게 그 나라에 받아들여질 것이라고 가르쳤다.[5]

(2) 그러나 예수는 그 나라를 보거나 그곳에 들어가기 위해서는 새로운 필요조건이 있다고 말씀하신다. "사람이 '다시'(again—헬라어 '아노쎈', *anothen*) 태어나지 않으면 하나님의 나라를 볼 수 없느니라." 헬라어 '아노쎈'은 "다시" 혹은 "위로부터"(from above)의 뜻을 가지고 있다. 그런데 요한의 다른 용법들에 비추어 볼 때, 장소적 의미가("위로부터") 요한의 일반적 의미임이 분명하다(요 3:31; 19:11, 23). 그러나 니고데모는 이것을 예수의 의미와는 다른 방향으로 생각하고 있기 때문에, 요한은 여기서 그의 복음서에 등장하는 오해들 중 첫 번째 것을 우리에게 들려주고 있다. 그 나라에 들어가기 위해서는, 그리고 이와 같은 하나님의 계시를 이해하기 위해서는, "표적들"을 단지 관찰하는 것을 넘어서는 경험을 해야 한다. 하나님의 도우심이 없이는 하나님의 표적들은 희미하다.

신적 태어남이라는 개념은 헬라주의적(Hellenistic) 배경을 지닌 이들에게는 뜻이 통했을 것이다(그리고 나중에 요한의 헬라주의적 독자들은 그것을 쉽게 이해했을 것이다). 왜냐하면 헬레니즘에 있어서는 신의 재탄생이라는 개념이 흔한 것이

5. "하늘나라"와 "하나님의 나라"는 예수의 공관복음 교훈들 속에서 가장 자주 등장하는 주제이다. 그것들은 별개의 문맥들 속에서 90번 넘게 등장한다.

었기 때문이다. 그러나 우리가 이 이야기의 역사성을 건드리지 않고 그대로 지킨다면, 니고데모와 같은 배경을 지닌 유대인이 이것을 어떻게 이해했을지 질문을 해 보아야 한다. 그 당시 유대교는 철저하게 헬라화 되어 있었고, 니고데모 역시 비유대교 신앙의 언어를, 우리가 지금 무슬림과 유대인들의 언어를 이해하듯이, 이해하고 있었을 것이다. 유대교로 개종한 자들은 종종 새로 태어난 자녀들이라고 불렸다.[6] 그러나 예수가 사용하고 있는 언어는 니고데모에게 이상하게 보였을 것이다. 예수는 한 인간 전체의 포괄적이고 완전한 갱신을 촉구한다. 칼빈은 이렇게 주석을 붙였다. "'다시 태어남'을 통해 그가 의미하는 것은 단지 어떤 한 부분을 고치는 것이 아니라 본성 전체가 새롭게 되는 것이다. 그러므로 지금 우리들 속에 있는 것들 중 결점이 없는 부분은 하나도 없다는 것이다."[7]

니고데모의 두 번째 질문은(요 3:4) 동경하는 듯하기도 하고("인간의 본성이 '정말로' 바뀔 수 있습니까? 우리는 정말로 완전히 다시 시작할 수 있습니까?"), 냉소적인 것 같기도 하다("내가 어머니의 자궁 속으로 되돌아가야 한단 말입니까? 나는 그렇게 생각하지 않습니다.").[8] 무엇보다도 이것이 보여주는 것은 니고데모는 그 나라 밖에 있으며 그는 그것의 더 깊은 진리들 속으로 뚫고 들어갈 수 없다는 것이다. 그렇기 때문에 예수가 보다 자세하게 설명해 주셔야 한다(요 3:5-8). 신적 태어남은 이제 "물과 성령으로" 태어나는 것으로 설명된다.

이 중요한 어구는 해석자들에게 큰 어려움을 안겨 주었다. (1) 어떤 이들은 예수가 물에 대해 언급할 때 그가 문자적인 출생을 염두에 두었다고 주장했다. 그렇다면 물은 나중에 영적 재출생으로 이어져야 하는 인간적 출생 혹은 육으로부터의 출생을 의미한다(요 3:6). 여기서 가장 문제가 되는 것은 그 당시 문화에 있어서 자연적 출생을 "물에 의한" 출생이라고 부르지 않았다는 것이다(비록 우리가 오늘날에는 물을 양수가 흐르는 것이나 정액으로 생각해서 그렇게 부를 수 있겠지만 말이다).[9]

(2) 이런 생각을 따르는 어떤 이들은 "물과 성령"을 통합하여 하나의 은유를 창조해 냈다. 어떤 고대 자료들은 물이 남성의 정액을 가리킬 수 있었음을 보여준다.

---

6. Morris, *John*, 190 ; Carson, *John*, 189-93의 각주들 참조.
7. Barrett, *John*, 206에서 재인용.
8. 이 질문의 문법적 형태는 그의 불신을 암시한다. "사람이 자궁 속으로 다시 들어갈 수는 분명 없습니다.… 그렇죠?"
9. 고대인들은 자연적 출생을 "피로 인한 출생"(birth by blood)이라고 불렀을 것이다.

그리고 종교문학에서는 물이 신적 출생 혹은 "영적 씨앗"(spiritual seed)을 뜻하는 은유가 될 수 있었다. 하지만 이것은 분명한 것은 아니다. 그리고 니고데모가 그런 것을 이해하고 있었는지는 심히 의심스럽다.

(3) 다른 이들은 물을 세례로 본다. 비판적인 학자들이 볼 때, 요한은 영적 재탄생과 결합된 기독교의 세례에 대해 언급하고 있다. 요한이 이 글을 쓰고 있었을 때, 그는 자신의 독자들이 이런 배경을 갖고 있다는 것을 인식하고 있었고, 따라서 그들이 이것을 그렇게 이해하리라는 것을 모르지 않았다. 그러므로 이와 같은 부차적 의미는 그럴듯해 보인다. 그러나 니고데모에게는 그것을 아는 것을 결코 기대할 수 없었다. 그렇기 때문에 그런 견해는 요한을 끔찍스러운 이야기꾼으로 만든다. 왜냐하면 예수는 3:10에서 그 랍비의 몰이해에 대해 그를 심하게 꾸짖으시기 때문이다.[10] 그러므로 보다 그럴듯한 견해는 이것을 요한이 이미 앞선 이야기에서 소개했던 세례요한의 세례에 대한 언급으로 보는 것이다. (이렇게 읽는다면) 니고데모는 요단강에서 세례요한이 베풀었던 회개의 세례에 순종해야 한다. 그 후에야 그는 성령과 변화를 경험할 수 있다.

(4) 다른 이들은 "물과 성령"이 구약에 예언된 종말론적 재탄생을 표현하기 위해 통합된 개념을 구성하고 있다고 주장한다. 특히 선지자들은 하나님의 변화의 영이 모든 사람들 위에 풍부하게 임하게 될 다가오는 시대에 관하여 묘사했다(사 32:15-20; 욜 2:28). 때로는 이 재탄생이 은유적으로 물로 표현되기도 한다. 이사야 44:3을 보라. "나는 목마른 자에게 '물'을 주며, 마른 땅에 시내가 흐르게 하며, 나의 '영'을 네 자손에게, 나의 복을 네 후손에게 부어 주리니." 생명을 주는 하나님의 선물로 '물'과 '영'이 얼마나 쉽게 결합되어 있는지 보라. 이 비유적 쌍은 구약성경에 반복해서 등장한다. 그리고 의심할 바 없이 에스겔 36:25-27은 가장 중요한 종말론적 이미지이다. 여기서 이스라엘의 마음은 변화될 것이다.

> 맑은 물을 너희에게 뿌려서 너희로 정결하게 하되 곧 너희 모든 더러운 것에서와 모든 우상 숭배에서 너희를 정결하게 할 것이며 또 새 영을 너희 속에 두고 새 마음을 너희에게 주되 너희 육신에서 굳은 마음을 제거하고 부드러운 마음을 줄 것이며 또 내 신을 너희 속에 두어 너희로 내 율례를 행하게 하리니 너희가 내 규례를 지켜 행할지라.

---

10. Carson, *John*, 192.

다른 말로 하자면, 예수는 여기서 새로운 종말론적 시대가 동터 옴을 지적하고 계신 것이다. 세례요한이 이 시대의 막을 열었다. 그리고 그의 메시지에—기독교 세례의 선주자인 그의 물세례에—복종하는 것이 요구되고 있다. 예수는 지금 "성령으로" 세례를 주는 자이다(요 1:33). 그는 이 시대의 동터 옴을 완성할 것이다. 그러나 무엇보다도 니고데모는 이 시대는 하나님의 영이 사람들 사이에서 활동하는 시대가 될 것이라는 사실을 이해해야 한다. 예수는 이것을 "바람"에 비유한다. 이것은 또 다른 헬라어 언어유희이다. 왜냐하면 '프뉴마'(*pneuma*)는 "영" 혹은 "바람"을 뜻할 수 있기 때문이다(요 3:8). 그것의 기원과 움직임은 신비롭다. 그리고 그것은 예수가 이미 도전을 가한 인간의 종교체제들 속에 담길 수 없다.

니고데모의 세 번째이자 마지막 질문은 이야기 속에서 수사학적이다. "어찌 그러한 일이 있을 수 있나이까?"는 그의 종교적 범주들이 이제 뒤집혀 버린 한 랍비의 철저하고 오랜 질의를 위장하고 있는 것 같다. 그는 당황했다. 그는 마음이 동요하고 있다. 토라에 대한 그의 헌신과 순종, 기도와 제사에 대한 헌신, 그리고 선택받음과 책임 그리고 특권에 대한 그의 이해는 모두 도전을 받았다. 하나님의 영은 모든 것을 변화시키실 수 있다는 것을 그가 이해했다면 아무 문제가 없었을 것이다. 그러나 그는 경계선에 서서 새 나라를 바라보며 그런 중대한 사건들이 어떻게 펼쳐질지 궁금해하고 있던 사람이었다.

세 번째로 (그리고 마지막으로) 예수는 (문자적으로) "참으로 참으로 나는 너에게 말한다"라는 말로 그의 대답을 시작하신다. 그것은 마치 그가 이제 하려고 하는 말의 중요성을 강조하는 것 같다(요 3:3, 5, 11).[11] 그의 대답의 아이러니는 니고데모가 예수를 랍비라 칭했듯이(요 3:2) 예수도 니고데모를 랍비라고 칭하지만(요 3:10), 니고데모는 대답들을 알지 못한다는 것이다. 예수만이 유일한 "참된 랍비"이시다. 오직 그만이 하나님의 보다 깊은 신비들을 설명할 수 있다.

그러나 문제는 훨씬 더 깊다. 그것은 단지 이 선생만의 문제가 아니다. 오히려 그것은 1세기 유대교 종교세계의 보편적인 문제이다(2장 마지막 부분에서 인간들에게 문제가 있는 것과 같다). 요한복음 3:11에 나오는 "우리"는 예수와 그의 추종자들을 가리키는 것 같다. 그들은 하나님 나라의 표적들을 증거하고 있다. 그들은 모두 이 새로운 나라를 보았고, 그것에 대해 증거할 수 있다. 문제는 많은 이들이

11. 이것은 요한복음의 독특한 도입구이다. 공관복음에 있어서 예수는 한 번의 "진실로"(*amen*) 도입구를 삼는다. 요한복음에서는 강조점을 부각시키기 위해 두 번의 아멘이 사용되었다(요 1:51의 주석을 보라).

(요 3:11b, 12의 복수형 "너희") 이 증거를 받아들이고 믿기를 거절한다는 데 있다. 그것은 실제로 지식의 문제가 아니다(요 3:10). 표적들과 성경들은 이 땅위에서 접근할 수 있는 것들이다. 그런데 이것들을 이해하고 믿지 못한다면, 심오한 하늘의 일들을 믿는 것은 불가능하다. 예수의 기초적인 교훈들에 걸려 넘어지는 자들은 더 깊은 실체를 파악하는 것을 소망할 수 없다.

예수는 이 하늘의 진리들을 드러낸다는 점에서 모든 이들 중에서 독특하다. 왜냐하면 그는 모든 인류 가운데서 하늘의 영역 안으로 정말로 들어가 본 유일한 존재이기 때문이다(요 3:13). 인간 교사들은 이런 종류의 계시에 접근하지 못한다. 오직 그만이 인간의 상상과 지혜를 모두 초월하는 계시의 능력을 가져다준다. 그러나 그를 비교할 수 없는 랍비로 만들어 주는 이 지식을 가지고 그가 내려왔듯이, 그는 다시 돌아가야만 한다(요 3:14).

그리고 나서 예수는 신명기 21장의 이야기를 지적한다. 그곳에서 모세는 놋뱀을 만들어 이스라엘 백성들 가운데 세웠다. 광야에서 뱀에 물린 자들 중 누구든지 그것을 바라보는 자는 치료를 받을 수 있었다. 예수는 자신도 같은 방법으로 "들려져야" 할 것이라고 말씀한다. 그것은 믿는 모든 자들을 위해 영생의 근원이 되기 위해서이다. 헬라어 '휩소오'(*hypsoo*, 들어올리다)는 예수의 "올라감"(ascent) 혹은 십자가에 "들어올려짐"(lifting up)을 묘사하는 중요한 요한의 용어이다(요 3:14; 8, 28; 12:32, 34). 누가는 같은 동사를 사도행전에서 예수의 승천/승귀를 위해 사용한다(행 2:33; 5:31). 요한이 염두에 두고 있는 것은 십자가가 단지 희생과 고난의 장소가 될 것이 아니라, 예수가 아버지와 함께 그의 삶을 다시 시작할 수 있는 떠남 혹은 재시작의 장소가 될 것이라는 사실이다(요 17:1-19). 예수는 십자가로 '올라간다'(ascends). 우리가 요한복음에서 나중에 보게 되겠지만, 십자가는 실제로 영광의 장소가 될 것이다.

많은 학자들은 3:16-21이 요한의 숙고 혹은 묵상을 내용을 제공한다는 데 대해 동의한다. 이것이 뜻하는 바는 (NIV와는 반대로) 인용부호가 3:15에서 끝나야 한다는 것이다. 그곳에서 예수는 자신의 특징적인 호칭인 "인자"를 사용하시고 있다. 3:16에서 예수의 죽음이 과거의 일로 기록되어 있다는 점에 주목하라(하나님은 그의 한 유일한[one and only] 아들을 '주셨다'[gave]). 그리고 이 절들의 언어의 많은 것들은 독특하게 요한적인 것이다.[12] 16절에서 우리는 니고데모에게 하신 예수

12. "한 유일한"(one and only, 헬라어 '모노게네스'[*monogenes*])이라는 용어는 오직 요한만이 사용하는

의 말씀의 중요성에 대한 요한의 주석을 읽는다.

하나님이 '세상' 을 사랑하신다는 언급은 두 가지 이유들 때문에 놀라운 것이다(요 3:16). (1) 유대교에서는 하나님께서 이스라엘 외부의 세상을 사랑하신다는 언급을 거의 하지 (혹은 전혀 하지) 않는다. 하나님께서는 그의 자녀인 이스라엘을 통해 이 세상과 접촉하시기를 원하신다. 하나님의 사랑이 인종과 국가의 한계를 넘어 뻗어 간다는 것은 독특한 기독교적 사상이다. (2) 요한은 다른 곳에서 그의 독자들에게 이 세상은 불신과 적대의 장소이므로(cf. 요 15:18-19; 16:8) 그들은 이 세상을 사랑해서는 안 된다고 말한다(요일 2:15-17). 카슨의 주석은 훌륭하다. "이런 금지와 하나님이 그것[세상]을 사랑하신다는 사실 사이에는 모순이 없다. 기독교인들은 세상의 것에 참여하겠다는 이기적인 사랑으로 세상을 사랑해서는 안 된다. 하나님은 사심 없는, 고귀한 구속의 사랑으로 세상을 사랑하신다."[13]

이 유용한 통찰은 요한이 "세상"이라고 할 때 의미하는 것이 무엇인지에 대해 실마리를 제공한다. 요한의 문헌들 속에서 "세상"(헬라어 '코스모스', *kosmos*)이 뜻하는 것은 나무들, 동물들, 그리고 식물들로 가득 찬—'시에라 클럽'(Sierra Club)과 '그린피스'(Greenpeace)에 의해 보호를 받는—그런 자연세계가 아니다.[14] 요한에게 있어서 '코스모스'는(요한복음에 78회, 요한서신에 24회 등장) 하나님께 대적하여 항오를 펼치고 있는 '인간'(humanity)의 영역을 말한다(요 1:9; 7:7). 그렇기 때문에 예수는 세상이 그를 적대할 것과, 세상을 구속하기 위해서는 희생이 필요할 것이라는 것을 알고 성육신하여 이 세상 속으로 들어오셨다(요 1:29; 3:17; 6:51). 우리는 아들(Son)의 사역의 이런 차원을 이해해야 한다. 아들이 이 세상에 오신 것은 선택된 소수(선택된, 특권을 누리는 자들)를 구원하기 위해서가 아니라 '세상,' 즉 이 행성 속에서 살고 있는 모든 부류의 사람들, 습관적으로 어둠에 탐닉하는 사람들을 구원하기 위해서이다(요 3:19-21).

이런 관점에서 보았을 때 아들이 이 세상의 어둠 속으로 들어온 일은 심판의 행위라고 볼 수 있다(요 3:19; cf. 요 9:39). 왜냐하면 하나님의 빛이 어둠 속으로 파고들어와 그 안에 가려져 있던 모든 것들을 드러냈기 때문이다. 예수가 오신 것은

것이다. 예수는 이 용어를 사용하시지 않는다(요 1:14, 18; 요일 4:9). 그리고 "그 이름을 믿다"(요 3:18), "진리에 따라 산다"(요 3:21)라는 어구들도 마찬가지로 예수의 말씀에서는 한 번도 나타나지 않는다.

13. Carson, *John*, 205.

14. 어떤 기독교 환경보호론자들은 자연에 대한 기독교인들의 헌신을 변호해 주는 구절로서 요 3:16을 잘못 사용한다. 하나님은 분명히 자연을 조심스레 가꾸는 보호자로 우리를 부르셨다. 그러나 이곳에서 요한의 용어가 의도하는 것은 그것이 아니다.

세상을 정죄하기 위해서가 아니라(요 3:17) 계시하고 구원하기 위해서, 즉 어둠 속에 흩어져 있는 자들에게 구원의 길을 제시하기 위해서이다. 그의 오심은 "판결"(verdict, NIV)이 아니라 어떤 과정을 들여온다. 그의 오심을 본 자들에 대한 심판이 그 과정에 따라 이루어진다. 이 빛을 보고 그들 자신의 상황의 비극성을 인식하는 자들에게는 오직 한 가지 책임만이 주어진다. 그것은 그를 믿는 것이다(요 3:16, 18).

그러나 그것은 그렇게 간단하지 않다. 이 세상에 있는 사람들의 기질은 부패했고, 그들의 욕망은 타락했다. 그들은 구속을 갈망하지 않는다. 그들은 "빛 대신에 어둠을 사랑한다." 사실은 그들은 빛을 "미워한다." 이것은 강한 언어이다. 그것은 하나님과 세상 사이의 도덕적 투쟁의 심각성을 드러내 준다. 악과 어둠은 빛을 무시하지 않고, 그것을 꺼 버리기 위해, 빛에 대항하여 전쟁을 벌인다. 그러나 이런 노력들에도 불구하고 어둠은 빛을 끌 수 없다(요 1:9). 어둠은 그 자신의 패배를 초래할 전투를 시작했다.

이와는 대조적으로 빛의 도래를 사랑하는 자들, "들어올려진", 십자가에 못 박힌 아들을 바라보고 그를 믿는 자들, 예수를 믿고 "진리에 따라 사는"(요 3:21) 자들은 영생을 즐길 뿐만 아니라(요 3:16, 18) 빛으로 나아오고 그 진리를 사모한다. 요한이 여기서 염두에 두고 있는 자들은 하나님의 선하심이 이미 그들의 마음속에서 역사하여서 그들에게 빛이 계시된 자들이 아니다. 요한은 세상에 있는 자들이 믿기로 결심할 때에 어떤 일이 발생하는지를 기록하고 있다. 그들은 하나님의 자녀로 변화되며(요 1:12; 11:52; 요일 3:10), 성령의 능력을 체험하고(요 3:5-6), 진리에 따라 살게 된다(요 3:21). 그런 사람들은 의롭게 산다. 왜냐하면 그들에게 거룩하게 살려는 본성적 의지가 있기 때문이 아니라 그들 속에서 하나님이 역사하시기 때문이다(요 3:21b).

예수와 세례요한(요 3:22-36)

요한복음 3장의 첫 절반에서는 예수와 니고데모와의 대화를 살폈고, 이제 세례요한이 무대에 등장한다. 니고데모가 "위로부터" 태어나야 하는 것과 마찬가지로(요 3:3), 이제 세례요한은 예수가 "위로부터" 오신 분임을 증거하는 증인이 된다(요 3:31). 예수는 성령과 거듭남이라는 하늘의 선물들을 가지고 하늘로부터 내려오셨다(요 3:12-13). 그는 하늘에서 듣고 본 바를 계시하는 메신저이다(요 3:31-

32). 니고데모가 예루살렘의 유대 지도자들을 대표하듯이, 세례요한은 유대 선지자들을 대표한다. 두 사람은 모두 "땅으로부터" 온 자들이지만 예수는 "위로부터" 온 분이시다.

어떤 학자들은 이 섹션이 (요한복음 1장 중에서 세례요한에게 할애된 부분과 함께) 요한복음이 전해진 회중들의 필요를 채워 주고 있다고 본다. 서론에서 나는 요한복음이 복음전도만을 염두에 두고 쓰여진 것이 아니라 또한 기독교회를 힘들게 하던 문제들에 대응하기 위해 쓰여진 것이기도 하다고 말했었다. 예수의 초상화, 역사기록 보관소에서 선택된 이야기들, 그리고 이야기들 속에 보존되어 있는 말씀들은 모두 요한의 독자들과 관련된 필요들을 채워주고 있다.[15]

사도행전 19:1-7은 에베소에 세례요한의 추종자들이기는 하지만 예수를 믿지는 않았던 사람들이 있었다고 우리에게 말한다. 후기의 속사도 시대의 증거는 심지어 그런 공동체들이 몇 세대 후에까지 계속 존재했다는 사실을 암시해 주고 있다. 그들은 세례요한을 높이고 예수가 메시야이심을 거부했다. 만약 요한복음을 처음 읽는 공동체들 속에 그런 논쟁이 존재했다면, 요한복음 3:22-36은 효과적인 교정수단이 될 수 있었을 것이다. 세례요한은 예수에 대한 최고의 증인이 된다. 그는 자신이 예수의 경쟁자라는 소문들을 잠재워 버리고 자신을 따르는 자들에게 예수를 믿으라고 강권한다. 세례요한은 자신의 신분을 낮게 평가한다.—신랑이신 예수에 비해 자신은 그 친구에 불과하다(요 3:29).—그리고 그는 공공연하게 "그는 흥하여야 하겠고 나는 쇠하여야 하리라"(요 3:30)라고 말한다. 그러나 비록 이 단락이 "세례요한 분파"와의 논쟁에 관심이 있는 것이 사실이라 해도, 그것이 이 구절들을 역사적 사실로 보는 것을 방해해서는 안 된다. 우리는 가장 초기 시대에 있어서 세례요한을 옹호하고 예수에 대해서는 미온적인 관심만을 주었던 제자들이 있었다는 증거를 가지고 있다.

요한복음 3:22-36은 한 가지 면에 있어서 3:1-21을 반사해 주고 있다. 3:22-30으로부터 흘러나오는 이야기는 세례요한의 자기낮춤으로 끝나는 것으로 보인다. 복음서 기자는 요한복음 3:1-15 이후에 주석을 붙였듯이(요 3:16-21), 3:22-30의

15. 이것은 복음서 이야기의 역사성을 부인하는 것이 아니다. 오히려 역사적 에피소드들이 보존되고, 선택되고, 복음서 속에서 배열된 과정은 초대교회의 삶과 필요들에 의해 영향을 받았다는 것이다. 예수에 관한 중요한 이야기들은 보존되었다. 하지만 즉시 떠오르는 질문은 그것이 누구에게 중요한 것인가 하는 것이다. 복음서들은 가장 초기의 교회들이 소중하게 보존하고 있던 예수에 관한 이야기들을 들려주고 있다.

세례요한 이야기 뒤에도 주석을 덧붙이고 있다(요 3:31-36). 이것이 뜻하는 것은 3장이 두 개의 반쪽들로 이루어져 있다는 것이다. 그리고 각각의 것들은 구조적으로 유사한 모습을 보이고 있다. 복음서 기자는 장(chapter)을 짜 맞추어 나갈 때, 그것을 통합적인 전체로 만들기 위해 유사한 신학적 주제들과 문학적 균형에 관심을 두고 있다.[16]

니고데모와의 대화 이후 예수와 그의 추종자들은 예루살렘 동쪽 지역으로 이동한다. 그곳에서 예수는 세례요한의 사역과 대단히 유사한 사역을 펼치신다(요 3:22). 이 부분은 흥미롭다. 왜냐하면 오직 이곳만이 예수의 세례사역에 대해 언급하고 있기 때문이다. 그러나 우리가 분명히 해야 할 것은 지금 예수는 의심할 바 없이 세례요한과 마찬가지로 회개의 세례만을 주고 계시다는 점이다. 왜냐하면 요한복음 7:37-39이 말하고 있듯이 지금은 아직 성령이 임하지 않았기 때문이다(성령은 '기독교' 세례의 특징이다). 그러나 요한은 예수 자신이 아니라 예수의 제자들이 사람들에게 세례를 주었다는 점을 분명히 하고 있다(요 4:2). 고대 교회에 있어서 예수 자신에게서 세례를 받은 자들과 다른 이에게 세례를 받은 자들 사이에서 발전했을 수도 있는 일종의 엘리트주의에 대해 상상해 보라.

그 당시(요 3:23) 세례요한은 살렘 가까운 애논에서 사역을 하고 있었다.—애논은 셈어를 음역한 것으로서 그 뜻은 "샘들"(aenon)이었으며, "평화"(히브리어 '샬롬'[*shalom*], 아람어 '살람'[*salam*])라는 뜻을 지닌 곳 근처에 있었다. 이곳의 위치에 대해서는 논란이 되고 있다. 가장 가능성이 없어 보이는 주장은 그곳이 사해 바로 북쪽이었다는 것이다. 두 번째 가능성은 그곳이 요단 계곡(Jordan Valley) 안에 있던 고대 도시 벳산(Beth Shan, 신약시대의 스키토폴리스[Scythopolis])의 남쪽에 있었다는 것이다. 세 번째 의견은 사마리아 근처라는 것이다. 이 경우 샘들에 대한 언급이 의미가 있게 된다. 왜냐하면 그렇다면 예수는 요단강을 이용하시지 않아도 되기 때문이다. 하지만 벳산 근처에도 많은 샘들이 있기 때문에 그곳의 위치는 분명하지 않다.

요한복음 3:24의 편집자 노트는 요한복음 기자가 공관복음을 전제로 하고 있음을 암시한다.[17] 요한의 체포는 오직 공관복음에만 기록되어 있다(마 14:1-12; 막 1:14; 6:14-29; 눅 3:19-20). 그 정보를 통해서 볼 때 우리는 요한이 체포를 당하

16. 어떤 학자들은 (이를테면 R. Brown) 요 3:22-36이 예수와 세례요한과의 최초의 만남들 중 하나를 기록하고 있는 이야기로서 지금의 위치는 잘못되었다고 주장한다. 그 원래 위치는 아마도 세례 직후가 되어야 할 것이다. 이것은 어쩌면 부자연스러운 것을 설명해 줄 지도 모른다.

게 되자 예수가 갈릴리에서 공격적으로 사역을 시작하셨다는 인상을 받게 된다. 그러나 이것은 보증되지 않은 결론이다. 요한복음은 예수가 북쪽으로 이동하시기 전에 예수와 세례요한이 얼마 동안 동시적으로 사역을 했었음을 평이하게 밝히고 있다.

그러나 그렇다고 해서 요한복음과 공관복음이 서로 충돌한다는 뜻은 아니다. 앞의 세 복음서들은 세례요한의 체포로 인해 어떤 식으로든 예수가 위험에 처하게 되어 갈릴리로 이동하게 되었음을 암시하고 있다(마 4:12). 만약 예수가 전혀 대중에게 알려져 있지 않은 인물이었다면, 왜 그가 세례요한과 자신이 연계되는 것을 염려했겠는가? 요한복음은 그 그림을 완성하고 있다. 예수와 세례요한은 함께 일했다. 그리고 그들 중 한 명이 체포되자 다른 한 명은 그 지역을 벗어나 북쪽으로 이동할 수밖에 없었다.

3:25-26에 기록되어 있는 논쟁은 세례요한의 이어진 진술이(요 3:27-30) 제기하게 될 문제의 뿌리일 뿐이다. 우리는 25절의 "한 유대인"의 이름이 무엇인지 알 수 없다. 그리고 세례요한의 추종자들과 그 사람 사이의 논쟁의 본질에 대해서도 확실하게 알 수 없다. 3:26은 그것이 세례에 관한 것이었다고 말한다. 그리고 만약 우리가 옳다면, 유대교 지도자들 중 하나가 의식(儀式)을 통한 정결성의 신학적 타당성에 대해, 그리고 요한의 세례가 그것과 어떻게 연결되는지에 대해 논란을 제기했을 것이다. 이와 같은 세례는 유대교에 입교하는 개종한 이방인들에게 있어서는 흔한 일이었다. 왜냐하면 그것은 개종자가 넘어서고 있는 영적 문지방을 의미했기 때문이다. 의식적인 씻음 역시 섬김 혹은 기도를 위해 자신을 정결케 하는 유대인들 사이에서 흔한 일이었다. 그러나 '유대인들을 위한' 세례라는 것은 이해할 수 없는 것이었다. 이것은 의식적 씻음인가? 이것은 문지방을 넘는 것인가? 네 복음서 모두에 적혀 있는 요한에 대한 심문의 배후에는 분명히 이 질문들이 놓여 있었을 것이다.

그러나 여기서 열쇠가 되는 것은 예수의 세례가 논쟁의 주제가 되었다는 것이다(요 3:26). 만약 논쟁이 의식의 유효성과 정당성에 관한 것이라면, 유대교로부터의 비판은 새로 등장한 예수의 인기로 인해 가해지는 위협보다는 덜 중요한 것이

17. 요한복음 3:24과 요한복음의 많은 다른 단락들은(요 11:2) 요한이 그의 독자들이 마가복음의 이야기들을 알고 있다는 것을 전제로 하고 있음을 암시한다. 참조. R. Bauckham, "John for Readers of Mark," in R. Bauckham, ed., *The Gospels for All Christians: Rethinking the Gospel Audiences* (Grand Rapids/Edinburgh: Eerdmans/T. & T. Clark, 1998). 147-71.

다. 이 구절은 세례요한의 추종자들 중에는 예수의 세례를 둘러싼 사건들과 예수에 관한 요한의 증거에 대해서 알고 있던 자들이 있었음을 시사하고 있다. 그들은 아마도 예수의 이름도 알고 있었을 것이다. 그러나 흥미롭게도 그들은 예수의 이름을 사용하여 그를 지목하지 않는다("선생님과 함께 요단 강 저편에 있던 이"). 그리고 그들은 예수의 명성에 대해 상당한 질투심을 갖고 있다("사람이 다 그에게로 가더이다."). 그들은 예수가 점차 저명한 지도자가 되어 가는 것에 대해 심기가 불편해 보인다.

세례요한의 답변은(요 3:27-30) 그 경쟁관계를 교정해 준다. 예수가 누리고 있는 성공들과 추종자들의 증가를 가능하게 하신 분은 하나님이시다. 세례요한이 지금 더 작은 역할을 맡고 있는 것이 아니라(비록 이것이 사실이긴 하지만), 예수가 더 많은 추종자들을 "받고"(receiving) 있는 것이다(cf. 요 3:26). 예수는 이들을 하늘로부터 "받았다"(received). 그러므로 그런 성장을 비판해서는 안 된다. 무엇보다도 세례요한은 (1장에서와 마찬가지로) 자신은 그리스도가 아니며(요 3:28) 다만 그의 선주자(先走者)라고 확언한다. 결혼식 이미지를 사용하여 세례요한은 자신을 "신랑을 보좌하는 친구"에 비유한다. 오직 신랑만이 신부를 취한다. 하지만 그 친구는 기뻐한다. 예수는 자주 그런 유비들을 사용하셨다(막 2:19-20). 그리고 후에 신약에서 신부는 교회로 묘사되었다(참조. 계 18:2; 19:7; 21:2, 9; 22:17).[18]

그러나 이것은 현재 본문의 관심사가 아니다. 그것은 풍유로 해석되어서는 안 된다. 요한복음 3:28-29은 단지 3:29에서 강하게 언급되는 내용을 강조하는 역할을 한다. "그는 흥하여야 하겠고 나는 쇠하여야 하리라." 세례요한은 그를 추종하는 자들의 애정에도 불구하고, 항상 이인자의 역할을 감당해야 한다. 이제 예수가 등장하여 사역을 시작하셨으므로 세례요한의 추종자들은 예수에게 새로운 충성을 바쳐야 한다. 이 충성이야말로 세례요한이 요한복음 1:35-42에서 정확히 장려하고 있는 것이다. 그는 그곳에서 예수의 정체를 밝히고 제자들에게 예수를 따르라고 역설한다.

요한복음 3장의 마지막 단락은 종종 퍼즐로 인식되곤 했다. 인용부호는 36절까지 이어져야 하는가?(NIV) 아니면 31절에서 끝나야 하는가? 많은 학자들은 이 단락과 요한복음 3:1-21의 니고데모와의 대화 사이의 많은 연관점들에 주목하고 이

18. 이것은 중요하다. 왜냐하면 어떤 비판적인 학자들은 요한이 예수와 그의 추종자들을 신부와 신랑으로 묘사한 것에 기초하여 이 구절들의 역사적 성격을 비판했기 때문이다.

단락이 그 섹션과 더 잘 어울린다고 주장했다. 어떤 이들은 심지어 3:31-36이 3:21 바로 다음에 와야 한다고 주장하기도 했다. 31-36절이 니고데모 섹션의 결론으로 적합하다는 것이다.[19] 그러나 이 단락은 요한복음 3:1-21에 등장하는 신학적 틀을 사용할 뿐만 아니라 세례요한과 예수 사이의 차이들을 요약해 주기도 한다. 이런 관점에서 볼 때 3:31-36은 세례요한과 예수 사이의 차이들을 강조하기 위하여 복음서 기자가 3장 초두에서 사용했던 언어를 사용하여 쓴 묵상 혹은 신학적 후기처럼 보인다.

예수는 우월하시다. 왜냐하면 그는 하늘에서 왔기 때문이다(요 3:31). 그는 "위로부터" 왔다(헬라어 '아노쎈'[*anothen*]. 요 3:3에 등장하는 단어와 같다. [NIV는 "다시"로 해석]). 이 신분은 누구든지 "땅으로부터" 온 자들과는 조심스럽게 비교되어야 한다. 인간의 가르침은 하나님의 계시와는 비교될 수 없다. 후자의 경우에는 특사가 하나님으로부터 메시지를 가져온다. 그러나 하늘의 메시지가 전달된다 해도(요 3:32) 세상은 아직도 어둠의 처소이고 이 특사, 이 아들(Son)이 전한 증거를 받아들이지 않을 것이다(cf. 요 3:11). 그러므로 진리는 인간의 노력을 통해 발견되는 어떤 것이 아니라 하늘로부터 '내려오는' 어떤 것이다. 그것은 내부에 있던 것이 아니다. 그것은 외부로부터 주어지는 것이기 때문에 거부당할 위험을 가지고 있다.

요한복음 3:33 중심에 있는 두 개의 헬라어 동사들은 단순과거(aorist) 시제이다("그것을 '받아들인'[has accepted] 자는 하나님이 신실하시다고 '확증했다.'[has certified]"). 이것이 의미하는 것은 그들이 단번이며 영원한(once and for all) 확고한 결정을 내렸다는 것이다. 그들은 예수를 인정했으며, 그와 그의 증거를 받아들였고, 하나님에 대한 신학적 추론을 했다. 다른 말로 하자면, 예수에 관한 중심적 개념들을 받아들인다는 것은 더 큰 신학적 개념들의 복합체에 대해 헌신한다는 뜻이다. 예수가 하나님의 아들이심을 확언한다는 것은 즉시 하나님, 계시, 그리고 진리에 대한 확언으로 우리를 이끈다.

요한의 이미지는 시각적이다. 고대에는 편지들과 소유물들에 대해 정당성과 소유권을 부여하기 위해 밀랍에 찍은 인장(seal)을 사용했다. 심지어 문맹인 자들도 중요한 인물들의 공식 인장들을 인식할 수 있었다. 그러므로 예수를 받아들인

19. 다음의 주제들이 두 섹션들 모두에 등장한다. 위로부터, 하늘로부터 오다, 땅으로부터 말하다, 듣고 본 바를 증거하다, 증거를 받지 않다, 성령의 선물, 아들을 영접하다, 영생을 얻다.

다는 것은 기독교 신앙의 중심을 이루는 전체 신앙체계를 받아들이고, 거기에 자신의 인장을 찍고, 그것을 변호한다는 것을 뜻한다.

여기서 문제가 되는 것은 예수와 그의 권위의 본질이다(요 3:34-36). 아들에 대한 하나님의 사랑은 너무나 완전하기 때문에 아들이 손에 넣을 수 없는 것은 '아무것도' 없다. 하나님의 소유에 속한 모든 것은 아들의 손에 맡겨졌다. 아버지는 아들에게 자신의 모든 말씀들을 주셨다("그가 친히 보고들은 것", 요 3:32). 그리고 아버지는 아들에게 인간들에게 가는 임무를 부여했다.

무엇보다도 아버지는 아들에게 성령을 주셨다(요 3:34). 요한복음 3:34의 마지막 절(clause)의 주어는 불분명하다(문자적으로 "그가 성령을 한량없이 주시기 때문이다."). 그래서 어떤 이들은 이 구절이 묘사하는 것은 아들이 어떻게 신자들에게 성령을 주시는가 하는 것이라고 추측했다. 그러나 이 구절들은 하나님이 예수에게 주신 것들에 관해 말하고 있는 것이 분명해 보인다. 그것들을 통해 하나님은 세상에서의 임무를 위해 예수를 무장시키신다. 이 구절은 예수가 우리에게 성령을 주시는 것에 대해서가 아니라 하나님이 그의 아들에게 성령을 주심에 대해 말하고 있고, 이를 통해 아버지와 아들이 놀랍도록 밀접하게 연관되어 있다는 사실을 다시 한 번 강조하고 있다.

예수는 신적 본질을 가지고 있으며 하나님의 권위를 지니고 있다. 앞에서 세례요한은 이렇게 증거한 적이 있다. "내가 보매 성령이 비둘기같이 하늘부터 내려와서 그의 위에 머물렀더라"(요 1:32). 그러므로 아들이 나누어 줄 생명과 성령의 선물은(요 1:33; 3:3, 36) 아들이 이미 누리고 있는 생명과 성령의 선물로부터 오는 것이다. 이 선물은 "위로부터" 오는 것이며 지금 아들의 생명 안에서 머물고 있다. 그 선물은 하나님의 아들이 영광을 받은 후에 분배될 것이다(요 7:37-39).

요한복음 3:36b에서 요한은 구원을 다른 관점에서 바라본다. 아들을 거부하는 자들은 생명을 보지 못할 것이다. 그 대신 하나님의 진노가 그들 위에 머문다. 이 구절은 그들이 아들을 거부했다는 사실 때문에 하나님이 화가 나셨다는 것을 가리키는 것이 아니다. 오히려 이것이 의미하는 것은 어둠과 불신의 세상은 하나님의 심판 아래 있는데(롬 1:18ff.), 빛을 거절하는 자들, 예수를 거부하는 자들은 계속 어둠 안에 머물러 있고, 따라서 계속 하나님의 심판 아래서 살고 있다는 것이다.

상황잇기

예수와 니고데모. 요한복음의 단락들 중 3:1-21만큼 많은 관심을 받은 부분은 거의 없다. 3:16은 성경 전체 중에서 가장 많이 암송되고 있는 구절임에 틀림없다. 그리고 거듭남에 관한 예수의 말씀들만큼 복음전도에 있어서 자주 사용되는 말씀도 거의 없을 것이다. 심지어 척 콜슨(Chuck Colson)의 가장 잘 팔리는 책들 중 하나의 제목은 『거듭남』(*Born Again*)이다.[20] 굳이 색인을 보지 않더라고 우리는 요한복음 3장이 그의 책에 있어서 중요한 부분을 차지하고 있으리라는 것을 예견할 수 있다.

그러나 요한은 하나님의 사랑과 우리의 회심에 대해 기술하는 것 말고도 이곳에서 우리에게 할 말이 더 많이 있다. 이 단락은 현대 청중들과 밀접하게 연관된 신학적 의미들을 담고 있다. 내가 앞에서 주장한 바와 같이 니고데모와의 대화는 어둠에 갇힌 자에게 하나님의 빛을 가져다주시는 예수에 관한 어떤 모델 대화(model conversation)이다. 혹은 당신이 원한다면 패러다임이라고 부를 수도 있을 것이다. 니고데모는 어떤 문학적 고안품은 아니다(그는 실제적인 역사적 인물이었다). 그러나 그가 예수와 나눈 대화는 그것을 사용하여 모델 대화를 건축할 수 있는 원자재들을 요한에게 제공한다. 만약 요한에게 "예수는 어둠 속에 있는 누군가에게, 종교적 야망을 가진 누군가에게 무엇이라고 말씀하겠는가?"라고 묻는다면, 아마도 요한은 이 단락의 이야기를 들려준 후 니고데모가 바로 그런 사람이었다고 말할 것이다.

(1) 니고데모의 프로필에 주목하라: 그는 예수가 신뢰하지 않았던 사람들 중 하나였다(요 2:24). 왜냐하면 예수는 그들에 대해 모든 것을 잘 아셨기 때문이다. 모리스(Morris)는 이 단락에 기초하여 니고데모가 진리를 사랑하는 자였으나 그것을 표현하기에는 너무 소심한 자였는데, 나중에는 예수의 제자들이 도망을 갔을 때 그는 홀로 우뚝 서서 예수를 변론하였다고 말한다.[21] 그의 말이 옳을 지도 모른다. 그러나 우리는 또한 니고데모는 삶이 그리스도로 완전히 채워지지 못한 자, 질문들은 던지지만 그의 제자가 되지는 않는 자, 그리고 듣기는 하지만 믿지는 않는 자의 전형을 보여준다고도 할 수 있다. 그가 용기를 보인 것 같은 모습들이 7장에 나타난다.—그리고 예수의 장례를 돕기로 결심한 것은 분명 용기 있는 일이었다.—

20. 참조. 예를 들어 the twentieth anniversary edition: Grand Rapids· Revell/Baker, 1996.
21. Morris, *John*, 186.

그러나 니고데모는 결국 모델이 될 만한 제자가 되지는 않았다. 제자들은 예수의 정체성을 고백하고, 그와 함께 머물며, 다른 사람에게 그에 대해 이야기한다(cf. 1장과 4장의 제자들). 그러나 니고데모의 이야기는 이런 모습들을 보여주지 않는다.

무엇보다도 니고데모는 갈릴리 출신이 아니라 "예루살렘" 출신이다.[22] 그는 신학에 밝은 자이다. 그는 영적인 일들에 익숙하며, 가르치는 기술로 인해 유명한 자이다. 나는 역사적 차원에서 보자면 요한이 지금 우리에게 메시야로 인한 대체와 풍부함에 대해 신호를 보내고 있는 것이라고 주장했다. 일반적인 랍비들은 하나님의 깊은 것들을 이해할 수 없는 반면(요 3:10), 예수는 하늘의 지혜를 가져다주는 랍비 혹은 선생이시다(요 3:13). 예수는 유대교에서 교육을 받은 다른 선생들을 불필요한 자들로 만드시는 '그' 랍비이시다. 사실 어떤 이들은 예수의 신학적 기술로 인해, 제자가 될 수 있는 니고데모의 능력이 방해를 받은 것이 아닌지 의심한다.

예수를 참으로 받아들이는 '우리의 능력'에 대한 설명이 여기에 있는가? 니고데모는 우리가 스스로를 비춰 보기 위한 거울의 역할을 해야 하는가? 요한은 기독론을 강조하기 위해 니고데모를 반지성적인 존재로 만드는 일은 하지 않는다. 그러나 어떤 면에서 보자면 종교적 야심 및 세련됨과 인격체로서의 예수를 보고 그의 말을 들을 수 있는 우리의 능력 사이의 관계에 대해 반성해 보도록 요한이 우리를 부추기고 있는 것은 사실인 것 같다.

(2) 이 구절들 속에서 요한은 그리스도의 사역에 대해 조심스레 관심을 기울인다. 물론 요한은 십자가에서의 그리스도의 구원 사역에 대해 언급한다(요 3:14). 그러나 그는 그밖에도 할 말이 많다. 먼저 요한은 그 자신이 "빛"이신 그리스도의 사역이 어둠 속에 있는 자들에게 확장되어 나가는 방법에 대해 관심이 있다. 예수는 니고데모에게 "밤에" 말씀하신다. 즉 예수는 어둠에 포로된 자들을 구원해 내기 위해 스스로 어둠 자체 속으로 들어가야 한다는 것이다. 이것은 마가복음 2:17에서의 예수의 말씀을 상기시킨다. "건강한 자에게는 의사가 쓸 데 없고 병든 자에게라야 쓸 데 있느니라. 나는 의인을 부르러 온 것이 아니요 죄인을 부르러 왔노라." 하나님은 우리가 그의 관심을 끌고 그에게 받아들여지도록 하기 위한 어떤 도덕적 혹은 종교적 준비조건을 갖출 것을 요구하지 않으신다. 반대로 그의 임무는 어둠 속으로 들어오셔서 우리를 찾으시는 것이다.

이것은 무척 중요한 주제로 내게 다가온다. 공관복음에서 예수는 잃은 양을 찾

22. 요한이 지리를 상징적으로 이용한다는 사실을 상기하라(앞의 내용 참조).

는 목자에 대해 말씀하신다. 요한복음에서 예수는 추상적인 빛과 어둠의 이원론적 은유를 사용하신다. 그리고 3장에서 예수는 장차 하나님의 자녀가 될 사람들을 어둠 속에서 찾고 있는 빛으로 그려진다.

예수의 사역의 또 다른 특징은 계시에 관한 것이다. 예수는 단지 예루살렘의 대표적 랍비들을 능가하는 또 다른 인간 선생이 아니시다. 예수는 단지 논쟁에서 모든 라이벌들을 제압하실 수 있는 탁월한 성경 주석가가 아니다. 예수는 '신적인' 선생이며 하나님의 계시자이다. 우리는 이미 요한복음 1:18에서 이것을 보았다. "본래 하나님을 본 사람이 없으되 아버지 품 속에 있는 독생하신 하나님이 나타내셨느니라." 예수의 중요성은 단지 그가 무엇을 말하고 있느냐가 아니라 그가 어디로부터 왔느냐에서 찾을 수 있다. 그러므로 요한복음의 기독론에는 '존재론적'(ontological) 차원이 있다. 이것은 핵심적인 것이다. 예수는 하늘로부터 내려왔다(요 3:13). 이 개념은 우리의 시대에 있어서 큰 호소력을 갖는다. 기록론은 종교적 진리에 대하여 절대적인 주장, 난폭한 주장을 펼친다. 여기서 예수에 대해 주장되고 있는 것과 경쟁할 수 있는 것은 없다. 그는 하나님께 접근할 수 있는 길을 제공한다. 그것은 그 어느 종교의 창설자와도 다른 것이다.

(3) 요한의 가장 두드러진 공헌은 인간의 변화와 그 가능성들과 관련된 것이다. 물론 예수가 니고데모에게 "위로부터 거듭나야"(born again from above) 한다고 도전을 했을 때, 그는 신학적 인간론에 관해 핵심적인 언급을 하신 것이다. 즉 인간성은 그 어떤 수선의 가능성도 없이 망가졌다는 것이다. 세상 속에서의 하나님의 일은 각 부분을 끼워 맞추는 것이 아니라 전체를 다시 건축하는 일이다. 그것은 완전히 새로 태어나는 것과 다름없는 일이라고 묘사되고 있다. 이 거듭남의 중요성은 우리가 인간의 타락과 범죄의 포괄성에 대한 교리를 발전시킬 때 곧바로 그 신학적 무게를 드러내게 된다. 어거스틴이 가르쳤던 것처럼 인간성의 문제는 우리가 죄를 범한다는 사실에 있는 것이 아니라 우리가 '죄의 상태'(a state of sin)에 있다는 데 있다. 그것은 포괄적인 해결책을 필요로 한다. 그렇다면 니고모데와 예루살렘의 모든 이들은(요 2:23)—그리고 세계의 모든 이들은(요 2:25)—이런 질환 속에서 살고 있는 것이다. 그것의 결과들은 현대사회에 있어서 큰 중요성을 가지고 있다.

니고데모에게 제시된 변화는 또한 종교의 본질에 관한 질문을 연다. 즉 종교란 필연적으로 개인적 지식 혹은 윤리적 행동의 문제는 아니라는 것이다. 그것은 또한 종교적 전통들에 대한 충성도 아니다. 비록 그 전통들이 우리들 사이에서 덕스러운 윤리적, 종교적 행위를 아무리 유발시킨다 해도 말이다. 예수는 진정한 영성이란 인간의 영혼 속에 있는 어떤 잠재적 능력을 발견하여 그것이 활활 타오르도록 만드는 것이 아니라고 주장한다. 그것은 문명의 타락의 침전층에 의해 가려져 있는 도덕적 양심을 드러내는 것이 아니다. 그것은 또한 미적인 자질에 영감을 불어넣어 사회로 하여금 가장 고상한 형태를 띠도록 고무하는 것도 아니다. 그것은 우리 주위의 세상 속에서 손에 넣을 수 있는 자료들을 취하는 "수평적인"(horizontal) 경험이 아니다.

오히려 예수는 진정한 종교는 "수직적인"(vertical) 것이라고 주장하신다. 그것은 인간의 영과 관련된 것이 아니라 하나님의 영과 관련된 것이다. 그것은 외부로부터의 침략이며, 최고위층이 행하는 파괴행위이다. 참된 종교는 인간을 하나님의 강력한 영과 결합시킨다. 하나님은 피지배자들을 압도하시고, 그들을 변화시키며, (이 단어의 완전한 의미에 있어서) 개심 시키신다. 이 변화에 있어서 우리가 맡은 역할은 믿는 것이다(요 3:16, 18). 하지만 그 믿음도 우리 안에서 행하시는 하나님의 사역의 도움을 받은 것이다. 왜냐하면 우리는 어둠 속에서 살고 있으며, 우리의 영적 능력들은 죄로 인해 불구가 되었기 때문이다. 내가 이 개념을 나의 세상으로 가지고 올 때는, 이 개념이 충분한 영향력을 발휘할 수 있도록 하기 위해 창조적인 은유, 적합한 이미지들을 찾아내야 한다.

예수와 세례요한. 이것은 요한복음 중에서 가장 덜 유명한 섹션들 중 하나이다. 그것은 의심할 바 없이 극적이고 유명한 니고데모와의 대화에 의해 빛이 가려졌기 때문이다. 역사적으로 이것은 신약 다른 곳에서는 찾을 수 없는 정보를 우리에게 제공한다. 예를 들어, 우리는 세례요한이 헌신된 제자들의 무리를 가지고 있었다는 것, 그리고 그들 중 어떤 이들은 헌신의 대상을 요한에서 예수에게로 옮기는 문제를 두고 고민하고 있었다는 것 등을 배운다. 우리는 또한 예수와 요한이 유대에서 같은 시대에 사역을 했다는 것도 알 수 있다.

공관복음은 예수가 세례와 시험 이후 갈릴리에서 사역을 시작하는 것으로 그리고 있고, 이 이른 시기에 대해서는 정보를 제공하지 않는다. 그러나 만약 그들이 이전에 함께 일하지 않았다면 (세례요한을 죽인) 헤롯 안디바가 예수와 요한을 마가복음 6:14-29에서 왜 서로 연관지어 생각했는지 우리는 이상하게 여기게 된다. 예수를 보며 어떤 이들은 "세례요한이 죽은 자 가운데서 살아났도다"(막 6:14)라고 외쳤다. 헤롯은 심지어 그것을 믿었다(막 6:16). 이런 연결은 요한복음 3:22-36을 통해 설명된다. 예수와 요한은 서로를 잘 알았으며 함께 일했다. 그들의 제자들 역시 서로 잘 알았다. 그리고 요한이 체포되어 죽는 혼란이 발생하자, 그 제자들 중 어떤 이들은 자신들의 헌신에 대해 깊은 고민에 빠지게 되었다.

이런 통찰들은 예수, 요한, 그리고 그들의 추종자들의 초기 사역에 대해 특별하면서도 인간적인 차원의 모습을 보여준다. 심지어 예수의 제자들도 우리가 흔히 생각하듯이 편견이 없는 자들이 아니었다. 언젠가 갈릴리에서 그들은 어떤 사람이 예수의 이름으로 일하고 있는 것을 발견했다. 그리고 그들은 이 사실을 예수에게 재빨리 보고했다. "주여 어떤 사람이 주의 이름으로 귀신을 내쫓는 것을 우리가 보고 우리와 함께 따르지 아니하므로 금하였나이다"(눅 9:49). 예수는 그것을 금하지 말라고 하시고 그들을 부드럽게 나무라셨다. 같은 일이 바울이 세운 초대 교회들 속에서도 발생했다. 고린도에서 기독교인들은 바울, 아볼로, 그리고 게바/베드로에 대한 충성에 대해 다투었다(고전 1:10-17). 아마도 우리는 초대교회 기독교인들은 서로 쉽게 하나가 되어 일했으며 방해가 되는 인간적 파당들은 형성하지 않았을 것이라는 환상을 포기해야 할 것이다.

(1) 요한복음 기자는 이 이야기 속에서 분명히 보편적인 교훈을 발견한다.—그 교훈은 오늘날의 우리에게도 적용된다. 세례요한의 추종자들은 선지자에 대한 그들의 애정과 헌신이 그들로 하여금 예수를 따르지 못하도록 만들었다는 사실을 알 수 없었다. 나는 그들이 예수에게 반대하지 않았을 것이라고 확신한다. 왜냐하면 만약 그랬다면 그들과 세례요한과의 관계가 이상해졌을 것이기 때문이다. 예수가 어떤 면에 있어서 독특하다는 사실도 그들은 부정하지 않았을 것이다. 예수는 분명 세상 속에서 하나님의 일을 이루고 계셨다. 그러나 세례요한이 3:28에서 말한 "내가 말한 바 나는 그리스도가 아니요 그의 앞에 보내심을 받은 자라고 한 것을 증언할 자는 너희니라"라는 말이 설명하는 것은 무엇인가? 어떤 이들은 혹시 요한이 그리스도라고 주장하고 있었는가? 그들은 예수가 영광을 받기 위하여 요한이 "덜 중요하게" 되는 것을 탐탁지 않게 여기고 있었는가? 요한에 대한 그들의 투자는 모든 것을 내건 것이었기 때문에 그들은 요한 자신은 도저히 받아들일 수 없는 위치로까지 요한을 끌어올렸는가? 이것들은 중요하고, 만약 우리가 예수에 대한 참된 헌신을 방해할 수 있는 다른 헌신이나 투자를 창조하고 있다면, 오늘날 우리가 점검해 볼 필요가 있는 질문들이다.

(2) 두 번째 교훈은 예수에 대한 요한의 무제한적 확언 속에서 찾을 수 있다. 그리스도의 신학적 독특성은 그의 사역의 효율성이나 설득력에 중심을 두고 있지 않다. 예수가 우리가 공감할 수 있는 지혜나 통찰을 제공하고 그것이 우리에 의해 확

증되는 것이 아니다. 신학적 확실성은 지상의 기준에 의해 결정되는 것이 아니다. 간단히 말해서 예수는 "위로부터"(from above) 오신 분이다. 그는 하나님의 영을 한량없이 가지고 계시다(요 3:34). 그는 세상에 있는 그 어떤 것과도 전적으로 다른 계시를 가지고 계시다. 그 계시는 성부 하나님께로부터 직접적으로 오는 것이다.

이 깨달음으로부터 두 가지 결과가 생긴다. ⓐ 세상이 이 계시를 이해하지 못하거나 인식하지 못하는 것은 결코 놀랄 일이 아니다(요 3:32). 세상은 어둠 속에 잠겨 있고, 타락으로 인해 눈이 멀어 있으며, 하나님의 말씀을 가지고 있지 않다. 세상은 도움이 없는 상태이고, 가련하며, 생명이 없다(요 3:36). 요한복음이 펼쳐져 감에 따라 우리는 이 어두운 세상의 무능력에 대해, 빛에 대한 분노에 대해, 그리고 하나님의 빛에 응답하는 자들을 파괴하고자 하는 욕망에 대해 점점 더 많은 것들을 듣게 될 것이다.

ⓑ 요한은 권위에 대해 말하고 있다. 만약 이것이 "위로부터"의 계시, 즉 하나님으로부터의 계시라는 것이 사실이라면, 기독교의 계시는 이 세상의 그 어떤 종교제도와도 동등하게 놓을 수 없는 것이다. 예수를 다른 종교적 스승들과 같은 한 사람의 현인으로 만들기 위한 모든 시도들은 여기서 실패하고 만다. 기독교의 신학적 확언은 그리스도 안에서 비할 바 없는 어떤 일이, 세상이 결코 본 적이 없는 어떤 일이 드러났다는 것이다. 이 확언의 의미들은 연못에 잔물결이 퍼져 나가듯이 펼쳐져 나간다. 구원, 성경, 그리고 계시 등에 관한 우리의 이해는 그것들에 의해 영원히 영향을 받는다.

(3) 마지막으로 요한은 본 장을 니고데모 이야기로 시작했다가 우리로 하여금 니고데모뿐만 아니라 요한의 추종자들의 운명에 대해서도 궁금해하도록 만들면서 끝낸다. 니고데모에게는 중생의 수단으로 "물과 성령"이 제시되었다. 세례요한의 추종자들은 의례적 씻음에 관한 논의 속에 빠져 있다. 양자 모두는 참으로 우리를 변화시키고 씻으실 수 있는 분은 오직 예수라는 사실을 알 필요가 있다. 왜냐하면 그는 하나님께로부터 온 종말론적 영을 지니고 있기 때문이다.

이 도전은 또한 우리의 것이기도 하다. 우리도 역시 하나님이 행하고 계신 일이 진리임을 "인치고"(요 3:33) 증거하겠는가? 우리는 어둠, 세상, 그리고 죽음으로부터 걸어나와 그가 말씀하시는 것이 진리임을, 그리고 그가 누구인가 하는 것이 진리임을 받아들이겠는가? 본 장의 전반부는(요 3:1-21) 하나님의 나라에 들어가기 위해 필요한 경험을 제시한다.—그것은 강력하고도 변화를 일으키는 성령과의 만남이다. 본 장의 후반부는(요 3:22-36) 이제 믿음의 헌신 즉, 예수의 참된 정체성,

기원 그리고 사명을 받아들이라는 도전을 강조한다. 이것은 어떤 작은 진리에 대한 헌신이 아니다. 그것은 진리(Truth)라는 개념에 대한, 즉 실체, 하나님, 그리고 우리들에 대한 이해체계에 대한 헌신이다.

현대적 의미

니고데모의 회심. 교회를 오래 다닐수록 나는 회심 이야기를 더 필요로 한다. 회심에 관한 신선한 이야기들은 나로 하여금 세상의 본질에 대해 다시 생각하도록 만든다(내 직장동료들과 친구들 중 기독교인이 늘어날수록 나는 세상으로부터 점점 더 격리되고 있다). 이 이야기들은 또한 나에게 하나님의 능력에 대해 상기시켜 준다(그것에 대해 나는 점점 더 감동하지 않게 된다). 물론 내가 어둠을 감지했던 순간들도 있다. 그리고 다른 때는 빛줄기를 볼 때도 있었다. 그럴 때는 갑자기 요한이 내게 갖게 해 주려고 했던 높임과 낮아짐, 옳음과 잘못됨, 어둠과 빛의 이원론적 세계관을 갖게 된다. 회심 이야기는 내가 요한복음 3:20-21과 같은 판결 드라마를 이해할 수 있도록 도와준다. "악을 행하는 자마다 빛을 미워하여 빛으로 오지 아니하나니 이는 그 행위가 드러날까 함이요 진리를 따르는 자는 빛으로 오나니 이는 그 행위가 하나님 안에서 행한 것임을 나타내려 함이라 하시니라."

하나님의 영에 의해 최근에 변화된 개종자들과 함께 사는 것은 끔찍한 전쟁이 벌어지고 있는 국경지역에서 살면서 피난민들을 받아들이고 그들을 환영하는 것과 같다. 시카고에서 나는 종종 보스니아 내전을 피해 온 사람들을 만난다. 그들은 들려줄 이야기를 가지고 있다. 사실 그들은 이야기를 들려주지 않을 수 없고 또 자신들이 구출 받았다는 사실에 대해 깊은 감사를 표현하지 않을 수 없다. 니고데모가 직면했던 결단과 그의 중생의 가능성에 대해 말할 때, 나는 만약 니고데모가 "중생했다면/위로부터 났다면" 어떤 일이 벌어졌을 지에 대해 이야기를 하지 않을 수 없다.

최근에 이스라엘을 여행하면서 나는 딸들 중 한 명과 함께 차를 한 대 빌렸다. 그리고 남쪽으로 사막을 가로질러 에일랏(Eilat)시의 항구를 향해 달렸다. 우리의 목적은 그 사막이 보여주는 봄의 멋진 모습을 보고, 팀나(Timna)의 구리광산을 방문한 후 아카바(Aqaba)만의 산호암초들 사이에서 스노클링(Snorkeling)을 하는 것이었다. 첫째 날 저녁에 나는 에일랏에서 기독교인 유대인 그룹과 만났다. 그들은 에일랏에서 규모가 큰 성공적인 사역을 하고 있었다. 저녁식사를 마친 후(우리는 처음으로 코셔[*kosher*; 유대인의 정결음식법-옮긴이] 버거킹 레스토랑에서 식사를 했다),[23] 우리는 근처에 있는 이웃집으로 차를 몰았다. 그의 집의 거실은 예배장소로 사용되도록 설계되어 있었다.

통상적인 인사와 소개가 끝난 후 우리는 러시아인, 중국인, 루마니아인, 그리고 미국인들로 빽빽이 들어찬 방으로 자리를 옮겼다(중국인들을 제외하고 그들은 모두 유대인의 후손들이었다). 예배가 진행되자 한 유능한 교사가 십자가상의 강도들을 주제로 삼아 복음적인 메시지를 전했다. 한 명은 자비를 구했고 다른 이는 거절했다. 교사가 영어로 말하면 방 여기저기에 있는 통역자들이 그의 말을 러시아어, 중국어, 그리고 루마니아어로 통역했다. 통역하기가 어려운 곳을 만나면 그들은 뜻을 밝히기 위해 교사와 히브리어로 이야기를 나누었다. 방안의 국제적인 분위기는 상당히 흥미로웠다.

나는 이 사람들이 어떤 경로를 통해 이곳으로 오게 되었는지 궁금했다. 루마니아인들과 러시아인들은 유대 피난민으로서 이스라엘에 왔다. 그들은 역사적인 박해의 기억을 간직한 채 자신들의 나라를 떠났다. 그들은 러시아 경제의 몰락과 부정부패의 증가에 대해서 뿐만 아니라, 다시 생겨난 인종차별주의와 반(反)유대주의의 무서운 위협에 대해서도 이야기할 수 있었다. 정통 유대주의에 정말로 깊이 헌신했던 자들은 거의 없었다. 유대교는 단지 러시아를 떠나기 위한 수단이었고 새로운 출발을 맞을 수 있는 기회였다. 중국인들은 그 도시 전역에서 볼 수 있는 많은 고층호텔들을 짓고 있는 건축노동자들이었다. 수년 동안 그들 중 수백 명이 기독교인이 되었다(그것은 이 기독교인 유대인 공동체 덕분이었다). 그들은 신앙을 가진 채 중국으로 돌아갔다. 소문은 중국인들 사이로 번져 갔다. 그리고 노동자들은 매주 그곳에 찾아와서 그리스도를 발견했다. 하나님의 계획의 아이러니가 나를 놀라게 했다. 에일랏의 황무한 거리들이 중국선교의 최전선이 될 줄 누가 상상이나 했겠는가?

나는 그들 중에서도 특별히 더 흥분해 있는 18살 혹은 19살의 젊은 여성에게 관심이 끌렸다. 그녀는 에일랏에 있는 약혼자를 만나기 위해 이제 막 러시아를 떠나왔다. 그 약혼자는 스포티한 청바지와 티셔츠를 입고 있었는데 반해 그녀는 아직도 전통적인 러시아 시골복장을 하고 있었다. 그녀는 모든 것을 뒤에 두고 왔다. 가족, 집, 전통, 언어, 안전, 그리고 직업, 그녀의 세계는 완전히 뒤집어졌다. 그녀는

---

23. '코셔'(*kosher*) 버거킹의 차이점은? 유제품이 전혀 없다는 것이다(따라서 우유로 만드는 치즈버거, 세이크, 아이스크림이 없다).

처음으로 개인적 폭풍우의 혼란 속에서 복음을 듣고 있었다. 그녀의 약혼자는 몇 주 전에 먼저 기독교인이 되었다. 그는 지금 이 젊은 여성도 같은 것을 발견하기를 원했다. 그녀는 성경공부 시간 내내 눈물을 흘렸다.

니고데모는 위에 있는 것과 아래에 있는 것, 어둠과 빛 사이의 투쟁에 관해 생각해 보라는 도전을 받았다. 이 러시아 여인도 같은 것을 배우고 있었다. 이스라엘에서의 새로운 세계는 그녀에게 예상치 못했던 것을 가져다주었다. 그것은 지금 그녀에게 거듭남을 제공해 주고 있었다. 우리는 방금 목격한 사건들의 중요성에 대해 생각하면서 그곳을 떠났다.

신앙의 드라마, 즉 빛으로 나아오기로 결정하는 것의 드라마는 항상 내 앞에 있어야 한다. 그래야만 나는 기독교인으로서 내가 어디에 서 있으며 불신자가 빛 속으로 들어가기 위해서는 어디로 움직여야 하는지를 알 수 있다. 어떤 교회들에서는 목사들이 정규적으로 그런 회심에 대한 이야기를 한다. 내가 가장 좋아하는 책들 중 하나는 『회심들』(*Conversions*)이라는 책인데, 그것은 유명한 회심들에 대해 기록하고 있다(어거스틴, 머거릿지[Malcolm Muggeridge, 1903-1990, 영국의 작가, 풍자가], 톨스토이, 스펄전, 웨슬리 등).[24] 어떤 목사들은 사람들이 자신들의 간증을 예배시간에 정기적으로 들려주도록 배려한다. 그것은 기독교가 단지 우리가 따라야 할 어떤 것이 아니라 변화시키는 힘이라는 사실을 강조하기 위해서이다.

여기에는 또한 도발적인 두 번째 메시지가 있다. 그것은 문화적, 지적 속박과 관련된 것이다. 니고데모는 자신의 화려한 경력과 예루살렘의 주류라는 위치 때문에 발목이 잡혀 있었다. 그는 그것들을 너무나 소중하게 생각했기 때문에 밤에 몰래 예수를 만날 수밖에 없었다. 그날 눈물을 흘리던 젊은 러시아 여인은 자신의 위치를 다 잃어버렸다. 그리고 엄청난 개인적, 문화적 충격을 경험하고 있었다. 그 결과 그녀의 세계, 그녀의 삶에는 새로운 문이 열렸다. 여기에는 중요한 교훈이 있다. 즉 우리가 삶의 체계, 신앙의 체계 속에 얼마나 안정적으로 "정착되어"(settled) 있는가 하는 것과 우리의 영적 수용성 사이에는 상관관계가 있다는 것이다. 우리가 지금의 상태 속에서 안정감을 느끼면 느낄수록, 새로운 말씀, 하나님으로부터 오는 변화를 일으키는 말씀을 받아들일 기회는 더 줄어든다. 이것이 아마 사람들이 나이가 들어갈수록 회심의 가능성이 줄어드는 경향이 있는 이유일 것이다.

우리가 안정감을 느끼는 활동무대도 우리의 종교적 지식의 범위와 관련이 있다.

---

24. H. T. Kerr and J. M. Mulder, *Conversions* (Grand Rapids: Eerdmans, 1983).

니고데모는 종교적 수사학에 있어서 숙달된 사람이었다. 그는 하나님의 말씀을 알고 있었고, 의심할 것 없이 그 자신의 "조직신학"을 가지고 있었을 것이다. 그는 그것을 통해 하나님과 세상, 그리고 그 둘과 자신과의 관계를 설명했을 것이다. 그의 문제는 지식의 결여가 아니었다. 사실 어떤 부분에 대한 그의 위대한 지식은 그를 마취시켜서 참된 영적 개종을 불가능하게 만들었다. 종교적 지식은 나를 지키는 방패가 될 수 있다. 그런데 우리는 그 방패를 가지고 내가 알고 있다는 주장하는 바로 그 하나님으로부터 우리를 지킨다. 그것은 신학자나 사회학자와 함께 오순절 교단의 예배에 참석하는 것과 같다. 그들은 참된 하나님의 능력을 경험하지는 못하면서도 거기서 지금 무슨 일이 일어나고 있는지를 계속 설명할 수는 있다.

학생들과 어른들을 이끌고 성지순례 여행을 할 때면 가끔 이스라엘인 가이드들이 성경에 등장하는 장소들에 대해 설명하는 것을 듣게 된다. 언젠가 나는 모셰(Moshe)라는 이름의 유대인을 우연히 알게 되었다. 그는 자신의 나라의 종교역사에 대해 완전히 정통해 있었다. 가버나움에서 그는 그곳에서 발생했던 5세기의 역사를 설명해 주었다. 그리고 그는 예수가 그 호숫가 마을에서 들려주었던 모든 이야기와 가르침들을 우리에게 말해 주었다. 나는 호기심이 생겨서 그에게 물었다. "당신은 대부분의 기독교인들보다 예수에 대해 더 잘 알고 계시는군요. 그렇다면 예수의 말의 진리성에 대해서는 어떻게 생각하십니까?" 나는 그에게 이런 질문을 한 미국인 기독교인은 분명히 내가 처음이 아닐 것이라고 생각했다. "예수의 말은 흥미롭습니다. 하지만 나는 유대인이고, 유대인으로 지내는 것이 마음이 편합니다."

모셰의 문제는 지식이 아니었다. 그는 (이스라엘의 수백 명의 유대인 여행 가이드들과 마찬가지로) 일반적인 목사들보다 예수에 대해 더 많은 지식을 가지고 있었다. 그런 가이드들은 전문적인 관찰자라는 점에 있어서 니고데모와 같다. 그들은 예수에 대해 말할 수 있지만 그를 경험하지는 못했다. 그들은 정확한 강의를 할 수는 있지만 변화를 일으키는 영적 경험은 하지 못했다. 그들은 포도주에 대해 모든 것을 알지만 그것의 맛은 보지 못했다.[25]

그러나 요한복음 3장은 오직 비기독교인들에게만 적합한 메시지인가? 분명 예수를 믿고 물과 성령으로 거듭나라는 초청은 기독교 제자도에의 초청이다. 그러나 니고데모는 종교적 전통에 푹 젖어 있었던 사람이다. 그는 그것을 어떻게 가르치

25. 이것이 바로 내가 이스라엘에서 항상 기독교인 가이드들과 (즉, 예수를 믿는 유대인이나 팔레스타인 사람들) 함께 일하려고 하는 이유이다. 그들은 기독교인 순례자들이 "영과 진리로"(cf. 요 4:24) 예배하려고 하는 열망을 완전히 다른 차원에서 이해할 수 있기 때문이다.

고 변호해야 하는지 알고 있었다. 나는 오늘날의 교회 속에는 니고데모 이야기를 진정으로 들어보지 못한 사람들이 있다고 굳게 믿는다. 그들은 자신들의 전통 속에서 성장했다. 그들은 그것을 가르쳤고 변호해 왔다. 그러나 그것은 이제는 익숙하고 예상가능한 일이 되었다. 변화됨과 성령의 능력에 대한 논의에 있어서 문제가 되는 것들 중 하나는, 다년간의 영적 관심과 개인적 경험 혹은 신학 학위를 가진 사람들이 요한복음 3장과 같은 이야기에 대해 어떻게 반응할 것인가 하는 것이다. 그들은 회의적일 수도 있다. 혹은 그들은 니고데모에게 제공된 신비한 선물을 신학적으로 빙 둘러 설명하기로 결정할 수도 있다. 예수는 신비적인 경험과 영적 힘에 대해 말씀하고 있다. 우리는 바람을 파악할 수 없듯이 이 성령도 파악할 수 없다.

매년 나는 신학을 처음 공부하는 학생들에게 헬무트 틸리케(Helmut Thielicke)가 쓴 『젊은 신학자들을 위한 작은 훈련』(*A Little Exercise for Young Theologians*)이라는[26] 오래 된 책을 읽을 것을 요구한다. 이 숙제를 내면 좋은 점은 나도 그 책을 매년 읽어야 한다는 것이다. 그 얇은 책은 틸리케가 독일 함부르크(Hamburg)에서 신학대학원 학생들에게 했던 설교들로 구성되어 있다. 틸리케는 그곳에서 여러 해 동안 유명하고 인기 많은 교수, 목사로 일했다. 이 책은 지혜와 경고들로 가득 찬 책이다. 무엇보다도 이 책은 "마귀적인 신학"(diabolical theology)에 대해 설명한다. 그것은 좋은 의도를 지닌, 열정적인 기독교 지도자들에게 감염될 수 있다. 어떤 사람이 신학은 바르게 세우고서도 하나님과의 관계는 전부 엉망으로 만드는 것이 가능하다고 틸리케는 주장한다. 하나님과 우리와의 사이를 멀러 떼어놓을 수 있는 신학교육의 질환이 있다.—그는 이것을 영적 질병이라고 부른다. 니고데모는 신학자였다. 나도 신학자이다. 성숙한 기독교인들은 신학자들이다. 영적인 예측이 불가능한 하나님의 영과 우리가 연결되어 있는지 보기 위해 우리는 항상 깨어 있지 않으면 안 된다.

현대적 적용에 대한 마지막 언급은 그리스도의 사역과 기독론에 대한 것이 되어야 할 것이다. 나는 위에서 그리스도의 구속사역과 계시사역에 대해 우리의 기독교 청중들에게 이야기를 들려주는 것이 필수적이라고 말한 바 있다. 오늘날의 지적 풍토는 종교적 진리에 대한 절대적 주장을 용납하려 들지 않는다. 그러나 신약 기독론의 신실한 전달은 절대적 주장을 요구하고 있다. 이 주제는 요한복음 전

26. Helmut Thielicke, *A Little Exercise for Young Theologians* (Grand Rapids: Eerdmans, 1962).

체에 걸쳐서 계속 튀어나올 것이다. 그러나 이 중요한 때에 요한은 우리가 멈추어서서 주목해야 할 어떤 중요한 것에 대해 말했다.

오늘날 많은 기독교인들은 불행하게도 하나님과 그리스도에 관한 오해를 가지고 그리스도의 사역에 대해 생각하고 있다. 나는 강의실과 교회에서 이런 오해를 재차 확인하게 된다. 그리스도의 사역을 표현하기 위해 많은 이들이 상상하는 그림은 예수가 하나님의 진노를 달래기 위해 죽으셨다는 것이다. 그들은 십자가는 그리스도의 사랑을 표현하고 그의 사역은 하나님의 위협적인 분노를 달랜다고 생각한다. 이것은 하나님을 반대자요 적으로, 그리고 예수를 우리의 우군으로 만든다.

하지만 이것은 요한복음 3:16이 말하고 있는 것이 아니다. "하나님이 세상을 이처럼 사랑하사…" 그리스도의 사역은 '하나님'이 하시는 일이고, '하나님'이 세상을 구하시는 일이다. '하나님' 자신이 우리 인간들의 상황 속으로 들어오셔서 화해를 가능하게 하신다. 그런 오해의 중심에는 삼위일체에 관한 잘못된 견해, 혹은 더 정확하게 말하자면 초대교회의 신학자들이 니케아(Nicea) 회의에서(주후 325년) 표현하기 위해 노력했던 것에 관한 잘못된 이해가 있다. 그리스도는 창조되지 않았다.—역사상 그가 "존재하지 않았던" 때는 없었다.—그러므로 그는 정확히 하나님처럼 영원한 존재를 즐기신다. 그리고 그는 하나님의 본질 혹은 존재를 공유한다(니케아 회의에서는 이 개념을 표현하기 위해 '호모우시오스'[*homoousios*]라는 단어를 사용했다). 왜 이것이 중요한가? 왜냐하면 그것은 하나님 자신이 우리 편이심을 뜻하기 때문이다. 하나님 자신이 우리를 위해 일하고 계시다. 하나님은 더러운 일을 하도록 메신저(예수)를 보내신 것이 아니다. 하나님 자신이 십자가로 오셨고, 그의 사랑하는 피조물을 다시 그에게로 데려오기 위해 고난을 당하셨다.[27]

이런 이해는 바울에 의해 반복해서 표현되고 있다. 고린도후서 5:18-19은 우리를 구원하시는 하나님의 선하심에 대해 이렇게 말하고 있다. "모든 것이 하나님께로서 났으며 그가 그리스도로 말미암아 우리를 자기와 화목하게 하시고 또 우리에게 화목하게 하는 직분을 주셨으니 곧 하나님께서 그리스도 안에 계시사 세상을 자기와 화목하게 하시며 그들의 죄를 그들에게 돌리지 아니하시고 화목하게 하는 말씀을 우리에게 부탁하셨느니라." 또 골로새서 1:19-20은 이렇게 말한다. "아버지께서는 모든 충만으로 예수 안에 거하게 하시고 그의 십자가의 피로 화평을 이

27. 나는 요즘 많은 기독교인들이 그리스도의 인격과 사역에 대해 "아리우스적"(Arian) 견해를 자신도 모르게 취하고 있는 것이 아닌지 의심스럽다. 니케아 회의가 소집된 이유가 바로 아리우스적 견해 때문이었다.

루사 만물 곧 땅에 있는 것들이나 하늘에 있는 것들이 그로 말미암아 자기와 화목하게 되기를 기뻐하심이라." 그러므로 십자가는 하나님의 사역이다. 예수 그리스도께서 세상에 오신 것은 하나님의 마음을 바꾸시기 위해서가 아니라 하나님의 마음을 표현하기 위해서였다.

나는 신학 수업시간에 처음으로 이것을 설명했던 때를 기억한다. 몇몇 학생들은 문자적으로 눈물을 흘리며 울었다. 그들은 자신들의 생각에 있어서 그것이 혁명과 같은 것이었다고 말했다. 왜냐하면 그것이 뜻하는 것은 하늘은 더 이상 적이 있는 곳이 아니라는 것이었기 때문이다. 지금 나는 십자가에 대해 말할 때 건전한 삼위일체 신학을 결론으로 강조하는 것을 잊지 않는다.

세례요한과 카리스마적 지도력. 카리스마 있는 종교 지도자를 따르고 싶은 충동은 주후 1세기의 첫 제자들과 마찬가지로 우리에게도 존재한다. 우리는 단지 그 고대의 이름들을(예를 들어, 아볼로, 바울, 요한, 베드로) 영적 영웅주의와 신학적 통찰이라는 현대적 이름으로 바꾸었을 뿐이다. 우리가 이 지도자들을 높인다고 해서 하나님께 대한 헌신이 낮아지는 것은 아니다. 이 모든 것은 영적 환경 속에서 발생한다! 단지 종교적 삶에 대한 이 지도자들의 견해, 공동체의 확신을 형성해 가는 그들의 모습, 그리고 우리의 상상력과 감정을 사로잡는 그들의 능력이 그들을 우리가 따라야 할 가치가 있는 모델로 만들 뿐이다. 어떤 경우에는 이들은 전국적으로 알려진 인물들이다. 그들의 저작과 연설은 하나의 모델이 되어 목사의 설교와 기술들이 그것과 비교된다. 다른 경우에는 이들은 자신의 교구에서 큰 영향력을 행사하는, 그래서 확실한 "추종세력"을 가지고 있는 지역 지도자들이다.

지금 시점에서 할 수 있는 가장 쉬운 일은 그런 현대 지도자들을 요한복음 3장의 세례요한과 비교하는 것과, 우리의 문제는 필연적으로 그들의 헌신에 있는 것이 아니라, 그들의 추종자들에게 있다는 점을 지적하는 것이다. 추종자들은 지도자들 자신이 받아들일 수 없는 수준으로 지도자들을 높이는 데 개인적인 관심을 두고 있다. 세례요한은 하나님이 그에게 재능을 주시고 사명으로 맡기신 바로 그 일을 하고 있었다. 오늘날의 지도자들도 자주 같은 일을 하고 있다. 그러나 그들의 추종자들은 하나님의 나라에서 그들 자신의 힘과 지위를 높이기 위한 수단으로 지도자들의 위상을 이용한다.

보통의 목사라면 누구나 어떤 평신도가 그에게 와서 "하지만 존 스토트(John Stott) 목사님은 그것에 대해 생각이 다릅니다"라든가 "빈야드(Vineyard) 교회의 목사님은 정말로 하나님과 교제하고 있는 것이 분명합니다"라고 말했던 상황을 기억하는 것이 그리 어렵지 않다. 이 목사들과 신학자들에게 잘못이 있는 것은 아니다. 그러나 어떤 경우에 그들을 칭송하는 사람들은 지역 교구를 맡으라고 하나님이 세우신 사람들을 깎아 내리기 위해 그들의 이름을 이용한다. 자신들의 영웅인 요한을 지적함으로써 세례요한의 추종자들은 그들의 노력의 방향을 예수께로 돌리고 하나님 나라를 위한 그의 사역을 지원해야 할 책임을 효과적으로 벗어 버릴 수 있었다.

내가 알고 있는 한 지역 교회는 최근에 나에게 완전한 예를 보여주었다. 나는 어떤 카리스마 넘치고 영향력 있는 교사를 알고 있다. 그는 성장하고 있는 한 지역 교회의 일원이 되어 강력한 추종세력을 얻었다. 그런데 2년이 지났을 때 그는 자신이 목사와 사이가 좋지 않은 것을 발견했다. 그 교회의 리더십을 불신하게 된 그는 그곳을 떠났다. 이번 달에 내가 들은 소식은 약 100명의 사람들이 그와 함께 그 교회를 "떠났으며" 지금은 그 자신이 교회를 시작하려고 하고 있다는 것이다. 이 모든 행위는 종교적 언어 속에 숨겨져 있다. 그러나 이 경우에 교회에서 나온 그 지도자는 세례요한으로부터 교훈을 얻을 필요가 있다. 예수는 더 위대해져야 하고 자신은 더 작아져야 한다. 하지만 실수하지 말라. 그는 아마도 예수가 "흥왕하고 있는"(increasing) 것은 그의 독립적이고도 신선한 사역 덕분이라고 재빨리 주장할 것이다. 아마도 이것이 문제의 뿌리일 것이다. 종교적 헌신은 너무나 기만적이기 때문에 그들은 자신을 소중히 여기는 자들을 잘 속인다.

요한복음 3:22-36은 세상에서 예수가 인간들과 경쟁을 하게 될 때 그 결과로 하나님의 나라에서 나타나게 되는 분열에 대해 말하고 있다. 그 누구도 그들이 예수와 경쟁하고 있다는 것을 받아들이지 않을 것이다. 그 누구도 그들이 하나님 나라의 성장을 방해하고 있다고 말하지 않을 것이다. 질투, 시샘, 그리고 경쟁과 같은 말들은 결코 용납되지 않는다. 그러나 세례요한의 추종자들이 그를 중심으로 하나의 기구를 세우는 데 관심이 있었던 것과 마찬가지로, 기독교 교회도 인간의 사업적 열성과 개성에 기초를 두고 세워진 인간의 기구가 될 수 있다.

그의 추종자들의 견해에 대항하는 세례요한의 주장의 중심에는 예수에 대한 그의 이해가 있다. 이것이 그를 다른 모든 사람들로부터 구분한다. 예수 그리스도는 지상의 그 어떤 다른 사람보다 우월하시다. 그는 "위로부터 오셨다." 그는 하나님에 의해 보내심을 받으셨으며, 하나님은 그에게 성령을 한량없이 주셨다. 세례요한은 이런 자격들을 겨룰 수 없는 존재이다. 그러므로 모든 형태의 인간적 지혜, 모든 형태의 종교적 표현은 우리가 예수 그리스도 안에서 소유하고 있는 계시와 비교했을 때는 이차적인 것으로 간주되어야 한다. 참으로 오직 예수만이 탁월하게 보이기 위해 모든 카리스마적 교사들과 은사를 받은 모든 지도자들은 작아져야 한다.

지난 주에 나는 이스라엘의 '엘알'(El Al) 항공사 비행기를 타고 중동으로부터 집으로 돌아오고 있었다. 11시간 동안 내 옆자리에 앉았던 사람은 아주 지적인 정통 유대교 여성이었다. 그녀의 남편은 시카고에 있는 노스웨스턴(Northwestern) 대학교에서 심리학 박사과정을 마쳐 가고 있었다. 그녀는 남편을 만나기 위해 시카고로 돌아가는 중이었다. 그녀는 비행기가 텔아비브(Tel Aviv) 공항을 이륙하기 전에 내게 직업이 무엇이냐고 물었다. 비행기가 그리스 상공을 날고 있을 때, 우리는 예수에 관해 그리고 여러 시대의 유대 종교사상가들과 예수와의 관계에 대해 깊이 있는 신학적 토론을 나누고 있었다. 나는 예수의 메시야 자격에 관한 토론에는 자신이 있었다. 메시야의 자격은 이스라엘의 회당들 속에서 정기적으로 거론되는 주제였다. 그러나 나는 그 대신에 랍비적 권위의 본질을 주제로 하여 "예수에 관한 질문"(question of Jesus)의 틀을 구성했다. 나는 그녀가 흥미를 느끼는 것을 볼 수 있었다.

나는 예수가 단순히 예언의 성취 그 이상이라고 주장했다. 하지만 나는 그 주제를 옆으로 밀어 놓는 데 동의했다(그러자 그녀는 적잖이 안심해 하는 눈치였다). 니케아(Nicea)와 칼케돈(Chalcedon)의 신학들을 목표로 삼아, 나는 예수는 신비이자 그 이전에는 인간 역사에 결코 발생해 본 적이 없는 하나님의 자기계시였다고 주장했다. 예수는 랍비 그 이상이었고, 심지어 선지자 그 이상이었다. 그녀는 나의 기독론은 우상숭배이며 십계명의 제2계명을 범하는 것이라고 주장했다. 그래서 나는 그녀의 주장의 틀에 부합하는 유추를 사용했다. 하나님은 거룩한 장소를 지정할 수 있으시다. 이것이 바로 성전의 지성소가 특별히 거룩한 곳이 될 수 있는 이유이다. 성전은 성전과 나무로 지어졌지만 인간의 손길과 이해를 넘어서는 거룩한 특성을 갖는다. 그러나 그럼에도 불구하고 그것들은 세상에서의 자신의 원래의 형태를 그대로 유지하고 있다.[28] 그런데 만약 하나님께서 인간의 육체에 대해 같은 일을 하셨다면 어떨까? 만약 하나님께서 자신을 극적인 방법으로 드러내셨다면 어떨까? 그분이 하늘로부터 내려오셔서, 우리와 교제하고 우리를 구원하기 위해

28. 정통주의 유대인을 위한 또 다른 접근방식은 (성육신하신 말씀이신) 예수를 (기록된 말씀인) 토라의 거룩성과 비교하는 것이다. 양자 모두 물리적 형태를 띠고 지상에서 모습을 드러냈다. 물론 이런 비유는 (칼케돈의 신학자들이 우리에게 상기시켜 주다시피) 정확한 것은 아니다. 그러나 적어도 대화의 출발점은 될 수 있다.

인간의 형상을 입으셨다면 어떨까? 만약 하나님께서 이와 같은 방식으로 그리스도 안에 계셨다면, 우리는 전혀 새로운 종류의 계시를 가지고 있는 것이다. 그것은 토라에 적힌 모세의 말들과 '미쉬나'(*Mishnah*)와 '탈무드'(*Talmud*)의 모든 통찰들을 능가하는 것이다.

여기까지 이야기가 오갔을 때 그녀는 손가락을 들어 대화를 중단시켰다. 그녀는 "정확히 바로 여기서 유대교와 기독교의 차이가 나타나는군요"라고 말했다. 나는 그녀의 말에 동의했다. 비행이 계속되는 동안 우리는 회당과 교회가 만날 수 있는 공통의 토대를 발견하는 일의 중요성에 대해 논의했다. 유일신론, 윤리학, 정의—이 모든 것들이 공통된 주제였다. 그러나 그녀는 유대교와 기독교를 영원히 갈라놓을 신학적 주제가 무엇인지 이제 확실히 알고 있었다. 나는 예수가 단지 랍비, 현인, 혹은 선지자라고 말할 수 없다. 예수는 세례요한과 같은 이가 아니었다. 예수는 하늘에서 내려온 하나님이시다. 예수는 인간의 몸을 입으신 하나님이시다. 이것이야말로 모든 기독론의 출발점이다.—예수의 지혜나 그의 완전함, 혹은 그의 예언성취가 아니고 말이다.

세례요한이 그의 제자들에게 예수를 증거할 때 출발점으로 삼았던 것이 바로 이것이다. "위로부터 오시는 이는 만물 위에 계시고 땅에서 난 이는 땅에 속하여 땅에 속한 것을 말하느니라"(요 3:31). 예수는 모든 것들 위에 계시다. 그의 말씀은 모든 인간의 말들보다 뛰어나다. 오늘날 우리가 예수에 대해 말할 때, 모든 설교단과 강의실에서 그 주제가 울려나와야 한다. 예수는 하늘로부터 내려오신 하나님이시다. 예수가 중요하고 그가 영광을 받으시는 것은 그의 교훈이 매력 있기 때문이 아니라 그가 아버지의 품으로부터 이곳으로 오신 분이시기 때문이다. 참으로 그와 아버지는 하나이시다.

요한복음 4:1-54

1 예수께서 제자를 삼고 세례를 베푸시는 것이
요한보다 많다 하는 말을 바리새인들이 들은
줄을 주께서 아신지라
2 (예수께서 친히 세례를 베푸신 것이 아니요
제자들이 베푼 것이라)
3 유대를 떠나사 다시 갈릴리로 가실새
4 사마리아를 통과하여야 하겠는지라
5 사마리아에 있는 수가라 하는 동네에 이르시
니 야곱이 그 아들 요셉에게 준 땅이 가깝고
6 거기 또 야곱의 우물이 있더라 예수께서 길
가시다가 피곤하여 우물 곁에 그대로 앉으시
니 때가 여섯 시쯤 되었더라
7 사마리아 여자 한 사람이 물을 길으러 왔으
매 예수께서 물을 좀 달라 하시니
8 이는 제자들이 먹을 것을 사러 그 동네에 들
어갔음이러라
9 사마리아 여자가 이르되 당신은 유대인으로
서 어찌하여 사마리아 여자인 나에게 물을
달라 하나이까 하니 이는 유대인이 사마리아
인과 상종하지 아니함이러라
10 예수께서 대답하여 이르시되 네가 만일 하나
님의 선물과 또 네게 물 좀 달라 하는 이가
누구인 줄 알았더라면 네가 그에게 구하였을
것이요 그가 생수를 네게 주었으리라
11 여자가 이르되 주여 물 길을 그릇도 없고 이
우물은 깊은데 어디서 당신이 그 생수를 얻
겠사옵나이까
12 우리 조상 야곱이 이 우물을 우리에게 주셨
고 또 여기서 자기와 자기 아들들과 짐승이
다 마셨는데 당신이 야곱보다 더 크니이까
13 예수께서 대답하여 이르시되 이 물을 마시는
자마다 다시 목마르려니와
14 내가 주는 물을 마시는 자는 영원히 목마르
지 아니하리니 내가 주는 물은 그 속에서 영
생하도록 솟아나는 샘물이 되리라
15 여자가 이르되 주여 그런 물을 내게 주사 목
마르지도 않고 또 여기 물 길으러 오지도 않
게 하옵소서
16 이르시되 가서 네 남편을 불러 오라
17 여자가 대답하여 이르되 나는 남편이 없나이
다 예수께서 이르시되 네가 남편이 없다 하
는 말이 옳도다
18 너에게 남편 다섯이 있었고 지금 있는 자도
네 남편이 아니니 네 말이 참되도다
19 여자가 이르되 주여 내가 보니 선지자로소
이다
20 우리 조상들은 이 산에서 예배하였는데 당신
들의 말은 예배할 곳이 예루살렘에 있다 하
더이다
21 예수께서 이르시되 여자여 내 말을 믿으라
이 산에서도 말고 예루살렘에서도 말고 너희
가 아버지께 예배할 때가 이르리라
22 너희는 알지 못하는 것을 예배하고 우리는
아는 것을 예배하노니 이는 구원이 유대인에
게서 남이라
23 아버지께 참되게 예배하는 자들은 영과 진리
로 예배할 때가 오나니 곧 이 때라 아버지께
서는 자기에게 이렇게 예배하는 자들을 찾으
시느니라
24 하나님은 영이시니 예배하는 자가 영과 진리
로 예배할지니라
25 여자가 이르되 메시야 곧 그리스도라 하는
이가 오실 줄을 내가 아노니 그가 오시면 모
든 것을 우리에게 알려 주시리이다
26 예수께서 이르시되 네게 말하는 내가 그라
하시니라

27 이 때에 제자들이 돌아와서 예수께서 여자와
말씀하시는 것을 이상히 여겼으나 무엇을 구
하시나이까 어찌하여 그와 말씀하시나이까
묻는 자가 없더라
28 여자가 물동이를 버려 두고 동네로 들어가서
사람들에게 이르되
29 내가 행한 모든 일을 내게 말한 사람을 와서
보라 이는 그리스도가 아니냐 하니
30 그들이 동네에서 나와 예수께로 오더라
31 그 사이에 제자들이 청하여 이르되 랍비여
잡수소서
32 이르시되 내게는 너희가 알지 못하는 먹을
양식이 있느니라
33 제자들이 서로 말하되 누가 잡수실 것을 갖
다 드렸는가 하니
34 예수께서 이르시되 나의 양식은 나를 보내신
이의 뜻을 행하며 그의 일을 온전히 이루는
이것이니라
35 너희는 넉 달이 지나야 추수할 때가 이르겠
다 하지 아니하느냐 그러나 나는 너희에게
이르노니 너희 눈을 들어 밭을 보라 희어져
추수하게 되었도다
36 거두는 자가 이미 삯도 받고 영생에 이르는
열매를 모으나니 이는 뿌리는 자와 거두는
자가 함께 즐거워하게 하려 함이라
37 그런즉 한 사람이 심고 다른 사람이 거둔다
하는 말이 옳도다
38 내가 너희로 노력하지 아니한 것을 거두러
보내었노니 다른 사람들은 노력하였고 너희
는 그들이 노력한 것에 참여하였느니라
39 여자의 말이 내가 행한 모든 것을 그가 내게
말하였다 증언하므로 그 동네 중에 많은 사
마리아인이 예수를 믿는지라
40 사마리아인들이 예수께 와서 자기들과 함께
유하시기를 청하니 거기서 이틀을 유하시매
41 예수의 말씀으로 말미암아 믿는 자가 더욱
많아
42 그 여자에게 말하되 이제 우리가 믿는 것은
네 말로 인함이 아니니 이는 우리가 친히 들
고 그가 참으로 세상의 구주신 줄 앎이라 하
였더라
43 이틀이 지나매 예수께서 거기를 떠나 갈릴리
로 가시며
44 친히 증언하시기를 선지자가 고향에서는 높
임을 받지 못한다 하시고
45 갈릴리에 이르시매 갈릴리인들이 그를 영접
하니 이는 자기들도 명절에 갔다가 예수께서
명절중 예루살렘에서 하신 모든 일을 보았음
이더라
46 예수께서 다시 갈릴리 가나에 이르시니 전에
물로 포도주를 만드신 곳이라 왕의 신하가
있어 그의 아들이 가버나움에서 병들었더니
47 그가 예수께서 유대로부터 갈릴리로 오셨다
는 것을 듣고 가서 청하되 내려오셔서 내 아
들의 병을 고쳐 주소서 하니 그가 거의 죽게
되었음이라
48 예수께서 이르시되 너희는 표적과 기사를 보
지 못하면 도무지 믿지 아니하리라
49 신하가 이르되 주여 내 아이가 죽기 전에 내
려오소서
50 예수께서 이르시되 가라 네 아들이 살아 있
다 하시니 그 사람이 예수께서 하신 말씀을
믿고 가더니
51 내려가는 길에서 그 종들이 오다가 만나서
아이가 살아 있다 하거늘
52 그 낫기 시작한 때를 물은즉 어제 일곱 시에
열기가 떨어졌나이다 하는지라
53 그의 아버지가 예수께서 네 아들이 살아 있
다 말씀하신 그때인 줄 알고 자기와 그 온 집
안이 다 믿으니라
54 이것은 예수께서 유대에서 갈릴리로 오신 후
에 행하신 두 번째 표적이니라

원 의미

예수와 사마리아 여인과의 대화에 관한 길고 중요한 이야기는 3장에서 시작된 형식을 계속 이어가고 있다. 즉 예수는 어떤 특정한 사람들과 이야기를 나누시는데, 그들은 주후 1세기 팔레스타인 세계의 많은 특징들을 지니고 있다. 니고데모와의 대화는 완전히 뜻이 통한다.—예루살렘의 랍비이자 지도자인 인물이 갈릴리 출신의 엉뚱해 보이는 선생과 인터뷰를 한다.—그러나 이곳 4장에서의 이야기는 우리를 놀라게 함과 동시에 즐겁게 한다.

예수와 사마리아 여인(요 4:1-26)

새로운 등장인물은 여성이다.—더구나 사마리아 여인이다.—그리고 그녀는 문제가 될 만한 윤리적 결함을 가지고 있다. 우리가 앞으로 보게 되겠지만 그 당시의 문화에 있어서 예수와 같은 위치에 있는 사람이 이 여인과 같은 사람과 대화를 나눈다는 것은 상상하기가 무척 힘든 일이었다. 그는 남자였고, 독신이었고, 종교적이었으며, 유대인이었다. 그리고 명확하게 정의된 사회적 경계선들이 그런 개인적 배경을 가진 여성과의 대화를 막고 있었다.

그러나 여기에 이 이야기의 아이러니가 있다. 3장에서 니고데모라는 인물은 갑자기 침묵 속으로 사라져 버린다. 우리는 이 유대인 종교지도자가 나중에 어떻게 되었는지 궁금해 한다. 그런데 갑자기 우리는 이 비종교적인 여인이 예상치 못한 걸음을 떼는 것을 본다. 그는 예수의 주 되심을 인정하며 "빛 속에" 머물러 있다. 그리고 그녀는 우리가 1장에서 배운 제자도의 몇몇 표지들을 보여준다. 그녀는 달려가서 다른 이들에게 말을 하고, 그들을 예수께로 데려온다. 그리고 그 결과 많은 이들이 예수를 믿게 된다(요 4:39). 니고데모 이야기가 "밤에" 발생한 반면 이 이야기는 거의 정오에(요 4:6) 발생한 것은 우연이 아니다. 빛과 어두움은 너무나 중요한 요한의 모티브이기 때문에 이야기 속에 그것들이 존재한다는 사실은 어떤 중요한 신학적 의미가 있음을 암시한다.[1]

그러나 앞선 이야기와 이 이야기를 연결시켜 주는 또 다른 수준의 흥미로운 관심사가 있다. 나는 우리가 일련의 증빙과정들을 읽고 있다고 주장했었다. 그 속에

1. M. Pazadan, "Nicodemus and the Samaritan Woman: Contrasting Models of Discipleship." *BTB* 17 (1987). 145-48.

서 예수의 메시야로서의 현존은 유대교의 형식과 제도들을 압도해 버린다. 2장에서 예수는 유대인들이 정결례에 사용하는 항아리를 다시 채움으로써 그의 영광을 드러냈다. 그리고 그는 성전에 올라가서 그것이 자신의 생명을 통해 다시 채워질 것 혹은 대체될 것을 지적했다. 3장에서 예수는 유대교 교육청에 대해 도전을 하신다. 그는 니고데모와 같은 랍비가 어떻게 하나님에 대한 기본적인 것들을 이해하지 못할 수 있느냐고 물으신다. 이제 예수는 유대교의 변방인 사마리아로 이동하신다. 그리고 그는 이곳에서 여인을 만나실 뿐만 아니라, 지극히 역사적이고 어쩌면 미신적일 수도 있는 우물에서 찾을 수 있는 그 어떤 선물보다 자신의 선물이 더 우월한 것임을 증명해 보이신다. 야곱의 우물은 예수의 우물과 비교될 수 없다. 여인에게 제기된 도전들 중 하나는 그녀가 존중하고 있는 바로 그 우물을 자신이 대체해 버리겠다고 한 예수의 말의 비밀을 알아내는 것이다. 그는 그녀가 결코 본 적이 없는 물을 가지고 있다. 그리고 그녀는 그것을 얻어내는 방법을 알아내야만 한다.

요한복음 4:1-3은 이야기의 배경을 제공한다. 바리새인들이 예수에게 흥미를 가진 것은 놀랄 일이 아니다(요 4:1). 왜냐하면 그들은 이미 세례요한의 사역을 조사했기 때문이다(요 1:19, 24). 예수의 추종자들 중 상당수가 원래 세례요한을 따르던 자들이었다는 사실을 알아내는 데는 별로 시간이 걸리지 않았을 것이다(요 1:35-37). 후에 예수가 갈릴리에 도착했을 때 헤롯 안디파스에 의한 조사도 예수와 세례요한을 굳게 동일시한다(막 6:14-16).

공관복음은 예수의 공생애가 (제자들을 부르는 사역을 시발점으로 하여, 막 1:14-20) 갈릴리에서 시작되는 것으로 그리고 있기 때문에, 어떤 비판적인 학자들은 요한이 설명하고 있는 유대에서의 사역을 사실로 받아들이기를 주저한다. 이 시점에 이미 예수의 사역이 시작되었고, 명성이 퍼지고 있었으며, 제자들의 수가 늘어나고 있었다는 사실은 다른 곳에는 기록되어 있지 않다. 그러나 이른 시기에 유대에서 인기를 얻었다는 사실은 공관복음이 다른 관점에서 암시하고 있다. 예수가 갈릴리로 이동하신 것은 요한이 (요단강 건너편의) 베레아에서 체포된 이후이다(막 1:14). 예수는 지금 감옥에 갇힌 요한과 자신과의 연관성 '때문에' 자신의 체포를 두려워하셨을 것이다(그래서 그는 북쪽으로 가셨다). 예수는 의심할 바 없이 새로운 제자들과 오래도록 함께 일하면서 그들이 세례를 주는 일을 계속하도록 하셨을 것이다(요 4:1-2). 그리고 갈릴리에서 그를 따르는 자들의 수가 늘어나자, 전임사역을 위해 소수의 사람들을 선발하셨다.

유대에서의 이 위기는 또한 사마리아를 통과하여 북쪽으로 여행하기로 한 예수의 결정을 설명한다(요 4:4). 이 여정은 유대인이 유대와 갈릴리 사이를 여행하는 통상적인 길이 '아니었다.' 그 길은 빨랐지만 대부분의 종교적인 유대인들은 그것을 좋아하지 않았다.[2] 여행자들은 보통 동쪽의 여리고로[3] 간 후 그곳에서 북쪽으로 이동했다. 그들은 요단강 서쪽에 있는 유대와 사마리아의 산악지대를 우회하여 여행했다. 길보아(Gilboa) 산이 눈에 보이면, 그들은 스키토폴리스(Scythopolis, 구약의 벳산[Beth Shan])로 가서, 그곳에서 방향을 서쪽으로 잡아 이스르엘(Jezreel) 계곡으로 들어갔다. 그곳에 있는 물이 풍부하고 활짝 트인 평야들은 그들을 갈릴리 내부로 인도해 주었다. 사마리아를 통과하는 길은 더 쉬웠다. 그러나 그것은 사람들로 하여금 산악지대를 통과하지 않을 수 없도록 만들었다. 그곳은 고대로부터 경쟁과 투쟁관계에 놓여 있는 사람들이 사는 곳이었다.

구약시대의 북이스라엘 왕국의 배교는 잘 알려져 있었다(그 궁극적인 근거지는 사마리아였다). 주전 722년에 앗수르인들이 북이스라엘을 정복하고 그들을 내쫓았을 때, 앗수르인들은 제국의 여러 지역에서 온 이주민들을 그곳에 정착시켰다(왕하 17:23-24). 패배한 이스라엘 왕국의 남은 자들은 이제 페르시아인들 및 다른 피정복민들과 섞이게 되었다. 여로보암에게 알려졌던 이방종교들은 이제 셀 수 없이 많은 다른 종교적 관습들과 혼합되었다. 그렇게 해서 그 땅의 종교적 불순성은 악명을 떨치게 되었다(왕하 17:25ff.).

어쨌든 유대교의 유일신론은 유지가 되었지만 그것은 중대한 변화를 경험했다. 사마리아인들은 (역사서들을[사무엘상하, 열왕기상하, 역대상하] 포함하여) 선지서들과 지혜문학을(잠언, 시편 등) 받아들이기를 거부했다. 왜냐하면 그 문헌들은 예루살렘을 중심으로 한 다윗의 계보와 유대 지역을 강조하기 때문이다. 그들의 성경은 (창세기부터 신명기까지의) 모세오경으로 제한되었다. 그리고 그들의 예배는 그리심(Gerizim)산에 세워진 새로운 성전을 중심으로 이루어졌다. 그것은 고대의 세겜성 자리에 세워진 것이었다. 반면 예루살렘은 거부되어 순례의 장소 정도로만 여겨졌다. 바벨론 포로기 이후 스룹바벨이 성전을 재건축할 때 사마리아인들의 도움은 단호하게 거부되었다(스 4:2-3). 그것은 양자 사이의 갈등을 증폭시켰

2. 그러나 요세푸스는 갈릴리 사람들이 매년 절기를 지키기 위해 사마리아를 통과하여 예루살렘으로 갔다는 기록을 남기고 있다(*Ant.* 20.118). 그러나 요세푸스는 사마리아를 통과하는 길이 종교적으로 보수적인 유대인들에게 있어서 일반적인 통로였다는 데 대해 강력한 증거를 제공하지 못한다.

3. 여리고를 통과하는 여정은 그 도시에서 발생하는 예수의 많은 사건들을 설명해 준다. 예를 들어, 바디매오(막 10:46)와 삭개오(눅 19:2). 이것은 예수가 고난을 당하기 위해 예루살렘으로 돌아올 때 사용하신 복귀경로이다.

다. (약 주전 330년 이후) 알렉산더 대왕과 후대의 그리스 장군들이 팔레스타인을 다스릴 때 그들은 사마리아를 중요한 거점으로 삼았다. 왜냐하면 그들은 그곳에서 자신들에게 협조적인 반(反)유대적 동맹자들을 찾을 수 있었기 때문이다. 유대인들이 기회를 얻었을 때(주전 128년) 그들은 사마리아를 공격하여 세겜을 파괴하고 그리심산에 있는 사마리아 성전을 불태워 버렸다.

예수 시대에 유대 지역과 사마리아 지역 사이에는 좀처럼 꺼지지 않은 긴장이 존재하고 있었다. 부분적으로는 인종과 종교에 기초를 둔 그 긴장은 수세기 동안 끔찍한 정치적 싸움을 야기했다.[4] 그러므로 예수가 그 지역을 통과하면서 "사마리아 여인"을 만났다고 했을 때, 그 이야기가 뜻하는 것은 그녀가 사마리아라는 도시의 주민이라는 것이 아니라 사마리아 지역 출신의 여인이라는 것이다. 그녀는 유대교로부터는 거리가 먼 변두리에 살고 있는 사람들의 역사, 언어, 종교, 그리고 태도를 반영하고 있다. 1세기의 독자들은 예수와 그 여인이 서로 대화하는 것은 커녕 서로의 존재를 인정하는 것조차 기대할 수 없었을 것이다.[5]

수가성의 위치는(요 4:5) 논란거리이다. 왜냐하면 그 어떤 고대 문헌도 그것에 대해 언급하고 있지 않기 때문이다. 수가는 어쩌면 현대 아랍 마을인 '아스카르'(Askar)일 수 있다. 그러나 아스카르는 중세 초기의 세워진 곳이기 때문에 학자들의 의견은 나뉘어져 있다.[6] 야곱은 실제로 근처의 땅을 구입하여 그곳의 이름을 "세겜"(Shechem)이라고 부르고(그 이름은 "어깨" 혹은 산등성이를 뜻하는 히브리어 단어에서 왔다. 창 33:19) 그 일부를 요셉에게 주었다(창 48:22). 비록 야곱이 우물을 팠다는 기록은 없지만 그럴 가능성은 충분하다. 그리고 오늘날 세겜(아랍의 발라타[Balata]) 근처에는 고대의 우물이 있다. 수가는 세겜을 지칭하며 (많은 순례자들이 방문하는) 근처의 우물은 역사적 우물이라고 결론을 내리는 것이 가장 그럴 듯해 보인다.[7] 중동의 이와 같은 장소들이 갖는 놀라운 일들 중 하나는 고대

4. 마가와 마태는 사마리아에 대해 아무런 기록도 남기도 있지 않는 반면 누가는 여러 이야기들 속에서 사마리아에 대한 예수의 관심을 보여주고 있다(눅 9:52; 10:53; 17:11). 이 역사는 또한 선한 사마리아인의 비유에 힘을 보태 주고(그 사마리아인은 영웅이 된다), 사도행전에서 빌립과 사도들이 사역의 범위를 사마리아 지역까지 넓히기로 결심한 것을 더욱 의미심장하게 해 준다.

5. J. Kopas, "Jesus and Women in John's Gospel," *TT* 41 (1984): 201-5.

6. 그 이름은 수세기를 거치는 동안 "와전"(corruption)을 겪었다. 그것은 고대의 네압볼리(Neapolis, 세겜에 세워졌던 새로운 로마 도시)가 오늘날 현대 아랍 도시인 '나블루스'(*Nablus*)가 된 것과 마찬가지이다. 비록 위치가 가깝기는 하지만 성경에 나오는 세겜을 오늘날의 나블루스와 동일시해서는 안 된다.

7. 오늘날 4세기의 십자형태 교회의 유적을 십자군의 교회 유적지 아래에서 찾아볼 수 있다. 십자군의 교회 지하에는 우물이 있다. 1914년에 십자군의 교회 재건축이 시작되었는데 아직도 끝내지 못했다.

로부터의 암반 우물들은 시대가 바뀌어도 그 위치가 변하지 않는다는 것이다.

요한복음 4:6에서 "우물"에 해당하는 헬라어 단어는 사실 "샘"을 지칭하는 단어이다(헬라어 '페게', *pege*). 그 단어는 (예루살렘의 기혼[Gihon] 샘처럼) 스스로 솟아오르는 물의 근원 혹은 샘을 뜻한다. 이와는 대조적으로 우물은 정확히 말하자면(헬라어 '프레아르', *phrear*, 요 4:11-12) 사람의 손으로 판 것을 말한다. 그러나 여기서 이 단어는 예수가 말한 "샘"(요 4:10)과의 아이러니컬한 비교라기보다는, 스스로 솟아오르는 물을 위쪽으로 길어 오를 수 있는 장치를 설치한, 손으로 판 우물을 지칭하는 일반적인 표현이었을 것이다(오늘날의 100피트[약 30.5미터] 깊이의 우물에도 그런 장치가 있다). 1세기에 우물 입구에는 (사람, 짐승, 혹은 암석 파편이 떨어지는 것을 막기 위하여) 지름이 좁은 벽을 쌓고 돌로 된 뚜껑을 덮었을 것이다(참조. 창 29:2). 또 짐승들에게 물을 주기 위해 돌로 된 물통이 근처에 놓여 있었을 것이다. 그리고 아마도 끈 달린 두레박을 매달기 위해 우물 위에 다리가 셋 달린 버팀목을 설치했을 것이다.[8]

예수는 우물에 도착하셔서 피로를 풀기 위해 그 가장자리 벽 위에 앉으셨다. 예수는 물을 길러 온 여인에게는 피할 수 없는 방해거리였을 것이다. 그가 피곤했다는 기록은 흥미로운 것이다. 요한복음 전체에 있어서 요한은 강한 어조로 예수의 신성을 강조한다. 그러나 여기서 그는 쉽고 편안하게 예수의 우연한 인간적인 모습을 보여준다. 예수는 피곤하셨다. 요한의 기독론은 예수의 어떤 한 측면을 희생해 가면서 다른 측면을 강조하지는 않는다.

시간은 제 6시 즉, 정오이다.[9] 두 가지를 주목해야 한다. (1) 그곳의 문화에 있어서 물을 길어 오는 것은 여인들의 일이었다.[10] 여성들이 사회적으로 소외되어 있던 세계에 있어서 그 일은 전적으로 부담스러운 것만은 아니었다. 여인들은 그 시간을 이용하여 서로 만나 이야기를 나눌 수 있었다. 그러므로 우물은 여인들을 피해야 하는 곳이면서 또한 여인들을 만날 수 있는 곳이기도 했다. 아브라함의 종이 이삭의 아내를 구하기 위해 북쪽 하란으로 돌아갔을 때, 그는 그 지역의 우물을 발견했고(창 24장) 그곳에서 리브가를 만났다. 마찬가지로 모세가 미디안으로 도망갔

---

8. R. Bull, "An Archaeological Context for Understanding John 4," *BA* 38 (1975): 54-59.

9. 유대인들은 관습적으로 일출시부터 시간을 세었다. 하지만 로마인들은 (우리와 마찬가지로) 자정과 정오로부터 시간을 세었다.

10. 이것은 막 14:13에서 예수가 물을 나르고 있는 남자를 그의 마지막 유월절을 지낼 장소를 지정하기 위한 표식으로 제자들에게 제시할 수 있었던 이유를 설명해 준다.

을 때, 그는 우물에서 이드로의 딸들을 만났고(출 2:15-16) 결국 그들 중 한 명(십보라)이 그의 아내가 되었다. 이 모티브는 너무 강력한 것이기 때문에 어떤 학자들은 요한복음 4장이 고대 약혼 장면들에 의해 영향을 받았을 수도 있다고 주장했다. 그 장면들 속에서 (상징적으로) 예수는 적절한 혼인관계를 결여하고 있는 한 여인을 자신과의 새로운 구원의 관계 속으로 부르신다.[11]

(2) 역사적으로 물을 긷는 일은 지중해의 열기를 피하기 위해 이른 아침이나 해질 무렵에 행해졌다. 이와 같이 정오에 일하는 것이 전혀 알려져 있지 않은 것은 아니지만 이 장면은 우리에게 이 여인의 사회적 소외를 상기시킨다. 그녀는 다른 여인들이 없을 때 물을 긷는다. 물론 후에 우리는 그 소외의 이유를 배운다(요 4:18). 그녀는 자신의 명예에 먹칠을 했고 자신이 속한 공동체의 윤리규범을 깨뜨렸다. 이것은 예수의 서곡과 대화를 보다 주목할 만한 것으로 만든다. 그는 많은 경계선들을 무너뜨리고 있다. 이 세계에 있어서 남자들은 여인들과 공적으로 거의 이야기를 나누지 않는다. 그것은 심지어 그들이 부부라고 해도 마찬가지이다. 결혼을 하지 않은 남자는 그 언제이건 '절대로' 여인과 이야기를 하거나 그녀를 만지지 않는다.

더구나 랍비는 (예수는 랍비로 알려졌다) 이 관습들을 꼼꼼하게 준수했을 것이다. 이것은 요한복음 4:9에서 그녀가 놀란 이유를 설명한다. 그녀는 단지 사마리아인이었던 것이 아니라 사마리아 '여인'이었다.[12] 이것은 또한 먹거리를 사러 갔다가(cf. 요 4:8) 예수에게 돌아온 제자들이 4:27에서 놀란 이유도 설명한다. 그들의 마음속에는 감히 입 밖으로 꺼낼 수 없는 질문들이 요동치고 있었다. "이게 도대체 무슨 일입니까? 왜 이런 황당한 대화를 나누시는 겁니까?" 놀라운 것은 예수가 그녀에게 마실 것을 구했다는 것이 아니라 하여튼 그녀에게 '무엇인가를' 구했다는 사실 자체에 있었다.[13]

예수와 여인 사이의 대화는 즐겁고 드라마틱한 연극이다. 요한의 전형적인 이야기에 있어서 늘 그런 것처럼, 대화자에게는 예수의 질문들이 주어지고 그것들은

---

11. 하갈의 이야기는(창 16:7) 우리를 더 깊은 비유로 초대한다. 거기서 주의 천사는 절망적인 상황의 여인을 사막의 샘물가에서 만난다.
12. 요 4:9하반절의 부연설명("이는 유대인이 사마리아인과 상종하지 아니함이러라")은 내레이터인 요한의 설명이다. 그것을 여인의 언급 중 일부로 보아서는 안 된다.
13. 오늘날에도 아랍 중동(Arab Middle East)의 외진 마을들에서는 이 관습이 아직도 지켜지고 있다. 나는 실수로 외진 팔레스타인 마을에서 여인들에게 말을 건 적이 있다(그곳은 고대 세계에서 멀지 않은 곳이었다). 그 여인과 나는 동시에 당황했고 마을 사람들도 충격을 받은 모습이었다.

상대방을 지상의 사고로부터(우물물) 천상의 실체로(생수) 이동시킨다. 레이몬드 브라운(Raymond Brown)은 이 단락이 어떻게 지상과 하늘의 실체를 언급하는 두 장면들을 잘 조합시키고 있는지 훌륭하게 설명했다. 요한복음 4:7-15에서 예수는 생수의 의미를 밝히신다. 그리고 4:16-26에서 예수는 그 여인의 죄악된 생활에 대해 논하고 진정한 예배에 대해 말씀하신다. 각 경우에 있어서 대화는 세속적인 평범한 것들로부터 출발한다(우물, 남편). 그리고 예수는 이 지상의 것들이 그녀에게 참으로 의미하는 것이 무엇인지 검토해 보도록 그녀를 압박한다. 이 단락들 속에는 예수에 의해 4:10에서 시작된 두 질문들, 두 도전들이 섞여 들어가 있다. 이 여인은 하나님의 선물과 그것을 주시는 분을 이해할까? 그녀는 예수에게 마실 것을 달라고 요청할까? 그녀가 예수에게 자신의 물의 근원이 되어 주실 것을 요청할 용기를 갖게 될지, 그리고 예수의 정체를 정확히 알게 될 지 우리는 잘 모른다.

니고데모의 경우처럼 지상의 것을 묻는 자들은 하늘의 것들을 이해할 수 없다. 그들은 오해에 걸려 넘어진다. 그것들은 그들을 유머스럽고 아이러니컬한 이중적 의미로 인도한다. 세겜성의 거주자로서 그녀는 모든 물의 근원들의 소재지를 알고 있다. 그러나 여기서 예수는 예상치 못했던 어떤 것을 말씀하신다. 그는 "생수"(요 4:10b)를 제공할 능력이 있다. "생수"(living water)란 샘, 강, 혹은 냇가의 물처럼 흐르는 물을 말한다. 그것은 '움직이는' 물이다. 다른 물들은 정지해 있다. 그런 물들은 우물, 수조,[14] 혹은 연못에 있다. 생수는 귀하고 가치가 높은 것이다. 그렇기 때문에 랍비들의 법에 따르자면 불결한 예배자들을 정결하게 만들기 위한 제례적 씻음에는 오직 생수만이 사용될 수 있었다.[15] 모든 이들은 세겜에 강이나 시내가 없음을 알고 있었다. 야곱도 자신의 가축들에게 물을 먹이기 위해 이곳에서 우물을 파야 했다(요 4:12). 그런데 어떻게 외부에서 온 유대인이, 이 지역에 대해서는 아는 것이 거의 없는 이 사람이, 다른 사람이 찾은 적이 없는 물을 줄 수 있다는 것인가? '세겜에는 생수가 없다.'

---

14. 수조(cistern)란 일반적으로 연한 석회암을 손으로 판 후 안쪽 벽에 회반죽을 바른 지하 저수지 혹은 움푹 패인 곳을 말한다. 빗물은 수조의 작은 구멍을 통해 안으로 모아졌고 입구에는 뚜껑을 덮어 햇빛이 비추는 것을 막았다. 그렇게 함으로써 조(藻)류의 성장을 막을 수 있었다. 오늘날에도 팔레스타인의 여러 마을에서는 수조를 사용하고 있다. 어떤 것들은 가정용의 작은 것들이다. 마사다(Masada) 서쪽 기슭에 위치한 12개의 수조들은 150만 입방 피트의 물을 저장할 수 있다(1피트는 약 30.5센티미터이다.-옮긴이).

15. 우리는 쿰란(Qumran)에서 좋은 예를 찾을 수 있다. 그들은 그곳 서쪽에 있는 산 계곡에서 필요한 만큼의 "생수"를 얻어 수많은 의례적 목욕에 사용할 수 있었다.

그 여인은 은유에 걸려 넘어져서 오해를 한다. 그녀는 근처에 시내 혹은 샘물이 있을 가능성에 대해 의아해 한다(요 4:11b). 그러나 예수는 그녀가 그것을 넘어서서 이 물이 의미하는 영적 의미를 바라보기를 원하신다. 이것은 갈증을 제거하는 물이고(요 4:13), 영생으로 인도하는 물이다(요 4:14). 이와 같이 척박한 지역에서 생수와 같이 귀한 것이 상징적 의미를 지니게 된 것은 놀랄 일이 아니다. 생수는 하나님에 의해 양분을 공급받는 생명이다. 예레미야는 이스라엘을 이렇게 질타한다. "내 백성이 두 가지 악을 행하였나니 곧 그들이 생수의 근원되는 나를 버린 것과 스스로 웅덩이를 판 것인데 그것은 그 물을 가두지 못할 터진 웅덩이들이니라"(렘 2:13). 하나님은 영적 갱신의 근원이시다. 그리고 다른 길들은 모두 거부되어야 한다.

이사야는 목마른 모든 이스라엘인들에게 하나님이 공급하시는 물로 나아오라고 교훈할 때 이 이미지를 사용한다(사 55:1). 에스겔과 스가랴는 마지막 때, 즉 하나님의 축복들이 넘쳐 흐르게 될 때, 생수가 문자적으로 예루살렘 성전으로부터 흘러나와 동쪽으로는 사해로 그리고 서쪽으로는 지중해로 흘러드는 것을 본다(겔 47:1-12; 슥 14:8). 그러나 예수 시대의 랍비문헌들은 이것을 성령에 대한 선지자적 상징으로 이해했다. 마지막 때에 성령은 땅을 새롭게 하고 깨끗케 하실 것이다(겔 36:25-27).[16]

예수는 하나님의 영을 통해 가능하게 될 새로운 생명에 대해 말씀하신다(요 4:14). 물은 요한복음의 첫 부분부터 이 새로운 실체의 상징이 되었다(요 1:31; 2:7; 3:5). 그리고 물은 후에는 성령으로 정의될 것이다(요 7:37-39). 그리스도 자신이 귀중한 생수의 근원이시다. 그 생수는 심지어 소외된 이 여인도 바꿀 수 있다. 그것은 하나님의 "선물"(헬라어 '도레아', *dorea*)이다.—후에 기독교인들은 이 단어를 성령과 연관시켰다(행 2:38; 8:20; 10:45; 11:17; 히 6:4).

그러나 예수는 이 약속을 한 걸음 더 발전시키신다. 우리의 "상태"를 ("구원의 상태"와 같은 것으로) 변화시키는 것은 단순히 하나의 경험이 아니라 삶을 생수처럼 살아 있는 것으로 만드는 역동적인 경험이다. (성령의) 물은 우리의 삶을 "솟아나는"(헬라어 '알로마이', *allomai*, 요 4:14) 샘으로 변화시킬 것이다. 이것은 칠십인경(LXX)에서 삼손, 사울, 그리고 다윗과 같은 위대한 지도자들에게 성령이 "약동하신다"(leaps)라고 할 때 사용되었던 단어이다. 예수의 이미지는 극적이다. 우

16. 심지어 쿰란의 광야공동체에서도 물은 하나님의 영과 연관되어 있었다(1QS 4:21).

물을 찾고 있던 여인은 성령이 자신의 삶을 우물로 바꾸어 주실 수 있음을 발견한다. 그 우물은 그녀가 찾아가서 물을 길어야 하는 우물이 아니고 물이 우물 바깥까지 스스로 솟구쳐 오르는 그런 우물이다.

여인은 분명히 호기심이 생겼으나 아직은 의심스러워한다. 그러나 요한복음 4:15에서 그녀는 예수께서 4:10부터 제시하셨던 두 도전들 중 한 가지를 충족시키는 요청을 한다. "주여, 이 물을 내게 주십시오." 그러나 그녀는 아직 자신이 무엇을 구하고 있는 것인지 정확히 알지 못하고 있다. 그녀는 아직도 문자적인 물을 구하고 있다(이것은 니고데모가 문자적인 다시 태어남에 대해 물은 것[요 3:4], 그리고 갈릴리 사람들이 문자적인 떡에 대해 물을 것과 마찬가지이다[요 6:34]). 그녀는 아직도 지상의 것들에 대해—즉, 그녀의 영혼을 위한 물이 아니라 그녀의 항아리를 위한 물에 대해—생각하고 있다.

그녀는 물을 구했다. 그러나 그녀는 선물을 이해하지도 못했고 선물을 주는 이의 정체도 알지 못했다. 두 번째 라운드의 질문들은(요 4:16-26) 예수의 정체라는 이 두 번째 주제를 추구해야 하고 요한복음 4:10에서의 예수의 두 번째 도전을 충족시켜야 한다. 의심할 바 없이 남편을 불러오라는 예수의 요구는 충격적이었을 것이다(요 4:16). 남편이 없다는 그녀의 대답은(요 4:17) 그녀가 이혼을 했거나 과부였다면 사실이었을 것이다. 그러나 예수는 그것이 사실이 아님을 알고 계셨다. 예수는 자신의 신적 능력을 내보이시면서(cf. 나다나엘, 요 1:49) 그녀에게 다섯 명의 남편이 있었으며 지금 함께 살고 있는 남자는 그녀와 결혼을 한 사람이 아님을 그녀에게 상기시키셨다.[17]

이 숫자는 알레고리로 해석되어서는 안 되고 가장 단순한 수준에서 해석되어야 한다.[18] 어쨌든 그녀는 죄를 지었고 그녀를 끈질기게 물고 늘어져 왔던 평판이 이제 다시 고개를 쳐들었다. 하지만 예수는 단순히 그녀를 심판하고 있지 않다. 그녀는 이것이 하나님으로부터의 메신저로서의 능력을 드러내고 있다는 사실을 올바

17. 주후 1세기에 있어서 유대 여인은 남편을 내쫓고 이혼을 선언할 수 없었다(이것은 엄격히 남편만의 특권이었다). 그러나 그들은 남편이 자신을 해방시켜 주도록 법정에 호소할 수 있었다. 다섯 번의 이혼은 대단히 이례적인 것이었다. 랍비들은 두 번, 혹은 어쩌면 세 번을 여인들의 이혼의 횟수로 제한했다(참조. Morris, *John*, 234n.41).

18. 어떤 학자들은 다섯 남편들은 사마리아인들이 외국에서 들여온 신들을 뜻한다고 주장했다(왕하 17:24). 그러나 국가들의 수는 다섯이었지만 사마리아로 들여온 신들은 일곱이었다(왕하 17:30-31). 데렛(J. D, M. Derrett)은 한 때 다섯 남편들은 유대인들과 그리스인들에게 알려졌던 "다섯 가지 감각들"을 뜻한다고 주장했다("The Samaritan Woman's Pitcher," *Downside Review* 102 (1984): 252-61). 대부분의 주석가들은 그런 추측은 너무 지나친 것이라고 본다.

르게 알아차린다. 그리고 이 낯선 사람의 윤리적 심사로부터 벗어날 길을 찾으며 뒤로 후퇴한다. 그녀가 요한복음 4:19-20에서 한 말에도 불구하고 그녀는 여전히 "빛 속에 머물고" 있다. 왜냐하면 그녀는 다른 곳으로 가 버리지 않고 계속 예수와 대화를 나누고 있기 때문이다.

사마리아인들은 성경시대에 아모스나 이사야와 같은 선지자들이 있었다는 사실을 믿지 않았다. 그들은 오직 모세오경만을 받아들였기 때문에 위대한 선지자가 모세의 뒤를 따르리라는 신명기 18:18의 기대를 이해하고 있었다("내가 그들의 형제 중에서 너와 같은 선지자 하나를 그들을 위하여 일으키고 내 말을 그 입에 두리니 내가 그에게 명령하는 것을 그가 무리에게 다 말하리라"). 그러나 이것은 마지막 때의 메시야적 인물이어야 했다. 그러므로 예수를 지칭하며 선지자('그' 선지자?)라고 했을 때, 그녀는 자신도 모르는 사이에 예수의 메시야성이라는 주제를 건드린 것이다. 이것은 일상적인 요한의 기법이다. 그것에 따르자면 지상의 수준에서 활동하는 인물들은 영적인 것을 이해하는 데 실패한다. 그러나 그럼에도 불구하고 그들은 때로 자신들이 이해하는 것보다 더 심오한 의미를 지니고 있는 언어를 사용한다(cf. 요 10:50; 18:37, 39; 19:19-22).

요한복음 4:20에서 여인은 그녀에게 가장 큰 위안의 힘이 되어 줄 것을 소망하는 일을 시작한다. 이 선지자 앞에서 자신의 과거(그리고 현재)의 수치로부터 벗어나기 위해, 그리고 앞으로의 그의 질문들을 비껴 가기 위해, 그녀는 유대인과 사마리아인들 사이의 역사적, 종교적 분리를 언급한다. 두 그룹들은 하나님께서 예배를 위해 특정 장소를 지정하셨다는 사실을 알고 있었다. 그곳에서 그의 이름이 알려질 것이다(신 12:5). 그러나 그들은 그 위치에 대해 의견이 심하게 달랐다. 다윗왕은 예루살렘을 택하기로 결심했다. 그리고 그 땅을 손에 넣은 후 회막을 그곳으로 가져왔다. 그리고 그의 아들 솔로몬이 하나님의 성전을 건축했다. 그 성전이 파괴된 후에도 그곳은 계속해서 다시 건축되었다.

사마리아인들은 이 전통을 거부했다(그들은 후기의 구약 책들을 모두 거부했기 때문이다). 모세오경에 따르자면 아브라함이 처음으로 제단을 쌓은 곳은 그리심산 아래쪽의 세겜이었다. 이 동일한 산이 또한 이스라엘인들이 여호수아의 지도 아래 가나안 땅으로 들어올 때 목표로 삼았던 곳이기도 했다(신 11:29; 27:12; 수 8:33). 그곳에서 율법과 축복들이 큰 소리로 낭독되었다.[19] 그러므로 그와 같은 역사적 배경에 비추어 보자면 이 산을 하나님이 택하신 곳으로 보는 것은 이치에 맞는 일이다. 주전 2세기에 사마리아 성전이 파괴된 후에도 제사장들은 그곳에서 희생제물과 제사를 드리기를 계속했다.

그러므로 예수는 이 역사적, 종교적 수렁 속으로 빠져들어가 코멘트를 해 줄 것을 요청 받은 것이다. 여인이 말하는 "우리 조상들"은 최근의 역사를 가리키는 것이 아니라 아브라함과(창 12:7) 야곱이(창 33:20) 이곳에서 경배하던 고대시대를 말한다. 이 산은 역사적, 종교적 중요성을 가지고 있다고 여인은 주장한다. 그것은 단지 그녀의 사람들에 의해서가 아니라 족장들에 의해 확인된 것이다. 그러나 요한복음 4:20b의 "당신들"은 강조적이다. 그것은 예수를 지칭하는 것이 아니라 그가 대표하고 있는 유대국가를 뜻한다.[20] "당신의 사람들은 예루살렘에서 예배를 드리고, 우리 사람들은 이곳에서 예배를 드립니다. 그러므로 우리는 공통된 것이 거의 없습니다."라는 것이 여인의 의도를 잘 드러내는 의역이 될 것이다.[21] 그러나 예수는 인종적 분리에 대한 그녀의 호소를 (요 4:9에서 그랬던 것처럼) 다시 한 번 비껴 가신 후 예배에 대해 날카로운 논평을 제시하신다(요 4:21-24). (예수가 요한복음 4:21에서 사용한 "여자여"라는 호칭이 존중의 뜻을 담고 있다는 것에 대해서는 요한복음 2:4의 주석을 참조하라.)

(1) 예수는 사마리아인들의 예배의 부적절성에 대해 논하신다(요 4:22). 신약의 다른 곳들과는 달리 예수는 유대교의 전통들 편을 드신다. "우리는[강세형] 아는 것을 예배하노니 이는 구원이 유대인에게서 남이라." 예수는 유대인이다. 메시야는 유대인이어야 했다. 그러므로 유대교는 하나님께서 그것을 통해 역사해 오신 종교적 역사의 궤적이다. 이것은 사마리아인들의 신앙의 결함에 대한 비타협적 발언이다. "너희는[복수, 강세형] 알지 못하는 것을 예배하고 우리는 아는 것을 예배하노니"는 그녀의 전통과 세상을 향해 하신 말씀이었다.

(2) 예수는 그리심산과 예루살렘을 둘러싼 논쟁은 오직 지엽적인 중요성만을 가질 뿐이라고 지적하신다. 왜냐하면 두 장소들 모두 곧 용도가 폐기될 것이기 때문이다(요 4:21). 요한복음 2:19-22에서 우리는 이미 이것에 대한 암시를 들었다. 예수가 "이 성전"을 허물라고 말씀했을 때 요한은 예수가 "자신의 육체"의 성전을

---

19. 북쪽의 인접한 에발(Ebal)산은 율법의 저주가 낭독되었던 곳이다. 히브리어 구약성경은 에발산에 제단이 세워져야 한다고 말한다. 그러나 사마리아 버전의 모세오경은 신명기 27:4의 이 언급을 그리심(Gerizim)산으로 바꾸어 버렸다. 오늘날 이스라엘에서는 소수의 거의 알려지지 않은 사마리아 사람들의 무리가 아직도 그 산을 존중하며 그곳에서 희생제사를 드리고 있다.

20. NIV 성경의 "당신들 유대인들"(you Jews)이라는 번역은 (그것은 헬라어에서는 나타나지 않는다) 이 강조점을 살린 의역이다.

21. R. Bull, "Archaeological Footnote to 'Our Father Worshipped on this Mountain,' John 4:20," *NTS* 23 (1977): 460-62.

지칭하신 것이라고 설명했다. 그러므로 예수의 몸(하나님의 임재의 처소, 요 1:14)과 성전은 유사한 운명을 공유하고 있거나 최소한 서로를 해석해 준다. 예수가 "때가(헬라어 '호라'[*hora*], NIV는 time으로 번역) 오나니"라고 했을 때 NIV는 중요한 단어를 모호하게 번역했다. 우리는 이 단어의 신학적 사용을 이미 요한복음 2:4에서 보았고 그것이 예수의 영광(요한복음에서는 그의 죽음과 부활)의 "시간"(the hour)을 지칭한다는 것도 배웠다. 그러므로 예수가 십자가에서 자신을 희생 제물로 드릴 때 예배에는 엄청난 변화가 발생하게 될 것이다.

(3) 마지막으로 예수는 무엇이 다가오고 있는지, 그리고 이 땅위에서 심지어 지금 이미 동터 오고 있는 것이 무엇인지 조심스럽게 정의하신다(요 4:23-24). "영과 진리"로 예배한다는 것(23절)은 예수가 의미하는 것이 무엇인지를 보여주는 열쇠이다. 그것은 의심할 바 없이 "하나님은 영이시니"(24절)라는 확언과 연결되어 있다. 이것은 단지 하나님은 무형적 존재라는 사실에 대한 평범한 설명이 아니다. 예수는 형이상학에 대해 말씀하시고 있지 않다. 오히려 그는 하나님의 역동적이고 생명을 주시는 성격에 대해 묘사하시고 있다. 요한복음 3:8에서와 마찬가지로 이 하나님은 우리가 이해할 수 있는 분이 아니다. 그러나 그의 역사하심의 결과는 부정될 수 없다. "하나님이 사랑이신 것" 혹은 "하나님이 빛이신 것"과 마찬가지로 "하나님은 영이시다."

이것들은 하나님께서 어떻게 우리들에게 자신을 계시하시고 어떻게 세상 속에서 우리에게 영향을 끼치시는지를 설명해 준다.[22] 그러므로 "영으로 예배 드리는 것"에서 영은 "인간의 영"을 의미하지 않는다.[23] 그것은 하나님의 성령에 의해 역동적으로 활기가 넘치는 예배이다. 그러나 그것은 그 이상이다. 요한복음 4:23-24에서 하나의 전치사가 "영과 진리" 모두와 연결되어 있다(NIV는 이것을 제대로 보여주지 못한다). "영과 진리로" 드리는 예배라는 표현이 의미하는 것은 영과 진리를 따로 보여주는 카탈로그는 없다는 것이다. 영과 진리는 하나의 분리 불가능한 개념이다. 이것은 하나님에 의해 능력을 부여받은 예배이며 또한 하나님의 계시에 의해 지식을 얻은 예배이다. 그것은 그 자신이 진리이신 예수 그리스도에 의해 인간들에게 제공된다(요 14:6). 후에 예수는 이 영을 "진리의 영"이라고 부르신다(요 14:17; 15:26). 이것은 거룩한 장소들에 묶여져 있는 것이 아니라 거룩한 인격체

22. Carson, *John*, 225.
23. 이것은 Morris, *John*, 239와 많은 다른 이들의 입장과 반대되는 것이다.

(Person)에 의해 강한 영향을 받는 예배이다. 그는 자신의 십자가를 통해 새로운 시대의 문을 열 것이다. 그 시대가 오면 성령이 모든 것을 변화시킬 것이다.

여인이 예수에게 마지막으로 한 말(요 4:26) 역시 예수의 명확한 지적을 비껴가고자 하는 노력을 보여준다. 사마리아인들은 신명기 18:18에 근거하여 메시야의 도래를 믿었다. 그리고 그 메시야가 모든 것을 그들에게 설명해 줄 것이라는 점을 이해했다. 그러나 여인이 암시했던 것은 그녀와 예수 모두가 기다려야 한다는 것이었다. "'그가' 오시면"이라는 번역은 헬라어의 강세형 대명사를 제대로 드러내지 못하고 있다. 이 말의 의미는 이 여인이 보기에 예수는 메시야가 될 자격을 갖추지 못했지만, 그런 영적 설명들이 그들에게 실현될 날이 임박했다는 것이다. 그러나 그녀는 자신도 모르는 사이에 예수를 가장 잘 묘사해 주는 단어를 사용하고 있다. 단순한 위엄을 갖추시면서 예수는 그 명칭들을 자신의 것으로 받아들이신다(요 4:26). 이것은 이제 요한복음 4:10의 두 번째 도전을 충족시킨다. 그 여인은 예수의 정체를 올바로 파악했다(cf. 요 4:29b).

요한복음 4:26의 헬라어 원문은(문자적으로 "나는 네게 말하는 자이다"[I am-who speaks to you]) 요한복음에 독특하게 등장하는 표현을 포함하고 있다. 그것은 자주 반복해서 등장할 것이다. "나는…이다"(I am. 헬라어 '에고 에이미'[*ego eimi*]). 이 표현은 단지 자기정체성의 표현일 수 있다(NIV, NRSV 등이 그렇게 번역했다). 그러나 헬라어 원문에는 "네게 말하는 내가 그라"(I who speak to you am 'he')에서 "그라"(he)에 해당하는 단어가 나타나지 않는다. 이 표현은 강조적이고 보기 드문 것이다. 우리가 나중에 보게 되겠지만(요 8:58) 이것은 항상 자기 정체를 드러내는 표현법으로 사용된 것은 아니다(예를 들어, "내가 곧 생명의 떡이로다", 요 6:48). 그것은 또한 시내산에서 모세에게 알려주신 하나님의 거룩한 이름이다(참조. 출 3:14). 이 용어(히브리어 '야웨', *Yahweh*)가 헬라어로 번역되었을 때 '에고 에이미'(*ego eimi*. "나는 있다"[I am])가 되었다. 그리고 요한복음 전체에 걸쳐서 우리는 요한이 서술어 없이 이 용어를 절대적 용법으로 사용하는 것을 보게 될 것이다. 그것은 그의 신적 정체성을 보다 잘 드러내기 위한 것이다.

예수의 음식(4:27-42)

4:10이 제시한 두 가지 도전의 완성으로 대화의 한 단락은 끝을 맺는다. 음식을 얻기 위해 떠났던(요 4:8) 예수의 제자들이 이제 돌아와 예수가 여인 그것도 사마

리아 여인과 대화를 나누시고 있는 것을 보고 당연히 놀라움을 나타낸다(요 4:27). 물론 그들은 율법 속에 기록되어 있고 전통 속에 살아 있는 금지규정들에 대해 생각했을 것이다. 그것은 남자가 여인과 스스럼없이 대화를 나누는 것을 금하고 있다(위 참조). 그러나 그들은 예수가 여인과 '신학적' 내용에 대해 대화를 나눈다는 사실 때문에 더욱 흥미를 느꼈을 수도 있다. 랍비들은 신학교육, 즉 율법에 대한 교육은 오직 남자들만을 위한 것이라고 가르쳤다. 여성들 혹은 소녀들을 가르치는 일은 시간낭비일 뿐 아니라 거룩한 것들을 더럽히는 일이었다. 그런데 예수는 그런 전통을 무시하고 계시고 여기서 유별나게 '불경스러운' 여인과 궁극적인 영적 심오성의 문제에 대해 이야기를 나누고 계신 것이다.

여인은 자신의 항아리를 놓아 둔 채(요 4:28) 이웃들에게 소식을 전하기 위해 달려갔다. 이에 대해서는 해석자들 사이에 여러 의견들이 있다. 어떤 이들에게 있어서 이것은 알레고리를 위한 거부할 수 없는 기회이다(남겨진 항아리가 뜻하는 것은 그녀의 이전의 삶인가? 율법인가?). 그러나 이런 해석에 대해서는 저항해야 한다. 아마도 그녀가 항아리를 남겨 둔 이유는 예수가 물을 마실 수 있도록 하기 위해서였을 수도 있다. 혹은 그녀는 곧 그곳으로 돌아올 생각이었기 때문에 집으로 항아리를 가지고 가기를 원하지 않았을 수도 있다. 가장 가능성이 큰 것은 그녀가 발견한 것을 남들과 함께 나누고자 하는 열망이 너무나 컸기 때문에 그녀를 방해하는 모든 것을 뒤에 남겨 놓았을 것이다. 모리스(Morris)는 온건한 상징주의를 선호한다. "그녀는 사람들을 데려오기(bringing) 위해 물을 가져가는(bringing) 일을 포기했다."[24]

이것이 요한이 의미하는 바의 핵심이다. 제자도의 표적들 중 하나는 다른 사람들에게 증거하는 것이다.—그가 발견한 것이 너무나 소중하기 때문에 열정적으로 말을 하게 된다. "와서 보라"(요 4:29)는 요한의 초청의 용어이다(요 1:39, 46). 잠재적인 개종자들은 예수에 대해 많은 정보를 필요로 하지 않는다.—이 여인은 심지어 그리스도로서의 예수의 정체성에 대해서도 단지 임시적인 확신만을 가지고 있었던 점을 주목하라(요 4:29); 그들에게 필요한 것은 단지 와서 그들 자신이 예수를 경험하는 것이다.

여인이 없는 동안 제자들은 예수께 음식을 잡수실 것을 권한다. 여기서 갑자기 우리는 4장에서 이미 본 모든 특징들을 가지고 있는 미니 대화를 보게 된다. 음식

24. Morris, *John*, 243n.68.

을 가지고 있다는 예수의 주장은(요 4:32) 그들을 당혹하게 한다. 왜냐하면 그들의 과제는 음식을 구해 오는 것이었기 때문이다. 어떤 사람이 (어쩌면 그 여인?) 그에게 음식을 드렸는가?(요 4:34) 그러나 그들은 지상의 일들을 생각하고 있다. 그리고 그들의 오해는 예수로 하여금 그들의 생각의 수준을 높이도록 자극을 가한다. 아버지에 대한 순종이 예수에게 보다 깊은 만족을 주는 일이다. 아버지는 아들에게 할 일을 주셨다(요 5:30; 6:38; 7:18; 8:50; 9:4; 10:37-38; 12:49-50). 그리고 예수의 임무는 그 일을 완성하는 것이다. 마지막 기도에서 예수는 이렇게 말씀하신다. "아버지께서 내게 하라고 주신 일을 내가 이루어 아버지를 이 세상에서 영화롭게 하였사오니"(요 17:4). 예수가 십자가에서 "다 이루었다"라고 말씀하셨을 때, 그것은 단지 그의 생명이 이제 다했다는 뜻이 아니라 자신의 순종의 삶의 절정에 대한 감사의 표현이었다.

요한복음 4:35에서 예수는 제자들에게 농업의 격언을 상기시키신다. 그것은 그들에게 현재의 순종을 지적하기 위함이었다. 학자들은 이 격언의 기원과(그것은 그 어느 곳에도 나타나지 않는다) 의미를 두고 의아해 했다(곡식이 익기 위해서는 4개월 이상의 시간이 걸린다). 더구나 추수하게 되었을 때 "흰색"(white, NIV에서는 '익은', ripe)이 되는 작물은 무엇인가? 유대인과 사마리아인들의 축제들에 기원을 둔 수많은 추론들은 성과가 없는 듯이 보인다. 그 대신 우리가 듣고 있는 것은 마을에서 구전으로 전해지던 격언이었던 것 같다(중동지역에서 이런 종류의 격언들을 한이 없어 보인다).

예수는 파종과 추수 사이의 시간에 대해 생각하고 있다. 곡식은 자라고 있지만 아직 여물지는 않았다. 들판은 곡식으로 가득 찼지만 아직 벨 때는 되지 않았다. 농부는 긴장을 늦추고 풍년의 약속을 즐거워하고 있다. 그러나 예수는 갑자기 이미지를 바꾸신다. 들판은 '지금' 추수할 준비가 되었다! 그는 (우물에서) 씨를 뿌렸고 이제 (사마리아인들에 대한) 추수가 다가오고 있다. 어떤 이들은 예수가 흰 곡식에 대해 말씀하신 것은 다가오고 있는 사마리아인들을 지칭하신 것이 아니었을까 하고 생각한다(요 4:40, 그들은 흰옷을 입고 있지 않았을까?). 그들은 영생을 위한 수확물이 될 것이다(요 4:36). 예수는 세상 속에 계시다. 하나님은 씨를 통해 밭 속으로 침입해 들어오셨고 그 씨는 이미 열매를 맺고 있다.

예수는 요한복음 4:37-38에서 제자들에게 기대하는 바를 설명하시면서 또 다른 농업 은유를 사용하신다. 농업에 있어서 (다른 많은 노동에 있어서와 마찬가지로) 추수에 앞서 많은 노동이 필요하다. 때로는 준비작업을 하는 사람들이 추수를 하는 사람들과 동일인이 아니다. 그러나 예수가 "다른 사람들은 노력하였고"라고 하실 때 의미하는 것은 무엇인가?[25] 이것은 세례요한이나 예수 자신일 수 있다. 그들은 미래의 교회를 위해 길을 준비했다. 그 어떤 경우이든 이것은 신학적으로 중요한 선언이다. 왜냐하면 이것은 이전에 무슨 일이 진행되어 왔는지, 또 우리의 노력 이전에 하나님이 해 오신 일이 무엇인지의 측면에서 기독교인의 사명을 정의해 주고 있기 때문이다. 기독교인의 사역은 하나님의 사역과 분리된 고독한 노역이 결코 아니다. 기독교인들은 하나님께서 이미 "어려운 일을 해 놓으신" 곳으로 가서 그곳에서 추수를 하도록 부르심을 받는다.

4:39에서 사마리아인들이 다시 무대에 등장한다. 이제 추수가 임박했다. 그들의 믿음은 ("많은 사마리아인이 예수를 믿는지라") 여인의 고백에 근거한 것이었다. 그것은 하나님의 일에 대한 인간의 고백의 가치를 강조한다(요 17:20). 전도는 협동적 사역이다. 하나님의 예비적 사역이 우리의 고백, 즉 하나님이 세상 속에서 이루셨고 또 지금 하고 계신 일들에 대한 우리의 고백과 결합된다. 예수와 그의 추종자들은 이틀을 더 머물기로 동의한다(요 4:40). 그것은 예수가 그들이 참으로 오랫동안 고대하던 메시야라는 사마리아인들의 확신을 공고히 해 준다.[26] 그들이 그곳에 머문 것은 더욱 큰 성공을 가져왔다. 왜냐하면 더 많은 이들이 믿음을 갖게 되었기 때문이다. 이런 기초사역이 있었기 때문에 후에 사도행전 8장에서 볼 수 있는 빌립의 사역이 이루어질 수 있었을 것이다. 빌립은 스데반의 순교 이후 사마리아로 갔다. 사마리아인들은 열정적으로 빌립을 영접했고, 그들의 신앙을 고백했으며, 세례를 받았고, 성령을 받았다.

이야기의 마지막 언급은(요 4:42) 여인의 수고의 열매에 대한 중요한 요약이다. 사마리아인들은 모든 신자들이 가져야 하는 것을 증거한다.—그것은 다른 사람에게 의존하거나 다른 사람이 대신해 주지 않는 자기 자신의 믿음이다. '오히려 그들은 와서 보았고, 그들 스스로 그리스도를 경험했다.' 이런 개인적 경험은 요한의 계속적인 관심사이다. 잠재적 개종자들은 잘 정돈된 신앙을 가져야 할 뿐만 아니라 자신들의 개인적 경험을 증거할 수 있어야 한다("그가 내가 행한 모든 것을 내게 말하였다 증언하므로", 요 4:39b). 그러나 사마리아인들의 증거에는 흥미 있는 측면이 하나 더 있다. 그들은 예수를 "세상의 구주"라고 부른다. 이것은 비범한 용

---

25. 복음서의 역사적 측면에 대해서는 거의 관심을 기울이지 않는 비평적 학자들은 여기서 빌립처럼(행 8장) 사마리아를 복음화 하려고 했던 사람들에 대한 증거를 본다.
26. 헬라어 동사 '메노'(*meno*, 머무르다, 남다)가 또한 제자도의 표시라는 점에 주목하라(cf. 요 1:38-39).

어이다. 이것은 신약성경에서 오직 한 번만 다른 곳에 등장한다(요일 4:14). 그러나 그것은 요한복음 3:17에 들어 있는 생각과 평행을 이룬다. "하나님이 그 아들을 세상에 보내신 것은 세상을 심판하려 하심이 아니요 그로 말미암아 세상이 구원을 받게 하려 하심이라."

"세상"은 유대와 사마리아의 문화적 경계 너머에 있는 이교도와 불신의 먼 지평선을 가리킨다. 그리스도 안에서의 하나님의 사역은 이스라엘(혹은 심지어 사마리아)로 제한되지 않는다. 이것은 유대교의 경계선 밖에 있는 자들을 향한 예수의 전세계적 사명에 대한 첫 번째 암시이다. 유사한 방식으로 예수는 요한복음 10:16에서 "이 우리에 들지 아니한 '다른' 양들이 내게 있어 내가 인도하여야 할 터이니"라고 말씀하신다. 예수의 추수는 제자들이 거의 상상할 수 없는 것이다.

예수가 가나로 돌아오심(4:43-54)

예수는 이틀 동안 사마리아에 머무신 후 그곳을 떠나(요 4:40, 43) 계속해서 북쪽으로 가셔서 이스르엘 계곡을 지나 갈릴리 지역으로 들어가신다. 이 작은 이야기는 예수께서 공사역을 시작하신 곳 즉, 가나를 시발점으로 하여 커다란 원이 그려졌음을 보여준다. 사실 이 이야기는 요한복음의 한 섹션의 "틀"(frame)을 마감하는 역할을 한다. 그 섹션은 예수와 유대교의 네 제도들(정결례, 성전, 랍비, 우물)의 윤곽을 그려 주고 있다. 내가 서론에서 언급했듯이 요한복음의 원본은 장의 구별을 가지고 있지 않았다. 그렇기 때문에 문학적 표식들이 우리에게 이야기의 전개를 지적해 주는 역할을 한다. 심지어 가나에서의 각 기적들은 우리의 편의를 위해 숫자까지 붙어 있다(요 2:11; 4:54).

- 예수가 가나에서 기적을 행하심(그의 '첫 번째' 표적, 요 2:11)
- 예수와 예루살렘 성전
- 예수와 예루살렘 랍비
- 예수와 사마리아 여인
- 예수가 가나에서 기적을 행하심(그의 '두 번째' 표적, 요 4:54)

이런 정렬은 독자들이 요한복음 4:54과 이어지는 표적들 때문에 종종 갖게 되는 의문들을 풀어 준다. 이것은 예수의 두 번째 표적이 아니다. 왜냐하면 예수는 다른 표적들도 행했기 때문이다(요 2:23). 심지어 본문의 언어도 그것의 목적을 암시해 준다. (문자적 번역) "그는 두 번째 표적[으로서, as] 이것을 행했다(This he did [as] a second sign)." 이것은 예수가 갈릴리에서 행한 두 번째 표적으로서 가나 혼인잔치에서 행한 표적과 짝을 이룬다.[27]

요한복음 4:44의 삽입구적 논평은 주석자들에게 끝없는 문제를 안겨 주었다. 카슨(Carson)은 이에 대해 열 가지가 넘는 해법들을 소개한다.[28] 문제는 간단하다. 예수는 선지자가 고향에서는 높임을 받지 못한다고 말씀하신다. 그러나 만약 갈릴리가 그의 고향이라면 이것은 이상한 언급이다. 왜냐하면 요한복음 4:55에서 갈릴리 사람들은 예수를 환영하기 때문이다. 그리고 누가복음이 소개하고 있는(눅 4장) 나사렛에서의 거절당함 이야기는 요한복음에는 등장하지 않는다. 어떤 이들은 (Westcott, Hoskyns) 유대를 "그의 고향"으로 본다. 그렇게 함으로써 그들은 예루살렘에서의 극단적 거부를 설명한다. 그러나 요한복음이 (그리고 공관복음이) 얼마나 자주 나사렛을 예수의 고향으로 언급했는지를 생각해 보면(요 1:45-46; 18:5, 7; 19:19; cf. 7:41, "갈릴리") 이런 해석은 실패하고 만다. 마태, 마가, 누가는 모두 이 언급을 예수가 나사렛을 방문한 이후에 소개하고 있다(마 13:57; 막 6:4; 눅 4:24).

카슨(Carson)은 우리가 "이스라엘"을 그의 고향으로 생각해야 한다고 설득력 있게 주장한다. 요한복음 4:44에서의 비교는 유대와 갈릴리 사이의 비교가 아니라 (그가 이제 막 빠져 나온) 사마리아와 유대인들의 지역 사이의 비교이다. 사마리아에서 예수는 방금 엄청난 성공을 즐겼다. 하지만 예루살렘에서의 청중들은 기껏해야 조심스러운 태도를 보였을 뿐이다. 요한복음 2:18, 20에서 그곳의 유대인들은 예수에게 도전을 했다. 현재 이야기에서 갈릴리 사람들은 예수를 환영한다. 그것은 예수가 메시야일 수 있기 때문이 아니라(cf. 사마리아인들, 요 4:29, 41) 그들이 예루살렘에서의 그의 활동을 목격했기 때문이다(요 4:45b). 아마도 구체적으로는 성전청결사건을 지칭할 것이다. 그러므로 예수에 대한 그들의 관심은 성전의 권위자들에 대한 그의 반대 역할에 초점이 맞추어져 있는 것이다. 심지어 요한복음

27. 요한복음 배후에 있는 자료에 관심이 있는 학자들은 요 4:54를 복음서 배후의 "표적자료"(Signs Source)에 대한 증거로 사용했다. 즉 요한이 기적들 혹은 표적들의 설화(narrative)를 손에 넣어 그것을 보다 긴 강화들(discourses)을 포함하는 "자료"(source) 속에 섞어 짜 넣었다는 것이다. 그러나 그런 이론은 불필요하다. 남아 있는 예수의 표적들은 번호가 붙어 있지 않다. 여기서 번호가 붙어 있는 이유는 가나에서의 첫 번째 표적을 우리에게 상기시켜 주기 위해서이다.

28. Carson, *John*, 235; 카슨은 *JBL* 97 (1978): 424n.50에 실린 자신의 논문을 소개한다.

4:48에서의 예수의 질책도 복수형이다. 이것은 그가 갈릴리의 모든 이들에게 말씀하고 있음을 보인다("예수께서 이르시되 너희는 표적과 기사를 보지 못하면 도무지 믿지 아니하리라").

다른 말로 하자면, 요한이 4:45에서 갈릴리인들의 환영에 대해 이야기할 때 그는 엄청난 아이러니를 기록하고 있는 것이다. 갈릴리에서의 그 다음 장면이 분명히 보여주고 있듯이 그들은 예수를 이해하지 못한다. 사실 그들은 예수의 목적을 왜곡하려 했으며(요 6:15) 그의 제자들 중 일부는 심지어 그를 떠나기도 했다(요 6:66).[29] 유대인으로서 예수는 자신이 속한 문화인 유대교에 대해 논평한다. 그들은 자신들의 선지자들을 존중했던 예를 단 한 개도 제시할 수 없다.

예수가 가나를 방문하셨을 때, 가버나움에서 온 어떤 사람이 예수를 맞았다(요 4:46). 그의 아들은 병세가 중하여 죽어 가고 있었다. 그는 유력한 자였다("왕의 신하"). 왜냐하면 그는 갈릴리에서 헤롯 안디파스를 위해 일하고 있었던 것으로 보이기 때문이다. 그는 예수에게 자신의 아들을 고치기 위해 가버나움으로 내려가 줄 것을 끈질기게[30] 요청했다(요 4:47, 49). 가나는 갈릴리 언덕 위에 있었고 가버나움은 바닷가에 있었기 때문에 "내려오셔서"라는 표현은 이 이야기의 정확성을 보여주고 있다. 그 두 마을들은 약 20마일(약 32킬로미터) 정도 떨어져 있었으며 그 중간에는 언덕들이 있었다. 예수는 가버나움으로 여행하시는 대신 먼 거리에서 그 아이를 치료하셨다(요 4:50). 나중에 그 사람이 집으로 돌아가는 도중에 그의 종들이 그를 만나서 아이가 치료되었다는 소식을 전해 주었다(요 4:52). 그 기적은 정확히 예수가 아이의 치료에 대해 말씀하셨을 때 이루어졌다(요 4:53).[31]

두 번의 다른 경우에도 예수는 먼 거리에서 환자를 치료하신다. 백부장의 종과(마 8:5-13; 눅 7:2-10) 페니키아 지방 여인의 딸의(마 15:21-28; 막 7:24-30) 치료. 이 이야기들은 요한복음의 이야기와 비교해 볼 필요가 있다. 왜냐하면 양자간에는 평행들이 (심지어 문자적인 평행들이) 존재하기 때문이다. 특히 백부장의 종의 이야기의 경우가 그렇다. 어떤 학자들은 (가나를 배경으로 한) 요한의 이야기와 (가

29. Carson, *John*, 236-37.

30. "청하되"에 해당하는 헬라어 동사의 시제는 미완료형(imperfect)으로서 계속적 동작을 암시한다.

31. "일곱 시"라는 것은 해석자들에게 불필요한 어려움을 제시한다. 유대인들의 관습에 따르자면 일곱 시는 약 오후 1시쯤이었을 것이다. 그러나 그것이 치료의 시간이었다면 그 남자는 왜 다음 날까지 집으로 돌아가는 것을 연기했을까?(요 4:52b) 그는 그날 즉시 집으로 갈 수도 있었다. 우리가 여기서 치료의 시간을 "로마시간"(즉, 저녁 일곱 시)으로 읽어야 한다는 해석은 적절치 않다. 왜냐하면 요한은 그런 형식의 시간을 결코 사용하지 않기 때문이다. 그러나 가나에서의 그 사람의 사업이나 혹은 그 문화 속에서 감사를 사회적으로 표현했어야 했다는 사실 등이 그의 여행 계획을 설명해 줄 수 있다.

버나움을 배경으로 한) 백부장 이야기가 같은 사건을 기술하고 있다고 생각한다. 하지만 그것은 아닌 것 같다. 공관복음에서는 중풍병에 걸린 종을 가지고 있는 한 이방 군인에 대한 이야기가 등장한다. 유대인 장로들은 가버나움에서 예수에게 간청을 한다(왜냐하면 그 이방인이 가버나움 회당을 지었기 때문이다). 그러나 그 군인은 예수가 자신의 집에 오지 마실 것을 주장한다. 결국 그 군인의 믿음이 칭송을 받는다("내가 너희에게 이르노니 이스라엘 중에서도 이만한 믿음은 만나보지 못하였노라", 눅 7:9). 그와는 대조적으로 지금의 가나 이야기에 등장하는 것은 가엾은 아버지이다. 그는 예수에게 먼 곳에 있는 자기 집으로 함께 가 주실 것을 간청한다. 그는 열병에 걸린 자기 아들을 위해 홀로 예수께 호소한다. 그는 예수에 의해 칭송을 받지 않는다. 결국 이 이야기들은 두 중요한 인물들에—유명한 군대 장교와 헤롯의 신하—기초를 둔 별개의 이야기들이다. 그것들은 유사점보다는 상이점을 더 많이 가지고 있다.[32]

비록 그 신하와 그의 가족들은 예수를 믿었지만(요 4:53) 이 이야기에 있어서 중요한 문장은 4:48이다. "너희는 표적과 기사를 보지 못하면 도무지 믿지 아니하리라." 여기서 중요한 것은 갈릴리 사람들의 태도이다. 요한복음 2:11에서 언급된 바와 같이 "표적"(sign)이란 하나님께서 계시를 통해 자신의 뜻을 밝히시는 것을 말한다. 그것은 기적을 통해 나타날 수도 있다. 요한이 "표적"(sign)과 "기사"(wonder, 헬라어 '테라스', *teras*)를 함께 썼을 때, 그는 두 가지 다른 현상에 대해 기술하고 있는 것이다. 갈릴리 사람들은 예수가 능력의 행위를 통해 자신을 증명할 것을 원한다. 요한복음 6:30에서 예수가 갈릴리에서 오천 명을 먹이신 후에도 같은 태도가 나타난다. 그 경우에 갈릴리 사람들은 예수가 제시한 계시적인 표적을 놓친다. 그리고 그들이 믿을 수 있도록 어떤 극적인 일을 행해 줄 것을 요구한다. 예수의 지적은 날카롭다. 그들은 단지 기적들을 원할 뿐 하나님께서 그들 사이에서 실제로 행하고 계신 일을 보려고는 하지 않는다(요 6:26).

NIV는 예수와 신하 사이에 오간 대화를 보다 부드럽게 처리한다. "내려오소서![명령형] 왜냐하면 내 어린 아들이 죽어 가고 있기 때문입니다"(요 4:49의 문자적 직역)는 예수의 똑같이 직설적인 대답과 짝을 이룬다. "가라![이것 역시 명령형] 왜냐하면 너의 아들이 살았기 때문이다." 그 남자는 나중에는 믿었지만, 지금

32. 문자적 평행들은 초기 기독교 전승 속에서 치료에 관한 "정형화 된 이야기들"(form stories)이 기억되는 과정을 통해 설명될 수도 있을 것이다. 경건한 기록자들과 낭독자들이 두 이야기 모두를 잘 알고 있는 경우 별개의 이야기들이 같은 단어들을 공유하기 시작했을 것이다.

은 아직도 예수를 자신이 그에게 오거나 가라고 명령할 수 있는 기적 일꾼 정도로 보고 있다. 왕의 신하는 명령을 내렸다. 예수도 지금 명령을 내리신다.

상황잇기

예수와 사마리아 여인. 이 여인(혹은 요한복음에 등장하는 여러 인물들)의 심리적 혹은 사회적 측면을 드러내는 것은 주석가의 과제가 아니다. 하지만 교회에서는 오랫동안 그런 일을 해 왔다. 그들은 이 여인의 소외, 죄, 그리고 개방성을 이야기의 중심으로 만들었다. 상상력을 동원한 많은 설교들이 이 이야기를 그런 관점에 따라 드라마로 만드는 데 성공했다. 그러나 그것은 요한의 의도를 잘못 해석한 것이다. 복음전도자들은 이 점에 있어서 잘못을 범해 왔다. 그러나 다른 주석가들도 그 점에 있어서는 마찬가지이다.

어떤 경우에는 작가들은 그 여인이 이름 없이, 얼굴 없이 등장한다는 점을 강조하며, 이 여인뿐만 아니라 모든 여인들을 주변부로 밀어내려는 성경의 경향을 발견해 내려고 노력했다. 그러나 이것 역시 요한의 의도와는 거리가 먼 것이다. 요한은 여인들이 얼마나 주변부로 밀려나 있었는지 그리고 예수께서 그들을 주변부로부터 어떻게 구해 내시기 위해 오셨는지에 대해 기록하고 있지 않다. 요한은 우리를 이 여인의 내적 세계에 대한 탐구로 초대하고 있지도 않다. 그녀는 뒤쪽에 머물러 있다. 그것은 요한의 기독론적 초점이 굳게 전면에 머물러 있도록 하기 위해서이다. 니고데모는 이름을 부여받는다. 왜냐하면 그는 앞으로도 이야기 속에서 계속 등장하는 연기자가 되기 때문이다. 그는 산헤드린에서 예수를 위해 발언하고 예수의 장례를 돕는다(요 7:50; 19:39). 이 여인은 요한의 무대에서 일시적인 연기자가 될 뿐이다. 그녀의 역할은 그리스도에 대한 적절한 반응의 모델을 우리에게 제시하는 것이다. 그녀는 이 통찰력 있는 랍비의 공격을 피하기 위해 자신의 전통을 종교적 엄폐물로 삼는다.

이 여인과 같은 인물들은 예수를 다른 각도에서 바라볼 수 있도록 해 주는 거울이다.[33] 지금 말할 수 있는 최선의 것은 니고데모는 폐쇄된 종교적 인물인 반면 여인은 개방된 비종교적 인물이라는 것이다.—그리고 그들 각자는 예수와 그의 메시지에 대한 각기 다른 수준의 수용성을 보여준다. 니고데모는 질문들로 시작하고 여인은 예수의 대답들을 추구한다.

---

33. Ridderbos, *John*, 152.

분명히 이 여인은 용기 있는 자이다. 그러나 그녀는 모든 소망을 잃고, 사회적으로 소외되었으며, 사회의 주변부에서 살아가고 있다. 우리는 공관복음의 많은 설명들을 통해 예수가 그런 사람들에게 큰 관심을 가지고 있다는 것을 알고 있다. 마가복음 2:17에 다시 주목하라: "예수께서 들으시고 그들에게 이르시되 건강한 자에게는 의사가 쓸 데 없고 병든 자에게라야 쓸 데 있느니라 나는 의인을 부르러 온 것이 아니요 죄인을 부르러 왔노라 하시니라." 사실 그런 사람들에 대한 그의 헌신은 예수에 대한 비판의 단골소재였다(눅 15:1-2). 그러나 우리의 과제는 요한이 사마리아에서의 이 대화를 우리를 위해 연구할 때 그가 일차적으로 염두에 둔 것, 즉 이 단락에서 중심을 이루는 것을 밝혀 내고 그것을 발전시키는 것이다.[34]

(1) **예수와 종교.** 이야기의 중심 메시지는 종교에 대한 예수의 관계와 예수 자신에 관한 것이다. 한 차원에 있어서 우리는 역사적 1세기 유대교에 대한 예수의 영향력과 예수 자신에 대해 말할 수 있다. 예수와 충돌했던 유대교의 모든 제도들에 대해 우리가 살펴본 바와 같이(가나에서의 의례적 정결, 예루살렘 성전, 니고데모), 예수는 그 제도들이 제공하는 모든 것들을 크게 압도하며 그것들을 풍성하게 대체하신다. 예수는 물항아리들을 포도주로 채우시고, 혼인잔치 하객들을 깜짝 놀라게 하시며, 그 자신이 지금 성전이 제공하고 있는 것들을 대체할 것이라고 하시며, 성전에 대해 도전을 가하시고, 유대교의 선생에게 하나님의 보다 깊은 것들에 대해 가르치신다. 이제 그는 이스라엘의 가장 위대한 영웅들 가운데 하나인 야곱과 관련된 전통적인 우물로 오신다. 그리고 그는 야곱이 결코 제공할 수 없었던 것을 제공하신다. 그것은 (성령으로 해석되는) 생수이다. 성령은 사람들 자신을 생명을 주는 우물로 변화시키신다(요 4:14). 예수는 심지어 사마리아인들과 유대인들의 거룩한 장소였던 그리심산과 예루살렘의 거룩성과 중요성에 대해서도 도전하신다. "이 산에서도 말고 예루살렘에서도 말고"(요 4:21)라는 것은 역사와 전통에 대해 조금이라도 관심이 있던 자들에게는 충격적인 말이었다.

다른 차원에 있어서 우리는 또한 요한은 역사 속으로의 예수의 도래를 사람들이 종교적 전통들을 받아들이는 방식에 대해 도전을 가하는 것으로 보고 있다고도 말할 수 있다. 사람들은 그 전통들 속에서 위안을 찾는다. 사마리아 여인은 자신의 영성의 실체에 대해 다시 평가해 보라는 도전을 받았을 때 즉시 방어벽을 쌓고서

34. 이 장이 어떻게 해석되어 왔는지에 대한 훌륭한 개요로는, C. Blomberg, "The Globalization of Biblical Interpretation: A Test Case—John 3-4," *BBR* 5 (1995): 1-16.

는 "하지만 보십시오. 나는 사마리아 사람이고 우리에게는 우리 나름대로 일을 해 나가는 방식이 있습니다"(cf. 요 4:20)라는 식으로 말하는 사람들에 대한 전형적인 사례연구 자료를 제공해 준다. 예수는 문화, 역사, 혹은 전통에 대한 사람들의 주장 때문에 자신의 존재가 무시되는 것을 허락하지 않으실 것이다. 만약—랍비(the Rabbi), 메시야, 그리고 하나님의 아들이신—예수가 예루살렘의 종교적 중요성에 대해 의문을 제기할 수 있다면(요 4:21), 그 밖에 다른 것들이야 어떻게 자신의 위치를 지킬 수 있겠는가? 그리심산에 대한 여인의 주장은 관철될 기회를 갖지 못한다(특히 그것의 의심스러운 역사적 근거에 비추어 보았을 때 그렇다). 하지만 요한은 우리가 거룩한 산들이라고 지정했던 것들도 마찬가지로 그 위치를 유지하지 못한다고 주장할 것이다. 이것은 요한복음 4장이 우리에게 탐구해 보라고 초청하는 어렵지만 또한 열매를 기대할 수 있는 주제이다.

(2) 사마리아 여인과 종교. 이 여인에게서도 우리는 배울 것이 많다. 여기서 중요한 것은 그녀의 배경이 아니라 예수에 대한 그녀의 태도이다(그녀가 사마리아인으로서 유대교로부터 무시를 당하고 있고 여인들의 공동체에서도 소외를 당하고 있다는 것은 이미 알려진 사실이다). 요한은 우리가 그녀의 입장이 되어 예수의 관심에 대해 깜짝 놀라 보고, 그가 제기하는 주제들을 검토해 볼 것을 권한다. 우리는 예수가 그녀에게 말을 걸었다는 사실 자체에 대해서도 조심스럽게 주의를 기울여야 한다. 자신을 존중하는 1세기의 랍비라면 이런 상황에서 절대로 여인에게 말을 걸지 않았을 것이다. 그러나 예수는 사람들 사이를 나누고 있던 전통적인 문화적 장벽들을 허무는 일을 즐거워하신다. 그는 위험을 감수하신다. 그는 경계선 밖으로 나가셔서 말씀하신다. 그리고 예수가 그녀에게 기꺼이 말을 걸었다면, 1세기 혹은 현대의 그 누구에게 말을 거시지 않겠는가? 요한은 우리가 이 문제에 대해 진지하게 생각해 보기를 원할 것이다.

독자로서 우리는 의심할 바 없이 요한복음 4:17에서 어떤 클라이맥스를 기대한다. "나는 남편이 없나이다." 대화가 펼쳐지는 것을 바라보는 것은 마치 어떤 사람이 잔뜩 움츠러든 스프링이 들어 있는 상자를 여는 것을 바라보는 것과 같다. 예수가 그녀의 결혼문제에 대해 질문하시자 스프링은 곧 튀어오를 것 같다. 우리는 다음에 무슨 일이 발생할지 궁금하다. 우리는 여기서 자신의 삶 속에 큰 죄를 숨기고 있는 잠재적 제자를 본다. 지금 다루어져야 하는 것은 그녀의 삶의 방식인 것처럼 보인다. 그러나 예수는 이 감춰진 것이 겉으로 노출되어 깨끗하게 되기 전까지는 그 어떤 진척도 없고, 생수를 얻는 일도 없을 것임을 인식하신다. 나는 결국 이 여인에게 놀라게 된다. 예수와의 대화가 진행되는 동안 그녀는 예수와 함께 빛 속에 머물러 있어야 할지 아니면 그곳을 떠나야 할지를 결정해야 했다. 어떤 면에서 보았을 때 그녀는 우리가 요한복음 3:20에서 배운 것을 극적으로 표현하고 있다. "악을 행하는 자마다 빛을 미워하여 빛으로 오지 아니하나니 이는 그 행위가 드러날까 함이요." 빛이 그녀의 모든 것을 드러냈다. 그러나 그녀는 빛 속에 그대로 남아 있는 것을 선택했다. 그것은 놀라운 용기와 의지가 필요한 결정이었을 것이다.

하지만 잠재적 제자로서 우리가 이 여인에게 기대해야 하는 것은 무엇일까? 1장부터 우리는 남자들과 여자들이 예수께로 나아와 그의 말을 듣고 그에게 응답하는 것을 보아 왔다. 요한복음이 전개되어 감에 따라 우리는 더 많은 사람들을 보게 될 것이다. 그러나 여기 이 이야기 속에서 우리는 제자가 된다는 것이 무엇을 의미하는지를 보여주는 윤곽그림, 혹은 원형의 전개를 본다. 4:10에서의 예수의 도전을 다시 한 번 보라. 개종자들은 선물과 그것을 주시는 분의 정체성을 분별할 줄 알아야 한다. 그리고 개종자들은 마실 것을 구해야 한다.

나는 여기서 개종의 두 차원을 본다. 하나는 인식적인 것이고 다른 하나는 경험적인 것이다. ⓐ 여인은 예수의 정체를 정확히 분별할 수 있어야 한다. 신학용어를 사용하자면 그녀는 교리적 기대를 충족시켜야 한다. 중요한 것은 내용이다. 진리에 기초를 두지 않은 영성은 (그것이 아무리 심오한 것이라 해도) 결코 신뢰해서는 안 된다. "하나님은 영이시니 예배하는 자가 영과 진리로 예배할지니라"(요 4:24). ⓑ 그리고 경험적 소망이 있어야 한다. 올바른 신학을 가지고 있고, 교리적으로 건전하고 정통적이라 할지라도, 생수를 맛본 적이 없고 성령을 느껴 본 적이 한 번도 없다면 제자도의 핵심적인 요소를 결여하고 있는 것이다. 요한에게 있어서 "머리"와 "가슴"은 함께 작동해야 한다.

여기서 또한 필연적인 결론이 추론되어 나온다. 대화에 있어서 오해가 발생하는 원인은 사람들이 믿음이 없고, 성령을 경험하지 못했고, 생수를 알지 못하기 때문이다.—그런 사람들은 하나님의 깊은 것들을 이해할 수 있는 능력이 없다. 예수는 그들의 이해를 증진시키기 위해 시도하시지만 그것은 실패로 끝난다. 왜냐하면 그의 사람들은 사물을 계속해서 세상적 관점에서 보기 때문이다. 우리의 계시 이해를 위하여 이것이 의미하는 것은 무엇인가? 우리가 성경을 읽을 때, 예를 들자면, 성령은 기독교인에게 다른 사람들은 손에 넣을 수 없는 어떤 능력을 제공해 주는가? 믿음은 이해를 위한 필수적 전제조건인가?

이제 만약 우리가 신앙고백과 경험에 대한 이런 이해를 마음에 둔 채 독자로서

이 구절로 돌아간다면, 놀라운 새 사실들을 보게 된다. 왜냐하면 요한은 독자로서의 우리가 예수와 관계를 맺기를 원하기 때문이다. 그것은 그 여인에게 발생한 일과 똑같은 것이다. 이야기가 전개되어 감에 따라 예수에 대한 명칭이 놀랍게 변화되어 가는 것을 주목하라(그것은 우리가 요 1:35-51에서 본 것과 똑같다). 예수에 대한 여인의 인식은 이야기가 진행됨에 따라 점차 성숙해져 간다.

- 예수(4:6)
- 유대인(4:9)
- 주여(Sir[Lord])[35](4:11, 15, 19)
- 선지자(4:19)
- 메시아(4:25)
- 그리스도(4:25, 29)
- 나는…이다[36](4:26)
- 랍비(4:31)
- 세상의 구주(4:42)

이와 같은 목록은 우연이 아니다. 독자로서 우리는 존경의 호칭들이 신앙의 호칭들로 발전해 간 것을 무시할 수 없다. 다시 말해서 이야기에 등장하는 언어는 지적인 믿음의 필요, 예수의 정체성을 올바르고 완전하게 파악할 필요를 우리에게 예를 통해 보여준다.

여인은 하나의 최종적인 제자도의 모델을 제공한다. 그것은 자신이 이제 믿는 것 그리고 경험한 것을 다른 사람들에게 증거하고자 하는 욕망이다. 나는 이 결정이 그녀로서는 용기 있는 일이고 또한 영웅적인 일이었다고 생각한다. 그녀는 공동체의 변방에서 살고 있었다. 그 사회에서 사람들은 공개된 삶을 살았고 비밀들은 항상 광장에서 공유되었다. 그리고 이 여인은 죄인이었다. 그러나 그럼에도 불구하고 그녀는 엄청난 위험을 감수했다. 그녀는 마을로 돌아가 마치 그녀가 몇 년 동안 깃발을 펄럭이며 그 일을 해 왔던 것처럼 당당한 태도로 종교에 대해 사람들

---

35. 아마도 그냥 존칭으로 사용되었을 것이다.
36. 우리가 각주들에서 암시했던 바와 같이 이것은 '나는…이다'(*ego eimi*)를 사용한 우발적인 자기묘사였을 것이다. 그러나 기독론적 명칭들의 목록 속에서 살펴볼 때 이것은 복음서 다른 곳에서 나타나는 신적인 용법과의 어떤 연관관계를 암시할 수 있다.

에게 이야기했다. 우리를 놀라게 하는 사실은 사람들이 그녀의 말을 듣고 반응을 보였다는 것이다. 어떤 면에 있어서 이 이야기는 비종교적인 사람들이 하나님을 만났을 때 그들이 하는 말은 경건한 사람들의 언어를 능가하는 힘을 가지고 있다는 사실을 우리에게 들려주고 있다.

(3) 교회의 생명과 사명. 비록 이 이야기의 배경은 1세기이지만 추수에 대한 관심(요 4:34-38), 제자들의 역할, 그리고 예배에 대한 예수의 설명은 교회의 생명과 사명이 이곳의 주제임을 암시한다. 1세기에 글을 쓰고 있던 요한은 예수의 사마리아를 통과하는 여행의 중요성을 잘 이해하고 있었다. 빌립이 사마리아에서 복음을 전했을 때(행 8:5) 요한은 그곳 사람들로 하여금 성령을 받도록 하기 위하여 베드로와 더불어 그곳으로 파송된 사도였다. 그러므로 이 이야기는 그에게 있어서 중요했다. 그리고 우리는 요한이 사마리아에 갔을 때 이곳에 등장하는 사람들 중 일부를 다시 만날 수도 있지 않았을까 생각해 본다.[37]

이 말의 뜻은 우리 앞에 놓인 이야기는 후기의 교회를 위해 참으로 큰 의미를 지니고 있다는 것이다. 왜냐하면 사마리아 선교는 교회의 비전들 가운데 하나였기 때문이다. 이 이야기는 교회가 어디로 가야 하고 그곳에서는 교회가 무엇을 기대할 수 있는지를 분명하게 보여준다. 의심할 바 없이 요한복음 4:38의 말씀은 귀중하게 간직되었을 것이다. "내가 너희로 노력하지 아니한 것을 거두러 보내었노니 다른 사람들은 노력하였고 너희는 그들이 노력한 것에 참여하였느니라." 여기서 우리는 복음전도의 본질과 하나님이 우리와 함께 참여하신다는 사실에 대한 신학적 설명을 듣는다.

그리고 예수의 사마리아 전도는 그들의 문화적 경계선을 넘어 여행하는 것을 어렵게 느끼는 공동체들에게 도전을 가했다. 요한의 설명은 증명을 위한 질문을 제기한다. 예수께서 사마리아로 갈 수 있으셨다면, 오늘날의 교회에 있어서 "새로운 사마리아인들"이 있는 곳은 어디인가? 요한복음 4장과 사도행전 8장의 평행이 유용하다면, 우리가 이런 곳들을 찾았을 때, 우리는 예수께서 이미 그곳에 와 계심을 발견하게 될 것이다.

요한복음 4장은 또한 예배와 전통에 대한 피할 수 없는 비판을 제공한다. 역사적 측면에서 보았을 때 그리심산과 예루살렘이라는 역사적 지역들이 예수의 죽음

---

37. 어떤 비평적 학자들은 요한복음 4장에서 몇십 년 후에 탄생한 사마리아 기독교의 탄생에 대한 설명을 본다(그것은 예수의 역사적 사역과는 상당히 동떨어진 것이다). 참조. O. Cullmann, *The Johannine Circle* (Philadelphia: Westminster, 1975).

과 부활로 인해 어떻게 그 중요성이 바뀌게 되었는지를 이해하는 것은 쉬운 일이다. 여기서 예수는 하나님과의 새로운 즉각적 교제를 선언하신다. 그것은 더 이상 장소에 의해서가 아니라 성령에 의해 중재될 것이다. 성령과 나란한 위치에 놓인 것은 의심할 바 없이 사마리아 여인과 1세기의 모든 유대인들이 기꺼이 지키려고 했던 전통이다. 그러나 오늘날 유사한 질문들을 제기할 수 있다. 성령의 역사와 조화를 이루지 못하는 것이 발견되었을 때에도 우리가 지키려고 노력할 장소, 형식, 혹은 의례의 전통에는 어떤 것들이 있는가? 사람들은 (기독교인과 비기독교인을 막론하고) 그들의 삶의 구조물의 일부로서 종교적 전통들을 창조해 내려고 하는 경향을 가지고 있는가? 전통은 제한적인 가치만을 가지고 있는가? 예수의 사역과 성령의 사역은 그런 전통들과 충돌하고 있는가?

예수가 가나로 돌아오셨다. 왕의 신하의 아들을 치료하신 것은 가장 기초적인 수준에서 보자면 긍휼의 이야기이다. 아들들은 1세기 유대 문화 속의 가족들에게 있어서 독특한 가치를 지니고 있었다.[38] 아버지들은 절대로 아들과 딸을 합한 "자녀들"의 수를 이야기하지 않았다. 그들은 항상 아들이 몇 명이고 딸이 몇 명이라고 이야기했고 말할 때는 전자를 강조했다. 사실 우리의 이야기 속에 등장하는 아버지는 그의 "어린 아이"(little boy, 요 4:49)를 가리키기 위해 친밀성을 강조하는 헬라어 용어를 사용했다. 이 용어가 뜻하는 것은 이 아이가 단지 그의 여러 "아들들" 중 하나가 아니라는 것이다. 그 아이는 자신의 질병이 아버지의 가슴을 갈가리 찢어 놓아 버린 그런 아이였다. 아마도 그 아이는 남자의 장자였을 수도 있다. 그럴 경우에는 충격이 훨씬 더 크다. 장자들은 가족, 재산, 이름, 그리고 여인들에 대한 책임을 유산으로 물려받았다. 예수는 이런 감정들과 가치들을 이해하셨다. 그리고 긍휼의 마음을 가지고 신속하게 행동하셨다.

그러므로 나는 이 이야기 속에서 고통 당하는 자들의 필요를 채워 주는 것에 대한 예수의 관심에 관한 메시지를 읽을 수 있다. 그러나 요한은 몇 가지를 독특한 방식으로 비틀어 놓았다. 우리는 복음서의 많은 이야기들 속에서 가난한 자들에 대한 예수의 돌보심에 대해 읽는 것에 익숙해져 있다. 그러나 여기서 우리는 예수가 상당한 재산과 권력을 가진 사람과 교제하시는 것을 본다. 그는 니고데모가 종교와 연관된 것과 마찬가지로 정치와 연관된 사람이었다. 비록 이 사람이 자신이 원하는 것을 예수가 행하시도록 처음에는 강요하고 나중에는 명령하지만 어쨌든

---

38. B. Malina, *Windows on the World of Jesus* (Louisville: Westminster/John Knox, 1993), 72-87.

예수는 그 요구에 응하신다. 우리가 여기서 연구해야 할 것들은 무엇인가? 의심할 바 없이 우리는 예수의 치료사역에 대해 깊이 생각해 보아야 한다. 그러나 사람들이 그의 목적들을 오해하고 심지어 그를 부당하게 이용하려고 할 때에도 그들을 불쌍히 여기셨음에 대해서도 생각해야 한다.

요한복음의 흥미로운 주제들 가운데 하나는 "예수의 부재"(absence of Jesus)이다.[39] 한 번 이상의 경우에 예수는 그가 있을 것으로 기대되는 곳에 계시지 않는 것을 선택하신다. 때로는 관리들과(요 9:12) 군중들이(요 7:11) 예수를 찾지만 그를 발견하지 못한다. 나다나엘은 예수가 그곳에 없었는데도 예수가 어떤 것들을 볼 수 있었다는 사실 때문에 당황해 한다(요 1:48). 사람들이 다른 곳에서 그를 찾고 있을 때 예수는 갑자기 갈릴리 바다 건너편에 나타나신다(요 6:22ff.). 예수는 그의 기원이 신비일 뿐 아니라 그의 목적지 역시 사람들이 기대하지 못했던 곳이 될 것이라는 사실을 설명하셔야 했다(요 7:28-29, 33-36; 8:21). 병든 나사로를 고치기 위해 베다니에 계실 것이 기대될 때에도 그는 다른 곳에 계실 것을 선택하신다(요 11:21). 그리고 물론 여인들이 무덤에서 그를 찾을 때에도 그는 그곳에 계시지 않았다(요 20:1-2).

이 모든 것이 의미하는 것은 무엇인가? 이 어린 아들을 고치기 위해 가버나움으로 여행하는 것이 예수에게는 왜 필요 없는 일이었을까? 최소한 이것은 예수의 움직임과 활동에 대해 신비의 요소를 더해 준다. 예수는 장소에 의해 구속 받지 않으신다. 그의 능력, 지식, 그리고 관심은 인간의 상상력과 능력을 초월한다. 그의 능력은 그의 움직임과 행동을 믿음이 없는 자에게는 해독(解讀)할 수 없는 것으로 만들어 버린다.

마지막으로 요한은 표적들에 기초한 신앙에 대해 신학적으로 세련된 코멘트를 제공한다. 이야기의 이런 측면이야말로 아마도 사도가 이 부분을 그의 복음서에 포함시킨 주된 이유들 중 하나일 것이다. 자연적 세계 속에 자신을 드러내시려는 하나님의 의도는 계시적 "표적"이라는 결과를 낳는다. 이 드러내심이 권능의 행위를 포함할 때 그 결과는 기적이 된다. 하나님의 그와 같은 자기계시는 사람들을 믿음으로 이끈다. 그들은 하나님께서 세상 속으로 극적으로 파고 들어오심을 보며 그를 찬양하고 경배하게 된다. 그러나 여기에 문제가 있다. 이 표적들을 보지만 이

39. R. Sloan, "The Absence of Jesus," in R Sloan and M. Parsons, eds., *Perspectives on John, Method and Interpretation in the Fourth Gospel* (Lewiston: Edwin Mellen, 1993), 208-12, cited in G. L. Borchert, *John*, 220.

세상 어두움의 포로가 되어 있는 자들은 하나님의 계시의 행위들은 보지 못한 채 다만 권능의 행위들만을 보게 될 것이다. 그러므로 요한은 표적과 기적과 신앙 사이의 관계에 대해 숙고해 볼 것을 요구한다.

혹은 좀더 넓게 보자면 요한은 역사와 계시와의 관계에 대해서, 그리고 하나님은 자신을 역사적으로 계시하시는지, 그리고 만약 그렇게 하신다면 어떻게 해야 그것이 유익한 것이 될 수 있겠는지에 대해 질문을 던지고 있다. 인간들이, 세상의 본질에 비추어 보았을 때, 하나님으로부터 온 어떤 것을 알아볼 수 있는가? 갈릴리 사람들은 표적들을 구하고 있었다. 그러나 요한복음은 단지 표적에 기초한 믿음을 비판한다. 그리고 (표적을) 전혀 보지 못하고 믿는 자들에 대해 축복을 선포한다 (요 20:29). 그럼에도 불구하고 예수는 그런 "표적들"을 주기 위해 오셨으며 사람들에게 그것을 풍부하게 제공하셨다(요 12:37; 20:30). 우리를 위한 질문은 이것과 연관되어 있다. 우리는 하나님으로부터 무엇을 기대할 수 있는가? 우리는 표적들과 이적들(wonders)을 기대할 수 있는가? 어떤 함정이 그런 것들을 추구하는 자들을 기다리고 있는가?

현대적 의미

'상황잇기' 부분은 요한복음 4장이 오늘날의 교회에 적용될 수 있는 많은 주제들을 담고 있음을 보여주었다. 이것은 단지 주님을 만났고, 자신의 죄를 발견했고, 그리고 그녀가 발견한 빛 속에서 신앙의 걸음을 시작한 한 여인에 관한 이야기가 아니다. 이것은 그것을 훨씬 뛰어넘는 이야기이다.

예수와 세상. 오늘날 사마리아는 어디일까? 나는 예루살렘 북쪽 몇 마일 떨어진 곳에 있는 언덕들의 지리적 위치에 대해 말하고 있는 것이 아니다. 나는 비유로서의 사마리아에 대해 생각하고 있다. 그것은 교회와 가난한 사람들 사이에 서 있는 거대한 정치적, 문화적 경계선을 대표한다. 예수는 그런 경계선을 넘으셨고 우리도 그래야 한다. 이야기의 마지막 부분에서 예수는 "'세상'의 구주"로 표현된다.— 이것은 오늘날의 우리 사회처럼 인종적으로, 문화적으로 분리된 사회에서 나온 놀라운 명칭이다. 우리는 교회의 활동을 제한하고 있는 사회적, 경제적, 그리고 정치적 경계선들에 대해 생각해 보아야 하고 그것들을 넘어서야 한다.

위더링턴(Witherington)은 자신들의 메시지를 가장 잘 받아들일 만한 청중들에게만 집중하려고 하는 오늘날의 기독교인들의 경향을 분별력 있게 잘 지적하고 있다.

> 그들이 제안하는 것은 교회를 채우기 위해서는 어떤 특정한 '종류의' 사람들에게 집중해야 한다는 것이다. 그들은 기존의 회중들과 보다 더 쉽게 동화 될 수 있다. 왜냐하면 그들은 인종, 민족적 기원, 사회경제적 신분, 교육정도 등에 있어서 서로 유사하기 때문이다.[40]

이것은 "사마리아"를 회피하는 선택적 활동을 낳았다. 일요일 아침은 우리의 일주일 중에서 가장 인종차별이 심한 시간이 되었다. 우리는 사마리아에 가는 것에 대해 말하고 그 가능성들에 대해 연구하지만 실제로 그곳에 가는 일은 거의 없다. 주석가인 캠벨 몰건(G. Campbell Morgan)은 예수가 그의 추종자들에게 사마리아로 가는 일의 전망에 대해 연구하게 했다면 어떤 일이 발생했겠느냐고 물은 적이 있다.

> 만약 그 제자들이 사마리아에서의 기독교 사업의 가능성을 연구하기 위한 위원회에 임명되었다면, 나는 그들이 어떤 결의안을 채택했을지 정확하게 알고 있다. 그 결의안은 사마리아는 의심할 바 없이 우리 주님의 메시지를 필요로 하고 있으나 그들은 아직 그것을 받아들일 준비가 되어 있지 않다고 말할 것이다. 먼저 쟁기질을 해야 하고 그 다음에 씨를 뿌린 후 기다려야 한다. 그들은 그것을 필요로 한다. 그러나 준비가 되어 있지 않다.[41]

요한복음 4장은 위험을 감수하고, 우리 세상의 변두리를 살피고, 그들에게 건너가라고 우리에게 도전한다. 나는 사마리아로의 여행이 예수에게 있어서 큰 "위험"을 의미했다는 사실에 감명을 받았다. 그것은 사람들이 흔히 사용하던 잘 알려지고 편안한 도로를 떠나는 것을 의미했다. 그것은 일반적인 여행동료들 없이 여행하는 것을 뜻했다. 그리고 예수가 외지인으로서 사마리아 속으로 들어갔을 때 여행비용 역시 높아질 위험이 있었다. 모든 여행자가 알다시피 소매상들은 당신이 하는 말의 억양을 듣고는 물건값을 다르게 부른다.

그러나 흥미를 끄는 또 다른 측면이 있다. 니고데모와 여인의 비교는 그녀가 유대 사회의 "받아들일 만한 기준들"(acceptable standards)에서 얼마나 멀리 떠나 있

---

40. Witherington, *John*, 124.
41. G. C. Morgan (1951), 재인용 Morris, *John*, 247n.84.

는지를 보여준다. 그러나 니고데모와는 달리 그녀는 의심할 바 없이 예수를 기쁘게 하는 방식으로 반응을 보인다. 니고데모를 그림자처럼 따라다녔던 신학적 문제들에 의해 족쇄가 채워지지 않았던 그녀는 자신의 단순함 속에서 바른 길을 찾아 나선다. 그녀는 예수를 만났을 때 그가 선지자임을 알아차린다. 그리고 그가 혹시 메시야일지도 모른다고 결론을 내린다. 그리고 그녀는 자신의 친구들에게 기꺼이 그 사실을 이야기한다. 복음이 참으로 "새로운" 소식인 사람들, 즉 종교로부터 멀리 떨어진 변방에서 살고 있는 사람들이 때로는 하나님의 말씀의 의미를 꿰뚫어 본다. 그들에게는 단순하고 참신한 명료성이 있는 것이다.

나는 감옥에서 나온 이후 자동차 임대업소에서 일해 온 한 친구와 최근에 이야기를 나눈 적이 있다. 그는 초신자였기 때문에 예수의 명령들을 단순하게 이해하고 그것에 순종했다. 내가 같은 명령들에 대해 대학원 학생들과 대화를 나눌 때 우리는 갑자기 모든 종류의 신학 논쟁 속으로 휘말려 드는 것을 발견했다.

복음전도와 관련해서도 여기서 많은 통찰을 얻을 수 있다. "나는 남편이 없나이다"라는 여인의 말은 "이스라엘에 왕이 없었으므로"라는 사사기의 말씀을 상기시킨다(삿 17:6; 18:1; 19:1; 21:25). 사실 이 여인에게는 많은 남편들이 있었다. 마찬가지로 이스라엘 사람들은 자신들이 스스로 왕이 되기로 결정했었다. 각자에게는 하나의 왕(King), 하나의 남편(Husband)이 필요하다. 여인과의 대화가 전개됨에 따라 예수는 지엽적인 문제에 자리를 내 주고 자신은 옆으로 물러나는 것을 용납하지 않으신다. 그 대신 그는 그녀의 개인적 삶에 대한 관심을 계속 표명하신다. 그녀의 인종, 종교적 편력, 그리고 성별은 장애물이 되지 않는다. '그녀는 생수를 필요로 한다.'

복음전도에 있어서 동일한 상황이 가끔 발생한다. 무슬림들은 무하마드 이야기를 꺼내거나 아니면 수세기 동안 계속된 회교사원과 교회 사이의 경쟁관계를 들먹임으로써 대화를 끊으려 할 것이다. 그들은 심지어 문제의 또 다른 지뢰밭인 이스라엘 국가 문제를 거론할지도 모른다. 대화가 개인 신상에 관한 문제로 접어들었다고 의심이 갈 무렵이면 "당신은 교회 안의 동성연애자들에 대해 어떻게 생각하십니까?"라는 질문이 대화를 중단시키는 단골메뉴로 등장한다. "복음주의자들도 실제로는 여성들을 무시하지 않나요?"라는 질문도 대화를 막아 버린다. 이런 질문들과 기타 이와 유사한 수많은 질문들은 우리 앞에 놓인 진정한 문제를 회피하고자 하는 시도들이다. 예수는 그런 것들을 다루시지 않을 것이다. 요한복음 4:10에서 우리는 그의 이중 계획을 배우게 된다. 당신은 그리스도를 알고 있는가? 당신은 그의 생수를 마시기를 원하는가?

모든 복음주의자들이 이곳에서의 예수의 복음전도 전략에 대해 만족감을 느끼는 것은 아니다. 실제로 예수는 여인의 전제들에 대해 도전을 가하고, 그녀의 삶과 배경에 대한 자상한 배려를 밝히시며, 부드럽게 그녀의 죄를 드러내신다. 우리는 이런 접근방식을 좋아한다. 그러나 여인의 눈이 갑자기 새로운 방식으로 밝아진 것은 오직 예수가 예언의 말씀을 하신 이후였다. '예수는 그녀를 위해 역사하시는 성령의 능력을 보이신다. 그리고 그것을 통해 언젠가는 그녀 속에 계실 성령의 능력의 모델을 제시하신다.'

우리는 이 예언적 말씀은 단순히 예수의 아들 됨의 특징이라고 재빨리 말할 것이다. 하지만 나는 요한이 이에 대해 동의하지 않으리라 확신한다. 예수는 우리의 능력이 그의 능력을 모방하게 될 것이라고 확언하신다. "내가 진실로 진실로 너희에게 이르노니 나를 믿는 자는 내가 하는 일을 그도 할 것이요 또한 그보다 큰 일도 하리니 이는 내가 아버지께로 감이라"(요 14:12). 예수는 자신이 영광스럽게 된 후에 제자들에게 성령이 주어짐을 통해 그들도 예수와 유사한 능력을 지니게 될 것임을 설명하고 계시다. 심지어 요한의 서신들도 예언이 요한의 교회들 속에서 역사했던 은사였음을 지적하고 있다(요일 4:1). 그러나 복음전도에 있어서 이것이 의미하는 바는 무엇인가? 확신을 심어 주는 증언이라는 것은 단지 신앙을 조리 있게 제시하는 것인가 아니면 사실들을 설득력 있게 제시하는 것인가? 그것은 그 이상이 되어야 한다. 하나님 나라 밖에 있는 자들은 표적들을 볼 필요가 있다. 그들은 스스로 믿음으로 한 걸음 더 가까이 오기 전에 우리들 속에 있는 성령을 볼 필요가 있다.

나는 요한이 또한 이 여인의 무능력에 대해 무엇인가를 말하고 있다고 믿는다.—이 문제에 있어서는 그녀 뿐만 아니라 모든 사람이 마찬가지이다.—그들은 스스로의 힘으로는 하나님의 것들을 이해할 능력이 없다. 이것이 바로 대화 속의 오해들의 의미이다. '그녀는 예수가 말씀하시는 것을 이해하지 못한다.' 그녀는 그럴 능력이 없다. 예수는 어둠 속으로 하나님의 계시를 가져오고 계시다. 우리는 어둠 속에서 살고 있다. 우리의 감각들, 우리의 도덕들, 우리의 본능들, 그리고 우리의 지성은 모두 타락했다. 우리에게는 그것들을 바로잡을 능력이 없다. 사실 '성육신' 속에서의 하나님의 노력은 그의 아들 예수 그리스도 안에서 이 어둠 속으로 뚫고 들어오시려는 시도이다. 그리고 성령은 우리로 하여금 믿고 이해하도록 만들기 위해 우리들의 마음속으로 뚫고 들어오시려는 그의 노력이다. 요한은 그의 후대의 서신들 중 하나에서 이 주제를 반복한다. "이는 물과 피로 임하신 이시니 곧 예수 그리스도시라 물로만 아니요 물과 피로 임하셨고 증언하는 이는 '성령' 이시니 성령은 진리니라"(요일 5:6, ' '는 저자의 강조).

예수가 가이사랴 빌립보에서 자신이 누구인지 제자들에게 물었을 때 베드로를 제외한 모든 이들이 틀리게 대답했다. 그러자 예수가 말씀하셨다. "예수께서 대답하여 이르시되 바요나 시몬아 네가 복이 있도다. 이를 네게 알게 한 이는 혈육이 아니요 하늘에 계신 내 아버지시니라"(마 16:17). 영적 분별력은 온전히 하나님의 사역이다. 하나님이 그 일을 시작하시고 그 방향을 결정하신다. 그러므로 예수는 "다른 사람들은 노력하였고"(요 4:38)라고 말씀하신다. 이 말씀의 뜻은 추수하는 자들(복음전도자들)은 그들 전에 하나님이 다녀가신 것을 알 수 있다는 것이다.

칼빈은 아주 명확하게 이것을 강조했다(참조. 『기독교 강요』, 2.2.18-21). 그는 인간의 이성을 어두운 밤에 들판을 가로질러 걷고 있는 사람에 비유했다. 우리는 여행자와 같다. "그는 번개가 번쩍일 때 멀리 또 넓게 본다. 그러나 그 순간은 너무나 빨리 사라지기 때문에 [그들은] 심지어 한 발자국도 떼 놓기 전에 한밤중의 어둠 속으로 다시 내던져진다."[42] 하나님께서는 우리에게 충분히 빛을 비추시기 때문에 지평선에 마을들과 산들이 있다는 것을 알 수 있다. 그러나 우리는 지도를 만들거나 우리 스스로 길을 찾아 나갈 수는 없다. 그러므로 영적 변화는 은혜의 행위이다. 그것은 우리로 하여금 알기를 간절히 사모하는 것을 이해할 수 있도록 해준다.[43]

예수, 전통, 그리고 "장소". 유대인들과 사마리아인들 모두 그들의 거룩한 산들을 가지고 있었다. 그리심산과 시온산(예루살렘)은 모두 그들의 종교적 정체성을 확립시킨 거룩한 역사를 가지고 있었다. 그것들은 각 그룹들로 하여금 단결을 공고히 하고, 상대방과 비교하여 자신의 정체성을 갖게 하며, 종교적 위신을 얻게 하고, "다른 곳이 아닌 바로 '이' 산에서" 하나님이 바르게 예배를 받으시고 기도를 들어주신다는 확신을 갖게 만드는 수단이 되었다. 본문의 이야기 속에서 이 산들은 예수의 비판의 대상으로 떠올랐을 뿐만 아니라(요 4:21) 여인에게 있어서 그녀에 대한 예수의 말씀을 회피하기 위한 수단이 되기도 했다. 그녀는 자신의 전통에 호소한다. 그리고 그녀의 위치가 예수를 꼼짝 못하게 만들어 줄 것을 기대한다.

---

42. J. Calvin, *The Institutes of the Christian Religion*, trans J. T. McNeill (Philadelphia: Westminster, 1960), 1:277 [2.2 18].
43. 바울도 고전 1-3장에서 세상이 하나님의 것들을 이해할 능력이 없음에 대해 논하고 있다.

그런 산들은 종교를 끌어안을 수 있는 고립된 피난처이다. 그러나 마찬가지로 그곳에서는 하나님도 '피할 수' 있다. 세겜이 하나님이 제공하시는 생수와 관계가 없는 것과 마찬가지로 종교적인 산들도 진리와 관계가 없다. 내가 가지고 있는 가장 오랜 기억들 중 하나는 16세기까지 거슬러 올라가는 기독교 전통 속에서의 나의 성장과 관련된 것이다. 어린 시절부터 나는 스웨덴 루터파 공동체 속에서 성장했다. 그것은 시카고에 뿌리를 두고 있었다. 나는 "스웨덴"(Swedish)이라고 말한다. 왜냐하면 그 당시 내 주위의 '모든 사람들은' 독일 루터파는 진리를 갖지 못한 것으로 알고 있었기 때문이다. 주일학교와 (내가 복사[服事]로 섬기던) 예배들과 신앙고백을 통해 나는 이 전통에 대해 긍지를 갖는 것을 배웠다. 나는 예배의식서들과 루터의 소(小)교리문답서(Shorter Catechism)를 암기했다. 나의 가톨릭 친구들은 멋진 "성 크리스토퍼"(St. Christopher) 메달을 달고 다녔다. 그래서 나는 의무감을 가지고 한쪽에는 루터교의 상징(심장과 십자가)이 새겨지고 다른 쪽에는 "나는 루터란입니다"(I am a Lutheran)라는 글자가 새겨진 메달 목걸이를 걸고 다녔다. 그것 대신에 "나는 기독교인입니다"라고 쓰여진 목걸이를 걸고 다녀야 한다는 생각은 내게 떠오르지 않았다. 루터란은 기독교인의 분파—그것도 아주 우월한 분파—였다.

이 정체성은 내가 대학에서 한 대학원생을 만날 때까지 깨어지지 않았다. 화학을 전공하던 그는 갈보리 채플(Calvary Chapel; Costa Mesa California) 교회에서 후원하는 성경공부를 인도했다. 그때가 1972년이었는데 얼마 전에 시작된 '예수 운동'(Jesus Movement)과 갈보리 채플 교회의 해변사역이 이제 막 시작되고 있었다. 신앙에 대해 내게 물어 보면 내가 뭐라고 대답할지 누구나 다 알 수 있었다. "나는 루터란입니다." 루터는 나의 영웅이었다. 나는 심지어 내가 걸고 있는 메달 목걸이로는 불충분할 때를 대비해서 할아버지가 유럽에서 가지고 오신 교리문답서 책까지 가지고 있었다. 하지만 그때 그는 예수와 성경에 대해 마음을 불편하게 하는 질문들을 던졌다("왜 루터와 교리문답서에 대해 묻지 않는 거지?"). 그리고 그는 기독교인이 아니면서도 종교적인 사람이 될 수 있는지의 여부를 증명해 보려고 했다.[44] 예수는 사마리아인의 정체성에 관심이 없으신 것과 마찬가지로 루터란들의 자격증명서에 대해서도 전혀 관심이 없으시다. 질문은 지금도 동일하다. 당

44. 그때는 분별력을 갖기 어려운 고집 센 젊은 시절이었다. 오늘날 나는 과거를 되돌아보며 나의 신학의 초석이 되어 준 루터교 전통에 대해 계속해서 감사를 느낀다. 그리고 나는 종교적 수사법에 의해 자신의 생각을 바꾸려고 들지 않았던 턱수염을 한 용감한 그 제자에 대해서도 감사의 마음을 갖고 있다.

신은 생수를 발견했는가? 그리고 당신은 누가 그것을 공급하는지 아는가?

그러나 전통은 어떤 복음주의자들이 생각하는 것처럼 그렇게 나쁜 것만은 아니다. 전통은 필요한 전망과 깊이를 제공해 줄 수 있다. 그것은 오늘날 내가 추구하고 있는 중요한 것들이다. 그러나 종교적 전통은 우리의 믿음 자체보다도 더 중요한 뱃지(표식물)가 될 수 있다. 복음주의자들은 하나님과는 거의 상관이 없는 전통들, 혹은 정체성을 보여주는 장소들을 가지고 있지 않은가? 나는 각종 연합회들, 기구들, 교회들, 그리고 대학들에 대해—또 심지어 특별한 관심사들에 대해—생각할 수 있다. 그것들은 복음주의자들에게 너무나 중요한 것들이 되었기 때문에 영적이라는 것의 의미가 무엇인지를 그것들이 결정한다. 우리는 하나님의 일에 대해서는 무감각하게 되면서도 여전히 철저히 종교적인 사람으로 머물러 있는다.

전통은 가장 신랄한 비판을 예수로부터 받는다. 그리고 오늘날 예배가 주제로 떠오를 때면 전통은 가장 생생한 논쟁거리가 된다. "이 산에서도 말고 예루살렘에서도 말고"라는 말씀은 역사적 배경을 가지고 있다. 그러나 서로 경쟁하는 예배 전통들을 두고 다툼을 벌였던 후기의 기독교인들에게 이 말씀이 무엇을 뜻했겠는지 상상해 보라. 안디옥에서 온 초기 기독교인들이 로마 출신의 기독교인들을 만났을 때 그들 사이에 알력이 있었겠는가? 그들에게 있어서 요한복음 4:24은 어떤 의미를 지니고 있었을까? "하나님은 영이시니 예배하는 자가 영과 진리로 예배할지니라."

오늘날 수많은 교회들에 있어서 회중들은 예배의 본질을 두고, 그리고 그들이 물려받은 전통적이고 "거룩한" 형식들을 두고 갈등을 빚고 있다. 나는 이것을 두 교회에서 경험했다. 젊은이들은 "현대적인" 어떤 것을 원하는 반면, (자신들의 예배의식들이 1940년대와 50년에 시작된 것이라는 사실을 알지 못하는) 기성세대는 전통적 형식들을 지키려고 한다. "영과 진리"는 두 부류의 사람들 모두에게 훈계가 되어야 한다. 신디사이저들도 18세기의 찬송가도 성령께서 함께 하시는 참된 예배를 보증하지 못한다.

마지막으로 사마리아 여인의 이야기는 우리에게 매우 익숙한 일들 중 하나에 대해 질문을 갖도록 만든다. 예수가 그리심산의 거룩성에 대해 이의를 제기하실 때 나는 그것을 사마리아인들의 잘못된 생각에 대한 정정으로 받아들였다. 그러나 예수가 예배와 경배의 '장소'로서의 예루살렘의 정당성에 대해 이의를 제기하시자(요 4:21) 뭔가 다른 일이 발생했다. "이 산에서도 말고 예루살렘에서도 말고"라는 것은 우리의 건축가들이 건설한 종교에 대해 뭔가 심오한 것을 다루고 있는 것이다. 우리의 믿음은 (단순히 지식적인 것이 아니라) 역사에 닻을 내리고 있기 때문에 "장소"는 "시간"과 마찬가지로 중요한 것이 된다. '언제' 와 '어디서' 의 문제들은 신학적 논쟁에 있어서 대단히 중요하다. 하지만 이 장소들이 그 자체가 목적이 될 때 문제가 발생한다. 그것들은 거룩하지 못한 방법으로 보호되고 존중된다. 그것들은 더 이상 그곳에 계셨던 하나님을 가리키지 않고 그 대신 그가 행동하셨던 장소를 가리킨다.

물론 이런 경향은 오래 전부터 우리에게 있어 왔다. 나는 여기서 달라스(Dallas), 콜로라도 스프링스(Colorado Springs), 혹은 휘튼(Wheaton) 등 종교적으로 유서깊은 지역들에 대해 생각하고 있지 않다(그런 지역은 얼마든지 있다). 나는 문자적으로 중동지역의 예루살렘에 대해 생각하고 있다. 이스라엘을 방문하는 사람들은 그곳이 거룩한 곳이라는 느낌을 곧 갖게 된다. 그러나 그곳을 지키기 위해 폭력과 유혈의 끔찍한 예들이 발생했다. 십자군은 하나의 심각한 예이다. 그러나 심지어 최근에도 유대인들은 베들레헴 밖에 있는 라헬의 무덤을 자신들이 기도해야 하는 장소로 결정했다. 그런데 그곳에서의 폭력이 심화되자 이스라엘 당국자들은 무덤 주위에 12피트(약 3.66미터-옮긴이) 높이의 벽을 쌓고 초소를 지어 사람들의 접근을 통제하고 있다. 그곳을 지나가는 사람은 이제 더 이상 그 무덤을 볼 수도 없다.

복음주의 기독교인들은 오늘날 예루살렘과 이스라엘 땅에 대해 부정한 관계를 맺고 있다. 그들은 "거룩한 땅 신학"(Holy Land Theology)을 채택했고 그 결과 "장소"의 방어가 종교적 의무가 되었다. 소위 말하는 사절단들과 연합체들, 그리고 재단들이 그 지역에서의 정치적 이익을 방어하기 위해 복음주의 기금과 권력단체를 조직했다. 가장 비참한 것은 복음주의자들이 이 "장소"를 방어할 때 그리스도를 믿는 (135,000명의) 아랍인 형제, 자매들을 잊는다는 것이다. 그들은 이 정책들 때문에 자주 고통을 당한다.[45]

기독교인들은 중동지역의 평화와 정의 문제에 대해 말할 수 있다. 그러나 하나님의 이름으로 산들이 지켜지고 그 결과 사람들이 희생되고 있다면 뭔가 잘못된 것이다. "이 산에서도 말고 예루살렘에서도 말고"는 "장소"에 대한 예수의 비판이다. 하나님은 영이시다(요 4:24). 그 말이 의미하는 최소한의 것은 그분은 "장소"에

45. 이 주제에 대한 관심 때문에 나는 다음과 같은 책을 썼다. *Who Are God's People in the Middle East?* (Grand Rapids: Zondervan, 1993).

얽매이지 않으신다는 것이다. 그는 그런 모든 것들을 초월하신다.

예수, 기적들, 그리고 믿음. 나에게는 자신의 침대 밑에 비밀 서재가 숨겨져 있다고 주장하는 한 친구가 있다(나는 그를 앤터니[Anthony]라고 부를 것이다). 그는 명성과 덕망을 갖춘 주류 교회의 목회자이다. 아마도 많은 동료들이 그를 부러워할 것이다. 그는 "높은 첨탑을 지닌" 교회의 목회자이다. 그리고 그는 대학과 신학대학원에서 교수로 일한 경험도 가지고 있다. 그의 사무실을 방문하면 루터, 캘빈, 그리고 바르트의 책들이 가지런히 정돈되어 있고, 현대 최고의 신학책들과 주석들이 그것들과 함께 놓여져 있는 것을 볼 수 있다. 하지만 그에게는 앞서 말한 다른 비밀 서재가 있다. 그는 만일 다른 사람이 그것을 발견하면 자신은 파멸하게 될 것이라고 확신 있게 말한다.

이 서재는 기적적인 치료와 귀신을 쫓아냄에 관한 것이다. 그 책들 중 어떤 것들은 놀랍고 흥미로운 제목들을 가지고 있다. 많은 책들의 출판사는 전에 한 번도 들어본 적이 없는 것들이다. 그것들의 표지는 정말로 멋지다. 앤터니는 그 책들을 읽을 뿐만 아니라 거기서 한 걸음 더 나아갔다. 그는 "완전한 복음"을 듣고 경험할 수 있는 모임들에 참석했다. 그의 설교들은 세련된 지식과 웅변술 그리고 확고한 신학적 정통성을 보여준다. 그는 설교의 대가이다. 그러나 그의 비밀 서재는 그의 설교들 속으로 파고든 적이 없는 것처럼 보인다.

나는 종종 그 페이퍼백(paperback) 신학책들이 그에게 얼마나 가치가 있는 것들일지 궁금해 했다. 하루는 앤터니가 나에게 그 비밀들의 일부를 알려 주었다. 그 책들의 기적적인 이야기들은 그가 가졌던 많은 문제들 속에서 그에게 확신을 제공해 주었다.—그것은 하나님이 존재하시며 강력한 힘을 가지신 분이라는 사실에 대한 확신이었다. 정통주의의 합리성과 논리는 그의 가슴을 만족시켜 주지 못했다. 언젠가 그는 '만약' 그것들이 사실이라면 그것이 교회에 얼마나 큰 혁명을 가져다 줄 것인지 상상해 보라고 내게 말했다. "만약?" 그는 그것들이 절대적으로 사실임을 계속해서 힘 주어 강조했다. 그는 심지어 그 책들이 주장하는 강력한 약속들 중 일부를 직접 체험해 보기도 했다.

앤터니는 기적적인 표적이야말로 하나님의 실재를 궁극적으로 증명해 주는 것이라고 결론을 내렸다. 그는 만약 자신이 이것들에 충분히 노출되기만 했다면—만약 교회가 충분히 그것들에 노출되기만 했다면—의심과 죄와 불신의 마귀들은 사라져 버렸을 것이라고 상상했다. 그러나 대부분의 오순절 목회자들이 (그들에게 있어서 이런 종류의 것들이야말로 소중한 재산이다) 인정하듯이 그것은 그렇게 쉬운 일이 아니다. 기적적인 표적들이 자동적으로 믿음으로 인도하는 것도 아니고, 우리에게 출몰하는 어두움을 정복해 버리는 것도 아니다.

요한복음 4:43-54은 기적적인 표적들에 기초한 믿음의 장점과 단점이 무엇인가라는 질문을 제기한다. 그러나 그 질문에 대해 본문이 완전한 답을 제시하지는 않는다. 4:48에서의 예수의 당혹스러운 질책은("너희는 표적과 기사를 보지 못하면 도무지 믿지 아니하리라") 증거를 구하는 갈릴리 사람들의 행동이 예수가 기뻐하신 일은 아니라는 점을 보여준다. 예루살렘에 계실 때, 예수는 그가 표적을 행할 수 있기 때문에 그를 믿은 유대인들에 대해 동일한 느낌을 가졌었다(요 2:23-25). 후에 그가 갈릴리에 계셨을 때 군중들은 그의 아들이심(sonship) 때문이 아니라 그의 기적 때문에 그를 따라다녔다. "너희가 나를 찾는 것은 표적을 본 까닭이 아니요 떡을 먹고 배부른 까닭이로다"(요 6:26). 군중들은 떡이 기적적으로 공급되는 것을 보았다. 그러나 그들은 누가 그것(생명의 떡!)을 주었는지 혹은 그것이 참으로 의미하는 것이 무엇인지를 반드시 본 것은 아니다.

요한에게 있어서 표적은 하나님에 대한 확실한 믿음으로 인도하는 하나님의 계시이다. 그러나 이 세상에서 살고 있는 대부분의 사람들은 하나님의 힘을 피상적으로만 경험할 수 있을 뿐이다. 우리들 모두는 인간의 연약성이라는 짐을 지고 있기 때문에 하나님의 도우심이 반드시 필요하다. 이것이 바로 내 친구 앤터니의 신학적 환상이 가지고 있는 근본적인 결함이다. 그것은 교회 혹은 세상이 보다 많은 기적들을 볼 때에만 참된 믿음을 갖게 될 것이라고 주장한다.

내가 신학교에서 첫 학기를 강의할 때 한 교수가 자신이 목회자로 처음 일할 때 경험한 놀라운 경험 이야기를 들려주었다. 한 젊은 여성이 심한 병에 걸렸다. 진단결과는 암울했다. 그녀는 아마 그 해 안으로 죽을 것이라고 했다. 그녀의 가족들은 "부활절과 성탄절 이브"에만 교회에 출석하는 명목상의 기독교인들이었다. 그렇기 때문에 젊음 목회자와 그 가족들이 병원에서 나누는 대화는 늘 새로운 내용들로 가득 찼다. 그 여인이 목사에게 도전을 제기했다. 만약 예수가 성경에서 치료를 행하셨다면 오늘날에도 기적을 행하실 수 있어야 한다. 만약 그렇지 않다면 무슨 소용이란 말인가? 그래서 그녀는 기도를 드렸고 목사도 가족들도 모두 기도를 드렸다.—그들은 간청했고, 애걸했고, 홍정을 했다. 그 가족들은 만약 하나님께서 그녀에게 자비를 베풀어주신다면 그들 모두가 완전히 다시 헌신하여 매주일 교회에 나오겠다고 주장했다. 진지한 젊은 목회자는 그의 마음을 다하여 열심히 기도했다. 그는 "만약 그것이 주의 뜻이라면"이라고 하는 단서를 달기를 거부했다. 그는 그녀가 고침을 받는 것이 하나님의 뜻이라고 결론을 내렸다.

그런데 놀랍게도 하나님께서 그녀를 완전하게 고쳐 주셨다. 믿을 수 없다는 표정으로 고개를 내젓는 의사를 뒤로 한 채 그녀는 퇴원하여 집으로 왔다. 다음 주일에 그녀의 온 가족은 말쑥하게 차려 입고 활기 넘치는 표정으로 교회에 나와 회중석 앞자리에 앉았다. 그 젊은 여성은 하나님의 선하심을 찬양하며 간증을 했다. 다음 주에도 그 가족은 교회에 나왔다. 하지만 4주가 지나자 오직 그녀와 그녀의 남편만 교회에 나왔다. 그 후에는 교회에 출석하는 횟수가 줄어들기 시작하더니 그들은 과거의 습관으로 되돌아갔다. 오래지 않아 그 여인은 자신이 겪은 일 전체를 합리적으로 설명하게 되었다. 그녀는 하나님께서 그녀에게 주실 수 있는 가장 극적인 표적인 치료를 경험했고 기도에 푹 빠졌었고 교회에 의해 둘러싸였었다. 그러나 겨우 두 달이 지나자 그 힘은 완전히 없어지고 말았다.

그러나 그렇다고 해서 교회 사역에 있어서 기적적인 표적들이 차지할 위치가 전혀 없다는 말은 아니다. 그것들은 나름의 자리를 가지고 있다. 그러나 요한복음 4:43-54이 우리에게 제시하는 것은 표적들은 제한된 범위와 유용성만을 가지고 있다는 것이다. 슈바이처(E. Schweizer)는 이렇게 말했다. "여기서 잘못된 것은 그 [왕의 신하]가 예수 자신에게 전혀 관심이 없었다는 것이 아니라 예수를 통해 얻을 수 있는 무엇인가에만 관심을 가졌다는 데 있다."[46] 이것이 바로 이 이야기가 갖는 가장 깊은 의미이다. 기적들은 예수의 사역의 자연스러운 부분이었다. 그것들은 사람들을 믿음으로 이끌었다(요 10:38). 그러나 예수는 그것 이상이시다. 그리고 그는 그 이상의 것을 요구하신다. 예수는 단지 기적을 행하는 그의 능력을 믿는 것이 아니라 예수 자신을 믿는 사람들을 찾는다. 단지 기적을 보거나 경험하는 것만으로는 하나님으로부터 온 선물을 경험했다고 말할 수 없다. 오히려 어떤 사람으로 하여금 하나님이 수여하시는 기적에 참여하도록 허용하는 것은 믿음 자체이다. 그 기적들을 "하나님의 표적들"로 바꾸는 것은 믿음이다.[47]

왕의 신하는 기적을 구했다. 예수는 그의 요청과 치료 사이 어딘가에 자신의 위치를 잡으셨다. 그렇게 함으로써 그 사람은 자신이 원했던 것을 손에 쥐지 못한 채 믿음 안에서 행동하며 집을 향해 걸어가야 했다. 그는 자신이 명성 있는 예수를 가버나움으로 직접 모셔 가는 대신 단지 예수를 신뢰할 것인지를 결정해야 했다. 그

46. E. Schweizer, 재인용 H. Ridderbos, *John*, 175n.218.
47. Ridderbos, *John*, 177.

젊은 여인은 기적을 구했지만 그 기적 뒤에 서 계신 예수를 구하지는 않았다. 그리고 그녀가 기적을 소유하게 되자 그녀는 하나님 없이도 살 수 있게 되었다. 앤터니의 서재는 단지 환타지에 불과하다. 왜냐하면 그것은 기적 혹은 능력과의 접촉이 믿음을 굳건히 하고 부흥의 불을 일으킬 가능성을 높여 줄 것이라고 말하고 있기 때문이다. 하지만 사실은 그렇지 않을 것이다.

뿌리에 놓인 문제는 하나님으로부터 오는 것들을 받아들이는 우리의 능력이 타락으로 인해 손상되었다는 것이다. 우리는 병을 고치거나 이익을 주는 등 직접적으로 우리에게 유익을 주는 선물들은 받아들일 것이다. 그러나 하나님의 계시, 거룩한 표적은 우리가 누구이고 하나님이 참으로 누구이신지를 드러낸다. 하나님의 표적들은 빛과 마찬가지로 고통스럽다. 왜냐하면 그것들은 어둠 속에 숨겨 있는 모든 것들을 드러내기 때문이다(요 3:19).

나는 종종 누가복음 16:19-31에 실린 예수의 놀라운 이야기를 상기한다. 그것은 부자와 나사로의 이야기이다. 지옥에서 고통을 당하던 부자는 자기 형제들이 그들 앞에 놓인 끔찍한 운명에 대해 경고를 받도록 해 달라고 부탁한다. 그러나 지옥과 천국 사이의 대화는 아브라함의 다음과 같은 대답으로 끝난다. 지상에 있는 자들에게 그 어떤 표적이 주어진다 해도, 죽은 자가 다시 살아나 그들에게 간다 해도, 그들은 믿지 않을 것이다. 하나님을 찾고, 그분의 정체를 알아보고, 그분에게 경배를 드릴 수 있는 인간의 능력은 완전히 깨어져 버렸다. 그것은 갈릴리에서와 같이 오늘날에도 똑같이 사실이다.

요한복음 5:1-47

1 그 후에 유대인의 명절이 되어 예수께서 예
루살렘에 올라가시니라
2 예루살렘에 있는 양문 곁에 히브리 말로 베
데스다라 하는 못이 있는데 거기 행각 다섯
이 있고
3 그 안에 많은 병자, 맹인, 다리 저는 사람, 혈
기 마른 사람들이 누워 [물의 움직임을 기다
리니
4 이는 천사가 가끔 못에 내려와 물을 움직이
게 하는데 움직인 후에 먼저 들어가는 자는
어떤 병에 걸렸든지 낫게 됨이러라]
5 거기 서른여덟 해 된 병자가 있더라
6 예수께서 그 누운 것을 보시고 병이 벌써 오래
된 줄 아시고 이르시되 네가 낫고자 하느냐
7 병자가 대답하되 주여 물이 움직일 때에 나
를 못에 넣어 주는 사람이 없어 내가 가는 동
안에 다른 사람이 먼저 내려가나이다
8 예수께서 이르시되 일어나 네 자리를 들고
걸어가라 하시니
9 그 사람이 곧 나아서 자리를 들고 걸어가니
라 이 날은 안식일이니
10 유대인들이 병 나은 사람에게 이르되 안식일
인데 네가 자리를 들고 가는 것이 옳지 아니
하니라
11 대답하되 나를 낫게 한 그가 자리를 들고 걸
어가라 하더라 하니
12 그들이 묻되 너에게 자리를 들고 걸어가라
한 사람이 누구냐 하되
13 고침을 받은 사람은 그가 누구인지 알지 못
하니 이는 거기 사람이 많으므로 예수께서
이미 피하셨음이라
14 그 후에 예수께서 성전에서 그 사람을 만나
이르시되 보라 네가 나았으니 더 심한 것이
생기지 않게 다시는 죄를 범하지 말라 하시니
15 그 사람이 유대인들에게 가서 자기를 고친
이는 예수라 하니라
16 그러므로 안식일에 이러한 일을 행하신다 하
여 유대인들이 예수를 박해하게 된지라
17 예수께서 그들에게 이르시되 내 아버지께서
이제까지 일하시니 나도 일한다 하시매
18 유대인들이 이로 말미암아 더욱 예수를 죽이
고자 하니 이는 안식일을 범할 뿐만 아니라
하나님을 자기의 친 아버지라 하여 자기를
하나님과 동등으로 삼으심이러라
19 그러므로 예수께서 그들에게 이르시되 내가
진실로 진실로 너희에게 이르노니 아들이 아
버지께서 하시는 일을 보지 않고는 아무 것
도 스스로 할 수 없나니 아버지께서 행하시
는 그것을 아들도 그와 같이 행하느니라
20 아버지께서 아들을 사랑하사 자기가 행하시
는 것을 다 아들에게 보이시고 또 그보다 더
큰 일을 보이사 너희로 놀랍게 여기게 하시
리라
21 아버지께서 죽은 자들을 일으켜 살리심 같이
아들도 자기가 원하는 자들을 살리느니라
22 아버지께서 아무도 심판하지 아니하시고 심
판을 다 아들에게 맡기셨으니
23 이는 모든 사람으로 아버지를 공경하는 것
같이 아들을 공경하게 하려 하심이라 아들을
공경하지 아니하는 자는 그를 보내신 아버지
도 공경하지 아니하느니라
24 내가 진실로 진실로 너희에게 이르노니 내
말을 듣고 또 나 보내신 이를 믿는 자는 영생
을 얻었고 심판에 이르지 아니하나니 사망에
서 생명으로 옮겼느니라
25 진실로 진실로 너희에게 이르노니 죽은 자들

이 하나님의 아들의 음성을 들을 때가 오나
니 곧 이 때라 듣는 자는 살아나리라
26 아버지께서 자기 속에 생명이 있음 같이 아
들에게도 생명을 주어 그 속에 있게 하셨고
27 또 인자됨으로 말미암아 심판하는 권한을 주
셨느니라
28 이를 놀랍게 여기지 말라 무덤 속에 있는 자
가 다 그의 음성을 들을 때가 오나니
29 선한 일을 행한 자는 생명의 부활로, 악한 일
을 행한 자는 심판의 부활로 나오리라
30 내가 아무 것도 스스로 할 수 없노라 듣는 대
로 심판하노니 나는 나의 뜻대로 하려 하지
않고 나를 보내신 이의 뜻대로 하려 하므로
내 심판은 의로우니라
31 내가 만일 나를 위하여 증언하면 내 증언은
참되지 아니하되
32 나를 위하여 증언하시는 이가 따로 있으니
나를 위하여 증언하시는 그 증언이 참인 줄
아노라
33 너희가 요한에게 사람을 보내매 요한이 진리
에 대하여 증언하였느니라
34 그러나 나는 사람에게서 증언을 취하지 아니
하노라 다만 이 말을 하는 것은 너희로 구원
을 받게 하려 함이니라
35 요한은 켜서 비추이는 등불이라 너희가 한때
그 빛에 즐거이 있기를 원하였거니와
36 내게는 요한의 증거보다 더 큰 증거가 있으
니 아버지께서 내게 주사 이루게 하시는 역
사 곧 내가 하는 그 역사가 아버지께서 나를
보내신 것을 나를 위하여 증언하는 것이요
37 또한 나를 보내신 아버지께서 친히 나를 위
하여 증언하셨느니라 너희는 아무 때에도 그
음성을 듣지 못하였고 그 형상을 보지 못하
였으며
38 그 말씀이 너희 속에 거하지 아니하니 이는
그가 보내신 이를 믿지 아니함이라
39 너희가 성경에서 영생을 얻는 줄 생각하고
성경을 연구하거니와 이 성경이 곧 내게 대
하여 증언하는 것이니라
40 그러나 너희가 영생을 얻기 위하여 내게 오
기를 원하지 아니하는도다
41 나는 사람에게서 영광을 취하지 아니하노라
42 다만 하나님을 사랑하는 것이 너희 속에 없
음을 알았노라
43 나는 내 아버지의 이름으로 왔으매 너희가
영접하지 아니하나 만일 다른 사람이 자기
이름으로 오면 영접하리라
44 너희가 서로 영광을 취하고 유일하신 하나님
께로부터 오는 영광은 구하지 아니하니 어찌
나를 믿을 수 있느냐
45 내가 너희를 아버지께 고발할까 생각하지 말
라 너희를 고발하는 이가 있으니 곧 너희가
바라는 자 모세니라
46 모세를 믿었더라면 또 나를 믿었으리니 이는
그가 내게 대하여 기록하였음이라
47 그러나 그의 글도 믿지 아니하거든 어찌 내
말을 믿겠느냐 하시니라

원 의미

요한복음 5-11장을 어떻게 구성해야 하는가에 대해 주석가들은 일치된 의견을 내놓지 못한다. 그러나 5장에서 1-4장과는 구분되는 새로운 섹션이 시작된다는 데 대해서는 일반적인 의견일치가 있다. 요한은 더 이상 예수를 유대적 경건과 역사의 기구들과 비교하지 않는다(요 2-4장). 이제 그는 예수를 유대교의 주요 축제들 중 몇 가지와 비교한다. 이 장들은 특히 유월절, 초막절과 같은 축제들에 대해 언급하고 있다. 예수는 유대인들의 축제에 나타나셔서 몇 가지 이미지들을 사용하신다. 그것들은 예수가 누구인지에 대한 보다 깊은 이해를 제공한다. 주석자로서의 우리의 목표는 예수의 행동들에 대한 보다 더 분명한 그림을 얻기 위해 요한과 그의 원래의 독자들이 이해하고 있던 종교적, 문화적 패턴들을 밝히는 것이다.

어떤 이들은 이 장들을 요한의 "축제 주기"(festival cycle)라고 부른다. 일단 이 패턴을 인식하고 나면 다른 단락들에 대해서도 새로운 통찰력을 가질 수 있게 된다. 내가 제안한 개요에 따르자면(서론을 보라) 이 섹션을 체계화하는 가장 효과적인 방법은 네 개의 주요 축제들을 하나의 그룹으로 묶고 나사로 이야기를 (죽음과 부활에 대한 예조로서) 따로 구별해 놓는 것이다.[1] 축제들의 개요는 요한의 구조를 분명하게 만든다.

- 예루살렘에서의 안식일 축제(5장)
- 갈릴리에서의 유월절 축제(6장)
- 예루살렘에서의 초막절 축제(7-8장)
- 사례 연구: 맹인과 "빛"(9장)
- 예루살렘에서의 수전절(Hanukkah) 축제(10장)[2]

우리는 주후 1세기 유대교에 있어서 그런 축제들이 가졌던 중요성을 과대평가할 수 없다. 레위기 23장은 이 축제들의 목록을 제시하며 그것들의 중요성을 강조한다. 축제들의 주기(cycle)는 오래 된 것이었고(부림절과 수전절이 가장 최근의 것이었지만 예수 당시에 이미 몇 세기나 오래 된 것이었다), 성전의 의식들과 유대인 가족들의 책임들은 잘 조직되어 있었다. 일년에 세 차례씩 유대인 가족들은 하나님을 경배하기 위해 예루살렘으로 여행을 해야 했다(봄에 유월절, 7주 후에 오순절, 그리고 가을에 초막절). 그들은 그 기간동안 곡식의 추수와 가축들에 대해 하나님께 감사했으며 이스라엘 역사의 위대한 이야기들을 상기했다.[3]

---

1. 이것은 R. Brown의 체제를 따른 것이다. 어떤 학자들은(Carson, Sloyan) 5-10장을 작은 단위로 나누지만(5-7장, 8-10장) 이것은 요한이 초막절을 다루는 방식을 방해한다. 다른 이들은(Beasley-Murray, Morris) 여기에 구조적 패턴이 있다는 사실 자체를 인정하지 않는다.
2. 어떤 학자들은 이 목록에 11장을 포함시킨다. 그곳에서 예수는 다른 유월절 기간 중에 나사로를 살리기 위해 예루살렘으로 이동하신다(요 11:55). 그러나 그 유월절은 축제 주기에 포함되지 않는다. 그것은 예수가 십자가에 못 박히는 고난 이야기 속에 포함된다.

안식일만이 유일하게 매주 돌아오는 축제였다. 그들은 이스라엘 마을들에 있는 회당들과 가정집에서 안식일을 지켰다. 하지만 어떤 면에 있어서 안식일은 다른 축제들을 위해 바쳐져야 하는 경배와 헌신이 어떤 것이어야 하는지를 사람들로 하여금 느낄 수 있도록 해 주는 것이었다. 유월절 첫 날에는 (레 23:7에 따라) "성회" (a sacred assembly)로 모여야 했다. 그날에는 아무 일도 할 수 없었다. 축제들의 시작은 안식일의 준수를 흉내냈다. 이것이 뜻하는 것은 안식일은 유대인들이 따라야 할 헌신의 패턴을 제시하는 역할을 했다는 것이다.[4]

어떤 학자들은 요한복음 5장이 문제가 있는 장이라고 집요하게 주장해 왔다. 그들에 따르자면 5장은 직접적으로 축제에 대해 언급하고 있지 않으며 순서상 그 위치를 벗어나 있다. 요한복음 4장에서 예수는 갈릴리에 계시다. 그리고 그는 5장에서 예루살렘으로 이동하신다. 그런데 그는 요한복음 6:1에서 예기치 못하게 "디베랴의 갈릴리 바다 건너편으로" 가신다. 그들의 주장에 따르자면 만약 5장과 6장을 뒤바꾼다면 갈릴리에 대한 요한의 이야기들은 한데 모이게 되고(요 4:46-54; 6:1-71) 예루살렘 이야기도 역시 모이게 된다(요 5:1-47 이후에 7:1ff.). 그럴 경우 새로운 장 순서는 1, 2, 3, 4, 6, 5, 7, 8장이 된다.

이것이 몇 개의 문제들은 해결하지만 그런 배열은 5장이 제시하는 안식일의 본질적 가치를 보지 못한다. 5장에서 안식일은 가장 중요한 축제 목록의 초두를 이룬다. 요한의 문학적 노력들은 아무렇게나 된 것이 아니다. 그 어떤 것에 대해서든지 요한복음을 조심스럽게 연구해 보면 그 순서와 이미지가 절대 우연히 정해진 것이 아니라 세심한 주의를 기울여 정해진 것임을 알게 된다. 여기서의 축제는 안식일이다(요 5:9 참조). 그리고 여기서 출발하는 논의는 안식일에 지켜야 할 행위와 경건에 대한 랍비들의 견해에 기초를 두고 있다. 그러나 무엇보다도 요한(그리고 예수)은 축제들에 대해 "안식일적인 이해"(Sabbath understanding)를 가지고 있다. 우리는 그것이 표면에 떠오르는 것을 축제 주기에 있어서 반복적으로 보게 될 것이다. 하나님께서는 그의 백성들의 행동을 방해하고 통제하기 위해서가 아니라 그들에게 좋은 선물들을 주시기 위해 축제들을 만드셨다. 이런 전망이 5장에서 펼쳐질 것이다. 그리고 공관복음의 수많은 갈등 이야기들에서와 마찬가지로 안식일에 대한 예수의 이해는 그를 큰 곤란 속으로 밀어 넣는다.

---

3. 그러나 이 규례에 대한 순종이 보편적으로 이루어지고 있었는지는 확실하지 않다.
4. Borchert, *John*, 230.

5장은 축제 주기를 열 뿐만 아니라 또한 복음서 전체에 등장하게 될 주제를 소개한다. 요한복음은 예수가 (공관복음에서처럼) 단지 생의 끝 부분에서만 재판을 받도록 하는 것이 아니라 계속적으로 받도록 한다.[5] 예수가 세상에 오셨기 때문에 사람들은 그의 오심에 대해 세세히 따져 보고 그의 사역과 말씀의 진실성 여부를 결정해야 한다. 이런 의미에 있어서 예수는 모든 이야기들에 있어서 "피고석에"(in the dock) 앉아 계시다. 사실 요한이 예수의 기적을 소개하는 방법들 중 하나는, 마치 예수가 재판중인 것처럼, 그것들을 "증거"로 제시하는 것이다.

그러나 여기에는 아이러닉한 비꼼이 있다. 왜냐하면 결국 재판을 받는 것은 예수가 아니기 때문이다. 재판을 받는 것은 세상이다. 예수가 세상을 심판하시지 않는다는 것은 분명하지만(요 8:15; 12:47), 그럼에도 불구하고 빛이 세상 속으로 들어옴으로써 어둠이 드러나고 세상은 있는 모습 그대로 심판을 받게 된다. "그 정죄는 이것이니 곧 빛이 세상에 왔으되 사람들이 자기 행위가 악하므로 빛보다 어둠을 더 사랑한 것이니라"(요 3:19).

요한복음에 있어서 재판적 배경은 놀라울 정도로 자주 등장한다. 예수는 니고데모, 여인, 그리고 유대 지도자들에게 심문을 받으신다(6, 8, 9장). 예수는 자신의 사건을 위해 증인들을 내세우셔야 한다(세례요한, 하나님, 추종자들, 5장과 9장에서 고침 받은 자들). 그리고 그는 자신의 주장들을 증명하기 위해 증거를 제시하신다(특히 그의 사역들, cf. 요 5:36, "아버지께서 내게 주사 이루게 하시는 역사 곧 내가 하는 그 역사가 아버지께서 나를 보내신 것을 나를 위하여 증언하는 것이요". cf. 또한 요 10:25, 37-38; 14:11; 15:24). 무엇보다도 요한복음의 마지막 장면들에서 예수는 재판 과정의 절정에서 빌라도와 대제사장 앞에 나타나신다. 그곳에서 그는 무죄임이 드러나지만(요 18:38) 그럼에도 불구하고 죽임을 당하신다.

이 재판적 배경은 중요하다. 왜냐하면 그것은 요한복음 5장의 의미를 위한 무대를 만들기 때문이다. 이 장은 단지 예수가 한 사람을 치료하고 율법을 어겼다는 죄목으로 고소를 당하는 안식일에 관한 이야기가 아니다. 마가복음 3:1-6은 그런 종류의 이야기를 제공한다. 이 장은 고소와 응답, 고발과 변론의 전형이다. 이 장의 단순한 개요가 그 사실을 분명히 드러낸다.

---

5. 이 주제에 대해 가장 손에 넣기 쉬운 논문은, A. E. Harvey, *Jesus on Trial. A Study in the Fourth Gospel* (London: SPCK, 1976).

범죄(**요 5:1-15**)

- 베데스다의 한 사람이 안식일에 고침을 받음
- 그 사람이 심문을 받음
- 범죄자[예수]의 정체가 드러남

고발의 결정(**요 5:16-18**)

- 첫 번째 근거: 예수는 안식일을 범한다.
- 두 번째 근거: 예수가 자신이 신이라는 주장을 하고 있다.

예수가 재판을 받으심(**요 5:19-47**)

- 예수가 자신의 소위 "범죄"(criminal) 행위에 대해 설명하심
- 예수가 자신을 변론해 줄 증인들을 세우심
- 예수가 자신의 대적들을 고소하심
- 예수가 그들의 죄를 밝히심
- 예수가 그들의 호소 능력에 도전을 가하심

그러므로 요한복음 5장은 재판이다.—어쩌면 이것은 예수가 우리를 위해 펼쳐 보이신 "그 재판"(the trial)인지도 모른다. 이 에피소드는 요한에게 있어서 예수의 역사적 삶의 특정한 배경을 초월하는 문학적 역할을 담당하고 있다. 이 부분은 예수가 경험했던 고소와 거절, 그의 변론, 그리고 무엇보다도 그의 대적들이 처해 있던 영적 위기의 참된 모습을 우리에게 보여주고 있다.[6]

범죄(요 5:1-15)

이야기는 예수가 축제 기간 중(안식일, 요 5:9) 예루살렘에 오시는 것으로 시작된다. 예수는 양문(Sheep Gate)이라 불리는 도시의 북동쪽 벽에 있는 문에 도착하신다.[7] 벽으로 둘러싸인 도시 북동쪽의 이 구역이 매주 하루씩 계속 양의 시장으로

---

6. 누가는 예수께서 나사렛 회당에서 거절당하신 기록 속에 나타나는 "거절의 전형"(rejection template)을 통해 같은 일을 하고 있다(눅 4:16-30).
7. 이것은 유명한 헬라어상의 난점에 대한 NIV의 해법이다. 문자적으로 본문에 적혀 있는 것은 예루살렘에 "양의 (무엇) 곁에 [벳사다, Bethzatha]라 불리는 못이 있다"이다. 여기서 "양의"(sheep)는 형용사이다. 그것은 "못"(pool)을 수식해 줄 수도 있고 혹은 우리가 그 뒤에 "문"(gate: NRSV, NIV, REB)이나 "시장"(market: KJV)을 넣어 줄 수도 있다. 문구 전체를 고려해 보았을 때 요한은 문이 아니라 "양의 못"(sheep pool)을 지칭하고 있을 수도 있다(실제로 모든 고대 역본과 주석들이 그 입장을 취한다).

사용되었다는 것은 흥미롭다. 그곳은 "성 스데반의 문"(St. Stephen's Gate) 바로 바깥쪽에 있었다. NIV는 못의 이름과 관련하여 아람어로 "베데스다"(Bethesda)라 불리는 못이 있었다고 언급하고 있다. 그러나 이것은 번역에 있어서 큰 문제들을 야기했다. 헬라어 본문들은 그 장소의 이름에 대해 많은 대안들을 제시한다. 벳자다(Bethzatha), 벳사이다(Bethsaida), 벨제타(Belzetha), 그리고 베데스다(Bethesda). 어떤 이들은 "양의 집"(house of sheep)이라는 의미를 지닌 "벳세타"(Bethseta)라는 새로운 단어를 제안하기도 한다.

사본 전통은 지나치게 나뉘어져 있다. 그렇기 때문에 그 장소를 알지 못하던 후대의 필사자들은 쉽게 실수를 저지르거나 수정을 시도했을 것이다. 예를 들어 벳사이다(Bethsaida)는 갈릴리에 있던 도시와 혼동한 결과로 보인다. 그러나 쿰란(Qumran)에서 우리는 "베데스다"(*Beth'esda*)라는 용어를 확인했다(그것의 쌍수[雙數] 형태는 '베데스다타인'[*beth'esdatayin*]이다). 그 단어의 뜻은 "흘러 넘침의 집"(house of flowing)이다. 베데스다는 그것을 헬라어로 번역한 것이다. 요한은 (문자적으로는) 그 단어가 히브리어라고 언급하고 있으나 그의 복음서 전체에 있어서 그가 히브리어라고 할 때 의미하는 것은 "아람어"(Aramaic)이다. 아람어는 예수에게 익숙한 언어였다(요 19:13, 17, 20; 20:16). 유대 문헌에 있어서 히브리어와 아람어라는 두 단어는 상호교환적으로 사용되었다. 오늘날 이 못은 다섯 개의 행각(porch)들과 함께 예루살렘 구시가지 내에 있는 성 안네(St. Anne) 교회 근처에 위치하고 있다.

우리는 이 이야기 속에서 많은 사람들이 그 못을 치료의 성소로 간주하고 있었다는 사실을 배운다(요 5:3). 고대에 있어서 그런 장소들은 드물지 않았다. 그리고 일단 어떤 곳이 치료의 성소로 인식되고 나면 그 전통을 멈추는 것은 불가능했다. 그 장소의 발굴은 신약시대 이후에도 그 못들이 계속해서 '아스클레피온'(Asclepion,[8] 치료의 성소)으로 사용되었다는 것을 보여준다. 그것은 전통을 확증해 주고 있다. 그곳에 사람들이 많았던 이유에 대한 설명이 본문 속에 끼어 들어가 있다(요 5:3b-4). 대부분의 요한복음 사본들은 이 부분을 포함하고 있지 않다(cf. NIV 본문). 그것은 아마도 요한복음 5:7의 "물이 움직일 때"를 설명해 주기 위해 삽입된 듯하다. 사람들은 가끔 천사가 내려와 못의 물을 휘젓는데 그때 제일 먼저

8. 이것은 그리스의 치료의 신 '아스클레피우스'(Asclepius)에서 유래한 것이다. 치료를 받은 후 치료된 신체 부위를(팔, 다리, 손가락 등) 상징하는 헌물을 남겨 두었다. 고린도 아스클레피온(Corinth Asclepion) 박물관에 가면 인상적인 치료의 헌물들을 수집해 놓은 것을 볼 수 있다.

물에 접촉하는 자가 고침을 받는다고 이해했다. 예수가 만나셨던 사람은 38년 동안 병을 앓았다(요 5:8-9에서 요한은 그가 다리 마비 환자였음을 시사한다. 그는 자신의 다리들을 사용할 수 있는 능력을 잃었다.). 이 장소는 아마도 그가 하루를 보내는 일상적인 곳이었을 것이다. 여기서 그는 못에 오는 사람들에게 구걸을 하며 치료를 받을 수 있는 기회를 기다렸다.

예수는 (복음서에서 그가 주로 그렇게 하시듯) 그 사람에 대해 주도권을 행사하신다. 예수가 하신 말씀의 의미는 단지 눈앞의 기적을 넘어서는 것처럼 보인다. "네가 낫고자 하느냐?"(Do you want to get well?[이 문장의 헬라어 원어의 의미는 "네가 온전하게/건전하게/건강하게 되기를 원하느냐?"이다.-옮긴이]) 같은 단어들이 니고데모와 사마리아 여인에 대해서도 은유적으로 사용될 수 있었을 것이다. 물론 그 사람은 예수를 알아보지 못하고 그의 치료의 능력도 이해하지 못한다. 그는 자신의 딜레마를 호소한다. 다리가 마비되었기 때문에 그는 치료를 받기 위해 다른 사람들보다 빨리 못으로 갈 수가 없다(요 5:7). 그러나 예수는 못을 둘러싼 미신도, 그의 불평도 모두 무시하신다. 요한복음 5:8에서의 그의 명령의 시제들이 그의 관심사를 드러낸다. 너의 침상을 들라(부정과거 명령형, 단회적 사건), 일어서서 걷기 시작하라(현재 명령형, 계속적 사건). 치료는 즉시 발생했다. 그 사람은 예수가 누구인가에 대해 증거를 한 것도 아니고 정통신앙을 고백한 것도 아니다. 그는 단순히 순종을 했고 고침을 받았다.

이 이야기의 중요성은 5:9b에서 우리에게 제시된다. 예수가 그를 고치신 날은 안식일이었다. 이야기는 갑자기 혼란스럽고 어수선한 분위기를 띠게 된다. 예루살렘은 항상 종교적 열정의 장소였다(그것은 오늘날도 마찬가지이다). 이때 자칭 안식일법 수호자라는 사람이 나타나서 그를 맹렬히 비난한다(요 5:10). 유대인들은 안식일을 보호해 왔으며 그것을 유대 문화와 종교의 중요한 상징으로 존중해 왔다.[9] 그 당시 유대교의 구전율법은 (그것은 '미쉬나'[*Mishnah*]에 기록되어 있다) 안식일에 금지된 일들을 39개의 범주로 나누어 규정하고 있었다. 안식일에 침상과 같은 것을 한 곳에서 다른 곳으로 옮기는 일은 금지되어 있었다('*Shabbath*' 7:2).

---

9. 그것은 오늘날도 마찬가지이다. 만약 안식일에 예루살렘 어떤 구역에서 차를 운전하면 돌이 날아올 수도 있다. 최근에 논쟁이 되고 있는 것은 금요일 저녁에 예루살렘에서 영화관람을 허용해도 되느냐 하는 것이다. 금요일 저녁은 안식일의 시작이다. 몇 달 전에 나는 성전산(Temple Mount) 근처에서 안식일에 사진을 찍었다. 그러자 지나가던 어떤 사람이 즉시 안식일법을 수호하기 위해 나섰다. 그는 내 카메라 렌즈를 움켜쥐더니 "셔터를 누르는 것은 일을 하는 것이오"라고 말했다.

그 사람은 예수를 알지 못했다. 그는 단지 자신이 고침을 받았다는 사실을 지적했다. 의심할 바 없이 그는 기쁨에 충만한 표정으로 그 말을 했을 것이고 그것이 심문자들의 열정에 불을 붙였을 것이다. 그는 병을 치료하는 권세를 가진 자가 자신에게 그 일을 하라고 지시했다고 말했다. 이 이야기를 읽는 사람은 누구나 그 사람에게 공감할 수 있다. 그 사람의 인생이 완전히 바뀐 것이다! 새로운 삶의 기쁨 때문에 그가 지금 당면해야 하는 율법논쟁은 잊혀져 버리고 말았다. 그 사람이 예수의 정체를 당국자들에게 알린 것은 후에 예수가 그를 성전에서 만나신 다음의 일이다(요 5:14-15).

이야기의 분위기는 우울해진다. 요한복음에서 처음으로 예수의 대적들이 자신들의 적대감을 거침없이 드러낸다. 그들의 질문의 주제는 고침 받은 사람의 잘못에서 이렇게 율법을 어기도록 만든 치료자의 정체로 재빨리 넘어간다. "너더러 자리를 들고 걸어가라 한 사람이 누구냐"(요 5:12). 예수는 그곳을 빠져나가셨다(요 5:13b). 그것이 기적을 행한 후의 그의 행동양식이었다(cf. 요 6:15). 요한복음 5:16-18에서 대적들은 예수에 대한 자신의 불평을 요약할 것이다.

예수가 이전에 다리 마비 환자였던 자를 성전에서 만나셨을 때, 설명을 필요로 하는 중요한 대화가 오갔다(요 5:14). 우리는 그 사람이 치료에 대해 하나님을 찬양하기 위해서(cf. 눅 17:14) 혹은 제사장들에게 자신의 치료를 확인 받기 위해 성전에 갔을 것이라고 추측할 수 있다. 예수가 그를 만나셨을 때 두 가지를 말씀하신다. "보라 네가 나았으니[문자적으로는, '낫게 되었으니']"는 의심할 바 없이 그의 치료가 단지 잠시만의 것이 아님을 보여준다. 다른 많은 가짜 치료들의 경우에는 잠시 좋아진 듯 보이다가 다시 원래 상태로 되돌아간다. 그러나 그 다음에 예수는 이렇게 말씀한다. "더 심한 것이 생기지 않게 다시는 죄를 범하지 말라."

예수는 죄와 육체적 질병 사이에 어떤 연관성을 상정하고 계신 것인가? 해석자들은 이 구절의 의미를 두고 씨름을 해 왔다. 이곳에서 예수의 훈계와 그의 경고가 결합되어야 한다는 데 대해서는 의심의 여지가 없다. 그 사람의 죄와 그의 상태는 연관되어 있다. 성경은 어떤 비극들이 특정한 범죄의 결과일 수 있음을 시사한다(고전 11:30). 그리고 이것이 바로 예수가 치료를 위해 그를 선택한 이유인지도 모른다. 하나님께서는 그의 속에서 두 가지 차원에서 일하실 필요가 있었다(cf. 막 2:1-12). 그러나 질병을 가진 자들이 필연적으로 죄를 범한 것은 아니다. 그리고 죄를 범한 자들이 그 결과로서 반드시 고통을 당하는 것도 아니다. 누가복음 13:1-5과 요한복음 9:3에서 예수는 그런 종류의 생각을 수정해 주신다. 고난은 그 사람의 죄를 알려주는 지표가 아니다. 그러나 그렇게 말을 하긴 했지만, 특정한 고난은 여전히 특정한 죄들 때문에 올 수 있다. 이 구절을 가장 자연스럽게 읽는 방법은 이 사람의 경우에는 그런 연관성이 존재하기 때문에 예수가 그에게 회개를 요구하고 계시다는 것이다.

기소(起訴)의 결정(요 5:16-18)

우리는 이 세 구절들의 큰 중요성을 결코 놓쳐서는 안 된다. 이것은 예수에 대한 고소의 본질에 관한 요한 자신의 설명이다. 요한은 예수의 대적들에 대해 우리에게 말하고 그들이 분노하는 이유에 대해 평가를 내린다. 요한복음 5:18에서 그는 충격적인 발표를 통해 이야기의 결말을 예견한다. 그의 대적들은 예수를 죽이기를 원한다(cf. 요 7:1). 유대 지도자들은 두 가지 죄목을 제시했다. 그것들은 사형에 해당하는 중대한 범죄들이었다. 우리가 요한의 흥미로운 "재판 주제"(trial motif)를 염두에 둔다면, 이 구절들은 유대 당국자들이 예수께 대해 가지고 있던 "법적 불평"(legal complaint)을 포함하고 있다는 것을 알 수 있을 것이다.

(1) 요한복음 5:16의 헬라어는 핍박이 단지 이 행위(다리 마비 장애인의 치료)와 관련된 것이 아니라 안식일에 그런 일을 행하는 예수의 습관과 연관된 것임을 말한다. 이것은 안식일을 범함에 관한 공관복음의 그림들과 평행을 이룬다. 공관복음에서도 심각한 갈등이 야기된다. 예수는 유대 전승을 통해 전달된 거룩한 안식일 법에 대해 관심이 없으신 것처럼 보였다. 그리고 그런 범법을 목격한 자들은 범법자를 처벌할 의무가 있었다(민 15:32-36). 요한이 요한복음 5:16에서 "박해하다"에 해당하는 기술적 용어를 사용하는 것은 흥미롭다(헬라어 '디오코'[*dioko*], 이것은 그리스 문학에서 법적 기소에 사용되던 단어이다). 그러므로 요한은 예수가 단순히 박해를 당하고 있는 것이 아니라 그에 대한 기소, 재판이 이미 진행중임을 말하고 있다. 그를 박해하는 자들은 지금 예수에 대하여 고소를 하고 있다.

(2) 예수에 대한 두 번째 고소는 신성모독과 관련된 것이다. 안식일 활동에 대한 예수의 변론은 요한복음 5:17에 소개된다. "내 아버지께서 이제까지 일하시니 나도 일한다." 공격은 하나님을 "내 아버지"(cf. 요 10:33)라고 부르는 것처럼 예수가 하나님에 대한 독특한 관계를 주장하는 것에 기초를 두고 있지 않다. 그것은 이차적인 것이다. 공격은 안식일 고소에 대한 예수의 자기방어의 본질에 그 기초를 두고 있다. 랍비들은 안식일에 일을 해서는 안 된다는 사실을 강조했지만 어떤 면에

있어서는 하나님 자신도 안식일에 계속 일을 하고 계시다는 데 대해 동의했다. 예를 들어 하나님은 매일 우주를 지탱하고 계시다. 그리고 하나님은 생명과 죽음에 대한 자신의 특권을 안식일에도 계속해서 행사하신다. 왜냐하면 안식일에도 사람들이 죽고 아기들이 태어나기 때문이다.[10] 예수의 주장은 이것과 정확하게 어울린다. 그는 하나님의 아들이다. 그리고 그렇기 때문에 만약 (안식일을 만드신) 하나님이 휴식을 명하시면서도 계속해서 적극적으로 일을 하실 수 있다면, 그리고 만약 예수의 일들이 하나님의 일들이라면, 안식일에 행하는 예수의 일들은 용납될 수 있는 것이다. 예수는 신적 특권을 주장하고 계시다(요 5:19).

이것은 위험한 변론이다. 그것은 증명될 수 있는가? 만약 변론이 옳다면, 유대교 앞에 숨이 막히는 주장이 제기되는 것이다. 하지만 만약 변론이 옳지 않다면, 심각한 범죄가 저질러진 것이다. 예수는 하나님과의 동등성을 주장하고 계시다(요 5:18). 이 주장은 요한복음이 전개되는 과정에서 반복적으로 나타날 것이다. 그러나 우리는 예수의 주장을 정확하게 이해해야 한다.

보르헤르트(Borchert)는 이렇게 말한다. "하나님의 한 유일한(One and Only) 아들로서(요 1:14, 18) 예수가 주장하셨던 것은 자신이 하나님을 위한 임무를 가지고 하나님에 의해 보내심을 받았다는 것, 하나님의 일들을 하고 있다는 것, 하나님께 순종하고 있다는 것, 그리고 하나님께 영광을 돌리고 있다는 것이었다. 그것은 하나님의 자리를 대체하려는 자의 역할이 아니라 하나님의 대리인 혹은 사자(使者)의 역할이다."[11] 하나님의 거룩한 대리인으로서 예수는 하나님이 하시는 일을 할 수 있는 권리와 능력을 가지고 계시다.

그러므로 요한은 박해와 예수의 죽음을 예수가 자신의 신성을 주장한 결과로 해석하고 있다. 지금의 예에 있어서 안식일에 대한 문화적, 종교적 관심들은 이런 주장들이 용감하게 제기될 수 있는 토대를 마련해 주었다.

---

10. C. H. Dodd, *Interpretation of the Fourth Gospel*, 321-28. 삶과 죽음에 관한 문제들에 있어서 하나님께서 안식일에도 일을 계속하신다는 사실은 안식일에도 생명을 살리는 일은 할 수 있다는 주장의 근거가 되었다. 이 근거는 또한 안식일에 벌어지는 전쟁이라는 주제와도 연관되었다. 특히 싸움에 대한 대안이 경건한 자들의 죽음일 경우에는 더욱 그러했다.
11. Borchert, *John*, 236.

예수가 심문을 받으심(요 5:19-40)

이어지는 대화는 요한복음에서 세 번째 것이다. 그것은 이전의 그 어떤 것과도 다른 주장을 우리에게 들려준다. 예수는 분명하게 자신의 신성을 주장하신다. 즉 그는 자신을 직접적으로 하나님과 연관시키신다. 이곳에서 그의 변론은 세 가지 독특한 요소들을 가지고 있다. (1) 예수는 자신의 사역이 안식일에 행하시는 하나님의 "사역들"과 동일하게 신적 특권 아래서 보호되고 있다고 주장하신다. 이렇게 말씀하심을 통해 예수는 사실상 자신의 신성을 주장하시는 것이다. (2) 예수는 심문을 받고 계시기 때문에 자신 속에 있는 신적 권위를 증명해 줄 수 있는 증인들을 등장시키신다. (3) 예수는 테이블을 자신의 대적들을 향해 돌리시고 변론에서 방어로 자세를 바꾸신 후 대적들의 근본적인 문제를 지적하신다.

(1) 예수와 하나님(요 5:19-30). 학자들은 이 대화에 있어서 예수의 대답의 형식이 철저히 랍비적이라고 자주 설명한다. 그 대답은 안식일과 그 법들에 대한 이해를 가정하고 있을 뿐만 아니라 추론의 형식도 오늘날의 서구 스타일과는 상당히 다르다. 예수는 형식적으로는 "그들에게 대답을 주시면서"(giving them an answer) 시작하신다. 그의 발언은 (문자적으로) "내가 진실로 진실로 너희에게 이르노니"로 시작된다(요 1:51 해설 참조). 이것은 요한복음에 실린 이와 같은 강화(講話)들의 고대성과 진정성을 우리에게 일깨워 준다. 그리고 우리가 그것들을 얼마나 조심스럽게 펼쳐 보아야 하는지도 알려준다.

이 강화의 중심 주제는 아버지와 아들의 관계이다. 당시 문화에 있어서 아들은 아버지에게서 장사하는 법이나 기술을 배웠다. 우리는 예수가 목수 가게에서 요셉과 함께 성장하시는 모습을 생각할 수 있다. 그는 순종하는 자세로 기술들을 배우고 모방하셨을 것이다. 비슷한 방식으로 예수는 성부 하나님과도 연관되어 있다. 예수의 행동은 결코 독립적이거나 자아주도적이지 않다. 그는 항상 성부 하나님께 의존하시며 아버지의 뜻에서 행동의 목적을 이끌어 내신다. 이 모델에서 우리가 반드시 기억해야 할 것은 예수와 성부 하나님 사이에 상호 협조적인 관계는 존재하지 않는다는 것이다. "성부 하나님이 주도권을 가지고 일을 시작하시고, 그를 보내시고, 명령을 내리시며, 권한을 주시고, 허락하신다. 성자께서는 응답하시고, 순종하시고, 아버지의 뜻을 행하시며, 권위를 부여받으신다."[12] 더구나 아들은 아버

12. Carson, *John*, 251.

지로부터 단지 영감만을 받으시는 것이 아니다. 그는 지치지 않고 성공적으로 아버지를 모방하신다. 무엇이 이것을 가능하게 만드는가? 요한복음 5:20-23은 세 가지 대답들을 제공한다(헬라어 '가르'[*gar*, 왜냐하면]로 시작되는 세 개의 절들[clauses]에 기초를 두고 있다).

가장 중요한 확언은 성부 하나님이 성자를 사랑하신다는 것이다.[13] 여기서 헬라어 현재시제는 계속적으로 지속되는 애정을 나타낸다. 그 사랑은 성부의 보다 깊은 신비들의 완전한 계시를 가져온다(요 5:20). 이것은 우리가 요한복음 1:18에서 발견하는 것과 동일한 생각이다. 그 구절은 성부와 성자 사이의 긴밀한 관계를 즐기는 것에 대해, 그리고 아들이 아버지를 세상에 계시하시는 것에 대해 말하고 있다. 그러므로 예수는 그 누구도 보거나 듣지 못한 일들을 보고 들으셨다는 점에 있어서 독특하신 분이시다.

이 사랑은 아들에게 위임된 두 가지 일들 속으로 흘러 넘쳐 들어온다. 그 일들은 원래 아버지에게 배타적으로 속한 것들이다. 예수는 생명과(요 5:21) 심판에(요 5:22) 대해 지배권을 가지신다. 오직 하나님만이 생명에 대해 지배권을 가지시며 사람들을 죽음으로부터 일으키실 수 있다는 사실은 놀라운 것이 아니다(신 32:39; 삼상 2:6). 그러나 예수 역시 그 일을 할 수 있다는 사실은 그를 유대교에 있어서 유별난 존재로 만든다(cf. 엘리야와 엘리사). 그러나 생명을 주는 일은 또한 심판과 연관되어 있다(요 5:22). 요한복음 신학에 있어서 심판은 세상 끝을 위해 남겨진 사건이 아니다. 심판과 생명의 선물이라는 사건은 지금 이 세상 속에서 발생하고 있다. 그리고 예수는 자신이 이 세상에 계시기 때문에, 그리고 자신을 통하여 빛과 생명이 중재되는 그런 존재이기 때문에, 하나님의 심판의 촉매제 역할을 하신다. 어둠을 사랑하는 자들은 이미 심판 아래 있다(요 3:19). 누구든지 아들을 믿는 자들은 이미 생명을 가지고 있다(요 3:36).

이것은 예수를 세상 속에서 하나님의 최고의 대리인이 되도록 만든다(요 5:24b). 고대에 있어서 "대리인"(agent)이 된다는 것은 어떤 일을 할 수 있는 권위와 능력이 위임되는 것을 뜻했다. 왕이 먼 곳에서 평화협정을 맺고 싶다거나 곡물 가격을 흥정하고 싶다면, 그는 자기 자신을 완전하게 대신할 수 있는 대리인을 임명했다. 대리인이 한 말은 그 말을 듣는 자들뿐만 아니라 자신을 파송한 왕에 대해서도 구속력을 지녔다. 그러므로 대리인은 완전히 신뢰할 수 있는 자이어야 했다.

13. 이것은 성자에 대한 성부의 사랑에 대해 요한이 '필레오'(*phileo*)를 사용하는 유일한 경우이다.

이것이 예수가 마음에 두었던 이미지였다. 요한복음 5:23이 분명하게 보여주고 있듯이 아버지(Father)를 공경하기를 원하는 자는 누구든지 그를 대리하는 아들(Son)을 똑같이 공경해야 한다. 그리고 누구든지 아들의 명예를 손상시키는 자는 그 배후에 계신 아버지를 분노하게 하는 것이다.[14]

요한복음 5:24에 등장하는 "내가 진실로 진실로 너희에게 이르노니"라는 (문자적) 반복은 예수의 대답 속에 있는 자연스러운 단절을 드러낸다. 이제 기초가 놓였고(하나님께서 예수를 사랑하셔서 그에게 궁극적인 거룩한 권위를 위임하셨다) 예수는 생명과 심판이 정말로 뜻하는 바가 무엇인지를 해석하시고 그것을 확장하신다(요 5:24-30). 예수의 말씀을 듣는 것(즉, 그의 모든 임재와 메시지를 받아들이는 것)은 (그를 보내신) 하나님을 믿는 것이다. 하나님의 말씀과 예수의 말씀은 하나이며 동일하다. 그리고 그렇기 때문에 하나를 받아들이는 것은 다른 하나를 받아들이는 것이다(요 5:24).

이런 결정은 '현재의'(present) 결과들을 갖는다. 영원한 생명이 즉시 시작되며 정죄와 죽음이 사라진다. 그러나 생명을 주는 자와 심판자로서의 예수의 역할 (두 경우 모두에 있어서 예수는 또 다시 하나님의 사역을 이행하신다. 요 5:30) 역시 미래로 이어진다(요 5:25, 28-29). 예수는 큰 심판날에 하나님의 도구가 되실 것이다. 이 주제를 강조하기 위해 예수는 자신을 "하나님의 아들"(요 5:25)이라고 부르신다. 요한복음에서 자신을 그렇게 부르시는 것은 세 번밖에 없다(요 10:36; 11:4; cf. 19:7).

이 구절들의 핵심은 예수가 자신의 신성에 대한 주장을 확장하고 계심을 보는 것이다. 안식일에 대한 그의 권위는 이제 영생에 대한 그의 권위로 이어진다. 그의 랍비적 논리는 "더 작은 것에서부터 더 큰 것으로" 주장을 펼친다. 하나님의 아들이라는 그의 정체성이 안식일에 대한 그의 권위주장을 허락하는 것이 사실이라면, 그는 다른 것들에 대해서도 신적인 권위를 주장할 수 있다. 요한복음 5:24-30에 나열된 사역들은 구약에서 하나님의 사역들로 엄격히 확립된 것들이다. 생명은 하나님의 선물이다(창 2:7; 시 16:11). 심판은 하나님의 사역이다(창 18:25; 삿 11:27). 예수는 자신의 '신분' 때문에 하나님이 하시는 일을 하실 수 있다. 5:31에서 예수가 더 이상 이것을 추상적으로 말씀하시지 않는 것을 주목하라. 그는 "내가"라는

---

14. 이 "대리인"의 이미지는 요한복음에서 왜 예수를 하나님의 "보내심을 받은 자"라고 수없이 자주 지칭하는지 설명해 준다. "보내심을 받은 자"(sent one)는 요한복음에 있어서 사실상 기독론적 타이틀이다.

대명사를 사용하여 여러 번 일인칭으로 말씀하신다. 이것은 강조적 말씀이다. 예수는 자신의 주장이 모호하게 되는 것을 원하지 않으신다.

(2) 예수 사건의 증인들(요 5:31-40). 예수의 재판에 있어서 5:31은 중요하다. 구약 율법에 따르자면 어떤 사람을 정죄하기 위해서는 두 사람 이상의 증인이 필요했다(신 17:6). 이런 생각은 재판의 배후에까지 확장되어 어떤 사람의 증언을 확인하기 위해서도 두 사람 이상이 필요하다고 말하게 되었다(*Mishnah, Ketuboth* 2:9). 5:31에서 예수가 말씀하고 있는 것은 그의 자기증거는 모두 잘못되었다는 것이 아니다. 다만 그것이 다른 증인들에 의해 확인되지 않는 한 그것의 타당성을 받아들일 수 없다는 뜻이다. 예수의 주장들은 비범하다. 그러나 만약 그런 주장들을 하는 것이 예수 혼자라면, 그 주장들은 그의 청중들에게 거의 아무런 무게감도 주지 못할 것이다. 하지만 만약 그 주장들이 다른 이들에 의해 확증된다면 그것들은 충분한 무게를 갖게 될 것이다.

그러므로 예수는 다섯 명의 증인들을 세우신다. 그들의 말과 행동은 예수의 주장들을 지지해 준다. ⓐ 비록 요한복음 5:32가 명백히 그렇게 말하고 있지는 않지만 첫 번째 증인은 하나님이시다(그러나 요 5:37 참조). 그러나 이것이 반드시 하나님께서 들을 수 있는 증언의 목소리를 들려주신다는 뜻은 아니다. 요한은 예수의 세례 사건을 염두에 두었을 수도 있다(요 1:32-34; cf. 요 12:28). 그러나 여기서 예수가 지적하고 있는 것은 하나님의 내적 임재일 것이다. 하나님은 예수의 사명에 대해 그에게 확신을 주신다(요 17:1-6). 하나님의 말씀과 능력이 예수 안에 있다. 그는 아버지에 의해 보내심을 받았다. 그리고 이런 자료들은 그가 누구인가에 대한 진리를 지적해 준다.

ⓑ 다음 증인은 세례요한이다(요 5:33-35). 요한은 예수보다 먼저 일을 시작했으며, 그의 정체를 밝혔고, 그와 함께 일했다. 그리고 자신을 따르는 자들에게 예수의 제자가 되라고 지시했다. 사람들은 얼마 동안 그의 사역을 즐거워했지만(혹은 그것에 탐닉했지만) 결국 그는 거절을 당했다.

ⓒ 예수는 자신의 사역들을 지적하신다(요 5:36). 그것은 약간의 설명을 필요로 한다. 그것들은 단지 강력한 기적들이 아니라 표적이다. 표적들은 십자가와 부활의 위대한 사역에서 정점을 이룬다. 그것은 단지 예수의 정체성만을 보여주는 것이 아니라 아버지를 지적한다. 오직 아버지만이 그런 일들을 가능하게 하실 수 있다.

ⓓ 예수는 증인 목록에 성경을 추가하신다(요 5:39-40). 1세기의 유대교는 성경 연구에 열심이었다. 그러나 예수는 동시대인들이 예수에 관한 중심 메시지를 이해

하지 못하고 있고 그가 성경을 어떻게 성취하고 있는지를 보지 못한다고 말씀하신다. 누가는 누가복음 24장에서 그와 같은 성경 사용에 대한 흥미 있는 이야기를 들려주고 있다. 예수가 엠마오로 가실 때 그는 두 명의 제자들에게 "모세와 모든 선지자"의 글들을 설명하신다(눅 24:27). 그러자 제자들은 처음으로 그 내용을 이해한다.

ⓔ 마지막 증인은 예수의 변론의 그 다음 요소 속에 포함되어 있다. 성경 속에 등장하고 있는 것은 모세이다(요 5:46-47). 그러나 메시야에 대한 그의 언급들은 매우 분명하다(신 18:15). 모세는 유대교의 "수호성인"(patron saint)이다. 그는 백성들의 보호자이고, 하나님 앞에서 그들을 위해 변론한다(참조. 신 33장의 모세의 고별사). 그러나 예수는 심지어 모세의 말도 무시되어 왔다고 말씀하신다.

(3) 예수가 그의 대적들을 고소하심(요 5:41-47). 이 이야기의 놀랍고도 예상치 못했던 모습은 예수가 그의 대적들을 공격함으로써 이야기를 마무리하는 방법에서 찾을 수 있다. 예수는 자신에 대한 심문에서 오히려 그들을 고소하고 계신 것이다! 이것은 유대인들의 법정에서 드문 일이 아니었다. 오늘날과는 달리 피고측은 단지 자신의 무죄를 증명하고 재판을 끝내려 하지 않았다. 유대인들의 재판은 진실을 드러내기 위해 진행되었다. 법정에서 거짓된 주장을 한 고소인들은 중간에 피고의 입장이 될 수 있었으며 상당한 위험에 직면할 수도 있었다. 상대방에게 가하려고 했던 형벌들이 이제 오히려 자신들에게 돌아올 수도 있었다.

예수는 이것을 이해하신다. 그렇기 때문에 본 장에서 "재판"이 진행될 때, 그는 테이블을 돌려서 피고소인의 위치에서 고소인의 위치로 자리를 옮기신다. 요한복음 5:31-40에서의 예수의 변론으로 인해 그의 대적들은 하나님이 하신 일들에 대해 어떤 책임을 지지 않을 수 없게 된 것으로 보인다. 만약 그들이 자신들 사이에서 발생하고 있는 아버지의 일을 볼 수 없다면, 만약 그들이 표적을 보면서도 그것을 이해할 수 없다면, 그리고 만약 그들이 세례요한을 거부하고 닫힌 마음으로 성경을 읽는다면, 무언가 크게 잘못된 것이다. 아이러니는 더 깊어져 간다. 왜냐하면 그들은 인간의 증언의 정당성을 인정하고(요 5:43), 인간들로부터 오는 인정과 승인을 열심히 추구하기 때문이다. 만약 문제가 지적인 어떤 것이라면 설명을 통해 그것을 풀 수 있을 것이다. 그러나 문제는 더 깊은 곳에 있다. 예수의 대적들은 영적으로 병들었다. 그들의 불신앙은 의도적인 것이고 진단결과는 심각하다. 그들은 마음속에 하나님에 대한 사랑을 가지고 있지 않다(요 5:42). 그들은 종교적인 삶을 사랑하지만 하나님을 사랑하는 법은 잊어 버렸다.

요한복음 5:45-47에서 모세에 대한 예수의 마지막 언급은 단지 모세의 증인으로서의 역할뿐만 아니라(cf. 앞의 논의를 보라) 또한 재판관으로서의 역할을 지적한다. 유대교는 모세와 그의 사역에 대해 큰 긍지를 가졌다. 모세는 현재와 같은 모습의 유대교 신앙을 확립한 인물이다. 그러므로 모세와의 관계는 중요했다(cf. 특히 요 8-10장). 모세와의 올바른 관계는 안전성을 보장하는 종교적 표식이었다. 그러나 만약 모세에게 순종하는 것이 아니라 그를 자기 마음대로 소유하려 한다면, 그리고 만약 유대교가 하나님께로 나아가는 길이 되는 대신 정체성의 표식으로서 잘못 사용된다면, 성경이 말씀하는 그 교리들, 바로 그 모세가 했던 말들이 그들에게 되돌아와 그들을 심판할 것이다. 성경을 소유하고 성경의 내용을 알면서도 하나님을 알지 못하는 것은 그 무엇보다도 위험한 일이다.

상황잇기

이것은 길고도 복잡한 장이다. 그리고 우리는 논쟁의 세부적인 것들과 예수의 주장의 복잡성 때문에 수렁 속으로 빠져들 수도 있다. 해석자들은 현대 세대와의 어떤 연관성을 찾기 위해 이 이야기를 알레고리화 하려는 유혹을 종종 받아 왔다. 예를 들어, 어거스틴과 많은 다른 이들은 다섯 개의 행각을 갖춘 베데스다 못을 모세의 다섯 책들인 토라를 상징하는 것으로 보았다.[15] 그럴 경우 환자는 유대교 속에서 치료받기 위해 애쓰고 있는 것이다. 그러나 예수는 그의 방향을 다른 쪽으로 돌리셔야 한다. 터툴리안(Tertullian)이나 크리소스톰(Chrysostom)과 같은 교부시대 해석자들은 못의 물이 세례를 상징한다고 보았다. 그 물은 하늘의 존재들에 의해 휘저어질 때 병을 치료할 수 있었다. 마찬가지로 어떤 이들은 38년 된 병은 구약에서 이스라엘이 38년 동안 광야를 헤맨 것을 뜻한다고 보았다. 예수는 그를 약속된 땅으로 들여보내기 위해 오셨다.

그러나 그런 알레고리화는 불필요하며 또 부적절하게 보인다. 고고학이 예루살렘에서 그런 못을 찾지 못했던 시대가 있었다. 그때 요한복음은 역사적 유대교를 보여주지 못하고 있는 것으로 심하게 비판을 받았었다. 그런데 20세기에 예루살렘 북동부 지역에서 한 쌍의 쌍둥이 연못들이 (성 스데반의 문[St. Stephen's Gate] 안쪽의 성 안나 교회[St. Anne's Church]에서) 발견되었다.[16] "다섯 개의 행각들"(five

15. "이 다섯 행각들은 율법을 상징한다. 그것은 환자들을 낳기는 하지만 그들을 고치지는 않고, 그들을 발견하기는 하지만 그들을 치료하지는 않는다." (Augustine, 재인용 Hoskyns, *John*, 264).
16. J. Jeremias, *The Rediscovery of Bethesda* (Louisville, Ky.: Southern Baptist Theol. Seminary, 1966).

porches)은 원래의 못을 확장한 결과로 생긴 것이다. 그 못에 대한 사람들의 수요는 대단히 컸다. 베데스다의 물은 수로들을 통해 공급되었다. 그리고 못 양편에는 물을 구하러 오는 사람들을 위한 계단과 행각들, 그리고 플랫폼이 있었다. 원래의 못을 더 크게 만드는 대신 그 못을 확장하기로 한 그들은 인근에 새 못을 팠다. 두 못들 사이에는 벽과 계단을 만들었다. 이 "이중 못"(double pool)에는 다섯 개의 행각들이 세워졌다. 그 행각들 중 하나는 두 못들 중간에 있었다.

시련과 갈등의 시기. 요한복음 5장은 시련과 갈등에 관한 이야기이다. 이야기에 등장하는 마비 환자는 요한복음 4장에 등장하는 여인보다 더 작은 역할을 수행한다. 예수의 정체를 안 후에도 그는 계속 무대 위에 머문다. 그러나 그는 단지 예수의 대적들에게 예수를 고소할 기회를 주고 예수로 하여금 변론을 하도록 만들 뿐이다. 그러므로 이 이야기는 예수에 관한 어떤 것을—즉, 예수가 죽은 이유와 그가 어떻게 변호되어야 하는지를—설명해 주는 모델이 된다.

그러나 그것 이외에도 이 이야기는 또한 세상 앞에서의 우리의 삶에 대해 무엇인가를 말해 주어야 한다. 요한복음은 우리가 주님을 따른다면 그 누구도 핍박에서 예외가 될 수 없을 것이라는 점에 있어서 단호하다. 다락방에서 예수는 이렇게 경고하신다. "내가 너희에게 종이 '주인보다 더 크지 못하다' 한 말을 기억하라 사람들이 나를 박해하였은즉 너희도 박해할 것이요"(요 15:20). 이 구절은 그 어떤 제자라도 5장이 기록하고 있는 삶의 이야기가 자신의 것이 될 수 있음을 말해 준다.

요한복음 5장에서 전개된 재판 모티브가 요한에게 있어서 그토록 흥미 있는 이유는 무엇인가? 왜 그는 마치 예수가 자신의 전 생애를 재판으로 보낸 것과 같은 인상을 주면서, 자신의 복음서라는 직물 속에 그토록 많은 시간을 들여서 정성스럽게 이 이야기를 직조해 넣었는가? 대답은 간단하다. 요한 자신과 그의 회중들도 이와 같은 종류의 심문과 재판을 경험하고 있기 때문이다. 예수의 생애를 이런 식으로 설명하는 복음서는 심각한 위협 속에서 살고 있는 사람들에게 큰 용기를 주었을 것이다.

바울은 데살로니가전서 2장에서 같은 일을 한다. 그는 이 헬라 기독교인들이 신앙 때문에 큰 고통을 당하고 있다는 사실을 이해한다. 그래서 바울은 그들을 격려한다. 그들은 지금 단지 최초의 유대교회의 발자취를 따르고 있는 것만이 아니다(살전 2:14). 그들은 고난을 당할 때 예수 자신의 발자취를 따르고 있는 것이다(살전 2:15). 요한도 똑같은 목회적 관심을 가지고 있었다. 그러나 그는 예수의 삶의 한 부분을 뚜렷이 부각시킴을 통해 그들을 격려한다.

요한 시대의 교회는 예수의 정당성에 대해 질문을 받고 있었다. 그들은 자신의 확신에 대한 증거를 제출하도록, 그리고 자신들의 신앙을 정당화 해 줄 증인들의 이름을 대도록 압력을 받았다. 우리는 몇 가지 방법을 통해 이것을 엿볼 수 있다. "세상"에 대한 요한의 견해는 철저하게 부정적이다. 세상은 마치 적대와 갈등의 장소처럼 보인다. 요한의 기독교인들의 대적들은 아마도 라이벌 "회당"(synagogue)의 유대 지도자들이었을 것이다. 왜냐하면 요한의 교회는 아마도 "기독교 회당"(Christian synagogue)으로 보였을 것이기 때문이다. 이것은 "유대인"이라는 용어가 여러 번 조롱하는 투로 사용된 이유를 설명해 준다. 요한의 교회에게 너무나 잘 알려져 있던 갈등의 언어가 요한복음 자체 속에서도 나타난다. 요한복음 9장은 어떤 사람의 시범케이스를 보여줄 것이다. 그는 예수에게 치료를 받은 후 심문과 출교를 당한다. 이 이야기를 읽는 요한의 모든 기독교인들은 자신이 혼자가 아니라는 사실을 알고 위안을 받을 것이다. 예수께 직접 치료를 받았던 사람들도 지금 자신들이 겪은 것과 똑같은 일을 경험했다.

혹은 요한복음 15:18-25의 신학을 생각해 보자. 예수는 "세상이 너희를 미워하면 너희보다 먼저 나를 미워한 줄을 알라"라는 말씀으로 시작하신다. 이것은 예수의 사도들에게 힘이 되는 말씀이다. 그러나 그것은 또한 요한의 추종자들에게도 귀중한 말씀이다. 그들 역시 미움을 받고 있다. 요한일서 독자들과 똑같은 사람들에게 들려진, 이 구절에 근거한 1세기의 설교를 상상해 보라! 이 공동체는 포위공격을 받고 있는, 고난과 갈등을 아는 공동체이다. 이 공동체는 예수가 같은 길을 걸으셨다는 사실을 기억할 필요가 있다. 그러므로 핍박의 본질과 그들이 지켜야 하는 기독론의 핵심에 그 탐구의 핵심이 맞추어져 있다.

이 "재판 주제"(trial motif) 속에는 다른 차원이 있다. 요한은 자신이 단지 보존을 위해 이야기를 기록하고 있는 것이 아님을 알고 있다. 그는 우리를 위해 글을 쓰고 있다. 그는 자신의 독자들이 매 페이지마다 예수에게 노출되어 있다는 것을 알고 있다. 그러므로 우리 역시 이 재판에 연루되어 있다. 우리는 예수에게 유리한 혹은 불리한 증거를 보고 있다. 글을 읽어 가면서 우리도 결정을 내려야 한다. 우리는 예수를 믿을 것인가 아니면 그를 정죄할 것인가? 요한복음은 사람들이 예수와 접촉하고 난 후 그를 믿거나 부인하는 모습을 보여준다. 우리 역시 그들처럼 결정을 내려야 한다.

예수의 대적들의 성격. 이것은 본 장에 대한 숙고에 있어서 가장 심오한 단계로 우리를 이끈다. 우리는 5장 마지막에 등장하는 예수의 대적들에 대한 설명을 읽으면서 그들의 성격에 대해 몇 가지를 생각해 보아야 한다. 이 단락이 "유대교"의 잘못된 점을 약술하고 있다고 말하는 것은 문제를 너무 심하게 단순화시키는 것이다. 너무 많은 기독교인들이 요한복음 5장을 너무 단순하게 읽은 결과 유대교와 유대인들에 대해 비판적인 견해를 갖게 되었다. '유대인이라는 사실 자체는 문제가 아니다.' 예수는 유대인이셨고 그의 초기 추종자들도 마찬가지였다. 예수의 대적들은 그렇지 않았으면 탁월했을 그들의 신앙을 어떤 죽게 만드는, 영혼을 파괴하는 것으로 바꾸어 버린 유대인들로 구성되어 있었다. 요한은 예수를 심문하는 자들에게 어둠과 죽음을 가져다주는 영적 질병에 대해 숙고해 보도록 이 복음서 전체에 걸쳐서 우리를 초청한다.

그러나 나는 오늘날 우리가 자신들의 종교적 배경 속에서 이것과 똑같은 환경을 재창조해 내지는 않았는지 의심스럽다. 예수는 오늘날도 여전히 심문을 받고 계시지는 않는가? 이에 대한 대답으로 복음주의자들은 재빨리 손가락으로 세상과 그들의 불신앙을 가리킬 것이다. 그러나 나는 이렇게 묻는다. 교회 안에서 예수가 심문을 받으시는 종교적 환경은 없는가? 종교제도들이 너무나 잘 정비되어 있고, 너무 편안하고 안전하기 때문에 예수 자신이 영접 받으시는 데 어려움이 있지는 않는가? 우리의 교회 속에는 그 마음속에 "하나님을 향한 사랑을 잃어버렸으면서도" 여전히 꾸준히 또 열정적으로 종교적인 자들이 있지는 않는가?

현대적 의미

고난 당하는 자들을 위한 사역. 몇 년 전에 드와이트 페터슨(Dwight Peterson) 박사는 전문적인 성경학자들이 모인 자리에서 예수가 신체 마비 환자들을 고치신 일에 대해 강연을 했다.[17] 나는 "신체 마비"(paraplegics)라고 말한다. 왜냐하면 성경에 나타나는 것과 같은 환자를 오늘날 우리들 중에서도 볼 수 있다는 사실을 알리고 싶기 때문이다. 오늘날에는 누구도 휠체어에 앉아 있는 사람들을 "신체 마비 환자"(paralytic)라고 부르지는 않는다. 그 강사는 많은 좋은 생각을 가지고 있었다. 그러나 그의 강연에 있어서 한 가지 사실이 주목을 끌었다. '그는 휠체어에 앉아 있었다.' 그 자신이 신체 마비 환자였다. 요한복음 5장의 목적이 우리에게 예수의 기독론의 정체성을 드러내 주는 것이라는 점은 인정하지만, 이 학자는 예

17. 이것은 루이지애나(Louisiana) 주 뉴올리언스(New Orleans)에서 개최된 the Society of Biblical Literature Convention(November 1996)에서 있었던 일이다. 페터슨 박사는 현재 펜실바니아의 이스턴 칼리지(Eastern College in Pennsylvania)에서 강의하고 있다.

수가 이 이야기들 속에서 만지신 '그 사람'에게 우리가 관심을 기울여야 한다는 점을 일깨워 주었다.

페터슨은 우리가 거의 생각하지 못하는 점들에 대해 길게 이야기했다. 21세기의 신체 마비 환자들의 고통은 (물론 엄청난 것이기는 하지만) 그래도 1세기의 환자들에 비하면 나은 편이다. 이동가능성과 생계문제 그리고 사회적 소외는 문제의 시작일 뿐이다. 개인위생의 문제를 생각해 보라(페터슨은 그림을 그려 가며 이 문제를 설명했다). 신체 마비 환자들은 흔히 창자와 방광을 통제하지 못한다. 이 모든 것을 하나로 묶으면 우리는 성경에 등장하는 이 환자의 삶의 모습을 그려 볼 수 있다. 사람들이 그를 이곳에서 저곳으로 옮겨 주지 않으면 그는 기어 다녀야 했다. 그의 수입의 대부분은 구걸 혹은 친구들과 가족들의 동정으로 얻어졌다. 그가 창자와 방광을 통제할 수 없었다면 그의 위생문제는 심각했을 것이다. 사람들은 그로부터 멀리 떨어져 있었을 것이다. 그의 손은 (이동을 위해 손을 사용했기 때문에) 거칠고 찢겨져 있었을 것이다. 나는 이집트 시골 지역에서 그런 사람들을 본 적이 있다. 그들은 가장 가난한 사람들보다도 더 비참한 삶을 살고 있었다. 그들의 삶은 고통 그 자체였다.

그날 베데스다에서 치료를 고대하고 있던 많은 사람들 중에서 예수는 특별히 더 어려운 "상황"(case) 속에 있던 한 사람을 선택하셨다. 예수는 영적으로는 변두리에 있지만 사회적으로는 "안전한"(safe) 자들에게 손을 뻗지 않으셨다. 그 대신에 예수는 상상을 초월하는 고통과 소외를 겪고 있는 자에게 다가가셨다. 나는 이 이야기와 관련하여 마더 테레사(Mother Teresa)와 그녀가 이끄는 '자비로운 자매들'(Sisters of Charity)의 사역을 생각하지 않을 수 없다. 그녀는 이미 고인이 되었다. 그러나 1997년 9월에 죽은 이후에도 그녀가 캘커타 거리의 빈민들을 어루만져 주고, 사랑해 주고, 그들에게 영감을 불어넣어 준 이야기는 계속해서 우리들 가운데서 회자되고 있다. 그녀는 자신의 자매들에게 "가난한 자들이 너희를 먹어 치우도록 하라"(Let the poor eat you up.)라고 말했다. 그들의 궁핍은 도저히 채워질 수 없을 것처럼 보인다. 그러나 예수께서 가시기를 원하시는 곳은 바로 그런 곳이다.

오늘날 교회가 "가는"(goes) 곳에 대하여 이것이 가지고 있는 의미는 무엇인가? 요한복음 5장은 우리가 어떤 사회적 위험들을 감수해야 한다고 말하는가? 요한복음 4장에서도 같은 주제를 발견할 수 있다. 그 두 장을 통해 우리는 사역을 위한 비전의 메시지를 똑똑하게 들을 수 있다.

영적 영웅주의. 두 번째 주제는 본 단락에서의 논쟁을 통해 드러나는 예수의 정체성에 관한 것이다. 예수는 여기서 엄청난 권위를 주장하고 계시다. 그의 주장에는 윤리적 차원이 있다. 그는 자신이 율법을 어길 수 있다고 주장하신다. 물론 우리는 1세기의 유대사회가 하나님의 율법의 의도를 왜곡했으며 예수가 율법의 초점을 올바르게 수정했다고 말할 수 있다. 그것은 옳은 지적이다. 그러나 여기에는 흥미로운 또 다른 것이 있다. 이것은 하나님의 법을 왜곡하거나 곡해한 사회법은 깨뜨려도 좋다는 의미인가? 요한복음 5장은 시민불복종 운동에 대한 간접적 지지로 볼 수 있다. 우리들 중 많은 이들은 그것을 보며 불편을 느낀다. 랍비들의 법은 땅의 법이었다. 그것은 사회를 하나로 묶어 주는 접착제와 같았다. 그러나 예수는 그것에 대해 도전을 가하신다.

물론 우리는 예수가 가지신 권위를 우리도 가지고 있다고는 말할 수 없다. 그러나 여기서 예수는 그의 이름과 영을 가지고 있는 우리가 심각하게 고려해 보아야 할 모델들을 제시하신다. 현대의 삶 속에는 하나님의 이름으로 파괴해 버릴 필요가 있는, 그렇게 함으로써 하나님의 인격과 정의를 모든 사람에게 보일 필요가 있는 분야들이 있지 아니한가? 노예제도 철폐운동(Abolitionist Movement)과 같은 과거의 예들을 생각해 볼 때, 나는 그들의 영웅적 행동에 대해 편안한 마음으로 지지의 뜻을 표할 수 있다. 그러나 오늘날이 필요로 하는 영적인 영웅적 행동을 취할 수 있는 용기는 나에게 거의 없다. 현 세기에 있어서 하나님의 이름으로 법을 어기기 위해서는 복음주의자들에게 어떤 대가가 필요할까?

예수의 정체성. 본 장에서의 예수의 놀랄 만한 주장들은 우리로 하여금 윤리학이 아니라 신학과 연관된 어떤 것을 생각하게 만든다. 예수는 교회 혹은 세상 속에서 너무나 자주 단지 좋은 사람으로 그려졌다. 어떤 이들은 그를 카리스마 있는 교사로 부를 것이고, 어떤 이들은 그를 선지자 혹은 종교적 지혜를 전파하는 자로 격상시킬 것이다. 어떤 학자는 예수를 "중개인 없는 하나님의 나라"(brokerless kingdom of God)를 세상에 제공하는 "농민 반란자"(peasant rebel)로 본다. 어떤 이들은 그에게서 영적인 삶의 모델을 보는 것을 좋아한다. 이런 묘사들의 문제는 예수에 관한 신약 메시지 속에 들어 있는 핵심요소를 놓치고 있다는 것이다.

예수 그리스도는 복음서들 속에서 자신에 대해 '궁극적인'(ultimate) 주장들을 하시고 있다. 그런데 요한복음 5장보다 그것이 더 분명한 경우는 없다. 예수를 독특하게 만드는 것은 단지 그가 아버지의 일을 하고 있다는 사실이 아니다. 그의 독특한 점은 그가 인간들이 전에는 전혀 본 적이 없는 관계를 아버지와 맺고 있다는 데 있다. 요한은 그 관계를 표현하기 위해 여러 용어들을 사용한다(아들, 대리인).

그러나 결국 그는 타협 없이 직접적으로 자신을 표현한다. 예수의 작별모임에서 분위기가 무르익었을 때, 그는 빌립에게 이렇게 말씀한다. "나를 본 자는 아버지를 보았거늘"(요 14:9). 이 단호한 확언은 오래 전에 쓰여진 루이스(C. S. Lewis)의 글을 내게 떠올린다.

> 여기서 나는 사람들이 흔히 그에(Him) 대해 하는 정말로 어리석은 말을 하지 못하도록 만들기 위해 노력하고 있다. "나는 예수를 위대한 도덕 교사로는 받아들일 준비가 되어 있습니다. 하지만 나는 자신이 하나님이라는 그의 주장은 받아들이지 않습니다." 이것은 우리가 절대로 해서는 안 되는 말이다. 단지 한 인간에 불과한 자가 예수가 말한 것과 같은 종류의 말을 했다면 그는 위대한 도덕 교사가 될 수 없다. 그는—자신이 삶은 달걀이라고 말할 정도로—완전히 미친 사람이거나 아니면 지옥의 마귀(Devil of Hell)일 것이다. 당신은 결정을 내려야 한다. 이 사람은 하나님의 아들이었고 지금도 하나님의 아들인가 아니면 미친 사람 혹은 그보다 더 나쁜 상태의 존재인가? 당신은 그를 바보로 취급해서 입을 닫게 하거나, 그를 마귀라고 생각해서 그에게 침을 뱉은 후 죽여 버릴 수도 있다. 아니면 그의 발 앞에 무릎을 꿇고 그를 주님이요 하나님이라고 부를 수도 있다. 하지만 마치 선심을 쓰듯이 그를 위대한 인간의 스승이라고 부르는 난센스는 범하지 말자.[18]

그러나 예수에 대해 절대적인 주장을 한다는 것은 요한복음 5장이 기술하고 있는 바로 그 것을 초청해 들이는 일이다. 핍박. 예수를 강력하게 증거하는 일은 루이스(Lewis)가 말하듯이 '필연적으로' 다른 이들의 기분을 상하게 만든다. 그것은 항상 그랬고 오늘날도 마찬가지이다. 우리는 다원주의와 관용의 세계 속에서 살고 있다. 그 세계는 다른 사람의 기분을 상하게 할 수 있는 우리 신앙의 특징들을 제거해 버릴 것을 강력하게 요구한다. 우리는 이런 말을 듣게 될 것이다. 예수를 하나님께 향하는 하나의 길로 제시하는 것은 좋지만 그를 '유일한 길'(The Way)이라고 하지는 말라. 예수를 진리의 여러 버전들 가운데 하나라고 하는 것은 좋지만 그가 다른 모든 진리들이 그를 기준으로 무게가 측정되어야 하는 '유일한 진리'(The Truth)라고 말하지는 말라.

내가 속한 학문 공동체에 있어서 유대인들과 기독교인 사이의 대화는 함께 공

18. C. S. Lewis, *Mere Christianity* (New York: MacMillan, 1952), 41.

동의 종교적 일치점들을(commonalities) 찾아내어 서로에게 상처를 주는 일이 없도록 하자는 생각에 기초를 두고 있다. 이 원칙에 벗어난 말을 하는 것은 신앙간 대화의 과정을 "모독하는"(blaspheme) 것이다(cf. 요 5:18). 대학이라는 사상들의 시장 속에서 기독교적 종교신앙은 일반적으로 의심의 눈길을 받고 있다. 왜냐하면 대부분의 사람들은 기독교 신앙의 표면 아래 잠복해 있는 것은 진리에 대한 절대적 주장이며, 그 주장은 세속의 사상체계와 신앙체계를 전복시키기를 원하고 있다고 추측하기 때문이다. 그런데 그들의 추측이 옳다.

다원주의적 사회에서 어떤 종교적 진리의 절대성을 주장할 경우 갈등이 발생하게 되리라는 것은 자명한 이치이다. 좀더 정확하게 말하자면 내가 그리스도를 위하여 "더 높은"(the higher) 주장을 할수록—즉, 내가 그의 신성과 하나님과의 배타적 관계를 더 강하게 주장할수록—나는 더 심한 분리와 소외를 느끼게 될 것이다. 내가 다른 방식으로 살 수 있을 것이라고 생각하는 것은 어리석은 일이다. 예수는 신성모독이라는 죄목으로 재판을 받으셨다. 그것은 순수한 종교적 진리를 짓밟은 자들을 정죄하기 위한 죄목이었다. 예수는 자신의 정체를 너무 강하게 드러내셨기 때문에 십자가에 못 박히셨다. 그러나 본 장의 내용을 소중히 간직했던 (또한 그대로 살았던) 요한의 교회뿐만 아니라 예수의 모든 추종자들에게도 이것은 똑같이 적용된다.

요한복음 5장은 나에게 끔찍스러운 질문을 던진다. 나는 내 때가 왔을 때 내 시대의 종교적 규범들을 깨뜨리는 신성모독자라는 오명을 기꺼이 감수할 각오가 되어 있는가? 나의 교회는 그럴 준비가 되어 있는가? 우리는 하나님의 아들이신 예수에 대한 절대적 신앙을 붙드는 것 때문에 심판을 받고, 추방을 당하고, '종교의 이름으로' 사회적 수치와 공적 모욕을 당할 준비가 되어 있는가? 호스킨스(Hoskyns)가 말한 것처럼 우리는 종교적 "이기주의"(egotism)라는 비난을 당하게 될 것이다.[19]

영적 질병. 우리가 마지막으로 다루어야 할 주제는 예수의 대적들의 영적 질병에 관한 것이다. 그것은 설교하기에 불편한 주제이다. 그러나 의사가 환자의 암 발생 위험성에 대해 말해 주어야 하듯이 목사는 이것에 대해 말할 필요가 있다. 우리가 단지 그것의 존재를 거부한다고 해서 그것이 사라지지는 않는다. 모든 신자는 영적 질병에 걸릴 수 있다. 나는 (요한복음 5장에 등장하는 대적들처럼) 종교지도

19. Hoskyns, *John*, 274.

자의 자리에 있는 자들은—목회자들, 성직자들, 교사들, 주일학교 지도자들, 교수들, 장로들, 집사들—특히 이 질병에 취약하다고 생각한다.

위에서 말했듯이 요한복음 5:39-47을 단지 유대교에 대한 비판으로 사용하는 것은 적절치 못하다. 1세기의 유대교는 그들의 마음이 하나님을 향해 진심으로 열려 있는 수많은 사람들을 가지고 있었다. 오늘날도 마찬가지이다. 예수는 하나님의 음성을 더 이상 들을 수 없는 종교적 왜곡에 대해 말씀하신다. 예수를 심문하는 자들은 "종교적 체제"(religious establishment)를 대표한다. 그들은 종교전통의 엄격한 보존을 신앙의 자발성과 개방성보다 더 중요하게 생각한다. 그들은 성경을 알지만 자신들의 온갖 잘못된 것들을 방어하기 위해 그것을 사용한다.

칼 바르트(Karl Barth)는 그의 유명한 1919년판 로마서 주석에서 이 질병에 대해 통렬하게 비판한다(로마서 2장에 대한 그의 주석을 보라). 바르트는 운하 옆에 있는 광야에서 살고 있는 사람들에 대해 생각한다. 그들에게 물과 생명을 가져다주는 운하가 있었다. 운하를 그곳에 적절한 시기에 건설하기 위해 엄청난 노력과 비용이 들어갔다. 운하가 산과 사막을 가로질러 건설되는 과정에서 큰 희생들이 치러졌고 많은 사람들이 죽었다. 그러나 커다란 아이러니는 그 운하가 말라 버렸다는 것이다. 운하의 양쪽 벽은 물이 흘렀던 증거를 아직도 보여주고 있지만 사람들에게 생명을 줄 수 있는 것은 이제 아무 것도 남아 있지 않다. 하지만 사람들은 계속해서 운하를 위해 일하고, 운하를 보호하고, 그 운하를 만들었던 건축가들과 기술자들의 이름을 따서 자녀들의 이름을 부른다. 하지만 운하는 단지 역사적 유물일 뿐이다. 운하를 만든 목적은 무언가를—물과 생명—가져오기 위해서였다. 하지만 이제 운하는 기능을 상실했다. 운하는 수단이었지만 이제는 그 자체가 목적이 되었다. 박물관에 두어야 할 어떤 것이 되었다. 사람들은 운하를 통해 물을 마시는 대신 운하에 대한 이야기를 한다. 노인들은 이야기들을 가장 소중하게 보존한다. 젊은이들은 열심히 그것을 배워야 한다. 그러나 각 세대는 시간이 흘러감에 따라 운하의 참된 비전을 조금씩 잃어 가는 것처럼 보인다. 그리고 운하에 물이 흘렀을 때의 모습을 기억하는 사람은 이제 아무도 없다.

제1차 세계대전이 끝난 후 바르트가 스위스와 독일 교회에게 했던 경고에 우리는 오늘 주의를 기울여야 한다. 나의 인생, 나의 교회, 나의 전통, 나의 교단, 심지어 나의 성경이 하나님의 살아 있는 도구가 아니라 단지 종교적 호기심의 유물이 될 가능성은 언제나 존재한다. 사람들은 견실한 복음적 헌신을 가지고 목사 안수를 받고, 박사학위를 받고, 잡지를 발행하고, 출판사와 대학과 신학대학원을 설립

할 것이다. 그러나 그 모든 것이 헛일이 될 수 있다. 물이 없는 마른 운하가 된다면 말이다. 수많은 전문가들이 있다. 어떤 이들은 성경의 모든 구절들을 인용할 수 있다. 어떤 이들은 정확히 정통신학을 다른 것들로부터 구분해 낼 수 있다. 어떤 이들은 멀리서도 다른 사람의 눈 속에 있는 종교적 티를 구별해 낼 수 있다. 그러나 그들 속에 하나님에 대한 사랑이 없을 수 있다(요 5:42).

나는 국가적 차원에서 복음주의자들이 난해한 교리적 문제들에 대해 종교적 칼을 뽑아 드는 것을 보아 왔다("하지만 이것은 미끄러운 비탈길입니다!" "그러나 바로 여기서 자유주의가 시작되는 겁니다!" "이 계획은 완전히 뿌리를 뽑아 버려야 합니다!"). 나는 지역적 차원에서는 나이가 많은 교인들이 역정을 내는 모습을 보아 왔다. 그 이유는 "현대적 예배"(the contemporary service)가 그들의 마음에 들지 않기 때문이거나 아니면 자신들의 힘과 영향력이 감소하고 있다는 것을 느끼기 때문이었다. 이 모든 것들은 요한복음 5장에 따르자면 텅 빈 종교, 그 자신의 영광을 추구하는 종교이다. 결국 예수를 정죄하고 십자가에 못 박은 것은 그런 종교였다. 하지만 그들은 그것을 자신들의 '종교적' 의무라고 생각했다.

요한복음 6:1-71

1 그 후에 예수께서 디베랴의 갈릴리 바다 건
너편으로 가시매
2 큰 무리가 따르니 이는 병자들에게 행하시는
표적을 보았음이러라
3 예수께서 산에 오르사 제자들과 함께 거기
앉으시니
4 마침 유대인의 명절인 유월절이 가까운지라
5 예수께서 눈을 들어 큰 무리가 자기에게로
오는 것을 보시고 빌립에게 이르시되 우리가
어디서 떡을 사서 이 사람들을 먹이겠느냐
하시니
6 이렇게 말씀하심은 친히 어떻게 하실지를 아
시고 빌립을 시험하고자 하심이라
7 빌립이 대답하되 각 사람으로 조금씩 받게 할
지라도 이백 데나리온의 떡이 부족하리이다
8 제자 중 하나 곧 시몬 베드로의 형제 안드레
가 예수께 여짜오되
9 여기 한 아이가 있어 보리떡 다섯 개와 물고
기 두 마리를 가지고 있나이다 그러나 그것
이 이 많은 사람에게 얼마나 되겠사옵나이까
10 예수께서 이르시되 이 사람들로 앉게 하라
하시니 그곳에 잔디가 많은지라 사람들이 앉
으니 수가 오천 명쯤 되더라
11 예수께서 떡을 가져 축사하신 후에 앉아 있
는 자들에게 나눠 주시고 물고기도 그렇게
그들의 원대로 주시니라
12 그들이 배부른 후에 예수께서 제자들에게 이
르시되 남은 조각을 거두고 버리는 것이 없
게 하라 하시므로
13 이에 거두니 보리떡 다섯 개로 먹고 남은 조
각이 열두 바구니에 찼더라
14 그 사람들이 예수께서 행하신 이 표적을 보
고 말하되 이는 참으로 세상에 오실 그 선지
자라 하더라
15 그러므로 예수께서 그들이 와서 자기를 억지
로 붙들어 임금으로 삼으려는 줄 아시고 다
시 혼자 산으로 떠나 가시니라
16 저물매 제자들이 바다에 내려가서
17 배를 타고 바다를 건너 가버나움으로 가는데
이미 어두웠고 예수는 아직 그들에게 오시지
아니하셨더니
18 큰 바람이 불어 파도가 일어나더라
19 제자들이 노를 저어 십여 리쯤 가다가 예수
께서 바다 위로 걸어 배에 가까이 오심을 보
고 두려워하거늘
20 이르시되 내니 두려워하지 말라 하신대
21 이에 기뻐서 배로 영접하니 배는 곧 그들이
가려던 땅에 이르렀더라
22 이튿날 바다 건너편에 서 있던 무리가 배 한
척 외에 다른 배가 거기 없는 것과 또 어제
예수께서 제자들과 함께 그 배에 오르지 아
니하시고 제자들만 가는 것을 보았더니
23 (그러나 디베랴에서 배들이 주께서 축사하신
후 여럿이 떡 먹던 그곳에 가까이 왔더라)
24 무리가 거기에 예수도 안 계시고 제자들도
없음을 보고 곧 배들을 타고 예수를 찾으러
가버나움으로 가서
25 바다 건너편에서 만나 랍비여 언제 여기 오
셨나이까 하니
26 예수께서 대답하여 이르시되 내가 진실로 진
실로 너희에게 이르노니 너희가 나를 찾는
것은 표적을 본 까닭이 아니요 떡을 먹고 배
부른 까닭이로다
27 썩을 양식을 위하여 일하지 말고 영생하도록
있는 양식을 위하여 하라 이 양식은 인자가
너희에게 주리니 인자는 아버지 하나님께서

인치신 자니라
28 그들이 묻되 우리가 어떻게 하여야 하나님의
일을 하오리이까
29 예수께서 대답하여 이르시되 하나님께서 보
내신 이를 믿는 것이 하나님의 일이니라 하
시니
30 그들이 묻되 그러면 우리가 보고 당신을 믿
도록 행하시는 표적이 무엇이니이까, 하시는
일이 무엇이니이까
31 기록된 바 하늘에서 그들에게 떡을 주어 먹
게 하였다 함과 같이 우리 조상들은 광야에
서 만나를 먹었나이다
32 예수께서 이르시되 내가 진실로 진실로 너희
에게 이르노니 모세가 너희에게 하늘로부터
떡을 준 것이 아니라 내 아버지께서 너희에
게 하늘로부터 참 떡을 주시나니
33 하나님의 떡은 하늘에서 내려 세상에 생명을
주는 것이니라
34 그들이 이르되 주여 이 떡을 항상 우리에게
주소서
35 예수께서 이르시되 나는 생명의 떡이니 내게
오는 자는 결코 주리지 아니할 터이요 나를
믿는 자는 영원히 목마르지 아니하리라
36 그러나 내가 너희에게 이르기를 너희는 나를
보고도 믿지 아니하는도다 하였느니라
37 아버지께서 내게 주시는 자는 다 내게로 올
것이요 내게 오는 자는 내가 결코 내쫓지 아
니하리라
38 내가 하늘에서 내려온 것은 내 뜻을 행하려
함이 아니요 나를 보내신 이의 뜻을 행하려
함이니라
39 나를 보내신 이의 뜻은 내게 주신 자 중에 내
가 하나도 잃어버리지 아니하고 마지막 날에
다시 살리는 이것이니라
40 내 아버지의 뜻은 아들을 보고 믿는 자마다
영생을 얻는 이것이니 마지막 날에 내가 이
를 다시 살리리라 하시니라
41 자기가 하늘에서 내려온 떡이라 하시므로 유
대인들이 예수에 대하여 수군거려
42 이르되 이는 요셉의 아들 예수가 아니냐 그
부모를 우리가 아는데 자기가 지금 어찌하여
하늘에서 내려왔다 하느냐
43 예수께서 대답하여 이르시되 너희는 서로 수
군거리지 말라
44 나를 보내신 아버지께서 이끌지 아니하시면
아무도 내게 올 수 없으니 오는 그를 내가 마
지막 날에 다시 살리리라
45 선지자의 글에 그들이 다 하나님의 가르치심
을 받으리라 기록되었은즉 아버지께 듣고 배
운 사람마다 내게로 오느니라
46 이는 아버지를 본 자가 있다는 것이 아니니
라 오직 하나님에게서 온 자만 아버지를 보
았느니라
47 진실로 진실로 너희에게 이르노니 믿는 자는
영생을 가졌나니
48 내가 곧 생명의 떡이니라
49 너희 조상들은 광야에서 만나를 먹었어도 죽
었거니와
50 이는 하늘에서 내려오는 떡이니 사람으로 하
여금 먹고 죽지 아니하게 하는 것이니라
51 나는 하늘에서 내려온 살아 있는 떡이니 사
람이 이 떡을 먹으면 영생하리라 내가 줄 떡
은 곧 세상의 생명을 위한 내 살이니라 하시
니라
52 그러므로 유대인들이 서로 다투어 이르되 이
사람이 어찌 능히 자기 살을 우리에게 주어
먹게 하겠느냐
53 예수께서 이르시되 내가 진실로 진실로 너희
에게 이르노니 인자의 살을 먹지 아니하고
인자의 피를 마시지 아니하면 너희 속에 생
명이 없느니라
54 내 살을 먹고 내 피를 마시는 자는 영생을 가
졌고 마지막 날에 내가 그를 다시 살리리니
55 내 살은 참된 양식이요 내 피는 참된 음료로
다
56 내 살을 먹고 내 피를 마시는 자는 내 안에
거하고 나도 그의 안에 거하나니
57 살아 계신 아버지께서 나를 보내시매 내가
아버지로 말미암아 사는 것 같이 나를 먹는
그 사람도 나로 말미암아 살리라

58 이것은 하늘에서 내려온 떡이니 조상들이 먹
고도 죽은 그것과 같지 아니하여 이 떡을 먹
는 자는 영원히 살리라
59 이 말씀은 예수께서 가버나움 회당에서 가르
치실 때에 하셨느니라
60 제자 중 여럿이 듣고 말하되 이 말씀은 어렵
도다 누가 들을 수 있느냐 한대
61 예수께서 스스로 제자들이 이 말씀에 대하여
수군거리는 줄 아시고 이르시되 이 말이 너
희에게 걸림이 되느냐
62 그러면 너희는 인자가 이전에 있던 곳으로
올라가는 것을 본다면 어떻게 하겠느냐
63 살리는 것은 영이니 육은 무익하니라 내가
너희에게 이른 말은 영이요 생명이라
64 그러나 너희 중에 믿지 아니하는 자들이 있
느니라 하시니 이는 예수께서 믿지 아니하는
자들이 누구며 자기를 팔 자가 누구인지 처
음부터 아심이러라
65 또 이르시되 그러므로 전에 너희에게 말하기
를 내 아버지께서 오게 하여 주지 아니하시
면 누구든지 내게 올 수 없다 하였노라 하시
니라
66 그때부터 그의 제자 중에서 많은 사람이 떠
나가고 다시 그와 함께 다니지 아니하더라
67 예수께서 열두 제자에게 이르시되 너희도 가
려느냐
68 시몬 베드로가 대답하되 주여 영생의 말씀이
주께 있사오니 우리가 누구에게로 가오리이까
69 우리가 주는 하나님의 거룩하신 자이신 줄
믿고 알았사옵나이다
70 예수께서 대답하시되 내가 너희 열둘을 택하
지 아니하였느냐 그러나 너희 중의 한 사람
은 마귀니라 하시니
71 이 말씀은 가룟 시몬의 아들 유다를 가리키
심이라 그는 열둘 중의 하나로 예수를 팔 자
러라

원 의미

요한복음 6장은 5장에서 소개된 축제들의 순서를 계속 이어간다(나는 요한복음 5장에서 축제들의 순서를 개관한 바 있다). 지금의 경우에 축제는 유월절이다(요 6:3). 요한은 우리가 유월절과 연관된 많은 이야기들과 주제들을 이해하기를 기대하고 있다(유월절에 관한 이야기는 출애굽기 1-17장에서 찾을 수 있다).

오천 명을 먹이심(요 6:1-15)

예수는 예루살렘에서 갈릴리로 봄에 돌아오셨다. 그리고 유월절의 계절이 다가오고 있었다.[1] 이것은 유월절에 대한 요한의 두 번째 언급이다(요 2:13, 23). 그것은 예수가 이 축제들을 인정하고 지키라는 유대교의 요구사항을 준수하셨을 것이

1. 요 5장에서 나는 요 5-6에 나타난 사건들의 순서와 관련하여 요 6:1이 가지고 있는 난점에 대해 언급하면서 어떤 학자들이 왜 5, 6장의 순서를 바꾸려고 하는지를 설명했다. 만약 6장이 5장보다 먼저 온다면 요 4장에서의 가나 사건 이후에 갈릴리에서의 다른 사건들이 이어지게 된다.

라는 사실을 우리에게 보여준다. 이야기의 지리적 배경은 갈릴리 바다이다. 요한은 이스라엘에 대해 모르는 독자들을 위해 그곳이 또한 디베랴 바다라고 불리고 있음을 밝힌다.[2] 디베랴는 헤롯 안디바에 의해 주후 26년경에 갈릴리 바다 서쪽 해안에 세워진 신도시였다.[3]

갈릴리 바다는 해발 마이너스 650피트(약 198.25미터)의 광대한 내륙분지에 위치해 있다. 그 길이는 13마일(약 20.8킬로미터)이고 폭은 6마일(약 9.6킬로미터)이다(가장 폭이 넓은 막달라[Magdala] 부근에서 측정). 갈릴리 바다의 물은 먼 북쪽의 헤르몬(Hermon)산에서 시작되는 요단강 줄기에 의해 공급된다. 바다는 언덕들과 산들로 둘러싸여 있다. 그 산들의 서쪽은 높이가 해발 2천 피트(약 610미터), 동쪽은 4천 피트(약 1,220미터)에 달한다. 그 북서쪽 구석에는 게네사렛(Gennesaret)이라 불리는 기름진 평야가 있다(이 호수는 그 평야의 이름을 따서 불리기도 한다. 눅 5:1). 동서로 위치한 계곡은 매일 오후가 되면 지중해의 공기를 서쪽으로부터 가져온다. 그 공기는 분지의 뜨거워진 사막공기와 만나 강한 바람과 폭풍을 만들어 낸다. 그 바람은 서쪽 절벽 지대 바다 위에서 소용돌이친다. 이것이 예수의 "폭풍" 기적의 배경이다(요 6:16-21).

그 바다는 수많은 어촌들로 둘러싸여 있었다. 지난 25년 동안 수위가 낮아짐에 따라 그 선착장들이 발견되었다. 가버나움, 벳세다, 막달라, 고라신, 디베랴 등과 같은 마을들은 높은 어획량을 자랑했다. 특히 바다의 북쪽 지역에서 고기가 잘 잡혔는데 그 이유는 신선한 물이 많은 물고기들을 끌어 모았기 때문이다(현대의 타브가[Tabgha] 부근[4]). 이것은 예수가 이 마을들에서 사역을 하신 것, 고기잡이를 예화로 사용하신 것, 그리고 어부들을 제자들로 부르신 것을 설명해 준다. 그러나 우리는 그곳이 가난한 사회였다는 것을 기억해야 한다. 갈릴리는 소작농 사회였다. 농부들에게는 무거운 세금이 지워졌고 그들은 더 부유한 엘리트들에게 자주 그들의 토지를 빼앗겼다. 엘리트들은 헤롯 왕조를 등에 업고 지배하거나 로마를 위해 세금을 거두어들였다. 이 사람들에 대한 예수의 관심과 그들의 궁핍에 대한 긍휼이 메시지 속에 폭 넓게 스며들어 있다.

예수는 제자들을 가르치면서 그 지역에 머물고 계셨다(요 6:3; 랍비들은 흔히

---

2. 구약성경에서 이것은 긴네렛(Kinnereth) 바다로 불린다(민 34:11; 수 12:3). 긴네렛은 히브리어로 "하프"(*harp*)를 의미한다. 호수는 대충 보았을 때 고대의 하프 모양으로 생겼기 때문에 이런 이름이 붙여졌다.
3. Josephus, *Ant* 18.36.
4. 헬라어 '헵타페곤'(*Heptapegon*)의 아랍어 형태로서 그 뜻은 "일곱 개의 샘들"이다.

앉아서 가르쳤다. 막 4:1; 9:35). 예수는 서쪽 언덕지대에 계셨지만 (이미 가나, 가버나움 등에서 얻은) 치료자로서의 명성 때문에 많은 사람들이 몰려들었다. 예수의 긍휼은 오천 명이나 되는 사람들에게 양식-기적적인 양식-을 제공하게 했다. 이 기적과 사람들과의 대화를 통해 예수는 예루살렘에서 그랬던 것처럼(요 5장) 여기서도 자신의 정체에 대해 좀더 많은 것을 밝히기를 원하신다. 사람들을 먹이신 후 예수는 제자들을 배에 태우신다(그리고 후에 바다에서 그들과 다시 만나신다). 그리고 그는 기적적인 표적의 의미에 대해 가버나움에서 제자들 및 군중들에게 심도 있는 신학적 설명을 하신다.

우리는 여기서 멈춰 서서 유월절 이야기에 등장하는 잘 알려진 모티브들을 강조할 필요가 있다. 그 모티브들은 모든 유대인들이 잘 이해하고 있는 것으로서 갈릴리에서의 예수의 행위의 배경을 이루는 것이다. 애굽에서의 모세의 많은 기적들 중에서 두 가지가 특히 눈에 띈다. (1) 모세가 바다 가운데로 지난 것과(출 14장), (2) 모세가 사막에서 40년 동안 기적적으로 백성들에게 만나를 먹인 것이다(출 16:35; 시 78:24). 이것들은 그의 백성들에 대한 하나님의 보존하심의 강력한 상징이었다. 그들을 위험으로부터 구출하시고 사막에서 그들을 보존하셨다.

요한복음 6장에서 예수는 유월절에 등장하셔서 이 주제들 중 많은 것들을 다시 보여 주신다. 백성들은 사막에서의 백성들과 마찬가지로 다수이다. 예수는 그들을 "하늘의"(heavenly) 떡으로 먹이신다. 그들을 먹이신 후, 제자들이 바다 위에 있을 때, 예수는 물위를 걸어 그들에게 오신다. 그리고 요한복음 6:5에서의 예수의 질문은("우리가 어디서 떡을 사서 이 사람들을 먹이겠느냐?") 민수기 11:13에서의 모세의 질문을 떠올린다. "이 모든 백성에게 줄 고기를 내가 어디서 얻으리이까?" 사실 민수기 11장은 현재의 이야기에 대해 수많은 평행들을 제공한다.[5]

민수기 11장의 절들	민수기 11장의 내용	요한복음 6장의 평행구
11:1	백성들의 불평	6:41, 43
11:7-9	만나에 대한 설명	6:31
11:13	"우리에게 고기를 주어 먹게 하라"	6:51ff.
11:22	"그들을 위하여 양 떼와 소 떼를 잡은들 족하오며 바다의 모든	6:9(*opsarion*, 물고기) 12(*synago*, 모으다)

5. Brown, *John*, 1:233.

고기를[헬라어 '옵소스'(*opsos*), LXX]
모은들[헬라어 '쉬나고'(*synago*)]
족하오리이까"

이 평행들은 몇 가지 흥미로운 결론들을 제공한다. 예수의 이 유월절 이야기는 구약의 유명한 주제들과 직접적인 연관을 맺고 있다. 그것들은 빠른 속도로 전개되며 서로 뒤얽힌다. 그것들에 따르자면 어떤 면에 있어서 유월절의 영웅인 모세는 이제 예수에 의해 추월을 당한다. 예수는 "하늘의 떡"을 제공할 뿐만 아니라 그 자신이 "생명의 떡"이시다(요 6:35).

이 오병이어 기적은 널리 퍼져 유명하게 되었을 것이다. 그리고 그것은 예수의 생애의 중요 사건으로서 초기 기독교인들의 집단적 기억 속에 단단히 자리를 잡았을 것이다. 공관복음은 오천 명을 먹이심뿐만 아니라(마 14:13-21; 막 6:35-44; 눅 9:10-17) 사천 명을 먹이신 또 다른 사건에 대해 이야기한다(마 15:32-38; 막 8:1-9). 요한의 설명은 마가복음 6장의 설명과 너무나 비슷하기 때문에 어떤 이들은 요한이 마가의 이야기를 이용하고 있거나 혹은 마가복음이 이용한 것과 동일한 자료를 사용하고 있다고 믿는다.[6] 하지만 요한은 다른 복음서들이 갖고 있지 못한 통찰들을 제공한다. 예수는 양식을 제공하실 뿐 아니라 빌립의 성장해 가는 신앙을 시험해 보기를 원하신다(요 6:5; cf. 요 1:44; 12:21-22). 빌립의 대답은 그가 예수의 기적 능력을 아직 인식하지 못하고 있음을 시사한다. 그는 일반 노동자의 "여덟 달치 품삯"도 군중들을 먹이기에는 부족할 것이라고 말한다(요 6:7). 요한복음 4:31ff.에서와 마찬가지로 양식과 제자들의 몰이해가 나란히 등장한다.

그러나 베드로의 형제인 안드레는 한 어린 소년(*paidarion*)을 데려온다.[7] 그가 도움이 될 수 있을까? 이 소년은 다섯 개의 보리떡과 소금에 절인 두 마리의 생선을 가지고 있었다. 오직 요한만이 그 떡이 보리떡이었다고 언급한다. 그것은 이 군중들이 가난한 자들이었음을 암시한다. 보리떡은 가난한 자들의 양식으로 간주되었고 이 소년은 그것을 다섯 개 가지고 있었다.—오늘날의 둥글고 납작한 피터(pita)빵 다섯 개와 비슷할 것이다. 누가복음 11:5은 그런 빵 세 개가 한 사람의 한 끼 식사가 됨을 암시한다. 이 세부사항은 중요하다. 왜냐하면 열왕기하 4:42-44에

---

6. C. K. Barrett, *John*, 271은 요한이 그의 이야기에서 막 6장 및 8장의 요소들을 사용하고 있다고 믿는다.
7. 헬라어 단어 '파이다리온'(*paidarion*)은 어린 소년(cf. 창 37:30 LXX, 여기서는 17세의 요셉에게 이 단어가 사용되었다) 혹은 종을 뜻할 수 있다(cf. 룻 2:5-6).

등장하는 또 다른 기적에서 엘리사는 20개의 보리떡으로 100명의 사람들을 먹이기 때문이다. 그때 그는 '파이다리온'(*paidarion*) 혹은 젊은 종의 도움을 받는다. 예수의 기적에서 열 두 바구니의 빵이 남은 것과 마찬가지로[8] 엘리사도 몇 바구니의 양식을 남겼다.

여기서 무슨 일이 발생하고 있는가? 구약으로부터의 이 이미지들과 모티브들은 예수가 이스라엘의 거룩한 과거로부터의 이미지들을 성취하며 또 그것들을 재창조하고 계심을 나타낸다. 그는 하나님의 능력을 잘 알았던 위대한 역사적 인물들(모세와 엘리사)을 떠올리게 하는 인물이다. 공관복음과는 달리 예수는 홀로 빵과 물고기를 분배하신다(요 6:11). 그러나 우리는 그렇게 많은 수의 배고픈 사람들에게 양식을 나누어주기 위해서는 마가복음이 기록하고 있듯이 예수를 돕는 자들이 필요했을 것이라고 추측할 수 있다(막 6:41). 요한의 요점은 예수가 양식의 공급자이고 이 사람들을 위한 생명의 근원이심을 강조하는 것이다(우리는 지금까지 예수가 중생, 생수, 그리고 치료의 근원임을 보아 왔다).

군중들은 예수의 기적을 메시야적인 것으로 해석한다. '그는 이제 막 모세의 기적을 재창조했다!' 예수를 "세상에 오실 그 선지자"(요 6:14)와 동일시하는 것은 의심할 바 없이 신명기 18:15-19을 언급하는 것이다. 신명기 구절은 모세와 같은 선지자가 어느 날 돌아올 것을 예언한다. 유대교에서는 이것을 메시야에 대한 약속으로 보았다. 쿰란(Qumran)의 사해공동체에 있던 유대인들은 그들의 메시야 비전 속에서 한 선지자가 올 것을 대망했다(1QS 9:10-11; 4QTest 5-8). 많은 이들에게 있어서 모세는 왕과 선지자의 이미지를 결합시켜 놓은 이상적인 메시야의 이미지가 되었다.

그 다음에 일어난 사건은 우리를 당혹스럽게 한다. 마가는 신비한 마무리로 이 중요한 기적 이야기를 끝맺는다. "예수께서 즉시 제자들을 재촉하사 자기가 무리를 보내는 동안에 배 타고 앞서 건너편 벳새다로 가게 하시고 무리를 작별하신 후에 기도하러 산으로 가시니라"(막 6:45-46). 우리가 받는 인상은 예수는 이 장면으로부터 피하고 계시고 그의 제자들에게도 같은 일을 요구하고 계시다는 것이다. 벳세다는 정치적으로 빌립의 관할구역이었다(북쪽에서 갈릴리로 들어가는 요단강[요단강은 갈릴리 호수 북쪽에서 출발한다.-옮긴이] 입구의 동쪽 지역). 그래서 예

8. 어떤 학자들은 이것이 12사도들에 대한 요한의 첫 번째 언급일 수 있다고 생각한다. 각 사도가 한 바구니씩 빵 조각을 모았다(cf. 요 6.67, 70).

수는 제자들을 헤롯 안디바의 영역으로부터 옮기고 있는 것이다.

우리는 요한복음 6:15을 읽기 전까지는 완전한 그림을 얻을 수 없다. "그러므로 예수께서 그들이 와서 자기를 '억지로' 붙들어 임금으로 삼으려는 줄 아시고 다시 혼자 산으로 떠나가시니라"(저자의 강조). 이것은 군중들의 지독한 오해를 반영한다. 여기서 사용된 동사('하르파조', *harpazo*)는 "붙잡다"(seize)라는 뜻이다. 마태복음 11:12에서 이 단어는 폭력적인 사람들이 하나님 나라에 대해 할 일을 묘사하는 데 사용되었고, 마태복음 12:29에서는 그의 재산을 강탈하기 전에 먼저 강한 자를 "결박해야" 한다고 할 때, 그리고 마태복음 13:19에서는 사탄이 개종자의 마음에 뿌려진 것을 "빼앗을" 것이라고 할 때 이 동사가 사용되었다. 이곳 요한복음에서 군중들은 예수에게 '강제력'을 사용해 그가 자신의 사명과 사역을 정치적으로 정의하도록 만들려고 한다. 그들은 예수가 왕이 되어 헤롯왕가 혹은 로마에 대항하기를 원한다. 예수는 그런 왕권을 전혀 원하지 않는다. 그는 "이 세상의 나라들"(마 4:8)에 의해 전혀 유혹 받지 않을 것이다.[9] 그러므로 그는 몸을 피해야 했고 그의 제자들로 하여금 바다로 가게끔 했어야 했다. 그것은 군중들의 정치적 야심으로부터 자기 자신과 그의 사역을 보존하기 위한 것이었다.

예수가 물 위를 걸으심(요 6:16-24)

예수가 갈릴리 위쪽의 산으로 향하는 동안(메론[Meron]산 부근?) 제자들은 호수의 북동쪽 해안을 향해 노를 저었다. 3-4마일(약 4.8-6.4킬로미터) 정도 노를 저었을 때 그들은 호수 한 가운데서 폭풍을 만났다. 위에서 말한 바와 같이 갈릴리 바다에서는 그와 같이 동서로 부는 바람은 흔한 것이었다. 어부들은 그 바람에 세심한 주의를 기울였다. 그러나 거친 파도에 대한 그들의 두려움은 예수가 물 위를 걸어 그들 쪽으로 오시는 것을 본 순간 더 큰 공포에 자리를 내어 주고 말았다(요 6:19). 여기서 우리는 또 다른 구약의 모티브를—물의 기적—발견한다. 그것은 모세가 물 가운데로 이스라엘을 인도하는 장면을 상기시킨다(출 13-15장). 시편 77편은 이스라엘이 겪은 그 순간을 표현하고 있다. 그리고 이스라엘을 인도한 것은 사실 하나님이셨음을 설명한다.

9. Ridderbos, *John*, 216. 이 주제는 예수의 시험에 대한 설명에 등장한다. 막 6장에서 오병이어의 기적 다음에는 예수의 높아져 가는 인기에 대한 안디바의 심각한 고민이 소개되고 있다. 그의 영토에 오천 명의 남자들이 모인 것을 보고 안디바는 정치적 폭동을 걱정했을 것이다.

하나님이여 물들이 주를 보았나이다
　물들이 주를 보고 두려워하며
　깊음도 진동하였고…
주의 길이 바다에 있었고
　주의 곧은 길이 큰 물에 있었으나
　주의 발자취를 알 수 없었나이다
주의 백성을 양떼같이
　모세와 아론의 손으로 인도하셨나이다(시 77:16, 19-20).

배에 도착하셨을 때, 예수는 자신의 정체를 밝히셨다. 그것 역시 출애굽기 이야기의 이미지들을 떠오르게 했을 것이다. "내니(헬라어 '에고 에이미', *ego eimi*) 두려워 말라." 요한복음 4:26에서와 마찬가지로(해당 주석을 보라) 이것은 단지 자신의 정체를 밝히는 형식문일 수도 있다.[10] 그러나 이것은 그 이상의 의미를 지닐 수 있다. '이다'(*eimi*)라는 동사는 여기서 서술어가 없다. 따라서 시내산에서 모세에게 주어진 하나님의 거룩하신 이름을 반영한다(출 3:14).[11] 심지어 두려워 말라는 예수의 말씀도 하나님의 이름을 알게 되고 불타는 떨기나무를 보았을 때 모세가 산 위에서 보였던 반응을 연상시킨다. "모세가 하나님 뵈옵기를 두려워하여 얼굴을 가리매"(출 3:6). 예수가 지금 그들에게 다가가셔서 두렵고 놀라운 권능을 보이고 계시지만, 그들은 두려워할 필요가 없다.

마가는 예수가 배에 올랐을 때 폭풍을 잠잠케 하셨다고 말하는 반면(막 6:51), 요한복음 6:21은 제자들이 예수를 배에 모시자 마자 배가 목적지에 닿았다고 이야기한다. 많은 해석자들은 여기서 우리가 또 다른 기적을 보고 있다고 생각한다. 예수는 그의 제자들을 항구로 인도했다. 바렛(Barrett)은 시편 107편이 이 장면의 배경 이미지를 제공할 지도 모른다고 생각한다. 그 시편은 폭풍을 만나 파도에 휩쓸리고, 방향을 잃어버려서 당황하고, 두려움과 뱃멀미로 고통을 당하고 있는 뱃사람들의 공포를 설명한다.

여호와께서 명령하신즉 광풍이 일어나

10. Barrett, *John*, 281; cf. 막 6:50.

11. 히브리어 구약성경에 있어서 하나님의 이름(Yahweh)은 "이다, 있다"(to be)라는 동사에 기초하고 있다. 칠십인경(LXX)은 출 3장에서 이것을 '에고 에이미'(*ego eimi*, "I am")로 번역해 놓았다.

바다 물결을 일으키는도다
그들이 하늘로 솟구쳤다가 깊은 곳으로 내려가나니
그 위험 때문에 그들의 영혼이 녹는도다
그들이 이리저리 구르며 취한 자 같이 비틀거리니
그들의 모든 지각이 혼돈 속에 빠지는도다
이에 그들이 그들의 고통 때문에 여호와께 부르짖으매
그가 그들의 고통에서 그들을 인도하여 내시고
광풍을 고요하게 하사
물결도 잔잔하게 하시는도다
그들이 평온함으로 말미암아 기뻐하는 중에
여호와께서 그들이 바라는 항구로 인도하시는도다(시 107:25-30).

또 다시 예수는 하나님의 역할을 성취하신다.—그들을 둘러싼 자연재해들에도 불구하고 그분은 자신을 따르는 자들을 먹이시고, 보호하시고, 구해 내시고, 인도하신다.

예수가 배 위의 사람들과 동행하지 않았었는데 그들과 함께 목적지에 도착한 것을 발견한 군중들 사이에서는 질문들이 퍼져 나갔다(요 6:22-23). 디베랴 근처로부터 더 많은 배들이 오병이어가 발생했던 곳에 도착했다. 그들은 예수를 찾지 못하자 흥분한 마음으로 혹시 예수가 그곳에 있는지 알아보기 위해 가버나움으로 이동했다.[12] 그들이 가버나움 마을에 도착하자 예수는 그의 중요한 "생명의 떡 강화(講話)"를 시작하신다(요 6:25-58). 그 강화를 통해 예수는 자신과 그 기적과의 관계, 그리고 그 기적의 보다 깊은 의미를 조심스럽게 설명하신다. 6:22-34에서 예수는 전날 그의 기적을 목격한 자들에게 직접적으로 말씀하신다. 그리고 가버나움에서는 그 기적을 보지 못한 자들이 청중으로 동참한다. 그들 역시 표적을 요구한다(요 6:30-31). 예수의 강화를 세 개의 부분으로 나눈다면 이해하기가 더 쉬울 것이다(요 6:25-34, 35-50, 51-58). 그리고 그 다음에는 결론적인 에피소드가 붙어 있다. 그것은 예수의 추종자들이 그의 가르침을 어려워하는 모습을 보여준다.

12. 이 장소들의 위치는 갈릴리 바다를 시계라고 생각하면 상상하기가 편할 것이다. 오병이어 기적은 (전승에 따르자면) 시계의 "10시" 지점에서 발생했다(북서쪽 해안, 게네사렛, 막 6:53; cf. 마 14:34). 디베랴는 "9시" 지점에 있는 반면 가버나움은 북쪽 해안에 있다(약 "11시"). 디베랴에서 온 군중들은 기적의 장소에서 멈추었다가 계속 가버나움으로 갔다.

하늘로부터 온 떡(요 6:25-34)

우리가 몇 가지 세부사항들을 염두에 둔다면 예수의 설교의 완전한 능력이 생생하게 살아나게 된다. 예수는 가버나움 회당에 계시고(요 6:59), 때는 유월절이다. 이 시기에 유대 공동체는 (바다를 통한) 애굽으로부터의 탈출과 광야생활에 대해 언급하고 있는 성경본문을 연구한다. 예수가 어떻게 이곳에 도착했는가에 대한 첫 번째 질문이 있은 후(요 6:25)—이 질문은 충분히 두 개의 차원으로 나누어 생각할 수 있다. 하나는 물리적인 것이고(그는 배를 타고 왔다), 다른 하나는 영적인 것이다(그는 하늘로부터 왔다. 요 6:33; cf. 7:28).—대화의 주제는 중심사건인 오병이어 기적과 그것의 의미로 옮겨진다.

어떤 학자들은 예수의 말씀이 "하늘에서 그들에게 떡을 주어 먹게 하였다"(요 6:31)에 대한 주석으로서의 역할을 하고 있다는 사실을 잘 밝혀 냈다. 이 유월절 떡은 무엇이었는가? 그것은 실제로 어디로부터 온 것인가? 그것은 다시 올 것인가? 요한복음 6:31의 인용은 시편 78:24로부터 가져온 것일 수 있다(그러나 출 16:4, 15과도 공통점이 있다). 이곳의 생각들 속에는 만나 기적의 매력이 포함되어 있다. 유대교에서는 하늘에 만나 저장소 혹은 "보물창고"(treasury)가 있는데 모세 시대에 그 창고가 열려서 백성들을 먹였다고 이해했다. 하나님께서는 이스라엘 백성들을 "하늘로부터 온 떡"(bread from heaven)으로 먹이셨다. 이 보물창고는 메시야가 오실 때 다시 열릴 것이다. "만나의 보물창고가 다시 하늘로부터 내려올 것이다. 그리고 그들은 그때 그것을 먹게 될 것이다"(2 Bar. 29:8). 이것이 메시야를 통한 두 번째 출애굽이 될 것이다. 그때 하늘로부터 축복이 비처럼 임할 것이다.[13] 출애굽기 16:4에 대한 초기 유대 주석은 이렇게 말한다. "첫 번째 구원자가 만나를 내려오게 했던 것처럼…나중의 구원자도 만나를 내려오게 할 것이다"(*Midrash Rabbah Eccles.* 1:9).

예수는 회당에서 가르치실 때 그의 기적에 대한 청중들의 물질적 이해가 한 단계 더 높아지기를 원하신다. 예수는 그들의 노력이 떡과 물고기가 아니라 영원히 지속되는 보다 더 중요한 양식에 집중되어야 한다고 주장하신다(요 6:26-27). 가장 중요한 것은 선물이 아니라 그것을 '주는 자'(Giver)이다(예수, 인자[人子]). 그는

13. 다음 글들 속에서 여러 유대 문헌에 대한 자료를 찾을 수 있다. Brown, *John*, 1:265; Morris, *John*, 321n.88.

하나님의 인치심을 받은 자이다(요 6:27). 예수에 대한 이 인치심은 성령을 암시하는 듯하다. 우리가 요한복음 1:32ff.와 3:34에서 배운 것처럼 성령은 강력한 권능으로 예수에게 머물면서 그의 사역을 뒷받침한다. 하나님이 원하시는 "일"(work)을 하는 것은 예수를 믿는 것으로부터 시작된다(요 6:28-29).

그러나 회당의 청중들은 도전을 제기한다. 모세 시대에 만나의 보물창고가 열렸던 것이 사실이라면, 그리고 예수가 자신을 메시야라고 주장하는 것이 사실이라면, 예수는 자신의 말의 정당성을 입증하기 위해 어떤 종류의 표적을 줄 수 있는가? 그는 보물창고를 다시 열 수 있는가?(요 6:30-31) 그는 자신이 모세의 메시야 기적을 재창조했다고 주장하고 있는 것인가?

만나에 대한 예수의 해석은 랍비들의 노선을 완벽하게 따른다. 먼저 만나의 참된 근원은 모세가 아니라 하나님이셨다. '떡을 보내시는 것은 하나님이시다.' 그리고 만나 이야기는 단지 떡의 차원을 넘어선다. 그것은 하나님께서 우리에게 어떻게 그의 말씀을 먹이시는가에 대한 영적 은유이다. 신명기 8:3이 예수의 논의의 출발점이 될 수 있을 것이다. "너를 낮추시며 너를 주리게 하시며 또 너도 알지 못하며 네 열조도 알지 못하던 만나를 네게 먹이신 것은 사람이 떡으로만 사는 것이 아니요 여호와의 입에서 나오는 모든 말씀으로 사는 줄을 네가 알게 하려 하심이니라."[14]

만약 하나님이 정말로 참된 하늘의 떡의 근원이시라면, 그리고 만약 예수가 하나님에 의해 보내심을 받았다면, 요한복음 6:33의 충격적인 반전은 놀라운 것이 되어서는 안 된다. 하나님의 떡은 세상에 생명을 주는 '인격체'(person)이다("하늘에서 내려[온 자]"). 그는 세상에 생명을 주는 자이다. 천재적인 솜씨를 발휘하여 예수는 복음서 전체를 통해 하신 것과 정확하게 똑같은 일을 하셨다. 그는 유대인들의 신앙과 제의의 어떤 특징적 부분을 뽑아 내신 후 그것을 자신과 관련된 것으로 재해석하신다. 그는 이스라엘이 기다리고 있던 하나님의 보물창고로부터 내려온 만나이다. '그는 만나가 광야에 내려졌던 것처럼 하나님에 의하여 보내심을 받았다.'

요한복음 6:34에서의 군중의 대답은 요한복음 4:15에서 여인의 대답이 그랬던 것과 정확하게 똑같은 방식으로 이야기의 절정을 이룬다. 그녀는 물을 구하고 있

14. 만나를 영적으로 해석하는 것은 유대교에 있어서 일반적인 주제였다(참조. '솔로몬의 지혜서'[Wisd. Sol.] 16:20,26; 느 9:20). 필로(Philo)는 만나를 지혜에 대한 은유로 보았다.

었다. 그리고 예수는 그것을 영적인 선물로 재해석하셨다. 예수가 그의 선물에 대해 설명하시자 그녀는 말했다. "주여 그런 물을 내게 주사 목마르지도 않고 또 여기 물 길으러 오지도 않게 하옵소서." 지금 가버나움의 군중은 똑같은 것을 말한다. "주여 이 떡을 항상 우리에게 주소서." 떡과 물이—이것들은 유대교에 있어서 하나님의 지혜와 축복의 상징들이다.—지금 하나님의 참된 선물이신 예수에 의해 분배된다.

"나는 생명의 떡이니"(요 6:35-50)

예수는 이제 자신에 대한 논리를 한 단계 높여서 표현하신다. "나는 떡"이다. 즉 유월절 떡이며 하늘에서 내려온 만나이고 하나님의 보물창고의 내용이다. 예수는 이전에 자신을 "생명의 물"이라고 소개하셨듯이 이제는 "생명의 떡"이라고 소개하신다. 이 유명한 말씀은("나는 생명의 떡이니") 우리가 요한복음의 "'나는…이다' 말씀들"(I-am sayings)이라고 부르는 것의 시초를 형성한다. 우리는 이미 예수가 서술어 없이 "나다"(I am)라고 말씀하시는 것을 보아 왔다. 그것은 어떤 절대적 용법을 암시하는 것으로서 출애굽기에 나오는 하나님의 이름을 상기시켰다. 하지만 요한복음에는 예수가 명확하게 명사를 서술어로 사용하여 자신을 설명하시는 경우가 일곱 번 있다. 그것들은 엄숙한 선포의 느낌을 준다.

- 나는 생명의 떡이다(요 6:35; cf. 41, 48, 51)
- 나는 세상의 빛이다(요 8:12; cf. 18, 23)
- 나는 양의 문이다(요 10:7, 9)
- 나는 좋은 목자이다(요 10:11, 14)
- 나는 부활이요 생명이다(요 11:25)
- 나는 길이요 진리요 생명이다(요 14:6)
- 나는 참포도나무이다(요 15:1, 5)

각 경우 모두에 있어서 예수는 유대교로부터 (종종 기적 혹은 주요 축제 강화의 문맥 속에 있는) 모티브를 가져와 그것을 자신을 위하여 재해석하신다. 예수는 유대교가 그 활동들과 이야기들 속에서 추구하고 있던 것을 이제 공급해 주신다. 백성들은 하늘의 떡을 사모했고 랍비들은 이 떡을 생명을 지탱하는 하나님의 현존

혹은 하나님의 지혜를 뜻하는 것으로 재해석했다. 그런데 예수가 바로 그 소중한 선물이시다(cf. 요 6:48, 51). 요한복음 4장에서 예수의 물이 갈증을 해소하는 것과 마찬가지로 이제 예수의 떡이 배고픔을 해소한다(요 6:35b).

놀랍도록 솔직하게 예수는 군중들에 대한 자신의 실망을 표현하신다. 전에도 갈릴리에서 이런 일이 있었다(cf. 예를 들어, 요 4:46-54). 두 번째 가버나움 방문에서도 예수는 같은 일을 경험하신다. 군중들은 예수의 사명을 왜곡시키든지(요 6:15) 혹은 보다 많은 증거를 요구한다(요 6:30). 그러나 그들은 예수에게 나아와 자신들의 목마름을 고백하려고 하지 않는다(요 6:35). 요한복음 6:36에서 예수는 그들의 첫 번째 발걸음이 믿음이 되어야 한다고 말씀하신다. 그러나 그들은 그것을 거부한다. 그런 믿음은 무모한 짓이 아니다. 왜냐하면 그들은 이미 볼 수 있는 기회를 가졌기 때문이다("너희는 나를 보고도"). 그러므로 그들의 결정은 하나님께서 그들의 눈앞에 제시하신 것에 대해 반응하기를 거부하는 의지적 거부이다.

요한복음 6:37-40에서 예수는 자신의 사역의 성공과 사명의 완수에 대해 확신있게 말씀하신다. 가버나움에서의 군중들의 혼동과 어떤 이들이 믿기를 거부한 것은 그를 좌절시키지 못할 것이다. 그는 걱정하지 않으신다. 왜냐하면 그의 노력의 성공은 전적으로 그의 안에서 일하시는 아버지(Father)에게 달려 있기 때문이다. 참으로 예수의 모든 사명은 자신의 삶을 아버지의 뜻에 온전히 맞추는 것이다(요 6:38). 예수를 보내시고(요 6:39) 그보다 앞서서 가시는 분은 하나님이시다. 하나님은 사람들이 예수에게 오도록 주권적으로 그들을 부르신다(요 6:37, 44). 세상의 어둠은 너무나 심하기 때문에 사람들을 해방시켜서 그들로 하여금 예수를 분명하게 보도록 만들기 위해서는 오직 하나님이 그 어둠을 뚫고 나가셔야 한다. 사람들은 어둠 속에 있다. 나중에 우리는 예수의 제자들 중 일부도 똑같은 상태에 있음을 보게 될 것이다(요 6:59-66). 그들 중에는 가룟 유다가 있다(요 6:70-71).

이 구절들이 보여주는 결정론은 때로 요한복음 6:37b에 의해 부드럽게 된다. "내게 오는 자는 내가 결코 내쫓지 아니하리라." 그러나 이 말씀의 뜻을 믿음을 고백하며 예수에게 나아오는 자들은 예수가 누구나 받아 주실 것이라는 약속을 말하는 것으로 보는 것은 실수이다. 여기서 사용된 동사는 "내 던져 버리다"(cast out, 헬라어 '에크발로', *ekballo*)이다. 그것은 일반적으로 이미 "내부에"(in) 있는 어떤 것을 지칭할 때 사용된다(참조. 요 2:15; 9:35; 12:31). 그러므로 여기서의 내용은 예수가 사람들을 환영하는 것에 대해서가 아니라 아버지께서 예수에게 돌보라고 주신 사람들을 예수가 지키시는 것에 대한 것이다. 6:37b는 사람들을 보호하고 양육하는 예수의 능력에 대한 것이다. 이런 해석은 6:38에 의해 확인된다. 예수는 자신에게 온 사람들 중 한 사람도 잃지 않을 것이다(cf. 요 10:1-18).

하나님의 주권이라는 이 주제는 요한복음 전체를 통하여 중요하다. 그것은 요한복음 12:37-43에서 상당히 길게 다시 논의될 것이다. 그러나 그 주제는 요한복음 10:29과("그들을 주신 내 아버지는 만물보다 크시매 아무도 아버지 손에서 빼앗을 수 없느니라") 17장의 예수의 기도와 같은 장면에서 규칙적으로 나타난다(2, 4, 6, 9절, etc.). 요한은 하나님의 주권적 통제와 인간의 책임 모두를 쉽게 확인한다. 요한복음 6:40에서 발견되는 균형에 주목하라: "내 아버지의 뜻은 아들을 보고 믿는 자마다 영생을 얻는 이것이니." 그러나 여기서 강조점은 세상의 어둠에도 불구하고 하나님의 뜻은 좌절될 수 없다는 것이다. 세상은 하나님을 이길 수 없다(요 1:5). 예수에게 나아와 그분을 믿는 자들은 결코 잃어버린 바 되지 않을 것이다. 단 하나의 예외는 예수가 열 둘 중의 하나로 선택하신 가룟 유다이다(참조. 요 6:70-71).

요한복음 6:35에서 시작되는 말씀은 생명의 떡 강화를 보다 더 큰 프로그램으로 확대시킨다. 왜냐하면 그것은 예수가 지금까지 비유적으로 말씀해 오신 것들을 추상적으로 표현하기 때문이다. 하나님은 거룩한 떡의 공급자이시다. 그리고 그 떡을 먹는 자는 누구든지 영원히 살게 될 것이다. 이 "생명의 떡"의 정체는 사실 예수이시다. 그것은 믿음의 대상이 이제 예수이셔야 하는 것과 마찬가지이다(요 6:35, 40).

그러나 이것은 회당의 청중들이 감당할 수 없는 커다란 전환점이다.[15] 우리가 하나님을 믿고 그분에 의해 양식을 공급받아야 한다고 말하는 것과 예수가 그 양식의 근원이며 신앙적 비전의 대상이라고 말하는 것은 전혀 다른 문제이다. 요한복음 6:41, 43(그리고 51절)에 묘사된 "수군거림"(grumbling)은 모세에 대한 이스라엘 백성들의 "불평"(murmuring)을 연상시킨다.[16] 그리고 그것으로 유월절 주제들 중 하나가 더 성취된다. 그러나 이번에는 요한이 문학적인 비틂을 시도한다. 요한복음 2장 이후 대부분의 강화들 속에서 그렇게 했듯이 군중들은 또 예수의 말을

15. 요한은 이 사람들을 "유대인"이라고 부른다. 우리는 아마도 그들을 회당의 유대 지도자들로 이해해야 할 것이다. "유대인"은 요한복음 전체에 있어서 유대 지도자들에게 붙여진 일반적 명칭이다. 그들은 결국 예수를 정죄하고 십자가에 못 박는다.

16. 헬라어 '공귀조'(*gongyzo*)는 칠십인경(LXX) 속의 광야 이야기 전체에 걸쳐서 사용되었다(출 17:3; 민 11:1; 14:27,29; etc.). 요한복음 6:41의 헬라어 본문에 있어서 '수군거림'은 강조를 위해 문장 제일 처음에 사용되었다.

오해한다. 계시의 빛을 받지 못한 자들은 단지 유대인 부모의 아들이며(요 6:42), 보통의 유대인 집안에서 태어난 한 사람을 볼 뿐이다. 예수와 그의 가족들이 가버나움에서 잘 알려져 있었다는 것은 그들이 그곳에서 살고 있었다는 사실을 암시할 수도 있다(요 2:12).

수군거리지 말라는 단호한 훈계 이후에도(요 6:43) 예수가 그들의 불평에("자기가 지금 어찌하여 하늘에서 내려왔다 하느냐") 대항해 자신을 변호하지 않는다는 사실은 흥미롭다. 그 대신 예수는 그들의 영적 감수성 문제로 돌아오신다. 예수의 신적 기원과 이 땅에 내려오심의 문제는 (독자인 우리에게는 1장에서 이미 밝혀진 사실이지만) 군중들에게는 하나님께서 그들에게 어떤 방식으로든 빛을 밝혀주시지 않는 이상 받아들일 수 없는 것이다. 요한복음 6:44은 6:37과 평행을 이룬다(그것들은 하나님의 주권을 강조한다). 그러나 여기서는 이 "이끄심"(drawing)의 의미에 관한 설명이 그 뒤를 따른다. 요한복음 6:45은 이사야 54:13(혹은 렘 31:33-34)을 반영한다. 그곳에서 선지자는 (바벨론 포로기 이후) 재건된 예루살렘을 미리 본다. 그곳에서는 하나님과의 친밀성이 회복될 것이다. 예수는 이 예언에 주목하며 그것과의 상관성을 본다. 사람들이 하나님의 것들을 볼 수 있으려면 하나님께서 반드시 먼저 그들의 심령 내부를 움직이셔야 한다. 이 일은 하나님의 주도권 아래서 발생한다(cf. 요 5:37).

지금부터 예수는 강화의 서론에서 발견된 주요 주제들을 반복하신다. 요한복음 6:48은 6:35과 짝을 이루고, 요한복음 6:49-50은 6:31-33과 짝을 이룬다. 이 모든 것들은 강조의 성격을 띤다. 왜냐하면 6:50의 마지막 절(clause)에서 예수는 떡 모티브의 보다 깊은 의미를 소개하고 있기 때문이다. 우리에게 모세를 상기시키는 이 떡, 이제 예수 그리스도 자신임이 드러난 이 떡은 (물론 다른 모든 떡들과 마찬가지로) '먹혀야' (consumed) 한다. 예수는 "이는 하늘에서 내려오는 떡이니 사람으로 하여금 먹고 죽지 아니하게 하는 것이니라"라고 하심으로써 떡 비유를 확장하신다. 예수가 이 하늘의 떡(자기 자신)의 정체를 밝히자 그의 청중들은 혼란에 빠진다(요 6:41). 이제 예수는 그들을 다시 한 번 혼란에 빠뜨릴 것이다. 왜냐하면 이 떡은 반드시 먹혀야 하기 때문이다(요 6:50). 이 "먹음"(eating)은 헬라어 부정과거(aorist) 시제를 사용한다. 그것은 단회적 사건으로서, 그를 믿고 영생의 선물을 취하기로 결정하는 것이다.

인자의 살과 피(요 6:51-58)

요한복음 6:51의 두 개념들은 우리가 이미 본 것을 반복한다. 예수는 이 땅에 내려온(부정과거 시제) 산 떡이시라는 것은 그의 성육신을 가리키고, 우리가 이 떡을 먹어야 한다는(부정과거 시제) 것은 우리가 그를 믿는 결정적 순간을 가리킨다. 그러나 예수의 결정적 언급은 이 절의 세 번째 문장에서 등장한다. "내가 줄 떡은 곧 세상의 생명을 위한 내 살이니라." 예수가 그의 "살"(헬라어 '사륵스', *sarx*)을 언급할 때 우리는 즉시 요한복음 1:14을 떠올린다. 그 구절에서는 아들(Son)의 포괄적 삶을 묘사하기 위해 '사륵스'가 사용되었다.[17]

그러나 '사륵스'는 놀라운, 심지어 회화적인 단어이다. 그것은 요한복음 1:14보다 더 깊은 의미를 지니고 있으며 강화의 이 부분을 하나로 묶어 주는 실의 역할을 하게 될 것이다.[18] '예수는 희생 제물로 바쳐진 살이다.' 이 떡, 이 살의 선물은 그의 죽음과 함께 주어질 것이다. 이 문장의 후반부는 이 살이 세상의 생명을 위해 주어질 것이라고 우리에게 말한다. 예수는 '자신'(himself)을 드리고 있다. 요한복음에 있어서 "…을 위하여"(for, 헬라어 '휘페르', *hyper*)라는 단어는 희생제사의 문맥 속에서 규칙적으로 나타난다(요 10:11, 15; 11:51-52; 15:13; 17:19; 18:14). 그리고 이곳에서 그 단어가 의미하는 것은 예수의 선물은 다름 아니라 세상에 유익을 가져다주는 희생제사, 피의 희생제사, 성전 희생제사라는 것이다. 이 생각은 요한복음 1:29, 36과 평행을 이룬다. 그 구절들은 예수를 "하나님의 어린양"이라고 부른다. 그것 역시 희생제사의 제물을 가리키고 있다.[19]

만약 청중들이 예수가 기적적으로 무리를 먹인 것을 보고 놀랐다면, 그들은 예수가 자신을 하나님으로부터 내려온 하늘의 떡이라고 설명했을 때 깜짝 놀랐을 것이다. 이제 예수가 다음 단계로 나아가면 그들은 어안이 벙벙해진다. 지상의 떡 → 하늘의 떡 → 떡이신 예수 → 먹어야 할 떡이신 예수 → 희생제물로서의 예수. 이것은 너무 과도한 것이다. 그래서 그들의 수군거림은 논쟁으로 바뀐다(요 6:52).[20]

---

17. 어떤 학자들에게 있어서 살은 성만찬 언어를 지칭한다. "이것은 내 몸이다." 그 이미지가 이차적인 것일 수도 있지만, 그것은 요 6:53ff. 이전까지는 요한의 문학적 이미지의 진정한 한 부분이 되지 않는다.
18. 요한은 '사륵스'(*sarx*)를 열두 번 사용하는데 그중 이곳 요 6:51-63에서 일곱 번이 등장한다.
19. 우리는 요한복음 속에 있는 이 주제를 강조할 필요가 있다. 왜냐하면 많은 비평적 학자들은 요한이 구원을 그리스도의 희생적 죽음과 연관된 것으로 보고 있지 않다고 자주 주장해 왔기 때문이다. 요 6:51c는 거의 논박이 불가능한 증거를 제시한다.
20. NIV에서 "논쟁하다"(argue)로 번역된 헬라어 '마코마이'(*machomai*)는 행 7:26에서는 '싸우다'로 번역되었다(cf. 딤전 2:24; 약 4:2).

다시 한 번 요한 강화의 전통적 양식이 재현되어 군중들은 예수가 하시는 말씀을 '오해한다.' "이 사람이 어찌 능히 자기 살을 우리에게 주어 먹게 하겠느냐?" 물론 예수는 종교적 식인습관을 제안하고 계신 것은 아니다. 지상의 상징들은 영적 진리들로 전환되어야 한다. 그렇다면 우리는 이 생명을 주는 식사를 어떻게 이해해야 할까? 어떤 더 깊은 영적 진리가 드러나야 할까?

요한복음 6:53-58에서의 예수의 대답은 거의 모든 주석가들에게 어려움을 안겨주었다. 예수가 "내 살을 먹고 내 피를 마시는 것"에 대해 언급하실 때, 그는 유월절을 크게 뛰어넘는 이미지를 사용하고 계신 것이다. 사실 이것은 유대인의 신학적 틀로부터는 거의 이해가 불가능하다. 브라운(Brown)과 같은 어떤 저자들은 교부들과 중세 주석가들의 (그리고 또한 많은 현대 주석가들의) 오랜 노선을 따라 이 단어들이 성찬식을 가리킨다고 생각한다. 카슨(Carson)은 성찬식에 대한 이차적 언급이 불가피하다고 믿는다.[21]

두 문제들이 이 결과를 강요한다. (1) 피를 마시는 것은 구약 율법에 있어서 금지된 것으로 간주되었다(창 9:4; 레 3:17; 신 12:23). 그리고 어떤 사람의 살을 먹는 것은 그들에 대한 적대감을 나타냈다(시 27:2; 슥 11:9). 유대-기독교적 배경에 있어서 그런 단어들이 좋은 의미를 갖는 것은 오직 기독교의 성찬식뿐이다. (2) 요한이 후에 다락방 강화에 있어서 성찬식에 대한 언급을 기록하지 '않고' 있다는 사실이 중요하다. 우리가 여기서 (요 6:51에서 시작되는) 그의 언어를 보면 그것은 최후의 만찬에서의 누가의 언어를 반영한다. "이것은 너희를 위하여 주는 내 몸이라"(눅 22:19).[22]

그러나 모리스(Morris)와 같은 저자들은 이 해석에 대해 확고하게 반대의 뜻을 밝힌다. "이것은 '거룩한 교제'(Holy Communion)를 언급하는 것이라고 가장 확신 있게 주장된 강화(講話)부분이다. 살을 먹고 피를 마시는 것은 오직 성찬을 배경으로 할 때만 설명이 가능하게 되거나, 혹은 최소한 자연스럽게 된다. 하지만 이 경우가 그러한가? 분명히 그렇지 않다!"[23] 모리스는 요한복음의 말씀은 살을 먹는 것을 언급하는 반면 공관복음의 (그리고 바울서신의) 말씀들은 항상 "몸"(body)에 대해 언급하고 있다는 점을 재빨리 지적한다("이것은 너희를 위하여 주는 내 몸이

21. Brown, *John*, 1:284-85; Carson, *John*, 295-99.

22. 브라운(Brown)은 심지어 이 섹션이 원래 주의 만찬 문맥 속에 포함되어 있었는데 유월절 및 하늘의 떡과의 주제적 통일성을 위해 6장으로 옮겨졌을 지도 모른다고 주장한다.

23. Morris, *John*, 333.

라").[24] 모리스에게 있어서 이 언어는 하나님의 계시와 지혜의 융합을 상징적으로 보여주고 있다.

예수가 이 말씀을 하셨을 때 그 말씀의 시각적이고 충격적인 성격은 청중들을 틀림없이 어리벙벙하게 만들었을 것이다. 그 말씀의 신학적 내용과는 상관없이 그것은 너무 시각적이고, 강렬하며, 당황스럽다. 이 먹음과 마심은 영생을 주며(요 6:53, 54, 57, 58) 인간이 그리스도와 가질 수 있는 내적이고 친밀한 경험의 기초를 형성한다(요 6:56). 구약 역사의 그 어떤 것도 이와 비교될 수 없다. 심지어 모세와 만나의 경험도 이것과는 비교될 수 없다(요 6:59). 다른 종교적 떡은 인간의 죽을 수밖에 없는 운명의 문제를 건드리지 않는다. 오직 이 떡, 이 살과 피, 이 희생제물만이 영원한 생명을 줄 수 있다.

어떤 제자들이 떠나가 버림(요 6:59-71)

자신이 떡이라는 예수의 계시가 군중들로 하여금 수군거리게 만들었다면(요 6:41), 이 새로운 계시는 예수의 제자들의 감정을 상하게 했다(요 6:61).[25] 그들에게 있어서 이것은 단지 어려운 가르침이 아니라(요 6:60), 받아들일 수 없는, 그들의 이해능력을 벗어나는 선포였다. 그것은 공관복음에서의 커다란 전환점을 상기시킨다. 가이사랴 빌립보에서 예수의 참된 정체성이 드러났을 때(베드로: "주는 그리스도시니이다", 막 8:29), 예수는 즉시 자신의 희생적 죽음이 다가오고 있음을 밝히셨다. 마가복음에서 열두 제자들은 그것을 도무지 이해할 수 없었다. 그들은 그 뜻을 알기 위해 예수와 이야기한다. 그리고 그 빛 속에서 자신들의 운명과 씨름한다. 이곳 요한복음 6장에서도 똑같은 일이 발생한다. 이 어려운 가르침이 예수의 추종자들을 선별한다. 어떤 이들은 물러나서 더 이상 예수를 따르기를 거부한다(요 6:66). 다른 한 제자는 그 속에서 개인적 배신과 배반의 촉매제를 찾은 듯하다(요 6:70-71).

이것은 예수의 더 깊은 일들이다. 오직 하나님의 도우심이 있어야 사람들은 그것을 이해할 수 있다. 그렇기 때문에 예수는 이 다가오는 시간의 한 가지 특징을 더 지적하신다. 만약 그의 죽음이 그들을 당혹스럽게 한다면 그의 승천은 어떤

24. 브라운은 예수는 아람어로 말씀하셨는데 아람어에는 우리가 생각하는 것과 같은 개념의 "몸"(body)이라는 단어가 없으므로 예수는 아마도 "살"(flesh)이라고 말씀하셨을 것이라고 대답한다.
25. 요한은 여기서 단지 12명의 제자들이 아니라 좀더 넓은 범위의 추종자들을 의미하는 것 같다.

가?(요 6:62) 만약 죽음이라는 첫 번째 생각이 당혹스러운 것이었다면, 이 두 번째 생각은 더욱 당혹스러운 것이 될 것이다. "내려옴"에 대한 이전의 언급에서도(요 3:13) 재치 있는 문학적 기교로서 "들어 올려짐"의 은유가 함께 사용되었다. 인자(Son of Man)는 십자가로 "들어올려질"(lifted up) 것이다. 그리고 하늘로 "들어 올려질" 것이다. 요한에게 있어서 십자가를 향한 예수의 움직임(그가 영광스럽게 됨)은 또한 "하늘을 향한" 움직임이다. 그것은 예수가 처음부터 즐겼던 영광으로 복귀하시는 것이다(요 17:5). 그러므로 예수의 '완전한'(full) 영화(英化)는 그의 죽음의 완전한 그림들로(십자가, 부활, 승천) 구성되어 있다. 이제 제자들은 이것을 이해해야 한다. 그는 단지 죽는 것이 아니라 하늘로 복귀하실 것이다. 세상에 생명이 주어지는 것은 이와 같은 그리스도의 완전한 사역을 통해서만 가능하다.

그러나 이 생명을 주는 사역의 한 부분이 될 중요한 선물, 핵심적인 기증이 있다. 요한복음 6:63에서 무익한 것으로 설명되는 "육"(flesh)이 6:53의 문자적 "살"(flesh)을 상기시킨다(cf. 요 3:6). 예수는 자신의 말을 문자 그대로 받아들이는 것은("내 살을 먹고 내 피를 마시는 자") 요점을 파악하지 못한 것임을 분명히 밝히신다. 만약 성찬의 상징주의가 이곳에 있다고 해도 기계적 성찬주의(me-chanical sacramentalism)는 예수가 염두에 두고 있는 것이 아니다. 왜냐하면 생명을 주는 선물은 성령이기 때문이다. 이런 생각은 니고데모와 사마리아 여인에게 주셨던 예수의 메시지와 평행을 이룬다. 그들이 필요로 하는 것은 이 세상의 물질적인 것들 속에서 찾을 수 없다. 그들은 다시 태어나는 것, 살아 있는 물을 필요로 한다. 그리고 예수는 자신이 영광스럽게 되는 과정 속에서 인자가 들려 올라갈 때 선물이 주어질 것이라는 암시를 주시고 있다. 그 선물 때문에 그들의 믿음은 쉬워지고 그들에게는 생명이 주어질 것이다. 예수는 초막절 축제 때 이것을 공개적으로 말씀하실 것이고(요 7:37-39) 후에 요한복음 20:22에서 이 약속을 성취하실 것이다.

자신을 따랐던 자들 중 일부가 떠나가 버리자 예수는 열두 제자들을 보시며 그들도 떠나고자 하는지 물으신다(요 6:67). 이것은 분명히 예수에게 있어서 전환점이다. 자신의 정체성과 사역의 비밀을 이제 완전히 드러내셨다. 하지만 베드로에게 있어서 이 어려운 과정은 용기 있는 고백을 할 기회를 제공해 주었다. "주여 영생의 말씀이 주께 있사오니 우리가 누구에게로 가오리이까. 우리가 주는 하나님의 거룩하신 자이신 줄 믿고 알았사옵나이다." 공관복음에서 "거룩하신 자"라는 이 명칭은 오직 귀신들에 의해서만 사용된다(막 1:24; 눅 4:34). 그러나 이것은 구약에서(이사야서에서 30회) 하나님께 대하여 사용되던("이스라엘의 거룩한 자") 강력하고 특별한 명칭이었다. 그 하나님은 자신의 백성을 보호하시고 구원하시는 분이시다(사 41:14; 43:14-15).

예수는 그 고백에 대해 단지 베드로의 용기를 칭찬하실 뿐만 아니라 그 고백을 베드로의 삶 속에서의 하나님의 초자연적 역사의 증거로 인식하신다(cf. 마 16:17, "바요나 시몬아 네가 복이 있도다. 이를 네게 알게 한 이는 혈육이 아니요 하늘에 계신 내 아버지시니라"). 이 더 깊은 일들은 오직 하나님께서 그런 능력을 주신 자들(요 6:65)과 그가 부르신 자들(요 6:70) 외에는 그 누구도 이해할 수 없다. 이것은 요한에게 있어서 심오하고 중요한 생각이다. 우리는 요한복음에서 이 생각을 반복해서 만나게 될 것이다. 하나님이 그리스도 안에서 세상 속으로 들어오신 일은 유일한 은혜의 행위가 아니다. 하나님께서는 사람들이 그것을 보고 이해하도록 하기 위해 그들에게 능력을 주셔야 한다. 인간은 세상을 움켜쥐고 있는 어둠의 권세를 이길 수 없다. 오직 하나님만이 그것을 이길 수 있는 힘을 가지고 계시다.

상황잇기

많은 주석가들과는 달리 나는 이 긴 장을 단일체로 유지하는 것을 선택했다. 왜냐하면 각 단락을 하나로 이어주는 많은 주제들이 있기 때문이다. 요한은 문학적 능숙함을 가지고 이 장을 (그리고 다른 장들을) 썼다. 우리는 그것을 놓쳐서는 안 된다. 예를 들어, 오병이어의 기적을 그 마지막에 등장하는 가버나움에서의 신학적 논쟁과 분리하여 읽는 것은 그 기적에 대한 예수의 포괄적인 해석을 놓치는 것이다. 또한 전체 장이 "유월절"이라는 요한의 표제 아래 포함되어 있다는 사실을 잊는 것은 이 이야기 속에 담겨 있는 유월절을 시사하는 많은 뉘앙스들과 상징들을 놓치는 것이다. 나는 그것들에 대해 이미 위에서 지적한 바 있다.

격려와 경고. 이야기 전체에 있어서 우리에게는 물질적 양식과 영적 양식이라는 개념이 제시된다. 다른 기적 이야기들과 마찬가지로 논쟁은 분명한 것에서(언덕에서의 떡) 상징적인 것으로("나는 생명의 떡이니"), 그리고 또 다시 영적인 신비한 것으로("내 살을 먹고 내 피를 마시는 자") 이동한다. 각 단계를 옮길 때마다 오해와 이해력 부족이 드러난다. 군중들의 태도는—그것이 일상적인 양식이건 영적인 양식이건—양식에 대한 갈구로 나타나는 그들의 열정이 얼마나 대단한 것인지, 그리고 "하나님의 의해 먹이우는 것"(fed by God)의 의미를 안다는 것이 얼마나 중요한지를 묘사해 준다. 그러나 일단 발견이 이루어졌을 때, 일단 군중들이 예수가 이 양식의 공급자라고 결정했을 때, 일단 그들이 자신들의 손에 놓인 종교적 잠재력과 힘을 알게 되었을 때, 그들은 자신들의 목적을 위해 그것을 착취하려는 방향으로 움직인다. 그들은 예수를 "억지로 붙들어 임금으로" 삼으려 한다.

그러므로 우리는 격려와 동시에 경고를 받는다. 우리는 와서 예수가 제공하시는 음식을 먹고 궁극적으로 그가 제공하시는 떡은 떡 이상의 것임을 배우도록 격려를 받는다. 그것은 그의 희생적 삶 속에 감추어진 생명 자체이다. 그러나 우리는 또한 경고를 받는다. 왜냐하면 오해와 혼동이 우리를 덮칠 수 있기 때문이다. 우리는 자신도 알지 못하는 사이에 방향이 잘못된 종교적인 것들을(떡, 종교적 왕, 성찬식들) 추구하게 될 수 있다. 6:63이 말하듯이 "육은 무익하다." 요한복음 6장은 예수가 떡에 대해 제자들을 시험하시는 것으로 시작된다. 그들은 이곳에서의 예수의 현존과 그의 능력들 그리고 그의 목표들을 이해하고 있는가? 그리고 그 단락은 어떤 제자들은 상처를 받아 수군거리고, 다른 이들은 떨어져 나가고, 유다는 배신을 계획하는 것으로 끝난다. 일하고 계신 그리스도에 대한 깊은 계시가 있지만 그것은 청중들을 갈라놓는다.

하나님을 흘끗 봄. 계시의 첫 번째 기본적 이야기들은 하나님을 흘끗 보고도 그것을 이해하지 못한다는 것이 무엇인지를 보여주는 쌍둥이 그림들로 이해되어야 한다. 오병이어 기적은(요 6:1-5) 예수의 일상적인 긍휼의 행위로 간주될 수 있다.—그리고 사실이 그러하다. 군중들은 배가 고팠고 그들에게는 먹을 것이 필요했다. 그리고 우리가 다른 곳에서 본 것과 마찬가지로 예수는 사람들의 필요에 대해 응답하신다. 이것만으로도 21세기에 있어서 우리의 주목을 받을 만한 주제이다.

그러나 요한은 단지 배고픔을 해결해 주는 것 이상의 것을 우리에게 보여 주고자 한다. 그는 양식을 공급함으로 이룩된 유월절 모티브들의 분명한 성취 너머에 있는 것을 우리가 보기를 원한다. 이야기의 클라이맥스는 불안하고 비틀어져 있다. 군중들은 예수를 자신들의 종교적 범주에 맞추고("이는 참으로 세상에 오실 그 선지자라!"), 이 사건을 통해 알게 된 종교적으로 쓸모 있는 어떤 것을 '그들 자신이' 통제하고, 발전시키고, 활용할 수 있다고 결정한다. 그들은 자신들의 목적을 위해 예수를 이용하기를 원한다. 그들은 정치적 목적을 달성하기 원했기 때문에(혁명? 사회적 봉기? 이의 제기?) 예수는 그곳을 떠나실 수밖에 없었다. 결국 그림은 투명할 정도로 명백해졌다. 그들은 자신이 방금 목격한 것이 무엇인지 전혀 모른다. 교만한 그들은 어떤 기업체가 새로 개발된 가전제품을 이용해 돈을 벌려고 하듯이 그들이 목격한 것을 이용하기를 원한다.

두 번째 기본적 이야기는(요 6:16-21) 우리를 호수로 이끈다. 그곳에서 우리는 다시 한 번 예수의 긍휼을 본다. 이번에는 그의 제자들을 향한 긍휼이다. 그들은 파도와 싸우며 예수가 명령하신 대로 호수를 건너려고 노력하고 있다. 예수는 그들을 돕기 위해 오신다. 그리고 우리는 다시 한 번 그의 벗들에 대한 예수의 진심 어린 관심을 본다. 그러나 요한은 또 다시 우리를 더 멀리 데려가기를 원한다. 군중들과 마찬가지로 제자들은 그들이 본 것을 이해하지 못한다. 그들은 오히려 두려워한다. 그들은 비록 완전히 그것을 이해할 수는 없지만 예수의 기적을 볼 때 하나님의 영광이 드러나고 있음을 안다. 그것은 그들의 이해를 넘어서는 것이다. 그들이 할 수 있는 일은 그저 일들이 진행됨에 따라 보다 나은 시야를 얻게 될 것을 기대하면서 예수와 함께 머물러 있는 것뿐이다.

이 두 에피소드들은 서로 연합하여 이 장을 오늘날의 우리들에게 가져오는 흥미로운 연결다리를 제공해 준다. 그들은 종교적 이해력에 대한 문제와 영적인 것들의 잘못된 사용에 관한 문제를 제기한다. 그들은 또한 제자들의 무지가 군중들의 무지와 다르지 않을 경우 제자들이 어떻게 행동해야 하는지, 그리고 하나님의 일들이 발생하는 것을 볼 경우 제자들이 어떻게 경외심을 가지고 행동해야 하는지를 보여준다. 기특하게도 군중들은 예수의 뒤를 좇는다. 그리고 그들은 전에 가지고 있던 계획을 포기하고 사마리아 여인이 구했던 것과 동일한 것을 구하는 것처럼 보인다. 그것은 양식, 영적 양식이다(요 6:34). 그들은 겸손하게 되었는가? 그들은 자신들이 예수에게 구하고 있는 것을 재정의하였는가?

이어지는 가버나움 강화(講話)는(요 6:22-59) 자신의 정체성과 사명에 관한 예수의 가장 진술하고 솔직한 변론들 중 하나를 보여준다. 유월절 이미지들은 예수가 개념들의 복잡성과 난이도를 증가시킴에 따라 차례로 다시 넘어져 버린다. 그는 하늘에서 내려온 생명의 떡이다. 그 떡은 소비되어야 하며, 희생제사의 살 속에서 주어질 것이다. 이 말씀의 의미는 모든 사람들에게 충격을 주었다. 종교적 질문들은(요 6:25) 수군거림으로 변했다(요 6:41). 그리고 그것은 다시 날카로운 논쟁으로 바뀌었다(요 6:52). 결국 그의 가장 가까운 추종자들도 그 말씀이 어렵다는데 동의한다(요 6:60). 그리고 곧 몇 사람들은 불신 속에서 그를 떠나기 시작한다. 이런 다양한 반응들이 섞인 가운데서 예수는 오직 하나님만이 믿음과 비전을 주실 수 있으며 그것을 가진 자들만이 그런 것들을 이해할 수 있다고 말씀하신다. "아버지께 듣고 배운 사람마다 내게로 오느니라"(요 6:45). 예수는 누가 믿을 것인지 알고 계시다(요 6:64). 그리고 그는 주권적으로 역사하고 계시는 분은 하나님이시며, 그가 이런 깊은 것들을 볼 수 있도록 사람들의 마음과 눈을 열고 계심을 아신다.

분명히 요한은 하나님께서 그리스도 안에서 일하고 계실 때 발생한 일의 참된 의미를 이해할 수 있는 인간의 능력에 대해 우리가 곰곰이 생각해 보기를 원한다. 이런 일들은 우리의 능력의 범위를 벗어난다. 우리는 기껏해야 베드로가 했던 것처럼 할 수 있을 뿐이다. 그것은 그것을 이해할 수는 없을지라도 생명이 있는 곳에 계속해서 서 있는 일이다. 그는 "우리가 누구에게로 가오리이까?"라고 묻는다(요 6:68). 영원한 생명은 그 어디에도 없고 오직 이곳 예수 안에서만 찾을 수 있다.

이것은 우리 세기에 적용될 수 있는 또 다른 주제이다. 만약 오직 하나님만이 그의 아들(Son)의 의미에 관한 거룩한 통찰력을 주실 수 있는 분이라면("내 아버지께서 오게 하여 주지 아니하시면 누구든지 내게 올 수 없다 하였노라", 요 6:65), 이것은 보통의 기독교인들의 경험에 대하여 무슨 의미를 지니고 있는가? 만약 하나님의 더 깊은 일들을 이해하기 위한 우리의 최선의 노력들이 왜곡과 두려움을 동반한다면, 교회의 사명을 따르기 위한 복음전도와 가르침에 있어서 인간의 역할은 무엇인가? 만약 하나님께서 인간의 마음을 잠그신다면 내가 어떻게 하나님의 일에 참여하고 그것에 대해 열심을 품을 수 있다는 말인가? 요한은 이 이야기 속에서 우리의 호기심을 자극하는 질문들을 제기한다. 하지만 분명한 대답들은 제시하지 않는다.

하나님이 먹이심. 요약하자면 이 장의 통합적 주제는 하나의 생각으로 모아진다. '하나님이 먹이신다는 것은 무엇을 뜻하는가?' 우리는 물질적 먹이심을 떠올린다(예수는 오천 명을, 모세는 유월절에 그의 무리들을). 하지만 이런 먹임들은 생명의 더 깊은 것들과는 아무 상관이 없다는 교훈을 듣는다. 이스라엘 백성들은 만나를 먹었지만 결국 광야에서 죽었다. 예수와 함께 산비탈에 모였던 무리들도 다음날 다시 배고픔을 느꼈을 것이다. 오늘날에도 마찬가지이다.—그것이 영적인 것이든 그렇지 않든—떡을 추구하는 것은 인간 문명의 보편적 욕망이다. 그것은 때로 잘못된 방향을 취한다. 그러나 보다 더 직관적인 자들, 보다 더 깊은 생명의 실재들에 대한 감각을 가지고 있고 보다 심오한 비전을 가지고 있는 자들은 이런 추구가 종교적 관심과 연관되어야 한다는 점을 이해하고 있다. 오늘날 인생의 문제, 의미있는 인생의 문제를 탐구함에 있어서 인간의 영혼은 부정될 수 없다.

그러므로 질문은 여전히 남는다. 나는 어떻게 하나님에 의해 먹여질 것인가? 나는 어떻게 영원히 지속되는 떡을 찾을 수 있는가? 나는 어떻게 초월성 혹은 영적 양식을 발견할 수 있는가? 나는 어떻게 나의 다음 식사 이전에도 줄어들지 않을 방법으로 하나님을 발견할 수 있는가? 분명한 대답은 우리가 이것을 예수 안에서 찾아야 한다는 것이다. 그러나 그것은 그렇게 간단하지 않다. 사람들은 종교를 비틀고 왜곡시키며 자신들의 목적에 따라 조작하려 한다. 종교적 형식들이 개발되고 촉진된다(성만찬의 형식들?). 그러나 이것들은 원하는 목표를 이루지 못한다. 심지어 기독교인들은 전통적 형태의 종교적 경험이 피곤한 것이 될 때 기진맥진함을 느끼게 된다.

결국 하나님에 의해 먹이심을 받는 것은 우리의 자연적 이해력을 넘어서는 어떤 일이다. 그것은 극도로 신비한 것이며 두려움과 혼동의 감정, 그리고 어떤 경우에는 분노의 감정을 일으킬 것이다. 이것들은 하나님의 것들이며 하늘의 실재들로서 우리의 능력을 넘어서는 곳에 놓여 있다. 우리는 그것들 때문에 불평하거나 수군거려서는 안 된다. 거룩한 통찰력을 제공해 주실 수 있는 분은 오직 하나님이시다. 우리의 임무는 성령께서 우리에게는 너무 깊은 실재들을 살짝 보는 것을 허락해 주실 때, 그저 서서 그것을 받아들이고, 함께 교감하고, 성령의 사역에 대해 마음을 여는 것뿐이다.

그러므로 우리는 유심히 본다. 어떤 이들에게 있어서 종교에 대한 비판과 종교가 의미했던 모든 것들에 대해 재검토하는 것은 너무 견디기 힘든 일이다. 어떤 이들에게 있어서—특히 종교적 전통의 수호자들에게 있어서—이와 같은 파괴와 재건축은 용납할 수 없는 일이다. 어떤 이들은 도망간다. 어떤 이들은 논쟁을 벌인다. 그리고 어떤 이들은 유다와 한 패가 되어 자신들을 위협하는 것을 제거해 버리려는 음모를 꾸민다.

결론적으로 내가 이 본문에서 취할 수 있는 주요 주제들은 다음과 같은 4개의 제목으로 정리될 수 있을 것이다. (1) 떡을 추구함: 우리가 인식하고 있는 사회의 요구와 배고픔을 만족시키기 위한 시도들은 무엇인가? (2) 떡에 대한 종교적 추구: 이 추구에 있어서 종교는 어떻게 연루되어 있는가? 이 문제에 있어서 예수의 일들은 어떻게 왜곡되어져 왔는가? (3) 하나님에 의해 양식을 공급받음: 하나님께서 우리에게 원하시는 것은 무엇인가? 성만찬과 같은 종교적 형식들이 하나님과의 보다 더 깊은 경험에 방해가 되고 있지는 않는가? 떡을 추구함에 있어서 하나님의 역할은 무엇인가? (4) 반항: 이 계시가 관용할 수 없는 것이라고 느끼는 많은 이들이 취할 예상할 수 있는 반응들은 무엇인가? 그의 백성들을 먹이려는 하나님의 사역을 막으려 하고 그것에 대해 불평하는 자들 사이에서는 어떤 죄악스런 능력이 활동하고 있는가?

현대적 의미

브렌더(Brenda)가 내 사무실에 들어왔을 때 나는 그녀가 한 시간이나 머물면서 자신의 영혼의 문제를 남김없이 드러낼 줄은 전혀 몰랐다. 그녀가 태어나기 전에 그녀의 아버지는 부분적으로는 프랜시스 쉐퍼(Francis Schafer)의 책들을 통해 개종을 했다. 그는 1970년대에 달라스 신학대학원(Dallas Seminary)에 입학했지만 중간에 그 학교와는 자신이 잘 맞지 않는다는 것을 알게 되었다. 왜냐하면 신학석사(M.Div.) 과정을 밟는 중 그는 방언의 은사를 받았기 때문이다.[26] 그는 자신의 방언 체험을 공개하지 않는다는 조건으로 졸업을 허락 받았다. 그의 가족들은 은사주의 공동체로 옮겨가서 결국 하나님의 성회(Assemblies of God)에 자리를 잡았다.

브렌더는 복음적 설교와 은사들을 공개적으로 드러내는 분위기 속에서 양육되었다. 그러나 그 가족은 다른 한 편으로는 달라스에서 강화되었던 쉐퍼의 견고한 지성주의를 그리워했다. 그래서 그들은 다시 복음주의의 주류로 되돌아왔다. 하지만 그들은 거기서 영적으로 막다른 골목을 만나게 되었다. 그 교회에서는 그 가족들이 비밀로 여기고 있는 은사주의적 경험들에 대한 거칠 것 없는 비판들이 정기적으로 쏟아져 나왔다. 예언과 치료들 대신 복음전도를 위한 찬송가들과 영혼을 얻기 위한 강력한 설교들이 주어졌다. 절망과 냉소주의가 짙은 안개처럼 그 가족을 둘러쌌다. 오늘날 그녀의 아버지는 거의 교회에 나가지 않는다.

브렌더는 이제 자신은 젊은 여자로서 이 모든 것들이 공허하게 보인다고 말하면서 흐느꼈다. 설교들, 성경, 성만찬, 이 모든 것들이 말이다. 심지어 방언으로 기도하는 것도 (그녀는 그것을 점점 더 적게 했다) 인위적인 것으로 보였다. 그녀는 하나님에 의해 먹이우고 싶었다. 그러나 그녀의 가장 깊은 두려움은 그 어떤 것도 그녀의 마음에 닿을 수 없을 것이라는 것, 그 어떤 것도 자신의 냉소주의를 극복하게 할 수는 없을 것이라는 것이었다. '그녀는 그 모든 것들을 이미 보았다.' 그리고 그녀는 이미 기독교 지도자들이 기독교 사상들의 시장에서 경쟁자들을 이기기 위해 그들 자신의 종교적 스타일을 과장되게 사용하는 것을 보았다. 그녀는 이미 치료자들, 부흥 설교자들, 도덕적 다수(moral majority) 운동가들, 그리고 거의 모든 다른 종교적 운동들을 보았다. '이제 그녀는 지쳤다.' 그녀는 단지 하나님과 함께 하기를 원했다. 그녀는 다시 한 번 하나님께 양식을 얻어 먹을 방법이 있는지 알고

26. (달라스 등의) 많은 신학대학원들이 1970년대의 은사주의적(charismatic) 부흥운동에 대해 완고한 태도를 취했다는 것은 잘 알려진 사실이다. 오늘날 그 학교들의 영적 기후와 개방성은 그때와는 완전히 다르다.

싶어했고, 그녀가 아직 보지 못한 새로운 어떤 것이 있는지를 알고 싶어했다. 그녀는 배가 고팠다. 그러나 그녀의 절망은 너무나 깊은 것이어서 음식의 존재 자체를 의심할 정도가 되었다.

브렌더는 2주 후에 근처에 있는 가톨릭 수도원에 일시적 손님으로 들어갔다. 그리고 그녀는 얼굴에 빛이 나고 새롭게 바뀌어서 돌아왔다.

떡을 추구함. 갈릴리 군중들의 필요는 명백했다. 어떤 면에 있어서 그들은 시간이 존재한 이후의 모든 인간들의 필요를 대표한다. 우리는 생존에 필요한 것들을 필요로 한다("오늘날 우리에게 '일용할 양식'을 주옵시고"). 만약 이 필요들이 채워지지 않는다면, 만약 굶주림이 계속 무시된다면, (그것이 종교적인 것이든 다른 어떤 것이든) 그 어떤 높은 가치에 대한 추구도 붕괴되고 만다. 이것이 바로 예수께서 군중들을 먹이신 이유이다. 우리는 영혼의 양식을 주기 전에 육체를 돌보아 줄 윤리적 책임이 있다.

이것이 바로 '중동기업선교회'(VME: Venture Middle East)와 같은 사역에 연료를 제공하는 관점이다.[27] 그들은 일반인들의 눈에 가려진 지역에서의 복음전파 활동을 지원하는데, 월드 미션(World Mission)과 같은 큰 선교단체들과 보조를 맞추어 일하고 있다. 그 회장인 레너드 래저스(Leonard Radgers)는 위험한 곳에서 일하는 사람들의 물질적 필요를 채워 주고 있다. 그곳은 복음이 거의 침투해 들어가지 못한 곳이며 월드 비전과 같은 단체가 그 이름을 공공연히 내걸고 들어갈 수 없는 곳이다.

레바논 YFC(Youth for Christ)의 창설자이기도 한 레너드는 중동지역에서의 월드 비전 사업을 지도해 왔었다. 그러나 그는 "겉으로 보이지 않는 곳에서의" 사역에 뛰어들어야겠다고 결심했다. 그는 아프가니스탄에 인접한 무슬림 국가들 속에 휠체어 공장들을 짓고 있다. 그들은 엄청난 수의 휠체어를 필요로 하고 있다. 지뢰때문에 발을 잃은 무슬림들이 그 공장에서 일하며 또 그 휠체어를 사용하고 있다. 그들은 레너드가 예수를 따르고 있다는 이야기를 듣고 즐거워한다. 그의 "가족 대 가족"(family-to-family) 연결 프로그램은 미국의 가정들과 아랍 국가들의 가난에 찌든 기독교 가정들을 연결해 주고 있다. 그 국가들 속에서는 기독교인들에 대한 핍박과 약탈이 다반사로 일어나고 있다. 중동기업선교회는 아랍 목사들을 통해 수

27. Venture Middle East 연락처: P.O. Box 15313, Seattle, Washington, 98115-0313. Phone: 1-800-421-2159. 인터넷 주소: http://logos.ghn.org/vme.

없이 많은 이들에게 돈을 전달하며 그들을 도와 왔다. 걸프전 직후 그는 수백만 달러 어치의 의약품을 트럭에 싣고 가서 이라크 사람들에게 전달해 주었다. 그들은 유엔의 봉쇄조치로 극심한 가난에 시달리고 있었다.[28] 이것이 떡이다. 이것이 바로 예수에 의해 공급된 갈릴리 사람들의 떡이다. 이것은 교회로 하여금 유사한 도움과 돌봄의 사역을 추구할 것을 요구하고 있다.

만약 떡이라는 것이 우리가 온전히 제대로 살기 위해 필요로 하는 것이라면, 떡에 대한 추구는 사람들이 참된 삶을 위해 불필요한 것들을 자신들의 필요 속에 집어넣기로 할 때 복잡한 양상을 띠게 된다. 그것은 마치 군중들이 예수에게 아이스크림을 간식으로 달라고 요구하는 것과 마찬가지일 것이다. 예수는 그 요구를 들어 주셔야 할까? 서구의 기독교인들은 이 주제에 익숙해져 있다. 그러나 우리는 스스로 그 문제를 진단하는 데 있어서 어려움을 느낀다. 영리한 광고들과 상당한 풍요에 의해 연료가 공급되는 소비자 사회 속에서 살고 있는 우리들은 셀 수 없이 많은 형태의 떡들을 추구하고 있고 또 그것들을 얻는 방법들을 알고 있다. 단지 내가 이 차 혹은 저 향수를 소유하기만 한다면 나의 자아상은 치유될 것이고 나는 새로이 안정감을 느끼게 될 것이다. 물론 우리가 일단 그 물품들을 소유하면 그것들의 유혹적인 매력은 사라져 버리고 우리는 자신을 만족시킬 수 있는 새로운 목표를 찾아 나서게 될 것이다.

기독교인들도 우리를 둘러싸고 있는 물질주의 문화의 유혹으로부터 자유롭지 못하다. 우리는 자신의 삶에 필요한 "떡"을 정의할 때 상당히 그 범위를 넓게 잡는다. 최근에 한 기독교 사역자가 어떤 중요한 복음주의 단체의 책임자가 되었다. 그런데 그에게 제공된 것은 125,000달러의 연봉과 기타 수당들, 주문식 단독주택, 고급 승용차, 개인 주차공간, 그리고 최신시설을 갖춘 사무실이었다. 그것은 숨이 막힐 정도로 엄청난 것이었다. 그러나 놀라운 것은—이것이 정말로 중요한 것인데—그 단체의 누구도 이 문제에 대해 이의를 제기하지 않았다는 것이다. 왜냐하면 "안락함과 성공"(comfort and success)이라는 철학이 그 조직체의 문화 속에 깊숙이 스며들어 있었기 때문이다. 그곳에서는 떡에 대한 추구가 상상을 초월할 정도로 왜곡되어 있었다.

이것은 예수가 떡을 기적을 통해 공급하셨을 때 왜 군중들이 그토록 열광했는

28. 내가 이 글을 쓸 당시(1999) 유엔의 추정에 따르자면 이라크에서는 유엔의 봉쇄조치로 인해 매달 약 6,500명의 어린이들이 굶주림으로 죽어 가고 있었다. 남부 이라크의 어린이들 중 27퍼센트는 영양실조에 시달리고 있었다. 유엔은 걸프전이 '끝난 후' 약 500,000명의 어린이들이 죽은 것으로 추산하고 있다.

지를 설명해 준다. 한 차원에 있어서 그들을 먹이는 것은 옳은 일이었다. 그러나 다른 차원에 있어서 그것은 마치 소니(Sony)사가 어떤 지역 고등학교와 관계를 맺고서 그 학교에 음향기기를 무한정 공급해 주는 것과 같다. 호화로운 사무실에서 근무하게 된 그 사람은 메시야와 같은 신분을 누리게 될 것이다. 하지만 오래 가지 않아 그곳의 상황은 추해질 것이다. 기적의 풍요로움은 모든 사람들을 압도해 버렸다.

떡에 대한 종교적 추구. 그러나 수세기에 걸쳐서 보다 사려 깊은 사람들은 물질적인 것들이 진정한 행복의 비밀을 제공해 주지는 않는다고 항상 주장해 왔다. 심지어 완전히 이교적인 세계관을 가진 사람들도 어떤 이들은 깊은 영적 본능에 의해 명상으로부터 철학에 이르기까지 모든 것들을 탐구해 본다. 보통의 사람들에게 있어서 종교에 대한 추구는 그들의 삶의 여정에 있어서 피할 수 없는 차원이다.

갈릴리의 군중들은 예수의 기적에 대해 종교적 급회전을 가한다. "이는 참으로 세상에 오실 그 선지자라." 가버나움에서 예수를 다시 만났을 때, 그들은 모세가 물려준 자신들의 종교적 유산에 대해 그리고 예수가 그것에 어떻게 들어맞는지에 대해 질문을 퍼부었다. 결국 사람들이 이곳에서 보기를 원했던 것은 단지 떡을 공급해 주는 자가 아니라 종교적 인물이었다.

종교를 향한 인간 본능의 끈이 풀리면 그것이 참된 목표에 도달하는 경우는 거의 없다. 얼마 전에 나는 저녁에 '티벳에서의 7년'(Seven Years in Tibet. 브레드 피트[Brad Pitt] 주연)이라는 영화를 보고 집에 왔다. 나는 타임지(Time)에서 그 영화에 대해 써 놓은 것을 읽을 수 있었다. 잡지에서 관심을 보인 것은 단지 그 영화가 아니라 미국에서 불교에 대한 관심이 높아지고 있다는 사실이었다. 작가들은 불교 용어가 미국 언어 속에 얼마나 많이 스며들어 왔는지 또 뉴에이지 운동의 관심사가 고대 아시아 종교의 체계들과 얼마나 겹치는 부분이 많은 지에 대해 잘 써 놓고 있었다. 메시지는 명확했다. 미국인들은 그 어느 때 못지 않게 종교적이며, 찾을 수 있는 모든 곳에서, 특히 아시아에서, "종교적 떡"(religious bread)을 찾고 있다.

군중들이 예수를 "억지로 붙들어 임금으로 삼으려는"(요 6:15) 모습을 바라보는 또 다른 방법이 있다. 그들은 예수를 납치하여 그를 영웅으로 만들려고 했다. 그들은 예수를 자신들의 이미지 속에 있는 '종교적 인물'로 만들고 자신들의 계획에 봉사하도록 만들려 했다. 기독교인들이 "영적인 떡"(spiritual bread)을 추구할 때, 그들 역시 예수를 자신들의 종교적 계획을 위해 봉사하도록 만들려는 유혹을 받는다. 이런 일이 생긴다면 예수는 교회 안에서 "억지로 붙들리는" 것이다. 예수는 착취당하고 조작되며, 이 선거운동 혹은 저 사업을 위해 "포스터 모델"(poster boy)이 될 것을 강요당한다. 본문의 이야기에서 그들의 계획은 순전히 정치적인 것이었다. 사람들은 왕을 원하며 예수는 그 일을 잘 해낼 것이다. 만약 이 선지자가 이스라엘에 대한 로마의 지배를 끝장내기를 원한다면 백성들의 도움을 입어 그 일을 성공적으로 성취할 수 있을 것이다.

보수주의자들은 보다 자유주의적인 기독교인들이 예수를 폭력적으로 사용하는 것을 종종 비판해 왔다. 자유주의자들은 자신들의 정치에 대해 예수의 이미지로 세례를 주기를 원한다. 보수주의자들은 "해방신학"(liberation theology)의 형태들을 지적한다. 해방신학은 여성들, 소수자들, 그리고 가난한 자들의 해방을 위해 일한다. 이와 같은 사회적 관심들은 선하고 합법적인 것이다. 그러나 이 일을 추진해 가는 과정에서 예수의 강조점들은 뒤편으로 밀려나고 사회정의라는 정치적 주제가 중심무대를 차지하는 것처럼 보인다.

어떤 경우에 있어서 그런 불평은 정확한 것이다. 얼마 전에 나는 회의를 마치고 비행기를 타고 집으로 돌아오고 있었다. 나는 시카고 대학교의 신학교수와 동승했다. 그는 NCC(National Council of Churches)와 WCC(World Council of Churches)에 깊이 관여하고 있었다. 그는 두 시간이 넘도록 나에게 그 두 기구들의 역사와 사역에 대해 설명했다. 그 기구들은 교회에 분리를 가져올 잠재성을 지닌 교리적 요소들을 제거함을 통해 에큐메니컬한 일체성을 유지해 오고 있다고 했다. 결국 이 단체들 속에 남게 된 것은 사회정의에 대한 헌신뿐이었다. 거기에는 독특한 기독교 신학을 뒷받침하는 헌신은 남아 있지 않았다. 예수의 이름은 깃발 위에 남아 있었다. 그러나 그의 말씀들은 엄격하게 편집되고 있었다.

그러나 보수주의자들도 역시 억지로 예수를 자신들의 틀에 맞추려고 시도해 왔다. 1970년대 이후부터 복음주의자들은 새로운 정치적 자각을 하기 시작했다. 기쁘게도 그들은 한 때는 자신들이 배제되었던 영역에서 자신들이 힘을 갖고 있고 존경을 받고 있다는 사실을 알게 되었다. 예를 들어, 랠프 리드(Ralph Reed)는 워싱턴에서 복음주의자들을 위해 괄목할 성과를 이루었다. 전에는 그런 적이 거의 없었다. 우리는 이제 강력한 '선거세력'이 되었다. 그러나 복음주의자들은 또한 "억지로 예수를 끌어들였다." 우리는 사회적 강령들과 국가안보에 관한 관심사들, 그리고 도덕적 십자군 운동들에 대해 예수의 이름으로 세례를 주려고 한다. 우리들 중 많은 이들은 이런 문제들에 대해 비판하는 것을 어려워한다. 왜냐하면 대부분의 것들에 대해 우리는 동의를 하고 있기 때문이다. 예수는 사회주의에 대해 반대하시고 있지 않은가? 예수는 사담 후세인을 혐오하시지 않는가? 예수는 자유시장체제 자본주의를 추천하지 않겠는가?[29] 예수는 이슬람에 대해 거친 태도를 취하시지 않겠는가? 예수는 동성연애자들의 로비활동에 대해 반대하시지 않겠는가? 예수는 워싱턴에서 유산반대 시위에 참석하시지 않겠는가?

우리는 그 대답들을 알기도 전에 십자가가 그려진 기를 들고 십자군의 노래를 부르면서 우리 사회 전반의 세속적 예루살렘들을 포위한다. 콜로라도 스프링스(Colorado Springs)의 한 중요한 사역은 그런 종류의 힘을 이해하고 있다. 350만 명의 종교 라디오 채널 청취자들이 갑자기 의회로 편지를 보내라는 메시지를 듣는다. 워싱턴 당국자들은 며칠 이내에 도시가 우편물들로 가득 차는 것을 본다. 초조해진 지도자들은 콜로라도 기독교인들의 말에 귀를 기울인다. 그러면 기독교인들은 그들에게 성윤리와 가정문제 혹은 종교적 자유에 대한 예수의 견해에 대해 이야기를 들려준다. 그것은 힘이다. 주체하기 힘든 힘이다.—그것은 특별히 이 기구의 예산이 미국 최대의 장로교 교단(남침례교회[the Southern Baptist Church])의 예산을 초과할 경우에 그렇다.

복음주의자들 사이에서 종교와 정치가 일치되어 있다는 사실을 알아보기 위해서는 단지 완전히 동의가 이루어지고 있는 주제에 대해 이견을 제시해 보면 된다. 「체류자들」(Sojourners)과 같은 잡지나 토니 컴폴로(Compolo)와 같은 연사가 감히 교회가 확신하고 있는 정치적 결론들에 대해 이의를 제기한다면 과연 어떤 일이 벌어질까? 미안한 말이지만 토론은 이루어지지도 않을 것이다. 그 대신에 예수에 대한 그 사람의 충성심이 도마 위에 오르게 될 것이다. 왜냐하면 그들은 예수가 그 문제에 있어서 자신들을 지지하고 계시다고 확신하기 때문이다.

나는 1990년대 초에 이런 사고방식 때문에 흥미로운 경험을 한 적이 있다. 나는 『중동에서 누가 하나님의 백성인가? 이스라엘과 팔레스타인 사람들에 대해 기독교인들에게 알려지지 않는 것들』(*Who Are Gods People in the Middle East? What Christians Are Not Being Told About Israel and the Palestinians*)이라는 제목의 책을 썼다.[30] 그 책 속에서 나는 교회가 무조건 이스라엘을 지지하는 것이 과연 옳은 것인지에 대해 공개적으로 질문을 던졌다. 나는 이스라엘의 인권침해와 팔레스타

29. 내가 이 글을 쓸 당시(1999) 유엔의 추정에 따르자면 이라크에서는 유엔의 봉쇄조치로 인해 매달 약 6,500명의 어린이들이 굶주림으로 죽어 가고 있었다. 남부 이라크의 어린이들 중 27퍼센트는 영양실조에 시달리고 있었다. 유엔은 걸프전이 '끝난 후' 약 500,000명의 어린이들이 죽은 것으로 추산하고 있다.
30. Grand Rapids: Zondervan, 1993.

인 영토의 강탈에 대한 악명 높은 기록들도 함께 제시했다. 내게 편지를 보낸 유대인들은 나의 주장에 있어서 부족한 부분들을 지적해 주며 나를 도와주었다. 그러나 내게 편지를 보낸 (많은 수의) 복음주의자들은 도대체 예수를 따르고 성경을 믿는다고 주장하며, 휘튼대학에서 강의를 한다는 사람이 어떻게 그런 견해를 가질 수 있느냐고 물었다. 예수는 팔레스타인 편이 아니라 이스라엘 편이셨다. 그러므로 그들이 볼 때 이 책은 나를 예수의 대적자로 놓는 것이었다. 왜냐하면 예수는 중동 정책에 있어서 강경론자임이 분명하기 때문이었다.[31]

예수를 강제로 끌어내어 우리가 종교적으로 지지하는 정치적 프로그램의 포로를 만들려 한다면 우리는 갈릴리의 군중들과 다를 바가 없다.

하나님이 먹이심. 나는 브렌더(Brenda)와 하나님에 대한 그녀의 추구의 문제로 다시 돌아올 필요가 있다. 그녀는 기독교 정치와 부흥운동들에 싫증이 났다. 그리고 더 이상 그녀의 상상력을 만족시키지 못하는 종교적 형태들에 대해 냉소적이었다. 그녀는 사람들이 예수를 억지로 자기편으로 잡아끌려는 것을 목격한 것이다. 그녀가 볼 때는 모든 것이 텅 비어 있었다. 그녀는 신비도 임재도 없고, 자신을 넘어선 그 어떤 것을 발견할 가능성도 없을 것 같아 걱정을 했다. 심지어 성경도 그 힘을 잃었었다. 하나님의 음성이 종교에 의해 조용해진 것이다.

브렌더가 수도원에 가까이 이르렀을 때 그녀는 걱정이 되었다. 그녀는 미리 전화를 했고 그들은 방이 있다고 했었다. 그러나 브렌더는 수녀를 직접 만나본 적도 없었다. 이 낯선 가톨릭 세계에 바야흐로 첫 발을 들여놓는 순간이었다. 크고 아름다운 정원이 있었고 개인 공간과 명상을 위한 많은 장소들이 있었다. 건물들은 오래 되었지만 훌륭했다. 그녀가 방문을 노크하자 어떤 자매가 대답했다. 그러나 그녀는 브렌더가 예상했던 검고 흰 수녀복을 입고 있지 않았다. 하지만 그녀의 얼굴이 모든 것을 이야기해 주었다. 브렌더 주위에 있는 사람들은 하나님을 아는 사람들, 그녀가 무엇을 필요로 하는지를 아는 사람들, 그리고 그녀의 필요를 어떻게 채워 주어야 할 지를 아는 사람들이었다. 그녀는 간소하게 꾸며진 방으로 안내되었다. 그리고 "그녀가 원한다면 얼마든지 오래 머물러도 좋다"는 말을 들었다. 그녀는 비용에 대해 물었지만 그들은 돈을 낼 필요가 없다고 대답했다.

31. 이와 같이 정치화 된 기독교 시온주의를 옹호하는 복음주의자들의 논의를 보기 위해서는, H. W. House, ed., *Israel, the Land and the People An Evangelical Affirmation of God's Promises* (Grand Rapids: Kregel, 1998). 이에 대한 학문적 비판을 위해서는, P. W. L. Walker, *Jesus and the Holy City: New Testament Perspectives on Jerusalem* (Grand Rapids: Eerdmans, 1996).

고요함과 단순함과 그곳의 아름다움 속에서 브렌더의 영혼은 회복되었다. 브렌더보다 훨씬 더 멀리까지 믿음의 길을 걸어갔던 동료 순례자들(사제들과 수녀들)은 하나님을 아는 것에 대해 그들이 발견한 것들을 조용히 그녀에게 말해 주었다. 그리고 그들은 그녀를 사랑했다. 그녀의 종교적 역사의 혼란들이 사라지기 시작했다. 그녀는 애정과 확신의 말씀을 들려주시는 하나님의 음성을 듣기 시작했다. 그녀는 자신에게 필요한 것은 아주 소박하게 예수와 함께 걷는 것이었는데, 그 동안 너무나 많은 종교적 습관들을 배워 왔었다는 사실을 깨달았다. 예수가 생명의 떡이었다. 그녀의 이전의 삶은 그 가장자리까지 종교적 떡들로 가득 채워져 있었다. 하지만 그 속에는 생명은 거의 없었다.

모든 기독교 전통들은, 가톨릭이건 프로테스탄트이건, 우리를 먹이고 양육하기 위해 고안된 전통들과 형식들을 제공한다. 브렌더가 수도원 안으로 들어간 것처럼 가톨릭으로부터 피신해 나온 많은 사람들은 개신교의 문을 두드린다. 하나님에 의해 먹이심을 받는다는 것은 너무나 단순한 일이기 때문에 분주함으로 가득 찬 세상 속에서는 이해하기 어려운 일이 되어 버렸다. 마치 즐거움을 좇는 것과 마찬가지로, 우리가 전략들과 계획들을 사용하여 그것을 좇으면 좇을수록 그것은 더 멀리 도망가는 것처럼 보인다. 그것은 목회적 성취나 의로운 노력 혹은 성경에 대한 지적인 통달로 얻어지지 않는다. 하나님에 의해 먹이심을 받는다는 것은 생각의 전환을 요구한다. 우리는 하나님께서는 단순함과 경건함 속에서 들을 수 있는 자들에게는 누구에게나 생명과 회복을 주시기를 기뻐하시는 분이라는 사실을 알아야 한다.

예를 들어, 나는 1996년 11월 14일에 사망한 시카고의 조셉 버나딘(Joseph Bernardin) 추기경의 삶을 생각한다. 죽기 얼마 전에 완성한 그의 책『평화의 선물』(*The Gift of Peace*)은 하나님께 완전히 의지하고 산 단순한 삶의 증거이다. "포기하고 신뢰하는 것"(Giving up and trust)이 그의 삶의 표어였다. 그의 이야기를 읽어보면 그는 겉으로만 종교적으로 보이는 것들을 강하게 거부한 반면 하나님의 것들은 모두 끌어안았음을 알 수 있다.[32] 그가 죽었을 때 시카고 전역의 기독교인들은(가톨릭과 개신교를 불문하고) 위대한 인생이 지나갔음을 알 수 있었다.

요한은 거룩한 삶의 문제에 대해 간단한 대답들을 제시하지는 않는다. 하지만

32. J. Bernardin, *The Gift of Peace* (New York: Doubleday, 1998); cf. E. Kennedy, *My Brother Joseph, The Spirit of a Cardinal and the Story of a Friendship* (New York: St. Martin's Press, 1997).

그는 한 가지 코멘트를 던진다. 종교적 형식들이 유용할 수는 있다. 그러나 그것들이 감히 예수 그리스도와의 개인적 관계의 친밀성을 대체하려고 해서는 안 된다. 대부분의 주석가들은 요한이 6장에서 성만찬을 최소한 어렴풋이나마 암시하고 있다는 사실에 대해 동의한다. 그러나 이상하게도 요한이 그것을 다루는 방식은 요한복음 3장에서 어렴풋이 암시되었던 세례를 다루는 방식과 유사하다. 그는 세례를 암시한 후 곧바로 그것에 대한 비판을 제공했는데 그 비판은 성령에 대한 이해에 기초한 것이었다. 요한복음 3장에서 "물로 인한 탄생"(birth by water)은 어느새 사라져 버리고 우리는 오직 성령만이 새 삶을 주신다는 것을 배운다. 6장에서 예수는 "살리는 것은 영이니 육은 무익하니라"(요 6:63)라고 말씀하신다. 성만찬 그 자체는 거룩한 생명이 예배자와 교통하도록 하기 위한 매개체일 뿐이다. 성만찬은 우리가 그리스도가 누구이신지를 밝히 알고 그분의 모든 영광과 권능 속에서 성령을 체험할 때 올바로 사용될 수 있다.

요한복음 6:52-58에 명백히 묘사된 예수의 말씀은 (예수가 미리 예견하신) 교회의 성만찬 용어에서 나온 것이다. 그런데 그것은 이제 우리가 그리스도와 함께 가져야 하는 내적 생명에 대한 은유가 된다. 이것은 참으로 신비스러운 영성이다. 그것은 우리가 요한복음 4장에서 예배에 대해 들었던 내용을 반영하고 있다. 예루살렘도 사마리아도 적절한 형식의 예배를 제공할 수 없다. 이 예배는 성령과 진리로 드려져야 한다. 또 다시 요한은 종교적 형식들에 대해 도전하며 그것들을 성령에 의해 매개된 영적 경험의 친밀성으로 대체하고 있다. 요한에게 있어서 영적인 삶이란 단지 고백과 순종의 삶이 아니라 '만남'(encounter)의 삶이다.

이것은 종교적 형식들이 폐지되어야 한다는 뜻인가? 어떤 해석자들은 요한을 엄격한 반(反)성찬주의자로 보았다. 그래서 요한은 다락방에서의 주님의 만찬에 대한 모든 설명을 배제했다는 것이다. 어떤 목회자들은 이런 종류의 영성을 촉진시키기를 원한다. 그들은 종교적 형식들과 제식에 얽매이지 않은 예배와 경험을 창조해 낸다. 캘리포니아에 있는 한 큰 교회는 성만찬을 예배에서 아주 완전히 빼버렸다. 그것은 사람들이 성만찬 때문에 혼동을 느끼거나 혹은 그것에 의존하지 않게 만들기 위해서라고 한다.[33] 그러나 이런 종류의 응답은 요한에게서 동의를

33. 캘리포니아 리버사이드(Riverside)에 있는 이 교회에서 성만찬은 예배 후에 별도의 방에서 행해질 수 있었다. 그러나 그것은 일반 예배 참석자들과는 상관없는 완전히 선택적인 일이었다. 하지만 몇 달 동안 회중들이 이 제도에 대해 너무나 강력하게 반대했기 때문에 목사는 할 수 없이 이전처럼 성만찬을 통상적인 예배 순서에 넣지 않을 수 없었다.

얻을 수 없다. 사도는 성령을 통해 교회 안에 현존하시는, 생명을 주시는 주님과의 그 어떤 연결도 끊어져 버린 상태에서의 성만찬 예식에 대해 비판하고 있는 것이다. 나는 요한이 우리가 성만찬을 올바로 사용할 것을 권했을 것이라고 믿는다. 성만찬은 종교성의 화석화 된 도구가 아니라 진정한 만남의 매개체가 되어야 한다.

모반. 만약 내가 본 장 마지막에 등장하는 제자들의 혼동, 분노, 그리고 폭발적 반응이 그들에게 독특한 것이었다고 생각한다면 내가 너무 단순한 것일 것이다. 마치 그들이 어떤 불리한 조건, 어떤 눈멂, 혹은 어떤 영적 질병을 가지고 있어서 그들은 예수의 계시의 심오함을 포용할 능력이 없었다고 생각한다면 말이다. 종교적으로 한쪽으로 치우친 마음을 가진 자들은 예배형식문들이 바뀌고, 일들이 예상했던 것처럼 진행되지 않고, 관습들이 깨지는 것을 볼 때 분노하게 된다. 사실은 어둠에 불과한 것이 자신을 어떤 방법으로 경건이나 빛으로 위장하고 있는 것은 종교적 반란이다. 나는 그리스도의 추종자로서 내가 어둠의 세상 속으로 순전한 빛을 가져가고 있다고 생각한다. 하지만 진실은 뭐냐 하면 그리스도의 광채는 (심지어 나의 빛도 포함하여) 다른 모든 빛들을 마치 어둠처럼 보이도록 한다는 것이다.

그리스도는 우리가 받아들일 수 없는 말씀을 하실 수도 있다. 우리는 이렇게 말할 지 모른다. "이 말씀은 어렵도다 누가 들을 수 있느냐"(요 6:60). 우리는 자신의 종교적 구조물들을 지은 후 성경에서 뽑아 낸 구절들로 그것을 정당화했다. 우리는 자신과 같은 사람들을 모아 연합체를 결성했다. 그들은 모두 분별 있고, 성경적이며, 정통적인 신학을 가진 사람들이다. 우리는 지켜야 할 역사가 있고, 추진해야 할 계획이 있으며, 키워야 할 비전이 있다. 우리의 전진을—아니 하나님의 전진을—방해하는 자는 그 누구든지 우리의 싸움상대가 될 것이다.[34]

나는 예수가 자신에 관한 더 깊은 일들을 계시하셨을 때 가룟 유다가 배반의 행동을 시작했다는 사실을 영원히 기억해야 할 것이다. 이 사람은 예수와 3년 동안 함께 일했던 동역자가 아니었던가? 예수는 유다를 포함하여 열두 제자들을 일일이 선택하지 않으셨던가?(요 6:70) 유다는 갈릴리에서 기적들을 행했고 예수를 위해서 설교를 했다. 그는 마을들을 돌아다니며 복음을 전했고 개종자들을 양떼 속으로 이끌어 왔다. 심지어 그의 동료 사도들도 그의 속에서 어떤 비정상적인 것을 감지하지 못했다(요 13:29). 유다는 단지 배신자의 역할을 맡기 위해 예수에 의해

34. 복음주의적 호전성에 대한 흥미로운 변론을 위하여는, M. Olasky, "21st-century Amish: Shall We Go Gently into the Cultural Night?" *World* (Nov. 22, 1997), 30.

선택된 것이 '아니었다.' 무언가가 발생했다. 어떤 엄청난 절망이 그를 집어삼켰다. 어떤 바이러스와 같은 힘을 가진 냉소주의가 그의 마음속에 자리를 잡았다.— 그리고 그는 자신이 믿었던 사람에 대해 반기를 들기로 결심했다. 하지만 결국 그는 그 결심에 대해 크게 후회했다(마 27:5). 아마도 유다는 갈릴리에서 일들이 돌아가는 상황을 좋아했을 것이다. 그러나 그들이 예루살렘에 도착해서 예수가 메시야로서의, 아들(Son)로서의 정체성을 거리낌없이 밝혀 버리자 그는 그것을 견딜 수 없었다. 예수 운동(Jesus Movement)은 예수 없이 진행되는 것이 더 나을 것이라고 그는 결론을 내렸다.

오늘날 교회 임원들 중에 불평하는 제자들과 배반자 유다와 같은 자들이 있지는 않은가? 우리가 하나님을 대적하고 있다면, 예수가 우리를 위해 예비하고 계신 그 어떤 새로운 일들에 대해서도 듣기를 원하지 않을 것이다.

가톨릭 수도원에서 영적으로 구출된 젊은 복음주의 여성에 대한 나의 이야기가 어떤 독자들에게는 상처가 될 것이라는 사실을 나도 안다. 하나님은 가톨릭 교회를 통해서도 '정말로' 일하시는가?[35] 기독교 지도자들이 1960년대에 미국 흑인들의 권리를 지지하기 위해 일했을 때도 어떤 이들은 불평했었다. 하나님은 정치적 행동주의에 찬성하시는가? 1970년대에 오순절 부흥운동이 나타났을 때 우리들 중 많은 이들은 화를 냈다. 이것이 하나님의 영감으로 일어날 수 있는 일인가? 1980년대에 남아프리카공화국과 팔레스타인의 정의를 위해 기독교인들이 목소리를 높였을 때 많은 이들은 불평을 했다. 그것은 교회 속에 현대적 예배의식을 도입하는 것만큼 작은 일일 수도 있고 여성 목회자를 인정하는 것만큼 커다란 일일 수도 있다. 그러나 하나님께서 우리를 안락하고 편안한 우리의 영역 밖의 일로 인도하시고자 할 때는 우리는 자신들의 반대들을 종교적 언어와 모반으로 치장한다.[36]

심지어 이 단락들 속의 생각들은 좌절을 야기할 것이다. '복음주의자들'이 모반을 할 때는 진리인 것을 방어하고 있는 것이 아닌가? 그러나 바로 이것이 중요한

35. 최근에 결성된 "복음주의자와 가톨릭이 함께"(Evangelicals and Catholics Together)라는 단체는 복음주의 중직자들로부터 계속 비판을 받고 있다. Timothy George(Beeson Divinity School 학장)의 다음 글을 참조하라. "Evangelicals and Catholics Together: A New Initiative," *Christianity Today* (Dec. 8, 1997).

36. 나는 1997년에 *Christianity Today*지에 글을 기고한 적이 있다. 그것은 복음주의 교회가 예배에 있어서 무의식적 단순성과 경외심을 회복해야 한다는 내용이었다("Are Evangelicals Missing God at Church?" *Christianity Today* [Oct. 6, 1997], 20-27). 그 잡지의 다음 두 호가 나올 때까지 편집자에게 편지들이 날아들었다. 내 사무실로 오는 편지들은 영원히 계속될 것 같았다. 전통적인 복음주의 예배형식에 대한 도전은 어떤 이들에게는 도발적인 것으로 보였던 것이다.

점이다. 우리들 각자는—복음주의자들도 여기에 포함된다.—자기 자신의 종교적 가정(假定)들의 체계를 만든 후 그것을 하나님의 이름으로 방어한다. 우리는 종교 재판관이 되고 십자군이 되어 거룩한 일이라고 스스로 생각하는 것을 추구한다. 그러나 예수와 그의 사명은 그 어떤 기독교 전통보다 더 복잡하고 심오하다. 베드로처럼 우리는 언제나 기꺼이 자신의 위치를 포기할 수 있어야 한다. 우리는 자신의 가정(假定)들을 느슨하게 잡고 있으면서 믿음 안에서 이렇게 고백해야 한다. "주여 영생의 말씀이 주께 있사오니 우리가 누구에게로 가오리이까"(요 6:68).

요한복음 7:1-52

1 그 후에 예수께서 갈릴리에서 다니시고 유대
에서 다니려 아니하심은 유대인들이 죽이려
함이러라
2 유대인의 명절인 초막절이 가까운지라
3 그 형제들이 예수께 이르되 당신이 행하는
일을 제자들도 보게 여기를 떠나 유대로 가
소서
4 스스로 나타나기를 구하면서 묻혀서 일하는
사람이 없나니 이 일을 행하려 하거든 자신
을 세상에 나타내소서 하니
5 이는 그 형제들까지도 예수를 믿지 아니함이
러라
6 예수께서 이르시되 내 때는 아직 이르지 아니
하였거니와 너희 때는 늘 준비되어 있느니라
7 세상이 너희를 미워하지 아니하되 나를 미워
하나니 이는 내가 세상의 일들을 악하다고
증언함이라
8 너희는 명절에 올라가라 내 때가 아직 차지
못하였으니 나는 이 명절에 아직 올라가지
아니하노라
9 이 말씀을 하시고 갈릴리에 머물러 계시니라
10 그 형제들이 명절에 올라간 후에 자기도 올
라가시되 나타내지 않고 은밀히 가시니라
11 명절중에 유대인들이 예수를 찾으면서 그가
어디 있느냐 하고
12 예수에 대하여 무리 중에서 수군거림이 많아
어떤 사람은 좋은 사람이라 하며 어떤 사람
은 아니라 무리를 미혹한다 하나
13 그러나 유대인들을 두려워하므로 드러나게
그에 대하여 말하는 자가 없더라
14 이미 명절의 중간이 되어 예수께서 성전에
올라가사 가르치시니
15 유대인들이 놀랍게 여겨 이르되 이 사람은
배우지 아니하였거늘 어떻게 글을 아느냐
하니
16 예수께서 대답하여 이르시되 내 교훈은 내
것이 아니요 나를 보내신 이의 것이니라
17 사람이 하나님의 뜻을 행하려 하면 이 교훈
이 하나님께로부터 왔는지 내가 스스로 말함
인지 알리라
18 스스로 말하는 자는 자기 영광만 구하되 보
내신 이의 영광을 구하는 자는 참되니 그 속
에 불의가 없느니라
19 모세가 너희에게 율법을 주지 아니하였느냐
너희 중에 율법을 지키는 자가 없도다 너희
가 어찌하여 나를 죽이려 하느냐
20 무리가 대답하되 당신은 귀신이 들렸도다 누
가 당신을 죽이려 하나이까
21 예수께서 대답하여 이르시되 내가 한 가지
일을 행하매 너희가 다 이로 말미암아 이상
히 여기는도다
22 모세가 너희에게 할례를 행했으니 (그러나
할례는 모세에게서 난 것이 아니요 조상들에
게서 난 것이라) 그러므로 너희가 안식일에
도 사람에게 할례를 행하느니라
23 모세의 율법을 범하지 아니하려고 사람이 안
식일에도 할례를 받는 일이 있거든 내가 안
식일에 사람의 전신을 건전하게 한 것으로
너희가 내게 노여워하느냐
24 외모로 판단하지 말고 공의롭게 판단하라 하
시니라
25 예루살렘 사람 중에서 어떤 사람이 말하되
이는 그들이 죽이고자 하는 그 사람이 아니냐
26 보라 드러나게 말하되 그들이 아무 말도 아
니하는도다 당국자들은 이 사람을 참으로 그
리스도인 줄 알았는가

27 그러나 우리는 이 사람이 어디서 왔는지 아
노라 그리스도께서 오실 때에는 어디서 오시
는지 아는 자가 없으리라 하는지라
28 예수께서 성전에서 가르치시며 외쳐 이르시
되 너희가 나를 알고 내가 어디서 온 것도 알
거니와 내가 스스로 온 것이 아니니라 나를
보내신 이는 참되시니 너희는 그를 알지 못
하나
29 나는 아노니 이는 내가 그에게서 났고 그가
나를 보내셨음이라 하시니
30 그들이 예수를 잡고자 하나 손을 대는 자가
없으니 이는 그의 때가 아직 이르지 아니하
였음이러라
31 무리 중의 많은 사람이 예수를 믿고 말하되
그리스도께서 오실지라도 그 행하실 표적이
이 사람이 행한 것보다 더 많으랴 하니
32 예수에 대하여 무리가 수군거리는 것이 바리
새인들에게 들린지라 대제사장들과 바리새
인들이 그를 잡으려고 아랫사람들을 보내니
33 예수께서 이르시되 내가 너희와 함께 조금 더
있다가 나를 보내신 이에게로 돌아가겠노라
34 너희가 나를 찾아도 만나지 못할 터이요 나
있는 곳에 오지도 못하리라 하시니
35 이에 유대인들이 서로 묻되 이 사람이 어디
로 가기에 우리가 그를 만나지 못하리요 헬
라인 중에 흩어져 사는 자들에게로 가서 헬
라인을 가르칠 터인가
36 나를 찾아도 만나지 못할 터이요 나 있는 곳
에 오지도 못하리라 한 이 말이 무슨 말이냐
하니라
37 명절 끝날 곧 큰 날에 예수께서 서서 외쳐 이
르시되 누구든지 목마르거든 내게로 와서 마
시라
38 나를 믿는 자는 성경에 이름과 같이 그 배에
서 생수의 강이 흘러나오리라 하시니
39 이는 그를 믿는 자들이 받을 성령을 가리켜
말씀하신 것이라 (예수께서 아직 영광을 받
지 않으셨으므로 성령이 아직 그들에게 계시
지 아니하시더라)
40 이 말씀을 들은 무리 중에서 어떤 사람은 이
사람이 참으로 그 선지자라 하며
41 어떤 사람은 그리스도라 하며 어떤 이들은
그리스도가 어찌 갈릴리에서 나오겠느냐
42 성경에 이르기를 그리스도는 다윗의 씨로 또
다윗이 살던 마을 베들레헴에서 나오리라 하
지 아니하였느냐 하며
43 예수로 말미암아 무리 중에서 쟁론이 되니
44 그 중에는 그를 잡고자 하는 자들도 있으나
손을 대는 자가 없었더라
45 아랫사람들이 대제사장들과 바리새인들에게
로 오니 그들이 묻되 어찌하여 잡아오지 아
니하였느냐
46 아랫사람들이 대답하되 그 사람이 말하는 것
처럼 말한 사람은 이 때까지 없었나이다 하니
47 바리새인들이 대답하되 너희도 미혹되었느냐
48 당국자들이나 바리새인 중에 그를 믿는 자가
있느냐
49 율법을 알지 못하는 이 무리는 저주를 받은
자로다
50 그 중의 한 사람 곧 전에 예수께 왔던 니고데
모가 그들에게 말하되
51 우리 율법은 사람의 말을 듣고 그 행한 것을
알기 전에 심판하느냐
52 그들이 대답하여 이르되 너도 갈릴리에서 왔
느냐 찾아 보라 갈릴리에서는 선지자가 나지
못하느니라 하였더라

원 의미

예수가 지난번에 예루살렘을 방문했을 때 겪었던 일을 생각해 보면(요 5장) 그가 유대로 되돌아가기를 꺼리시는 것을 이해할 수 있다.[1] 요한복음 5장에서는 그의 죽음이라는 주제가 나타났었는데(요 5:16) 그것이 여기 다시 등장한다(요 7:1, 7, 19). 사실 이것이 예수의 마지막 예루살렘 방문이다(9월/10월). 그는 다음 해 봄에 십자가에 못 박힐 것이다. 다음 장인 요한복음 7장에서 예수는 갈릴리로 돌아가시지 않는다. 공관복음에서의 이야기 전개와 상당히 비슷하게(막 9:30-33 참조) 예수는 갈릴리로부터 유대로 이동하시고 그곳에서 죽음의 위협에 직면하신다. 요한복음 7장은 동일한 무대를 세운다. 예수가 예루살렘에 접근하고 그곳에 입성하심에 따라 체포와(7:30, 44) 죽음은(요 7:1, 7, 19, 20, 25) 일상적인 주제가 된다. 그의 형제들은(요 2:12 참조) 가서 자신의 정체를 분명하게 밝히라고 그를 재촉했다(요 7:3-4). 하지만 그들이 의도했던 것은 예수의 관심사와는 달랐다. 왜냐하면 요한이 명확하게 밝히고 있는 것처럼 "그 형제들까지도 예수를 믿지 않았기" 때문이다(요 7:5). 하지만 예수는 이 도시 안에서 실제로 어떤 일이 발생할 지 아신다. 요한복음 7:8에는 심지어 요한의 미묘한 언어유희도 담겨 있다. 예수는 예루살렘으로 "올라가실"(go up, 헬라어 *anabaino*) 것이다. 요한복음 20:17에서 '아나바이노'는 승천을 위해 다시 한 번 사용되었다. 그의 마지막 해 가을에 예수는—그 도시로 그리고 하늘로—"올라가기" 위해 남쪽으로 향하신다.

나는 요한이 요한복음 5-10장의 문학적 개요를 유대교 축제들에 따라 구성했다고 주장한 바 있다(요 5장 주석 참조). 요한복음 5장은 매주 돌아오는 안식일을, 그리고 6장은 유월절을 그 중심으로 삼고 있다. 예수는 이 축제들에 등장하셔서 그 축제들의 특징들을 이용하여 중요한 사항들을 말씀하신다. 예수는 축제가 담고 있는 역사적 주제들을 통해 자신의 정체성과 사명을 밝히신다.

초막절 기간동안의 예수의 예루살렘 방문도(요 7-9장) 동일한 패턴을 따른다. 초막절은 유대교의 농업주기에 뿌리를 둔 세 개의 순례절기들 중 세 번째 것이었다. 첫 번째 것은 유월절로서 봄에 곡식 추수의 시작을 알리는 것이었다. 그리고 칠주 후에 오순절이 왔다. 그것은 곡식 추수의 끝을 축하하기 위한 것이었다. 그리고

---

1. 요한복음 5장과 7장 사이의 이런 밀접한 연관성은 자주 이 장들을 재배열해야 한다는 주장의 근거로 사용되어 왔다(요 5장의 주석 참조). 브라운(Brown, *John*, 1:308)은 심지어 요한복음 5장과 7장에서의 예수의 세 가지 질문들을 공관복음에서의 유혹 이야기들과 비교한다(왕/왕국들, 6:15; 떡, 6:31; 예루살렘에서 권능을 보이심, 7:3).

마지막으로 초막절이 왔다(그것은 장막절[Booths], 혹은 수장절[Ingathering]이라고도 불렸다). 그것은 나무열매와 포도의 가을수확을 축하하기 위한 것이었다. 가을 열매들은 도둑들로부터 지켜져야 했기 때문에 이스라엘 농부들은 들판에 임시 원두막을 지었다(히브리어 *sukkoth*, 오두막, 노점). 신학적으로 이것은 광야생활에서의 임시 거처들을 상기시켰다. 그러므로 초막절은 추수로 인해 하나님을 찬양하기 위해서뿐만 아니라 광야시절을 기억하고 그 의미를 연구하기 위해 지켜졌다(레 23장; 신 16장).

이 세 축제 기간 동안 유대인 남자들은 예루살렘에 와서 성전에서 예배를 드릴 것이 요구되었다(cf. 23:14-17; 34:23; 신 16:16). 그러나 이 규정이 얼마나 준수되었는지는 확실하지 않다. 초막절은 7일 동안 지켜졌다. 사람들은 수많은 황소, 숫양, 그리고 어린양으로 희생제사를 드렸다. 축제의 절정인 제 7일에는 특별한 의식들이 거행되었다(요 7장은 그것의 의미를 해석해 주고 있다). 예수의 가족들은 유대법과 예배에 대해 신실했으므로 예수는 절기에 참여하기 위해 매년 최소한 세 번은 예루살렘에 오셨을 것이다. 그가 습관적으로 예루살렘으로 "올라가셨다"는 내용은 이 패턴과 잘 일치한다.

초막절은 9, 10월경에 지켜졌기 때문에(유대력 티슈리[Tishri]월 15일) 다른 흥미로운 현상들과 그 기간이 겹쳤다. 고대세계의 사람들은 하루의 길이를 주의 깊게 관측하여 하지와 동지 그리고 춘분과 추분을 기록했다. 그런데 초막절은 추분과 일치했다. 그날은 밤과 낮의 길이가 같았고 그 이후로는 밤의 길이가 더 길어졌다. 유대인들은 이러한 "태양의 죽어 감"(dying of the sun)을 인식하고 그것을 축제 의례들 속에 집어넣었다. 그것은 계절이 바뀌는 것을 알리는 빛의 의식들이었다. 예수는 이것을 알고 계셨고 자신의 요점을 명확히 하기 위해 그 빛의 이미지를 사용하셨다(요 8:12).

보충해서 말하자면 이스라엘에서 가을은 가뭄의 계절이었다. 봄 이후로는 풍족한 비가 내리지 않았다. 저수지의 수표는 내려갔고 샘들은 점점 물줄기가 약해져 갔다. 언덕들은 메말랐고 바닥이 바싹 타 들어갔다. 대지는 물이 없이는 회생될 수 없었다. 그러므로 초막절은 다른 상징체계를 끌어들였는데 그것은 곧 물을 위한 기도였다. 그것은 물을 통해 농사가 잘 되는 것뿐만 아니라 그 땅이 영적으로 새롭게 되는 것을 비는 기도였다. 사실 초막절 기간동안 비가 내리는 것은 다음 해를 위한 하나님의 큰 축복의 징표였다.[2] 예수는 이 이미지들에 대해 잘 이해하고 계셨고 본 장에서 그것을 잘 활용하셨다(요 7:37-39).

요약하자면 유대인의 초막절에 대해 어느 정도 자세히 알지 못하고서는 요한복음 7장을 해석하는 것이 거의 불가능하다. 우리는 주후 1세기에 예루살렘에서 초막절이 어떻게 지켜졌는지를 알아야 한다.[3] 그것은 원래 고대 근동의 오랜 농업축제였는데 이스라엘의 구속역사를 그 안에 받아들였다. 그리고 물과 빛에 대한 유대인들의 중간기 시대의 주제들이 그것에 다시 추가되었다. 랍비들은 그 주제들마저도 영적으로 해석했다. 그러므로 초막절에는 농업(추수), 기후(태양과 비), 그리고 신학적 역사(광야 유랑)의 이미지들이 혼합되어 있다. 예수는 초막절에 사람들 사이에 서서 자신의 정체성을 밝히실 때 이 주제들을 자신의 목적에 맞게 사용하셨다. 7장은 심지어 축제의 순서까지 복음서의 문학적 구조로 사용하고 있다.

- 축제의 시작(요 7:1-13)
- 축제의 중간(요 7:14-24)
- 축제의 큰 마지막 날(요 7:37-52)

이 날들을 하나로 연결해 주고 있는 것은 지도자들과 군중들이 예수에게 던지는 '질문들' 이다(요 7:15, 20, 25-26, 35). 그들은 예수가 말씀하시는 것을 해석하려고 노력한다. 요한복음 7장은 또한 사람들이 예수가 정말로 그들이 따라야 할 자인지를 결정해야 했을 때 예수에 대해 보인 일련의 '반응들' 을 묘사해 주고 있다(요 7:3-5, 12, 30-31, 40-44, 45-59). 그러나 예루살렘에서는 의심할 바 없이 폭풍이 발생하고 있었다. 정죄의 말들이 놀랍도록 자주 반복되어 나타났다. 어떤 이들은 그를 체포하기를 원했고(요 7:30, 44) 다른 이들은 그를 죽이려 했다(요 7:19, 20, 25).

축제의 시작(요 7:1-13)

유월절(요 6장) 이후 6개월이 흘렀다. 그 동안 예수는 유대지역을 피해 오셨다. 왜냐하면 그곳에서 그를 기다리고 있는 적대감의 깊이를 아셨기 때문이다(요 7:7). 가을 축제에 참여하라는 예수의 형제들의 격려에서 일종의 냉소주의를 감지하는

2. 심지어 오늘날에도 이스라엘 주변국들의 아랍인들은 유대인의 초막절 기간 중에 비가 내리는 것을 풍작의 좋은 징표로 받아들인다.

3. 초막절의 배경에 대해서는 대부분의 좋은 성경사전들을 통해 정보를 얻을 수 있다. 추가적으로 참조. G. W. MacRae, "Meaning and Evolution of the Feast of Tabernacles," CBQ 22 (1960): 251-76.

것은 틀린 일이 아니다(요 7:3). 그들은 예수에게 (위험을 무릅써야 하는) 종교적 책임을 상기시키고 있는 지도 모른다. 혹은 심지어 메시야로서의 정체성을 공중 앞에서 완전히 드러내라고 그의 등을 떠밀고 있는 것인지도 모른다. 하지만 어떤 경우이든 그들은 예수를 믿지 않고 있다(요 7:5). 그리고 형제들은 예루살렘 방문에서 예수에 관한 진리가 결실 있게 드러나는 것을 보지 못한다. 다른 면에 있어서 그들은 요한복음 6장에서 발견된 진리를 정확히 보여 주고 있다. 형제들은 예수가 기적을 행할 수 있다는 사실을 인정한다. 그러나 기적이 반드시 믿음으로 이끄는 것은 아니다(요 6:25-34). 오직 하나님만이 거룩한 통찰력을 주실 수 있다. 인간이 하나님의 아들의 정체성을 완전히 이해하려면 그 통찰력이 필요하다(요 6:44-46).

이런 이해의 실패는 다른 방식으로도 표현된다. 우리는 요한복음에 있어서 오해가 전형적인 요한의 주제라는 것을 보아 왔다. 그는 이것을 통하여 예수의 자기 계시가 인간의 상상을 얼마나 뛰어넘는 것인가 하는 것을 설명한다. 예수는 축제에 "올라가지" 않을 것이라고 말씀하실 때 아직 자신의 때가 아니므로 올라갈 수 없다고 설명하신다(요 7:8). "올라간다"는 것은 헬라어에 있어서 예루살렘으로의 순례여행을 뜻할 수도 있고(막 10:33; 요 12:20) 혹은 승천을 뜻할 수도 있다(요 20:17). 예수에게 있어서 "올라감"(going up)은 배신, 죽음, 부활, 그리고 승천의 "때"(hour)를 상징한다. 요한복음 7:30에서 사람들은 축제 중에 예수를 잡으려고 했지만 실패했다. 왜냐하면 "그의 때가 아직 이르지 않았기 때문이다." 예수는 자신이 이 세상을 떠나려면 내년 봄 유월절까지 기다려야 한다는 것을 알고 계시다.

그러나 예수의 형제들은 그의 말씀을 문자 그대로 받아들인다. 그들은 지상의 관점에서 사물을 보고 단순히 예수가 축제를 피할 것이라고 추정한다. 예수는 속이려는 의도가 전혀 없으시다. 그는 다만 자신의 뜻에 따라 축제에 참여하신다. 예수는 자신의 정체를 가능하면 조용히 숨기려고 하신다. 그것은 자신에게 해를 입히고 싶어하는 자들을 피하기 위해서이다. 예수의 비밀스러운 도착은 공관복음과도 평행을 이룬다. 그것은 마가복음 9:30에 나타난다. 그곳에서 예수는 사람들에게 거의 알리지 않고 갈릴리에서 유대로 이동하신다. 공관복음의 그림은 심하게 압축되어 있다. 요한은 예수가 극적인 유월절 입성 여러 달 전에 어떻게 비밀스럽게 유대로 오셔서 일하셨는지를 좀더 자세하게 보여주고 있다.

군중의 기대에 대한 요한의 묘사는(요 7:11-13) 앞으로 벌어질 일의 무대를 형성한다. 예수의 도착은 논쟁과 분열을 야기했다. 군중들은 "수군거리고"(헬라어 명사 *gongysmos*) 있다(요 7:12). 이 단어는 요한복음 6:41과 광야에서의 불평을(출

17:3; 민 11:1) 상기시킨다.[4] 예수를 찾으면서 군중들 중 어떤 이들은 예수를 "좋은 사람"으로 묘사하고 다른 이들은 그를 속이는 자, 사기꾼으로 묘사한다. 하지만 모든 것을 덮고 있는 것은 (일반적인 "유대인"이 아니라) 유대 지도자들에 대한 일반인들의 두려움이다. 지도자들은 예수를 죽이기로 결정했다. 군중들의 행동은 예수의 행동과 평행을 이룬다. 그들은 "공개적으로" 말하지 않을 것이다. 예수도 역시 공개적으로 예루살렘으로 오실 수 없다. 예수의 나타남과 군중들의 질문은 모두 비밀리에 이루어져야 한다.

축제의 중간(7:14-36)

축제가 중간에 이르렀을 때 예수는 성전 뜰에 들어가서 처음으로 공개적으로 사람들을 가르치신다. 요한복음 7:14-36에서의 강화 다음에는 요한복음에서 이미 잘 정립된 패턴이 뒤따른다. 예수의 청중들은 질문을 시작한다. 그 질문들은 예수가 자신의 정체와 사명에 대해 보다 완전하게 설명할 수 있는 기회를 제공한다. 그러나 질문들은 그 이상의 역할을 한다. 그것들은 예수의 청중들이 실제로는 얼마나 이해를 못 하고 있는지를 드러낸다(중생에 대한 니고데모의 질문과 마찬가지이다). 예수의 대답들 속에는 아이러닉한 메시지들이 숨겨져 있다. 청중들은 그 메시지를 파악하지 못한다. 세 개의 질문들 속에는 세 개의 장면들이 닻을 내리고 있고 세 개의 아이러닉한 대답들이 주어진다.

장면	질문	예수의 대답
I	예수는 어디에서 교육을 받았는가?(요 7:15)	하늘(heaven)
II	이 사람은 어디에서 왔는가?(요 7:25-27)	하늘(heaven)
III	이 사람은 어디로 갈 것인가?(요 7:35)	하늘(heaven)

장면 I(요 7:14-24). 주후 1세기에 랍비들의 교육제도는 잘 정비되어 있었다. 학교에서 랍비학자 밑에서 고등교육을 받는 것은 흔한 일이었다(cf. 바울과 가말리엘).[5] 하지만 예수에게는 그런 자격증들이 없었다. 실제로 유대 지도자들은 그런

4. 이 "불평"(grumbling)의 주제는 초막절 속에 깊이 박혀 있는 광야 유랑의 주제와 잘 어울린다. 반대의 견해를 보려면, Barrett, *John*, 314.

증명서들을 보기 원했다(요 7:15). 그리고 예수는 자신의 자격증들은 신적인 것이라고 대답하심으로써 그들의 요구에 답하신다(요 7:16-18). 하나님이 그를 가르치시고 그에게 사명을 주셨다. 하나님은 예수가 가르치고 계신 것들을 그에게 주셨다. 그리고 예수는 만약 그들의 삶이 하나님과 조화를 이루고 있다면 그의 가르침의 성격과 기원을 그들이 알아차릴 것이라고 설명하신다(cf. 요 5:42ff., 이 구절에서 예수는 만약 그들이 하나님에 대한 사랑을 마음에 가지고 있다면 하나님의 교훈을 즉시 알아차릴 것이라고 말씀하셨다). 예수의 사명은 하나님을 영화롭게 하고 영광을 자신으로부터 비껴 가게 하는 것이다. 그것은 또한 그의 권위와 진실성의 표징이다(요 7:18).

예수는 실제로 자신의 종교적 권위의 본질을 설명하고 계시다. 유대인들의 권위(히브리어 레슈트, *reshuth*) 개념은 전문화되었다. 그 누구도 '타고난'(inherent) 권위를 가지고 있지 않았다. 그것은 이차적이고 간접적인 것이었다. 권위는 랍비에서 랍비로 서품식을 통해 이어졌다. 그것은 마치 모세의 '레슈트'가 이런 식으로 서품식을 통해 세대를 이어 보존되는 것 같았다. 만약 그 고리가 끊어진다면 '레슈트'는 사라질 것이다.

예수의 문제는 그가 서품을 받은 적이 없다는 것이다. 그렇다면 그는 누구의 권위를 의지하고 서 있는가? 그가 속한 전통은 무엇인가? 그의 학교를 인정해 준 랍비는 누구인가? 그의 '레슈트'의 근거는 무엇인가? 예수의 대답은 분명하다. 그의 권위는 하나님께로부터 직접 온 것이다(요 7:14-18; cf. 요 17:1-2). 즉 예수는 랍비들에게 그들 자신의 범주들을 사용하여 대답하신다. 말하자면 자신은 권위를 적절하게 부여받았다는 것이다. 그러나 그의 권위의 기원은 그들이 생각하는 관습적인 어떤 것은 아니다. 그렇기 때문에 예수는 자신을 보내신 그분을 영화롭게 하기 위해 일하고 또 말씀하고 계시다. 그분은 예수에게 사명과 그것을 감당할 능력을 주신 분이다. 랍비와는 달리 예수는 선지자처럼 말하도록 권위를 부여받았다. 왜냐하면 그는 종교적 전통이 아니라 하나님의 말씀을 지니고 있기 때문이다.

요한복음 7:19을 통해 볼 때 5장에서의 안식일 논쟁이 아직도 예수와 이 권위들과의 관계에 있어서 중요한 역할을 하는 것이 분명하다. 5장에서 예수는 예루살렘의 한 환자를 고치시고 그에게 안식일에 자리를 들고 걸어가라고 지시하셨다. 당국자들은 이 기적을 인하여 그를 칭송하는 대신 종교법을 어겼다는 이유로 예수

---

5. A. Culpepper, *The Johannine School* (SBLDS 26, Missoula: Scholars, 1975).

를 비난했다. 이곳에서 예수는 5장에서 밝혔던 자신의 논쟁 노선으로 되돌아오신다(요 5:39-47). 전심으로 모세의 법을 지키지 않는 자들은 다른 이들을 판단하려 해서는 안 된다. 이것은 후에 간음한 여인 이야기에서 등장할 주제의 변형이다. 죄가 없는 자만이 첫 번째로 돌을 던질 수 있다(요 8:7). 더구나 예수를 죽이려는 지도자들의 계획은(요 5:18; 7:19) 율법을 구체적으로 어기는 것이다. 어떤 이들은 예수에 대한 악의가 너무 강했기 때문에 그를 죽일 계획을 세우거나(막 3:6) 혹은 실제로 그런 시도를 했다고(눅 4:29) 신약성경은 기록하고 있다. 이곳 요한복음 7:19에서의 위협은 실제적인 것이다. 유월절 전 몇 달 동안 예수는 자신을 죽이려는 자들로부터 자신을 지키기 위해 조심해야 했다.

요한복음 7:20의 군중은 7:15에서 예수와 논쟁을 벌이고 있는 당국자들과는 구별되어야 한다. 아마도 그들은 축제에 참여하기 위해 갈릴리로부터 왔을 것이다. 우리가 최소한 할 수 있는 말은 그들은 예수의 주장 때문에 놀랐으며 그를 죽이려는 시도에 대해서는 아는 것이 없다는 것이다. "당신은 귀신이 들렸도다"(요 7:20)라는 말은 신학적 무게는 전혀 없는 것 같다.[6] 그것은 단지 "당신은 미쳤다!"라고 뜻으로 해석될 수 있다.

예수는 이제 자신의 논리를 보다 더 완전하게 확장시키신다(요 7:22-24).[7] 안식일 법은 남자아기가 태어난 지 8일째 되는 날이 안식일과 겹칠 경우 할례를 받는 것을 허용했다. 만약 이 상황에 있어서 남자아이가 '부분적으로' 치료되는 것이 허용된다면, 왜 성인 남자가 안식일에 '완전하게' 치료되어서는 안 되는가? 예수는 할례를 전례로 삼아 작은 것에서 큰 것으로 논리를 전개하신다. 예수는 자신이 단지 율법을 관대하게 해석하는 것이 아니라 그 율법이 원래 의도했던 바를 이루어가고 있다고 보신다. 그것은 하나님의 백성들에게 새롭게 됨과 구속을 가져다주는 것이다.[8]

예수가 안식일을 새롭게 해석할 권리뿐만 아니라 (하나님이 그렇게 하시듯이) 안식일에 일을 할 수 있는 권리까지 주장하시는 것을 보면서(5장 참조) 군중들은 예수의 기원을 알아내기 위해 새로운 질문들을 던지기 시작한다.

---

6. 요한복음에는 귀신을 쫓아낸 기록이 없다. 그리고 가룟유다의 역할을 제외하고는 귀신들림에 대해 거의 관심을 두고 있지 않다(참조. 요 13:27; 또한 Brown, *John*, 1:316; Barrett, *John*, 319).
7. 랍비 요세(Jose)는 "할례는 위대하다. 왜냐하면 그것은 엄격한 안식일 규정을 무시하기 때문이다"라고 말했다(*m Ned.* 3:11).
8. 예수와 모세 사이의 평행관계에 다시 한 번 주목하라(cf. 요 1:17; 9:28-29; etc.). 예수는 모세에 의해 부분적으로 제공되었던 모든 것들을 대체하고 성취하기 위해 오셨다.

장면 II(요 7:25-31). 당국자들과의 논쟁에서 보여준 예수의 능력은 청중들 중 많은 이들에게 깊은 인상을 준 것 같다. 그들 중에는 예루살렘 거민들도 있었고 초막절을 지내기 위해 예루살렘으로 순례여행을 온 자들도 있었다. 장면 I에서의 예수의 대답을 통해 주제가 갑자기 바뀐다. 만약 안식일에 일할 수 있는 예수의 권리가 정말로 하나님께로부터 온 것이라면 예수는 영적 권위를 주장하고 계신 것이다(메시야라는 주장, 요 7:26b). 그리고 만약 그가 영적 권위를 주장할 수 있다면 이것은 그의 기원-그의 신적 기원-에 관해 새로운 문제들을 일으킨다. 당국자들이 예수를 저지하는 데 실패한 것도(요 7:26a) 군중들의 호기심을 자극한다. 어쩌면 그들 중 어떤 이들은 끼여드는 것을 싫어했을 지도 모른다. 하지만 그들 중 어떤 이들은 비밀리에 예수를 믿고 있지 않았을까?

요한복음 7:27의 질문을 통해 군중들의 아이러닉한 오해가 다시 한 번 드러난다. "우리는 이 사람이 어디서 왔는지 아노라. 그리스도께서 오실 때에는 어디서 오시는지 아는 자가 없으리라." 이름에 성을 붙이지 않는 문화에서는 출신지가 어떤 사람의 정체를 밝히는 역할을 했다. 요셉의 아들 "나사렛" 예수(요 1:45) 혹은 "아리마대" 사람 요셉(요 19:38) 등의 표현이 전형적인 예였다. 군중들은 지상의 수준에서 예수를 검토하고 있다. 그리고 그들이 예수의 인간적 기원을 추적할 수 있기 때문에 그는 메시야의 신분을 가질 수 없다고 생각한다. 우리는 많은 유대인들이 메시야가 갑자기, 신비스럽게 나타날 것을 기대했다는 증거를 가지고 있다. 왜냐하면 그는 하나님에 의해 초자연적 방법으로 위임을 받을 것이기 때문이다.[9] 이 유대인들에게 있어서 예수가 축제에 일상적인 방법으로 나타난 것은 그의 메시야 자격을 부정하기에 충분한 증거였다.

예수는 그들의 혼동을 그냥 그대로 내버려두신다(요 7:28-29). 만약 그의 출신이 문제가 된다면, 그가 추적할 수 있는 역사를 가지고 있다는 것("말씀이 육신이 되어", 요 1:14) 혹은 그가 나사렛 출신이라는 사실을 부인하시지 않는다. 그는 "숨겨진 메시야"에 대한 이런 사상이 근거가 없는 것이라고 보고 무시하셨을 수도 있다. 하지만 예수는 계속해서 더욱 놀라운 주장을 하신다. 그는 하나님으로부터 오셨다. 그는 비교할 바 없는 친밀성을 가지고 하나님을 아신다(cf. 마 11:27; 눅

---

9. 참조. *4 Ezra* 7:28; 13:32; *2 Bar.* 29:3. *4 Ezra* 13:1ff.는 메시야가 갑자기 바다에서 올라올 것이라고 기록하고 있다. Morris, *John*, 365n.54는 Rabbi Zera in the *Babylonian Talmud* (*Sanhedrin* 97a)를 인용한다. "셋은 모르는 사이에 온다. 메시야, 발견된 물품(a found article), 그리고 전갈." 대부분의 주요 주석들은 유대인의 이 신비스러운 전승에 관해 방대한 증거를 제시한다.

10:22). 이것은 유대교의 모든 규범들을 부수어 버리는 신적 주장의 정점이다. 메시야는 하나님에 의해 권능 있게 파송될 것이다. 그러나 예수는 자신이 하나님을 알고 있으며 하나님과 개인적으로 절친한 관계—즉, 아들로서의 관계!—를 가지고 있다고 주장하신다. 그 아들은 오직 교육 때문만이 아니라(장면 I) 또한 그의 기원 때문에(장면 II) 예루살렘에서 권위를 가지고 있다. 단지 예수가 하는 일뿐만 아니라 그가 누구인가에 대해서도 권능을 부여하고 있는 것은 아버지와의 존재론적 신분이다. 예수는 요한복음 5장에서와 마찬가지로 그들이 이 실재를 이해하지 못하는 것은 하나님 자신에 대한 그들의 무지의 증거라고 말씀하신다(요 7:28; cf. 요 5:42).

군중들과의 에피소드는 그들 사이의 분열을 통해 극적인 정점에 이른다(요 7:30-31). 이것은 요한복음 전체에 걸쳐 나타나는 분열이다. 어떤 이들은 예수에 대해 마음을 열고(요 7:31) 어떤 이들은 그를 거부하거나 그에게 해를 끼치려 한다(요 7:12, 32, 44). 군중들 중 어떤 이들은 그의 신성 주장 때문에 예수를 체포하려 한다. 그러나 그들의 노력은 수포로 돌아간다. 예수는 자신의 생명에 대해 지배권을 가지고 계시다. 그렇기 때문에 언제 그의 때가 시작될 지를 그 자신이 선택할 것이다(요 10:17-18; 18:6-8). 누가는 나사렛에서 예수의 사역이 시작될 때 비슷한 시도에 대해 기록한다. 그때도 사람들은 예수를 잡을 수 없었다(눅 4:29-30). 예수는 지금 봄의 유월절을 기다리고 계신다. 그때가 되면 그의 체포와 죽음이 풍성하고 중요한 신학적 의미를 지니게 될 것이다.

장면 III(요 7:32-36). 첫 두 장면들은 예수의 교육과 배경에 대해 아이러니컬한 세상적 질문들을 던졌었다. 두 질문 모두에 대해 예상치 못했던 대답이 주어졌다. 그 대답은 하늘이었다. 장면 III에서 청중들은 대제사장들과 바리새인들로 바뀐다. 그들은 갑자기 군중들 속으로 들어와서는 예수를 체포하기 위해 성전경찰을 부른다.[10] 이것은 군중들의 충동적 시도보다(요 7:30) 더 심각한 문제를 초래했다. 의심할 바 없이 그것은 예수로 하여금 그들 손에 죽는 것에 대해 생각하도록 만들었을 것이다.

이제 "조금 더 있다가" 이 일이 발생할 것이다(요 7:33); 그렇게 되면 예수는 자신의 죽음을 비극이 아니라 출발로 보게 될 것이다. 그것은 자신의 아버지에게로

10. 요한복음이 말하는 고난 이야기에서 보게 되겠지만(요 18:3, 12), 성전경찰은 산헤드린과 제사장들 주위에서 종교규범들을 강화하기 위한 목적으로 제한된 관할권을 가지고 근무하고 있었다.

돌아가기 위해 "떠나시는"(going away) 것이다(요 13:3). 이 출발은 예수를 세상의 손이 미치지 못하는 곳으로 데려갈 것이다(요 7:34). 왜냐하면 예수는 하늘의 영광으로 복귀하실 것이기 때문이다(요 17:5). 앞의 장면들에서처럼 이 말씀은 세상적인 오해를 초래한다. 유대 지도자들은 예수가 어디로 갈 수 있겠느냐고 냉소적으로 묻는다(요 7:35-36). 그들이 '결코 가지 않을' 유일한 곳은 이방인들(그리스인들)이 사는 곳이다. 그렇기 때문에 그들은 예수가 단순히 이스라엘을 떠나려 한다고 생각한다. 그러나 예수는 그들이 '갈 수 없는' 곳인 하늘에 대해 말씀하고 있다. 그의 떠남은 하나님께로 돌아감이 될 것이다. 이 일이 발생하면 거룩한 역전현상이 생길 것이다. 지금까지는 예수가 지상에서 일하시면서 믿는 자들을 찾으셨다. 그러나 일단 그가 떠나시고 나면, 일단 하나님의 계시가 철회되고 나면, 그들이 찾는 일을 하게 될 것이다(요 7:36). 그들은 자신들이 비극적으로 놓친 것을 찾기 위해 노력할 것이다.[11]

축제의 마지막 날(요 7:37-52)

축제기간 동안 매일 물의 의식이 진행되었다. 제사장들은 행렬을 이루어 도시의 남쪽 끝의 기혼(Gihon)샘으로 갔다(기혼샘의 물이 실로암으로 흘러왔다).[12] 기혼샘이 도착하면 한 제사장이 금으로 만든 주전자에 물을 채웠고 성가대는 이사야 12:3을 노래했다. "너희가 기쁨으로 구원의 우물들에서 물을 길으리로다." 길은 물은 언덕 위에 있는 "물의 문"(Water Gate)으로 옮겨졌다. 군중들은 오른손에는 '룰랍'(*lulab*, 광야의 초막을 상기시키는 나뭇가지들)을 그리고 왼손에는 '에트로그'(*ethrog*, 추수를 상기시키는 감귤나무[citrus] 가지)를 들고 그 뒤를 따랐다.[13] 군중

11. 많은 학자들은 이 섹션에서의 예수의 설명이 거룩한 지혜(Wisdom)에 관한 구약과 유대인들의 개념에 크게 의존하고 있다고 지적한다. 거룩한 지혜는 신비한 기원을 가지고 있었고 오직 부지런히 찾음을 통해서만 발견될 수 있었다(잠 1-8장; Bar[바룩서] 3:14-15). 하나님의 백성은 지혜가 하늘로부터 내려와 지혜에 대한 경건하고 부지런한 추구가 만족될 수 있기를 기도했다(Wisd. Sol.[솔로몬의 지혜서] 6:12; 9:10; Sir.[시락서] 24:8). 참조. Witherington, *John*, 164-78; Brown, *John*, 1.318.

12. 기혼샘(the Gihon Spring)은 원래 예루살렘 동쪽의 기드론(Kidron) 골짜기로 흘러들었다. 하지만 도시 남서쪽에 있는 못에 물을 채우기 위해 히스기야 왕이 수로를 바꾸었다. 예수 시대에는 원래의 샘은 봉쇄되고 잊혀졌다. 그리고 (기혼샘에서 끌어온 물로 채워진) 실로암 못(the Pool of Siloam)이 기혼샘으로 잘못 알려져 있었다.

13. 추수에 대해 상세히 알고 싶다면, A. Edersheim, The Temple (New York, James Pott, 1881), 238; J. Jeremias, "λίθος," TDNT 4:277-78; Brown, *John*, 1:327; *m Sukkah*.

들은 그것들을 흔들면서 시편 113-118편을 불렀을 것이다. 행렬이 성전에 다다르면 제사장은 제단 계단을 올라가서 그 물을 제단에 부었다. 그 동안 군중들은 그 주변을 돌며 계속 찬양을 불렀다. 축제의 일곱째 날에는 이 행렬이 일곱 번 반복되었다.

유대교는 이 물의 의식을 다양한 차원에서 바라보았다. 한편으로 이것은 비를 내려 달라는 하나님께 대한 탄원이었다. 왜냐하면 가을은 이스라엘에서 가뭄이 우려되는 계절이었기 때문이었다. 다른 한편으로 이것은 풍성한 상징들을 내포했다. 광야에서 하나님은 반석으로부터 물을 내셨다(민 20:8, 10). 그리고 여기서 물은 성전의 바위로 된 제단으로부터 흘러내린다. 스가랴와 에스겔은 성전으로부터 흘러나오는 강들의 환상을 보았다. 그것은 하나님의 기적적인 축복을 뜻했다(겔 47:1; 슥 14:8). 가뭄의 위협을 받는 땅에서 생명을 주는 물이 생명을 주는 성전에서 흘러나오는 것을 보는 것은 가슴 벅찬 광경이었다.[14]

축제 마지막 날 예수는 대중들 앞에 나타나셔서 축제기간에 하신 말씀 중 가장 충격적인 말씀을 하신다. 일곱 번의 행렬이 예루살렘의 가파른 남쪽 언덕을 올라갈 때 예수는 "누구든지 목마르거든 내게로 와서 마시라"라고 외치신다. 이 말씀은 요한복음 6장에서 유월절 때 예수께서 행하신 일과 상징적으로 평행을 이룬다. 지금 예수는 지상의 떡이 하늘의 떡(만나)에 대한 기억으로 인도한 것과 같은 일을 하고 계시다. 6장에서 예수는 자신을 생명의 떡으로 드리는 것으로 결론을 내리셨었다(요 6:35). 비에 대한 갈망을 담은 물의 의식은 광야에서의 기적적인 물, 즉 하늘로부터의 물에 대한 기억으로 인도한다. 예수는 자신을 생명의 물의 근원으로 드리는 것으로 그 결론을 맺으신다.

요한복음 7:37-38의 구두점을 두고 학자들 사이에 많은 논란이 있었다. NIV는 동방교부들(오리겐[Origen], 아타나시우스[Athanasius])과 많은 학자들의[15] 전통을 따르고 있다. 그들은 생수가 '믿는 자' 안에서 흐르게 되도록 구두점을 찍는다. "누구든지 목마르거든 내게로 와서 마시라. 나를 믿는 자는 성경에 이름과 같이 그 배에서 생수의 강이 흘러나오리라."[16] 이 견해는 "마시다"라는 동사 이후의 부분을

---

14. 유대교에서는 예루살렘에서 흐르는 낙원의 강과 므리바의 반석이라는 주제를 재빨리 결합시켰다. Schnackenburg, *John*, 2.156 은 P. Grelot, "Jean VII,38: eau du rocher ou source du Temple," *RB* 70 (1963): 43-51을 인용한다. Grelot은 이런 결합을 랍비들의 토세프타(Tosephta) 전승인 *Sukka* 3:3-18에 있는 것과 동일시한다.

15. Lightfoot, Westcott, Zahn, Bernard, Barrett, Lindars, Morris, Carson. 이에 대한 긴 변증을 위해서는, J. B. Cortez, "Yet Another Look at John 737-38," *CBQ* 29 (1967): 75-86.

하나의 전체로 본다. 그리고 분사("믿는 자")를 인용된 성경구절의 주어로 본다.

두 번째의 서방식 혹은 기독론적 구두점은 그리스도를 생수의 근원으로 본다. 이것은 고대인물뿐만 아니라(저스틴[Justin], 히폴리투스[Hippolytus], 터툴리안[Tertullian], 이레네우스[Irenaeus]) 현대 학자들의 지지도 받고 있다.[17] "누구든지 목마르거든 내게로 오게 하라. 그리고 그로—즉, 나를 믿는 자로—하여금 마시게 하라. '성경에 이름과 같이 그로부터 생수의 강이 흘러나오리라.'" 이 견해는 분사(믿는 자)를 마시는 자로 해석한다. 이렇게 되면 성경 인용은 그리스도와 함께 따로 떨어져 있게 되고 그리스도가 생수의 근원이 되신다. 헬라어의 뉘앙스를 살린 고급스런 번역은 다음과 같이 될 것이다. "만약 누군가가 목마르거든 내게로 오게 하라.—그리고 만약 그가 믿거든 그로 하여금 마시게 하라. 성경이 말씀한 바와 같이 '생수의 강들이 그의 배로부터 흐를 것이다.'"[18]

구두점을 둘러싼 이 논쟁의 중요성을 간과해서는 안 된다. 왜냐하면 이 장 전체의 신학이 그것에 달려 있기 때문이다. 많은 이유들 때문에 두 번째의 기독론적 견해가 설득력이 있다. 그것은 문법적으로 방어가 가능할 뿐 아니라 신학적으로도 요한복음 6장과 7장의 문학적 배경과 잘 들어맞는다. 그 두 장에서 예수는 축제 속에 약속되어 있는 영적 선물들을 공급하신다. 우리는 요한의 신학에 있어서 예수가 어떻게 새로운 성전인가 하는 것을 이미 살펴보았다(참조. 요 2:21). 그리고 유대 종말론이 성전이 물의 극적인 근원이 될 것을 예언했듯이(이것은 물의 제의에서 드러난다) 이제 예수는 자신이 성전을 대체할 자임을 다시 한 번 밝히신다. 종말론적 물을 찾는 자들은 멀리 내다볼 필요가 없다. 예수가 스가랴서의 샘의 근원이시다. 예수가 바로 성막들이 추구하던 것의 근원이시다.

이 단락의 또 다른 어려운 문제는 요한복음 7:38의 성경 인용이다. 그러나 여기서도 기독론적 해석이 우리를 돕는다. 이 인용구는 구약성경에 등장하지 않는다(칠십인경[LXX]에도 히브리어 성경에도 나타나지 않는다). 대부분의 학자들은 이것은 미래에 도래할 메시야 시대의 축복을 표현하는 복합적 인용이라고 믿는다(사

---

16. NRSV는 요 7:37-38의 헬라어 텍스트를 놀라울 정도로 확장하고 있다. "누구든지 목마른 자는 내게 오도록 하라. 그리고 나를 믿는 자는 마시도록 하라. 성경이 말씀한 바와 같이 '믿는 자의[헬라어로는 그의] 마음(heart)으로부터 생수의 강들이 흐를 것이다.'"

17. Abbott, Brown, Bultmann, Dodd, Dunn, Hoskyns, Jeremias, Painter. 이 견해에 대한 자세한 변론을 위해서는, G. M. Burge, *The Anointed Community The Holy Spirit in the Johannine Tradition* (Grand Rapids: Eerdmans, 1987), 88-93.

18. 이 강조는 NLT, NEB, 그리고 RSV 난외주에 반영되어 있다.

43:19; 44:3; 겔 47:1-11; 슥 14:8). 요한은 또한 모세가 이스라엘 백성들과 가축을 먹이기 위해 므리바에서 바위를 쳐서 흘러나오게 한 광야에서의 물도 염두에 두었을 것이다(민 20:2-13).

이 주제는 유대교에 있어서 흔했다(시 78:15-16; 105:40-41; 사 43:20; 48:21). 그것은 하나님이 어떻게 기적적으로 가뭄과 재난의 위협을 뒤집으실 수 있는가 하는 것을 상징했다. 바울이 예수를 바위와 동일시한 것은 놀랄 일이 아니다. "모두가 같은 신령한 음료를 뒤따르는 신령한 반석으로부터 마셨으니 '그 반석은 곧 그리스도시라'"(고전 10:4, 저자의 강조).[19] 초막절에 예수는 자신이 단지 새로운 성전이자 생수의 근원일 뿐만 아니라 또한 그것을 칠(struck) 경우 생명을 주는 물을 쏟아 내는 종말론적 바위라고 말씀하고 계시다. 십자가 위에서 (모세가 막대기로 바위를 쳤던 것처럼) 창으로 예수를 찔렀을(struck) 때 그의 "배"(belly)에서(요 7:37b의 헬라어 *koilia*의 문자적 번역) 피와 '물'이 나온 것은(요 19:34) 놀랄 일이 아니지 않는가?

요한복음 7:39에서의 요한의 신학적 코멘트는 대단히 중요하다. (1) 그는 예수가 이 선포 속에서 성령에 대해 말씀하고 있다고 설명한다. 이것은 초막절에 대한 유대인들의 표준적 해석과 연결된다. 그 해석은 우리가 가지고 있는 자료들을 통해 충분히 입증된다. 랍비들은 그 의식들을 단지 문자적으로 비가 오기를 구하는 것만이 아니라 또한 종말론적 축복을 구하는 것으로 보았다. 스가랴 14장의 물은 성령에 대한 약속으로 해석되었다.[20]

(2) 이 성령의 선물은 예수의 지상 사역 기간동안에는 얻을 수 없다. 성령이 주어지기 위해서는 그가 "영광을 받으실"(glorification) 때까지 기다려야 한다. 여기서 요한이 의미하는 영광은 예수의 죽음과 부활이다. 이 주제들은 예수의 고별강화 속에서 긴밀하게 연결될 것이다(요 13-16장). 그러면 성령은 예수의 삶(그리고 죽음)과 긴밀하게 연관된다. 그리고 우리는 고난 이야기가 전개됨에 따라 성령이 어떻게 예수의 떠남과 아버지께로의 귀환을 상징하게 되는지를 보게 될 것이다.

광야에서의 모세의 행동에 대한 이곳과 유월절 장면에서의 풍부한 암시들은 군

---

19. 초기 기독교 카타콤 예술에 있어서 광야의 바위는 가장 흔하게 그려졌던 구약의 장면이었다(Brown, *John*, 1:322).

20. Strack-Billerbeck 2:434에서 증거를 볼 수 있다. '예루살렘 탈무드'(*Jerusalem Talmud* [*Sukka*, 55a])는 이렇게 말한다. "왜 그곳을 물긷는 곳이라 불렀는가? 왜냐하면 성경말씀[사 12:3]의 힘으로 그곳에서 성령을 길었기 때문이다. 그러므로 너희가 기쁨으로 구원의 우물들에서 물을 길으리로다."

중들을 똑같은 결과로 이끈다. 이 예수가 어쩌면 신명기 18:15을 통해 고대해 왔던 모세와 같은 선지자일 지도 모른다. 다른 이들은 그를 단순히 메시야라고 부른다(요 7:40-41의 "그리스도"). 하지만 그것은 곧 요한복음 7:41-42에 나오는 것과 같은 종류의 질문에 의해 걸려 넘어진다. 축제 중간쯤에 메시야는 "숨겨져 있다"(hidden)고 생각하는 유대인들이 예수에게 반론을 제기한다(요 7:27). 이제 우리는 메시야가 예언을 성취할 것이며, 다윗의 자손일 것이고, 베들레헴에서 태어날 것이라고 주장하는 유대인들을 만난다. 군중들은 예수가 단지 갈릴리 출신이라고만 알고 있다. 그리고 만약 예언을 성취하는 것이 중요하다면 예수는 자격이 없어진다(요 7:41-42).

그러나 이것 역시 오해이다. 요한은 예수가 베들레헴에서 태어났다는 것을 알고 있다(그리고 그의 독자들도 이것을 알고 있다고 생각한다). 그러므로 예수에 대한 보다 깊은 지식은 그것을 손에 넣으려고 하는 자들의 손에서 다시 한 번 벗어나 있다. 그 결과는 이전의 초막절 이야기와 평행을 이룬다. 군중들은 잠재적으로 예수를 믿으려는 자들과 예수에게 해를 가하려는 자들로 나누인다. 그러나 그들은 예수의 체포의 시간을 결정할 수 없다(그 일은 예수만이 하실 수 있다). 그렇기 때문에 그들은 예수에게 손을 대지 못한다.

산헤드린의 완전한 좌절과 예수에 대한 반대의 실패는 요한복음 7:45-52에서 분명해진다. 심지어 성전경찰도 예수에 대해 깊은 인상을 받았다(요 7:46).—너무 깊은 인상을 받은 나머지 그들은 예수를 체포하라는 명령도 수행하지 못했다. 그들에게 속한 니고데모는 예수를 변호한다. 그는 이 일을 조심스럽고 공정하게 다룰 것을 주장한다(요 7:51; cf. 몇 년 후에 가말리엘도 같은 일을 한다. 행 5:34-39). 그러나 예수의 일차적 대적들은 예루살렘 공의회에 속한 정치, 종교적 지도자들이다. 대중들에 대한 그들의 경멸은 유대 자료들을 통해 잘 입증된다. 자료에 따르자면 율법 교육을 받지 못한 농부들은 진정으로 경건할 수 없다고 간주되었다. 왜냐하면 그들은 무식하기 때문에 율법을 지킬 가능성이 없었기 때문이다(*m. P. Aboth* 2:6; 1QS 10:19-21). 물론 아이러니컬한 것은 이들이야말로 예수의 진정한 정체성에 대해 예감했던 유일한 사람들이었다는 것이다.

예수가 갈릴리 출신이기 때문에 선지자일 수 없다는 산헤드린의 반대는 이상하고 근거 없는 것이다. 찾아보라는 그들의 요구는(요 7:52) 성경을 연구해 보라는 말이다. 그러나 놀랍게도 두 선지자들, 즉 요나와 나훔은 갈릴리 출신이다. 이 말들은 요한복음 5:39-47의 평행 논쟁을 상기시킨다. 그곳에서 예수는 그들이 성경을

"찾는" 것에 대해 논하시면서 그 성경들이 독자들을 판단할 것이라고 말씀하신다. 랍비 엘리에제르(주후 90년경)에 따르자면 이스라엘의 그 어느 족속도 선지자를 배출하는 데 실패하지 않았다!(*b. Sukkah* 27b)

그러나 두 개의 중요한 헬라어 사본들은(P^{66} 그리고 P^{75}) 다른 독법을 제시한다. 이 사본들은 "'그'(the) 선지자는 갈릴리에서 나오지 않는다"라고 되어 있다. 이 관사의 추가는 산헤드린이 의미했던 것이 일반적인 선지자가 아니고 요한복음 7:40에서 말했던 "모세와 같은 선지자"(the prophet-like-Moses)임을 시사한다. 후대의 기독교 필사자들은 고대의 원본을 잘못 읽고 관사를 쉽게 빠뜨렸을 수 있다(관사는 겨우 스펠링 한 자 '오미크론'[o]이다).[21] 만약 관사가 유지된다면 7:42의 날카로운 아이러니는 예루살렘 지도자들에게도 적용되게 된다.[22]

상황잇기

재판은 계속된다. 요한복음 7장의 신학적 요지는 5장과 함께 읽혀져야 한다. 왜냐하면 7장은 5장의 논쟁을 계속해서 이어가고 있기 때문이다. 예수는 예루살렘에서 장애인을 치료하셨다. 예수가 다시 그 도시를 방문하시자 그의 이름에는 더 많은 소문들과 고소들이 붙었다.[23] 요한복음 5장을 설명하면서 내가 이야기했듯이 요한은 후에 등장하게 될 예수의 "재판"을 의식하며 이 이야기들을 들려주고 있다. 실제로 "재판 모티브"(trial motif)는 이 이야기들이 전개되는 모습을 정해주고 있는 것처럼 보인다. 예수의 죄가 묘사되고(안식일에 병을 고침), 그를 고소하는 자들이 발언을 하고(일반적으로 종교 지도자들), 예수에 대한 호의적 혹은 적대적 증거들이 제시되고(그의 권위, 그의 기원, 그를 변호해 줄 증인들), 그리고 결정이 내려진다.

요한복음 7장은 이 "재판" 시나리오의 마지막 측면에 집중하고 있다. 7장의 세 주요 섹션들은(요 7:1-13; 14-36; 37-52) 모두 분열된 청중들로 끝을 맺는다. 축제의 시작 부분에서 어떤 이들은 예수가 좋은 사람이라고 하고 다른 이들은 그를 속이는 자라고 부른다. 축제의 중간 부분에서 어떤 이들은 그를 믿는 반면 다른 이들

21. 그러나 사본상의 증거는 짧은 독법("한 선지자", a prophet)을 지지한다.

22. 대부분의 고대 사본들은 간음한 여인의 기사를(요 7:53-8:11) 포함하고 있지 않다. 예수의 초막절 강화의 일관성을 유지하기 위해서는 요 8:12이 요 7:52 다음에 와야 한다.

23. 우리는 요한복음 5장과 6장의 순서를 바꾸어야 한다는 많은 학자들의 주장을 염두에 두어야 한다(요 5장의 주석 참조). 그럴 경우 5장과 7장이 곧바로 연결된다.

은 그를 체포하기 위해 노력한다. 축제의 끝 부분에서 군중들은 그를 받아들이려는 자들과("어떤 사람은 그리스도라 하며", 요 7:41a) 그렇지 않은 자들로("어떤 이들은 그리스도가 어찌 갈릴리에서 나오겠느냐", 요 7:41b) 나뉜다. 종교 지도자들도 같은 방식으로 나뉜다. 성전경찰들과 니고데모는 예수에 대한 관심과 존경을 표현하는 반면 바리새인들은 그에게 저주를 퍼붓는다(요 7:49). 본 장에 거대한 그림자를 드리우고 있는 것은 의심할 바 없이 이 후자의 그룹이다(바리새인들과 그들의 동료들). 13절은 모든 이들이 그들을 두려워하고 있다고 분명하게 말한다. 그 두려움은 예수에 대해 공공연하게 말할 수 있는 자유를 제한하고 있었다.

내가 요한복음 5장에서 주장했던 것처럼 이 장들은 단지 역사상의 예수의 재판을 그대로 그리고 있는 것이 아니라 요한의 교회가 씨름하고 있는 것들과 경험하고 있는 것들을 살펴보기 위한 창의 역할을 하고 있다. 자신의 세계에서 경험한 것들에 대한 요한의 이해는 예수에게 발생한 일들에 대한 그의 이해에 의해 형성되었다. 예수 자신이 "세상이 너희를 미워하면 너희보다 먼저 나를 미워한 줄을 알라"(요 15:18)라고 선포하셨다. 그의 생애의 마지막에 예수는 하나님께 이렇게 기도하셨다. "내가 아버지의 말씀을 그들에게 주었사오매 세상이 그들을 미워하였사오니 이는 내가 세상에 속하지 아니함 같이 그들도 세상에 속하지 아니함으로 인함이니이다"(요 17:14). 예수의 생애는 기독교인들에게 있어서 선포와 거부당함의 모델이었다.[24] 예수의 진리는 (예수의 청중과 요한의 청중을 막론하고) 모든 청중을 믿는 자와 믿기를 거부하는 자로 나눈다. 요한이 이 장들을 쓸 때 그는 요한의 교회의 무대 위에서와 동일한 역할을 수행하는 문학적 (그리고 신학적) 인물들이 만들어지도록 그 양식을 다듬었다.

이 이야기 속에서 내 주변 상황을 위한 메시지를 찾아내려고 할 때 나는 유사한 것을 보게 된다. '예수는 나의 세계 속에서도 재판을 받고 계시다.' 예루살렘에서와 마찬가지로 청중들은 둘로 나뉠 것이다. 어떤 이들은 마음을 열고 예수를 받아들일 것처럼 보이지만 어떤 이들은 냉소적이며 적대적이다. 그리고 두려움의 망령 역시 존재한다. 예수 주위의 군중들이 권력자들의 판단을 경계했던 것과 마찬가지로 오늘날의 청중들은 공적으로 예수의 사람으로 분류되는 것을 경계한다. 요한복

---

24. 요한이 자신의 교회를 들여다 볼 수 있는 "창"(window)을 제공하고 있다고 본다고 해서 요한복음의 역사성을 부정하는 것은 아니라는 점을 확실히 밝히고 싶다. 최근의 학자들은 복음서들이 단지 후대의 교회 역사를 반영하는 일종의 거울과 같은 것이라고 자주 주장해 왔다. 이런 견해는 옳지 않다. 그러나 이야기(story-telling)는 또한 이야기하는 사람과 그의 세계에 대해 무언가를 들려준다는 것도 사실이다.

음에 등장하는 논쟁들은 진지하다. 예수의 재판에 대한 우리의 생각도 진지해야 한다. 요한은 예수에 관한 논쟁이 항상 호의적일 것이라고 기대하지 않아다. 우리도 그런 것을 기대해서는 안 된다. 요한복음 7장은 궁극적인 종교적 헌신을 위한 싸움을 묘사해 주고 있다. 이 논쟁에 있어서 열정의 불길이 높이 타오른다. 특히 본 장에서 우리는 예수에 대해 열정적으로 반대하는 예루살렘 종교지도자들의 모습을 볼 수 있다. 그들은 예수를 제거하기 위해서라면 무슨 수단이든지 사용하려고 한다.

다수 속의 개인들. 요한은 자신의 이야기 속에 분열의 개념만을 집어넣은 것이 아니다. 요한복음 7장의 문학적 드라마는 다수 속에서의 개인들의 역할도 역시 분석한다. 요한이 그의 세상을 바라볼 때 (우리가 자신들의 세상을 바라볼 때와 마찬가지로) 무대 중앙에서 활동하는 눈에 띄는 배우들이 있었다. 요한은 이야기를 써 나가면서, 예수의 지상사역 기간 중에도 그와 동일한 "유형의"(types) 사람들이 무대에서 활동했다는 사실을 이해했다. 사람들 중에서는 단지 호기심이 있던 사람들이 있었던 반면(요 7:14, 25-26, 41-42) 어떤 이들은 마음을 열고 그분을 받아들이며 자신들의 믿음을 나타내려 했다(요 7:12, 26-27, 31, 40-41, 46). 그러나 사람들 중 어떤 이들은 공공연히 적대적인 태도를 드러냈다(요 7:3, 13, 20, 30, 44). 유대 지도자들도 각자 독특한 배역을 맡는다. 어떤 이들은 분노를 드러내고(요 7:15, 47-48, 52), 어떤 이들은 예수를 체포하려고 하며(요 7:32), 어떤 이들은 단지 무지하다(요 7:35). 니고데모 한 사람만이 정말로 열린 마음을 가지고 앞으로 나선다(요 7:51).

이 모든 것들은 우리의 세계 속에 있는 혹은 우리의 교회 속에 있는 배우들에 대해 흥미로운 질문들을 이끌어 낸다. 요한복음 6장에서 우리는 단지 군중들만이 아니라 예수를 따르는 자들까지도 그의 더 깊은 가르침 때문에 걸려 넘어진 것을 보았다. 오늘날 이런 역할들은 어떻게 수행되고 있을까?

성령. 마지막으로 예수는 이 축제에서 심오한 신학적 말씀을 하신다. 나는 초막절 축제에서 물이라는 유대교 상징이 어떻게 영적인 것으로 해석되었는가 하는 것을 설명했다. 그 영적인 해석들 가운데는 성령에 대한 기대가 포함되어 있었다. 요한복음 7:39는 예수의 언어의 상징성을 분명하게 드러낸다. 그는 성령에 대해 말씀하고 계셨다. 하지만 성령은 아직 주어지지 않았다. 왜냐하면 예수는 아직 영광을 받지 못하셨기 때문이다. 요한복음의 신학에 있어서 예수가 '언제' 영광스럽게 되시느냐를 이해하는 것은 중요하다. 왜냐하면 그때부터 성령이 오시기 때문이다.

요한은 의도적으로 예수와 성령을 연결시키고 있다. 그것은 우리로 하여금 성령의 기원과 성령과 그리스도와의 관계를 정확히 이해하도록 만들기 위해서이다.

지금까지 벌였던 논쟁들 중 가장 격렬한 논쟁 속에서 예수가 그의 대적들이 가장 기대하지 않았던 것을 내놓으셨다는 사실도 역시 중요하다. 그의 종교적 대적들은 본 장의 가장 마지막 부분에서 가장 심하게 흥분한다. '그들은 무엇을 원하는가?' 그들은 최소한 예수가 종교적 준수에 관한 그들의 이해에 호응해 주기를 원한다. 하지만 그렇게 하기 위해서는 예수는 하나님과의 특권적 신분에 대한 주장을 포기해야 한다. 그는 자신이 메시야임을 부인하고 자신을 덜 공격적으로 만들어야 한다. 예수는 자신을 그들의 지도하에 있기에 적합한 존재로 만들어야 한다. 하지만 예수는 그렇게 하는 대신 공격을 더 강화하신다. 예수는 자신을 세상 마지막의 종말론적 성전이라고 하시면서 그들을 더욱 화나게 하신다. 율법에 대한 순종을 특징으로 하는 하나님과의 종교적 관계를 장려하시는 대신 예수는 성령에 대해 말씀하신다.—그것은 하나님과의 예기치 못한 순수한 친교라는 선물이다. 예수는 그들 자신의 꽉 막힌 율법주의를 넘어서는 것은 도무지 볼 수 없는 자들에게 신비주의라는 도구를 제공하신다.

현대적 의미

기독교인이 제기해야 하는 질문들. 요한복음 7장을 다루고 있는 교사 혹은 설교자는 근본적인 결정을 내려야 한다. 내가 예수와 예루살렘 당국자들간의 갈등의 본질을 이해하고 초막절 상징주의의 신학적 의미를 이해한다면, 요한복음의 무대 위에서 나는 과연 '어디에 서 있을지'를 결정해야 한다. 나는 예수 편에 (그리고 핍박받는 자들 편에) 서 있는가? 아니면 예수의 대적들 편에 서 있다고 하는 것이 더 진실에 가까운가? 요한은 단지 예수의 방문들 중 하나를 기록으로 남기기 위해 이 이야기를 적은 것이 아니다. 그는 교회 안에 있는 독자들에게 의미를 전달해 주고 있다. 그들 중 많은 이들은 요한 자신을 따르는 자들이었다.

실제로 모든 주석가들은 이 단락이 예수의 충돌들에 관해 자세히 설명하고 있는 이유는 그와 마찬가지로 재판과 핍박을 경험하고 있는 자들을 격려하기 위해서라고 주장하고 있다. 우리는 그런 고난들을 통해 빛의 담지자가 되고, 예수의 동맹군이 되며, 하나님을 위한 대변인이 된다. 어떤 경우에 있어서 이것은 이야기를 올바로 읽는 것이다. 예수가 당하신 것처럼 우리도 고난을 당할 때가 여러 번 있다. 그리고 예수는 우리가 그런 경험을 할 것이라고 약속하셨다("사람들이 나를 박해하였은즉 너희도 박해할 것이요", 요 15:20).

그러나 다른 메시지도 있을 것이다. 그것은 우리가 보기를 꺼려하는 더 어려운 메시지이다. 요한복음 6장에서 예수의 추종자들이 그의 말씀과 사명에 대해 그와 논의를 했듯이 7장 역시 종교적 논쟁에 대해 또 다른 시나리오를 제공한다. 기독교인들은 종교적 논쟁자들이 될 수 있는가? 그들은 하나님이 하시는 새로운 일을 반대할 수 있는가? 그들은 요한복음 7장의 청중들에게 스며들었던 죄악의 충동에 감염되지는 않았는가? 요한은 심지어 예수를 믿는다고 주장하는 사람들도 때로는 그의 말씀을 거부하고 그의 길을 부인하는 것을 선택한다는 것을 이해한다(요 6:66). 이 단락을 나의 세대로 가져오는 해석자로서 나는 이 가능성과 그것이 지닌 의미들의 냉정한 진리를 붙들고 씨름해야 한다.

예수 편에 서기. 요한복음 7장의 가장 분명한 적용은 예수 그리스도의 계시에 대한 세상의 반응과 관련된 것이다. 이 복음서 전체에 걸쳐서 요한은 하나님이 그리스도 안에서 하시는 일을 사람들이 받아들이기 힘들어하고 싫어한다는 사실을 반복해서 강조해 왔다. 요한복음 서론에서 우리는 말씀이 세상 속에서 거절을 당하고("빛이 어둠에 비치되 어둠이 깨닫지 못하더라", 요 1:5) 그 자신의 백성들에 의해 거부를 당하는 것에("자기 땅에 오매 자기 백성이 영접하지 아니하였으나", 요 1:11) 대해 배웠다. 지금까지 일곱 장에 걸쳐서 우리는 예수가 어떻게 "어둠 속의 빛"(light in darkness)으로 세상에 오셔서 인간 마음의 상태를 드러내고 계신지를 보아 왔다.

요한복음 3:19은 이 빛의 침입을 심판의 형태로 묘사한다. 빛이 어둠 속으로 뚫고 들어와 그곳에 숨겨져 있는 것을 드러낸다. 그러나 어둠을 사랑하는 자들은 빛을 미워하고 그것을 대적하며 싸울 것이다. 마찬가지로 이곳 요한복음 7장에서도 우리는 예수가 예루살렘에서 그 자신의 백성들과 함께 계신 것을 본다. 그는 사람들이 깨닫도록 애쓰고 계시고, 질문공세를 당하고 계시고, 결국 신학 전문가들에 의해 정죄를 당하고 계시다.

이런 면에서 볼 때 복음의 "좋은 소식"(good news)이 세상에 전해질 때 그것이 따뜻한 환대를 받을 것이라고 생각하는 것은 순진한 것이다. 그리고 만약 사람들이 진리를 올바로 이해하기만 한다면, 만약 그들에게 그리스도의 메시지가 충분히 설명되기만 한다면, 그리고 만약 그들이 "참된"(true) 기독교인을 만나기만 한다면 그들이 회심할 것이라고 생각하는 것도 순진한 것이다. 세상은 하나님의 임재로 채워지기를 기다리고 있는 열정적이고 받아들이기 잘하는 그릇이라고 생각하는 것은 어리석은 일이다. '세상은 반역 속에 있다.' 세상은 종교적 질문을 던지고 영적인 것에 관심이 있는 척 속이는 데 익숙하다. 그러나 그런 질문들은 위장된 속임수를 쓴 반역에 지나지 않다. '이 사람은 갈릴리 출신인가? 이 사람은 이 모든 지식을 어디서 얻었는가? 메시야는 신비한 방법으로 와야 하는 것 아닌가? 왜 그는 자신을 세상에 드러내지 않는가?'

예수는 본 장에 등장하는 질문들을 잘 처리하신다. 종교적 대화에 끼여드는 데는 관심이 있지만 하나님을 만나는 것은 꺼리는 사람들은 지난 수세기 동안 그와 같은 질문을 해 왔다. 요한의 우주론은 엄격히 이원론적이다. 빛과 어둠, 위와 아래, 진리와 거짓, 그리고 하나님과 사탄. 예수가 세상을 통과해 가실 때 그는 어디서나 대적들의 정체를 드러내신다.

그러나 그 속에서 하나님이 역사하시는 사람들이 있다. 그들은 빛 가까이 다가가서 그 진리를 탐구하고, 어둠의 실체에 대해 질문을 던질 용기를 가지고 있다.—그들은 하나님의 도움을 받아 자신들의 무지와 죄와 고집을 고백하는 사람들이다(요 6:65). 그들은 세상의 무대 위에 있는 잠재적 파괴활동가들이다. 그들은 기꺼이 거북한 질문들을 던진다. '하지만 그는 좋은 사람이 아닌가? 당국자들은 그가 그리스도라고 결론을 내렸는가? 우리는 그를 믿어야 하지 않는가? 당신은 이 사람처럼 말하는 것을 들어본 적이 있는가? 우리의 율법은 모든 사람의 말을 공평하게 들어야 한다고 요구하고 있지 않는가?' 예수는 그들의 목소리를 들으시고 그들이 자신의 동맹군이며, 자신을 변호해 줄 증인들이고, (비록 지금은 아주 약하지만) 이제 곧 자신을 믿게 될 자들임을 아신다(요 8:31).

복음이 세상에 전해지는 동안 예수와 관련된 재판은 계속된다. 모든 듣는 자들은 어떤 목소리를 받아들일지, 어떤 "편"(side)을 선택할지 결정을 내려야 한다. 왜냐하면 중간은 없기 때문이다. 우리의 목소리는 무엇으로 채워질 것인가? 분노? 냉소주의? 당국자들에 대한 두려움? 부끄러움? 아니면 용기? 자신의 목소리를 내는 일이 위험에 처해 보기 전까지는 우리는 자신의 목소리가 어떤 것인지 실제로 모른다고 나는 확신한다. 예수의 대적들이 자신의 의지를 표명하자 (요한복음 7장은 갈등과 폭력에 대한 암시들로 가득 차 있다.) 군중들은 자신들의 믿음이 두려움보다 더 큰 것인지를 결정해야 했다.

예수 반대편에 서기. 그러나 본 장에 자주 등장하는 더 깊은 주제가 있다. 예수의 큰 대적으로 자리를 잡는 것은 이교적 방종에 사로잡힌 세상이 아니다. 그것은 성경에서 가장 종교적인 도시 출신의 종교적 권위자들, 영적 전문가들이다. 그들은 예수 앞에 전투태세를 갖추고 선다. 우리는 요한복음 1장에서 예루살렘으로부터의 사절들이 세례요한에게 질문을 던지기 위해 도착했을 때 이것을 본다. 우리는 또한 3장에서 니고데모가 밤에 예수와 이야기를 나눌 때 그것을 본다. 우리는 5장에서 종교지도자들이 예수가 (안식일과 관련된) 하나님의 뜻을 이해하지 못하거나 그것을 존중하지 않는다는 것을 근거로 하여 예수의 자격을 부정하려고 노력할 때 그것을 본다. 이곳 초막절 장면에서는 (그것은 8장까지 이어지는데) 지도자들이 예수에 대한 경멸을 계속해서 격정적으로 드러낸다.

예수에 대한 세상적 반대가 있듯이 예수에 대한 "종교적" 반대가 있다. 이 반대의 의미는 무엇인가? 기독교 해석자로서 나는 이 갈등을 다만 1세기의 지평선에 남겨 두고 예수에 대한 성전의 반대를 후세들을 위해 기록으로만 남겨 두어야 할까? 혹은 그 질병은 더 깊은 것인가? 성전에서 생생하게 드러났던 종교적 반응은—그 반응은 종교를 세우고 유지하며, 종교적 규정들에 대한 순종을 강조하지만, 종교의 사명에 대해서는 그것을 회피하기 위한 방법을 모색한다.—교회에서도 생생하게 드러나고 있지 않는가? 예수는 '교회 안에서' 재판을 받고 있지는 않는가? 우리는 '어두운 종교적 반응들' 로부터 벗어나 있는가?

회당들과 성전은 예수를 심문하기에 열심이었다. 그런데 만약 예수가 이곳에 오셔서 우리가 종교적 헌신과 의식들 그리고 믿음에 관해 소중하게 간직하고 있는 가설들을 공격하신다면 우리도 예수를 심문하려 들지 않겠는가? 우리는 자신이 기독교인이기 때문에, "빛"을 소유하고 있기 때문에, 신앙고백을 하고 소리 높이 복음을 증거하기 때문에, 선지자와 같은 말을 하는 자에 대해 종교적 적대감을 갖게 될 가능성은 전혀 없다고 생각한다. 그러나 우리가 성전 당국자들처럼 될 수 없다고 생각한다면 그것은 순진한 것이다.

내가 신약성경을 이런 식으로 읽는 것에 대해 묵상을 한 것은 칼 바르트(Karl Barth)의 로마서 주석을 읽었을 때였다.[25] 로마서 1-3장에 대한 그의 주석은 세계1차대전 이후 한 세대의 신학자들을 깜짝 놀라게 할 만한 힘을 가지고 있었다. 오늘날 나는 이 책을 대학생들에게 읽게 하고 있다. 그들도 이 책을 읽고 깜짝 놀란다. 바르트는 이교도들과 기독교인들 모두에게 스며들어 있는 죄악스러운 반역의 본질에 대해 권위 있게 이야기한다(그들 중 많은 이들은 세계1차대전의 공포를 경험한 자들이다).

25. K. Barth, *The Epistle to the Romans* (Eng. trans.: Oxford. Oxford Univ. Press, 1918, 1933).

그러나 바르트가 내리고 있는 가장 흥미로운 주석적 결론은 유대교의 역사적 종교적 위치를 회당에만 고유한 것으로 남겨 두기를 거절하는 것이다. 자랑을 일삼고 있는 종교적 인간은(롬 2:17) 유대인과 기독교인 모두이다. 그들 모두는 하나님의 뜻을 성취하기보다는 타락한 인간의 뜻을 성취하려 하는 종교체계(예배당, 대학, 신학대학원, 선교단체)를 세울 수 있는 능력을 가지고 있다. '이 사람들은 신학에 대해 하나님과 토론할 수 있는 사람들이다!' 그래서 나는 묻는다. 나는 바르트가 로마서 2장을 읽었던 것처럼 요한복음 7장을 읽어야 하는가?

율법과 종교에 대한 논쟁들과 대조를 이루는 것은 성령에 대한 예수의 약속이다(요 7:37-39).[26] 종교지도자들은 예수가 안식일을 존중하지 않는다는 것에 대해, 메시야적 성취의 적절한 의미에 대해, 전통의 보존에 대해, 그리고 재판의 올바른 장소에 대해 논쟁을 벌이지만, 예수는 성령에 대해 말씀하신다. 아이러니컬하게도 성령은 예수가 영광을 받으실 때까지는(요 7:39), 즉 당국자들이 자기들 마음대로 행하여 예수를 죽일 때까지는 임하지 않으실 것이다.

예수는 영적 신비주의와 하나님과의 만남을 제공하신다. 그것은 전통적인 종교를 수호하려는 자들을 '항상' 불안하게 만든다. 이것은 그 안으로 뚫고 들어가기가 도저히 불가능해 보이는 보수신학의 서클들에 있어서 특별히 진리일 수 있다. 새로운 자유, 새로운 자발성, 그리고 새로운 생각을 제안하는 것은—즉, 정통적 행동 혹은 정통적 사고의 틀 밖으로 나오는 것은—초막절에 예수가 경험하셨던 것을 경험하는 일이다.

26. 만약 우리가 인간의 죄에 대한 바르트(Barth)의 로마서 해석을 받아들인다면, 인간에게 남아 있는 유일한 가능성은 하나님의 외부로부터의 거룩한 개입이다. 그것은 다만 우리를 구원하는 것이 아니라 성령을 통해 우리를 새롭게 하시는 것이다(롬 8장).

요한복음 7:53-8:11

53 다 각각 집으로 돌아가고

8:1 예수는 감람 산으로 가시니라
2 아침에 다시 성전으로 들어오시니 백성이 다
나아오는지라 앉으사 그들을 가르치시더니
3 서기관들과 바리새인들이 음행중에 잡힌 여
자를 끌고 와서 가운데 세우고
4 예수께 말하되 선생이여 이 여자가 간음하다
가 현장에서 잡혔나이다
5 모세는 율법에 이러한 여자를 돌로 치라 명
하였거니와 선생은 어떻게 말하겠나이까
6 그들이 이렇게 말함은 고발할 조건을 얻고자
하여 예수를 시험함이러라 예수께서 몸을 굽
히사 손가락으로 땅에 쓰시니
7 그들이 묻기를 마지 아니하는지라 이에 일어
나 이르시되 너희 중에 죄 없는 자가 먼저 돌
로 치라 하시고
8 다시 몸을 굽혀 손가락으로 땅에 쓰시니
9 그들이 이 말씀을 듣고 양심에 가책을 느껴
어른으로 시작하여 젊은이까지 하나씩 하나
씩 나가고 오직 예수와 그 가운데 섰는 여자
만 남았더라
10 예수께서 일어나사 여자 외에 아무도 없는
것을 보시고 이르시되 여자여 너를 고발하던
그들이 어디 있느냐 너를 정죄한 자가 없느냐
11 대답하되 주여 없나이다 예수께서 이르시되
나도 너를 정죄하지 아니하노니 가서 다시는
죄를 범하지 말라 하시니라

원 의미

신약성경에 있어서 간음 중에 잡힌 여인에 관한 이야기만큼 해석자에게 다양한 문제를 안겨 주는 곳은 없다. 대부분의 번역들은 각주를 통해 사본학적 문제들을 지적하거나 이 본문의 특수성을 지적하기 위해 보다 작은 활자체를 사용한다. 주석들은 이 본문을 진정성이 없는 것으로 보고 완전히 무시하거나[1] 부록에서 이 본문을 다룬다.[2] 그래도 어떤 이들은 이 단락을 요한복음의 본문 속에 통합해 넣으려고 노력한다.[3] 많은 학문적 문헌들이 이 본문이 실린 사본의 가치와 그것의 사본적 전통을 다루어 왔다.[4]

1. Bultmann과 Dodd의 주석 참조.
2. Witherington, Barrett, Bernard, Hoskyns, Morris, Marsh, 그리고 Hunter의 주석 참조.
3. Carson, Brown, Schnackenburg, MacGregor, Lindars, 그리고 Westcott의 주석 참조.
4. C. M. Burge, "A Specific Problem in New Testament Text and Canon: The Woman Caught in Adultery," *JETS* 27 (1984): 141-48 (참고 문헌 참조).

우리가 가진 딜레마에는 두 가지 차원이 있다. 그 하나는 증거의 무게가 이 이야기의 진정성을 약하게 하는 것이 사실이라는 것이다. 즉 이 짧은 이야기는 원래 요한복음의 일부가 아닐 가능성이 높다는 것이다. 다른 하나는 이 이야기가 역사적 진실성의 증거를 많이 가지고 있다는 것이다. 그것은 이 사건이 정말로 예수의 생애 중에 발생했으며 그렇기 때문에 이것은 수집되고 낭송될 가치가 있는 이야기였다는 것이다. 이 두 사실들은 해석자에게 기준에 관한 흥미로운 문제를 제기한다. 사랑을 받고 있기는 하지만 약한 사본적 증거를 가지고 있고, 요한복음 내에서 의심스러운 배경을 가지고 있는 이야기를 오늘날 설교의 주제로 삼아도 될까?

이 단락의 진정성

사본상의 증거. 이 이야기는 요한복음의 원래의 형태에 대해 가장 강력하고 오랜 증거를 가지고 있는 모든 주요 헬라어 사본들에 있어서 빠져 있다. 그런 사본들의 경우 요한복음 7:72 다음에는 8:12이 이어진다. 심지어 초기의 번역본들도(시리아역[Syriac]과 콥틱[Coptic] 방언인 사히딕[Sahidic] 번역본과 보하이릭[Bahairic] 번역본) 이 이야기를 기록하고 있지 않다. 비잔틴(Byzantine) 사본들은 9세기부터 이 이야기를 보이기 시작한다. 하지만 그 경우에도 필사자들은 본문 가장자리에 편집자의 주를 붙여 보류의 뜻을 밝혔다.

초기 교부들의 경우도 마찬가지이다. 단 하나의 예외를 제외하고는 동방의 그 어떤 헬라 교부들도 천 년 동안 이 단락에 대해 언급하지 않았다.[5] 성구집*들과 주석들도 이 단락을 언급하지 않는다. 오리겐의 요한복음 주석은 7:52에서 8:12로 건너뛴다. 터툴리안이 간음에 대해 사법적 지침을 줄 때도 그 주제와 가장 관련이 깊은 요한복음의 이 단락을 언급하지 않는다.

그러나 서방에서는 이 이야기가 잘 보존되고 있었다. 그것은 암브로스

5. B Ehrman, "Jesus and the Adultress," *NTS* 34 (1988): 24-44는 최근에 발견된 사본을 근거로 하여 4세기에 이집트 알렉산드리아에서 살았던 맹인 수사 디디무스(Didymus)가 이 이야기를 알고 있었던 것 같다고 주장했다. 8세기 이전의 주요 헬라어 사본들 중에 이 이야기를 싣고 있는 것은 베자 사본(Codex Bezae)이 유일하다.

* 성구집(lectionary)이란 교회에서 낭독하기 위해 교회력에 맞게 재편집한 성경을 말한다. 근대 이전의 교회 구성원들은 문맹자가 절대다수였기 때문에 성경은 정기적으로 교회에서 낭독되었다. 그런데 창세기부터 순서대로 성경을 낭독할 경우 교회력과 낭독되는 본문이 서로 맞지 않았기 때문에 신·구약성경 전체를 교회력에 맞게 재편집하여 낭독했다. 이를 성구집이라 한다.–옮긴이

(Ambrose, 397년 사망)와 암브로시에스터(Ambrosiaster, 350년 사망), 그리고 어거스틴(Augustine, 430년 사망)에게서 나타난다. 제롬(Jerome)은 라틴 벌게이트(Latin Vulgate)역 작업을 할 때 자신이 많은 헬라어, 라틴어 사본들 속에서 그 이야기를 발견했다고 말하고 있다(Against Pelagius, 2:17). 그는 이것을 라틴 벌게이트역에 포함시켰고, 그렇기 때문에 이것은 라틴 본문 전통의 주류와 서방교회 정경 속으로 들어갔다.

그러나 초기 시대에 그 이야기가 존재했었다는 암시는 풍부하다. 유세비우스(Eusebius, 최초의 교회역사가)는 파피아스(Papias, 약 A.D. 60-130년)로부터 내려오는 한 이야기를 배웠는데 그것은 악의적으로 고소를 당해 예수 앞으로 끌려 나온 한 여인에 관한 이야기라고 말한다. 그리고 그는 이것을 '히브리인들의 복음서'(Gospel of the Hebrews)에 기록했다. 시리아어로 기록된 '사도들의 교훈'(Didascalia Apostolorum, 2:24)에서[6] 주교들은 회개하는 자들을 자비롭게 받아들이라고 교훈하고 있다. 그리고 그 예로서 고소인들에 의해 한 여인이 예수 앞에 끌려 나왔는데 예수가 그녀를 정죄하기를 거절하셨다는 이야기가 등장한다.

요약하자면 유세비우스와 '사도들의 교훈'에 등장하는 암시에도 불구하고 초기 헬라어 사본에 이 이야기가 없다는 사실은 중요하다. 헬라 교부문헌 전체는 이 이야기를 무시하고 있다. 오직 서방에서만 이 이야기가 알려졌던 듯하다.

내적 증거. 그 이야기는 또한 요한복음 7장과 8장의 내용과도 자연스럽지 못한 것으로 보인다. 그것은 어떤 사본들에 있어서는 다른 곳에 등장한다. 어떤 것은 그것을 요한복음 7:36 다음, 7:44 다음, 혹은 복음서 끝에 위치시킨다. 한 그룹의 사본들은 그것을 누가복음 21:38 다음에, 어떤 사본들은 누가복음 24:53 다음에 위치시킨다. 어떤 학자들은 누가가 최초로 이 이야기를 썼을 지도 모른다고 생각한다.

요한복음 내에서의 그 이야기의 문학적 배경을 살펴보는 것만으로도 그것의 기묘한 성격이 분명히 드러난다. 예수는 7:37-39에서 군중들 앞에서 말씀하고 계시다. 그리고 요한복음 8:12이 시작될 때 군중들은 아직도 예수 앞에 있다. 그러나 요한복음 7:53-8:11에서 예수는 홀로 남겨져 있다(요 8:9). 간음한 여인 이야기가 없다면 초막절 설화는 요한복음 7:1에서 8:59까지 자연스럽게 흘러간다. 이것은 사본에 따라 이 단락의 위치가 왜 그렇게 다양한가 하는 것을 설명한다. 그것은 이 단락의 기묘한 성격을 부드럽게 만들기 위한 필사자들의 노력의 결과이다.

6. 이것은 3세기에 쓰여진 교회법으로서 원래는 헬라어로 기록되었으나 현재는 시리아어로만 남아 있다.

학자들은 또한 요한의 것이 아닌 많은 단어들과 문법적 형태들을 지적한다. 예를 들어 문장들이 헬라어 단어 '데'(*de*)로 연결되어 있다(이 단어는 "그리고, 그러나"의 뜻으로서 요한은, 이를테면, 마태복음에 비해 절반 정도만 그 단어를 사용한다). 그리고 요한복음 8:2는 누가복음, 사도행전, 마태복음에만 등장하는 표현들을 가지고 있다.

달리 말하자면 이 이야기는 얼마 동안 자유롭게 회람되던 독립적인 이야기였는데 나중에 요한복음에 추가된 것 같다. 하지만 왜 그 위치가 하필 여기일까? 그 대답은 요한복음 8:14이하에서 심판의 주제가 등장하기 때문이다. 예수는 아무도 심판하시지 않는다(요 8:15). 이 이야기는 그 주제의 예로서 훌륭하다. 여인을 정죄하려던 자들이 사라졌을 뿐만 아니라 예수 자신도 그들에게 합류하려 하시지 않는다. 하지만 이와는 대조적으로 데렛(Derrett)은 이 이야기는 증거라는 주제와 연관되었다고 본다. 초막절에 당국자들은 자기 자신에 대한 예수의 주장의 수용가능성을 저울질하고 있다. 이것은 증거의 성격에 관한 랍비적 논쟁으로 이끈다. 간음한 여인의 이야기는 그 예로서 사용되었다는 것이다.[7] 학자들의 의견은 이 단락이 요한복음에 대해 이질적이며, 7-8장으로 이어지는 생각의 흐름을 끊고 있고, 요한복음 기자가 쓴 글이 아니라는 데 있어서 거의 일치하고 있다.[8]

역사적 진정성. 학자들은 이 이야기가 요한복음에 속한 것이 아니라고 합리적으로 확신하고 있다. 하지만 많은 이들은 또한 이 이야기가 공관복음의 형성에 공헌했던 동일한 이야기 집합체(pool)에 그 기원을 두고 있는 고대 이야기라고 확신한다. 이것은 그 안에서 예수가 진퇴양난의 고비를 맞는 전형적인 공관복음적 "충돌"(conflict) 이야기이다. 예수는 여인의 필요를 채워 주기 위해 율법의 대표자들과 대적하는 편을 선택하신다. 우리는 1세기에 사형에 대해(돌을 던져 죽이거나 목을 졸라 죽이는 것) 계속적으로 논쟁이 있었다는 것을 알고 있다. 그리고 여기서 예수는 죄를 심판하기 원하는 죄인들의 율법주의에 동참하기를 거부하는 모습을 전형적으로 보여 주신다.[9]

그러나 왜 초대교회에 있어서 이 본문이 그렇게 오랫동안 무시되거나 억압을

---

7. D. M. Derrett, "The Story of the Woman Caught in Adultery," *NTS* 10 (1963-64) 1-26; 또한 그의 *Law in the New Testament* (London: Darton, 1970), 156-88.

8. Z. Hodges는 최근에 이 단락의 진정성을 변호하는 글을 썼다. "The Woman Taken in Adultery," *BSac* 136 (1979): 318-72; 137 (1980): 41-53.

9. 참조. Schnackenburg, *John*, 2:170-71. 데렛(Derrett, "The Story of the Woman")은 어떤 유대인들은 석형(石刑)이 부활교리와 충돌할 수 있기 때문에 이에 반대했다는 것을 보여주고 있다.

받았으며, 서방 교회에서는 4세기에나 이 이야기가 나타났고, 동방교회에서는 그것보다 한 세기 뒤에나 나타났는가에 대해서는 좋은 이유가 있다. 교부시대에 있어서 윤리적 완전성과 회개는 그들의 가르침의 특징이었다(*Didache* 15:3; 1 *Clem.* 48:1). 하지만 어떤 죄들은 보다 심한 경고를 필요로 했다. 바울의 죄 목록에 있어서 간음과 부도덕성이 반복적으로 등장한다(고전 6:9ff.; 갈 5: 19ff.; 엡 5:3ff.; 골 3:5). 그리고 이 경고들은 의심할 바 없이 로마제국에 널리 퍼졌던 경악스러운 부도덕성과 연관된 것이었다. 바울에게 있어서 이 도덕적 무질서는 이방세계의 불경스러움을 시사하는 것이었다(롬 1:26). 그렇기 때문에 바울은 기독교인들은 부도덕성에 대해 그 이름도 부르지 말라고 요구하고 있다(엡 5:3). 그리고 한 경우에 있어서 부도덕성 때문에 어떤 사람을 교회에서 내쫓을 것을 요구하고 있다(고전 5:5).

속사도시대의 저자들은 성적 범죄에 관한 이런 관심을 강조하고 있다. 우리는 『바울과 테클라 행전』(*Acts of Paul and Thecla*)이라는 책 속에서 기독교로 개종한 후 순결과 거룩의 모델이 된 한 여인의 이야기를 볼 수 있다. 『헤르마스의 목자』(*The Shepherd of Hermas*)의 저자와 알렉산드리아의 클레멘트(Clement), 그리고 키프리안(Cyprian) 등의 저자들은 성적 범죄자들에 대하여는 교회가 그들을 다시 받아들이기 전에 오랜 기간동안 진지한 회개를 요구해야 한다고 지적하고 있다. 간음은 살인 및 배교와 나란히 거명되고 있다. 그리고 적어도 터툴리안(Tertullian), 오리겐(Origen), 키프리안(Cyprian)은 성적 범죄는 특별히 흉악하며 '용서할 수 없다고' (without forgiveness) 말하고 있다.

2-4세기의 이런 배경 때문에 간음 중에 잡힌 여인의 이야기는 인정을 받는데 어려움을 겪었다. 예수가 그녀를 정죄하기를 거절하신 것은 그 당시의 관점에서는 이상한 일이었다. 오랜 기간동안의 참회가 어떻게 그런 즉각적 용서로 대체될 수 있단 말인가? 성적인 범죄가 어떻게 그렇게 쉽게 용서될 수 있단 말인가? 이 이야기는 일단 받아들여진 후에는 신약에서 제거되지는 않았다. 그러나 그 신빙성이 문제가 되었을 경우 그것은 사본 전통의 지지를 받을 수는 없었다.[10]

콘스탄틴(Constantine)의 노력에 의해 교회가 사회 속에 확고히 자리를 잡은 것

10. 누가복음은 바리새인 시몬의 집을 배경으로 하여 간음한 여인에 대한 또 다른 이야기를 언급한다(눅 7:36-50). 그러나 이 이야기는 처음부터 보존되었다. 왜냐하면 그것은 회개에 대한 교훈에 즉각 적용할 수 있는 요소들을 가지고 있었기 때문이다(옥합, 눈물, 무릎을 꿇음). 그러나 요한의 이야기에는 그런 요소가 없다.

은 4세기가 된 후의 일이었다. 교회의 목양과 훈육이 안정적으로 이루어졌고 주교들은 자비를 베풀도록 교훈을 받았다. 그래서 가이사랴의 바실(Basil of Caesarea)은 간음한 여인에게 15년의 참회기간을 선포할 수 있었다. 존 크리소스톰(John Chrysostom)은 안디옥의 악명 높은 여배우의 회심에 대해 들려준다. 그녀는 참회를 통해 음란한 생활에서 떠나 거룩한 길로 들어섰다. 그녀는 남자의 옷을 입고 예루살렘으로 여행한 후 남은 인생 동안 감람산의 작은 동굴에서 은둔자로 살았다. 이 시기에 우리의 본문은 회개하는 간음한 여인의 모델로 등장하며 지도적 신학자들에 의해 수용되었다. 성 펠라기아 축일(St Pelagia's Day, 10월 8일)에 우리의 이야기는 대부분의 5세기 서방 성구집들(lectionaries)에 등장하는 복음서 본문이 되었다. 그날은 순교를 통해 자신의 순결을 지켰거나 혹은 회개한 후 성결한 삶을 산 다양한 종류의 여성 순교자들을 기리는 날이었다.

간음 중에 잡힌 여인(요 7:53-8:11)

이 이야기에는 우리의 관심을 끄는 상세한 부분들이 많이 있다. 그것들을 조심스럽게 연구하면 풍부한 결과를 얻게 될 뿐 아니라 예수의 생각과 사역에 대해 훌륭한 통찰력을 얻게 된다. 이 이야기의 배경은 예수의 전형적인 예루살렘 사역임에 틀림없다. 그 시기는 (그의 마지막 해 초막절부터 유월절까지의) 마지막 예루살렘 방문들 중 하나였을 것이다. 그는 이른 아침에 정기적으로 성전 뜰에서 사람들을 가르치셨다(요 8:2). 그리고 많은 사람들이 그의 말을 듣기 위해 그 주위로 몰려들었다. 저녁이 되면 그는 도시의 동쪽에 있는 감람산으로 물러가셨다(요 8:1).[11] 누가는 누가복음 21:37에서 이 모습을 이렇게 표현하고 있다. "예수께서 낮에는 성전에서 가르치시고 밤에는 나가 감람원이라 하는 산에서 쉬시니." 마가는 예수가 베다니에 머무셨다고 말하고 있다(막 11:12). 우리는 그곳에 예수의 좋은 친구 세 명, 즉 마리아, 마르다, 나사로가 있었던 것을 알고 있다(요 11장). 베다니는 감람산 동쪽 기슭에 있었기 때문에 아마도 이곳이 예수가 매일 밤마다 머무셨던 곳이었을 것이다.

그 사건이 일어난 날 예수와 함께 있던 사람들은 바리새인 및 율법 교사들(헬라

---

11. 이것은 이 이야기의 전형적인 비(非)요한적 특징을 보여준다. 요한은 그의 복음서의 다른 곳에서는 감람산에 대해 언급하지 않는다. 그러나 공관복음에서는 그곳에 대한 언급이 흔하게 나타난다. 누가복음은 4번, 그리고 마태복음과 마가복음은 각각 3번씩 이에 대해 언급한다.

어 *grammateus*, 때로는 서기관이라 번역됨)과 만났다.[12] 이 두 그룹은 많은 상호 관심사를 가지고 있었다. 서기관들은 글을 아는 자들이 적은 시대에 있어서 인정을 받은 전문가들이었다. 그리고 율법은 신학적 논의의 주요 주제들 가운데 하나였기 때문에 (율법에 완전히 헌신했던) 바리새인들은 서기관들의 기술을 잘 활용했다.

이 이야기에 있어서 가장 중요한 문화적 요소는 여성에 대한 고소의 본질이다.[13] 종교지도자들은 자신들의 고소내용을 분명하게 밝힌다. "선생이여 이 여자가 간음하다가 '현장에서' 잡혔나이다"(저자의 강조). 헬라어 문장의 구조는 이 사람들이 법적인 주장을 하고 있음을 분명히 보여준다. 그들은 그 여인을 정죄하기 위해 율법이 요구하는 증거를 가지고 있다.

그들은 어떤 증거를 필요로 하는가? 아내에 대해 의심을 가지고 있는 남편이 아내를 불필요하게 고소하는 일이 없도록 하기 위해, 율법은 남녀가 성적인 분위기 속에서 같은 침대에 누워 있는 것을 본 두 명의 증인을 요구했다. 그 남녀는 신원을 확인할 수 있어야 했고 그들에게 분명히 육체적 행동이 있었어야 했다. 두 증인들은 같은 시간에 한 장소에서 그것을 보았어야 했고 그래서 그들의 증언은 동일해야 했다. 그런데 그런 증거가 있기 위해서는 사실상 증인들이 덫을 놓아야만 했다.

그러나 지금 성전에서의 그들의 고소는 많은 문제들을 내포하고 있다. (1) 율법은 어떤 사람이 죄를 범하려고 하는 장면을 보았을 때 불쌍히 여기는 마음으로 그에게 경고할 것을 요구했다. 그러나 이 증인들은 그녀를 올바른 방향으로 인도해야 할 도덕적 책임을 무시하고 침묵을 지켰다. 그들은 단지 그녀를 잡아 이용하기를 원했다.

(2) 우리는 그 여인이 결혼 혹은 약혼을 한 사람이었는지 물어야 한다. 그녀의 약혼자에 대해 성적으로 신실치 못한 여인은 연인과 함께 돌에 맞아 죽어야 했다(요 8:5; cf. 신 22:23-24). 신실치 못한 부인 역시 죽임을 당했지만(레 20:10; 신 22:22) 율법은 죽음의 방법을 시사하지 않았다. '미쉬나'(*Mishnah*, 예수 당시의 구전율법. 사실은 주후 200년경이 되어서야 '미쉬나'라는 이름으로 성문화되었다.-옮긴이)는 불신실한 약혼자는 돌에 맞아 죽어야 하고 불신실한 아내는 목을

12. 이것 역시 비(非)요한적인 용어이다. '그람마튜스'(*Grammateus*)는 공관복음에는 자주 나타나지만(마태복음 22번, 마가복음 21번, 누가복음 14번) 요한복음에는 이곳 외에는 전혀 나타나지 않는 단어이다.

13. 이 이야기의 법률적 배경에 대한 데렛(Derrett)의 논문은 주석을 위해 필수적으로 읽어야 할 자료이다(참조. "The Story of the Woman").

매어 죽어야 한다고 구체적으로 규정하고 있다(*Sanhedrin* 7:2). 그러므로 본 단락의 여인은 약혼을 한 여자여야 한다.[14] 하지만 그렇다면 그녀의 연인은 어디에 있는가? 만약 그들이 현장에서 체포되었다면 상대방 남자 역시 체포되었을 것이다. 하지만 고소자들은 그 남자에게는 그냥 가 버리는 것을 허락했다.

(3) 이 증인들은 그 여인을 예수에게 끌고 와서 군중들 앞에서 공적으로 망신을 준다. 그들은 그녀를 한 구석에 숨겨 둔 후 그녀 사건에 대해 예수에게 개인적으로 물을 수도 있었다. 그러나 이 문제에 대한 그들의 접근방식은 그들이 원하는 것은 예수를 덫에 걸리게 하는 것이며 그녀의 개인적인 삶에는 관심이 없다는 것을 보여준다(요 8:6). 그들은 사실 재판에는 관심이 없었다. 그들은 공적으로 사형(私刑)을 가할 생각이었고, 예수가 직접 그 판결을 내리기를 원했다.

예수가 땅에 쓰신 것이 무엇인지를 아는 것은 불가능하다(요 8:6). 어떤 해석자들은 예수가 단지 시간을 벌기 위해 뭔가를 쓰셨다고 생각한다. 하지만 좀더 그럴듯한 해석은 이와 같은 세부사항에는 어떤 중요한 의미가 있다는 것이다. 대부분의 해석자들은 예수가 히브리어로 율법의 어떤 구절을 적기 시작하셨을 것이라고 믿는다. 그 구절은 이 딜레마에 대한 그의 반응을 형성해 줄 것이다. 전통적인 견해는 예수가 예레미야 17:13을 적으셨다고 본다. "무릇 여호와를 떠나는 자는 흙에 기록이 되오리니 이는 생수의 근원이신 여호와를 버림이니이다." 데렛(Derrett)은 예수가 출애굽기 23:1을 적기 시작하셨다고 생각한다. "악인과 연합하여 위증하는 증인이 되지 말며."[15] 이것은 율법에 대한 시험이었다. 그리고 예수가 무엇을 쓰셨든지 그것은 율법을 암시하는 것이었고, 그 사람들이 율법을 적용하는 방식에 대한 불쾌감을 나타내는 것이었을 것이다.

예수가 땅에 무언가를 쓰시며 사태를 지연시키는 듯 보이자 8:7에서 이 사람들은 예수가 군중들 앞에서 판결을 내려 줄 것을 계속 촉구한다. 그러나 예수는 자주 인용되는 말씀으로 대답하신다. "너희 중에 죄 없는 자가 먼저 돌로 치라." 이 말씀의 뜻은 그녀를 고소하기 위해서는 죄가 전혀 없거나 도덕적으로 완전해야 한다는 것이 아니다. 만약 그렇다면 고소라는 것은 어떤 경우에도 불가능할 것이다. 이것은 단지 신명기 13:9 혹은 17:7에 대한 직접적 언급이다. 그 구절들은 범죄를 목격

---

14. 그 당시 문화에 있어서 이 여인이 오늘날의 개념의 "독신"(single) 여성일 가능성은 거의 없다. 중매 결혼의 문화에 있어서 한 여성의 결혼 계획은 사춘기 훨씬 이전에 세워졌다.

15. Derrett, "The Story of the Woman," 20. 그는 또한 출 23:7을 지적한다. "거짓 일을 멀리 하며 무죄한 자와 의로운 자를 죽이지 말라. 나는 악인을 의롭다 하지 아니하겠노라."

하여 고소를 성공적으로 한 자들이 제일 먼저 돌을 던져야 한다고 말한다.

그러나 그렇다면 고소자들은 자기성찰을 해야 한다. 고대세계도 성적인 범죄에 관한 한 지금의 세계와 별로 다를 것이 없었다. 사회적 관습을 어긴 여성들은 그들의 파트너들보다 훨씬 빨리 법적 위험 속에 빠질 수 있었다. 그러므로 예수는 그들의 이중적 잣대를 공격하셨을 것이다. 그들은 자신의 위선에 대해 생각하지 않을 수 없었을 것이다.

예수는 쓰는 일을 다시 시작하신다(요 8:8). 그러자 종교지도자들은 한 사람씩 그곳을 떠나기 시작한다(요 8:9). 요한은 여기서 미완료과거(imperfect) 시제의 동사를 사용한다(그 시제는 과거의 계속적 동작을 뜻한다). 그 이유는 지도자 중 한 사람이 떠나고 그 다음에는 사람들이 계속해서 그곳을 떠나서 결국 고소자들의 무리가 조금씩 줄어드는 장면을 묘사하기 위해서이다. 의심할 바 없이 그들은 한 대 맞은 듯 충격을 받았을 것이다. 그리고 청중들도 당황했을 것이다. 결국 예수와 그 여인만 남게 되었다.

예수는 앉아 계셨고 그 여인이 서 있었기 때문에 이제 그는 일어서셔서(요 8:10) 처음으로 그녀에게 말씀을 하신다. "여자여"라는 호칭은 무정한 것이 아니라 예수가 심지어 그의 어머니에게도 사용하셨던 존중을 표현하는 전형적 용어이다(cf. 요 2:4; 4:21; 19:26; 20:13,15; 또한 마 15:28; 눅 13:12; 22:57). 그의 질문들은 그녀가 무죄라는 뜻이 아니다. 왜냐하면 요한복음 8:11에서 그는 그녀의 습관이었던 죄악된 삶을 이제 그만 청산하라고 경고하시기 때문이다.[16] 그는 단지 고소인들이 그곳에 없음을 지적하신 것이다. 그들은 사라졌다. 그녀의 대답은 예수에 대한 상당한 존경을 보여준다.

예수의 마지막 말씀("나도 너를 정죄하지 아니하노니")은 그녀가 결백하다는 뜻이 아니라 죄를 용서할 수 있는 예수의 주권을 보여준다(막 2:5ff.). 보르헤르트(Borchert)는 이렇게 말한다. "예수가 죄를 가볍게 다룬 것이 아니라 죄인들에게 새 삶을 시작할 수 있는 기회가 주어진 것이다."[17] 이 이야기의 신선한 마무리는 예수가 죄와 심판에 대해—심지어 그녀를 고소한 자들의 죄까지도—심각하게 여기고 있다는 것과 현장에서 잡힌 자에 대해 은혜롭고 용서하는 시각을 가지고 계시다는 것을 보여준다.

---

16. 요 8:11에서 사용된 헬라어 형태는(*hamartane*) 현재 명령형이다.
17. Borchert, *John*, 1:376.

상황잇기

모든 해석자가 첫 번째로 물어야 할 질문은 이 본문을 바탕으로 하여 강의 혹은 설교를 하겠느냐 하는 것이다. 나는 오늘날의 교회 상황 속으로 이 본문을 집어넣어야 하는가? 에라스무스(Erasmus)가 1516년에 그의 유명한 헬라어 성경을 발간할 때, 그는 이 이야기의 기원에 대해 의심을 품었다. 그러나 이 이야기의 인기 때문에 결국 그것을 헬라어 성경에 포함시켰고, 그래서 결국 이 이야기는 '공인본문'(Textus Receptus)에 (그리고 킹 제임스[King James] 전통에) 포함되었다('공인본문'이라는 명칭은 다른 사람들이 붙여 준 것이 아니라 그 성경을 편찬한 출판업자들이 자화자찬하는 의미로 붙인 것이다. 그리고 킹 제임스 성경은 '공인본문' 헬라어 성경을 번역한 것이다.-옮긴이). 어거스틴은 주후 397년에 같은 딜레마로 고민했다. 그는 그 이야기를 알았다. 그는 아내들이 이 이야기를 잘못 사용할 것을 걱정한 남편들이 성경에서 그것을 잘라 내 버린 것이 아닐까라고 의심했다! 우리도 비슷한 딜레마를 가지고 있다. 이 이야기가 인기 있는 것은 분명하다. 만약 이 이야기를 성경에서 잘라 내 버려야 한다고 설교단에서 외친다면 강력한 반응이 나타날 것이다. 나는 모든 기독교인 교사들이 같은 느낌을 가지고 있다고 생각한다. 이것은 모든 사람이 사랑하던 자유롭게 떠다니던 이야기였다. 그러나 그 이야기는 집이 없었다. 그 집은 결국 요한복음(그리고 누가복음)에서 발견되었다.

로마 가톨릭에 있어서 문제는 빨리 해결되었다. 일단 주후 382년에 제롬(Jerome)에 의해 이 이야기가 라틴 벌게이트(Latin Vulgate)역 안에 받아들여지자 그것은 보편적인 인정을 받게 되었다. 트렌트 공의회(the Council of Trent)가 1546년에 벌게이트역을 교회의 권위 있는 성경으로 선포했을 때 문제는 일단락 되었다. 그러나 개신교에 있어서 그것은 그렇게 쉽지 않았다. 우리는 보다 초기의 교회 회의들(이를테면 니케아[Nicea] 회의)은 존중하지만 (그리고 그것을 변호하지만) 중세 가톨릭에서 내린 후기의 결정들에 대해서는 그렇게 확신하지 못한다. 개신교도들은 아타나시우스(Athanasius)가 주후 367년에 그의 부활절 서신에서 기록한 최초의 정경 목록을 지적하기를 좋아한다. 그러나 우리는 아타나시우스가 어떤 요한복음 사본을 추천했었는지 그리고 그 안에는 이 이야기가 포함되어 있었는지의 여부를 알지 못한다.

만약 정경적 권위에 대한 우리의 기준이 성경의 책들 자체 속에 있다면—즉, 복음서와 서신들이라고 불리는, 영감된 저자들이 기록한 문헌들 속에 있다면—우리의 단락은 정경의 일부가 될 수 없다. 사본상의 증거는 문학적 연구가 다만 추정만 하는 것을 확증해 준다. 이 이야기는 후대에 삽입된 것이다. 그러나 학자들의 연구는 이 이야기의 고대성과 진정성을 지적한다. 그리고 교부시대의 역사를 대충만 살펴보아도 이 이야기가 사라진 이유를 잘 설명할 수 있다.

그리고 이 이야기는 교회에 덕을 세우고 그것을 통해 성령이 역사하는 매개체가 되어 왔다. 이런 것들이 개신교에서 이 이야기를 정경으로 받아들일 기초가 될 수 있는가? 만약 그렇다면 이 단락은 신약에 깊이 뿌리를 내리고 남아 있어야 한다. 그렇기 때문에 복음주의자인 제럴드 보르헤르트는 이렇게 말한다. "이 작은 이야기는 예수의 은혜롭고 용서하는 정신과 삶을 변화시키라는 그의 단호한 부르심 모두를 장엄하게 보여준다. 나는 이 본문이 하나님에 의해 영감되었으며 삶을 위해 완전히 권위를 가지고 있다고 본다."[18] 그러나 만약 사본비평의 기준을 유지한다면 이 이야기는 바깥으로 밀려나서 다만 예수에 대한, 덕을 끼치는 성경외적 이야기가 되어야 할 것이다.

그러므로 기독교인들은 이 이야기를 사용해야 할지의 여부에 대해 신학적 (정경론적) 결정을 내려야 한다. 만약 이 본문에 기초하여 설교를 하기로 결정한다면, 의심할 바 없이 (긍휼 없는) 무자비한 심판과 (하나님의 사랑에 의해 압도된) 분에 넘치는 자비가 중심 주제가 될 것이다. 이것은 강력한 이야기이다. 왜냐하면 이것은 여인의 영혼을 돌봐야 한다는 자신들의 책임을 무시한 무자비한 재판관들의 그림을 힘있게 보여주고 있기 때문이다. 그들에게 있어서 그녀는 소모품일 뿐이다. 그들의 목적은 예수를 코너에 몰아 넣는 것이다. 그녀의 생명은 예수가 그녀를 정죄하거나 (이럴 경우 은혜에 대한 그의 헌신이 희생된다) 혹은 용서하도록 만들기 위해 (이럴 경우 하나님의 율법에 대한 그의 헌신이 희생된다) 필요한 신학적 체스게임의 도구일 뿐이다.

그 여인에 대한 그림도 동일하게 강력하다. 간음의 현장에서 '잡혔을' 때, 그녀는 완전히 취약한 상태였고 큰 위기 속에 있었다. 그녀는 율법에 대한 완고한 헌신을 통해 그녀를 희생시키려고 하는 적대적인 남자들에 의해 둘러싸여 있었다. 분명히 그녀는 예수라는 이 사람, 랍비라고 알려진 이 사람은 율법을 알고 있을 것이고 그것을 지키려 할 것이라고 생각했을 것이다. '그게 바로 랍비라는 자들이 할 일이지.' 그녀를 고소한 자들에 대한 그의 암묵적인 심판과 또한 그녀에게 들려주

18. Borchert, *John*, 1:376

신, 훈계가 섞인 그의 자비로운 말씀은 그녀가 전혀 예상치 못한 방법으로 그녀를 자유롭게 만들었다.

현대적 의미

이것은 죄와 용서에 대한 강력한 드라마이다. 이것은 교회가 항상 가장 사랑해 왔던 이야기들 중 하나였다(그것은 정경과 권위의 문제를 훨씬 더 복잡하게 만든다). 그러나 이 이야기에 근거하여 청중들에게 설교를 할 때면 나의 초점은 너무나 쉽게 전적으로 그 여인, 그녀의 죄의 깊이, 그리고 예수의 용서의 힘에 맞춰지게 된다. 그 주제는 물론 중요하다. 그러나 우리의 고찰을 필요로 하는 다른 부수적인 주제들도 있다. 그 주제들은 오늘날 똑같이 강력한 메시지를 전해 줄 수 있다. 여기서 나는 여인을 고소한 자들의 위치, 그들의 태도, 그리고 그들의 고소 목적에 대해 생각하고 있다. 랍비 유대교 율법에 대한 연구 덕분에 우리는 그 사람들의 마음속에 무슨 생각이 있었는지에 대해 훨씬 더 많은 것을 알 수 있게 되었다.

그리고 그 여인에 대한 고소가 절도나 신성모독 혹은 유대교 율법에 수없이 나열된 다른 죄가 아니라 성과 관련된 것이라는 점도 흥미롭다. 종교적 공동체들은 성적 규범과 관련된 불의를 저지른 사람들을 심판하는 데 있어서 대개 상당히 재빠르다(혼전성관계, 낙태, 간음, 이혼 등).

이 이야기가 생명을 얻게 되는 마지막 단계가 있다. 이 이야기에서 "고소 당한" 자가 여인이라는 점이 극히 중요하다. 1세기 유대교는 성적 범죄가 발생할 때마다 여성들에게 유혹자라는 딱지를 붙였다. 그리고 여성들에게는 율법을 지키기 위해 필요한 영적, 도덕적 능력이 결여되어 있다고 주장했다. 예를 들어 사춘기의 성적 열망은 여성들의 유혹적인 매력에 기인하는 것으로 보았다. 이 이야기에서 여인의 연인이 등장하지 않는 것은 중요하다. 성적인 모험을 감행해 본 남자들에 대해서는 그 행위를 눈감아 줄 수 있었으나 여성들에게는 그것이 금지되었다. 성적 범죄를 저지른 여인들에게는 "표식을 붙였지만"(marked) 남자에게는 그렇게 하지 않았다. 이것은 요한복음을 해석하는 여성들에게는 계속적으로 중요한 주제였지만 현대의 주석들 속에서는 거의 모습을 드러내지 않고 있다.

여인. 이 드라마의 무대를 재구성하기 위해서는 나는 죄를 범하고 용서를 받은 사람들의 강력한 이미지로부터 시작해야 할 것이다. 이 드라마의 긴장은 여인이 저지른 죄의 심각성과 예수의 말씀을 통해 그녀가 경험한 놀라운 용서를 그 중심으로 삼고 있다. 그녀의 문제는 작은 것이 아니다. 그녀의 삶 전체가 위기에 빠졌다. 그녀는 율법을 어겼다. 그 율법에 따르자면 그녀는 죽는 것이 마땅하다. 증거가 너무나 확실하여 핑계를 댈 수도 없다. 증인들은 "그녀를 가지고 있다"(have her). 이 이야기에 있어서 그 여인은 놀랍게 빠른 속도로 죽음에서 생명으로 이동한다.

이것은 내가 알고 있는 칼러 페이 터커(Karla Faye Tucker)의 이력을 상기시킨다. 칼러는 23살이던 1983년 6월에 남자 친구인 데니얼 개럿(Daniel Garrett)과 함께 휴스턴에 있는 한 집을 털기 위해 그 안으로 들어갔다. 며칠 동안 마약에 찌들어 있던 터커와 개럿은 부부가 있는 방으로 가서 그들을 해머와 곡괭이로 죽였다. 두 사람 모두 20곳 이상의 찍힌 상처를 가지고 있었다. 재판 결과 그들은 모두 사형을 언도 받았다(그들 사건은 미국 전역에 널리 보도되었다). 개럿은 1993년에 감옥에서 죽었다. 그러나 터커는 사형수 감방에서 여러 해를 더 살았다.

칼러의 이야기는 단지 지각없는 살인자의 이야기가 아니다. 왜냐하면 그녀는 감옥에 들어간 지 3개월 후에 기독교인이 되었기 때문이다. 인형극 선교팀이 그녀가 있던 감옥을 찾아왔다. 모든 수감자들이 그것을 보러 갔기 때문에 그녀도 지루함을 달래기 위해 그들과 함께 그곳으로 갔다. 그녀는 예배시간에 성경을 한 권 훔쳤다(그것을 무료가 가져갈 수 있다는 것을 몰랐다). 그리고 그날 밤 그것을 몰래 자기 방으로 가져왔다. 그날 밤늦게 그녀는 예수를 자신의 마음속에 받아들였다. 칼러는 후에 이렇게 쓰고 있다. "내가 예수님을 받아들이자 내가 한 일의 실재와 그 엄청난 무게가 나를 짓누르기 시작했습니다. 그날 밤 내 평생 처음으로 나는 내가 한 짓이 무엇인지 깨달았습니다. 여러 해 만에 처음으로 나는 울기 시작했습니다. 그리고 오늘날까지 눈물은 내 삶의 일부가 되었습니다."[19]

칼러의 삶이 바뀌었다는 것은 확실했다. 그리스도가 그녀 속에 살아 계셨다. 14년이 넘는 세월 동안 그녀는 감옥에서 영향력 있는 기독교인으로 살았다. 그녀는 1995년에 자신과 함께 일했던 감옥담당 목사와 결혼했다(Dana Brown, 이름은 Dana이지만 그는 남자이다.-옮긴이). 그녀의 삶은 자신이 행한 일에 대한 공포로 얼룩져 있었다. "나는 그날 밤의 아픔을 느낍니다. 내가 그날 밤 한 일 때문에 나는 그날 이후 매일 다른 사람들을 만날 때마다 아픔을 느낍니다. 나는 그날 내 속에 있던 마귀를 압니다. 그리고 나는 그날 일어났던 일은 너무 끔찍한 일이었기 때문

19. '조지 W. 부시 주지사와 텍사스 사면 및 가석방 심사위원회에 보내는 칼러의 편지'(Karla's letter to Governor George W. Bush and the Texas Board of Pardons and Paroles, 1998)에서 발췌. 칼러의 편지 본문과 이 사건의 전체내용을 보기 원한다면 Cable News Network, CNN(www.cnn.com)의 자료를 참조하기 바란다.

에 괴물만이 그런 일을 할 수 있었다는 것을 압니다."[20] 그녀의 삶은 예수의 용서를 경험한 기쁨으로 빛났다.

1997년에 칼러의 사형집행일이 정해졌다. 1998년 2월 3일. 다시 한 번 그녀는 미디어의 주목대상이 되었다. 그녀의 회심은 정말이었는가? 텍사스주는 남북전쟁 이후 최초의 여성 사형수에게 정말로 사형을 집행할 것인가? 1998년 1월 14일에 칼러는 CNN 방송에서 래리 킹(Larry King)과 인터뷰를 가졌다. 킹은 1983년 살인 사건의 무시무시한 자세한 내용을 알아내려고 노력했다(터커는 이에 대해 말하고 싶어하지 않았다). 그는 그녀에게 생긴 일이 다만 진심이 결여된 "감옥 회개"(jailhouse conversion) 이상의 것임을 믿으려 하지 않았다. 죽음을 겨우 몇 주 앞두고도 긍정적인 태도를 보이는 모습에 당혹해 하면서 킹은 물었다. "아직도 마음이 괜찮습니까? 그것에 대해 나에게 좀더 설명해 주어야 할 것 같습니다. 단지 하나님 때문에 그러는 건 아니겠죠?" 칼러는 간단하게 대답했다. "아니오, 단지 하나님 때문에 이러는 것 맞습니다. 사람들은 이것을 주님의 기쁨이라고 부르죠." 임박한 사형집행에 대한 그녀의 느낌을 설명해 달라는 거친 질문들이 그녀에게 쏟아졌다. 그녀는 마음이 고요하고 평안하다고 대답했다. 그녀는 피해자 가족들이 그녀의 사랑을 보고 또 그녀를 용서해 주기를 소망한다고 밝혔다. 그녀가 유일하게 유감스럽게 생각하는 것은 미국 감옥에서 좀더 사역을 하지 못하게 된 것이라고 했다.

1998년 2월 3일, 텍사스주 게이츠빌(Gatesville)에서 칼러는 약물주입을 통해 사형 당했다. 그녀의 마지막 말은 사랑과 용서에 대한 것이었다. 텍사스 주지사였던 조지 부시(George W. Bush)에게 보낸 마지막 탄원들은 소용이 없었다. 세계의 많은 기독교인들의 탄원도 무시되었다.

칼러의 회심은 우리에게 도움을 준다. 왜냐하면 기독교적 삶의 힘이 그의 죄의 힘과 직접적으로 연관이 되어 있기 때문이다. 그녀는 하루도 빠짐없이 자신의 죄와 하나님의 용서에 대해 묵상하면서 살았다. 간음 중에 잡힌 여인이 자신의 잘못을 부인하지 않았던 것처럼 칼러도 자신의 범죄를 부인하지 않았다. 두 경우 모두에 있어서 죄로부터의 자유의 가능성은 위협과 율법의 결과가 아니라 용서와 사랑의 결과였다. 칼러는 변화된 사람이었다. 그리고 그녀는 그 변화를 14년 동안 보여주었다. 간음 중에 잡힌 여인도 변화되었을 것이다. 왜냐하면 그리스도가 그를 자유롭게 해 주셨기 때문이다. 슬프게도 그 평행은 여기서 끝난다. 예수는 은혜의 힘

20. Ibid.

을 이해하셨고 그 여인을 풀어 주셨다. 그러나 텍사스주는 그렇게 하지 않았고 칼러는 죽임을 당했다.

우리 각자의 삶에 있어서 그리스도의 용서에 대한 인식은 우리 자신의 죄성의 깊이를 인식하지 못하게 될 때 줄어들게 된다. 우리가 더 이상 그 여인의 드라마 속에서 자신을 볼 수 없을 때, 우리가 고소와 정죄로부터 자유롭다고 느끼게 될 때, 우리는 하나님의 은혜를 보지 못하게 된다. 예수는 단지 율법의 요구조건들에만 헌신하셨던 것이 아니라 자신 앞에 있는 여인을 돌보고 변화시키는 일에도 헌신하셨다.—그것은 그가 앉아 계신 곳으로 죄의 짐을 가지고 나아오는 모든 자들에게도 마찬가지이다. 예수와 여인에 관한 이 드라마는 내가 그 여인이 되고 나 자신의 위기의 심각성에 대해 묵상해 볼 때 힘을 갖게 된다. 이 새로운 이야기 속에서 나는 예수의 사랑과 자비를 바라보는 새로운 안목을 얻게 된다.

심판. 드라마가 제기하는 다른 부수적인 주제들이 있다. 오늘 우리는 그것들에 대해서도 생각해 보는 것이 좋을 것이다. 여인의 죄와 율법의 요구들에도 불구하고 예수는 고소자들이 형벌을 가하는 것을 허락하지 않으신다. '여인은 죽지 않는다.' 이 이야기는 우리들 자신의 사회 속에서 회심한 죄인들을 어떻게 다루어야 할 것인가 하는 난해한 문제를 우리에게 제기한다. 복음주의자들은 이 이야기 속에서 나의 죄악된 삶의 상태와 하나님의 용서에 대한 영적 메시지를 발견하고는 만족스러워 한다(모든 것들은 추상적이다). 그러나 사회 속에서 끔찍한 죄를 저지른 자들(도둑들, 살인자들 등), 회개한 자들, 그리고 새로운 삶을 찾은 자들을 어떻게 해야 하는가 하는 복잡한 문제에 대해서는 씨름해 보려고 하지 않는다. 예수께서 그 여인을 벌하지 않으셨다는 사실은 여전히 남아 있다. 내가 위에서 주장한 바와 같이 바로 이 사실 때문에 300여 년 동안 교회는 이 이야기를 받아들이지 않았었다. 이야기 속에는 형벌도, 참회도, 손해배상도 등장하지 않는다. 그 여인은 예루살렘의 한 고아원에서 몇 년 동안 사회봉사를 했어야 하지 않는가?

칼러의 이야기 역시 사형제도와 미국 형사제도의 목적에 관해 많은 질문들을 불러일으킨다. 2월 3일 밤에 게이츠빌 교도소 문 앞에는 수많은 국제 보도진들이 몰려들었다. 거기에는 또한 사형집행에 찬성하는 많은 텍사스 주민들도 있었다. 어떤 사람들은 칼러를 위해 밤새 조용히 기도를 드렸고 다른 이들은 "죗값을 치르라"라고 소리를 질렀다. 그것은 초현실적인 광경이었다. 양측의 모습은 또 다시 예수와 여인의 이야기를 떠올리게 했다.

나는 우리의 이야기가 모든 회심한 죄인들을 석방시키라는 가르침을 주고 있는 것은 아니라고 생각한다. 그러나 이것은 사형제도의 목적에 대한 질문들은 불러일으킨다. 한 재소자가 사형을 당했을 때 만족을 얻게 되는 것은 무엇인가? 그것은 복수인가? 그것은 범죄예방용인가? 그것은 정의에 관한 것인가? 우리는 형벌 자체의 기능에 대해 어떤 생각을 하고 있는가? 어떤 사람이 감옥체제 속에서 성령에 의해 참으로 변화를 받았을 때 그에게는 어떤 일이 발생하는가? 척 콜슨(Chuck Colson)이 이끄는 '교도소 선교회'(Prison Fellowship)를 통해 나는 많은 사람들을 만날 기회를 가졌었다. 그들은 이전에 감옥에서 회심하여 지금은 기독교인으로 성장하고 있는 자들이었다. 그들과 한 번 만나고 나면 우리는 전에는 씨름해 보지 않았던 문제들을 놓고 씨름하게 될 것이다. 예수는 성전에서 용서하시고, 변화시키시고, 그녀를 자유롭게 가게 해 주실 수 있었다. 만약 예수가 우리의 감옥들에서 그런 일을 하신다면 어떤 일이 발생할까? 우리는 예수 편에 설 것인가, 아니면 그녀를 죽이기를 원했던 종교지도자들 편에 설 것인가?

고소자들. 아마도 이 드라마에 있어서 가장 어려운 측면들 중 하나는 이 여인에 대한 남자들의 접근방식일 것이다. 그들은 종교적인 사람들이고, 그들의 공동체의 지도자들이며, 율법을 지킨다고 알려진 자들이다. 만약 그들에게 묻는다면, 그들은 자신들이 하나님이 기대하시는 정의를 실천하고 있기 때문에 하나님께 영광을 돌리고 있다고 대답할 것이다. 그들의 태도는 예수가 가끔 더불어 논쟁하셨던 바리새인들과 율법교사들을 떠올리게 한다. 마태복음 23:23에서 예수는 그들이 어떻게 중요한 것들은 놓치면서 종교적 순종의 작고 세부적인 것들은 열심히 추구하고 있는지를 말씀하신다. "너희가…율법의 더 중한 바 정의와 긍휼과 믿음은 버렸도다. 그러나 이것도 행하고 저것도 버리지 말아야 할지니라."

물론 이 사람들이 가지고 있던 보다 깊은 의도는 예수를 덫에 걸리게 하는 것이었다. 그들의 전략에는 그 여인을 덫에 걸리게 하는 것도 포함되어 있었다. 아마도 덫을 놓는 것은 그들의 종교적 노력의 한 특징이라고 할 수 있을 것이다. 그들은 종교경찰이다. 그런데 그들은 예수라는 사람이 규정들을 어기는 것을 본 것 같다. 그래서 그들은 규정을 범한 한 여인을 찾는다. 그리고 예수가 규정을 다시 한 번 어기는지를 보려고 한다. 의심할 바 없이 이 교사들은 여인과 예수 모두가 유죄이며 훈계를 필요로 한다고 생각했을 것이다.

바리새인들도 하나님의 자비와 은혜를 이해했다. 그러나 그들은 그 적용에 대해서는 의견이 일치하지 않았다. 그들은 우리가 흔히 생각하는 대로 아무 생각 없는 종교적 맹종자들은 아니었다. 그러나 그들은 일단 누군가가 구원을 얻고 나면 하나님의 법에 열정적으로 순종해야 한다고 생각했다. 그들은 종교적 순종은 눈에 보이는 의로운 행동을 통해 나타나야 한다고 주장했다. 이것은 "응답적 율법주의"(responsive legalism)였다. 그것은 의로운 생활을 은혜의 전제조건으로 보지는 않았지만, 그런 생활은 경건한 사람의 삶의 특징으로서, 필요하면서도 실행 가능한 것이라고 보았다. 이 생활 규정들은 ('미쉬나'[*Mishnah*]에 풍부하게 예시되어 있는데) 지도자들 사이에서 주요 관심사가—혹은 심지어 가장 중대한 관심사가—될 수 있었다.

그러나 이와 같이 종교적 열광에 사로잡힌 자들은 자기 자신을 거의 이런 방식으로 보지 않는다. 경건한 의를 진지하게 받아들이는 복음주의자들도 자기 자신을 이런 식으로 보지 않는다. 간음 중에 잡힌 여인의 이야기는 우리의 종교적 기대에 맞지 않는 사람들을 향한 우리의 반응들을 시험한다. 우리는 종교경찰이 아닌가? 의로움에 대한 우리의 건강한 헌신이 때로는 사람들의 개인적 삶의 상세한 부분들에 대한 광적인 편견으로 변하지는 않는가? 처음으로 복음주의자들의 세계에 발을 들여놓는 사람들은 이 질문에 대해 즉시 "그렇다"라고 대답할 것이다. 그러나 우리는 자신들의 그런 모습을 거의 보지 못한다.

성(性)과 죄. 나는 예수 앞에 제시된 죄가 성적인 범죄라는 사실에 호기심이 끌린다. 만약 바리새인들의 전략이 대중들로 하여금 예수를 적대시하도록 만드는 것이었다면, 만약 그들이 저녁 뉴스에 나올 만한 문제를 일으키기를 원했다면, 그리고 만약 그들이 대중들을 모으고 그들의 관심을 끌기를 원했다면, 성(性)은 마술처럼 효력을 발휘했을 것이다. 그들은 예수가 안식일에 관한 규정들은 한 두 가지 깨뜨렸다고 하더라도 성적 금기에 대해서만큼은 율법을 지키려고 할 것이라고 생각했을 것이다. 이 지도자들에게는 대중의 지지가 보장되어 있었다. 또 한 명의 죄인에 대한 이야기를 듣는 데는 지쳐 있는 대중들이라 해도 성적인 스캔들에 대해서는 귀를 세우고 들으려 할 것이다![21]

하지만 예수는 그런 것 때문에 요동하시지 않았다. 죄는 죄이다. 예수는 성적인 죄에 대해 다른 반응을 보이시지 않았다. 하지만 오늘날의 교회를 보면 예수처럼 냉정한 반응을 보이지 않는 것을 보고 놀라게 된다. 우리는 어떤 죄들에 대해서는

21. 내가 이 글을 쓰고 있는 동안 모든 방송에서는 빌 클린턴(Bill Clinton) 대통령의 스캔들 이야기를 들려주고 있다. 선정적인 자세한 이야기가 전국의 뉴스들을 채우고 있다. (Jay Leno 혹은 David Letterman 등이 진행하는) 토크쇼의 시청률도 상당히 올랐다. 이런 스캔들은 그들에게 무진장한 유머의 재료를 제공해 준다.

기꺼이 용서를 한다. 하지만 다른 죄들에 대해서는 (그것들은 자주 성적인 죄들인데) 그리스도의 은혜가 그 죄를 용서하기에 충분하지 못하다는 듯이 반응한다(외관상으로는 분명히 그렇게 반응한다). 만약 목사가 이혼을 한다면 그것은 그의 사역의 앞날에 있어서 어떤 의미를 지니게 될까? 많은 복음주의 기관들 내부에는 이혼은 용서받을 수 없는 죄라는 불문율이 있다. 신앙고백문 속에 이혼에 대한 언급이 전혀 없는 대학들이나 교회들에 있어서도 교수나 직원 후보자들은 이 개인적 불명예 때문에 임용되지 못한다. 어떤 경우에는 사람들은 이혼의 피해자이다. 내 친구 중 한 명은 유능한 신약학자이다. 그런데 그의 아내가 그와 두 아이들을 남기고 집을 나가 버렸다. 그녀가 그를 버려서 이혼을 했지만 그는 그 사건 때문에 다시는 교수직을 얻을 수 없었다.

교회는 성적인 죄와 관련된 특별한 목록을 가지고 있다. 그리고 우리는 그것들에 대해 강한 반응을 보인다. 유산, 간음, 그리고 혼전성관계가 여기에 쉽게 포함될 수 있다. 교회에는 가고 싶지만 동성연애자이거나 독신주의자이기 때문에 곤란을 겪는 사람이 있다고 하자. 그는 자신의 상태를 받아들이고 하나님의 치료를 원하고 있다. 또 다른 사람이 있는데 그는 남의 험담을 하는 습관이 있다. 그 사람도 그것을 회개하고 하나님의 치유해 주심을 바라고 있다. 교회에서 이 두 사람이 같은 대우를 받게 될까? 만약 어떤 장로님이 혼외정사를 저질렀다면 우리의 반응은 그를 정죄하고 쫓아내는 것일까, 아니면 그를 용서하고 치유하는 것일까?

나는 성적인 범죄의 심각성을 무시하려는 것이 아니다. 예수도 그러시지는 않았다. 그러나 예수는 다른 반응을 보이셨다. 그는 성범죄자에게 "나도 너를 정죄하지 아니하노니 가서 다시는 죄를 범하지 말라"라고 말씀하실 수 있었다. 우리 앞에 놓인 이야기는 나의 반응들을 점검해 볼 것을 요구하고 있다. 왜냐하면 많은 사람들이, 이 이야기 속의 여인과 마찬가지로, 자신들의 죄가 성범죄이기 때문에 자신들은 하나님의 백성들 사이로 들어갈 수 없다고 믿고 있기 때문이다.

여인들, 성(性), 그리고 죄. 바리새인들이 '여자와 남자'가 아니라 오직 여인만을 예수 앞에 끌어오기로 결정했다는 사실에 대해 심각하게 고민해 보아야 한다. 성범죄는 (내가 앞서 주장했듯이) 커다란 대중적 반향을 일으키는데 그 범죄자가 여성일 경우에는 더더욱 그러하다. 이 경우에 남자도 여자와 마찬가지로 죄가 있었다. 그러나 남자를 재판하는 것은 필요 없어 (혹은 안 하는 편이 더 나아) 보였다. 이것은 우리가 흔히 간과하는 중요한 세부사항이다. 이것의 의미는 무엇인가?

사회는 여성범죄보다 남성범죄에 대해 훨씬 더 관용을 베푼다. "사내 녀석들은 다 그런 법이야"(He's all boy.)라는 말은 규칙을 어기고 청바지를 찢는 아이들에게 흔히 하는 말이다. "젊은 나이 때는 누구나 다 해 보는 짓이지"(He's out sowing his wild oats.)라는 말은 남자들이 좀더 컸을 때 하는 편리한 말이다. 수세기에 걸쳐서 사회는 남자들이 용납될 수 있는 행위의 한계부근에서 실험적인 행위를 하는 것을 용납해 왔다. 성적 행위들도 예외가 아니다. 역사적으로 여인들의 아이러니는 남자들이 '그들과 함께' 죄를 저질러 왔다는 것이다.—그런데 나중에는 여성들만을 성범죄자로 고소한다. 이것은 지미 스워거트(Jimmy Swaggert)의 그림과 유사하다. 그는 1980년대에 성적 난잡에 대해 소리를 높이며 비난했다. 하지만 바로 그 기간동안 그는 지방의 싸구려 모텔들을 돌며 창녀들을 만났었다.

만약 우리의 범죄 인식에 있어서 성별의 차이가 어떤 역할을 한다는 것이 사실이라면, 여성들의 죄가 겉으로 드러났을 때 그것은 여성에게 어떤 의미를 가질까? 남자들은 언제 그들을 고소하는가? 죄의 심각성의 정도에는 차이가 있는가? 관용의 정도에도 차이가 있는가? 사회적 결과에도 차이가 있는가? 그 상처로 인한 표식들은 여성들에게 영원히 남게 되는가? 우리가 이 문제의 핵심을 살피기 위해서는 지극히 정직한 마음으로 이 질문들을 검토해 보아야 한다. 의심할 바 없이 그것은 오직 여성만이 종교 당국자들 앞에 끌려 나왔을 때 그것이 무엇을 의미하는지를 그녀에게 물음으로써 시작되어야 한다. 우리들 중 많은 남자들은 어떤 놀라운 대답을 듣게 될 것이다.

요한복음 8:12-59

12 예수께서 또 말씀하여 이르시되 나는 세상의
빛이니 나를 따르는 자는 어둠에 다니지 아
니하고 생명의 빛을 얻으리라
13 바리새인들이 이르되 네가 너를 위하여 증언
하니 네 증언은 참되지 아니하도다
14 예수께서 대답하여 이르시되 내가 나를 위하
여 증언하여도 내 증언이 참되니 나는 내가
어디서 오며 어디로 가는 것을 알거니와 너
희는 내가 어디서 오며 어디로 가는 것을 알
지 못하느니라
15 너희는 육체를 따라 판단하나 나는 아무도
판단하지 아니하노라
16 만일 내가 판단하여도 내 판단이 참되니 이
는 내가 혼자 있는 것이 아니요 나를 보내신
이가 나와 함께 계심이라
17 너희 율법에도 두 사람의 증언이 참되다 기
록되었으니
18 내가 나를 위하여 증언하는 자가 되고 나를 보
내신 아버지도 나를 위하여 증언하시느니라
19 이에 그들이 묻되 네 아버지가 어디 있느냐
예수께서 대답하시되 너희는 나를 알지 못하
고 내 아버지도 알지 못하는도다 나를 알았
더라면 내 아버지도 알았으리라
20 이 말씀은 성전에서 가르치실 때에 헌금함
앞에서 하셨으나 잡는 사람이 없으니 이는
그의 때가 아직 이르지 아니하였음이러라
21 다시 이르시되 내가 가리니 너희가 나를 찾
다가 너희 죄 가운데서 죽겠고 내가 가는 곳
에는 너희가 오지 못하리라
22 유대인들이 이르되 그가 말하기를 내가 가는
곳에는 너희가 오지 못하리라 하니 그가 자
결하려는가
23 예수께서 이르시되 너희는 아래에서 났고 나
는 위에서 났으며 너희는 이 세상에 속하였
고 나는 이 세상에 속하지 아니하였느니라
24 그러므로 내가 너희에게 말하기를 너희가 너
희 죄 가운데서 죽으리라 하였노라 너희가
만일 내가 그인 줄 믿지 아니하면 너희 죄 가
운데서 죽으리라
25 그들이 말하되 네가 누구냐 예수께서 이르시
되 나는 처음부터 너희에게 말하여 온 자니라
26 내가 너희에게 대하여 말하고 판단할 것이
많으나 나를 보내신 이가 참되시매 내가 그
에게 들은 그것을 세상에 말하노라 하시되
27 그들은 아버지를 가리켜 말씀하신 줄을 깨닫
지 못하더라
28 이에 예수께서 이르시되 너희가 인자를 든
후에 내가 그인 줄을 알고 또 내가 스스로 아
무 것도 하지 아니하고 오직 아버지께서 가
르치신 대로 이런 것을 말하는 줄도 알리라
29 나를 보내신 이가 나와 함께 하시도다 나는
항상 그가 기뻐하시는 일을 행하므로 나를
혼자 두지 아니하셨느니라
30 이 말씀을 하시매 많은 사람이 믿더라
31 그러므로 예수께서 자기를 믿은 유대인들에
게 이르시되 너희가 내 말에 거하면 참으로
내 제자가 되고
32 진리를 알지니 진리가 너희를 자유롭게 하
리라
33 그들이 대답하되 우리가 아브라함의 자손이
라 남의 종이 된 적이 없거늘 어찌하여 우리
가 자유롭게 되리라 하느냐
34 예수께서 대답하시되 진실로 진실로 너희에
게 이르노니 죄를 범하는 자마다 죄의 종이라
35 종은 영원히 집에 거하지 못하되 아들은 영
원히 거하나니

36 그러므로 아들이 너희를 자유롭게 하면 너희
가 참으로 자유로우리라
37 나도 너희가 아브라함의 자손인 줄 아노라
그러나 내 말이 너희 안에 있을 곳이 없으므
로 나를 죽이려 하는도다
38 나는 내 아버지에게서 본 것을 말하고 너희
는 너희 아비에게서 들은 것을 행하느니라
39 대답하여 이르되 우리 아버지는 아브라함이
라 하니 예수께서 이르시되 너희가 아브라함
의 자손이면 아브라함이 행한 일들을 할 것
이거늘
40 지금 하나님께 들은 진리를 너희에게 말한
사람인 나를 죽이려 하는도다 아브라함은 이
렇게 하지 아니하였느니라
41 너희는 너희 아비가 행한 일들을 하는도다
대답하되 우리가 음란한 데서 나지 아니하
였고 아버지는 한 분뿐이시니 곧 하나님이시
로다
42 예수께서 이르시되 하나님이 너희 아버지였
으면 너희가 나를 사랑하였으리니 이는 내가
하나님께로부터 나와서 왔음이라 나는 스스
로 온 것이 아니요 아버지께서 나를 보내신
것이니라
43 어찌하여 내 말을 깨닫지 못하느냐 이는 내
말을 들을 줄 알지 못함이로다
44 너희는 너희 아비 마귀에게서 났으니 너희
아비의 욕심대로 너희도 행하고자 하느니라
그는 처음부터 살인한 자요 진리가 그 속에
없으므로 진리에 서지 못하고 거짓을 말할
때마다 제 것으로 말하나니 이는 그가 거짓
말쟁이요 거짓의 아비가 되었음이라
45 내가 진리를 말하므로 너희가 나를 믿지 아
니하는도다
46 너희 중에 누가 나를 죄로 책잡겠느냐 내가
진리를 말하는데도 어찌하여 나를 믿지 아니
하느냐
47 하나님께 속한 자는 하나님의 말씀을 듣나니
너희가 듣지 아니함은 하나님께 속하지 아니
하였음이로다
48 유대인들이 대답하여 이르되 우리가 너를 사
마리아 사람이라 또는 귀신이 들렸다 하는
말이 옳지 아니하냐
49 예수께서 대답하시되 나는 귀신 들린 것이
아니라 오직 내 아버지를 공경함이거늘 너희
가 나를 무시하는도다
50 나는 내 영광을 구하지 아니하나 구하고 판
단하시는 이가 계시니라
51 진실로 진실로 너희에게 이르노니 사람이 내
말을 지키면 영원히 죽음을 보지 아니하리라
52 유대인들이 이르되 지금 네가 귀신 들린 줄
을 아노라 아브라함과 선지자들도 죽었거늘
네 말은 사람이 내 말을 지키면 영원히 죽음
을 맛보지 아니하리라 하니
53 너는 이미 죽은 우리 조상 아브라함보다 크
냐 또 선지자들도 죽었거늘 너는 너를 누구
라 하느냐
54 예수께서 대답하시되 내가 내게 영광을 돌리
면 내 영광이 아무 것도 아니거니와 내게 영
광을 돌리시는 이는 내 아버지시니 곧 너희
가 너희 하나님이라 칭하는 그이시라
55 너희는 그를 알지 못하되 나는 아노니 만일
내가 알지 못한다 하면 나도 너희 같이 거짓
말쟁이가 되리라 나는 그를 알고 또 그의 말
씀을 지키노라
56 너희 조상 아브라함은 나의 때 볼 것을 즐거
워하다가 보고 기뻐하였느니라
57 유대인들이 이르되 네가 아직 오십 세도 못
되었는데 아브라함을 보았느냐
58 예수께서 이르시되 진실로 진실로 너희에게
이르노니 아브라함이 나기 전부터 내가 있느
니라 하시니
59 그들이 돌을 들어 치려 하거늘 예수께서 숨
어 성전에서 나가시니라

원 의미

요한복음 8:12-59을 분석하기 위해서는 그 문맥부터 살펴야 한다. 간음 중에 잡힌 여인의 이야기는 예수의 초막절 강화를 중간에서 끊어 놓는다(요 7:53-8:11 주석 참조). 그러므로 초막절이라는 주제를 계속 이어가기 위해서는 요한복음 7:52와 8:12을 연결시켜야 한다. 우리는 앞에서 어떻게 이야기가 일련의 질문들과 대답들을 따라 진행되어 왔는가 하는 것을 보았다. 그 질문들과 대답들은 초막절의 시작(요 7:1-13), 그 중간(요 7:14-36), 그리고 큰 축하의 날인 마지막 날(요 7:37-39)로 이어지는 순서를 따라 진행되었다. 마지막 날 예수는 자신에 관해 엄청나게 중요한 선언을 하셨다(요 7:37-39): 그가 바로 초막절이 상징적 의식들을 통해 약속하고 있는 생수의 근원이시다. 예수는 안식일과(5장) 유월절을(6절) 통해 하셨던 것처럼 이곳에서도 유대인들의 의식에서 이미지들을 취해서 그것들을 메시야로서의, 하나님의 아들로서의 자신의 정체성을 더 분명하게 만드는 데 사용하신다.

그렇기 때문에 우리가 요한복음 8:12로 돌아왔을 때 예수는 아직도 초막절 축제에 참여하고 계시고 초막절 마지막 날에 성전에 서 계신 것 같다.[1] 축제 마지막 날의 종교적 주제들은 우리가 8:12-59에서 찾은 것들을 계속해서 알려줄 것이다. 물이 초막절에서 중요한 이미지인 것과 마찬가지로 빛도 역시 중요한 역할을 한다. 그것이 바로 8:12에서의 예수의 주제이다.

그리고 요한복음 8:12-59은 9장과 중요한 통일체를 형성한다. 9장에서도 초막절이라는 배경이 전제되어 있다. 8:12에서 예수는 자신이 세상의 빛이라고 선언하신다. 그리고 바로 다음 장에서 그는 맹인에게 빛을 주심을 통해 선지자적으로 '그 메시지를 실천에 옮기신다.' 한 때는 어둠 속에서 살았던 사람이 하나님의 빛을 경험한다. 그리고 예수는 (아이러니컬하게도) 빛을 소유하고 있다고 주장하는 자들은(바리새인들) 어둠 속에서 살고 있다고 말씀하신다.

"나는 세상의 빛이니"(요 8:12-20)

이것은 뒤에 서술어가 붙는 예수의 두 번째 "나는…이다"(I am) 말씀이다. "나는 세상의 빛이니."[2] 초막절은 나무열매와 포도의 수확을 축하하는 늦은 가을의

1. 요 8:12의 첫 헬라어 단어는 "다시"(again)이다. 그것은 이전 섹션으로부터의 계속을 암시한다.

축제이다(7장 주석 참조). 물의 의식들은 건조한 가을에 물이 필요함을 상기시켰고 또한 초막절은 시기적으로 오랜 여름이 지났음을 가리켰다. (낮과 밤의 길이가 같은) 추분은 빛의 의식의 배경을 제공했다. 빛의 의식은 예루살렘에서 인기가 있었고 초막절 축제 속에 잘 섞여 들어갔다.

스가랴 14장은 두 의식들 모두를 위한 신학적 배경을 제공한다. 주의 날이 이르면 예루살렘으로부터 풍부한 물이 흐를 뿐만 아니라 독특한 일이 발생할 것이다. "여호와의 아시는 한 날이 있으리니 낮도 아니요 밤도 아니라 어두워 갈 때에 빛이 있으리로다"(슥 14:7). 그 이미지는 또한 광야에서의 이야기들로부터 가져온 것이다. 바위에서 물이 흘러나왔고 불기둥과 구름기둥이 여러 해 동안 이스라엘을 인도했다(출 13:21-22; 민 14:14). 그러므로 초막절은 여러 주제들을 한데 모으고 있다. 추수, 가뭄, 다가오는 겨울의 어두움, 광야생활, 그리고 종말론적 비전이 모두 성전 의식들 속에 통합된다.

초막절(수카, *Sukkah*)에 관한 '미쉬나'(*Mishnah*)의 장은 물과 빛의 의식들에 대해 풍부한 자료를 제공해 준다. 그 책은 이것들을 보지 못한 자는 자신의 삶에 있어서 경이로움을 결코 보지 못한 자라고 설명한다! 네 개의 커다란 스탠드에는 각각 4개의 금주발이 있다. 이것들은 사람들로 붐비는 여인들의 뜰에 놓여졌다.[3] (사다리를 통해 오를 수 있는) 이 열 여섯 개의 금등잔들은 기름으로 채워졌고 제사장들의 낡은 속옷이 심지로 사용되었다(*m. Sukkah* 5). 밤이 되어 그곳에 불이 켜지면 (랍비들은 그렇게 말했다) 모든 예루살렘이 환해졌다.[4] 공적인 야간조명장치가 없던 시기에 예루살렘의 노란색 석회암 벽을 등지고 빛나는 그 빛들은 환상적이었을 것이다. 램프에 불을 붙이는 동안 레위인들의 성가대가 찬양을 불렀을 것이고 "경건하고 선한 일을 행한 자들"(men of piety and good works)은 손에 횃불을 든 채 거리에서 춤을 추며 노래를 불렀을 것이다.

초막절 마지막 날 예수는 여인들의 뜰에 있는 헌금궤 옆에서 가르치셨다(요 8:20, 그렇기 때문에 남자들뿐만 아니라 '여인들도' 헌금을 드릴 수 있었다. cf. 막

2. 요 6:35과 주석 참조. 그곳에서 예수는 "나는 생명의 떡이니"라고 말씀하신다.
3. 이 배경을 머리속에 그리기 위해서는 헤롯 성전의 개괄적인 모습을 먼저 떠올려야 한다. 여인들의 뜰(the Court of the Women)은 한 단 높은 곳에 설치된 첫 번째 뜰이었다. 그곳의 출입은 유대인들에게만 허용되었고 이스라엘의 뜰(the Court of Israel, 혹은 남자들[Men]의 뜰) 동쪽에 있었다.
4. 램프들이 오직 축제가 시작될 때만 켜졌는지 아니면 매일 밤마다 켜졌는지에 대해서는 논란이 있다. 이것은 요한복음 8:12에서의 예수의 말씀의 중요성에 영향을 미칠 것이다. 만약 그날 램프가 꺼져 있었다면 (Morris의 생각) 예수의 선포는 마지막 저녁의 어둠과 효과적인 대조를 이룰 수 있었을 것이다.

12:41). 그 장면을 상상해 보라! 점화의식이 거행되는 바로 그 뜰에서 예수는 열여섯 개의 환하게 빛나는 기름 등잔들 바로 밑에 서셔서 자신이 단지 예루살렘뿐만 아니라 온 세상의 참된 빛이라고 말씀하고 계신 것이다!

고대 세계에 있어서 "빛"을 영적인 의미로 사용하는 것은 흔한 일이었다. 유대교, 구약성경, 쿰란, 헬라종교, 그리고 후기 영지주의 문헌들 속에서 그 평행들을 쉽게 찾을 수 있다. 그러나 이곳에서의 예수의 사용과 우리가 이제 막 살펴 본 모든 장면은 철저하게 유대적이다. 예수는 세상에서의 하나님의 구원사역을 "빛"이라고 부르고 있는 수많은 경우들을 지칭하고 계신 것이다.[5] 요한복음 1:5은 이 전통을 반영한다. "빛이 어둠에 비치되 어둠이 깨닫지 못하더라"(cf. NIV 주해). 하나님의 첫 번째 창조물은 빛이었다(창 1:3). 하나님은 심지어 광야에서 이스라엘 백성들을 빛으로 인도하셨다(출 13:21-22; 시 78:14). 그리고 그들은 "여호와는 나와 빛이요 나의 구원이시니 내가 누구를 두려워하리요"(시 27:1)라는 노래를 배웠다. 그러므로 세상에 주어진 하나님의 지혜는 그의 백성들을 비추는 빛이다(잠 8:22). 그래서 시편 119:105은 "주의 말씀은 내 발에 등이요 내 길에 빛이니이다"라고 노래한다. 랍비유대교에 있어서 이 빛은 또한 하나님의 말씀(토라, Torah)으로 정의되었다. 그것은 연구를 통해 사람들을 인도하고 지혜를 공급한다.

요한복음에 있어서 예수는 세상 속에서의 하나님 자신의 현존의 실현 혹은 성육신이시다. 그렇기 때문에 이 복음서에서 그리스도의 사역을 묘사하기 위해 열여섯 번이나 "빛"이라는 단어가 사용된 것은 놀랄 일이 아니다. 심지어 요한서신도 이 단어를 사용한다. "하나님은 빛이시라. 그에게는 어둠이 조금도 없으시다"(요일 1:5). 만약 예수가 빛이라면 "빛 속에서" 걷는다는 것은 제자도에 대한 설명이다(요 1:7).

예수가 자신을 (불기둥이 광야에서 이스라엘 백성들을 인도했듯이) 어둠 속에서 사람들을 인도하는 빛이라고 소개하자 사람들은 이에 대해 재빨리 반박한다(요 8:13-19). 8:13에서의 바리새인들의 주장은 요한복음 5장에서 예수가 예루살렘을 방문하셨을 때 발생한 일을 상기시킨다. 그때 예수는 법적 증언자격에 대해 "내가 만일 나를 위하여 증언하면 내 증언은 참되지 아니하되"(요 5:31)라고 말씀하셨다. 유대법은 증언이 유효하기 위해서는 최소한 두 명 이상의 증인이 있어야 할 것을 요구했다(신 17:6; 19:15; 마 18:16; 고후 13:1; *m. Ketuboth* 2:9). 예수는 이 법

5. NIV 영어구약성경에서는 "빛"(light)이 130회 이상 언급되고 있다.

을 알고 계시다(요 8:17). 불행하게도 그의 대적들은 이전의 예루살렘 논쟁에서 예수가 자신의 주장을 증거해 줄 많은 사람들을 보여주었다는 사실을 잊었다. 세례 요한(요 5:33), 그의 기적적인 사역들(요 5:36), 아버지(요 5:37), 그리고 심지어 성경(요 5:39). 이제 예수는 자신의 아버지가 두 번째 증인이심을 다시 반복해 말씀하셔야 한다(요 8:18).

그러나 중요한 어떤 것이 이제 추가되었다. 예수는 다른 증인의 도움 없이 혼자 말씀하실 때는 자신의 말이 가치가 없는 것이라고 결코 말씀하지 않을 것이다. 비록 두 명의 증인을 필요로 한다는 율법을 충족시키지 못했다 하더라도 말이다. 이것이 바로 "육체를 따라" 판단한다는 말의 의미이다(헬라어로는 *kata sarka*, 문자적으로는 "육체를 따라", 요 8:15a, 영문은 "인간적 기준에 따라"[by human standards]라고 풀어서 번역하고 있으나 한글성경은 정확히 "육체를 따라"라고 번역하고 있다.-옮긴이). 예수는 이런 방식으로 판단하시지 않는다(요 8:15b).[6] 그리고 다른 사람에게도 그렇게 할 것을 권하신다. "외모로 판단하지 말고 공의롭게 판단하라 하시니라"(요 7:24). 예수의 판단은 참되다. 그리고 그의 말씀도 참되다. 그것은 그 말씀의 내적 설득력 때문이 아니라 그것의 '기원'(origins) 때문이다(요 8:16b). 이것이 예수의 증거 배후에 있는 기대하지 못했던 새로운 권위이다.

세상적 기준으로 판단하는 자들은 이것을 이해할 수 없다(참조. 고후 5:16).[7] 예수는 아버지께로부터 오셨다. 예수는 자신의 권위에 의지해서 말씀하시는 것이 아니라 아버지가 그에게 말하라고 하신 것을 그대로 전하시고 있다(요 3:34; 14:10, 24; 17:8, 14). 그렇다면 예수의 대적들의 근본적인 문제는 그들이 아버지를 모른다는 것이다(요 8:19). 그들은 참된 영적 분별력을 가질 수 없다. 왜냐하면 그들은 모든 영성의 근원이신 하나님 자신을 모르기 때문이다. 이것은 예수가 지난번에 성전을 방문하셨을 때 우리가 5:42에서 들었던 비판과 같은 것이다. 하나님과 그의 사랑에 대한 깊은 지식이 없이는 그의 아들을 알아보는 것이 불가능하다.

---

6. 이 구절들에 대해서는 중요한 주석적 논쟁이 있다. 어떤 학자들은 예수가 요 8:15-16에서 헬라어 단어 *krino*(판단하다)의 의미를 바꾸고 계시다고 주장한다. 예수는 정죄하시지는 않지만(요 8:15b) 그럼에도 불구하고 판단은 하신다는 것이다(요 8:16). 이 언어유희는 요한복음에서 발견된다. 예수는 '정죄' 하시지 않지만(요 3:17; 12:47; krino를 사용), 심판하기 위해 오신다(요 9:39; 5:22; *krino*와 *krima*를 사용). (나를 포함하여) 다른 학자들은 요한복음 8장에서의 심판은 '세상적인'(*worldly*) 판단(cf. 요 7:24)과 대조되고 있다고 믿는다.

7. "그러므로 우리가 이제부터는 어떤 사람도 '육체를 따라'[*kata sarka*] 알지 아니하노라. 비록 우리가 그리스도도 '육체를 따라'[*kata sarka*] 알았으나 이제부터는 그같이 알지 아니하노라."

이 말씀은 "성전에서 가르치실 때에 헌금함 앞에서"(요 8:20a) 즉, 여인들의 뜰 안에서 하셨다. 그곳에는 '쇼파르'(*Shofar*, 양의 뿔, 대상 25:5) 모양으로 만든 헌금궤가 13개 있었다. 각각의 헌금궤에는 그 헌금의 용도가 적혀 있었다(*m. Shekalim* 2:1; 6:1, 5). 마가복음 12:41-44에서 한 가난한 과부가 구리 동전 두 개를 넣은 곳이 바로 이곳이다. 요한은 예수가 이번에 바리새인들에게 잡히지 않으셨다고 말한다(요 8:20b). 그것은 그들이 갑자기 예수의 대답에 만족했기 때문이 아니라 그의 "때가 아직 이르지 않았기" 때문이었다. 예수가 떠나셔야 할 때가 되면 그는 잡히실 것이다. 그러나 그때는 오직 그 자신만이 결정하신다(요 2:4; 7:30; 8:20; 12:23).

"내가 가리니"(요 8:21-30)

이 섹션과 요한복음 7:25-36 사이에는 많은 평행들이 있다. 예수의 기원에 대한 질문은 아직도 논쟁의 중심으로 남아 있다. 예수는 자신이 떠나온 곳으로 돌아가기 위해 결국 떠나실 것이다(cf. 요 7:33b; 8:21a). 그리고 많은 사람들이 그를 찾을 것이지만(요 7:34a; 8:21a), 그들은 그곳에 올 수 없을 것이다(요 7:34b; 8:21c). 이것은 큰 오해를 불러일으킨다. 요한복음 7장에서 유대 지도자들은 예수가 이방인들에게 갈 것이 틀림없다고 결론을 내렸다. 왜냐하면 그런 여행은 정통 유대인들에게는 금지되어 있었기 때문이다. 여기에는 아이러닉한 진리가 있다. 왜냐하면 그곳이야말로 바로 (요한과 그의 교회와 같은 전도자들의 사역을 통해) 예수의 사역이 궁극적으로 뻗어 나갈 곳이기 때문이다. 이곳 요한복음 8장에서 군중들은 예수가 죽으러 갈 것임이 틀림없다고 결론을 내린다.—그것은 그들 자신은 피하고 싶은 떠남이다. 여기에도 또 다른 아이러닉한 진리가 있다. 예수는 정말로 죽으실 것이다. 그리고 그의 떠남은 하늘에 계신 아버지께 돌아가심이 될 것이다.

요한복음 8:23-29에서의 예수의 대답은 그의 정체성에 대해 그리고 청중들은 그의 말을 이해할 수 없다는 사실에 대해 중요한 통찰을 제공한다. 그것은 또한 인간들이 처한 상황의 긴박성을 설명한다. 일단 예수가 떠나시고 나면, 일단 그의 말을 듣고 그를 믿을 수 있는 기회가 사라지고 나면, 세상은 멸망한다. "너희가 만일 내가 그인 줄 믿지 아니하면 너희 죄 가운데서 죽으리라"(요 8:24). 군중들은 자연스럽게 묻는다. "네가 누구냐?"(요 8:25).

그러나 군중들은 요점을 완전히 놓치고 있다. 그들이 이해할 수 없는 것은 하나님의 거룩한 이름이다("나는…이다"). 그 이유는 그들은 "아래에서"(from below) 났고 또한 "육체를 따라"(according to the flesh) 판단하기 때문이다. 예수는 단지 전해야 할 거룩한 메시지를 가진 선지자가 아니다. 그는 자신 속에 신성을 가지고 계시다. 그는 종교적 통찰력을 지닌 (아래에서, 세상에서 온) 사람이 아니라 (위에서, 하늘에서 오신) 하나님의 아들이시다. 이것은 청중들로 하여금 그들이 생각하는 가장 중요한 질문을 던지도록 자극한다. 그것은 "당신의 말은 무슨 뜻인가?"가 아니라 "네가 누구냐?"(요 8:25)였다. 예수와 관련된 모든 것들을 중요하게 만드는 것은 예수의 신적 정체성, 그의 신비롭고 거룩한 성육신이다. 그러나 이런 종류의 통찰은 그들의 한계를 넘어서는 것이었다고 요한은 지적하고 있다(요 8:27).

계시의 최고의 순간은 예수가 "들려질" 때이다(요 8:28). 그것은 단지 십자가가 아니라 그의 영광으로 이끄는 일련의 사건들이다. 배반, 재판, 십자가에 못 박히심, 부활, 그리고 승천. 이 사건들을 통해 세상은 예수가 단지 진리를 말하고 있는 것이 '아니라' (NIV), 그 자신이 하나님의 거룩한 이름("나는…이다")을 지닌 자라는 사실을 보게 될 것이다. "너희는 인자를 든 후에 내가 그인 줄을 알고(you will know that I am)." 요한복음 8:28은 또 다시 서술부를 생략하고 있다. 그것은 예수의 청중들로 하여금 예수의 놀라운 주장에 대해 놀라고 이상하게 생각하도록 만든다.

공관복음에서 세 번의 경우에 예수는 예루살렘에서의 다가오는 죽음을 특별히 예언하신다(막 8:31; 9:31; 10:33-34). 마가의 배열에 있어서 예수는 그를 기다리고 있는 운명에 대해 말씀하실 때마다 점점 더 예루살렘으로 가까이 이동하신다. 반면에 그의 제자들은 예수가 결국 죽고 자신들도 역시 고난을 당하게 된다는 데 대해 점점 더 강한 몰이해와 거부 그리고 두려움을 나타낸다. 요한복음은 "인자가 들어올려짐"에 관한 세 번의 말씀 속에서 그 평행들을 갖는다(요 3:14; 8:28; 12:33-34); 각 경우에 있어서 우리는 아들의 운명을 결정하는 것은 하나님의 주권적 의지라는 사실을 요한이 강조하고 있는 것을 본다("인자도 들려야 하리니", 요 3:14 및 12:34; "내가 스스로 아무 것도 하지 아니하고", 요 8:28b; "나를 보내신 이가 나와 함께 하시도다", 요 8:29). 아버지의 임재에 대한 예수의 놀라운 감각은 (그것은 심지어 자신을 기다리고 있는 십자가에 대해 말씀하실 때도 마찬가지이다) 하나님의 뜻에 대한 그의 완전한 순종과 연관되어 있다. "내가 항상 그가 기뻐하시는 일을 행하므로."

청중들 중 어떤 유대인들의 믿음은(요 8:30) 우리가 요한복음 8:20에서 배운 것에 대해 흥미로운 대위법(counterpoint)을 제공한다. 첫 번째 섹션에서(요 8:12-20)

논쟁은 예수의 체포에 대한 추측으로 끝난다. 이제 우리는 그를 믿는 몇 사람들에 대해 듣는다. 이 두 반응들은 우리가 요한복음 다른 곳에서 본 것과 평행을 이룬다. 그곳에서도 예수의 청중들은 둘로 나뉘었다. 어떤 이들은 완전히 그에게 반대한 반면 다른 이들은 그를 받아들이고 환영했다. 그럼에도 불구하고 (다음 섹션이 보여주는 것처럼) 믿는 자들은 예수의 정체성이 완전히 드러났을 때 상당한 어려움을 겪게 될 것이다.

영적 조상(요 8:31-59)

이제 말씀의 대상은 '그를 믿은 자들'(요 8:31)에게로 옮겨진다. 하지만 이야기가 전개될수록 밝혀지는 사실은 예수에 대한 관심에도 불구하고 그들은 예수에 관한 더 깊은 진리들은 받아들이려 하지 않는다는 것이다. 사실 이 청중들은 요한복음 전체 중에서 가장 심하게 예수를 비판하는 바로 그 사람들이 된다. 결국 그들은 예수가 귀신이 들렸다고 주장한다. 그리고 예수는 심지어 그들이 아브라함의 자손이 아니라 마귀의 자손들처럼 행동하고 있다고 말씀하신다.

이것은 6장의 끝 부분을 상기시킨다. 그곳에서 예수를 믿는 제자들은 그의 정체성에 관한 진리와 마주치게 되자 순간적으로 비틀거린다. 그러나 그들은 여전히 예수와 함께 머물겠다고 선포한다. "주여 영생의 말씀이 주께 있사오니 우리가 누구에게로 가오리이까." 그의 제자가 아닌 유대인 "신자들"도 지금 마찬가지로 비틀거린다. 그러나 결국 그들은 예수를 부인하고 심지어 그를 죽이려고 한다(요 8:59). 이것은 큰 아이러니이다. 우리는 여기서 예수와 그의 대적들이 서로 대립함에 따라 그들 사이의 분열이 더 날카로워지는 것을 볼 수 있다. 이 섹션은 놀라운 신앙선언으로 시작되지만 예수를 죽이려는 시도로 끝난다. 참된 제자도는 "너희가 내 말에 거하면"(요 8:31b)이라는 말씀으로 시험대에 오른다. 우리의 종교의식 속에 조작하여 만들어 놓은 인물인 예수를 따르는 것과 그가 자신의 실체를 드러냈을 때 그의 곁에 계속 머물러 있는 것은 전혀 다른 일이다.

이 섹션은 우리가 다른 강화들 속에서 보았던 특징들을 가장 명료하게 보여준다. 예수의 청중들은 그의 참된 정체성을 인식하지 못하고 큰 오해에 빠진다. 그러나 이 오해들은 예수에게 자신의 위치를 명확히 설명하고 청중들로 하여금 논의를 좀더 깊이 있게 이해하도록 만들 수 있는 기회가 된다. 모든 것을 하나로 묶을 수 있는 공통적인 실마리는 아브라함이라는 주제이다(요 8:37, 39, 40, 53, 56, 57, 58).

누가 아브라함의 참된 자녀들인가? 그리고 그들은 어떻게 행동해야 하는가?

논쟁의 첫 번째 마당에서(요 8:31-41) 예수는 유대교에서 널리 받아들여지고 있던 가정에 대해 도전하신다. 구약성경의 첫 장들로부터(창 22:17-18; 시 105:6) 이스라엘 백성들은 자신들의 선택의 중요성을 이해했다. 그들은 하나님에 대해서 뿐만 아니라 다른 나라들에 대해서도 축복이 될 것이다. 그러나 이것이 영감을 불어넣은 의무감과 책임감은 결국 특권의식과 자기방어의 감정으로 대체되고 말았다. 나사로의 비유에서(눅 16:34) 유대인들은 "아브라함의 아들"이 죽음 이후 고통의 자리로 갈 수 있다는 사실로 인해 충격을 받았다. 세례요한은 하나님이 유대 땅의 돌들로도 "아브라함의 아들들"을 만드실 수 있다고 선포했다(마 3:7-10). 예수는 하늘의 잔치에서 이방인들이 유대인들과 나란히 앉게 될 것이라고 말씀하셨다(마 8:11-12). 예수가 마태복음 23:9에서 "땅에 있는 자를 '아버지'라 하지 말라 너희의 아버지는 한 분이시니 곧 하늘에 계신 이시니라"라고 말씀하셨을 때, 그는 아마도 유대인들의 사고방식을 언급하셨을 것이다. 그들은 아브라함의 계보 속에서 안정된 보장을 찾으려고 했다. 하지만 그런 것은 존재하지 않았다.[8]

노예생활과 속박의 역사를 가지고 있는 유대인들에게 있어서 자유는 소중한 보물이었다. 그러나 예수는 참된 자유를 가져오는 것은 종교적 유산이 아니라 진리라고 주장하신다(요 8:32). "진리가 너희를 자유롭게 하리라." 그러나 자유롭게 된다는 것은 그것으로부터 자유롭게 되어야 하는 어떤 구속이 있다는 뜻이다. 이것은 즉각적인 반대를 불러 일으켰다. 물론 유대인들은 수없이 많은 국가들의 지배를 받아 왔다. 이집트, 앗수르, 바벨론, 페르시아, 그리스, 그리고 로마. 그러나 예수의 청중들은 아마도 영적 자유 혹은 내적 자유를 말하는 듯하다. '어떤 사람이 종이지만 그럼에도 불구하고 아직도 자유로울 수 있다.' 주후 73년에 마사다(Masada)가 포위되었을 때, 제사장 엘레아제르(Eleazer)는 그의 동료들에게 이렇게 큰 소리를 쳤다. "오래 전에 우리는 로마인들에게도 또 그 누구에게도 종이 되지 않겠다고 결정을 내렸다."[9] 하지만 그것은 기껏해야 이상주의에 불과했다. 마찬가지로 랍비 아키바(Akiba)는 유대인들이 자신들을 "그들의 정복에도 불구하고 왕국의 아들들"로 보았다고 적고 있다(cf. 마 8:12).[10] 마가복음 2:17이 말하듯이

8. 바울은 롬 2장에서 할례의 참된 본질을 영적으로 해석할 때, 그리고 갈 3:16, 29에서 아브라함의 '참된' 자손은 혈통과는 상관이 없고 그것은 믿음의 문제라고 주장할 때 동일한 도전을 가하고 있다. 마찬가지로 롬 9:7은 "또한 아브라함의 씨가 다 그의 자녀가 아니라"라고 말한다.

9. Josephus, *Wars*, 7.8.6, cited in Brown, *John*, 1:363.

자신이 온전하다고 주장하는 자들에게는 의사가 필요 없었다. 마찬가지로 여기서 자유로운 자들은 자신들에게 해방이 필요하다고 느끼지 않았다. 하지만 그들의 생각은 틀린 것이었다.

예수가 지적하신 속박은 물론 죄의 속박이었다. 이것은 우리가 바울서신(롬 6:17; 8:2)과 요한서신(요일 3:4, 8, 9)에서 자주 만나는 주제이다. 예수는 더욱 끔찍스러운 속박은 어떤 정치적 권력에의 속박이 아니라 영적이고 도덕적인 부패에의 속박이라고 주장하신다. 그리고 그는 종의 '신분'(status)에 관한 비유적 말씀으로 옮겨가신다(요 8:35). 유대인들은 자신이 자유롭다고 생각했다(아브라함의 자손들). 그러나 예수는 그들이 실제로는 (죄의) 종들이라고 주장하신다. 종들은 팔리고 거래될 수 있다. 종들에게는 안전함이 없다.

그들은 종들이기 때문에 그들이 하나님의 가족 중에 거하는 것은 위험에 빠질 수 있다. 그러므로 자신이 아브라함의 자손들이라고 주장하는 죄인들은 자신들이 자랑했던 것을 아마도 잃게 될 것이다. 아브라함으로부터의 계보는 믿음에 관한 것이다. 그리고 영적 특권을 가져다주는 혈통적 유산을 가지고 있다는 주장은 항상 의심을 받는다(갈 3:6ff.; cf. 다시 롬 9:7). 죄는 하나님과의 관계를 파괴한다. 안전하고 영원한 "아들"은 아마도 예수 자신인 것 같다.[11] 만약 큰 가족 공동체 속에 있는 아들이 종을 자유롭게 만든다면, 그는 참으로 자유롭게 될 것이다(요 8:36). 그렇다면 하나님의 아들이 한 종을 자유롭게 만드는 것을 상상해 보라. 그가 즐기게 될 자유는 말로 표현할 수 없을 것이다.

예수는 그의 청중들이 아브라함의 혈통을 이어받았다는 사실을 인정하신다. 그러나 그들이 예수를 죽이고자 하기 때문에, 또 그들이 예수의 말을 받아들이기를 거부하기 때문에, 그들은 자신들의 삶이 아버지, 즉 예수가 그의 음성에 순종하고 계신 그분에 의해(요 8:37-38) 인도함을 받지 않고 있다는 사실을 드러낸다. 혈통적 계보가 영적 계보를 보장하지 않는다. 구약에서 아브라함은 그의 축복을 받지 못한 자손들을 가지고 있었다(예를 들면, 이스마엘 창 21장). 바울은 같은 것을 강조할 때 이 평행을 놓치지 않는다(갈 4:21-31). 참된 유대인 됨은 육적이고 외적인 것이 아니라 내적인 것이다(롬 2:28-29). 유대교에서도 마찬가지로 "아브라함의

---

10. *b. Shabbath*, 128a.

11. NIV는 "한 아들"(a son)로 번역했지만 헬라어에서는 "'그' 아들"(*the* son)이다. 요한복음 전체에 있어서 "그 아들"은 예수를 뜻한다. 요한문헌 전체에 있어서 기독교인들은 하나님의 "자녀들"(children)로 묘사되었다.

자녀들"의 위치를 부여하는 몇 가지 행동특성들이 있다고 가르쳤다(*m. Pirke Aboth* 5.22, "선한 눈, 겸허한 영혼, 그리고 겸손한 마음은 우리의 아버지 아브라함의 제자들의 표식들이다"). 그러므로 여기서 예수의 대적들의 불의함은 자신들이 아브라함과 연관되어 있다는 주장을 의심스럽게 만든다. 예수는 그들의 행위가 다른 영적 아버지를 시사하고 있다고 말씀하신다(요 8:38b).

"우리 아버지는 아브라함이라"(요 8:39)라는 말은 이제 공허하게 들린다. 그들의 행위가 자신들의 유산에 대한 주장을 허물어뜨려 버릴 수 있다는 예수의 주장 때문이다(요 8:40). 예수는 두 번째로 "너희 아비"라는 말씀을 하신다(요 8:41). 그것은 마치 그들을 조종하는 계보를 그가 알고 있다고 주장하시는 듯하다. 그러나 논쟁이 전개될수록 예수의 대적들은 그가 논의를 어디로 이끄는지 분명히 보게 된다. 그들은 아브라함이 없이는 하나님의 백성에 속할 수 없다. "우리는 불법적인 자손이 아니다"(개역개정판은 "우리가 음란한 데서 나지 아니하였고"로 번역-옮긴이)라는 것은 이제 방어이자 공격이다. "우리"는 강조형이고 비교를 암시한다. '우리'(we)는 불법적인 자손이 아니다(그러나 예수, 당신은 분명히 불법적이다). 어떤 학자들은 여기서 예수의 비정상적 기원에 대한 추측과 그 아이러니의 암시를 찾는다. 하나님을 아버지로 주장함으로써 예수는 이제 인간 아버지를 주장할 수 없다. 그런데 그것이 바로 공관복음의 탄생 이야기들이 정확히 주장하고 있는 것이다. 불법적이라는 것은 유대인들이 사마리아인들에 대해 사용하던 모욕이었다(그 반대의 경우도 마찬가지이다). 이 모욕은 요한복음 8:48에서 예수에 대해 다시 사용된다.

만약 예수가 그들의 조상이 아브라함임을 인정하지 않는다 하더라도, 그들이 하나님께 호소하는 것은 (그들이 생각하기로는) 예수가 막을 수 없을 것이다(요 8:41b). 하지만 그것마저도 거부된다. 예수 자신이 하나님 아버지로부터 오셨기 때문에, 만약 그들의 아버지가 정말로 하나님이시라면 그들은 예수의 것들을 사랑했어야 한다(요일 5:1). 하지만 그들은 그렇게 하지 않았다. 문제는 예수의 명료성에 있는 것이 아니다. 예수가 그들과 효과적으로 의사소통을 하는데 실패하신 것이 아니다. 문제는 그들이 순종하는 경청자로서의 역할을 하지 못한 데 있다(요 8:43). 그들은 하나님께 "속하지 않았다"(요 8:47). 그러므로 그들은 하나님의 목적에 거스르는 일을 한다. 예수의 대적들이 그에게 동의하지 않는 정도가 아니다. 문제는 더 근본적인 데 있다. 그들은 정체성 자체가 잘못 되어 있기 때문에 진리도 아버지도 그리고 아버지로부터 보냄을 받은 진리를 말하는 자도 알아보지 못한다.

문제는 지적인 것이 아니라 영적인 것이다.

이 모든 대화의 정점은 결국 요한복음 8:44에서 나타난다. 예수를 죽이려는 대적들의 열망은 그들의 영적 아비인 사탄의 참된 본성을 드러낸다. 마귀가 "처음부터" 의도했던 살인이라는 것은 가인과 아벨을 뜻하거나 아니면 세상에 죽음이 오게 된 것이 사탄의 일을 통해서라는 것을 뜻한다. 사탄은 죽음의 기획자가 되었다(롬 5:12-14). 그는 진리의 기획자인 예수와 대조를 이룬다(요 1:17; 14:6).

예수의 대적들은 이제 그에 대한 고소를 다시 시작한다(요 8:48). 만약 그의 대적들을 마귀의 자녀들이라고 한 것이 사실이라면, 그는 사마리아 사람 혹은 귀신들린 자임이 틀림없다. 이것은 커다란 모욕이다. (1) "사마리아인"(요 4장 주석 참조)이란 예루살렘 북쪽, 세겜(Shechem) 근처에 살던 사람들을 말한다. 그들은 자신들의 신앙의 순결성을 타협한 바 있다. 예수 당시에 유대인들과 사마리아인들 사이의 적대감은 엄청났다(눅 10:29-37). 이 모욕적 용어는 저주의 말이 된 듯하다. 그것은 "이단"(heretic) 혹은 "불신자"(unbeliever)와 비슷한 말이었다. 그렇기 때문에 예수는 이 말에 대해서는 아예 반박도 하지 않으신다. (2) 귀신이 들렸다는 비난은 훨씬 더 심각한 것이다(cf. 또한 요 7:20; 8:52; 10:20). 예수 안에서 하나님의 일을 보는 대신 그의 대적들은 오히려 사탄을 지적한다. 이런 비난은 공관복음에도 등장한다. 그곳에서 예수는 하나님과 사탄을 바꿔치기 하여 말하는 것은 심각하고 용서받을 수 없는 죄라고 말씀하신다(막 3:22-27).

예수는 몇 가지 절대적 주장을 하셨다. 그는 아버지로부터 오셨고 진리를 가지고 계시다. 이 진리를 볼 수 없는 그들의 무능력은 그들이 아버지와 그의 목적들로부터 분리되어 있음을 드러낸다. 이것은 예수가 스스로를 높이는 것인가? 예수는 자기 자신의 위치에 너무 빠져든 것일까? 이것은 사탄의 공들인 작품의 특징인가? 예수는 이것을 부인하신다(요 8:50). 그러나 예수는 아버지와의 근본적인 관계는 부인하실 수 없다. 아들은 아버지를 영화롭게 하고 마찬가지로 아버지는 아들을 영화롭게 하신다(cf. 요 16:14; 17:5). 만약 그의 대적들이 예수에 관한 진리를 이해할 수 없다면 그들은 이것도 역시 이해할 수 없다.

예수의 원래의 주장은 자유와 종됨에 초점을 맞추고 있었다. 그리고 이에 대한 반대의 목소리가 높았다. 이제 예수는 생명과 죽음에 대해 주장을 하신다(요 8:51-58). 이에 대해서도 같은 반응이 나타난다. 자신에게 순종하는 자들에게 예수가 영원한 생명을 약속하실 수 있다는 사실은 그를 아브라함을 포함한 유대교의 모든 영적 지도자들과 분리시킨다. 그러나 군중들은 예수가 영원한 생명을 지적하고 있다는 사실을 보는 대신 그의 뜻을 물질적으로 해석하며 오해를 한다. 아브라함과 선지자들은 죽어서 땅에 묻혔다. 예수는 인간의 죽을 수밖에 없는 운명을 되돌릴 수 있다는 것인가? 그와 그의 추종자들은 죽음을 보지 않을 것이란 말인가?

요한복음 8:53을 문자적으로 직역하면 "너는 여기서 너를 누구로 만들고 있느냐?"이다. 이것은 적대적이고 공격적인 질문이다. 그러나 예수의 방어는 자신은 스스로를 영화롭게 하고 있는 것이 '아니라' 다만 아버지와의 관계를 신실하게 증거하고 있을 뿐이라는 것이다. 예수는 단지 그의 말씀에 대해 신실하게 살고 계실 뿐이다(요 8:55). 그리고 하나님은 생명을 창조하고 유지시키는 분이시기 때문에 그를 아는 모든 자들은 그 생명을 함께 나누게 될 것이다.

만약 유대교가 그들의 조상이 아브라함이라는 사실에 호소할 수 있다면, 예수도 그와 평행 되는 호소를 하실 수 있다(요 8:56). 그 당시 많은 랍비들은 아브라함이 놀라운 선지자적 통찰력의 은사를 가지고 있었다고 가르쳤다. 하나님은 아브라함에게 앞으로 올 시대들의 비밀을 알려 주셨다. 거기에는 앞으로 올 메시야에 대한 지식도 포함된다. 심지어 아들 이삭이 태어났을 때 그가 "기뻐한 것"(rejoicing)도(창 17:17; 21:6) 그의 계보를 통해 세상에 임하게 될 축복의 전조였다. 그 어떤 랍비도 아브라함이 메시야 시대를 보았다는 예수의 주장에 대해 반대하지 않을 것이다. 그러나 예수는 그것을 말씀하지 않는다. 그 대신에 그는 "너희 조상 아브라함은 '나의 때' 볼 것을 즐거워하다가 보고 기뻐하였느니라"(저자의 강조)라고 말씀하신다. 메시야 시대가 이제 그리스도 안에서 성취되었다.

하지만 예수는 50세도 되지 않았는데 어떻게 예수와 아브라함이 서로 알 수 있단 말인가?[12] 요한복음 8:57의 중요한 다른 독법은 문장의 주어를 바꾼 것이다. 아마도 그것이 원문일 것으로 보인다. 예수가 아브라함을 보는 대신(NIV) 어떤 사본들은 이렇게 말한다. "아브라함이 너를 보았느냐?" 이것은 아브라함과 그의 극적인 예지능력에 대한 랍비적 이해와 조화를 이룬다.[13]

요한복음 8장 전체의 정점은 8:58이다. "예수께서 이르시되 '진실로 진실로 너희에게 이르노니 아브라함이 나기 전부터 내가 있느니라' 하시니." 이 선언의 심각

---

12. 이 구절은 예수의 나이가 어쩌면 40대였을 가능성을 시사한다. 왜냐하면 그렇지 않았다면 대적들은 "네가 아직 사십 세도 못되었는데"라고 반박했을 것이기 때문이다. 누가복음은 예수가 사역을 시작하셨을 때 "삼십 세쯤"(눅 3:23) 되셨다고 말한다. 예수가 3년 동안 사역을 하셨다는 생각은 요한복음에 등장하는 세 번의 유월절에 기초한 추정일 뿐이다. 그의 사역은 실제로는 훨씬 더 오래 지속되었을 수도 있다. 참조. M. J. Edwards, "Not Yet 50 Years Old: Jn 8:57," *NTS* 40 (1994): 449-54.
13. T. Baarda, "Jn 8:57b: The Contribution of the Diatessaron of Tatian," *NovT* 38 (1996): 336-43.

성은 예수의 서론에서 확증된다. "진실로 진실로[헬라어 *amen amen*] 너희에게 이르노니." 이것은 예수가 요한복음에서 약 20회 사용하시는 용법이다(요 1:51 주석 참조). 이것은 절대적 "나는…이다"(헬라어 *ego eimi*) 용법에 근거한 절대적인 선재성 주장이다. "나는…이다"에 대해서는 앞에서 이미 살펴본 적이 있다(cf. 요 4:26). 본문에서 "나는…이다"에 서술어가 없다("나는 생명의 떡이다"의 경우에는 서술어가 있다. 요 6:35). 이것은 의심할 바 없이 출애굽기 3:14에 있는 하나님의 거룩한 이름의 헬라어 번역을 연상시킨다.[14] 자신이 아브라함이 나기 전부터 존재했었고, 그러면서도 지금 이 순간에 여기 서 있다는 것은 예수의 주장들 중 가장 용감한 것이다. 이것은 시간이 시작될 때 말씀이 존재하고 있었다는 요한복음 서론의 선언을 상기시킨다. 그의 존재는 연속적이다. 왜냐하면 그의 생명은 온전히 하나님의 영원한 생명으로부터 가져온(drawn) 것이기 때문이다.

예수의 청중들이 그의 말을 신적인 주장으로 해석했다는 것이 그들의 반응에서 나타난다(요 8:59). 그들은 크게 화가 났다. 왜냐하면 그들은 지금 신성모독의 말을 들었다고 믿기 때문이다. 그것에 대한 법적 대응은 돌로 치는 것이다(레 24:16; *m. Sanhedrin* 7:4; Josephus, *Ant.*[유대고대사] 17.9.3). 예수는 그곳을 빠져 나오신다. 그것은 자신의 교묘한 재주 때문이 아니라 하나님이 그의 죽음이 필요한 때를 따로 정해 두셨기 때문이다(요 7:30,44; 8:20; 18:6; cf. 눅 4:29). 하나님의 계획이 있다. 군중들의 그 어떤 행동도 그것을 방해하지 못한다. 요한복음 10:18에서 예수는 이렇게 설명하신다. "이[나의 생명]를 내게서 빼앗는 자가 있는 것이 아니라 내가 스스로 버리노라. 나는 버릴 권세도 있고 다시 얻을 권세도 있으니."

상황잇기

이 긴 장은 예루살렘에서 벌어진 예수와 그의 대적들 사이의 많은 논쟁을 보여주고 있다. 비난과 이에 대한 반응이 계속 이어지면서 예수와 예루살렘 "신학자들" 사이의 긴장은 본 장 말미에 이르기까지 계속 고조된다. 그의 대적들은 파괴적인 비난을 퍼붓는다. "우리가 너를 사마리아 사람이라 또는 귀신이 들렸다 하는 말이 옳지 아니하냐"(요 8:48). 반면에 예수는 요한복음에서 가장 높은 수준의 기독론적 자기설명을 하신다. "아브라함이 나기 전부터 내가 있느니라." 전투의 핵심은 하나님과의 일체성과 진리이다. 예수가 사기꾼인가 아니면 그를 고소하는 자

---

14. 칠십인경(LXX)은 출 3:14을 '*ego eimi ho on*'으로 번역하고 있다.

들이 사기꾼인가? 전투의 무기로 사용되는 것은 유대 역사와 교훈 속에 나타나는 아브라함의 이미지를 둘러싼 수사법이다.

"유대인들"의 적대감. 본 장을 해석하는 자는 누구든지 예수가 예루살렘에서 경험하신 숨이 막히는 적대감을 다루어야 한다. 그러나 그때 우리는 예수의 대적이, 어떤 번역들이 그렇게 소개하듯이(이를테면 NIV), "유대인들"(the Jews) 자체는 아니었음을 다시 (그리고 또 재차) 확인해야 한다. 예수 자신이 유대인이었고 그의 제자들도 그러했다. 오늘날 우리가 알고 있는 교회는 아브라함, 이삭, 야곱, 모세, 그리고 다윗의 전통 속에 뿌리를 박은 유대의 감람나무에 접붙여진 것이다.

예수와 예루살렘 사이의 논쟁의 수사법은 여기서 후대의 렌즈를 통해 묘사되고 있다. 그 후대는 교회가 예수의 메시야성과 하나님의 아들 됨을 부인하는 회당과 싸움을 하고 있는 때였다. "예수 대(對) 유대인"이라는 학술적 용어가 생긴 것은 교회가 유대교로부터 자신을 구분하게 된 후대의 일이다. 1세기 후반부에는 예수를 믿는 유대인들(messianic Jews)과 이방인 기독교인들이 모두 같은 대적들을 상대로 싸움을 하고 있었다.[15] 내가 이 말을 하는 것은 요한복음 8-10장과 같은 본문들이 종종 반(反)유대주의(Anti-Semitism)에 영감을 불어넣는 데 사용되고 있기 때문이다. 유대인들과 유대-기독교인들은 모두 우리가 이 본문을 조심스럽고 분별력 있게 사용해 주기를 바랄 것이다.

그럼에도 불구하고 수세기 동안 거룩한 것들의 수호자였고 제사장과 선지자들의 계시와 성전이라는 특권을 누려 온 예루살렘의 종교지도자들과 기구들은 하나님이 그리스도 안에서 하시는 일을 받아들일 수 없었다. 그들의 냉소는 불신에서 반감으로 발전했다. 그리고 결국은 예수에 대한 극도의 적대감으로 변했다. 요한복음 8장의 논쟁의 분위기로 볼 때 예수가 그 후 일년도 되지 않아 그 도시에서 십자가에 못 박힌 것은 놀랄 일이 아니다. 사실 우리는 어떤 공포심을 가지고 이 구절들을 읽어야 한다. 누구든지 이와 같이 가르치고 주장하는 자는 결국 자신을 죽음으로 몰아넣게 될 것이다.

이 적대감 속에는 우리를 위한 메시지가 있는가? 나는 직관적으로 나 자신을 예

15. 그러나 "유대인들"이라는 용어를 비판적으로 사용하는 것이 초기 시대에는 완전히 없었던 것은 아니다. 유대 랍비였던 바울이 살전 2:14-15에서 유대에서의 쓰라린 투쟁에 대해 어떻게 묘사하고 있는지 보라. "형제들아 너희가 그리스도 예수 안에서 유대에 있는 하나님의 교회들을 본받은 자 되었으니 그들이 유대인에게 고난을 받음과 같이 너희도 너희 동족에게서 동일한 고난을 받았느니라. 유대인은 주 예수와 선지자들을 죽이고 우리를 쫓아내고 하나님을 기쁘시게 하지 아니하고 모든 사람에게 대적이 되어."

수와 같은 편에 놓고 그의 대적들을 지금 복음을 받아들이지 않고 있는 자들과 동일시한다. 즉 예수의 대적들이 나의 대적들이 된다. 예수와 싸웠던 예루살렘의 신학자들은 나의 시대의 비종교적인 혹은 냉소적인 이들과 연결된다. 그러나 이런 해석학적 결정은 엄청난 것을 전제로 한 것이다. 그것은 마치 영화를 보면서 자신을 영웅, 승리자, 그리고 의로운 자와 동일시하는 것과 같다. 그런 결정은 나를 모든 비난의 가능성으로부터 자유롭게 한다. 그것은 나를 하나님 편에 두고 다른 모든 대적들을 나의 상대편에 둔다.

요한복음을 그런 식으로 읽는 것은 정당하다. 왜냐하면 우리는 때로 그리스도 편에 서 있고, 신성에 대한 예수의 주장을 변호하며, 세상의 적대감을 경험하기 때문이다. 예수는 이렇게 말씀한다. "세상이 너희를 미워하면 너희보다 먼저 나를 미워한 줄을 알라"(요 15:18). 그러나 때로는 우리가 예루살렘 거민들일 때, 정통의 수호자이면서 하나님으로부터의 새로운 말씀을 받아들일 수 없을 때가 있을 지도 모른다. 내가 예수 시대에 살았다면 나는 항상 예수 편에 서 있었을 것이라고 생각하는 것은 순진한 일이다. 우리들 중 많은 이들은 성전 뜰에서 예수에 대항하여 논쟁을 벌였을 것이다.

조상과 전통들. 크게 두드러진 또 다른 주제는 예수의 대적들이 사용한 변론이다. 그들은 자신의 (역사적이고 영적인) 조상들이 자신들을 확실하게 하나님 편에 서도록 해 준다고 주장했다. 그들은 전통, 유산, 성전, 성경, 그리고 기구들을 가지고 있다. 그들은 "하나님의 도시" 안에서 살고 있으며 따라서 그들의 종교적 직관에 거슬리는 목소리들에 귀를 기울일 필요가 없다. 이런 반응은 우리에게도 해당되는 시간을 초월한 문제이다. 하나님의 음성을 듣는 데 있어서 우리의 전통이 얼마나 방해가 되고 있을까? 우리는 어느 정도나 종교적 유산에 의지하고 있을까?("나는 루터교 출신이야!" "나는 오랜 장로교 집안 출신이지!") 우리는 종교적 유산을 하나님으로부터 오는 선지자적 음성으로부터 자신을 격리시키는 데 얼마나 사용하고 있을까?

결국 그의 청중들을 걸려 넘어지게 만든 것은 예수의 가르침이 아니다. 그것은 그의 도발적인 행동도 아니다. 결국 예수와 그의 추종자들을 예루살렘의 종교적인 사람들로부터 분리시킨 것은 자기 자신에 대한 예수의 궁극적 주장이다. 예수는 예루살렘 거리를 아름답게 치장하는 한 명의 또 다른 선지자가 아니다. 그는 성전에서 신학적 거물들에게 도전을 가하고 있는 갈릴리 출신의 벼락출세한 랍비도 아니다. 예루살렘은 그런 유형의 사람들은 그 전에 많이 보아 왔다. 예수를 특별하게 만든 것—그리고 그의 원수들로 하여금 그를 죽여야 한다고 생각하도록 만든 것—은 아버지와 자신이 하나라는 도발적이고 도저히 받아들일 수 없는 그의 주장이다. 교회가 복음의 진리성을 위해 논쟁을 벌일 때마다, 예수의 절대적 권위, 하나님과 예수와의 일체성, 그리고 그의 신적 사명은 항상 논쟁의 핵심이 될 것이다.

이 강화에서 예수의 외침에는 궁극적이고 최종적인 어떤 것이 있다. "나는 세상의 빛이니." "내가 가리니 너희가 나를 찾다가 너희 죄 가운데서 죽겠고." "아들이 너희를 자유롭게 하면 너희가 참으로 자유로우리라." "사람이 내 말을 지키면 영원히 죽음을 보지 아니하리라." 요한복음에서 예수는 하나님과 생명에 대한 모든 개인적 접근의 중개인이 되신다. 그러므로 "예수"는 어떤 종교체계에 대한 선택항목으로서의 경험이나 부가물이 되실 수 없다. 다른 말로 하자면, 그는 단순히 그런 것들을 곁에 지닌 자가 아니라 자신 속에 그것들을 가지고 계신 자이다. 그를 받아들인다는 것, 그를 믿는다는 것, 그리고 그를 따른다는 것은 우리가 "그의 속에"(in him) 있음을 통해 그것들을 얻게 된다는 뜻이다.

이 메시지를 나 자신의 세대로 가져온다는 것은 내가 본문의 보다 문제성 있고 어려운 측면들을 다루어야 함을 뜻한다. 나는 적대감과 복음에 대해 이야기해야 한다. 또 종교적 전통과 영적 방해물들에 대해 이야기해야 한다. 그리고 요한복음에서의 궁극적 진리 주장들에 대해 이야기해야 한다. 우리에게 주신 예수의 선물(빛, 생명, 그리고 자유)의 핵심을 잃지 않으려면 그 주장들에 대해서는 타협이 있을 수 없다. 그러나 각 경우에 있어서 나는 내가 발을 딛고 서 있는 곳이 어디인지 냉정하게 살필 필요가 있다.

현대적 의미

전통의 수호자. 기독교는 세상에서 항상 적대를 경험할 것이다. 우리는 불신자들이 우리의 메시지를 거부하고, 교회를 핍박하고, 우리에게 큰 고난을 가져다 줄 것을 예상한다. 수 세기 동안 기독교인들이 박해와 순교를 당해 왔다는 이야기는, 오늘날 수단과 이집트에서 기독교인들이 겪고 있는 고난의 이야기를 포함하여, 동일한 진리를 우리에게 말해 주고 있다. 이 세상 속에서 경건한 삶을 살기로 결정한 자들, 예수 그리스도를 따르는 자들, 그리고 공적으로 복음을 증거하는 자들은 핍박을 당할 것이다(딤후 3:12). 그러나 이것이 요한복음 8장의 주요 주제는 아니다.

요한복음 8장의 가장 깊은 역설은 예수가 '종교적인' 핍박을 당하신다는 것이다. 그들은 예수를 불편하게 생각하는 불경건한 이교도들이 아니다. 예수는 분명히 "세상"과 대치하고 계시다. 그러나 그것은 종교적 세계이다.—불신의 세계이기는 하지만 영적 욕구를 가지고 있는 종교적 세계. 예수의 대적들이 가지고 있던 유대교는 깊이 영적인 종교였다. 그들은 간절히 메시야를 대망했고, 하나님께 열정적으로 기도했으며, 성경의 가르침을 받들었고, 또한 정기적으로 예배를 드렸다. 세상에서 하나님의 새로운 음성을 듣는 데 익숙해져 있던 자들은 예수 안에서 재빨리 그 목소리를 알아듣고는 그를 따랐다. 그러나 그들의 종교적 세계의 전통 속에 갇혀 있던 자들, 자신들의 영적 열정에 스스로 속아 눈과 귀가 닫혀 있던 자들은 예수의 사역 속에서 그 어떤 구원의 메시지도 찾을 수 없었다.

이제 단락의 패러다임이 정해졌다. 예수는 종교적으로 헌신적인 환경 속으로 들어오셔서 곧 청중들을 둘로 나누신다. 그를 따르는 자들은 열정적인 신자들이 된다. 그리고 그를 반대하는 자들, 자신들의 전통을 열심히 방어하는 자들은 갑자기 열정적인 대적들, 세상 속에서의 하나님의 사역의 적들이 된다. 이 단락은 전통의 수호자들에게 경고를 준다. 이러한 영적 습관들과 제의들에 대한 그들의 방어는 파멸의 원인이 될 수도 있다.

바울은 로마서 2:17-29에서 유사한 선지자적 비판을 한다. 유대인 대적들과의 논쟁에서 그는 할례의 전통 그 자체는 최소한의 효과밖에 없다고 주장한다. "무릇 표면적 유대인이 유대인이 아니요 표면적 육신의 할례가 할례가 아니니라"(롬 2:28). 전통의 보존은 그 자체가 영적 자산은 아니다. 할례는 내적이고 영적인 것이어야 한다. "할례는 마음에 할지니 영에 있고 율법 조문에 있지 아니한 것이라"(롬 2:29).

우리의 본문에서 예수의 청중들은 똑같은 방식으로 자신들의 조상에 대해 생각하고 있다. "우리 아버지는 아브라함이라"(요 8:39a). 그러나 예수는 아브라함의 계보를 이어받고 있다는 것은 혈통을 통해서가 아니라 영적 상태를 통해 증명되는 것이라고 주장하신다(요 8:39b-40). 이것 역시 바울이 로마서 4장에서 주장하고 있는 것과 같다. 아브라함은 단지 유대 전통들을 지키고 그의 혈통을 가진 자들이 아니라 '믿음을 가진 자들'의 아버지이다. 조상과 전통은 하나님을 자신들 속에서만 찾을 수 있다고 생각하는 자들에게 거짓된 약속을 제공한다.

칼 바르트가 1919년에 로마서 주석을 썼을 때, 그는 할례(롬 2장)와 아브라함(롬 4장)에 관한 이 단락들에 주목하고 중요한 결정을 내렸다. 바울이 대적했던 종교적 자기만족은 단지 고대 유대교만이 아니라 오늘날의 교회에도 해당되는 것이다. 심지어 바울도 로마서 4장에서 언급한 아브라함의 이야기는 고대인들만을 위해서가 아니라 '우리를 위해' 기록된 것임을 알고 있었다(롬 4:23-35). 그들의 종교적 보장의 표식으로 종교적 조상과 전통을 지적하는 자들은 결국 자신들이 심각한 위험에 처해 있음을 발견하게 될 것이다.

바르트는 그들의 삶을 이렇게 묘사한다. 그것은 먼 여행을 떠났다가 그 중간에 서쪽으로 향하라는 표지판을 찾은 사람들의 삶이다. 그 표지판이 거기 있는 이유는 사람들을 목적지로 인도하기 위함이다. 그러나 그것을 보고 목적지로 향하는 대신 사람들은 그 자리에 멈춰 서서 페인트로 칠한 표지판 글자 밑에서 자신들을 위한 삶을 창조한다. 그들은 그곳에 문명을 만들고 그 표지판을 기리며 그들이 그곳까지 어떻게 오게 되었는지에 대한 이야기들을 들려준다. 예식들이 발전되고 노래들이 작곡된다. 책들이 출간되고 예식서들이 쓰여진다. 소수의 사람들은 여행을 계속하고 돌아온다. 그들은 그 표지판이 과연 약속된 곳을 가리키고 있다는 사실을 확인해 준다. 하지만 두 번째와 세 번째 세대들은 표지판 주위에 완전히 정착을 해 버렸다. 그리고 그들은 여행의 의미를 잊어 버렸다. 그들의 전승지식은 목적지에 도착한 이야기 혹은 그들 스스로 여행에 나서야 한다는 선지자적 부름에 기초한 것이 아니라 과거의 여행 이야기들에 기초한 것이다.

우리들 시대의 예수. 이것은 곤란한 질문이지만 우리는 그것을 다루어야 한다. 만약 예수가 우리들 시대에 찾아오신다면, 만약 그가 우리의 복음주의 교회에 들어오신다면, 만약 그가 종교적 상징을 하나 집어드시고 (유대인의 초막절에 그러셨던 것처럼) 그 상징의 원 의미에 대해 도전을 제기하신다면, 우리는 즐거워할까 아니면 맞서 싸우려고 할까? 우리는 갑자기 기독교 신앙 대신에 '기독교계'(Christendom)를 방어하고 있는 자신을 발견하게 될 것이다. 우리는 그 옛 의미, 옛 노래들, 그리고 옛 형식들이 여러 세대에 걸쳐 잘 작동해 왔었다고 설명하려 들 것이다. 우리는 이 새로 온 사람에게 도전하며 그가 참으로 하나님의 사자인지 자신을 증명해 줄 것을 요구할 것이다. 그리고 그가 자신의 주장을 굽히지 않고 계속해서 강력하게 그것을 주장한다면, 우리는 이전의 입장을 버리고 신자가 되거나 아니면 그와 논쟁하고 반역하는 자가 되는 것 사이에서 신속히 결정을 내리도록 강요를 받게 될 것이다.

예수의 선지자적 음성 속에서 하나님을 볼 수 없는 이 반응, 즉 반역하고, 싸우고, 공격하는 이 반응은 사탄의 사역이다(요 8:45). 그것은 '종교적인' 사람들 사이에서의 사탄의 사역이다. 그것은 유대교 속에서 나타났던 사역이고, 기독교회 내에서도 똑같이 자주 나타나는 사역이다. 그것은 어둠의 사역으로서 인간의 마음속에서 아주 평범하게 나타나는 일이다. 그것은 아들(Son)의 참된 권위를 부인하는 사역이며, 아들에게서 말할 수 있는 자격을 박탈하는 사역이다(요 8:13). 그것은 예수를 세속적 심문대 위에 세우는 사역이다. 그를 심문하는 자들은 철학자들이나 신학자들 혹은 역사가들인 것으로 판명된다(요 8:15). 그것은 그의 음성이 단지 또 다른 인간의 음성이 아니라 하나님에 의해 보내심을 받은 거룩한 자의 음성임을 받아들이기를 거부하는 사역이다(요 8:26-27, 40). 그것은 진리를 왜곡하는 사역이며, 그것이 정말임을 아는 어떤 것에 대해 거짓말을 하고 그 대신에 자신의 종교적 특권들을 방어하는 사역이다(요 8:44). 무엇보다는 그것은 인간의 음성을 하나님의 음성보다 더 우월한 것으로 만드는 사역이다.

예수가 초막절에 도착하셨을 때 그는 유대교의 종교지도자들 사이에서 심한 반대를 경험하셨다. 나는 내가 그 당시 그 도시 안에서 살고 있었다면 어떻게 반응했을지 생각해 보는 일이 두렵다. 종교전문가이고 헌신된 신자이며 하나님의 이름으로 세워진 기구들을 섬기고 그것들을 방어하는 내가 여기에 있다. 나는 종교적 서품과 종교적 헌신을 가지고 있다. 아마도 하나님의 이름으로 '우리가 세운' 것을 누군가가 뒤엎으려 한다면 나는 그를 제지하는 것을 헌신과 경건의 행위로 볼 것이다.

오늘날 복음주의자들은 다를 것인가? 우리의 경건도 "표지판" 아래에서의 삶이 될 수 있을까? 우리의 경건도 단지 조상들의 전통을 읊조리는 것이 될 수 있지 않을까? 그것은 거룩하고 선하고 영적이긴 하지만 하나님에 대해서는 아는 것이 거의 없는 모든 것들을 방어하려고 하지 않을까? 요한복음 8:47에서 예수는 그의 청중들이 더 이상 "듣지 않는 것"이 문제라고 말씀하신다. 그는 이것이 바로 그들이 하나님께 속하지 않은 증거라고 주장하신다.

8:12-59은 유대교에 대하여 엄중하게 회개를 촉구하고 있다. 그러나 그것은 또한 예루살렘 성전 지도자들이 입었던 닳아빠진 외투를 집어들고 서 있는 우리에 대한 요구이기도 하다.

요한복음 9:1-41

1 예수께서 길을 가실 때에 날 때부터 맹인 된
사람을 보신지라
2 제자들이 물어 이르되 랍비여 이 사람이 맹
인으로 난 것이 누구의 죄로 인함이니이까
자기니이까 그의 부모니이까
3 예수께서 대답하시되 이 사람이나 그 부모의
죄로 인한 것이 아니라 그에게서 하나님이
하시는 일을 나타내고자 하심이라
4 때가 아직 낮이매 나를 보내신 이의 일을 우
리가 하여야 하리라 밤이 오리니 그때는 아
무도 일할 수 없느니라
5 내가 세상에 있는 동안에는 세상의 빛이로라
6 이 말씀을 하시고 땅에 침을 뱉어 진흙을 이
겨 그의 눈에 바르시고
7 이르시되 실로암 못에 가서 씻으라 하시니
(실로암은 번역하면 보냄을 받았다는 뜻이
라) 이에 가서 씻고 밝은 눈으로 왔더라
8 이웃 사람들과 전에 그가 걸인인 것을 보았
던 사람들이 이르되 이는 앉아서 구걸하던
자가 아니냐
9 어떤 사람은 그 사람이라 하며 어떤 사람은
아니라 그와 비슷하다 하거늘 자기 말은 내
가 그라 하니
10 그들이 묻되 그러면 네 눈이 어떻게 떠졌느냐
11 대답하되 예수라 하는 그 사람이 진흙을 이
겨 내 눈에 바르고 나더러 실로암에 가서 씻
으라 하기에 가서 씻었더니 보게 되었노라
12 그들이 이르되 그가 어디 있느냐 이르되 알
지 못하노라 하니라
13 그들이 전에 맹인이었던 사람을 데리고 바리
새인들에게 갔더라
14 예수께서 진흙을 이겨 눈을 뜨게 하신 날은
안식일이라
15 그러므로 바리새인들도 그가 어떻게 보게 되
었는지를 물으니 이르되 그 사람이 진흙을
내 눈에 바르매 내가 씻고 보나이다 하니
16 바리새인 중에 어떤 사람은 말하되 이 사람
이 안식일을 지키지 아니하니 하나님께로부
터 온 자가 아니라 하며 어떤 사람은 말하되
죄인으로서 어떻게 이러한 표적을 행하겠느
냐 하여 그들 중에 분쟁이 있었더니
17 이에 맹인되었던 자에게 다시 묻되 그 사람이
네 눈을 뜨게 하였으니 너는 그를 어떠한 사
람이라 하느냐 대답하되 선지자니이다 하니
18 유대인들이 그가 맹인으로 있다가 보게 된
것을 믿지 아니하고 그 부모를 불러 묻되
19 이는 너희 말에 맹인으로 났다 하는 너희 아
들이냐 그러면 지금은 어떻게 해서 보느냐
20 그 부모가 대답하여 이르되 이 사람이 우리
아들인 것과 맹인으로 난 것을 아나이다
21 그러나 지금 어떻게 해서 보는지 또는 누가
그 눈을 뜨게 하였는지 우리는 알지 못하나
이다 그에게 물어 보소서 그가 장성하였으니
자기 일을 말하리이다
22 그 부모가 이렇게 말한 것은 이미 유대인들
이 누구든지 예수를 그리스도로 시인하는 자
는 출교하기로 결의하였으므로 그들을 무서
워함이러라
23 이러므로 그 부모가 말하기를 그가 장성하였
으니 그에게 물어 보소서 하였더라
24 이에 그들이 맹인이었던 사람을 두 번째 불
러 이르되 너는 하나님께 영광을 돌리라 우
리는 이 사람이 죄인인 줄 아노라
25 대답하되 그가 죄인인지 내가 알지 못하나
한 가지 아는 것은 내가 맹인으로 있다가 지
금 보는 그것이니이다

26 그들이 이르되 그 사람이 네게 무엇을 하였
느냐 어떻게 네 눈을 뜨게 하였느냐
27 대답하되 내가 이미 일렀어도 듣지 아니하고
어찌하여 다시 듣고자 하나이까 당신들도 그
의 제자가 되려 하나이까
28 그들이 욕하여 이르되 너는 그의 제자이나
우리는 모세의 제자라
29 하나님이 모세에게는 말씀하신 줄을 우리가
알거니와 이 사람은 어디서 왔는지 알지 못
하노라
30 그 사람이 대답하여 이르되 이상하다 이 사
람이 내 눈을 뜨게 하였으되 당신들은 그가
어디서 왔는지 알지 못하는도다
31 하나님이 죄인의 말을 듣지 아니하시고 경건
하여 그의 뜻대로 행하는 자의 말은 들으시
는 줄을 우리가 아나이다
32 창세 이후로 맹인으로 난 자의 눈을 뜨게 하
였다 함을 듣지 못하였으니
33 이 사람이 하나님께로부터 오지 아니하였으
면 아무 일도 할 수 없으리이다
34 그들이 대답하여 이르되 네가 온전히 죄 가
운데서 나서 우리를 가르치느냐 하고 이에
쫓아내어 보내니라
35 예수께서 그들이 그 사람을 쫓아냈다 하는
말을 들으셨더니 그를 만나사 이르시되 네가
인자를 믿느냐
36 대답하여 이르되 주여 그가 누구시오니이까
내가 믿고자 하나이다
37 예수께서 이르시되 네가 그를 보았거니와 지
금 너와 말하는 자가 그이니라
38 이르되 주여 내가 믿나이다 하고 절하는지라
39 예수께서 이르시되 내가 심판하러 이 세상에
왔으니 보지 못하는 자들은 보게 하고 보는
자들은 맹인이 되게 하려 함이라 하시니
40 바리새인 중에 예수와 함께 있던 자들이 이
말씀을 듣고 이르되 우리도 맹인인가
41 예수께서 이르시되 너희가 맹인이 되었더라
면 죄가 없으려니와 본다고 하니 너희 죄가
그대로 있느니라

원 의미

초막절 축제 이야기는 우리가 공관복음에서 자주 만나는 설화 형식, 즉 치료 이후에 논쟁이 이어지는 형식을 따른다. 그것은 또한 요한복음 5장에서의 치료 이야기와 많은 부분에 있어서 평행을 이룬다. 한 사람이 안식일에 치료를 받는다. 성전지도자(그리고 요한복음 9장에서는 이웃들)가 문제를 제기한다. 예수는 후에 그를 만나 격려해 주신다. 그리고 마지막으로 예수는 자신의 권위의 의미에 대해 예루살렘 신학자들과 광범위한 논쟁을 벌이신다.

맹인의 치료 역시 그 전의 요한복음 8:12-59의 이야기와 밀접하게 연관되어 있다. 예수는 아직 초막절 축제에 참여하고 계시다. 그리고 독자들은 8:12에 암시된 성전에서의 빛의 의식들을 상기해야 한다(주석 참조). 요한복음 9장은 거의 8장 후반부에서의 예수의 메시지에 대한 "사례 연구"(case study)라고 부를 수 있다. 그것은 예수가 축제 기간동안 자신에 대해 말씀해 오신 것들의 장엄한 요약이다. 그는 성전에서 볼 수 있는 그 어떤 것보다도 우월한 참된 빛이시다. 그는 세상을 위한 하나님의 말씀을 전하고 모든 믿는 자들에게 생명을 주시는 하나님의 메신저이시다.

본 장에서 "어둠" 속에서 살고 있는 자에게 기적적으로 "빛"이 주어진다. 이 남자의 치료의 이야기를 통해 우리는 펼쳐지기 시작하는 또 다른 비유를 본다. 육체적 치료는 영적 치료의 상징이 된다. 그리고 육체적 눈멂은 영적 눈멂으로 대체된다. 이야기의 마지막 부분에서 커다란 반전이 발생한다. 한 때는 어둠 속에서 살았던 사람이 이제는 빛을 가지고 있다(눈과 마음 모두에). 그 사람과 반대편에 섰던 자들은 건강한 눈을 가지고 있지만 영적 어둠 속에서 살고 있다. 초막절의 빛이 참으로 예루살렘으로 왔다. 모든 사람들은 그것을 필요로 한다. 그러나 오직 예수를 믿는 자들만이 그것을 즐길 수 있는 기회를 갖게 될 것이다.

본 장은 세 개의 부분으로 편리하게 구성되어 있다. 첫 번째 부분은 치료 그 자체에 대한 설명이다(요 9:1-7). 그 다음에는 맹인이 이웃들과 바리새인들에게 심문을 받는 장면이 나온다(요 9:8-34).—이 섹션은 그 사람이 회당에서 쫓겨나는 것으로 끝난다(요 9:30-34). 마지막으로 예수가 이야기 속으로 다시 들어오셔서 비유적 가르침을 베푸신다. 그 가르침은 이야기의 교훈들을 요약하는 것으로서 어떻게 해서 앞을 못 보던 자는 시력을 얻었고 다른 이들은 앞을 보지 못한다는 말을 듣게 되었는가 하는 것을 설명해 준다(요 9:35-41). 요한은 이중적 의미를 사용하기를 좋아한다. 우리는 이야기가 전개되어 나갈 때 그것을 주목해야 한다. 요한복음 9장은 6-8장에서의 팽팽한 논쟁 이후의 신선한 막간극을 제공한다. 이것은 레이몬드 브라운(Raymond Brown)이 말했듯이 요한의 "최고의 드라마 기법"(dramatic skill at its best)을 보여준다.[1]

맹인을 치료하심(요 9:1-7)

공관복음은 예수가 맹인들을 치료하시는 예들을 많이 보여준다. 어떤 면에 있어서 이런 종류의 기적은 그의 사역의 표식이었다(막 11:5; 눅 4:17; 7:22). 예수는 여리고에서 소경 바디매오를(막 10:46-52; 눅 18:35-43), 갈릴리에서 두 맹인들을(마 9:27-31), 다른 곳에서는 말 못 하는 한 맹인을(아마도 가버나움이었을 것이다. 마 12:22-23), 벳세다에서는 한 맹인을(막 8:22-26), 그리고 예루살렘에서는

1. Brown, *John*, 1:376.

성전을 청결케 하신 후에 또 한 맹인을 치료해 주셨다(마 21:14). 예수는 특별히 맹인들의 치료자이셨다. 그들은 예수가 자신들을 고통으로부터 구해 줄 것인지를 보기 위해 그에게로 왔다(마 21:14).

눈이 머는 것은 고대에 있어서 우리가 생각하는 것보다 훨씬 흔한 병이었다. 눈병에는 치료법이 거의 없었다. 그리고 불결한 위생조건은(특히 물) 질병의 위험성을 높였다. 예수 시대에 눈멂은 너무나 잘 알려진 병이었기 때문에 잔치에 사람들을 초대하는 비유에서 그는 맹인들을 포함시키셨다(눅 14:13). 그는 요한복음 9장의 경우처럼 영적 어둠을 표현하기 위해 비유적으로 눈멂을 사용하시기도 했다(마 15:14; 23:16, 17, 19, 24, 26; 눅 6:39).

예수가 초막절에 만나신 사람은 날 때부터 맹인이었다(요 9:1). 이 사실은 그의 제자들로 하여금 그의 고난의 원인에 대해 묻도록 만들었다(요 9:2). 그들은 죄와 고난 사이에 연관이 있음에 틀림없다고 생각했다. 그래서 그들은 그 사람과 그의 부모 중에서 누가 책임이 있냐고 물었다. 예수는 질문의 방향 자체를 거부하신다(요 9:3). 그러나 NIV와 대부분의 영어 번역들은 예수의 대답에 대해 상당한 혼동을 야기하고 있다. NIV는 "'이 사람이나 그 부모가 죄를 지은 것이 아니다.' 예수께서 말씀하셨다. '이 일이 발생한 것은 그의 삶 속에서 하나님의 일이 나타나도록 하기 위함이다.'"("Neither this man nor his parents sinned," said Jesus, "but this happened so that the work of God might be displayed in his life.")라고 번역하고 있다.[2] 하나님이 그의 치료를 통해 자신이 영광을 받으시기 위해 이 사람에게 고통을 가져다 주셨다는 생각 뒤에 놓여 있는 신학적 의미들은 아무리 주의 깊은 독자라도 알아내기가 힘든 것이다. 건전한 신학은 하나님이 자신이 원하시는 일을 하실 수 있는 주권을 가지고 계시다는 것에 대해 의심할 수 없다. 그러나 생각이 있는 기독교인이라면 단지 자신을 영광스럽게 하기 위해 하나님이 사람들에게 고통을 가한다는 것은 너무 잔인한 일이라고 여길 것이다.

그러나 요한복음 9:3b의 목적절("하나님이 하시는 일을…나타내고자")은 9:4에 적용할 수도 있고 또 그렇게 되어야 한다. 그런 절들(헬라어 *hina*[영어 in order that]로 시작되는 절)은 주절 뒤에 붙지 않고 주절보다 앞에 나올 수도 있다. 요한복음에서 헬라어 '알 히나'(*all' hina*, "그러나…하기 위하여", 요 9:3b)가 사용된

2. "이 일이 발생한 것은"(this happened)에 해당하는 부분은 헬라어 본문에 없다. 그 부분은 NIV 번역에 추가된 것이다.

11개의 절들 중에 4개가 주절보다 앞에 등장하고 있다(요 1:31; 13:18; 14:31; 15:25). 만약 9:2-4가 이 패턴을 따른다면 우리는 문장을 다음과 같이 번역할 수 있다. "'이 사람이나 그 부모가 죄를 지은 것이 아니다.' 예수께서 말씀하셨다. '그러나 그의 삶 속에서 하나님의 일이 나타나도록 하기 위하여 우리는 아직 낮인 동안에 나를 보내신 분의 일을 해야만 한다.'"

이제 목적절은 하나님의 일이 이 사람의 삶 속에서 나타나도록 하기 '위하여'(so that) 예수가 일하셔야만 한다는 사실을 설명한다. 하나님이 자신의 영광을 보이시기 위해 그 사람을 맹인으로 만드신 것이 아니다. 하나님은 자신의 영광을 보이시기 위해 예수를 보내셔서 치료의 일을 하게 하셨다. 두 번역들의 신학적 의미는 그보다 더 다를 수 없을 정도로 엄청난 차이를 보이게 된다. 예수의 사역은 방해를 받지 않아야 한다. 왜냐하면 그는 낮을 비추는 빛이시기 때문이다. 그러나 밤이 오고 있다(요 9:4b-5). 밤이 되면 그는 이곳에 계시지 않을 것이고 그분의 손으로 이루어지는 기적들은 멈출 것이다.

예수는 타액과 흙을 섞어서 진흙반죽을 만드셨다. 그리고 그것을 그의 눈에 바르셨다(요 9:6). 고대에 있어서 타액은 치료의 능력을 가진 것으로 생각되었다. 그러므로 예수의 행동은 이상한 것이 아니다.[3] 마가는 예수가 같은 일을 행하신 두 번의 다른 예들을 기록하고 있다(막 7:32-35; 8:22-25). 예수는 그 사람에게 실로암 못에 가서 씻으라고 하신다(요 9:7). 요한은 괄호 속에서 "실로암"(Siloam)이 (히브리어로) "보냄을 받았다"(sent)라는 뜻이라고 설명한다.[4]

이 못은 예루살렘 남쪽에 있었고 두 가지 이유 때문에 중요했다. (1) 실로암 못은 초막절 의식에 필요한 물의 공급처였다(요 7:37-52의 주석 참조). 이 못은 히스기야가 기혼(Gihon)샘의 방향을 바꿈으로써 생겨났다. 그는 다윗성 아래에 서쪽으로 향하는 터널을 뚫어 물길을 바꾸었다. 실로암 못은 도시 안에서 샘물을 구할 수 있는 유일한 곳이었다. 따라서 그곳은 종교적, 의식적 가치를 지니고 있었다.[5] 만약 예수가 초막절 물의 근원이시라면(요 7:37-39) 이 사람은 지금 심오한 방식으로

---

3. 고대에는 유명한 사람의 "타액"(spittle)에 대해 많은 미신들이 있었다. 그리스도의 아스클레피우스(Asclepius) 치료의식과 유대의 민간신앙 모두 타액에 마술적 능력을 부여했다. 랍비들은 그런 미신에 대해 일반적으로 비판적이었다(K. Rengstorf, "πηλός," *TDNT* 6:118-19).

4. 히브리어로 그 단어는 '실로아'(*Shiloah*)였다. 그것을 칠십인경(LXX)은 '실로암'(*Siloam*)이라고 번역했다. 요세푸스(Josephus)는 그것을 '실로아'(Siloa)라고 부른다.

5. 오늘날 그 못은 "다윗성"(David's City) 남쪽에서 찾을 수 있다. 그것은 아랍 마을인 실완(Silwan) 아래쪽에 있다. 사람들은 (샘이 시작되는 곳으로부터) 히스기야 터널을 통해 걸을 수 있는데 실로암 못에서 밖으로 나오게 된다.

그 물을 경험한 것이다.

(2) 못의 이름은 예수에게 있어서 상징적 중요성을 지닌다. 요한복음에서 20번 이상 예수는 하나님에 의해 "보내심을 받은"(sent) 자로 묘사된다(예를 들어, 요 4:34; 5:23, 37; 7:28; 8:26; 12:44; 14:24). 다시 말해서 그 맹인은 하나님에 의해 "보내심을 받은" 자에 의해 "보내심을 받은"이라고 불리는 곳에 가서 씻으라는 말씀을 들은 것이다. 그렇다면 못이 아니라 예수가 치료의 근원인 것이다.[6] 그 사람은 순종했고(요 9:7) 그래서 치료를 받았다.[7] 요한은 어떤 환호성이나 방해에 대해서는 언급하고 있지 않다.

심문(요 9:8-34)

맹인에 대한 극적인 치료는 그의 친구들과 가족들에게 엄청난 충격을 주었을 것이다. 고대에 있어서 많은 사람들이 치료의 능력을 가지고 있다고 주장했지만 이번 경우처럼 '증명될 수 있는' 기적의 경우에는 모든 사람들의 관심을 집중시켰다. 고대 세계는 심한 질병과 장애에 대해 거의 해결책을 가지고 있지 못했다. 그렇기 때문에 많은 이들은 마술과 미신을 의지했다. 하지만 여기 자신이 약속한 것을 행한 치료자가 있었다. 거지로 잘 알려진, 날 때부터 맹인이었던 자가 이제 볼 수 있게 되었다. 이것은 다른 예를 찾아 볼 수 없는 일이었다(요 9:32).

그 사람이 경험한 일에 대한 공동체의 조사는 다음 절들 속에서 축약된 형태로 소개되고 있다. 우리는 '맹인으로서의'(as blind) 그 사람의 정체성뿐만 아니라 그를 치료한 자, 예수의 정체성을 밝히기 위해 공동체가 몇 시간 동안이나 토론과 논쟁을 계속하는 광경을 상상할 수 있다. 그가 어떻게 이런 일을 행했는가? 이 일은 반복될 수 있는가? 그가 다른 사람들에게도 이런 일을 할 수 있는가? 그의 권위는 어디로부터 온 것인가? 이 권능은 독특한 어떤 것, 그 속에서 하나님이 일하고 계

6. 어떤 학자들은 이 기간 동안 유대교에 있어서 '실로아'(*shiloah*)가 메시야적 의미를 지니고 있었다고 주장한다. 사 8:6은 이렇게 말씀한다. "이 백성이 천천히 흐르는 '실로아' 물을 버리고 르신과 르말리야의 아들을 기뻐하느니라." '실로아'를 칠십인경(LXX)은 "실로암"(Siloam)이라고 번역하고 있다. 유사한 이름이 창세기 49:10에도 등장한다(실로, Shiloh). 유대인들과 기독교인들은 그것들을 모두 메시야적 의미로 해석했다. 우리의 본문에서 유대교는 예수를 배척하고 있다. 이사야 8장에서와 마찬가지로 그들은 "실로아"를 배척했다.

7. 왕하 5:10-14에 등장하는 나아만과 엘리사의 유사한 치료/씻음 이야기와 비교해 보라. 나아만이 요단강으로 발걸음을 옮긴 것은 선지자에 대한 존경심을 보이기 위한 순종의 행위였다.

심을 보여주는 어떤 것인가? 그것은 하나님의 능력인가?

(1) 이웃들(요 9:8-13). 요한은 연속된 네 장면들을 보여준다. 각 장면에서는 맹인과 그의 치료에 대한 질문들이 제기된다. 이 네 장면들을 주의 깊게 비교해 보면서 그 안에서 암시되고 있는 메시지들을 생각해 보아야 한다. 첫 번째 장면에서(요 9:8-13) 이웃들은 그 남자를 심문한다. 그들은 불신앙 속에서 그가 정말로 자신들이 알고 있던 그 맹인이 맞는지를 확인하려고 한다. 그들은 기적을 거부하지 않는다. 그러나 조언을 구하기 위해 바리새인들을 찾아간다. 바리새인들은 회당에서의 공식적인 신학적 지도자였다. 그들은 또한 이스라엘의 상급법원인 산헤드린을 차지하고 있었다. 그러나 자질구레한 공동체의 문제를 논의하기 위해 일반인들이 그들에게 찾아갈 수도 있었다.

(2) 바리새인들(요 9:14-17). 바리새인들은 치료에 대해 그에게 질문을 던진다. 그러나 그들의 주된 관심사는 안식일을 범함에 관한 것이다. 그들은 예수가 그 일을 안식일에 행하셨기 때문에 예수는 죄인이며 결과적으로 그는 하나님의 권능으로 일을 하고 있을 수 없다고 결론을 내린다.

(3) 맹인의 부모(요 9:18-23). 바리새인들은 정말로 기적이 발생했는지를 확인하기 위해 그 사람의 부모를 찾는다. 지도자들은 기적을 쉽사리 믿을 수 없었다. 그러나 부모들은 그들을 두려워했다. 왜냐하면 예수 편에 서는 자는 누구든지 회당에서 출교 시켜 버리기로 한 음모에 대해 알고 있었기 때문이다. 그들은 바리새인들의 질문을 회피하고 그 방향이 다시 자신들의 아들에게 향하게 한다.

(4) 맹인이었던 남자(두 번째, 요 9:24-29). 지도자들은 다시 남자에게 관심을 가진다. 그는 예수의 죄에 대해서는 아무 말도 할 수 없었다. 그리고 그는 기적을 부인할 수도 없었다. 그는 분노한 바리새인들에 용감하게 대답한다. 이야기의 긴장은 점점 더 커진다. 그 기적은 설명을 필요로 한다. 그리고 그 기적의 엄청남은 오직 하나님이 그 기원이심을 가리킨다. 하지만 만약 그것이 사실이라면 하나님은 죄인들에게 귀를 기울이시지 않기 때문에 — 하나님은 예수에게 귀를 기울이셨다. — 예수가 죄인이 될 수 없다. 여기서 우리는 (예수를 지지하는) 맹인이었던 사람과 (예수를 지지하지 않는) 지도자들 사이의 팽팽한 긴장을 본다. 그들은 "우리는 모세의 제자라"라고 말한다. 이 말은 단지 예수의 청중들 사이에서의 분리를 지적하는 것이 아니라 수십 년 후 회당과 교회 사이에 생기게 될 날카로운 분리를 시사한다.

각 장면들은 예수의 정체를 증명해 준다. 그리고 각각은 보다 깊은 문학적 기능을 보여준다. 이야기가 전개됨에 따라 예수는 이름에 의해 보다 선명하게 계시된다. 그는 "예수"이다(요 9:10). 그리고 나서 그는 "선지자"라고 불린다(요 9:17). 그리고 그는 "그리스도"라고 불리고(요 9:22), 결국에는 "하나님께로부터 (온 자)"로 불린다(요 9:33). 이야기가 펼쳐짐에 따라 각 이름이 기독론적으로 전개되어 나가는 것을 쉽게 볼 수 있다. 바리새인들은 예수와 그의 역할을 부정하는 반면 논쟁은 그의 참된 정체성을 증명해 준다.

아이러니컬하게도 심문 이야기는 지도자들이 맹인이었던 자를 비난하는 것으로 끝난다. "네가 온전히 죄 가운데서 나서 우리를 가르치느냐!"(요 9:34). 이것은 인상적이다. 왜냐하면 이것은 본 장의 첫 절들을 상기시키기 때문이다. 요한복음 9:1-2에서 그 사람의 출생과 죄에 대해 제기되었던 질문을 기억해 보라. 예수는 그의 장애의 원인을 그런 데서 찾는 것을 거부하셨다(요 9:3). 그것은 또한 바리새인들이 그 사람을 죄인으로 몰라 내쫓으려는 것을 예수가 거부하신 것과 같다(요 9:34). 이전의 예에서 사람들은 죄가 육체적 맹인 됨을 야기했다고 생각했다. 후자의 예에서 사람들은 그의 죄가 영적 맹임 됨(혹은 종교적 무지)을 야기했다고 생각했다. 두 경우 모두에 있어서 그들은 틀렸다. 그러나 심문은 그의 부모들이 두려워했던 결과를 그가 경험하는 것으로 끝난다. 그는 회당에서 쫓겨난다. 우리는 그의 출회 기간이 얼마나 지속되었는지 알지 못한다. 몇 일, 한 달, 혹은 영원히. 각 경우 모두 가능했을 것이다(그러나 마지막의 경우는 가능성이 적어 보인다).

어떤 학자들은 요한복음 9:34의 출교에 대한 언급을 이 이야기가 나중 시대에(일반적으로 80년대 말이나 90년대) 만들어진 증거라고 보았다. 그 당시 회당과 교회 사이에 긴장이 고조되었으며 출교라는 공식용어가 유대의식서와 율법 속에 들어갔다. 어떤 이들은 얌니아(Jamnia, 영어식으로는 '잼니어'이지만 보통 원어식으로 '얌니아'라고 발음한다.-옮긴이)에서의 유대 종교회의와 80년대 말에 내려진 출교결정을 지적한다. 그러나 오늘날 다른 이들은 얌니아 회의가 결정적 역할을 했는지에 대해 의심을 가지고 있다. 그들은 그 생각을 "확실치 않은 가설의 지위로 격하시켜야 한다"고 생각한다.[8] 그러므로 현재 이야기 속의 주제를 회당으로부터의 공식적인 출교로 볼 필요는 없다. 그것은 맹인이었던 사람이 그들 앞에서 즉시 내쫓긴 것을 말할 수도 있다.

---

8. J. Lewis, *ABD*, 3:634-37, cited in D. Wenham, "A Historical View of John's Gospel," *Themelios* 23:2 (1998). 5. 루이스(Lewis)는 "단지 주장의 반복이 있다고 해서 의견일치가 이루어진 것으로 간주해서는 안된다"라고 말한다.

영적인 눈멂(9:35-41)

이 이야기는 예수가 이제 막 고침을 받은 사람을 다시 방문하시는 것으로 끝난다. 그는 이 사람이 치료의 결과 회당 공동체로부터 쫓겨났다는 소식을 들으셨다. 예수는 요한복음 5장에서도 안식일에 중풍병자를 치료하신 후 그를 다시 "찾으셨다"(요 5:14). 하지만 그 중풍병자는 소문을 내지 말라는 예수의 명령에 불순종했고 그 결과 예수에 대한 핍박은 심해졌다. 그러나 이곳에서의 맹인은 믿음과 선함의 귀감이 된다.

예수는 맹인이 경험한 사건에 담긴 깊은 진리를 알려 주시기 위해 개인적으로 그를 만나신다. 그의 신앙고백("주여 내가 믿나이다", 요 9:38)과 그의 경배는 그가 어떤 의미에 있어서든 더 이상 "어둠" 속에서 살고 있지 않음을 보여준다. 이것은 그가 단순히 기적의 실재성 혹은 예수의 능력을 믿는다는 뜻이 아니다. 그는 이미 이전부터 그것을 주장해 왔다. 그가 시력을 회복했다는 사실은 논란의 여지가 없다. 그의 고백은 예수를 열린 마음으로 받아들인다는 뜻이다.—이스라엘의 메시야로서의 그에 대한 헌신. 예수의 "인자"(Son of Man) 칭호 사용은 우리가 공관복음에서 자주 보는 것과 같은 미래의 정복자 영웅의 이미지를 불러일으키지 않는다. 요한의 이야기에 있어서 인자는 예수에 대한 일반적 명칭으로서 하늘에서 온 거룩한 메신저를 뜻한다(요 3:13-14; 5:53; 6:27; 12:23).

그러므로 그 맹인은 예수의 주 되심을 받아들이고 그 결과 핍박을 당하는 모든 신자들의 본보기가 된다(요 15:18-16:4). 이것은 특히 요한복음 9:36과 38절에서 '퀴리오스'(*kyrios*, 주님)라는 헬라어 단어가 반복해서 사용된 것으로 보아 분명하다. 첫 번째 예에서 '퀴리오스'는 단순히 "선생님"(sir) 정도의 의미이다. 그것은 그가 예수에 대해 가지고 있는 존경심을 드러낸다(cf. 요 4:11; 5:7; 12:21). 그러나 일단 예수가 자신의 정체성의 참된 의미를 드러내시자 그는 태도가 바뀐다. 그러므로 요한복음 9:38의 '퀴리오스'(주여)는 20:28에서의 도마의 경배의 태도와 평행을 이룬다. 두 사람은 모두 자신들이 하나님의 계시 앞에 서 있음을 인식했다.

이와는 대조적으로 바리새인들은 예수와 맹인 모두를 정죄한다. 하지만 결국에는 예수가 그들을 정죄하신다. 다시 한 번 우리는 요한복음 5장의 이야기 속에서 평행을 발견한다. 안식일 논쟁에서의 고소 이후 예수의 말씀은 그를 고소한 자들의 영적 질병을 드러낸다. 그러므로 재판의 상황은 뒤집혀서 예수를 고소했던 자들이 갑자기 피고소인인 된다. 요한복음 9장에서도 같은 상황이 발생한다. 초막절을 둘러싸고 있는 빛과 어둠이라는 주제는 흥미로운 이중적 의미를 창조해 낸다. 예수의 대적들은 육체적으로는 시력을 가지고 있다. 그러나 실제로는 영적 맹인들이다. 반면에 맹인이었던 사람은 두 가지 조건들이 모두 바뀌었다(그는 두 가지 차원 모두에 있어서 완전하고 명확하게 볼 수 있게 되었다).

그러나 이 대적들이 가지고 있는 가장 심각한 문제는(요 9:41) 자신들이 무죄라고 주장하는 것, 예수가 주장하고 있는 신학적 요점을 자신들이 완전하게 이해하고 있다고 주장하는 것, 그리고 그들이 그것을 거부하고 있다는 것이다. 그들은 자신들이 볼 수 있다고 '주장하기' 때문에 그들의 유죄성이 오히려 부각된다. 왜냐하면 그들은 예수를 대적하는 종교적 입장을 통해 자신들의 위치를 스스로 확증해 주고 있기 때문이다.

요한복음 9장의 드라마는 자신이 "세상의 빛"(요 8:12)이라는 예수의 초막절 선언의 의미를 충분히 밝혀 주었다. 맹인의 눈과 그의 마음 속 모두에 있어서 빛이 어둠을 누르고 승리했다. 그러나 빛은 또한 심판의 상징으로 제시되었다. 빛과 심판이라는 이 주제는 요한복음 3:19-21에서 이미 분명하게 등장했었다. 바리새인들과 맹인은 각자 빛 가운데 섰다. 그리고 빛은 그들의 영적 상태를 드러냈다.

> "빛이 세상에 왔으되 사람들이 자기 행위가 악하므로 빛보다 어둠을 더 사랑한 것이니라. 악을 행하는 자마다 빛을 미워하여 빛으로 오지 아니하나니 이는 그 행위가 드러날까 함이요 진리를 따르는 자는 빛으로 오나니 이는 그 행위가 하나님 안에서 행한 것임을 나타내려 함이라"(요 3:19-21).

상황잇기

두 지평들. 이 극적인 이야기는 한 맹인이 주후 1세기에 경험한 이야기일 뿐만 아니라 또한 독자들과 나의 삶에 관한 이야기이다. 그러나 나는 예수의 초막절 계시의 (이 이야기는 그 계시의 내용을 가장 극적으로 보여준다) 역사적 중요성을 무시할 수 없다. 요한복음 7장 이후부터 우리는 당국자들이 예수를 대적하고, 정죄하고, 또 그를 고소해 온 것을 보아 왔다. 본 장에 있어서 그들 사이의 간격은 확고해 보인다. 그들은 맹인에게 이렇게 말한다. "너는 그의 제자이나 우리는 모세의 제자라"(요 9:28). 다시 말해서 그 맹인은 누구를 따를 것인지 결정을 해야 한다. 그 말이 의미하는 것은 또한 일단 어떤 사람이 예수의 제자가 된다면 그는 더 이상 모세의 제자로 간주될 수 없다는 것이다. 이것은 참으로 불행한 결정이다.

왜냐하면 가장 초기의 모든 유대-기독교인들은 자신들이 모세와 족장들이 고대했던 것들을 성취하고 있다고 보았기 때문이다. 요한복음 8:57이 밝히는 것처럼 아브라함은 예수의 날을—그리고 분명히 예수 자신을—보고 기뻐했다. 그러나 여기서 우리는 예수를 따르고 그를 메시야로 선포하기로 결정하는 것은 회당에서 심각한 종교적 결과들을 낳았음을 본다.

그러나 이야기는 더 진행된다. 맹인과 그의 대적들은 양식화 된 문학적 무대 위에서 자신들의 이야기를 펼친다. 그들은 단지 과거의 역사가 아니라 현재의 이야기를 들려준다. 그 남자는 주연배우이고 우리는 그의 삶 속에서 쉽게 우리들 자신을 볼 수 있다. 대적들은 문학적 적대자들이다. 그들의 입장은 예견이 가능하고 반복적이다. 어떤 학자들에게 있어서 이런 문학양식은 그 이야기가 역사적인 것이 아니라 수십 년 후 요한의 교회에서 기원한 것이라는 증거가 된다.

그러나 그런 결론은 불필요하다. 요한은 두 개의 지평 위에서 글을 쓰고 있다고 보아야 한다. 그는 비극을 기록하고 있다. 그는 예수의 생애 중에 발생한 에피소드를 들려주면서 그 이야기가 그들 자신의 환경 속에서 기꺼이 귀를 기울이려고 하는 자들에게 강력한 힘을 발휘하도록 하고 있다. 그러므로 그 사람은 이상적인 개종자의 모델이 되고 있다(그리고 의심할 바 없이 그는 요한복음 5장에서의 치료받은 사람과 대조되어야 한다). 그는 예수에 의해 치료를 받았고, 핍박을 당했고, 예수를 믿기로 결정했고, 그의 제자가 되었다. 예수의 대적들 역시 양식화 된 인물들이다. 그들은 종교적 확신을 가지고 있고(요한복음 8장에서의 대적들과 상당히 유사하다), 기적을 보는 대신 예수의 안식일 위반을 지적하고 있다. 결국 그들은 자신들의 종교적 "지혜" 속에서 맹인으로 발견된다.

때때로 요한은 우리로 하여금 그의 이야기에 등장하는 인물들 속에서 "이중의미"(double meanings)를 보게 한다. 이를테면 니고데모는 요한복음 3장에서 중생이라는 개념을 가지고 씨름한다. 그러나 요한복음 9장에서 예수는 본문과 독자 사이에서 이 이중의미들이 작동하도록 한다. 우리는 관찰자로서 심지어 배우들도 보지 못하는 것들을 본다. 그리고 우리는 만약 시력을 가지고 있다면, 즉 예수가 요한복음 9장에서 제공하고 있는 영적 통찰력을 가지고 있다면, (그들이 놓치고 있는) 그 의미를 우리의 것으로 만들 수 있다. 영적 통찰력과 육체적 시력은 우리가 배우들이 역할을 수행하는 것을 보는 동안 앞뒤로 움직인다.

예를 들어 맹인은 자신이 "알지" 못한다는 것, 즉 자신이 무지하다는 사실을 두 번이나 고백한다(요 9:12, 25). 심지어 결국 그가 예수를 만났을 때도 그는 이해력이 거의 없다는 것을 드러낸다(요 9:36). 심지어 그의 부모들도 무지를 고백한다(요 9:21). 그러나 이야기의 끝 부분에서 이 사람은 육체적 시력뿐만 아니라 영적 통찰력까지 얻게 된다(요 9:34-38). 이와는 대조적으로 종교지도자들은 육체적 시력을 가지고 있지만 마지막에는 맹인이라는 말을 듣는다(영적 지혜를 결여하고 있다). 비록 그들은 두 번이나 자신들이 "알고" 있다고 주장했지만 말이다(요 9:24, 29). 그들은 심지어 자신들의 지식에 대한 확신을 드러내는 언급도 했다(요 9:16). 이곳에서의 메시지는 재미있다. 영적 통찰력에 대한 어떤 사람의 주장이 항상 믿을 만한 것은 아니다. 때로는 학위를 몇 개씩 가지고 있고 종교적 권세를 가지고 있는 사람이 단순한 종교적 탐구자보다 진리에 대해 적게 알고 있을 수도 있다.

대적들은 그들의 확신을 자랑하는 것을 즐기고 있다. 반면 이야기 속의 영웅은 완전히 텅 빈 가운데서 예수에게 나아온다. 텅 비었던 사람은 가득 채워졌다. 하지만 "의사가 필요 없다"(마 9:12)라고 외쳤던 사람들은 어둠 속에 남겨졌다. 그러므로 이 이야기는 열린 마음과 닫힌 마음에 관한 이야기이다. 하지만 여기에는 우리가 요한복음 8장의 논쟁에서 보지 못했던 어떤 요소가 더해져 있다. 대적들은 자신의 지식을 자랑하고 자신이 알고 있는 바를 신뢰한다. 하지만 그들은 자신들이 사실은 미련하고 무식하며 방향을 잘못 잡고 있다는 사실을 알지 못한다. 그들의 자랑은 정죄를 받는다("본다고 하니 너희 죄가 그대로 있느니라", 요 9:41). 요한복음 8장에서 우리는 단지 종교적 적대감을 표현한 대적들을 만났다. 하지만 9장에서 우리는 종교적 오만에서 오는 종교적 적대감을 만나고 있다.

독자로서 나는 이 드라마가 전개되는 것을 읽는다. 그러나 드라마는 나에게도 그 마법을 걸어온다. 나 역시 결정을 내려야 한다. 나는 기적의 증거를 믿을 것인가? '이 사람은 날 때부터 맹인이었는가? 이 사람들은 그의 부모였는가?' 나는 그런 기적을 행할 수 있는 사람은 누구나 하나님께로부터 왔을 것이라고 결정할 것인가? '예수는 죄인이었는가? 그가 안식일을 범한 것은 그의 주장들을 무효로 만드는가?' 그리고 나는 믿기로 결정할 것인가? '그 결과들은 어떠한가? 핍박의 위협들은 어떠한가?'

나는 믿도록 초청되었다. 우리가 요한복음 4장에서 본 것과 마찬가지로 9장의 이야기는 예수의 정체성을 확인하는 데 필요한 것들을 제공한다. 예수를 위한 명칭들이 차고 넘친다. 그것들은 나의 연구를 위한 목록을 만들어 준다. 랍비(요 9:2), 예수(요 9:3), 세상의 빛(요 9:5), 보냄을 받은 자(요 9:7), 하나님께로부터 온 자(요 9:16), 선지자(요 9:17), 그리스도(요 9:22), 인자(요 9:35), 주(요 9:38). 하나님의 아들이라는 명칭을 제외하고는 모든 명칭이 이곳에 다 있다(cf. 요 3:18; 5:25; 또한 10:36). 하지만 하나님의 아들이라는 명칭도 요한복음 9:16과 33절에 전제되어 있다고 할 수 있다("하나님께로부터" 왔다는 사실은 하나님의 권위 있는 사자 혹은 아들이라는 뜻이다).

그러므로 이 이야기 속에는 내가 해석하여 내 세대에게 전달해 줄 수 있는 두 가지의 중요한 "거점들"(loci)이 있다. (1) 우선 맹인의 경험이 있다. 여기서 나는 그의 질병과 구걸, (육체적인 그리고 영적인) 치료, 그리고 회당으로부터의 출교의 그림을 극적으로 그릴 수 있다. (2) 나는 예수의 대적들의 경험을 탐구해 볼 수 있다.—그들은 예수의 선한 사역을 망가뜨리기 위한 질문들을 가지고 있었고, 신학적 지식을 자랑했지만 결국 주님에 의해 정죄를 당했다. 각 거점들이 내 앞에 놓여져 있고 나는 이야기에 참여하도록 초대를 받는다. 요한은 내가 독자로서 예수의 청중들과 똑같이 결단을 내려야 하도록 이야기를 썼다. 기적과 예수의 정체성에 대한 모든 증거들이 이곳에 있다. 나는—맹인과 함께—믿을 것인가, 아니면—지도자들과 함께—적대적 질문들을 던질 것인가?

현대적 의미

요한복음 9장의 맹인의 치료는 교회의 교육사역에 있어서 항상 중요한 역할을 해 왔다. 요한복음 4장(사마리아 여인)과 5장(마비환자)의 이야기와 함께 맹인의 이야기는 개종/세례의 예로서 초기 카타콤 미술 속에 나타난다. 세 이야기 모두에 있어서 물은 재활의 매개체이다. 교부들과 초기 중세교회는 그것들을 신속하게 세례의식에 적용했다. 새로운 개종자들은 일반적으로 사순절 기간동안 교육을 받았는데 이 세 이야기들은 교육예식서의 중심을 이루었다.[9] 예를 들어 11세기에 밀란(Milan)에서는 사순절 세 번째 주일을 "맹인의 주일"(the Sunday of the Blind Man)이라고 불렀다. 그리고 나서 부활절 주간에는 세례가 베풀어졌다. 그때에도 요한복음 9장이 사용되었는데 그 이유는 물이 하나님의 영적 사역에 사용되었을 때 치료의 능력을 가진다는 것을 9장이 보여주었기 때문이다.

이미 3세기에 사순절 기간동안 세례 후보자들에 대해 시험을 실시했다는 증거가 있다. 세 개의 시험이 주어졌는데 세 번째 시험 즉, "큰 시험"(the great test)이 실

9. 참조. Hoskyns, "The Use of the Fourth, Fifth, and Ninth Chapters of St. John's Gospel in the Early Lectionaries," *John*, 363-65.

시되기 전에 요한복음 9장이 큰 소리로 낭독되었다.[10] 9장에서 이 사람에게 질문들이 던져지고 있기 때문에, 그 맹인은 자신의 신앙을 고백할 준비가 되어 있는 기독교인이란 무엇을 뜻하는가를 보여 주는 적절한 모델이 되었다. 후보자들이 이 시험들을 통과하고 나면 정결케 하는 물에 대한 구절들이 세례에 앞서 낭독되었다. 그리고 나서 맹인의 고백이 큰 소리로 읽혀졌다. "주여 내가 믿나이다"(요 9:38).[11]

맹인: 신앙과 개종의 모델. 이 사람의 이전 삶은 희망 없는 비극으로 그려져야 한다. 그는 나중에는 영적인 예민성을 보여주었지만, 그의 매일의 삶은 오늘날 맹인들에게 종종 주어지는 보호나 자선의 손길을 전혀 기대할 수 없는 것이었다. 우리는 맹인안내견과 점자책의 이미지를 잊어야 한다. 그는 길가에 앉아서 구걸을 했다. 직업도 없었고, 결혼도 기대할 수 없었고, 그 어떤 사회적 명예도 없었다. 그는 사회의 사다리의 최하위에 있었다. 그의 미래는 참담했고 그도 그것을 알고 있었다. 그는 요한복음 5장의 마비환자보다 더 비참했다. 이 사람에게 있어서 세상은 희망이 없는 곳이었다. 이와 같은 사람들을 위한 사회적 안전망은 전혀 없었다.

이와 같은 희망 없음과 어두움은 우리에게 강렬한 인상을 준다. 왜냐하면 요한은 그리스도가 없는 사람들을 이와 같이 절망적인 모습으로 그리고 있기 때문이다. 요한복음 8:12와 12:35에서 예수는 "어둠 속에서 걷는" 자들에 대해 말씀하신다. 그것은 정확하게 맹인의 상황이다. 그들은 걸려 넘어지고 길을 잃는다. 예수는 그가 구하기 위해 온 세상의 상황을 영적 은유로 설명하기 위해 이 이미지를 사용하신다. 이 사람의 치료의 영광은 그의 절망적 상황과 날카로운 대조를 이룬다. 예수는 단지 그에게 시력만을 주신 것이 아니다. 그는 생명을 주셨다. 이야기의 몇 가지 요소들을 되짚어 보자. (1) 치료는 예수의 사역에 있어서 중요했다. 그것은 오늘날 교회의 사역에서도 중요한 일이어야 한다. 나는 맹인의 영적 중생만이 유일하게 중요한 것이라고 함으로써 이 이야기를 완전히 영적인 것으로 만드는 것을 원하지 않는다. 예수는 또한 맹인을 온전케 만드신 것이 그 사람에 대한 자신의 사랑의 표식임을 인식하셨다. 불행하게도 우리들 중 많은 이들은 이와 같은 치료를 믿지 않으려 드는 경향이 있다.

이 주제에 대해서는 많은 책들이 쓰여졌다. (요한복음 9장에서의) 예수의 사역을 그대로 따르려는 자들은 치료라는 주제를 놓고 씨름해야 할 것이다. 어떤 책들

10. Brown, *John*, 1:380은 Braun, *Jean*, 158-59를 인용하고 있다.
11. 가톨릭 예식서에는 이 전통들 중 많은 것들이 남아 있다(사순절 넷째 주일을 위한 예식서들을 참조할 것).

은 지적인 문제들을 놓고 씨름한다(예를 들면, C. S. Lewis의 『*Miracles*』). 그러나 다른 이들은(Kathryn Kuhlman, Benny Hinn) 생각이 많은 목회자들의 치료사역에 대해 불신을 하는 것 같다. 많은 이들에게 있어서 (나도 여기에 포함된다) 프랜시스 맥넛(Francis MacNutt)의 책들은 설득력이 있다. 가톨릭 사제인 맥넛은 30년 전 가톨릭 은사주의 부흥운동이 한창일 때 사역의 길로 들어섰다. 그곳에서 그가 경험한 것들과 하버드에서 받은 그의 신학박사 학위는 그 문제를 다룸에 있어서 그에게 큰 신뢰감을 느낄 수 있도록 해 준다.[12]

(2) 하나님은 이런 방식으로 사역이 이루어질 때 영광을 받으신다. 이것은 하나님이 변화를 위해 강력하고 극적인 방식으로 일하실 수 있도록 초청하는 사역이다. 나는 때로 복음주의자들이 21세기 스콜라주의의 안경을 끼고 치료사역을 바라보는 경향이 있는 것 같아 두렵다. (예수가 열심히 하시고자 했던) 하나님의 사역은 단순했다. 그는 한 사람의 삶에 하나님의 능력이 나타나도록 하셨다. 그 사람은 치료를 받고 변화되었다. 그리고 이것은 예수의 정체성에 대한 정확한 고백으로 이어졌다. 우리는 종종 예수가 제공하셨던 치료의 능력을 공급함 없이 그런 고백만을 얻어내려고 한다.

그러나 이 사람의 개종모델은 단지 절망과 치료에 대한 것만이 아니다. 그는 용감했다. 그는 자신이 부정할 수 없는 것을 용기 있게 굳게 붙들었다. 그의 생각은 다음과 같이 전개되었다. 예수는 그를 치료하셨다. 오직 하나님만이 그런 일을 할 수 있으시다. 그러므로 예수는 하나님께로부터 오셨음에 틀림없다. 그러나 그의 지적인 용기는 그 용기로 인한 핍박을 두려워하지 않는 그의 성품과 만났을 때 빛을 발했다. 지적인 종교 지도자들은 그의 증언을 무시했다. 그들은 그 맹인이었던 자가 자신의 주장을 고집할 경우 그 값을 치르게 될 것이라고 경고했다. 이 드라마는 또한 요한의 개종 모델의 일부이다. 예수 그리스도에 대한 믿음에는 다음과 같은 결과들이 따를 것이다. 사회적 고립, 형벌, 그리고 어쩌면 순교.

요한의 이야기의 초점이 예수의 기적을 행하는 능력이라는 순수한 사실로부터 치료를 행하는 자의 정체성으로 빠르게 움직여 간다는 것이 중요하다. 그 사람이 믿었던 것은 예수의 기적을 행하는 능력이 아니었다. 그것은 다만 믿음에 이르게 하는 발판이었을 뿐이다. 그의 믿음은 예수의 참된 정체성과 재빨리 연결되었다.

12. 그의 많은 책들을 참조하라. *The Power to Heal* (1977); *Healing* (1974, 1984, 1988); *Prayer That Heals* (1984); *Overcome by the Spirit* (1990); and *Deliverance from Evil Spirits* (1995). 이 분야의 다른 훌륭한 저자로는 Agnes Sanford가 있다.

그는 "주님"이시며 따라서 경배를 받기에 합당하신 분이시다. 내가 보기에 이것이 바로 모든 치료사역의 최종적 시험대이다. 나는 이것 때문에 오늘날 전국적으로 유명한 몇몇 치료 사역자들의 진정성을 의심하곤 한다. 그들을 통해 어느 정도까지 예수가 영광과 경배를 받으시고 있는가? 그 사역의 중심을 차지하고 있는 것은 기적들 자체인가, 아니면 그 기적들을 통해 자신의 능력과 사역을 드러내시고 있는 예수 그리스도이신가?

이 이야기에는 대부분의 미국 복음주의자들이 놓칠 만한 한 가지 마지막 요소가 있다. 유대 지도자들이 볼 때 맹인이 예수를 따르기로 한다면 그는 더 이상 모세를 따르는 자가 될 수 없었다. 그들이 요한복음 9:29에서 그은 (현대적 용어를 사용하자면) '유대적인'(Jewish) 것과 '기독교적인'(Christian) 것 사이의 날카로운 선은 그들에게는 분명한 듯이 보인다. 사실 그 문제는 오늘날에도 해결되지 못했다. 이것은 두 가지 이유 때문에 문젯거리이다. (1) 오늘날 유대-기독교인들은 자신들이 유대교를 포기하지 않았다고 주장한다. 그러나 그들은 유대 공동체로부터 신랄하게 비판을 받는다. 현대 이스라엘에 있어서 유대인은 자신의 신앙에 관하여 모든 것을 포기할 수 있다. 심지어 무신론자가 될 수도 있다. 그래도 그는 유대인으로 간주되며 이스라엘 시민권을 얻을 수 있다. "유대인성"(Jewishness)이 무효화되는 유일한 경우는 그가 예수를 믿을 때이다. 깊은 아이러니는 무신론자는 여전히 유대인 취급을 받지만 "예수를 믿는 유대인"(messianic Jew)는 그렇지 않다는 것이다.[13]

(2) 신학적으로 분명히 기독교인이지만 나는 예수를 믿으면서도 여전히 모세를 따르고 있다고 말하고 싶다. 예수를 믿음을 통해 나는 모세가 행했을 일을 행하고 있다. 예수는 모세와 결별하시지 않았다. 오히려 그는 모세가 시작한 일을 완성하셨다. 기독교인들은 유대적 메시아(Jewish Messiah)를 받아들이고 있다는 점에서 유대 전통에 충실하다고 말할 수 있다. 랍비 바울은 예수를 믿었지만 자신이 유대인이라는 사실을 조금도 의심하지 않았다.

성전 지도자들: 영적 비(非)타협성의 모델. 아마도 이 단락에 있어서 가장 문제성 있는 질문들은 예수의 대적들의 정체에 관한 것일 것이다. 요한복음 9장에서의 그들의 이미지는 5장과 8장에서의 예수의 대적들의 이미지와는 다르다. 그들은 신학

13. 이 딜레마는 이스라엘로 이주하려고 하는 기독교 유대인들에게 큰 문제를 안겨 주고 있다. 많은 이들은 시민권을 얻을 때까지 자신들의 신앙을 비밀에 붙인다.

자들이고 종교 지도자들이다. 예수에 대한 그들의 거부는 단지 예수가 그들의 종교체계를 거부했다는 사실에 기초한 것이 아니라 예수가 누구인가에 대한 그들의 지식에 기초를 둔 것이다. 그들은 지식을 갖춘 신학적 입장에 기초하여 예수를 대적하고 있다. 그들은 공격적이다. 그리고 9장의 마지막 부분에 따르자면 그들은 "우리는 알고 있다"라고 확신 있게 주장한다. 그들의 죄는 사라질 수 없다. 만약 그들이 무지 때문에 예수를 거부했다면 문제는 달랐을 것이다. 그러나 그들은 지식에 근거하여 예수를 거절했다. 그래서 그들의 "죄는 그대로 있다"(요 9:41).

(1) 요한은 한 가지 질문을 제기하고 그 대답을 제시하지 않는다. "앞을 보지 못하지만"(be blind) 정말로 영적으로 무지하다는 이유 때문에(요 9:41b) 정죄를 당하지 않는 것(요 9:41a)이 가능한가? 이런 사람은 어둠 속에 있기 때문에 그리스도의 안에서 이루어지는 하나님의 일을 인식할 수 없고 그러므로 예수를 거부한다.―그러나 그 거부는 무지에서 비롯된 것이다. 분명히 요한은 그녀의 지적, 종교적 상태에 상관없이 영적 어둠 속에 있는 자는 영적 위험에 처해 있다고 확신 있게 주장할 것이다. 그러나 요한은 여기서 도발적이고 예상치 못했던 방법으로 질문을 제기하고 있다. 나는 한 예로 시카고에서 내 이웃에 살았던 한 유대인을 지적하고 싶다. 홀로코스트(Holocaust)는 그로 하여금 기독교를 영원한 공포의 대상으로 만들었다. 어느 주말에 그는 결혼식에 참석하기 위해 25년만에 처음으로 성당 안으로 들어갔다. 하지만 그는 거기서 제단 위에 있는 십자가상을 보고 온 몸이 얼어붙고 말았다. 그곳 벽 위에서는 한 사람의 유대인이 또 죽어 가고 있었던 것이다. 그는 예수의 이름을 들을 때마다 나치의 목소리를 듣지 않을 수 없었다.

(2) 요한의 진정한 관심은 지식이 있으면서도 의도적으로 예수를 종교적으로 거부한 자의 태도를 검토하는 것이다. 물론 우리는 회당과 교회 사이의 옛 논쟁을 지적하고 그것을 우리의 현세대에 투사할 수도 있다. 하지만 교회 내부에는 지식이 있으면서도 예수를 거부했던 자들이 항상 있어 왔다(그리고 지금도 있다). 그들은 정통신앙의 기초와 우리의 신학적 전통들을 알고 또 기독교인으로서의 삶을 경험했을 수도 있다. 하지만 그들은 "아니오"라고 말한다. 이것을 우리는 이단 혹은 배교라고 부른다. 우리는 그런 자들이 나타났을 때 그들을 지적할 수 있는 능력을 길러야 한다.

나는 예를 제시하는 것을 항상 꺼린다. 왜냐하면 하나님이 누군가의 삶 속에서 하고 계시는 개인적인 영적 작업에 대해 안다는 것은 불가능하기 때문이다. 그러나 하나의 예가 마음에 떠오른다. 존 셸비 스펑(John Shelby Spong)은 뉴저지주

뉴아크(Newark, New Jersey)에 있는 감독파 교회의 주교이다. 그는 책을 많이 쓰는 작가이다. 그의 작품들은 주로 교회의 거룩한 신앙들의 겉껍질을 벗기는 일을 하고 있다. 『죄 속에서 살기: 인간의 성에 대해 다시 생각하는 주교』(*Living in Sin: A Bishop Rethinks Human Sexuality*, 1990)에서 그는 교회가 동성결혼과 동성애자 성직서품에 대해 다시 생각해 볼 것을 요구하고 있다. 『근본주의로부터 성경 구해내기: 성경의 의미에 대해 다시 생각하는 주교』(*Rescuing the Bible from Fundamentalism: A Bishop Rethinks the Meaning of Scripture*, 1992)에서 그는 바울이 동성연애자였다고 주장했다. 『여인에게서 태어남: 예수의 탄생에 대해 다시 생각하는 주교』(*Born of a Woman: A Bishop Rethinks the Birth of Jesus*, 1994)에서 그는 동정녀 탄생은 예수의 불법적 탄생을 덮기 위한 전술이었으며 예수 자신도 아마 막달라 마리아와 결혼했을 것이라고 주장했다. 그의 가장 최신작은 『기독교가 변하거나 아니면 없어져야 하는 이유』(*Why Christianity Must Change or Die*, 1998)이다. 이 책에서 그는 기독교 세계관은 시대에 뒤떨어졌으며 교회가 현대세계에게 무언가를 말하려면 모든 유신론과 초자연적 가설들을 버려야 한다고 주장한다. 그는 다른 모든 종교체계들은 이미 종말을 고했으며 기독교는 단지 분쇄기 앞에서 다음 차례를 기다리고 있는 체계에 불과하다고 말한다. 그는 충격요법을 좋아한다. 그는 흔히 이렇게 쓴다. "나는 자기 아들의 희생을 요구하는 신을 섬기기보다는 차라리 구역질을 하는 편을 택하겠다."

그는 교육을 받고 서품을 받은 신학자이다. 그는 성경에 대해 잘 알고 있고 정통 기독교의 기본적 교의들도 이해하고 있다. 그는 전통적인 기독교의 관점을 알고 있다. 하지만 그가 쓰는 내용들은 "이단"(heresy)의 것이다. 우리는 (스펑과 같이) 예수에 대한 신앙으로부터 완전히 떠난 자들에게 기꺼이 이단이라는 명칭을 붙여 주어야 한다.

물론 누가 이 조건에 맞는 자이고 어떤 신앙을 이단이라고 불러야 하는지를 결정하는 것은 우리에게 맡겨진 도전이다. 하지만 우리가 (중세 가톨릭의) 종교재판에서 나타났던 태도를 보이게 되지는 않을까 하는 두려움은 우리로 하여금 종교적 오류들에 대해 적절한 판단을 내리지 못하도록 만들었다. 그의 명저 『위대한 결별』(*The Great Divorce*)에서 루이스(C. S. Lewis)는 지옥에서 하늘나라로 가는 버스 승객들을 그리고 있다. 그 승객들의 명단에는 순수한 이교도들의 이름만큼이나 많은 지성인들의 이름이 적혀 있다. 내가 학생들에게 종종 이야기하듯이 지옥에는 유능한 신학자들이 생각보다 많이 있게 될 것이다.

요한복음 10:1-42

1 내가 진실로 진실로 너희에게 이르노니 문을
통하여 양의 우리에 들어가지 아니하고 다른
데로 넘어가는 자는 절도며 강도요
2 문으로 들어가는 이는 양의 목자라
3 문지기는 그를 위하여 문을 열고 양은 그의
음성을 듣나니 그가 자기 양의 이름을 각각
불러 인도하여 내느니라
4 자기 양을 다 내놓은 후에 앞서 가면 양들이
그의 음성을 아는 고로 따라오되
5 타인의 음성은 알지 못하는 고로 타인을 따
르지 아니하고 도리어 도망하느니라
6 예수께서 이 비유로 그들에게 말씀하셨으나
그들은 그가 하신 말씀이 무엇인지 알지 못
하니라
7 그러므로 예수께서 다시 이르시되 내가 진실
로 진실로 너희에게 말하노니 나는 양의 문
이라
8 나보다 먼저 온 자는 다 절도요 강도니 양들
이 듣지 아니하였느니라
9 내가 문이니 누구든지 나로 말미암아 들어가
면 구원을 받고 또는 들어가며 나오며 꼴을
얻으리라
10 도둑이 오는 것은 도둑질하고 죽이고 멸망시
키려는 것뿐이요 내가 온 것은 양으로 생명
을 얻게 하고 더 풍성히 얻게 하려는 것이라
11 나는 선한 목자라 선한 목자는 양들을 위하
여 목숨을 버리거니와
12 삯꾼은 목자가 아니요 양도 제 양이 아니라
이리가 오는 것을 보면 양을 버리고 달아나
나니 이리가 양을 물어 가고 또 헤치느니라
13 달아나는 것은 그가 삯꾼인 까닭에 양을 돌
보지 아니함이나
14 나는 선한 목자라 나는 내 양을 알고 양도 나
를 아는 것이
15 아버지께서 나를 아시고 내가 아버지를 아는
것 같으니 나는 양을 위하여 목숨을 버리노라
16 또 이 우리에 들지 아니한 다른 양들이 내게
있어 내가 인도하여야 할 터이니 그들도 내
음성을 듣고 한 무리가 되어 한 목자에게 있
으리라
17 내가 내 목숨을 버리는 것은 그것을 내가 다
시 얻기 위함이니 이로 말미암아 아버지께서
나를 사랑하시느니라
18 이를 내게서 빼앗는 자가 있는 것이 아니라
내가 스스로 버리노라 나는 버릴 권세도 있
고 다시 얻을 권세도 있으니 이 계명은 내 아
버지에게서 받았노라 하시니라
19 이 말씀으로 말미암아 유대인 중에 다시 분
쟁이 일어나니
20 그 중에 많은 사람이 말하되 그가 귀신 들려
미쳤거늘 어찌하여 그 말을 듣느냐 하며
21 어떤 사람은 말하되 이 말은 귀신 들린 자의
말이 아니라 귀신이 맹인의 눈을 뜨게 할 수
있느냐 하더라
22 예루살렘에 수전절이 이르니 때는 겨울이라
23 예수께서 성전 안 솔로몬 행각에서 거니시니
24 유대인들이 에워싸고 이르되 당신이 언제까
지나 우리 마음을 의혹하게 하려 하나이까
그리스도이면 밝히 말씀하소서 하니
25 예수께서 대답하시되 내가 너희에게 말하였
으되 믿지 아니하는도다 내가 내 아버지의
이름으로 행하는 일들이 나를 증거하는 것이
거늘
26 너희가 내 양이 아니므로 믿지 아니하는도다
27 내 양은 내 음성을 들으며 나는 그들을 알며
그들은 나를 따르느니라

28 내가 그들에게 영생을 주노니 영원히 멸망하지 아니할 것이요 또 그들을 내 손에서 빼앗을 자가 없느니라
29 그들을 주신 내 아버지는 만물보다 크시매 아무도 아버지 손에서 빼앗을 수 없느니라
30 나와 아버지는 하나이니라 하신대
31 유대인들이 다시 돌을 들어 치려 하거늘
32 예수께서 대답하시되 내가 아버지로 말미암아 여러 가지 선한 일로 너희에게 보였거늘 그 중에 어떤 일로 나를 돌로 치려 하느냐
33 유대인들이 대답하되 선한 일로 말미암아 우리가 너를 돌로 치려는 것이 아니라 신성모독으로 인함이니 네가 사람이 되어 자칭 하나님이라 함이로라
34 예수께서 이르시되 너희 율법에 기록된 바 내가 너희를 신이라 하였노라 하지 아니하였느냐
35 성경은 폐하지 못하나니 하나님의 말씀을 받은 사람들을 신이라 하셨거든
36 하물며 아버지께서 거룩하게 하사 세상에 보내신 자가 나는 하나님의 아들이라 하는 것으로 너희가 어찌 신성모독이라 하느냐
37 만일 내가 내 아버지의 일을 행하지 아니하거든 나를 믿지 말려니와
38 내가 행하거든 나를 믿지 아니할지라도 그 일은 믿으라 그러면 너희가 아버지께서 내 안에 계시고 내가 아버지 안에 있음을 깨달아 알리라 하시니
39 그들이 다시 예수를 잡고자 하였으나 그 손에서 벗어나 나가시니라
40 다시 요단 강 저편 요한이 처음으로 세례 베풀던 곳에 가사 거기 거하시니
41 많은 사람이 왔다가 말하되 요한은 아무 표적도 행하지 아니하였으나 요한이 이 사람을 가리켜 말한 것은 다 참이라 하더라
42 그리하여 거기서 많은 사람이 예수를 믿으니라

원 의미

요한복음 10장은 우리가 5장 이후부터 계속 보아 온 축제 설교들과 갈등의 계속이다. 예수는 안식일, 유월절, 그리고 초막절에 등장하여 축제 이미지들을 사용하여 자신의 정체성과 사역들을 드러내셨다. 이제 그는 수전절(Hanukkah)에 나타나신다. 이야기 속에서 사용된 상징들은 (예를 들어 떡, 물, 빛) 예수가 하늘로부터의 사명을 드러내시는 통로가 된다.

그러나 요한복음 10장에서 우리가 처음으로 만나는 문제는 우리가 장을 나누어야 하느냐 하는 것이다.[1] 10:22까지는 축제에 대한 언급이 없다. 대부분의 경우 요한은 관련된 섹션의 첫 부분에서 축제에 대해 언급한다(요 5:1; 6:4; 7:2). 그러므로 10:1-21은 9장 마지막 부분에 실린 논쟁의 연속일 가능성이 매우 높다. 새로운

1. 학자들은 종종 장들을 재배열함을 통해 요한복음을 "개선할"(improve) 수 있다고 믿어 왔다. 요한복음 9장과 10장에서 발견되는 연관된 주제들을 한 장으로 모으자는 주장은 흔히 있어 왔다.

청중이 등장하지도 않는다. 그리고 10:21은 다시 맹인의 치료를 언급한다. 사실 바리새인들을 따르기를 거부하는 맹인은 10:5의 양과 같다. 그는 "타인의 음성은 알지 못하는 고로" 그들을 따르지 않는다. 그러므로 여기서는 요한복음 9장이 그리고 있는 바리새인들의 실패한 지도력에 대해 신랄한 비판이 가해지고 있는 것이다. 그들은 참된 목자이신 예수와 비교해 볼 때 "거짓된 목자들"이다.

그러나 요한복음 10:1-21을 9장의 마지막 부분과 배타적으로 연결시킬 경우 몇 가지 문제가 생긴다. (1) 요한복음 10장에서 갑자기 주제가 바뀌게 된다. 예수는 "빛"에 대하여 논하시다가 갑자기 목자라는 주제로 옮겨가신다. 그러므로 우리가 지금 다른 배경 속에 있다고 보는 것이 그럴 듯해 보인다. (2) 10:26-27에서 예수는 (수전절 기간동안) 양에 대해 계속 언급하시면서 10:1-21에서의 청중과 동일한 청중을 가정하신다. 초막절 축제(요 9장)와 수전절 축제(요 10장)는 거의 3개월이나 떨어져 있다. 그리고 분명히 요한은 우리가 요한복음 10장 전체의 청중을 같은 사람들로 가정할 것을 원하고 있다. (3) 10:1-21은 또한 수전절 축제의 중심주제를 위한 탁월한 서론의 역할을 한다. 이 기간 동안 이스라엘 백성들은 막카비(Maccabean) 시대 성전 지도자들의 실패를 상기했다. 수전절 의식들이 진행되는 동안 이스라엘의 "거짓된 목자들"에 대한 강한 비판을 담고 있는 에스겔 34장이 예식서에 사용되었다.[2]

비록 요한복음 9장과 10장의 사건들 사이에는 몇 달의 시간간격이 있지만 요한은 틀림없이 우리가 그들 사이에서 문학적 일체성을 발견하기를 원할 것이다. 10:1-21은 앞쪽과 뒤쪽 모두를 지적하고 있다. 그것은 예수의 공적인 마지막 강화(講話)이고 예루살렘 지도자들에 대한 날카로운 비판의 결론이다(그것은 우리를 위해 맹인 이야기 속에서 극적으로 펼쳐지고 있다). 그러나 그것은 또한 수전절의 주요 주제를 제시한다. 하나님의 백성을 돌보는 참된 목자의 정체성.

요한복음 10장은 세 개의 주요 부분들로 나누어진다. 10:1-5에서 예수는 비유를 말씀한다. 하지만 청중들은 그것을 이해하는 데 실패한다(요 10:6). 예수는 비유를 해석하고 더 확장시키신다(요 10:7-18). 그것은 청중들을 나누는 결과를 낳는다. 어떤 이들은 예수가 귀신에 들렸는지 의심하는 반면, 다른 이들은 그의 말씀의 강력한 권능에 깊은 인상을 받는다(요 10:19-21). 예수는 시편 83편을 통해 자신의

2. A. Guilding, *The Fourth Gospel and Jewish Worship: A Study of the Relation of St. John's Gospel to the Ancient Jewish Lectionary System* (Oxford. Clarendon, 1960), 129-32.

메시야성을 주장하시면서 말씀을 맺으신다(요 10:22-38). 이것은 그의 청중들에게 위기를 가져다 준다. 어떤 이들은 그를 체포하려 하는 반면 다른 이들은 그를 믿기로 작정한다(요 10:39-42). 그러므로 본 장 전체는 청중들의 반응들을 조심스럽게 추적하면서 그리스도의 오심이 어떻게 세상을 분리하고 있는가를 보여주고 있다(cf. 요 3:19-21; 9:5).

선한 목자(요 10:1-18)

예수가 자신을 이스라엘의 선한 목자라고 소개하실 때 그는 고귀한 구약전통 속으로 들어가고 계신 것이다. 예수 당시의 문화는 목자와 그들의 양에 대해 잘 알고 있었다. 공관복음에서 예수는 목양(牧羊)을 이야기 속의 은유로(마 9:6; 10:6, 16) 혹은 그의 비유들의 주제로 흔히 사용하셨다(마 25:32; 눅 15:4). 목자는 지도자를 뜻하는 중요한 이미지가 되었고 일상생활의 은유로서 쉽게 이해되었다.

구약에서 하나님은 이스라엘의 목자이시다(창 49:24; 시 23; 78:52-53; 80:1). 특히 이사야 40:10-11에 주목하라.

> 보라 주 여호와께서 장차 강한 자로 임하실 것이요…
> 그는 목자같이 양 떼를 먹이시며
> 어린양을 그 팔로 모아 품에 안으시며
> 젖먹이는 암컷들은 온순히 인도하시리로다.

그리고 목양은 하나님의 백성들에 대한 영적, 실제적 지도력을 뜻하는 효과적인 이미지가 되었다(참조. 사 56:9-12; 렘 23:1-4; 25:32-38; 겔 34장; 슥 11장). 예를 들어 모세와 다윗은 목자였다. 이스라엘의 불경건한 왕들은 일반적으로 "거짓 목자들"로 불렸다(왕상 22:17; 렘 10:21; 23:1-2).

요한은 이 이야기의 배경이 수전절임을 상기시킨다(요 10:21). 중간기시대에 생겨난 이 작은 축제에 대한 성경의 언급은 이곳이 유일하다. 중동지역이 주전 332년에 알렉산더 대왕에게 정복된 이후 그곳에 대한 그리스의 영향력은 유대인들의 정치적 열망을 조종했을 뿐만 아니라 점차적으로 그들의 삶의 방식까지 그리스 식으로 바꾸어 나갔다. 150년 이내에 이스라엘은 그리스의 많은 문화적, 종교적 관습들을 받아들였다. 심지어 더 이상 히브리어를 읽을 수 없는 유대인들을 위해 성경도 그리스어로 번역했다(칠십인경[the Septuagint], 약어는 LXX).

이런 헬라화에 대한 유대인들의 (하시딤[Hasidim]이라는 그룹이 주도한) 저항은 그리스인들뿐만 아니라 유대 문화와 신앙에 대해 타협적이었던 유대인들에게서도 반대를 받았다. 야손(Jason)과 메넬라우스(Menelaus)와 같은 제사장들은(마카비2서[2 Macc.] 4-5장) 타락했고 유대인들의 성전예배를 없애는 일에 헌신했다. 그리스 군인들은 성전을 돼지피로 더럽혔고, 유대인들의 의식(예를 들어, 할례)을 불법화했으며, 성경 두루말이를 불태웠고, 성전에 이방신상을 세웠다.

주전 160년대에 막카비 전쟁(the Maccabean War)이 발생했다. 보수적인 유대인들은 그리스인들과 헬라화 된 유대인들에 대항하여 싸웠다. 그 첫 번째 지도자였던 유다 막카비(Judas Maccabeus)는 예루살렘 성전을 수복하고 주전 165년에 이를 다시 봉헌했다. 하누카(Hanukkah, 수전절)는 "봉헌"(dedication)을 뜻하는 히브리어이다. 그것은 이 사건들을 기념하는 예루살렘 겨울 축제의 이름이 되었다. 그것은 때로는 (NIV에서처럼) "봉헌축제"(The Feast of Dedication, 요 10:22)라고도 불린다.[3] 주후 1세기에 그것은 예루살렘에서 8일 동안 경축되었다(이것은 유다의 기름이 성전에서 기적적으로 8일 동안 타올랐던 것을 상기한다).[4]

그러므로 수전절은 실패한 지도자와 거짓 선지자들에 대한 어려운 질문들을 묻는 절기가 되었다. 이 헬라시대 동안 성전 지도자들은 어떻게 해서 길을 잃게 되었는가? 목자들은 어디에 있었는가? 목자들은 오늘날 무엇을 해야 하는가? 예수가 선한 목자 설교를 하셨던 일주일 동안 회당에서는 지도자들에 대한 선지자들의 비판을 담은 말씀을 읽었다.

> "주 여호와께서 이같이 말씀하시되 자기만 먹는 이스라엘 목자들은 화 있을진저. 목자들이 양 떼를 먹이는 것이 마땅하지 아니하냐? 너희가 살진 양을 잡아 그 기름을 먹으며 그 털을 입되 양 떼는 먹이지 아니하는도다. 너희가 그 연약한 자를 강하게 아니하며 병든 자를 고치지 아니하며 상한 자를 싸매 주지 아니하며 쫓기는 자를 돌아오게 하지 아니하며 잃어버린 자를 찾지 아니하고 다만 포악으로 그것들을 다스렸도다. 목자

---

3. 요세푸스(*Ant.* 12:316-25)는 그 축제가 "빛의 축제"(the Festival of Lights)라고 불리기도 했다고 말하고 있다. 마카비2서 1:9에 따르자면 그 축제는 빛의 유사한 사용 때문에 또한 "기슬래(Chislev)월의 초막절 축제"라고도 불렸다(기슬래월은 대략 12월이다).

4. 유다 막카비(Judas Maccabaeus)에게는 오직 하루 분의 기름밖에 없었지만 하나님은 그것을 8일 동안이나 타오르게 하셨다. 하누카 촛대(Hanukkah menorah)에는 여덟 개의 가지들이 있다(일반적인 성전 촛대에는 가지가 일곱 개 있다).

가 없으므로 그것들이 흩어지고 흩어져서….

"그러므로 목자들아 여호와의 말씀을 들을지어다. 주 여호와의 말씀에 내가 나의 삶을 두고 맹세하노라. 내 양 떼가 노략 거리가 되고 모든 들짐승의 밥이 된 것은 목자가 없기 때문이라. 내 목자들이 내 양을 찾지 아니하고 자기만 먹이고 내 양 떼를 먹이지 아니하였도다. 그러므로 너희 목자들아 여호와의 말씀을 들을지어다. 주 여호와께서 이같이 말씀하시되 내가 목자들을 대적하여 내 양 떼를 그들의 손에서 찾으리니…."(겔 34:2-10).

예수는 요한복음 10:1-3에서의 비유적 말씀에서 이 주제를 설명하신다. 양들은 (문 지키는 자들의 허락을 받고) 문을 통해 들어오는 목자들과 (파괴적인 의도를 가지고) 담을 넘어 오는 자들을 구별해야 한다. 과거에 하나님의 백성들에게는 훌륭한 목자들뿐만 아니라 양들에게 해를 끼친 목자들도 많았다.

예수는 자신이 그리고 있는 장면을 청중들이 이해하고 있다고 가정하신다. 밤에 광야에서는 종종 양들을 벽으로 둘러싸인 장소 안에 모아 두었다. 그곳은 대개 뒤쪽이 솟아 있는 절벽이거나 협곡이 끝나는 곳이었다. 그와 같은 곳에 허리 높이 정도로 돌벽을 쌓고 그 위쪽에는 가시나무 가지를 두어 양들이 넘어가지 못하게 했다(그와 같은 시설은 오늘날에도 유대광야에서 팔레스타인 목자들에 의해 사용되고 있다). 그 축사는 전적으로 양들이 야생동물에게 희생되지 않도록 하기 위한 것이었다. 그 돌벽에 만든 작은 문(혹은 열린 공간)을 통해서만 출입이 가능했다. 목자들은 그 입구를 마른 가시나무 가지들로 막거나 혹은 목자 자신이 보초로서 그곳을 지켰다.

양들은 누군가가 그 문을 통해 들어옴을 보고 그가 자신들의 목자임을 분별하기도 했지만 그들은 또한 목자의 목소리를 기억했다(요 10:3-5). 중동지역의 목자들은 양들에 대한 개인적 헌신으로 유명하다. 그는 양들에게 말을 걸고 그들에게 노래를 불러 준다. 종종 목자들은 작은 피리를 가지고 양들에게 반복적인 멜로디를 들려준다. 그러면 양들은 그 소리를 듣고 자신의 목자를 따른다. 예수는 이 목자가 아무 양이나 인도하는 것이 아니라 "자기 양"(요 10:3b)을 인도한다고 말씀하신다. 오늘날의 아랍 목자들은 특별한 외침을 통해 많은 양떼 속에서도 자신의 양들을 구분해 낼 수 있다. 예수는 이와 같이 그의 양들은 그의 음성을 알고 있으며 그는 그들을 인도하신다고 말씀하신다(요 10:4). 이 목자가 양들을 뒤쪽에서 '몰고 가는' (drive) 것이 아님을 주목하라; 목자는 양떼들의 앞에서 길을 인도한다.

그 반대도 또한 사실이다. 만약 거짓 목자가 양에게 접근하기 위해 벽을 넘어온다면(요 10:1) 양은 그의 음성을 듣지 않을 뿐만 아니라(요 10:5) 그에게서 도망칠 것이다.

예수의 청중들이 비유적 말씀을 이해하지 못하는 것은 놀랄 일이 아니다. 그들은 목자의 일은 이해한다. 그러나 그 안에 담긴 영적 의미는 이해하지 못한다. 요한복음 10:6에서 사용된 "비유"(figure of speech)라는 용어는(헬라어 *paroimia*) 신약에서 잘 사용되지 않는 단어이다. 그 단어는 요한복음 다른 곳에서 두 번(요 16:25, 29), 그리고 베드로후서 2:22에서 한 번 사용되었을 뿐이다. 이런 경우에 공관복음에서 흔히 사용되는 단어는 "비유"(parable, 헬라어 *parabole*)이다. (한글성경에서는 양쪽 모두 '비유'로 번역했다.–옮긴이) 그러나 두 용어 사이의 차이는 거의 없는 것 같다.[5]

중동지역에서는 "둘러 말하기"(dark saying)를 좋아한다. 우리는 그것의 포장을 뜯고 내용물을 알아내야 한다. 그리고 중동의 모든 훌륭한 선생님들은 잠언과 상징적 이야기들을 사용할 줄 알아야 한다. 공관복음에서 비유들은 대개 "하나님의 나라"(kingdom of God)를 설명하고 있다. 하지만 청중들은 자주 그것을 이해하지 못한다(막 4:13). 요한복음에서 비유의 주제는 항상 예수의 정체성이다. 이야기들은 그가 누구인지를 밝힌다. 그러나 각 경우에 있어서 지적인 것이 항상 문제가 되는 것은 아니다. 많은 경우에 있어서 문제는 그 말씀이 제기하는 도전에 대해 응답하기를 거부하는 것이다.[6]

예수의 설명은(요 10:7-18) 이야기를 창조적으로 변환시킨다. 비유에 있어서 양들의 우리라는 배경은 특별히 세 가지 것들에 대해 주의를 기울이도록 만든다. 문, 목자, 그리고 양떼. (1) 예수가 해석해 주시지 않는 첫 번째 이미지는 자신이 양떼들 속으로 들어감에 관한 것이다. 문을 지키는 자는 그의 입장을 허용하고 그래서 그는 하나님의 목자가 된다. 그는 문을 통해 들어가는 합법적인 지도자이다. 그는 양떼를 인도할 권위를 가지고 있다(그러나 다른 이들은 그 권위가 없다).

(2) 예수는 해석을 통해 이미지들의 일부를 변화시키신다. 그는 지금 '문'(the gate)이시다. 또한 오직 예수만이 문을 지키는 자이다. 오직 그를 통해서만 양떼에게 접근할 수 있다(요 10:7-8). 그는 문 앞에 서 있다. 누구든지 그의 허락 없이 안

5. 두 단어 배후에는 같은 히브리어 단어가 있는 것 같다. '마샬'(*mashal*). '마샬'은 비유, 잠언, 혹은 설명을 필요로 하는 신비스러운 말을 뜻한다. 그것은 긴 이야기일 수도 있고 단 한 문장일 수도 있다(눅 4:23).

6. Brown, *John*, 1:392.

으로 들어가는 자는 (양떼 속으로 몰래 잠입하려는 자는) 신뢰해서는 안 된다. 이것은 그리스도의 이름으로 지도자가 된 자들에 대한 어떤 보증을 뜻한다. 예수보다 뒤에 온 지도자들은 그가 아시는 자들이다. 그러나 이것은 또한 경고의 의미를 지니고 있다. 왜냐하면 그들의 들어옴을 허용하지 않으시는 불법적인 목자들이 있기 때문이다. 예수보다 먼저 온 "절도요 강도들"은 누구일까?(요 10:8) 어떤 이들은 1세기에 나타났던 거짓 메시야들을 뜻한다고 주장했다. 우리는 그런 거짓 메시야들이 많았다는 것을 알고 있다. 그러나 예수의 비판의 대상으로 가장 적합한 자들은 바리새인들이다. 그들은 요한복음 9장 이후로 계속 예수의 가르침의 주제가 되어 왔다. 마카비(Maccabean) 시대 이후부터 예루살렘은 "거짓 목자들"의 자격을 갖춘 자들을 많이 목격해 왔다.

그러나 또한 다른 의미가 존재한다. 예수는 또한 양들을 위한 문이시기 때문에(요 10:9a), 오직 그를 발견한 양들만이 양떼 속으로 들어가 안전을 누리게 될 것이다. 오직 그들만이 그의 인도함을 받으며 풀밭으로 나와 안전하게 풀을 먹을 수 있게 될 것이다(요 10:9b). 이런 생각은 요한복음 14:6과 평행을 이룬다. "내가 곧 길이요 진리요 생명이니 나로 말미암지 않고는 아버지께로 올 자가 없느니라." 이곳에서의 이미지는 위협적인 광야 가운데 있는 양떼이다. 그들에게는 양식과 물이 부족하다. 포식 동물들이 사방에 있고 그들은 양들이 연약하다는 것을 알고 있다. 예수는 살찐 양들의 이미지를 그리신다. 그들의 목자는 매일 그들을 초장으로 인도하여 풀과 물을 먹이는 법을 알고 있고, 밤에는 튼튼한 우리 속에서 그들이 안전하게 휴식을 취할 수 있도록 해 준다. 양들은 목자의 수고 덕분에 배불리 먹고 마시며 안심할 수 있다. 시편 23편은 이런 목자의 활동을 자세히 묘사해 준다("여호와는 나의 목자시니 내게 부족함이 없으리로다", 시 23:1). 마찬가지로 시편 118:20은 우리가 그 문을 통해 들어감에 대해 말씀한다. "이는 여호와의 문이라 의인들이 그리로 들어가리로다."

(3) 그의 해석의 마지막 단계에서 예수는 자신이 "선한 목자"(good shepherd)라고 선언하신다(요 10:11-18). 이곳에서 주어진 이미지를 지나치게 감성적으로 처리하지 않는 것이 중요하다.[7] 이것은 귀여운 새끼 양을 가슴에 꼭 품고 있는 친절한 남자의 이미지가 아니다. "선한"(good, 헬라어 *kalos*)은 또한 "고귀한"(noble)으로도 번역할 수 있다. 목자의 일은 어렵고, 지겹고, 위험했다. 여기서 대조가 되

7. Carson, *John*, 386.

는 것은 "나쁜 목자"(bad shepherd) 혹은 삯꾼이다(요 10:12). 그에게는 양들에 대한 헌신이 없다. 위험이 닥치면 그는 도망을 가고 그래서 양들은 공격을 당한다(요 10:13). 그는 자신만을 지키며 자신의 이익에만 관심을 가진다("그는 양을 돌보지 않는다", 요 10:13b). 이것은 의심할 바 없이 수전절(Hanukkah) 기간동안 생생하게 비판을 받았던 이스라엘 지도자들을 지칭하는 것이다. 이와는 대조적으로 선한 목자는 "자기 양을 소유하고 있다"(요 10:12a). 그렇기 때문에 그는 열정적으로 양들에게 헌신한다.

목자로서의 예수의 역할의 가장 중요한 특징은 양들을 위해 자신의 생명을 내어놓는다는 것이다(요 10:11b, 15, 17-18). 물론 그가 의도하는 바는 살아서 그들을 지키는 것이다. 그러나 여기서 요점은 그가 양떼를 너무나 사랑하기 때문에 기꺼이 위험과 양들 사이에 끼여들 준비가 되어 있다는 것이다. 그는 양들을 위해 '기꺼이 죽을' 준비가 되어 있다. 예수는 포위되어 있는 양떼를 염두에 두고 있다.—아마도 그 양떼는 포식동물의 위협을 받으며 양 우리 속에서 떨고 있는지도 모른다.—목자는 돌멩이와 지팡이를 손에 든 채 문 앞에 굳건한 자세로 서 있다. 그는 적들에 의해 단 한 마리의 양도 희생되는 것을 원하지 않는다. 양을 "위하여"(for, 헬라어 *hyper*) 죽는다는 것이 중요하다. 요한복음 전체에 있어서 헬라어 전치사 '휘페르'(*hyper*)는 거의 배타적으로 희생의 문맥 속에서만 사용되었다. 그것은 주로 다른 이들을 위한 예수의 희생적 죽음을 묘사하기 위해 사용된다(예를 들어, 요 6:51; 10:11).[8] 그러므로 예수는 하나님의 양떼를 향한 자신의 사랑의 깊이와 하나님의 뜻에 순종하면서 그들을 위해 죽을 수 있는(요 10:18) 자신의 헌신을 지적하고 계신 것이다.

아마도 예수의 해석에 있어서 가장 놀라운 부분은 양과 그들의 목자 사이의 친밀성에 대한 묘사일 것이다. 우리는 양이 목자의 음성을 "알고" 있다는 사실을 이미 배웠다(요 10:4). 그러나 지금 우리는 이 지식이 상호적이며 철저한 것임을 배운다(요 10:14). 더구나 이 친밀성의 모델이 되는 것은 성부와 성자 사이에서 공유되고 있는 서로간의 지식이다.—그리고 여기서 예수는 비유를 마치시고 자신과 하나님에 대해 직접적으로 말씀하신다(cf. 마 11:27). 하나님과 예수와의 심오한 관계는 그를 따르는 자들과 예수 사이의 친밀성의 모델이 된다(요 17:21); 아버지와

8. 헬라어 단어 '휘페르'(*hyper*)는 요한복음에서 모두 13번 사용되었는데 그 중 11번은 희생적 죽음을 위해 사용되고 있다(요 6:51; 10:11, 15; 11:50, 51, 52; 13:37, 38; 15:13; 17:19; 18:14; 다른 두 번의 사용은 요 1:30; 11:4이다).

그가 심오한 사랑을 나누는 것과 마찬가지로 예수와 그의 양떼는 그와 같은 성격을 지닌 사랑을 나눈다(요 15:9-10).

이것은 예수가 자신의 양을 위해 기꺼이 죽으려 하시는 것을 설명한다. 이것은 단지 하나님에 대한 순종에 대한 이야기도 아니고 그의 개인적 명예에 관한 이야기도 아니다. 예수는 사랑하는 자들에 대한 깊은 헌신 때문에 기꺼이 죽으려 하시는 것이다.[9] 바울은 이렇게 말한다. "그리스도께서 교회를 사랑하시고 그 교회를 위하여 자신을 주심 같이 하라…자기 앞에 영광스러운 교회로 세우사 티나 주름 잡힌 것이나 이런 것들이 없이 거룩하고 흠이 없게 하려 하심이라"(엡 5:25, 27).

요한복음 10:16에서 흥미로운 탈선이 나타난다. 지금까지 우리가 보아 온 그림은 양들로 채워진 양 우리와 선한 목자이신 예수로 구성된 것이었다. 그는 양 우리 앞에 서서 자신의 양들을 부르신다. 이 양떼는 그를 따르는 자들을 뜻하고 그의 음성을 모르는 자들은 아마도 예수를 믿지 않는 유대인들을 지칭할 것이다. 예수를 따르는 자들은 그들 중에서 나온 자들이다. 그러나 예수는 이 양 우리로부터 나오지 않은 "다른 양들"이 있다고 말씀하신다. 만약 그들이 다른 양 우리로부터 나온다면 그들은 유대교 밖으로부터 나올 것이다. 그것은 의심할 바 없이 이방인들을 가리킨다.[10] 그들 역시 예수의 음성을 알아듣고 그를 따를 것이다. 그래서 하나의 양 우리, 한 분의 목자가 있게 될 것이다. 이것이 교회의 일체성에 대한 예수의 비전이다. 유대인 신자들과 이방인 신자들이 그리스도의 지도 아래 함께 살아가는 것. 예수는 처음으로 자신의 사역이 세상을 향해 더 넓은 범위로 퍼져 나가는 것을 구체적으로 기대하시고 있다. 우리는 요한복음 17장에서 이 주제에 대해 배울 것이다.[11]

성부와 성자 사이의 독특한 사랑과 친밀성은 그의 양떼에 대한 예수의 관계를 결정하는 모델이다. 예수는 이제 자신에 대한 성부의 사랑의 더 깊은 의미를 증거

9. 해석자들은 이 구절이 믿는 자의 신격화(deification)로 귀결되는 하나님과의 일체성(divine unity)을 묘사하고 있지 않음을 명심해야 한다(고대의 어떤 헬레니즘 체계들[Hellenistic systems] 혹은 현대의 뉴에이지[New Age] 종교들은 그런 주장을 한다). C. K. Barrett, *John*, 376은 여기에서의 요한의 생각에 대해 이렇게 말한다. "이것은 하나님과 경배자 사이의 그 어떤 종류의 동일시도 불가능한 것으로 만든다. 인간은 신격화되는 것이 아니라 구원되는 것이다."

10. Morris, *John*, 455는 우리에게 행 18:9-10을 상기시킨다. 주님은 고린도에서 바울에게 환상 중에 이렇게 말씀하신다. "두려워하지 말며 침묵하지 말고 말하라…이는 이 성중에 내 백성이 많음이라."

11. 많은 학자들에게 있어서 "예수의 양떼"(flock of Jesus)라는 이 표현은 요한의 교회의 구성원들과 교회의 일치를 위한 그들의 투쟁을 가리키는 것이다(cf. 요한일서). 참조. R. J. Karris, *Jesus and the Marginalized in John's Gospel* (Zacchaeus Studies, New Testament: Collegeville, Minn.: liturgical, 1990).

하신다(요 10:17-19).[12] 이 관계에 있어서 근본적인 요소는 하나님의 뜻에 대한 예수의 의존과 순종이다. 이것의 극단적 표현이 바로 그가 십자가에서 기꺼이 죽으신 것이다. 우리는 아들이 자신의 생명을 드림을 통해 아버지의 사랑을 얻었다는 생각을 반드시 버려야 한다. 아버지는 아들의 손에 모든 것을 주시며(요 3:35), 그에게 모든 것을 보여주시고(요 5:20), 그에게 생명을 주시며(요 5:26), 그 자신의 영광과(요 17:24) 이름을(요 17:26) 주신다. 참으로 아버지는 "창세 전부터"(요 17:24) 아들을 사랑해 오셨다. 그러므로 예수의 자발적 죽음은 그가 아버지의 뜻과 연합되어 있다는 표식이고 그들이 함께 나누고 있는 사랑의 표현이다.

이것은 요한복음 10:18 첫 부분에서 강조되고 있다. "이를[나의 생명] 내게서 빼앗는 자가 있는 것이 아니라." 예수는 인간들의 모략의 희생자가 아니다. 그는 비극적으로 생을 마감한 순교자도 아니었다. 그는 하나님의 계획에 순종적으로 참여하신다. 예수의 죽음을 해석한 초기의 기독교인들은 이 점을 강조했다. 예수의 희생적 행위는 하나님의 구원사역의 결과이지 그를 죽이려는 가야바 혹은 빌라도의 시도가 성공한 것이 아니다. 베드로는 오순절에 예루살렘 군중들에게 이렇게 말한다(행 2:23-24; cf. 행 4:27-28).

> "그가 '하나님께서 정하신 뜻과 미리 아신 대로' 내준 바 되었거늘 너희가 법 없는 자들의 손을 빌려 못 박아 죽였으나 하나님께서 그를 사망의 고통에서 풀어 살리셨으니 이는 그가 사망에 매여 있을 수 없었음이라."(저자의 강조)

선한 목자로서의 예수의 독특성의 마지막 측면은—그것은 아버지와의 연합의 또 다른 특징이기도 한데—죽을 뿐만 아니라 부활을 통해 자신의 생명을 다시 취할 수 있는 그의 권위이다(요 10:17b-18). 그러므로 부활은 그의 아들이 예상치 못하게 죽게 되자 하나님이 그를 부랴부랴 구해 내신 후속조치가 아니다. 빈 무덤은 골고다 계획 속에 포함되어 있었다. 그리고 예수는 이것을 분명하게 미리 말씀하셨다(막 9:31). 여기서 우리는 무덤을 연 힘은 그 누구도 막을 수 없는 힘이라는 것을 보게 된다. 무덤은 하나님을 용납할 수 없었다. 아버지와의 연합 속에 계신 예수는 그가 성(聖)금요일에 취하셨던 죽음을 정복할 수 있는 권세와 힘을 가지고 계셨

---

12. Ridderbos, *John*, 365는 요 10:17에서의 "사랑"(love)은 같은 장의 다른 곳에서 사용된 "알다"(know)와 같은 의미로 사용되었다고 주장한다. "그것은 아버지(Father)와 아들(Son) 사이의 어떤 감정적 관계라기보다는 아들과 '함께 하는'(with) 아버지의 인상적인 '계심'(being)으로 이해되어야 한다."

다. 그는 다시 자신의 생명을 취하신다.[13]

그러나 심지어 이 행위에 있어서도 예수는 독립적으로 일하고 계신 것이 아니다. 예수가 하나님의 희생계획에 복종하셨다가 스스로의 부활의 능력으로 생명을 되찾으신 것이 아니다. "이 계명은 내 아버지에게서 받았노라"(요 10:18b)라는 말씀이 뜻하는 것은 성금요일부터 부활주일까지의 예수의 모든 권위들과 능력 있는 행위들은 그에게 권위를 부여하고 지시를 내리시는 하나님과의 조화 속에서 이루어진 일이라는 것이다.

군중들의 반응(요 10:19-21)

요한은 군중들이 다시 "나뉘었다"고 보고한다. 이 일은 전에도 발생한 적이 있다. 예수가 그의 청중들을 나눈 것은 지금이 세 번째이다(요 7:43; 9:16; 10:19). NIV는 "유대인들"(Jews)이 청중이었다고 정확하게 번역한다. 그러나 이것은 축제기간동안 예루살렘에 머물렀던 일반적 청중들을 말한다. 거기에는 제사장들과 구경꾼들도 포함되어 있었다.[14]

여기서 요한의 주된 관심은 지금 형성되고 있는 반대반응에 있다. 어떤 이들은 예수가 "귀신 들려 미쳤다"고 믿었다. 이런 고소가 제기된 것은 이미 네 번째이다(요 7:20; 8:48-49, 52). 공관복음과는 달리 "귀신"(demon)이 언급될 때는 그것이 항상 (다른 사람이 아니라) 예수에게 적용된다는 점이 흥미롭다. 이 두 용어들은 (귀신들림과 미침) 같은 것을 의미할 수도 있다. (그들의 주장에 따르자면) 예수가 불경건하고 주제넘은 주장들을 하는 것을 볼 때, 그는 제 정신이 아닌 것이 틀림없고 따라서 그의 말은 들을 가치가 없다. 하지만 이것은 그가 귀신이 들렸다는 비난이 될 수도 있다. 그는 귀신이 들렸으므로 제정신이 아니다. 그 어떤 경우이든 그들의 반응은 적대적이다.

하지만 청중들 중 다른 이들은 아직도 예수에 대해 좋은 인상을 가지고 있다(요 10:21). 그들은 예수가 맹인의 눈을 뜨게 한 기적을 지적하며 요한복음 9장의 맹인

---

13. 신약의 다른 곳에서는 예수의 부활이 하나님의 행위로 묘사되어 있다(참조. 행 2:24). 요한은 성부와 성자 사이의 연합을 너무나 포괄적인 것으로 보기 때문에 부활을 (아들에 의해 수행된) 하나님의 행위로 본다. 신약의 또 다른 곳에서는 부활을 예수의 사역으로 묘사한다(행 17:3; 살전 4:14).

14. 이것은 어떤 학자들이 왜 '유다이오스'(*Ioudaios*)를 청중들의 지리적 정체성을 가리키는 "유대사람들"(Judeans)로 번역하려 하는지 잘 보여준다.

과 청중들이 했던 주장과 비슷한 주장을 한다. 기적적인 표적은 이 사람의 삶 속에 하나님의 손이 함께 하심을 가리킨다. 이곳 10장에서의 청중들은 예수의 정체를 정확히 밝히거나 자신들의 믿음을 드러내는 데 실패하고 있다. 하지만 그들은 새로운 가능성들에 대해 열려 있으며 예수에 대해 함부로 판단하려 들지 않는다.

논쟁이 격렬해짐(요 10:22-42)

요한은 그때 수전절이 되었다고 말한다(요 10:22).[15] 축제에 대한 이 언급은 지금까지 예수가 말씀하신 모든 것들의 상징적 힘에 주목하도록 만든다. 목자의 이미지가 (위에서 간략히 설명한 대로) 직접적으로 가리키고 있는 것은 축제 때에 반복되어 설명되고 있는 성전 제사장들의 타락, 헬라인들에 의한 성전의 모독, 그리고 유다 막카비에 의한 성전 봉헌 사건이다(요 10:1의 주해 참조). 예수가 목자 설교를 계속하시고 있다는 것은 요한복음 10:26-27에 의해 드러나고 있다. 예수가 자신이 메시아임을 주장한 것에 대해 청중들이 이의를 제기할 때 그는 계속해서 축제 이미지들을 사용하게 될 것이다. 그는 자신의 주장을 방어하기 위해 시편 82편을 인용할 것이다.

이 마지막 부분은 요한복음에 있어서 대단히 중요한 계시를 보여준다. 이것은 예수가 공적으로는 마지막으로 사람들 앞에 나타나시는 장면이다. 그것은 자신의 정체의 궁극적 드러냄이 될 것이다. 설명은 그 모든 것이 시작된 곳으로 그가 다시 돌아오심으로 끝난다.—그곳은 요한이 그에게 세례를 주었던 요단강이다(요 10:40).

수전절은 유대 달력으로 기슬레(Chislev)월(11월부터 12월)동안 즉, 겨울에 치러졌다. 성전의 큰 뜰은 지붕이 있는 커다란 회랑으로 사방이 둘러싸여 있었다. 그 회랑은 뜰 쪽으로는 트여 있었지만 바깥쪽으로는 벽으로 가려져 있었다. 동쪽에는 솔로몬의 회랑(요 10:23)이 있었다. 비록 그것은 헤롯에 의해 지어졌지만 첫 성전 건설자의 이름을 따서 솔로몬의 회랑이라 불렸다.[16] 겨울에 선생들은 이 회랑들을 추운 날씨로부터의 피난처로 사용했다. 예수가 이곳에서 걷고 계셨다. 그때 갑자기 전에 그의 말씀을 들었던 사람들이 "그의 주위로 몰려들었다[*kykloo*]"(요

15. 많은 초기 사본들에 있어서 "그때"(then, 헬라어 *tote*)가 "그리고"(and, 헬라어 *de*)로 대체되어 있다. 이것은 내가 앞서 언급했던 요 10:1-21의 날짜상의 문제를 시사해 준다. "'그때'(then) 축제가 닥쳤다…" 필사자들은 수전절에 대한 언급을 통해 요한복음 10장의 두 반쪽들을 연결시키려 노력했던 것 같다.

10:24; 문자적으로는 "그를 에워싸다"[circle in on him]). 이 용어의 사용은 불길하다. 복음서에서 이 헬라어 단어가 사용된 다른 예는 누가복음 21:20에서 로마군이 멸망 전에 예루살렘을 어떻게 "에워쌀"(surround) 것인지를 설명할 때뿐이다.[17]

군중들은 예수의 정체에 대한 분명한 언급을 기대하고 있다. "언제까지나 우리 마음을 의혹하게 하려 하나이까?"(요 10:24)는 "당신은 언제까지 우리를 약오르게(annoy) 하려 하나이까?"라고 번역할 수도 있다. 이 사람들은 분명함을 추구하는 것일까 아니면 적대적인 것일까? 그들이 원하는 것은 자신이 메시야인가에 대한 공개적이고도 분명한 언급이다. 하지만 그들은 의심할 바 없이 예수의 대답이 자신들이 원하는 것이 아닐 경우 예수를 정죄할 준비가 되어 있다. 그때까지는 예수는 자신이 그리스도라는 공개적인 주장을 분명하게 하지 않으셨다. 예수는 사마리아 여인과(요 4:26) 맹인에게(요 9:35-36) 개인적으로는 그런 주장을 하신 적이 있다. 그리고 많은 이들은 예수에게 그가 그리스도라는 신앙고백을 했었다.

그러나 당시 메시야에 대한 생각이 너무나 정치적이었고 폭발성이 있었다는 사실에 비추어 볼 때 예수가 그때까지 그 용어의 사용을 자제해 오셨다는 것은 놀랄 일이 아니다. 그는 축제의 이미지들과 구약으로부터의 암시들을 사용하셨다. 지금 청중들은 "분명한"(plain) 언급을 요구하고 있다(cf. 요 7:4, 13). 하지만 우리는 예수가 설사 분명하게 자신의 정체를 밝히신다 해도 오직 그의 "양들"만이 그의 음성을 들을 것이라는 사실을 이미 배웠다(요 10:26). 아이러니컬하게도 그의 목자 설교는 바로 그들이 원했던 그런 드러냄이었지만 그들은 그것을 "듣지"(heard) 않았다.

근본적인 문제는 불신앙이다(요 10:25b). 예수님의 삶의 성격과 하나님의 권능(혹은 "이름")에 의해 이루어진 그의 사역들과 기적들은 그의 참된 정체를 드러낸다. 우리가 요한복음 5장에서 배운 바와 마찬가지로 이 사역들은 하나님의 메신저와 아들로서의 예수의 권위를 지적하는 증거로 간주되어야 한다. 그러나 깊은 신학적 문제이기도 한 참된 문제는 오직 예수의 양인 자들만이 이 일들을 이해할 수 있다는 것이다(요 10:26-27). "다른 양들"은 그의 음성을 이해하지 못하고, 그는 그

---

16. 이 회랑들의 엄청난 규모는 성전의 남서쪽 부분을 발굴하던 중 발견되었다. 주후 70년에 로마인들에 의해 성전이 파괴되었을 때 회랑들은 무너져 버렸다. 회랑들의 파괴의 증거는 성전 기단에 남겨진 잔해들 속에서 찾을 수 있다.

17. 행 14:20에서 '퀴클로'(*kykloo*)는 바울이 루스드라에서 돌에 맞은 후 제자들이 그를 에워쌌을 때 사용되었다. 히 11:30에서 같은 단어는 이스라엘 군에 의해 여리고가 에워싸인 것을 묘사한다. 이것이 신약에서 이 단어가 사용된 모든 용례들이다.

들을 알지 못하며, 그들은 그를 따르지 않는다(요 10:1-18). 하지만 이것은 그들에게 핑계가 되지 못한다. 이것은 단지 예수의 삶에 있어서 하나님의 주권적 계획 밖에서 발생하고 있는 일은 아무 것도 없음을 말할 뿐이다.

이 믿음은 단지 선물일 뿐 아니라 영원한 생명이요 보증이다(요 10:28-30). 이 목자는 그의 양을 위해 죽을 것이다. 그러나 양우리 밖에 있는 자들은 계속 위험 속에 있게 될 것이다. 예수의 임무는 "아버지께서 주신 모든 자들을"(요 6:37-40; 10:29) 모으는 것이었다. 그러므로 선한 목자로서의 그의 솜씨는 양들을 모든 포식동물들과(요 10:12) 도둑들로부터(요 10:1, 8) 안전하게 지킨다. "빼앗다"(헬라어 *harpazo*)라는 단어는 폭력을 시사하며 요한복음 6:15에서 예수를 납치하려고 했던 군중들에 대해 사용되었다. 요한복음 10:12에서 그 단어는 늑대의 공격을 묘사하기 위해 사용된다. 그러나 예수의 배후에 있는 참된 능력은 아버지(Father)이시다(요 10:29). 그러므로 양의 참된 보존자는 아버지이시다. 왜냐하면 누구도 그 아버지보다 더 크지 않기 때문이다.[18]

요한복음 10:30의 놀라운 선포는 본 장에 있어서 중요한 위치를 차지한다. 예수와 아버지와의 일체성은 양을 보존하는 일에 아버지께서 참여하시는 것의 기초가 된다. 우리는 예수의 말씀을 분명하게 이해해야 한다. 앞에서 우리는 예수와 아버지와의 협력적 작업에 대해(요 5:17, 19) 그리고 그가 아버지의 뜻에 따르는 것에 대해 말했었다(요 6:38; 8:26, 28; 10:18). 이곳에서 양은 아버지와 아들 모두에게 속해 있으며(요 17:10) 양쪽 모두와의 교제를 동시에 즐긴다(요 14:23; 17:21-23, 26). "하나"(One)는 헬라어로 중성이며 "한 사람"(one person)을 의미하지 않는다. 그러므로 예수는 목적과 뜻의 일치를 주장하고 계신 것이다. 양들에 대한 보호는 아버지와 아들의 협동작업의 결과이다.

그러나 우리는 이것이 요한의 기독론의 핵심인 아버지와 아들의 존재론적 일체성을 부정하는 것이 아니라고 재빨리 말해야 한다. 처음부터(요 1:1) 끝까지(도마가 요 20:28에서 "나의 주님이시요 나의 하나님이시니이다"라고 외칠 때까지) 요한복음은 그 일체성을 강조한다. 지금의 본문 속에도 그것에 대한 암시가 있을 것

18. 요한복음 10:29은 잘 알려진 다양한 독법들을 포함하고 있다. 주요 문제는 문장의 주어의 위치를 어디에 둘 것이냐 하는 것이다. NIV는 대중적인 독법을 따르고 있다. "그들을 내게 주신 나의 아버지는 모든 것보다 크시다."(My Father, who [헬라어 *hos*] has given them to me, is greater than all.) 그러나 NRSV, NIVmg, 그리고 다른 번역들은 이를 다르게 읽는다. "나의 아버지가 내게 주신 것은 다른 모든 것들보다 크다."(What [헬라어 *ho*] my Father has given me is greater than all else.) Schnackenburg, *John*, 2.307-8은 다양한 독법들을 잘 요약해 주고 있다.

이다. 일체성에 대한 이런 말씀은 우리가 다른 곳에서 보는 것보다 더 강력한 것이다. 그리고 요한복음 10:31, 33에서의 군중들의 반응 역시 그들이 어떤 특별한 말을 들었다는 사실을 암시해 준다. 이 사람은 지금 자신이 하나님과 함께 일을 해왔다고 말하는 것이 아니다. 이 사람은 지금 위험한, 그 이상의 신성모독적 발언을 하고 있다.

호스킨스(Hoskyns)는 이렇게 말한다. "여기서 말하는 일체성은 단지 도덕적 일치나 성격상의 일치가 아니다. 왜냐하면 유대인들은 어떤 사람이 하나님의 뜻에 따라 자신의 말과 행동을 조율한다는 개념을 신성모독으로 간주하지는 않았을 것이기 때문이다."[19] 나중에 예수는 "나를 본 자는 아버지를 보았거늘"(요 14:9)이라고 말씀하실 것이다. 예수는 하나님의 계시와 구원의 매개체이시다. 예수는 단지 의인 혹은 하나님의 대변인(spokesman)이 아니라 세상에 있는 하나님의 대리자(agent)이시다.[20]

예수의 그런 말씀은 응답을 요구한다. 요한복음 8장에서 자신과 아브라함의 관계에 관한 예수의 요약적 설명은 그를 돌로 치려는 시도로 끝났다. 여기서 같은 일이 발생한다. 그들이 문제로 삼는 것은 예수의 기적들이 아니라(요 10:32) 그의 말씀이다(cf. 요 6:42, 60; 7:29-30). 1세기에 있어서 돌로 치는 일은 주로 군중의 행동으로 발생하는 경향이 있었다. 로마의 사법제도는 십자가형이나 (로마 시민일 경우) 목을 베는 시민형벌을 규정했다. 유대법은 다양한 범죄에 대해 석형(石刑)을 규정했다. 마법(레 20:27), 다른 신을 섬기는 것(신 13:10), 부도덕한 행위(신 22:24), 안식일을 어기는 것(민 15:35-36), 그리고 신성모독(레 24:23). 고소들은 안식일에 예수가 행한 불법적 행위들에 대해 제기되었지만 여기서 문제는 신성모독이다. 대적들은 예수가 자신이 하나님이라고 주장하고 있다고 믿는다(요 10:33). 이 언급은 요한이 사용하고 있는 전형적인 아이러니일 것이다. 왜냐하면 대적들은 예수에 관한 정확한 진리를 확인해 주고 있기 때문이다. 나중에 가야바는 예수가 국가를 위해 죽어야 한다고 말할 것이다(요 11:50). 여기서 우리는 예수가 참으로 하나님과 비교되어야 할 사람임을 배운다.

요한복음 10:34-39에서의 예수의 변론은 미묘한 의미를 담고 있다. 예수는 수

19. Hoskyns, *John*, 389.
20. 교회의 초기 신학논쟁에 있어서 이 구절은 예수의 권위를 깎아 내리려는 자들에게 대항하기 위하여 지극히 중요한 가치를 지니는 것으로 간주되었다. 참조. T. Pollard, "The Exegesis of John 10:30 in the Early Trinitarian Controversies," *NTS* 3 (1957): 334-49.

전절 축제의 상징적 주제들을 활용하신다. 예수는 시편 82:6을 인용함으로써 자신을 변호하신다. 이 시편은 잘 알려진 것으로서 하나님에 대한 이스라엘의 불순종을 비판하고 있다(시 82:5-7).

"그들은 알지도 못하고 깨닫지도 못하여
흑암 중에 왕래하니
땅의 모든 터가 흔들리도다.
내가 말하기를 '너희는 "신들"(gods)이며
다 지존자의 아들들(히브리어 *beni*)이라' 하였으나
그러나 너희는 사람처럼 죽으며
고관의 하나 같이 넘어지리로다."

이 구절의 연관성은 놀랍다. 지식과 이해를 결여하고 있다는 것은 예수의 청중들에 대한 정확한 묘사이다. '그들은 목자의 음성을 알지 못한다.' 그러나 예수가 강조하시고자 하는 요점은 시편 82:6이다. 랍비들의 해석에 따르자면 이 시는 유대인들이 시내산에서 율법을 받았을 때 이스라엘 족속들을 향해 쓰여졌다고 한다.[21] 이것은 출애굽기 4:22-23을 상기시킨다. "…이스라엘은 내 아들 내 장자라. 내가 네게 이르기를 '내 아들을 보내 주어 나를 섬기게 하라' 하여도…" 만약 "신"(god)이라는 용어가 성경 속에서 하나님 자신 이외에 다른 이들에게도 적용될 수 있다면—하나님의 깨질 수 없는 말씀 속에서 누군가가 "하나님의 아들"이라고 불릴 수 있다면—왜 예수의 말씀이 신성모독이 되는가? 요한복음 10:36에서 예수는 자신을 "하나님의 아들"이라고 부르신다. 그리고 이것은 분명히 이 역사적 배경의 반향(反響)이다.

더구나 예수는 하나님이 "거룩하게 하여"(sanctified, 헬라어 *hagiazo*; NIV '따로 구별하여'[set apart]) 세상에 보내신 분이시다. NIV는 의역을 통해 요한복음 10:36a의 의미를 모호하게 하고 있다. 헬라어 동사 '하기아조'(*hagiazo*)는 어떤 것을 성별(聖別) 혹은 거룩하게 하는 것을 뜻한다. 이것은 수전절 자체의 의미를 지적한다. 유다 막카비가 헬라 압제자들을 이긴 후 성전을 다시 성별한 일을 기억하라. 막카비1서(1 Maccabees) 4:48은 이렇게 말한다. "그들은 또한 지성소와 성전

21. 이 구절에 대한 초기 유대교의 의견들에 대해서는, Beasley-Murray, *John*, 175-77.

내부를 개축하고 성전 뜰들을 성별했다[*hagiazo*].” 그렇다면 예수는 그 자신이 수전절의 관심의 대상이시다. 그는 이 축제 기간동안 찬양을 받는 “신성한 곳”(sanctified place), “거룩한 곳”(holy place), 하나님의 “성전”(temple)이시다. “하나님의 아들”이라는 그의 명칭은 시편 82편에 의해서만 정당화되는 것이 아니다. 하나님의 현존의 장소, 하늘로부터 온 하나님의 특사로서의 정체성은 그에게 비교할 수 없는 신분을 부여한다.[22]

요한복음 10:38에서 예수는 다시 그의 주장을 좀더 강한 언어로 반복하신다. “아버지께서 내 안에 계시고 내가 아버지 안에 있다.” 하지만 청중들이 듣기에 이것은 너무 심한 주장이었고 따라서 그들은 다시 그를 체포하려 한다(요 10:39). 하지만 그들은 그의 운명을 좌우할 수 없었다. 그는 그곳을 벗어나신다. 왜냐하면 7:30과 8:20에서 우리가 배웠듯이 그의 때가 아직 이르지 않았기 때문이다.

예수가 유대를 떠나셨다는 것은(요 10:40-42) 지리적이라기보다는 신학적인 언급이다. 그는 충돌의 땅인 예루살렘을 벗어나 요단강 근처 동쪽 광야지대로 이동하신다. 그곳은 세례요한이 사역했던 곳이다. 이것은 요한복음 첫 부분에 등장했던(요 1:19-51; 3:22-36; 4:1-6) 세례요한 이야기와 함께 “문학적 북엔드”(literary bookend, 북엔드: 세워 놓은 책들이 넘어지지 않도록 양쪽에서 받쳐 주는 것-옮긴이)를 형성한다. 예수는 커다란 원을 그리며 이곳까지 오셨다. 그는 그의 백성들 사이에서의 공적 사역을 완성하셨다. 이제 그의 때가 올 때까지 이곳에서 “머무실”(stay, 요 10:40b) 것이다. 지금은 겨울이다. 이제 몇 달이 지나고 유월절이 되면 그는 하나님이 계획하신 대로 영광을 받으시기 위해 예루살렘에 나타나실 것이다.

세례요한의 역할이 마지막으로 강조된다. 요한복음 3:22이하를 반향하며 그의 사역이 전체적으로 조망된다. 그는 예수에 관한 진리를 증거하는 참되고 신뢰할만한 증인이었다. 오직 예수만이 거룩한 표적들을 보여주셨다. 그 표적들은 예수의 삶 속에 하나님의 손길이 함께 하심을 보여주었다(요 10:38). 그러나 세례요한은 목소리를 들려주었다. 광야에서의 그 목소리는 사람들을 믿음의 길로 부르는 것이었다.

아이러니컬하게도 복음서 기자는 “거기서 많은 사람이 예수를 믿으니라”라고 덧붙인다. 예수는 거룩한 성 예루살렘의 “종교적” 고위층들 사이에서는 믿음을 찾지 못하신다. 그러나 그가 광야로 이동하시자 그곳 사람들 사이에서 믿음을 발견

22. G. Yee, *Jewish Feasts and the Gospel of John* (Wilmington, Del.. M. Glazier, 1989), 83-92.

하신다. 그들은 예수를 찾기 위해 어려움을 무릅쓰고 여행을 해야 했던 자들이었다. 요단강 근처 광야에서 "많은 사람이 그에게 왔다가" 그를 믿었다. 그들은 예수의 사역 뒤에 있는 것은 하나님의 손이고 그의 말씀 속에 있는 것은 하나님의 음성임을 인정했다. 그러나 예루살렘의 지도자들은 그를 십자가에 못박을 기회가 주어질 때까지 그를 다시 보지 못할 것이다.

상황잇기

기독교인들과 그들의 지도자들. 본 장 뒤에 놓여 있는 중요한 보편적 주제는 사람들과 그들의 지도자들 사이의 관계이다. 막카비 시대의 역사적 위기가 그것을 잘 보여준다. 이스라엘의 지도자들은 백성들을 인도하는 데 실패했다. 지도자들은 그들을 영적 속박에 빠지게 했으며 국가를 헬레니즘 세계에 동화시킴으로써 그들의 조국을 거의 파괴했다. 이것은 나에게 다음과 같은 사실을 상기시킨다. 즉 나의 세대에 있어서 내가 따르고 있는 지도자들이 나의 헌신과 충성을 받을 자격이 없을 가능성이 항상 존재한다는 것이다. 물론 이것은 모든 지도자들에게 해당되는 말이다. 그러나 요한복음 10장에서는 특별히 영적 지도자들의 역할이 강조되고 있다. 그들은 하나님에 관한 진리를 사람들 앞에 제시하기 위해 부름을 받았다. 그러나 그들은 때로 그 일에 실패하고 오히려 사람들에게 해를 끼친다.

예수는 자신이 메시야임을 증거해 주는 세례를 받으신 후 계속해서 일을 해 오셨다. 그는―결혼식부터 축제들까지―유대인들의 다양한 상황 속으로 들어가셔서 아버지와 자신의 관계를 그의 청중들에게 설득시키기 위해 노력하셨다. 그는 사역들을 (혹은 표적들을) 통해서뿐만 아니라 말씀의 지혜를 통해서도 이 관계를 드러내 보이셨다. 어떤 이들은 믿음을 갖게 된 반면 예루살렘의 지도자들은 예수를 받아들이지 않았다. 그들은 예수를 메시야로 인정하지 않았다.

이것은 두 가지를 뜻한다. (1) 이 영적 지도자들이 그리스도 안에서의 하나님의 사역을 인정하는 데 실패했다는 것은 그들의 리더십의 정당성에 의문을 제기하도록 만든다. 나는 해석자로서 나 자신의 시대에는 그런 사람이 누구인지를 검토해 보아야 한다. 그들은 교회 지도자들일 수 있다. 그러나 주제는 이것보다 훨씬 더 넓다. 그것은 사람들로 하여금 하나님으로부터 멀리 떠나게 하는 모든 목소리, 특히 하나님의 사람들에게 해를 끼치는 모든 목소리를 뜻한다. 예수는 그런 자들에 대해 대단히 단호하시다. 그들은 "강도들"이요 "도둑들"이다. 우리는 그들에 대한 경고의 소리를 들어야 한다. 우리가 그들을 시험해 볼 수 있는 방법은 그들이 하는 말과 행동이 예수 그리스도가 하신 말씀 및 사역과 조화를 이루는지를 살피는 것이다. 예수의 양우리(Sheepfold) 이미지를 사용해 말하자면 오직 그분만이 양들에게 들어갈 수 있는 양의 문이시다. “담을 넘어서” 들어오는 자들의 목소리는 예수의 목소리와 다르다. 그들은 양들에게 안전과 보호를 제공하지 못하고 따라서 그들은 거부되어야 한다.

(2) 이 이야기는 양들에게도 교훈을 제공한다. 양들은 그들을 인도하고 먹일 능력이 있는 자의 음성을 식별할 수 있어야 한다. 그들은 양우리와 안전을 찾는 방법을 알아야 한다. 해석자로서 그런 교훈이 나에게 의미하는 것은 내가 하나님의 백성들에게 그들의 삶에 대해 정직하게 (물론 측은한 마음을 가지고) 말을 해야 한다는 것이다. 그들은 누구를 따르고 있는가? 그들은 어떤 음성을 식별하고 있는가? 그들은 보호처를 구하기 위해 어디로 가고 있는가? 그들이 따라야 하는 목자들, 그리고 그들이 피해야 하는 목자들의 특징은 무엇인가? 이것은 사리분별에 관한 교훈이다. 왜냐하면 각 개인들은 그들의 삶에 있어서 순종을 요구하는 자들의 목소리를 끊임없이 평가해야 하기 때문이다.

이 주제의 중요성은 요한 자신의 교회의 역사 내부에서 비롯되었다. 요한의 공동체를 위협하고 있던 위기를 생각하지 않고 요한일서를 읽는 것은 불가능하다. 거짓 “목자들”은 공동체의 평신도들 속으로 파고들었다. 그들은 예수가 그리스도가 아니라고 가르쳤고(요일 2:22), 신자들을 속였으며(요일 2:26), 한 “무리”(flock)의 사람들을 교회 밖으로 끌어냈다. 그들은 은사적(charismatic) 권위를 주장했으며 자신들의 가르침은 성령으로 말미암은 것이라고 말했다(요일 4:1-3). 하지만 결국 그들은 파괴를 가져왔다.[23] 그 목자들은 양떼를 해치고, 양우리의 벽을 허물고, 양들의 안전을 파괴했다. 그러므로 요한은 참된 목자들과 하나님의 참된 양무리를 알아보는 법을 자신의 추종자들에게 가르쳐야 했다. 요한복음 10장의 교훈을 오늘날에 적용하기 위해서는 요한이 거짓 목자들의 문제에 대해 요한서신들 속에 쓴 교훈의 내용들을 참조해야 할 것이다.

이 이야기는 사실 알레고리이다. 그리스도의 양무리(교회)는 선한 목자(예수 자신)에 의해 인도된다. 그러나 많은 해석자들은 이곳의 상징주의를 더 이상 발전시키는 것을 조심스러워 한다. 사실 어떤 이들은 예수가 자신에 대한 기독론적 주장

23. 나는 요한의 교회 내부에서의 이런 투쟁에 대해 나의 주석에서 설명했다. *Letters of John* (NIVAC: Grand Rapids: Zondervan, 1996), 27-33.

을 하는 것 이외에는 알레고리에 대해서는 전혀 관심이 없었다고 주장한다.[24] 그러나 그것은 분명 잘못된 주장이다. 이 이야기는 확언임과 동시에 경고이다. 예수는 분명히 자기 자신에 대해 우리에게 말씀하고 있다. 그러나 그것은 요한복음 전체에 걸쳐서 그가 해 오신 일이다. 이곳에서 그는 하나님의 양무리를 해치는 자들에 대해 우리에게 경고를 하고 계시다. 사실 다른 모든 지도자들의 가치는 예수의 리더십을 기준으로 하여 평가되어야 한다.

오늘날 이 가르침 속에는 위험한 요소들이 있는가? 물론이다. 아마도 어떤 해석자들을 염려케 하는 것이 바로 이 문제일 것이다. 양들은 자신들 중에 있는 모든 목자들을 검토해 보아야 하는가? 목사들은 어떤가? 교사들은 어떤가? 양들은 누가 자신들을 지도할 자격이 있는지를 결정할 새로운 결정권자가 되어야 하는가? 분별력을 장려하다 보면 판단(judgment)을 끌어들이게 된다. 합법적인 지도자들은 자신들이 세세한 검토의 대상이 되는 억울한 상황을 맞게 될 것이다. 그러나 예수가 의도하신 것은 이것이 아니다. 그가 원하셨던 것은 양들이 자신에게 해를 끼치게 될 자들, 자신들을 상하게 하고 파괴하게 될 지도자들을 식별할 수 있게 되는 것이었다.

부수적인 주제들. 몇 가지 부수적인 주제들이 목자와 양이라는 주요 이미지로부터 펼쳐져 나온다. (1) "다른 양들"이 있다는 요한복음 10:16의 주장은 오늘날 우리로 하여금 그리스도의 양무리의 배타성에 대해 생각하게 만든다. 그들은 양떼에 속해 있지만 양우리 밖에 있다. 예수가 "하나의 양떼와 하나의 목자"를 보고 싶다고 말씀하실 때 우리는 오늘날 그것이 어떤 의미를 지니는지 생각해 보아야 한다. 이것은 교회의 일치에 관한 말씀인가? 이것은 "하나의 참된 교회"(one true church) 신학을 주장하는 자들에게 도전을 주는가 아니면 그들의 주장에 동조하는가? 하지만 최소한 이 말씀은 양무리의 일부로 간주되어야 하는, 현재의 양들이 알지도 못하고 인정하려고도 하지 않을 '예상치 못한 양들'(unexpected sheep)이 있다는 사실을 암시한다. 요한복음 10장을 오늘날의 세계에 적용하려고 하면 또한 다음과 같은 생각을 하게 된다.

(2) 본 장은 하나님의 전적 주권을 강한 어조로 강조하고 있다. 예수의 대적들은 그의 양떼의 일부가 아니다(요 10:26). 왜냐하면 아버지께서 그들을 그에게 주시지 않았기 때문이다(요 10:29). 이 주제는 분명해 보인다. 그러나 이것은 그들을 믿

---

24. G. Sloan, *John. A Bible Commentary for Teaching and Preaching* (Atlanta: John Knox, 1988).

음의 자리로 초대하시는 예수의 평행적인 부르심과 균형을 맞추어야 한다(요 10:38). 그러므로 그리스도의 양떼를 만들기 위해서는 인간의 책임과 하나님의 참여가 모두 필요하다. 하지만 이 긴장은 오늘날의 교회와 복음주의의 본질을 바라보는 우리의 시각에 어떻게 영향을 끼치는가? 요한은 인간의 책임을 위한 여지는 조금도 남겨 놓지 않은 채 오직 하나님의 선택에 의해서만 사람들을 "선발해야" (elect) 한다는 견해를 받아들이지 않을 것이다. 그러나 여기서 하나님의 주권이라는 주제는 너무나 강력하기 때문에 이 본문을 다룰 때는 그 주제를 반드시 지적해야 한다.

(3) 마지막으로 요한복음 10:40에서 예수를 예루살렘과 분리하고 있는 것은 불길한 느낌을 주는 것이 분명하다. 그는 계시를 끝마치셨다. 그는 하나님의 말씀을 들려주셨고 (그의 수난을 제외한) 하나님의 일들을 완성하셨다. 이제 그는 자신을 그들로부터 분리시키신다. 요한복음 11장과 12장의 마지막 부분에서도 같은 주제가 나타날 것이다. 이곳에서도 우리는 자극적인 주제를 발견한다. 여기서 의미하는 것은 하나님도 자신을 사람들에게 계시하셨다가 다시 물러서실 수 있다는 것인가? 하나님께서 어떤 사람을 믿음이 없는 채로 내버려두시는 것은 일종의 심판행위인가? 그런 주제가 오늘날의 배경 속에서는 어떻게 설명되어야 할까?

현대적 의미

본 장을 현대 청중들에게 설명할 때 나는 그들이 이곳의 주제들을 제대로 이해하기 위해서는 광야의 위험과 목자들의 기술에 대해 어느 정도 알 필요가 있다는 것을 발견했다. 예수와 그의 청중들에게는 그런 지식은 당연한 것이었다.

광야. 먼저 광야에 대해 살피기로 하자. 성경을 이해하기 위해서는 이스라엘의 광야를 이해하는 것이 대단히 중요하다. 광야는 헤브론부터 세겜에 이르기까지 이스라엘 중앙 산맥지대에 위치하고 있는 모든 주요 도시들의 동쪽 언저리에서 찾을 수 있다. 세례를 받으신 후 예수가 시험을 받으신 광야가 시작되는 곳을 보려면 예루살렘에서 동쪽에 있는 감람산 꼭대기에 오르기만 하면 된다(도보로 겨우 45분쯤 되는 거리이다). 그 광야는 요단강을 가로질러 수천 마일에 걸쳐 펼쳐져 있다. 그것은 동쪽 고원지대와 사우디아라비아, 이라크까지 이어진다. 오늘날 중동 사람들은 (아랍인이건 유대인이건) 마치 캐나다와 유럽 사람들이 깊고 어두운 숲의 이야기를 들려주듯이 광야에서의 모험이야기를 들려준다. 사실 아브라함, 모세, 야곱, 다윗, 엘리야, 그리고 세례요한과 예수에 관한 성경 이야기들은 모두 그 지역 사람들이 잘 알고 있는 "광야 주제들"(desert motifs)을 포함하고 있다.

이 황무한 지역의 가장자리에 위치한 마을에서 살던 사람들은 광야를 그들의 양들을 위해 사용했다. 10월부터 3월 사이에 고마운 비가 내리면 광야는 갑자기 꽃들과 온갖 식물들로 뒤덮였다. 그곳은 양들에게 훌륭한 목초지가 되었다. 그러나 일 년 중 대부분의 기간동안 광야는 생명을 위해 호의적인 곳이 아니었다. 물과 먹이가 거의 없었고 위험은 사방에 널려 있었다. 사실 유대의 동쪽 광야지대에는 침식에 의해 깎인 절벽들이 있었다. 그것들 중에는 깊이가 약 300미터나 되는 것들도 많이 있었다. 시편 23편은 그런 환경 속에서 유능한 목자가 된다는 것이 무엇을 뜻하는지 잘 보여준다. 그런 지도자는 먹이("푸른 풀밭", 시 23:2a), 물("쉴 만한 물가", 시 23:2b)[25] 안전한 이동로("의의 길", 시 23:3), 그리고 위험으로부터 보호해 줄 장소("내 원수의 목전에서", 시 23:5)를 찾을 수 있어야 한다. 유능한 목자들은 기술과 도구를 모두 갖추고 있어야 한다. 그렇지 않으면 그들의 양떼는 주변 환경이나 야생동물들의 희생물이 될 것이다.

우리는 이런 환경 속에서의 생명의 위협을 경시할 수 없다. 누가복음 15장에 나오는 잃어버린 양의 비유는 목자들이 양들의 생명을 얼마나 중시했는가 하는 것을 보여준다. 산적들과 굶주린 들짐승들이 있는 척박한 환경 속에서 양떼를 인도한다는 것은 지금도 어려운 일이다. 목자들은 일반적으로 길이가 약 120-150센티미터쯤 되는 나무 지팡이를 가지고 다녔다. 그것은 주로 방어무기로 사용되었다. 그들은 또한 투석기(sling)로 돌을 날리는 일에 능숙했다(성경에 등장하는 목자 다윗이 바로 그랬다).[26] "선한" 목자는 공격을 당할 때 양떼를 구하기 위해 어린양을 포식동물에게 내주어 버리는 일을 결코 하지 않을 것이다. 그는 양들을 넣어 둘 곳을 찾을 것이다(요 10:1-18 부분에서 설명했다). 그리고 양들과 위험 사이에 설 것이다.

이미 언급한 바와 같이 아랍 목자들은 그들의 양을 개인적으로 아는 것으로 유명하다. 1980년대 후반에 있었던 팔레스타인 폭동 기간동안 이스라엘 군대는 세금을 내지 않은 베들레헴 부근의 한 마을을 벌주기로 결정했다(마을 주민들의 말에 따르자면 그 세금은 단지 이스라엘 군대의 점령자금을 마련하기 위한 것이었다). 지휘관은 마을의 모든 짐승들을 모아 가시 철조망을 두른 커다란 우리 안에 가두

25. 양들이 물을 마시기 위해서는 (흐르는 물이 아니라) 정지되어 있는 물이 필요하다. 목자들은 양들을 위한 못을 마련하기 위해 광야의 샘들 주위를 흐르는 시내에 작은 댐을 만들었다.

26. 나는 팔레스타인 소년들이 유대 광야에서 양을 치다가 투석기로 돌을 날리는 시범을 보이는 것을 보았다. 그것은 믿을 수 없을 정도로 엄청난 파괴력을 지닌 것이었다.

었다. 며칠 후 한 여인이 그에게 찾아와 자신의 가축들을 풀어 달라고 애원했다. 그녀의 남편이 죽었기 때문에 그 짐승들이 그녀의 유일한 생계수단이라는 것이었다. 지휘관은 수많은 짐승들이 갇혀 있는 우리를 보여주며 자신은 그녀의 가축들을 찾을 수 없기 때문에 그것은 불가능하다고 빈정대며 말했다. 그녀는 만약 자신이 자신의 가축들을 가려낸다면 그것을 가져가게 해 주겠느냐고 물었다. 그는 동의했다. 한 병사가 우리의 문을 열어 주었고 그 여인의 아들이 작은 갈대 피리를 연주했다. 그는 단순한 멜로디를 반복해서 연주했다. 그러자 곧 양들이 이곳 저곳에서 머리를 쳐들었다. 그 소년은 음악을 연주하며 집으로 걸어갔고 25마리의 양들이 그 뒤를 따라갔다.

이것이 바로 나의 청중들에게 심어 주고자 하는 이미지이다. 광야는 황량한 곳이다. 우리의 목자는 유능하고 용감하다. 그의 인도하심을 받고 그의 목소리를 알아듣는다면, 우리는 안전과 번영을 찾게 될 것이다. 이것을 생생하게 이해하기 위해서는 나의 삶의 환경이 얼마나 위험한 것인지, 내가 얼마나 인도함을 필요로 하고 있는지, 그리고 잘못된 목소리와 올바른 목소리를 구별할 수 있는 능력이 얼마나 중요한 것인지를 깨달아야 한다.

지금 세상이 유대 광야만큼이나 위험하다는 사실은 쉽게 알 수 있다. 나는 최근에 캘리포니아 샌터 크루즈(Santa Cruz)시 위쪽의 산악지대에서 열린 한 회의에 연사로 참석한 적이 있다. 그때 큰 샌터 크루즈 교회를 담임하고 있는 목사가 자신의 도시에서 아이들의 일상생활이 얼마나 위험한 것인지에 대해 말하는 것을 들었다. 그를 괴롭힌 것은 단지 불법적인 성문화와 "마약의 사용"(do drugs)을 부추기는 무거운 사회분위기만이 아니었다. 그를 괴롭힌 것은 "신은 우리와 상관이 없으며 규율은 존재하지 않는다"라고 말하는 도덕적 분위기가 힘을 얻고 있다는 사실이었다.

오늘날 우리의 삶을 위협하고 있는 것은 단지 캘리포니아 해변 도시들의 전형적인 부도덕성만이 아니다. 세상의 환경은 모든 면에 있어서 적대적이다. 나의 한 친구는 일리노이주 시골 출신의 락(rock)뮤지션이다. 최근에 우리는 현대 락음악을 휩쓸고 있는 폭력, 공격, 그리고 비도덕적 세계관에 대해 살펴보았다. 락음악계에서 일하다가 성인이 되어 회심한 그는 현대 락음악의 위험 수준이 아주 높다고 말했다.

우리는 현대판 광야 속에서 살고 있다. 그러나 요한복음 10장은 우리가 다른 종류의 질문을 할 것을 요구하고 있다. 이와 같은 도덕적 무질서 속에서, 위협적인 광야 속에서 살고 있는 우리는 누구의 목소리, 어떤 목자를 따르고 있는가? 어떤 고등학교에서 일하고 있는 한 청년지도자가 최근에 조지 바너(George Barna)가 수행한 연구를 나를 위해 요약해 주었다. 그는 긴장, 혼란, 혹은 위기가 닥쳤을 경우 제일 먼저 누구에게 도움을 청하겠느냐고 학생들에게 물었다. 아버지라는 응답은 25위를 차지했다. 어머니라는 응답은 11위였다. 음악을 듣거나 친구들을 찾아가겠다는 응답이 1위를 차지했다. 비극이 찾아왔을 때 젊은이들은 잘못된 지도자들을 찾으려 하고 있다. 그들은 위험한 광야로 그들을 이끌 것이다. 젊은 성인들을 겨냥하고 있는 ('자인펠트'[Seinfeld] 혹은 '프렌즈'[Friends]와 같은) 많은 시트콤들은 이런 경향을 다양하게 보여주고 있다. 위기가 닥쳤을 때 아파트에서 살고 있는 싱글들은 해답을 찾기 위해 누구를 찾아갈까?

그러나 성인들도 잘못된 목소리에 귀를 기울인다. 최근에 '시카고 트리뷴지'(Chicago Tribune Magazine)는 자신을 "직관적 치료자"(intuitive healer)라고 부르는 한 여인에 대한 기사를 내보냈다. 그녀는 자신이 사람들의 질병을 진단하는 초자연적 능력을 지니고 있다고 주장했다. 그녀는 심지어 전화를 통해서도 그 일을 할 수 있다고 했다. 우리들 중 대부분은 그런 기사를 단지 흥밋거리로 여길 것이다. 하지만 심지어 의사들을 포함하여 그녀에게 도움을 청했던 사람들의 엄청난 수를 보고는 깜짝 놀라지 않을 수 없었다. 사람들이 위기에 처했을 때, 광야의 위험이 그들을 둘렀을 때, 그들은 거기서 벗어날 수 있는 길을 제시해 준다고 주장하는 아무 목자에게나 향할 것이다.

프랑스에서 선교사로 일하는 내 친구들은 그 나라에서 일하는 뉴에이지(New Age) 치료자들의 수가 엄청나게 많다는 소식을 들려주었다. 최근에는 그 치료자들을 통한 치료비용을 프랑스 의료보험에서 처리해 주고 있다.

얼마 전에 나는 한 영국 신문에서 얼마나 많은 부부들이 불임문제를 해결하기 위해 마녀들을 찾고 있는가 하는 기사를 읽은 적이 있다.[27] "이교도 사제들"(pagan pastors)은 겨우 30분 안에 불임을 치료할 수 있다고 주장한다는 믿기 힘든 소식이었다. 그들은 불임부부에게 약 한 봉지를 먹이고 주술의식을 행한 후 영국 도처에 있는 고대로부터 사용되어 온 의식용 바위 위에서 부부관계를 갖도록 한다. 나는 마음이 참담했다. 여기서 요점은 영국 사회가 이런 것에 관심을 가진다는 것이다. 영국에서 가장 존중되는 신문들 중 하나의 주요 페이지에 그에 대한 기사가 실릴

27. *The Observer* (Aug. 23, 1998).

정도가 되었다.

시험. 이것들은 겨우 몇 개의 예에 불과하다. 그러나 성경의 진리를 전하는 모든 이들은 그들의 청중들에게 경고의 소리를 들려줄 필요가 있다. 그들은 광야로부터 정말로 자신들을 인도해 낼 수 있는 참된 목자를 그들이 필요로 하고 있다는 사실을 지적해 주어야 한다. 동유럽과 러시아가 (냉전의 종식으로 인하여) 서방 선교사들을 받아들이게 된 후 러시아 정부는 딜레마에 빠졌다. 그들은 조국을 치료하기 위해 "종교"(religion)가 가져다 줄 수 있는 좋은 것들을 원했다. 심지어 러시아군은 군목 자문단을 설치하기 위해 미 해군과 접촉을 갖기도 했다. 그들은 러시아군에 군목 제도를 도입하려고 했다. 하지만 미 해군이 어떤 종교그룹은 믿을 만하며 어떤 이들은 위험하다고 어떻게 말할 수 있겠는가? 러시아라는 광야 속에서 어떤 종교적 목소리들을 신뢰해야 하는가? 그 막후에서 수많은 복음주의 단체들과 대학 지도자들은 러시아 국경을 넘어 쏟아져 들어가고 있는 수많은 종교들을 설명해 주었다.

요한은 우리에게 간단하고 직접적인 해결책을 제시한다. 예수는 참된 목자이시다. 그리고 그는 양들을 인도할 다른 이들의 자격을 심사하고 인정해 줄 수 있는 유일한 분이시다. 목자의 자격을 얻기 위한 마지막 테스트는 그가 예수의 리더십에 충성하느냐의 여부이다. 어떤 사람이 양에 대해 권리를 주장할 때, 수평선 위로 새로운 목소리가 등장할 때, 우리가 제기해야 하는 첫 번째 질문은 그 목소리가 우리가 성경 속에서 알고 있는 예수의 목소리를 반향하고 있는가 하는 것이다. 사람들의 주의를 끄는 거짓 목소리들을 구분하는 법을 그의 회중들에게—그리고 우리들에게—가르치려고 할 때, 요한은 그 목소리들은 "처음부터"(from the beginning) 그들에게 주어진 것을 상기시키는 것이어야 한다고 반복해서 말하고 있다(요일 1:1; 2:7, 13, 14, 24; 3:8,11; 요이 1:5). 즉 요한은 우리가 예수 그리스도에 대한 계시, 즉 예수의 지상 사역을 통해 주어진 역사적 계시를 기준으로 하여 거짓 선지자들을 구별해 내는 일의 중요성을 강조하고 있는 것이다.[28]

부수적 주제들. 나는 위에서 본 장이 제기하기는 하지만 해결책을 제시하지는 않는 세 가지의 도발적인 부수적 문제들이 있다고 말한 바 있다. 그런데 그 문제들을 현대적으로 표현할 경우 그것들은 강력한 의미를 지닐 수 있다.

---

28. 요한의 목회적 상황을 배경으로 하여 해석하자면 그는 사실상 자신의 서신들에서 이렇게 말하고 있는 것이다. "만약 목자 후보자의 자격을 점검하고 싶거든 당신이 내 복음서에서 읽은 예수의 모습을 기준으로 삼아 그의 모습을 검토해 보라."

(1) 예수가 "이 우리"에 들지 아니한 "다른 양들"을 가지고 계시다는 것은 역사적 상황에 비추어 볼 때 그가 유대사회의 변두리에 위치한 자들 중에 자신의 양들을 가지고 있다는 뜻일 것이다(아마도 이방인들을 뜻할 것이다). 그들 역시 그의 양떼 속에 포함되어야 한다. 전통적인 "유대교의 양떼"(flock of Judaism) 외부자들에 대한 예수의 관심에 대한 암시는 요한복음의 끝 부분으로 갈수록 점점 더 증가한다. 그러나 이것이 그 당시 예수를 직접 따르고 있던 추종자들에게 의미했던 바는 그들이 양떼를 지도하고 있다는 것에 대해 결코 오만해서는 안 된다는 것이었다. 이 양들은 "외부에" 있으며 그들은 다른 양들과 다르다. 그러나 그럼에도 불구하고 그들은 똑같이 사랑을 받으며 소중하게 여겨진다. 예수의 소원은 그의 모든 양들이 마치 하나의 양떼처럼 움직이는 하나의 통일체, 하나의 진정한 단일체를 이루는 것을 보는 것이다.

그리스도의 몸이—혹은 예수의 양떼가—이 "다른 양들"을 포용할 때 놀랄 만한 일들이 발생한다. 현대의 해석자로서 나는 내가 속해 있는 오늘날의 교회에 있어서 이 양들은 누구인가의 문제를 놓고 씨름할 필요가 있다. 세계의 변두리에서 살고 있는 자들은 누구인가? 최근에 나는 일리노이주의 한 커다란 도시 장로교회에서 개최한 일주일간의 가족캠프에서 강연을 할 기회가 있었다. 그곳에서 나는 다양성의 광경을 목격했다. 그것은 그리스도의 "다른 양들"이 초청되어 완전히 하나를 이룬 기적과 같은 모습이었다. 노인들, 사회적으로 이상하게 생각되는 자들, 어린이들, 블루칼라 노동자들, 그리고 화이트칼라 직장인들—그들 모두가 테이블에서 각자의 자리를 가지고 있었다. 캠프의 장기자랑 시간은 음악과 노래로 가득 찼다. 한 정신지체 장애인은 "예수 사랑하심은 거룩하신 말일세"를 불렀다. 그가 노래를 부르다가 가사를 잊어버리자 그를 너무나 사랑하는 회중들은 그와 함께 노래를 부르기 시작했다. 아마도 그는 "다른 양들" 가운데 하나일 것이다.

그리고 어느 날 저녁에 열린 맨발 댄스 파티(sock-hop)에서 어린 아이, 노인, 그리고 중년 부부들이 모두 팻시 클라인(Patsy Cline, 미국 여성 가수[1932-63년]—옮긴이)의 곡에 맞춰 무대 위에서 춤을 추었다. 그때 나는 양떼 속에서 또 하나의 기적을 보았다. 춤을 추던 한 사람이 앉아 있던 사람들 쪽으로 달려가더니 휠체어에 앉아 있는 한 젊은 여인을 데려왔다. 그녀는 지난 해에 발생한 교통사고로 두 발을 모두 잃었다. 그녀는 무대 위에서 휠체어에 앉은 채 팔과 바퀴를 흔들며 춤을 추었다. 그녀 역시 "다른 양들" 중 하나일 것이다. 다른 젊은 여성은 정신지체가 있는 한 중년남성의 손을 잡고 그를 무대 위로 인도했다. 그는 기쁨에 넘치는 환한 미소를 지으며 함께 춤을 추었다. 그도 예수의 "다른 양떼"에 속한 또 다른 사람이었다. 나는 그 교회 목사님의 귀에 대고 넌지시 말했다. "목사님, 이건 이 세상에서는 볼 수 없는 광경입니다. 이게 바로 하나님의 나라입니다." 그는 말했다. "맞습니다. 저도 놀랍군요. 정말 훌륭한 나라입니다."

물론 완벽한 교회는 없다. 일리노이주에 있는 이 교회 역시 도전들에 직면하고 있다. 오랜 도시 교회인 그곳의 구성원들은 대개 백인들이다. 하지만 그 교회는 주변의 인구분포가 달라지고 있다는 사실 때문에 생각을 많이 하고 있다. 히스패닉계 사람들이 점점 더 주위에 몰려들고 있는 것이다. 예수는 그들 중에서도 "다른 양떼"를 가지고 계시다. 그 교회 사람들은 어떻게 그들을 양떼 속으로 받아들일 것인가에 대해 열심히 고민하고 있다.

이것은 변두리로 밀려나 있던 양들에게는 위로가 되는 말씀이다. 하지만 이것은 또한 자신들의 통제로 인해 양떼를 동질적이고 배타적인 것으로 만든 이들에게는 경고의 말씀이기도 하다. 이 다른 양들은 "예수의 양들"이다. 그들은 그저 더 나은 정체성과 더 나은 양우리를 얻고자 하는 떠돌이 양들이 아니다. 이곳에서의 비전은 일체성을 추구하는 것이다. 그 안에서 인종, 경제, 그리고 문화적 구분은 무너져 버린다. 개인의 정체성은 오직 그리스도 안에서 인식되며 다른 모든 표식들은 사라져 버린다. 1990년대 중반에 나는 팔레스타인(이스라엘)의 베들레헴에서 목회자들을 위한 단기 수련회를 인도하는 특권을 누린 적이 있다. 그곳에서 나는 용기 있는 팔레스타인 목사들과 기독교 유대인 목사들이 화해의 길을 모색해 나가는 것을 지켜보았다. 그것은 자신들의 사회가 부과한 역사적, 폭력적 분열들을 뛰어넘는 일이었다. 만약 아랍인과 유대인이 그리스도 안에서의 그들의 정체성을 통해 팔레스타인과 이스라엘의 차이들을 극복해 낸다면 교회의 일치와 화해를 위한 노력이 실패할 경우 우리는 그 어떤 핑계도 댈 수 없을 것이다.[29]

(2) 하나님의 주권에 관한 두 번째 부수적 주제는 본 장 전체에 걸쳐 나타나고 있다. 모든 신학자들은 하나님의 주권과 그의 백성의 책임 사이의 문제를 인정한다. 생각 있는 기독교인이라면 이 문제를 즉시 알아차릴 것이다. "만약 하나님의 의지로 모든 일이 이루어진다면 인간의 자율적 결정이란 존재할 수 없다." 하지만 모든 신학자들은 또한 어떤 경우에는 우리가 그 균형을 깨뜨려야 한다는 것을 알

29. 서양권 밖에서의 교회의 괄목할 만한 성장과 세계화에 대해서는, Hutchinson, "It's a Small Church After All: Globalization Is Changing How Christians Do Ministry," *Christianity Today* 42 (Nov. 16, 1998): 46-55.

고 있다. 그것은 하나님의 뜻과 인간의 결정 모두를 적절히 존중할 것을 요구한다. 이 문제는 요한복음의 신학에서 아주 잘 나타난다.[30] 루이스(C. S. Lewis)는 전문적인 신학자였다. 그러나 그는 복잡한 주제들을 그림을 사용하여 쉽게 설명하는 탁월한 능력을 가지고 있었다. 그의 유명한 책 『순전한 기독교』(*Mere Christianity*)의 중요한 장에서 루이스는 인간이 자유를 갖지 못한 세계 속에서 인간에게 책임을 요구하는 견해의 타당성을 부정한다. 또한 루이스는 하나님의 권능을 인정하지 않는 신학은 참된 것이 아니라고 주장한다. 그는 피아노를 연주하는 어린아이의 그림을 사용한다. 그 아이의 손은 경험이 풍부한 예술가의 손가락들에 의해 음표마다 지도를 받는다. 처음에는 전문가가 멜로디를 연주하고 어린아이는 자신의 손가락을 전문가의 손가락 위에 올려놓을 것이다. 하지만 얼마 후에는 그 위치가 바뀔 것이다. 아이의 손가락이 밑에서 연주하고 전문가의 손이 그 위에 올려질 것이다. 여기서 요점은 하나님은 계속해서 강력한 방법으로 일을 하시지만 그의 일은 항상 우리의 참여를 초대 혹은 심지어 요구하신다는 것이다. 요한복음 10장에서 예수의 양들은 하나님이 그의 손에 주신 자들이다. 그러나 그들은 또한 믿기로 결심한 자들이다.

하나님의 도우심과 인간의 노력의 이와 같은 통합은 복음의 진리를 다른 이들에게 제시할 때 우리에게 자신감을 준다. 그러나 그것은 또한 사람들이 자신들의 유익을 위해 복음을 믿지 않고 하나님의 노력에 저항할 능력이 있음을 이해하는 데도 도움이 될 것이다. 루이스가 말한 것처럼 세상에는 오직 두 종류의 사람들만이 있다. 그들이 하나님을 향해 "주의 뜻이 이루어지이다"(Thy will be done)라고 말하는 자들과, 하나님이 그들을 향해 "'너의' 뜻이 이루어질지어다"('Thy' will be done)라고 말씀하시는 자들이다.

(3) 마지막으로 나는 본 장 마지막 부분의 미묘한 의미 때문에 곤혹스럽다. 우리는 하나님의 사랑이 그 누구에게서도 철회되지 않을 것이라고 굳게 믿는다. 그러나 이곳에서 예수는 유대교 내에서의 직접적 계시를 완수하시자 자신이 죽임을 당하실 유월절이 올 때까지 유대지역을 떠날 준비를 하셨다. 똑같은 주제가 요한복음 11장과 12장의 마지막 부분에서도 나타난다. 나사로를 살리신 후 예수는 그곳을 "떠나" 광야로 가신다(요 11:54). 그리고 예루살렘에서의 마지막 호소를 마치신 후 그는 그들을 "떠나가서 숨으"신다(요 12:36).

30. 참조. D. Carson, *Divine Sovereignty and Human Responsibility* (Atlanta: John Knox, 1981).

아마도 이 주제는 우리가 복음을 들을 기회가 제한되어 있다는 사실을 지적할 것이다. 실제로 오늘 나에게 복음을 전하고 있는 하나님의 메신저는 내일은 거기 없을 지도 모른다. 따라서 "오늘"이 "구원의 날"(고후 6:2)이 되어야 한다. 그러나 이 주제는 단지 잃어버린 기회에 대한 것만은 아니다. 그것은 또한 심판의 말씀이다. 일곱 교회에 보낸 편지들 중에서 에베소 교회는 만약 그들이 회개하지 않는다면 그 "촛대"를 옮겨 버릴 것이라는 말씀을 듣는다(계 2:5). 이것은 심판과 유사한 행동이다. 하나님께서는 한 교회가 주어진 위치에서 '그분의 교회'로 존재할 수 있는 특권을 제거해 버리시는 것이다. 우리의 상황 속에서도 같은 일이 발생할 수 있는가? 한 국가 혹은 도시가 너무 불경스럽게 되고, 너무 이교도적이 되고, 복음을 계속해서 무시한다면, 그곳에서의 하나님의 역사가 줄어들게 될 것인가?

요한복음 11:1-57

1 어떤 병자가 있으니 이는 마리아와 그 자매
마르다의 마을 베다니에 사는 나사로라
2 이 마리아는 향유를 주께 붓고 머리털로 주
의 발을 닦던 자요 병든 나사로는 그의 오라
버니더라
3 이에 그 누이들이 예수께 사람을 보내어 이
르되 주여 보시옵소서 사랑하시는 자가 병들
었나이다 하니
4 예수께서 들으시고 이르시되 이 병은 죽을
병이 아니라 하나님의 영광을 위함이요 하나
님의 아들이 이로 말미암아 영광을 받게 하
려 함이라 하시더라
5 예수께서 본래 마르다와 그 동생과 나사로를
사랑하시더니
6 나사로가 병들었다 함을 들으시고 그 계시던
곳에 이틀을 더 유하시고
7 그 후에 제자들에게 이르시되 유대로 다시
가자 하시니
8 제자들이 말하되 랍비여 방금도 유대인들이
돌로 치려 하였는데 또 그리로 가시려 하나
이까
9 예수께서 대답하시되 낮이 열두 시간이 아니
냐 사람이 낮에 다니면 이 세상의 빛을 보므
로 실족하지 아니하고
10 밤에 다니면 빛이 그 사람 안에 없는 고로 실
족하느니라
11 이 말씀을 하신 후에 또 이르시되 우리 친구
나사로가 잠들었도다 그러나 내가 깨우러 가
노라
12 제자들이 이르되 주여 잠들었으면 낫겠나이
다 하더라
13 예수는 그의 죽음을 가리켜 말씀하신 것이나
그들은 잠들어 쉬는 것을 가리켜 말씀하심인
줄 생각하는지라
14 이에 예수께서 밝히 이르시되 나사로가 죽었
느니라
15 내가 거기 있지 아니한 것을 너희를 위하여
기뻐하노니 이는 너희로 믿게 하려 함이라
그러나 그에게로 가자 하시니
16 디두모라고도 하는 도마가 다른 제자들에
게 말하되 우리도 주와 함께 죽으러 가자 하
니라
17 예수께서 와서 보시니 나사로가 무덤에 있은
지 이미 나흘이라
18 베다니는 예루살렘에서 가깝기가 한 오 리쯤
되매
19 많은 유대인이 마르다와 마리아에게 그 오라
비의 일로 위문하러 왔더니
20 마르다는 예수께서 오신다는 말을 듣고 곧
나가 맞이하되 마리아는 집에 앉았더라
21 마르다가 예수께 여짜오되 주께서 여기 계
셨더라면 내 오라버니가 죽지 아니하였겠나
이다
22 그러나 나는 이제라도 주께서 무엇이든지 하
나님께 구하시는 것을 하나님이 주실 줄을
아나이다
23 예수께서 이르시되 네 오라비가 다시 살아나
리라
24 마르다가 이르되 마지막 날 부활 때에는 다
시 살아날 줄을 내가 아나이다
25 예수께서 이르시되 나는 부활이요 생명이니
나를 믿는 자는 죽어도 살겠고
26 무릇 살아서 나를 믿는 자는 영원히 죽지 아
니하리니 이것을 네가 믿느냐
27 이르되 주여 그러하외다 주는 그리스도시요
세상에 오시는 하나님의 아들이신 줄 내가

믿나이다
28 이 말을 하고 돌아가서 가만히 그 자매 마리
아를 불러 말하되 선생님이 오셔서 너를 부
르신다 하니
29 마리아가 이 말을 듣고 급히 일어나 예수께
나아가매
30 예수는 아직 마을로 들어오지 아니하시고 마
르다가 맞이했던 곳에 그대로 계시더라
31 마리아와 함께 집에 있어 위로하던 유대인들
은 그가 급히 일어나 나가는 것을 보고 곡하
러 무덤에 가는 줄로 생각하고 따라가더니
32 마리아가 예수 계신 곳에 가서 뵈옵고 그 발
앞에 엎드리어 이르되 주께서 여기 계셨더라
면 내 오라버니가 죽지 아니하였겠나이다 하
더라
33 예수께서 그가 우는 것과 또 함께 온 유대인
들이 우는 것을 보시고 심령에 비통히 여기
시고 불쌍히 여기사
34 이르시되 그를 어디 두었느냐 이르되 주여
와서 보옵소서 하니
35 예수께서 눈물을 흘리시더라
36 이에 유대인들이 말하되 보라 그를 얼마나
사랑하셨는가 하며
37 그 중 어떤 이는 말하되 맹인의 눈을 뜨게 한
이 사람이 그 사람은 죽지 않게 할 수 없었더
냐 하더라
38 이에 예수께서 다시 속으로 비통히 여기시며
무덤에 가시니 무덤이 굴이라 돌로 막았거늘
39 예수께서 이르시되 돌을 옮겨 놓으라 하시니
그 죽은 자의 누이 마르다가 이르되 주여 죽
은 지가 나흘이 되었으매 벌써 냄새가 나나
이다
40 예수께서 이르시되 내 말이 네가 믿으면 하
나님의 영광을 보리라 하지 아니하였느냐 하
시니
41 돌을 옮겨 놓으니 예수께서 눈을 들어 우러
러 보시고 이르시되 아버지여 내 말을 들으
신 것을 감사하나이다
42 항상 내 말을 들으시는 줄을 내가 알았나이
다 그러나 이 말씀 하옵는 것은 둘러선 무리
를 위함이니 곧 아버지께서 나를 보내신 것
을 그들로 믿게 하려 함이니이다
43 이 말씀을 하시고 큰 소리로 나사로야 나오
라 부르시니
44 죽은 자가 수족을 베로 동인 채로 나오는데
그 얼굴은 수건에 싸였더라 예수께서 이르시
되 풀어 놓아 다니게 하라 하시니라
45 마리아에게 와서 예수께서 하신 일을 본 많
은 유대인이 그를 믿었으나
46 그 중에 어떤 자는 바리새인들에게 가서 예
수께서 하신 일을 알리니라
47 이에 대제사장들과 바리새인들이 공회를 모
으고 이르되 이 사람이 많은 표적을 행하니
우리가 어떻게 하겠느냐
48 만일 그를 이대로 두면 모든 사람이 그를 믿
을 것이요 그리고 로마인들이 와서 우리 땅
과 민족을 빼앗아 가리라 하니
49 그 중의 한 사람 그 해의 대제사장인 가야바
가 그들에게 말하되 너희가 아무 것도 알지
못하는도다
50 한 사람이 백성을 위하여 죽어서 온 민족이
망하지 않게 되는 것이 너희에게 유익한 줄
을 생각하지 아니하는도다 하였으니
51 이 말은 스스로 함이 아니요 그 해의 대제사
장이므로 예수께서 그 민족을 위하시고
52 또 그 민족만 위할 뿐 아니라 흩어진 하나님
의 자녀를 모아 하나가 되게 하기 위하여 죽
으실 것을 미리 말함이러라
53 이 날부터는 그들이 예수를 죽이려고 모의하
니라
54 그러므로 예수께서 다시 유대인 가운데 드러
나게 다니지 아니하시고 거기를 떠나 빈 들
가까운 곳인 에브라임이라는 동네에 가서 제
자들과 함께 거기 머무르시니라
55 유대인의 유월절이 가까우매 많은 사람이 자
기를 성결하게 하기 위하여 유월절 전에 시
골에서 예루살렘으로 올라갔더니
56 그들이 예수를 찾으며 성전에 서서 서로 말
하되 너희 생각에는 어떠하냐 그가 명절에
오지 아니하겠느냐 하니

57 이는 대제사장들과 바리새인들이 누구든지 예수 있는 곳을 알거든 신고하여 잡게 하라 명령하였음이러라

원 의미

우리는 요한복음 11장에서 이 복음서의 중요한 문학적 분수령을 만나게 된다. 지금까지 우리는 예수가 유대교의 다양한 제도들과 축제들을 사용해 오신 것을 보았다. 그는 그것들을 자기계시를 위한 해석적 도구로 활용하셨다. 요한복음 10장에서는 "끝맺음 틀"(closing frame)을 사용하여 이 섹션을 맺는다. 이야기는 세례요한에 대한 언급으로 시작되었듯이(요 1:19ff.) 그에 대한 언급으로 끝난다(요 10:42). 세례요한의 일이 예수의 모든 계시의 틀을 형성한다.

그러나 요한복음 11장과 12장은 예수의 삶과 사역에서의 새롭고 중요한 단계를 표시하면서 나란히 서 있다. 예수는 지금 마지막으로 예루살렘 지역으로 이동하시고 있다. 그는 친구 나사로를 방문하기 위해 (예루살렘에서 도보로 얼마 걸리지 않는) 베다니로 가신다. 여기서 우리는 요한복음에서 가장 극적이고 도발적인 기적 이야기를 읽는다. 예수는 생명과 죽음의 주인이시다. 그는 나사로를 무덤에서 불러내심을 통해 이것을 증명하신다. 그러나 그는 또한 자기 자신의 죽음을 준비하셨다. 마리아는 장례를 위해 그에게 기름을 붓는다(요 12:3). 그리고 우리는 드디어 예수의 영광의 시간, 우리가 요한복음 1장부터 기대해 왔던 시간이 왔음을 알게 된다(요 12:23). 예수는 자신을 땅에 떨어져 죽어야 하는 밀알로 그리신다(요 12:24).

그러므로 요한복음 11장과 12장은 죽음과 생명에 대한 장들이다. 나사로 이야기는 예수가 무덤에서 구해 내신 한 사람에 대한 이야기이다. 그러나 그것은 또한 비유적 이야기로서 예수와 그의 능력, 그리고 그가 곧 겪게 될 무덤에서의 경험에 대해 우리에게 훨씬 더 많은 것을 이야기해 주고 있다. 우리가 더 깊은 메시지를 이해하도록 돕기 위해 이야기는 이중적 의미를 사용하고 있다. 그것은 우리가 앞의 장들에서도 보아 온 방식이다. 예를 들어 요한복음 11:12에서 예수는 나사로가 잠들었다고 말씀하신다. 그러나 그의 제자들은 그 말씀을 문자 그대로 받아들인다. "주여 잠들었으면 낫겠나이다." 그러나 예수가 의미하셨던 것은 가장 완전한 의미로서의 죽음이었다. 아이러니컬하게도 예수에게 있어서 죽음은 잠과 아주 유사하다. 왜냐하면 나사로는 깨어나야 하기 때문이다. 예수에게 있어서 죽음은 궁극적

인 마지막을 의미하지 않는다. 하지만 다른 모든 사람들에게는 죽음이 마지막이다.

수 년 동안 많은 학자들은 요한복음 11장을 비판해 왔다. 그러나 그것들을 모두 다루는 것은 이 책의 범위를 벗어나는 일이다. 예를 들어 11장에 등장하는 기적 자체의 엄청난 성격에 대해 비판이 가해졌다. 이것은 분명히 예수의 표적들 중 가장 극적인 것이다. 기적이라는 것 자체를 받아들이기 힘들어하는 사람들은 여기서 걸려 넘어지는 것이 당연하다. 그러나 요한의 신학 전체가 목표로 삼고 있는 것은 하나님이 세상 역사 속에 간섭하신다는 사실을 확증하는 것이다. 성육신 신학은 이와 같은 이야기를 위한 여지를 즉시 만들어 낸다. 그 이야기 속에서는 역사 속으로 들어오시는 하나님이 인간의 자연적 과정들에 대해 권능을 가지고 계시다. 하나님은 그 모든 것들의 주인이시다.

다른 학자들은 이 이야기가 단순히 누가복음 16:19-31의 나사로 비유를 개작한 것이라고 주장했다. 두 이야기가 모두 같은 이름을 사용하고 부활 주제를 강조하는 것이 사실이다. 그러나 공관복음의 비유들 속에 나타나는 배우들은 일반적으로 익명으로 남아 있다. 이 점에 있어서 두 이야기들의 평행관계는 제한적이다.[1] 1세기에 나사로라는 이름은 흔했다(문헌적 증거들과 고고학적 유물들이 이를 증명한다). 그러나 두 이야기들은 서로 다른 목적을 가지고 있다. 나사로 비유는 선지자들의 말에 순종해야 한다는 교훈을 담고 있다. 반면에 나사로 기적은 예수가 무덤에 대해 지배권을 가지고 계심을 지적한다. 비유가 기적의 중심적 배우의 이름을 차용했을 가능성이 있다. 왜냐하면 나사로의 기적은 잘 알려져 있었기 때문이다.[2]

나사로의 죽음(요 11:1-16)

베다니는 예루살렘 동쪽 감람산 너머에 있던 가까운 마을이었다. 예루살렘에서의 거리는 약 2.4킬로미터 정도였다(요 11:18). 4세기에 유세비우스(Eusebius)는 베다니의 위치를 예루살렘에서 여리고로 가는 도중의 두 번째 로마 이정표가 있는 것이라고 했다. 오늘날에는 팔레스타인 도시인 엘-아지리예(El-Aziriyeh)가 그곳에 자리잡고 있다(그 지명은 나사로의 이름에서 따온 것이다).[3] 예루살렘에서 갈릴리

1. 여기서 "베다니 출신의"(from Bethany) 나사로라는 언급은 요 1:44에서 우리가 만나는 "벳세다 출신의 빌립"(Philip from Bethsaida), 혹은 "가룟 유다"("케리옷[Kerioth] 출신의 유다"라는 뜻, 요 6:71)처럼 아주 구체적인 것이다.

2. 참조. Beasley Murray. *John*, 200.

로 여행하는 유대인들은 주로 여리고 동쪽의 길을 이용했다. 그것은 사마리아를 피하기 위해서였다. 이것은 예수가 자주 여리고를 통과하셨다는 사실뿐만 아니라 (바디매오[막 10:46], 삭개오[눅 19:2], 선한 사마리아인의[눅 10:30-37] 이야기는 모두 여리고를 배경으로 한다) 그 도중에 있는 베다니도 잘 아셨다는 점을 설명해 준다. 예수는 예루살렘에 계실 때 베다니를 자신의 거점으로 사용하였다(갈릴리에서는 가버나움이 그 역할을 했다). 이것이 바로 복음서들이 그 마을과 관련된 여러 이야기들을 포함하고 있고(마 21:17; 26:6) 예수가 마지막 주간에 이곳에서 머무셨던 이유이다.

이곳 유대의 작은 공동체 속에서 한 가족이 살고 있었다. 예수는 그들을 무척 사랑하셨다. 두 자매 마르다와 마리아가 누가복음 10:38-42의 이야기의 중심이다. 아마도 마르다가 가장 손위인 듯하다. 왜냐하면 누가복음의 이야기에서 그녀가 집주인의 역할을 하기 때문이다. 그리고 요한복음 11장에서도 마르다는 가족의 대표로 거명된다(요 11:5). 그들의 남동생인 나사로[4] 역시 같은 마을에서 살았다. 예수에게 있어서 그들 세 명은 거의 가족과 같은 자들이었을 것이다. 그들 셋이 함께 살았다는 언급은 없다. 따라서 우리가 그렇게 추측해서도 안 된다. 그들 모두가 결혼을 했을 것이라고 보는 것이 가장 자연스러울 것이다. 예수가 이 가족을 사랑하셨다는 사실이 반복해서 확인된다(요 11:3, 5, 36).—요한복음에서 오직 사랑하시는 제자만이 그렇게 기술된다(요 13:23). 요한은 마리아가 독자들에게 이미 너무나 잘 알려진 인물이었음을 가정한다(요 11:2). 그렇기 때문에 그는 기름을 붓는 장면을 묘사하기도 전에(요 12:1-8) 벌써 그녀를 예수께 기름을 부었던 여인이라고 소개한다.[5]

여인들은 예수께 사람들을 보냈다. 그러나 그들은 나사로의 이름을 언급하는 대신 그를 "사랑하시는 자"라고 불렀다(요 11:3). 예수는 그들이 의미하는 바가 누구인지 즉시 알아차리셨을 것이다. 여인들이 예수를 찾는 법을 알고 있었다는 사

---

3. 주후 333년에 보르도(Bordeaux) 출신의 한 순례자는 베다니가 감람산에서 동쪽으로 1,500걸음 떨어진 곳에 있다고 말했다. 오늘날에는 그곳에서 많은 수의 4세기 비잔틴(Byzantine) 교회들이 발굴되고 있다. 오늘날 순례자들에게 "나사로의 무덤"이라는 것을 보여주고 있지만 그 진정성은 의심스럽다. 어쨌든 베다니에서 (벳바게[Bethphage]를 거쳐) 감람산을 넘어 예루살렘으로 걸어오는 것은 예수의 마지막 날들의 발자취를 좇는 정확한 방법이다.
4. 나사로는 "하나님이 도우셨다"라는 뜻을 지닌 히브리 이름 엘레아자르(Eleazar)의 축약형이다. 그 이름은 이야기 속에서 앞으로 벌어질 사건들과 잘 어울린다.
5. 이것은 요한이 우리가 이미 공관복음을 읽었음을 가정하고 있다는 신호일 수 있다. 마리아가 예수께 기름을 붓는 장면은 막 14:3-9에 기록되어 있다(그러나 그녀의 이름은 그곳에 나타나지 않는다).

실이 흥미롭다. 그들이 예수의 이동경로를 항상 체크하고 있었다는 뜻인가? 혹은 그 자매들이 언제든지 활용할 수 있는 예수 추종자들의 네트워크가 있었는가? 비록 그들은 예수께 오시도록 청하지는 않았지만 그런 의도가 암시되어 있었다. 왜냐하면 예수는 치료자로서 유명했기 때문이다. 두 여인이 나중에 예수가 좀더 일찍 오셨다면 나사로가 죽지 않았을 것이라고 말한 것도 그 사실을 암시한다(요 11:21, 32). 그들은 분명히 딜레마에 빠졌다. 그들은 예수를 향한 예루살렘 지도자들의 적대감을 알고 있었다(요 11:8). 그래서 예수가 이곳을 방문하시는 것은 큰 위험을 수반하게 될 것이라는 것도 알았다.

나사로의 질병에 대해 들으셨을 때 예수가 주신 대답은(요 11:4) 맹인으로 태어난 사람에 대한 그의 언급과(요 9:1-5) 평행을 이룬다. 이 비극의 마지막 결과는 죽음이 승리하는 것이 아니라 하나님이 영광을 받으시는 것이 될 것이다. 그것은 나사로가 죽었다는 사실을 부정하는 것이 아니다. 왜냐하면 그의 죽음은 전체 이야기의 핵심이기 때문이다. 그의 말씀이 뜻하는 것은 죽음이 나사로의 삶에 있어서 최종적 승리를 얻지 못할 것이라는 것이다. 이 비극은 하나님이 설계하신 것이 아니다. 하나님께서는 이것을 그의 아들을 영광스럽게 하기 위한 기회로 사용하실 것이다.

요한은 이 세 추종자들에 대한 예수의 사랑을 다시 한 번 확인한 후(요 11:5), 예수가 즉시 반응을 보여 베다니로 떠나시지 않았다고 기술한다(요 11:6). 오히려 그는 이틀동안 그곳에서 기다리셨다. 예수의 지체하심이 나사로의 죽음의 원인이 아니었다는 사실을 기억해야 한다(예수가 빨리 반응하셨더라면 나사로가 죽지 않았을 것이라고 생각해서는 안 된다). 요한복음 11:17에 따르자면 예수가 베다니에 도착하셨을 때 나사로는 죽은지 이미 나흘이 되었다. 요한복음 10:40은 예수가 지금 "요단강 저편 베다니"(즉, 베레아[Perea] 지역의 베다니)에 계시다고 알려준다. 그곳에서 예루살렘 근처에 있는 베다니까지 오는 데는 분명히 나흘씩 걸리지는 않는다.[6] 심부름꾼들이 예수께 오는 데 하루가 걸렸을 것이다. 예수는 자신이 있던 곳에서 이틀동안 더 일하셨다. 그리고 예수가 베다니로 가시는데 또 하루가 걸렸

6. 어떤 학자들은 예수가 북동쪽 먼 곳(지금의 골란[Golan] 고원)에 있던 바타네아(Batanea)에 계셨을 것이라고 주장한다. 그곳은 85마일(약 136 킬로미터)이나 떨어진 곳이다. 이것은 예수가 베다니까지 오시는데 왜 나흘이나 걸렸는지를 설명한다. 그러나 이런 주장은 요 10:40-42와 1:28의 증거를 훼손하는 것 같다(주석 참조). 공관복음에 따르자면 세례요한이 죽은 것은 그가 나바테아(Nabatea)에 인접한 헤롯 안티파스의 영토(Perea)에서 일하고 있었기 때문이다. 예루살렘 거주자들이 요한을 방문하기 위해 바타네아까지 가지는 않았을 것이다(요 1:19). 반대로 요한의 사역은 갈릴리 남쪽 요단강 지역에 집중되어 있었다.

다. 이것이 뜻하는 것은 나사로는 심부름꾼들이 출발한 직후에 죽었을 것이라는 것이다. 그들이 예수를 만났을 때 나사로는 이미 무덤 속에 있었다.[7]

우리는 예수가 베다니에서 벌어지고 있는 일에 대해 신적 지식을 가지고 계셨다고 생각해야 한다(이것은 예수가 요 1:48에서 나다나엘, 4:18에서 사마리아 여인에 대해 알고 계셨던 것과 마찬가지이다). 예수는 베다니에 도착하기 전에 그의 추종자들에게 나사로가 잠들었다고 말씀하신다(요 11:11). 그것은 요한복음에서 익숙하게 만나는 오해의 아이러니를 촉발시킨다. "주여 잠들었으면 낫겠나이다." 그래서 예수는 나사로가 죽었다고 분명하게 말씀하셔야 했다(요 11:14). 만약 예수가 이 지식을 가지고 계셨고, 나사로의 죽음의 시점을 알고 계셨다면, 그의 지체는 나사로의 죽음을 유발시키기 위해서가 아니라 다만 그의 기적적인 사역의 효율성을 높이기 위해서였을 뿐이다. 예수는 자신의 타이밍 감각에 따라 일을 진행하신다. 다른 사람들이 느끼는 긴박성은 하나님의 타이밍과 반드시 일치하는 것은 아니다(요 2:4; 7:5-9). 그의 목표는 자신을 통해 하나님의 영광을 드러내고 그것을 통해 추종자들의 믿음을 굳게 하는 것이다(요 11:15).

유대 땅으로 올라가기로 하신 결정은 제자들을 두렵게 만들었을 것이다(요 11:8). 이야기 전반에 걸쳐서 예수와 유대 지도자들 사이의 긴장이 점점 더 높아져 간다. 지난 가을의 초막절 축제 기간동안 당국자들은 예수를 체포하려 했었다(요 8:44). 그리고 그들이 예수를 죽이려 한다는 소문도 돌았다(요 8:59). 몇 달 후 수전절이 되자 그들은 또 예수를 체포하려 한다(요 10:39). 그리고 그를 또 돌로 치려는 위협도 있었다(요 10:31). 요한복음 11장의 무대는 겨울의 수전절과 다가오는 봄 사이의 어느 때이다. 봄이 되면 예수는 십자가에 달리실 것이다.—지금은 긴장의 시기임에 틀림없다. 위협은 예수만이 아니라 그의 제자들에게도 가해졌다. 그렇기 때문에 도마는 "우리도 주와 함께 죽으러 가자"라고 말한다(요 11:16).[8]

공관복음에는 도마라는 이름이 오직 제자들의 목록에 등장할 뿐이지만, 요한복음에서는 이곳과 다른 세 곳의 이야기들 속에서 등장한다. 도마는 다락방에서 질문을 던지고(요 14:5), 부활절 일주일 후 그 유명한 "의심 많은 도마" 이야기에 등

---

7. 그곳 문화에 있어서 사람들은 일반적으로 죽은 사람을 즉시 장사지냈다. Cf. 행 5:1-10.
8. "도마"(Thomas)는 히브리 이름이다. 이에 해당하는 그리스 이름은 '디디모스'(*Didymos*)이다(그 뜻은 똑같은 것, "쌍둥이"이다). 하지만 그의 쌍둥이 형제가 누구인지에 대해서는 알려진 바가 없다. 도마를 높이 보고 있는 외경문헌에서는 도마를 예수의 쌍둥이라고—혹은 단순히 그가 예수를 닮았다고—부르고 있다(*Acts of Thomas*, 11, 31). 하지만 근거는 없다.

장하며(요 20:24), 마지막 부활 기적 이후에는 베드로와 함께 고기를 잡는다(요 21:2). 그러나 지금 이곳에서 도마는 용기와 신실함을 갖춘 인물로 등장한다(비록 예수에 대해 오해를 하고 있지만 말이다).[9]

어떤 해석자들은 만약 우리가 요한복음의 다른 곳에서의 도마의 행태를 염두에 둔다면 도마의 이 말을 냉소적인 것으로 보아야 한다고 주장한다. 도마는 자기 자신이 예수의 음성을 들을 때까지는 부활하신 예수를 믿기를 거부했던 냉소적인 성격의 사람이라는 것이다. 그러나 나는 이 말을 요한의 아이러니의 또 다른 예로 보고자 한다. 그가 얼마나 진지한 의도로 말을 했건 도마는 자신이 하고 있는 말의 심오한 진실성을 이해하지 못했을 것이다. 이것은 같은 장에서의 가야바의 역할과 평행을 이룬다(요 11:49-50). 대제사장이었던 그는 예수의 죽음이 나라를 위해 유익한 것이라고 말한다. 그것은 실제로 그렇게 되었다.—그러나 그것은 가야바가 상상했던 것은 아니었다. 누구든지 예수를 따르고 그의 제자가 되고자 하는 자들에게는 위험이, 심지어는 순교의 위험이 따르게 될 것이다(베드로는 요 21:18-19에서 이것을 배운다).

예수는 요한복음 11:9-10에서 도마와 추종자들에게 다시 확신을 주신다. 우리는 예수가 자신을 "빛"이라고 묘사하셨던 사실을 기억해야 한다(요 8:12; 9:5). 그러므로 낮의 빛 속에서 걷는다는 것은 어떤 방식으로든 예수의 사역에 연합한다는 것이다. 그들이 예수와 함께 하는 한—그분은 자신의 삶과 사역의 "때"(hours)를 아시기 때문에—그들은 유대로의 위험한 여행에 있어서도 그분이 그들을 인도하실 것이라는 사실을 확신할 수 있다. 그러나 "열두 시간"(twelve hours)에 대한 언급은 이것 이상의 의미를 지니고 있다. 이 말씀의 뜻은 수행되어야 할 일이 있으며 낮은 연장될 수 없다는 것이다. 예수는 베다니로 이동하셔야 한다. 왜냐하면 '밤이 다가오고 있기' 때문이다. 저 너머에서는 위기가 기다리고 있다(그러나 이 비극은 결국 영광으로 바뀔 것이다). 그러나 그 위기는 예수의 의지의 통제 아래 있다(요 10:17-18).

---

9. 찰스워스(J. H. Charlesworth)는 그의 긴 논문에서 요한복음이 말하는 사랑하시는 제자는 도마라고 주장한다. 그는 도마가 나중에 한 "학파"(school)를 형성했고 그들이 도마에 대한 외경문헌들을 작성했다고 주장한다. 참조. *The Beloved Disciple: Whose Witness Validates the Gospel of John?* (Vally Forge, Pa.: Trinity, 1995).

예수의 베다니 방문(요 11:17-37)

결국 예수가 베다니에 도착하셨을 때 나사로는 이미 죽은 지 나흘이 되었다. 이 언급은 중요하다. 잘 알려진 유대인들의 믿음에 따르자면(주후 200년경의 증거 자료가 있다) 죽은 사람의 영혼은 "몸 안으로 다시 들어가기를 희망하며"(hoping to reenter it) 3일 동안 시신 주위에서 머무른다. 그러나 일단 시신이 부패하기 시작되면 영혼은 그곳을 떠난다.[10] 요한은 나사로가 정말로 죽었다는 사실을 우리가 분명히 알기를 원한다. 예수의 기적은 기절했던 자가 다시 소생한 것으로 해석될 수 없다.

나사로의 죽음은 단지 그의 가족들만의 슬픈 사건이 아니었다. 신약시대 팔레스타인에서의 삶은 공동체와 밀접하게 연관되어 있었다. 오늘날의 중동지역과 마찬가지로, 그들은 서구인이라면 먼 친척으로 여길 사람들과도 친근한 관계를 유지하며 살았다. 그렇기 때문에 많은 유대인들이(친구들과 친척들) 마르다와 마리아를 위로하기 위해 심지어 예루살렘 근처에서도 베다니로 찾아왔다(요 11:19). 그들은 통곡을 했을 것이다(cf. 막 5:38; 행 8:2). 아마도 어떤 이들은 슬픔 때문에 가슴을 치며 울었을 것이다(눅 18:13; 23:48). 피리 부는 자들을 고용하는 것도 흔한 일이었다(마 9:23; *m. Ketuboth* 4:4); 심지어 유대 구전율법도 그것을 장려하고 있다.

히브리어로 '쉬바'(*shibah*)라고 불리는 공식적인 애도는 7일 동안 계속되었다(cf. Sir. 22:12). 그것은 장례일에 즉시 개시되었고, 장례는 사망일에 이루어졌다.[11] 우리는 나사로가 바위를 파내어 만든 무덤에 장사되었을 것이라고 추측할 수 있다. 그런 유형의 무덤은 유대 산지 전체에 걸쳐서 발견된다.[12] 유대인들은 (약 3-3.5 평방미터[10-15평방피트] 정도의) 굴의 내부 벽을 따라 장례용 벤치들(benches)을 만들었다. 유대인들은 그 벤치에 시신을 눕히고 염을 한 후 약 180센티 깊이로 수평으로 판 터널들(히브리어 *kochim*) 속에 시신을 넣어 시신이 부패하도록 했다.

---

10. 마찬가지로 미쉬나(*Mishnah*)는 법정소송에 있어서 사망한 사람은 오직 3일까지만 그 정체성을 인정해 준다고 말하고 있다(*Yebamot* 16:3).

11. 탈무드에 부속되어 있는 유대 논문 '세마홋'(*Semahot*, 히브리어 '기쁨'[Joys])은 장례와 애도에 관한 법적 규정들을 설명하고 있다.

12. 아마도 나사로의 (그리고 예수의) 무덤을 설명해 줄 수 있는 1세기 무덤의 가장 훌륭한 예는 예루살렘 북동쪽에 있는 아디아베네의 헬레나 여왕(Queen Helena of Adiabene)의 무덤일 것이다. 그것은 안내책자에 '왕들의 무덤'(the Tomb of the Kings)이라고 소개되어 있다.

약 일년이 지난 후 시신을 '코흐'(*koch*)에서 꺼낸 후 뼈들을 모아 석회암으로 된 "유골함"(burial box)에 넣었다. 무덤은 바퀴 모양의 "구르는 돌"(rolling stone)로 폐쇄되었다(그리고 다음의 장례들을 위해 다시 열렸다). 그 돌은 바닥에 만든 홈에 끼워져 입구를 막도록 만들어졌다.

그러므로 예수가 베다니 변두리에 도착하셨을 때 나사로는 '코흐'에 눕혀져 있었고 무덤은 "닫혔다"(closed). 그리고 마르다와 마리아 주변은 아주 분주했다. 애도의 범위와 열기는 나사로에 대한 그 마을에서의 존경과 평판을 반영하는 것이었다. 먼 곳에 사는 친구들과 친척들이 장례식에 참석하기 위해 모여들었다. 예루살렘을 언급함으로써(요 11:18) 본문은 우리로 하여금 예수가 도착하셨을 때 그가 위기 속에 계셨음을 느끼도록 만든다. 가까운 감람산 너머 베다니에 그가 계시다는 사실은 예루살렘에 있던 그의 적들에게 틀림없이 알려졌을 것이다. 그는 몰래 베다니로 들어가셔서 자매들을 위로하실 수 없었다.

이어지는 이야기에 따르자면 두 자매는 각각 따로 예수를 만났다. 먼저 마르다가(요 11:20-27), 그리고 이어서 마리아가(요 11:28-37) 예수와 이야기를 나누었다. 그 이후에 기적 이야기가 등장한다(요 11:38-44). 주석가들은 재빨리 두 자매를 비교한다. 그들은 이곳에서의 그들의 행동과 누가복음 10장에서의 행동을 비교한다. 두 이야기 모두에 있어서 요점이 되는 것은 마르다가 가장 나이가 많았고 그렇기 때문에 손님을 맞고 음식을 준비할 책임이 있었다는 것이다(cf. 눅 10장). 마르다는 오늘도 모든 일을 주관하고 예수를 맞아야 했다(요 11장). 그러므로 이야기 속에서 미묘한 차이를 찾아서(마리아는 헌신 때문에 예수의 발 앞에 앉지 않았는가?) 그것을 부각시키는 것은 잘못된 것이다. 두 여인의 슬픔에 찬 불평은(요 11:21, 32) 사실상 그 내용이 동일하다.

마르다는 예수가 마을에 들어오시기 전에 그는 만난다(요 11:30). 그리고 요한복음 11:21에서의 그녀의 말은 예수의 치료능력에 대한 믿음을 확인해 주고 있다. 여기서 "주여"(Lord)는 정중한 형태의 호칭이다("님"[sir] 정도의 호칭에 가깝다). 그녀가 요한복음 11:22에서 하고 있는 말에도 불구하고 마르다는 예수가 나사로를 죽음에서 일으킬 것이라고는 기대하지 않고 있는 듯하다. 왜냐하면 요한복음 11:39에서 그녀는 무덤의 돌을 굴려 내라는 예수의 말에 반대를 표하기 때문이다. 그래도 그는 예수에 대한 믿음을 표현하고 있다. 그녀는 예수가 나사로를 구하기 위해 베다니에 있지 않았다는 사실에 대해 예수를 비판하려는 의도를 전혀 갖고 있지 않다. 마르다의 말은 이렇게 풀어 쓸 수 있다. "만약 당신이 여기에 계셨더라면 나사로를 고칠 수 있었을 것입니다. 그러나 나는 아직도 하나님께서 당신을 통해 능력 있게 일하고 계심을 믿습니다." 마르다는 계속 예수를 신뢰한다.

그러나 예수는 마르다를 두 번째의 더 깊은 대화의 단계로 몰고 가신다(요 11:23-27). "네 오라비가 다시 살아나리라"라는 말씀은 마지막 때의 부활에 대한 유대인들의 일반적인 믿음에 호소하는 위로의 말이라고도 볼 수 있다.[13] 나사로는 영생을 누리게 될 것이다. 마르다는 예수가 염두에 두고 계신, 보다 직접적인 의미를 완전히 놓치고 있다. 예수의 수정은 요한복음에 등장하는 "나는…이다" 말씀들 중 가장 유명하고 중요한 말씀으로 이어진다. 예수는 자신이 부활과 생명을 제공할 수 있다고 말씀하지 않는다(비록 그것이 암시되고 있기는 하지만). 사실 그것만으로도 놀라운 일이다. 공관복음은 죽음에 대한 예수의 권위와 어떤 이를 다시 살리는 능력에 대해 말하고 있다(예를 들어, 나인성 과부의 아들을 살리신 이야기, 눅 7:11-17; 야이로의 딸을 살리신 이야기, 막 5:21-43). 그러나 예수는 '자기 자신이' 부활이요 생명이라고 말씀하신다.

다시 말해서 영원한 생명과 죽음의 궁극성으로부터의 구원은 단지 하나님께 호소함으로써 얻게 되는 선물이 아니라는 것이다. 그것은 예수와 연합하여 사는 삶이 의미하는 것들 중 하나이다. 만약 예수가 생명이라면 그를 믿는 자들은 죽음을 이기는 힘과 그것에 대한 확신을 갖게 될 것이다. 이것이 의미하는 것은 예수를 따르는 자들은 물리적 죽음을 겪지 않으리라는 것이 아니라(요 11:25b), 그들은 무덤 너머에 있는 생명을 갖게 될 것이라는 것이다. 그들은 영원한 죽음의 고통을 겪지 않을 것이다.[14] 더구나 그들은 그 생명을 지금 갖게 될 것이다. 그들은 예수의 능력의 효과를 누리기 위해 인간 역사의 마지막까지 기다릴 필요가 없다.

예수가 마르다에게 던지신 "이것을 네가 믿느냐?"라는 질문은 나사로를 무덤에서 불러낼 수 있는 예수의 능력에 대한 그녀의 믿음과는 아무 상관이 없다. 예수는 마지막 때의 부활에 대한 그녀의 믿음을 지적하고 있는 것도 아니다. 예수는 죽음에 대해서도 예수가 통제권을 가지고 계시다는 믿음을 그녀가 가지고 있는지를 묻고 계신 것이다. 베다니에서 부활과 생명의 능력이 예수에게 있다는 것이 사실이

---

13. 바리새인들은 이 견해를 널리 지지했지만 사두개인들은 이를 부정했다(cf. 막 12:18-27; 행 23-8, *m Sanhedrin* 10:1).

14. 요 11:26에서의 "살아서 나를 믿는 자는 영원히 죽지 아니하리니"라는 확언은 헬라어에 있어서 그 의미를 강조하기 위해 강세부정형(*ou me*)이 사용되고 있다. "누구든지 살아서 나를 믿는 자는 '절대적으로 결코'[absolutely never] 죽지 않을 것이다."

라면, 그가 나사로를 위해 무엇인가를 할 수 있을 것이라는 것이 그 논리적 귀결이다. 나사로의 부활은 예수의 말씀에 대한 증거가 되었다.

그러나 여기서 마르다는 이런 결론을 직접적으로 끌어낼 수는 없다. 그녀의 확언은(요 11:27) 그녀가 예수의 생각을 따르고 있다는 것을 보여준다. 그녀는 "예"라고 말한다. 그러나 그녀의 "예"는 자신의 이해범위를 넘어서는 것을 의미하고 있다. 그녀는 개인적 헌신으로서 예수의 능력을 신뢰하고 있다. 그러나 그녀는 또한 예수가 어떤 분이셔야 하는가에 대해서 인식적 헌신(cognitive commitment)을 할 준비도 되어 있다. 만약 그가 이런 종류의 권위를 가졌다면, 그는 또한 유대교가 저 멀리서 찾아 왔던 "그리스도(메시야), 하나님의 아들"이셔야 한다.

그리고 마리아가 등장한다(요 11:28). 예수는 군중들 때문에 쉽게 안쪽으로 들어오지 못하고 아직도 마을 밖에 계셨다. 이것은 대단히 감동적인 장면이다. 왜냐하면 예수는 이곳에서의 자신의 사역이 단지 나사로에 대한 것만이 아니라 두 여인들을 위한 것임을 알고 계셨기 때문이다. 마리아가 집에서 나오자 애곡하던 자들이 그녀를 따라나왔다(요 11:31). 이것은 다시 한 번 이 장면의 공개적 배경을 강조한다. 마리아는 (마르다와 마찬가지로) 나사로가 살아 있을 때 예수가 그곳에 계시지 않았던 사실에 대한 슬픔을 설명한다. 그리고 슬픔 때문에 울고 만다(요 11:33). NIV의 "울었다"(weeping)는 표현은 조용히 슬픔의 눈물을 흘렸다는 인상을 남긴다. 그러나 헬라어 원문은 다른 뜻을 담고 있다. 동사 '클라이오'(*klaio*)는 큰 소리를 내며 우는 것을 말한다. 마리아가 그렇게 울자 주변의 사람들도 함께 소리를 내며 울었다. 그렇게 큰 소리로 여러 사람이 슬픔을 드러내는 것은 (서구의 우리들에게는 비교적 낯선 것이지만) 그 문화에 있어서는 흔한 일이었다.

예수는 그들이 우는 모습을 보자 마음이 크게 흔들리셨다. 그러나 요한복음 11:33의 중요한 구절을 어떻게 해석해야 하느냐에 대해서는 의견대립이 있다. "심령에"(in spirit)의 의미는 충분히 분명하다. 이 단어들은 (성령이 아니라) 예수의 가장 깊은 자아를 뜻한다. 그러나 NIV의 "깊이 감동을 받아"(deeply moved)라는 번역은 헬라어 동사 '엠브리마오마이'(*embrimaomai*)의 가장 훌륭한 번역은 아닌 듯하다.[15] 고전 헬라어에서 이 단어는 말이 (전쟁 혹은 경주에서) 콧김을 내뿜는 것을 뜻한다. 이 단어를 인간에게 사용할 경우 그것은 격분(outrage), 격노(fury), 혹

15. KJV로부터 시작되는 모든 영어성경의 번역 전통은 이 단어를 예수의 어떤 감정적 고뇌와 연관시킨다. 예를 들면, the Good News Bible, "그의 마음이 감동되었다"(his heart was touched): the Jerusalem Bible, "큰 고뇌 속에서"(in great distress).

은 분노(anger)를 뜻한다. 공관복음에서도 이 단어는 그런 뜻으로 사용된다(마 9:30; 막 1:43; 14:5). 그러므로 의심할 바 없이 여기서도 그런 뜻으로 해석해야 한다.[16] 비슬리-머레이(Beasley-Murray)는 슈나켄부르그(Schnackenburg)를 인용한다. 그 단어는 "분노의 외적 폭발을 가리킨다. 그 단어를 슬픔, 고통, 혹은 연민에 기인한 어떤 내적인 감정적 혼란으로 재해석하려는 시도는 합당하지 못하다."[17] 이것은 요한이 덧붙인 설명을 통해 더 잘 드러난다. 예수는 단지 분노하신 것만이 아니라 "고통스러워하셨다"(troubled).[18]

그러나 무엇이 예수의 분노를 유발했는가? 왜 그는 자신의 존재의 가장 깊은 곳으로부터 격노하셨을까? 그가 마르다나 마리아 혹은 조문객들에게 분노하지 않은 것은 분명하다. 그는 부활의 실재성의 빛 속에서 바라볼 때의 이 슬픈 장면의 공허성 때문에 분노하셨다. 하나님의 백성은 생명에 대한 지식을 가지고 있다. 그들은 무덤에서 승리를 주장하는 믿음을 '반드시'(should) 가져야 한다. 그러나 이곳에서 그들은 패배에 압도된 듯한 모습으로 서 있다. 그러나 이곳에 또 한 사람(the One)이 서 있는데, 그의 안에서는 승리와 생명과 부활이 강력한 실재가 된다. 예수는 죽음 자체와 그것이 야기하는 황폐에 대해 분노하신다. 지금 그의 유일한 관심사는 무덤의 위치를 아는 것이다(요 11:34). 그리고 인류의 적에 대한 하나님의 능력을 보이기 시작하신다.

예수의 눈물은(요 11:35) 나사로를 위한 것이 아니다. 왜냐하면 나사로는 곧 무덤에서 나올 것이고 그의 생명은 하나님의 영광을 드러낼 것이기 때문이다.[19] 그는 자신의 친구를 위해 얼마나 놀라운 일이 예비되어 있는지를 잘 아신다! 예수의 눈물은 그가 깊이 느끼고 있는 분노와 연관되어야 한다. 그를 둘러싸고 있는 무질서,

---

16. Westcott, Hoskyns, Barrett, Brown, Carson, Beasley-Murray 등의 주석가들도 같은 생각을 가지고 있다. NLT는 "예수께서 분노하셨다"(Jesus was moved with indignation)라고 올바로 번역하고 있다.

17. Beasley-Murray, *John*, 193.

18. 예수는 "자극을 받으셨다"(stirred, 헬 *tarasso*). 이 헬라어 단어를 대부분의 번역들은 "고통스러워하셨다"(troubled)로 번역하고 있다. 그러나 그것은 그 단어의 은유적 용법이다. 그 단어의 문자적 의미는 요 5:4,7에서 물이 휘저어졌을 때 나타난다. 요 1-11장에 있어서 물은 성령을 뜻하는 신학적 상징이다. 그리고 요 11장은 성령에 대해 언급하고 있지 않는 몇 안 되는 장들 중 하나이다. 이곳에서의 그 단어의 적극적 사용은 (살아 있는 물로서) 그의 안에 계신(요 7:37-39; 19:34) 성령에 대한 언급일 수 있다. 참조. C. Story, "The Mental Attitude of Jesus at Bethany, *John* 11:33, 38," NTS 37(1991): 51-66; E. K. Lee, "The Raising of Lazarus," *ExpTim* 61(1950): 145-47. 이 아이디어는 원래 Deborah Leighton의 리서치 논문 속에서 내게 제시되었다. "John's Seventh Sign"(Wheaton College, Dec. 6,1999).

19. 여기서 사용된 헬라어 단어(*dakruo*)는 33절에서 마리아의 울음을 나타날 때 사용되었던 것과는 다른 단어이다. 이것은 장례식을 위한 울음이 아니다.

큰 울음소리와 부르짖는 소리, 공동묘지의 모습과 죽음을 상기시키는 모든 것들—이 모든 것들은 죄와 죽음의 결과이다. 이 모든 것들이 하나님의 아들 안에서 분노를 만들어 낸다. 그는 그런 손상들을 되돌려 놓기 위해 일하고 계시다.

요한복음에서 흔히 그렇듯이 청중들은 다른 대답들을 내놓는다(요 11:36-37). 같은 장에서 산헤드린이 결정을 내릴 때도 똑같은 일이 발생할 것이다. 무덤 앞에서 어떤 이들은 나사로에 대한 예수의 사랑의 깊이를 증언한다. 그들은 깊이 감명을 받았다. 다른 이들은 (9장에서의 맹인의 치료와 같은) 예수의 치료사역을 떠올리며 그가 왜 나사로를 치료하지 않았는지 의아해 한다. 그들은 단지 혼란스러운 것일까? 이것은 진지한 질문일까? 혹은 단지 냉소 혹은 불신앙에 불과한 것이기 때문일까?

나사로가 다시 살아남(요 11:38-44)

무덤에 가까이 가셨을 때(요 11:38) 예수는 "다시 한 번 깊이 격노하셨다"(once more deeply moved). 이곳에서 사용된 동사는 요한복음 11:33에서 사용된 것과 동일하다(*embrimaomai*). 그것이 뜻하는 것은 예수가 자신이 보는 것으로 인해 분노하셨다는 것이다. 생명의 주님은 지금 그의 대적인, 동굴무덤의 형태로 상징화된 죽음과 직접 대면하고 계시다. 무덤에 대한 기술은 그것이 "굴리는 돌"(rolling stone)로 막힌 무덤이었음을 시사한다(위의 설명을 보라). 그것은 다시 열 수 있도록 만들어졌다. 수직으로 세워진 "바퀴"(wheel)를 옆으로 굴리고 사람들은 동굴 안으로 들어갔다.

요한복음 11:39에서의 마르다의 반응은 그 장면에 대한 요한의 보고에 대해 비판적이다. 마르다가 "죽은 자의 누이"로 묘사되어 있는 것에 주목하라. 그녀는 또한 나사로가 죽은 지 이미 나흘이 지났기 때문에 부패가 시작되어 악취가 날 것이라고 경고한다. 중세 초기의 유대 전통에 따르자면 (그 전통은 주후 1세기까지 거슬러 올라갈 수 있을 것이다.) 유대인들은 혹시 장사지낸 자가 살아 있는지를 확인하기 위해 장례식 후 삼 일 후에 묘지를 찾았다(*b. Semahot* 8:1). 이 모든 것들은 나사로가 정말로 죽었으며 예수의 기적은 단지 정신을 잃은 자를 다시 깨어나게 한 것이 아니라는 점을 상기시킨다. 그는 '죽음으로부터'(from death) "깨어나야" (요 11:11) 했다. 요한복음 11:4에서 예수는 나사로의 죽음이 하나님의 영광이라는 결과를 낳게 될 것이라고 추종자들에게 설명하셨다. 비록 마르다에게 그 말씀을 직접적으로 하시지는 않았지만 11:40에서 그녀에게 주신 교훈은 예수가 11:21-27에서 의미하신 것의 요약의 역할을 한다. 하나님의 영광은 결국 그의 아들을 영화롭게 만들 것이다(요 11:4).

돌을 굴려 냈을 때 예수는 기도하신다(요 11:41-42). 이 기도는 몇 가지 점 때문에 흥미롭다. (1) 이것은 예수가 나사로를 위해 '이미' 기도를 드렸었던 사실을 암시한다. 예수는 앞으로 발생할 사건을 위해 완전히 준비가 된 채 이 위대한 기적을 향해 나아가고 계시다. 이 기도는 "마지막 순간에"(last minute) 드리는 다급한 기도가 아니다.

(2) 예수는 "위를 쳐다보시며" (그리고 의심할 바 없이 손을 높이 드신 채로) 공적으로 기도하신다. 이것은 유대인들이 기도할 때 흔히 취했던 태도이다. 예수가 사셨던 세계에서는 혼자 드리는 기도보다 남들이 들을 수 있는 기도가 더 흔했다. 예수는 문상객들에게 깊은 인상을 심어 주기 위해 기도를 드리시는 것은 분명히 아니다. 그러나 추종자들은 스승(Master)의 삶과 생각에 대한 것들을 배우기 위해 기도들을 사용할 수 있었다(cf. 구약에서의 모세의 기도들). 따라서 예수는 자신의 기도가 주위의 사람들에게 유익이 될 수 있다는 사실을 알고 계셨다(요 11:42).

(3) 예수는 하나님을 ("우리의"[our] 아버지가 아니라) "아버지"(Father)라고 부르신다. 그리고 아버지와의 개인적 친밀성을 보이신다(요 12:27-28; 17:1). 그는 또한 하나님의 뜻에 따라 그의 일이 이루어졌음을 시사하신다. 그는 결코 자의적으로 행동하지 않으신다. 요한복음 5:19에서 예수는 "내가 진실로 진실로 너희에게 이르노니 아들이 아버지께서 하시는 일을 보지 않고는 아무 것도 스스로 할 수 없나니 아버지께서 행하시는 그것을 아들도 그와 같이 행하느니라"라고 말씀하신다.

이야기는 요한복음 11:43에서 극적인 최고점에 달한다. 그곳에서 예수는 나사로에게 "큰 소리로"(in a loud voice) 나오라고 부르신다. 그것은 속삭임도 아니고 정중한 요청도 아니다. 그것은 순수한 권위의 외침이다. 헬라어 '크라우가조'(*kraugazo*)는 요한복음에서 모두 여섯 번 사용된다.—이곳 외에도 종려나무 주일(Palm Sunday)의 군중들에 대해서 한 번(요 12:13), 그리고 예수의 십자가형을 주장하는 군중들의 외침에 대해서 네 번 사용되었다(요 18:40; 19:6, 12, 15). 나사로가 무덤에서 나왔을 때 그는 수의로 묶여져 있었다. 사람들은 나사로의 몸에 향품을 바른 후 직물로 만든 띠로 그의 사지를 묶었다. 유대인들은 또한 턱이 닫혀지도록 묶은 후 얼굴을 아마포(linen) 천으로 감쌌다.[20]

나사로가 무덤에서 나오는 장면은 지켜보던 군중들에게 매우 놀라운 광경임에 틀림없었을 것이다. 그들 중 많은 이들은 예루살렘에 가서 이 기적의 소식을 전했다(요 12:9, 17). 나사로는 꽁꽁 묶인 채로 예수 앞에 섰다. 예수는 틀림없이 그에게 무슨 말씀을 하셨을 것이다(무슨 말씀이었을까?). 그리고 군중들은 틀림없이 두려움 때문에 뒤로 물러났을 것이다. 유대인의 미신들은 (대부분의 문화에서 그러하듯이) 묘지들에 대해 큰 관심을 쏟았다. 그리고 정결에 관한 (정결과 불결의 여부를 가르는) 엄격한 규례들이 시신들에 대해 적용되었다. 누가 나사로에게 가까이 가야 하는가? 마르다인가? 마리아인가? 예수는 나사로를 사랑하셨다. 그러므로 그가 제일 먼저 나사로를 안아 주셨으리라고 상상하는 것은 어렵지 않다. 예수는 "만질 수 없는 자들"(untouchable)을 만져 주시는 분으로 유명했다(마 8:3; 9:20). 그리고 본문은 언급하고 있지 않지만 그런 포옹은 군중들을 충격에 빠지게 했을 것이다. 예수는 누군가가 그의 묶인 것을 풀어 주라고 명령을 내리신다(요 11:44).

예수를 죽이려는 산헤드린의 음모(요 11:45-57)

표적의 책(요 1-12장)에 실린 대부분의 기적들과 강화(講話)들은 군중들을 날카롭게 둘로 나눈다. 여기에서도 같은 일이 발생한다. 베다니에서 그날 벌어진 일을 목격한 많은 유대인들은 "그를 믿었다"(put their faith in him. 요 11:45).—이것은 예수에 대한 참된 믿음을 표현하기 위해 요한이 즐겨 사용하는 용법들 중 하나이다.[21] 그들은 (약속된 바와 같이) 역사하시는 하나님의 영광을 보았다. 그리고 그들은 그 사것을 예수의 정체성과 올바로 연결시킨다. 곧장 바리새인들에게 간 "다른 이들"(others)과의 뚜렷한 대조는(요 11:46) 그들이 믿지 않았음을 시사한다.

예수의 명성과 예루살렘 인근에서 발생한 이 놀라운 표적의 힘은 예루살렘 당국자들(산헤드린)에게 위기를 안겨 주었다. 비록 나사로 이야기가 사실이 아니라 해도 (지도자들 중 일부는 틀림없이 그렇게 주장했을 것이다) 그 소문은 도시 내에서 들불처럼 번질 것이다.

산헤드린의 논의는(요 11:47-50) 주목할 만하다. (1) 그들은 대중들이 예수를 메

---

20. 종종 우리는 1세기 유대인의 시신에서 동전들을 눈 위에 놓아 둔 것을 발견한다.
21. 여기서 사용된 정확한 헬라어 구문(*episteusan eis auton*)은 요한복음에 모두 일곱 번 등장한다.

시야로 받아들이는 것을 정말로 두려워한다. 그것은 단지 종교적 경쟁관계가 아니라 그들을 무력화시킬 수도 있는 일이다. 왜냐하면 만약 자신이 메시야임을 주장하는 자를 도시가 받아들인다면 로마 군대가 그것을 진압할 것이기 때문이다. "우리 땅"(our place; 요 11:48)은 예루살렘 성전을 말한다(NRSV, "우리의 거룩한 곳" [our holy place]; cf. 행 6:13-14; 7:7; 21:28). 로마인들은 이런 종류의 메시야니즘에 대한 불관용을 이미 과거에 보여준 바 있다(그들은 그것을 정치적 도전으로 보았다). 그리고 예루살렘 지도자들은 현재 위협의 심각성을 알고 있다.

(2) 요한은 지도적 대제사장인 가야바의 견해를 요약한다(요 11:49-50). 이 사람은 주후 18년부터 36년까지 산헤드린을 이끌었다. 그는 나라의 정치적 안정에 대해 개인적으로 책임을 지고 있었다.[22] 그는 십 년 동안 로마 총독 빌라도와 함께 일했다. 그 두 사람은 함께 그 나라의 불안스러운 평화를 유지해 갔다.[23] 가야바에게는 정치적 편의가 가장 중요했다. 만약 누군가가 희생되어야 한다면 국가 전체보다는 한 사람이 희생되는 것이 낫다. 그래서 산헤드린은 예수를 죽일 계획을 세우기 시작한다(요 11:53).

예수의 강화가 이중적 차원의 의미를 지니고 있는 것과 마찬가지로 그들의 말 역시 그들 스스로 의도했던 것 이상의 의미를 지니고 있다. 요한은 그것을 알고 있다(요 11:51-52). 그래서 우리의 어깨를 툭 치며 표면 아래를 볼 것을 요구한다. 산헤드린에서 나온 말들은 사실 어떤 진리성을 내포하고 있다. (1) 결국 로마인들이 와서 도시와 성전에 대해 심판을 내릴 것이다. 주후 66-70년에 예루살렘은 포위되었고 그 결과 성전을 불태워졌다. (2) 그러나 가야바는 또한 자신이 인식하지 못한 방식으로 옳았다고 볼 수 있다. 예수는 나라의 구원을 위해 죽을 것이다. 여기서 부지중에 나온 예언이 십자가를 가리키고 있다. 왜냐하면 유대교가 필요로 하는 구원은 로마보다는 예루살렘의 영적 위기와 상관된 것이기 때문이다.

요한은 그리스도의 죽음이 그 누가 상상하는 것보다 더 심오한 일을 이룰 것이라는 사실을 알고 있다. 구원을 받을 것은 단지 예루살렘시나 유대교의 사람들이 아니라 "흩어진 하나님의 자녀들"(요 11:52)이다. 유대인에게 있어서 그런 표현은 지중해 지역의 이방 국가들의 "디아스포라"(Diaspora, 혹은 흩어짐)에서 살고 있

22. 최근에 고고학자들은 가야바의 납골함을 발굴했다. 그것은 서부 예루살렘에 위치한 이스라엘 박물관에 전시되고 있다.

23. 빌라도의 치세연도는 주후 26-36으로서 가야바와 십 년이 겹친다. 주후 36년에 빌라도가 강제적으로 직위에서 물러나게 되자 가야바도 즉시 대제사장직을 잃었다.

는 유대인들을 지칭할 것이다. 그러나 요한이 여기서 지칭하는 것은 의심할 바 없이 이방인들이다. 그들 역시 하나님의 가족으로 들어오는 것이 필요하다. 이 생각은 우리가 요한복음 10:16에서 읽은 것과 평행을 이룬다. 예수는 목자이시며 그의 양떼에는 많은 예상치 못했던 양들이 포함된다. 그의 사역은 다양한 하나님의 백성들을 모아 하나의 통일체를 이루는 것이다.

예수에 대한 공식화된 위협은 그로 하여금 조심스러운 정치적 행동을 하도록 만들었다(요 11:54). 오늘날 우리는 그가 "지하로"(underground) 숨으셨다고 말할 수 있을 것이다.—예수는 더 이상 공적인 인물로 활동하실 수 없다. 그것은 이제 너무 위험하다. 그는 자신이 영광을 받을 때를 아신다. 그리고 예수는 그 누구도 혹은 그 어떤 것도 자신의 사명을 방해하는 것을 용납하지 않으실 것이다. 요한은 그의 특징적인 지리적 상세함을 사용해서 예수가 에브라임으로 이동하셨다고 말한다. 그곳은 아마도 벧엘 근처의 작은 마을일 것이다. 그곳은 예루살렘 북쪽 약 19킬로미터 지점에 위치한다(cf. 구약의 에브론, 대하 13:19).[24] 예수는 이곳에서는 산헤드린으로부터 안전하다. 그러나 이곳은 또한 다가오는 유월절에 예루살렘으로 올라가기 쉬울 정도로 가까운 곳이기도 하다.

정통 유대인으로서 예수는 유월절과 같은 순례축제에 매년 참석해야 한다는 규율을 신실하게 지키셨을 것이다. 사람들은 전국에서 예루살렘을 향해 몰려들었다(요 11:55). 그들은 예수의 거취에 대해 궁금해 했다. 예루살렘 사람들은 틀림없이 나사로 이야기를 퍼뜨렸을 것이다(요 12:9). 그리고 사람들은 종교당국자들의 의도에 대해 열심히 이야기를 나누었을 것이다(요 11:57). 예수의 체포에 대한 이야기가 공공연하게 나돌았다. 예수는 눈의 띄기만 하면 체포될 것이다. 사람들로 가득 찬 도시 안에서 "예수 이야기들"(Jesus stories)은 흥분을 높여 주는 역할을 했다. 이제 최후의 대결이 있을 것이다. 갈릴리에서 온 그의 지지자들은 어떻게 될 것인가? 그의 열 두 명의 추종자들은 그를 방어할 것인가? 다가오는 유월절에는 도대체 무슨 일이 발생할 것인가?

그러나 예수의 관점에서 보았을 때 그의 백성들 사이에서의 자신의 공적 사역은 이제 완성되었다. 그는 더 이상 기적적인 표적들을 그들에게 제공하지 않을 것이다. 우리는 더 이상 "그를 믿는" 유대인 청중들에 대해 듣지 않게 될 것이다. 예수는 사역을 완료하셨다. 그는 이제 자신을 알고, 신뢰하고, 믿는 저 가족들과(예를

24. 아마도 이곳은 오늘날의 현대 팔레스타인 마을인 엘타이베(El-Tayibeh)일 것이다.

들면, 마르다, 마리아, 나사로) 친구들 그리고 추종자들과 함께 집중적으로 개인적인 시간을 가지실 것이다. 예수는 물론 승리의 입성 후에 유월절 기간 중에 다시 한 번 공중 앞에 모습을 드러내실 것이다. 그러나 그것은 단지 믿음을 열정적으로 호소하시기 위해서일 뿐이다(요 12:44). 그들의 믿음을 유발하기 위한 공적인 표적은 더 이상 제공되지 않을 것이다. 그 다음에 사람들 앞에 모습을 드러내실 때는 죄수의 몸으로서일 것이다.

상황잇기

본 장은 요한복음에 있어서 대단히 아이러니컬한 장이다. 본 장은 가장 긴 설화들 중 하나로서 탁월한 극적 전개를 갖춘 이야기를 우리에게 들려준다. 그것은 예수의 사역에 있어서 가장 주목할 만한 기적을 기록하고 있다. 그 최절정은 예수가 그의 죽은 친구 나사로에게 생명을 선물하는 것이다. 그리고 여기에 아이러니가 있다.—이야기의 결론부에서 (가야바로 대표되는) 그의 대적들은 예수를 죽일 음모를 꾸민다. 생명의 주가 자신이 죽음에 대해 승리자임을 입증해 보이신다. 그런데 마지막 부분에서 자신에게 죽음이 선언된다. 그의 대적들은 그의 생명을 노리는 반면 그는 생명을 나누어준다.[25] 요한복음 11:55-57은 우리에게 예수의 생에 있어서 마지막 축제가 될 유월절에 대한 암시들을 제공해 준다. 생명과 희망뿐만 아니라 공포와 어두운 운명이 본 장 위에 침울하게 드리워져 있다.

예수의 사역의 본질. 우리는 본 장을 예수의 사역의 특성에 대한 중요한 언급으로 보아야 한다. 요한은 예수의 메시지가 "일반적인 상징적 신비주의에 빠져 버리지"(sink into a general symbolic mysticism) 않도록 하기 위해 이 이야기를 포함시킨다.[26] 그의 사역들은 구체적이다. 그는 단지 빛인 것이 아니라 맹인에게 시력을 주신다. 그는 단지 부활이요 생명이신 것이 아니라 무덤에 있는 자를 불러내신다. 예수의 계시는 역사의 구체적 행위들과 동떨어져 발생하지 않는다. 그러므로 이 문단의 역사성(이것은 현대 비평학에 있어서 너무나 자주 맹렬한 공격을 받는다), 이 이야기의 진리는 영감을 주는 설화 속에서가 아니라 그것이 기록하고 있는 행위 속에서 발견되어야 한다. 평행을 찾을 수 없는 어떤 일이 베다니에서 발생했다. 하나님께서 (오직 그분만이 생명의 주권자이시다) 예수 그리스도 안에서 중요한

25. 유사한 아이러니가 막 3:1-6에서도 발생한다. 예수가 한 사람에게 생명을 주고 난 후(그의 죄를 용서하고 그의 병을 고치셨다), 그의 대적들은 예수를 파멸시킬 계획을 세운다.
26. Hoskyns, *John*, 460.

행동을 하셨다.

이것은 그의 복음서에서의 요한의 메시지의 일반적인 패턴을 따른다. 예수는 인간 역사 속으로 들어오셔서 수많은 "표적들"을 보여주셨다. 그것들은 우리에게 예수의 참된 정체성을 제시해 준다. 나사로를 살리심 역시 예수의 일곱 번째이자 마지막 표적이다.[27] 첫 번째와 일곱 번째 표적을 비교하는 것은 흥미롭다. 가나와 베다니. 왜냐하면 두 경우 모두에 있어서 예수는 개인적인 친구들 한 가운데서 자신의 영광을 드러내시기 때문이다(요 2:11; 11:4, 40).

마지막 숫자(일곱)가 성경에서 완전을 뜻하는 숫자인 것은 우연이 아니다. 왜냐하면 이 사건은 가장 중요한 표적이기 때문이다. 그것은 단지 예수의 궁극적 능력만을 드러내는 것이 아니라 모든 표적들 중 가장 궁극적이고 포괄적인 것, 즉 예수의 죽음과 부활을 시사한다. 우리가 나중에 보게 될 것처럼(19-20장의 주석을 참조하라) 나사로의 빈 무덤 이야기는 예수의 빈 무덤 이야기를 예견한다. 생명에 대해 권능을 가지고 계신 주님은 자기 자신의 생명에 대해서도 권능을 가지고 계시다. "내가 내 목숨을 버리는 것은 그것을 내가 다시 얻기 위함이니 이로 말미암아 아버지께서 나를 사랑하시느니라"(요 10:17). 만약 부활이 최종적이고 절정을 이루는 표적이라면, 예수께서 영광스럽게 되심은 얼마나 더 복음서의 궁극적 표적이 되겠는가!

본 장부터 시작되는 네 개의 주된 주제들이 (그리고 수많은 부수적 주제들이) 있다. 우리가 현대라는 배경 속에서 이 본문과 대화를 나누고자 한다면 그 주제들을 자세히 살펴보아야 한다. 본문은 역사 속에서의 예수에 대해 많은 양의 이야기를 들려주고 있다. 우리는 이 점을 무시할 수 없다. 우리는 나사로 이야기는 단지 사람들이 개종하여 그리스도께 나아오는 것을 무덤의 수의를 벗어버리고 죽음으로부터 생명으로 돌아오는 것으로 은유적으로 표현한 것이라고 말해서는 안 된다.[28] 이것은 중요한 주제이다. 그러나 이것은 요한복음 3장, 4장과 더 잘 어울린

---

27. 요한은 모두 합해서 일곱 개의 예수의 표적들을 기록하고 있다.

 1. 가나의 포도주.
 2. 신하의 아들의 치료.
 3. 병자의 치료.
 4. 오천 명을 먹이심.
 5. 물위를 걸으심.
 6. 맹인의 치료.
 7. 나사로를 살리심.

다. 그곳에서는 다양한 종교적 (그리고 비종교적) 배경을 가진 사람들이 믿음으로 나아온다. 요한복음 11장은 실제적 생명과 실제적 죽음에 관한 장이다. 그것은 또한 예수의 죽음(생명)과 우리 자신의 죽음(생명)에 관한 장이기도 하다.

반대 패턴. 이것은 요한복음의 설화들 중 표적과 설화의 패턴을 반대로 뒤집고 있는 첫 번째 것이다. 지금까지 보아 온 모든 장들 속에서는 먼저 예수의 기적(표적)이 나오고 그 다음에 이에 대한 자세한 설명이 등장한다. 예를 들어, 요한복음 9장에서는 예수가 맹인을 치료하신다. 이 사건 다음에 그 표적의 보다 깊은 의미를 설명하는 부분이 등장한다(그것은 드라마 속에 묻혀 있다).[29] 그런데 요한복음 11장에서는 마르다와 마리아와의 대화에서, 특히 요한복음 11:25-26에서 설명이 나타난다. 그것은 다가올 기적이 그리스도의 영광을 엿볼 수 있는 기회가 되리라는 것을 명확하게 말해 준다. 이런 설명이 주어지는 것은 우리로 하여금 표적의 중요성을 놓치지 않도록 하기 위해서이다. 요한은 그의 독자들이 이해하고 믿기를 원한다.

요한은 표적을 보면서도 믿지는 않을 사람들이 많을 것이라는 사실을 다시 한 번 우리에게 말한다. 물론 마르다와 마리아 같은 이들은 믿을 것이다(그들은 우리가 독자로서 즐기고 있는 계시를 함께 누리고 있다). 왜냐하면 그들은 이 표적이 의미하는 바가 무엇인지를 이미 들었기 때문이다. 그러나 다른 이들은(요 11:46) 믿기를 거부하고 그 대신 당국자들에게로 간다. 그리스도의 계시 속에서 이것은 무엇을 의미하는가? 설명은 반드시 표적과 동행해야 하는가? 이것은 교회의 사역들과 어떻게 통합되어야 하는가?

그리스도의 주되심. 이 이야기는 나사로가 아니라 예수에 대해 말하기 위해 쓰여진 것이다. 이 사실은 어떤 이들에게는 분명할 것이다. 그러나 많은 이들은 본 장을 설명함에 있어서 이 기본적인 사실을 놓친다. 나사로 이야기는 우리를 다른 곳으로 데려가기 위한 운송수단이다. 그것은 우리가 그리스도라는 인격체의 신실성과 권능에 대해 숙고하는 것을 돕고, 땅위에서의 그의 현존의 영광과 진리에 대해 우리가 경외감을 갖도록 만든다. 다른 장들에서도 본 것처럼(예를 들어, 1, 4, 9장), 요

28. 이를테면, R. Fredrikson, *John* (The Communicator's Commentary, Waco: Word, 1985), 200.

29. Beasley-Murray, *John*, 200-201은 다른 여섯 개의 표적들은 표적-계시의 패턴을 따르는 데 반해 이 일곱 번째 표적은 그 반대의 패턴을 보여주고 있다고(계시-표적) 지적한다. 그러나 이 반대의 패턴도 요한복음에 보편적으로 등장한다. 요한복음 서론에서는 먼저 앞으로 발생할 일에 대한 설명이 나온 다음 "말씀이 육신이 되었다"(Word become flesh)라는 설화적 기술이 뒤따른다. 마찬가지로 고별강화(Farewell Discourse)는 예수의 떠남을 "해석하고"(interprets), 그 뒤에 십자가의 영광을 보여준다.

한복음 11장은 예수를 위한 이름들의 또 다른 목록을 제공한다. 그것은 독자인 우리로 하여금 이 중심인물이 어떤 사람인지를 놓치지 않도록 하기 위해서이다(예수, 랍비, 주님, 그리스도, 하나님의 아들, 세상에 오시는 이, 부활이요 생명). 그러므로 요한복음 11장은 우리에게 단지 어떤 생각에 대해서가 아니라 어떤 인격체에 대해 가르치고 있다. 이 인물에 대해 '올바른 것들'(right things)을—그의 정체성, 아버지에 대한 관계 등—아는 것은 이야기를 올바로 이해하기 위해 중요한 일이다.

우리는 요한복음 전체에 걸쳐서 요한의 기독론적 관심에 대해 살펴보았다. 우리가 여기서 예수에 대해 새롭게 갖게 되는 비전은 죽음에 대한 그의 주되심이다. 예수는 친구 나사로의 무덤 앞에 섰을 때 확신이 있었다. 그는 하나님께서 자신 속에서 자신을 통하여 역사하실 것을 위하여 기도했다. 우리가 보는 그의 주된 감정은 분노와 슬픔이다. 나사로는 예수가 멸망시키기를 원하는 어떤 것의 희생물이 되었다. 예수와 동행한 상태에서 무덤을 대한다는 것이 무엇을 의미하는가? 우리는 어떻게 마르다와 마리아와 같은 여인들의 심각한 고통을—그리고 죽음의 위협에 직면했을 때의 우리의 고통을—진지하게 받아들이면서도 그리스도의 능력을 그대로 유지할 수 있을까?

임박한 십자가. 만약에 죽음에 대한 예수의 주되심이 본 장의 주된 주제라면, 예수 자신의 십자가에 대한 조망은 그 뒤를 바짝 따라오는 주제이다. 예수의 재판이라는 드라마는 요한복음의 시작 부분에서 이미 시작되었다. 나는 요한이 일종의 "법정 드라마"(courtroom drama)를 염두에 두고 이 복음서를 썼을 지도 모른다고 제안했었다(요한복음 5장의 주석 중에서 재판 모티브에 대한 논의를 참조하라). 여기서 또한 우리는 만약 예수가 참으로 죽음에 대한 주권자라면 자신의 죽음을 통해 그 주되심을 증명해 보일 기회를 갖게 될 것이라는 (아이러니컬한) 암시를 보게 된다. 본 장의 초두에서 예수는 유대 사람들이 그에게 돌을 던지려 한다는 경고를 들으신다(요 11:8); 예루살렘에 가까이 이르게 되면 우리는 유월절 순례자들이 과연 예수가 나타나 고소자들을 만날 것인지에 대해 논쟁하는 소리를 듣는다(요 11:55-57). 제자들은 예루살렘에 접근하는 것이 무엇을 의미하는지를 냉철하게 이해하고 있다. 그들은 어쩌면 죽을 지도 모른다(요 11:16). 죽음의 그림자가 본 장 전체를 뒤덮고 있다.

그러나 우리는 이 죽음이 비극이 되지 않을 것이라는 설명을 미리 듣는다. 예수가 베다니의 무덤을 엶을 통해 나사로를 위해 하셨던 일은 이제 그가 자신을 위해 하실 수 있는 일의 전조가 된다. 나사로를 붙들어 둘 수 없었던 무덤은 예수도 붙들어 둘 수 없다. 더구나 우리는 예수의 죽음은 단지 부활을 통해 극복되어야 할 장애물이 아니라는 설명을 듣는다. 가야바는 예수의 죽음이 목적을 가지고 있다는 말을 우리에게 들려준다. 예수는 백성과 나라를 위해 죽을 것이다(요 11:50). 예수는 오직 자신의 생명을 줌을 통해서 생명을 주게 될 것이다. 그러므로 본 장에 있어서 중심이 되어야 하는 것은 예수의 구원의 죽음과 무덤에 대한 그의 개인적 승리에 대한 확신에 찬 설명이다.

생명과 죽음 사이의 긴장. 만약 우리가 생명과 죽음 사이의 이 긴장의 의미를 이야기 속에 등장하는 인물들의 경험을 기초로 살펴보지 않는다면 게으른 것이 될 것이다. 슬픔, 당황 그리고 상실이라는 주제들은 모두 주의 깊은 탐구의 대상이 될 만한 것들이다. 우리는 자신을 이야기 속에 두어야 한다. 그리고 그의 누이들이 나사로를 잃은 것처럼 우리가 자신과 가까운 사람을 잃었을 때 그 슬픔이 어떠할 지를 생각해 보아야 한다. 우리는 감히 죽음을 하찮게 여겨서는 안 된다. 우리는 감히 예수가 함께 계셨는데도 마르다가 슬퍼한 것은 잘못이라고 말해서는 안 된다. 심지어 예수 자신도 우셨다. 그러나 마르다와의 대화를 통해 분명히 드러나는 것은 예수는 하나님의 백성들이 죽음에 대한 이해와 하나님의 능력에 대한 확신을 가질 것을 기대하고 계시다는 것이다.

그러나 이 이야기에는 예상치 못했던 반전이 존재한다. 예수께서는 부드럽게 마르다의 생각을 바꾸어 주셨다(요 11:24). 그래서 그녀의 소망은 먼 미래, 즉 마지막 날의 부활이 아니라 예수 그리스도와 함께 하는 현재의 경험에 닻을 내리게 되었다. 그리스도 안에는 우리가 마지막 심판날에 대해 가지고 있는 소망을 넘어서는 어떤 것이 있다. 예수는 죽음에 대한 우리의 승리를 현재의 실재가 되게 하신다. 하지만 오늘날 우리에게 그것이 어떻게 현실활 될 수 있을까? 우리가 "구원받았다"(saved)라고 말하는 것과 현재 속에서 "생명"(life)을 소유하고 있다는 것이 무엇인지를 이해하는 것은 상당히 다른 문제이다. 나는 어떻게 이것을 선포할 수 있는가? 나는 어떻게 죽음의 실재성을 부정하지 않고 그것을 소유할 수 있는가?

현대적 의미

요한복음 11장은 현대인과 직접 관련된 주제들을 다룬다. 모든 세대의 사람들은 무덤의 최종성과 죽음의 불가해성을 놓고 씨름해 왔다. 모든 역사에 있어서 사회들은 죽음과 묘지들을 신비와 미신들로 둘러싸 왔으며 그것은 현대 서구 사회도 예외가 아니다.

어떤 면에 있어서 우리들 역시 죽음을 부인하기 위해 최선을 다하는 시대 속에서 살고 있다. 사람들은 사랑하는 사람들에게 둘러싸인 채 집에서 죽는 일이 거의 없다. 그들의 몸은 더 이상 가족들에 의해 "옷 입혀지고"(dressed) 땅에 묻힐 준비가 되지 않는다(불과 수십 년 전만 해도 지금처럼 이렇지는 않았다). 오늘날 이런 과정들은 전문적인 병원들, 호스피스들, 혹은 장의사들에게 넘겨져서 위생처리되고 있다. 그 결과 누군가가 죽는 것을 직접 본 사람은 거의 없게 되었다. 하지만 내가 감히 말하건대 20세기 이전에는 누군가가 죽는 것을 보지 '못한' 사람이 거의 없었다. 우리는 멋진 안감을 댄 커다란 보석상자와 같은 관을 만들고 평화롭고 조용한 식물공원과 같은 묘지를 만든다. 우리는 입에 담기 어려운 말을 둘러대기 위해 완곡어법을 사용한다("테일러[Taylor] 부인께서 화요일에 '떠나가셨습니다' [passed away]"). 이 모든 것은 죽음을 어떤 유쾌한 것으로 만들고자 하는 마음에 가득찬 소원에서 나온 일종의 문화이다. 그러나 그것은 가장 아름다운 장례식조차도 가려 줄 수 없는 심오한 고통에 가면을 씌워 줄뿐이다.

아마도 이것이 교회의 사역 중에서 장례식이 그토록 중요한 위치를 차지하게 된 이유일 것이다. 장례식에서는 우리의 생명의 취약성이 그대로 벌거벗은 채 드러난다. 그곳에서는 우리가 다른 곳에서는 결코 직접적으로 대면하려고 들지 않는 개인적 운명과 맞부딛히게 된다. 나사로의 이야기는 우리들의 마음속에 깊이 뿌리를 내리고 있는 어떤 고뇌 속으로 우리를 인도한다. 나사로는 죽은 친구이다. 나사로는 그의 질병이 결코 그의 마지막이 되어서는 안 되는 우리의 형제이다. 그의 무덤은 우리가 방문했던 모든 무덤들을 연상시키고 우리 모두가 만나야 할—우리들 자신의—무덤과 평행을 이룬다. 이야기 속에는 오늘날 우리가 곰곰이 생각해 보아야 할 유용한 주제들이 많이 있다.

표적과 설명. 누가복음 16장에서 예수는 부자와 나사로 비유를 말씀하신다(눅 16:19-31). 그것과 요한복음 11장 사이에는 제한적인 연관성이 있을 뿐이지만(위의 주석을 참조) 비유의 결론은 뭔가 도발적인 것을 말하고 있다. 가난한 사람 나사로는 아브라함의 품에서 위로를 받는 반면 부자는 도와 달라고 소리를 높인다. 아무도 도와주는 사람이 없자 그는 아브라함에게 자신의 다섯 형제들에게 사자들을 보내어 그들의 사후세계가 어떨 것이라는 데 대해 경고를 해 달라고 부탁한다. 그러자 아브라함은 당혹스러운 대답을 한다.

"아브라함이 이르되 그들에게 모세와 선지자들이 있으니 그들에게 들을지니라. 이르되 그렇지 아니하니이다. 아버지 아브라함이여 만일 죽은 자에게서 그들에게 가는 자가 있으면 회개하리이다. 이르되 모세와 선지자들에게 듣지 아니하면 비록 죽은 자 가운데서 살아나는 자가 있을지라도 권함을 받지 아니하리라."

예수에 따르자면 심지어 부활의 기적도 어떤 사람들을 하나님의 능력과 실재에 대해 설득시키기에는 부족할 것이라는 것이다. 이것은 요한복음 11장에서 분명하다. 그날 베다니에서는 많은 사람들이 나사로의 죽음을 애도하고 있었다. 그들은 나사로의 친구였고, 그가 확실히 죽었다는 사실을 알았고, 그의 장례식에 동참했다. 그러나 그가 무덤에서 걸어나왔을 때 그들은 예수를 믿기를 거부했다. 이것은 놀랍다. 표적만으로는 믿음을 일으키지 못한다. 기적은 그것 자체만으로는 삶을 변화시키지 못한다. "비록 죽은 자 가운데서 살아나는 자가 있을지라도 권함을 받지 아니하리라." 누가는 예수의 부활을 이미 알고 있는 상태에서 글을 썼기 때문에 이 부분에서 의심할 바 없이 예수의 부활에 대해 생각했을 것이다. 예루살렘 사람들은 예수가 죽음으로부터 되돌아왔는데도 불구하고 그를 믿기를 거부했다. 요한이 우리를 위해 본 장을 쓸 때 그는 많은 기독교인들의 이야기를 알고 있었다. 예수가 무덤으로부터 나오셨지만 어떤 이들은 그를 믿지 않았다.

기적이 이룬 제한적 성공에 대한 이와 같은 이해가 요한이 "표적과 설명"(혹은 기적과 설화)을 연관시키는 데 있어서 그 뿌리에 놓여 있다. 단지 하나님의 능력을 경험하는 것만으로는 인간의 마음을 설득시키는 데 충분하지 못하다. 그것은 이해할 수 없거나 쉽게 오해할 수 있는 무상한 것이다. 그리고 만약 그것이 믿음의 기초가 된다면, 그런 놀라운 일을 행하신 그분이 아니라 그 사건 자체가 믿음의 대상이 된다.

그러므로 교회사역에 있어서 말씀이 반드시 행위와 동행해야 한다. 만약 하나님께서 강력한 기적을 허락해 주신다면 우리의 영적 공동체가 힘이 넘치게 될 것이라고 생각하는 것은 어리석은 일이다. 하나님으로부터의 표적들은 영적으로 참된 컨텍스트를 가지고 있어야 한다. 그래야만 그것들을 올바로 이해할 수 있고 그 기초를 제대로 놓을 수 있다. 이것은 예를 들면, 교회에서 예배시간에 성만찬을 집행할 때면 '반드시 복음을 선포해야 한다'는 루터의 주장을 설명해 준다. 말씀은 반드시 행위와 동행해야 한다. 이것은 또한 예배에서 영적 교감을 추구하기는 하지만 항상 그 자체만으로 끝내는 교회들에 대해 걱정스런 비판을 제기한다. 영적 행위가—여기에는 치료사역부터 성만찬 모임, 성가대의 찬양 등이 모두 포함된다—굳건하게 뿌리를 내린 신학적 배경 없이 행해질 경우, 우리는 공격에 대해 취약하게 된다.

나는 최근에 중앙 아메리카에서 온 친구와 나누었던 대화를 기억한다. 그의 나라에서는 전통적인 가톨릭 교회들이 실천적인 교훈과 가르침을 베푸는 전통을 가지고 있지 않았다. 그는 (원주민들의 종교들에서 유래하는) 얼마나 많은 이교도적 미신들이 집회와 예배에 대한 "보다 깊은 의미"(deeper meaning)를 제공해 주기 위해서라는 명목으로 기독교 의식들과 결합되었는지를 설명했다. 사람들은 하나님과의 신비적이고 능력 있는 경험들을 추구했다. 하지만 신학적 지도가 없었기 때문에, 이것은 수천 명의 기독교인들로 하여금 그들의 전통적인 신앙으로부터 멀리 떨어지도록 만들었다.

얼마 전에 나는 어떤 예배에 참석한 적이 있는데 거의 한 시간 정도나 찬양이 이어졌고 설교를 위한 시간은 아주 짧았다. 나중에 어떤 사람이 내게 말했다. "걱정하지 마십시오. 예배는 아주 멋졌고, 그게 가장 중요한 겁니다." 이것은 설명과 컨텍스트 없이 능력과 경험(혹은 표적들)만을 추구하는 것이다. 요한은 그 두 차원들이 반드시 결합되어야 한다고 주장한다. 그렇지 않으면 하나님의 관심사에 대한 오해가 생기게 될 것이다. 표적은 그것에 대한 설명과 연결되어야 한다. 영적 경험은 영적 가르침 혹은 설교와 반드시 결합되어야 한다.

예수의 능력과 신뢰. 바울이 에베소서 첫 부분에서 그곳 교인들을 위해 기도할 때, 그는 우리가 예수 그리스도의 인격과 온전히 결합된 정체성을 갖게 되었을 때 나타나는 특징들을 그들의 마음속에 허락해 달라고 하나님께 구한다. 그의 말을 들어보자.

> "너희 마음의 눈을 밝히사 그의 부르심의 소망이 무엇이며, 성도 안에서 그 기업의 영광의 풍성함이 무엇이며, 그의 힘의 위력으로 역사하심을 따라 믿는 우리에게 베푸신 능력의 지극히 크심이 어떠한 것을 너희로 알게 하시기를 구하노라. 그의 능력이 그리스도 안에서 역사하사 죽은 자들 가운데서 다시 살리시고, 하늘에서 자기의 오른편에 앉히사…"(엡 1:18-20)

바울은 그리스도 안에서 그들이 가질 수 있는 소망과 능력을 기독교인들이 알게 되기를 원한다고 기도한다. 그는 그들의 풍부한 유산이 그들에게 전해지고, 그래서 예수가 무덤에서 나오셨을 때 하나님이 역사하셨던 그 능력을 그들이 보게 되기를 원한다고 기도한다. 이것은 예수가 그날 오후에 베다니로 걸어 들어가셨을 때 가지고 계시던 확신을 잘 묘사해 주고 있다. 하나님은 죽음을 이기는 승리자이시다. 그분의 아들인 예수 역시 나사로와 같은 사람을 무덤으로부터 불러낼 수 있는 하나님의 "비교할 수 없을 정도로 위대한 능력"(incomparably great power)을 이해하고 있었다.

오늘날 묘지에 서 있을 때면 나는 이렇게 묻지 않을 수 없다. 나의 주님이 무덤을 이기는 권능을 가지신 이 예수님이시라는 사실이 무슨 차이를 일으키는가? 장례예배를 집례할 때 눈에 띄는 모습은 청중들의 반응이 상당히 다양하다는 것이다. 슬픔과 고통은 그들이 가진 소망에 대해 알고 있는 기독교인들에게도 영향을 끼친다. 그들도 그 순간에는 슬픔에 겨워 어쩔 줄을 모른다.

신학대학원 학생 시절에 나는 어떤 루터교 교회에서 보조교역자 과정을 거쳤다. 그곳에서 나는 고등학생들을 맡아 지도해 달라는 청을 받았다. 그것은 훌륭한 경험이었다. 그곳에서 나는 처음으로 담임목사님으로부터 멘토링을 받아 보았고 평신도 지도자들과도 경험을 쌓을 수 있었다. 나와 가장 가깝게 지내던 평신도 중에 바버러(Barbara)라는 여성이 있었다. 그녀는 확신과 소망의 표본이었다. 그녀의 마음은 교회와 사역에 헌신되어 있었다. 6개월 동안 그녀는 내가 일하는 데 필요한 충고와 영감을 제공해 주었고 그것을 나는 항상 감사하게 받아들였다. 그런데 하루는 바버러가 내게 전화를 걸었다. 나는 그 순간을 평생 잊지 못할 것이다. 그녀는 자신이 뇌종양이 걸렸다고 했다. 그것은 왜 그토록 건강하던 그녀가 점점 야위어 갔는지를 설명해 주었다. 그런데 가장 기가 막혔던 것은 그 종양은 수술이 불가능하다는 것이었다. 나는 바버러가 쇠약해져 가는 모습을 지켜볼 수밖에 없었다. 두 달 후에 그녀가 죽기 직전, 그녀는 내 손을 굳게 잡고 확신에 찬 목소리로 내게 말했다. 그녀는 내가 견디기 힘들어하고 있다는 것을 알았다. 그녀의 마지막 말은 이것이었다. "나 때문에 걱정하지 마세요. 나는 내 평생 가장 멋진 모험을 떠나려 하고 있는 거예요." 그리고 얼마 후 그녀는 숨을 거두었다.

이 이야기는 중요하다. 왜냐하면 죽음에 임박했을 때 바버러가 가졌던 확신은 그녀의 경험의 고통을 부정하는 얄팍한 낙천주의가 아니었기 때문이다. 그녀는 죽음을 똑바로 응시했다. 그녀는 또 마치 부활의 교리만이 유일하게 중요한 것인 양 그것에 집착하지도 않았다. 그녀의 확신은 예수 그리스도에 대한 그녀의 지식에 기초를 두고 있었다. 그녀는 그를 알았다. 그녀는 그가 누구인지 알았다. 그녀는 그의 힘과 그의 능력을 알았다. 그리고 그녀는 자신이 죽을 때 예수께서 자신을 기다리고 계실 것이라는 사실을 알았다. 그러므로 무덤에서의 기독교인의 확신은 죽음을 이기기 위한 우리의 내적 잠재력과는 아무 상관이 없다. 그것은 전적으로 예수의 능력에 대한 우리의 이해와 확신과 관련된 것이다. 예수는 나사로의 무덤에서 죽음의 힘을 제압하셨다. 마찬가지로 예수는 바버러의 죽음의 공포도 제압하셨다.

나사로가 살아났다는 사실은 나사로와 그와 같은 신자들이 더 이상 육체적 죽음에 종속되지 않는다는 뜻은 아니다. 나사로도 결국 (다시!) 죽었다. 바버러도 죽었다. 그러나 예수의 죽음과 부활이 있은 지 몇 년 후, 나사로가 "두 번째" 죽음의 침상에 누워 있을 때 그가 무슨 생각을 했겠는지를 상상해 보라. 의심할 바 없이 그의 마음의 한 구석에는 통상적인 근심과 두려움의 감정이 있었을 것이다. 그러나 그는 확신을 가지고 있었다. 그는 예수가 가졌던 죽음과의 관계는 다른 이들의 것과는 전혀 다르다는 것을 알고 있었다. 예수는 "부활이요 생명"이셨다. 그러므로 그는 무덤에 혼자 들어가는 것이 아니었다.

예수의 죽음과 부활. 관광객들이 예루살렘을 찾을 때 그들에게 가장 중요한 장소들 중 하나는 예수의 장례와 부활을 기념하는 교회이다.[30] 영어로 쓰인 안내서는 그곳을 "성묘교회"(The Church of the Holy Sepulchre)라고 부르고 있다. 아랍인들과 유대인들도 이 교회를 알고 있다. 그래서 예루살렘의 "기독교 구역"(Christian Quarter)을 찾아 헤매는 순례객들을 만나면 그들은 올바른 방향을 일러준다. 그러나 예루살렘의 고대 교인들은 이 교회에 대해 다른 이름을 가지고 있었다. 셀 수 없이 오랜 세월 동안 아랍 기독교인들은 이 교회를 "부활교회"(the Church of the Resurrection)라고 불러왔다. 그것은 이곳에서 발생한 정말로 중요한 사건들을 기념한다. 만약 당신이 어떤 아랍 기독교인에게 "예수의 무덤 교회"(church of Jesus' tomb)가 어디냐고 '아랍어로'(in Arabic) 묻는다면 그는 아마도 당신이 무엇을 의미하는지 알지 못할 것이다. 그 교회는 무덤이 아니라 그곳에서 발생한 부활과 생명을 기념한다. 그곳은 슬픔과 패배가 아니라 승리와 생명의 장소이다.[31]

요한은 나사로의 새 생명을 둘러싼 사건들을 기술할 때 예수의 사역을 긴 시각

30. 이 교회의 올바른 위치에 대해서는 논란이 있다(사실은 이스라엘의 모든 성지에 대해서 그런 논란이 있다). 현재의 성묘교회(the Church of the Holy Sepulchre)의 위치는 올바른 것 같다. 고고학적 연구는 "동산 무덤"(Garden Tomb)이, 비록 그 도시 안에서 중요한 역할을 하고 있기는 하지만, 예수의 시대인 주후 1세기의 것이 아님을 분명하게 밝혀 냈다.

31. 그 교회에서 행해지는 주요 의식은 예수의 부활을 기념하는 '거룩한 불의 부활절 축제'(the Easter festival of Holy Fire)이다. 참조. T. A. Idinopulos, "Holy Fire in Jerusalem," *Christian Century* 99 (1982): 407-9.

으로 바라보고 있다. 예수는 자신이 죽음을 이기는 능력을 가지고 계심을 증명하신다. 그러나 사실은 그 이상이다. 우리는 또한 예수가 아직 해야 할 사역 속에서 그의 죽음이 어떤 역할을 맡게 될 것이라는 사실을 배운다. 산헤드린의 방들 속에서 예수가 죽어야 한다는 말이 공공연하게 들린다(요 11:51). 그리고 우리는 예수가 '백성을 위하여'(for the people) 죽어야 할 유일한 인물이라는 것을 배운다(요 11:50). 우리는 또한 예수가 "부활이요 생명"(요 11:24)이라는 사실을 안다. 그러므로 자신을 위해 죽음을 정복하기 위해, 그리고 자신의 사역의 유익들을 세상에 가져오기 위해, 그는 무덤으로부터의 부활을 통해 자신의 능력을 증명해 보이실 것이다. 이것이 바로 예루살렘 기독교인들이 자신들의 중심적 교회를 예수의 죽음을 기념하는 교회로 부르기를 거부한 이유이다. 그것은 예수의 죽음이 아니라 예수의 완성된 사역을 기념하는 교회이다. 예수는 죽음을 완전히 포용하면서도 그것을 패배시키셨다. 예수는 승리자로서 자신의 무덤 앞에 서 계시다.

그러므로 나사로를 일으키심은 우리에게 신학적인 전조를 제공한다. 그것은 우리에게 다른 곳을 가리킨다. 그것은 예수의 사역이 심지어 이것보다 더 위대하다는 사실을 우리에게 상기시킨다. 예수는 단지 죽음이 인간에 대해 제한된 통제력만을 가지고 있음을 보여주고 계신 것이 아니다. 그게 아니다. 예수가 보여주고 계신 것은 예수를 믿는 자들에게 있어서, '예수 자신의 죽음과 부활'이 죽음의 실재에 영원토록 영향을 미친다는 사실이다.

바울도 똑같은 생각을 우리에게 상기시킨다. 화해와 구원은 그리스도의 죽음과 부활 모두를 통해 성취된다(롬 4:25; 5:10). 세례는 우리를 그리스도의 죽음과 연결시킨다(롬 6:3). 그러나 그것은 또한 우리를 그의 부활과도 연결시킨다(롬 6:4). 바울은 이렇게 요약한다. "만일 우리가 그의 죽으심과 같은 모양으로 연합한 자가 되었으면 또한 그의 부활과 같은 모양으로 연합한 자도 되리라"(롬 6:5). 여기서 중요한 점은 그리스도의 사역은 단지 십자가의 사역에 대한 우리의 신뢰의 문제가 아니라는 것이다. 그리스도의 사역은 우리의 인간성(humanity) 전체를 부둥켜안으신 채로 세상 속으로 들어오신 그의 '포괄적인'(comprehensive) 노력이다. 그는 우리의 죄를 위한 희생제물이 되어 십자가상에서 죽으신다. 그리고 그는 부활하여 새 생명을 취하신다. 그러나 그는 자신이 부둥켜안으신 바로 그 인간성을 그 새 생명과 함께 지니고 계시다. 바울의 용어를 빌자면 죽음은 더 이상 그리스도를 주장하지 못한다(롬 6:9; 고전 15:21ff.). 그러므로 그리스도 안에서 인간성은 죽음을 이길 방법을 발견했다. 그리고 우리는 믿음을 통해 그리스도의 사역의 유익들에 동참하게 되었다.

우리의 무덤 주변 경험. 우리는 그리스도가 자신의 임무의 본질을 이해하신 것과 마찬가지로 하나님의 능력을 이해하신 것을 보았다. 그리스도는 나사로의 무덤의 음산한 장면을 자신의 능력으로 압도해 버리셨다. 그리고 그는 하나님께서 동일한 능력으로 자신 역시 무덤에서 구해 내시리라는 믿음을 가지고 자신의 죽음을 직시하셨다. 그러므로 요한복음 11장은 우리를 격려하기 위해 계획된 이야기이다. 그것은 우리가 섬기는 주님의 힘을 의지하여 우리에게 죽음(혹은 가까운 사람의 죽음)을 직시할 수 있는 능력을 준다. 지금 부활은 인간의 삶에 부여된 어떤 새로운 원칙이 아니다. '그 자신이 부활이신' 주님이 전에는 오직 죽음만이 가로놓여 있던 곳에 생명을 부여하셨다.

요한복음 11장의 주요 특징은 신학적이지만 이야기의 극적인 배경도 우리의 관심을 끈다. (1) 어떤 기독교 단체들은 무덤을 이기는 예수의 능력을 너무 큰 확신을 가지고 받아들인 나머지 죽음의 비극에 대해 슬퍼하는 것을 금하고 있다. 슬퍼하는 것은 믿음이 없음을 드러내는 것이다. 장례식은 영원한 생명과 승리를 축하하는 것이 되어야 한다. 어느 정도까지는 이것이 옳다. 그러나 이것은 상실과 함께 찾아오는 슬픔과 충격을 표현해야 하는 인간의 기본적 필요를 부인하고 있다. 요한의 이야기 중에서 우리가 간과하기 쉬운 분명한 사실이 있다. 마르다와 마리아는 울고 있었다. 예수는 마르다에게 "네가 만약 정말 부활을 믿는다면, 너는 왜 시간과 눈물을 낭비하고 있느냐?"라고 말씀하시지 않았다. 예수는 마리아에게 "만약 네가 승리의 믿음을 가지고 있다면 반짝이는 눈으로 확신을 가지고 일어서야 한다. 왜냐하면 내가 여기 있기 때문이다"라고 말씀하시지 않았다. 그렇지 않다. 예수는 이 가족의 애도를 방해하지 않으셨다. 그 대신에 그들에게 합류하심을 통해 그것을 관대하여 허용하셨다. 죽음을 끔찍하고, 고통스럽고, 무서운 일로 묘사하는 것은 우리의 믿음의 질을 훼손시키는 것이 아니다. 예수 자신도 죽음이 한 가정에 가져다 준 파괴 때문에 분노하시며 우셨다. 죽음은 그리스도 안에서 패배하고 있는 적이다.

(2) 예수는 부활의 실재성이 단지 역사의 끝에서 우리를 기다리고 있는 어떤 것이 아니라고 말씀하고 있다. 우리가 본 바와 같이 유대교는 이 믿음을 널리 가지고 있었다. 그러나 예수는 때로 간과되고 있는 진리를 표현하시고 있다. 부활은 우리가 '지금' 경험할 수 있는 생명의 한 측면을 묘사한다. 마르다는 나사로가 미래에 부활할 것이라고 말한다. 그러나 예수는 나사로가 '지금' 부활할 것이라고 말씀하

신다. 이것은 그리스도의 현재 경험 속에 우리가 사용할 수 있는 실재적 능력이 존재한다는 것이다. 그것은 마르다와 마리아가 가졌던 유대교의 틀 속에서는 알려지지 않았던 것이다. 오늘날 우리의 삶 속에서 현존하고 있는 하나님의 능력은 우리를 영원히 살도록 만들어 줄 그 능력과 동일한 것이다. 요한은 의심할 바 없이 이것이 우리에게 큰 위로가 되기를 바라고 있다. 모리스(L. Morris)가 말하듯이 "죽음은 단지 저 너머의 삶과 하나님과의 교제로 향하는 관문이다."[32] 우리가 죽음에 대해 생각할 때 그것은 관문이 되어야지 종착점이 되어서는 안 된다. 예수의 능력이 우리 안에 있다. 그리고 그것은 가장 어려운 시간에도 계속해서 우리를 이끌어 줄 것이다. 왜냐하면 그 어떤 것도 우리를 하나님의 강한 사랑에서 끊을 수 없기 때문이다(롬 8:35-39).

두 가지 작은 주제들. 요한복음 11장은 실제적인 중요성을 지닌 두 가지 작은 주제들을 포함하고 있다. (1) 우리는 요한복음 10:16에서 예수가 "이 우리에 들지 아니한", 그러나 그들도 그의 양떼에 포함되어야 하는 다른 양들의 존재에 대해 알고 계시다는 것을 보았다. 요한복음 11:52에서 이것이 다시 강조된다. 예수는 단지 국가(이스라엘)를 위해서가 아니라 "흩어진 하나님의 자녀를 모아 하나가 되게 하기 위하여" 죽으셔야 한다. 예수가 유대교의 주류를 (그곳에서의 그의 자기계시는 완성되었다) 떠나실 때, 그는 자신의 나라가 어떻게 유대교의 통상적인 국가적, 인종적, 그리고 문화적 테두리를 넘어서서 확장되는지를 보여주신다. 요한복음 12장에서도 어떤 헬라인들이 성전에서 예수를 뵙기 위해 찾아올 때 같은 주제가 나타날 것이다(요 12:20). 다시 말해서 우리는 유대교가 이방인들을 제외했듯이 그리스도의 사역을 어떤 특정한 민족만을 위한 것으로 한정하고 다른 이들을 제외해서는 안 된다. 현대 기독교인으로서 우리는 자신의 세계관과 씨름할 필요가 있다. 우리는 그리스도께서 그들을 위해 죽으신 "흩어진 사람들"(scattered people)이 누구인지를 물어야 한다.

(2) 예수가 마르다와 마리아를 존중하시는 모습이 나의 흥미를 끈다. 요한복음 11:28에서 마르다는 예수를 "선생님"(teacher)이라고 부른다. 이것은 누가복음 10장에서 예수가 마르다의 집에 나타나셨던 것을 상기시킨다. 그곳에서 예수는 이 여인들을 가르치셨다. 요한복음 11장에서도 우리는 예수가 마르다를 가르치시는 것을 본다(요 11:21-27). 이것은 중요하다. 왜냐하면 주후 1세기의 랍비들은 여인

---

32. Morris, *John*, 488.

들을 가르치지 않았기 때문이다. 예수는 이 여인들을 자신의 추종자로 완전히 받아들이심을 통해 그들을 존중하신다. 만약 그가 그들의 랍비라면, 그들은 그의 제자들이다(그 여인들은 예수를 따라다녔던 다른 남자들과 다를 바가 없다). 나사로가 심한 병에 걸렸을 때 그의 자매들은 예수가 먼 곳에 계셨음에도 불구하고 그가 계신 곳을 즉시 알아낼 수 있었다. 그들은 유대 지역의 예수 추종자들과 잘 연결되어 있지 않았을까? 그들은 바울이 로마서 16장에서 인사하고 있는 브리스가, 유니아, 뵈뵈, 그리고 마리아처럼 "탁월한 여인들"(women of prominence)이 아니었을까?

요한복음 12:1-50

1 유월절 엿새 전에 예수께서 베다니에 이르시
니 이 곳은 예수께서 죽은 자 가운데서 살리
신 나사로가 있는 곳이라
2 거기서 예수를 위하여 잔치할새 마르다는 일
을 하고 나사로는 예수와 함께 앉은 자 중에
있더라
3 마리아는 지극히 비싼 향유 곧 순전한 나드
한 근을 가져다가 예수의 발에 붓고 자기 머
리털로 그의 발을 닦으니 향유 냄새가 집에
가득하더라
4 제자 중 하나로서 예수를 잡아 줄 가룟 유다
가 말하되
5 이 향유를 어찌하여 삼백 데나리온에 팔아
가난한 자들에게 주지 아니하였느냐 하니
6 이렇게 말함은 가난한 자들을 생각함이 아니
요 그는 도둑이라 돈궤를 맡고 거기 넣는 것
을 훔쳐 감이러라
7 예수께서 이르시되 그를 가만 두어 나의 장
례할 날을 위하여 그것을 간직하게 하라
8 가난한 자들은 항상 너희와 함께 있거니와
나는 항상 있지 아니하리라 하시니라
9 유대인의 큰 무리가 예수께서 여기 계신 줄
을 알고 오니 이는 예수만 보기 위함이 아니
요 죽은 자 가운데서 살리신 나사로도 보려
함이러라
10 대제사장들이 나사로까지 죽이려고 모의하니
11 나사로 때문에 많은 유대인이 가서 예수를
믿음이러라
12 그 이튿날에는 명절에 온 큰 무리가 예수께
서 예루살렘으로 오신다는 것을 듣고
13 종려나무 가지를 가지고 맞으러 나가 외치되
호산나 찬송하리로다 주의 이름으로 오시는
이 곧 이스라엘의 왕이시여 하더라
14 예수는 한 어린 나귀를 보고 타시니
15 이는 기록된 바 시온 딸아 두려워하지 말라
보라 너의 왕이 나귀 새끼를 타고 오신다 함
과 같더라
16 제자들은 처음에 이 일을 깨닫지 못하였다가
예수께서 영광을 얻으신 후에야 이것이 예수
께 대하여 기록된 것임과 사람들이 예수께
이같이 한 것임이 생각났더라
17 나사로를 무덤에서 불러내어 죽은 자 가운데
서 살리실 때에 함께 있던 무리가 증언한지라
18 이에 무리가 예수를 맞음은 이 표적 행하심
을 들었음이러라
19 바리새인들이 서로 말하되 볼지어다 너희 하
는 일이 쓸 데 없다 보라 온 세상이 그를 따
르는도다 하니라
20 명절에 예배하러 올라온 사람 중에 헬라인
몇이 있는데
21 그들이 갈릴리 벳새다 사람 빌립에게 가서
청하여 이르되 선생이여 우리가 예수를 뵈옵
고자 하나이다 하니
22 빌립이 안드레에게 가서 말하고 안드레와 빌
립이 예수께 가서 여쭈니
23 예수께서 대답하여 이르시되 인자가 영광을
얻을 때가 왔도다
24 내가 진실로 진실로 너희에게 이르노니 한
알의 밀이 땅에 떨어져 죽지 아니하면 한 알
그대로 있고 죽으면 많은 열매를 맺느니라
25 자기의 생명을 사랑하는 자는 잃어버릴 것이
요 이 세상에서 자기의 생명을 미워하는 자
는 영생하도록 보전하리라
26 사람이 나를 섬기려면 나를 따르라 나 있는
곳에 나를 섬기는 자도 거기 있으리니 사람
이 나를 섬기면 내 아버지께서 그를 귀히 여

기시리라
27 지금 내 마음이 괴로우니 무슨 말을 하리요
아버지여 나를 구원하여 이 때를 면하게 하
여 주옵소서 그러나 내가 이를 위하여 이 때
에 왔나이다
28 아버지여, 아버지의 이름을 영광스럽게 하옵
소서 하시니 이에 하늘에서 소리가 나서 이
르되 내가 이미 영광스럽게 하였고 또다시
영광스럽게 하리라 하시니
29 곁에 서서 들은 무리는 천둥이 울었다고도
하며 또 어떤 이들은 천사가 그에게 말하였
다고도 하니
30 예수께서 대답하여 이르시되 이 소리가 난
것은 나를 위한 것이 아니요 너희를 위한 것
이니라
31 이제 이 세상에 대한 심판이 이르렀으니 이
세상의 임금이 쫓겨나리라
32 내가 땅에서 들리면 모든 사람을 내게로 이
끌겠노라 하시니
33 이렇게 말씀하심은 자기가 어떠한 죽음으로
죽을 것을 보이심이러라
34 이에 무리가 대답하되 우리는 율법에서 그리
스도가 영원히 계신다 함을 들었거늘 너는
어찌하여 인자가 들려야 하리라 하느냐 이
인자는 누구냐
35 예수께서 이르시되 아직 잠시 동안 빛이 너
희 중에 있으니 빛이 있을 동안에 다녀 어둠
에 붙잡히지 않게 하라 어둠에 다니는 자는
그 가는 곳을 알지 못하느니라
36 너희에게 아직 빛이 있을 동안에 빛을 믿으
라 그리하면 빛의 아들이 되리라 예수께서 이
말씀을 하시고 그들을 떠나가서 숨으시니라
37 이렇게 많은 표적을 그들 앞에서 행하셨으나
그를 믿지 아니하니
38 이는 선지자 이사야의 말씀을 이루려 하심이
라 이르되 주여 우리에게서 들은 바를 누가
믿었으며 주의 팔이 누구에게 나타났나이까
하였더라
39 그들이 능히 믿지 못한 것은 이 때문이니 곧
이사야가 다시 일렀으되
40 그들의 눈을 멀게 하시고 그들의 마음을 완
고하게 하셨으니 이는 그들로 하여금 눈으로
보고 마음으로 깨닫고 돌이켜 내게 고침을
받지 못하게 하려 함이라 하였음이더라
41 이사야가 이렇게 말한 것은 주의 영광을 보
고 주를 가리켜 말한 것이라
42 그러나 관리 중에도 그를 믿는 자가 많되 바
리새인들 때문에 드러나게 말하지 못하니 이
는 출교를 당할까 두려워함이라
43 그들은 사람의 영광을 하나님의 영광보다 더
사랑하였더라
44 예수께서 외쳐 이르시되 나를 믿는 자는 나
를 믿는 것이 아니요 나를 보내신 이를 믿는
것이며
45 나를 보는 자는 나를 보내신 이를 보는 것이
니라
46 나는 빛으로 세상에 왔나니 무릇 나를 믿는
자로 어둠에 거하지 않게 하려 함이로라
47 사람이 내 말을 듣고 지키지 아니할지라도
내가 그를 심판하지 아니하노라 내가 온 것
은 세상을 심판하려 함이 아니요 세상을 구
원하려 함이로라
48 나를 저버리고 내 말을 받지 아니하는 자를
심판할 이가 있으니 곧 내가 한 그 말이 마지
막 날에 그를 심판하리라
49 내가 내 자의로 말한 것이 아니요 나를 보내
신 아버지께서 내가 말할 것과 이를 것을 친
히 명령하여 주셨으니
50 나는 그의 명령이 영생인 줄 아노라 그러므
로 내가 이르는 것은 내 아버지께서 내게 말
씀하신 그대로니라 하시니라

원 의미

요한은 이제 예수의 공사역에 대한 기록을 마쳤다. 요한복음 12장은 "표적의 책"(Book of Signs)의 마지막 장이다. 본 장에서 요한은 유월절 이전에 발생한 세 가지 사건들을 기록한다. 마리아가 베다니에서 예수에게 기름을 붓는 사건(요 12:1-11), 예수의 승리의 예루살렘 입성(요 12:12-19), 그리고 유월절에 참석한 헬라인들의 예수 방문(요 12:20-36). 그 이후에는 유대교의 불신에 대한 예수의 신학적 설명과(요 12:37-43), 믿음에 대한 예수의 마지막 호소(요 12:44-50)가 등장한다.

예수의 삶을 그리고 있는 요한의 드라마는 이제 중요한 전환점을 맞는다. 두 이야기가 함께 진행되고 있다. 한편으로 예수는 점점 더 많은 사람들에 의해 칭송을 받는다. 베다니의 나사로 기적을 통해 많은 이들이 그를 믿었다(요 11:45; 12:17). 사람들은 점점 더 예수에게 열광한다. 예수가 베다니에서 예루살렘으로 가시기 위해 감람산을 통과하시자 군중들은 그를 환호하기 위해 모여든다(요 12:12). 심지어 비유대인들도 호기심을 가지고 그에게 관심을 보인다. 하지만 반면에 당국자들은 점점 더 확고히 예수를 제거하려 한다. 그들의 눈으로 볼 때는 예수의 인기가 문제거리였다(요 11:48; 12:19). 예수는 체포되어야 한다. 그 어떤 타협도 불가능해 보인다. 예수는 제거되어야 한다. 그렇지 않으면 예루살렘의 안전이 위협을 받을 것이다(요 11:45-53).

요한복음의 이 두 극적 갈래들은 한 곳, 십자가에서 그 절정에 달할 것이다. 아이러니컬하게도 이 두 관심사들은 서로 충돌하여 상대방의 힘을 파괴하지 않는다. 만약 그렇다고 생각한다면 그것은 이야기를 피상적으로 읽는 것이다. '더 깊은 이야기'(deeper story)는 산헤드린이 예수가 더 큰 영광을 얻도록 만들 것이라는 것이다. "내가 땅에서 들리면 모든 사람을 내게로 이끌겠노라"(요 12:32). 십자가는 수치가 아니라 영광의 자리가 될 것이다. 그러므로 우리는 표적의 책의 이 마지막 페이지에서 여러 다양한 주제들이 서로 겹쳐지며 펼쳐지는 것을 본다. 흥분한 대중들의 인기, 임박한 죽음, 약속된 영광, 거부, 그리고 불신.

베다니에서 마리아가 예수에게 기름을 부음(요 12:1-11)

나사로가 살아난 후 예수는 자신의 생명에 대한 위협이 크다는 것을 아셨다. 그러므로 그는 예루살렘 북쪽의 벧엘 지역으로 물러나 그곳에 머무셨다(요 11:54 주석 참조). 그러나 유월절이 다가오자 그는 베다니로 돌아오셔서 나사로, 마르다, 그리고 마리아 가족과 함께 계신다.[1] 그 가족은 의심할 바 없이 두려움 속에서 살고 있었을 것이다. 그들은 가까운 장래에 닥칠 것으로 보이는 예수의 체포라는 비극을 두려워하고 있었다. 마리아는 이 중요한 시기의 무게를 느끼고 있었다. 마르다가 주인 노릇을 한 (마르다의 집에서의?) 식사시간에 마리아는 예수에게 값비싼 향유를 붓는다.

베다니에서 예수에게 기름을 붓는 사건은 이곳뿐만 아니라 마태복음과 마가복음에도 기록되어 있다(마 26:6-16; 막 14:3-9).[2] 마태복음과 마가복음은 유사한 버전을 제공한다. 공관복음 문제에 대한 어떤 견해에 따르자면 마태가 마가의 설명에 의존하고 있을지도 모른다. 마가복음과 요한복음은 같은 이야기를 기록하고 있을 가능성이 매우 높다. 두 이야기의 상세한 비교를 참조하라.[3]

마가복음 14:3-9	요한복음 12:1-11
베다니	베다니
유월절 이틀 전	유월절 엿새 전
나병환자 시몬의 집	[마르다의 집]
한 여인	마리아
[x]	한 근(a pound)
옥합	[x]
옥합을 깨뜨림	[x]
"매우 값진 [*polytelos*] 향유"	"지극히 비싼 향유"
순전한 나드	순전한 나드
예수의 머리에 부음	예수의 발에 부음
[x]	그녀의 머리털로 예수의 발을 닦음
제자들의 분노	유다의 분노
가치: 300데나리온 이상	가치: 300데나리온
예수가 여인을 변호하심	예수가 마리아를 변호하심

1. 베다니는 예루살렘의 가장자리에 있던 마을로서 그 위치는 바로 감람산 너머였다(요 11:1의 주석 참조).
2. 또 다른 기름부음 사건이 눅 7:36-38에 등장한다. 하지만 이 사건과는 거의 평행 되는 것이 없다. 누가복음의 기름부음 사건은 완전히 그 배경이 다르다.
3. 참조. Brown, *John*, 2:450.

"[그녀를] 가만 두라"	"[그녀를] 가만 두라"
"가난한 자들은 항상 너희와 함께 있으니"	"가난한 자들은 항상 너희와 함께 있거니와"
예수가 장례를 위하여 기름부음을 받으심	[x]
온 세상에 전파됨	[x]

이 평행들은 광범위하다. 그리고 주요 차이점들은 사실은 서로를 보완해 주고 있을 뿐이다. 주요한 문맥상의 차이는 마가와 마태는 기름부음을 예루살렘 입성 다음에 기록하고 있는 반면 요한은 그 이전에 기록하고 있다는 것이다. 그러나 공관복음의 연대기는 종종 유동적이다. 또 마가는 예수의 머리에 기름이 부어졌다고 말한다(요한은 발을 언급한다). 대부분의 다른 세부사항들은 쉽게 통합되어 하나의 일관적인 그림을 만들 수 있다. 예를 들어 요한이 언급하고 있는 "한 파운드"(pound)의 향유는 예수의 발에 붓기에는 너무 많을 수 있다. 비록 마가는 예수의 머리에 기름이 부어졌다고 하지만 예수는 후에 그의 몸에 기름이 부어졌다고 말씀하신다(막 14:8). 그러므로 마리아는 아마도 이 많은 양의 향유를 예수께 가져온 후 자유롭게 예수께 부었을 것이다. 그리고 오직 발만을 그녀의 머리털로 닦아 냈을 것이다. 우리는 아래에서 이에 대해 보다 상세히 살필 것이다.

유월절 엿새 전에 이루어진 예수의 도착은(요 12:1) 요한이 유월절과 예수의 십자가의 날짜를 어떻게 계산하고 있는가라는 복잡한 문제의 문을 연다. 나는 요한복음 13:1(그리고 요 19:14, 31)에서 이 문제에 대해 좀더 자세히 다룰 것이다. 지금으로서는 다음의 결론들을 미리 예측할 수밖에 없다. 요한복음은 유월절의 시작을 목요일 밤으로 만듦을 통해 공관복음의 연대기와 조화를 이룰 수 있다(그러므로 요한복음 13장에 기록된 식사는 정말로 유월절 식사이다). 이 말의 뜻은 예수가 안식일이 시작될 때, 즉 금요일 늦게 도착하셨다는 것이다. 요한복음 12:2이 묘사하고 있는 식사는 아마도 (안식일이 끝난 이후의) 토요일 저녁식사일 것이다. 왜냐하면 그때에는 예수의 도착 소식이 온 마을에 퍼졌고 사람들은 자유로이 여행을 할 수 있었기 때문이다. 그 다음 날(요 12:12) 예수는 승리의 예루살렘 입성을 하신다.

식사의 장소를 정확히 알기는 어렵다. 마르다의 집이었을까? 마리아의 집이었을까? 그들은 함께 살았는가? 이에 대해서는 어떤 증거도 없다. 어떤 이들은 마가의 기록과의 조화를 시도하여 나병환자 시몬이(막 14:3) 나사로(그리고 여인들)의 아버지였다고 주장했다. 그러나 이것은 단지 추측일 뿐이다. 나병환자들은 이스라엘 마을에서 살 수 없었기 때문에 그 집은 다만 전통적으로 "시몬의" 집이라고 불렸을 뿐이고 지금은 나사로의 가정이 그곳에서 살고 있었을 수도 있다.[4] 마가는 그곳이 시몬의 집이었다고 말할 뿐 그가 식사에 함께 있었다고는 말하지 않는다. 어쨌든 그것은 중요한 식사였다. 예수를 공적으로 높이고 나사로의 생명을 살린 위대한 사건을 기리기를 바라는 많은 사람들이 그곳에 있었다(요 12:9). 주후 1세기의 유대인들은 공식적인 식사에서는 비스듬히 기댄 채 음식을 먹었다(요 12:2); 이것은 요한복음 13장에서 예수의 유월절 식사의 흥미로운 측면이 될 것이다(요 13:25의 주석 참조).

마리아의 극적 행동이 (그것은 눅 10:38-42에서의 그녀의 모습과 잘 들어맞는다) 놀라운 것이었다는 것은 말할 필요가 없다. 유다는 이를 불쾌히 생각하지만(요 12:4) 예수는 그녀의 행동을 헌신의 즐거운 표현으로 보신다. 나드(nard)는 북인도에서 수입된 매우 희귀하고 값비싼 향유였다. 라틴 작가였던 플리니(Pliny)는 그의 『자연사』(*Natural History*)에서 이에 대해 상세하게 설명하고 있다.[5] 나드는 관목의 이름이다. 대상들은 나드의 잎과 "새싹"(shoots)을 구해 서쪽으로 가져왔다. 때로는 무게를 늘리기 위해 그것을 나드의 뿌리와 혼합하기도 했다. 마리아의 선물이 "순전한"(pure) 나드라고 불리는 것은 그것에 첨가물이 없었다는 뜻이다. 나드의 향기는 붓꽃(gladiola)과 비슷했고(Pliny, "향기로운 냄새"[a sweet scent]) 붉은 색을 띠었다. 나드는 다양한 용도로 사용되었다. 의료용 약재로, 향기로운 포도주 첨가물로, 냄새맡기 위한 재료로, 그리고 (옷이나 몸에 바르는) 향수로.

일 파운드(약 0.45킬로그램)의 향유는 아주 많은 양이었을 것이다. 삼백 데나리온이라는 가격은 일용직 노동자의 일년치 급료였다(마 20:1-16). 좀더 값싼 나드는 일 파운드에 백 데나리온이었다(원산지에 따라 값이 달랐다. 골[Gaul], 크레테[Crete], 혹은 시리아). 그러나 우리의 이야기는 마리아가 최상품을 샀음을 보여준다.[6] 그런 선물은 마리아가 어떻게 그런 향유를 손에 넣을 수 있었을까에 대해 생각하게 만든다. 그들은 부유한 가정이었을까? 그것은 부모로부터 물려받은 가보였을까? 적어도 우리가 알 수 있는 것은 평범한 유대 가정은 그런 일을 할 수 없었다는 것이다.

---

4. Haenchen, *John*, 2:86.
5. Pliny, *Natural History* 12.24-26.
6. R. K. Harrison, "Nard," *ISBE* 3:490-91; G. H. R. Horsley, *New Documents Illustrating Early Christianity* (North Ryde, Australia: Macquarie Univ., 1981), 1:85 [Entry 41].

마리아는 예수에게 넉넉히 향유를 붓는다. 단지 그의 발뿐만 아니라(요 12:3) 머리에도(막 14:3) 향유를 붓는다. 머리에 부은 향유는 틀림없이 흘러내려서 옷까지 적셨을 것이다(cf. 막 14:8). 마가는 마리아가 향유를 부을 때 "옥합을 깨뜨렸다"(breaks the bottle)라고 말한다. 이것은 마리아가 옥합 윗부분의 밀봉마개를 깨뜨렸음을 뜻한다.[7] 향유의 양이 대단했기 때문에 집 전체가 그 향기로 채워졌다(요 12:3). 이것은 그것이 얼마나 넉넉한 선물이었는지를 강조한다. 요한이 예수의 발을 강조하는 이유는 한편으로는 마리아의 겸손한 헌신의 행위를 드러내고, 다른 한편으로는 다음 장에서의 예수의 세족행위와 이것을 비교하기 위해서이다. 예수의 발을 씻기 위해 그녀의 머리털을 사용했다는 점은 독특하다. 누가복음 7:38의 유사한 이야기에서 그런 행위는 식사를 청한 주인의 날카로운 비판의 구실이 된다. 여인들은 공중 앞에서 머리를 풀어 내리지 않았다. 여인의 머리털을 볼 수 있는 유일한 사람은 그녀의 남편이었다. 마리아는 친밀한 친구들은 자신을 이해해 주기를 바라면서 상당히 도발적인 행동을 하고 있는 것이다.

유다가 이 행동에 제동을 걸고 나선 것은(요 12:4) 놀랄 일이 아니다. 그 선물은 너무 놀라운 것이었다. 비록 요한은 그런 언급을 하고 있지 않지만, 다른 제자들 중에서도 유사한 생각을 한 자들이 있었을 것이다. 그러나 유다의 불평의 정당성은 그의 평판에 의해 퇴색된다. 그 그룹의 재정을 맡은 자로서 그는 그들의 공동재산 중에서 돈을 훔치곤 했다(요 12:6). 그러나 요한은 또한 유다는 예수를 배신하게 될 사람임을 우리에게 상기시킨다(요 12:4). 이것은 예언이 아니라 "되돌아봄의 충격적인 힘으로부터"(from the shocking force of hindsight) 나온 것이다.[8] 요한은 유다의 이미지를 어둡게 뒤덮고 있는 그의 배신행위에 대한 언급 없이는 그에 대해서 어떤 이야기도 할 수 없었다.

마리아를 위한 예수의 변론은(요 12:7-8) 해석하기 어렵다. 마리아는 무엇을 "간직해야"(to save) 하는가? 향유는 이미 사라졌다(cf. 막 14장). 그렇기 때문에 그것은 훗날을 위해 보관될 수 없다. 어떤 이들은 이 행동에 대한 기억이 간직될 것이라고 믿는다. 고대의 필사자들은 이 부분의 의미를 명확하게 하기 위해 종종 본문을 편집했다. NIV는 헬라어 본문을 확장시킨 의역을 제공한다. 그러나 그것은 가장 훌륭한 해석을 제공하고 있는 듯하다("그녀가 내 장례식 날을 위하여 이 향유

---

7. 그런 병들이(깨진, 깨지지 않은) 헬레니즘 시대의 이집트 무덤들에서 발견되었다. 이것은 병을 열고 향유를 붓는 방법을 확증해 준다.

8. Carson, *John*, 428-29.

를 간직하는 것이 원래 의도된 뜻이었다"). 의심할 바 없이 여기서의 생각은 그녀는 더 먼 훗날에 사용하기 위해 이 향유를 간직해 왔었지만, 이제 그녀는 (자신도 모르는 사이에) 예수에게 사용하기 위해 그것을 간직해 온 것이 되었다는 것이다.[9] 요한복음 11:50-51에서의 가야바와 마찬가지로 그녀의 행위는 (그의 말처럼) 원래 의도했던 것을 훨씬 더 넘어서는 의미를 가지고 있다. 이제 예수는 (상징적으로) 장례식을 맞을 준비가 되셨다. 그는 죽음과 영광의 날을 향하여 나아가신다.

요한복음 12:8에서의 예수의 마지막 말씀은 순수한 개인적 숭배와 사회적 책임 사이의 긴장을 지적하신다(또한 마 26:11; 막 14:7). 가난한 자들의 끝이 없는 결핍에 대한 인정은 이상한 일이 아니었다(신 15:11). 그러나 예수가 그들 사이에 함께 계셨다는 사실은 독특하다.[10] 이것은 가난한 자들에 대한 우리의 책임을 부정하는 것이 아니라 마리아와 마르다가 그날 접대한 분이 얼마나 놀라운 분이신지를 우리가 제대로 알아야 한다는 것이다.

베다니의 마리아 이야기 이후에 요한은 다음 에피소드와 연결점을 이루는 설명을 제공한다(요 12:9-11). 많은 사람들이 베다니에 도착하기 시작했다. 예수의 명성은 예루살렘 전역과 그 주변 마을들에 두루 퍼졌다. 그들이 예수를 보기 원하는 이유에는 두 가지가 있다. 그들은 유대에서 예수뿐만 아니라 나사로도 볼 수 있다. 나사로는 예수에 대한 새로운 믿음의 원천이 되었다. 나사로는 이 기적에 대해 말하고 있는가? 어떻게 그 말을 안 할 수가 있겠는가? 그러므로 산헤드린은 나사로도 역시 죽어야 한다고 결정했다(요 12:11). 이것은 약간의 유머를 제공한다. 그들은 나사로가 원래 있던 곳으로(무덤) 그를 되돌리려 한다. 하지만 나사로의 입장에서는 의심할 바 없이 그 계획은 더 이상 자신에게 전혀 위협이 되지 못한다. 왜냐하면 이제 그는 무덤을 이기는 예수의 능력에 대해 알고 있기 때문이다.

예수의 예루살렘 승리입성(요 12:12-19)

만약 예수가 토요일에 군중들과 만났고 그가 유대에 있다는 소문이 예루살렘에 퍼져 있었다면(요 12:12), 다음 날("종려나무 주일", Palm Sunday) 행해진 그의 장엄한 입성은 더욱 많은 사람들을 모이게 했을 것이다. 이 장면은 네 복음서들 모두

9. 그러나 마리아의 나드는 훗날 다시 사용되지 않을 것이다. 니고데모가 100파운드의 향유를 예수에게 사용할 것이다(요 19:38-42). 마리아의 향유는 다시 나타나지 않는다.

10. 헬라어의 구조는 예수를 대단히 강조하고 있다.

에 등장한다(cf. 마 21:1-11; 막 11:1-11; 눅 19:29-38). 그것은 이 사건의 중요성을 보여준다. 예수는 마지막 일주일 중 일요일에 (베다니를 떠나) 감람산 뒤쪽(혹은 동쪽)으로 올라가 옆 마을인 벳바게로 가셨다(막 11:1). 공관복음에 따르자면 그곳에서 예수는 어린 나귀를 빌려 타시고 예루살렘으로 오셨다(요 12:14).

요한의 축약된 설명은 공관복음의 상세한 설명들 중 몇 가지를 생략하고 있다. 요한복음은 유월절 축제를 지내기 위해 예루살렘에 온 군중들에게 초점을 맞추고 있다. 축제 참석은 종교적 의무였다.[11] 갈릴리로부터 온 사람들을 포함한 많은 순례객들이 예루살렘 외곽에 도착하여 그곳에 머물고 있었을 것이다. 많은 이들이 (예루살렘과 감람산 사이를 나누는) 기드론 계곡에 있었을 것이다. 그들은 예수가 감람산 꼭대기에 이르렀을 때, 이미 그를 전부터 둘러싸고 있던 군중들과 합류했을 것이다.

이 군중들의 중요성을 염두에 두는 것이 중요하다. 많은 학자들은 그 당시 예루살렘 상시인구는 약 5만 명이었고 유월절 축제 때는 그 숫자가 10만에서 12만 명에 이르렀을 것이라고 추정한다.[12] 이런 변화로 인한 사회적 역동성은 엄청난 것이었다. 도시는 그 인구를 모두 수용할 수 없었고 그렇기 때문에 수많은 사람들이 도시를 둘러싸고 있는 언덕 위에 머물렀다. 군중들은 도시의 지도자들에게 긴장을 가져다주었다(요 12:19). 그들은 축제 때 시작된 혼란이 폭력사태로 발전될 수 있다는 사실을 알고 있었다.

종려나무 가지는(요 12:13) 이스라엘에서 흔한 것이었다. 이곳에서 그들이 종려나무 가지를 사용한 것은 상징적인 이유 때문에 중요하다. 종려나무는 유대민족주의의 상징이 되어 있었다. 막카비 시대에 성전이 재봉헌 되었을 때, 그것을 축하하기 위해 종려나무가 사용되었다(1 Macc. 13:51; 2 Macc. 10:7). 성경 외의 전승에 따르자면, 종려나무는 레위에 의해 통치권의 상징으로 사용되었다(*T. Naph.* 5:4). 로마와의 두 차례의 주요 전쟁 당시 반란자들이 주조한 동전에는 종려나무가 양각으로 새겨졌다. 그러므로 이런 종류의 환영행위는 결코 중립적인 것이 아니었

---

11. 구약 율법은 유대인들이 세 가지 순례축제를 위해 예루살렘에 오는 것을 요구하고 있다. 유월절(보리 추수의 시작), 오순절(밀 추수의 끝), 그리고 초막절(나무열매와 포도의 수확). 각 축제들은 이스라엘 역사에 있어서의 중요한 종교적 사건들을 기념했다(출애굽, 율법수여, 그리고 광야생활).

12. 요세푸스는 어떤 유월절에 250만 명의 유대인들이 예루살렘에 있었다고 말한다. 그러나 이것은 분명히 과장일 것이다. 1961년도에 갈릴리 전체의 인구가 19만 명이었는데 고대에는 아마도 그보다 숫자가 적었을 것이다. 증거들의 목록을 위해서는, J. Jeremias, "Excursus: The Number of Pilgrims at the Passover," *Jerusalem in the Time of Jesus* (London. SCM, 1969), 77-84.

다. 그것은 이스라엘의 민족적 소망을 상징했다. 이제 예루살렘으로 환호를 받으며 입성하시는 예수는 그 소망의 중심이 되셨다.

"호산나!"(Hosanna)라는 외침은 "우리를 구원하소서!"(Save us now)라는 뜻의 아람어이다. 그것은 시편들 속에 자주 등장한다(특히 시 118:25). 이어지는 외침("찬송하리로다 주의 이름으로 오시는 이여") 역시 시편 118:26의 인용일 가능성이 높다. 그것은 예루살렘에 도착하는 순례자에 대해 축복을 선포한다. 그러나 그 다음에 오는 외침은("찬송하리로다…이스라엘의 왕이시여!") 시편에 등장하지 않으며 순례자를 축복한다는 취지와도 상당히 동떨어져 있다. 갑자기 우리는 군중들이 민족해방자를 맞이하고 있다는 인상을 받는다.

고대세계에 있어서 "승리의 입성"(triumphal entries)은 흔한 일이었다. 정복자 혹은 왕은 전투에서 얻은 약탈품과 정복의 이야기들을 가지고 자신의 성으로 돌아오곤 했다.[13] 로마 제국의 동쪽 끝에서 살고 있는 헬라어를 말하는 청중들은 이 이미지를 놓치지 않았을 것이다. 요한은 군중들이 "그를 맞으러 나갔다"라고 말한다. 이것은 도시 주민들이 승리하고 돌아오는 자신들의 왕을 맞을 때 흔히 사용하던 표현이었다.[14] 유대 문맥 속에서 "호산나"는 그와 같이 돌아오는 왕들을 맞을 때 사용되었다(삼하 14:4; 왕하 6:26). 유대 문화는 이와 같은 "왕에 대한 환영"(royal welcomes)을 잘 이해했기 때문에 그와 같은 형식을 잘 받아들였다.[15]

그러므로 이 장면은 유대의 정치적 열정으로 가득 차 있다. 종려나무, 입성, 그리고 외침들은 모두 요한복음 6:14-15에서 발생한 사건을 상기시킨다. 오천 명을 먹이신 후 군중들은 예수가 바로 "세상에 오실 그 선지자"라고 선언하고 그를 "억지로" 붙들어 즉석에서 그를 "임금으로 삼으려" 했다. 그때 사람들은 예수에 대해 오해를 했다. 그런데 지금도 그에 대해 오해를 한다. 사람들의 열정에 기름을 부었던 나사로 기적은 지금 예루살렘의 정치적 야심과 관련된 어떤 것으로 왜곡되었다.

예수가 어린 나귀를 사용하신 것은(요 12:14) 군중들의 흥분을 가라앉히려는 시도였다. 요한은 우리를 위해 구약을 인용하여 그것을 해석해 준다. "두려워하지

---

13. 주후 70년의 티투스(Titus)의 예루살렘 정복 이후에 거행된 로마 개선은 지금도 로마에서 볼 수 있는 "개선문"(triumphal arch)을 통해 기념되었다. 개선문의 아치 위에는 예루살렘의 파괴와 그곳 시민들을 포로로 잡는 장면이 양각으로 새겨졌다. 이에 대한 연구를 위해서는, B. Kinman, *Jesus' Entry into Jerusalem* (Leiden: Brill, 1995); idem, "Jesus' 'Triumphal Entry' in the Light of Pilate's." *NTS* 40 (1994): 442-48.

14. 헬레니스틱 문헌들과 유대 문헌들 속의 평행본문들을 위해서는, 참조. Brown, *John*, 1-462.

15. 유대의 증거를 위해서는, Kinman, *Jesus' Entry*, 48-65.

말라"는 스바냐 3:16 혹은 이사야 40:9의 인용일 것이다. 인용의 다른 부분은 스가랴 9:9에서 온 것이다. 이 구절들은 하나님께서 백성을 위해 일하시기 위해 예루살렘에 계심을 확인해 주고 있다. 그러나 스가랴 9장의 보다 넓은 문맥을—군중들은 분명히 이것을 염두에 두었을 것이다.—살피는 것이 필요하다. 마태는 이것을 알고 그 구문을 보다 넓게 인용하고 있다(마 21:5). 승리한 왕은 "겸손하여 나귀, 곧 멍에 메는 짐승의 새끼를" 탔다. 이 "온유한[겸손한] 왕"(gentle[humble] king)은 전차와 병마, 칼과 활의 사람이 아니라(슥 9:10) 모든 나라에 평화를 가져다 줄 자이다. 그의 선물은 정복이 아니라 생명이다. 그러므로 예수는 자신의 목적을 메시야적으로 재해석해 줄 것을 군중들에게 강력하게 요구하고 있다. 예수에 대한 군중들의 해석은 그를 왕으로 삼으려는 그들의 열정에서 찾을 수 있다.

요한은 이 부분을 "과도기적"(transitional) 섹션으로 끝맺는다(요 12:16-19). 그것은 이 "예루살렘 드라마"가 그 정점에 이르렀을 때 어떤 일이 발생했는지를 요약해 준다. 군중들이 예수의 "왕권"(kingship)의 본질을 이해하지 못했을 뿐만 아니라, 제자들마저도 "이 모든 것"(all this)을 오해했다. (그들은 예수의 행위의 메시야적 본질을 이해한다. 그러나 그들은 그 표면 아래에 있는 예수의 사명의 참된 의미를 보지 못한다.) 그들의 오해에 관한 요한의 편집설명은 성전청결 이후의 요한복음 2:22을 상기시킨다. 예수가 영광을 얻으시기 전까지는—즉, 그들이 예수의 인격과 사역의 본질을 보고 하나님의 영으로 채워지기 전까지는—그들은 발생하는 일들의 참된 의미를 이해하지 못했다.

요한은 군중들을 흥분시킨 촉매제가 나사로의 부활이었다는 사실을 상기시킨다(요 12:17-18). 여기서 요한은 또한 예수의 인기에 대해 바리새인들이 절망하기 시작했다는 점도 지적한다(요 12:19). 이것은 누가가 기록하고 있는 관심사들과 평행을 이룬다. 예수가 도시에 도착하자 그의 인기가 급상승했다. 그러자 바리새인들 중 어떤 이들이 그에게 군중들을 조용히 만들라고 말했다(눅 19:39). 예수가 성전에서 가르치실 때 바리새인들은 절망했다. 왜냐하면 너무나 많은 사람들이 "다 그에게 귀를 기울여" 들었기 때문이다(눅 19:47-48).

그러나 요한복음은 아직도 이중적 의미를 담고 있다. 바리새인들이 "온 세상이 그를 따르는도다"라고 했을 때, 더 깊은 아이러니는 이 말이 예수의 일차적 사명의 성취를 지적하고 있다는 것이다. "하나님이 그 아들을 세상에 보내신 것은 세상을 심판하려 하심이 아니요 그로 말미암아 세상이 구원을 받게 하려 하심이라"(요 3:17). 요한적 사고에 있어서 "세상"(world)은 일반적으로 하나님이나 그의 아들을 인정하기를 거부하며 불신 가운데 서 있는 사람들을 뜻한다. 지금 우리는 그 "세상"이 예수께 달려오고 있다는 것을 배운다. 다음의 이야기가 보다 넓은 지중해 세계로부터 온 사람들, 즉 간절히 예수를 보기를 원하는 헬라인들에 대해 기록하고 있는 것은 우연이 아니다.

때가 왔다(요 12:20-36)

"헬라인"(헬라어 *Hellenes*, 요 12:20)이라는 단어는 반드시 그리스에서 온 어떤 사람을 지칭할 필요는 없다. 그것은 비유대인에 대해서는 누구에게나 쓸 수 있는 명칭이었다. 그들 모두는 유대인의 관점에서 보자면 "이방인들"(Gentiles)이었다. 그 헬라인들은 또한 유대교로의 개종자들(proselytes)이 아니었던 것 같다. 만약 그들이 개종자들이었다면 다른 설명이 덧붙여졌을 것이다(cf. 행 6:1). 축제에 올라온 이 헬라인들은 아마도 "하나님을 경외하는 자들"(God-fearers)이었을 것이다. 이것은 유대인들의 신앙과 그 전통을 존중하는 이방인들을 부르는 명칭이다. 그런 사람의 예로서는 가버나움의 백부장을 들 수 있을 것이다. 그는 유대교를 크게 존중했기 때문에 회당을 지어 주었다(눅 7:5). 고넬료 역시 사도행전에서 하나님을 경외하는 자로 소개되고 있다. "그가 경건하여 온 집안과 더불어 하나님을 경외하며 백성을 많이 구제하고 하나님께 항상 기도하더니"(행 10:2, 22). 심지어 바울도 공적 설교를 할 때 그들을 구분했다. "이스라엘 사람들과 및 하나님을 경외하는 사람들아 들으라"(행 13:16, 26).

이스라엘을 둘러싼 땅들은(예를 들어, 데가볼리, Decapolis) 헬라어를 말하는 사람들로 가득 차 있었다. 예를 들어, 갈릴리의 수도 세포리스(Sepphoris)의 인구는 약 2만 명이었는데 그들은 유대인들의 축제들에 대해 잘 알고 있었고 그것을 존중했다. 그런 이방인들은 축제에 초대되었지만 오직 '이방인의 뜰'(the Court of the Gentiles)까지만 입장이 허용되었다. 그것은 성전을 둘러싸고 있는 가장 넓은 뜰이었다. 이방인의 뜰과 안쪽의 뜰들 사이에는 낮은 벽이 있었고 거기에는 이곳을 넘어오는 이방인은 사형을 당하게 될 것이라는 경고문이 적혀 있었다(cf. 엡 2:14).

예수에 대한 이 헬라인들의 관심은 도시에 퍼진 그에 대한 소문들 혹은 공관복음에 기록된 성전청결 사건에 기인했을 것이다.[16] 어쨌든 그들은 벳새다 출신의 빌립에게 접근한다(요 1:44-46; 6:5-7). 아마도 그 이유는 빌립이 헬라식 이름을 가지고 있고 헬라지역(벳새다, 요 1:44) 출신이었기 때문일 것이다. 그러나 요한에게 있어서 중요한 것은 그들이 갖는 신학적 상징성이다. 이 하나님을 경외하는 자들은 요한복음 11:52의 "흩어진 하나님의 자녀"를 대표한다. 그들은 요한복음 10:16의 "다른 양들"이다. 그들이 요한복음 12:21에서 던지는 질문은 요한복음 앞부분에서 이미 살핀 제자도의 언어를 상기시킨다. 그들은 예수를 "보기를"(see) 원한다. 한 차원에 있어서 이것은 예수와 대화하고 그에게 질문을 던질 수 있는 기회를 뜻한다(cf. 눅 8:20; 9:9의 "보다"). 그러나 '보다' 라는 동사들은 종종 훨씬 더 많은 것을 의미한다.[17] 그것들은 믿음으로의 초대이다. 이들은 그리스도의 양떼에 합류할 준비가 된 이방인들이다.

그런데 이상하게도 이 하나님을 경외하는 자들의 도착이 우리가 요한복음 전체에서 읽어 온 그"때"(the hour)의 시작점이 된다(요 12:23). 우리는 예수가 여러 번 아직 때가 이르지 않았다고 하시는 말씀을 들었다(요 2:4; 7:30; 8:20). "영광을 얻을 때"는 십자가에서의 죽음, 부활, 그리고 승귀를 통해 아버지께로 돌아가시는 것을 뜻한다. 그러므로 무언가가 달라졌다. 헬라인들은 예수에게 있어서 한 장이 끝났다는 신호가 된다. 유대교 내에서의 예수의 사역은 끝났다. 이제 그는 더 넓은 세상에 속해 있다.

이 하나님을 경외하는 자들을 만나는 대신에(그들은 이제 이야기에서 사라진다) 예수는 이 때의 의미에 대해 통찰력을 제공하는 보다 긴 이야기를 꺼내신다(요 12:24-36). 여기서 주된 요소들은 무엇인가? 예수는 우선 "하나님 나라의 법"(law of the kingdom of God)을 설명하는 비유를 제공하신다.[18] 생명을 주기 위해서는 씨앗이 "죽어야"(die) 하듯이, 예수는 세상에 생명을 주기 위해 반드시 죽으셔야 한다. 동일한 법이 제자도에도 적용된다(요 12:25). 생명을 꼭 움켜쥐는 것을 포기하는 것이야말로 하나님 나라에 참여할 수 있는 열쇠이다.[19] 이런 사상은 공관복음

---

16. 요한은 성전청결 사건을 2:13-22에서 언급하고 있다. 요한복음과 공관복음의 성전청결사건의 위치에 관해서는 요한복음 2장의 주석을 참조하라.

17. *horao*와 *blepo*라는 헬라어 동사는 요한복음에 84회 등장한다. "와서 보라"(come and see)는 거의 정형화 된 제자도 형식문이다.

18. Beasley-Murray, *John*, 211.

19. 여기서 예수의 언어("자기의 생명을 '미워하는' 자")는 생생한 대조를 위한 셈족어의 표현법을 반영하고 있다(참조. 신 21:15; 마 5:30; 6:22-24; 막 10:25; 눅 14:26). 이 어구의 역동적 의미를 영어로 표현하자면 "그들의 생명을 부인하는 자들"(those who deny their life), 혹은 "이 세상에서 그들의 생명을 멸시하는 자들"(those who despise their life in this world; NLT)이 될 것이다.

전승에서도 나타난다(마 10:39; 16:25; 막 8:35; 눅 9:24; 17:33). 그것은 이것이 모든 복음서 기자들에게 있어서 중요한 것이었다는 사실을 보여준다.

그러나 우리는 이 희생의 결과들이 예수에게 있어서와 제자들에게 있어서 서로 다르다는 사실에 주목해야 한다. 예수의 희생은 다른 이들을 위해 생명을 가져온다. 그러나 그의 제자들은 생명을 얻기 위해 이 교훈을 실천해야 한다. 이 법에 대한 예수의 신실성은 아버지께서 그를 사랑하시는 이유들 중 하나이다(요 10:17); 마찬가지로 그런 섬김은 하나님께서 그의 백성을 높이시는 기초가 될 것이라고 예수는 말씀하신다(요 12:26b). 그러므로 예수를 따름은 자기희생을 포함한다(요 12:26a).—이것은 자기 십자가를 지라는 공관복음의 유사한 말씀의 메아리이다(마 16:24; 막 8:34; 눅 9:23). 그러나 요한복음 버전의 주요한 차이는 주어지는 약속에 있다. "나 있는 곳에 나를 섬기는 자도 거기 있으리니." 비록 대부분의 주석자들은 이 약속이 예수와 그의 종들 사이의 목적의 일치를 가리킨다고 믿고 있지만, 그것은 또한 그런 종들은 하늘에서 예수와 함께 있게 될 것이라는 보증을 시사한다(요 14:3; 17:24).

요한복음의 특징들 중 하나는 예수가 영광의 때를 향해 갈 때 보여주시는 그의 신실하심이다. 이제 유월절이 진행됨에 따라 그때가 가까워지고 있다. 공관복음은 이 시기를 두 가지로 묘사하고 있다. 예수는 한편으로는 하나님의 뜻을 행하겠다는 완전한 헌신을 확고히 하시지만 다른 한편으로는 십자가의 죽음에 대한 공포와 씨름하신다. 요한은 겟세마네 동산에서의 고뇌와 평행을 이루는 장면을 기록하고 있지 않지만(예를 들어, 막 14:32-42), 요한복음 12:27-33은 예수의 투쟁과 인내를 엿보게 한다.

예수의 고뇌는(헬라어 *tarasso*, 요 12:27) 나사로의 무덤 앞에 있을 때의 동요와 분노를 상기시킨다(요 11:33). 그런 고뇌는 유다가 그를 배반했을 때 다시 찾아올 것이다(요 13:21). 우리는 이 고뇌를 축소 해석해서는 안 된다. 그는 무슨 말을 해야 할 지 고민하신다(요 12:27a). 요한복음 12:27b의 말씀은 질문으로 해석할 수도 있고(이를테면, NIV, RSV, NRSV, NLT, etc.) 평서문으로 해석할 수도 있다. 만약 그것이 질문이라면 그것은 예수가 실제로는 기도 드리지 않은 내용을 의미하게 된다("내가 무엇이라고 기도할까? '아버지여, 나로 하여금 이 때를 면하게 하옵소서'라고 할까? 아니, 그건 안 된다!"). 그러나 만약 그것이 진짜 기도였다면(그럴 가능성이 높다), 그것은 다음과 같은 문장으로 해석될 수 있다. "내가 무엇이라고 기도해야 할까? [멈춤] 아버지여, 나로 하여금 이 때를 면하게 하옵소서.—하지만 아닙니다! 내가 이 때에 온 것은 바로 이것 때문입니다."

여기서 우리는 예수의 진정한 고뇌와 아버지의 뜻에 자신의 생명을 맡기는 순종의 힘을 볼 수 있다(요 5:19-23; 6:37; 8:29, 38; 14:31; cf. 히 5:7-10). 이 장면에서 기도는 예수의 겟세마네 말씀과 비슷하다. "이 잔을 내게서 옮기시옵소서." 그 다음에 순종의 말씀이 온다. "그러나 나의 원대로 마옵시고 아버지의 원대로 하옵소서"(막 14:36). 예수의 영적 투쟁을 결론 짓는 기도는(요 12:28) 그의 최종적 헌신을 드러낸다. "아버지여, 아버지의 이름을 영광스럽게 하옵소서!" 이것은 그의 전 생애를 지배했던 요구였다(요 8:29, 50).

예수의 기도는 하나님과의 대화이다. 하나님은 지금 들을 수 있는 음성으로 대답하신다(요 12:28b). 유대교에 있어서 그런 하늘의 말씀은 이상한 것으로 생각되지 않았다. 랍비들은 그런 하늘의 말씀이 예언보다는 열등한 것이라고 생각했지만 그것도 정당하게 하늘로부터 온 것이라고 보았다.[20] 하나님은 자신의 아들 속에서 '이미'(already) 영광을 받으셨다고 확언하신다. 여기서 우리는 의심할 바 없이 예수의 성육신과(그것을 통하여 하나님이 세상에 오셨다) 예수의 사역을 생각해야 한다(그것을 통해 하나님은 자신의 힘을 세상에 보이셨다). 그러나 하나님은 다시 그것을 영광스럽게 할 것이라고 하신다. 이것은 마지막 영광의 행위, 즉 십자가가 될 것이다.

예수의 다른 표적들의 경우와 마찬가지로, 군중들은 발생한 사건을 이해하기 위해 애쓴다(요 12:29-30). 어떤 이들은 그 음성이 단지 천둥이었다고 생각한다. 다른 이들은 그것이 천사의 음성이었다고 본다. 그러나 전형적으로 세상은 예수 그리스도 안에서 발생한 일의 위대함을 거의 이해하지 못한다. 그래서 거기에는 자연히 오해가 있다. 예수는 그 음성이 자신을 위해서가 아니라 그들을 위해 들렸다고 말씀하신다. 하나님은 자신에 대한 증거를 계속 세상에 공급하고 계신다.[21]

만약 오랫동안 기다리던 그때가 온다면, 인자의(요 12:31) "들어올려짐"(lifting up, 혹은 십자가의 죽음, 요 12:33)은 세상을 위한 '바로 그'(the) 최정점의 사건이

20. 그런 하늘의 말씀(히브리어 *bath qol*, 혹은 "음성의 딸/메아리"[the daughter/echo of a voice])은 예수의 세례와 변화산에서도 나타난다.

21. 변화산에서 하늘의 음성이 어떻게 예수가 아니라 제자들에게 직접 주어졌는지를 참조하라(막 9:7); cf. Beasley-Murray, *John*, 213.

22. 이것은 인자의 "들어올려짐"(lifting up)에 대한 세 번째 언급이다(참조. 요 3:14; 8:28; 12:32-34). 이 세 구절들은 공관복음에 나타나는 세 번의 십자가 예언들과 평행을 이룬다고 할 수 있을 것이다(막 8:31; 9:9; 10:33).

될 것이다.[22] 십자가를 통해 시작된 심판은 신자들과 불신자들이 분리될 어떤 미래의 날에 관한 것이 아니다. 그리스도의 영광은 지금 당장 모든 것들에 대해 엄청난 변화를 가져온다. 요한복음 12:31의 "이제"(now)는 심각하게 이해되고 받아들여져야 한다. 그리스도의 십자가는 심판의 시작을 의미한다. 그것은 사탄과 한 편이 되어 하나님께 반대하는 자들, 즉 아들을 십자가에 못 박을 자들의 정체를 드러낸다. 십자가는 또한 믿고 구원을 얻은 자들, 즉 빛의 자녀들의 정체를 드러낸다. 그러므로 "들어올려짐"이라는 예수의 아이러니컬한 어구는 십자가를 뜻하는 적절한 완곡어법이다(cf. 요 3:14-15). 그가 십자가에 못 박혀 땅에서 들릴 때(이를 통해 결국 하늘로 돌아가신다), 모든 사람들이 그를 볼 수 있다. 어둠 속에서 환하게 비추는 빛처럼, 이제 어둠 속에 감춰었던 모든 것들이 드러나게 될 것이다.

예수를 임금으로 삼자고 이제 막 소리를 질렀던 군중들은(요 12:13-15) 이제 예수의 의도가 무엇인지를 분명하게 듣는다(요 12:34):[23] 한 알의 밀이 죽어야 한다. 예수는 생명을 잃어야 한다. 예수는 들어올려질 것이다. 이 모든 것들은 그에게 영광을 가져다 줄 것이다. 이것은 당황스럽다. 왜냐하면 유대교의 일반적인 확신에 따르자면 메시아(혹은 그리스도)는 희생물이 되는 것이 아니라 그의 원수들을 이기고 이스라엘을 자신의 영원한 왕국으로 세워야 하기 때문이다(*Ps. Sol.* 17:4).[24] 예수의 견해는 이해가 불가능하게 보인다. 동일한 이해 불가능의 반응이 공관복음에도 나타난다. 그것은 예수가 자신이 죽을 것이라고 특별히 말씀하셨을 때이다(막 8:32). "이 '인자'는 누구냐?"라는 것은 예수에게 정체를 밝히라고 요구하는 것이 아니라(예를 들어, "네가 인자냐?") 다음과 같이 묻는 것이다. 죽음에서 영광을 찾는 이 사람은 도대체 어떤 종류의 인자 혹은 메시야냐?

예수는 그들에게 대답하시지 않는다(요 12:35-36a). 예수는 사람들의 일반적인 생각 속에서의 메시야의 신학적 역할에 대해 토론하기를 거절하신 것이다. 그 대신에 그는 그들에게 믿을 것을 권유하신다. 그의 호소가 긴박한 음조를 갖는 이유는 군중들이 가지고 있는 기회가 제한되었기 때문이다. 예수는 세상의 빛이시다(요 1:4, 7-9; 3:19-21; 8:12, etc.). 그러나 그 빛은 세상 속에서 영원히 비추지는

---

23. 군중들은 시편 61:6-7을 마음에 두었을 수도 있다. 참조. G. Bampfylde, "More Light on Jn 12:34," *JSNT* 17 (1983): 87-89. 혹은 이것은 이사야 52:13에 대한 언급일 수도 있다. "보라, 내 종이 현명하게 행하리니 그는 받들어 높이 들려서 지극히 존귀하게 되리라."(개역개정판은 "보라 내 종이 형통하리니…"–옮긴이) 참조. B. Chilton, "John 12:34 and Targum Isa 52:13," *NovT* 22 (1980): 176-78.

24. 군중들은 "율법"에 대해 말한다(여기서의 뜻은 구약 전체이다). 그러나 그들이 구체적으로 어떤 구절을 염두에 두었는지는 알기 어렵다. 어떤 이들은 시 72:17; 89:35-37; 사 9:7; 혹은 겔 37:25을 지적한다.

않을 것이다(후의 성령의 사역을 통하여 비추는 것을 제외하고는). 그러므로 군중들은 결정을 내려야 하고 또한 빛이 사라지기 전에 '빨리' 내려야 한다. "빛의 아들"(요 12:36)이[25] 된다는 것은 스승의 삶을 보여주는 제자가 된다는 뜻이다(cf. 요 1:12). 그러나 빛을 받아들이지 않는다는 것, 믿기를 거부한다는 것은 그가 어둠의 희생자가 될 것이라는 뜻이다(요 12:35).

이 긴박성을 강조하기 위해, 그리고 자신이 의미하는 바의 모델을 제시하기 위해 예수는 의도적으로 그들에게 모습을 드러내지 않고 사라지신다(요 12:36b; cf. 요 11:54). 이제 예수의 공적 계시는 완성되었다. 그의 표적들은 충분히 주어졌다. 사람들은 세상에 주어진 계시에 굴복해야 한다. 그러나 이것이 예수의 생애의 신비이다. "빛이 세상에 왔으되 사람들은…빛보다 어둠을 더 사랑했다"(요 3:19).

요한복음 12:37은 신명기 29:2-4에서의 모세의 말을 상기시킨다. 그곳에서 위대한 지도자 모세는 하나님께서 백성들을 위해 하신 모든 일들을 그들에게 상기시킨다. "그 큰 시험과 이적과 큰 기사를 네 눈으로 보았느니라." 그럼에도 불구하고 모세는 이렇게 말한다. "그러나 깨닫는 마음과 보는 눈과 듣는 귀는 오늘 여호와께서 너희에게 주지 아니하셨느니라." 이제 요한에게 남은 일은 단지 "부록"(addendum, 요 12:38-43)을 덧붙이는 일이다. 그것은 우리가 이 신비를 이해하는 것을 도울 것이다.

불신의 딜레마(요 12:38-43)

요한복음 12:37-38은 요한복음 신학의 분기점이다. 예수의 공사역은 완성되었다. 그의 표적들이 세상에 주어졌다. 그의 강화(講話)들이 전달되었다. '그러나 아직도 그 표적들은 거부되었다.' 그 자신의 백성들이 하나님이 보내신 사자를 믿는데 실패했다. 우리는 이미 요한복음 서론에서 이런 일이 발생할 것이라는 경고를 들은 바 있다. "자기 땅에 오매 자기 백성이 영접하지 아니하였으나"(요 1:11). 요한은 이것을 어떻게 설명하는가? (많은 해가 지난 후) 요한의 교회의 기독교인들은 결국 거부로 이어진 예수의 삶의 이야기를 어떻게 해석할 수 있었을까? 하나님은 실패하셨는가? 불신이 승리했는가? 요한복음 1:5은 틀린 말씀인가? 다시 말해서 어둠이 빛을 이기고 승리했는가?

---

25. 이것은 사해 두루말이에서 확인된 유대식 표현이다(cf. 엡 5:8; 살전 5:5).

요한이 우리를 먼저 이사야 53:1로 이끌 때 그는 다른 신약 기자들의 생각을 반향하고 있다. 이사야 53장은 최초의 기독교인들에게 고난 당하는 종에 대한 정확한 서술을 제공해 주었다. 그 종의 이미지는 예수의 고뇌와 고난을 해석하는 데 도움이 되었다.[26] 이사야 53:1은 종의 거부당함을 요약한다. 그의 말("우리의 메시지", our message)도 그의 행위도("주의 팔", the arm of the Lord)도 이스라엘에게 받아들여지지 않았다. 그리고 요한은 우리를 이사야 6:10로 이끈다. 그 구절은 이스라엘이 예수를 거부한 것에 대한 신약의 고전적인 설명이 되었다. 바울은 사도행전에서의 그의 마지막 설교에서 이 구절을 인용한다(행 28:26-27). 그리고 공관복음은 왜 사람들이 예수의 비유들을 이해할 수 없었는지를 설명하기 위해 이 구절을 사용한다(마 13:13-15; 막 4:12; 눅 8:10).

요한복음 12:38-40의 신학적 메시지는 그러므로 이사야의 경험에 기초하고 있다. 하나님은 이스라엘에게 말하라고 이사야를 부르셨지만, 또한 그들이 그의 말을 받아들이지 않을 것이라고 미리 경고하셨다. 그들은 듣겠지만 이해하지 못할 것이다. 그들은 보겠지만 깨닫지 못할 것이다. 그러므로 이사야는 실패한 것이 아니다. 오히려 그는 하나님의 목적을 성취한 것이다. 마찬가지로 예수도 그의 사역에 실패한 것이 아니다. 그는 이사야의 선지자적 경험을 계속하고 계시다. 예수는 단지 이사야가 자신의 시대에 기록했던 일을 채우시고 혹은 완성하고 계시다.[27] 그러므로 유대인들은 요한의 말을 듣고 그것을 자신들의 불신을 회개하라는 교훈으로 이해해야 한다. 그리고 그들은 자신들을 구원할 수 있는 메신저에게로 돌아가야 한다.

요한(그리고 이사야)의 의도는 불신에 대한 완고한 예정론적 설명을 제공하는 것이 아니다. 사실 이사야나 요한과 같은 성경 기자들이 오늘날 어떤 사람들이 그러듯이 철학적 인과론에 대해 생각하고 있었는지는 의심스럽다. 요한복음에 있어서 하나님의 주권과 인간의 응답은 일관되게 결합되어 있다. 예수는 사람들에게

---

26. "들어올려짐"(lifting up)과 "영광스럽게 함"(glorify)이라는 요한의 두 신학적 용어는 이사야 52:13의 칠십인경(LXX)역에 모두 등장한다. "보라, 나의 종이 현명하게 행동할 것이다. 그는 높여질 것이고(*doxazo*), 들려 올려질 것이며(*hypsoo*), 지극히 존귀하게 될 것이다." 요한복음 12:38의 인용구는 이사야 53:1의 칠십인경(LXX)역에서 직접 가져온 것이다.

27. 복음서들은 인용할 때 흔히 일정한 형식문을 사용한다(예를 들어, "기록된 바", 혹은 "이는 말씀을 이루려 하심이니"). 요한은 오직 12:38-39의 초두에서만 성취(헬라어 *pleroo*)를 지적한다(또한 참조. 요 13:18; 15:25; 17:12; 18:9; 18:32; 19:24, 19:28; 19:36-37). 요한에게 있어서 영광의 때(그리고 유대교의 실패)는 성경 성취의 절정의 순간이다.

믿으라고 하시고(요 12:36), 많은 사람들이 실제로 그런 결정을 내린다(요 12:42). 요한복음 전체에 걸쳐서 요한은 결단과 믿음에 대한 예수의 요구에 대해 타협을 하지 않는다.

그러나 요한은 이미 유죄(有罪)인 사람들에게 깃들어 있는 우리가 흔히 "형벌로서의" 강퍅케 함(judicial hardening)이라고 부르는 것에 대해 기술하고 있다. 계시가 왔을 때 우리는 믿어야 한다. 그러나 만약 우리가 믿기를 거절하면 빛은 사라진다(요 12:35-36); 하나님의 빛이 세상에서 떠났을 때 어둠은(이것이 세상의 현재상태이다) 불신의 마음들을 덮어 버린다.[28] (요한의 문학적 도식에 있어서 이것이 바로 예수가 요한복음 12:36b에서 사라지시는 이유이다.) 바울 역시 로마서 1장에서 유사한 주장을 한다. 세상의 죄와 불신의 결과는 하나님의 심판이다. 심판을 통해 하나님은 그들을 죄스러운 본성에 "내버려두신다"(롬 1:24, 26, 28).[29] 요한이 이사야 6:10의 순서를 바꾸고 있음을 주목하라. 이사야는 "마음, 귀들, 눈들"이라고 했지만 요한은 "눈들"로부터 시작한다. 이것은 요한이 9장부터 발전시켜 온 문학적 주제와 잘 들어맞는다. 보지 못하는 눈들이 볼 것인가? 이것은 또한 예수의 표적들의 중요성을 강조한다. 그들은 그것들을 보고 믿어야만 한다.

하나님의 계획 속에서는 거부도 희망적이라는 사실을 알아야 한다. 하나님의 주권은 보다 더 넓은 목적들을 이루신다. 이사야 6:11-13에서 이스라엘에 대한 하나님의 철저한 심판이 완성될 때까지 눈 먼 상태가 계속되어야 한다("이 땅 가운데 황폐한 곳이 많을 때까지니라"). 요한의 이해에 따르자면 이스라엘의 강퍅함 역시 목적이 있다. 그리스도가 거부당하심을 통해 이스라엘은 십자가에서 구원을 얻게 될 것이고 하나님의 영광이 드러날 것이다.[30] 믿지 않는 유대인들이 그를 십자가에 못 박을 것이다. 그리고 그들의 거절을 통해 이제 복음은 세상 모든 곳으로 퍼져 나간다. 바울도 로마서 9:22-33에서 같은 주장을 한다. 하나님은 장기적인 계획을 완성하시기 위해 심판을 억제하신 채 일하신다.

---

28. 어떤 해석자들은 눈을 어둡게 하고 마음을 강퍅하게 하는 주체가 하나님("그"[he])이 아니라 사탄이라고 함으로써 요한복음 12:40의 인과론을 부드럽게 만들려고 노력해 왔다. 그러나 대부분의 학자들은 이를 강하게 거부한다.
29. 어거스틴(St. Augustine)은 이렇게 말한다. "하나님께서는 단지 그들을 홀로 두고 그의 도우심을 거두어 가심을 통해 그들이 앞을 못 보고 마음이 강퍅하게 하신다. 하나님께서는 숨겨진, 그러나 불의하지 않은 심판을 통해 이런 일을 하실 수 있다!"(Confessions 63 6; 다음에서 재인용: Morris, *John*, 537n.115). 참조. D. A. Carson, *Divine Sovereignty and Human Responsibility Biblical Perspectives in Tension* (London: Marshall, Morgan, Scott, 1981), 195-97.
30. C. Evans, "The Function of Isa 6:9-10 in Mk 4.10-12 and Jn 12:39-40," *NovT* 24 (1982): 124-38.

이사야와의 연관성은 요한복음 12:41에서 다시 강조된다. "이사야가 이렇게 말한 것은 주의 영광을 보고 주를 가리켜 말한 것이라." 이것은 우리를 이사야 6:1-4의 환상으로 이끈다. 그곳에서 선지자는 "그의 영광"에 둘러싸인 채 "높이 들리신" 주님을 본다. 이사야는 메시야를 보았다(cf. 요 8:56과 아브라함). 그때 이사야가 본 영광은 예수가 그의 "때"에 드러낼 영광의 일부였다.

믿음을 위한 예수의 마지막 권고(요 12:42-50)

믿음을 위한 세상에서의 투쟁은 이제 마지막 단계에 접어들었다. 어떤 이들은 믿고 간절한 마음으로 "하나님의 자녀"가 되고자 한다(요 1:12). 다른 이들은 예수를 배신하려고 한다(가룟 유다와 같은 이들, 요 12:4). 그리고 다른 이들은 그를 죽이기 위해 음모를 꾸민다(요 11:53). 다른 이들은 질문을 던져 보지만 여전히 어둠 속에 있다(요 12:34). 이제 요한은 이와는 다른 그룹의 사람들을 소개한다(요 12:42-43): 그들은 니고데모와 같은 유대교 지도자들이다(요 3:1; 7:50). 그들은 예수에게 큰 관심이 있으며 그들 중 어떤 이들은 예수를 믿기로 결심했다.[31] 그러나 그들은 그 믿음을 공개적으로 밝히기를 거부했다. 그렇기 때문에 그들의 동료들도 그 사실을 알지 못했다(요 7:48). 요한은 그들에 대해 매우 비판적이다. 그들에 대한 요한복음 12:43에서의 신랄한 질책은 자신을 고소하는 자들에 대한 요한복음 5:43-44에서의 예수의 심판을 상기시킨다. 요한은 1:35-51와 4:1-42에서 훌륭한 제자도의 모델을 제시한다. 예수를 따른다는 것은 사회적 결과들에도 불구하고 당신의 친구들에게 가서 예수에 대해 말하는 것이다. (이 장들 가까운 곳에 기록된) 니고데모의 이야기는 신앙과 복음증거의 기초적 요소들을 보여주는 데 실패하고 있다.

표적의 책은 믿음을 위해 예수가 마지막 권고를 하시는 것으로 끝나고 있다. 아마도 장소는 성전 근처였을 것이다. 요한에게 있어서 이것은 분명히 마지막 신학적 요약이다. 그는 예수의 사역에 있어서 공개적으로 드러난 주요 주제들을 요약하고 있다. 많은 주제들이 이제는 친숙하다. 예수는 아버지에 의해 보냄을 받았다(요 12:44, 49); 그의 사역에 있어서 아버지만이 유일한 권위자이시다(요 12:45,

---

31. 사도행전 6:7은 "허다한 제사장의 무리도 이 도에 복종하니라"라고 말한다. 참조 R. Brown, *The Community of the Beloved Disciple* (New York: Paulist, 1979), 71-81.

49); 그는 어둠 속에서 비추는 빛이시다(요 12:46). 그는 믿음을 보이는 자들에게(요 12:44, 46) 구원과(요 12:47) 영생을(요 12:50) 주기 위해 노력하고 있다.

그러나 경고의 말씀도 있다. 모세의 말이 이스라엘을 심판할 것과 마찬가지로(요 5:45) 예수의 말씀은 그것에 의해 인간들의 삶이 심판을 받을 계시로서 남아 있게 될 것이다(요 12:48). 그리고 제자도는 단순히 예수의 말씀을 아는 것의 문제가 아니다. 그것은 예수가 하신 말씀을 "지키고"(keeping) "행하는"(doing) 것의 문제이다(요 12:47; cf. 요 8:31; 마 7:24-27; 약 2:14-26).

예수의 계시의 심각성은 마지막에 그가 첫 번째 주제로 돌아갈 때 다시 강조된다. 아버지(요 12:50). 의심할 바 없이 예수의 삶과 사역에 있어서 아버지의 현존이라는 것은 우리가 놓쳐서는 안 되는 주제이다. 표적의 책은 하나님 자신과 함께 하셨던 예수의 기원에 관한 고상한 묘사로 시작된다(요 1:1-5). 요한복음이 전개되어 감에 따라 우리는 이 빛이 어둠 속에서 어떻게 빛을 내는지를 보게 된다(요 1:5). 사람들의 가장 큰 잘못은 이 빛을 보고도 그것을 거부하는 것이다. 그들은 그 빛이 하나님과 상관이 없다고 생각한다. 예수가 제자들을 위한 개인적인 가르침을 통해 분명히 밝히시겠지만(요 14:10), 세상이 예수를 보고 그에 대해 결정을 내릴 때, 그것은 참으로 하나님에 대해 결정을 내리는 것이다.

상황잇기

지난 11개의 장들 속에서 예수의 삶의 이야기가 어떻게 전개되어 왔는지를 보지 않았다면, 요한복음 12장이 가지고 있는 극적인 힘을 이해하는 것은 불가능하다. 12장은 이야기의 중요한 전환점이다.—그것은 표적의 책의 마지막 부분이다. 12장은 마치 그곳의 이야기들이 요한의 더 긴 이야기와는 동떨어져 혼자 서 있는 듯이 따로 분리하여 이해할 수는 없다. 요한복음 서론(요 1:1-18)에서 언급되었던 빛과 어둠 사이의 투쟁이 이제 발화점에 도달한다. 빛은 세상 속에서 환하게 비추며 사람들을 부른다. 동시에 어둠의 세력들은 빛을 *끄기* 위해 노력한다. 사람들은 어느 편에 설 것인지 결정해야 한다. 예수는 그들에게 하나님 편에 설 것을 열정적으로 권고하신다. "너희에게 아직 빛이 있을 동안에 빛을 믿으라 그리하면 빛의 아들이 되리라"(요 12:36).

요한복음 12장에는 네 개의 장면들이 있다. 각 장면들은 복음서 드라마의 더 큰 벽걸이 융단 속으로 짜여져 들어간다. 어떤 것은 앞선 장들에서 우리가 이미 살펴본 주제들을 지적한다(이를테면 오해로 인한 예수의 인기, 혹은 예수의 "다른" 양들). 다른 장면들은 앞으로 전개될 사건들을 지적한다(이를테면 베다니에서의 마리아의 예수께 대한 헌신). 이 장면들은 오늘날의 교회가 호기심을 가지고 생각해 볼 만한 것들을 제공한다.

마리아가 예수에게 기름을 부음. 마리아가 예수에게 값비싼 향유를 붓는 사건은 영감이 풍부한 묵상의 소재가 되었을 뿐만 아니라 많은 해석상의 문제점들을 드러낸다.[32] 이 이야기는 유다의 불평에 대해 별로 언급하지 않는다. 이 돈은 낭비되었는가? 가난한 자들의 필요는 무시될 수 있는가? 그 대신에 유다의 비난은 그의 평판 때문에 그리고 후에 그가 예수를 배신했을 때 발생할 일 때문에 간단히 처리되어 버린다.

이 이야기는 헌신에 관한 것이다. 그리고 마리아는 헌신의 모델이 되기에 완벽한 인물이다. 요한복음과 누가복음 모두에 있어서 마리아는 예수의 발아래 앉아 있는 것으로 나타난다. 이것은 예수의 헌신된 제자로서의 그녀의 관심을 상징한다. 예수가 그녀를 변호하신다는 사실은 중요하다. 예수는 그녀에게 좋은 자리를 허락하시며 그녀가 '예수의' 사도들보다 더 잘 알고 있다고 여기신다. 나는 종종 이 선물이 예수에게 어떤 중요성을 가진 것이었을지에 대해 생각해 보았다. 만약 우리가 마가복음의 이야기를 이것과 통합시킨다면 예수는 전신에 기름이 부어진 것으로 이해할 수 있다. 그의 옷 역시 강하고 달콤한 나드향에 휩싸였다. 예수의 몸에서는 그 다음 일주일 동안 그 향기가 풍겼을 것이다. 그가 십자가로 인해 고뇌하고 있을 때에도 마리아의 선물은 남아 있었다. 그것은 십자가를 향해 나아갈 때 그가 맡은 참으로 아름다운 마지막 향기였다.

그러므로 마리아가 향유를 붓는 장면은 앞쪽을 가리키고 있다. 시신에 향유를 바르는 것은 1세기에 흔한 일이었다(요 12:7; 19:39). 그리고 마리아가 사용한 향유의 양은 향유를 바른 시신을 연상케 한다. 예수를 둘러싼 남자들은 다락방에서 예수에게 질문을 던질 것이다. 그러나 그들은 죽어야 한다는 예수의 결정을 이해하지 못할 것이다(요 13:36ff.). 그러나 마리아는 그에게 아무 질문도 던지지 않는다. 그녀는 다만 조용히 그녀의 주님의 장례를 예비한다. 그녀는 예수의 수제자들이 그것을 이해하기 훨씬 전에 이미 예수의 겸손한 사명을 받아들였다.

마리아와 예수의 제자들과의 비교는 다른 각도에서도 적절하다. 마리아가 향유로 예수의 발을 씻은 것은 요한복음 13장의 세족 장면을 미리 예견한 것이라고 볼

32. J. R. Michaels, "John 12:1-11," *Int* 43 (1989): 287-91.

수 있을 것이다. 사실 마리아는 예수가 요한복음 13:14에서 요구하실 내용을 그가 요구하기도 전에 정확하게 실행한 유일한 사람이다.

그러므로 이것은 참으로 십자가에 관한 이야기이며, 마리아의 용기 있는 이해에 관한 이야기이고, 예수의 죽음의 수용에 대한 이야기이다. 이것은 (독자인) 우리들에게 주어지는, 예수가 정말로 죽을 것이라는 심각한 신호이다. 그리고 이것은 예수가 하시고자 하는 일에 대한 감사의 표시로서는 그 어떤 선물도 지나치게 귀한 것이 될 수 없음을 보이고 있다.

오늘날 나는 마리아의 헌신을 어떻게 드러낼 수 있을까? 만약 여기서 마리아가 제자의 모델이라면—우리는 그녀를 제자의 모델로 볼만한 충분한 증거들을 가지고 있다.—우리는 어떻게 그녀의 행위를 본받을 수 있을까? 일 파운드의 나드는 단지 개인적 경건과 헌신의 은유일까?

승리의 입성. 두 번째 장면은 마리아의 순전하고 아낌없는 헌신과 강한 대조를 보인다. 표면상으로는 예수의 예루살렘 도착 환영행사는 예수에 대한 군중들의 열정을 보여준다고 볼 수 있다. 요한은 분명히 우리가 그것을 그런 방식으로 보기를 원한다. 그러나 자세히 살펴보면 이야기 속에는 더 어두운 동기가 숨겨져 있다. 군중들은 환상을 향해 환호하고 있다. '그들의' 메시야적 영웅은 예루살렘에 승리의 메시야왕국을 건립하는 승리자이다. 그러나 예수는 겸손한 종이시다. 예수는 아마도 이 백성들의 열정의 근원에 대하여 많은 고민을 하셨을 것이다. 그러나 하여튼 우리는 이곳에서 그를 환영하는 자들을 본다. 요한복음에서는 이야기 속의 등장인물이 자신의 행위의 더 깊은 의미를 모를 때(예를 들어, 요 11:51의 가야바) 우리에게 그 잘못을 알려주고 그 사건이 갖는 이중적 의미를 설명해 준다. 예루살렘은 비록 유대 민족주의의 잘못된 동기에 기인한 것이기는 하지만 그날 자신들의 왕의 도착을 환영하고 있다.

하지만 이 본문을 우리의 현대 배경 속으로 가져오면, 우리가 요한복음 6장의 의미를 밝히고자 했을 때 제기했던 질문을 여기서도 던져야 한다. 예수에 대한 우리의 열광적인 환영은 때로는 혼합된 동기에 의한 것이 아닌가? 하나님은 그의 백성들의 찬송이 그릇되고, 불완전하고, 깨진 것일지라도 그것을 받아주실까?

빌립과 헬라인들. 우리는 빌립이 예루살렘에서 하나님을 경외하는 자들("헬라인들", Greeks)을 만난 이야기를 놓쳐서는 안 된다. 그것은 이야기의 극적 전환부에 위치하고 있기 때문에 이 에피소드는 예수의 사명에 대해 어떤 중요한 것을 말해주고 있음에 틀림없다. 그것은 예수가 일차적으로 이스라엘 즉, 그 자신의 백성에게 헌신되어 있다는 공관복음서의 이야기와 평행을 이룬다. 그는 오직 이스라엘 백성들에게만 자신이 메시야임을 계시하기 위해 부르심을 받았다. 예수는 심지어 이렇게 말씀하셨다. "나는 이스라엘 집의 잃어버린 양 외에는 다른 데로 보내심을 받지 아니하였노라"(마 15:24; cf. 마 10:6; 롬 1:14-15). 이스라엘 주변지역(데가볼리, 사마리아)에서의 사역은 이차적인 것이었다. 그러나 이제 이스라엘에서의 그의 사역은 완성되었다. 전통적인 이스라엘 "양 우리"(sheepfold)에 속하지 않은 사람들이 갑자기 예수에게 다가왔다.

이와 같은 "예수의 무리"(Jesus' flock)의 확장은 초기 기독교인들에게는 장애물이었다. 이런 에피소드는 만약 그것이 요한의 교회에서 설교되었다면 중요한 의미를 지녔었을 것이다. 예를 들어, 사도행전 6장에 기록된 긴장을 생각해 보라. 헬라어를 말하는 신자들이(그들은 또한 유대인이었다) 교회 안에서 똑같은 대우를 기대했다. 그러나 차별이 존재했다. 헬라어를 말하는 하나님을 경외하는 자들이 기독교로 개종했을 때 무슨 일이 발생했겠는지를 상상해 보라! 그들의 들어옴이 야고보와 베드로 같은 문화적으로 보수적인 신자들에게 문제를 일으키지 않았겠는가? 이와 같은 문화적, 인종적 다양성이 용납될 수 있었겠는가?

이것이 바로 사도행전 10-11장에서 베드로가 환상을 보고 가이사랴의 로마인 백부장을 개종시켰을 때의 문제였다. 베드로가 예루살렘 지도자들에게 이 사건을 보고했을 때(요 11:11-18), 그는 문화적 문제에 대해 직접적으로 언급했다. "그런즉 하나님이 우리가 주 예수 그리스도를 믿을 때에 주신 것과 같은 선물을 그들에게도 주셨으니 내가 누구이기에 하나님을 능히 막겠느냐 하더라"(행 11:17). 결론은 하나님은 이방인 중에서도 역사하고 계시다는 것이었다(행 11:18).

그러므로 예루살렘 성전에서의 이 사건은 엄청난 중요성을 갖는다. 이 이야기는 이스라엘을 거부함 없이 예수의 사역에 있어서 새로운 방향을 확인해 주고 있다. 예수는 유대사회의 문화적 규범 밖에서 살아가는 자들에게도 헌신적이시다. 그리고 요한은 이런 헌신, 이런 사역의 확장이 "때"(the hour, 요 12:23)의 시작을 알렸다고 주장한다. "헬라인들"을 포용했다는 것은 이제 예수가 세상을 위한 죽음으로 향하는 길을 가고 있다는 것을 의미한다.

그렇다면 예수의 "확장시키는 사역"(widening ministry)을 받아들인다는 것이 우리에게는 무엇을 의미하는지 생각해 보아야 한다. 우리가 요한복음 10장에서 물었듯이 아직 예수의 우리에 들지 않은 "다른 양들"은 누구인가?(요 10:16) 그런 확장된 사명을 받아들이는 것은 위험("십자가")을 초래하고 예수의 길과 같은 길을 가는 것이라는 것을 보여주는 표징이 우리에게도 있는가? 이것이 바로 예수가 헬라인들에 대해 들으시자 자기희생으로 이끄는 제자도에 대해 교훈을 주셨을 때 염두에 두셨던 것인가?

세상의 불신. 우리는 요한복음 12:37-50에 기록된 세상의 불신에 대해 고민해 볼 필요가 있다. 우리는 요한과 초대 기독교인들이 직면했던 딜레마의 중요성을 놓쳐서는 안 된다. 분명히 불신의 문제는 예수의 사역 기간뿐만 아니라 그의 부활 이후에도 골칫거리였을 것이다. 의심할 바 없이 후대의 유대인들은 예수가 세상에 계실 때 많은 유대인들이 예수를 거부했다면 자신들도 예수를 메시야로 믿기 힘들다고 주장했을 것이다. 이것은 많은 신약 기자들에게도 역시 문제였다. 바울은 로마서 9-11장에서 똑같은 비판을 예상했다. 거기서 그는 왜 유대인들이 예수를 온전히 받아들이는 데 실패했는지를 설명해야 했다. 로마서 9:1-5을 조용히 듣고 있으면 우리는 사도의 고뇌를 느끼게 된다.

> 내가 그리스도 안에서 참말을 하고 거짓말을 아니하노라. 나에게 큰 근심이 있는 것과 마음에 그치지 않는 고통이 있는 것을 내 양심이 성령 안에서 나와 더불어 증거하노니, 나의 형제 곧 골육의 친척을 위하여 내 자신이 저주를 받아 그리스도에게서 끊어질지라도 원하는 바로라. 그들은 이스라엘 사람이라. 그들에게는 양자 됨과 영광과 언약들과 율법을 세우신 것과 예배와 약속들이 있고, 조상들도 그들의 것이요, 육신으로 하면 그리스도가 그들에게서 나셨으니, 그는 만물 위에 계셔서 세세에 찬양을 받으실 하나님이시니라! 아멘.

그의 설명은 무엇인가? 세상에서의 하나님의 노력은 실패했는가? 심지어 그의 백성이 반역 속에서 살고 있다 해도 하나님은 여전히 모든 것을 통제하고 계시는가? 혹시 이 문제를 풀 수 있는 선례들이 거룩한 역사 속에 존재하는가? 내가 위에서 지적한 바와 같이 요한은 이사야의 경험 속에서 대답을 찾았다. 어떤 이들은 요한의 완고한 결정론(determinism), 즉 하나님은 그가 원하는 모든 자들을 주권적으로 선택하시고 그가 거부하는 모든 이들을 어둠 속에 방치해 두신다는 주장을 지적할 지 모르지만, 아마도 보다 만족스러운 해석적 대안들이 있을 것이다. 사실 예수는 분명하게 '모든 사람들'(all persons)을 믿음으로 부르신다. 그리고 이것은 세상 전체에 대한 하나님의 사랑에 근거하고 있다(요 3:16). 이사야가 기록한 강퍅케 함이란 아마도 "형벌로서의 강퍅케 함"(judicial hardening), 즉 믿지 않는 자들을 그들의 불신 속에 내버려두는 것, 그들이 하나님을 받아들이기를 거부한 결과들을 그들이 고스란히 당하도록 내버려두는 것을 의미할 것이다.

그러나 우리는 다시 딜레마에 접하게 된다. 사람들은 어떻게 믿음에 이르게 되는가? 믿는 남은 자들은 무엇이 다른가? 하나님의 주권이 다른 이들을 생명과 믿음으로 부르는 데 성공적이지 못했는가? 우리는 인간의 응답의 책임과 맞붙어 싸워야만 한다.[33]

오늘날 이보다 더 시기적절한 주제는 없을 것이다. 현대 세계에서는 불신이 만연하다. 오늘날 사람들은 1세기에 그랬듯이 어둠을 사랑한다. 우리는 오늘날에도 하나님이 "형벌 행위"(judicial activity)를 실천하고 계시다고 결론 내릴 수 있지 않을까? 만약 하나님이 이사야의 청중들의 마음을 강퍅하게 하셨다면, 그리고 만약 하나님이 예수의 청중들의 마음을 강퍅하게 하셨다면, 오늘날에도 사람들의 마음을 강퍅하게 하시지 않을까?

부수적 주제들. 마지막으로 나는 요한복음 12장에서 몇 가지 부수적 주제들을 살펴봐야 한다고 생각한다. 그것들은 본 장의 중심주제는 아니지만 결코 시시한 것은 아니다. (1) 요한은 예수가 아버지께 기도를 드릴 때 예수의 솔직하고 개인적인 마음을 살짝 우리에게 보여준다. 십자가는 끔찍스러운 것이었다. 그리고 예수는 그의 희생이 얼마나 힘든 것인지에 대해 알고 계셨다. 우리는 요한복음 12:27 속에서 예수의 실제적인 고뇌를 보아야 한다. 그러나 아버지의 뜻에 대한 그의 순종은 그의 고뇌보다 훨씬 더 컸다.

(2) 요한복음 12:35-36a은 더할 나위 없이 분명하게 복음적 선택을 요구한다. 우리 역시 결정을 내려야 한다. 12:36b의 헬라어 시제는 예수의 말씀의 힘을 조심스럽게 강조하고 있다. "그리하면 빛의 아들이 되리라." 그것은 사건이고, 문지방을 건너는 일이고, 선을 긋는 일이다. 사람들은 빛의 자녀라는 신분을 상속을 통해 물려받지 않는다. '그들은 선택해야 한다.'

(3) 나는 요한복음 12:41-43의 "두려워하는 신자들"(fearful believers)이 궁금하다. 그들은 정말로 예수의 추종자들이었는가? 그들은 공개적으로 예수와 함께 서기를 꺼려했기 때문에 그들의 믿음은 무효가 되었는가? 이것은 현대에 있어서 자신들의 믿음을 개인화하고 권위와 권력을 가진 자들 사이에서 그 믿음을 "공개적으로 드러내기를"(go public) 꺼리는 자들에게 무엇이라고 말하고 있는가?

---

33. 이 주제를 살펴보기 위해서는, I. H. Marshall, *Kept by the Power of God* (London: Epworth, 1969), 176.

현대적 의미

요한복음의 장들 중에서 12장만큼 논란의 여지가 많은 장은 없다. 여기서 우리는 기독교인들이 수세기에 걸쳐서 논쟁을 해 온 주제들을 찾을 수 있다. 사회적 책임, 정치, 다원주의, 그리고 하나님의 주권. 이것만이 아니다. 12장 마지막 부분에는 예수를 공적으로 지지하고 따를 때 겪어야 할 사회적 위험이 너무 크다고 생각한 어떤 신자들의 이야기가 나온다. 그들은 세상의 권위를 갖고 있는 자들을 두려워한다. 요한은 (조금의 망설임도 없이) 그들의 믿음은 적절치 못한 것이라고 주장한다. 문제가 되는 것은 이 생각들이 분명하지 않다는 것이 아니다. 문제가 되는 것은 그것들을 현대에 적용하기가 어렵다는 데 있다. 그것들은 심지어 논쟁거리이기도 하다. 나는 모든 독자들이 내가 주장하는 것들 중 적어도 절반에 대해서는 찬성하기를 힘들어 할 것이라고 생각한다!

마리아의 사치스런 나드 선물. 마리아의 값비싼 선물은 단지 그때에만 적용될 수 있는 것이었다고 말하는 것은 쉽다. 예수는 십자가를 향해 가고 계셨고, 이것은 그를 준비시키기 위한 선물이었다. 그것은 그녀의 헌신을 기억하게 해 주는 고급스럽고 향기가 좋은 기념물이었다. 예수는 심지어 예루살렘의 로마 군영에서 고문을 당하실 때도 그 기념물을 가지고 계실 수 있었다. 마리아의 선물은 이와 같은 영단번적(once-for-all) 사건을 위한 것이었기 때문에, 우리가 그와 같은 일을 한다는 것은 불가능할 것이다. 성경에는 우리가 그런 행위를 모방해야 한다는 주장이 전혀 없다. 왜냐하면 예수는 베다니에서와 같은 방식으로는 우리와 함께 계시지 않기 때문이다.

물론 선물이 사치스러웠다는 것은 문제가 될 수 있다. 왜냐하면 당시 이스라엘의 일용 노동자는 보통 하루에 1데나리온을 받았기 때문이다. 마리아의 선물은 거의 일년치 급료에 해당하는 것이었다. 그것을 오늘날의 돈으로 환산해 보자. 최저임금을 한 시간당 5달러라고 하면 1데나리온은 40달러에 해당한다. 그렇다면 300데나리온은 12,000달러이다. 상상해 보라! 마리아는 옥합에 든 12,000달러 어치의 향유를 단지 예수를 소중히 하고 그를 높이기 위해 불과 몇 분만에 쏟아 부은 것이다. 그것은 숨이 막히는 장면이다. 분명히 그녀는 반병만 예수께 붓고 나머지는 팔 수도 있었을 것이다. 아마도 그녀는 그 향유를 판 후 예수의 사역을 기리기 위해 뭔가 다른 방법으로 그 돈을 쓸 수도 있었을 것이다(장학금으로 기탁하든지 혹은 어느 단체에 기부를 하는 방법을 통해).

유다의 불평은 실제로 오늘날 모든 교회의 원로들에게서 메아리 치고 있는 것 같다. 만약 우리가 큰 재산을 가지고 있다면 우리는 세계 복음화 사역을 위해 그 돈을 어떻게 사용할 지에 대해 전략을 세우고 그 돈을 지혜롭게 사용하여야 할 것이다. 우리는 굶주린 자들에게 음식을 주고 집이 없는 자들에게 집을 줄 수 있을 것이다. 아마도 우리는 교회사역을 돕거나 선교사들을 지원하는 데 그 돈을 사용할 수 있을 것이다. 다른 (보다 사려 깊은) 원로들은 이렇게 주장할 것이다. "물론 예수께서 베다니에 계셨던 것처럼 오늘 이곳에 계시다면 그 어떤 금액도 아깝지 않을 것입니다. 하지만 예수님은 이곳에 계시지 않습니다. 그것이 바로 문제입니다. 그러므로 우리는 마리아의 행위를 그대로 따라 할 수가 없습니다." 요한복음 12:8에서의 예수의 어려운 말씀은("가난한 자들은 항상 너희와 함께 있거니와 나는 항상 있지 아니하리라") 지금 적용할 수 없다. 예수는 이곳에 계시지 않지만 가난한 자들은 이곳에 있다.

어떤 이들은 그 결과 개인적 내핍생활과 가난한 자들에 대한 헌신을 최고의 덕목으로 삼는 영성을 만들어 냈다. 개인적 경건이 가치를 갖기 위해서는 가난한 자들을 위한 개인적 열정으로 변화되어야 한다. 예수가 선한 사마리아인의 비유를 말씀하실 때 그는 이런 종류의 복잡한 논쟁의 불을 붙이시려 했는지도 모른다. 우리는 낯선 사람의 옆을 그냥 지나쳐 버린 제사장과 레위인을 아무 망설임 없이 비난하지만, 어쩌면 그들은 '하나님을 섬기기 위해' 자신들이 생각하는 바른 일을 하려고 애쓴 것일지도 모른다.[34] 예수는 이 비유에서 유대 전통을 공격하시지도 않고 제사장들과 레위인들에게 반대하시지도 않는다. 그것은 또한 실패한 율법주의에 대한 비유도 아니다. 그 비유는 단지 이렇게 묻고 있다. 영적 훈련(율법)과 실제적 필요(가난한 자들)라는 심각한 문제 사이에서 나는 종교적 우선권을 어디에 두고 있는가?

복음주의자들은 이 논의에 있어서 마음이 편하다. 우리는 하나님 나라를 위한 사역과 기구들을 위해 우리가 어떻게 우리의 "나드 향유"를 팔았는지를 가리킨다. 그러나 이 문제를 다른 각도에서 보았을 때 우리는 덜 편하게 된다. 가장 솔직히 말해 보자: 오늘날 세상 속에서 낭비하는 듯이 보이는 방법으로 예수님을 위하고 그분을 높인다는 것이 가능한가? 한 가난한 아프리카 교회가 교인들의 돈을 모두 모아 그 지역을 기준으로 볼 때 "낭비적인"(extravagant) 규모의 교회를 지었을 때,

34. 최근의 중요한 논문으로는, R. Bauckham, "The Scrupulous Priest and the Good Samaritan: Jesus' Parabolic Interpretation of the Law of Moses," *NTS* 44 (1998): 475-89.

우리는 낭비된 것이 "나드 향유"와 같은 것이라고 말할 수 있겠는가? 루마니아와 팔레스타인 정교회의 성직자들은 그들의 교회를 내게 보여주며 이 "영광스러운 낭비"(glorious extravagance)는 예수님을 높이기 위한 것이라고 말했다. 서방에서 온 방문객들은 그 교회 주변 사람들의 가난한 모습을 보며 그 비용은 잘못 지출된 것이라고 생각할 것이다. 그러나 가난한 자들은 다른 식으로 생각할 지도 모른다.

서양에서 예수를 찬양하기 위한 행위로서 아름다운 교회를 짓거나 내부를 멋지게 꾸미기 위해 돈을 사용하는 것이 가능한가? 내가 유럽의 대성당에 들어갔을 때(그 대성당의 정치적 역사는 무시하기로 하자), 합법적이고 순수한 동기(하나님께 영광을 돌리겠다는 동기)를 칭찬할 수 있겠는가? 대성당의 건축자가 제단 뒤에 있는 그리스도 상에서 나오는 빛을 순금으로 표현하려고 했을 때, 그 결정은 뭔가 잘못된 것이 아니었을까? 나의 교회의 한 노인이 그가 평생동안 저축한 돈의 일부로 성찬식에 사용할 그릇들을 사서 기증하려고 한다면 그것은 선한 일에 사용된 "나드 향유"가 아닌가?

물론 그것을 남용이라고 볼 수도 있다. 그리고 그것이 바로 논쟁의 출발점이다. 가난한 자들에게 사용되어야 할 돈을 사치스러운 것을 사는 데 쓴다면 그것은 문제이다. 분별력 있는 기독교인이라면 용납하지 못할 낭비도 물론 있을 것이다. 그러나 나는 마리아의 선물은 우리가 오늘날 충분히 모방할 수 있는 어떤 것이라고 주장하고 싶다.—물론 조심스럽게 분별력을 가지고 행해져야 하지만 그래도 그런 일 자체는 가능하다고 본다. 가장 간단한 예를 들자면 교회 이사회에서 누더기가 된 어둠침침한 교회 제단을 다시 꾸미자고 했을 때 어떤 사람이 "예수님은 우리가 새 카페트와 조명시설을 갖추는 것이 아니라 가난한 자들을 먹이기를 원하실 것입니다"라고 경건한 태도로 말할 수 있다. 결국 그럴 경우 마리아의 나드 향유는 시장에서 팔리게 될 것이다. 그리고 그런 주장을 하는 이들은 회중들이 적절한 방법으로 예수를 높여 드리는 것을 금지해 버릴 것이다.

예루살렘에서의 예수에 대한 환호. 친숙한 종려주일 이야기는 오늘날 종종 십자가 사건 일주일 전에 그가 예루살렘으로 오실 때 이루어진 순수하고 흠잡을 데 없는 환호로 설명되곤 한다. 물론 갈릴리에서 와서 감람산 서쪽 기슭에서 머물고 있던 순례자들이 있었다. 그들은 예수를 믿었으며 그의 예루살렘 도착을 환영했다. 오늘날 우리의 아이들이 교회 회중석에서 종려나무 가지를 흔들 때 우리는 예수를 보았고 그가 행하신 놀라운 일들을 기억했던 그 순례자들의 행위에 동참하고 있는 것이다. 만약 우리가 유월절 전에 그곳에 있었더라면, 우리도 그들과 함께 소리를 높여 예수를 찬양했을 것이다. 예수께 그런 찬송을 돌리는 것은 적합한 일이다. 예수의 생애에 있어서 이 위대한 날을 재현하고 축하하는 것은 우리가 꼭 해야만 하는 일이다. 누가복음 19:40은 만약 예수의 추종자들이 그 일을 하지 않는다면 자연이 소리를 지를 것이라고 말한다.

그러나 이야기에는 다른 측면이 있다.—그것은 우리들 대부분이 멈춰 서서 귀를 기울이려고 하지 않는 측면이다. 종려주일은 행복한 날이다. 우리는 교회를 꽃으로 장식하고 예쁜 옷을 입고 새 신을 신는다. 그러나 또 다른 메시지는 우리가 축하하고 있는 예수의 모습에 대해 경고를 가져온다. 예루살렘의 군중들 속에는 그 시대의 필요와 예수의 카리스마적 능력을 모두 이해하는 사람들이 많이 있었다. 어떤 면에 있어서 (그들은 이것을 완전하게 이해하지는 못했을 것이다) 그들은 예수와 그의 운동이 그들의 계획을 돕고 있다고 생각했을 것이다. 사회를 위한 그들의 비전과 예수의 현존은 함께 결합되어 그들이 그토록 원하던 변화를 만들어 낼 수 있었다. 복음서의 이야기가 펼쳐져 감에 따라 알게 되듯이, 그 비전들(종교적, 정치적, 그리고 사회적 비전들)을 만족시키지 못한 예수의 실패는 일주일 후 그들로 하여금 예수를 십자가에 못 박으라고 외치게 만들었다.

사회적, 정치적 변화를 위한 우리의 비전에 활력을 불어넣기 위해 예수를 이용하려면 어떻게 해야 할까? 우리는 예수의 이름을 우리들 자신의 선전문구 속에 집어넣었던 적이 없는가? 예를 들어, 나는 (미국) 장로교회의 한 동성연애 로비스트가 동성연애자 목사안수를 위해 다음과 같은 주장을 하는 것을 들은 적이 있다. "예수는 모든 이들을 사랑하셨습니다. 오늘날 아마도 예수는 사회와 교회 속에서의 동성연애자들의 권리를 확립하기 위해 동성연애자 공동체와 함께 서실 것입니다. 누구든지 우리와 함께 서지 않는 자들은 예수를 대적하고 있는 것입니다."

보수주의자들이 이런 예를 찾아내어 그것을 그리스도의 이름에 대한 정치적 오용으로 정죄하는 것은 쉽다. 그러나 같은 질문을 우리들 자신에 대해 물었을 때는 훨씬 더 큰 고통이 느껴진다. 복음주의자들도 마찬가지로 사회적 변화를 위한 계획들을 가지고 있다. 그들은 자신들의 종교적 확신들과 그것을 결합시킨다. 어떤 정치적 주장에 대해 그것이 "성경적"(biblical)이라고 말하는 것은 그 주장의 근거를 인정해 주는 것이다. 하지만 그 정치적 주장에 대해 의문을 제기하는 것은 그의 신학적 정통성을 위험에 빠뜨리게 할 수 있다. 힘과 용기를 가지고 이 점을 지적했던 모든 복음주의자들 중에서 토니 캄폴로(Tony Campolo)는 미국 복음주의자들의 양심을 크게 뒤흔들어 놓았다.[35]

여기서 복음주의자들이 예수의 이름을 잘못 사용한 예들을 들고, 예수를 우리의 영웅으로 잘못 추켜세운 경우들을 소개하고 싶은 생각이 든다.[36] 그러나 그렇게 하는 것은 모든 세대가 정직하게 직면해야 하는 현상들에 대해 숙고하게 하는 대신 제기된 특정한 주장들에 대해서만 열띤 논쟁을 하도록 만들 것이다. 예수는 우리의 찬양과 칭송을 원하신다. 그러나 너무나 자주 우리는 오늘날의 이슈들을 통해서만, 즉 예수가 우리편에 서 계심이 확실하다고 생각하는 그런 이슈들을 통해서만 그를 바라본다.

헬라인들의 도착. 베드로가 욥바에서 극적인 비전을 본 후(행 10장) 이방인들이 교회에 들어왔을 때 예루살렘의 초기 기독교인들이 얼마나 당황했을 지를 생각해 보라. 마찬가지로 예루살렘에서 갑자기 비유대인들이("하나님을 경외하는 자들", God-fearers) 예수께로 나아오기 시작했을 때 사람들이 얼마나 놀랐겠는지를 생각해 보라. 스데반이 성전 당국자들에 의해 비판을 받았던 이유는 스데반이 헬라어를 말하는 유대인(Hellenistic Jew)으로서 더 넓은 지중해 세계에 대해 개방적인 태도를 보였기 때문이었다(행 7장). 예수가 헬라인들과 만나시는 것이 예루살렘 신학자들과의 관계를 얼마나 위험하게 만들었겠는지를 생각해 보라. 어쩌면 베드로나 야고보가 예수께 이렇게 말했을 지도 모른다. "보십시오, 만약 예루살렘의 바리새인 지도자들이 당신의 정통성에 대해 도전을 한다면, 당신은 어렵게 얻은 인기를 잃게 될 것입니다." 예수가 헬라인들과 함께 있는 모습을 보이는 것은 그런 위험을 초래할 만한 일이었다.

여기서 위험의 실체를 알기 위해서는 인종적 순결성에 대한 이스라엘의 열정적 헌신을 이해해야 한다. 모세가 이스라엘 백성들에게 가나안인들과 연합하지 말라는 명령을 한 이후로 이스라엘인들은 블레셋인, 페니키아인, 페르시아인, 헬라인, 혹은 로마인과의 결혼을 통해 유대교의 인종적 순결성을 희석시킨 자들을 의심스러운 눈초리로 보아 왔다. 세상은 두 개의 범주로 엄격하게 나뉘어 있었다. 정결한 자들과 부정한 자들. 그리고 자신을 "정결하게"(clean) 지키는 것은 종교적으로 추구해야 할 가장 높은 목표였다.

그러므로 사마리아인들, 하나님을 두려워하는 자들, 혹은 이방인들이 초대교회

35. 그의 최근 책들 중 두 권을 참조하라. *20 Hot Potatoes Christians Are Afraid to Touch* (Dallas: Word, 1993) 그리고 *Following Jesus Without Embarrassing God* (Dallas: Word, 1997).

36. 단지 큰 보수적 서점에 가서 "사회적 이슈들"(social issues)에 관한 섹션을 대충 살펴보는 것만으로도 그와 같은 예들의 목록을 충분히 만들 수 있을 것이다.

안으로 들어온 일은 단지 인종적 다양성과 관용의 문제가 아니었다. 그것은 유대교의 핵심부분을 칼로 긋는 듯한 중요한 신학적 선언이었다. 고넬료가 참으로 하나님의 자녀라고 말하는 것은 베드로에게 있어서 가장 극적인 순간들 중 하나였다. 랍비 바울에게 있어서 자신을 "이방인들의 사도"라고 소개하는 것은 예루살렘의 옛 동료들에게는 대단히 충격적인 일이었을 것이다.

이것이 요한복음 12:20-26의 더 넓은 문맥이다. 예수를 보기를 원하는 이 헬라인들을 만나는 것은 예수에게 있어서 엄청나게 위험한 일이었다. 그러나 요한 자신의 교회에 있어서(그 교회는 아마도 에베소에 있었을 것이다) 이와 같은 에피소드는 말로 다 표현할 수 없을 정도로 대단히 유용했을 것이다. 만약 요한의 에베소 교회에 많은 이방인들이 있었다면, 이 이야기는 강력한 확증의 역할을 했을 것이다. 만약 그 교회가 인종적 다양성의 문제로 어려움을 겪고 있었다면, 이 이야기는 깔끔한 교훈을 제공해 주었을 것이다.

요한복음 3:16은 예수의 사역의 급진적 헌장이다. "하나님이 세상을 이처럼 사랑하사…"가 의미하는 것은 하나님이 '모든'(entire) 세상을 사랑하신다는 것이다. 그렇기 때문에 그리스도는 모든 세상을 위해 죽으셨다(요 1:12, 29; 요일 2:2). 그는 특정한 인종 혹은 국가에만 자신의 애정과 헌신을 제한시키지 않으신다. 오늘날 우리는 인종적 다양성에 대해 공개적으로 말하는 시대에 살고 있다고 할 수 있다. 그러나 표면에서 그리 깊지 않은 곳에는 인종적 구분들이 넘쳐나고 있다. 나는 에딘버러(Edinburgh)의 가게 주인들이 "이탈리아 관광객들"에 대해 (그들이 마치 피해야 할 마름병인 것처럼) 심하게 이야기하는 것을 들은 적이 있다. 그리고 그리스 기독교인들은 터키 사람들을 이웃으로 거의 받아들이지 못한다. 아일랜드, 레바논, 이스라엘, 미국, 르완다 이 모든 곳의 사정은 같다. "코소보"(Kosovo)라는 이름은 우리의 가슴속에 영원히 기억해 두어야 한다. 그것은 자기 민족 중심주의(그리고 때로는 인종주의)가 분노와 함께 풀려날 때 어떤 일이 발생하는 지를 우리에게 말해 준다. 이런 구별들이 인간들의 경험에 있어서 중심을 이룬다.

나는 똑같은 찬송가를 이집트의 카이로, 스코틀랜드의 애버딘, 이스라엘의 예루살렘, 그리고 시카고의 복음주의 교회들에서 부른 좋은 기억이 있다. 카이로의 교회에서 아랍인들이 그들의 언어로 (교회 합주단과 함께) 내 귀에 익숙한 찬양을 부르기 시작했을 때, 함께 있던 딸이 내 귀에 대고 이렇게 말했다. "아빠, 이 곡은 집에서 부르던 우리 찬송가에요." 스코틀랜드의 북해 해변에 위치한 어떤 도시에서 동일한 찬송을 들었을 때 나는 예수님에 대한 예배가 문화를 초월하는 힘을 가진 것을 보고 놀라지 않을 수 없었다. 예수는 "헬라인들"을 사랑하신다. 이것이 뜻하는 것은 예수는 "이방인들"(Gentiles) 혹은 내가 인종적으로 다르다고 분류하는 그 어떤 사람들도 모두 사랑하신다는 것이다. 안드레와 빌립은 이 사람들에게 퉁명스럽게 이렇게 말하지 않았다. "미안하지만 우리 선생님은 이방인들과는 말씀을 하지 않으십니다." "헬라인"을 환영할 줄 모르는 기독교는 예수의 공동체의 과격한 성격을 이해하지 못하는 것이다.

미국에서 일요일 오전 11시가 가장 인종차별이 심한 시간이라는 말은 이제 흔한 것이 되었다. 예수가 '예루살렘 성전에서' 헬라인들과 함께 있음으로 해서 야기되는 사회적 위험을 기꺼이 감수하려 하셨다는 것, 그리고 그것을 통해 우리에게 주시는 강력한 명령을 이해하지 못한다면, 우리는 세상에 대한 예수의 극단적인 사랑을 이해하지 못하는 것이다. 동시에 우리는 위험도 이해해야 한다. 헬라인에 대한 이야기를 듣자 예수는 즉각적으로 희생과 십자가에 대해 말씀하셨다. 우리가 예수의 비전을 함께 나누고 '지역 복음주의 교회에서' "헬라인들"과 함께 하려 한다면 우리에게도 똑같은 사회적 위험이 따르게 될 것이다.

신앙과 불신. 요한이 12:37-41에서 예수의 청중들의 강퍅케 됨에 대해 말할 때, 그가 의미하는 것은 그렇지 않으면 신앙을 가졌을 사람들을 하나님께서 강제로 믿지 못하게 하셨다는 뜻이 아니다. 12:37-41을 근거로 하여, 하나님께서 그렇지 않으면 중립적이었을 사람들을 믿음의 사람과 불신의 사람으로 지정해 버리신다는 극단적 예정론을 요한이 지지하고 있다고 결론을 내린다면 그것은 잘못된 것이다. 요한이 이곳에서 말하고자 하는 것은 믿기를 거부하는 자들은 심판을 경험하게 될 것이라는 점이다. 그런 사람들을 위해서는 "종말론적 판결이 이미 내려졌다. 이런 이유 때문에 그들은 믿을 수 없다. 그들에게는 이미 시간이 너무 늦었다."[37] 바울도 데살로니가후서 2:10-12에서 사탄 편에 선 자들, 진리를 사랑하고 구원받기를 거부한 자들에 대해 설명할 때 동일한 견해를 나타낸다. "이러므로 하나님이 미혹의 역사를 그들에게 보내사 거짓 것을 믿게 하심은 진리를 믿지 않고 불의를 좋아하는 모든 자들로 하여금 심판을 받게 하려 하심이라"(살후 2:11, 12).

이것은 두 가지 면에서 중요하다. (1) 그것은 신앙의 긴박성을 강조한다. 우리가 살고 있는 세상의 자연적 상태는 어둠이다. 하나님의 빛이 그리스도를 통하여 그 안에 비춰졌다. 빛을 거부하는 자들은 빛이 꺼지는 것을 보게 될 것이며, 다시 어둠

37. Carson, *Divine Sovereignty and Human Responsibility*, 196.

이 그들을 덮게 될 것이다. (2) 그것은 마음이 강퍅해진 불신의 사람을 우리가 보게 될 때 그것이 하나님께서 그에 대한 통제권을 잃으셨다는 뜻이 아님을 우리에게 확신시킨다. 그것은 다만 "하나님께서 구원에 있어서와 마찬가지로 심판에 있어서도 활동적이시라는" 사실을 보여줄 뿐이다.[38]

이것들은 교회의 사명을 위한 강력한 말씀이다. 이것이 뜻하는 바는, 신학 전문용어를 사용하여 말하자면, 요한의 실현된 종말론이 이제 신앙의 경험 속에서 정말로 나타나고 있다는 것이다. 우리가 사람들에게 요구하고 있는 결정은 영원한 중요성을 갖는 극히 중요한 결정이다. 그것은 먼 미래의 심판으로부터 구원을 받기 위해 "믿으라는" 초대가 아니다. '심판은 지금 시작된다. 구원도 지금 시작된다.' 우리의 결정의 결과들은 현재의 우리의 삶 속에서 나타나기 시작한다. 그것은 치료될 수 있는 병을 앓고 있는 사람과 같다. 항생제가 질병의 증세들을 되돌려 놓기 시작했다. 항생제가 없다면 환자의 상태는 매일 악화될 것이다. 그러므로 예수의 긴급한 말씀들은 이와 같은 급박한 상황을 염두에 둔 것이다. 치료제를 거부하는 것은 질병에 굴복하는 것이다. 믿음을 갖기를 거부하는 것은 어둠에 삼키우는 것이다.

이 섹션이 함축하고 있는 의미는 아주 냉정하다. 예수가 예루살렘에서 청중들을 피해 숨으신 것처럼(요 12:36), 그리고 예수를 통해 제공된 보게 됨을 거부한 자들의 눈을 하나님이 멀게 하신 것처럼(요 12:40), 하나님의 심판은 그를 끝내 거부한 자들과 그들의 시대를 향해 지금도 내려질 수 있다.

38. Ibid.

요한복음 13:1-38

1 유월절 전에 예수께서 자기가 세상을 떠나
아버지께로 돌아가실 때가 이른 줄 아시고
세상에 있는 자기 사람들을 사랑하시되 끝까
지 사랑하시니라
2 마귀가 벌써 시몬의 아들 가룟 유다의 마음
에 예수를 팔려는 생각을 넣었더라
3 저녁 먹는 중 예수는 아버지께서 모든 것을
자기 손에 맡기신 것과 또 자기가 하나님께
로부터 오셨다가 하나님께로 돌아가실 것을
아시고
4 저녁 잡수시던 자리에서 일어나 겉옷을 벗고
수건을 가져다가 허리에 두르시고
5 이에 대야에 물을 떠서 제자들의 발을 씻으
시고 그 두르신 수건으로 닦기를 시작하여
6 시몬 베드로에게 이르시니 베드로가 이르되
주여 주께서 내 발을 씻으시나이까
7 예수께서 대답하여 이르시되 내가 하는 것을
네가 지금은 알지 못하나 이 후에는 알리라
8 베드로가 이르되 내 발을 절대로 씻지 못하
시리이다 예수께서 대답하시되 내가 너를 씻
어 주지 아니하면 네가 나와 상관이 없느니라
9 시몬 베드로가 이르되 주여 내 발뿐 아니라
손과 머리도 씻어 주옵소서
10 예수께서 이르시되 이미 목욕한 자는 발밖에
씻을 필요가 없느니라 온 몸이 깨끗하니라
너희가 깨끗하나 다는 아니니라 하시니
11 이는 자기를 팔 자가 누구인지 아심이라 그
러므로 다는 깨끗하지 아니하다 하시니라
12 그들의 발을 씻으신 후에 옷을 입으시고 다
시 앉아 그들에게 이르시되 내가 너희에게
행한 것을 너희가 아느냐
13 너희가 나를 선생이라 또는 주라 하니 너희
말이 옳도다 내가 그러하다
14 내가 주와 또는 선생이 되어 너희 발을 씻었
으니 너희도 서로 발을 씻어 주는 것이 옳으
니라
15 내가 너희에게 행한 것 같이 너희도 행하게
하려 하여 본을 보였노라
16 내가 진실로 진실로 너희에게 이르노니 종이
주인보다 크지 못하고 보냄을 받은 자가 보
낸 자보다 크지 못하나니
17 너희가 이것을 알고 행하면 복이 있으리라
18 내가 너희 모두를 가리켜 말하는 것이 아니
니라 나는 내가 택한 자들이 누구인지 앎이
라 그러나 내 떡을 먹는 자가 내게 발꿈치를
들었다 한 성경을 응하게 하려는 것이니라
19 지금부터 일이 일어나기 전에 미리 너희에게
일러 둠은 일이 일어날 때에 내가 그인 줄 너
희가 믿게 하려 함이로라
20 내가 진실로 진실로 너희에게 이르노니 내가
보낸 자를 영접하는 자는 나를 영접하는 것
이요 나를 영접하는 자는 나를 보내신 이를
영접하는 것이니라
21 예수께서 이 말씀을 하시고 심령이 괴로워
증언하여 이르시되 내가 진실로 진실로 너희
에게 이르노니 너희 중 하나가 나를 팔리라
하시니
22 제자들이 서로 보며 누구에게 대하여 말씀하
시는지 의심하더라
23 예수의 제자 중 하나 곧 그가 사랑하시는 자
가 예수의 품에 의지하여 누웠는지라
24 시몬 베드로가 머릿짓을 하여 말하되 말씀하
신 자가 누구인지 말하라 하니
25 그가 예수의 가슴에 그대로 의지하여 말하되
주여 누구니이까
26 예수께서 대답하시되 내가 떡 한 조각을 적

셔다 주는 자가 그니라 하시고 곧 한 조각을
적셔서 가룟 시몬의 아들 유다에게 주시니
27 조각을 받은 후 곧 사탄이 그 속에 들어간지
라 이에 예수께서 유다에게 이르시되 네가
하는 일을 속히 하라 하시니
28 이 말씀을 무슨 뜻으로 하셨는지 그 앉은 자
중에 아는 자가 없고
29 어떤 이들은 유다가 돈궤를 맡았으므로 명절
에 우리가 쓸 물건을 사라 하시는지 혹은 가
난한 자들에게 무엇을 주라 하시는 줄로 생
각하더라
30 유다가 그 조각을 받고 곧 나가니 밤이러라
31 그가 나간 후에 예수께서 이르시되 지금 인
자가 영광을 받았고 하나님도 인자로 말미암
아 영광을 받으셨도다
32 만일 하나님이 그로 말미암아 영광을 받으셨
으면 하나님도 자기로 말미암아 그에게 영광
을 주시리니 곧 주시리라
33 작은 자들아 내가 아직 잠시 너희와 함께 있
겠노라 너희가 나를 찾을 것이나 일찍이 내
가 유대인들에게 너희는 내가 가는 곳에 올
수 없다고 말한 것과 같이 지금 너희에게도
이르노라
34 새 계명을 너희에게 주노니 서로 사랑하라
내가 너희를 사랑한 것 같이 너희도 서로 사
랑하라
35 너희가 서로 사랑하면 이로써 모든 사람이
너희가 내 제자인 줄 알리라
36 시몬 베드로가 이르되 주여 어디로 가시나이
까 예수께서 대답하시되 내가 가는 곳에 네
가 지금은 따라올 수 없으나 후에는 따라오
리라
37 베드로가 이르되 주여 내가 지금은 어찌하여
따라갈 수 없나이까 주를 위하여 내 목숨을
버리겠나이다
38 예수께서 대답하시되 네가 나를 위하여 네
목숨을 버리겠느냐 내가 진실로 진실로 네게
이르노니 닭 울기 전에 네가 세 번 나를 부인
하리라

원 의미

요한복음 13:1에서 요한복음의 두 번째 절반이 시작된다. 어떤 학자들이 보기에는 이것은 영광의 책 전체의 서론적 제목과 같다.[1] "표적의 책"(Book of Signs, 요 1-12장)은 유대교 내에서의 예수의 '공적'(public) 사역에 초점을 맞춘다. 예수는 일련의 표적들과 강화(講話)들을 제공하신다. 그것들은 그의 시대의 유대 제도들과 축제들에 크게 의존하고 있다. 그의 청중들은 범위가 넓다. 왜냐하면 예수는 그를 믿게 될 사람들을 두루 찾고 계시기 때문이다. 그는 믿음의 위기들을 촉발시키신다. 그래서 많은 장들에 있어서 그의 청중들 사이에 분열이 발생한다. 어떤 이들은 믿음을 선택하고 다른 이들은 불신에 머문다.

그러나 "영광의 책"(Book of Glory, 요 13-21장)은 우리의 관심을 예수의 '개인적인'(private) 사역과 그가 영광스럽게 될 때(십자가)로 이동시킨다. 그 영광의 때

1. 요한복음의 구조에 대한 상세한 설명을 위해서는 본서의 서론을 참조할 것.

는 요한복음 1-12장에 걸쳐서 약속되어 왔던 것이다. 그의 청중들의 범위는 그를 진심으로 믿는 자들로 좁혀졌다. 13-17장에서 예수는 오직 그의 제자들과만 함께 계신다. 18-21장은 예수가 마침내 영광스럽게 되심을 기록한다.

요한복음 전반부의 초점은 예수의 '표적들'에 맞춰져 있다. 그것들은 예수의 정체성의 증거들로서 그의 기적적인 사역들을 통해 나타난다. 요한복음 후반부의 초점은 '그때'(the hour)에 맞춰져 있다. 예수는 이제 그를 따르는 자들에게 작별을 고해야 한다. 그는 체포, 십자가, 부활, 그리고 승천을 통해 아버지께 되돌아가는 것을 시작하셔야 한다. 요한복음 13:1에서 예수는 세상을 떠나야 할 "그의 때"(his hour)가 왔다는 사실을 아신다. 그리고 그는 관심의 초점을 그가 사랑했던 "그의 사람들"(his own)에게 맞추신다.

표적의 책 전체에 걸쳐서 우리는 표적과 강화 사이의 연계를 본다. 예수가 표적을 주실 경우(예를 들어, 오천 명을 먹이심), 그는 일반적으로 그 표적의 보다 깊은 의미에 대한 설명(강화)을 또한 제공하신다. 그는 자신이 세상의 빛이심을 설명하시고 맹인을 치료하신다(요 8-9장). 반면 영광의 책에는 단 하나의 표적, 단 하나의 중요한 사건이 있을 뿐이다. 그것은 십자가 위에서의 예수의 죽음이다. 마찬가지 방식으로, 요한복음 13-17장에 나타나는 예수의 긴 가르침은 이 "마지막 표적"(final sign)을 설명하는 "마지막 강화"(final discourse)이다.

레이몬드 브라운(Raymond Brown)은 요한복음의 문학적 형식을 시계추가 그리는 원호와 비교하기를 좋아한다.[2] 시계추는 높은 곳에서 운동을 시작한다. 그것은 낮은 곳까지 도달했다가 다시 원래의 높은 위치로 돌아간다. 요한복음의 서론도 이런 구조를 반영한다. 1:1에서 말씀은 하나님의 영역에 존재하신다. 1:10에서는 거절당함의 위험이 있다. 1:18에서 예수는 다시 한 번 하나님과 동일시되신다. 마찬가지로 요한복음은 예수를 그의 성육신을 통해 세상에 들어온 말씀(Word)으로 소개한다. 그는 기적적인 표적들을 통해 유대교에 대해 자신의 정체를 영광스럽게 계시하신다. 그러나 이야기가 전개되어 감에 따라 적대감이 가중된다. 비록 예수는 세상 속에서 비추고 있는 거룩한 빛이시지만, 그 빛을 끄겠다고 위협하는 어둠이 다가오고 있다. 썰물이 최저점에 이르렀을 때 유다는 예수를 배신하기 위해 "밤에" 떠나간다(요 13:30). 표적의 책이 시계추가 내려가는 부분이었다면, 영광의 책은 시계추가 다시 올라가는 부분이다.

2. R. Brown, *John*, 2:541.

왜 이것이 중요한가? 내가 이것을 강조하는 이유는 요한복음 신학에 있어서 예수의 죽음은 비극이 아니기 때문이다. 십자가는 최저점이 아니다(마가의 이야기에서는 그럴 지도 모르지만). 그것은 예수의 영광의 최고의 순간이다. 그러므로 요한은 예수의 십자가를 영광으로 재해석하는 언어를 사용한다. 인자가 "들릴"(lifted up, 요 12:32) 것이다. 그리고 그렇게 될 때에 그는 모든 이들을 자신에게로 이끌 것이다(cf. 요 3:13-14; 8:28). 요한복음 19:19-20에서 예수가 십자가 위에 있을 때, 그는 세상의 모든 주요 언어를 통해 "왕"이라고 선포되었다. 그러므로 십자가는 예수가 모든 것들 위로 "높여지신"(elevated) 곳이고, 영광스러운 통치자로서 환호를 받으신 곳이다. 예수는 부활을 통해 하늘에 있는 그의 자리로 돌아갈 권능을 부여받으신다.[3] 요한복음 서론이 믿고 하나님의 자녀가 된 자들에게 주어지는 영생의 선물을 지적하는 것과 마찬가지로(요 1:12), 영광의 책은 예수가 자신의 영(Spirit)을 제자들에게 주심으로 그들을 참으로 자신의 사람들로 만드시는 것으로 끝난다(요 20:22).

요한복음 13장의 식사의 문제. 13장은 예수가 마지막 대화를 나누시며 그의 제자들과 저녁식사를 하셨다고 말한다(요 13:2). 많은 독자들은 이것이 공관복음에 언급된 유월절 식사일 것이라고 가정한다(마 26:17-19). 그러나 여기에는 모든 해석자들이 연구해야 할 퍼즐이 있다. 많은 주석가들은 요한복음이 공관복음의 연대기와 잘 일치하지 못하고 있다고 믿는다. 그러나 나는 이것이 해결 불가능한 문제가 아니라고 믿고 싶다.[4]

1세기의 유대 문화에 있어서 하루는 일몰과 더불어 시작되었다.[5] 그러므로 목요일의 황혼 이후에 시작된 날은 이어지는 금요일 아침과 오후와 같은 "날"(day)이었다. 그런 날들은 음력에 기초를 둔 달들과 날짜들을 가지고 있었다(예를 들면, 니산월 혹은 기슬레월, 5일 혹은 6일). 유월절은 봄인 니산월에 있었다. 니산월 14일은 "준비일"(day of Preparation)이었다. 그날 유대인들은 유월절양을 잡았다. 그날 저녁이 되면(새 날) 니산월 15일이 되었다. 이 날 유대인들은 유월절 식사를 했다. 그러므로 유대인 가정은 어느 날 오후 3시에 그들의 어린양을 잡고(니산월 14일),

3. Ibid., 2:541-42.

4. 이 복잡한 문제를 포괄적으로 이해할 수 있도록 설명한 것으로는, L. H. Marshall, *Last Supper and Lord's Supper* (Exeter: Paternoster, 1980). 또한 참조. J. Jeremias, *The Eucharistic Words of Jesus* (London: SCM, 1966), 15-84.

5. 이것은 유대식 패턴이었다. 로마세계에 있어서 하루는 오늘날과 같이 한 밤중에 시작되었다.

네 시간 후 니산월 15일에는 그것을 먹는 것이다(두 가지 일이 서로 다른 두 "날들"에 발생한다).

공관복음에 따르자면 니산월 14일은 수요일 저녁에 시작해서 목요일까지 계속되었다. 목요일 아침에 예수는 베드로와 요한에게 앞서 가서 유월절을 예비하라고 말씀하셨다(눅 22:7-13). 그러므로 니산월 15일(유월절)은 목요일 저녁에 유월절 식사와 함께 시작되어서(막 14:16) 금요일까지 계속되었다. 예수는 목요일 밤에 체포되셨고 다음날 십자가에 달리셨다(두 사건 모두 니산월 15일에 발생했다). 그러나 이것은 일반적이지 않은 유월절이었다. 왜냐하면 유월절이 안식일과 가까이 있었기 때문이다. 예수는 십자가에서 내려졌다. 왜냐하면 안식일이 금요일 일몰과 함께 시작될 것이었기 때문이다(막 15:42). 그러므로 그 주에 있어서 목요일밤/금요일은 유월절일 뿐만 아니라 "안식일의 준비일"(day of Sabbath Preparation)로 인식되었다. 요약하자면 목요일 저녁에 잡수신 예수의 식사는 공관복음에 따르자면 참으로 유월절 식사였다.

요한복음에 있어서 중요한 문제는 예수가—아마도 유월절 어린양이 죽임을 당하는—"준비일"에 십자가에 못 박히셨다고 말하고 있다는 것이다(요 19:14, 31). 그러므로 만약 금요일이 니산월 14일(준비일)이었다면 목요일 저녁의 예수의 식사도 역시 니산월 14일이었을 것이고, 그것은 그의 유월절 식사가 될 수 '없었다.' 요한은 (만약 우리가 이런 해석을 따른다면) 이 주에 있어서 유월절이 공관복음의 기록보다 하루 더 늦게 왔다고 주장하고 있는 셈이다.

이에 대한 해결책은 네 가지 형태를 띠고 있다. (1) 어떤 이들은 공관복음의 기록이 옳으며 요한이 신학적 의도를 가지고 예수를 니산월 14일에 십자가에 못 박히도록 했다고 한다(그렇게 함을 통해 예수를 유월절 양으로 만들었다는 것이다). (2) 어떤 이들은 요한복음의 기록이 옳으며, 예수는 그날 밤에 손님들과 일상적인 저녁식사를 하셨을 뿐이고, 공관복음이 신학적 의도를 가지고 예수의 마지막 식사를 유월절 식사와 일치시키려 했다고 주장한다.[6]

(3) 다른 이들은 '양쪽의' 설명이 (비록 다르기는 하지만) 모두 정확하다고 본다. 예를 들어, 브루스(F. F. Bruce)는 예수가 하루 먼저 "비정상적인"(irregular) 유월절 식사를 가지셨다고 본다.[7] 그러나 이 견해를 취하기 위해 학자들은 예수가 니

---

6. R. T. France, "Chronological Aspects of Gospel Harmony," *VE* 16 (1986): 50-54; Brown, *John*, 2:555-57.
7. F. F. Bruce, *New Testament History* (1969), 191ff.

산월 14일과 15일 '모두'(both) 유월절 식사를 하셨다고 주장했다. 그들이 제시하는 이유는 다양하다. 성전의 혼잡과 죽임을 당하는 많은 어린양들 때문에, 유월절이 안식일과 너무 인접했기 때문에, 경쟁관계에 있는 달력들 때문에(양력과 음력), 지역적 차이 때문에(갈릴리, 유다), 혹은 날을 구분하는 방법의 차이 때문에(일몰부터 일몰까지 혹은 일출부터 일출까지). 마샬(I. H. Marshall)은 그의 해법을 간략하게 제시한다. "우리의 결론은 예수가 공식적인 유대인의 날짜보다 더 일찍 유월절 식사를 가지셨다는 것이다. 그는 유대인들 사이의 달력의 차이 때문에 그렇게 하실 수 있었다."[8] 이것들은 나름대로 그럴듯한 제안들이다.

(4) 많은 이들이 흥미를 갖는 매력적인 네 번째 견해가 있다. 이 식사가 공관복음의 식사와 동일한 것이라는 것을 요한이 이해했다는 것은 분명하다. 가룟 유다에 대한 언급은(요 13:21-30; cf. 마 26:20-25) 둘 사이를 굳게 연결한다. 요한은 또한 이 식사를 분명히 유월절 식사로 제시하고 있다. 순례자들은 율법의 규정에 따라 그것을 예루살렘에서 먹어야 했다(요 11:55; 12:12, 18, 20). 그것은 (유월절 규정에 따라) "기대어서"(reclining) 먹는 의식적인(ceremonial) 식사였다. 예수는 식사 후에도 예루살렘 주변을 떠나지 않고(그것은 율법이 금하는 것이었다) 겟세마네로 가셨다.[9] 유월절 구호품이 배급되었다(요 13:29); 그리고 제자들은 유월절 규정이 요구하는 대로 "레위법적 정결"(levitical purity) 상태였다(요 13:10).[10] 그러므로 요한복음에서의 식사는 분명히 유월절 식사였다.

그러나 예수가 "준비일"에 십자가에 못 박히셨음을 암시하는 구절들은 어떻게 해야 하는가? 요한복음에 따르자면 예수는 니산월 14일(준비일)에 못 박히셨다는 주장은 예수가 십자가에 못 박히셨을 때 유월절이 아직 임하지 않았음을 암시하는 다섯 개의 구절들에 근거를 두고 있다.

- 요 13:1-2. "유월절 전에 예수께서 자기가 세상을 떠나 아버지께로 돌아가실 때가 이른 줄 아시고…저녁 식사가 준비되었더니(The evening meal was being served)…"(영어를 적은 부분은 개역개정판에 나와 있지 않다.-옮긴이).

8. Marshall, *Last Supper and Lord's Supper*, 74.
9. 예수는 베다니로 돌아가실 수 없었다. 왜냐하면 그 마을은 예루살렘의 공식적 경계선을 넘어선 곳에 있었기 때문이다. 예루살렘 경계 내에 있는 곳으로서는 벳바게가 가장 먼 곳이었다. 이 규정은 신 16:7에 대한 랍비들의 해석에 근거했다.
10. 참조. C. C. Torrey, "In the Fourth Gospel the Last Supper Was a Passover Meal," *JQR* 42 (1952): 237-50.

- 요 13:29. "어떤 이들은 유다가 돈궤를 맡았으므로 명절에 우리가 쓸 물건을 사라 하시는지 혹은 가난한 자들에게 무엇을 주라 하시는 줄로 생각하더라."
- 요 18:28. "그들이 예수를 가야바에게서 관정으로 끌고 가니 새벽이라 그들은 더럽힘을 받지 아니하고 유월절 잔치를 먹고자 하여 관정에 들어가지 아니하더라."
- 요 19:14. "이 날은 유월절의 준비일이요 때는 제육시라…"
- 요 19:31. "이 날은 준비일이라 유대인들은 그 안식일이 큰 날이므로 그 안식일에 시체들을 십자가에 두지 아니하려 하여 빌라도에게 그들의 다리를 꺾어 시체를 치워 달라 하니."

우리는 나중에 주석에서 이 구절들을 보게 될 것이다. 그러나 지금 우리가 알아두어야 할 것은 위의 구절들은 요한복음 13장의 식사가 유월절 이전의 것임을 반드시 암시하고 있지는 않다는 사실이다.[11] 요한복음 13:1의 "유월절 전에"는 아마도 예수가 자신의 때가 이른 것을 아신 때를 말할 것이다. 그리고 13:2에 언급된 식사는 13:1에 언급된 유월절 자체를 말할 것이다. 13:29는 유다가 축제를 위해 뭔가를 사야 한다고 말하고 있다. 그러나 이것은 그들이 지금 당장 필요로 하는 것일 수도 있고 다음 날을 위해 필요로 하는 것일 수도 있다. 18:28에서 권위자들은 이방인과의 접촉을 두려워한다. 그러나 그런 제의적 불결함은 (그날이 니산월 14일이었다면) 일몰과 동시에 사라져 버렸을 것이다. 이 사람들이 의미했던 것은 유월절(니산월 15일) 밤이 지난 다음 날 낮에 먹는 '식사'(*chagiga*)였을 것이다.[12]

마지막으로, 요한복음 19:14와 19:31에 언급된 "준비일"은 반드시 유월절의 준비일을 지칭할 필요가 없다. 그것은 안식일의 준비일을 의미할 수도 있다. 사실 19:31은 안식일과의 연결을 분명하게 보여준다. 마가복음 15:42 역시 예수가 십자가에 못 박히신 날(금요일)을 이런 방식으로 언급하고 있다("이 날은 준비일 곧 안식일 전날이므로…"). 더구나 우리는 니산월 14일을 "유월절의 준비일"(the day of Preparation for the Passover)이라고 부르는 성경외적 증거를 전혀 갖고 있지 않다.[13] 많은 학자들은 그 어구가 단지 "유월절 주간의 금요일"(혹은 "유월절 기간 중

---

11. 이에 대해서는, C. Blomberg, *The Historical Reliability of the Gospels* (Downers Grove, Ill.: InterVarsity, 1987), 175-80; I. H. Marshall, *Last Supper and Lord's Supper*, 69-71; D. A. Carson, *John*, 455-58; C. C. Torrey, "The Date of the Crucifixion According to the Fourth Gospel," *JBL* 50 (1931): 227-41.
12. 참조. C. C. Torrey, "The Date of the Crucifixion," 240-41.

의 안식일의 준비일")을 지칭하는 표현이라고 생각하고 있다.

만약 이 네 번째 노선의 생각이 옳다면(나는 그럴 가능성이 높다고 생각하고 있다), 요한의 연대기는 공관복음의 설명과 완벽하게 일치한다. 목요일 저녁에 니산월 15일이 시작된다. 그때 예수는 유월절 식사를 주관하셨다. 그리고 금요일 오후에 예수는 십자가에 달리셨다. 그날은 "유월절 기간 중의 (안식일의) 준비일"이었다. 나는 이 설명이 길고 아마도 복잡했을 것이라는 사실을 인정한다. 그러나 이것은 중요하다. 요한복음의 역사적 신뢰성에 관한 비평적 논의에 있어서 연대기의 문제와 요한의 고난 설화의 문제는 항상 검토의 대상이 된다.

예수가 제자들의 발을 씻으심(요 13:1-17)

요한이 체포 전의(요 18:12) 예수의 마지막 식사에 대해서는 기록하고 있으면서도(요 13:2), 공관복음(마 26:17-19; 막 14:12-16; 눅 22:7-13)과 바울서신(고전 11:23-26)을 통해 우리가 잘 알고 있는 성만찬의 상세한 부분에 대해서는 기록하고 있지 않다는 사실이 이상하게 보일 수 있다. 그 이유는 (불트만이 한 때 그렇게 주장했듯이) 요한이 그 식사를 연관성이 없는 것으로 보았기 때문은 분명히 아니다. 요한복음 6:52-58은 요한이 그 식사에 대해 큰 관심을 가지고 있었음을 보여준다. 우리가 보게 되겠지만 그 식사의 의미에 대한 암시가 요한복음 13-16장에 나타난다. 다른 이들은 요한이 이미 그 식사의 의미를 잘 알고 있는 기독교인들을 위해 글을 쓰고 있다는 사실을 인식하고 있었다고 힘있게 주장해 왔다. 아마도 그는 이미 마가복음을 읽은 기독교인들을 염두에 두고 글을 쓰고 있었을 것이다.[14] 요한은 마가복음의 탄생에 공헌을 한 "성만찬 설화"(Eucharist narrative)를 의식하고 있었을 것이다. 만약 그렇다면 요한은 잘 알려진 전승을 보충하려 (혹은 해석하려) 했을 것이다. 그는 성만찬에 보다 완벽한 신학을 제공해 줄 수 있는, 다른 곳에서는 본 적이 없는, 새로운 사실들을 이야기해 준다.[15]

공관복음에서는 두 개의 중요한 주제들이 등장한다. (1) 예수가 자신의 죽음을

13. Jeremias, *Eucharistic Words*, 80.

14. R. Bauckham, "John for Readers of Mark," in R. Bauckham, ed., *The Gospel for All Christians Rethinking the Gospel Audiences* (Grand Rapids/Edinburgh: Eerdmans/T & T Clark. 1998). 147-71; 이것은 Barrett의 주석에 대한 일반적 견해이다.

15. Beasley-Murray, *John*, 226; Schnackenburg, *John*, 3:46.

지적하기 위해 유월절 떡과 포도주의 이미지를 사용하신다(몸이 찢기고, 피가 쏟아진다). 이것과 함께 유다의 배신(그의 행동이 예수의 체포의 요인이 되었다)과 베드로의 거부에 대한 설명이 나타난다. (2) 누가는 그날 밤 누가 큰가에 대한 논쟁이 있었다고 말한다. 이에 대한 대답으로 예수는 진정한 종의 정신에 대해 제자들에게 말씀하셨다(눅 22:24-27). 요한은 이 주제들을 다락방 담화 속에서 통합시키고 있다. 예수는 자신의 죽음과 떠남에 대해 분명한 어조로 말씀하실 뿐만 아니라 진정한 종됨에 대해 설명하시고 그 모델을 제시하신다. 요한복음 13장에서 이 두 주제들은 연달아 등장한다. 예수의 영적인 씻으심과(요 13:2-11) 겸손한 섬김에 대한 도덕적 명령(요 13:12-20). 사실 나중에 예수는 그의 추종자들과 자신과의 밀접한 관계를 설명하시기 위해 포도나무에 대한 설교도(cf. 막 14:25, "포도나무에서 난 것") 하실 것이다(요 15:1-11).

만약 요한이 그 식사를 유월절 식사로 보고 있다는 나의 견해가 옳다면(위의 설명을 보라), 13:1은 발을 씻음이 의례적 식사 바로 직전에 발생했음을 암시하는 것 같다. 식사가 제공되었을 때(요 13:2)[16] 예수는 자신을 따르는 자들에 대한 사랑의 깊이를 보이시기 위해 의식들을 중단시키신다(요 13:1b).

가룟 유다에 대한 13:2의 부연설명은 예수가 그 사랑의 대가에 대해 충분히 알고 계셨음을 우리에게 상기시킨다. 왜냐하면 마귀의 조종을 받는 어둠의 세력은 이미 유다를 통해 계획들을 실천하고 있었기 때문이다. 이 부분의 헬라어는 뜻이 불명확하다. "마귀는 유다가 그[예수]를 배신할 것이라는 것을 이미 '그의'(his) 마음속에 집어넣었다"(The devil had already put in 'his' heart that Judas should betray him [Jesus]. 문자적 번역). 그러나 여기서 그의 마음은 누구의 마음인가? 그것이 유다의 마음일 것이라는 우리의 추측은(NIV) 전적으로 명확한 것은 아니다. "그의 마음속에 집어넣었다"라는 부분은 또한 "그가 결심했다"(made up his mind)라고 번역할 수도 있다. 그리고 몇몇 헬라어 사본들에 따르자면, 유다는 아직은 마귀의 작업의 대상이 아니었다. 이 부분의 의미는, "유다가 예수를 배반해야 한다고 마귀가 결심했을 때…"(When the devil had decided that Judas should

---

16. 식사의 시간과 관련하여 헬라어 본문에 중요한 차이들이 존재한다. 부정과거 시제("식사 후에…"[after the meal] KJV)냐 아니면 현재 시제("식사 도중에…"[during supper] RSV, NRSV; "저녁 식사가 제공될 때…"[the evening meal was being served] NIV)냐에 따라 의미가 달라진다. 요한복음 13:26에서 식사가 아직 진행 중이기 때문에 예수가 제자들의 발을 씻으신 것이 식사가 완전히 끝난 다음이라고 볼 수는 없다.

betray Jesus…)일 가능성이 높다.[17] 사탄은 13:27에 이르러서야 유다에게 들어갔다. 어떤 경우이든 유다는 믿기를 거절한 자가 되었다(요 12:46). 그는 어둠에 둘러싸여 있기 때문에 예수의 대적 사탄의 앞잡이가 될 준비가 되었다.

제자들의 발을 씻기로 한 예수의 결심은 하나님과 자신과의 관계에 대한 그의 확신에 근거하고 있다(요 13:3). 그는 자신의 기원과 앞으로의 운명 모두를 알고 있다. 그렇기 때문에 그는 자신에게 주어진 권세를 이해한다. 이것은 그에게 자신의 추종자들이 결코 기대할 수 없는 일을 할 수 있는 용기를 준다. 발을 씻어 주는 일은 그리스-로마 세계와 1세기 유대 문화에 있어서 일상적인 일이었다. 그것은 의식적인 혹은 매일의 씻음일 수도 있었고, 종교적 행위일 수도 있었으며(이를테면 안식일 전에 더운물로 손과 발을 씻는 행위), 혹은 누군가가 집에 들어왔을 때 그에 대한 환대의 표시일 수도 있었다.[18] 그 당시에는 길이 더러웠고 샌들은 매일 닳아 떨어졌다. 누가복음 7:36-50에서 바리새인 시몬이 예수의 발을 씻지 않은 것은 올바로 해석하자면 그의 적대감의 표현이었다. 디모데전서 5:10에서 성도들의 발을 씻는 것은 겸손한 섬김에 대한 은유적 표현으로 사용된다.

발을 씻어 주는 것은 너무 천한 일이었기 때문에 어떤 유대 자료들에 따르자면 유대인 노예들은 그 일에서 면제되었고 이방인 노예들이 그 일을 맡았다고 한다. 한 이야기에 따르자면 랍비 이스마엘(Ishmael)이 집에 돌아왔을 때 그의 아내가 그의 발을 씻으려 했다고 한다. 그는 그 일이 너무 천한 일이라고 하며 그것을 거절했다. 그러자 그녀는 그 일은 사실 그녀의 명예라고 주장하며 랍비들의 법원에 심의를 의뢰했다.[19] 유대인들의 아름답고 낭만적인 책인 '요셉과 아스낫'(Joseph and Asenath)에 보면 요셉의 신부인 아스낫이 요셉을 너무나 사랑하여 그의 발을 씻겠다고 자청한다. 요셉이 이를 거부하고 하녀를 부르려고 하자 아스낫은 그것을 가로막는다. "아닙니다. 나의 주님. 이제부터 당신은 나의 주님이시고 나는 당신의 하녀입니다. 당신의 발은 나의 발이고 당신의 손은 나의 손입니다.…다른 여인은 결코 당신의 발을 씻지 못할 것입니다"(20:4).[20]

우리의 모든 고대 자료들은 발을 씻는 일이 품위를 잃는 천한 일임을 보여주고

---

17. 이런 의견으로는, Barrett, *John*, 439; 이에 대한 대안으로 제시되는 번역은 "예수를 배신하라고 마귀가 유다를 충동질했을 때…"(when the devil prompted Judas to betray Jesus…).
18. 창 18:4; 19:2; 24:32; 43:24; 삿 19:21; 삼상 25:41. 1세기 유대교를 위하여는 가경인 *Testament of Abraham*(ch. 3)을 참조하라. 거기서 아브라함은 손님들의 발을 씻는다. 또한 참조. Homer's *Odyssey*, 19.343.
19. Carson, *John*, 462; Barrett, *John*, 440.

있다. 아내(그녀의 남편을 위해), 자녀(그의 부모를 위해), 혹은 학생(그의 선생님을 위해)이 발을 씻을 때면 그것은 항상 극단적인 헌신의 행위였다. 그러나 그것은 사회적 의미를 담은 행위였기 때문에, "더 높은"(higher) 신분을 가진 자가 자기보다 낮은 신분의 사람의 발을 씻긴 예는 결코 찾아볼 수가 없다. 예수가 "겉옷을 벗고" 수건을 허리에 둘렀을 때(요 13:4), 그는 종들의 자세를 취하신 것이다.

제자들은 예수의 태도를 받아들이는 것처럼 보인다(요 13:5). 그러나 베드로의 태도는 예수의 행동이 얼마나 충격적인 것이었는지를 알 수 있게 한다(요 13, 6). 예수에 대한 그의 헌신의 깊이가 깊을수록 그의 거부는 더 강해져 간다. 그러나 예수는 단지 겸손한 섬김을 통해 그들에게 교훈을 주고 계신 것이 아니다(이 주제는 요 13:14에 등장한다); 그는 십자가 위에서의 희생이라는 더 위대한 행위를 상징적으로 표현하고 계시다(13:7). 오직 "그때" 이후 즉, 예수가 부활하셨을 때에라야 이것들이 의미를 갖게 될 것이다(cf. 요 2:22; 12:16). 그러나 베드로는 계속해서 강력하게 저항한다. 그러자 예수는 조심스럽게 질책을 하신다. "[만약] '내가' 너를 씻어 주지 아니하면…"이라는 말씀의 뜻은 중요한 것은 단순히 씻음의 문제가 아니라 '누가' 그를 씻느냐의 문제라는 것이다. 베드로는 예수의 일에 참여해야 한다(요 13:8-9). 그는 오직 예수만이 제공할 수 있는 씻음을 결여하고 있다.

요한복음 13:8의 언어는 독특하다. 만약 베드로가 씻기지 않는다면, 그는 예수 안에서 "부분"(part, 헬라어 *meros*)을 가질 수 없다. 칠십인경(LXX) 전체에 있어서 '메로스/메리스'(*meros/meris*) 단어그룹은 각 부족들에게 약속되었던, 이스라엘이 상속해야 할 가나안 땅을 뜻했다(민 18:20; 신 12:12; 14:27). 그것은 언약의 주요 선물들 중 하나였다. 그러나 하나님의 이 선물은 더 이상 "땅"(land)이 아니라 예수와 함께 하는 삶이다(cf. 또한 요 15장 참조). 예수는 영생 그리고 자신과의 연합에 대해 말씀하신다(cf. 요 14:3; 17:24). 만약 그렇다면 발을 씻음은 단순한 친교의 행위 이상의 것을 상징하고 있는 것이다. 오직 예수의 죽음만이 (그리고 믿는 자들이 그것을 받아들이는 것만이) 영생을 가져올 수 있다.

이 상속재산을 얻으려는 베드로의 열정은(요 13:9) 요한이 사용하는 오해의 또 다른 예이다. 베드로는 발을 씻음으로 예수와 함께 상속재산을 얻을 수 있다면 완전히 다 "씻는 것"은 더욱 많은 것을 얻게 할 것이라고 결론을 내린다. 예수는 요한

---

20. 참조. Charlesworth, ed., *The Old Testament Pseudepigrapha* (London: Darton, Longman, Todd, 1985), 2:234. '요셉과 아스낫'은 주전 100년과 주후 100년 사이에 기록되었다.

복음 13:10에서 그의 생각을 수정해 주신다. 하지만 그 구절은 요한복음에서 가장 난해한 구절들 가운데 하나이다. "목욕을 한 자는 '발을 제외하고는 씻을' [wash, except for his feet] 필요가 없다. 그는 모두 깨끗하다"(RSV, 저자의 강조).[21] 많은 헬라어 사본들은 본문 중 강조된 부분을 포함하고 있다. 그렇기 때문에 그 부분은 NIV와 같은 대부분의 번역본에서도 발견된다. 그러나 많은 다른 사본들은 이 부분을 결여하고 있다. 대부분의 현대 주석가들은 이것을 필사자들의 인위적 삽입으로 보고 받아들이기를 거부한다.[22] 후대의 필사자는 예수가 처음 언급하신 목욕이 이전의 씻음이라고 생각했을 것이다. 예수가 그는 씻을 필요가 없다고 하신다면 그것은 이해가 되지 않는다. 왜냐하면 그는 지금 제자들의 발을 씻으시려고 하고 있기 때문이다. 그래서 이렇게 말하면 뜻이 명확해진다. 만약 어떤 사람이 목욕을 했다면 그는 발을 제외하고는 씻을 필요가 없다(바로 그 일을 예수가 하려고 하신다).

그러나 예수가 처음에 언급하신 목욕은 그 자신의 사역을 뜻한다.[23] 이것은 사람의 "전신을 깨끗하게"(clean all over) 하는 목욕이다. 예수의 말씀의 의미는 명확하고 거의 속담처럼 들린다. 만약 네가 이미 깨끗하게 씻었다면 너는 더 이상 씻을 필요가 없다. 예수의 씻으시는 일은—십자가 위에서의 영적 씻음을 상징하는 발을 씻으심—그 자체로서 완전하기 때문에 베드로는 더 이상의 것을 추구할 필요가 없다. 서로 발을 씻으라는 예수의 명령이 있게 될 것이다(요 13:14). 그러나 그것은 요한복음 13:10에 근거할 필요는 없다.

요한복음 13:10b-11(cf. 요 13:2)에서 유다라는 주제로 이상하게 되돌아오는 것은 예수가 발을 씻으신 일이 유다의 마음을 변화시키지 못했다는 사실을 지적한다. 예수가 유다의 발을 씻으셨다는 사실 자체만으로도 놀라운 일이다. 그것은 (심지어 자신을 배신하는 자를 포함하여) 추종자들에 대한 그의 인내와 사랑을 증거

---

21. NIV는 의역을 통해 헬라어 문법을 모호하게 하고 있다. "목욕을 한 자는 그의 발만 씻을 필요가 있다. 그의 몸 전체는 깨끗하다."(A person who has had a bath needs only to wash his feet, his whole body is clean.)

22. Barrett, Brown, Bultmann, Carson, Dunn, Hoskyns 그리고 Davey, Linclars, Marsh, Tasker. 이 문제에 대해 자세히 알기 위해서는, D. C. Dunn, "The Washing of the Disciples' Feet in John 13:1-20," *ZNW* 61.3 (1970): 247-52; A. Hultgren, "The Johannine Footwashing," *NTS* 28 (1982): 539-46; J. C. Thomas, "Note on the Text of John 13:10," *NovT* 29.1 (1987): 46-52. 그 어구는 시내산 사본(Codex Sinaiticus), 고대 라틴어 사본, 그리고 오리겐(Origen)에게서도 생략되어 있다.

23. 요한은 13:10에서 두 개의 동사를 사용한다. "목욕을 한[*louo*] 자는 그의 발만을 씻을[*nipto*] 필요가 있다." 첫 번째 동사는 일반적으로 온 몸을 씻을 때 사용되고 두 번째 동사는 몸의 일부를 씻을 때 사용된다(요 9:7). 그러나 요한은 종종 그것들이 마치 동의어인 것처럼 두 개의 동사들을 섞어 사용한다(알다, 보내다, 사랑하다 등등). 지금도 아마 그런 경우일 것이다.

해 주고 있다. 유다는 이제 어둠에 붙들린 자가 되었다.

예수의 놀라운 행위들에 있어서 흔히 그렇듯이 여기서도 예수는 그가 방금 한 일을 설명해 주신다(요 13:12-17). 그러나 요한복음 13:2-11에서 발을 씻음의 주제는 그들을 위한 예수의 구원사역이었던 반면 이곳에서의 그의 교훈은 그들이 어떻게 그의 행위를 본받을 수 있는가 하는 것이다.[24] 이 주제들은 서로 연관되어 있기는 하지만 다른 것이다. 예수의 희생은 세상에 대한 그의 압도적인 사랑을 드러내는 최고의 증거가 될 것이다. 그의 고별강화(Farewell Discourse)에서 예수는 이제 그의 추종자들이 서로에 대해 그 사랑을 예증해 주기를 원하신다. 그의 희생의 행위는 반복될 수 없다. 그러나 자신을 내어 주는 그의 사랑의 모델은 그를 따르고 그를 모방하는 공동체의 자연스러운 특징이 될 수 있다(요 13:14-15). 후에 예수는 서로에 대한 우리의 사랑이 또한 다른 방식으로 예수의 사랑과 같은 것이 되어야 한다고 말씀하실 것이다. 우리는 친구를 위해 목숨을 내놓는 것을 요구받을 지도 모른다(요 15:12-13).

요한복음 13:16에서의 예수의 금언은 잘 알려진 공관복음의 말씀을 반향하고 있다. "제자가 그 선생보다, 또는 종이 그 상전보다 높지 못하나니"(마 10:24; cf. 눅 6:40; 요 15:20). 그의 서론적 말씀인 "내가 너희에게 진실을 말한다"(I tell you the truth)는 "진실로 진실로"(truly, truly)라는 어구를 모호하게 하고 있다(헬라어 *amen, amen*, 참조. 요 1:51의 주석. 한글개역개정판은 이 부분을 "내가 진실로 진실로 너희에게 이르노니"라고 번역하고 있다.-옮긴이). 예수는 이 자주 반복되는 진리의 중요성을 재차 강조하신다. 종들은 자신을 주인보다 더 높다고 생각해서는 안 된다. 만약 종들이 주인보다 더 높지 못하다면, 주인에게 적용된 것은(즉, 희생) 또한 마찬가지로 종들에게도 적용될 수 있다.

예수가 배신을 예언함(요 13:18-30)

유다의 배신이라는 주제가 세 번째로 이야기 속으로 들어온다(요 13:2, 11, 18-19). 첫 번째인 발을 씻음 섹션은 유다에 대한 언급으로 끝났다(요 13:11). 이제 예수의 해석은 그에 대한 생각으로 돌아간다(요 13:18-19). 이것은 예수가 이 문제

---

24. 요한복음 13:2-11과 13:12-20 사이의 차이 때문에 어떤 이들은 후자는 예수의 발을 씻음에 대한 "이차적"(second) 해석이라고 생각한다. 요한복음에서 편집상의 삽입 부분을 찾는 학자들은 요한복음 13:12-20이 나중에 추가된 것이라고 주장한다. 내가 나중에 설명하겠지만, 그런 견해는 불필요하다.

때문에 무척 고민을 하셨다는 인상을 준다(요 13:21). 유다의 배신은 예수에게 무척 무거운 짐으로 느껴졌다. 예수는 유다를 택하신 것이 실수가 아니었음을 분명히 하신다. 요한복음 13:17에서 언급된 축복은 유다를 향한 것이 아니다. 예수는 유다의 의도를 완벽하게 알고 계셨다. "나는 내가 택한 자들이 누구인지 앎이라"라는 말씀은 예수가 택하신 것은 오직 열한 명이고 유다는 처음부터 버림을 받았다는 뜻으로 해석되어져서는 안 된다. 브라운(Brown)의 해석은 그 구절의 뜻을 잘 살려준다. "내가 말하는 것은 너희들 모두에게 해당되는 것은 아니다. 나는 내가 선택한 자들이 어떤 자들인지 알고 있다. 그러나 그 목적은 성경이 성취되도록 하는 것이다…"[25]

예수는 지금 방안에 그와 함께 있는 그들 각자를 모두 아신다. 수년 동안 함께 사역을 하는 동안 예수가 그들 때문에 깜짝 놀라신 적은 없다. 예수는 그들 '각자'(each)를 원하신다. 요한복음 6:70에서 우리는 같은 생각을 본다. "내가 너희 열둘을 택하지 아니하였느냐? 그러나 너희 중의 한 사람은 마귀니라!" 그러므로 이 배신은 예수가 모르게 진행된 것도 아니고 그의 제자들에게 그리 충격이 되지도 않았을 것이다(요 13:19; cf. 요 14:29; 16:4; 마 24:25). 그러나 배신의 실현은 성경의 패턴과 일치한다(요 13:18b). 이스라엘 역사에 있어서 (메시야의 전조적 인물이었던) 다윗은 같은 식으로 배신을 당했다. 예수의 시편 41:9 인용은(칠십인경[LXX]으로는 시 40:10) 이 배신이 의미하는 개인적 모욕을 강조한다. "떡을 먹는다"(eat bread)는 것은 개인적 친밀성을 뜻하는 문화적 상징이다. 그리고 발바닥을 드러내는 것은 개인적 경멸의 상징이다.[26] 예수는 이 사건들을 예측할 수 있는 신적 지혜를 가지고 계셨지만 그 일들이 실제로 전개되자 당황해 하신다.

요한복음 13:18-19은 사실 주제를 비켜 간 것이다. 예수는 13:20에서 종과 주인이라는 주제로 돌아오신다. 종들은 모든 면에 있어서 주인의 일을 반영해야 한다. 그런 종들은 또한 주인의 이름으로 일을 할 때 돌아오는 존경과 권위를 함께 누린다. 13:16과 13:20은 둘 다 ("진실로 진실로"로 시작되는) 격언들이다. 양자는 모두 잘 알려진 공관복음 말씀을 반향한다(마 10:40).

이것은 예수가 "심령에 괴로워"(deeply troubled) 하셨다는 세 번째이자 마지막 기록이다(요 12:21, 헬라어 *tarasso*; cf. 나사로의 무덤에서 이 단어 사용, 요 11:33,

---

25. Brown, *John*, 2:549.
26. 이 상징들은 오늘날에도 중동지역에서 사용된다.

십자가를 앞두시고 이 단어 사용, 요 12:27). 요한복음 13:21에서의 배신을 내다보시는 그의 말씀은 복음서 전승에 깊이 뿌리를 박고 있으며 마태복음 26:21과 마가복음 14:8에도 거의 동일한 말씀이 등장한다(cf. 눅 22:22). 네 복음서 모두에 있어서 열두 제자들은 즉시 그 배신자의 정체를 묻는다. 그러나 요한복음은 목격자로서의 사랑하시는 제자의 증언을 담고 있기 때문에(요 19:35, 21, 24), 요한이 다른 복음서들과는 다른 이야기를 기록하고 있는 것은 놀랄 일이 아니다.

제자들은 유월절 식사를 하고 있기 때문에(위의 설명을 보라) 그들은 기댄 자세를 취해야 했다(요 13:23).[27] 그 당시의 유대인들은 로마식의 '삼면식'(triclinium) 식탁을 사용했다. 그것은 낮은 테이블을 "디귿자"(ㄷ) 형태로 붙인 것이었다. 손님들은 (삼면의) 식탁 뒤쪽에 있는 쿠션 위에 기대어 엎드렸다. 그러면 식탁 안쪽의 공간을 통해 식사가 제공되었다. 사람들은 왼쪽 팔(혹은 팔꿈치)에 의지하고 엎드렸고, 오른쪽 손은 음식을 먹는 데 사용되었다. 발은 식탁 반대쪽으로 뻗었다(cf. 눅 7:38).

사랑하시는 제자는 예수의 옆자리를 차지하는 명예를 즐기고 있다(cf. 막 10:37, 그곳에서 야고보와 요한은 영광 중에 예수의 좌우에 앉기를 원한다). 이것은 어떻게 그가 예수에게 기대어 그의 머리를 예수의 가슴에 가까이 둘 수 있었는지를 설명한다. 그는 개인적으로 예수에게 배신자의 이름을 알려 달라고 요청한다(요 13:24). 베드로는 그렇게 예수께 가까이 있지 못했다. 그렇기 때문에 사랑하시는 제자에게 대신 물어 볼 것을 청해야 했다(요 13:23). 유다도 마찬가지로 예수와 가까이 있는 명예를 누렸다(그의 왼쪽?). 왜냐하면 예수는 빵조각을 소스에 찍어 유다에게 주실 수 있었기 때문이다(요 13:26).

여기서 우리는 처음으로 "예수가 사랑하시는 제자"라는 표현을 만난다. 그는 십자가(요 19:26-27), 무덤(요 20:2-9), 그리고 부활하신 후에 갈릴리에서(요 21:1, 20-23) 등장할 것이다. 그리고 요한복음은 그 마지막 부분에서 그의 권위로 "도장이 찍힐"(stamped) 것이다(요 21:24-25). 표적의 책에는 그에 대한 언급이 없다(cf. 요 1:35). 서론에서 나는 이 인물의 후보자들을 검토해 보고 그를 세베대의 아들 요한으로 보는 전통적 해법이 불합리한 것이 아니라고 결론을 내렸다. 비록 예수에 의해 "사랑 받은"(loved), 이름이 거명된 유일한 제자는 나사로이지만(요 11:2, 5, 36), 여기서 우리는 예수가 사랑하신 제자는 열둘 중 하나였으며 다락방 식사에

27. 이것은 유대 전통에 따른 것이다. 참조. Jeremias, *Eucharistic Words*, 22-26.

참여했다는 것을 배운다(나사로는 여기에 해당되지 않는다). 사랑하시던 제자는 요한복음에서 무덤과(요 20장) 갈릴리 바다에서(요 21장) 베드로와 함께 등장한다. 요한과 베드로를 그와 같이 연결시키는 것은 공관복음에서도 찾아볼 수 있다.

그러나 만약 그가 요한 자신이라면 자기 자신에 대해 이런 명칭을 사용한다는 것이 이상하지 않은가? 어떤 이들은 이것을 "은혜에 빚진 자라는 자기인식"(his sense of indebtedness to grace)을 표현하기 위해 사용한 요한의 자기호칭이라고 보고 싶어한다. 요한은 예수 옆에서 자신을 낮추기를 원했다는 것이다.[28] 하지만 서론에서 나는 이 호칭은 그의 추종자들에 의해 붙여진 이름일 것이라고 주장했다. 요한복음 21:20-21은 요한이 죽었음을 암시하는 듯하다. 그리고 21:24은 그의 제자들이("'우리'는 그의 증언이 참된 줄 아노라") 이 복음서의 끝마무리를 했음을 암시한다. 이 호칭은 그 제자들이 자신들의 사랑하는 선생이요 목회자에게 헌정한 것이었다.

그들은 납작한 빵의 일부를 손으로 뜯어낸 후 그것을 평범한 주발 안에 든 소스에 찍어서 먹었다. 예수는 그가 소스를 찍은 빵조각을 건네는 자가 배신자라고 말씀하신다(요 13:26). 그리고 그는 즉시 유다에게 빵조각을 건네신다(요 13:27). 식탁에서 이렇게 빵조각을 건네는 일은 이상스러운 일이 아니었다(참조. 룻 2:14). 아마도 제자들은 그것을 단순히 예수가 유다를 존중하는 뜻으로 하시는 행동으로 알았을 것이다. 만약 그렇다면, 그것은 특별히 더 아이러니컬하다. 왜냐하면 이 존중의 행동이 예수가 유다를 위해 할 수 있는 마지막 일이었기 때문이다. 그것은 동산에서의 유다의 마지막 배신의 행동과 비교된다(요 18:3-11).

이 시점에서 사탄이 유다의 운명을 통제한다("곧 사탄이 그 속에 들어간지라." cf. 눅 22:3). 그리고 예수는 유다가 스스로 결정한 길을 가도록 그를 보내신다. 제자들은 무슨 일이 일어나고 있는지 모르는 것 같다(요 13:28). 그들은 유다가 축제에 쓸 물건을 사기 위해 나갔다고 생각한다. 그러나 이야기는 요한은 모든 것을 이해하고 있었다는 것을 암시한다. 그는 예수의 빵조각이 무엇을 의미하는지 이미 알았다. 그리고 그는 그 선물이 가져온 결과들을 보았다.

유다가 떠난 것은 "밤"이었다(요 13:30). 의심할 바 없이 우리는 이것을 문자적 의미와 상징적 의미를 모두 가진 것으로 보아야 한다. 밤은 빛이신 예수에 대한 반대세력을 상징한다. 그것은 불신과 반대의 어둠이다(요 9:4). 어둠 속에서 사람들

28. Carson, *John*, 473.

은 넘어지고(요 11:9), 그곳에서 생명을 찾으려 노력하지만 결국 실패한다(요 21:3). 어둠은 또한 니고데모의 배경이었다. 그는 어둠을 떠날 것을, 그리고 예수와 연합하기 위해 중생할 것을 선택해야 했다(요 3:2; 19:39). 그러므로 유다는 요한복음 3:19에 묘사된 것과 같은 사람을 대표한다. "곧 빛이 세상에 왔으되 사람들이 자기 행위가 악하므로 빛보다 어둠을 더 사랑한 것이니라"(cf. 또한 눅 22:53 참조. 그곳에서 예수는 겟세마네 동산에서의 시간을 "어둠이 다스리는"[when darkness reigns] 때라고 묘사하셨다).

어떤 학자들은 요한복음 13:29("어떤 이들은…명절에 우리가 쓸 물건을 사라 하시는지…생각하더라") 때문에 이것은 예수의 유월절 식사가 될 수 없다고 주장한다. 그러나 이런 주장은 세 가지 이유 때문에 받아들일 수 없다. (1) 유월절은 다음 날까지 계속 이어졌으며 식량은 아직도 필요했을 것이다. 유월절 동안 가게들은 그날 밤 식사에 필요한 많은 것들을 공급하기 위해 밤에도 열렸을 것이다. (2) 만약 유월절이 다음날 밤이었다면(금요일) 유다는 필요한 물품을 살 수 있는 하루 종일의 시간이 있었을 것이다. (3) 제자들은 또한 유다가 가난한 자들에게 무엇을 주기 위해 나갔을 지도 모른다고 생각했다(요 13:29b). 밤에 하는 그런 기부행위는 유월절 전통이었다. 그날은 일년 중 밤에도 성전 문이 열려 있는 유일한 날이었다 (Josephus, *Ant.* 18:29-30). 미쉬나(*Mishnah*)는 심지어 경건한 유대인들은 거리의 가난한 자들을 자기 집으로 불러들여 함께 유월절 식사를 했다고 기록하고 있다.[29]

예수가 그의 "고별"(Farewell)을 시작하심(요 13:31-38)

유다가 밤 속으로 사라진 것은(요 13:30) 요한복음의 줄거리에 있어서 엄숙한 구분점이 된다. 예수는 이제 마지막 교훈을 주시기 위해 "자신의 사람들"(his own, 요 10:27) 즉, 그의 친밀한 추종자들과 함께 계신다. 요한복음 12:20에서 헬라인들이 찾아옴은 "그때"(hour)가 가까이 왔음을 알려주었다. 13:31에서 이제 그때가 되었다. "지금 인자가 영광을 받았고 하나님도 인자로 말미암아 영광을 받으셨도다." 13:36-38에서의 베드로와의 개인적 대화를 제외하고는 예수는 이곳에서 열한 명의 그룹 전체에게 말씀을 하신다. 심지어 도마(요 14:5), 빌립(요 14:8), 그리고 유다(가룟 유다가 아니다, 요 14:22)에 의해 말씀이 중단되었을 때에도 마찬가지

29. *m. Pesach* 9:11; 참조. Jeremias, *Eucharist Words*, 54.

이다. 사실 13:31부터 17:26까지는 예수의 긴 "고별강화"를 구성한다. 거기서 예수는 자신이 떠남에 대해 말씀하실 뿐만 아니라 구약에 깊은 뿌리를 둔 전통 속에서 "고별기도"(departure prayer)를 드리신다.

많은 학문적 연구서들은 예수의 고별강화를 고대 선생들과 지도자들의 유언들과 비교했다. 창세기 49장에 등장하는 야곱의 유언과 신명기 31-34장에 등장하는 모세의 유언이 전형적인 것이다. 모세는 자신의 후계자를 지정할 뿐만 아니라 꼭 기록되어야 할 교훈을 말하고 마지막 축복을 한다. 예수 시대의 외경적 유대문학은 보다 가까운 평행구들을 소개한다. '열두 족장들의 유언'(Testaments of the Twelve Patriarchs)에서 야곱의 열두 아들들은 각자 마지막 교훈을 주고, 축복을 베풀고, 그리고 기도를 드린다. '모세의 유언'(Testament of Moses)에서 우리는 이스라엘과 여호수아에게 모세가 마지막으로 하는 말을 들을 수 있다. 우리는 심지어 솔로몬, 욥, 이삭, 그리고 아담의 "유언들"을 들을 수 있다.[30]. 그것들은 주전 100년부터 주후 200년 사이의 유대 저자들이 꾸며낸 고별사들이다.

유대 유언집들은 죽어 가는 (혹은 떠나가는) 사람이 그의 가장 친한 친구들과 가족들에 의해 둘러싸여 있는 것을 상상한다. 표준적인 문학적 요소들이 일반적으로 등장한다. 예를 들어, 그들은 항상 뒤에 남겨진 자들의 안위를 염려하고 그들을 격려한다. 율법에 순종하라는 명령이 자주 주어지고 한 묶음의 저작물들이 뒤에 남겨진다.[31] 어떤 경우에는 떠나는 사람이 자신의 "영"(spirit)을 추종자들 혹은 후계자에게 넘겨준다. 모세와 엘리야가 각각 여호수아와 엘리사에게 그런 일을 한다 (민 27:18; 신 34:9; 왕하 2:9-14).

예수가 떠날 때 이 요소들 중 많은 것들이 등장한다. 그는 제자들을 격려하고 위로하신다(요 14:1). 그는 또한 제자들에게 순종을 권유하신다(요 13:34; 15:12). 그리고 요한의 관점에서 보았을 때 예수의 "문헌적 유산"(literary deposit)은 요한복음 그 자체이다. 그리고 예수는 자신의 죽음 이후 그의 성령이 그를 따르는 자들 안에 머물 것이며 그들을 능력 있게 할 것이라고 약속하신다(요 14:17, 26; 15:26; 16:3, 13). 다시 말해서 우리는 요한복음 13-17장에서 유대적 고별강화의 모든 요

---

30. 이것들과 다른 "유언들"(testaments)을 보려면, J. Charlesworth, *The Old Testament Apocrypha*, 2 vols. (London: Darton, Longman, Todd, 1983).

31. 제4에스라서(4 Ezra)에 따르자면 에스라는 죽기 전에 40일 동안 94권의 책을 받아 적게 했다고 한다!(4 Ezra 14:44) 모세는 여호수아에게 자신의 약속의 "책"(book)을 영원히 보존하라고 지시한다(*T. Moses* 10:11).

소들을 가지고 있다.

가룟 유다가 나가자 예수는 자신이 영광을 받으실 것에 대해 직접적으로 말씀하신다. 예수가 과거시제를 사용하고 계시다는 점에 주목하라(헬라어, 부정과거 시제[aorist tense], 요 13:31). 예수는 자신의 삶 속에서 '이미'(already) 하나님의 영광이 드러났다고 말씀하신다(그것은 서로를 영광스럽게 함으로 이끈다).[32] 하나님은 예수의 완전한 순종의 삶을 통하여 영광을 받으셨다. 또한 하나님의 능력이 예수의 사역 속의 많은 표적들을 통해 가시화 되었다. 이제 영광의 때가 다가왔다. 심지어 제자들의 발을 씻으시는 것 속에서도 예수는 하나님의 영광의 어떤 것을 드러내 보이셨다. 그러므로 예수의 영광은 하나님의 영광이 그를 통해 비출 때 나타난다.

이 영광의 광채가 가시화 되는 최고의 자리는 십자가 위가 될 것이다("그에게 '영광을 주시리니'[will glorify] 곧 주시리라", 요 13:32, 강조 추가).[33] 그렇다면 이 미래의 영광스럽게 됨은 세상 끝에 이루어질 사건도 아니고 하늘나라에서 이루어질 사건도 아니다. 그것은 이 중요한 주간의 마지막에 전개될 일련의 사건들을 말한다. 예수의 죽음, 부활, 그리고 승천.

만약 예수의 영광이 그의 임박한 죽음과 연관되어 있다면, 그는 고별강화의 주요 주제들 중 하나에 대해 즉시 말씀하셔야 한다. 그의 떠남(요 13:33). "작은 자들아"(little children)는 요한복음에서는 이곳에서만 사용되는 애정이 가득한 표현이다(그러나 요한일서에서는 7번 등장한다); 그것은 유대 랍비들이 그들의 학생들에게 사용했던 호칭이다. 요한복음 7:33-34과 8:21에서 예수는 그의 공적인 청중들에게 자신이 떠날 것임을 이미 말씀하셨었다. 그러나 그럴 때마다 심각한 오해가 있었다. 예수가 그때 유대 지도자들에게 말씀하셨던 주제는 자신이 떠나게 되면 그들은 더 이상 그를 볼 수 없을 것이며, 그의 계시는 닫히게 될 것이고, 그들은 그에게 접근할 수 없게 될 것이라는 것이었다.

요한복음 13:33은 그러므로 고별강화에 있어서 매우 중요한 부분이다. 그것은 친밀한 친구들에게 하시는 말씀들 속에 섞여 있는 보장의 말씀에 의해 균형이 맞

---

32. 예수는 자신을 가리킬 때 "인자"(Son of Man)라는 명칭을 사용하신다(요 1:51; 3:13; 5:27; 6:27, 53, 62; 8:28; 9:35; 12:23, 34의 주석을 보라). 이 곳은 복음서에서 인자라는 용어가 사용된 마지막 경우다.

33. 요 13:32a에 나타나는 "만일 하나님이 그로 말미암아 영광을 받으셨으면"이라는 어구가 많은 중요한 사본들에 빠져 있다. 그러나 그것은 필사자의 실수로 보인다. 필사자가 왜 그것을 추가했겠는가 하는 것보다는 왜 그것을 빠뜨렸겠는가 하는 것이 설명하기가 더 쉽다.

춰져 있다. 그는 그들이 도착할 것을 예비하기 위해 떠나실 것이다(요 14:1-7). 그가 바라시는 것은 그들을 버리거나 고아처럼 내버려두는 것이 아니라(요 14:18) 그들과의 친교를 영원히 즐기시는 것이다. 예수는 무덤을 넘어서는 생명을 소유하고 계시다. 그리고 그를 믿는 자는 그분과 함께 동일한 생명을 소유하게 될 것이다(요 14:19). 그러므로 베드로는 예수가 떠나신 이후 그가 어디로 가시든지 그를 "따르게 될" 것이라는 말씀을 듣게 될 것이다(요 13:36).

요한복음 13:34-35에 언급된 "새 계명"(new commandment)은 또한 15:12-17에서도 설명된다.[34] 제자들이 서로 사랑해야 한다는 사실은 전혀 새로운 것이 아니다(레 19:18). 그들이 서로를 사랑하되 예수가 본보기를 보이신 그런 사랑으로 사랑해야 한다는 것은 상당히 충격적이다. 사랑은 하나님께 대한 예수의 관계의 특징이다(요 14:31). 그리고 사랑은 또한 예수에 대한 하나님의 관계의 특징이기도 하다(요 3:35; 15:9-10). 예수의 사랑은 아버지의 뜻에 대한 그의 순종을 통해 드러난다("오직 내가 아버지를 사랑하는 것과 아버지께서 명하신 대로 행하는 것을 세상이 알게 하려 함이로라", 요 14:31). 그러므로 제자들은 예수에게 알려진 것과 같은 종류의 사랑을—즉, 헌신된 순종을 통해 표현된 사랑을—자신들도 드러내야 한다. "내가 너희를 사랑한 것같이"(As I have loved you)는 예수가 보여주신 가장 최근의 사랑의 행위(즉, 발을 씻어 주심)를 지적한다. 그리고 그 뜻은 다른 사람을 진심으로 사랑하기 위해서는 우리가 종됨과 희생의 삶을 추구해야 한다는 것이다.

그러나 "새"(new, 헬라어 *kainos*)라는 단어는 그 이상의 어떤 것을 의미할 것이다. 우리는 공관복음에 나타나는 성만찬 기사에서는 예수가 다른 관점에서 "새로움"(newness)에 대해 말씀하신 것을 볼 수 있다. 그는 자신의 희생을 통해 제정된 "새" 언약에 대해 말씀하셨다. 그리고 그는 하늘나라에서 "새로" 그것을 마시기 전까지는 다시는 포도주를 마시지 않겠다고 말씀하셨다. 이 "새 계명"(new command)은 예수가 새로운 시대, 즉 메시야 시대의 생명에 대해 말씀하고 있다는 표식일 수도 있다. 그 시대가 되면 사랑이 그의 추종자들의 특징이 되어야 한다.—그 사랑은 자신의 백성을 구원하시는 하나님의 관대한 사랑의 행위를 그 모델로 삼는다.

34. "새 계명"(new commandment)이라는 어구는 요한의 독특한 것이다. 그것은 요한일서에 열네 번, 요한이서에 네 번 나타난다.

예수의 말씀에 대한 베드로의 즉각적 대답은(요 13:36-38) 그 사도에 대한 두 전승들을 포함하고 있다. 베드로는 결국 예수를 따라 죽게 될 것이지만 지금은 곧 예수를 부인하게 될 것이다. 베드로의 허세와 그의 부인함에 대한 예수의 예언은 공관복음에 잘 나타나 있다(마 26:32-34; 막 14:27-30; 눅 22:31-34). 베드로는 설사 죽는 한이 있더라도 예수와 함께 있으려 한다. 그리고 그의 말은 선한 목자의 언어를 떠올린다(요 10:11, 15). 예수는 "잠시 후에"(a little [while]) 이곳을 떠나실 것이다.[35] 그러나 베드로는 "나중까지"(later) 기다려야 한다. 예수는 먼저 십자가 위에서 자신의 일을 하셔야 한다. 그것이 베드로의 영원한 생명을 가능하게 해 줄 것이다.

예수는 베드로가 마지막 순간에 용기를 잃게 될 것이라고 예언하신다. 그가 용감하게 드러냈던, 자신의 생명을 내어놓겠다는 그의 선한 의도는 진짜 위협이 닥쳤을 때는 유지되지 못할 것이다. 공관복음은 베드로의 궁극적 죽음("후에는 따라오리라")에 대해 언급하지 않는다. 그러나 이 주제는 요한복음 21:18-19에 다시 등장할 것이다. 베드로는 죽음을 통해 자신의 신실성을 드러내고 "하나님께 영광을 돌릴"(요 21:19) 기회를 갖게 될 것이다. 이것은 예수가 무덤에서 부활하셨을 때 다시 강조된다.

상황잇기

13장은 요한복음에서 가장 인기 있는 장들 가운데 하나이다. 그것은 현대의 배경 속에서 우리에게 독특한 도전들을 제시한다. 본 장의 문학적 그림은—즉, 그 드라마의 내적 세계는—매우 강한 힘을 갖는다. 우리가 1세기의 유월절이라는 배경 속에서 발휘되고 있는 이 이야기의 문화적 힘들을 단지 반복해 제시할 수만 있다 해도(제자들에게 충격을 준 예수의 드라마, 베드로의 부인함, 유다가 배신의 마음을 품음, 그리고 죽음과 떠남에 대한 예수의 선언), 우리는 자신들이 너무 잘 알고 있다고 생각하는 이 이야기를 더욱 감명 깊은 이야기로 재창조해낼 수 있을 것이다. '이것은 멋진 이야기이다.' 그러나 불행하게도 이 이야기를 너무나 잘 아는 우리들, 그 결과를 이미 알고 있는 우리들은 이 이야기의 능력을 잊어버린다.

점점 더 많은 수의 학자들이 요한복음이 문맹인 청중들을 위해 쓰여졌다는 데

35. 헬라어 *mikros*(작은)는 요한복음에서 열한 번 사용되는데 그 중 아홉 번은 고별강화에 등장한다. 이것은 예수가 자신의 임박한 죽음을 분명하게 지적하고 계신 것이다.

동의하고 있다. 어떤 이들은 로마세계에 있어서 오직 10-15퍼센트의 사람들만이 글을 읽고 쓸 수 있었다고 추정한다(그리고 기독교인들의 문맹률은 로마세계의 평균보다 더 높았다).[36] 이 말의 뜻은 복음서들은 고대 청중들에게 주로 '들려졌다는'(heard) 것이다. 우리는 글을 읽고 쓸 수 없는 세계를 상상하기 힘들다. 그러나 고대에는 그것이 흔한 일이었다. 그러므로 복음서를 쓰는 자는 누구든지 그 내용을 어떻게 제시할 것인지를 고민해야 했다. 교회들은 훌륭한 낭독법과 수사법의 기술을 필요로 했다. 복음서들이 그런 식으로 제시되었다는 사실은 최근 앨릭 맥코웬(Alec McCowen)의 KJV 마가복음 낭독을 통해서도 알 수 있다. 마태복음은 심지어 (오직 마태복음에 등장하는 단어들만을 사용하여) 영화로 제작되기도 했다. 복음서들은 이야기로 들려주기 좋은 책들이다. 본 장을 소개할 때 우리는 그 이야기들 자체가 생생하게 살아나도록 해야 한다. 우리가 본 장의 극적인 요소를 놓친다면 우리는 요한의 문학적 기술을 재창조해 내는 데 있어서 실패하는 것이다.

발을 씻겨 주심. 본 장 속에는 현대의 상황과 연결될 수 있는 세 개의 중요한 주제들이 등장한다. 우리는 예수가 제자들의 발을 씻기시는 놀라운 장면에서 시작해 보기로 하자. 내가 위에서 주장했던 것처럼 이 장면의 배경은 공관복음의 주의 만찬(Lord's Supper)이다. 만약 정말로 요한이 그의 독자들이 마가복음과 같은 복음서의 상세한 부분을 알고 있다고 가정했다면(요 13:1의 주석을 보라), 우리는 13장을 주의 만찬의 주제들 속에 통합시킬 것인지에 대해 해석학적 결정을 내려야 한다. 나는 그런 결정이 정당하다고 믿는다. 예수가 그의 제자들의 발을 씻기시는 행위는 예수의 죽음이라는 보다 넓은 배경 속에서 그 중요성을 갖는다. 이것이 바로 왜 베드로를 씻으시는 것이 그가 예수와 함께 유산을 나눌 수 있는 전제조건인가 하는 이유이다(요 13:8); 그것은 영생을 제공할 것이다.

발을 씻으심은 마가복음에서 예수가 떡을 떼시고 포도주를 부으시는 장면과 평행을 이룬다. 그가 쏟아 부으신 것은 그의 생명이다.—종으로서의 그의 사역이 영원한 생명을 가져다준다. 그러므로 13:1-11의 실제적 적용이 성만찬(Eucharist)의 섬기심 속에서 발견될 수 있다. 예수는 천한 일을 맡으신 종이시다. 그의 궁극적 섬김은 십자가 위에서 이루어진다. 이 거룩한 사역과 우리의 연합은 우리의 구원을 가져다준다(cf. 요 6:53, "내가 진실로 진실로 너희에게 이르노니 인자의 살을 먹

---

36. R. Burridge, "About People, by People, for People: Gospel Genre and Audiences," R. Bauckham, ed., *The Gospels for All Christians* (Edinburgh/Grand Rapids: T. & T. Clark/Eerdmans, 1998), 113-45; 또한 W. V. Harris. *Ancient Literacy* (Cambridge, Mass.: Harvard Univ. Press, 1989).

지 아니하고 인자의 피를 마시지 아니하면 너희 속에 생명이 없느니라").

예수의 행위는 또한 자신이 받아들일 수 없는 역할을 받아들이는 종이라는 그의 반복적인 교훈과 연관된다. 예를 들어, 마가복음에서 예수는 그가 죽을 것이라고 세 차례 예언하신다(막 8:31; 9:31; 10:33). 세 번째 예언 이후 그는 이렇게 말씀하신다. "인자가 온 것은 섬김을 받으려 함이 아니라 도리어 섬기려 하고 자기 목숨을 많은 사람의 대속물로 주려 함이니라"(막 10:45). 이것은 목적 있는 죽음, 종의 죽음으로 결론이 나는 섬김을 묘사한다. 그날 밤 다락방에서 제자들 사이에서 누가 가장 큰 자인가에 대해 논쟁이 벌어졌을 때 누가는 예수의 대답을 이렇게 기록하고 있다. "너희는 그렇지 않을지니 너희 중에 큰 자는 젊은 자와 같고 다스리는 자는 섬기는 자와 같을지니라. 앉아서 먹는 자가 크냐 섬기는 자가 크냐 앉아서 먹는 자가 아니냐 그러나 나는 섬기는 자로 너희 중에 있노라"(눅 22:26-27).

바울도 마찬가지로 빌립보 교인들에게 예수의 사역은 섬김 속에서 자신을 비우는 것이었다고 말하고 있다. "오히려 자기를 비워 종의 형체를 가지사 사람들과 같이 되셨고 사람의 모양으로 나타나사 자기를 낮추시고 죽기까지 복종하셨으니 곧 십자가에 죽으심이라"(빌 2:7-8). 그러므로 우리가 요한복음 13장의 발을 씻기심에서 보는 겸손은 예수의 궁극적 "씻으심"(washing), 즉 우리의 죄에서 우리를 깨끗케 하시는 그의 희생적 죽음이라는 렌즈를 통해 보아야 한다(행 22:16; 고전 6:11; 엡 5:26; 딛 3:5; 계 7:14).

만약 발을 씻으심이 예수의 죽음을 가리키고, 제자들이 예수를 따르는 무리 속에 포함되기 위해서는 "씻겨질"(washed) 필요가 있다면, 이 씻음은 또한 세례의 상징이 아닐까? 그 해결의 길은 우리가 기대하는 것보다 거리가 짧다. "씻다"에 해당하는 헬라어 동사는(*louo*, 요 13:10a) 신약에서 세례를 위해서도 또한 등장한다. 예를 들어, 사도행전 22:16에서 아나니아는 개종한 바울에게 이렇게 말한다. "이제는 왜 주저하느냐 일어나 주의 이름을 불러 세례를 받고 너의 죄를 씻으라(*apolouo*)[37] 하더라"(또한 참조. 고전 6:11; 엡 5:26; 딛 3:5; 히 10:22). 이뿐 아니라 요한복음 13:10을 세례에 대한 언급으로 해석하는 강한 교부적 전통이 있다(예를 들어, 터툴리안[Tertullian], 키프리안[Cyprian]). 그렇다면 "이미 목욕한 자는 발밖에 씻을 필요가 없느니라. 온 몸이 깨끗하니라"라는 말씀은 신자의 세례를 통한 씻음의 중요성을 강조하는 이차적 교훈이 될 것이다.

37. *apolouo*라는 동사는 *louo*와 전치사 *apo*가 결합된 형태이다.

발을 씻으심의 놀라운 확장은 예수가 우리가 씻김을 받아야 한다고 말씀하실 뿐 아니라 우리가 "서로의 발을 씻어 주어야" 한다고 말씀하시는 데 있다(요 13:14b). 우리가 어떻게 그렇게 할 수 있는가? 교회 안에는 이것을 문자적으로 받아들인 오랜 전통이 있다.[38] 어떤 고대 예배전통에 있어서 발을 씻는 것은 세족례 목요일(Maundy Thursday)의 의식들 중 하나가 되었다. 베네딕트 수도원에서는 손님들에 대한 환대의 일부로서 그들의 발을 씻어 주었다. 초기 잉글랜드에서 가톨릭 왕들은 매년 세족례 목요일마다 열두 명의 가난한 자들의 발을 씻어 주곤 했다. 예루살렘의 그리스 정교회 전통에 따르자면 대주교는 열두 명의 사제들의 발을 씻어 주고 그 발에 입을 맞춤으로써 세족장면을 재현한다.[39] 그러나 다른 고대 해석자들은 그 명령을 다만 겸손한 섬김의 상징일 뿐이라고 보았다(예를 들어, 어거스틴[Augustine]).

오늘날의 해석자들도 마찬가지로 나뉘어져 있다. 어떤 이들은 그것을 겸손과 섬김에 대한 일반적 명령으로 받아들인다. 그러나 다른 이들은 1세기의 요한의 교회와 오늘날의 그들의 교회가 모두 발을 씻음을 기독교적 삶의 표준적인 모습으로 만들어야 한다고 믿는다. 예수의 명령은 우리가 최소한 그의 역할과 유사한 역할을 맡아야 한다는 것이다. 만약 그가 (1세기에 상상할 수 있었던 모든 상징들을 뛰어넘어) 우리의 발을 씻으셨다면, 우리도 그것과 유사한 어떤 일을 해야 한다.

유다의 배신. 본 장에서 우리의 주의를 끄는 또 다른 주제는 가룟 유다의 배신이다. 이것은 요한복음에서 작은 주제가 아니다. 왜냐하면 예수는 이 주제를 반복해서 다루시기 때문이다(요 13:2, 11, 18, 21, 26-30). 예수는 이 사람을 그의 제자들 중 하나로 선택하셨다. 그들은 최소한 삼 년을 함께 일하며 지냈다. 그가 그 그룹의 돈궤를 맡았다는 사실은(요 13:29) 의심할 바 없이 그가 신뢰와 존중을 받았음을 말해 준다. 다락방에서 예수는 심지어 그의 발을 씻으셨다. 유다가 배신자가 되리라는 사실을 예수는 언제 아셨을까? (첫 번째 암시는 요한복음 6:71에서 기적적인 먹이심 다음에 나타난다.) 예수에게 있어서 그의 발을 씻으시는 것은 어떤 일이었을까? 유다에게는 그 일이 어땠을까? 심지어 예수가 유다에게 한 조각의 떡을 건네시는 동작까지도(요 13:26) 어떤 해석자들은 이 다락방에서 예수가 베푸신 성만

38. 전 교회역사에 있어서 발씻음을 어떻게 해석해 왔는지를 살펴보기 위해서는, C. Thomas, *Footwashing in John 13 and the Johannine Community* (JSNTSup 61: Sheffield: JSOT Press, 1991), 11-19.

39. 참조. Hoskyns and Davey, "The Liturgical Use of the Pedivalium or the Washing of the Feet," *John*, 520-24.

찬과 연관시킨다.[40] 유다는 이 성만찬에 참여했다(눅 22:21; 그러나 막 14:17-25을 보라). 그리고 만약 이 떡조각이 그 식사의 거룩한 요소들을 의미하는 것이라면, 그것을 받은 직후에 그가 사탄의 통제를 받게 되었다는 사실은 무척 놀랍다.

이것은 단순히 한 사람의 죽음에 대한 이야기가 아니다. 요한복음 전체를 통하여 우리는 빛과 어둠 사이의 싸움에 대한 경고를 듣는다. 1:5에서 우리는 양자 사이의 절대적인 적대감을 본다. 요한복음이 전개되어 감에 따라 우리는 자신들이 빛에 노출되어 있음에도 불구하고 어둠을 선택하는 자들에 대해 반복해서 듣는다. 예수가 자신을 계시하시면 청중들은 둘로 갈라진다.—어떤 이들은 믿고 다른 이들은 거부한다. 그러나 유다에게서 우리는 그보다 더 가까울 수 없을 정도로 예수와 가까웠던 한 사람을 본다. 그는 빛에 가까이 있었지만 어둠을 선택한다. 요한은 이 일의 두려움에 대해 묵상해 보도록 우리를 초청한다. 오늘날 교회에서 같은 일이 발생하고 있지는 않은가?

사랑하라는 명령. 우리가 관심을 기울여야 할 마지막 주제는 사랑하라는 예수의 명령이다. 이 명령이 발을 씻으심 직후에 나온다는 사실에 주목하라. 그러므로 여기서 말하는 사랑은 예수가 그의 추종자들에게 바라는 어떤 감정적 부속물이 아니다. 그 사랑은 심오한 방식들을 통해 행동으로 해석되어 나오는 사랑이다. 이 명령과 가장 가까운 공관복음의 평행구는 산상설교에서 발견된다. "또 '네 이웃을 사랑하고 네 원수를 미워하라' 하였다는 것을 너희가 들었으나 나는 너희에게 이르노니 너희 원수를 사랑하며 너희를 핍박하는 자를 위하여 기도하라"(마 5:43-44). 어떤 학자들에게 있어서 요한복음 13:34의 "새 계명"은 보다 작은(lesser) 명령이다. 왜냐하면 거기에는 우리의 원수들이 포함되지 않기 때문이다. 그러나 그것은 방향이 잘못된 비판이다. 요한복음은 세상에 대한 하나님의 사랑에 대해 보편적으로 말한다(요 3:16). 예수의 사명은 세상을 구원하고(요 4:42), 세상에 생명과(요 6:33) 빛을(요 12:46) 주는 것이다. 제자들에게는 세상 속으로 들어가 예수의 일을 계속하라는 명령이 주어진다(요 17:18; 20:21).

그러나 예수는 현재의 상황 속에서 구체적인 관심사를 가지고 계시다. 그는 자신을 따르는 자들이 세상 속에서는 평행을 찾을 수 없는 수준의 사랑을 보여주기를 원하신다. 카슨(Carson)은 이것을 잘 설명하고 있다. "논리적으로 좀 혼란스러워 보이겠지만, 이것은 기독교인들이 세상은 덜 사랑해야 하고 그들끼리는 더욱

40. F. Maloney, "A Sacramental Reading of Jn 13:1-38," *CBQ* 53 (1991): 237-56.

더 사랑해야 한다는 것이 아니다. 이 말씀이 뜻하는 것은 서로에 대한 그들의 사랑은 하나님의 자녀로서의 그들의 새로운 신분과 경험을 반영하는 것이어야 한다는 것이다."[41] 공동체 사랑(community love)이라는 주제는 세상에 대한 우리의 헌신을 손상시키는 것이 아니라 세상에 대한 요한의 또 다른 관점과 잘 조화를 이룬다.

요한이 '세상'(world)이라는 용어를 어떻게 사용하고 있는지 자세히 살펴보기만 해도 우리를 둘러싸고 있는 환경의 실상이 명백하게 드러난다.[42] 세상에 참여하고자 할 때는 빛에 대한 세상의 적대적 태도라는 실제를 항상 염두에 두어야 한다. 그러므로 신자들의 공동체는 피난처, 즉 세상에서는 비교할 수 있는 것을 찾을 수 없는 애정과 섬김의 장소가 되어야 한다. 그것은 즉시 그 주위의 다른 것들로부터 구별될 것이다.

그런 주제는 오늘날과 관련된 것이다. 우리는 점점 더 많은 부서진 공동체들이 있는 세상 속에서 살고 있다. 그 결과 예수의 새 계명은 우리들에게 도전이 된다. 우리는 그리스도를 따르는 자들로서 우리가 어떻게 살고 있는지, 그리고 예수가 보여주신 것과 같은 사랑을 세상에 어떻게 보여주고 있는지 점검해 보아야 한다.

현대적 의미

이 세 가지 주제들을 오늘의 세대에 적용하기 위해서는 약간의 기술이 필요하다. 우리는 많은 문제들을 대답되지 않은 채로 남겨 두어야 할 것이고 어떤 것들에 대해서는 개략적으로만 생각해 볼 수 있을 것이다. 예수는 그를 따르는 자들이 문자적으로 제자들의 발을 씻기를 기대하셨을까? 혹은 그것은 단지 겸손의 상징일까? 유다는 단지 역사 속에서의 배우 혹은 경고로서 우리 앞에 놓여진 문학적 본보기일까?

예수와 발을 씻기심. 예수의 행위의 힘을 오늘날의 세대로 가져오기 위해서 나는 그가 하신 일의 의미를 다시 구성해(reconceptualize) 보아야 할 것이다. 물론 우리는 발을 씻기는 일을 교회에 다시 소개할 수도 있을 것이다. 그리고 어떤 교회들은 (특히 오순절 전통 속에 있는 교회들은) 실제로 이 일을 해 오고 있다.[43] 그러나 발

41. Carson, *John*, 485.

42. "세상"(world, 헬라어 *kosmos*)이라는 용어는 요한복음에 78회나 등장한다(요 1:9, 10, 29; 3:16, 17, 19; 4:42; 6:14, 33, 51; 7:4, 7; 8:12, 23, 26; 9:5, 32, 39; 10:36; 11:9, 27; 12:19, 25, 31, 46, 47; 13:1; 14:17, 19, 22, 27, 30, 31; 15:18, 19; 16:8, 11, 20, 21, 28, 33; 17:5, 6, 9, 11, 13, 14, 15, 16, 18, 21, 23, 24, 25; 18:20, 36, 37; 21:25).

을 씻어 주는 것은 우리에게 낯선 일이다. 그리고 그것은 원래의 성경적 배경에서는 결코 의도하지 않았던 반응을 야기할 수도 있다. 그러나 그것은 예수와 그의 추종자들에게는 낯선 일이 아니었다. 예수의 행위가 힘이 있었던 이유는 발을 씻기심 자체 때문이 아니라 예수가 그것을 행하심으로 맡으셨던 역할 때문이었다. 바닥을 청소하는 일은 일상적인 일이다. 그러나 영국의 엘리자베스 여왕이 우리 집에 와서 부엌을 청소한다면 그것은 깜짝 놀랄 일이 될 것이다. 그 이유는 청소 자체가 대단하기 때문이 아니라 여왕이 그 일을 하고 있기 때문이다. 이 이미지가 힘을 갖게 되는 것은 예수라는 인격체가 이토록 낮은 역할을 맡고 계시다는 사실 때문이다.

그가 우리를 위해 하신 일에 대한 명확한 이해가 없이는 예수의 이와 같은 낮은 역할을 우리가 모방한다는 것은 불가능하다(요 13:14). 예수는 오직 그들의 발이 씻겨진 '다음에야'(after) 제자들이 다른 사람의 발을 씻을 것을 기대하신다. 마찬가지로 예수는 그가 우리를 위해 하신 일의 깊이를 우리가 알게 되기 전까지는 우리가 다른 사람을 위해 일할 것을 기대하지 않으신다.

요한은 이런 전후관계의 논리를 이해한다. 요한일서에서 그는 이렇게 말한다. "사랑은 여기 있으니 우리가 하나님을 사랑한 것이 아니요 하나님이 우리를 사랑하사 우리 죄를 속하기 위하여 화목 제물로 그 아들을 보내셨음이라. 사랑하는 자들아 '하나님이 이같이 우리를 사랑하셨은즉'(since God so loved us) 우리도 서로 사랑하는 것이 마땅하도다"(요일 4:10-11, 저자의 강조). 우리를 위한 하나님의 사랑을 온 삶 속에서 미리 경험하지 못했다면, 우리는 그 어떤 사람도 사랑할 수 있는 준비가 되어 있지 못한 것이다.

이것은 전세계에 걸쳐서 기독교적 섬김의 삶에 헌신한 사람들의 삶의 특징이기도 하다. 그들의 순례의 이야기는 흔히 하나님의 선하심과의 극적인 만남으로부터 시작된다. 그 선하심은 그들에게서 결코 사그러들지 않는다. 이것이 바로 정확히 예수께서 하신 일이다. 그는 사랑 받는다는 것이 무엇을 의미하는 것인지에 대해 제자들에게 구체적인 이미지를—더할 나위 없이 구체적인 경험을—주셨다. 나는 예수에 의해 '씻음을 받은'(being washed) 이 경험이 예수가 갈보리에서 돌아가신 후 '구원을 받은'(be saved) 것이 무엇을 의미하는 지를 이해하는 데 큰 도움이

43. 발을 씻음도 그것이 교회 생활의 일상적인 모습이 되었을 때는 틀에 박힌 일이 될 수 있지 않을까? 즉, 누군가의 발을 씻어 주면서도 그것이 전달하려 하는 의미, 즉 낮은 섬김의 모습은 잊을 수도 있지 않겠는가?

되었을 것이라고 확신한다.

사도 바울의 선교사역에 있어서 연료 역할을 했던 것이 바로 이런 하나님의 은혜로 변화되는 경험이었다. 그는 섬김을 받았기 때문에 섬겼다. 바울은 이렇게 말한다. "내가 그리스도와 함께 십자가에 못 박혔나니 그런즉 이제는 내가 사는 것이 아니요 오직 내 안에 그리스도께서 사시는 것이라 이제 내가 육체 가운데 사는 것은 나를 사랑하사 나를 위하여 자기 자신을 버리신 하나님의 아들을 믿는 믿음 안에서 사는 것이라"(갈 2:20, RSV). 바울의 삶의 배후에 있던 추진력은 율법도 아니었고 유대종교적 성취를 이루고자 하는 갈망도 아니었다. 사도는 자신이 씻음을 받았다는 사실, 하나님이 그에게 자기 자신을 주셨다는 사실을 깨달았다. 그렇기 때문에 그는 이제 자유롭고도 즐겁게 자기 자신을 다른 사람들에게 줄 수 있는 것이다.

'예수가 섬기셨던 것처럼' (as Jesus served) 섬기는 것은 겸손을 요구한다. 그것은 또한 희생을 필요로 한다. 그것은 누군가를 위해 "더 낮은 역할"(lesser role)을 떠맡아야 한다는 것을 의미한다. 많은 이야기들이 이것의 예가 될 수 있지만 내게는 항상 한 가지 사건이 떠오른다. 로벗슨 맥퀼킨 박사(Dr. Robertson McQuilkin)는 여러 해 동안 사우스캐롤라이나(South Carolina)주 콜롬비아에 있는 콜롬비아 성경대학과 신학대학원의 총장이었다. 1980년경에 그는 아내 뮤리얼(Muriel)에게 기억상실증 증세가 나타나기 시작하는 것을 발견했다. 다음 십 년 동안 그는 아내의 컨퍼런스 강연과 텔레비전, 라디오 방송출연이 점점 줄어들더니 결국 없어지는 것을 지켜보았다. 1980년대 중반에 그녀는 치매 진단을 받았다. 그녀의 증세는 빠른 속도로 악화되었다.

이 상황은 자연히 맥퀼킨 박사에게 위기를 가져다주었다. 잘 나가는 대학과 대학원의 총장으로서 어떻게 아내와 학교의 요구들을 모두 충족시킬 수 있었을까? 많은 기독교인 친구들은 그에게 뮤리얼을 전문요양원으로 보내라고 충고했다. 그러나 그는 도저히 그렇게 할 수 없었다. 그녀의 상태가 악화되자 그는 (자신의 표현을 빌자면) "통합적 문제"(a matter of integrity)에 관한 결단을 내렸다. 그는 종일 아내를 돌봐 주기 위해 총장직을 사임했다. "그것은 두 가지의 사랑 사이에서의 선택이었다"라고 그는 말한다. 콜롬비아 대학은 현명하게 또 애정을 가지고 그의 결정을 지지해 주었고 그의 자리를 맡을 사람을 찾기 시작했다.

맥퀼킨의 개인적 이야기에서 놀라운 점은 그것의 신학적 토대이다. 어떤 사람들이 보기에는 그가 상당한 사회적, 직업적 손실을 감수하고 그런 선택을 한 것으로 보일 것이다. 그는 자신의 경력을 포기해 버렸다. 하지만 그렇지 않다. 그의 결정은 자신을 향한 하나님의 사랑에 기초해 있었다. 그는 또한 뮤리얼이 베풀어준 사십 이 년간의 사랑을 통해 하나님의 사랑을 경험했던 것이다. 이것이 그의 섬김을 기쁨으로 만들어 주었다.

> 그것은 약속을 지키는 것과 공평하게 처신하는 것 이상의 문제이다. 그녀가 심한 기억 상실에 빠져드는 것을 보고 있지만, 뮤리얼은 나의 삶의 기쁨이다. 날마다 나는 그녀가 내가 항상 사랑해 왔던 바로 그 여인이라는 새로운 증거들을 본다. 나는 또한 내가 더 완전하게 사랑하기를 고대하는 그 하나님의 사랑의 신선한 증거들을 본다.[44]

또다른 놀라운 이야기의 주인공은 헨리 나우웬(Henri Nouwen)이다. 그는 유명한 작가이자 가톨릭 성직자인데 그의 책인 『상처받은 치료자』(*The Wounded Healer*, 두란노)와 『창조적 사역』(*Creative Ministry*, 영성의 씨앗, 그루터기하우스)은 사실상 모든 신학도들의 필독서로 서재에 꽂혀 있다. 노틀담, 예일, 그리고 하버드에서 강의를 했던 이 사제는 1986년에 '새벽'(Daybreak)이라는 이름의 공동체로 들어갔다. 그곳은 백여 명의 정신지체 장애인들을 돌보는 주거공동체였다. 그는 이렇게 적고 있다.

> 라르쉬(L'Arche, 방주)가 존재하는 것은 정신지체인들이 "정상"(normal)이 되도록 돕기 위해서가 아니라 그들이 자신들의 영적 선물들을 세상과 나누는 것을 돕기 위해서이다. 우리의 변화를 위해 마음이 가난한 자들이 우리에게 주어졌다. 그들의 가난 속에서, 정신지체인들은 하나님을 우리에게 계시하고 우리를 복음과 가까이 하도록 만든다.[45]

여기서 다시 한 번 우리는 그의 삶을 통해 복음에 의해 확실히 변화된 한 사람을 본다. 복음은 그를 완전히 변화시켰고 그에게 섬김의 기쁨을 주었다. 그는 예수에 의해 씻겨졌고 그래서 다른 사람들의 발을 씻고 있다.[46]

---

44. R. McQuilkin, "Living by Vows," *Christianity Today* 35 (Oct. 8, 1990) : 38-40 ; 완전한 이야기가 이제 책으로 나왔다. *A Promise Kept* (Carol Stream, Ill. : Tyndale, 1998).
45. A. Boers, "What Henn Nouwen Found at Daybreak," *Christianity Today* 38 (Oct 3, 1994), 28-31.
46. 나우웬(H. Nouwen)이 한 정신지체인을 돌본 이야기를 책에서 볼 수 있다. *Adam : God's Beloved* (New

이것들은 요한복음 13장의 교훈을 마음에 받아들인다는 것이 무엇을 뜻하는 지를 보여주는 두 가지 예들이다. 그런 봉사는 맥퀼킨이나 나우웬의 경우처럼 극적인 형태로 나타나지 않을 수도 있다. 그러나 우리가 즐기게 될 봉사는 분명히 예수의 제자들의 삶을 감동시킨 바로 그 능력에 의해 추진력을 얻게 될 것이다. 예수의 사랑과 섬김은 우리를 변화시키고 우리에게 힘을 준다. 우리는 그런 지식이 없이는 예수가 우리에게 하신 것처럼 다른 사람의 발을 '씻을 수 없다.'

가룟 유다의 배신. 신학자들은 유다가 어떤 사람이었고 무엇이 그로 하여금 예수를 배신하게 만들었는지에 대해 수없이 많은 상상을 해 왔다. 어떤 이들은 예수의 삶에 있어서 발생한 일련의 사건들 때문에 그가 실망을 했을 것이라는 주장을 했다. 다른 이들은 유다가 잘못된 길로 접어든 메시야의 길에 끼어들어 예수를 구해내려 했다고 주장하기도 했다. 최근의 어떤 작가는 유다에 대한 악평을 씻어 주기 위해 모든 노력을 경주했다. 그는 유다야말로 예수의 가장 훌륭한 종이었다고 주장한다. 유다는 예수가 원했던 대로 그를 산헤드린에 넘겨주었다는 것이다.[47]

유다의 내적 상태에 대한 증거는 극히 제한되어 있다. 그러나 한 가지 사실은 분명하다. 빛과 어둠 사이, 진리와 거짓 사이, 그리고 하나님과 사탄 사이에서의 커다란 싸움에서 유다는 하나님의 대적의 도구가 되었다는 것이다. 예수를 실제로 "넘겨주는"(handing over) 일은 18장에서 발생하지만 유다의 생애에서의 결정적 순간은 요한복음 13:27에서 발생한다. "조각을 받은 후 곧 사탄이 그 속에 들어간지라." 그 순간부터 유다는 스스로를 제어하기 힘들었다. 어둠이 그를 흡수해 버렸다. 우리가 그에 대해 마지막으로 가지고 있는 이미지는 후회로 가득찬 한 인간이다. 그는 배신의 대가를 돌려주려고 애쓴다. 그러나 그것은 거부된다. 유다는 결국 자살을 택한다(마 27:1-10; 행 1:16-20).

여기서 우리는 많은 이들보다 더 하나님의 계시에 근접해 있던 한 사람을 본다. 유다는 예수의 가르침을 들었고 그의 기적들을 목격했다. 베드로는 예수가 십자가에 대해 말씀하셨을 때 의심을 표현했고, 도마는 후에 부활에 대해 의심했지만, 유다에 대해서는 그가 신실했었다는 기록밖에 가지고 있지 않다. 다락방에서 베드로는 예수가 자신의 발을 씻으시지 못하도록 거부했다. 그러나 유다는 그에 순응하여 예수의 겸손한 역할을 받아들인 것처럼 보인다. 이 사람의 순례의 길을 방해하

York: Orbis, 1997).

47. W. Klassen, *Judas: Betrayer or Friend of Jesus?* (Minneapolis: Augsburg, 1996). 유다의 이미지를 이런 식으로 바꾸기 위해서는 클라센은 복음서의 내용을 엄청나게 뜯어고쳐야 할 것이다.

기 위해 무슨 일인가가 발생했다. 그는 자신이 속한 편을 바꾼다. 요한의 언어를 사용하자면, 그는 어둠과 함께 사라졌고 그래서 어둠의 사람들 중 하나가 되었다.

C. S. 루이스는 어린이 책 『나니아 연대기』(*The Narnia Chronicles*)와 기독교 변증서들 『순전한 기독교』(*Mere Christianity*), 『기적』(*Miracles*) 때문에 유명하다. 그러나 아마도 그의 최상의 노력은 스페이스 3부작(Space Trilogy)에서 찾을 수 있을 것이다『Out of the Silent Planet, Perelandra, That Hideous Strength』. 여기서 루이스는 랜섬(Ransom)이라는 한 남자의 이야기를 들려준다. 그는 먼저 목성으로 갔다가 금성으로 여행한다. 그의 유일한 여행 목적은 우주에서 보았을 때는 그의 행성인 지구가 침묵의 행성(Silent Planet), 무질서하고 부패한 행성임을 발견하는 것이다. 지구 이외의 다른 곳의 피조물들은 "타락하지"(fallen) 않았다. 그래서 그들은 우주의 영적 힘들과의 축복스러운 조화 속에서 살아간다.

3부작 속에서 루이스의 관심은 부패의 본질을 연구하는 것이다. 웨스턴(Weston)과 디바인(Divine)이라는 두 사람은(그들의 이름은 '신성한'[divine] 서방[Western] 세계를 상징적으로 나타낸다) 전에는 부패가 전혀 없던 곳에 부패를 소개한다. 첫 번째 총알이 목성으로 날아간다. 그 총알은 '흐로스'(Hross)라는 이름의 무죄한 인물을 죽인다.—그것은 모든 이들에게 큰 충격을 주었다. 그리고 금성에서 랜섬은 세 세상이 탄생하는 것을 본다. 그는 그곳에서 자신의 왕국을 통치하고 있는 이브(Eve)를 만난다. 그녀는 웨스턴이 자신을 죄로 유혹하려고 노력하는 것에 대해 진저리를 친다. 그것은 에덴동산을 다시 방문한 것이다.

이 책들 속에서 가장 인상적인 것은 웨스턴과 디바인의 점진적 부패이다. 그들은 세상이 알고 있는 가장 위대한 지혜와 접해 왔던 학자들이다. 하지만 교만에 빠진 그들은 겸손을 내던지고 하나님은 시대에 뒤진 폐물에 불과하다는 생각을 하게 된다. 그리고 역사의 과정을 스스로 조작하려고 한다. 그런데 그들이 그런 일을 하는 동안—이것이 중요한 점인데—그들은 자신도 모르는 사이에 사탄의 졸개가 된다. 결국 랜섬은 금성에서 이브를 구해내기 위해 목숨을 건 싸움을 하는 도중 웨스턴과 마주친다. 하지만 랜섬은 웨스턴이 변했다는 것을 알아챈다. 사탄은 그의 공모자가 되었다. 사탄이 그를 소유했다기보다는 그를 흡수해 버린 것이다.

이것이 유다의 그림이다. 그는 어딘가에서 방향을 잘못 틀었다. 그는 자신의 실수를 인정하고 뒤돌아 서서 왔던 길을 되돌아가는 대신 그 잘못된 길을 고집스럽게 계속 걸어갔다. 오래지 않아 그는 어둠의 영역에 들어서고 말았다. 요한복음 13:11에서 예수는 그것을 아시고 그가 "깨끗하지 않다"(unclean)고 말씀하신다.

그후 유다는 아주 천천히 사탄의 앞잡이로 변해 갔다. 유다가 "밤"(night) 속으로 사라지는 것을 보는 것은 섬뜩하다. 밤은 사람들이 걸려 넘어지는 곳이고(요 11:9; 13:30) 빛이 경멸을 당하는 곳이다.

이 배신은 예수를 가까이에서 따라다녔던 자들만이 아니라 오늘날 예수를 따르는 자들에게도 가능한 것인가? 다락방은 예수가 중요한 영적 작업을 하신 전환점이었다. 그러나 하나님이 가장 심도 있게 작업을 하시면 사탄의 공격 역시 훨씬 더 강해진다. 성만찬에 대한 누가의 설명 중 이 부분에서 예수가 시몬 베드로에게 사탄이 베드로 역시 원했다고 말씀하신 것은 중요하다(눅 22:31-32). 이것은 우리를 놀라게 한다. 예수를 따르는 자들을 파괴하려는 사탄의 욕망은 우리가 실제 깨닫는 것보다 훨씬 그 정도가 심하다. 오늘날에도 예수의 삶 및 사역과 가장 긴밀하게 연관되어 있는 자들은 마찬가지로 사탄의 공격에 취약한가?

유다는 비유이자 경고이다. 우리는 "내부자들"(insiders)로서 그의 이야기를 읽는다. 우리는 이것이 누군가 다른 사람에 관한 이야기라고 생각한다. 그러나 유다는 빌라도나 가야바 혹은 그 어떤 유대 지도자들보다 우리를 불안하게 만드는 인물이다. 그는 빛을 보았고 그것을 이해했다. 그러나 그럼에도 불구하고 어둠을 선택했다. "유다는 우리의 매일이 심판의 날임을, 그리고 유다와 같은—혹은 당신이나 나와 같은—신실했던 추종자가 언제든지 빛에 등을 돌리고 어둠으로 향할 수 있음을, 또 마귀 혹은 마귀들의 왕에게 잡힐 수 있음을 상기시켜 주는 인물이다."[48]

그렇다면 우리도 위험에 처해 있다.—그것은 우리가 예수에 대해 오해를 하고 생명에 대한 우리들 자신의 꿈과 비전에 의해 기만을 당할 수 있는 위험이다. 그런 일을 하는 동안 우리는 예수를 배신한다. 바울은 그런 가능성의 위협에 대해 아주 솔직했다. 그는 "사탄을 따를 수도"(딤전 5:15) 있는 자들에 대해, 그리고 마귀에게 잡혀서 "그의 뜻을 행할 수도"(딤후 2:26) 있는 자들에 대해 경고한다. 요한 자신의 목회적 경험은 신앙에 대해 잘 알면서도 부패하여 그리스도의 원수가 된 자들을 보게 했다. 그는 그런 사람들을 "적그리스도들"(antichrists)이라고 불렀다(요일 2:18, 22; 4:3; 요이 1:7).

적그리스도는 유명한 신학적 이단들에 대한 호칭인가? 혹은 그것은 사기 투자 사건을 통해서 복음주의 기관으로부터 무려 8천만 달러를 갈취해 간 존 베넷(John G. Bennett)과 같은 이를 뜻하는가?[49] 혹은 그것은 그리스도의 공동체를 떠나 교

48. D. L. Bartlett, "John 13:21-30," *Int* 43 (1989): 393-97(인용문은 394쪽에 등장).

회에 돌이킬 수 없는 해를 끼친 신자들을 뜻하는가? 정도는 서로 다르지만 이 모든 것들이 거기에 해당한다고 할 수 있다. "배신자"(betrayer)는 그리스도를 그의 원수들에게 "넘겨주는"(hands over) 자, 그리고 (자신이 의식을 하든 못 하든) 빛이 아니라 어둠의 힘들을 섬기는 자를 말한다.

사랑의 명령. 예수는 요한복음 13:34에서 가능한 가장 강력한 언어를 사용하신다. 요한복음에서는 산헤드린이 명령을 하고(요 11:57), 아버지(Father)가 아들(Son)에게 명령을 하시며(요 10:18; 12:49, 50; 14:31), 예수가 그의 추종자들에게 명령을 하신다(요 13:34; 14:15, 21; 15:10, 12). 예수에게 있어서 아버지의 말씀이 그에게 단순히 어떤 제안이 아니었던 것처럼 이것 역시 "제안"(suggestion)이 아니었다. 사랑하라는 명령 속에는 그 명령을 하시는 인격체의 모든 무게가 실려 있다.

사랑의 명령은 요한의 가장 큰 관심사들 가운데 하나였다. 그의 서신들 속에서 요한은 이 명령을 반복해서 언급한다. 사랑은 그의 삶 속에 하나님의 임재가 반영되고 있는 사람들의 표징이다(요일 3:11, 23; 4:7, 11; 요이 1:5). 의심할 바 없이 요한은 목회자로서 그의 교회가 싸움에 의해 악의적으로 찢겨지는 것을 보았을 것이다(요일 2:11). 그렇기 때문에 그는 그리스도의 사랑을 보이는 것이 그리스도를 믿음에 있어서 중요한 위치를 차지한다고 본다(요일 3:23).

이 구절의 문제점은 어떤 사람에게 사랑을 하라고 명령한다는 것은 불가능할 수 있다는 것이다. 심리학자인 존 샌포드(John Sanford)는 요한복음을 묵상하면서 이렇게 적고 있다.

> 심리학적 관점에서 보았을 때 이 명령의 난점은 사랑은 의도적으로 생성될 수 없다는 것이다. 의지를 사용하여 사랑을 하려고 노력하는 사람은 그가 사랑을 하고 있는 것처럼 보이도록 가면을 쓸 수는 있을 것이다. 그러나 어둠 속에 감추어져 있는 그의 무의식은 사랑을 부정하고 있다. 사랑은 그것이 진정한 것이 되기 위해서는 마음으로부터 우러나야 한다. 그것은 가장 좋은 의도를 가지고 있다 할지라도 억지로 만들어낼 수는 없는 것이다.[50]

---

49. T. Giles, "Double-Your-Money Scam Burns Christian Groups," *Christianity Today* 39 (June 19, 1995): 40-42; "New Era's Bennet Pleads 'No Contest' to Fraud," *Christianity Today* 41 (May 19, 1997): 62.

50. J. Sanford, *Mystical Christianity A Psychological Commentary on the Gospel of John* (New York: Crossroad, 1995), 259.

샌포드는 "사랑"(love)이 더 깊은 수준의 경쟁심, 낙담, 그리고 분노를 은폐하기 위한 인위적인 거짓 응답이 될 수 있는 많은 복잡한 경로들을 소개하고 있다. 사랑할 수 있는 예수의 능력에 대한 하나의 열쇠는 요한복음 13:3에서 제공되고 있다. 예수는 자신에 대해, 자신의 기원과 미래에 대해 잘 아셨다. 그는 이런 자기인식을 통해 자신의 제자들을 사랑할 수 있는 능력을 발견하셨다. 그리고 그것은 제자들의 발을 씻으심이라는 놀라운 행위를 통해 겉으로 드러났다. 샌포드는 우리에게도 동일한 것을 요구한다.

사랑의 명령은 예수가 요한복음 13:14에서 의미하셨던 바를 추상적인 용어로 표현하고 있다. 그 구절에서 예수는 제자들에게 서로의 발을 씻으라고 말씀하신다. 우리가 위에서 본 것과 동일한 규칙이 이곳에도 적용된다. 깊은 사랑을 받아 본 경험이 없다면 다른 사람에게 깊은 사랑을 표현하는 것은 사실상 불가능하다. 강의실에서 이 주제에 대해 이야기를 나눈 적이 있었는데 한 여학생이 앞으로 나와서 자신은 부모로부터 단 한 번도 "나는 너를 사랑한단다"(I love you)라는 말을 들어본 기억이 없다고 고백했다. 그 가정은 감정을 말로 표현하거나 신체접촉을 통해 애정을 표현하는 일이 거의 없는 메마른 가정이었다. 나는 20살이 된 그녀에게 그것이 어떤 의미를 가지는지 고민해 보지 않을 수 없었다. 그녀는 사랑할 수 있는 능력에 있어서 장애를 가지고 있는가?

복음주의자들에게 있어서 사랑의 명령은 종종 "세상을 사랑하라"(love the world)는 명령으로 해석되어 왔다. 이 충분히 정당한 태도는 그 다음에는 복음전도의 열정과 결합되었다. 그리고 그것은 세상 속에서의 교회의 일을 장려하는 데 사용되었다. 그러나 예수는 우리가 그분의 교회 안에서 서로를 사랑하는 것에 대해 특별히 말씀하고 계신 것이다. 예를 들어, 존 오트버그(John Ortberg)는 "진리"(the truth)를 위해 싸우고 있는 복음주의자들 사이에서 상대방은 종종 사랑을 받을 자격이 없는 자들로 간주되곤 한다고 지적한다. 그는 이렇게 적고 있다. "옛말에 따르자면 전쟁의 첫 번째 희생물은 진리라고 한다. 그러나 그것은 사실이 아니다. 전쟁의 첫 번째 희생물은 사랑이다."[51] 그는 바리새인들은 자기 시대의 완고한 정통 사상가들을 대표하는 자들이었다고 말한다. 그들은 모든 어려운 문제들에 있어서 올바른 쪽에 서 있었다. 그러나 그들은 예수가 사랑하셨던 사람들, 예수가 기꺼이 자신의 공동체의 일원으로 만들려 했던 사람들을 사랑하는 데 있어서 큰 어려

51. J. Ortberg, "Do They Know Us By Our Love?" *Christianity Today* 41 (May 19, 1997): 25.

움을 느꼈다. 예수가 모든 율법이 이 사랑의 명령으로 요약될 수 있다고 확신 있게 외치셨을 때 그들이 얼마나 충격을 받았겠는지를 생각해 보라!(막 12:28-34)

기독교인들이 (중요한 문화적 이슈들에 대한 국가적 논쟁이나 개별 교회들의 문제들에 있어서) 의견이 일치하지 못하고 있다면, 그것은 진리에 대한 우리의 열정과 서로 사랑하라는 예수의 명령 사이의 긴장이 아직도 해소되지 못하고 있기 때문이다. 나는 전에 내가 가르쳤던 학생들에게서 편지를 받았다. 그들은 지금 보수적인 교회에서 일하고 있는데 전에 친구였던 자들이 그들에게 교리적인 전쟁을 선포했다는 고통스러운 소식을 전해 주었다. 나의 복음주의 친구들은 어떤 사회 문제에 새로이 개입하려고 했다가 (가난한 자들의 문제, 에이즈[AIDS] 문제, 팔레스타인 사람들의 권리 문제 등) 그들의 교회로부터 따돌림과 상처를 받았던 이야기들을 들려준 적이 있다. 진리를 위한 열정과 사랑의 명령은 우리의 복음주의 세계에 있어서 때로는 서로 충돌해 왔다. 지역교회들에서도 사정은 같을 것이다. 사랑의 명령은 그리스도의 몸 안에서 가장 먼저 적용되어야 한다. 비기독교인이 교회 안에 첫 발을 내딛었을 때 그들이 받는 첫 인상은 이런 것이어야 한다. "너희가 서로 사랑하면 이로써 모든 사람이 너희가 내 제자인 줄 알리라"(요 13:35). 주후 3세기에 터툴리안(Tertullian)은 이렇게 썼다. "많은 사람들은 주로 우리의 고결한 사랑의 행위를 보고 그것을 우리의 표징으로 생각한다! 그들은 말한다. '보라, 그들은 얼마나 서로를 사랑하는가?…보라, 그들은 서로를 위해 심지어 대신 죽을 각오까지 되어 있다.'"[52] 초기 교회에 있어서 기독교인들이 서로를 돌보고 헌신하는 모습은 날카로운 사회적 구별을 그 특징으로 했던 로마 세계에 있어서 큰 충격이었다.

파당으로 나뉘어져 있던 세계에 있어서 철저하고 신실하고 참된 사랑으로 서로를 돌보는 공동체처럼 충격적인 것은 없었다. 같은 관심사를 가진 사람들의 공동체를 찾는 것은 매우 쉬운 일이다. 당신은 자신이 좋아하는 운동, 음악, 원예, 혹은 정치활동을 함께 즐길 수 있는 사람들의 모임을 어디를 가든지 찾을 수 있을 것이다. 그러나 사랑의 공동체를 이루라는 것이 교회에 내려진 명령이다. 교회는 그리스도께서 그들을 위해 헌신하셨듯이 서로를 위해 헌신하고 있는 그리스도의 추종자들로 구성되어야 한다. 그들은 친분관계나 상대방의 어떤 매력에 기초한 것이 아니라 (유다를 포함하여) 모든 이의 발을 씻어 주신 그리스도를 본보기로 삼는 사랑을 드러내 보여야 한다.

---

52. Tertullian, *Apology*, 39, 다음에서 재인용: Hendricksen, *John*, 254.

요한복음 14:1-31

1 너희는 마음에 근심하지 말라 하나님을 믿으
니 또 나를 믿으라
2 내 아버지 집에 거할 곳이 많도다 그렇지 않
으면 너희에게 일렀으리라 내가 너희를 위하
여 거처를 예비하러 가노니
3 가서 너희를 위하여 거처를 예비하면 내가
다시 와서 너희를 내게로 영접하여 나 있는
곳에 너희도 있게 하리라
4 내가 어디로 가는지 그 길을 너희가 아느니라
5 도마가 이르되 주여 주께서 어디로 가시는지
우리가 알지 못하거늘 그 길을 어찌 알겠사
옵나이까
6 예수께서 이르시되 내가 곧 길이요 진리요
생명이니 나로 말미암지 않고는 아버지께로
올 자가 없느니라
7 너희가 나를 알았더라면 내 아버지도 알았으
리로다 이제부터는 너희가 그를 알았고 또
보았느니라
8 빌립이 이르되 주여 아버지를 우리에게 보여
주옵소서 그리하면 족하겠나이다
9 예수께서 이르시되 빌립아 내가 이렇게 오래
너희와 함께 있으되 네가 나를 알지 못하느
냐 나를 본 자는 아버지를 보았거늘 어찌하
여 아버지를 보이라 하느냐
10 내가 아버지 안에 거하고 아버지는 내 안에
계신 것을 네가 믿지 아니하느냐 내가 너희
에게 이르는 말은 스스로 하는 것이 아니라
아버지께서 내 안에 계셔서 그의 일을 하시
는 것이라
11 내가 아버지 안에 거하고 아버지께서 내 안
에 계심을 믿으라 그렇지 못하겠거든 행하는
그 일로 말미암아 나를 믿으라
12 내가 진실로 진실로 너희에게 이르노니 나를
믿는 자는 내가 하는 일을 그도 할 것이요 또
한 그보다 큰 일도 하리니 이는 내가 아버지
께로 감이라
13 너희가 내 이름으로 무엇을 구하든지 내가
행하리니 이는 아버지로 하여금 아들로 말미
암아 영광을 받으시게 하려 함이라
14 내 이름으로 무엇이든지 내게 구하면 내가
행하리라
15 너희가 나를 사랑하면 나의 계명을 지키리라
16 내가 아버지께 구하겠으니 그가 또 다른 보
혜사를 너희에게 주사 영원토록 너희와 함께
있게 하리니
17 그는 진리의 영이라 세상은 능히 그를 받지
못하나니 이는 그를 보지도 못하고 알지도
못함이라 그러나 너희는 그를 아나니 그는
너희와 함께 거하심이요 또 너희 속에 계시
겠음이라
18 내가 너희를 고아와 같이 버려두지 아니하고
너희에게로 오리라
19 조금 있으면 세상은 다시 나를 보지 못할 것
이로되 너희는 나를 보리니 이는 내가 살아
있고 너희도 살아 있겠음이라
20 그날에는 내가 아버지 안에, 너희가 내 안에,
내가 너희 안에 있는 것을 너희가 알리라
21 나의 계명을 지키는 자라야 나를 사랑하는
자니 나를 사랑하는 자는 내 아버지께 사랑
을 받을 것이요 나도 그를 사랑하여 그에게
나를 나타내리라
22 가룟인 아닌 유다가 이르되 주여 어찌하여
자기를 우리에게는 나타내시고 세상에는 아
니하려 하시나이까
23 예수께서 대답하여 이르시되 사람이 나를 사
랑하면 내 말을 지키리니 내 아버지께서 그

를 사랑하실 것이요 우리가 그에게 가서 거
처를 그와 함께 하리라
24 나를 사랑하지 아니하는 자는 내 말을 지키
지 아니하나니 너희가 듣는 말은 내 말이 아
니요 나를 보내신 아버지의 말씀이니라
25 내가 아직 너희와 함께 있어서 이 말을 너희
에게 하였거니와
26 보혜사 곧 아버지께서 내 이름으로 보내실
성령 그가 너희에게 모든 것을 가르치고 내
가 너희에게 말한 모든 것을 생각나게 하리라
27 평안을 너희에게 끼치노니 곧 나의 평안을
너희에게 주노라 내가 너희에게 주는 것은
세상이 주는 것과 같지 아니하니라 너희는
마음에 근심하지도 말고 두려워하지도 말라
28 내가 갔다가 너희에게로 온다 하는 말을 너
희가 들었나니 나를 사랑하였더라면 내가 아
버지께로 감을 기뻐하였으리라 아버지는 나
보다 크심이라
29 이제 일이 일어나기 전에 너희에게 말한 것은
일이 일어날 때에 너희로 믿게 하려 함이라
30 이 후에는 내가 너희와 말을 많이 하지 아니
하리니 이 세상의 임금이 오겠음이라 그러나
그는 내게 관계할 것이 없으니
31 오직 내가 아버지를 사랑하는 것과 아버지께
서 명하신 대로 행하는 것을 세상이 알게 하려
함이로라 일어나라 여기를 떠나자 하시니라

원 의미

요한복음 14장은 다락방에서 유다가 떠난 후 13:31에서 시작된 고별강화의 연속이다. 이전 장에서 우리는 예수가 유대교에서 잘 알려진 "고별형식"(farewell formula)을 적용하고 계심을 보았다. 그는 무슨 일이 닥칠 것이고, 성령이 어떻게 오실 것이며, 그들이 자신의 추종자들로서 어떻게 번성하게 될 것인지를 설명하심을 통해 곧 닥칠 떠남에 앞서서 제자들을 위로하신다. (13장부터 시작된) 이 모든 구절들을 통해 우리는 제자들이 얼마나 혼란스러웠겠는지를 느껴 볼 수 있다. 그들은 마지막으로 예루살렘에 들어왔다. 그리고 예수는 분명한 어조로 자신의 죽음에 대해 말씀하신다. 그들은 엄청난 수치와 환멸 그리고 공포를 앞두고 있다. 그들의 걱정을 제일 먼저 표현한 것은 베드로였다(요 13:36). 예수는 이제 그들이 말한(혹은 말하지 않은) 많은 질문들에 대한 대답을 제공하기 시작하신다.

엄청난 학문적 에너지가 14장의 문학적 구조와 신학적 목적들을 밝혀 내기 위해 사용되었다. 요한복음 배후에 자료들을 배치시키고 본 장의 구성역사를 재구성하기를 좋아하는 학자들은 여기서 생각의 복잡한 고리들을 발견했다고 주장한다. 그들에 따르자면 그 생각들은 예수에 대해서보다는 요한의 생각에 대해 보다 많은 것을 이야기하고 있다. 그러나 그런 종류의 작업들은 대부분 아무리 좋게 보아도 의심스러워 보인다.[1] 본 장의 주제는 예수의 떠남과 재림이다. 이 문제는 많은 제자들의 질문들을 통해 제기된 바 있다. 베드로(요 13:36), 도마(요 14:5), 빌립(요

14:8), 그리고 유다(요 14:22). 예수는 아마도 저녁 식사를 하시면서 오랜 시간 동안 제자들을 가르치셨을 것이다. 그리고 우리가 여기서 가지고 있는 것은 그 말씀들의 요약일 것이다. 그러므로 제자들의 이 질문들은 주제들을 드러내기 위한 문학적 장치들일 것이다. 그것들은 주제들을 부각시키고 본 장이 클라이맥스를 향해 나아가도록 만든다.

우리는 요한복음 14:18에서 주제가 바뀌는 것을 볼 수 있다. 14:1-14부터 예수는 자신이 떠날 것이라는 사실 때문에 절망하고 있는 제자들에게 말씀을 하신다. 그 다음에는 성령에 대한 그의 첫 번째 약속이 등장한다(요 14:15-18). 그 다음에 예수는 14:18에서 자신의 재림에 대한 주제로 돌아오신다. 그 다음에 성령에 대한 약속이 다시 한 번 주어진다(요 14:25-31).

그러나 "떠남과 재림"(departure and return)이라는 주제는 우리가 상상하는 것보다 더 복잡하다. 예수의 떠남은 그의 영광(체포로 시작되어 승천으로 끝나는 여러 주제들의 혼합)을 가리킨다. 그의 재림 역시 복잡하다. 요한복음 14:18-19에서 예수의 재림은 "부활절의 재림"(Easter return)을 뜻하는 듯하다. 그때 제자들은 그를 보게 될 것이다. 그러나 14:21에서 우리는 예수의 또 다른 "오심"(coming)이 그의 제자들에게 임할 것이라는 것을 배운다. 그 오심의 결과 그는 그들 속에서 영적으로 거하게 되실 것이다(요 14:23). 각 경우에 있어서—예수의 떠남과 재림—성령이 중요한 역할을 담당한다. 성령은 그리스도를 따르는 자들을 위로하시고, 그들에게 능력과 확신을 주신다. 본 장 전체는 예수가 자신을 따르는 자들에게 주시는 "평강"(peace)의 축복으로 끝난다(요 14:27-31).

예수가 세상을 떠나심(요 14:1-14)

세 개의 앞선 예에서 우리는 예수의 깊이 흔들린 감정에 대해 배웠다(헬라어 *tarasso*). 그가 나사로의 무덤 앞에 서셨을 때(요 11:33), 그가 십자가에 대해 깊이 생각하셨을 때(요 12:27), 그리고 그가 유다의 배신에 대해 생각하셨을 때(요 13:21). 더 큰 능력과 하나님의 목적들에 대한 예수의 확신이 그로 하여금 그 위기들을 극복할 수 있도록 만들었다. 이제 제자들도 같은 감정들에 직면해야 한다(요

---

1. F. F. Segovia, "The Structure, *Tendenz and Sitz-im-Leben* of John 13:31-14:31," *JBL* 104 (1985): 471-93. 세고비아가 보기에 본 장은 예수의 재림이 실패한 것을 요한이 설명하기 위해 쓰여졌다. 그에 따르자면 요한의 해결책은 예수의 오심을 성령의 오심으로 대체하는 것이다.

14:1). 예수의 대답은 직설법으로 읽을 수도 있고("너희는 [이미] 하나님을 믿고 있고 나를 믿고 있다") 혹은 명령법으로 읽을 수도 있다("하나님을 믿으라! 또한 나를 믿으라!"). 왜냐하면 이 경우 헬라어의 직설법과 명령법의 형태가 똑같기 때문이다.[2] 두 동사 모두를 명령형으로 해석하는 것이 더 나을 것 같다(요 12:36; 14:11의 경우와 마찬가지로). 왜냐하면 예수는 다가오는 위기 속에서 마음을 다잡으라고 제자들에게 요구하고 계시기 때문이다. 그렇기 때문에 대부분의 현대 번역들은 이를 명령형으로 번역하고 있다. 이를테면 NIV는 "하나님을 믿으라. 또한 나를 믿으라"(Trust in God; trust also in me)로 번역하고 있다.

믿어야 할 이유들 중 하나는 예수의 떠나심에는 목적이 있기 때문이다. 떠난 후에 그는 그들을 위해 일을 하실 것이다. 즉 그들을 위해 장소를 예비하실 것이다(요 14:2). KJV는 "대저택들"(mansions; 헬라어 *monai*, "방들")로 번역하고 있는데 사실 맨션(mansion)은 17세기 영어에서는 수수한 가옥을 뜻하는 용어였다. 그러므로 14:2에 기초하여 하늘의 대궐과 같은 집을 상상해서는 안 된다. 이것은 예수의 요점이 아니다. 하나님의 "집"(house)은 교회가 아니라 그가 거하고 계신 하늘의 거처를 말한다(cf. 히 12:22; 계 21:9-22:5). 그리고 '모네'(*mone*)는 그곳에서 그와 함께 머물 거처를 말한다. 이 단어는 일상적인 요한의 동사인 '메노'(*meno*, 머물다, 살다)와 연관되어 있다. 예수와 함께 "머문다는"(remain) 것은 요한복음에 있어서 최고의 가치를 지닌다(요 15:4-10). 그리고 그는 그들이 자신과 함께 누렸던 친밀함을 죽음이 방해하지 못할 것임을 약속하고 계시다.

그러나 하늘에 우리를 위해 예비된 처소가 있다는 것과 그곳에 갈 수 있다는 확신을 갖는다는 것은 별개의 문제이다(요 13:36-37). 예수는 자신이 "돌아올 것"(will come back)이라고 약속하신다.[3] 이미지는 직설적이다. 예수는 하늘을 향해 떠나신다. 그는 자신을 따르는 자들을 위해 그곳에서 장소를 마련하실 것이다. 그리고 그는 그들을 그곳으로 데려가기 위해 돌아오실 것이다. 그러나 이 "오심"(coming)이 언제 발생할 것인가? 부활주일인가? 성령이 오실 때인가? 우리가 죽을 때인가? 그가 재림할 때인가? 학자들은 이것들 중 하나를 지적해 왔다. 어떤 이

2. 또한 직설법과 명령법이 섞인 것으로 번역하는 것도 가능하다. "너희들은 하나님을 믿는다. 이제 또한 나를 믿으라!" 막 11:22-24과 비교하라. 그곳에서 예수는 예루살렘에서의 중요한 마지막 날 동안 그의 추종자들에게 하나님을 믿으라고 교훈하신다.

3. 비록 동사의 시제는 현재형이지만(헬라어 *palin erchomai*) 요한은 종종 미래의 의미를 가지고 *erchomai*를 사용한다(참조. 요 1:15, 30; 4:21, 23; 14:18, 28; 16:2). 그 다음 동사인 "영접하여"(*paralempsomai*)는 미래형이다(요 14:3).

들에게는 이것들을 모두 합한 것이 답이다. 그런 경우 그 구절들은 모든 것을 포괄하는 격려의 약속이 된다.

비록 그 어떤 경우이건 오시는 분은 결국 그리스도이시지만, 14:2-3에 대한 가장 훌륭한 해석은 그것을 재림에 대한 평범한 약속으로 보는 것이다.[4] 후에 예수는 그가 행할 다른 재림을 제시하신다(요 14:18, 23). 그러나 그것은 그가 이곳에서 주장하시는 것과는 별개의 것이다. 요한은 역사 속에서의 극적인 정점을 기대하게 만드는 참된 미래 종말론을 가지고 있다(요 5:25ff.; 요일 2:28). 그러나 이곳에서의 예수의 관심사는 마가복음 13:24-26에서의 묵시적 드라마에서 찾을 수 있는 것과 같은 것이 아니다. 이곳에서의 그의 관심사는 제자들을 안심시키고 그들이 잊혀지지 않았다는 확신을 심어 주시는 것이다.

그가 어디로 가시는지 그들이 알고 있다고 예수는 말씀하시지만(요 14:4),[5] 도마는 좀더 명확하게 설명해 달라고 목소리를 높인다. 도마는 제자들이 예수의 '목적지'(destination)도 모르고, 그곳에 가기 위해 택할 '길'(way)도 모른다고 주장한다. 이것은 십자가가 예수가 아버지께로 돌아가는 길이 될 것이라는 사실을 제자들이 이해하지 못하고 있다는 것을 보여준다.—그 길은, 만약 그들이 그것을 이해했더라면 받아들이기가 힘들었을 것이다.[6] 베드로는 이미 예수의 목적지에 대해 질문을 했었다(요 13:36). 그러나 이 질문에는 대답이 주어지지 않았다. 도마는 지금 그 질문에다가 다른 요소를 추가한다.

요한복음 14:6에서의 예수의 대답은 요한복음 전체의 신학을 가장 훌륭하게 표현해 주고 있다. "내가 곧 길이요 진리요 생명이니 나로 말미암지 않고는 아버지께로 올 자가 없느니라." 세 개의 용어들 중에서 강조점은 분명히 첫 번째 단어인 "길"(the way)에 놓여 있다. 하늘에 계신 하나님의 현존과 접촉하는 것은 오직 예

---

4. 인기 있는 견해에 따르자면 요한은 본 장을 재림에 대한 약속으로 시작하지만 그것을 수정하기 위해 노력한다고 한다. 즉 그는 "오심"(coming)을 성령의 오심으로 재해석한다고 한다(요 14:23, 저자는 23절을 제시하나 역자가 보기에는 26절이 적절하다.-옮긴이). 참조. R. Gundry, "In My Father's House Are Many *Monai*," *ZNW* 58 (1967): 68-72.

5. 이 문장의 헬라어 구조는 어렵다. 어떤 사본은 긴 독법을 보여준다. "너희는 내가 가는 곳을 알고 있다. '그리고 너희는' 그 길을 '안다.'"(You know where I am going *and you know* the way.) 이것은 아마도 요 14:5의 영향일 것이다. 그 구절에서 도마는 "길"(way)에 대해 질문을 한다. 그러나 더 짧은 독법(NIV)이 가장 훌륭하다. "너희는 내가 가는 길을 안다."(You know the way where I'm going.) 제자들은 예수가 가시는 곳을(하늘, heaven) 알 것이다. 그러나 그 길은(예수가 "그 길"[the way]이시다. 요 14:6) 아직 보여져야 할 것이다.

6. 십자가를 지시기로 한 예수의 결심에 대해 제자들이 힘들어 한 모습들을 살펴 보라(막 8:31; 9:31, 10:33).

수를 통해서만 이루어질 것이다. 그 어떤 다른 이도 그 일을 할 수 없다. 그는 자신을 따르는 자들을 그가 예비해 놓은 곳으로 인도할 수 있는 유일한 존재이시다.

그 이유는 예수가 '진리'(the truth)이시기 때문이다. 예수는 하나님의 권위 있는 대리인이요 그의 계시자이다. 그는 하나님의 말씀을 듣고 하나님이 그에게 하라고 말씀하시는 것에 순종하신다(요 5:19; 8:29). 그는 그 누구와도 달리 하나님을 완벽하게 계시하신다. 왜냐하면 그는 하나님을 보았기 때문이다(요 1:18). 예수를 따르는 자들, 그의 "길"을 통해 아버지께로 나아오는 자들은 영원한 "생명"(life)을 얻게 될 것이다(cf. 요 11:25, "나는 부활이요 생명이니"). 그러므로 이 구절은 예수에게 중재자의 역할을 부여한다. 그는 하나님께 이르는 유일한 길을 창조한다. 브루스(Bruce)는 이렇게 적고 있다. "모든 생명이 하나님의 생명인 것과 마찬가지로 모든 진리는 하나님의 진리이다. 그러나 하나님의 진리와 하나님의 생명은 예수 안에서 성육신되었다."[7]

그러나 물론 그런 절대적 선언은 여러 어려운 문제들을 야기한다. 예수는 그 누가 기대했던 것보다도 많은 것을 계시하셨다. 단지 자신의 목적지를 제시하시는 대신(아버지, 하늘), 그는 오직 자신만이 그곳에 이르는 길이라고 말씀하신다. '그러나 오직 하나님만이 우리를 자신에게로 이끄실 수 있다.' 그렇기 때문에 예수는 그 다음의 피할 수 없는 발걸음을 내딛으신다. 그 발걸음은 제자들이 거의 이해할 수 없는 것이다. 오직 아버지만이 우리를 자신에게로 이끄실 수 있다.—'그리고 아버지는 참으로 예수 안에 현존하신다.'

이것은 아들과 아버지의 궁극적 연합(그리고 구별)을 설명했던 요한복음 서론 구절의(요 1:1-2) 메아리이다. 예수 그리스도는 완전한 인간의 모습(form)을 취하신 하나님이시다(요 1:14). 그렇기 때문에 그분에게는 하나님의 일을 성취하실 수 있는 능력이 있다. 그러므로 만약 그를 따르는 자들이 예수를 안다면, 그들은 아버지도 역시 알게 될 것이다(요 14:7). 이것은 질책이 아니라[8] 더 깊은 계시를 지시하는 약속이다. 만약 그들이 계속 예수와 함께 한다면 그 계시가 주어질 것이다(요 14:23). 그들이 예수를 알았기 때문에, 그들에게는 더 많은 것들이 주어질 것이다.

7. Bruce, *John*, 298-99; 다음에서 재인용: Smalley, *John*, 253.

8. NIV는 이 구절을 질책으로 보는 사본을 따르고 있다. 요 14:7에서 첫 번째 동사는 완료형이다("너희가 나를 알았더라면" [If you have come to know me]). 그리고 두 번째 동사는 완료형이거나("너희가 나의 아버지도 역시 알았을 것이다" […you *would know* my Father also]) 미래형일 것이다("너희가 나의 아버지도 역시 알게 될 것이다" […you *will know* my Father also]). 사본상의 강한 증거는 7절의 미래시제를 지지한다.

그리고 그들은 예수 안에 현존하시는 아버지를 발견하게 될 것이다. 더구나 그들은 '이미' 아버지를 보았다(요 14:7b).

빌립의 질문은(요 14:8) 이제 예수의 마지막 말씀에 초점을 맞춘다. "주여 아버지를 우리에게 보여 주옵소서 그리하면 족하겠나이다." 이것은 아마도 우리가 요한복음의 수많은 강화들 속에서 보아 온 전형적인 "오해"(misunderstanding)의 하나일 것이다. 빌립은 '아무도'(no one) 하나님을 보지 못했다는 말씀을 이해하지 못한다(요 1:18a). 하나님을 본다는 것은 인간의 능력을 뛰어넘는 일이다. 심지어 시내산에서의 모세의 요청도 거절되었다(출 33:18-23). 그러나 빌립은 그리스도 안에서 성육신하신 완전한 하나님을 보고 있다. 그분은 지금 인간이 '볼 수 있는' 모습으로 이곳에 계시다. 그럼에도 불구하고 예수는 지금 빌립이 전에 이해할 수 없었던 것에 대해 아주 분명하게 말씀하신다(요 14:9). 빌립은 예수를 봄으로써 하나님을 보고 있다. 이것은 요한의 기독론의 핵심들 가운데 하나이다. 예수는 단지 종교적 스승이나 안내자가 아니다. 그는 또한 단지 어떤 다른 목적지로 가기 위한 수단도 아니다. 그 자신이 바로 목표이자 목적지이시다. 예수는 그 안에서 하나님을 찾을 수 있는 존재이시다. 이 놀라운 주장의 완전하고 배타적인 성격은 놓칠 수 없다(cf. 요 10:30, 37-38).

그런 주장은 증명을 필요로 한다. 그리고 예수는 그것을 제공하신다(요 14:10-11). 가장 기본적인 수준에 있어서 예수는 하나님의 사신이시다. 고대 세계에 있어서 정당하게 권위를 부여받은 대리자(혹은 대행자)는 그를 파송한 자의 이름으로 말하고 행할 권한을 가졌다. 그러므로 "어떤 사람의 대리인은 그 사람 자신과 같다"(*m. Berakoth* 5:5)라는 랍비들의 격언은 예수가 (하나님의 대리인으로서) 그를 보내신 자를 위해 일하고 말씀하실 권위를 가지셨다는 사실을 보여준다.

그러나 "대리행위"(agency)라는 개념은 예수의 생각 속에 거의 들어온 적이 없다. 예수와 아버지는 삶의 친교를 즐기신다. 아버지는 아들 안에 계시고 아들은 아버지 안에 계시다. 이것은 단지 예수의 삶이 그의 순종으로 요약될 수 있다는 식의 기능적 조화가 아니다. 이것은 철저하고 본질적인 연합-존재론적 연합-이다. 그것은 결국 공사역 속에 암시되어 있는 말씀을 설명해 준다. "나와 아버지는 하나이니라"(요 10:30; cf. 요 10:38).

성령에 대한 첫 번째 약속(요 14:12-17)

이 강화의 처음부터 예수의 말씀의 목적은 추종자들에게 용기와 위로를 주는 것이었다. 요한복음 14:12-14에서 주제의 변화가 시작된다. 예수 안에 하나님의 능력이 머문다는 것이 사실이라면, 그리고 제자들이 예수를 알고 그로부터 생명을 얻기 위해 초청을 받았다는 것이 사실이라면, 어떤 면에 있어서 그 제자들은 하나님의 능력을 함께 나누게 될 것이다. (1) 14:12의 놀라운 약속이 미래를 가리키고 있다는 사실은 대단히 중요하다. 놀라운 일들이 발생하고 기도가 실현될 것이라는 약속이 이루어지기 전에 예수는 먼저 아버지께로 가셔야 한다.

(2) 또한 이 구절들이 말하는 바를 축소해서는 안 된다. 예수의 일들이란 그의 기적적인 표적들을 말한다. 그리고 어떤 면에 있어서 모든 신자들은(요 14:12a, "나를 믿는 자는") 그런 일에 동참할 수 있게 될 것이다.

(3) 신자들이 하는 모든 일들은 예수의 이름으로 행해져야 한다. 그렇게 해야 하나님께서 예수의 사역을 통해 영광을 받으시고 그들은 예수의 이름으로 능력 있는 일들을 행하게 될 것이다. 예수의 일들은 아버지를 영화롭게 한다. 그리고 제자들은(그들의 삶은 예수의 사역을 지속해 나간다) 아버지를 계속 영광스럽게 할 것이다.

일단 예수가 떠나가시면 두 약속은 믿음의 공동체 안에서 실현될 것이다. 믿는 자들에게는 위대한 일들이 따를 것이고(요 14:12), 그들의 기도가 응답될 것이다(요 14:13). 14:12의 약속이 단지 기적들을 가리키는 것이 아니라는 사실에 주목하라. 예수가 행해 오신 일들 속에는 기적적인 표적들뿐만 아니라 겸손, 섬김, 그리고 사랑의 행위들이 포함된다. 예수를 따르는 자들은 이것들보다 "더 큰"(greater) 일들을 하게 될 것이다.

이 약속이 의미하는 바는 이를테면 예수는 나사로를 죽음에서 살리셨는데 그의 제자들은 그것보다 더 효과가 큰 일들을 행하게 될 것이라는 의미는 아니다. "더 큰"이 의미하는 것은 그 일들이 일반 사람들에 의해 이루어질 것이라는 것이다. 예수가 영광스럽게 되신 후 그리스도의 능력이 그들 속에 거하게 될 것이다. 이것이 바로 예수의 떠나심이 중요한 이유이다. 왜냐하면 그의 떠나심을 통해서만 성령이 예수를 따르는 자들에게 실재가 될 수 있기 때문이다(요 7:37-39). 요한복음 10:41을 기억하자. 그곳에서 우리는 세례요한이(그는 분명 예수가 영광을 받으시기 이전 시대의 가장 위대한 인물들 가운데 하나였다) 아무런 표적도 행할 수 없었다는 것을 배웠다. 그는 (그리고 현재의 제자들은) 그 다음에 이어질 시대와는 전혀 다른 시대 속에서 살았다. 그리스도의 영광 이후의 성령의 오심은 세상에 알려지지 않았던 종말론적 실재를 가져다 줄 것이다.

예수와 그의 제자들 사이의 친밀성의 증거는 그들이 서로의 목소리에 귀를 기울일 수 있는 능력이 있다는 사실이 될 것이다. 요한복음 10:3에서 선한 목자의 증표는 그의 양들이 그의 목소리를 들을 수 있다는 것이었다. 지금 우리는 목자가 동일한 방식으로 그들의 목소리를 들을 수 있다는 것을 배운다(요 14:13-14; cf. 요일 5:14-15). 그의 제자들이 (기도로) 요청하는 것을 예수가 실행하실 것이라는 이 주제는 고별강화(요 14:13, 14; 15:7, 16: 16:23, 24, 26)와 요한서신(요일 3:21-22; 5:14-15)에 모두 자주 나타난다.[9] 그런 기도들은 "예수님의 이름으로"(in Jesus' name) 드려지며 예수께로 향한다.

그러나 요한은 아주 쉽게 이 기도가 아버지께 향하는 것이라고 말할 수 있다(요 15:16; 16:23). 의심할 바 없이 우리는 이 차이를 너무 강조해서는 안 된다. 왜냐하면 모든 기도들은 "예수님의 이름으로" 드려져야 하기 때문이다. 응답된 기도에 대한 이 약속은 사실은 14:13에서 주어진 것의 연장이다. 그런 응답된 기도는 예수가 그들 사이에서 행하실 또 다른 "위대한 일"이다. 제자들의 삶은 이 세상에서의 예수의 삶의 연장이 될 것이다. 위대한 일들과 응답된 기도는 모두 아버지를 영화롭게 한다. 왜냐하면 그것들을 이루시는 분은 여전히 예수이시기 때문이다. 그러나 바로 그렇기 때문에 그런 기도는 세상에서의 '그리스도의' 뜻 및 목적과 일치해야 한다(요 14:15). 후에 요한은 그의 첫 번째 서신에서 사실상 동일한 내용을 쓰게 될 것이다. "그를 향하여 우리가 가진 바 담대함이 이것이니 그의 뜻대로 무엇을 구하면 들으심이라"(요일 5:14).

지금까지는 예수의 영광 이후의 성령의 오심에 대해서는 아무 것도 배운 것이 없다. 초막절에 요한은 예수가 아직 영광을 받지 못하셨기 때문에 성령이 아직 주어지지 않았다고 명확하게 말한 적이 있다(요 7:37-39). 이제 떠나실 때가 다가오자 예수는 성령의 오심에 대해 말씀하신다(요 14:15-17). 이 구절들에서의 성령의 선물은 15절 상반절에 의해 통제된다. "너희가 나를 사랑하면."[10] 그렇다면 선물은 예수와 제자들 사이의 사랑의 관계의 산물이다. 그것은 제자들이 획득하는 어떤

9. 또한 유사한 공관복음의 말씀들을 참조하라: 마 7:7-8 (눅 11:9-10); 마 18:19; 21:22.
10. Barrett, *John*, 451.

자격이 아니다.

예수는 성령을 가리키기 위해 14:16에서 낯선 단어를 사용하신다. NIV는 헬라어 '파라클레토스'(*parakletos*)를 "상담자"(Counselor)라고 번역하고 있는데 이 단어는 종종 그냥 "파라클레테"(Paraclete)라고도 쓰인다. 이 단어는 신약에서 요한문헌에만 등장한다. 이 이야기에 등장하는 다섯 번의 성령에 대한 약속들 중에서(요 14:16, 26; 15:26; 16:7; 16:12-14), 네 번의 약속들은 이 단어를 포함하고 있다(요 14:16, 26; 15:26; 16:7). 다섯 번째 (그리고 마지막) 용법은 요한일서 2:1에 등장한다. 그곳에서 예수는 '파라클레토스'라 불린다.

많은 학자들과 요한문헌에 대한 모든 주석들은 이 단어의 뜻을 밝히기 위해 노력한다.[11] 이 단어의 어원은 "옆에 불려 온 자"(called alongside)이다.[12] 그 단어는 일반 헬라어 문헌에서는 법정의 변호사에 대해 사용되었다. 그는 어떤 사람을 변호하고 그에게 조언을 해 주기 위해 그의 "옆에"(alongside) 온다. 이 헬라어 단어는 1세기에 널리 사용되었기 때문에 히브리어와 아람어에서도 법정 용어로 사용되었다(*P. Aboth*, 4:11).[13] 그 단어는 "위로하다"(comfort)를 뜻하지 않는다(KJV에서는 "위로자"[Comforter]로 번역되어 있다). 다만 옛 영어에서 이 단어를 강하게 하는 자(someone who strengthens)로 이해했을 뿐이다(라틴어 confortare[강하게 하다, to strengthen], fortis[강한, strong]에서 파생). "상담자"(Counselor; RSV, NIV)는 인기 있는 번역이다. 그러나 오늘날 이 단어가 가지고 있는 치료적인 의미는 오해를 불러올 수 있다. 이 단어는 "법률상담자"(legal counselor)로 해석해야 한다. 그러므로 가장 좋은 해석은 "변호사"(Advocate; NRSV)이다. 예수는 성령의 법적 혹은 법정적 봉사를 지적하고 계신 것이다(요 15:18-27; 16:7-11의 주석을 보라). 많은 학자들은 그 단어를 번역하지 않은 채 남겨 두는 것을 선호한다(그러나 현대 번역성경에서는 그렇게 남겨 두는 경우는 하나도 없다).

예수가 성령을 '또 다른'(another) 파라클레테라고 부르시는 것이 흥미롭다. 이것을 아버지께서 "또 다른 인격체, 즉 파라클레테"(another person, namely, a Paraclete)를 보내실 것이라는 뜻으로 해석하면 안 된다. 우선 요한일서 2:1은 요한

---

11. 요약을 위해서는, R. Brown, "The Paraclete In the Fourth Gospel," *NTS* 12 (1966-67): 113-32; G. Burge, *The Anointed Community*, 3-31, Morris, "Additional Note F: The Paraclete," *John*, 587-91.
12. 헬라어 *parakletos*는 동사 *parakaleo*와 연관되어 있으며 그 분사형인 *ho parakeklemonos*와 뜻이 비슷하다.
13. Burge, *Anointed Community*, 14-15.

이 예수를 또한 하나의 '파라클레테'로 보고 있다는 사실을 분명히 밝힌다("만일 누가 죄를 범하여도 아버지 앞에서 우리에게 '대언자'[advocate]가 있으니 곧 의로우신 예수 그리스도시라", NRSV, 저자의 강조).[14] 그러므로 예수는 이제 두 번째 파라클레테를 보내시는 파라클레테이시다. 이것이 뜻하는 것은 성령의 사역은 제자들의 생애를 통해 예수의 사역의 연속이 될 것이라는 것이다.

요한이 보기에 이것은 그가 생각하는 요한복음의 "사법적"(judicial) 틀과 잘 들어맞는다(요 5장의 주석을 보라). 예수는 재판을 받고 있고, 하나님에 대한 진리를 변호하기 위해 증거와 증인들을 내세우신다. 파라클레테가 예수가 떠난 자리를 대신 맡을 것이다. 그가 "진리의 영"(the Spirit of truth)이라고 불리는 것은 놀랄 일이 아니다(요 14:17; 또한 15:26; 16:13). 그는 하나님에 대한 진리를 전달한다. 그리고 그것이야말로 그리스도 안에서의 하나님의 사역의 핵심이다(요 1:17; 4:24; 5:33; 8:32, 40). 우리는 예수가 "진리"(the truth)라는 사실을 안다(요 14:6). 그리고 성령이 예수의 사역을 그대로 계승한다면 그는 예수의 진리를 계속해서 변호할 것이다.

요한복음에서 세상(요 14:17b, 헬라어 *kosmos*)이란 인간 환경(human environment)을 말한다. 그것은 하나님께 대하여 반역하고 있고(요 1:10; 3:16, 19; 7:7; 8:23; 12:31; 14:30) 구원을 필요로 한다(요 4:42; 6:14, 33, 51; 8:12). 예수는 이를테면 요한복음 9장에 등장하는, 이 세상에 속한 바리새인들과 같은 이들은 성령의 신비와 같은 하나님의 더 깊은 것들을 이해할 수 없다는 것을 아신다(요 9:39). 그러나 제자들은 진리의 성령을 알 수 있다. 왜냐하면 그가 (즉, 예수가) 계속 그들과 함께 계셨기 때문이다. 그는 미래에도 그들과 함께 계실 것이다(즉, 성령 안에서).[15]

---

14. 유감스럽게도 NIV는 요한일서 2:1에서 *parakletos*가 사용되었다는 사실을 심한 의역을 통해 가리고 있다. "그러나 만약 누군가가 죄를 범한다면 우리에게는 '우리를 위해' 아버지께 '변호의 말씀을 하실 분'이 있다.—그는 의인이신 예수 그리스도이시다." 강조된 부분은 단 하나의 헬라어 단어인 *parakletos*를 설명한 것이다.

15. 요한복음 14:17c, "그는 너희와 함께 '거하심이요'(*lives*) 또 너희 속에 '계시겠음이라'(*will be*)"는 두 동사의 시제와 관련하여 많은 변형본문들을 가지고 있다. 그것은 헬라어 *menei*(머물다, 살다)가 (고대 사본에서처럼 악센트 없이 쓰여질 경우) 미래형도 될 수 있고 현재형도 될 수 있기 때문이다. 변형본문들은: μένει(acute 악센트, 현재)/ἔσται(미래); μενεῖ(circumflex 악센트, 미래)/ἔσται(미래); μένει(acute 악센트, 현재)/ἐστιν(현재). 세 번째 경우는 성령의 미래적 역할을 부인한다. 두 번째 경우는 예수가 파라클레테라는 사실을 부인한다. 첫 번째 경우는 예수와 성령의 기능들 사이에 신학적인 선을 그어준다.

예수가 제자들에게 돌아오심(요 14:18-24)

예수는 자신의 제자들을 이 세상에서 구해내기 위해 돌아올 것을 이미 추종자들에게 확신시키셨다(요 14:1-4). (그가 영광을 받으신 후) 제자들은 세상에서 그의 능한 사역들을 계속해 나가기 위해 성령에 의해 능력을 받게 될 것이다(요 14:12-17). 성령은 단지 그들 위에 임하게 될 모호한 힘이 아니다. 성령은 그들이 사모해 왔던 예수의 일들을 참으로 계속 이어갈 수 있도록 해줄 것이다. 성령은 "또 다른" 팔라클레테로서 그들 속에서 예수의 인격을 재창조해 낼 것이다.

그러나 현재의 위기는 제자들의 마음을 여전히 무겁게 누르고 있다. 단기적으로 보았을 때 예수는 임박한 죽음을 앞두고 어떤 위로를 그들에게 주실 것인가? 예수가 성령을 약속하시는 것은 좋은 일이다. 그러나 그들이 그리워하게 될 이는 예수이다. "내가…너희에게로 오리라"(요 14:18b)의 뜻은 예수가 그들을 고독하게(NIV "고아들처럼") 내버려두지 않겠다는 것이다.[16]

그러나 이것은 성령의 오심을 의미하는가?(요 14:16-17) 혹은 재림이나(요 14:3) 부활주일을 의미하는가? 학자들은 이 세 가지 모두를 가능한 답으로 변호해 왔다.[17] 그러나 미묘한 실마리들은 이것이 부활주일 이후의 예수의 오심임을 시사한다. 시간의 범위가 특정적이고("조금 있으면") 제자들은 "그날"을 기다려야 한다(요 14:20). 지금 중요한 것은 세상이 그를 보지 못한다는 것이 아니라 제자들이 개인적으로 가시적 경험을 갖게 된다는 사실이다(요 14:19). 그리고 이 약속은 16:16-24과 비교될 필요가 있다. 그 구절들은 유사한 언어를 사용하며 부활의 약속을 명확하게 제시하고 있다. 세상의 관점에서 보자면 예수는 그들의 시야에서 사라지실 것이다(그의 죽음). 그러나 그는 부활하여 그들에게 홀로 돌아오실 것이고 아버지의 능력이 항상 자신과 함께 하셨다는 사실을 증명하실 것이다(요 14:20).

그러나 부활절에 예수의 오심은 단지 예수가 다시 생명으로 돌아오셨다는 것 이상을 의미하게 될 것이다. 그의 목적은 강화 전체를 통해 그가 약속하셨던 그런

---

16. 랍비 유대교에 있어서 스승을 잃은 제자들은 "고아들"로 여겨졌다(Brown, *John*, 2:640). 그리스 선생들의 제자들에 대해서도 같은 단어가 사용되었다(예를 들면, Socrates).

17. 많은 비평적 학자들은 요한이 요 14:18에서 재림에 대한 원래의 기대를 비신화화 했으며 그것을 성령에 대한 기대로 바꾸었다고 주장한다. 따라서 (그들의 주장에 따르자면) 이 구절들은 두 개의 "성령 말씀들"(Spirit sayings: 요 14:16, 26)에 의해 둘러싸여 있다.

종류의 친밀함과 일체성을 확립하는 것이다. 그가 아버지와 함께 즐기시는 하나됨은(요 14:20a) 제자들이 그와 함께 즐기게 될 하나됨과 평행을 이룬다(요 14:20b). '그러므로 부활절에 돌아오심은 예수가 그들에게 원하시는 영적 하나됨이 시작되도록 해주는 다리가 될 것이다.' 순종에의 부르심은(요 14:21) 요한복음 14:15에서 주어졌던 말씀과 유사하다. 이 부르심을 통해 우리는 예수가 지금 앞으로 오실 성령을 포함한 연합에 대해 말씀하고 계심을 눈치챌 수 있다. 이것이 바로 부활절에 예수가 그들에게 나타나실 때 발생할 일이다. 그리고 그런 배경 속에서 그들은 성령을 받게 될 것이다(요 20:22).

만약 (죽음 이후의) 예수의 돌아오심의 문제가 이제 명확하게 되었다면, 예수는 거기에 다른 생각을 이제 막 결합시키셨다. 제자들에 대한 사랑 때문에 예수는 그들에게 자신을 "계시하실"(reveal) 것이다(요 14:21; NIV, "보이실", show). 그 결과 세상이 이해할 수 없는 심오한 영적 연합이 발생할 것이다. (가룟인이 아닌) 유다의[18] 질문은 예수가 세상을 배제하고 오직 제자들에게만 나타나시는 일의 본질에 대한 것이다(요 14:22). 분명히 제자들은 예수의 계시가 '세상의 목전에서'(before the world) 발생해야 한다고 생각하고 있다. 그래야 예수의 선언과 그들의 선언이 공적으로 확증될 것이다.

또 다시 (세 번째로) 예수는 계획된 것을 여는 열쇠로서 순종에 대해 말씀하신다(요 14:23). 예수를 사랑하는 자들은 그의 말씀에 대한 충성을 통해 그 사랑을 드러낸다. 아버지와 예수는 사랑 때문에 그들에게 오셔서 그들과 거처를 함께 하실 것이다(요 14:23). 그러나 그 반대도 역시 사실이다(요 14:24). 예수를 믿지 않는 자—그를 사랑하지 않고 그에게 순종하기를 거부하는 자—는 예수에게도 아버지에게도 연결되어 있지 않다(아버지가 예수의 말씀과 사역의 배후에 계시다). 그리고 그렇기 때문에 그들은 이 거룩한 연합에 참여할 수 없다.

요한복음 14장의 섬세한 언어유희를 놓쳐서는 안 된다. 예수는 제자들에게 "오실 것이다"(will come). 이것의 실체는 서로 다른 세 가지 관점에서 보아야 한다. 예수의 절정을 이루는 재림, 부활절에 돌아오심, 그리고 성령에 대한 그들의 내적

---

18. 신약성경에는 가룟 유다 외에도 유다라는 이름을 가진 사람이 몇 명 등장한다. 가장 중요한 두 사람은: (1) 예수의 형제이며(막 6:3) 따라서 야고보의 형제였던 유다(Jude, 헬라어로는 Judas와 같은 이름이다). 아마도 그가 유다서를 썼을 것이다(유다서 1절의 주석을 보라). (2) 누가복음의 사도 목록에 나오는(눅 6:16) "야고보의 [아들?]" 유다(Jude). 마태복음과 마가복음에는 열두 사도 중에 이 이름이 등장하지 않기 때문에 그는 전통적으로 다대오와 동일인물로 생각되었다. 대부분의 사람들은 요 14:22의 유다를 누가복음의 사도목록에 등장하는 유다로 본다.

체험을 통해 그들에게 "오시는 것"(coming). 우리는 14:2에서 예수가 떠나시는 것은 그를 따르는 자들을 위한 하늘의 "처소를"(rooms, 헬라어 *monai*) 마련하시기 위해서라는 것을 배웠다. 나중에 그는 돌아와서 그들을 그곳으로 데려가실 것이다(요 14:3). 그러나 그가 ("머지 않아", before long, 요 14:19) 부활절에 재림하실 때, 예수와 아버지는 그들 속에서 거하시고 그곳을 "집으로"(home, 헬라어 *mone*) 삼으실 것이다(요 14:23). 즉 요한복음 14:2에서 약속된 거처(places of dwelling)는 14:23이 말하는 "거주"의 처소(places of "indwelling")로서 실현될 것이다.

성령에 대한 두 번째 약속(요 14:25-31)

파라클레테(Paraclete)에 대한 두 번째 약속은(요 14:25-26) 성령의 역할을 더욱 분명하게 해 준다. 왜냐하면 지금 그는[19] 특정하게 "성령"(Holy Spirit)이라고 기술되고 있기 때문이다.[20] 파라클레테는 의심할 바 없이 제자들의 삶 속에서 경험되어 온 하나님의 영이다. 14:25-26이 아주 기초적인 형태이기는 하지만 삼위일체적 의미를 갖는다는 것은 피할 수 없는 사실이다. 아버지는 예수의 이름으로 성령을 보내실 것이다. 그러므로 예수에 의해 약속된 이 영적 계시는 사실 (모든 차원에 있어서) 우리의 유익을 위해 일하시는 하나님 자신의 노력에 의한 것이다.

예수는 이제 성령의 보존하심과 가르치심의 역할을 강조하신다. 요한복음에는 "기억함"(remembering)이라는 개념이 여러 차례 등장한다(요 2:17, 22; 12:16; 14:26; 15:20; 16:4, 21). 그리고 그것은 제자들의 "오해"(misunderstanding)와 연결된다. 예수의 지상사역 기간동안에는 그것을 이해하기가 어려웠다. 그러나 이제 예수가 성령을 약속하신다. 성령 즉, 파라클레테가 예수가 하신 일과 말씀들을 상기시키고 그것을 추종자들의 마음속에 깊이 새기실 것이다.

---

19. 성령의 사역을 대명사 "그"(he)를 사용하여 묘사하는 것이 효과적이다. 헬라어에서 "영"(Spirit)은 중성명사인 반면 파라클레테는 남성명사이다. 그리고 요 14:26(또한 요 15:26; 16:8, 14)에서 요한은 남성대명사(*ekeinos*)를 사용하는데 성령의 인격적 성격을 강조하기 위해 중성 선행사(*to pneuma to hagion*)를 함께 사용한다. 가장 인상적인 것은 요 16:13에서 *ekeinos*가 명사 *ho parakletos* 없이 다시 사용되고 있다는 점이다. 영어에서는 요한이 의도하고 있는 이와 같은 인격적 의미를 전달해줄 수 있는 포괄적인 단수대명사가 없다. "It"은 이런 의미를 전달하지 못한다.

20. 소수의 사본들은 "거룩한"(holy)을 빠뜨리고 있고 다른 사본들은 "진리의 영"(Spirit of truth)이라고 읽고 있다(이것은 요한복음 14:17과 조화를 이룬다). 현재의 독법(NIV)은 중요하다. 왜냐하면 어떤 학자들은 파라클레테와 성령을 동일시하기를 거부하기 때문이다(예를 들면, G. Johnston, *The Spirit-Paraclete in the Gospel of John* [Cambridge: Cambridge Univ. Press, 1970]).

우리는 이미 요한복음 내에서 이것이 이루어지는 것을 본다. 예수가 성전을 청결케 하신 후(요 2:13-23) 요한은 편집자의 주를 덧붙인다. "죽은 자 가운데서 살아나신 후에야 제자들이 이 말씀하신 것을 기억하고 성경과 예수께서 하신 말씀을 믿었더라"(요 2:22). 예수의 사역의 의미를 깨닫게 해 준 것은 부활-그리고 성령의 선물-이었다. 그러므로 성령의 영감은 예수에 관한 새로운 계시를 제시하는 것이 아니라 단지 예수가 역사 속에서 하신 일들에 대해 올바른 적용과 의미를 제공하는 것이다.[21] 예수의 주요 사역이 아버지를 계시하는 것이었던 것과 마찬가지로(요 1:18), 성령 즉 파라클레테의 사역은 "역사의 예수"(Jesus of history)를 그의 추종자들에게 계시하는 것이다.

요한복음 14장의 강화는 첫 부분에서와 마찬가지로 확신을 주는 말씀으로 끝난다. "평강"(peace)은 히브리어 인사말 '샬롬'(*shalom*)을 가리킨다. 예수에게 있어서 샬롬은 그의 지상사역의 목표이다. 인간과 하나님 사이의 균형과 풍성함을 회복하는 것(롬 5:1).[22] 세상의 그 무엇도 그런 선물을 줄 수 없다. 예수의 '샬롬'은 죄로 인해 야기된 깨짐을 치료하는 것만이 아니다. 그 샬롬은 예수가 떠난 후 주어지는 성령의 열매가 될 것이다. 그러므로 예수가 부활 이후 제자들을 만나 그들에게 성령을 주실 때 그가 가져다주는 것은 바로 '샬롬'이 될 것이다(요 20:19, 21, 26).

요한복음 14:1에서와 마찬가지로 예수는 자신의 제자들이 근심하고 있다고 다시 말씀하신다(요 14:27). 지금까지 그의 격려는 그의 떠나심이 가져다 줄 유익들을 설명하는 것이었다. 성령의 종말론적 선물을 통해 가능하게 된 하나님과의 (그리고 그 자신과의) 새로운 친밀성. "내가 갔다가 너희에게로 온다"(요 14:28)라는 약속 중에서 나중 부분은 제자들과 관련된 것이다. 이제 예수는 자신을 지적하신다. 그에 대한 그들의 사랑은 축하로 이어져야 한다. 왜냐하면 예수는 자신이 처음 떠나셨던 곳, 아버지에게로 돌아가시기 때문이다. 예수를 파송하시고 그에게 자신의 말씀을 주신 분은 아버지이시다. 그리고 세상에 대한 아버지의 사랑이 예수의 사역과 성령의 계획되었던 내주를 시작하게 하였다. 아버지의 선물을 받는 것은

---

21. Barrett, *John*, 467. 의심할 바 없이 성령의 이와 같은 "기억하게 하는"(remembering) 역할은 바로 요한이 이 복음서를 기록할 때에도 중요한 것이었다.

22. 이 '샬롬'(*shalom*)은 메시야의 성취로서 예언되었다(참조. 사 9:6-7; 52:7; 57:19; 겔 37:26; 학 2:9; cf. 행 10:36; 롬 5:1; 14:7). 그 결과 그것은 기독교인들 사이에서 표준적인 인사말이 되었다(예를 들어, 롬 1:7; 고전 1:3; 고후 1:2; 갈 1:3).

큰 축복이다. 또한 그것을 주신 자(Giver)와 함께 살기 위해 그에게로 돌아가는 것은 상상할 수 없는 기쁨이다.

요한복음 14:28b만큼 논쟁을 일으킨 구절은 거의 없다. "내가 아버지께로 감을 기뻐하였으리라. 아버지는 나보다 크심이니라." 요한복음에서 논쟁이 되는 것은 아버지와 예수의 평등성과 하나이심을 드러내는 구절들이(예를 들어, 요 1:1-18; 5:16-18; 10:30; 20:28) 아버지에 대한 아들의 의존성을 주장하는 구절들과(요 4:34; 5:19-30; 8:29; 12:48-49) 나란히 등장한다는 데 있다. 신학자들은 종종 다른 쪽을 희생시키고 한 쪽의 구절들만을 강조해 왔다.[23] (어떤 이들의 견해에 따르자면) "나보다 크심이니라"라는 말씀은 예수가 단지 완전한 의미로 하나님이 되실 수 없다는 뜻이라고 한다. 그렇기 때문에 이 구절은 그리스도의 신성을 부정하는 데 사용되어 왔다.

이 부분만 따로 떼어놓으면 이것이 요한복음 14:28b의 뜻처럼 보인다. 그러나 만약 그렇다면 이 구절은 요한복음에서 우리가 가지고 있는 예수의 압도적인 신적인 모습과 충돌한다. 예수의 신성을 경감하거나 그를 조금 못한 신으로 만드는 것은 요한복음의 견고한 유대적 유일신론을 해치게 될 것이다. 예수를 단지 한 인간으로 만드는 것은 요한복음 서론 등에 묘사되어 있는 그의 기원과 아버지와의 일체성을 훼손시킨다. 서론에서는 성육신 기독론이 분명하게 드러난다.

고전적 주해는 이 해석의 숲에서 빠져 나오기 위해 두 개의 길들 중 하나를 선택해 왔다. 어떤 해석자들은 이 "열등한"(lesser) 신분이 성육신으로 인하여 제한된 예수의 인성(humanity)을 지시하는 것으로 보기 위해 노력했다(Augustine, Ambrose). 다른 이들은 아버지와 아들 사이의 영원한 차별을 지적했다. 그러나 그것이 아들의 신성을 훼손시키지는 않는다고 주장했다. 다른 세기의 언어를 사용하자면 아들은 그 인격(person)에 있어서는 종속적이지만(subordinate) 그 본질(essence)에 있어서는 그렇지 아니하다(Tertullian, Athanasius). 그러나 이런 견해들은 복음서 자체보다는 후대의 신학적인 삼위일체 논쟁에 더 의지하고 있다. 존재론에 관한 논쟁은 요한의 생각과는 아주 거리가 멀 것이다. 여기서 아들의 창조 혹은 아들의 종속성에 대한 생각은 전혀 찾아볼 수 없다(비록 아리안[Arian]은 이 구절을 사용하지만). 아버지의 위대하심은 예수의 기원이요 예수를 보낸 분이시라

---

23. 참조. T. E. Pollard, *Johannine Christology and the Early Church* (Cambridge: Cambridge Univ. Press, 1970); C. K. Barrett, "'The Father Is Greater than I' (John 14:28): Subordinationist Christology in the New Testament," *Essays on John* (London: SPCK, 1982), 19-36.

는 그의 역할로부터 나온다. 그것은 마치 한 줄기 빛이 그것의 발원지가 되는 태양을 지시하는 것과 마찬가지이다.

예수가 자신의 삶을 설명하기 위해 자주 사용하는 말씀그림(word picture)은 사명을 가지고 보내심을 받고(요 17:4-5), 그를 보내신 자가 주신 사명을 완수하는(요 4:34; 5:30; 6:38-39; 9:4; 10:32, 37; 17:4) 대리인의 그림이다. 이 보내신 자와 보냄을 받은 대리인의 관계에 있어서 사명을 주어 파송하는 자는 파송을 받는 자보다 더 큰 권위를 가지게 된다. 요한복음 13:16에서 예수는 격언을 인용하신다. "내가 진실로 진실로 너희에게 이르노니 종이 주인보다 크지 못하고 보냄을 받은 자가 보낸 자보다 크지 못하나니." 나중에 예수는 이 말씀을 세상 속에서 자신의 대리인이 될 제자들에게도 반복하신다(요 15:20).[24] 하나님의 메시지를 맡은 특사로서, 하나님을 섬기는 데 헌신된 대리인으로서, 예수는 그 메시지에 생명을 가져다 준 관계와 기원을 인정하고 계시다(요 14:24b, 31a).

예수가 그가 원래 계셨던 곳으로 돌아가시기 때문에(그리고 선물을 보내실 것이기 때문에) 제자들은 안심하고 기뻐해야 할뿐 아니라, 예수와 관련하여 예루살렘에서 전개되고 있는 사건들이 사탄에 의해 통제되고 있는 것이 아니라는 사실을 알아야 한다(요 14:30). 사실 이 일들에 대한 예수의 특정한 지적들은(요 14:29) 그들의 믿음을 증대시키는 역할을 하게 될 것이다. 왜냐하면 실제로 그 일들이 일어났을 때 제자들은 그의 말을 기억하고 예수의 예언들이 성취되었음을 알게 될 것이기 때문이다(cf. 막 14:41-42). 그리고 이 사건들 속에서의 하나님의 계획에 대한 예수의 순종은(요 14:31a) 아버지에 대한 사랑의 한 예로 보아야 한다(그것은 모든 제자들이 사모하며 모방해야 할 사랑이다. 요 14:21).

말씀을 마치신 후 예수는 "일어나라 여기를 떠나자"라고 말씀하신다(요 14:31b). 이 구절은 악명 높은 문제를 야기한다. 왜냐하면 예수와 그의 제자들은 그곳을 떠나지 않기 때문이다. 예수는 그 후에 세 장이나 더 교훈을 베푸신다. 사실 우리는 요한복음 18:1을 14:31 뒤에 곧장 연결시킬 수 있다. 그러면 일관성 있는 그림이 나타난다. "기도를 마치신 후 예수는 그의 제자들과 함께 그곳을 떠나 기드론 계곡을 건너가셨다." 중간에 들어 있는 장들이 없으면(요 15-17장) 그림이 완벽하게 들어맞는다. 강화는 14장에 등장하고 그들은 기드론 계곡으로 떠난다.

---

24. 브라운(Brown)은 그의 글 "The sender is greater than the one sent"(*John*, 2:655)에서 유대문헌인 *Midrash Rabbah* 78:1 on Gen. 32:27을 인용한다.

학자들은 이 문제를 해결하기 위해 다양한 시도를 해 왔지만 모든 독자를 만족시킬 수 있는 해결책은 나오지 않았다.[25] (1) 많은 비평적 학자들은 요한복음 13-17장에 대한 편집이 언젠가 (요한이나 그의 추종자들에 의해) 이루어졌다고 본다. 이 학자들은 13-17장을 재구성하여 14:31 다음에 18:1이 오도록 한다. 예를 들어, 불트만(Bultmann)은 이 강화부분을 다음과 같이 재구성한다. 요 13:1-30; 17; 13:31-35; 15; 16; 13:36-14:31. 그는 이 장들에 있어서 문학적 "봉합선"(seams)들이 분명하게 드러난다고 말한다(예를 들어, 요 16:5에서 예수는 누구도 자신에게 어디로 가는지 묻지 않았다고 말씀하신다. 그러나 요 13:36에서 베드로는 바로 그 질문을 한다). 불트만의 재구성은 이 문제 역시 해결한다.

(2) 다른 학자들은 요한복음 14:1-31이 원래의 강화였으며 요한이 그 자신의 신학적 통찰에 따라 15-16장의 본문을 확장했다고 주장한다. 아마도 이것은 14장과 16장에 왜 그렇게 같은 내용의 자료들이 많은가 하는 것을 설명해 줄 것이다. 만약 요한이 그런 일을 했다면 그가 숙련된 이야기꾼이 아니었다는 것이 분명하다. 만약 그가 노련한 자였다면 14:31의 문제의 부분을 제거해 버렸을 것이다. 헹켄(Haenchen)은 14:31이 마가복음 14:42(이 구절이 요한이 사용하고자 했던 것이다)에서 왔다고 보려고 했지만 18:1이 그 생각에 장애가 됨을 발견했다. 그 문구가 14:31에 위치해 있는 것은 "비상사태"(emergency)를 초래했다.[26]

(3) 가장 오랜 해결책은 본문을 있는 그대로 받아들이는 것이다. 만약 편집이론들이 옳다고 해도 '어떤 이'(someone)는 현재모습의 본문이 나름대로 의미를 지니고 있으며 본문을 현재의 문맥 속에서 해석하는 것이 그의 석의적 임무라고 생각한다. ⓐ 어떤 학자는 예수는 제자들에게 일어나서 가자고 말씀하셨지만 그들이 방에 계속 꾸물거리고 남아 있었다고 주장한다. 그렇기 때문에 요한복음 14:31의 말씀에도 불구하고 15-17장의 사건은 다락방에서 발생했다. 하지만 만약 그렇다면 도대체 요한은 왜 14:31을 복음서에 포함시켰을까?

ⓑ 모리스(Morris)는 (라이트풋[Lightfoot]과 다드[Dadd]의 의견을 따라) "가자"(let us go)라는 말씀이 장소의 이동이 아니라 이야기 주제의 변화를 가리킨다고 본다(예를 들어, "…라는 주제로 옮겨가자"). 즉 이 말은 예수가 주제를 바꾸시기 위해 하신 말씀이라는 것이다.[27] 그러나 이것은 설득력이 없어 보인다.

---

25. 해결책들에 대한 훌륭한 요약을 보려면, Carson, *John*, 477-79.

26. Haenchen, *John*, 2:164. 문제의 어절은 마가복음과 요한복음에 있어서 동일하다.

ⓒ 다른 이들은 우리가 본문을 있는 그대로 해석하여 예수가 요한복음 14:31에서 그 방을 떠나셨다고 보아야 한다고 주장한다. 그들에 따르자면 요한복음 15-17장의 말씀은 기드론 계곡으로 가는 도중에 하신 말씀이라고 한다. 아마도 예수는 성전에 들어가셔서 성전 문에 새겨진 황금빛 포도나무를 보셨을 수도 있다. 그리고 그것이 요한복음 15장의 말씀에 영감을 주었을 것이다("나는 참포도나무요…"). 웨스트코트(Westcott)는 15-17장의 말씀의 가장 적합한 배경은 바로 성전이라고 강력하게 주장한 바 있다(17장에서 예수는 제자장의 기도를 드리신다).[28] 예수는 요한복음 14:31 이후에 성전에 계시다. 그리고 18:1에서의 떠남은 성전을 떠나 기드론 계곡이 있는 동쪽으로 이동하심을 말한다.

상황잇기

14장의 적용은 중요하다. 왜냐하면 요한복음에서 처음으로 예수는 추종자들에게 그가 떠난 후 그들이 교회에서 겪게 될 일에 대해 자세하게 말씀하고 있기 때문이다. 물론 요한복음 전체에 있어서 우리는 예수의 사역 기간동안 제기된 주제들을 현재의 상황과 연결시키고 적용할 수 있었다. 그러나 이곳은 좀 차이가 있다. 본 장은 예루살렘의 지도자들이나 갈릴리의 청중들이 아니라 믿음의 공동체에게 직접 주어진 약속들로 가득 차 있다. 예수는 지금 그가 세운 공동체, 그의 열두 사도들이 중심이 된 공동체가 자신이 떠난 후 그의 일을 계속해 줄 것을 기대하고 계시다.

본 장에서는 많은 신학적 주제들이 나타난다. 그것들 하나하나는 수많은 주제들에 대한 긴 여행의 출발점이 될 수 있다(이를테면 예수, 성령, 종말론적 소망, 그리고 구원).[29] 우리의 첫 번째 과제는 그것들을 작은 단위로 분류해서 그 속에 있는 주요 주제들이 명확히 드러날 수 있도록 만드는 것이다. 크게 보아 세 개의 연구분야가 있는 것 같다.

예수의 떠나심. 예수는 자신의 떠남에 대해 공개적으로 정직하게 말씀하신다. 공관복음 전체에 있어서, 그리고 이곳 요한복음에 있어서 예수는 자신이 십자가에서 죽을 것이라고 계속 말씀해 왔다. 이 사건은 아버지께로의 극적인 복귀가 될 것이

27. Morris, *John*, 587.
28. Westcott, *John*, 2:238.
29. 다음에 나타난 긴 설명을 참조하라. D. A. Carson, *The Farewell Discourse and the Final Prayer of Jesus: An Exposition of John 14-17* (Grand Rapids: Baker, 1970).

다. 예수는 요한복음에서 자신이 말씀해 왔던 바를 재확인하신다. 그의 죽음은 그를 제지하고 싶어하는 사람들에 의해 계획되었거나, 혹은 유다를 앞잡이로 사용해 하나님의 계획을 망쳤다고 생각하는 사탄에 의해 계획된 비극이 되지 않을 것이다. 그의 죽음은 성부 하나님께로의 영광스러운 복귀가 될 것이다. 우리가 요한복음 다른 곳에서 들었던 것처럼 그의 죽음은 예수의 "영광스럽게 됨"(glorification)으로 기술되어야 한다.

그러나 이곳 14장에서 예수는 자신의 목적에 대해 무엇인가를 말씀하신다. 그는 우리를 위해 장소("방"[room])를 예비하실 것이다. 이것은 우리가 이 세상에서 소유하고 있는 "거주지"(dwellings)에 대해 다른 관점을 가질 필요가 있음을 뜻한다. 예수는 우리보다 먼저 가셨다. 그리고 그곳에는 우리를 위해 준비된 무엇인가가 있다. 그런 가르침의 의미는 심오하고 시기적절하다. 이 세상에 대한 우리의 관점 그리고 하나님이 우리를 위해 예비해 놓으신 영원한 생명에 대한 우리의 관점이 모두 시야에 들어온다.

그러나 만약 예수가 정말로 아버지에게 돌아가 우리를 위해 처소를 예비하실 수 있는 분이라면, 이것은 자연스럽게 그의 정체성과 그가 제공할 수 있는 하늘의 처소들에 대한 생각으로 우리를 이끈다. 이야기의 흐름은 이어지는 베드로, 도마, 빌립, 그리고 유다의 질문들을 포함하여, 모두 같은 방향을 지시하고 있다. 만약 하늘이 예수의 목적지라면, 그리고 만약 이 하늘의 사역이 예수의 임무라면, 도대체 예수는 누구란 말인가? 그의 신적 능력과 영향력의 본질은 무엇이란 말인가? 하나님 자신이 그의 속에 어느 정도나 임재하고 계신 것인가? 그런 질문들은 즉시 다음 단계로 우리를 이끈다.

예수의 정체성. 본 장은 우리로 하여금 예수의 정체성과 아버지에 대한 그의 관계에 대해 깊이 생각하도록 만든다. 이것은 요한복음 14:8에서의 빌립의 사고의 방향이기도 하다. 예수가 단순히 하나님에 대한 지식과 하늘로 가는 길을 제시하고 있는 것이 아님을 간파한 빌립은 거기서 한 단계 더 나아간 사고를 한다. 예수는 본질적으로 우리들과는 다른 존재이신가? 혹은 그는 단지 하늘로 향하는 길을 보여줄 수 있는 현명한 지도자에 불과한가? 우리는 예수와의 교제가 아버지와의 교제의 전제조건임을 발견한다(그것은 의심할 바 없이 빌립과 그의 동료 제자들에게는 상당히 놀라운 사실이었다). 예수를 보는 것은 아버지를 보는 것이다.

그러므로 예수는 단지 자신이 아버지와 어떤 기능상의 동일성을 갖고 있다고 주장하시는 것이 아니다. 그는 단지 자신이 하는 일은 아버지께서 하시는 일이며,

그렇기 때문에 자신의 일에 참여하는 것은 곧 아버지의 일에 참여하는 것이라고 말씀하고 있는 것이 아니다. 그렇지 않다. 예수는 그 이상의 말씀을 하고 계시다. 그의 인격 안에 상주하고 있는 것은 아버지의 생명의 어떤 측면, 신적인 실체의 어떤 특징으로서 그것이 그를 독특하게 만든다. '단지 예수가 아버지를 위해 거룩한 임무를 부여받고 보내심을 받은 것이 아니라 아버지 자신이 그의 아들의 삶 속에서 거룩한 임무를 수행하고 계시다.' 요한복음 14:10에서 예수는 아버지가 자신 속에서 살고 계심을 공공연하게 밝히신다. 아버지와 아들의 이런 관계는 요한복음 서론으로부터 직접적으로 추론해 낼 수 있다.

> "태초에 말씀이 계시니라 이 말씀이 하나님과 함께 계셨으니 이 말씀은 곧 하나님이시니라.…말씀이 육신이 되어 우리 가운데 거하시매 우리가 그의 영광을 보니 아버지의 독생자의 영광이요 은혜와 진리가 충만하더라."(요 1:1, 14)

후에 본 장에서 마지막 단계가 진행된다. 예수는 아버지의 뜻에 대한 자신의 순종, 아버지의 말씀에 대한 자신의 충실성, 그리고 그들간의 심오하고 친밀한 연합에 대해 우리에게 말씀하신다. 그러나 곧 다른 인격체가 추가된다. 성령님도 역시 이 연합의 일부이시다. 신자 속에서의 성령의 거주는 하나님과 기독교인 사이의 연합을 창조할 것이다. 그 연합은 아버지와 아들(Son) 사이의 친밀성을 보여준다. 교회 안의 많은 이들은 삼위일체에 대한 논의를 불분명하고 혼란스러운 것으로 생각하지만, 이곳 요한복음 14장에서 우리는 하나님에 대한 묘사 속에 암시되어 있는 삼위일체 사상의 기본적 요소들을 놓칠 수 없다. 예수는 단지 자신의 제자들을 성령으로 채우겠다고 약속하시고 있는 것이 아니라 그 자신이 제자들에게 와서 거기 거하겠다고 약속하고 계시다.

요약하자면 아버지는 아들의 삶 속에 거하시고, 아들은 성령의 형태로 그의 제자들에게 돌아오실 것이다. 예수는 요한복음 14:23에서 아버지와 아들 모두가 제자 속에 거하실 것이라고 말씀하실 수 있었다. 이것은 하나님에 대한 우리의 이해에 심오한 공헌을 한다.

예수의 돌아오심. 세 번째로 생각해야 할 것은 예수가 추종자들에게 돌아오심에 관한 것이다. 요한복음 14장 전체에 걸쳐서 예수는 자신이 곧 돌아올 것임을 확인하심으로 제자들을 안심시키신다. 그러나 우리는 성경을 해석할 때 그 돌아오심의 시기를 놓고 고민을 하지 않을 수 없다(1-3절, 18절, 23절). 예수가 "내가 다시 올 것이다"라고 말씀하실 때 그는 재림에 대해 말씀하시고 계신 것인가? 혹은 부활절을 말씀하시는가? 혹은 그가 성령 안에서 오심을 말씀하시는가? 우리는 예수가 이 세 가지를 모두 확언하셨음을 살펴보았다. 그러므로 "예수의 오심"을 살필 때에는 그 어떤 경우이든 이 세 가지 모두를 주의 깊게 점검해 보아야 한다.

(1) **재림의 약속.** 재림에 대한 약속은 요한문헌 전체에 걸쳐서 명시적으로(요 21:22; 요일 4:17) 또 암시적으로(예수가 마지막 날의 부활에 대해 언급하실 때, 요 6:54; 11:24-27) 나타난다. 우리는 이 주제를 또한 공관복음에서도 찾을 수 있다. 그 책들은 마지막 때(마 24:3, 27, 37-44; 눅 17:26-35) 예수가 그를 따르는 자들에게 "나타나실 것"(appearing, 헬라어 *parousia*)에 대해 말한다. 요한복음 14장을 다룰 때는 제자들을 위한 예수의 종말론적 비전을 어느 정도 포함해야 한다. 그들의 위안은 단지 세상의 것들을 견디기 위한 (성령 안에서 발견된) 새로운 힘에서만 찾아지지는 않을 것이다. 예수는 또한 언젠가 그가 "다시 와서"(come again) 우리를 그에게로 데려갈 것이라고 말씀하신다(요 14:3).

(2) **예수의 죽음.** 제자들에게 있어서 가장 초미의 관심사는 예수가 너무나 명확하게 말씀하고 있는 그의 죽음의 위협이다. 여기서 그는 그들이 자신을 다시 볼 수 있도록 "머지 않아"(before long) 다시 오실 것임을 확신 있게 말씀하신다. 십자가 이후에 예수가 다락방에 나타나신 것은 기독교 역사에 있어서 가장 중요한 사건들 가운데는 하나이다. 빈 무덤을 뒤로 하고 예수가 돌아오셨다는 사실은 초기 기독교가 외친 증언의 기초를 이루었다. 그것은 공관복음에서만 발견되는 것이 아니라(마 28:1-10; 막 16:1-8; 눅 24:1-9; cf. 요 20:1-18) 사실상 신앙고백서와 같은 형태로 바울서신에서도 발견된다(고전 15:1-6). 세상 마지막에 예수가 돌아오실 것이라는 약속은 신앙을 필요로 했다. 성령 안에서 예수가 오실 것이라는 약속은 모호하게 보이고 해석을 필요로 했을 것이다. 그러나 이 약속 안에서 예수는 자신의 정체성과 능력을 확인해 주는 객관적이고 구체적인 증거를 제공하셨다. 오늘날 예수 그리스도의 신적 능력을 변호하려는 그 어떤 시도라도 만약 그것이 이곳을 시발점으로 삼는다면 성공을 거둘 것이다.

(3) **성령.** 본 장의 정점에서는 예수가 성령 안에서 "오심"(coming)에 대해 기술한다. 우리가 '원 의미' 섹션에서 보았듯이 요한복음 14:2의 "거처들"(rooms)은 제자들의 삶 속에서 아들과 아버지에 의해 지어진 "집"(home)과 평행을 이룬다(요 14:23). 다시 말해서 기독교인의 성령 경험은 예수의 경험과 분리될 수 없다. 신학용어를 사용하자면 우리의 성령론(pneumatology)은 기독론적 기초를 가지고

있어야 한다. 성령을 경험하는 것은 예수를 경험하는 것이다. 이것은 주변적 가치를 지닌 것처럼 보일 수도 있지만 그것이 갖는 신학적 결과들은 심오하다. 그리고 그것들은 오늘날의 교회 속에서 반드시 명확하게 드러나야 한다.

예수에 의해 약속된 이 성령의 경험은 또한 참으로 놀라운 유익들을 지적해 주고 있다. 신자들은 예수의 기적적인 사역을 계속 이어갈 것이다(요 14:12). 그들은 기도 속에서 하나님과 친밀성을 갖게 될 것이다(요 14:13-14). 그리고 그들은 확신을 가지고 하나님의 말씀을 떠올리게 될 것이다(요 14:25; 요일 2:22-27).—이 모든 일들은 성령의 도우심으로 이루어진다. 사도행전을 간단히 살펴보기만 해도 가장 초기의 기독교인들이 바로 이런 모습을 가지고 있었다는 것을 보게 된다. 요한의 교회의 기독교인들 역시 같은 것을 경험하고 있었을 것이다. 기독교인들은 단지 예수의 사역을 재생산하고 있었던 것이 아니다. 그들은 세상 속에서 '예수의 임재'(presence of Jesus)를 계속 이어가고 있었다. 아마도 우리는 다음과 같이 말할 수 있을 것이다. 아들이 아버지의 현존을 성육신을 통해 세상에 보여주셨듯이, 지금은 성령이 아들의 현존을 신자들의 삶을 통해 세상에 보여주신다.

이 세 주제들은 오늘날의 교회를 위해 큰 중요성을 갖는다. 우리는 영적 경험을 열망하는 시대에 살고 있다. 요한복음 14장은 우리가 영적 경험들을 어떻게 해석하고 이해해야 하는지에 대해 지침을 제공하고 있다.

현대적 의미

요한복음 1:18-51의 '현대적 의미' 섹션에서 나는 휘튼대학 신입생들을 상대로 성경과 신학 테스트를 했다는 이야기를 한 적이 있다. 우리 교수들은 신입생들이 가지고 있는 주님에 대한 열정에 감탄했다. 하지만 그들이 성경에 나오는 이야기들과 기독교신앙의 고전적 교리들에 대해 무식한 것을 보고는 깜짝 놀랐다. 요한복음 14장의 현대적 의미를 다루면서 그 이야기를 다시 꺼내는 것은 본 장의 약속들을 추구할 때 그것들을 떠받치고 있는 신학적 구조들을 점검함이 없이 그 일을 하려는 유혹을 감지하기 때문이다.

우리는 경험을 사모하는 시대에 살고 있다. 설교들은 종종 이십 분 동안에 이루어질 수 있는 "감정적 사역"(emotional work)에 의해 평가된다. "오늘 예배는 참 훌륭했다"라는 말은 흔히 찬양팀에 대한 평이다. 설교의 주제들은 종종 치료적 카테고리들(therapeutic categories)에 의해 걸러진다. 그리고 많은 기독교인들에게 있어서 기독교적인 삶의 최종적 정당성은 내가 믿는 것이 무엇인가(인식적 카테고리) 혹은 내가 어떻게 사는가(도덕적 명령)에 의해서가 아니라 내가 무엇을 경험했는가에 의해 결정된다. 이 세 가지는 모두 기독교인의 삶에 있어서 필수적인 부분이다. 요한복음 14장은 성령-안의-그리스도(Christ-in-Spirit)를 심도 있게 경험하도록 우리를 초청한다. 그러나 그 장은 또한 예수와 성령에 대해 어떻게 올바르게 사고할 수 있는지에 대해서도 가르치고 있다.

예수의 떠나심. 요한복음 14:1은 장례식에서 자주 사용된다. "너희는 마음에 근심하지 말라 하나님을 믿으니 또 나를 믿으라." 하지만 어떤 면에 있어서 그것은 14:1-2를 그 용도에 맞게 정확하게 사용하고 있는 것은 아니다. 왜냐하면 예수는 사실 제자들의 절망에 대한 해결책은 극적인 재림에서 발견될 것이라고 말씀하고 있기 때문이다.[30] 하지만 본문에는 또 다른 올바른 의미가 있다. 예수는 추종자들이 예수의 능력을 신뢰할 것을 기대하고 계시다. 그것은 하나님에 대한 신뢰와 같은 것이어야 한다. 그의 떠나심은 단지 인성(humanity)으로부터의 탈출이 아니다. 그것은 인간들을 위한 그의 사역의 계속이다. '그때 예수는 부활이후의 사역을 하시면서 그에 합당한 권위를 갖게 되실 것이다.' 그는 모든 피조물 위에 영광스럽게 되실 것이며 하나님 우편에 앉으실 것이다(롬 8:34; 히 1:3; 10:12). 그 위치에서 예수는 우리를 위해 섬기신다. "내가 너희를 위하여 거처를 예비하러 가노니"라는 말씀은 우리가 하늘에서 영원히 그와 연합하게 될 때까지 그의 일이 계속될 것이라는 약속이다.

요한복음 14:2의 단어들을 주의 깊게 살펴볼 필요가 있다. 그 단락의 의미는 거할 곳들이 지어져야 한다는 것이 아니다. 아버지의 집에는 이미 거할 곳들이 있다(요 14:2a). 그 단락이 뜻하는 것은, 그곳들로 향하는 '길'(the way)이 마련되는 것은 아버지께로의 '예수의 귀환을 통해서'(in Jesus' returning)라는 것이다. 그리고 그 처소가 우리를 위해 완벽하게 준비되는 것은 '그가 그곳에 도착했을 때'(in his arrival)이다. 우리가 그 처소에 도착했을 때 우리는 우리를 그곳에 오게 해 주신 하나님의 은혜에 대해 말로 다할 수 없는 감사를 느끼게 될 것이다. 우리는 어떤 개인 소유의 집 때문에 자랑스러워하지는 않을 것이다. 우리는 그곳에서의 삶이 예수 '자신의'(himself) 처소, 그의 현존, 그리고 그의 "방들" 속으로 초청된 삶이라는 사실을 깨닫게 될 것이다. 준비된 처소들은 예수가 사시는 곳이다. 예수는 우리가 그곳으로 들어오기를 원하신다.

---

30. Carson, *John*, 487.

위에서 언급한 바와 같이 "방들"로 번역된 단어는 예수가 예비하고 계신 장소의 질을 언급하고 있는 것이 아니다(KJV에는 "집들"[mansions]로 번역되어 있다). 지금 제자들이 염려하는 것은 그들이 예수와의 교제를 잃게 될 지도 모른다는 것이다. "방"으로 번역된 헬라어 단어는 거처, 사는 곳, "당신의 이름을 써 둔"(with your name on it) 곳이라는 뜻이다. 예수는 그들에게 (그리고 우리에게) 하늘이 우리의 도착을 기다리고 있다고 말씀하신다. 하늘에서의 경험은 단지 큰 기쁨 정도가 아닐 것이다. 그것은 예수가 다시 우리와 함께 계심을 통해 우리가 그와 교제를 누리는 일이 될 것이다.

하늘에 대해 그런 기대를 갖게 될 때, 우리들 속에는 내가 영원한 관점(an eternal vantage point)이라고 부르는 것이 형성된다. 나는 일시적인 안정과 안락만을 제공해 주는 세계 속에서 살고 있다. 그 세계는 내 눈을 가까운 현재의 지평선에 고정시킨다. 그것은 나 자신의 죽음에 의한 한계성들을 인정하려 들지 않는다. 나의 "일로서의 삶"(life of work)은 단지 나의 경력을 화려하게 만드는 것뿐만 아니라 세상 속에서 안정을 누리기 위한 수단들을 마련하는 것을 목표로 삼는다. 집, 안정된 수입, 투자계획, 그리고 퇴직연금 프로그램 등이 그것이다. 예수는 이와 같은 보장들이 어리석고 신뢰할 수 없는 것들임을 분명히 밝히신다(마 6:19-20; 눅 12:31-21). 그 대신 그는 여기서 다른 보상을 제시하신다. 우리의 진정한 집, 우리의 완전한 보장은 이미 예수에 의해 하늘에 마련되어 있다. 우리가 이 말씀의 의미를 받아들이기만 한다면, 이 세상에 대한 우리의 태도는 완전히 변하게 된다.

내가 지금까지 나누었던 대화들 중 가장 창조적이고 사려 깊은 것들은 우리 교회의 노인들과 나누었던 것이었는데 그 이유가 아마 그것일 것이다. 70대 후반과 80대의 노인들인 그들은 신앙이 견고하고 자신들의 소망이 다른 곳이 아니라 오직 주님께 있다는 사실을 잘 알고—아주 잘 알고—있다. 요한복음 14:1-3은 그들에게 중요한 구절들이다. 그들은 이 "영원한 관점"(eternal vantage)을 소유하고 있다. 그리고 내가 그들에게 지나온 삶에 대해 생각해 보라고 하면, 그들은 항상 이 영원한 관점을 좀더 젊었을 때 가졌더라면 더 좋았을 것이라고 말한다. 한 친구는 나에게 "나는 뭔가를 얻는 데보다는 뭔가를 주는 데 더 많은 시간을 썼을 겁니다"라고 말했다. 이런 영원한 관점을 가지고 있으면 지상의 것들을 위해 투자하는 것을 망설이게 된다.

예수와 아버지. 나는 요한의 가장 큰 소망은 예수가 하나님을 계시하는 분임을 우리가 알게 되는 것이고 그 계시 속에서 우리가 생명을 발견하는 것이라고 믿는다. 이것은 예수가 하나님의 내적 사역을 드러내 보이는 지혜를 가졌다고 말하는 것과는 (물론 그것도 사실이긴 하지만) 다른 것이다. 그것은 또한 예수가 하나님의 뜻과 일치한 삶을 사셨기 때문에 우리는 단지 예수를 모방함을 통해서도 하나님을 알 수 있을 것이라고 말하는 것과도 (이것 역시 사실이지만) 다른 것이다. '예수는 아버지께로 향하는 길을 우리에게 보여주시는 것이 아니라 그분 자신이 아버지께로 향하는 길이시다.' 이것이 의미하는 바를 좀더 설명해야 할 것 같다.

종교적 다원주의에 물든 세상 속에서 어떤 한 가지만이 진리라고 배타적 주장을 하는 자는 반대자들을 만나게 될 것이다. 그 반대자들은 그가 제시하는 종교체계만이 아니라 그런 주장의 '배타성'(exclusivity) 자체에 대해 이의를 제기할 것이다. 일반적으로 말해서 우리 시대는 모든 종교 체계들이 같은 주제에 대해 다양한 변형들을 제시하고 있을 뿐이라고 본다. 유대교, 이슬람, 힌두교, 도교 등 모든 종교 체계들은 역사적, 문화적으로 덧붙여진 부가물들을 가지고 있다. 그것들은 없어도 되는 부가물로서 제거되어야 할 것들이다. 그러나 그 종교들은 그 핵심에 있어서는 신앙(신의 단일성[oneness]과 선함)과 생명(자비와 사랑)의 원리들을 통해 신에게로 향하는 길을 가리키고 있다. 그러나 이 전통들 중 어느 하나의 입장만을 고른 후 거기에는 어떤 궁극적이고 반복될 수 없는, 다른 종교와는 견줄 수 없는 어떤 절대적인 것이 있다고 주장하는 것은 오늘날의 패턴과는 맞지 않는다.

그러나 이것이 바로 기독교의 진리주장이다. 예수는 단지 길을 제시하시지 않는다. 그가 바로 그 길(Way)이시다. 예수는 단지 진리를 가르치시지 않는다. 그가 바로 그 진리(Truth)이시다. 그는 단지 생명에 이르는 길을 제시하시지 않는다. 그가 바로 그 생명(Life)이시다. 이것은 타협의 여지가 없는 배타적 주장이다. 한 마디로 말해서 신을 향한 인간의 추구는 예수 그리스도에게서 끝난다. 빌립처럼 "나는 하나님이 자신을 보여 주시기를 원한다! 그러면 영혼을 쇠약하게 하는 삶의 모호성이 사라지게 될 것이다"라고 말하는 자도 있을 것이다. 그런 사람들에게 해 줄 대답은 하나님이 자신을 '이미' 보여 주셨다는 것이다. 하나님은—예수 안에서(in Jesus)— '이미' 말씀하셨다.[31] 심지어 불트만도 요한복음 14장에 대한 비평적 연구에서 이와 동일한 절대적 주장을 보았다.

질책하는 듯한 [빌립의] 질문 뒤에 숨어 있는 의미는 예수와의 모든 교제는, 만약 예수

31. G. Fee, "Expository Article. John 14:18-17," *Int* 43 (1989): 170-74.

의 유일한 의도는 자신의 어떤 것을 드러내는 것이 아니라 하나님을 계시하는 것이라는 점이 인정되지 않는다면, 그 의미를 잃게 된다는 것이다. 그러나 그것은 또한 하나님을 볼 수 있는 가능성이 예수와의 교제 속에 내재되어 있다는 것을 암시한다. 그 이상 더 필요한 것이 무엇이겠는가?[32]

이 믿음의 기초가 되고 있는 신학적 사고는—그리고 이것이 중요한 요점이다.—하나님 '자신'이 그리스도 안에 계셨다는 것이다. 말씀(Word)은 (우리와 같은) 피조물이 아니다. "그가 존재하지 않으셨던" 때는 없었다. 그리고 그렇기 때문에 그는 하나님 자신과 동일한 실체(substance, 혹은 본질[essence] 혹은 존재[being])를 공유하신다. 물론 나는 지금 교회의 첫 번째 공의회(Nicea, A.D. 325)의 언어를 사용하고 있다. 그러나 나는 이 언어를 요한에게 적용하는 것이 시대착오가 아니라고 주장한다. 그것이 요한복음 (그리고 신약의 다른 책들) 속에 주어진 예수의 이미지였다. 그것은 니케아(Nicea) 공의회에서 정확하게 표현하고자 노력했던 기독론적 딜레마를 드러낸다.[33] "나를 본 자는 아버지를 보았거늘." 요한복음 14장 전체에 있어서 예수는 아버지와의 친밀한 통일성(unity)을 즐기시는 것으로 그려지고 있다(요 14:10, 20, 21, 23).—그 통일성은 목적의 통일성만이 아니라 "본질"의 통일성이다.

그러므로 그리스도에 대한 기독교의 배타적 주장은 하나님에 대한 예수의 주장이 옳았다는 우리의 확신에 그 중심을 둔 것이 '아니다.' 그것은 하나님이 세상을 자신과 화해하도록 하기 위해(고후 5:18) 그리스도 안에 충만하게 현존하셨다는 우리의 주장에 중심을 두고 있다. 예수의 영적 주장들을 효력 있게 만드는 것은 예수 '자신에 관한' 신학적 주장이다. 예수의 말씀은 옳다. 왜냐하면 그것은 하나님의 말씀이기 때문이다(요 14:10b). 예수의 "길"이 우월한 것은 그것이 윤리를 고양시키거나 우리의 영적 감수성에 공명하는 가치들을 옹호하기 때문이 아니다. 예수

32. Bultmann, *John*, 608-9; 또한 다음에서 재인용: Smalley, *John*, 253.

33. 니케아 공의회에서 일신론(monotheism)이 훼손될 것을 염려한 아리안주의자들(Arians)은 그리스도가 하나님의 피조물들 중 하나라고 주장했다("그가 존재하지 않은 때가 있었다"). 아타나시우스(Athanasius)와 교회의 다수파는 그 주장을 거절했다. 그들은 예수가 아버지와 동일한 영원한 "본질"(essence, *homoousios*)을 공유하고 있다고 주장했다. 오늘날에는 여호와의 증인들(Jehovah's Witnesses)이 아리안주의자들과 동일한 주장을 하고 있다. 참조. W. Harding, "An Examination of Passages Cited by the Jehovah's Witnesses to Deny Jesus Is God," in R. L. Harris, ed., *Interpretation and History* (Singapore: Christian Life, 1986), 273-80.

의 길이 진리인 것은 우리를 그 자신에게로 이끌고 계신 하나님을 우리가 '그의 속에서'(in him) 발견하기 때문이다.

최근 한 여성이 내게 그녀는 마음속으로 예수가 진리라는 것을 경험했기 때문에 기독교가 진리임을—즉, 예수가 진리임을—안다고 말했다. 나는 그녀에게 만약 그 느낌들이 사라져 버리면 그때는 어떻게 할거냐고 물었다. 그녀는 조용히 이렇게 말했다. "만약 그런 일이 생긴다면 나는 하나님에 대해 그렇게 확신을 갖지 못하게 될 겁니다." 영적 진리의 정당성을 전적으로 영적 경험 속에서 찾아서는 안된다. 여기 객관적 실체가 있다("아버지를 보았거늘!"). 요한은 이것을 잘 알고 있다. 그래서 요한일서를 쓸 때 그는 우리 믿음의 기초는 "태초부터…우리가 들은 바요, 눈으로 본 바요, 자세히 보고 우리의 손으로 만진 바라"(요일 1:1; 2:7, 13, 14, 24; 3:8, 11; 요이 1:5, 6)라고 재차 주장하고 있다. 그리스도의 객관적이고 역사적인 실체는 진리에 관한 지식에 대해 우리가 확신을 갖도록 해 주고 우리의 영적 추구에 확실성을 더해 준다.

데이비드 웰스(David Wells)는 우리가 복음주의 대학의 학생들에게 했던 것과 유사한 조사를 고든 콘웰 신학대학원에서 실시했다.[34] 젊은 신학대학원생들은 절대적인 신학적 진리주장을 받아들이는 데 있어서 똑같이 주저하는 모습을 보였다. 우리는 잠시 멈춰 서서 그 결과들을 살펴볼 필요가 있다. 성육신 신학에 닻을 내리고 있는 그리스도에 관한 배타적이고 절대적인 주장들은 복음주의적 사고에서 빠져나가고 있는 것처럼 보인다. 그것은 요한이 요한복음 14장에서 주장하고 있는 진리와는 전혀 다른 것이다.

예수는 다시 오실 것이다. 만약 요한복음 14장 속에 유기적(organizing) 사고가 존재한다면 그것은 14:18에서 발견될 것이다. "내가 너희를 고아와 같이 버려두지 아니하고 너희에게로 오리라." 14장 전체에 걸쳐서 예수는 그를 따르는 자들에게 그들이 세상에서 무엇을 경험하게 되든지 결코 홀로 남겨지지 않을 것이라고 확신을 주고 계시다. 그들은 처량하게 남겨지지 않을 것이다. 예수는 계속해서 그들의 목자가 되고 그들을 보호하실 것이다. 물론 당장 그들이 걱정하는 일은 예수의 체포와 죽음의 위협이다. 예수는 그것을 하나님의 뜻으로 기꺼이 받아들이신다. 그러나 대화가 진행되는 동안 예수는 세 개의 서로 다른 문맥들 속에서 "나는 돌아올

34. D. Wells, *No Place for Truth or Whatever Happened to Evangelical Theology* (Grand Rapids: Eerdmans, 1993).

것이다"라는 말씀을 하고 있다(요 14:1-3; 14:18; 그리고 14:23).

(1) **재림.** 많은 해석자들은 예수가 14:1-3에서 자신의 돌아옴에 대해 말씀하실 때 의미하는 것은 그의 재림이라는 것에 대해 동의한다.[35] 즉 이 구절들은 종말에 있을 예수의 승리의 재림에 대한 공관복음의 묘사들과 어울린다고 한다. 14:3에서 예수가 단지 돌아옴을 약속하는 것이 아니라 "내가 다시 와서 '너희를 내게로 영접하여 나 있는 곳에 너희도 있게 하리라'"(저자의 강조)라고 덧붙이고 있다는 사실이 중요하다. 예수의 재림은 제자들과의 재결합뿐만 아니라 예수가 있는 곳으로 그들을 데려가는 일도 포함할 것이다.

세대주의 종말론에 관심을 가졌던 보수적인 옛 저자들은 14:1-3이 아마도 휴거를 뜻할 것이라고 생각했다. 바울은 마지막 때에 교회가 극적으로 옮겨질 것이라고 말한다(살전 4:12-18; 살후 2:1; cf. 고전 15:23).[36] 흥미롭게도 복음주의 주석가들 중에서는 이에 대해 언급하는 이들이 (혹시 있다 해도) 거의 없다.[37] 14:3이 자세한 설명을 제공하고 있지는 않지만, 그것은 한 가지 면에 있어서는 바울의 설명과 잘 들어맞는다. 예수가 돌아오실 때 그를 따르는 자들을 구원하는 일이 그의 목적들 중 하나가 될 것이다. 누가복음 17:34-35에 등장하는 종말론적 "이동"(removal)에 대한 묘사는 심지어 요한복음 14:3에서와 동일한 동사(와 시제)를 사용한다("[내가] 너희를 취하여").[38]

우리들 중 많은 이들에게 있어서 재림이라는 개념은 발전의 과정을 거쳤다. 그것은 처음에는 우리가 경험하기를 고대하는 것이었지만 지금은 우리가 변론하고 가르치는 것이 되었다.[39] 1960년대와 1970년대에 이 소망은 밝은 불꽃을 내며 타올랐다. 1978년에 「국민연감」(The People's Almanac)지는 미국의 신문 편집자들에게 그들이 생각할 수 있는 가장 충격적인 기사제목이 무엇이겠느냐고 물었다.

---

35. 어떤 이들은 이것이 예수가 그의 죽음에서 신자들에게 오는 것을 뜻하거나(Lightfoot, *John*, 275-76; Bultmann, *John*, 602) 혹은 단지 어느 때나 발생할 수 있는 모호한 "오심"(coming)을 의미한다고(Barrett, *John*, 157) 주장했다.

36. N. Darby, *Lectures on the Second Coming* (London: Broom, 1869), 10; L. S. Chafer, *The Kingdom in History and Prophecy* (Chicago: Moody, 1915, 1944), 87; J. W. Hodges, *Christ's Kingdom and Coming* (Grand Rapids: Eerdmans, 1957), 195-96.

37. 주요 주석들뿐만 아니라 다음의 주석에도 그것이 빠져 있다. S. Travis, *I Believe in the Second Coming of Jesus* (London: Hodder, 1982), 99-100.

38. G. Beasley-Murray, *Jesus and the Future* (London: Macmillan, 1954), 237.

39. 참조. 최근의 논문으로는, C. Blomberg, "Eschatology and the Church: Some New Testament Perspectives," *Themelios* 23.3 (1998): 3-26.

그들의 대답은 "예수가 지구로 돌아오다"(Jesus Returns to Earth)였다.[40] 하지만 오늘날에도 같은 답이 나올지는 의심스럽다.

내가 이십대 청년들과 접해 본 바에 따르자면 그들은 1960년대와 마찬가지로 역사적 절망감을 느끼고 있다. 전쟁, 인구, 환경위기, 전염병, 그리고 도덕적 타락은 그들이 재빨리 꼽을 수 있는 몇 가지 항목들이다. 세상은 이처럼 분명히 "엉망"(mess)인데도, 그들에게 소망을 적어 보라고 하면, 재림이라는 '축복된 소망'(blessed hope)을 꼽는 자는 이상하게도 거의 없다. 예수의 약속은 그가 다시 와서 교회와 추종자들을 구원해 내겠다는 것이다. 이 교훈은 오늘날의 교회에서 다시 활성화 될 필요가 있다.

(2) **빈 무덤.** 무덤으로부터 돌아오겠다는 예수의 약속은 교회의 또다른 중심적 믿음이다. 바울은 아주 굳건한 어조로 다음과 같이 썼다. "만일 죽은 자의 부활이 없으면 그리스도도 다시 살아나지 못하셨으리라. 그리스도께서 만일 다시 살아나지 못하셨으면 우리가 전파하는 것도 헛것이요 또 너희 믿음도 헛것이며"(고전 15:13-14). 요한복음 14:18ff.에서 예수의 부활은 단지 죽음에 대한 그의 신적 능력의 표현이 아니다. 그의 부활은 추종자들에게 와서 그들을 돕는 일에 대한 예수의 관심이 그 동기가 된 것이다. 부활은 예수의 영광스럽게 되심과 아버지께로의 귀환을 위한 단계이지만, 그것은 또한 예수가 제자들을 만나 그들을 격려하고 그들에게 필요한 것들을 공급해 줄 기회를 제공한다. 오늘날 제자들은 이와 같은 돌아오심의 의미를 잘 기억할 필요가 있다. 사도행전에 등장하는 거의 모든 설교들 속에서 무덤으로부터의 예수의 귀환은 중심적 위치를 차지한다(예를 들어, 행 2:24, 32; 3:7, 15; 4:10; 5:30; 7:37; 10:40; 13:22, 30, 33-34, 37; 17:31; 26:8).

(3) **성령.** 예수의 가르침의 주요 강조점이 여기 놓여 있다. "예수의 오심"은 또한 성령의 "오심" 속에서 경험될 것이다(요 14:23). 그러나 우리가 탐구해 온 다른 주제들과 마찬가지로 여기에는 우리의 경험에 영향을 미치는 중요한 신학적 주제들이 존재한다. 예수는 우리가 성령을 받게 될 것이라고 약속하신다(요 14:16). 그리고 또한 예수와 그의 아버지가 그를 따르는 자들 속에 거하실 것이라고 약속하신다(요 14:23). 이 생각들의 의미는 무엇인가?

ⓐ 우리는 하나님 '자신'이 그리스도 안에서 세상을 회복시키시고 그것을 사랑하시는 것을 보아 왔다. 그리스도는 하나님의 마음을 바꾸기 위해 파견된 밀사가

40. Travis, *I Believe in the Second Coming*, 100.

아니었다. 그리스도는 하나님의 마음을 표현하기 위해 아버지께로부터 오셨다. 그러므로 예수의 신성(그리스도와 아버지의 존재론적 통일성)은 타협의 대상이 될 수 없다. 같은 방식으로 우리는 성령이 우리를 무장시키고 우리에게 영감을 주기 위해 보냄을 받은 독립적인 대리인이 아님을 본다. 성령은 하나님의 영이시다. 성령은 아버지와 아들이 우리에게 임하게 하시며 그들이 우리 속에 거하시면서 우리와 교제를 나누게 하신다. 그러므로 하나님께서 우리를 구원하시기 위해 십자가 위의 그리스도 안에서 일하셨던 것처럼, 하나님은 우리를 변화시키기 위해 성령 안에서 일하고 계시다. 나는 이것의 중요성을 어떻게 해야 충분히 강조할 수 있을지 모르겠다. 하나님은 우리편이시다. 그는 우리를 새롭게 하시고 우리를 사랑하고 계시다. 이것이 복음이다.

ⓑ 요한복음 14장은 교회사에 있어서 가장 어려운 논쟁들 중 하나와 연관되어 있다. 그 논쟁의 결과 1054년에 동방정교회(the Eastern Orthodox Church)와 서방로마교회(the Western Roman Church)가 갈라졌다. 여기서는 그것을 아주 피상적으로 다룰 수밖에 없다. 한 마디로 말해서 성령은 아버지께로부터 오시는가, 아니면 아버지와 아들 모두로부터 오시는가의 문제이다. 요한복음 14:16, 26에서 예수는 아버지가 성령을 보내실 것이라고 말씀하신다. 15:26과 16:7-8에서 예수는 그가 성령을 보낼 것이라고 말씀하신다. 이것을 어떻게 해석해야 하는가? 동방교회는 오직 아버지만이 성령을 보내신다고 주장했다. 서방교회는 성령을 보내시는 것은 아버지 '그리고 아들'이 틀림없다고 주장했다(그래서 로마 교황은 니케아 신조[Nicene Creed]를 수정했고, 그는 즉시 동방정교회 주교들의 비난을 받았다).[41]

그것은 난해한 신학적 논쟁을 넘어서는 많은 문제들을 야기했다(그것은 지금도 마찬가지이다). 동방교회는 성령을 아버지께로부터 오는 독립적 인격체로 보는 것을 선호했다. 이레네우스(Irenaeus)가 표현한 대로 아들과 성령은 하나님의 별개의 일하는 두 손들이다.[42] 그러나 이런 구별은 아버지와 아들과 성령이 어떻게 하나가 되며, 또 아들이 성령의 사역 속에서 어떻게 필요 불가결한 역할을 수행하는지를 보여줄 수 없다는 단점을 가지고 있다. 이 이론은 어떤 결과를 낳는가? 어떤 이들에 따르자면 이 이론은 "그리스도 없는 신비주의"(Christless mysticism)를 장려

---

41. 서방교회에 의한 이런 수정의 결과 니케아 신조가 개정되었고, 그래서 로마 가톨릭교회와 개신교회는 이를 다음과 같이 읽는다. "…우리는 아버지로부터 '그리고 아들로부터' 나오시는 성령을 믿는다." "그리고 아들로부터"(라틴어, *filioque*)라는 어구는 중세시대에 추가된 것이다.
42. *Against Heresies*, 2.1.1.

할 수 있다. 그것에 있어서 성령은 예수와는 별개로 영감을 부여한다.[43] 그것은 또한 예수와는 분리된 영성, 다른 세계 종교와의 연합을 모색하는 그런 영성을 추구하는 보다 급진적인 신학들로 인도할 수 있다. 그것은 또한 오늘날의 어떤 은사주의적/오순절주의적(charismatic/Pentecostal) 신학들 속에서 분명하게 드러난다. 그 속에서 성령은 예수와는 구별되며 단지 차후적인 경험으로 간주된다.—그런 신학들은 역사적 예수와는 동떨어진 영감과 조명을 강조한다.[44]

(어거스틴에게로 소급하는) 서방교회는 이런 견해를 거부했다. 아버지는 아들을 낳는다(begets). 그리고 아버지와 아들은 함께 성령을 내쉬신다(breathe out). 여기서 아버지가 우선권을 가지신다. 그러나 아들은 성령과 분리될 수 없다. 아버지와 아들은 '하나'(one)이다. 그리고 그렇기 때문에 성령은 다른 분을 영광스럽게 함 없이 한 분만을 영광스럽게 할 수 없다. 이것이 의미하는 것은 그 누구도 아들을 가지지 않을 채 성령을 가지고 있다고 주장할 수 없다는 것이다. 아들을 받아들이기는 했지만 성령 안에서 삶이 변화되는 경험을 아직 하지 못했다면 그는 기독교를 완전히 경험했다고 할 수 없다. 이 신학적 논쟁은 우리가 성령을 어떻게 이해하고, 경험하고, 또 해석해야 하는가의 문제에 있어서 가장 중요한 핵심을 이룬다. 성령은 예수의 인격과 얼마나 깊이 연관되어 있는가?

그러나 어쩌면 성령의 기원을 둘러싼 이 긴장을 해결할 수 있는 쉬운 방법이 있을 지도 모른다. 영국에는 '플라잉 스카치맨'(Flying Scotsman)이라고 불리는 기차가 있다. 그것은 에딘버러(Edinburgh), 스코틀랜드(Scotland), 그리고 런던에 있는 킹스 크로스역(King's Cross Station, London) 사이를 운행한다. 그것은 또한 많은 영국 도시들을 통과한다. 이 유명한 기차가 킹스 크로스역에 도착하는 것을 보면서 당신은 "플라잉 스카치맨이 이제 막 에딘버러에서 왔다"라고 말할 수도 있고, "이 기차가 에딘버러와 요크에서 왔다"라고 말할 수도 있다. 또 "이 기차가 요크를 통과해서 에딘버러에서 왔다"라고 할 수도 있다. 세 말은 모두 진실이다.[45]

---

43. K. Barth은 다음의 글에서 러시아 정교회(Russian Orthodoxy)에 대해 말한다. Church Dogmatics I:1 (Edinburgh: T. & T. Clark, 1975), 481; 다음에서 재인용: T. Smail, *The Giving Gift: The Holy Spirit in Person* (London Hodder, 1988), 125.
44. 물론 정통주의 신학자들은 이런 비평들에 대해 예민하다. 그들은 삼위일체에 대한 자신들의 견해가 이런 결과를 요구하지 않는다고 주장한다. 서방교회에 있어서는 반대로 너무 지나친 경우들도 많이 나타났는데, 그것은 오순절주의적 사고의 결과로서, 예수와 성령을 하나로 통일시켜 버렸다.
45. 이 설명을 처음으로 한 사람은 전(前) 캔터베리 대주교(former Archbishop of Canterbury)인 Michael Ramsay이다. 참조. T. Smail, *The Giving Gift*, 138.

요한복음 14장은 성령이 예수와 아주 밀접히 연관되어 있음을 보라고 우리에게 요구한다. 성령은 예수의 사역을 이어가고 있는 '또 다른'(another) 보혜사(Paraclete)이다(요 14:16). 성령이 우리에게 오시기 위해서는 반드시 예수가 영광을 받으셔야만 한다(요 7:37-39; 16:7). 요한복음 14-16장에 간략히 소개되어 있는 성령의 여러 사역들은 복음서가 그리고 있는 예수의 삶 속에서 직접적인 평행들을 가지고 있다.[46] 부활절에 제자들이 다락방에 모였을 때 그들에게 성령을 전달해 준 것은 예수의 숨(호흡)이었다(요 20:22). 이것은 성령이 그들 속에 거하는 예수의 영임을 시사한다.

예수와 성령의 통일성이 의미하는 것은 우리가 예수를 영접하는 것에 대해 말할 때 성령을 받는 것의 개념을 반드시 그 속에 통합시켜 넣어야 한다는 것이다. 예수를 영접한다는 것, 즉 "당신의 마음속에 예수를 갖는다는 것"(to have Jesus in your heart)은 우리 속에 거하시는 성령을 경험한다는 것이다. 그러므로 은사주의자들은 어떤 면에 있어서 예수가 먼저이고 그 다음에 성령이 온다는 "두 단계" 교리를 강조하지 말아야 한다. 성령 보혜사의 사역은 성령 안의 예수(Jesus-in-Spirit)의 계속적인 삶과 임재를 우리들 속으로 들여오는 것이다.

이 성령을 갖는다는 것은 본 장에 열거된 선물들의 목록을 갖는 것이다. 능력있는 사역들(요 14:12), 효과적인 기도(요 14:13), 그리고 하나님의 평강(요 14:27)은 모두 오늘날 조심스럽게 적용할 가치가 있는 것들이다. 그러나 이 말이 곧 현대 목회자의 사역이 예수의 사역을 능가할 것이라는 의미는 아니다. 이런 생각은 아주 놀라운 것인데, 아프리카의 몇몇 오순절교회 지도자들 사이에서 그런 주장을 들을 수 있다. 그들은 자신이 그리스도보다 우월한 초자연적 능력을 가지고 있다고 주장한다. 이것은 예수의 요점이 아니다. 그가 말씀하고자 하는 것은 그의 능력이 전세계 방방곡곡으로 퍼져감을 통해 (요 14:12에 약속된) 놀라운 사역들이 나타나게 될 것이라는 것이다.

사도행전에 나오는 교회들을 살펴보면 최초의 기독교인들은 이 약속들을 마음에 새겼고 그들이 성령의 능력 속에서 살 때 이 은사들을 경험했다. 그런데 요한은 성령의 오심과 예수의 말씀의 보존을 직접적으로 연결시킨다(요 14:25-26). 예수는 성령이 "너희에게 모든 것을 가르치고 내가 너희에게 말한 모든 것을 생각나게 하리라"라고 말씀하신다. 이것은 사도들이 예수의 말씀을 변호하고 기록할 때 필

46. 그 목록들을 위해서는, Burge, *The Anointed Community*, 140-42.

요로 했던 역사적 기억을 의미하는가? 요한은 그의 복음서를 기록할 때 이것을 경험했는가? 이것은 오늘날 우리가 소중히 간직하고 있는 성경이 성령의 사역을 통해 주어진 것임을 뜻하는가? 혹은 우리가 하나님의 말씀을 읽으며 그 깊은 뜻을 이해하려고 노력할 때 주어지는 성령의 내적 조명을 뜻하는가?

요한은 틀림없이 이 질문들 모두에 대해 "그렇다"라고 답할 것이다. 요한복음 14:25-26의 성령은 교회 안에서 예수의 말씀을 보존하고 그것을 기억나게 하는 능력을 행하신다. 예수가 아버지로부터 받은 말씀을 신실하게 전하셨던 것처럼, 성령은 예수의 말씀을 신실하게 상기시키시고, 그가 가르치셨던 것들로부터 결코 이탈하지 않으신다. 그러므로 새로운 사상들, 새로운 영적 "통찰들"(insights)은 항상 복음서들 속에 있는 역사적 계시들에 비추어 점검되어야 한다(cf. 요일 2:22-27).

요한복음 15:1-16:4a

1 나는 참포도나무요 내 아버지는 농부라
2 릇 내게 붙어 있어 열매를 맺지 아니하는 가
지는 아버지께서 그것을 제거해 버리시고 무
릇 열매를 맺는 가지는 더 열매를 맺게 하려
하여 그것을 깨끗하게 하시느니라
3 너희는 내가 일러준 말로 이미 깨끗하여졌
으니
4 내 안에 거하라 나도 너희 안에 거하리라 가
지가 포도나무에 붙어 있지 아니하면 스스로
열매를 맺을 수 없음 같이 너희도 내 안에 있
지 아니하면 그러하리라
5 나는 포도나무요 너희는 가지라 그가 내 안
에, 내가 그 안에 거하면 사람이 열매를 많이
맺나니 나를 떠나서는 너희가 아무 것도 할
수 없음이라
6 사람이 내 안에 거하지 아니하면 가지처럼
밖에 버려져 마르나니 사람들이 그것을 모아
다가 불에 던져 사르느니라
7 너희가 내 안에 거하고 내 말이 너희 안에 거
하면 무엇이든지 원하는 대로 구하라 그리하
면 이루리라
8 너희가 열매를 많이 맺으면 내 아버지께서
영광을 받으실 것이요 너희는 내 제자가 되
리라
9 아버지께서 나를 사랑하신 것 같이 나도 너
희를 사랑하였으니 나의 사랑 안에 거하라
10 내가 아버지의 계명을 지켜 그의 사랑 안에
거하는 것 같이 너희도 내 계명을 지키면 내
사랑 안에 거하리라
11 내가 이것을 너희에게 이름은 내 기쁨이 너
희 안에 있어 너희 기쁨을 충만하게 하려 함
이라
12 내 계명은 곧 내가 너희를 사랑한 것 같이 너
희도 서로 사랑하라 하는 이것이니라
13 사람이 친구를 위하여 자기 목숨을 버리면
이보다 더 큰 사랑이 없나니
14 너희는 내가 명하는 대로 행하면 곧 나의 친
구라
15 이제부터는 너희를 종이라 하지 아니하리니
종은 주인이 하는 것을 알지 못함이라 너희
를 친구라 하였노니 내가 내 아버지께 들은
것을 다 너희에게 알게 하였음이라
16 너희가 나를 택한 것이 아니요 내가 너희를
택하여 세웠나니 이는 너희로 가서 열매를
맺게 하고 또 너희 열매가 항상 있게 하여 내
이름으로 아버지께 무엇을 구하든지 다 받게
하려 함이라
17 내가 이것을 너희에게 명함은 너희로 서로
사랑하게 하려 함이라
18 세상이 너희를 미워하면 너희보다 먼저 나를
미워한 줄을 알라
19 너희가 세상에 속하였으면 세상이 자기의 것
을 사랑할 것이나 너희는 세상에 속한 자가
아니요 도리어 내가 너희를 세상에서 택하였
기 때문에 세상이 너희를 미워하느니라
20 내가 너희에게 종이 주인보다 더 크지 못하
다 한 말을 기억하라 사람들이 나를 박해하
였은즉 너희도 박해할 것이요 내 말을 지켰
은즉 너희 말도 지킬 것이라
21 그러나 사람들이 내 이름으로 말미암아 이
모든 일을 너희에게 하리니 이는 나를 보내
신 이를 알지 못함이라
22 내가 와서 그들에게 말하지 아니하였더라면
죄가 없었으려니와 지금은 그 죄를 핑계할
수 없느니라
23 나를 미워하는 자는 또 내 아버지를 미워하

느니라
24 내가 아무도 못한 일을 그들 중에서 하지 아
니하였더라면 그들에게 죄가 없었으려니와
지금은 그들이 나와 내 아버지를 보았고 또
미워하였도다
25 그러나 이는 그들의 율법에 기록된 바 그들
이 이유 없이 나를 미워하였다 한 말을 응하
게 하려 함이라
26 내가 아버지께로부터 너희에게 보낼 보혜사
곧 아버지께로부터 나오시는 진리의 성령이
오실 때에 그가 나를 증언하실 것이요
27 너희도 처음부터 나와 함께 있었으므로 증언
하느니라

16:1 내가 이것을 너희에게 이름은 너희로 실족하
지 않게 하려 함이니
2 사람들이 너희를 출교할 뿐 아니라 때가 이
르면 무릇 너희를 죽이는 자가 생각하기를
이것이 하나님을 섬기는 일이라 하리라
3 그들이 이런 일을 할 것은 아버지와 나를 알
지 못함이라
4a 오직 너희에게 이 말을 한 것은 너희로 그때
를 당하면 내가 너희에게 말한 이것을 기억
나게 하려 함이요

원 의미

요한복음 14장에서 예수의 떠나심의 문제는 그가 돌아올 것이라는 다짐, 즉 그가 제자들을 가련한 상태로 남겨 두지 않을 것이라는 다짐으로 해결되었다(요 14:18). 15장에서 예수의 주제는 더 이상 "오심"(coming)이 아니라 "머무심"(remaining)이다. 예수는 정원사에 의해 잔가지가 잘리는, 많은 열매를 맺는 포도나무 가지라는 다소 복잡한 그림을 그리신다. 그는 이 그림을 제자들에게 적용하시면서 그들이 사랑과 순종의 열매를 맺기 위해 자신과 꼭 연합되어 있을 것을 요구하신다. 이 이미지의 두 주제는 신비주의와 열매 맺음이다.

예수는 자신이 떠난 후 세상 속에서 살게 될 신자들(교회)의 삶을 바라보신다. 여기서 그의 관심은 14장의 것과 다르지 않다. 14:23에 기술된 하나님과의 친밀한 내적 삶은 이제 새로운 형태를 취한다. "내 안에 거하라 나도 너희 안에 거하리라"(요 15:4a). 세상에서 참된 영적 삶을 유지하려면 신자들은 그리스도와 친밀하게 연합되어 있어야 한다.

제자들은 세상에서도 성령 안에서 하나님과 개인적으로 연결되어 있게 될 것이다. 예수는 제자들이 그렇기 때문에 세상 속에서 겪게 될 갈등에 대해 경고하신다. 요한복음 15장은 18절에서 갑자기 새로운 주제로 옮겨간다. 그 주제는 요한복음 16:4에서 계속 이어진다. 여기서 핵심은 15:20에 나타난다. "종이 주인보다 더 크지 못하다." 만약 예수가 세상에서 적대감과 시련을 경험하셨다면 그를 따르는 자들도 같은 것을 경험하게 될 것이다. 그러나 제자들의 시련을 위해서는 예수가 그들에게 변호자(Advocate, 즉 the Spirit-Paraclete)를 주셨다(요 15:26). 성령이 그들의 증언을 강력하게 만들 것이고, 그들을 떨어져 나감으로부터 지키실 것이다. 이것이 예수의 세 번째 성령 약속이다(요 14:16, 26; 15:26).

본 장을 조직적으로 분석하는 또 다른 방법은 그것이 믿는 자들의 관계들을 개괄적으로 설명하고 있다고 보는 것이다. 그리스도와는 '남으심'(remaining)의 관계(요 15:1-11), 동료 신자들과는 '사랑'(love)의 관계(요 15:12-17), 세상과는 '적대'(hostility)의 관계(요 15:18-25, 16:1-4a), 그리고 성령과는 '동료증인'(cowitness)의 관계 속에 있다(요 15:26-27).[1] 이것은 약간 다른 주제상의 배열을 가지고 있지만 아래에 소개하는 주된 개요를 따르고 있다.

포도나무와 가지(요 15:1-17)

포도원 비유의 형식은 요한복음 10장에서의 예수의 이야기와 비교될 수 있다. 10장에서 예수는 목자의 이미지를 취하셔서 그것을 자신의 삶과 사역을 묘사하기 위한 비유적 이야기로 변형시키신다. 여기서 예수는 포도원의 이미지를 취하셔서 그것을 확장된 은유로 변형시키신다(요 15:1-18). 그리고 그 이후에는 해석과 적용이 뒤따른다(요 15:9-11).[2]

무엇이 예수로 하여금 이 이미지를 사용하도록 만드는가? 그의 이미지들은(목자, 떡, 물, 빛) 모두 고대 유대 전통에서 온 것들이다. 만약 예수가 요한복음 14:30에서 다락방을 떠나셨다면 그는 아마도 가르침과 기도를 위해 성전에서 멈추셨을 것이다(요 18:1 이전에는 기드론 계곡으로 들어가지 않으셨다).[3] 성소(Holy Place)의 입구(제단의 서쪽)에서 계단을 따라 걸어가면 자주색, 진홍색, 그리고 푸른색의 꽃들로 덮인 아마포 커튼이 보인다(Josephus, *Ant.* 15.394, *Wars* 5:207-14). 커튼 옆에는 멋진 황금 사슬들이 문의 들보로부터 드리워져 있었다. 커튼 위(즉, 천장선

1. C. J Laney, "Abiding Is Believing: The Analogy of the Vine in John 15:1-6," *BSac* 146 (1989): 55-66.
2. 학자들은 비유와 그 해석을 어떻게 분리할 것인가에 대해 의견이 나누인다(7절, 8절, 그리고 9절이 모두 그 후보에 올랐다). 보캠(R. Bauckham)은 요한복음 15장은 10장의 목자 이야기와는 달리 전혀 비유를 포함하지 않고 있고 오직 그 해석만으로 구성되어 있다고 믿는다. 그는 '도마행전'(*Acts of Thomas*) 146에서 원래의 비유의 일부를 찾을 수 있다고 생각한다. R. Bauckham, "The Parable of the Vine: Rediscovering a Lost Parable of Jesus," *NTS* 33.1 (1987): 84-101.
3. 이것은 가능했다. 왜냐하면 유일하게 유월절에는 많은 순례자들의 편의를 위해 예루살렘 문들과 성전 문을 밤새도록 열어 두었기 때문이다.

아래)에는 이스라엘을 상징하는 금으로 된 거대한 포도나무가 계속 커 가고 있었다(*Ant.* 15.395). 부유한 시민들은 포도나무에 뭔가를 더하기 위해 기증을 할 수 있었다(금으로 된 덩굴손, 포도열매, 혹은 잎사귀). 이것들은 금속기능공들에 의해 계속 커 가는 포도나무에 덧붙여졌다(*m. Middoth* 3:8). 요세푸스는 포도송이들 중 어떤 것들은 "사람 키높이"(height of a man)만큼이나 컸다고 주장한다.[4]

포도나무와 포도원은 유대교에 있어서 오래 되고 거룩한 이미지였다(그것은 대부분의 지중해 사회들에 있어서 마찬가지였다). 포도나무는 하나님의 언약백성을 상징했다. 하나님은 이스라엘이 열매를 맺도록 하기 위해 포도나무를 심으시고 돌보셨다(시 80:8-18; 사 5:1-7; 렘 2:21; 12:10-11; 겔 15:1-5; 17:1-6; 19:10-15; 호 10:1-2). 구약에서 이스라엘이 포도나무 혹은 포도원으로 그려졌을 때, 그들은 보통 하나님이 기대하시는 열매를 맺지 못한 것 때문에 질책을 받는다. 다음의 두 본문은 그 대표적인 것이다.

만군의 하나님이여 우리를 회복하여 주시고
　주의 얼굴의 광채를 비추사
　우리가 구원을 얻게 하소서
주께서 한 포도나무를 애굽에서 가져다가
　민족들을 쫓아내시고 그것을 심으셨나이다
주께서 그 앞서 가꾸셨으므로
　그 뿌리가 깊이 박혀서 땅에 가득하며(시 80:7-9).

예루살렘 주민과 유다 사람들아
　구하노니 이제 나와 내 포도원 사이에서 사리를 판단하라
내가 내 포도원을 위하여 행한 것 외에
　무엇을 더할 것이 있으랴
내가 좋은 포도 맺기를 기다렸거늘
　들포도를 맺음은 어찌 됨인고
이제 내가 내 포도원에 어떻게 행할지를

---

4. 요세푸스는 로마인들이 주후 70년에 성전을 약탈했을 때 성전에서 약탈한 금의 양이 너무 많아서 시리아 지역의 금값을 반으로 낮추었다고 말하고 있다(*Wars*, 6.316-18). 참고, C. T. R. Hayward, *The Jewish Temple: A Non-Biblical Sourcebook* (New York: Routledge, 1996).

너희에게 이르리라
내가 그 울타리를 걷어
먹힘을 당하게 하며
그 담을 헐어
짓밟히게 할 것이요(사 5:3-5).

포도원 이미지는 유대교에서 계속해서 사랑을 받았다. 그것은 신약시대에도 많은 문헌들 속에 (그리고 심지어 동전 속에도) 등장했다(Sir. 24:17-21). 예수도 그것을 교훈의 용도로 자주 사용하셨다(마 20:1-7; 21:28; 막 12:1-11; 눅 13:6-7). 하지만 이곳 요한복음 15장에서의 포도나무는 모습이 다르다. 요한복음에서의 마지막 "나는…이다"(I am) 말씀에서 예수는 '그가'(he) 참된 포도나무라고 선언하신다(요 15:1). 즉 이 고대의 이미지 속에서 예수는 하나님의 참된 나무로서의 이스라엘의 자리를 차지하신 것이다.[5] 새로운 개념은 뭐냐 하면 하나님의 포도원에 '한 포도나무'(one vine)가 있는데 이스라엘은 자신이 하나님께 붙어 있는지를 점검해 보아야 한다는 것이다. 이제 더 이상 이스라엘은 자동적으로 하나님의 포도원에서 자라는 포도나무로 간주되지 않는다. 이제 사람들은 하나의 줄기로부터 자라나는 가지들이다.

구약의 그림에서와 마찬가지로 하나님은 포도나무를 돌본 자신의 수고의 열매를 보기를 간절히 원하신다(요 15:2). 예수는 예로부터의 포도재배 기술을 사용하셔서 그 생각을 표현하신다. 포도나무 재배자는 보다 많은 열매를 맺을 수 있도록 가지를 쳐주기도 하고 죽은 가지들을 잘라 내 버리기도 한다. 각 경우에 있어서 그 가지가 포도나무에 붙어 있느냐를 알아보는 방법은 그것이 열매를 맺고 있느냐를 보는 것이다.

예수에게 붙어 있음을 가지가 포도나무에 붙어 있음으로 그린 것은 요한복음 14장부터 예수가 설명해 오신 내적인 영적 삶에 대한 적절한 묘사이다. 그러나 여기서 주제어는 "머무름" 혹은 "거주함"(abiding, 헬라어 *meno*)이다. 그 용어들은 강화(講話) 전체에 걸쳐서 사용된다(요 15:4, 5, 6, 7, 9, 10). 아버지와 아들이 그의 속에서 살고 계시고(14:20, 23) 성령을 통해 성장하고 있는(요 14:16, 25; 15:26) 제자는 그의 삶을 전적으로 그리스도에게 의존하고 있다. 제자도는 단지 예수가

---

5. 요한복음의 대부분의 강화에 있어서 예수는 하나님을 연상시키는 역할을 맡으신다(예를 들어, 선한 목자).

누구냐를 인정하는 문제가 아니다. 그것은 예수가 우리의 내적 삶과 영적으로 연결되어 있는 것이다.

그 연결은 또한 "가지치기 됨"(pruned, 요 15:2b)을 의미한다. 가지치기에 해당하는 헬라어 단어(*kathairo*)는 요한복음 15:3의 형용사와 밀접하게 연관되어 있다. "너희는 내가 일러 준 말로 이미 깨끗하여졌으니(헬라어 *katharos*)." (예수의 제자들처럼) 포도나무 안에 머무는 자들은 예수가 그들에게 주시는 말씀에 의해 더욱 많은 열매를 맺을 준비가 되어 있다.

그러나 이것과 함께 경고가 주어진다(요 15:6). 그리스도 안에 "머무는 것"에 실패한다면, 그리고 포도나무 안에서 생명을(즉, 예수를) 발견하는 데 실패한다면, 포도원에서 쫓겨나 결국 멸망을 당할 위험이 있다. 가지가 참으로 살아 있는 것이라면 거기에는 단 한 가지의 증거가 있다. 그것은 포도열매를 맺고 있는가?(요 15:5) 그러나 그 은유가 무엇을 말하고 있는 것이 아닌지에 조심스럽게 주목하라. 열매를 맺는 것은 테스트가 아니다. 즉 가지는 멸망으로부터 안전하게 되기 위해 일정한 수준의 생산성을 증명해 보일 필요는 없다. 오히려 열매를 맺음은 부산물이다. "나를 떠나서는 너희가 아무 것도 할 수 없음이라"(요 15:5b). 포도나무에 연결되어 있다는 것은 예수의 생명이 우리를 통해 흐른다는 것이다. 그리고 이것이 열매를 맺게 만든다. 열매를 맺음은 예수와의 내적인 영적 삶의 필연적인 결과가 될 것이다(cf. 갈 5:22-23).

예수는 요한복음 15:7-11의 은유를 마무리하면서 그의 속에 "머무는 것"의 의미들 중 일부를 설명하신다. 그것들 중 많은 것은 우리가 이미 요한복음 14장에서 배웠던 것이다. 7절은 예수 안에 머무는 것과 그의 말씀 안에 거하는 것을 비교한다. 의심할 바 없이 이것은 순종에의 명령을 상기시킨다(요 14:15; 15:10). 그 명령에 따르자면 예수의 말씀을 지키는 것이 그분에 대한 사랑을 드러내는 길이다. 자신의 삶이 예수와 그렇게 조화를 이루는 자들은 그들의 기도가 예수의 말씀에 의해 통제되는 것을 발견하게 될 것이다. 그런 기도는 응답될 것이고 그것은 하나님께 영광이 될 것이다(요 15:7b; cf. 요 14:10-12). 가지는 그 속을 따라 흐르는 생명이 원하는 것을 생산한다. 즉 그것이 "포도나무 열매"(fruit of the vine)이다. 그러나 그 열매는 기계적 생산성의 결과가 아니다. 제자는 예수(요 15:9)와 아버지(요 15:10) 모두와의 사랑의 관계 속으로 들어간다. 그 관계로부터 변화된 삶, 열매를 맺는 생명이 흘러 나오게 될 것이다.

요한복음 14:27에서 약속된 "평화"(peace)는 이제 15:11의 "기쁨"(joy)과 연결된다. 이 기쁨이 단지 인간적 행복이 아님을 주목하라. 예수는 " '내 기쁨' 이 너희 안에 있"기를 원하신다(저자의 강조). 이 기쁨을 초자연적이고 실재적인 것으로 만드는 것은 성령의 선물이자 우리 속에 거하시는 예수의 선물이다. 예수의 기쁨은 하나님에 대한 의존과 아버지의 뜻에 대한 순종을 통해 왔다. 우리는 그의 기쁨만을 상속받는 것이 아니다. 우리는 같은 방식으로 아버지를 즐거워할 수 있는 능력도 성령을 통해 상속받는다. 기쁨이라는 주제는 강화 속에서 다시 등장할 것이다(요 16:20-24; 17:3). 그리고 요한은 개인적으로 기쁨을 계속 강조할 것이다(요일 1:4; 요이 12; 요삼 4).

요한복음 15:12에서 주제는 예수를 따르는 자들끼리의 삶의 특징으로 바뀐다. 13장에서 우리는 같은 이동을 보았다. 예수는 자신을 모델로 제시하시면서 그들을 위한 자신의 사역을 설명하신다(요 13:1-11). 그리고 예수는 자신이 한 일을 모방할 것을 그들에게 요구하신다(요 13:12-20). 생명을 주는 포도나무를 설명하고, 우리가 살기 위해 그의 생명과 사랑을 나누어 가질 필요가 있다는 말씀을 하신 후, 예수는 가지들 사이에서의 삶에 대해 설명하신다. 어떤 학자들은 이 여섯 절들을 예수의 고별강화의 중심으로 본다.[6] 이 단락이 두 개의 사랑 명령으로 둘러싸여 있다는 점에 주목하라(요 15:12, 17).

이것은 예수께서 그를 따르는 자들에게 서로 사랑하라고 명령하시는 두 번째 경우이다(cf. 요 13:34). 같은 주제가 요한의 서신들 전체에서 강조된다. "사랑하는 자들아 하나님이 이같이 우리를 사랑하셨은즉 우리도 서로 사랑하는 것이 마땅하도다. 어느 때나 하나님을 본 사람이 없으되 만일 우리가 서로 사랑하면 하나님이 우리 안에 거하시고 그의 사랑이 우리 안에 온전히 이루어지느니라"(요일 4:11-12). 서로를 향한 그런 사랑은 우리를 향한, 우리 속에서의 하나님의 사랑의 성취이다(요 4:17). 요한은 사랑하기를 거부하는 자들을 "거짓말쟁이들"(liars)이라고 부른다. 그들은 하나님의 사랑을 본 적도, 경험한 적도 없음을 드러낸다(요 4:20).

인간적 사랑만으로는 제자도의 요구를 만족시켰다고 볼 수 없다. 참된 사랑은 하나님의 사랑의 극적인 성격을 목격한 삶으로부터 나온다(요 15:13). 하나님의 아들은 자신이 사랑하는 자들을 위해 죽으셨다. 그런 사랑은 우리 역시 마음과 뜻과 힘을 다해 하나님을 사랑할 것을 요구한다(신 6:5).

예수는 이제 제자들을 종들과 구별하여 "친구들"(friends)이라고 부르신다(요

6. F. J. Moloney, "The Structure and Message of John 15:1-16:3," *ABR* 35 (1987): 35-49.

15:14-15). 종들은 주인의 깊은 생각을 알지 못한다. 그의 친구들의 특징은 그에게 순종하는 것이다.[7] 구약에서 아브라함과(대하 20:7; 사 41:8; cf. 약 2:23) 모세도(출 33:11) 하나님의 친구라 불렸다.[8] 이 명칭은 일반적인 것이 아니다. 그것은 하나님과 인간이 맺을 수 있는 최고의 관계를 말해 준다. 이런 우정은 우리의 행함 때문에 생기지 않는다. 예수가 우리를 친구로 선택하신다(요 15:16a). 이것은 우리에게 큰 안도감을 준다. 왜냐하면 우리를 향한 그의 사랑은 없어지지 않을 것이기 때문이다.

진정한 우정이 있는 곳에 진정한 알게 함(혹은 계시)이 나란히 존재한다(요 15:15b). 제자들은 예수의 말씀을 가지고 있다(이것은 성령 덕분이다. 요 14:25-26). 그리고 그들은 예수의 계속적인 계시를 받게 될 것이다(이것 역시 성령에 의해 주어진다. 요 16:12-13). 그러므로 제자들은 "하나님의 마음"(God's heart)을 안다. 그렇기 때문에 그들이 기도할 때 그들의 소원과 하나님의 뜻은 조화를 이룬다. 제자들은 세상 속에서의 하나님의 수고에 동참하게 된다(요 15:16; cf. 요 15:7).

세상과의 갈등(요 15:18-25)

요한복음 15:18-16:4a는 통일된 섹션을 구성하며 그 중심주제는 세상에서의 핍박과 적대이다. 그 앞에는 사랑하라는 요구가 있고(요 15:12-17) 그 뒤에는 성령의 구체적 사역이 있다(요 16:4b-15). 고별강화에 등장하는 모든 말씀들 중에서 특히 이 부분은 공관복음에서의 예수의 가르침들과 평행되는 부분을 많이 가지고 있다(마 10:17-25; 24:9-10; 막 13:9-13; 눅 6:40; 21:12-17).[9] 예수는 제자도가 본질적으로 비싼 값을 치를 것이라고 말씀하신다. 그리고 누구든지 예수를 따르기로 선택하는 자는 예수가 경험했고 또 앞으로 곧 겪게 될 그런 갈등을 겪을 각오를 해야 할 것이다. 그러나 예수는 성령을 보내실 것이다. 성령은 이런 갈등들 속에서 중요한 역할을 담당하실 것이다.

예수는 세상의 증오를 자신이 공사역 기간동안 개인적으로 계속 경험했던 증오의 연장으로 설명하신다(요 15:18-21). 예수는 미움을 받으셨다. 왜냐하면 빛으로

---

7. Carson, *John*, 522.
8. 오늘날 아랍인들은 헤브론을 *el-Khalil*(아랍어로 '친구')이라고 부른다. 헤브론은 "하나님의 친구"인 아브라함이 묻힌 곳이다.
9. 평행관계의 상세한 분석을 위해서는, Brown, *John*, 2:692-95.

서 세상의 행위를 폭로하시고(요 3:20) 그들의 악을 드러내셨기 때문이다(요 7:7). 이제 제자들은 예수에 대한 믿음 때움에 세상과 구별된다. 그렇기 때문에 그들도 유사한 대우를 받게 된다. 의심할 바 없이 요한복음 9장에서 맹인으로 태어난 사람의 이야기는 이와 관련하여 두 가지 차원을 가지고 있다. 그것은 한 사람의 이야기를 들려주며, '또한' 복음서를 읽을 미래의 제자들에게 그들이 겪을 일에 대한 경고를 해 준다. 요한복음 17장에서 예수는 이렇게 기도하신다. "…세상이 그들을 미워하였사오니 이는 내가 세상에 속하지 아니함 같이 그들도 세상에 속하지 아니함으로 인함이니이다"(요 17:14). 기독교인들은 "사망에서 생명으로" 옮겨졌다(요일 3:13-14). 그들은 "세상에 속하지" 않았고(요 3:19), 그렇기 때문에 세상의 호의를 기대해서는 안 된다.

예수는 종과 주인의 격언을 반복하신다(요 15:20; cf. 요 13:16). 그것은 친구로서의 그의 제자들의 신분을 격하시키기 위해서가 아니라("너희를 종이라 하지 아니하리니", 요 15:15), 그들이 지금 '마음에 안 드는 사람'(*persona non grata*)으로서의 예수의 신분을 공유하고 있다는 사실을 가르치기 위함이다. 이와 같은 갈등의 예견은 구약 선지자들의 역할을 상기시킨다. 하나님의 말씀을 맡은 자로서 그들은 자신들의 말이 적대적인 것일 경우 지독한 대우를 예상해야 했다(겔 3:7). 예를 들어, 미가야는 라못 길르앗과 수리아에 대한 공격과 관련하여 아합과 여호사밧에게 진실을 말했다. 하지만 그는 매를 맞았고, 감옥에 갇혔으며, 굶게 되었다(왕상 22:24-27). 이런 의미에 있어서 예수는 하나님의 말씀을 지키시고 그래서 적대감을 경험하신다. 이제 그의 제자들이 그의 말씀을 지킨다. 마태복음 10:40에서 예수는 이렇게 말씀하셨다. "너희를 영접하는 자는 나를 영접하는 것이요 나를 영접하는 자는 나 보내신 이를 영접하는 것이니라."

예수는 요한복음 15:22-25에서 세상이 하나님의 계시 앞에서 책임이 있다는 것을 설명하심을 통해 세상의 죄에 대해 논하신다. 예수의 사역은 말씀과(요 15:22) 사역(요 15:24) 모두를 제공했고, 그것들은 모두 하나님을 가리키는 것들이다. 이제 그들은 그를 보았고 그의 음성을 들었기 때문에 그들의 죄는 확정적이다(요 15:24). 예를 들어, 고침 받은 맹인의 이야기에서(요 9장) 유대 지도자들은 기적을 하나님으로부터의 표적으로 받아들이기를 거부했다. 그러나 그들은 자신들이 본다고 주장하기 때문에 예수는 그들이 유죄임을 선포하셨다(요 9:41).

책임성에 대한 동일한 언급이 '표적의 책'의 마지막에 등장한다. "이렇게 많은 표적을 저희 앞에서 행하셨으나 그를 믿지 아니하니"(요 12:37). 마찬가지로 안식일에 관한 지도자들과의 논쟁 이후 예수는 모세를 통해 주어진 역사적 계시가 그들의 심판자가 될 것이라고 주장하신다(요 5:45-47). 이것의 누적적 효과는 예수에 대한 세상의 적대감의 정당성을 허무는 것이다. 예수가 구약을 인용하실 때("그들이 이유 없이 나를 미워하였다", 요 15:25; cf. 시 35:19; 69:4), 그는 그들의 부당한 분노를 심판하는 더 많은 계시를 지적하신다.

성령에 대한 세 번째 약속(요 5:26-16:4a)

성령(파라클레테)에 대한 약속은(참조. 요 14:16, 26) 사법적이고 갈등적인 배경과 잘 어울린다. 앞에서 본 바와 같이(요 14:16의 주석 참조) '파라클레토스'(*parakletos*, 일반적으로 "상담자"[Counselor] 혹은 "위로자"[Comforter]로 번역된다)는 "변호사"(Advocate)로 해석되어야 한다. 왜냐하면 그것은 법률적 논쟁을 도와주는 어떤 사람을 지칭하는 사법적 용어이기 때문이다. 성령(파라클레테)의 역할은 제자들 속에서 살면서 예수의 말씀을 기억나게 하는 것으로 끝나지 않을 것이다. 성령은 증인이 되어 그들의 재판을 도와줄 것이다(문자적으로 또는 비유적으로).

공관복음에서의 성령에 대한 약속들은 이 배경과 정확하게 들어맞는다. 예수는 그를 따르는 자들이 박해를 받을 때(마 10:16-18) 무슨 말을 해야 할 것인지 걱정하지 말라고 말씀하신다. 왜냐하면 성령께서 그들을 통해 말씀하실 것이기 때문이다(마 10:19-20; 막 13:11). 성령은 또한 그들을 가르치실 것이다. "마땅히 할 말을 성령이 곧 그때에 너희에게 가르치시리라"(눅 12:12). 그러나 협력관계가 필요하다. 왜냐하면 "'너희도'…증언하느니라"(요 15:27a, 저자의 강조)라고 말씀하고 있기 때문이다. 여기서 '너희'는 헬라어 원문에서는 강조형이다. 그것은 우리가 수동적 역할을 담당하는 것이 허락되지 않았음을 강조한다. 제자들은 증인들이고 또한 성령이 증거하실 것이다. 제자들은 예수의 말씀과 사역에 대한 역사적 기록을 가지고 있다("너희도 처음부터 나와 함께 있었으므로", 요 15:27b). 그리고 그들이 메시지를 세상에 전달하려 할 때 그들에게는 능력이 부여될 것이다.

의심할 바 없이 이것은 또한 "진리의 영"(Spirit of truth)이라는 명칭을 설명하는 것을 돕는다(요 15:26b; cf. 요 14:17; 16:13). 제자들은 언젠가 대적들 앞에서 예수에 대한 증언을 강요당하게 될 것이다. 그러나 그들이 하게 될 말은 "진리"가 될 것이다. 왜냐하면 그들은 성령의 능력을 통해 그리스도 안에서의 하나님의 사역에 대해 말할 것이기 때문이다. 세상 속에서, 어둠 속에서 들리는 다른 목소리들은 모두 거짓된 것들이다.

그러나 이 진리는 또한 그들이 예수의 사역에 대해 알고 있는 것을 신실하게 표현한 것이다. "처음부터"(요 15:27b)라는 말은 "진리"라는 용어와 마찬가지로 요한의 서신들 속에서 대단히 자주 등장한다. 진리(혹은 진리의 영)는 어떤 강압적인 영적 경험이 아니다. 그것은 예수의 역사적 사역에 대해 알려진 바를 신실하게 지적할 수 있는 능력이다.

섹션의 마지막 단락은(요 16:1-4a) 왜 예수가 그들에게 "이 모든 것"(요 16:1, 여기서는 요 15:18-27을 지시)을 가르쳤는지를 요약한다. 예수는 그들이 "길을 잃지 않도록"(go astray, 헬라어 *skandalizo*) 그들에게 경고하셨다. 이 단어는, 이를테면 어떤 사람이 어두운 밤에 길을 가다가 걸려 넘어지는 것을 뜻한다(요 12:35). 예수가 요한복음 6장에서 인자의 살과 피를 먹고 마시는 것에 대해 말씀하셨을 때, 그 은유가 뜻하는 바를 이해하지 못했던 자들은 "길을 잃었고"(scandalized, 요 6:61) 많은 이들은 물러갔다. 그러므로 제자들이 가장 두려워해야 할 것은 신앙을 부인하거나 배교를 하게 되는 일이다. 여기서 예수는 회당으로부터의 출교에 대해 언급하신다.

사역 기간 내내 예수는 제자도가 수반하게 될 사회적 결과들에 대해 솔직한 태도를 취하셨다. 고난 그리고 어쩌면 순교가 그들의 몫이 될 수 있다. 산상설교의 누가복음 버전에서 예수는 이렇게 말씀하신다. "인자로 말미암아 사람들이 너희를 미워하며 멀리하고 욕하고 너희 이름을 악하다 하여 버릴 때에는 너희에게 복이 있도다"(눅 6:22). 마태는 예수가 하나님의 선지자들과 관련하여 바리새인들에게 하셨던 거친 예언적 말씀들을 기록하고 있다. "…너희가 그 중에서 더러는 죽이거나 십자가에 못 박고 그 중에서 더러는 너희 회당에서 채찍질하고 이 동네에서 저 동네로 따라다니며 박해하리라"(마 23:34). 요한복음에서 맹인의 이야기는(요 9장) 앞으로 닥치게 될 일을 보여주는 역할을 한다. 예수를 거부하기를 거절했기 때문에 이 사람은 "출교를 당했다"(요 9:22; cf. 요 12:42). 예수를 메시야로 인정하는 것은 초기부터 회당에서 문제가 되었다. 길리기아 다소의 사울이 문제로 삼은 것이 바로 이것이었다(행 9:1-2).

그러나 예수의 요점은 무엇을 미리 안다면 그것을 대비할 수 있다는 것이다(요 16:4a). 고난을 당하게 되었을 때, 그것이 예수의 삶의 방식을 따르는 것이고 그의 말씀이 성취되어 가는 것이라는 점을 인식하게 된다면, 믿음 때문에 혹독한 대가를 치러야 할 사람들에게는 큰 힘이 될 것이다. 요한복음 16:4a는 "그때가 왔을 때"(when the time comes, NIV)라고 하지 않고 "'그들의 때'가 왔을 때"(when 'their hour' comes)라고 말씀한다. 요한복음 전체에 있어서 "때"(the hour)는 예수의 죽음과 영광을 지시한다. 그러나 지금 그것은 "제자들의 때"이다. 그때가 되면 신앙에 대한 그들의 헌신이 시험을 받게 될 것이다.[10]

상황잇기

요한복음 15장은 (14장과 마찬가지로) 예수가 떠나신 후 그를 믿게 될 제자들의 필요와 경험에 대해 직접적으로 말하고 있다. 그의 말씀을 듣는 자들이 누구인가 하는 것을 다시 기억하는 것이 중요하다. 그는 지금 가장 가까운 추종자들에게 둘러싸여 있다. 그것은 본 장의 내용이 오늘날의 교회가 즉시 적용할 수 있는 것이라는 점을 시사한다. 이 말씀은 제자도를 위한 안내서이며 또한 하나님의 말씀을 싫어하지만 또한 그것을 필요로 하고 있는 세상 속에서 제자들이 (그리고 교회가) 어떻게 살아 나가야 할 지를 알려주는 교훈이다.

두 개의 중요한 주제들이 눈에 띈다. 그 주제들을 잘 살펴보면 처음에는 잘 보이지 않는 추가적인 이차적 의미들을 지니고 있다. 그리고 또한 세 번째 주제가 있다. 그것은 본문의 요지와는 조금 동떨어져 있지만 오늘날의 복음주의 교회를 위해서는 매우 중요한 주제이다.

기독교적 경험. 본 장은 우리가 기독교적 경험을 어떻게 정의해야 하는지를 아주 또렷하게 보여준다. 제자도는 하나님과 예수님에 대한 교리적 신앙에 대해 헌신하는 것인가? 제자들을 세상으로부터 구별되게 하는 것은 삶의 방식, 어쩌면 "사랑"(love)의 방식인가? 혹은 삶을 바꾸는 것은 경험, 즉 신비스러운 영적 교제의 경험인가? 나는 이 세 가지가 모두 옳다고 본다. 제자도는 생각의 방식이자(교리) 삶의 방식이고(윤리) 세상의 그 어느 것과도 비교할 수 없는 초자연적 경험이다.

요한복음 15장은 교리나 윤리 어느 한 가지 만으로는 기독교의 제자도를 정의할 수 없다고 강조한다. 그것은 그리스도 안에 머무는 것과 (가지가 포도나무에 의해 영양분과 힘을 공급받듯이) 예수와의 내적 교제의 경험을 갖는 것이 예수를 따르는 일의 양보할 수 없는 특징임을 상기시킨다. 이것을 여러 가지 용어로 설명할

10. 많은 중요한 사본들에 있어서 소유대명사 "그들의"(their)가 빠져 있다. 그러나 그 단어는 원본에 있었을 것이다. 필사자들은 요한복음의 "때"(the hour)와 형식을 맞추기 위해 그것을 빠뜨렸을 것이다. 요한복음에서 '때'는 일반적으로 정관사와 함께 등장한다.

수 있을 것이다. 신비주의, 내면성(interiority), 영적 교제(spiritual encounter). 그러나 예수의 실체를 내적으로 만나는 경험이 없이는, 그리고 초자연적 생명을 창조하는 변혁의 영성이 없이는, 교리와 윤리는 그 가치를 잃게 된다.

영적 경험이라는 주제는 어떤 이들에게는 매우 친숙한 것이겠지만 어떤 이들에게는 이상하고 위협적인 주제일 것이다. 영적 경험이란 어떤 모습을 지닌 것일까? 그것은 어떻게 측정될 수 있을까? 그것은 단지 은사주의 부흥운동이나 오순절운동을 지칭하는 또 다른 용어가 아닐까? 예수 "안에 머무는 것"(remaining in)에 대해 말하는 제자도가 지닌 위험들에는 어떤 것이 있을까?

이 주제로부터 세 가지 이차적 주제들이 파생되어 나온다. 그 주제들은 본문이 제시하고는 있지만 자세히 다루지는 않는다. (1) 많은 주석가들은 이곳에서 주의 만찬에 대한 이차적 (혹은 심지어 일차적) 언급을 본다. 이날 저녁에 예수는 "포도나무 열매"(fruit of the vine)를 사용하는 거룩한 식사를 제정하셨다. 요한은 성만찬에 참여하는 것이[11] 내적 생명으로 통하는 길이라고 생각했을까? (2) 이런 삶의 결과는 신뢰로 가득 찬 기도이다(요 15:16). 하지만 오늘날 우리가 기도를 드릴 때 이것을 어떻게 이해해야 할까? (3) 우리는 "잘려 나간"(broken off) 가지들을 어떻게 이해해야 할까? 만약 어떤 가지(즉, 제자)가 열매를 맺지 못한다면, 그의 운명은 어떻게 될까? 제 기능을 못하는 가지들은 제거되어 태워질 수 있는가? 요한복음 15:6은 영원한 안전과 보증이라는 주제에 대해 상당한 논쟁을 불러 일으켰다.

갈등과 세상. 이 섹션의 두 번째 주요 주제는 갈등과 세상에 초점이 맞춰져 있다. 요한복음 전체를 통해 우리가 본 바에 따르자면 요한이 생각하는 "세상"은 믿음을 거절하고 하나님을 대적하는 (자들로 가득 찬) 곳이다. 주후 1세기에 초기 기독교인들과 그들이 거기로부터 나온 지역 회당들 사이에는 종종 큰 갈등이 있었다. 스데반(행 7:58-60)과 야고보(행 12:2-3)의 이야기는 그 적대감을 잘 설명해 준다. 바울도 복음을 전하다가 동족들에 의해 여러 번 박해를 받았던 사실을 언급한다(고후 11:24; 살전 2:14). 그런 긴장은 주후 4세기에 교회가 로마제국으로부터 인정을 받을 때까지 계속되었다. 그때 상황이 바뀌어 우리가 부끄럽게 여기는 유대인 탄압이 시작되었고 그것은 심지어 20세기까지 계속되었다. 요한은 이런 알력들에 대해 의심할 바 없이 잘 알고 있었을 것이다. 그래서 그는 우리와 그의 제자들을

11. "성만찬"(Eucharist)이라는 것은 주의 만찬을 지칭하는 고대의 고상한 용어이다. 그것은 헬라어 단어 *eucharisteo*(감사하다. cf. 막 8:6; 눅 22:19)에서 왔다.

위해 갈등과 핍박에 관한 경고를 복음서 속에 포함시키고 있다.

이 주제는 그렇다면 세상의 본질과 하나님을 따르고 사랑하는 자들에 대한 세상의 미움에 그 중심을 두고 있는 것이다. 그러나 이것은 많은 질문들을 야기한다. 이것은 모든 것을 의심하려 드는 건강치 못한 세계관과 교회의 분파적 견해를 조장하는가? 제자가 두려움의 감정과 세상에 대한 의심을 품고 있다면 어떻게 복음 전도를 계속해 나갈 수 있겠는가? 그를 따르는 자들이 (비록 세상 속에 있기는 하지만) 세상에 "속하지는"(of) 않았다고 할 때 예수가 의미하시는 것은 무엇인가? 이것이 의미하는 것은 비기독교인 사이에서의 삶은 다만 필요악일 뿐이며 그렇기 때문에 언제 어디서건 가능하면 세상의 가치가 우리에게 침입해 들어오지 못하도록 조심해야 한다는 것인가? 물론 이것은 "그리스도와 문화"(Christ and culture) 사이의 오랜 긴장을 상기시킨다.

일단 우리가 세상의 본질을 이해한다면 이차적인 주제들이 그 뒤를 따른다. (1) 내가 만약 핍박을 받는다면 그것은 나의 신앙의 본질에 대해 내게 무엇을 말해 주는가? 이것은 그리스도에 대한 나의 충실성의 참된 표징인가? 핍박은 내가 세상과의 싸움의 "최전선"(front lines)에 있다는 사실을 증명해 주는 일종의 증표로서 내가 추구해야 할 어떤 것인가? (2) 핍박을 당할 때 성령이 하실 수 있는 일은 무엇인가? 우리는 무엇을 기대할 수 있는가? 성령(파라클레테)은 단지 격려의 원천인가, 아니면 실제적으로 어떤 도움이 되는가? 다시 말해서 내가 세상 앞에서 용기 있게 말을 할 때 성령은 나의 증언 속에서 어떻게 "증언을 하실"(bear witness) 것인가?

포도원 비유. 종종 간과되곤 하는 본 장의 세 번째 주제는 예수 시대에는 폭발적인 힘을 갖고 있었을 것이다. 예수가 포도원 비유를 사용하셨을 때, 그는 하나님과 그의 백성 사이를 표현하기 위해 유대교에서 가장 즐겨 사용하던 이미지들 중 하나를 선택하셨던 것이다. 예수는 하나님의 백성을 이스라엘의 토양 속에 뿌리 박고 있는 포도나무로 묘사하시는 대신 유일하고 참된 포도나무인 자기 자신에게 붙어 있는 가지들로 묘사하셨다. 여기서 중요한 어떤 일이 발생했다. 하나님의 백성이 이스라엘이라는 포도원에 심겨진 자들로 정의된 것이 아니라 예수에게 연합된 자들로 정의된 것이다.

이것은 이스라엘이 단과 브엘세바 사이 지역에 역사적으로 정착해 있었다는 사실에 대해 어떤 의미를 지니는가? 사도행전 7장에 실린 설교에서 스데반도 국가적 정치적 정체성에 기초를 둔 이스라엘의 자기정의에 대해 유사한 도전을 가한다. 스데반은 그 땅의 거룩성(그것은 종교생활의 목표이다)에 대해서뿐 아니라 성전의 거룩성(그곳은 하나님께 다가갈 수 있는 유일한 곳이다)에 대해서도 도전한다. 결국 이 일 때문에 그는 목숨을 잃었다. 예수는 요한복음 15장에서 동일한 선지자적 도전을 제기하고 계시는가? 지금 포도원에는 오직 '한 그루의 포도나무'(one vine)밖에 없다. 그리고 하나님의 백성이 물어야 할 질문은 더 이상 "내가 포도원 안에서 살고 있는가?"가 아니라 "내가 포도나무이신 예수에게 연합되어 있는가?"이다.

현대적 의미

영적 연합과 핍박이라는 두 주요 주제들뿐만 아니라 포도원이라는 이 세 번째 주제도 모두 오늘날의 우리에게 많은 설명과 적용의 기회를 제공한다. 불행하게도 이 주제들은 또한 오해, 분열, 그리고 남용의 단초가 되기도 했다. 그러므로 요한복음 15장을 현대 청중들에게 적용하고자 하는 자는 본 장이 기독교인으로서의 우리의 정체성에 대해 무엇을 말하고 있고 또 무엇을 말하고 있지 않은지를 주의 깊게 살펴야 한다.

영적 연합. 신학대학원에서 첫 번째 목회실습을 할 때 나는 전통적인 루터란 교회에서 현명하고 경험이 풍부한 목사님의 지도를 받으며 일할 수 있었다. 그때 처음으로 나는 대학생들과 성인들을 동시에 가르칠 수 있는 기회를 얻었다. 성인반에서는 기독교인의 삶의 기초들에 대해 가르쳤다. 어느 주일 아침에 나보다 나이가 많고 오랫동안 교회를 다닌 어떤 분이 내게 아주 기초적인 질문을 했다. "어떤 사람이 어떻게 해서 기독교인이 되는 겁니까?" 우리는 이 질문에 대해 어떻게 대답해야 할 지 잠시 멈추어 서서 생각해 볼 필요가 있다.

물론 우리의 전통들은, 그것이 알미니안(Arminian) 전통이건 칼빈주의 전통이건, 어떤 신학적 출발점을 제공한다. 우리들 중 많은 이들은 우리가 그저 늘 하는 대답들 중 하나를 제시하기가 쉬울 것이다. 그 대답은 우리가 너무나 자주 사용해 왔기 때문에 그 안에 내포되어 있는 신학적 전제들에 대해 곰곰이 생각해 본 적이 거의 없는 것들이다. 그러나 신학대학원 첫 학기에 재학 중이던 1970년대에 내가 생각해 낼 수 있던 유일한 것은 '대학 십자군의 사영리'(Campus Crusade's Four Spiritual Laws)밖에 없었다. 나는 그것을 칠판에 그려 가며 열심히 설명했다. 내가 유일하게 유감스럽게 생각했던 것은 그때는 아직 조직신학 과목을 수강하기 전이었다는 것이었다. "예수 그리스도를 영접하는 것입니까?"라고 그분이 물었다. "나는 유아세례를 받았고 12살 때 입교문답을 했습니다. 그러면 충분한가요?" 그때 그 교회의 35명의 핵심 멤버들 앞에서 내가 질문을 잘 처리하는 것을 보며 흡족해 하시던 그 교회 부목사님의 얼굴을 나는 잊을 수 없다.

그러나 그 당시 나를 놀라게 했던 것은 그들 중에 기독교에는 '경험적'(experiential) 차원이 있다는 사실에 대해 심각하게 생각하는 사람이 거의 없다는 사실이었다. 보증은 성찬식 참여를 통해서 왔다. 그것은 마치 복음주의자들의 보증이 종종 지적 동의(믿음)나 개인적, 공적 결단을 통해 오는 것과 마찬가지였다. 요한복음 15장은 이런 신앙체계들 중 어느 하나에 대해 이야기를 하고 있지는 않다. 그러나 그것은 수많은 근본적 질문들을 끌어들이고 있다. 여기서 제자도는 연합과 열매 맺음이라는 용어로 설명되고 있다. 믿는 자는 살아 있는 가지가 살아 있는 포도나무에 붙어 있는 것과 같다. 가지에게 생명을 주는 것은 포도나무이다. 포도나무로부터의 영양분이 가지로 하여금 좋은 열매를 맺도록 만든다. '그가 어떻게 해서 그 포도나무에 붙게 되었는가 하는 것은 문제가 되지 않는다.' 문제가 되는 것은 오직 그가 포도나무에 붙어 있어야 한다는 것, 그리고 그 결과로서 열매를 맺어야 한다는 것뿐이다. 어떤 사람이 그 가지와 열매를 보며 이렇게 말할 수 있어야 한다. "이 가지는 살아 있다. 이것은 포도나무에 붙어 있다. 그것은 생명력이 있고 포도나무를 통해 성장하고 있다."

이것이 뜻하는 바는 기독교는 단지 올바른 것들을 믿는 것만의 문제가 아니라는 것이다(비록 그것이 중요하기는 하지만). 기독교는 단지 그리스도와 닮은 삶을 사는 것의 문제도 아니다(이것도 또한 중요하기는 하지만). 기독교적 경험은 신비적이고 영적인, 수치화 할 수 없는 차원을 반드시 가지고 있어야 한다. 제자가 된다는 것은 우리 속에 아버지와 아들, 그리고 성령을 모시고 있어야 한다는 뜻이다(요 14:23-26). 그것이 뜻하는 것은 세상에서 경험할 수 있는 그 어떤 것과도 비교할 수 없는 초자연적이고 내적인 경험을 갖는다는 것이다. 그것은 믿는 방식이자(교리) 삶의 방식이다(윤리). 그러나 이것들은 예수 그리스도와의 연합, 생명을 주는 연합에 의해 영양분을 공급받는다. 오늘날의 세계는 과거와는 달리 종교에 대해 이성적인 증거들을 요구하지 않는다. 오늘날 종교적 진리에 대해 정당성을 부여하는 것은 순수한 영적 경험이다. 이것이 바로 예수가 설명하고 계신 것이다.[12]

12. 최근에 나는 케임브리지 대학에서 신학연구를 하던 중(지금 그곳에서 이 글을 쓰고 있다) 한 젊은 기독교인 과학자와 대화를 나눈 적이 있다. 그녀는 진리를 위한 복음주의의 논쟁들은 실제로는 중요하지 않다고 했다. 그는 '크리스천 사이언스'(Christian Science)의 재기를 예언했다. 왜냐하면 그것은 경험에 관한 포스트모던 시대의 종교적 직감들을 잘 혼합시키기 때문이다. "일단 당신이 신적 원리들(divine principles)에 의해 치료를 받고 나면 기독교의 교리라는 것은 더 이상 그렇게 중요하지 않게 됩니다."

이런 종류의 삶의 결과는 무엇인가? 예수가 가지들로부터 기대하시는 열매는 최고의 사랑이다. 사랑의 명령은 다락방 강화 전체에 걸쳐서 반복되었는데, 예수는 그것을 여기서도 말씀하신다(요 15:12).[13] 이런 영적 각성과 변화를 가져오는 만남은 항상 어떤 환상적인 표적들이나 능력을 동반하는 것은 아니다(물론 그런 것들이 주어질 수도 있다. cf. 요 14:12). 오히려 그것들의 최고의 결과는 포도나무에 있는 예수의 생명의 특징들을 보여주는 그런 삶이다. 예수가 아버지의 사랑을 누리시고 그것을 추종자들에게 보여주셨던 것처럼, 이제 그의 사랑이 그들의 삶에 넘쳐야 한다. 그러면 열매는 영적인 삶과 생명력의 표징이 된다. 열매는 우리가 포도원에 소속되어 있음을 보여주는 증거가 아니다.

요한복음 15:17에 기술된 신뢰에 찬 기원은 15:15-16에서 예수가 제공하신 친밀함의 결과물이다. 가지가 된다는 것, 제자가 된다는 것은 포도나무에게 우리가 원하는 열매를 만들어 달라고 요구할 수 있게 된다는 의미가 아니다. "내 이름으로"(in my name)라는 것은 우리가 원하는 것을 얻을 수 있도록 보장하는 어떤 형식문이 아니다. 수세기에 걸친 기독교의 경험이 이를 증거한다. 그러나 '그 자체'(itself)가 예수의 영적 임재에 의해 영감된 기도, 예수의 뜻과 조화를 이루는 기도, 그리고 예수가 포도원에 양분을 공급하는 일과 조화를 이루는 기도는 응답될 것이다.

가지들이 잘려 나갈 수 있는가? 그럴 수 있다는 것이 15:2, 6의 분명한 가르침이다. 그러니 이것이 뜻하는 것이 한 번 포도나무에 의해 영양을 공급받았던 가지들이(즉, 한 번 구원을 받았던 제자들이) 구원을 잃고 그리스도로부터 떨어져 나갈 수 있다는 것인가? 보장과 믿음에 대한 최근의 신학적 논의에서는 이곳에서의 예수의 비유를 놓치지 않고 있다. 예를 들어, 달라스 신학대학원의 제인 핫지스(Zane Hodges)는 참으로 구원을 받았지만 전혀 열매를 맺지 못하는 것이 가능하다고 주장함을 통해 영원한 보장을 지지하려고 한다(즉, 열매가 전혀 없어도 구원 자체에는 문제가 없다는 뜻.-옮긴이).[14] 다른 이들은 이 견해에 대해 맹렬히 반대했다.[15]

이 문제에 대한 우리의 의견은 무엇인가? (1) 알미니안들(Arminians)은 종종 그

---

13. 흥미롭게도 사도 바울은 고린도인들의 영성을 비판할 때(고전 12-14장) 성령께서 계심을 증거하는 최고의 결과로서 사랑을 내세운다(고전 13장).

14. Z. Hodges, *The Gospel Under Siege* (Dallas: Redencion Viva, 1981); 또한 참조. C. R. Smith, "The Unfruitful Branches of John 15," *Grace Journal* 9 (1968): 10.

15. J. MacArthur, *The Gospel According to Jesus* (Grand Rapids: Zondervan, 1988); cf. Laney, "Abiding Is Believing"; J. C. Dillow, "Abiding Is Remaining In Fellowship: Another Look at John 15:1-6," *BSac* 147(1990): 44-53.

제거된 가지들은 기독교인들이며 그들은 신앙을 잃었고 따라서 구원을 잃었다고 주장해 왔다. 그러나 이 주장은 요한복음 10:28과 같은 본문들과 조화를 이루기 어려운 것 같다. "내가 그들에게 영생을 주노니 영원히 멸망하지 아니할 것이요 또 그들을 내 손에서 빼앗을 자가 없느니라." (2) 어떤 이들은 떨어져 나간 가지들은 기독교인에 대한 징계(아마도 죽음?)를 묘사한다고 주장했다. 그 목적은 궁극적인 회복을 가져오는 것이다. 그러나 15:6은 영원한 심판의 이미지를 지닌 것 같다("사람들이 그것을 모아다가 불에 던져 사르느니라"). (3) 세 번째 주장에 따르자면 이 가지들은 예수와의 피상적이고 외적인 일체성은 가지고 있지만 내적이고 영적인 일체성은 가지지 못한 자들이라고 한다. 요한복음 전체에 걸쳐서 우리는 예수에게 관심은 가지고 있지만 부적절한 믿음을 가지고 있는 자들을 본다(요 12:41-43). 그들은 신앙공동체의 가장자리에서 살면서 그 활동들을 즐기지만 스스로 그 진리를 받아들이지는 않는 사람들이다.

여기서 중요한 문제는 예수의 포도나무 이미지는 그것이 대답할 의도가 없는 질문들에 대해 대답할 것을 강요당하고 있다는 것이다. 중동지역의 모든 훌륭한 포도농부들은 포도나무의 건강 여부를 식별하는 법을 알고 있다. 살아 있는 가지들은 손질을 해 준다. 죽은 가지들은 나무 줄기로부터 생명력을 얻지 못하는 경우 제거해 버린다. 원리는 간단하다. 예수(그리고 포도나무)는 생명의 근원이시다. 그를 갖는 데 실패하는 것은 생명을 얻는 데 실패하는 것이다. "예수 안에 머무는 것"(요 15:6a)을 거부하는 것은 그가 제공하는 생명의 선물을 거부하는 것이다. 다른 곳에서 예수는 자신의 선물을 생수 혹은 생명의 떡으로 묘사하신다. 그 이미지들은 모두 동일하다. 그가 이 비유를 드시는 것은 개별적인 가지들의 역사에 대해 논하기 위해서가 아니라 그의 본질적이고 생명을 주는 사역에 대해 말씀하시기 위해서이다.

영적 연합과 성만찬. 포도나무 비유의 일차적 의미는 예수와의 연합을 상징적으로 표현한 것이지만 (가톨릭, 동방정교회, 그리고 개신교를 망라하여) 많은 작가들은 요한의 청중들이 이 이야기 속에서 다른 의미를 발견했을 수도 있다고 생각한다. 주의 만찬이라는 제도를 알고 있던(참조. 고전 11:23-26) 초기 기독교인 독자들은 마가복음 14:25과 마태복음 26:29에서 잔의 내용물을 "포도나무 열매"(the fruit of the vine)로 묘사하고 있다는 사실을 기억했을 것이다.[16] 그리고 포도나무

16. 우리가 가지고 있는 가장 오랜 성만찬 예식서(in *Did.* 9)에는 다음과 같은 감사문이 있다. "우리 아버지

에 관한 말씀은 예수가 주의 만찬을 제정하신 날에 주셨다. 이 단락에서 그는 심지어 자신의 희생적 죽음에 대해 언급하신다(요 15:13). 여기에는 분명히 (많은 이들이 이렇게 생각한다) 성만찬적 의미가 있을 것이다.

우리는 또한 이것을 요한복음에서 발견되는 가장 분명한 성만찬적 언어(요 6:51-58)와 비교해야 한다. 6장에서 말하는 예수를 먹고 마시는 것은 15장에서 말하는 예수 안에 머무는 것과 평행을 이룬다. 그러나 6장에서의 정점은—그리고 이것이 가장 중요한 부분인데—그 그림 이미지가 성령을 상징하고 있다는 것이다(요 6:63). 인자의 살과 피가 생명을 주는 것처럼(요 6:53), 오직 성령만이 생명을 준다(요 6:63). 예수를 먹고 마시는 것은 성령 안의 예수(Jesus-in-Spirit)를 얻는 것을 뜻한다. 이것이 바로 고별강화의 주제이다. 그렇다면 성만찬은 단지 의식을 행하기 위해서가 아니라 생명을 주는 예수와의 연합을 제공하고 이를 강화하기 위해 행하는 것이다.

예배의식을 존중하는 배경 속에서 자라나지 않은 기독교인들은 요한복음 15장에 대한 이런 해석에 즉시 반대할 것이다. 우리들 중 많은 이들은 본 장에서 영적 실체들을 보는 것은 좋아하지만 그것들을 예배의식의 준수나 성찬식과 연결시키는 것은 좋아하지 않는다. 나는 예배의식적 제의 속에서 영적 실체를 보는 것은 하나의 은사라고 주장하고 싶다. 그런 은사를 가진 자들은 매우 소중한 어떤 것을 가진 것이다.[17]

이를 설명하기 위해서는 하나의 이야기로 충분할 것이다. 나는 20대 후반의 한 여성과 대화를 나눈 적이 있다. 그녀는 기독교인이 된 지 약 5년 정도 되었었다. 그런데 그녀의 계속적인 죄가 그녀를 괴롭혔다. 그녀는 예수의 용서의 실체와 그와의 연합을 경험해 보기를 원했다. 용서에 대한 복음주의적 설교들과 구원의 보장에 대한 웅변적인 말들은 그녀에게는 현실감 없는 진리들, 실체 없는 생각들(아마도 영지주의적인 어떤 것)처럼 느껴졌다. 그녀의 교회에서는 예수의 실체를 영적인 것으로 만들거나 추상화했다. 그렇기 때문에 예수와의 연합은 오직 그녀의 상상 속에서만 볼 수 있는 것이었다(그녀의 세상 속에서는 빛 만큼이나 많은 어둠이

시여, 당신의 종 예수를 통해 우리에게 계시해 주신, 당신의 종 다윗의 거룩한 포도나무로 인하여 당신께 감사하나이다"(9:2).

17. 나는 다음의 글에서 복음주의가 신령한 것(numinous)을 상실했다는 문제에 대해 논했다. "Missing God at Church? Why So Many Are Rediscovering Worship in Other Traditions," *Christianity Today* 41 (Oct. 6, 1997): 19-27.

존재했다).

그러다가 우연히 그녀는 성공회(Anglican)의 성만찬 예배에 참석하게 되었다. 그녀는 돌로 지은 교회의 제단 앞에 무릎을 꿇었다. 긴 옷을 입은 사제는 (그녀는 그 옷차림이 거룩하다고 생각했다) 그녀가 성찬을 직접 손으로 만지는 것을 금했다(그녀는 "나는 너무나 불결했어요"라고 말했다). 그리고 사제는 성배를 그녀의 입으로 가져왔다. 그녀는 먹여졌고(was fed), 양분을 공급받았고(was nurtured), 그리고 용서를 받았다. 사제는 그녀의 머리에 손을 올려놓고 용서와 보증의 말을 했다.

주의 만찬의 물질적이고 성육신적인 실체는 이제 이 여인에게는 그것을 통하여 예수와의 연합을 경험할 수 있는 하나의 길이 되었다. 우리의 성육신 기독론은 그리스도 안에서의 하나님의 사역은 우리가 지금 살고 있는 자연적이고 물질적인 세계를 진지하게 취급했다고 주장한다. 하나님은 자신의 사역을 완성하시기 위해 이 세상의 모습을, 우리 삶의 완전히 인간적인 모습을 사용하신다. 이 여인에게 있어서 하나님은 자신을 우리에게 연합시키기 위해 "우리에게 필요한 것들을"(the things we need), 즉 이 세상의 구체적인 것들을 아직도 사용하고 계시다.

세상과의 갈등. 종교적 공동체가 만들어 내는 세계관은 자신을 둘러싸고 있는 환경과의 관계를 규정하고 있다. 대부분의 경우 그런 세계관들은 신자들이 의식하지 못하는 사이에 형성된다. 신자들은 자신을 세상으로부터 분리해 내거나 아니면 반대로 완전히 그 환경 속에 통합되어 들어간다. (1) 어떤 공동체들은 "세상을 포용한다"(world-embracing). 그런 교회들은 세상을 어느 정도 온화한 곳으로 보고 신자들은 세상의 삶에 참여하는 데 아무 거리낌이 없다. 많은 주류 교단들이 이에 속한다.

(2) 다른 공동체들은 "세상을 의심스럽게 여긴다"(world-suspecting). 이 교회들은 세상에 대해 신중하며 세상의 타락을 굳게 믿고 교회를 피난처로 본다. 많은 복음주의, 근본조의 그룹들이 여기 속한다. 그들은 아마도 세속정치와 (공교육과 같은) 사회생활에 계속 참여할 것이다. 그러나 그들은 신앙의 본질적인 부분을 잃지 않도록 매우 조심하면서 그런 것들에 참여한다.

(3) 마지막으로 어떤 교회들은 "세상을 거부한다"(world-rejecting). 이 공동체들은 세상에서 심한 적대감과 거절당함을 경험했기 때문에 세상에서는 얻을 것이 없다고 생각한다. 그들은 분파에 속해 있을 것이고 공적생활에는 전혀 참여하지 않을 것이다. 우리 세기에는 어떤 근본주의자들이나 오순절주의자들이 이 카테고리

에 속한다. 여호와의 증인들도 이에 속한다. 그런 그룹들은 갈등 경험들에 기초하여 세계관을 형성해 왔다. 그들은 자신들이 주변부에 있고 힘이 없다고 보기 때문에 자신을 보존하기 위해 사회로부터 자신들을 분리한다.

요한복음은 세상과 세상의 악의에 대한 예수의 가장 엄중한 가르침들 중 일부를 보존하고 있다. 그것을 요한 자신의 교회를 배경으로 하여 설명해야 하는지 아니면 주후 1세기의 보다 넓은 교회에 관한 그의 관점에서 설명해야 하는지는 분명하지 않다. 주후 1세기는 신자들에게 어려운 시기였다. 교회는 적대적인 회당들과 의심스러운 눈초리로 바라보는 로마 당국자들 사이에서 생존을 위해 애썼다. 주후 1세기가 끝나기 전에 기독교인들의 순교는 일상적인 일이 되었다.

이곳 요한복음 15:18-16:4a에서 우리는 "세상의 증오"(hatred of the world)를 설명해 주는 극적인 말씀들을 가지고 있다. 요한이 제공하는 세계관은 "세상을 거부하는" 것이라고 해도 그리 틀리지 않을 것이다. 그런 가르침은 세상에 대한 하나님의 사랑을 표현하고 있고 세상이 복음을 받아들일 준비가 되어 있다고 말하는 신약의 다른 가르침들과 균형을 이룰 필요가 있다. "추수할 것은 많되 일꾼이 적으니"(마 9:37). 그러나 이 가르침은 또한 세상의 적대가 심하고 순교를 포함한 고난이 우리에게 닥칠 때를 대비하여 잘 보존되어야 한다.

오늘날 서양에서는 그런 위협을 찾아보기 힘들다. 그러나 세계의 많은 기독교인들은 아직도 그런 위협 속에서 살아가고 있다. 예를 들어, 나는 중국의 기독교인들을 생각한다(그들의 수는 1억이 넘는다). 그들의 목사들은 단지 그들이 등록되지 않은 가정교회를 이끌고 있었다는 이유 때문에 광신적 집단의 지도자로 몰려 체포, 구금된다.[18] 피터 수 용제(Peter Xu Yongze) 목사는 작년에 3년간의 강제노동형("노동을 통한 재교육")에 처해졌다. 그의 죄목은 금지된 종교집단을 이끌었다는 것이었다. 중국정부는 그 집단이 미국의 데이비드 코레쉬(David Koresh)가 이끌었던 집단과 비교될 수 있는 것이라고 주장했다.[19] 어떤 이들은 중국에서 1990년대에 수천 명의 기독교 지도자들이 체포, 구금되었다고 주장한다. 오늘날 서양의 우리들은 그런 일을 겪지 않고 있지만 우리는 그들을 지지할 필요가 있다. 또 우리가 그런 일을 겪게 될 때를 예비해야 한다.

---

18. 참조. "A Tale of China's Two Churches: Eyewitness Reports of Repression and Revival," *Christianity Today* 42 (July 13, 1998): 30-39; P. Marshall, *Their Blood Cries Out* (Waco, Tex.: Word, 1997).

19. 코레쉬(Koresh)는 와코(Waco, Texas)에서 '다윗의 가지'(Branch Davidian)라는 종교집단을 이끌었다. 그는 1994년에 FBI가 그들의 거주지를 포위했을 때 죽었다.

실제로 고난을 당하는 자들은 예수가 이 구절들에서 가르치고 계신 것을 웅변적으로 증거해 주고 있다. 성령은 심히 적대적인 청중들 앞에서 우리가 꿋꿋이 증인이 될 수 있도록 우리의 증거에 동참하시고 우리에게 힘과 용기를 주실 것을 약속하신다. 놀라운 것은 핍박에도 불구하고 중국의 기독교인들은 굴하지 않는 용기와 영적 부흥을 보여주고 있다는 것이다. 교회가 생존하기 위해서는 공산주의 정부에게 협조하여 핍박에서 벗어나려는 유혹과 싸워야 한다. "등록된 교회들"(registered churches)은 (그들의 수는 천만에서 천오백만 명에 달한다) 이 "세상"(world)에의 참여, 이 죄스럽고 불경한 삶의 방식에의 참여가 언제 그들의 영성과 타협하게 되었는지를 물어야 한다. 그들에게는 "세상을 거부하는" 세계관이 적절한 전략일 것이라고 생각한다.

세상은 교회에게 고개를 "돌리고"(turn) 그것을 사회적, 정치적, 혹은 이데올로기적 프로그램의 방해물로 여기게 될 가능성을 항상 가지고 있다.—예루살렘은 예수에게 고개를 "돌리고" 그를 위험하고 불편한 존재로 여겼다. "나를 박해하였은즉 너희도 박해할 것이요"(요 15:20).

포도원과 땅. 예수의 포도원 비유는 1세기의 사려 깊은 유대인 신학자라면 누구도 놓치지 않았을 신학적 의미들을 포함하고 있다. "땅"(the Land, 즉 이스라엘의 영토)이라는 주제는 유대인들의 사상에 있어서 유명한 것이었다. 이스라엘은 세계의 중심으로 간주되었다. 그리고 예루살렘은 그 땅의 중심이었고, 성전은 예루살렘의 중심이었다. 『희년서』(*Jubilees*)에 따르자면 시온산은 "지구의 배꼽의 중심"(center of the earth's navel)이었다!(*Jub.* 18:19) 이스라엘 밖에서 살던 (디아스포라[Diaspora]라 불리던) 유대인들은 이스라엘 안에서 매장되기를 갈망했다. 그것은 속죄의 제단 위에서 매장되는 것과 마찬가지였다.[20] 그러므로 유대교의 "땅 의식"(land consciousness)을 무시하는 것은 1세기에 전제되었던 중요한 주제를 무시하는 것이다.

이것은 왜 중요한가? 우리는 포도원이 이스라엘의 가장 사랑 받던 역사적 상징들 중 하나라는 것을 이미 살펴보았다. 그것은 이스라엘의 국가적 정체성과 그 유산을 상징했다. 예를 들어, 공관복음에서 예수는 포도원과 소작인의 비유에서 심

---

20. M. Wilson, *Our Father Abraham: Jewish Roots of the Christian Faith* (Grand Rapids, Eerdmans, 1989), 260; "땅"(the Land)에 대한 훌륭한 연구로는, W. D. Davies, *The Gospel and the Land: Early Jewish Territorial Doctrine* (Berkeley: Univ. of California Press, 1974); idem, *The Territorial Dimension of Judaism* (Minneapolis: Fortress, 1992).

판을 표현하기 위해 이 상징을 사용하셨다(마 21:33-44; 막 12:1-11). "그러면 포도원 주인이 올 때에 그 농부들을 어떻게 하겠느냐? 그들이 말하되 그 악한 자들을 진멸하고 포도원은 제 때에 열매를 바칠 만한 다른 농부들에게 세로 줄지니이다" (마 21:40-41). 이 대답의 폭발적인 의미를 상상해 보라! 포도원이 새로운 사람들에게 주어질 것이다. 그리고 그들은 신실한 소작인들이 될 것이다!

요한복음 15장은 요한복음에서 이스라엘의 "거룩한 곳"(holy space)에 대한 가장 심오한 신학적 재배치가 나타나는 곳이다.[21] 예수는 여기서 영토와 종교에 관한 이스라엘의 신학적 전제를 수정하신다. 그는 하나님의 백성의 정착의 자리를 바꾸고 계시다. 포도원과 포도나무에 대해 전통적인 구약 범주를 사용하고 있는 공관복음의 비유와는 달리 여기서 예수는 하나님의 포도원에는 한 그루의 포도나무가 있는데 그가 바로 그 포도나무이며, 하나님과의 연합은 그와의 연합을 통해 온다고 말씀하신다. 포도원을 소유하고 있느냐 하는 것은 더 이상 문제가 되지 않는다. 이제 문제가 되는 것은 유일한 참된 포도나무를 알고 있느냐 하는 것이다. 포도원에서 발견된 가지들 중 그와 연합되지 않은 것들은 모아서 불살라진다. "그 땅(The Land)에 소속되는 유일한 방법은 이 유일한 포도나무이신 예수 그리스도를 통하는 것이다."[22] 그러므로 예수는 장소로서의 포도원, 언덕과 계곡, 저수지와 시내들로 이루어진 영토로서의 포도원을 넘어서는 어떤 것을 지적하고 계신 것이다. '다시 말해서, 예수는 땅을 영적인 것으로 만드신다.' 그는 유대교에서 그토록 신성시하던 땅에 대한 약속과 포도나무의 이미지를 다른 것으로 대체하신다.[23]

이것의 실제적 의미는 심오하다. 기독교인들, 특히 서구의 복음주의자들은 오늘날 현대 이스라엘의 영토적 의도를 '신학적 이유'(theological reason) 때문에 인정해 주는 데 있어서 매우 빨랐다. 어떤 복음주의자들로 종말론적 성취에 대한 열망 때문에 이스라엘 민족주의에 헌신하게 되었다. 그러나 신약성경의 깊은 곳에는 반전(反轉)의 메시지가, 아주 급진적인 반전의 메시지가 실려 있다. 신약의 기독론은 구약으로부터 오늘날 끌어온 종교적 추구의 길들을 폐지된 것으로 만든다. 예

21. 참조. G. M. Burge, "Territorial Religion and the Vineyard of John 15," in J. Green and M. Turner, eds., *Jesus of Nazareth: Lord and Christ Essays on the Historical Jesus and New Testament Christology* (Grand Rapids: Eerdmans, 1994). 384-96. 또한 참조. P. Walker, *Jesus and the Holy City: New Testament Perspectives on Jerusalem* (Grand Rapids: Eerdmans, 1996).

22. Burge, "Territorial Religion," 393.

23. 이 포도나무 비유는 요한복음 전체를 통해 우리가 보아 온 "대체(代替) 주제"(replacement motif)의 또 하나의 예이다.

수가 성전의 종교적 기능에 대한 대체(代替)이신 것처럼 예수는 또한 땅이라는 종교적 유산을 대체하신다. 예수가 바로 하나님이 거주하시는 곳이시다. 예수가 포도원으로 향하는 유일한 통로이시다. 그러므로 예수 없이 포도원을 발전시키려 하는 것, 영토적 구원을 촉진시키려 하는 것은 땅에 대한 예수의 메시지의 핵심을 완전히 놓치고 있는 것이다.

오늘날 팔레스타인 목사들은 서구의 복음주의자들이 자신들을 형제와 자매들로 인정해 줄 것을 호소하고 있다. 그들은 또한 이스라엘의 영토적 종교 때문에 팔레스타인 사람들이 땅을 잃고, 피난민이 되고, 감옥에 갇히는 현실을 알아 달라고 호소한다. 예루살렘의 나임 아틱(Naim Ateek),[24] 베들레헴의 미트리 라히브(Mitri Raheeb),[25] 갈릴리의 엘리아스 차쿠르(Elias Chacour),[26] 그리고 라말라(Ramallah)의 아우디 란티시(Audi Rantisi)와[27] 같은 목회자들은 방향을 잘못 잡은 종교적 헌신이 현대 이스라엘에게 혜택을 줄 때 어떤 무서운 일이 발생하는지를 이야기해 주고 있다.[28]

---

24. N. Ateek, *Justice and Only Justice* (Maryknoll, N.Y.: Orbis, 1989); idem. with M. Ellis and R. Ruether, *Faith and the Intifadah: Palestinian Christian Voices* (Maryknoll, N.Y.: Orbis, 1992).
25. M. Raheeb, *I Am a Palestinian Christian* (Minneapolis: Fortress, 1995).
26. E. Chacour, *We Belong to the Land: The Story of a Palestinian Israeli Who Lives for Peace and Reconciliation* (San Francisco. Harper & Row, 1990).
27. A. Rantisi, *Blessed Are the Peacemakers: A Palestinian Christian in the Occupied West Bank* (Grand Rapids: Zondervan, 1990).
28. 나는 다음의 책에서 이 주제를 일반인들이 이해할 수 있도록 쉽게 설명했다. *Who Are God's People in the Middle East? What Christians Are Not Being Told About Israel and the Palestinians* (Grand Rapids: Zondervan, 1993): 또한 참조. W. Pippert, *Land of Promise, Land of Strife. Israel at 40* (Waco, Tex.: Word, 1988). 비복음주의적 관점에서 이 주제를 다룬 책으로는, R. Reuther, *The Wrath of Jonah: The Crisis of Religious Nationalism in the Israeli-Palestinian Conflict* (San Francisco: Harper and Row, 1989).

요한복음 16:4b-33

4b 처음부터 이 말을 하지 아니한 것은 내가 너
희와 함께 있었음이라
5 지금 내가 나를 보내신 이에게로 가는데 너
희 중에서 나더러 어디로 가는지 묻는 자가
없고
6 도리어 내가 이 말을 하므로 너희 마음에 근
심이 가득하였도다
7 그러나 내가 너희에게 실상을 말하노니 내가
떠나가는 것이 너희에게 유익이라 내가 떠나
가지 아니하면 보혜사가 너희에게로 오시지
아니할 것이요 가면 내가 그를 너희에게로
보내리니
8 그가 와서 죄에 대하여, 의에 대하여, 심판에
대하여 세상을 책망하시리라
9 죄에 대하여라 함은 그들이 나를 믿지 아니
함이요
10 의에 대하여라 함은 내가 아버지께로 가니
너희가 다시 나를 보지 못함이요
11 심판에 대하여라 함은 이 세상 임금이 심판
을 받았음이라
12 내가 아직도 너희에게 이를 것이 많으나 지
금은 너희가 감당하지 못하리라
13 그러나 진리의 성령이 오시면 그가 너희를
모든 진리 가운데로 인도하시리니 그가 스스
로 말하지 않고 오직 들은 것을 말하며 장래
일을 너희에게 알리시리라
14 그가 내 영광을 나타내리니 내 것을 가지고
너희에게 알리시겠음이라
15 무릇 아버지께 있는 것은 다 내 것이라 그러
므로 내가 말하기를 그가 내 것을 가지고 너
희에게 알리시리라 하였노라
16 조금 있으면 너희가 나를 보지 못하겠고 또
조금 있으면 나를 보리라 하시니
17 제자 중에서 서로 말하되 우리에게 말씀하신
바 조금 있으면 나를 보지 못하겠고 또 조금
있으면 나를 보리라 하시며 또 내가 아버지
께로 감이라 하신 것이 무슨 말씀이냐 하고
18 또 말하되 조금 있으면이라 하신 말씀이 무
슨 말씀이냐 무엇을 말씀하시는지 알지 못하
노라 하거늘
19 예수께서 그 묻고자 함을 아시고 이르시되
내 말이 조금 있으면 나를 보지 못하겠고 또
조금 있으면 나를 보리라 하므로 서로 문의
하느냐
20 내가 진실로 진실로 너희에게 이르노니 너희
는 곡하고 애통하겠으나 세상은 기뻐하리라
너희는 근심하겠으나 너희 근심이 도리어 기
쁨이 되리라
21 여자가 해산하게 되면 그때가 이르렀으므로
근심하나 아기를 낳으면 세상에 사람 난 기
쁨으로 말미암아 그 고통을 다시 기억하지
아니하느니라
22 지금은 너희가 근심하나 내가 다시 너희를
보리니 너희 마음이 기쁠 것이요 너희 기쁨
을 빼앗을 자가 없으리라
23 그날에는 너희가 아무 것도 내게 묻지 아니
하리라 내가 진실로 진실로 너희에게 이르노
니 너희가 무엇이든지 아버지께 구하는 것을
내 이름으로 주시리라
24 지금까지는 너희가 내 이름으로 아무 것도
구하지 아니하였으나 구하라 그리하면 받으
리니 너희 기쁨이 충만하리라
25 이것을 비유로 너희에게 일렀거니와 때가 이
르면 다시는 비유로 너희에게 이르지 않고
아버지에 대한 것을 밝히 이르리라
26 그날에 너희가 내 이름으로 구할 것이요 내

가 너희를 위하여 아버지께 구하겠다 하는
말이 아니니
27 이는 너희가 나를 사랑하고 또 내가 하나님
께로부터 온 줄 믿었으므로 아버지께서 친히
너희를 사랑하심이라
28 내가 아버지에게서 나와 세상에 왔고 다시
세상을 떠나 아버지께로 가노라 하시니
29 제자들이 말하되 지금은 밝히 말씀하시고 아
무 비유로도 하지 아니하시니
30 우리가 지금에야 주께서 모든 것을 아시고
또 사람의 물음을 기다리시지 않는 줄 아나
이다 이로써 하나님께로부터 나오심을 우리
가 믿사옵나이다
31 예수께서 대답하시되 이제는 너희가 믿느냐
32 보라 너희가 다 각각 제 곳으로 흩어지고 나
를 혼자 둘 때가 오나니 벌써 왔도다 그러나
내가 혼자 있는 것이 아니라 아버지께서 나
와 함께 계시느니라
33 이것을 너희에게 이르는 것은 너희로 내 안
에서 평안을 누리게 하려 함이라 세상에서는
너희가 환난을 당하나 담대하라 내가 세상을
이기었노라

원 의미

(17장에서의 예수의 마지막 기도 이전의) 고별강화의 균형은 다락방에서 이미 소개된 많은 주제들 속에서도 계속 이어진다. 세상과의 갈등, 성령의 도우심의 필요, 예수의 죽음과 떠나심의 충격, 그리고 곧 다시 오실 것이라는 재확인은 모두 여기서 우리의 관심을 끈다. 사실 요한복음 16장과 14장 사이에는 너무나 많은 평행들이 있기 때문에 어떤 학자들은 16장이 14장을 복사한 것이거나 혹은 예수가 이미 덮어놓은 땅을 다시 쟁기질하고 계신 것이 아닌가 하고 의심을 했다.

다른 학자들은 마지막 언급처럼 보이는 요한복음 14:31c과("일어나라 여기를 떠나자") 16:5에서의 질문에 주목한다. "지금 내가 나를 보내신 이에게로 가는데 너희 중에서 나더러 어디로 가는지 묻는 자가 없고." 이것은 정확히 베드로가 요한복음 13:36에서, 그리고 도마가 14:5에서 했던 질문임을 주목하라. 이것은 고별강화에 대한 수많은 재배열 이론들이 생겨나도록 했다(요 14장의 주석 참조). 어떤 이들에게 있어서 16장의 예수의 말씀은 그가 그날 저녁에 가르치신 '첫 번째'(first) 말씀들 중 일부이다. 그러나 내가 14장의 주석에서 분명히 밝혔듯이 이것만이 이 장들을 이해할 수 있는 방법은 아니다(아래의 설명을 참조하라).

예수가 본 장에서 집중하고 계신 두 개의 중요 주제들은 성령(파라클레테)의 사역과(요 16:5-15) 예수의 기대되는 돌아오심(요 16:16-33)이다. 이 주제들에 근거한 구분은 본 장을 깔끔하게 두 부분으로 나눈다. (1) 예수는 (요 15:18에서 시작된) 세상의 적대라는 주제를 계속 다루신다. 그리고 그는 법정에서 검사가 설득력 있는 주장을 펼치듯이 세상을 정죄하는 성령의 역할에 대해 설명하신다. 그는 또한 성령이 계시자로서의 역할을 가지고 있음을 설명하신다. 그것은 우리가 요한복음 14:26에서 살핀 것과는 상당히 다른 것이다. 성령은 제자들에게 아직 계시되지 않은 것들을 드러내실 것이다. 요한복음 16:12은 예수를 따르는 자들 속에 계신 성령이 참으로 예언자적 역할을 하실 것임을 밝힌다.

(2) 요한복음 16:16에서 시작하여 헬라어 '미크론'(*mikron*, 조금 있으면)이 반복되어 나타난다. 그것은 예수와의 떨어짐이 아주 잠시 동안만 계속될 것임을 제자들에게 확인해 준다. 여기서 강조점은 (요 14장이 재림을 강조했듯이) 십자가와 부활에 놓여 있으며, 사실은 무덤으로부터의 예수의 "귀환"이 기쁨의 큰 원천이 될 것이라고 말하고 있다. 그 시점부터 그들이 예수와 나누게 될 친밀함과 예수의 뜻에 대한 그들의 지식은 탁월한 것이 될 것이다.

성령에 대한 네 번째 약속(요 16:4b-11)

예수는 앞으로 닥칠 고난에 대해 솔직하게 말씀하신다. 이 말씀을 하시는 이유는 앞으로는 자신이 제자들과 함께 있으면서 종교당국자들의 적대를 대신 받아 주실 수 없을 것임을 아시기 때문이다. 과거에는 그가 제자들과 함께 계셨다(요 16:4b); 그러나 미래에는, 비록 성령으로 그들과 함께 하실 것이기는 하지만, 그들이 직접 핍박의 예봉(銳鋒)을 견뎌 내야 한다. 앞의 장들에서 예수의 떠나심에 대한 말씀은 제자들을 당황스럽게 했다(요 13:31ff). 이제 예수는 떠나심의 주제로 다시 돌아오신다.

요한복음 16:5c의 말씀은("너희 중에서 나더러 어디로 가는지 묻는 자가 없고") 많은 이들을 어리둥절하게 만들었다. 왜냐하면 13:36과 14:5에서 베드로와 도마가 질문한 내용이 바로 그것이기 때문이다. 이에 대해 수많은 해결책들이 제시되었다. 예를 들어, 불트만(Bultmann)과 버나드(Bernard)는 고별강화를 재구성하여 16장을 14장 앞에 배치했고(이렇게 하면 요 16:5의 문제가 해결된다) 그래서 요한복음 14:31이 18:1과 연결되도록 했다. 그러나 이런 배치는 오히려 더 복잡한 문제를 만들어 내기 때문에 오늘날에는 인기가 없다.

다른 이들은(브라운[Brown]이나 슈나켄버그[Schnackenburg]와 같은 이들) 자료들로부터 이 장들을 발췌해 온 편집자(심지어 요한 자신)를 지적한다. 그 편집자는 기존의 전승을 너무나 중시했기 때문에 문제를 해결하지 않고 원래의 상태로 그대로 놔두었다는 것이다. 하지만 요한(혹은 어떤 제자)이 그의 책에 남겨진 그런 문제를 정말로 그대로 놔두었을까?

어떤 다른 이들은(카슨[Carson], 비슬리 머레이[Beasley-Murray]) 본문의 상세한 부분들이 그 구절들을 화해시키는 통찰력을 제공한다고 주장한다. 호스킨스(Hoskyns)는 사실 제자들은 예수의 떠나심의 실체를 제대로 파악하지 못했으며 따라서 그 질문은 다시 제기되어야 했다고 합리적으로 주장했다. 카슨은 첫 번째 질문들은 참으로 예수의 목적지에 관심을 둔 것이 아니라 다만 그들의 당황스러움에 초점을 둔 수사학적 질문들이었다고 생각한다.

요한복음 16:5에서 예수가 현재시제로 말씀하고 계심에 주목하라. "묻는 자가 없고"(No one 'is' asking…). 여기서 예수의 관심은 그가 핍박에 대해 일러주자 아무도 그의 떠나심에 대해서는 질문을 제기하지 않는다는 것이다. 그러므로 이 질문은 요한복음 16:6과 연관되어야 한다. 제자들은 너무나 큰 슬픔에 빠졌기 때문에 그들은 예수의 죽음이 모든 것의 마지막이 아니라 시작이라는 사실을 잊었다. 그들은 잘못된 주제에 집중하고 있다. "너희 중에서 나더러 '어디로'(where) 가는지 묻는 자가 없고." 베드로의 이전 질문은 십자가가 합당한 것이냐에 관한 것이었다. 도마는 예수가 가시는 길을 묻는 것이었다. 그러나 이제 이런 것들은 이차적인 것이라고 예수는 말씀하신다. 중요한 것은 그의 영광의 목표 즉, 아버지의 임재이다.

더구나 그들의 관점에서 보았을 때 예수의 떠나심은 직접적인 유익을 가져다 줄 것이다. 요한복음 7:37-39은 예수가 떠나시기 전까지는 성령이 주어질 수 없다고 가르친다. 16:7도 같은 말을 한다. 성령(파라클레테)은[1] 오직 예수가 떠나신 다음에야 제자들에게 보내질 수 있다. 만약 예수가 가시지 않는다면 만약 그가 영광을 받지 못하신다면, 성령은 오실 수 없다. 그러므로 어떤 면에 있어서 이 성령과 지상의 예수를 동시에 갖는 것은 불가능하다. 성령은 예수가 가신 후에야 주어질 수 있는 선물이다.

요한복음 16:8-11에서 예수는 세상과의 이런 어려운 관계 속에서 성령이 어떤 일을 하실 것인지에 대해 다른 설명을 제공하신다. 우리가 지금까지 보아 온 것들을 정리해 보도록 하자. 세상은 성령을 알 수 없다. 왜냐하면 세상은 하나님을 알거나 사랑하지 않기 때문이다(요 14:15-17). 적대감으로 가득 찬 세상 속에서 성령은 신자들을 지키시고, 그들의 증언을 강하게 하고(요 15:26-27), 예수가 가르치신 것들을 그들이 상기할 수 있도록 만들 것이다(요 14:26). 이 모든 것들은 방어적인

1. *parakletos*(Paraclete: NIV "Counselor," 상담자)라는 용어에 대해서는 요 14:16의 주석을 참조.

것이다. 이제 요한복음 16:8-11에서 성령(파라클레테)은 "공세로 전환하신다" (passes to the attack).[2] 법정에서와 마찬가지로 변호자가 이제 고소자와 심판자가 된다. 요한복음에서 이것이 바로 정확히 예수의 역할이라는 사실에 주목하라. 재판을 받고 있는 자, 자신의 표적들과 말들을 방어해야 하는 자가 결국은 자신의 고소자들을 심판할 것이다. 요한복음 9:35-41에서 예수가 맹인을 개인적으로 도우시려 했을 때 이런 일이 발생했다. (신학적으로 예수의 '다른 자아'[*alter ego*]가 되시는) 성령이 같은 역할을 담당하신다.[3]

우리가 이 구절들에서의 성령의 역할을 정확히 어떻게 이해해야 하는가 하는 문제는 해결하기 어려웠다. 우리가 여기서 모든 이슈들을 살펴볼 수는 없지만[4] 문제의 윤곽을 개괄적으로 살펴볼 수는 있을 것이다. 그중 하나의 이슈는 헬라어 동사 '엘렝코'(*elencho*)와 관련된 것이다. NIV 제1판은 이를 "잘못을 입증하다" (prove wrong about)로 번역했다. "[성령이] 죄에 대하여 세상의 잘못을 입증하시리라."("죄에 대하여…세상을 책망하시리라." 개역개정판-옮긴이) 여기서의 개념은 세상이 잘못했다는 진리에 대해 세상을 '확신시킨다'(convincing)는 것이다. 브라운(Brown)은 이것이 요한복음 14:17과 충돌한다고 생각한다. 왜냐하면 14:17에 따르자면 세상은 성령을 받아들일 수 없기 때문이다.[5] 그러나 양쪽은 다른 문제를 다루고 있다. 14:17에서 예수는 성령의 메시지를 청종하는 것이 아니라 성령을 받는 것 자체에 대해 말씀하고 있다.

만약 이 문제가 세상을 확신시키는 것에 대한 것이 아니라면 '엘렝코'의 뜻은 아마도 세상의 죄를 드러내고 그것을 심판함을 통해 세상을 '정죄하는'(convict) 것일 것이다. 만약 그렇다면 문제는 우리가 요한복음 16:9-11의 세 절들을 설명해야 한다는 것이다. 성령은 '그것의'(its) 죄, '그것의' 의, 그리고 '그것의' 심판에 관하여 세상을 정죄하시는가? 만약 그렇다면 세상이 어떻게 "의로울"(righteous) 수 있는가? 아마도 성령은 죄, 의, 그리고 심판에 대한 세상의 '잘못된 생각'(its

---

2. A. E. Harvey, *Jesus on Trial: A Study of the Fourth Gospel* (London. SPCK, 1976), 118: 유사한 글로는, Barrett, *John*, 487.
3. 옛 주석가들은 파라클레테의 사역의 인격적 특성들을 설명하기 위해 우리가 천사(angelic) 모델들을 연구할 필요가 있다고 생각했다. 오늘날 그런 생각은 구식이 되었다. 파라클레테의 인격적 특성은 예수 자신의 인격성으로부터 온다.
4. 참조. D. A. Carson은 "The Function of the Paraclete in John 16:7-11," *JBL* 98 (1979): 547-66에서 이 문제들을 개관한다. 또한 참조. G. M. Burge, *The Anointed Community*, 208-10.
5. Brown, *John*, 2:711.

wrong ideas)에 대해 세상을 정죄할 것이다. 혹은 NIV의 1978년 개정판을 보라. "그가 오시면 그는 죄, 의, 그리고 심판에 '대한 세상의 잘못'(guilt in regard to)에 대해 세상을 정죄하실 것이다"(저자의 강조). 앞에서 저자가 강조한 부분이 헬라어 원문에는 없다 해도, 여기에서의 의미는 성령은 세상의 죄성을 드러내는, 고소하는 상담자라는 것이다.

'엘렝코'는 신약성경에 17번 등장한다. 그리고 대부분의 경우 어떤 사람의 죄가 드러나게 된 경우에 사용된다(흔히 이와 연관된 개념인 "정죄하다"[convict]와 함께 사용된다). 세례요한은 헤롯의 죄를 드러내고 정죄했다(눅 3:9). 마찬가지로 예언에는 죄를 드러내는 능력이 있다(고전 14:24). 그리고 우리에게는 죄인들로 하여금 죄를 깨닫게 하고 그들을 꾸짖을 책임이 있다(딤전 5:20; 약 2:9; 유 1:5). 그리고 우리는 우리를 대적하는 자들을 믿음으로 이끌어야 한다(딛 1:9). 그러므로 그 동사의 의미는 '죄와 그 죄성을 드러내는 것'과 연관되어 있다.

요한복음에서 법정적 문맥은 그것을 더욱 날카롭게 만든다. 이것은 정죄와 심판으로 이끄는 드러냄이다. 근본적인 생각은, 세상은 이미 예수에 대해 "재판"(trial)을 행했고 그가 유죄이며 사형에 해당한다고 결정을 내렸다는 것이다. 그러나 사실은 예수는 무죄이시며 세상이 죄와 잘못으로 고소를 당하고 있다. 성령(파라클레테)은 "예수 속에서 하나님이 하셨던 일을 통해 죄와 의와 심판의 참된 본질을 세상에 드러내신다."[6] 그러므로 요한복음 16:8 이후의 절들은 원인을 지적하고 있거나("죄에 관하여…, 왜냐하면…", Carson, Barrett) 혹은 고소의 본질을 더 자세히 설명하고 있을 것이다("죄에 관하여…, 즉 말하자면…". Smalley, Brown, Morris).[7] 16:6-11에서 "죄와 의와 심판"이라는 단어에는 관사가 없다. 그러므로 성령은 세상의 죄의 특정한 예들을 밝히시는 것이 아니라 이 개념들에 대한 진리를 드러내시는 것이다. 의와 심판에 대해서도 같은 말을 할 수 있다.

요약하자면 세상에게는 지금 통지가 주어졌다. 그 죄가 드러나게 될 것이다. 성령은 죄와 의와 심판의 참된 의미를 밝히 드러내시고 세상의 무서운 죄들을 폭로하실 것이다. 엄중한 재판에서와 마찬가지로 판결은 아주 명확하게 내려질 것이다. 세상은 유죄이다. 세상이 그것을 받아들이는 데는 설득이 '필요할지도' 모른다. 그

6. Beasley-Murray, *John*, 281.

7. 카슨(Carson)은 그의 논문 "The Function of the Paraclete"와 그의 주석 *John*, 535-38에서 그 절들은 원인을 나타내며, 각 절들은 세상을 가리키는 동일한 대칭적 지시어를 가지고 있음에 틀림없다고 주장한다("그것의 죄, 그것의 의, 그것의 심판"). 그러나 그런 대칭은 불필요하다. Morris, *John*, 619는 요한의 의미가 여러 뉘앙스들을 내포하고 있을 지도 모르며 그중 어떤 것도 제외시켜서는 안 된다고 주장한다.

러나 그가 정죄를 받았다는 사실은 부인할 수가 없다. 그것은 마치 범죄자가 확정 판결을 받는 날 재판을 피할 수 없는 것과 마찬가지다.

여기서 성령의 일은 "세상의 양심"(conscience of the world)에 대해 작전을 펼치는 것이다.[8] 그러나 세상은 성령을 받을 수 없기 때문에, 이 작전은 성령을 가지고 있고 진리를 담대히 증거하는 교회의 사역을 통해 그 효과를 나타내게 될 것이다. 잘못 고소된 제자들도 역시 그 일에 참여하게 될 것이다. 성령으로부터의 말씀은 진리에 대한 그들의 신뢰를 더욱 공고히 해 줄 것이며, 그들에 대한 고소들이 거짓된 것임을 확증해 줄 것이고, 세상이 예수를 거절했기 때문에 세상에 대한 하나님의 고소가 이미 시작되었다는 것을 확신하게 해 줄 것이다.

요한복음 16:9-11의 세 개의 절들은 각각 세상의 잘못들과 그 정죄의 근거들을 설명해 준다. (1) 첫 번째 잘못은(요 16:9) 믿기를 거부한 것이다. 이것이 일차적인 죄라는 것은 분명하다(요 1:11; 3:19; 15:22). 여기서는 마치 지적인 문제가 이슈인 것처럼 무지를 언급하지 않는다. 그것은 의지의 문제이며 따라서 거절을 암시한다(cf. 요 5:43-47; 9:39-41).

(2) 두 번째 잘못은(요 16:10) 세상은 예수의 죽음을 통하여 그의 '불의함'(unrighteousness)이 모든 사람이 볼 수 있도록 증명될 것이라고 생각했다는 데 있다. 그러나 하나님은 이것을 뒤집을 계획을 가지고 계시며, 십자가를 예수의 무죄와 의로움이 선포되는 영광의 자리로 만드실 것이다. 놀라운 반전은 참으로 의를 결여하고 있는 것은 바로 세상이라는 것이다(참조. 요 3:19-21; 7:7; 15:22, 24). 그렇기 때문에 세상이 예수가 더 이상 안 보인다는 것 때문에 무덤에서 "예수의 종말"(The end of Jesus)을 축하할 때(요 16:10b), 제자들은 그의 부재가 진정으로 의미하는 것을 축하할 수 있다. 예수는 지금 아버지와 함께 보좌에 앉아 계시다. 이것이 바로 교회가 부활절에 선포하는 내용의 핵심이다.

(3) 세 번째 잘못은 심판과 관련된 것이다(요 16:12). 예수가 재판에 의해 심판을 받는 것이 아니라 오히려 세상이 심판을 받는다. 예수는 세상의 재판능력이 뒤틀어지고 어두워졌다고 말씀하셨다(요 7:24; 8:16). 따라서 세상은 하나님에 대해 정확한 결정을 내릴 능력이 없다. 요한복음 12:31과 14:30에서 이런 잘못의 원천을 "이 세상의 임금"(prince of this world, 그는 의심할 바 없이 사탄이다)이라고 지목하신다. 사탄의 절대적 지배는 꺾였고 그는 십자가를 통해 심판을 받았지만,

---

8. Barrett, *John*, 487.

사탄은 현재의 세상에 대해 아직도 힘을 가지고 있다(요일 5:19; cf. 엡 2:2; 6:12). 그렇기 때문에 영광의 때가 다가오자 예수는 그것이 또한 세상의 "때"(hour)임을 깨달으신다. "이제 이 세상에 대한 심판이(영문으로는 '심판의 때가' 이다. 그러나 헬라어에는 '때'에 해당하는 단어가 없다. 한글성경의 번역이 더 정확하다.-옮긴이) 이르렀으니 이 세상의 임금이 쫓겨나리라"(요 12:31). 거절 당하셨지만 이제는 보좌에 앉아 계신 이 예수가 세상에 대한 재판장이 되셨다.

성령에 대한 다섯 번째 약속(요 16:12-15)

성령에 대한 마지막 약속은(여기서 성령은 다시 "진리의 영"이라 불린다. 요 14:26의 주석 참조) 예수를 따르는 자들 사이에서의 성령의 사역범위에 대해 가장 훌륭한 설명을 제공한다. 여기에는 새롭고 중요한 어떤 것이 첨가되었다. 14:26에서의 성령의 사역에서는 예수가 말씀하신 역사적인 말씀들을 "기억하게"하는 사역을 강조했지만, 요한복음 16:12-15은 성령께서 제자들이 아직 듣지 못했던 추가적인 계시들을 제공하실 것이라고 주장한다.[9]

어떤 주석가들은 이 구절들을 대단히 난해한 것으로 본다. 그러나 자세히 조사해 보면 어렵게 보이던 문제들은 사라지게 된다. 예를 들어, 요한복음 15:15에서 예수는 아버지께로부터 들은 것들을 모두 제자들에게 알려 주셨다고 말씀하신다. 그러나 16:12은 성령이 제자들이 아직 듣지 못했던 새 일들에 대해 말씀하실 것이라고 말한다. 이것은 이제 다른 시간, 다른 경험이다. 그러나 이것은 성령이 예수의 역사적인 말씀들을 상기하고 보존하게 만들 것이라는 14:26의 말씀과 충돌하는 것은 아니다. 이곳 16:12-13에서 예수는 새로운 일들이 계시될 미래의 시간에 대해 말씀하신다. 두 메시지들은 함께 조화를 이루고 있다. 역사적 예수와 그의 사역은 계속 활동하고 있는, 그래서 교회에서 계속 경험되고 있는 '성령 안의 예수'와 나란히 함께 존재한다.

그러나 이 새로운 계시사역, 성령의 계속적인 신적 음성은 제한조건을 갖고 있다. 성령은 그가 말하는 모든 것에 있어서 예수에게 의존하고 있다(요 16:13). 이 동사들의 시제를 보라. 성령은 예수가 말씀하신 것들을 반복하여 말씀하실 뿐 아니라(기억하게 함, 요 14:26), 예수가 말씀하실 것들을 전달하실 것이다(계시). 예

---

9. 참조. Burge, *The Anointed Community*, 214-16.

수의 계시는 공동체 속에서 계속될 것이고 성령은 예수의 말씀이 들려지는 권위 있는 통로가 될 것이다. 그러나 이 계시들은 예수가 역사적 사역 속에서 말씀하신 것들로부터 동떨어진 것이어서는 안 된다. 역사적 계시는 항상 새로운 계시의 진정성 여부를 판단하는 기준이 될 것이다. 예수를 영광스럽게 하지 않는 계시들(요 16:14), 그리고 예수의 선재성과 영광을 인정하지 않는 계시는 아버지를 불명예스럽게 한다. 왜냐하면 예수가 가지고 계신 모든 것들의 출처는 아버지이시기 때문이다(요 16:15). 아버지는 아들 안에서 일하시고 아들은 성령 안에서 일하신다. 이들의 영광을 더럽히는 계시는 그 어떤 것이든 하나님께로부터 온 것이 아니다.

요한복음 16:13b의 "장래 일"(What is yet to come)은 앞으로 닥칠 재판과 십자가 사건을 의미할 수 있다. 그러나 이것은 좀 이상하다. 왜냐하면 성령은 그 사건들 이후에 주어질 것이기 때문이다. 그러므로 이 구절은 미래를 드러내 보일 참된 예언적 은사를 의미하는 것 같다.—그 은사는 요한계시록에서 실제 발휘된 은사이며 고린도전서 12:29-30에서 설명되고 있는 은사이다. 성령이 "알게 하실 것"(making known)은 예수의 역사적 가르침들도 아니고,[10] 그들의 예언적 사역이 정경(正經, canon)과 더불어 마감될, 사도시대의 증언들로 국한되지도 않는다.[11] 버나드(Bernard)가 쓴 것처럼 "이곳은 요한복음에서 바울이 말하는 성령의 '은사'(*charismata*)가 언급되고 있는 유일한 곳이다."[12]

예수의 귀환, 제자들의 기쁨(요 16:16-22)

요한복음 14장에 나타나는 성령의 약속들의 중요한 특징은 그것이 그리스도의 재림과 연관되어 있다는 것이다. 예수는 참으로 "돌아오실"(coming back) 것이다(요 14:3). 그러나 어떤 의미에 있어서 오순절의 성령강림은 주님과의 재연합에 대한 소망들 중 많은 것들을 만족시킬 것이다. 우리는 '파루시아'(Parousia, 혹은 예수의 재림)가 성령의 빛 속에서 해석되고 있다고 말할 수 있다. 이제 요한복음 16:16-24에서 유사한 어떤 것이 진행되고 있다. 14장에서는 예수가 '어떻게'

10. 그렇게 보는 학자로는, Brown, *John*, 2:708.
11. 그러나 그렇게 보는 학자로는, Carson, *Farewell Discourse*, 149-50; *John*, 540-42. 카슨은 요 16:12도 사도들의 증언의 범위 내에서의 성령의 사역을 가리킨다고 주장한다. 그러나 요 16:12은 그것을 보여주지 않는다. 요한일서의 증거에 따르자면 이곳에서 기술된 것과 같은 예언적 은사가 요한의 교회 내에서 나타났고 그것은 문제들을 일으켰다.
12. Bernard, *John*, 2:511.

(how) 돌아오실 것인지에 대해 물었다면, 16장의 질문은 그가 '언제'(when) 돌아오실 것인가에 대한 것이다. 여기서 초점은 부활주일의 사건들에 맞춰져 있다.

예수의 떠나심과 이에 따른 제자들의 고뇌는 다락방 강화의 계속적인 주제이다. 예수는 그의 떠나심의 실재성을 제자들이 무시하지 않도록 하신다. 그래서 그는 요한복음 16:16에서 다시 그 주제를 꺼내신다. "조금 있으면 너희가 나를 보지 못하겠고 또 조금 있으면 나를 보리라." 예수는 거의 같은 말씀을 14:19에서도 하셨다. 본 장에서 일곱 번씩이나(요 16:16-19) 예수는 "조금 있으면"(a little while, 헬라어 *mikron*)이라고 말씀하신다. 그것은 이 섹션의 핵심적 질문을 이끌어 낸다. "조금 있으면…하신 것이 무슨 말씀이냐?"(요 16:17a). 제자들의 어리둥절함은 이해할 만하다. 요한복음 16:10에서 예수는 자신이 아버지께로 갈 것이며 그들은 그를 다시 보지 못할 것이라고 말씀하셨다. 이제 그는 그들이 그를 보게 될 것이며 그날이 멀지 않았다고 말씀하신다. 그가 의미하는 것이 무엇인가? 17-19절에서 제자들은 대단히 혼란스러워 한다.

이것은 예수의 입장에서는 의도된 모호함도 아니고 이중적 의미를 부여하려는 시도도 아니다(Barrett). 예수가 그의 재림에 대해 말씀하고 있는 것도 아니다(Brown). 오히려 그는 단순하게 부활을 통한 돌아옴에 대해 언급하고 계시다. 그는 영광스럽게 되심을 통해 세상을 떠나실 것이다. 그리고 세상은 더 이상 그와 접할 수 없게 될 것이다. 부활을 통해 그가 돌아왔을 때, 그것은 추종자들에게는 과거의 모습의 그를 볼 수 있는 마지막 기회가 될 것이다.

어떤 실마리들이 부활을 암시하고 있는가? (1) 요한복음 16:20의 첫 단어들은 예수의 대답의 신중성을 강조한다. NIV의 "내가 너희에게 진리를 말한다"(I tell you the truth)는 헬라어 "진실로 진실로"(truly, truly)를 감추고 있다.[13] 세상의 기쁨(요 16:20b)의 원인은 오직 예수의 십자가밖에 없다. 그것은 예수의 죽음의 충격으로 시작된 제자들의 슬픔의 시간(요 16:20a)과 대조를 이룬다. 곡하고 애통하는 것은 죽음의 슬픔을 표현하기 위한 흔한 방법이었다(렘 22:10 LXX; 눅 7:32; cf. 요 11:31, 33; 20:11, 13, 15). 그러나 이 슬픔은 "기쁨"으로 바뀌게 될 것이다. 왜냐하면 예수는 무덤에게 패배하시지 않을 것이기 때문이다.[14] 제자들이 실제로 부활

---

13. 헬라어 *amen, amen*(요 1:51의 주석 참조).
14. 이 변화는 재림(Parousia)을 지칭하는 것일 수 없다. 왜냐하면 기독교인들이 재림을 고대하는 시대는 즐거운 시대로 표현되어야 하기 때문이다. "내가 이것을 너희에게 이름은 내 기쁨이 너희 안에 있어 너희 기쁨을 충만하게 하려 함이라"(요 15:11).

주일에 예수를 다시 보았을 때 그들이 "기쁨"에 넘쳤다는 사실을 주목하라(요 20:20).

(2) 예수는 두 번이나 "너희가 나를 볼 것이다"라고 말씀하신다(요 16:17, 19). 부활주일 이후 마리아 (요 20:18), 제자들(요 20:20, 25a), 그리고 도마(요 20:25b)는 차례로 이를 입증했다. 부활주일 이후 7일째 되는 날 예수는 자신을 "보도록"(see) 도마를 초청하셨다(요 20:27, 29). 요한 자신은 "보게 됨"(seeing)에 대한 이 약속이 예수에 대한 그의 신뢰의 중심이라는 것을 알고 있었다(요일 1:1, "생명의 말씀에 관하여는 우리가…눈으로 본 바요"). 요한복음 16:20에 약속된 기쁨이 예수의 부활을 통해 이루어질 것이라는 데는 의심의 여지가 없다.

(3) 16:21-22에서 예수가 사용하신 해산하는 여인의 이미지는 구약성경에서 하나님의 기적과 축복을 받아 누리기 전에 이스라엘이 (혹은 어떤 개인이) 견뎌야 하는 고난을 설명하기 위해 흔히 사용되었던 것이다(사 21:2-3; 26:16-21; 66:7-10; 렘 13:21; 호 12:13; 미 4:9-10; cf. 계 12:2-5, 1QH 3:18). 여인의 고통(헬라어 *thlipsis*)은 주께서 마침내 구원을 이루시기 전에 하나님이 백성이 겪어야 할 고난을 상기시킨다(습 1:14-15; 합 3:16; 막 13:19, 24).

이사야 26:16-31은 특별히 중요하다. 왜냐하면 그것은 "조금 있으면"이라는 개념과 해산하는 여인의 그림을 결합시키기 때문이다. "여호와여 잉태한 여인이 산기가 임박하여 산고를 겪으며 부르짖음 같이 우리가 주 앞에서 그와 같으니이다"(사 26:17). 그때 하나님이 선지자를 통해 대답하신다. "내 백성아 갈지어다 네 밀실에 들어가서 네 문을 닫고 분노가 지나기까지 '잠깐' 숨을지어다"(사 26:17, 20, 저자의 강조).

이 개념들(고난과 극적인 구원)은 상당히 종말론적이기 때문에, 어떤 주석가들은 예수가 요한복음 16:16에서 사실상 재림을 지적하고 계시다고 주장한다(혹은 최소한 요한이 재림과 부활주일을 혼동하거나 재림을 재해석하고 있다고 주장한다). 그러나 그런 견해는 불필요하다. 십자가와 부활은 극적인 구원을 의미한다. 그러나 그것들은 또한 성령과 같은 종말론적 선물들이 주어지는 새로운 시대의 시작을 뜻한다.

기도와 이해(요 16:23-33)

예수를 다시 볼 때의 기쁨은 단지 예수와의 관계를 새롭게 할뿐만 아니라 두 가지의 중요한 효과들을 가져오게 될 것이다. 이해의 기쁨과(요 16:23a) 효과 있는 기도의 기쁨(요 16:23b-24)이 그것이다.[15] 그들은 다시는 요한복음 16:16-18에서와 같은 혼동을 하지 않게 될 것이다. 결국 그들은 이해하게 될 것이다(참조. 요 16:25-30). 부활이라는 중요한 사건은 그들의 모든 염려를 일순간에 제거해 버릴 것이다.

물론 이 신실한 사람들은 하나님께 많은 기도를 드렸었다. 그러나 그들에게는 이제 '예수의 이름으로'(in Jesus' name) 기도를 드리라는 신학적 주문이 주어진다. 그것은 새로운 어떤 것, 예수의 사역으로 개시된 새로운 영적 시대에 속한 어떤 것이다(요 14:13-14; 15:7,16의 주석 참조). 호스킨스(Hoskyns)는 스웨트(Swete)를 인용하며 이렇게 말한다. "그리스도의 이름은 제자들이 하나님의 접견실 출입을 허락 받을 수 있는 통행증이자 하나님의 응답이 주어지는 통로이기도 하다."[16] 예수는 그들의 목자이고 그들의 필요를 채우시는 후원자이시다. 예수가 그들 속에 내주하심으로 생기는 친밀성과 그의 말씀에 대한 제자들의 순종이 그들의 성공을 보장한다.

예수는 자신이 사용했던 비유들과 하셨던 말씀들이 이해하기 어려운 것들이라는 사실을 인정하신다. 공관복음은 예수의 사역기간 동안 사람들이 그것들을 오해했었다고 밝히고 있다. 군중들과 사도들 모두 그가 행하고 말씀하신 것들의 상당수를 이해하지 못했다(막 9:32). 요한복음의 표적의 책에서도 사람들의 오해는 자주 문학적 주제가 되곤 했다. 그것은 독자인 우리에게 세상은 예수의 완전한 의미를 이해할 능력이 없다는 것을 보여주는 역할을 했다.

예수는 "비유적으로"(figuratively, 요 16:25) 가르치셨다. 그러나 여기서 사용된 헬라어 단어(*paroimia*)는 단순히 예증을 사용하는 연설이나 은유와 비유의 사용을 뜻하는 것이 아니라 뜻이 모호하고 수수께끼와 같은 연설을 뜻한다. 이 단어는 선한 목자 설교에 나타난다. "예수께서 이 비유(헬라어 *paroimia*)로 그들에게 말씀하셨으나 그들은 그가 하신 말씀이 무엇인지 알지 못하니라"(요 10:6). 중동지역 사

---

15. Beasley-Murray, *John*, 285.
16. H. B. Swete, *The Last Discourse and Prayer of Our Lord: A Study in John 14-17* (London: Macmillan, 1914), 141, 다음에서 재인용, Hoskyns, *John*, 579.

람들에게 이것은 흔히 예언이나 지혜를 품고 있는 "심오한 말"(dark saying)이다.

그러나 오고 있는 "때"(hour, 요 16:25; NIV, "시간", time)는 즉시 이어지는 다음 순간을 뜻하는 것이 아니라 "영광의 때"(hour of glorification)를 말한다. 그때가 오면 예수는 세상을 떠나 아버지께로 돌아가실 것이고 그들에게 성령을 보내실 것이다(요 2:4; 7:39). 우리가 여러 번 본 것처럼, 요한에게 있어서 '호라'(*hora*, "때", hour)는 신학적 용어이다. 그때가 되면 예수의 계시가 "평이하게"(plainly, 헬라어 *parresia*) 주어질 새로운 시대가 시작될 것이다. 물론 우리는 또 다시 성령의 사역에 주목해야 한다. 아들을 통해 주어진 아버지의 말씀은 성령의 사역을 통해 제자들에게 전달되고(요 14:10; 15:15), 성령의 임재를 통해 아버지와 아들이 제자들 속에 거하신다(요 14:23).

이 "때"가 다가오고 있다. 예수 자신이 세상에 대해 아버지의 임재를 중재하셨다(요 16:27b; cf. 요 14:9). 하지만 이제는 그들이 아버지 자신에게 나아갈 수 있다(요 16:26-27). 이제는 새로운 친교의 공동체가 만들어졌다. 그것은 예수와 제자들만을 포함하는 것이 아니라 예수와 제자들 그리고 '아버지'를 포함한다.[17] 어거스틴(Augustine)이 주석한 대로 "아들이 아버지에게 구하는 것이 아니라 아버지와 아들이 구하는 자들에게 함께 귀를 기울이신다."[18]

어떤 이는 요한복음 16:28을 요한의 기독론의 짧고 간결한, 혹은 "평이한"(plain, cf. 요 16:25b) 요약이라고 부를 것이다. 그는 신적 기원을 갖고 계시고 하나님으로부터 오셨다. 그는 세상에 대한 임무를 가지고 보냄을 받으셨고, 그의 사역을 완성하신 후에는 아버지께로 돌아가실 것이다. 이것이 가장 간결하게 정리한 기독교신앙의 핵심이다. 이것은 아들의 성육신 사역의 역설(paradox)을 보여준다.

제자들은 즉시 예수의 이 "평이한 말씀"(plain speech, 요 16:29-30)을 기뻐한다. 그리고 그들이 예수 안에서 비할 바 없는 지혜를 얻었다고 확신한다. 그러나 이것은 우리가 다른 이야기에서 보아 온 것과 같은 비극적인 오해의 한 예일 뿐이다. 이 마지막 강화 역시 제자들의 오해로 끝나고 만다. 그러나 영광의 때와 함께 완전한 이해의 때도 올 것이다. 그때가 되면 능력 있는 독특한 선물로서 성령이 그들에게 주어질 것이다. 성령은 예수로부터 오는 지혜와 통찰력을 그들에게 주실 것이다. 그러나 그 선물은 "때"(the hour)를 기다려야 한다. 그것은 지금 주어질 수 없

17. Barrett, *John*, 496.
18. 다음에서 재인용, Hoskyns, *John*, 581.

다. 그렇기 때문에 예수는 그들이 너무 들뜨는 것을 막으셔야 했다(요 16:31-32).

요한복음 16:31은 마치 예수가 그들의 놀라운 통찰력에 탄복하여 기뻐하시는 듯한 그런 외침이 아니다(그러나 NIV는 그런 식으로 번역해 놓았다. "너희가 드디어 믿는구나!"[You believe at last!]). 그들이 결국 믿음을 발견한 것이 아니다. 그런 식으로 보는 것은 요점을 놓친 것이다. 여기서 예수는 그들의 성취에 대해 의심을 하시면서 질문을 던지고 계시다(RSV/NRSV, "너희가 이제는 믿느냐?"[Do you now believe?]).[19] 그들은 자신들이 갖고 있다고 생각하는 그런 통찰력, 그런 굳건함을 가지고 믿고 있지 않다. '지금'(Now) 그들은 그것을 가지고 있다고 생각하는가? 그 "때"가 되면 사실은 그들은 두려움 때문에 흩어질 것이다(요 16:32; cf. 마 26:56). 만약 그들이 진정으로 이해를 했다면, 만약 그들이 완전하게 믿었다면, 그들은 이 난관을 헤쳐 나갈 힘이 있었을 것이다. 그러나 그들은 그렇지 못했다.

그의 제자들은 그를 버릴 것이지만 예수는 아버지가 그를 결코 홀로 남겨 두지 않으실 것이라고 말씀하신다(요 16:32b). 이 구절은 십자가상에서의 예수의 처절한 외침과 모순되지 않는다(막 15:34, "나의 하나님, 나의 하나님 어찌하여 나를 버리셨나이까?"). 요한복음에서 예수는 영광의 때의 하나님의 신실하심과 제자들의 신실치 못함을 비교하고 계시다. 마가는 시편 22:1을 인용하면서 예수의 고뇌의 순간을 기록하고 있다. 그것은 예수의 완전한 인성의 신비를 보여준다. 그 인성은 이 정도 깊이의 처절함을 경험할 수 있게 한다.[20]

요한복음 16:33은 체포 이전에 예수가 제자들에게 하신 마지막 말씀을 기록하고 있다. 마지막 말은 항상 소중하다. 예수의 마지막 말씀은 더욱 더 소중하다. 루터는 멜란히톤(Melanchthon)에게 보내는 편지에서 이에 대해 다음과 같이 썼다. "이와 같은 말씀은 로마에서 예루살렘까지 무릎으로 기어서 가지고 갈 가치가 있다."[21]

예수는 요한복음 16:31-32의 질책의 말씀을 계속 진행하지 않고 그 대신 위로와 확신을 주신다. 그의 훈계는 그들을 위한 것이었다. 왜냐하면 앞으로 닥쳐올 날들은 그들 모두에게 어려운 시기가 될 것이기 때문이다. 예수는 이미 평강(요

19. 헬라어 본문은 두 단어로 이루어져 있다. *arti pisteuete*("지금 너희가-믿다"[now you-believe). 이런 구문에 있어서 오직 태(voice)의 변화만이 이것이 질문인지를 지시해 준다. 때로는 문맥이 실마리를 제공해 주기도 한다(BDF sec. 440). 이 경우에는 요 16:32에 대한 비판적 분석이 최상의 실마리이다.

20. 오늘날 많은 학자들에 따르자면 예수는 단순히 시 22:1을 인용하고 계신 것이 아닐 것이라고 한다. 예수는 아마도 믿음과 신뢰를 가리키는 시편 전체를 재인용하고 계실 것이다.

21. D. G. Miller, "Tribulation," *Int* 18 (1964): 165.

14:27)과 기쁨(요 16:20, 22)이 그들에게 선물로 주어질 것이라고 말씀하셨다. 그러나 그들은 세상 속에서 당하게 될 싸움(Niv, "수고", trouble), 충돌도 염두에 두어야 한다. 제자도는 위협에 둘러싸여 있으면서도 평강을 발견하는 법, 신앙에 적대적인 자들과 함께 있으면서도 평정을 유지하는 법을 배우는 것이다. 그 해법은 "용기"(courage, 헬라어 *tharseo*, 요 16:33b; NIV "용기를 가지라"[take heart!])이다. 이 단어는 요한복음에서는 이곳에서만 나타난다. 하지만 공관복음에서는 갈릴리에서 폭풍을 만났을 때 예수가 제자들에게서 요구했던 태도를 지칭할 때 사용되었다(마 14:27; 막 6:50). 그것은 또한 바울이 예루살렘에서 적들에게 둘러싸여 있을 때 주님이 그에게 주신 말씀이기도 하다(행 23:11). 환경이 어떻든 예수의 승리는 현재의 위기를 이긴다("내가 세상을 이기었노라", 요 16:33).

상황잇기

요한복음 16장은 일련의 실천적 가능성들을 제공한다. 우리 세대에 적용할 수 있는 수많은 주제들이 있지만 그것들을 어떻게 적용해야 할 것인가에 대해서는 해석자들 사이에 의견 차이가 있다. 특히 16:8-11과 16:12-14에 나타나는 성령의 사역에 관하여 다양한 의견이 존재한다. 해석자들 중 성령의 사역이 오늘날의 교회에서도 계속되고 있음을 강조하는 이들은 이 구절들로부터 많은 것들을 끌어내려 한다. 그러나 성령의 계시적 사역을 사도시대로 한정하고 성령의 주요 사역을 정경으로서의 성경의 완성으로 보는 이들은 이 구절들이 제한적으로만 적용될 수 있다고 본다.

요한복음 16장에서 예수는 자신이 떠날 것을 염두에 두고 교회의 무장에 대해 계속 말씀하신다. 그는 이에 관한 긴 설교를 13:31에서 시작하셨다. 그러므로 현재의 절들 속에 등장하는 주제들이 강화들 속에서 어떻게 이어져 왔는지를 보기 위해서는 요한복음 16장이 아니라 13장부터 살펴보아야 한다. 예수가 가장 염두에 두고 계신 것은 성령의 선물이다. 그는 이에 대해 14장부터 16장에 이르기까지 다섯 번이나 약속을 하고 계시다. 그는 심지어 성령에 대해 "파라클레테"(Paraclete)라는 독특한 명칭까지 부여하신다(요 14:16의 주석 참조).

이 성령은 교회에게 선물만이 아니라 예수의 계속적인 임재를 가져다 줄 것이다. 이런 의미에서 강화 전체에 있어서 예수와 성령은 밀접하게 연관되어 있다. 성령은 실제로 예수의 사역을 계속하고 그의 말씀을 반복하는 예수의 '또 다른 자아'(*alter ego*)가 되신다(이 용어는 내가 위에서 언급했다). 요한복음 14장에서 예수는 보통 그의 재림을 위해 사용되는 용어를 가지고 미묘한 플레이를 하신다. "내가 다시 와서"(요 14:3)가 "내가 너희에게로 오리라"(요 14:18)로 발전한다. 그래서 본 장의 마지막 부분에서 우리는 예수의 "오심"(coming)이 성령의 내주하심에 대한 적절한 표현임을 배우게 된다.

이제 요한복음 16장에서 다른 신학적 질문이 눈에 띈다. 만약 예수의 "오심"이 또한 성령의 오심 속에서 발견될 수 있는 것이 사실이라면, 제자들은 이제 그것이 '언제'(when)가 될 것인지를 묻는다. 그러므로 16장은 부활의 날 즉, 부활주일을 위대한 날로 지적하기 위한 수많은 실마리들을 제공한다. 그날이 되면 모든 질문들이 해결될 것이고, 예수와 추종자들과의 관계가 성령 안에서 완전하게 될 것이다.

이 넓은 신학적 틀을 염두에 두고 살펴보면, 본 장을 현재에 적용하려 할 때 최소한 네 개의 주제들이 전면에 부각된다. 요한은 성령의 사역에 대해 두 가지 최종적 묘사들을 제공한다. 여기에 부활의 신학적 의미가 부가되어야 한다. 부활은 단지 예수의 하나님의 아들 되심의 확증일 뿐 아니라 예수에 대한 제자들의 이해를 확고하게 해 주는 경험이다. 마지막으로 본 장은 기독교인의 삶 속에 내재하는 긴장들에 대한 솔직한 묘사로 끝나고 있다. 그 삶은 능력과 승리의 삶이지만 동시에 세상 속에서 어려움을 겪는 삶이다.

성령의 의무들. 요한복음 16:4b-11(성령에 대한 네 번째 약속)에서 예수는 성령의 중요한 의무들을 몇 가지 개괄적으로 설명하셨다. 해석자는 먼저 헬라어 동사 '엘렝코'(*elencho*)의 의미를 결정해야 한다(요한복음 16:8의 주석 참조). 이것은 납득시키는 것을 뜻하는가 아니면 유죄를 입증하는 것을 뜻하는가? 만약 성령은 '납득시키는'(convinces) 분이라면 그 대상은 누구인가? 세상 앞에서 증언하고 있는 제자들인가 아니면 세상 자체인가? 후자라는 주장은 납득하기 어렵다. 왜냐하면 세상은 그리스도를 강력히 반대하고 있으며 자신의 잘못을 거의 수긍하려 들지 않기 때문이다. 변증적 도구로서의 가치에도 불구하고, 16:8-11에서의 성령에 대한 이런 견해는 적당하지 않다.

그러나 만약 성령이 (내가 주장한 것처럼) '유죄를 입증하는'(convicts) 분이라면, 그 대상이 세상이라는 것은 아주 자연스럽다. 세상은 (아이러니컬하게도) 실제로 하나님 앞에서 심판을 받고 있다. 요한복음 5장 이후부터 우리가 보아 온 요한복음의 법정 시나리오(혹은 "재판 주제", trial motif)는 이제 극적인 반전을 맞는다. 성령은 교회의 증언을 힘있고 예리하게 하고, 세상에 대한 고소를 명확하게 만들 것이다. 교회의 메시지는 단지 불신자들의 관심을 끌기 위한 "더 나은 성과"(better product)나 더 나은 삶에 대한 것이 아니다. 교회의 메시지는 또한 예언적이다. 교회는 우리들 주위 세상의 도덕적 영적 파산상태를 고발한다. 세상은 하나님의 심판 아래에서 살고 있다. 세상의 제도들은 견고하지 못하고 무력하다. 교회가 성령의 능력으로 그들을 고소할 때 문제가 발생하게 될 것이다.

성령의 계시적 역할. 성령에 대한 요한복음의 다섯 번째 약속에서(요 16:12-15) 예수는 성령이 제자들이 아직 듣지 못했던 일들을 드러내는 계시적 역할을 맡게 될 것이라고 말씀하신다. 이 구절들은 우리가 요한복음 14:26에서 읽은 것을 보완한다. 따라서 그 두 섹션들은 반드시 함께 읽어야 한다. 요한의 계시 이해에는 두 개의 초점들이 있다. (1) 역사적 상기가 있다. 예수의 지상사역 기간동안의 예수의 말씀들을 성령이 정확하게 상기시킨다. (2) 계속적인 조명이 있다. 그것은 ⓐ 이 역사적 말씀을 새로운 상황에 '적용하거나'(applies), 혹은 ⓑ 교회가 지금까지 알지 못했던 '새로운 전망, 새로운 아이디어를 연다.'

복음주의자들은 전통적으로 성령의 사역을 성경의 발전과 그것의 사용과 밀접하게 연관된 것으로 보기를 선호해 왔다. 그것은 부분적으로 해석상의 결정을 뜻한다. 그들은 이 섹션의 약속들은 보편적인 교회에 적용되는 것이 아니라 오직 사도들에게만 적용되는 것이라고 믿는다. "내가 아직도 '너희에게'(to you) 이를 것이 많으나"(요 16:12, 저자의 강조)는 예수의 말을 직접 들은 자들을 지칭한다. 그러므로 헨드릭슨(Hendriksen)의 유명한 요한복음 주석은 요한복음 16:12의 계속적인 계시가 사도행전과 바울서신들의 집필을 통해 성취되었다고 본다.[22]

하지만 만약 성령의 사역이 성경의 형성을 넘어서는 것이라면, 만약 우리가 계속적인 계시를 제공해 주는 참된 예언적 은사를 가지고 있다면, 우리는 그런 계시를 위한 지침과 제한들을 식별할 수 있어야 한다. 이 약속은 (많은 성경의 약속들이 그런 것처럼) 모든 기독교인들에게 확장되는가? 나는 그렇다고 본다.[23] 만약 그렇다면 그것을 사용할 때의 제한조건은 무엇인가? 예를 들어, 칼빈(Calvin)은 1553년에 이 구절들에 대해 글을 쓰면서 중세 가톨릭 교회의 "사악한 남용들"(wicked abuses)에 대해 길게 논했다. 가톨릭 교회는 (칼빈에 따르자면) "상상할 수 있는 가

---

22. Hendriksen, *John*, 328.

23. 이 성령의 약속을 사도시대 이후의 교회에 적용시키기를 거부하는 해석자들은 그들이 어떻게 다른 영적 약속들을 교회에 적용할 수 있는지를 설명할 수 있어야 한다. "내가 다시 와서 너희를 내게로 영접하여 나 있는 곳에 너희도 있게 하리라"(요 14:3)라는 약속이 사도들을 향해 주어진 것이라고 해서 오직 그들에게만 해당되는 것이라고 할 수 있는가? 이 약속들은 "서로 사랑하라"(love one another)라는 명령과 마찬가지로 사도들과 후대의 교회 '모두에게' 주어진 것이다.

장 어리석고 불합리한 일들"을 정당화하기 위해 이 구절을 사용했다.[24] 어떤 이들은 현대의 개신교회들도 유사한 남용의 잘못을 저질러 왔다고 주장할 것이다.

예수와 그의 제자들. 예수의 말씀과 행동을 이해하지 못했기 때문에 낙심했던 것은 제자들만이 아니다(참조. 요 16:29, "지금은 밝히 말씀하시고"). 예수 역시 그것을 보고 낙심하셨을 것이다. 예수는 그들의 친구이시다(요 15:15). 친구들끼리는 상호이해를 공유한다. 그것은 낯선 사람들 사이에서는 불가능한 일이다. 그러나 예수는 자신의 영광의 때가 이르기 전까지는 제자들이 예수가 누구인지 또 세상 속에서 하나님이 무슨 일을 하고 계신지를 완전히 깨닫는 것이 불가능하다는 사실을 아신다. 하지만 그의 부활이 모든 것을 바꿀 것이다. 그때가 되면 그들은 예수에게 더 이상 물을 필요가 없을 것이다(요 16:23). "예수를 보는 것"(seeing Jesus)이 해결책이다. 그리고 이 "보는 것"(seeing)은 부활주일에 무덤이 열렸을 때 발생하게 될 것이다(요 16:16). 그때가 되면 모든 의문들이 사라질 것이다.

이것은 우리를 위해 몇 가지 의미들을 가지고 있다. (1) 부활은 예수에 대한 우리의 선포에 있어서 핵심적 위치를 차지해야 한다. 부활은 단지 여러 사건들 중 하나가 아니다. 부활은 세상 속에서의 예수의 자기계시의 정점을 이루는 '바로 그 사건'(the event)이다. 그것은 하나님이 세상 속에 들어오셔서 일들을 바로잡기 시작하셨다는 것에 대한 역사적 확인이다.

(2) 그러나 이것은 부활 사건 저쪽에서 살고 있는 자들에게는 딜레마를 가져다준다. '우리에게는 질문들이 있다.' 우리는 초기의 사도들처럼 "예수를 보는" 특권을 누리지 못했다. 예수가 성령 안에서 우리와 함께 계시다고 말할 수는 있지만, 그것은 예수가 제자들에게 제공하신 것과는 다른 것이다. 예수는 성령에 덧붙여서 객관적이고 역사적인 부활사건이 그들의 의심들을 해소할 것이라고 말씀하신다. 복음주의자들은 우리는 성경을 가지고 있으며 (사도들은 지금 우리가 가지고 있는 것과 같은 성경을 갖지 못했다), 따라서 성경이 새로운 확신을 공급해야 할 것이라고 말할 것이다. 그러나 예수는 사도 이후의 세대들이 그를 보는 것 '없이'

---

24. Calvin, *John*, 375-76. 오늘날에는 별 생각 없이 읽는 것들도 칼빈 당시에는 대단히 심각한 것이었음에 틀림없다. 왜냐하면 종교개혁자들은 유럽에서 주도적 위치를 차지하고 있던 가톨릭 교회의 제도들과 권위들에 대항하여 논쟁을 벌이고 있었기 때문이다. "어떤 의식을 통해 잔들과 제단들을 거룩하게 하고, 교회 종들(church bells)에게 세례를 베풀고, 성수(holy water)를 축복하고, 또 미사를 거행해야 하는지를 사도들에게 알려주기 위해 성령께서 하늘에게 내려오셔야 했단 말인가?…이런 것들이 하늘에서 내려온 것이라고 말할 때 로마 가톨릭은 하나님을 조롱하고 있는 것이 아주 분명하다." 다행히도 이런 종류의 수사법은 오늘날의 교회에서는 필요치 않다.

(without) 만족해 할 것을 기대하셨을까? 요한복음 20:29에서 예수가 이런 상황에 있는 우리에게 특별한 축복을 내리신 것은 흥미롭다. 그는 도마에게 이렇게 말씀하신다. "보지 '못하고' 믿는 자들은 복되도다." 그렇다면 '우리의' 믿음의 근거는 무엇인가?

세상 속에서의 삶. 지금까지 우리는 예수가 세상 속에서의 삶의 실재에 대해 말씀하시는 것을 들었다. 그는 솔직하게 말씀하셨다. "세상이 너희를 미워하면 너희보다 먼저 나를 미워한 줄을 알라"(요 15:18). 요한은 '세상' 이라는 용어를 80번 사용한다. 그중 삼분의 일은 세상을 불신과 갈등의 장소로 표현한다. 그러나 예수는 또한 자신이 세상을 이겼으며(요 16:33) 세상에서 사는 기독교인들은 평강과 기쁨을 누려야 한다고 말씀하신다(요 16:20, 33).

이것은 많은 잘못된 영성을 유발할 수 있는 신학적 긴장을 야기한다. 다시 말해서 나는 어떻게 예수의 승리와 세상에서의 고난을 결합시킬 것인가? 세상의 고난과 절망에 굴복하는 것은 죄 혹은 신앙의 실패인가? 질병에 굴복하는 것은 어떤가? 그것은 예수의 승리를 부인하는 것인가? 세상에서의 투쟁과 영적 전투를 받아들이는 것—세상의 모든 힘을 인정하는 것—은 그리스도가 승리자라는 사실을 부인하는 것인가? 세상의 힘이 때로 모든 것을 압도하는 것처럼 보이고 우리가 패배한 것처럼 느껴질 때 하나님의 힘은 어디에 있는가?

현대적 의미

본 장에서 적어도 네 개의 분야는 현대에 적용할 수 있다. 물론 다른 주제들도 찾을 수 있다. 이를테면 요한복음 16:23에서의 효력 있는 기도에 대한 약속이라든지 삼위일체간의 관계에 대한 암시라든지 하는 것들이다. 그러나 그것들 대부분은 이미 앞에서 다루었다(요 13:31 이후부터).

세상에 대한 정죄. 세상의 유죄를 입증하는 성령의 사역의 전제조건은 세상의 영적, 도덕적, 지적 파산에 대한 우리의 용기 있는 믿음이다. 그런데 우리들 대부분의 문제는 우리가 세상에 너무 성공적으로 적응해 버렸기 때문에 우리는 세상의 신념, 삶, 그리고 사상의 체계들이 잘못되었다는 것을 더 이상 잘 믿지 않는다는 것이다. 개구리를 물이 담긴 용기 속에 넣고 서서히 가열하면 그대로 익어 버리듯이, 우리는 너무 늦기 전까지는 우리의 위기를 깨닫지 못한다.

고별강화에서 예수는 성령과 세상과 관련하여 두 개의 약속들을 주신다. 요한복음 15장에서 그는 세상의 적대감을 기술하시고 교회의 증거사역을 강화시켜 주기 위해 성령을 보내실 것을 약속하신다(요 15:26). 그러나 16장에서 화두로 떠오르는 것은 교회의 방어적 자세가 아니라 기독교인들의 '공격적 노력들'(offensive efforts)이다. 즉 요한복음 16:8-11에서 성령은 우리가 살고 있는 세상의 도덕적, 영적 타락을 고발하신다.[25]

루이스(C. S. Lewis)는 그의 유명한 우주 3부작에서 훌륭한 이미지를 제공해 준다. 그 시리즈의 영웅은 램섬(Ransom)이다. 그는 대학의 문헌학자인데 두 악마적 인간들(그들은 화성인들에 따르자면 "뒤틀어진"[bent] 종(種)이다)에 의해 행성이 타락한 것을 우연히 발견하게 된다. 랜섬은 또한 우주의 참된 본질에 대해서도 배우게 된다. 그는 예를 들어, 우주를 만든 '위대한 영'(The Great Spirit)을 섬기고 있는 영적 존재들인 엘딜(Eldil)들을 만난다. 각 행성에는 우두머리 엘딜이 있다. 랜섬은 어떤 과정을 거쳐 화성과 금성의 이 "신들"(gods)을 만난다. 그들은 자신들의 행성을(그리고 그 주민들을) 죄에 빠지는 것으로부터 지켜 왔다. 그러나 반면에 지구는 "고요한 행성"(the Silent Planet)이다. 왜냐하면 그곳은 어둠이 지배하기 때문이다. 시리즈의 핵심은 인간 타락의 본질에 관한 루이스의 탐구이다. 첫 두 책에서 랜섬이 화성과 금성을 탐험하고 난 후 세 번째 책에서 랜섬은 지구에서 어둠 즉 "세상"의 비참함과 맞부딪친다. 우주의 거룩한 세력들은 지구의 타락이 다른 영역으로 넘쳐흐르기 전에 지구의 악을 소멸해 버리기로 결정하다.

어느 날 저녁 엘딜들은 처음으로 높은 하늘에서 내려와 지구를 포위공격하기 시작한다. 갑자기 그들은 눈부신 광채 속에서 랜섬의 진영에 나타난다. 그들의 모습은 찬란한 빛의 기둥 같았다. 그들은 강력하고 위험스러웠으며 랜섬이 상상할 수 없을 정도의 빠른 속도로 빙빙 돌아가고 있었다. 그러나 중요한 부분은 이것이다. 그 빛의 기둥들은 정확한 수직이 아니라 10도 정도 기운 것처럼 보였다. 그러나 랜섬은 그것들이 "10도 기운 것"이 아니라 그 기둥들은 "참된 수직선"(true vertical)에 맞춰져 있으며 오히려 세상의 모든 것이 "10도 기울어져"(off 10 degrees) 있음을 알게 되었다. 처음으로 랜섬은 "참된 수직선"을 보았다. 그리고 그것은 온 세상을 비정상적인 것으로 보이게 만들었다. 랜섬은 그 이후로는 세상의 마루바닥이 수평이 아니라는 사실을 알게 되었다.

이것은 인간의 비참과 타락을 가장 창조적으로 그려낸 작품들 중 하나이다. 루

---

25. 성령의 사역의 일반적 적용에 대한 연구서로는, L. Newbigin, *The Light Has Come* (Grand Rapids: Eerdmans, 1982), 211-14.

이스가 그려내는 인간의 부패성은 우리를 아연실색하게 한다. 그 책들은 우리를 질책하고 있다. 우리는 세상의 죄 때문에 크게 놀라야 하지만 우리는 그러지 않는다.

그러므로 교회의 임무는 세상을 항상 정직하게 평가하는 '하나의 목소리'(one voice)가 되는 것이다. 그 목소리는 세상이 죄, 의, 그리고 심판의 의미를 왜곡하고 있음을 말해야 하고, 세상에 정의와 자비가 없음을, 그리고 세상이 하나님을 두려워함 속에서 참된 덕목을 함양시키는 데 실패하고 있음을 용감하게 지적해야 한다. 교회의 증거함은 "참된 수직선"을 제시해야 한다. 그래서 세상이 우리의 실재를 어떻게 비뚤어지게 만들었는지를 사람들로 하여금 보게 만들어야 한다. 이것이야말로 우리가 그 일을 하도록 성령이 능력을 주시고자 하는 담대한 선포이다.

"하나님의 이름으로! 우리는 이것을 말해야 함을 안다.…인간들의 불경스러움과 불의함에 대하여 하나님의 진노가 드러났다."[26] 이것은 칼 바르트(Karl Barth)가 로마서 1:18-21에 관한 주석에서 분노에 차서 한 말이다. 그 본문에서 바울은 예수가 요한복음 16장에서 묘사하고 있는 그런 세상을 고소하고 있다. 루이스가 제2차 세계대전의 공포를 겪은 후에 글을 썼듯이 바르트는 제1차 세계대전이 끝나갈 무렵에 글을 썼다.—두 사람 모두 그들이 인간의 마음속에서 발견한 것들에 대해 진저리를 쳤다. 개인들이 단지 죄를 선호하는 경향을 갖고 있는 정도가 아니다. 부패는 보편적이고 피할 수 없는 것이 되었다. 삶의 모든 시스템들은 세상이 빛이라 부르는 어둠을 지탱해 주고, 오직 세상만이 공평이라고 부르는 부정의를 지켜주기 위해 만들어졌다.

그러므로 요한복음 16:8-11의 명령은 우리 세대의 세상 속에서 참된 신경체계(nerve-system)를 확인하고 진단해 보라는 명령이다.—그것은 기도 속에서, 성령의 인도하심을 받아, 그리스도의 음성을 들음으로 이루어진다. "이 세상 임금이 심판을 받았음이라"(요 16:11b)라는 말씀의 뜻은 도덕적, 영적 투쟁이 단지 특별한 죄인들과 관련된 것이 아니라는 것이다. 그것은 그들의 공동체, 조직, 정부, 그리고 정치가 사탄에 의해 조종을 받는 모든 사람들과 관련된 것이다. 이를테면, 인종차별적 프로그램의 부정의를 진단하는 일은 영적 전쟁이 된다. 전세계 혹은 어떤 특정 지역의 고난과 고통을 지속시키는 정치체제의 부정직성과 사악성을 드러내는 일도 역시 영적 전쟁이다.

때로는 그런 활동에 대해 (만약 우리가 정치적 혹은 군사적 악을 거론한다면)

---

26. K. Barth, *The Epistle to the Romans*, 6th ed. (1918, 1928^{6}; ET: Oxford: Oxford Univ. Press, 1932), 42.

비애국적이라거나 (만약 우리가 악한 행위의 주동 세력을 지목한다면) 반사회적이라는 딱지가 붙을 것이다. 그러나 한 번 모습을 드러낸 참된 수직선은 모든 마루바닥들이 수평면이 될 것을 요구한다. 모든 마루바닥들이 말이다! 왜냐하면 모든 마루바닥들은 그 밑에서 기초를 형성하고 있는 세상에 의해 휘어졌기 때문이다.

만약 교회가 성령에 대해 말할 때 성령이 가져다주는 감정적 치료나 혹은 성령의 힘으로 이루어지는 찬양과 경배에 대해서만 이야기한다면, 그 교회는 성령의 사역의 상당한 부분을 놓치고 있는 것이다. 은사들, 치료들, 그리고 표적들과 기적들은 성령의 사역의 일부일 뿐이다. 성령은 또한 세상에 대한 고발에도 관여하신다. 그리고 성령은 전투와 투쟁과 승리에도 관여하셔서 예수가 설명하신 하나님의 나라가 겨자씨처럼 성장해서 모든 사람들이 볼 수 있는 나무로 우뚝 서게 하신다(마 13:31-32).

성령과 계시. 사도행전 10-11장은 놀라운 이야기를 담고 있다. 우리는 그것을 종종 고넬료의 개종 이야기라고 부르지만 나는 그것을 베드로의 변화 이야기라고 생각한다. 로마군의 백부장을 개종시키기 위해 베드로로 하여금 유대인의 욥바를 떠나 이방인의 가이사랴로 여행을 하도록 만든 것은, 베드로의 선교적 열정이나 어떤 자유로운 신학적 견해가 아니었다. 레슬리 뉴비긴(Lesslie Newbigin)은 이렇게 말한다.

> 베드로를 그곳에 데려가신 것은 성령이었다. 그리고 사도들 자신들이 받았던 것과 동일한 구원과 기쁨의 경험을 고넬료와 그 가속들에게 주심을 통해 베드로의 가장 강한 모든 종교적 확신들을 흩어져 버리신 것도 성령이었다. 그 '기정사실'(fait accompli) 앞에서 베드로는, 그리고 후에는 모든 교회까지도, 단지 인도하심을 받는 대로 따라갈 수밖에 없었다.[27]

베드로는 성령에 의해 강압적으로 새로운 신학적 영역 속으로 인도되었다. 그곳은 베드로에게 완전히 불확실하게 보였을 것이다. 이것이 예수가 요한복음 16:12-14에서 묘사하시고 있는 것이다. 성령은 "진리의 영"으로서 추종자들을 모든 진리 가운데로 인도하실 것이다. 그 진리들은 그 당시에는 제자들이 감당할 수 없는 것이었지만 예수가 후에는 꼭 그들에게 말씀하고 싶으셨던 것들이었을 것이다.

---

27. L. Newbigin, *The Light Has Come*, 216.

여기에 질문의 핵심이 있다. 성령은 단지 각 세대로 하여금 예수의 진리들을 새로운 방식으로 적용하게 하시는가? 분명히 그것은 사실이다. 하지만 성령은 또한 예수의 역사적 사역 기간동안에는 알려지지 않았던 새로운 영역, 새로운 교리, 그리고 새로운 활동들 속으로 우리를 인도하시는가? 현재의 예에서 우리는 사도행전 10:14에서의 깨끗하고 더러운 것에 대한 베드로의 언급이 마태복음 15:11을 상기시킨다고 말할 수 있을 것이다(막 7:19; cf. 롬 14:14). 그곳에서 예수는 새로운 잣대를 사용하여 "불결한 것"(unclean)을 재정의하신다. 성령은 이 진리를 예상치 못했던 방법으로 적용하기 위해 단순히 사도들을 압박하셨다. 그러나 다른 이들은 이방인의 개종은 전혀 예상치 못했던 새로운 어떤 일이었다고 주장해 왔다. 인종적 문화적 장벽을 넘어선다는 것은 예수가 예언하지 않았던 일이며, 그것은 이제서야 겨우 성령이 드러내시는 일이라는 것이다.[28]

요한복음은 성령과 해석 사이의 관계에 대해 뭔가를 말해 주는 유일한 복음서이다. 요한은 예수의 말씀의 보다 깊은 의미는 그가 영광을 받으시고 사도들이 성령을 경험한 다음에야 비로소 알려지게 되었다는 사실을 잘 알고 있다. 두 곳에서 요한은 예수의 말씀의 평이한 의미가 그 원래의 배경 속에서 드러나지 않은 채 덮여져 있었으며, 예수가 영광을 받으신 이후에야 (그리고 그것에 수반한 성령의 선물이 주어진 다음에야) 참된 이해가 주어졌다고 특별하게 언급하고 있다(요 2:22; 12:16). 이것이 바로 예수가 요한복음 16:25에서 비유가 아닌 평이한 말이 그의 말의 정확한 의미를 드러내게 될 것이라고 말씀하실 때 의미하신 것이다. 베일에 덮인 계시는 사라질 것이다. 영적 통찰력의 명료함이 사도들에게 선물로 주어질 것이다.

우리는 예수의 삶의 이야기를 복음서 자체 속에 "써넣으려는"(write up) 요한의 헌신적 수고에도 이런 시각을 적용할 수 있을 것이다. 예수께서 말씀하시고 행하셨던 것들을 요한의 마음에 떠오르게 하신 분은 성령이시다(요 14:26). 성령은 또한 예수의 사역의 심층을 탐구하며 요한을 "모든 진리"(all truth) 속으로 이끄셨다. 이것은 또한 요한이 복음서에서 왜 아이러니와 "오해"(misunderstanding) 모티브를 사용하는지를 설명해 준다. 많은 곳에서 예수의 청중들은 그의 목적을 오해했다. 그리고 오직 성령의 선물이 주어진 후에야 추종자들은 실제로 그 의미를 알 수

28. 참조. 마 10:5-6, "예수께서 이 열 둘을 내보내시며 명하여 이르시되 이방인의 길로도 가지 말고 사마리아인의 고을에도 들어가지 말고 오히려 이스라엘 집의 잃어버린 양에게로 가라."

있었다.

그러므로 성령의 사역은 첫째로 우리가 성경을 해석할 때 성령에 의한(Spirit-directed) 조명을 제공하는 것이다. 이것은 하나님의 말씀이고 이제 하나님의 영이 우리를 위해 그것을 여신다. 칼빈과 수많은 개신교 해석자들에게 있어서 요한복음 16:13의 "모든 진리"는 하나님의 인도하심을 받아 열리고 검토되는 성경을 말한다.[29]

그러나 이것이 성령과 계시에 대해 우리가 말할 수 있는 모든 것이라면 이것은 요한복음 16:12-14에 대한 적절한 설명이 아니다. 예수는 그들이 들어보지 '못한' 일들을 성령이 드러내실 것이라고 말씀하신다. 물론 그런 이해는 수세기에 걸쳐서 수많은 남용의 예들을 만들어 왔다. 자칭 교사들과 뉴에이지 선지자들은 자신들이 성경에 없는 새로운 가르침들을 내세울 때 항상 성령의 권위를 주장해 왔다. 이런 남용의 예들 때문에 현대의 많은 주석가들은 그런 계속적 계시에 대해 매우 조심스러운 태도를 취하게 되었다. 이는 이해할 만한 일이다. 그런 주석가들 중 일부는 우리가 하고 있는 일은 단지 현대 교회의 이슈들을 요한의 고대문서 속으로 억지로 밀어 넣는 일일뿐이라고 주장한다.[30] 하지만 사실은 그렇지 않다.

요한의 추종자들은 성령이 계속적인 계시의 힘을 가지고 있었던 것으로 이해하고 있었다는 사실에 대한 가장 좋은 증거는 요한일서에서 요한이 공격한 남용들 속에서 찾을 수 있다.[31] 많은 거짓 선지자들이 세상에 나왔기 때문에, 요한을 따르는 자들은 영들이 과연 하나님께 속했는지 그들을 시험할 필요가 있었다(요일 4:1). 요한은 이 교사들과의 논쟁에서 영적 은사 자체를 부정하지 않는다. 다만 그것을 시험해 볼 것을 요구한다. 성령에 대한 예언적 이해를 부당하게 사용하는 거짓 교사들에 의해 문제가 야기되고 있다. 그들은 교회를 잘못된 교리들로 이끌고 있다. 여기서 요한은 엄격한 가이드라인을 제공한다. "이로써 너희가 하나님의 영을 알지니 곧 예수 그리스도께서 육체로 오신 것을 시인하는 영마다 하나님께 속한 것이요 예수를 시인하지 아니하는 영마다 하나님께 속한 것이 아니니"(요일 4:2-3). 이것은 예수가 요한복음 16:14-15에서 제시하는 것과 동일한 시험이다. 성

29. J. Calvin, *John*, 375. 칼빈은 딤후 3:17을 지적하며 성령이 성경본문에 영감을 불어넣을 뿐만 아니라 우리가 그것을 사용할 수 있도록 해 주신다는 점을 지적한다. 다음의 학자들도 비슷한 지적을 한다. Carson, *The Farewell Discourse and Final Prayer of Jesus*, 150-51; Brown, *John*, 2:716.

30. 이를테면, Carson, *John*, 542.

31. 참조. Brown, *The Community of the Beloved Disciple*, 138-44.

령은 예수를 영화롭게 할 것이며 예수가 이미 계시하신 것에서 떠나시지 않을 것이다. 예수를 영화롭게 하기를 거절하는 자는 선지자적 목소리를 낼 자격이 없다.

그러므로 오늘날 성령의 사역을 볼 때, 우리는 성령이 단지 예수의 가르심을 각 세대를 위해 상기시키고, 그것에 권위를 부여하고, 그것을 활기 있게 만들뿐만 아니라, '또한' 교회 안에서 창조적으로 사역하시며, 새로운 예언적 말씀을 가져다주시기도 하는 것을 본다.[32] 이 말씀은 예수의 역사적 말씀과 결코 충돌하지 않으며 예수의 영광을 결코 경감시키지 않는다. 오히려 그것은 교회로 하여금 새로운 방법으로 그 메시지와 임무를 보게 만든다. 요한복음 16:13의 "모든 진리"는 아마도 기대치 못했던 어떤 것, 어떤 새로운 영역을 의미하거나(현대적인 이방의 가이사랴처럼), 혹은 현대에 있어서 예수가 하기를 원하시는 어떤 새로운 사업일 수도 있다. 교회와 그 지도자들의 임무는 그 일이 어떤 것인지를 매우 신중하게 분별해 내는 것이다.

성령의 음성을 역사적인 과거의 말씀을 반복하는 것으로 제한하는 것, 즉 성경 본문의 적용으로 제한하는 것은 현대의 이슈들에 대해 말씀하시고자 하는 성령의 사역을 제한하는 것이다. 바울의 글에서 선지자들과 교사들을 사도들에 이어 두 번째와 세 번째로 권위 있는 자들로 나열한 것은 흥미롭다(고전 13:28). 사도행전 13:1을 보면 안디옥 교회에는 사도들이 없었고 선지자들과 교사들이 교회를 이끌었다. 성령은 교회를 성경의 깊은 의미로 인도하는 자들(교사들)에게도 함께 하셨고, 오늘날의 세상 속에 있는 교회를 위해 현재의 말씀, 역동적인 말씀을 전하는 자들(선지자들)에게도 함께 하셨다.

부활과 결단. 요한복음 16장에는 "조금 있으면" 제자들이 예수를 다시 보게 될 것이라는 확언의 말씀이 반복되어 나타난다. 내가 위에서 주장한 것처럼 여기서 "본다"(seeing)는 것은 부활을 가리킨다. 왜냐하면 부활의 날에는 "주님을 본다"(seeing the Lord)는 것이 부활하셔서 영광스럽게 되신 예수를 만났다는 것을 뜻하는 표어가 되었기 때문이다. 주님을 보는 일의 중요성은 요한일서 1:1-3에서도 강조되고 있다.

태초부터 있는 생명의 말씀에 관하여는 우리가 들은 바요 '눈으로 본 바요' '자세히 보

---

32. 참조. T. Smail, *The Giving Gift: The Holy Spirit in Person*, 75; 계 1:10에서 어떻게 요한 자신이 "성령 안에서"(in the Spirit) 승천 이후에 말씀하시는 예수를 경험했는지를 주목하라.

고' 우리의 손으로 만진 바라. 이 생명이 나타내신 바 된지라 이 영원한 생명을 '우리가 보았고' 증언하여 너희에게 전하노니 이는 아버지와 함께 계시다가 '우리에게 나타내신 바' 된 이시니라. '우리가 보고' 들은 바를 너희에게도 전함은 너희로 우리와 사귐이 있게 하려 함이니 우리의 사귐은 아버지와 그의 아들 예수 그리스도와 더불어 누림이라.(저자의 강조)

요한에게 있어서 부활하신 예수를 구체적으로 눈으로 보고 만났다는 사실이 그의 증거의 기초라는 사실은 분명하다. 여기서 "본다"는 것은 마치 이제 그의 신앙 속에서 부활에 대한 믿음이 그에게 "동터 왔다"(dawned)는 식의 어떤 은유적 표현이 아니다. 이 예수는 보여졌고 또한 "만져졌던"(touched) 분이시다. 이것은 요한이 그의 서신들 속에서 큰 확신을 가지고 언급하고 있는 객관적인 사실이다(요일 1:1, 3; 3:2, 6; 4:1, 12, 14, 20; 5:16; 요삼 1:11). 요한일서의 이 구절들은 요한이 반복해서 사용하고 있는 "처음부터 있던"(that which was from the beginning) 이라는 언급과 연관된다(요일 1:1; 2:7, 13-14, 24; 3:11; 요이 1:5). 이것은 예수의 진리를 위한 가장 강력한 확증이 부활주일 아침에 발견되었다는 사실을 그의 추종자들에게 상기시킨다. 부활은 자기 자신에 대한 예수의 진리주장에 대해 정당성을 부여했고, 사도들로 하여금 예수의 지상생애를 되돌아보며 여러 사건들의 보다 깊은 의미에 대해 (성령의 도우심을 받아) 묵상해 보도록 만들었다.

바울은 고린도전서 15장에서 똑같은 주장을 한다. 그의 신앙의 진리는 단지 자신을 정당화시키는 어떤 영적 경험들 속에서가 아니라 죽음으로부터의 부활이라는 실체 속에서 찾아야 한다. "그리스도께서 만일 다시 살아나지 못하셨으면 우리가 전파하는 것도 헛것이요 또 너희 믿음도 헛것이며"(고전 15:14).

최초의 기독교인들에게 있어서 예수의 부활은 복음전도와 선포의 출발점이었다. "그가 하나님께서 정하신 뜻과 미리 아신 대로 내준 바 되었거늘 너희가 법 없는 자들의 손을 빌려 못 박아 죽였으나 하나님께서 그를 사망의 고통에서 풀어 살리셨으니 이는 그가 사망에 매여 있을 수 없었음이라"(행 2:23-24). 베드로가 오순절 설교에서 했던 이 말은 사도행전의 설교들 속에서 반복해서 나타난다(참조. 행 4:10; 5:30; 10:40; 13:30, 34, 37; 26:8). 우리의 선포도 그래야 한다. 그리스도의 부활은 세상을 위해 우리가 가지고 있는 담대하고 물러설 줄 모르는 메시지가 되어야 한다. 예수는 이 순간이 그를 따르는 자들에게 어떤 의미를 지니게 될 지를 아신다. 그는 "너희 마음이 기쁠 것이요"(요 16:22)라고 말씀하신다. "너희 근심이 도리어 기쁨이 되리라"(요 16:20). 틀림없이 부활주일은 사도들의 믿음을 한 단계 높여주는 계기가 되었을 것이다. 그리고 부활은 오늘날 우리가 읽는 신약성경의 많은 부분들을 위해 영감을 제공해 주었을 것이다.

하지만 오늘날의 우리는 어떤가? 우리는 그런 부활의 순간을 기다릴 수 있는 시대 속에서 살고 있지 않다. 요한복음 16장이 말하는 "조금 있으면"은 이제 먼 과거가 되었다. 예루살렘에서의 예수의 부활은 우리가 가리킬 수 있는 개인적 경험이 아니다. 그 대신 그것은 우리가 열정적으로 고수하려고 하는 견고한 교리가 되었다. 나는 요한, 베드로, 야고보, 그리고 다른 제자들이 누렸던 부활주일 경험을 부러워한다. 그리고 나는 "보지 못하고 믿는 자들은 복되도다"라는 요한복음 20:29에서의 예수의 축복이 나와 나의 세대에 대한 것이 아니었으면 하고 바란다. 우리는 영적으로 불완전하고 불충분한 가운데서 살고 있다. 우리는 부활주일을 기다리고 있던 제자들과 다르지 않다. 바울이 솔직히 고백하고 있듯이 우리의 시야는 어두운 유리 혹은 고대의 거울을 통해 보듯이 흐릿하다(고전 13:12). 우리는 "얼굴과 얼굴을 대하여"(고전 13:12b) 보고 우리의 모든 의문들이 사라지게 될 날을 고대한다(요 16:23a).

요한복음 16장을 오늘에 적용하기 위해서는 예수가 자기계시의 네 가지 에피소드에 참여하고 계시다는 사실을 우리가 분명히 기억해야 한다. (1) 예수의 지상사역이 있었는데 그 기간동안 그를 따르는 자들은 많은 오해를 했다. (2) 그의 부활은 그들이 경험하기를 간절히 원하던 확실성과 명확성을 제공했다. (3) 예수는 성령을 약속하셨다. 성령은 예수가 안 계신 동안 그의 인격적인 내주자로서의 역할을 하실 것이다. (4) 우리는 그의 재림을 기다린다. 그때가 되면 우리는 그를 다시 보게 될 것이다.

우리의 경험(에피소드 3)은 우리가 올바로 이해하기 위해 노력하고 완전한 명확성을 사모하고 있다는 점에서 제자들의 경험(에피소드 1)과 유사하다. 그러나 우리는 하나의 분명한 이점을 가지고 있다. 우리는 성령을 소유하고 있다. 그는 심지어 사도들도 갖지 못했던 통찰력과 이해를 우리에게 제공하신다. 예수의 부활은 제자들에게 궁극적인 확신을 주는 경험이 되었다. 우리는 뒤쪽을 바라보며 그것을 지적할 수밖에 없지만(그것은 그들의 권위에 대한 확인이다), 우리는 그리스도의 재림에 대해서는 '앞쪽을'(forward) 지적해야 한다. '즉 부활이 사도들을 도왔던 것과 똑같은 방식으로 재림은 교회를 돕는다.'

신학적 용어를 사용하자면 이것은 하나님 나라의 "이미"(already)와 "아직 아니"

(not yet) 사이의 긴장이다. 우리는 그 중간시대를 살아가는 시민들이다. 우리는 그리스도에 의해 이미 시작된 하나님의 나라 속에서 살고 있다. 그러나 우리는 또한 역사의 마지막 순간에 그 나라가 완성될 것을 고대한다. '예수의 역사'(history of Jesus; 즉 그의 기적들, 그의 비유들, 그의 빈 무덤)는 반드시 '우리의 예수 경험'(our experience of Jesus; 즉 그의 주되심, 그의 내주하는 성령)과 결합되어야 한다. 그래야만 그의 재림의 약속의 성취를 기다리는 동안 신실함을 지킬 수 있는 참된 제자도를 형성할 수 있다. 재림의 때가 되면 우리는 그를 다시 "보게" 될 것이다(cf. 요일 3:2).

"세상에서는 너희가 환난을 당하나". 요한복음 16:33에서의 예수의 말씀과 관련하여 오해가 있다. "이것을 너희에게 이르는 것은 너희로 내 안에서 평안을 누리게 하려 함이라. 세상에서는 너희가 환난을 당하나 담대하라 내가 세상을 이기었노라."[33] 이것이 뜻하는 것은 오늘날 수많은 인기 있는 설교자들이 주장하듯이 예수의 "평안"(peace)이 우리로 하여금 삶의 불행들로부터 탈출할 수 있는 능력을 준다는 것인가? 예수에 대한 믿음은 자동적으로 우리의 모든 문제들을 해결하는가?

나는 우리가 하나님 나라의 중간시대를 사는 시민들이라고 말했다. 우리는 뒤쪽으로는 예수의 부활을 그리고 앞쪽으로는 그의 재림을 바라본다. 우리는 성령으로 무장한 채 그의 사도들이 보았던 것처럼 예수를 보기를 사모하고 있다. 이런 중간시대를 살아가는 시민들로서 우리는 우리의 삶의 성격이 어떤 것일 지에 대해 충분히 이해할 필요가 있다. 어떤 해석자들에게 있어서 "예수의 승리"(victory of Jesus)를 소유한다는 것은 불행, 갈등, 가난, 싸움, 그리고 환멸로부터 자유롭게 됨을 뜻한다.

예수가 여기서 평안과 환난을 한꺼번에 말씀하신다는 것이 흥미롭다. 이것은 우리로 하여금 여기서 말하는 평안이 무엇을 의미하는지를 조심스럽게 정의하게 만든다. 한 종류의 평안은 모든 원수들이 사라지는 것이다. 다른 종류의 평안은 원수들과 싸우면서도 고뇌로부터 자유로운 것이다. 아무 문제가 없는데 평안하지 못할 사람이 세상에 어디 있겠는가? 그러나 예수가 염두에 두고 계신 것은 후자, 즉 폭풍 중의 평안함이다. 도널드 밀러는 다음과 같은 예를 든다.

---

33. 이 섹션에 있어서 나는 피츠버그 신학대학원(Pittsburgh Theological Seminary)의 전(前) 총장인 도널드 밀러(Donald Miller) 목사의 훌륭한 설교에 빚을 지고 있다. 설교 제목은, "시련이 있으나…"(Tribulation; but…)(165-70).

> 예를 들어, 아이가 없고, 집에 찾아올 사람도 거의 없고, 모든 현대식 살림용품들을 다 가지고 있고, 자질구레한 일들을 대신 해 줄 하인들이 있는 가정주부가 평안을 누리고 있다면 놀랄 일이 아니다. 그러나 다섯 아이의 어머니이고, 집으로 찾아오는 수많은 친척들이 있고, 편리한 살림용품도 거의 없고, 자신을 기꺼이 도와 줄 하인도 없는 가정주부가 짜증을 내지 않고, 걱정도 하지 않고, 매일 부과되는 혼란스럽고 엄청난 일들을 균형과 위엄을 유지하면서 감당해 나가고 있다면 그것은 놀라운 일이다.
>
> 이런 유형의 평안—혼란 속에서의 평온—은 "더 쉬운"(easier) 평안보다 우월한 것이다. 왜냐하면 그것은 장애물들을 피하면서가 아니라 그것들을 정복하면서 지탱되는 것이기 때문이다.[34]

그러므로 우리는 평안과 환난은 서로를 부정하는 것이 아님을 반드시 기억해야 한다. 예수의 평안은 이 세상의 불확실성들과 투쟁들을 진지하게 받아들이는 것이다. 그러나 예수의 평안을 가진 자는 갈매기가 사나운 바다의 표면 위를 날 듯이 근심 없이 높은 곳으로 오르고 또 골짜기 깊은 곳으로 내려갈 수 있다.

우리는 이 세상은 하나님의 것들에 대해 정말로 적대적인 곳임을 이 복음서에서 반복해서 보아 왔다. 그 속에서 살아가는 제자는 투쟁, 갈등, 심지어 전투를 경험할 필요가 있다. 세상의 가치, 비전, 도덕성, 이교도적 종교적 직관들, 이 모든 것들은 성경의 하나님에 대해 적대적이다. 이런 점에서 기독교 제자도는 전쟁에로의 부름과 같은 것이다. 다시 밀러 목사의 글을 인용해 보기로 하자.

> 기독교인이 세상 속에 있는 한 그는 폭도들에게 시달리듯이 계속 압력을 받게 될 것이다. 그는 마치 어떤 무거운 물체가 가슴 위에 놓인 것처럼 영적으로 눌리게 될 것이다. 그는 영적 고뇌를 경험하게 될 것이다. 이것 역시 예수가 우리에게 말씀하셨다. 그러므로 그가 평안에 대해 말씀하실 때, 아무 문제가 없는 상태에서의 평안을 말씀하시는 것이 아니라 전투에 나선 용사의 내적 확신을 말씀하시는 것이다. 그 용사는 지쳤고, 목이 마르고, 적에 비해 수도 부족하고, 부상도 입었지만, 승리의 결과를 확신하며 용감하게 싸움을 계속해 나간다. 우리는 환난 '으로부터'(from) 구원받은 것이 아니라 환난 '속에서'(in) 구원을 받았다.[35]

34. Ibid., 166.
35. Ibid., 168.

세상의 실재의 모습을 아시는 예수는 "담대하라"(Take heart. 요 16:33b)라고 말씀하신다. 여기서 사용된 헬라어 동사는 갈리리 호수에서 폭풍우가 몰아칠 때 제자들에게 사용하셨던 단어와 같은 것이다(막 6:50). 보다 정확하게 말하자면 그 단어의 뜻은 "용기를 가지라"(have courage)이다. 여기서의 의미는 주위환경을 잘 파악하면서도 그것을 극복하라는 것이다. 그러나 이 구절을 균형 있게 이해하기 위해서는 격려의 근거를 아는 것이 중요하다. 예수는 "용기를 가지라! 너희가 세상을 이길 것이다"라고 말씀하지 않으신다. 헬라어 문장구조는 강조형이다. "용기를 가지라! '내가'(I) 세상을 이겼다."

만약 예수께서 "용기를 가지라! 내가 세상을 이겼다. 너도 할 수 있다"라고 말씀하셨다면 그것은 우리에게 좋은 소식이 되지 못할 것이다. 만약 어떤 골프 챔피언이 거의 모든 티샷을 그린에 올려놓으면서 당신에게 "자, 용기를 가지세요. 나는 해냈습니다. 당신도 할 수 있습니다"라고 말한다면 그것은 전혀 격려가 되지 못한다. 만약 어떤 우수한 학생이 시험을 아주 잘 보고는 공부를 잘 못하는 친구에게 "용기를 내. 나는 시험을 잘 봤어. 너도 잘 볼 수 있어"라고 말한다면 그것은 그 친구에게 더 큰 절망감을 안겨 줄뿐이다.

만약 예수가 단순히 우월한 인생을 산 영웅적 인물에 불과하다면, 만약 그가 단지 우리가 꿈꾸는 스타와 같은 본보기에 불과하다면, 그는 우리에게 별 가치가 없을 것이다. '우리는 세상을 이기기 위해 노력했다. 그러나 우리는 실패했다.' 예수의 우월한 인성의 예는 단지 나의 열등감을 더 견디기 힘든 것으로 만들 것이다.

그러나 만약 예수가 인간 이상의 존재라면, 만약 그가 단지 그 자신만을 위해서가 아니라 우리를 위해, 모든 인간을 위해 세상을 이긴 하나님의 아들이시라면, 만약 그의 삶 속에서의 승리가 우리가 누릴 수 있는 승리가 될 수 있다면, 즉 우리가 그를 믿음으로 받아들일 때 그 승리가 우리에게까지 확장될 수 있다면, 그렇다면 그의 승리는 우리의 승리가 될 수 있을 것이다. 그러므로 그는 우리에게 참으로 좋은 소식을 들려주고 계신 것이다. "용기를 가지라! 나는 너의 원수들과 대적해서 그들을 이겼다. 나는 네가 싸워야 할 인간경험의 전장 위에서 너의 싸움을 싸웠다. 그리고 적을 패주시켰다. 너는 그 일을 결코 할 수 없다. 하지만 나는 그 일을 했고 네 속에서 그 일을 다시 할 수 있다. 내 안에 거하라. 그러면 나의 승리가 너의 것이다."[36]

36. Ibid., 169.

이것이 바로 기독교가 다른 모든 종교적 신앙들과 다른 점이다. 기독교는 단지 하나의 이상 혹은 도덕률을 제시하지 않는다. 기독교는 그것을 이룰 수 있는 수단을 제공한다. 기독교의 하나님은 그를 따르는 자들 속에서 사시며, 그의 아들 예수 그리스도를 통해 증명된 승리를 그들 속에서도 이루신다. 그리고 하나님이 우리들 속에서 사시기 때문에, 우리를 둘러싸고 있는 세상의 분노와 공격이 아무리 강하다 해도, 우리는 말로 표현할 수 없는 평강을 누리게 될 것이다.

요한복음 17:1-26

1 예수께서 이 말씀을 하시고 눈을 들어 하늘
을 우러러 이르시되 아버지여 때가 이르렀사
오니 아들을 영화롭게 하사 아들로 아버지를
영화롭게 하게 하옵소서
2 아버지께서 아들에게 주신 모든 사람에게 영
생을 주게 하시려고 만민을 다스리는 권세를
아들에게 주셨음이로소이다
3 영생은 곧 유일하신 참 하나님과 그가 보내
신 자 예수 그리스도를 아는 것이니이다
4 아버지께서 내게 하라고 주신 일을 내가 이
루어 아버지를 이 세상에서 영화롭게 하였사
오니
5 아버지여 창세 전에 내가 아버지와 함께 가
졌던 영화로써 지금도 아버지와 함께 나를
영화롭게 하옵소서
6 세상 중에서 내게 주신 사람들에게 내가 아
버지의 이름을 나타내었나이다 그들은 아버
지의 것이었는데 내게 주셨으며 그들은 아버
지의 말씀을 지키었나이다
7 지금 그들은 아버지께서 내게 주신 것이 다
아버지로부터 온 것인 줄 알았나이다
8 나는 아버지께서 내게 주신 말씀들을 그들에
게 주었사오며 그들은 이것을 받고 내가 아
버지께로부터 나온 줄을 참으로 아오며 아버
지께서 나를 보내신 줄도 믿었사옵나이다
9 내가 그들을 위하여 비옵나니 내가 비옵는
것은 세상을 위함이 아니요 내게 주신 자들
을 위함이니이다 그들은 아버지의 것이로소
이다
10 내 것은 다 아버지의 것이요 아버지의 것은
내 것이온데 내가 그들로 말미암아 영광을
받았나이다
11 나는 세상에 더 있지 아니하오나 그들은 세
상에 있사옵고 나는 아버지께로 가옵나니 거
룩하신 아버지여 내게 주신 아버지의 이름으
로 그들을 보전하사 우리와 같이 그들도 하
나가 되게 하옵소서
12 내가 그들과 함께 있을 때에 내게 주신 아버
지의 이름으로 그들을 보전하고 지키었나이
다 그 중의 하나도 멸망하지 않고 다만 멸망
의 자식뿐이오니 이는 성경을 응하게 함이니
이다
13 지금 내가 아버지께로 가오니 내가 세상에서
이 말을 하옵는 것은 그들로 내 기쁨을 그들
안에 충만히 가지게 하려 함이니이다
14 내가 아버지의 말씀을 그들에게 주었사오매
세상이 그들을 미워하였사오니 이는 내가 세
상에 속하지 아니함 같이 그들도 세상에 속
하지 아니함으로 인함이니이다
15 내가 비옵는 것은 그들을 세상에서 데려가시
기를 위함이 아니요 다만 악에 빠지지 않게
보전하시기를 위함이니이다
16 내가 세상에 속하지 아니함 같이 그들도 세
상에 속하지 아니하였사옵나이다
17 그들을 진리로 거룩하게 하옵소서 아버지의
말씀은 진리니이다
18 아버지께서 나를 세상에 보내신 것 같이 나
도 그들을 세상에 보내었고
19 또 그들을 위하여 내가 나를 거룩하게 하오
니 이는 그들도 진리로 거룩함을 얻게 하려
함이니이다
20 내가 비옵는 것은 이 사람들만 위함이 아니
요 또 그들의 말로 말미암아 나를 믿는 사람
들도 위함이니
21 아버지여, 아버지께서 내 안에, 내가 아버지
안에 있는 것 같이 그들도 다 하나가 되어 우

리 안에 있게 하사 세상으로 아버지께서 나
를 보내신 것을 믿게 하옵소서
22 내게 주신 영광을 내가 그들에게 주었사오니
이는 우리가 하나가 된 것 같이 그들도 하나
가 되게 하려 함이니이다
23 곧 내가 그들 안에 있고 아버지께서 내 안에
계시어 그들로 온전함을 이루어 하나가 되게
하려 함은 아버지께서 나를 보내신 것과 또
나를 사랑하심 같이 그들도 사랑하신 것을
세상으로 알게 하려 함이로소이다
24 아버지여 내게 주신 자도 나 있는 곳에 나와
함께 있어 아버지께서 창세 전부터 나를 사
랑하시므로 내게 주신 나의 영광을 그들로
보게 하시기를 원하옵나이다
25 의로우신 아버지여 세상이 아버지를 알지 못
하여도 나는 아버지를 알았사옵고 그들도 아
버지께서 나를 보내신 줄 알았사옵나이다
26 내가 아버지의 이름을 그들에게 알게 하였고
또 알게 하리니 이는 나를 사랑하신 사랑이
그들 안에 있고 나도 그들 안에 있게 하려 함
이니이다

원 의미

요한복음 17장은 사복음서의 그 어느 장과도 달리 우리로 하여금 예수의 마음을 엿볼 수 있게 해 준다. 이 "사랑 받는 복음서"(beloved Gospel)의 많은 독자들에게 있어서 이 장은 "사랑 받는 장"(beloved chapter)이다. 본 장은 예수가 그의 삶과 사역을 통해 표현하고자 했던 것이 무엇이었는지를 너무나 많이 보여주고 있다.[1] 이것은 우리가 가지고 있는 예수의 기도 중 가장 긴 것이다. 누가는 자주 예수의 기도를 언급하고 있다(눅 3:21; 5:16; 6:12; 9:18, 28-29; 11:1; 22:41-45; 23:46). 아마도 주기도문이 이에 필적할 수 있을 것이다. 그러나 주기도문마저도 여기서 제공하고 있는 생각의 깊이와 범위를 따라잡지 못한다.[2] 어떤 사람의 기도를 들어보면 종종 하나님에 대한 그 사람의 의식의 더 깊은 곳을 보게 된다. 본 장은 바로 그런 것을 제공한다. 백여 년 전에 한 주석가가 이렇게 썼다. "이 기도를 묘사하려는 그 어떠한 시도도 그것의 장엄함과 애절함, 감동적이면서도 고귀한 성격, 그리고 다정하면서도 동시에 승리를 기대하게 하는 어조를 제대로 표현하지 못한다."[3]

1. 우리는 오직 본 장만을 다룬 경건서적을, 특히 옛날 서적들 중에서 발견할 수 있다. 예를 들면, H. C. G. Moule, *The High Priestly Prayer* (London: Religious Tract Society, 1908). 모울(Moule)은 이렇게 적고 있다(9), "이것[이 기도]에 대해 주석을 쓰려는 자는 먼저 자신을 준비시켜야 한다. 즉 그분께 경배하기 위해 그 문지방 앞에서 무릎을 꿇어야 한다."
2. 참조. M. M. B. Turner, "Prayer in the Gospels and Acts," in D. A. Carson, ed., *Teach Us to Pray. Prayer in the Bible and the World* (Grand Rapids: Baker, 1990), 58-83.
3. W. Milligan and W. F. Moulton, *Commentary on St. John* (Edinburgh, 1898), 다음에서 재인용, L. Morris, *John*, 634.

고별강화의 서론에서(요 14장의 주석 참조) 우리는 요한복음의 이 장들이 유대교의 어떤 문학형식에 잘 들어맞는다고 결론을 내렸었다. 죽어가는 혹은 길을 떠나는 지도자들, 선지자들, 그리고 랍비들은 일반적으로 그들의 "마지막 말"(final words)을 남겼다. 그것은 대개 뒤에 남겨지는 제자들을 위한 교훈을 담고 있다. 이 전통은 또한 "고별 기도"(departing prayer)를 사용하고 있다. 그 기도는 고별사의 마지막을 장식한다. 앞에서 우리는 신명기에서의 모세의 고별사를 살펴보았다. 이제 우리는 그것으로 되돌아 갈 수 있다. 모세의 고별사(신 32-33장)는 요한복음 17장과 유사하게 기도의 형태를 띠고 있다. 이스라엘이 듣고 있는 가운데 모세는 하나님을 찬양하기 시작한다. "내가 여호와의 이름을 전파하리니 너희는 우리 하나님께 위엄을 돌릴지어다!"(신 32:3). 이 긴 기도 이후에 모세는 이스라엘 백성들에게로 돌아서서 미래를 위해 그들을 축복하는 기도를 드린다(신 33장).

이것이 요한복음 17장의 패턴이다. 예수는 먼저 하나님에 대한 개인적 관계에서 시작하신 후(요 17:1-8) 교회와 그 미래를 위해 기도를 드리신다(요 17:9-26). 레위기에서 제사장 아론이 제사와 기도를 드리는 법을 배울 때도 같은 패턴이 나타난다. 그는 먼저 자기 자신을 위해 기도와 경배를 드린 후(레 16:11-14) 백성들을 위해 속죄제와 기도를 드린다(레 16:15-19).

기술적으로 보았을 때 예수의 기도는 이렇게 두 부분으로 나뉘어져 있다. 그런데 기도의 두 번째 부분은 다시 두 부분으로 나뉘어야 한다. 개인적인 기도 이후에 예수는 그 자신의 제자들을 위해 기도하신다(요 17:9-19). 그리고 나서 그는 '그들의'(their) 제자가 될 자들을 위해 기도하신다(요 17:20-26). 이것은 기도를 세 개의 섹션들로 나뉘게 한다. 예수 자신을 위한 기도, 그를 따르는 자들을 위한 기도, 그리고 훗날의 교회를 위한 기도. 이런 구성은 아주 잘 조직되어 있어서, 브라운(Brown)은 세 파트들이 어떻게 평행적 주제들을 가지고 있는지를 보여주었다.[4]

- 각 파트는 예수가 요구 혹은 간구하시는 것으로 시작된다(1, 9, 20절)
- 각 파트는 영광이라는 주제를 가지고 있다(1-5, 10, 22절)
- 각 파트는 아버지를 부르는 부분을 포함하고 있다(5, 11, 21절)
- 각 파트는 제자들을 아버지가 예수에게 주신 자들이라고 부른다(2, 9, 24절)
- 각 파트는 그를 따르는 자들에게 예수가 아버지를 계시하심이라는 주제를 포

4. Brown, *John*, 2:750.

함하고 있다(6절, "아버지의 이름"; 14절, "아버지의 말씀"; 26절, "아버지의 이름").

이런 대칭구조는 이 기도의 역사에 관해 다양한 이론들이 만들어지도록 했다.[5] 간구에서 나타나는 "아버지"(Father)라는 용어의 자연스러운 사용은 예수의 일상적인 언어습관에서 나온 것이다.[6] 어떤 이들은 이 기도를 마지막 손질을 거친 요한복음 서론(요 1:1-18)과 비교한다. 그들은 이 기도가 요한 자신의 교회에서 개별적으로, 심지어 예전적으로 사용되지 않았을지 궁금해한다. 마가복음 14:26에서 다락방 모임을 마친 후 그곳을 떠나기 전에 제자들이 찬양을 불렀다는 사실에 주목하라. 이를 근거로 하여 어떤 이들은 이 기도가 성만찬 예식에서 사용되었을 수도 있다고 생각했다.[7] 하지만 이 모든 것들은 이론이고 그것을 증명하는 것은 불가능하다. 그러나 우리는 이 기도가 고별강화와는 동떨어져서 별개의 기원을 가진 것은 아니라고 확신할 수 있다. 왜냐하면 그 기도 속에서 발견되는 주제들은 앞선 장들 속에서 이미 나왔던 것들이기 때문이다.

우리는 또한 요한복음을 통해 얻은 예수의 초상화 속에서 이 기도의 신학적 역할을 이해하려고 노력해야 한다. 공관복음에서 예수는 체포되시기 전에 기도하시면서 그의 희생의 참된 의미 때문에 씨름하신다(마 26:36-33; 막 14:32-42; 눅 22:41-45). 그러나 겟세마네의 고뇌는 요한복음에서 전혀 암시되고 있지 않다. 요한이 볼 때 예수는 자신만만하고 희망적이시다. 기도는 예수의 체포 직전에 언급된다(요 18:3). 그것은 시간순서상 예수의 겟세마네 기도와 딱 들어맞는다. 그러나 기도의 분위기는 전혀 다르다.

그러나 그렇다고 해서 두 기도들이 서로 상충한다는 뜻은 아니다. 두 가지를 결합할 때 설득력 있는 예수의 초상화가 나온다. 그는 십자가로 인한 고뇌를 경험하시지만 또한 동시에 하나님에 대한 신뢰와 순종 때문에 결단을 내리신다. 공관복

---

5. M. L. Appold, *The Oneness Motif in the Fourth Gospel* (Tübingen: Mohr, 1976), 194-211. 기도의 대칭구조에 대한 다른 분석을 위해서는, E. Malatesta, "The Literary Structure of John 17," *Bib* 52.2 (1971): 190-214(접어 넣은 도표들 포함).

6. 스몰리(S. Smalley)는 다음의 책에서 이 기도의 역사성의 문제를 개괄적으로 다룬다. *John. Evangelist and Interpreter* (Exeter: Paternoster, 1978), 188-90.

7. 이 경우에 요한복음 17장과 비교되는 것은 '교훈집'(*Didache*)에 포함되어 있는, 우리가 가지고 있는 가장 오랜 완전한 성만찬 예배기록이다. 참조. O. Cullmann, *Early Christian Worship* (Naperville: Allensan, 1953), 110.

음은 모두 하나님에 대한 예수의 확고한 순종에 대해 기록하고 있다("내 아버지여 만일 할 만하시거든 이 잔을 내게서 지나가게 하옵소서. '그러나 나의 원대로 마시옵고 아버지의 원대로 하옵소서'"(마 26:39, 저자의 강조). 그날 밤 무슨 일이 닥치건 그것을 받아들이고 순종하겠다는 예수의 신뢰는 하나님의 뜻에 그 뿌리를 두고 있다.

많은 이들은 본 장을 "대제사장의 기도"(high priestly prayer)라고 불렀다. 그 속에서 예수는 자기 자신을 위해 또 그를 따르는 자들을 위해 기도하신다. 그런 견해는 로마서 8:34과 히브리서 7:25에 기술된 그리스도의 사역과 들어맞는다(비록 제사장으로서의 사역은 주로 승천 이후에 수행되고 있지만 말이다). 요한은 이 주제를 알고 있었고 그래서 요한일서 2:1-2에서 중재자로서의 사역을 하고 계신 예수를 그릴 수 있었다. 다른 이들에게 있어서 이것은 예수의 "헌신의 기도"(prayer of consecration)이다. 예수는 기도를 통해 자신의 죽음과 영광을 예비하시며, 그들을 위한 희생제물로 자신을 바치실 준비를 하신다. 예를 들어, 요한복음 17:19에서 예수는 희생제단을 향해 가시는 것처럼 보인다("또 그들을 위하여 내가 나를 거룩하게 하오니 이는 그들도 진리로 거룩함을 얻게 하려 함이니이다"). 웨스트코트(Westcott)는 이 생각과 요한복음 14:31에서의 다락방에서의 출발을 연결시켜서, 예수가 아직 기드론 계곡을 떠나시지 않았으므로(요 18:1), 그는 아마도 일반적으로 희생제사를 드리던 장소였던 성전에서 기도를 드리고 있었을 것이라고 결론짓는다.[8] 다른 학자들은 본 장이 희생제사의 개념을 포함하고 있지 않으며, 그 기도는 "제사장적인"(priestly) 것이 아니고, 예수의 의도는 단지 아버지와 자신과의 일체성을 드러내는 것이었다고 주장한다.[9]

의심할 바 없이, 개인의 헌신의 기도와 제사장적 중보기도가 본 장의 예수의 말씀의 중심적 의미이다. 모든 것이 십자가의 그늘 속에서 말씀되어졌다. 그리고 예수는 이 중요한 사건을 위해 단지 자신을 예비시키는 것만이 아니라 그의 추종자들에 대해 생각하신다. 그러나 우리는 이 기도를 또한 그 이상의 계시를 위한 기회로 보아야 한다. 우리는 예수의 기도가 개인적으로 말씀되었다고 상상해서는 안 된다. 오히려 유대 전통에서 기도는 큰 소리로 들려졌고 따라서 그를 따르는 자들을 그 소리를 들을 수 있었다(cf. 요 11:41-42; 12:27-30; 또한 마 11:25-30; 눅

8. 유월절에는 예루살렘의 수많은 순례자들을 수용하기 위해 밤새도록 성문들을 열어 놓았다(Josephus, *Ant* 18.2.2).

9. 이 논쟁은 요 17:17-19의 해석에서 다시 우리의 관심을 끌게 될 것이다.

10:21-22). 제자들은 (그리고 독자들은) 예수와 아버지 사이의 긴밀한 관계를 살짝 엿보도록 초청된다. 그들은 또한 예수의 기원과 그의 미래, 그의 임무와 성공들, 그리고 그의 관심사들과 소망들에 대해서도 배울 수 있다. 본 장은 예수의 체포, 재판, 그리고 십자가 이전의 마지막 장이기 때문에, 이것은 다른 장들 속에서 주어진 예수에 관한 많은 것들을 정리해서 보여줄 수 있는 마지막 기회이다. 이런 의미에서 요한복음 17장은 예수의 사역의 요약이다. 서론이 복음의 주요 개념들을 예견적으로 보여주었다면(요 1:1-18), 이 기도는 그 개념들을 재확인하고 강화시켜 주고 있다.

세 가지 주제들이 많은 기도 단락들 속에 흩어져 있다. (1) 예수는 영광에 대해, 즉 지금의 순종이 하나님께 참으로 영광이 되기를 위해 기도하신다. (2) 그는 또한 추종자들의 생존을 위해 기도하신다. 그들은 세상의 적들을 이기고 살아남을 것인가? 그들은 서로간의 차이점들에도 불구하고 하나로 남게 될 것인가? 그들은 예수가 그들에게 주신 도구들을 참으로 소유하고 있는가? 즉 그의 말씀뿐만 아니라 하나님의 사랑을 알고 그의 명령에 순종하고 있는가? (3) 마지막으로 그는 거룩함에 대해 기도하신다. 그의 추종자들은 예수가 그들에게 보여주신 거룩성을 열심히 모방할 것인가? 그들의 삶이 그들 속에서 살고 계신 아들의 삶을 반영하여, 그들이 세상에 대해 살아 있는 증거들이 될 수 있을 것인가?

예수가 자신을 위해 기도하심(요 17:1-8)

이 기도의 도입부를 예수의 (후반부의 다른 이들을 위한 기도와 대조하여) "자신을 위한 기도"(praying for himself)라고 부르는 것은 완전히 정확한 것은 '아니다.' 예수가 하나님께 드릴 탄원의 목록을 가지고 계신 것은 아니다. 여기서 이기적인 것은 찾아볼 수 없다. 우리는 오직 하나의 탄원만이 이 구절들 속에서 반복됨을 발견한다. "아들을 영화롭게 하사 아들로 아버지를 영화롭게 하게 하옵소서." 기도의 이 섹션에서 예수는 하나님을 영화롭게 하고 그의 뜻에 순종하기 위한 지상에서의 그의 노력에 대해 아버지께 말씀드린다. 이런 면에 있어서 이 섹션은 서론의 성육신 기독론을 전제로 한다. 그러나 성육신의 사역이 완성되었으므로(이것은 예수가 하늘의 영광을 버리고 이 땅에 내려오셨음을 전제로 한다), 예수는 그의 승천과 그가 창세 전에 가졌던 영광을 되찾을 것을 기대하신다.

첫 어구는("예수께서 이 말씀을 하시고", 요 17:1) 예수께서 이제 끝마치신 고별강화와 이 기도를 연결시킨다.[10] 그는 눈을 하늘을 향해 드시고 유대인들의 일반적인 기도자세를 취하신다(cf. 요 11:41, 나사로의 무덤에서; 또한 cf. 시 123:1). 세리의 비유에서 그의 겸손의 표지들 중 하나는 하늘을 향해 눈을 들기를 거부한 것이었다(눅 18:13). 예수가 기도를 드리실 때 그는 아마도 양손을 같은 방향을 향해 드셨을 것이다(출 9:33; 17:11; 시 28:2). 예수 당시의 문화는 종교행위에 있어서 육체적 동작(말하기, 움직이기, 소리를 내기)을 사용하는 것에 익숙했다.[11]

하나님을 "아버지"(Father)라고 부르는 것은 예수의 습관이었다. 이 기도에서 그 호칭은 여섯 번 등장한다(또한 참조. 요 11:41; 12:27). 요한복음 17:11에서 그것은 "거룩하신 아버지"(holy Father), 그리고 17:25에서는 "의로우신 아버지"(righteous Father)가 된다. 하나님에 대한 그런 친밀한 언어는 예수의 영성의 표식이 되었고, 그렇기 때문에 초기 기독교인들은 하나님에 대해 예수가 사용하셨던 아람어 용어인 '아바'(*Abba*, 아버지)를 즐겨 사용하게 되었다. 그것은 심지어 헬라어를 사용하는 기독교인들도 마찬가지였다(막 14:36; 롬 8:15; 갈 4:6). 예수는 "때"(hour, 헬라어 *hora*, NIV "시간", time)가 되었다고 말씀하신다. 그것은 복음서 전체에 걸쳐서 우리가 고대해 온 "영광의 때"(the hour of glorification)를 지칭한다(요 2:4의 주석 참조). 예수가 이 "때"(*hora*)의 도래에 대해 요한복음 12:23과 13:1에서(cf. 요 13:31) 언급하신 사실은 이 "때"가 탄력성 있는 기간임을 시사한다. 그것은 예수의 떠나심과 관련된 많은 사건들을 포함한다(제자들과의 마지막 밤부터 십자가와 부활까지). 그러나 이제 그의 말씀에는 날카로움이 더해진다. 이제 예수가 갑자기 체포되시고 나면 시간은 점점 더 빨리 지나가게 될 것이다(요 18:1-14).

예수가 "영광스럽게 됨"(glorified)을 요구하셨을 때 의미하신 것은 무엇인가? 여기서 사용된 헬라어 단어(*doxazo*)는 '존경하다', '경의를 표하다', 혹은 '찬미하다'라는 뜻이다(참조. 요 1:14; 12:28). 예수에게 있어서 십자가는 수치의 자리가 아니라 명예의 자리이다. 그와 아버지의 일체성의 의미는 그가 영광을 받을 때 아버지도 영광을 받으신다는 것이다. 그러므로 그의 동기는 자신을 높이고자 하는

10. 이 점은 이 기도가 고별강화에게는 낯선 것이라고 주장하는 비평가들 때문에 중요하다. 예를 들어, 불트만(Bultmann, *John*, 486-522)은 이 기도의 위치를 13장 뒤로 옮긴다. 그는 이 기도의 단어들의 역사성이나 고별강화와의 연관성을 부정한다.

11. 이것은 서양에서의 일반적인 기도자세와 대조될 수 있을 것이다. 우리는 대개 손을 모르고 앉아서, 눈을 감고, 머리를 숙이고, 조용히 기도한다. 유대인의 예배와 기도는 들을 수 있는 것이었고 서양의 그것과 비교해 볼 때 생기가 있었다. 오늘날 서양에서도 예배는 점점 더 감성적이 되어 간다.

것이 아니라 자신의 영광, 즉 순종을 통해 '아버지께' 영광을 돌리는 것이다.

아버지와의 이런 독특한 관계는 또 다시 설명된다(요 17:2). 예수는 모든 인간들에 대해 신적 권위를 가지고 계시다(요 5:27; cf. 마 11:27; 28:18). 그래서 그는 그들에게 영원한 생명을 나눠줄 수 있으시다(요 3:35-36; 10:28).[12] 요한복음 17:2에서의 하나님의 주권과 선택, 그리고 세상에 대한 그의 보편적 사랑 사이의 긴장은 이 복음서에서 흔히 등장하는 주제이다(요 17:9의 주석 참조). 그러나 요한은 그것을 전혀 혼란스럽게 생각하지 않으며 인간의 책임과 하나님의 선택을 함께 묶을 수 있다(참조. 요 6:37-44; 10:29). 세상의 어둠은 파괴적이고 통제가 심하기 때문에 우리가 빛으로 나아오려는 결심을 하려면 하나님의 개입하심이 필요하다. 그렇지 않으면 아무도 구원을 받을 수 없을 것이다. 그러나 어둠 속에 남아 있는 자들, 빛으로 나아오지 않는 자들은 그의 심판 아래 있다. 왜냐하면 그들은 이와 같은 자비로운 기회를 사용하지 않기 때문이다.

요한복음 17:3은 예수가 제공하는 영생에 대해 정의를 내린다.[13] 그러나 그것을 해석할 때는 주의를 기울여야 한다. 영생은 "하나님을 아는 것"(knowing God)으로부터 온다. 이 주제는 영지주의 문헌뿐 아니라 오늘날의 다양한 세계 종교들 속에서 찾을 수 있다. 어떤 요한복음 해석자는 요한복음이 정말로 그런 영지주의적 구원을 제공하고 있다는 것을 보여주기 위해 그런 언어를 사용했다.[14] 그러나 그들 사이에는 큰 차이가 있다. 여기서 말하는 "아는 것"은 지적인 동의와는 거리가 멀다. 앎에 대한 히브리적 개념은 경험과 친밀성을 포함한다. 그리고 기독교인에게 있어서 이것은 하나님에 대한 순종과 사랑을 의미한다.

더구나 그런 지식은 예수 그리스도, 하나님의 아들에 대한 헌신을 '포함해야만 한다'(must include). 우리가 보게 되겠지만 그런 지식은 십자가 위에서의 예수의 사역을 통해 실현된다(요 17:19). 아들을 거부하는 것은 아버지에 대한 모든 참된 지식을 거부하는 것이다(요일 2:22-23). 그 이유는 하나님에 대한 유일한 참된 지

---

12. 여기서 문법적 대칭구조에 주목하라: 예수가 영광을 받으시는 것은 아버지가 영광을 받으시기 '위해서'(*so that*)이다. 아들이 권위를 가지고 있는 것은 그가 영생을 주시기 '위해서'(*so that*)이다. 두 어구는 모두 헬라어 '카토스'(*kathos*, '…인 것처럼', just as)와 연결된 '히나'(*hina*, '그래서', so that) 절들(clauses)을 지시하고 있다.

13. 많은 주석가들은 요 17:3을 아마도 요한에 의해 기도에 삽입되었을 삽입어구로 취급한다(오늘날의 각주와 같은 것이다). 그러나 주변 절들과의 형식적 연관성을 볼 때 반드시 그것을 따로 떼어놓을 필요는 없다.

14. E. Käsemann, *The Testament of Jesus According to John 17* (Philadelphia: Fortress, 1968). 헬레니스틱 종교문헌에서의 평행구들을 자세히 보기 원한다면, C. H. Dodd, *The Interpretation of the Fourth Gospel* (Cambridge: Cambridge Univ. Press, 1953), 151-69.

식은 오직 그의 아들의 성육신을 통해서만 인간들에게 전해졌기 때문이다(요 1:18). 예수 그리스도 없이는 하나님에 대한 접근은 불가능하다(요 14:6-7, 11; 20:31).

성육신이 이룬 첫 번째 성취는 예수가 하나님의 영광을 세상에 드러내 보이신 일이었다. 요한복음 1:14은 이것을 이렇게 기술한다. "우리가 그의 영광을 보니 아버지의 독생자의 영광이요 은혜와 진리가 충만하더라." 이제 예수는 하나님이 그에게 부과하신 임무를 완수하셨다고 말씀하신다(요 17:4). 그의 삶은 하나님을 영광스럽게 했다.

하지만 예수는 그의 생이 이 시점에서 '끝났다고'(finished) 말씀하시는가?[15] 그렇지 않다. 왜냐하면 십자가 위에서의 사역이 남아 있기 때문이다. 오히려 이 완성된 사역이 예수가 지금 참여하고 계신 영광의 때를 포함하고 있다고 보아야 할 것이다. 이 사역은 세상에게 아버지를 계시하는 것뿐만 아니라 그의 죽음과 부활 그리고 아버지께로의 귀환을 포함하고 있다. 요한복음 17장 4절과 5절 사이의 대조는 예수의 성육신 사역과 희생적 사역 사이의 대조가 아니라 지상에서의 그의 삶과(그때 하나님이 영광을 받으신다) 하늘에서 그의 위치를 되찾으시는 것(그때 하나님이 그를 다시 영광스럽게 하실 것이다) 사이의 대조이다. 예수는 그의 생애 동안 하나님을 영광스럽게 하셨고 그의 죽음에서도 그렇게 하실 것이다. 그러므로 그는 아버지께 돌아갔을 때 자신을 영광스럽게 해 달라고 하나님께 기도하신다.

어떤 해석자들은 본문을 요한복음 17:6에서 나누고 이 구절들은 제자들을 위한 기도라고 본다. 그러나 17:9(그리고 요 17:20) 이전까지는 변화가 발생하지 않는다. 그 구절들에 다다르면 예수가 주제가 바뀌었다는 사실을 (헬라어 동사 *erotao*, "나는 구한다"의 사용을 통해) 알리신다. 오히려 17:6-8은 17:4에서 말했던 예수가 완성하신 사역에 대한 설명의 계속이다.

그렇다면 자신이 완성하신 그의 사역에 대한 예수의 요약은 무엇인가? 예수는 "하나님의 이름"(God's name)을 계시하셨다(요 17:6).[16] 예수는 여기서만 그 말씀을 하시는 것이 아니라 요한복음 17:26에서도 이를 반복하시고 있다. 17:11-12에

---

15. 요한복음 속에서 영지주의적 구원을 보려는 해석자들은 예수의 사역이 이루어진 것은 그에게 하나님의 지식이 주어졌기 때문이라고 결론을 내리는데, 이 구절은 그들이 지적하는 지지구절들 중 하나이다. 십자가 위에서의 희생이 전혀 필요치 않다. 그러나 그들은 요한복음 전체의 보다 넓은 시각에서 본 장을 해석해야 한다.

16. NIV는 "나는 당신이 세상에서 내게 주신 자들에게 당신을 계시했습니다"(I have revealed you to those whom you gave me out of the world.)라고 의역하고 있다.

서 예수는 그를 따르는 자들이 "그 이름으로"(by that name) 지켜지기를 기도하신다. 이름은 예수에게 있어서 부수적인 주제가 아니다. 누군가의 "이름"이라는 것은 그 인격체의 총체성, 그의 내적 특성을 나타낸다. 그렇기 때문에 출애굽기 3:13에서 모세에게는 하나님의 '이름'을 아는 것이 중요했다. 왜냐하면 그래야만 모세는 이스라엘 백성들에게 그들의 구원자가 누구인지를 설명할 수 있었기 때문이다. 복음서 전체에 있어서 예수가 자신의 사역은 하나님의 이름으로 능력을 받았기 때문이라고 지적하실 뿐 아니라(요 10:25) 사람들이 "그의 이름"을 믿어야 한다고 역설하시는 것은 우연이 아니다(요 1:12; 2:23; 3:18). 예수는 요한복음에서 "나는…이다"라는 말씀을 많이 하시는데 이를 통해 예수는 하나님의 이름을 자신에게 적용하고 계시다.[17] 그러므로 그 자신을 계시하시면서 예수는 하나님의 특성(이름)을 온 세상에 알리신 것이다.

그러나 이런 계시가 목적 없이 이루어진 것은 아니다. 비록 그 계시가 온 세상을 향해 제공되기는 했지만, 믿음을 가진 자들(요 17:8), 예수의 말씀을 받아들이고(요 17:8) 지킨 자들만이(요 17:6) 하나님의 계시 속에서 무슨 일이 발생했는지를 참으로 이해했다. 그들은 예수가 하나님으로부터 오셨다는 것과 그의 말씀이 하나님의 말씀이라는 것을 안다.

그러나 복음을 받아들인 자들에 대한 이런 묘사는 다만 인간적 관점에서 본 것일 뿐이다. 그것은 예수의 양떼에 속한 자들의 응답을 기록하고 있다. 하나님의 아들을 받아들인 것이 이스라엘의 오직 일부였다는 사실은 놀랄 일이 아니다. 이스라엘 역사 동안 그들은 선지자들에게 늘 그렇게 해 왔다. 이스라엘 백성들에게 믿음이 없음에도 불구하고 하나님은 항상 신실한 남은 자들, 즉 자신에게 속한 자들을 보존하시는 것을 잊지 않으셨다. 그들은 양들처럼 자신들의 목자의 음성을 안다(요 10:3). 예를 들어, 엘리야는 자신의 시대에 오직 자신만이 바알에게 무릎을 꿇지 않았다고 생각했다(왕상 19:14). 그러나 하나님은 그의 생각이 틀렸다고 말씀하셨다. "그러나 내가 이스라엘 가운데에 칠천 명을 남기리니 다 바알에게 무릎을 꿇지 아니하고 다 바알에게 입맞추지 아니한 자니라"(왕상 19:18). 하나님은 우리가 전혀 기대하지 못하는 곳에서도 일하고 계시다.

하나님의 유사한 역할이 요한복음 17장 2절, 6절, 그리고 10절에 기록되어 있다.

17. 참조. 요 8:24, 58. 우리가 앞에서 살펴본 대로, 요한복음에서의 "나는…이다"(I am) 말씀들은 하나님의 거룩한 이름에 대한 예수의 독특한 사용을 나타낸다. 그것은 원래 출애굽기 3장에 나타나는 것으로서 후에 칠십인경(LXX)에서 헬라어로 번역되었다.

그래서 예수의 제자들은 이제 하나님께 속한 추종자들로 묘사될 수 있다.—그들은 하나님이 예수에게 인도해 오신 남은 자들이다. 물론 이것은 우리가 검토해야 할 신학적 긴장을 즉시 야기한다(아래를 보라). 우리는 하나님의 이런 주권과 인간의 응답을 어떻게 해석해야 할까?

예수가 제자들을 위해 기도하심(요 17:9-19)

예수의 음성을 알아듣고 그를 믿은 이 남은 자들, 이 양떼들에 대한 생각 때문에 예수는 특별히 그들을 위해 기도하신다(요 17:9). 그들은 소중하다. 왜냐하면 그들은 아버지에게 속하였고 지금은 예수의 책임 아래 있기 때문이다(요 17:10). 예수는 (불신의 무대인) 세상을 위해 기도하고 있지 않으시다. 그렇다고 해서 세상이 하나님의 사랑이 미치지 못하는 외부에 위치해 있거나 예수가 세상을 무시하신다는 뜻은 아니다. 그것은 전혀 사실이 아니다. 이 구절들을 요한의 신학의 보다 넓은 문맥 속에서 읽는 것에 실패한 자들은 그것들을 잘못 해석해 왔다. 하나님은 세상을 사랑하신다(요 3:16). 그는 세상을 위하여 그의 아들을 통해 인간들 속으로 들어오셨다. 그것은 그들을 구원하고(요 1:29; 3:17; 4:42), 그들에게 생명을 제공하고(요 6:33, 51; 12:35), 세상에 빛을 가져다주기 위해서였다(요 8:12; 9:5; 11:9; 12:46). 이제 세상 속에서의 예수의 사역은 거의 완성되어 가고 있다. 그래서 그는 자신이 떠나면 뒤에 남게 될 친밀한 추종자들만을 위해 기도를 드리신다. 양떼를 위해 자신의 목숨을 내놓으려는 목자처럼(요 10:17), 그는 자신이 인도했고 또 이제 광야에서 고난을 견뎌야 하는 자신의 양떼를 위해 기도하신다.

요한복음 17:10과 17:1에서의 예수의 기도의 유사성에 주목하라. 영광스럽게 됨의 패턴이 이제 완성되었다. 하나님은 그의 아들을 통해 영광스럽게 되시고(요 17:1, 4, 5), 아들은 그의 제자들을 통해 영광스럽게 되신다(요 17:10, 22). 그러므로 하나님을 영광스럽게 한 예수의 삶의 특징들은 예수를 영광스럽게 하는 제자도의 특징이 되어야 할 것이다. 그러나 예수와 아버지는 완벽한 일체성을 누리고 계시기 때문에, 제자들의 삶이 열매를 맺게 되면 하나님 자신이 직접적으로 영광을 받으신다(요 15:8). 예수는 거룩한 삶의 패턴을 설명하신다. 그것은 내주하심과 신비주의의 패턴으로서, 그 속에서 하나님과 예수는 내면성(interiority)을 함께 누리시고, 그렇기 때문에 영광을 함께 나누시게 된다. 예수는 또한 제자들이 하나님과(요 17:24; cf. 요 14:23) 그리고 서로간에(17:11, 22) 유사한 일체성을 누리게 될 것을 기대하신다.

(1) 예수의 일차적 관심, 추종자들을 위한 그의 첫 번째 간구는 그들이 계속 하나를 이루는 것이다(요 17:11). 눈에 띄는 것은 예수는 자신이 아버지와 누리고 있는 친밀성, 일체성(oneness)과 유사한 친밀성, 일체성을 그의 제자들도 누리기를 원하고 계시다는 것이다. 예수가 이에 관심을 보이시는 이유는 리더십과 하나 됨을 제공하고 있는 그의 봉사는 그가 떠나심으로 끝나 버릴 것이기 때문이다. 사실 그는 이미 떠나고 있다. 예수는 현재시제를 사용하신다. "나는 세상에 더 있지 아니하오나"(요 17:11). 이것은 이 기도에 신비로운 의미를 부여한다. 영광의 때가 예수를 앞으로 밀어내고 있고, 그를 이미 아버지께로 들어올리고 있다.[18]

그러나 그의 제자들은 세상에 머문다. 세상은 단지 불신과 냉소 정도가 아니라 비열한 적대감으로 가득 차 있다(요 15:18-27). 교회의 사명, 예수를 따르는 자들의 임무는 세상에 도전을 가하여(요 16:8-11) 진리를 사랑하는 자들을 끄집어내고, 그들을 양떼 속으로 들어가게 하는 것이다. 그것은 패배로의 초대가 아니다. 성령의 도우심으로 진정한 승리가 주어질 것이다. "무릇 하나님께로부터 난 자마다 세상을 이기느니라. 세상을 이기는 승리는 이것이니 우리의 믿음이니라"(요일 5:4). 이런 능력이 주어지는 것, 이런 신뢰야말로 그들의 기쁨의 근원이다(요 17:13b; cf. 요 16:22).

(2) 예수의 그 다음 염려는 세상 속에서의 제자들의 생존과 그들의 능력에 관한 것이다. 그들의 임무는 위험하다. 그렇기 때문에 예수는 그들이 갖춰야 할 장비와 그들의 보호를 위해 기도하신다. 예수는 그들에게 말씀을 주셨다(요 17:14a). 그리고 성령은 그것을 기억나게 하시고 그 말씀을 안전하게 지키실 것이다(요 14:26). 이 말씀, 이 거룩한 계시는 세상에서의 그들의 증거와 생존을 위해 필수적인 장비가 될 것이다.

예수는 또한 그들의 보호, 특히 사탄으로부터의 보호를 위해 기도하신다(요 17:15b). 그는 악의 힘을 인정하신다. 왜냐하면 그의 제자들 중 하나를 사탄에게 잃었기 때문이다(요 13:27; cf. 요 12:31; 14:30; 16:11; 요일 2:13-14; 3:12). 그리고 지금 그는 세상 속에서 하나님을 나타내는 일은 큰 싸움을 일으키는 일이라는 것을 이해하신다. 후에 요한은 이렇게 쓸 것이다. "또 아는 것은 우리는 하나님

18. NIV는 해당 헬라어를 미래로 해석하고 있다. "나는 세상에 더 이상 머물지 않을 것입니다"(I will remain in the world no longer). 이것은 아마도 예수의 떠나심의 시간적 순서를 배려했기 때문일 것이다. NLT는 이를 깔끔하게 처리했다. "지금 나는 세상을 떠나고 있습니다"(Now I am departing the world).

께 속하고 온 세상은 악한 자 안에 처한 것이며"(요일 5:19). 예수가 세상 속에서 일하시는 동안 그는 사탄에 의해 공격을 당하셨지만 패배해 보신 적은 없다(요 14:30). 그의 제자들 역시 그 세력들과 싸워야 한다. 왜냐하면 그들도 세상 속에서 머물 것이기 때문이다(요 17:15). 지혜로운 자가 잠언에서 썼듯이 하나님의 "이름"이 그들의 피난처가 될 것이다(요 17:11): "여호와의 이름은 견고한 망대라. 의인은 그리로 달려가서 안전함을 얻느니라"(잠 18:10).

(3) 예수의 세 번째 관심사는 거룩함과 관련된 것이다(요 17:17-19). 모든 제자들과 관련된 영적 딜레마가 있다. 그들은 세상 속에서 살고 있다. 그러나 예수는 그들이 "세상에 속하지"(of the world) 않았다고 말씀하실 수 있다(요 17:14, 16). 이것은 그들의 지리적 위치가 아니라 영적 위치를 말하는 것이다. 우리가 요한복음에서 계속 보아 왔듯이 "세상"이란 지도상의 위치가 아니라 영적 영역, 어둠과 불신의 영역을 말한다(요 3:19). 세상은 하나님에 대하여 적대적인 가치체계를 가지고 있다.[19] 세상은 예수의 영적 정체성을 지키기에 좋은 곳이 아니었던 것과 마찬가지로 제자들의 영적 정체성을 지키기에도 좋은 곳이 아니다(요 17:16). 17:16의 더 나은 번역은 "그들은 세상에 '속하지'(belong) 않았다"가 될 것이다.

예수는 제자들이 진리 안에서 "거룩하게 되기"(sanctified, 헬라어 *hagiazo*)를 위하여 기도하신다(요 17:17).[20] 이 헬라어 단어는 거룩하게 된 어떤 것을 뜻한다. 그러나 무엇을 거룩하게 만드는 방법은 그것을 따로 떼어 구별하는 것이다. 하나님은 그의 차이, 그의 초월성, 다른 모든 피조물들과 구별되는 그의 다르심 때문에 하나님이시다. 하나님께 속한 모든 것(산, 성전에서 사용하는 부삽, 제사장의 의복, 백성들), 혹은 그의 목적을 이루기 위한 모든 것들은 "거룩한"(holy) 것으로 간주되어야 하고 일상적인 사용과는 분리되어야 한다. 그러므로 거룩하게 된다는 것의 일차적 의미는 완벽하게 된다는 것이 아니다(비록 그것이 포함되어 있기는 하지만). 거룩한 삶이라는 것은 하나님과 아주 밀접히 연합되어 있어서 (악이 아니라 선을 향한) 하나님의 열정을 완전하게 반영하는 삶을 말한다. 그런 사람은 하나님의 목적과 임재와 연합된 "거룩한"(sanctified) 사람이라고 할 수 있다. 이 경우에 예수는 하나님의 말씀 안에서 발견된 진리에 완전하게 연합되는 것이 이 거룩을

---

19. 요한은 요일 2:16에서 그것들 중 일부를 나열한다. "이는 세상에 있는 모든 것이 육신의 정욕과 안목의 정욕과 이생의 자랑이니 다 아버지께로부터 온 것이 아니요 세상으로부터 온 것이라."

20. 헬라어 동사 *hagiazo*는 요한복음에서 드물게 사용된다(요 10:36; 17:17, 19). 그리고 그것의 형용사형은 성령(요 1:33; 14:26; 20:22), 아버지(요 17:11), 혹은 하나님께(요 6:69) 대하여 사용된다.

이룰 수 있는 수단이라고 이해하신다(요 17:17b).

여기서 설명하고 있는 바로 그런 방식에 의해 예수 역시 "따로 떼어져서"(set apart, 헬라어 *hagiazo*) 세상으로 보내지셨다(요 10:36). 그는 거룩한 사명을 위해 따로 떼어지셨다, 즉 거룩하게 되셨다. 거룩하게 함은 항상 사명을 위한 것이다. 왜냐하면 그것은 세상에 진리와 빛과 구원을 가져다주시는, 세상 속에서의 하나님의 활동이기 때문이다. 그러므로 제자들은 예수와 유사한 사명을 가지고 있다(요 17:18). 그들 역시 자신들의 삶의 목적을 그들 자신 속에서가 아니라 하나님이 그들에게 주신 사명 속에서 찾아야 한다.

아마도 17:19은 이 기도의 핵심구절들 중 하나일 것이다. 예수가 자신을 '거룩하게'(sanctifies, 헬라어 *hagiazo*) 한다고 하실 때, 그는 무엇에 대해 말씀하신 것인가? 그는 아마도 더 큰 사명을 위한 자기헌신을 염두에 두셨을 수도 있다. 선지자들과 제사장들은 그렇게 자신을 헌신했다. 주님은 예레미야에게 말씀하셨다. "내가 너를 모태에 짓기 전에 너를 알았고 네가 배에서 나오기 전에 '너를 성별하였고'(I set you apart)"(렘 1:5, 저자의 강조). 제사장들도 마찬가지로 자기 자신을 성별했다(출 40:13; 레 8:30; 대하 5:11). 그러나 이곳 요한복음 17:19에서 우리는 예수께서 자신을 거룩하게 하심의 결과로서 제자들이 유익을 얻는 것을 본다. "그들을 위하여"(for them)라는 어구에서 "위하여"(for, 헬라어 *hyper*, "…의 유익을 위하여"라는 뜻)는 요한복음 전체에 있어서 희생적 죽음을 암시한다(참조. 요 6:51; 10:11, 15; 11:50-52; 13:37; 15:13; 18:14).[21] "내가 줄 떡은 곧 세상의 생명을 '위한'(*hyper*) 내 살이니라 하시니라"(요 6:51). 신명기 15:19은 심지어 피의 제사의 문맥 속에서 '하기아조'(*hagiazo*)가 사용된 예를 보여준다.

우리는 진지하게 이 견해들을 통합시켜야 할 것 같다. 예수는 아버지께로부터 부여받은 사명을 위해 다시 한 번 헌신하신다. 이 제사장적 섬김의 사명은 자신의 희생을 포함하고 있다. 십자가 위에서의 그의 죽음을 통해, 제자들은 전에는 전혀 알지 못하던 새로운 것을 경험하게 될 것이다. 그의 죽음은 그들로 하여금 새로운 거룩함, 새로운 정체성, 그리고 하나님과의 더 강한 연합의 경험을 가능하게 해 줄 것이다. 십자가 이후에 아버지께로 돌아가시기 전에 예수가 이곳에 나열된 것들을 그들을 위해 준비하시는 것은 놀랄 일이 아니다. 그들은 '거룩한' 성령('진리'의 영)과 이 헌신이 요구하는 새로운 사명을 받게 될 것이다(요 20:21-23). 따옴표로

---

21. Cf. 신약의 다른 곳에 등장하는 속죄 구절들로는, 막 14:24; 눅 22:19; 롬 8:32; 고전 11:24.

강조한 각 단어들은 요한복음 17장의 기도에서 중요한 역할을 담당한다.

예수가 모든 신자들을 위해 기도하심(요 17:20-26)

예수는 자기 자신만이 세상을 떠나는 것이 아니라 자기와 함께 한 자들(그를 가까이에서 따르던 자들)도 역시 그의 영광 중에 그와 함께 하기 위해 언젠가 이 세상을 떠나게 될 것을 아신다(요 17:24). 그렇게 되면 세상에는 그들의 제자들 즉 교회가 이 땅에서 하나님의 나라를 대표하기 위해 남아 있게 될 것이다. 그렇기 때문에 예수는 이제 자신이 아직 만나 보지 못한 자들을 위해 기도를 드리신다. 그들은 사도들의 뒤를 따르게 될 자들, 즉 오늘날의 교회이다. 그들은 예수가 마지막 주에 남겨 주신 사명을 감당하는 자들이다.

그는 그들이 예수의 첫 번째 제자들과 마찬가지로(요 17:11) 하나가 될 수 있도록 기도하신다(요 17:21). 이 하나 됨은 가시적(可視的)으로 사랑에 기초하고 있어야 한다. 그래서 세상이 그들을 볼 때 그들이 예수를 대리하고 있다는 사실을 즉시 알 수 있어야 한다. "너희가 서로 사랑하면 이로써 모든 사람이 너희가 내 제자인 줄 알리라"(요 13:35; cf. 요일 3:11). 그러나 이 사랑과 하나 됨은 인간의 힘에 의한 도덕적 노력의 결과가 아니다. 그것은 기독교인들이 누리게 될 예수 자신과의 연합의 자연스러운 결과이다(요 17:21b). 그 연합의 모델은 아버지와 아들 사이의 하나 됨이다. 그 연합은 신자들이 중생할 때 아버지와 아들이 그들 속에 내주하심으로써 이루어진다.

여기서 예수는 인간의 삶을 바꾸는 심오한 영적 친밀성을 마음에 그리신다. 이것은 아버지와 아들, 그 두 분과 제자들, 그리고 제자들 상호간을 모두 포함하는 연합이다(요 14:10; 15:4). 해석자들은 종종 예수가 기도에서 성령을 언급하는 것을 빠뜨렸다고 지적한다. 그러나 이 친밀성을 촉진하는 것이 바로 (요 14-16장에서 언급된) 성령이시다. 후에 요한은 요한일서에서 이렇게 적을 것이다. "그의 성령을 우리에게 주시므로 우리가 그 안에 거하고 그가 우리 안에 거하시는 줄을 아느니라"(요일 4:13).

교회가 성령을 품고 있으므로, 교회는 또한 "세상을 향한 하나님의 부르심을 품고 있다. 왜냐하면 교회는 세상 속에서 하나님의 사랑과 영광을 보여주는 증인이기 때문이다."[22] 예수는 하나님의 영광을 품고 있었다. 이제는 교회만이 그 영광을 품고 있다. "내게 주신 영광을 내가 그들에게 주었사오니…아버지께서 나를 보내신 것과 또 나를 사랑하심 같이 그들도 사랑하신 것을 세상으로 알게 하려 함이로소이다"(요 17:22-23). 시내산 언약이 주어진 이후에 하나님의 영광은 그 산을 떠나셔서(출 24:16) 이스라엘 백성들 가운데서 사시기 위해 회막 위로 내려오셨다(출 40:34). 요한복음에서 예수는, 말하자면, 성전을 대체하시는 영광의 처소였다(요 1:14). 그러나 이제 하나님의 영광이 예수를 따르는 자들에게로 가셔서 그들 속에서 거하신다. 교회의 사명에 대한 확신의 근거가 여기에 있다. 만약 교회가 성령 안에서 (그러므로 아버지와 아들 안에서) 산다면, 만약 교회가 하나님의 영광과 사랑을 반영한다면, 만약 교회가 하나님에 대한 지식에 근거한 하나 됨을 보여준다면, 교회의 증거는 세상을 깜짝 놀라게 만들 것이다.

그러나 교회 이야기의 마지막 장은 아직 미래에 놓여 있다. 제자들은 성육신하신 그리스도의 영광을 증거했다(요 1:14). 그리고 그들도 그 영광을 어느 정도 경험했다. 왜냐하면 그들은 성령에 충만했고 그들 속에 계신 그리스도를 경험했기 때문이다(요 17:22). 그러나 예수는 언젠가 그를 따르는 자들이 참된 영광, 참된 사랑을 보게 될 것이라고 기도하신다. 그 영광과 사랑은 창세 전부터 하늘에 존재하던 것이다(요 17:5, 24). 그곳이 바로 예수께서 돌아가시기를 고대하시는 곳이다. 기독교인들은 그곳에 그와 함께 있을 수 있도록 초청을 받았다(cf. 요 14:3).

그러나 이 고대되고 있는 영광은 기도의 마지막 문장에서 그 짝을 찾을 수 있다(요 17:25-26). 예수는 하나님을 "의로우신 아버지"(righteous Father)라고 부르신다. 이것은 예수가 세상을 정의롭게 심판하실 수 있는 것은 하나님의 의로우심 때문이라는 사실을 상기시킨다. 문제는 세상이 하나님에 대한 지식을 가지고 있지 않다는 것이 아니라—그는 세상을 정죄하기 위해서가 아니라 세상을 구원하기 위해서 오셨다(요 3:17).—세상이 하나님이 예수를 보내셨다는 사실을 인정하기를 거부했다는 데 있다.

그러나 아들을 받아들이는 모든 자들, 아들과 아버지를 영접하는 자들은 오직 아버지와 아들 사이에만 알려진 말로 형언할 수 없는 사랑을 경험할 것이다. '우리는 그가 아들을 위해 가지고 계신 그 사랑으로 하나님에 의해 사랑을 받았다!' 그리고 우리의 생명은 지금 우리들 속에 거주하고 계신 예수님의 생명에 의해 변화되었다. "나도 그들 안에 있게 하려 함이니이다"가 체포 전의 예수의 마지막 말씀이었다. 그의 마지막 소원은 그를 따르는 자들을 사랑하시는 것, 그들 속에 거하시

22. Hoskyns, *John*, 599.

는 것, 그들을 그가 알았던 영광과 사랑으로 채우시는 것, 그래서 하나님에 대한 그들의 지식이 탁월하고 충만하게 되는 것이다.

상황잇기

예수의 기도가 심오한 영감을 주기는 하지만 그 주제들을 현대에 적용시키고자 하는 해석자들에게는 특별한 도전을 선사한다. 요한복음 17장은 ('표적의 책' 처럼) 예수가 그의 나라에서의 영생에 관한 위대한 진리를 가르치시는 장면을 기록하거나, 예수가 표적들을 통해 능력을 보이시는 것을 기록하고 있지 않다. 또 고별강화에서 볼 수 있는 제자도의 약속들을 제공하고 있지도 않다. 그 대신 17장은 우리를 초청하여 조용히 대화에 귀를 기울이게 한다. 그것은 가장 높은 수준의 거룩한 대화이다. 예수는 지상에서의 자신의 임무의 완성에 대해 말씀하시고 현재와 미래에 그의 추종자들을 위해 진지하게 기도하신다. 그러므로 이것은 아버지와의 관계에 있어서 예수가 참으로 누구이신가를 엿볼 수 있게 한다. 그리고 이것은 그의 생의 마지막 날들 동안 이 땅위에서 제자들과 함께 있을 때 예수의 마음 가장 깊숙한 곳에 있던 것들이 무엇이었는지를 알려준다.

두 개의 지침들. 만약 우리가 이 제한사항들을 염두에 두고 두 개의 지침들을 기억한다면, 본문을 통해 유익을 얻을 수 있을 것이다. (1) 기도 속에는 우리가 반드시 요한복음 신학의 더 넓은 문맥 속에서 살펴야 하는 주제들이 있다. 요한은 독자들이 복음서 전체를 한꺼번에, 주제들을 서로 연결시켜 가면서 읽을 것을 전제로 하여 복음서를 기록했다. 그러므로 기도문만을 따로 떼어 내거나 특정 구절들 혹은 단락들을 복음서의 더 넓은 문맥으로부터 따로 떼어 내어 연구하는 해석자들은 그 의미를 곡해할 수 있다.

두 개의 예로 충분할 것이다. ⓐ 기도 전체에 걸쳐서 예수는 구원을 위한 "지식"(knowledge)에 대해 말씀하신다. "영생은 곧 유일하신 참 하나님과 그가 보내신 자 예수 그리스도를 '아는 것이니이다'"(요 17:3, 저자의 강조). 이런 언어는 자주 나타난다(약 10번). 고대와 현대를 막론하고 어떤 학자들은 요한의 구원론은 조명(enlightenment), 지혜, 혹은 '그노시스'(*gnosis*, 지식, 영지주의)에 근거를 두고 있으며, 따라서 회개와 믿음, 혹은 그리스도의 십자가 위에서의 구속적 죽음 등의 고전적 주제들은 불필요하다고 주장해 왔다. 그러나 그런 주장은 요한이 생각해 본 적이 없던 것일 것이다. 하나님을 "안다는 것"(know)은 광범위한 이해를 포함하는 개념이다. 거기에는 복음서의 다른 곳에서 설명된 다양한 범주들이 포함된다. 복음서의 더 큰 신학적 틀을 무시하는 것은 본 장을 곡해하는 것이다.

ⓑ 두 번째 예는 결정론에 관한 것이다. 예수가 세상을 위해 기도하고 있지 '않다'(not)는 것은 사실이다. 그는 배타적으로 친밀한 추종자들을 위해 기도하고 계시다. "내가 그들을 위하여 비옵나니 내가 비옵는 것은 세상을 위함이 아니요 내게 주신 자들을 위함이니이다. 그들은 아버지의 것이로소이다"(요 17:9). 사실 "세상"(world, 헬라어 *kosmos*)은 본 장에 자주 등장한다(18회). 그러나 세상은 한 번도 예수의 애정의 대상으로 언급된 적이 없다. 그러나 17장에서의 예수의 교회론은 대단히 분파주의적이며, 그의 사명은 선택받은 소수의 사람들을 그가 혐오하는 세상으로부터 따로 분리해 내는 것이라고 말하는 것은 잘못일 것이다. 그런 해석은 지금 막 내가 쓴 문장을 따로 떼어 낸 후 그 문장이 나의 신학적 견해를 대표하고 있다고 말하는 것만큼이나 잘못일 것이다. 또 다시 요한복음 신학의 더 넓은 문맥이 중요하다. 17장을 사용하여 "세상"에 대한 연구 혹은 설교를 할 때는, 균형을 이루기 위하여, 하나님이 "세상"을 사랑하시고 그것을 소중하게 여기신다는 요한복음의 다른 구절들을 반드시 언급해 주어야 한다.

(2) 두 번째 지침은 우리가 읽는 문헌의 문학형식 및 배경과 관련된 것이다. 요한복음 1-12장에서 우리는 공사역에서의 예수의 이야기들을 살펴보았다. 예수는 교훈들뿐만 아니라 기적들과 표적들을 제공하셨다. 때로는 심한 갈등들도 있었는데 그런 경우에는 요한 자신의 시대의 갈등을 배경으로 해야 그 단락들을 이해할 수 있었다(예를 들어, "유대인들"[Jews]에 대한 부정적 언급들). 그러나 이야기의 형식은 요한복음 13장에서 바뀌었다. 그곳에서 예수는 그의 공식적인 "고별강화"를 제공하신다. 그의 청중은 이제 더 이상 세상이 아니라 다락방에 있는 그의 친근한 제자들이다. 기독교인으로서 나는 예수가 그들에게 제공하시는 약속들이 내게도 적용된다는 해석학적 결론을 내려야 한다. 나는 제자이고 예수의 돌보심과 관심의 대상이다. 나는 주후 1세기라는 역사적 특수성에 의해 제한된 그런 특권들은 누리지 못한다(이를테면, 부활을 목격하는 것). 그러나 나는 시간과 상관없는 선물들은 누릴 수 있다(이를테면, 성령의 위로와 보호하심 같은 것들).

그러나 고별강화에서 우리는 이제 다른 형식과 배경을 본다. 예수는 그의 제자들이 아니라 하나님께 말씀하고 계시다. 우리는 그것을 듣도록 초청되었다. 하지만 이것이 '개인적인'(private) 기도라면, 만약 이것이 예수의 하나님과의 개인적인 대화라면, 나에게 이것이 무슨 소용이 있단 말인가? ⓐ 우리는 그런 기도들을 가르침의 전달수단으로 보아야 한다. 그것은 다른 사람이 듣도록, 그래서 제자들이 그것을 연구하고 배울 수 있도록 의도된 것이다. 에스라 9:6-15에서 에스라는 슬프고 감동스러운 회개기도를 하나님께 드린다. 그 기도를 들은 백성들은 근심으로 가득 차게 된다(스 10:1). 에스라는 이 기도가 이스라엘 백성들뿐만 아니라 그의 글을 읽는 모든 사람들을 감동시킬 것이라는 사실을 알았다. 다시 말해서 그의 기도는 우리들(독자들)을 위해서도 기록된 것이다. 기도들의 유사한 역할이 사도행전에도 나타난다. 그곳에서 누가는 교회가 드린 긴 기도를 기록하고 있다(행 4:24-30). '또 다시 그것은 우리들, 즉 독자들을 위해 기록된 기도이다.' 그러므로 우리가 이런 방법을 통해 예수 자신의 영적 인식과 관심사에 대해 알려고 하는 것은 정당한 것이다.

ⓑ 그럼에도 불구하고 이것은 그 순간의 관심사들에 대해서만 초점이 맞춰진 기도이다. 즉 주후 1세기나 지금의 교회의 일반적 문제들에 관한 기도는 아니다. 그 기도에 대한 나의 전제는 그 기도는 (요한이 자신의 신학에 따라 기록한 것이 아니라) 예수가 말씀하신 것에 그 기원을 두고 있다는 것이다. 그렇기 때문에 너무 많은 현대 문제들을 그것에게로 가져가서 어떤 확인이나 방향제시를 구하는 것은 공평한 일이 아닌 것 같다. 여기서는 예수의 원래의 의도가 존중되어야 한다. 기도는 우리에게 그 자신의 '관심사'(concerns)를 말해야 한다. 그리고 현대의 주제들이 이곳에서의 예수의 말씀과 연관되어 있다고 느낄 때는 우리는 각별히 주의를 기울여야 한다.

기도하시는 예수. 이것들을 염두에 둔다면 나는 본문의 기도로부터 무슨 주제를 끌어와 지금 나의 연구와 묵상에 적용할 수 있겠는가? 가장 분명한 항목은 가장 자주 간과되고 있는 것이다. '예수가 기도하셨다.' 우리는 공관복음 전체에 걸쳐서 예수가 기도의 사람이셨다는 암시를 발견할 수 있다. 그러나 여기서 우리는 기도하시는 예수를 보여주는 가장 훌륭한 본보기를 발견할 수 있다. 한편으로 그 기도는 우리를 위한 본보기가 된다. 그것은 우리가 경험할 수 있는 친밀함과 신뢰가 어떤 것인지를 보여준다. 다른 한편으로 그 기도는 하나님의 자아(God's selfhood) 안에서의 관계의 특징에 대한 통찰력을 제공해 준다. 아버지와 아들이 그들에게 있어서 자연스러운 친밀성과 교제를 보여주시고 있다. 그러므로 그 기도는 그런 정도의 친밀성으로 우리를 초청한다. 예수가 아버지와 누리고 계신 일체성은 그 속으로 우리가 참여하도록 초청을 받은 일체성이다. "내가 비옵는 것은…아버지께서 내 안에, 내가 아버지 안에 있는 것 같이 그들도 다 하나가 되어 '우리 안에 있게 하사' 세상으로 아버지께서 나를 보내신 것을 믿게 하옵소서"(요 17:20-21, 저자의 강조). 기독교인들은 그러므로 이 대화 속으로 초청을 받은 것이다.

예수의 관심사. 예수가 기도하실 때 관심을 두신 것들이 무엇인지를 살피는 것도 또한 적절한 일이다. 그는 자신과 하나님에 대해 어떤 생각을 하시고 있는가? 그는 어떻게 기도하시는가? 우리의 앞에는 두 개의 주제들이 있다. 예수는 먼저 자신과 하나님과의 관계를 살피신 후 그를 따르는 자들을 위한 관심사로 이동하신다. 예수는 자신의 삶, 삶의 목표들, 그리고 그 성취에 대해 하나님께 무엇이라고 말씀하시는가? 우리는 예수의 사명과 정체성에 대해 더 잘 이해하기 위해 이것들로부터 무엇을 얻어낼 수 있는가? 그리고 나서 예수는 자신과 추종자들 사이의 관계를 점검하신다. 그는 어떤 태도를 보이시는가? 그가 염두에 두고 계신 중요한 문제는 무엇인가?

교회의 성격. 우리가 생각해 보아야 할 세 번째 영역은 일반적으로 대부분의 주석가들이 제일 먼저 다루는 주제이다. 예수가 기도를 드리며 머릿속에 그리고 계신 교회의 모습은 어떤 것인가? 요한복음 17:9-26은 교회에 대한 예수의 철저한 정의라고 볼 수는 '없다.' 이 구절들 속에서 교회의 궁극적 정의를 찾아내려고 하는 해석자들은 헛수고를 하고 있다. 그 구절들은 우리가 고별강화의 다른 부분에서 (그리고 요한복음의 다른 곳에서) 배운 것들을 보충해 주는 역할을 한다.

이와 관련된 생각들은 서로 걸려 넘어지지만 그래도 곰곰이 따져 볼 가치가 있다. 교회는 세상을 향해 하나님의 영광과 사랑을 드러내야 한다. 그리고 교회는 자신이 가지고 있는 하나님에 대한 지식을 확고하게 신뢰해야 한다. 왜냐하면 그것은 예수의 말씀, 하나님 자신으로부터 온 말씀이기 때문이다. 교회가 가지고 있는 것은 이런 저런 의견들이 아니라 진리이다. 그리고 세상은 교회의 확신의 힘을 느낄 수 있어야 한다. 그러나 이 주제들 중 두 가지가 눈에 들어온다. 교회는 연합해야 하고, 교회는 사명을 가지고 있어야 한다.

예수는 두 번에 걸쳐 일체성의 주제로 돌아오신다(요 17:11, 21). 그것은 현재의 제자들과 앞으로의 교회를 모두 포함하는 일체성이다. 이 일체성의 본질은 무엇인가? 일체성을 이루게 해 주는 것은 무엇인가? 그리고 오늘날의 교회가 일체성을 추구함에 있어서 위협이 되는 것은 무엇인가?

그러나 교회는 하나님과 관계를 가지고 있을 뿐만 아니라 여전히 세상 속에 존재한다. 그것은 불신과 어둠 가운데서 살고 있다. 예수는 '세상'이라는 용어를 두 가지 방식으로 사용하신다. 인간이 존재하고 있는 일상적인 영역(요 17:13), 그리고 하나님을 대적하는 모든 것들에 대한 은유적 표현(요 17:14). 그러므로 기독교인들은 세상 "속에"(in) 있지만 그곳에 "속하지는"(of) 않았다. 우리가 이것을 어떻게 이해해야 할까? 우리는 어떤 지침을 만들어야 할까? 우리가 어떻게 마치 세상에 속하지 않은 것처럼 살면서도, 세상이 더 이상 건드릴 수 없는 격리된 피난처에서 살아가는 듯한 분파주의에 빠지지 않을 수 있을까?

현대적 의미

위대한 성공회 지도자이자 인도 선교사였던 레슬리 뉴비긴(Lesslie Newbigin)은 요한복음 17장에 대한 그의 탁월한 주석에서 이렇게 쓰고 있다.

> 어떤 사람이 먼 여행을 떠나려 한다면 그는 떠나기 전날 저녁에 가족들과 조용한 대화의 시간을 가질 것이다. 그리고 그가 만약 하나님을 믿는 자라면, 마지막에는 자신과 그 여행뿐만 아니라 뒤에 남기고 떠나는 가족들까지도 하나님께 맡기는 기도를 드릴 것이다. 더구나 그의 여행이 마지막 여행이라면 그는 분명히 그렇게 할 것이다.[23]

우리는 이런 충동을 이해한다. 그것은 우리에 대한 많은 것들을 드러낸다.—가족에 대한 우리의 애정과 하나님께 대한 개인적 헌신. 그러므로 우리가 요한복음 17장의 예수의 말씀을 읽을 때는, 예수의 삶과 세상을 배경으로 하여 그 말씀 자체가 우리에게 말하도록 해야 한다. 적어도 3년동안 이 사람들은 예수의 가장 친밀한 동료들이었다. 그들은 함께 살고 함께 일하며 많은 어려움과 기쁨을 함께 겪었다. 그러나 이제 그들에게 "그때"가 찾아왔다. 그것은 복음서 페이지에서 거세게 울리는 북소리와 같이 그들에게 닥쳐왔다. 유다의 떠남이 그때의 도래를 알려주었다(요 13:31). 그리고 이제 예수는 자신이 세상을 떠나실 때가 가까이 온 것을 아신다. 그는 떠나실 것이다. 그러나 그의 기도는 제자들에 대한 그의 믿을 수 없는 사랑과 아버지께로 돌아가고 싶은 그의 열망을 보여준다.

우리는 자신들 역시 이 기도에 포함된 것으로 보아야 한다. 예수는 이 작은 무리들의 목자이신 것과 마찬가지로 '우리의'(our) 주님이시고 목자이시다. 그러므로 그는 기도하실 때 우리가 그 음성을 듣도록 우리를 초청하신다. 우리는 예수와 하나님이 함께 누리셨던 사랑과 명예가 얼마나 큰 것이었는지에 대해 듣는다. 예수는 또한 그가 신자들을 위해 드리는 기도를 우리가 듣도록 초청하신다. "그들로

23. Newbigin, *The Light Has Come*, 223.

내 기쁨을 그들 안에 충만히 가지게 하려 함이니이다"(요 17:13). 우리는 교회, 즉 사도들의 말씀 위에 세워진, 신자들로 이루어진 몸이다(요 17:20b).

요한복음 17장을 보다 감동적이고 영적으로 읽으려면 그곳의 "3인칭" 문장들을 "2인칭"으로 바꾸면 된다. 그러면 우리를 향한 예수의 열정의 힘을 느끼게 된다. 그렇게 하면 기도는 갑자기 강한 힘을 갖게 된다. 예를 들어:

> 내가 세상에서 이 말을 하는 것은 너로 하여금 내 기쁨을 네 안에 충만히 가지게 하기 위해서이다. 내가 아버지의 말씀을 너에게 주었다. 세상이 너를 미워하였다. 왜냐하면 내가 세상에 속하지 않은 것처럼 너도 세상에 속하지 않았기 때문이다. 내가 간구하는 것은 너를 세상에서 데려가시기를 위함이 아니라 오직 악에 빠지지 않게 보전하시기를 위함이다. 내가 세상에 속하지 않은 것처럼 너도 세상에 속하지 아니하였다. 나는 네가 거룩하게 되기를 바란다. 아버지의 말씀은 진리이다. 아버지께서 나를 세상에 보내신 것 같이 나도 너를 세상에 보낸다. 또 너를 위하여 내가 나를 거룩하게 한다. 이는 너도 진리로 거룩함을 얻게 하려 함이다(요 17:13-19).

예수와 영성. 예수의 영성은 가시적인 것이었다. 그는 예배, 기도, 헌신, 그리고 사랑의 영적 삶을 보여주셨다. 그것은 그를 따르는 모든 자들에게 지울 수 없는 인상을 남겼다. 사람들이 그것을 보았을 때 그들은 변화되었다. 그런 가시적 영성은 강한 효과를 가질 수 있다. 나는 몇 년 전에 할아버지가 돌아가셨던 때가 기억난다. 그것은 온 가족이 함께 모여서 치른 첫 번째 장례식이었다. 가장 인상적이었던 것은 그 당시 세 살부터 열두 살이었던 내 조카들의 반응이었을 것이다. 처음으로 그들은 그들의 부모와 조부모들의 영적 확신이 정말로 작동하는 것을 보았다. 눈물과 기도 그리고 믿음의 말들이 쏟아져 나왔다. 나는 초롱초롱한 눈망울로 그 모든 것을 지켜보던 아홉 살 짜리 조카아이의 얼굴을 잊을 수 없다. 그날 아침에 개인적으로 간직해 오던 것들이 겉으로 드러났고, 그것은 적지 않은 아이들의 마음속에 영원한 표식을 남겼다.

이것이 바로 복음서들이 예수의 능력 있는 사역과 심오한 말씀들만이 아니라 하나님과의 개인적 관계까지도 지적하고 있는 이유이다. 예수는 때로는 기도하기 위에 혼자 산에 올라가셨다(막 1:35). 그리고 때로는 제자들에게 같은 일을 하도록 요구하셨다(막 6:31). 그러나 예수가 "홀로"(along) 기도하실 때, 우리가 아는 것보다는 훨씬 더 자주 제자들이 그의 옆에 있었다. "예수께서 따로 기도하실 때에 '제자들이 주와 함께 있더니'"(눅 9:18, 저자의 강조). 예수는 그의 영성을 가시적으로 만드셨다. 나는 예수의 겟세마네 기도에 대한 공관복음의 상세한 기록을 바로 이것으로 설명할 수 있다고 확신한다(마 26:36-46).

이 기도에서 예수가 보여주시는 중요한 것들 중 하나는 하나님이 우리와의 관계를 원하신다는 사실이다. 요한복음의 이 부분에서 우리에게 확실한 것은 예수가 하나님의 아들이시라는 것이다. 그러나 이것이 뜻하는 것은 예수가 세상 속에서 아버지의 임재를 지니고 계시다는 것이다. 그는 하나님로부터 보내심을 받은 밀사가 아니라 육신을 입으신 하나님이시다. 그러나 하나님의 인격성 속에는 사회적 역동성, 교제에 대한 희구, 대화에 대한 열망이 들어 있다.[24] 예수는 아버지에게 길게 말씀하신다. 그리고 우리는 그의 말씀을 통해 이것이 이번이 처음이 아니라 때때로 그분들 사이에서 이루어져 왔던 대화라는 것을 느낄 수 있다. 우리는 이 하나님의 아들로부터 평안하고 조용한 평정을 기대할 수 있다. 그것은 그 어떤 사회적 교제나 표현을 필요로 하지 않는, 하나님과의 친밀함으로부터 형성되는 평안이다. 하지만 정확하게 이것이 바로 우리가 발견하지 '못하는'(not) 것이다. 예수는 아버지와 대화를 나누며 사신다. "말씀"(words)이야말로 그들이 삶을 공유하는 수단이다(요 17:8).

이 말의 뜻은 영성이란 정적인 경험이 아니라는 것이다. 왜냐하면 우리는 아버지와 함께 하는 삶으로 초청을 받았고, 아버지와 아들이 성령을 통해 우리 속에서 거주하시기 때문이다. 결혼을 어떤 "직업" 혹은 신분으로 묘사할 수 없는 것처럼, 이것은 어떤 교리적 입장이나 신분을 뜻하는 것이 아니다. 결혼은 같은 주소를 공유하는 것으로 정의되지 않는다. 결혼은 투명성, 친밀한 일체성, 그리고 하나로서의 삶에 관한 어떤 것이다. 결혼은 대화이다. 여기서도 마찬가지이다. 기독교인의 삶은 대화이자 역동적인 관계이다. 그 속에서, 우리의 중생의 결과로서, 대화가 시작된다. 하나님의 "말씀"은 이제 또한 우리의 관계를 위해서도 매개체가 된다. 그리고 우리의 대화는 심오한 사회적 차원을 지닌 친밀성으로 발전한다.

예수의 관심사. 예수의 기도를 따라가다 보면 우리는 그와 그의 관심사들에 대해 알게 된다. 우리는 하나님에 대한 그의 태도에 대한 통찰을 얻게 된다.—우리를 그 태도를 배워야 한다. 예를 들어, 예수는 이 땅위에 있는 단지 죽을 운명의 메신저가 아니라는 것이 분명하다(비록 1장부터 명확하게 드러나지는 않았다고 해도). 그는

24. R. Gruenler, "John 17:20-26," *Int* 43 (1989): 178-83.

하나님의 아들이다. 그러나 이것은 이제 우리가 서론부터 지금까지는 보지 못했던 새로운 정의를 갖는다. 말씀이신 예수 그리스도는 성육신 이후뿐만 아니라 그 이전에도 삶을 가지고 계셨다. 요한복음 17장 5절과 24절에서 예수는 자신이 세상이 창조되기 '전에'(before) 거룩한 영광을 누리며 하나님 앞에서 사셨었다고 말씀하신다. 이것은 이 기도를 요한복음 1:1-3과 직접 연결시킨다. 그리고 요한이 요한복음 시작 부분에서 기록했던 내용이 예수의 입을 통해 직접 선언된다. 선재성에 대해 이보다 더 분명하게 말하는 것은 불가능하다. 심지어 이사야도 이 영광을 증언했다(요 12:41).

그러나 그의 기도에서 예수는 자신의 사역을 완수한 후 이전에 그가 누렸던 영광의 신분으로 돌아갈 것을 고대하신다. 다시 말해서, 예수는 돌아가실 것이다.—그는 이전에 그가 누렸었지만 지상에서의 사역을 위해 잠시 옆으로 밀어 놓으셨던 영광으로 돌아가신다. 공간적 언어를 사용하자면, 예수는 "내려오셨고"(descended), 이제 "올라가실"(ascend) 것이다.—성육신은 그의 사역을 위해 임시적으로 필요한 일이었다. 이런 기독론적 사고는 바울이 빌립보서 2:5-11에서 설명하고 있는 것과 평행을 이룬다. 예수 그리스도는 하나님의 형상을 소유하셨다. 그러나 하나님과 동등됨을 취할 것으로 여기지 아니하시고 그는 자신을 비우셨다. 그리고 성육신하여 인간이 되셨고 십자가 위에서 죽으셨다. 선재, 강림, 성육신, 승천, 영광.—이것은 시계추의 움직임과 같다. (그리스도 안에 성육신하신) 말씀은 이제 그가 시작하셨던 높은 곳으로 다시 돌아가실 것이다.

하늘로 '돌아감'(return)에 대한 이와 같은 영적 바램은 바로 우리가 갖기를 그가 바라시는 것이기도 하다. "아버지여 내게 주신 자도 나 있는 곳에 나와 함께 있어 아버지께서 창세 전부터 나를 사랑하시므로 내게 주신 나의 영광을 그들로 보게 하시기를 원하옵나이다"(요 17:24). 예수는 우리를 위해 처소를 예비하실 뿐만 아니라(요 14:3), 우리가 그곳에서 그와 함께 그의 영광을 보고 아들을 향한 (그리고 우리를 향한) 아버지의 그 놀라운 사랑을 우리가 목격하게 되기를 간절히 바라신다.

우리는 그런 비전이 우리들 자신의 영적 삶에 있어서 무슨 의미를 지니는지를 묵상해 보도록 초청을 받았다. 만약 우리의 상상을 그런 비전으로 가득 채운다면 그것은 우리의 삶과 기도를 어떻게 바꿀 것인가? 만약 우리가 '정말로'(genuinely) 예수처럼 하나님의 영광의 장소로 '가는 도중에'(en route) 있다면, 세상에서의 우리의 투자는 어떻게 바뀔 것인가?(세상에 대한 우리의 헌신을 부정하는 것은 아니지만. 요 17:18) 기독교인들은 통행증을 손에 들고 기차여행을 하고 있는 사람들이다. 그들은 교외를 달리다가 기차가 어떤 역에 정차하면 그곳에 서 있는 사람들에게 왜 그들이 이 기차에 올라타야 하는지를 설명한다. 그런 비전이 고난에 대한 우리의 생각을 어떻게 바꿀 것인가? 사명에 대한 생각은 어떤가? 윤리와 복음주의에 대한 생각은 어떤가? 세속적인 것에 대한 생각은 어떤가?

이것은 연관된 생각들로 우리를 이끈다. 예수가 성육신을 통해 "이룬"(completed, 요 17:4) 일은 무엇인가? 영광으로부터의 이런 강림을 정당화해 준 것은 무엇인가? 그는 무슨 임무를 띠고 있는가? 그는 단지 죽기 위해서 왔는가? 십자가 위에서의 죽음이 그의 유일한 소명이었는가? 예수는 이 기도를 드리실 때, 하나님이 그에게 맡기신 일의 많은 부분을 그가 '이미'(already) 완수하셨다는 것을 알고 계셨다. 열쇠는 이곳에 놓여 있다. 예수의 구원사역은 골고다가 아니라 베들레헴에서 시작되었다. 성육신, 즉 하나님과 인간의 연합은 그 자체가 이미 구원의 행위였다. 하나님은 인간과 연합되는 것을 통해 자신이 누구인가 하는 것을 알리셨을 뿐만 아니라(자신의 영광의 계시) 그리스도의 죽음이 우리를 위해 효과적이고 강력하게 역사할 수 있는 조건들을 만드셨다.

그리스도 안에서 하나님은 우리를 향한 그의 참된 사랑을 보이시며 우리를 안으셨다. 하나님은 먼 거리에 서신 채 메신저를 통해 구원의 길을 선포하고 계신 분이 '아니시다.' 오히려 "곧 '하나님께서' 그리스도 안에 계시사 세상을 자기와 화목하게"(고후 5:19, NRSV, 저자의 강조) 하셨다. 예수는 이 연합을 위한 하나님의 강력한 대리인이었다. 예수는 "아버지께서 내게 하라고 주신 일을 내가 이루어"(요 17:4)라고 기도하신다. 그는 우리들 중 하나처럼 되셔서(요 1:14) 하나님을 세상에 알리셨다(요 1:18). 그렇게 하시면서 그는 하나님의 영광을 인간의 영역 속으로 가져오셨다(요 1:14; 2:11; 11:40). 이제 예수에게 남은 일은 오직 십자가까지 이 인성을 가지고 가시는 일이다.

이것이 뜻하는 것은 하나님이 성육신 안에서 그리고 성육신을 통하여 이루신 일을 우리가 새롭게 평가할 필요가 있다는 것이다. 우리는 '그리스도 안에 계신 하나님'(God-in-Christ)의 구원적 차원을 볼 필요가 있다. 하나님은 단지 그의 아들을 십자가로 보내심을 통해서만이 아니라 우리와 함께 하시기 위해 '자신이'(himself) 오심을 통해 우리를 향한 그의 사랑을 보여주셨다. 그리스도의 죽음은 우리를 위한 하나님의 사랑의 전제조건이 아니다. 그 죽음 이전에는 하나님께서 우리를 멸시하시고, 우리에게 진노하셨는데, 십자가 이후에야 우리에 대한 하나님의 감정이 변화된 것이 아니다. "세상과 화목하시기 위해 '하나님이' 그리스도 안에 계셨다" (ASV, 저자의 강조). 예수는 하나님의 마음을 바꾸기 위해 세상에 오신 것이 아니다. 오히려 그는 하나님의 마음을 표현하기 위해 오신 것이다. 만약 하나님이 세상을 그토록 사랑하셨다면(요 3:16), 그는 우리도 사랑하신 것이다.

이 기도에 나타나는 예수의 관심사들 중에서 한 가지를 더 지적해야 하겠다. 우리는 예수의 기도가 정말로 하나의 기도로 이루어져 있다고 말할 수 있다.[25] 공관복음에는 "당신의 뜻이 이루어지이다"라고 기록되어 있다. 요한복음은 "아버지여 때가 이르렀사오니 아들을 영화롭게 하사 아들로 아버지를 영화롭게 하게 하옵소서"(요 17:1)라고 하고 있다. 예수의 삶의 목적은 하나님을 영화롭게 하는 것이었다. 이 주제는 계속해서 반복된다. 요한복음 17:4에서 우리는 그것이 지상에서의 그의 모든 노력의 목표였음을 본다. "아버지께서 내게 하라고 주신 일을 내가 이루어 아버지를 이 세상에서 영화롭게 하였사오니."

이 기도의 핵심은, 예수가 그토록 완전히 아버지에게 의존하고 계시기 때문에, 너무나 아버지의 뜻에 순종하고 계시기 때문에, 그리고 자신의 삶과 일을 통해 하나님을 영화롭게 하기를 너무나 원하고 계시기 때문에, 그 열망이 그의 삶의 모든 부분을 통제해 왔다는 것이다. 하나님과 연합된 삶을 산다는 것은 따로 구별되어 거룩하게 된다는 것(요 17:19), 오직 하나님의 사람이 된다는 것, 그리고 그분의 생명을 힘입어 하나님의 영광을 드러내는 삶을 산다는 것을 뜻한다. 이 영광 속에서 사는 것이 바로 하늘에서의 예수의 삶이었다(요 17:5, 24). 예수가 인간의 몸을 입으셨을 때, 그의 비전은 아직도 그의 속에서 빛을 발하고 있는 하나님의 영광을 세상으로 하여금 보도록 만드는 것이었다. 그는 하나님의 영광을 높이기를 원하신다.―그는 자신의 표적들 속에서 그것을 가시적으로 보이기를, 그의 강화들 속에서 그것에 대해 말하기를, 그리고 십자가에서 그것을 선포하기를 원하신다. 예수의 삶은 하나님의 영광에의 참여이다.

이 기도에서 우리를 놀라게 하는 것은 예수가 삶과 대화에 있어서 하나님과의 연합으로 우리를 이끄실 뿐만 아니라 하나님의 영광에 참여하도록 우리를 초청하고 계시다는 점이다. "내게 주신 영광을 내가 그들에게 주었사오니"(요 17:22). 예수가 그의 기도의 방향을 제자들과 미래의 교회로 돌리셨을 때, 그의 주요 관심사

25. C. D. Morrison, "Mission and Ethic: An Interpretation of John 17," *Int* 19 (1965): 259-73; J. E. Staton, "A Vision of Unity—Christian Unity in the Fourth Gospel," *EvQ* 69 (1997): 291-305.

는 그들 역시 하나님께 영광을 돌리는 삶을 살게 되는 것이었다. 그들은 그들의 모든 예배, 말, 그리고 사역 속에서 예수가 지상에서 보이신 것과 같은 영광을 드러내야 한다.

이것이 교회를 향한 예수의 비전의 '핵심'(essence)이다. 사람들을 치료해서 그들이 온전하게 되는 것이 교회의 핵심이 아니다(비록 치료는 중요하지만). 사람들을 가르쳐서 그들이 지식으로 만족하게 되는 것이 교회의 핵심이 아니다(비록 지혜는 소중한 것이지만). 복음을 전도해서 교인들의 수가 늘어나는 것이 교회의 핵심이 아니다(비록 세상에 대한 교회의 사명이 정말로 중요하긴 하지만). 교회는 사람들로 하여금 하나님의 영광에 접하도록 하고, 그것에 의해 변화되도록 하고, 그것을 세상에 전하도록 사람들을 초청하는 공동체이다. "너희가 열매를 많이 맺으면 내 아버지께서 영광을 받으실 것이요 너희는 내 제자가 되리라"(요 15:8). '영적 열매의 핵심은 하나님께 영광을 돌리는 것이다.'

그런 생각은 우리로 하여금 하고 있는 모든 일들에 대해 엄격한 질문을 던지게 만든다. 우리는 모든 결정을 내릴 때마다 "그것이 하나님을 영광스럽게 하는가?"라는 질문을 던져야 한다. 그에 대한 대답은 항상 분명하거나 쉽지는 않을 것이다. 그러나 그래도 그 질문을 던져야 한다. 왜냐하면 예수의 비전에 있어서 그것이 그의 성육신의 삶의 핵심적 사명이었고 이제는 그것이 교회의 핵심적 사명이기 때문이다.

예수와 교회. 교회는 어떻게 해야 하나님께 영광을 돌리는 열매를 맺을 수 있는가? 우리가 하나님의 영광에 참여한다고 했을 때 예수가 생각하고 계신 것은 무엇인가? 그런 삶의 결과는 어떤 것인가? 물론 요한복음 17장에 나타나는 생각들은 제대로 균형을 이루기 위해서는, 요한복음의 다른 부분뿐만 아니라(특히 고별강화) 신약의 다른 책들에 의해 보충되어야 한다. 그러나 여기서 나는 무시할 수 없는 네 가지 기본적 요소들을 제시하고자 한다.—그것은 교회가 감당하는 네 가지 기본적 역할들이다. 초월성, 교제, 가르침, 그리고 사명. 이것들은 모두 요한복음 17장에 그 닻을 내리고 있다.

(1) **초월성(Transcendence).** 사람들을 자주 하나님의 실체를 갈망한다. 현대성(modernity)은 합리주의가 종교를 몰아낼 것이라고 주장했지만, 포스트모던 세계는 그 정반대의 양상을 보여주고 있다. 오늘날 사람들은 모든 곳에서 영적인 것에 대한 관심을 보인다. 그들은 그곳이 교회이건, 모스크이건 혹은 뉴에이지 사원이건 그곳에서 영적인 일을 실행하려 한다. 이것은 그들이 합리적이고 종교적인 확

실성을 찾거나 교리의 암송을 추구하고 있다는 뜻이 아니다. 그들은 또한 대중취향에 맞춰 만든 성가대, 회중석, 설교단을 갖춘 교회나 교단조직을 갖춘 "종교"(religion)를 찾고 있는 것도 아니다. 사람들은 집을 떠났던 자가 "집으로 돌아오듯이"(coming home) 루터란이나 장로교 혹은 감리교로 돌아오고 있는 것이 아니다. 그들은 하나님이 있는 것처럼 보이는 곳, 그들이 뭔가를 느낄 수 있는 곳, 영적 희열과 신비적 실체들이 일상적으로 나타나는 곳을 찾는다.

오늘날 예배의 질(質)은 많은 사람들에게 있어서 최고의 관심사이다. 예를 들어 캐나다의 '토론토 블레싱'(Toronto Blessing), 미국과 유럽의 은사주의 운동들, 그리고 전세계에 걸친 오순절주의의 성공에 주목하라. 전세계 7억 명의 복음주의 기독교인들 중에서 3억 5천만 명의 사람들은 은사주의자들(charismatic)이다.[26] 그리고 모든 오순절주의 기독교인들의 삼분의 이는 아시아와 아프리카, 그리고 라틴아메리카에서 살고 있다. 그곳은 모두 기독교가 놀라운 속도로 성장하고 있는 곳이다.

예수는 그를 따르는 자들이 이런 종류의 실체를 알도록 기도하신다. 예수는 성령의 사역을 통해 실현된 하나님의 내주하심을 그들이 '경험하게'(experience) 되기를 기도하신다. 이런 영성의 진정성은 우선 자연적 범주 속에서 숫자로 표현할 수 없는 하나님에 대한 "타자"(他者, otherness) 경험에서 발견된다. 그 하나님의 임재는 그분의 본질이 이질적인 것만큼이나 실제적이다. 이것이 바로 하나님의 "이름"을 소유한다는 것(요 17:6, 26), 그분이 내 속에 내주하신다는 것(요 17:22), 그의 영광과(요 17:22) 거룩하심을(요 17:16-17) 경험한다는 것, 그리고 진리에 의해 변화를 받는다는 것(요 17:19)의 의미이다. 이 경험을 아는 자들은 기쁨이 넘치게 되며(요 17:13), 그들이 전에는 전혀 알지 못했던, 하나님과 함께 하는 삶 속으로 들어가게 된다. 이것이 바로 오늘날 사람들이 찾고 있는 것이다. 우리들 중 이성주의자들은 이런 추구를 무시하지 말아야 한다. 그것은 예수가 마지막 강화에서 약속하고 계신 참된 선물이다.

(2) 가르침(Teaching). 그러나 종교적 추구들은 성경에 닻을 내리고 있어야 한다. 사람들은 많은 거짓 길들, 많은 사기집단들이 있다는 것을 직감적으로 안다.—위험한 짐 존스(Jim Jones) 집단으로부터(1978년에 가이아나[Guyana]에서 이 집단의 회원 913명이 집단자살로 사망했다) 모든 유형의 신앙치료사들과 자칭 선지자

26. M. Hutchinson, "It's a Small Church After All: Globalization Is Changing How Christians Do Ministry," *Christianity Today* 31 (Nov. 16, 1987): 46-49. 통계숫자들의 근거는, D. Barrett's *World Christian Encyclopedia*.

들까지. 그러므로 교회는 사람들을 인도해 주어야 한다. 교회의 경험들은 예수 그리스도라는 인격체 안에서 역사적으로 주어진 말씀 안에 닻을 내리고 있어야 한다(요 17:6, 14). 역사적 계시의 객관적 안내가 없다면 교회는 키 없는 배가 된다.[27] 예수는 "그들을 진리로 거룩하게 하옵소서 아버지의 말씀은 진리니이다"(요 17:17)라고 기도하신다.

그런 가르침이 의미하는 것은 하나님을 찾는 이들은 경험뿐만 아니라 지혜와 지식에 있어서도 자라가야 한다는 것이다. 그리고 그런 지식이 가르치는 첫 번째 것은 그 어느 경험이든 예수 그리스도에 대한 충성에서 떨어져 나간 것은 잘못된 것이라는 것이다. 하나님의 영은 예수 그리스도를 통해 역사 속에서 우리에게 주어진 것들과 절대로 충돌하지 않는다(요 16:13b). 교회는 포도나무에 연합되어 있다(요 15:1ff.); 교회는 목자의 음성을 안다(요 10:1ff.). 교회는 오늘날 자신이 경험하는 것들의 의미를 분류할 때 항상 "태초부터 있던 것"(what was from the beginning)으로 되돌아간다(요일 1:1; 2:7, 13-14, 24; 3:8, 11; 요이 1:5).

(3) 교제(Fellowship). 사람들은 초월적인 영적 경험과 건전한 교훈뿐만 아니라 또한 교제를 추구한다. 이것은 20세기말에 자주 등장하는 주제들 가운데 하나이다. 사람들은 자신이 이웃과 혈육들로부터 소외되어 있다고 느낀다. 예수는 교회가 강한 일체성을 지닌 참된 공동체가 되도록 기도하신다. 본 장에서 일체성이라는 주제를 추적해 보면, 이것이 예수의 마음속에서 얼마나 중요한 주제였는가 하는 것을 알 수 있다(요 17:11, 21-23). 요한서신에서도 이 주제를 계속 추적해 보면, 우리는 요한의 교회에서의 불일치가 현대 교회에서 경험하는 불일치와 그렇게 다르지 않았음을 알게 된다. 사람들은 그리스도의 이름으로 함께 산다. 그리고 나서는 그의 이름으로 온갖 종류의 이익을 얻기 위해 싸운다. 이것은 왜 예수가 제자들에게 서로 사랑하라는 "새 계명"(new commandment)을 반복해서 강조하셨는지를 설명해 준다(요 13:34; 15:12, 17). 예수의 사랑과 같은 영웅적 사랑이 없이는 일체성은 불가능하다.

그러나 예수의 기도는 신자들의 일체성을 그들의 내적인 영적 생활과 연결시킨다. 요한복음 17:20-22에서 예수는 우리가 그와 함께 경험하고 있는 하나 됨은 우

27. 그렇지 않으면 어떤 비판자가 지적하듯이 사람들은 "예수님이 나를 사랑하신다는 것을 나는 안다. 왜냐하면 내 경험이 내게 그렇게 말하기 때문이다"라고 말하게 된다. 은사주의적/오순절주의적 진영의 일부에서 드리는 예배의 가장 큰 특징들 중 하나는 견고한 가르침이 결여되어 있다는 것이다. 나는 아예 설교 순서가 없는 예배에도 몇 번 참석해 본 적이 있다.

리가 서로 경험하는 하나 됨으로 이어져야 한다고 말씀하신다. 그는 우리가 하나가 되도록 하기 위해 우리에게 하나님의 영광을 주셨다(요 17:22). 이것은 놀라운 생각이다. 이것은 일체성이란 토론과 외교의 부산물이라기보다는 예배, 회개, 그리고 기도의 결과라는 의미인가? 그것은 우리가 함께 하나님을 찾으면 우리의 삶 속에서 공존을 위한 공통적인 토대를 발견하게 될 것이라는 뜻인가?

우리는 일체성을 이해한다. 우리는 최소한 우리가 무엇을 해야 하는지 안다. 하지만 문제는 때로는 일체성이 요구하는 대가가 아주 크다는 사실도 우리가 알고 있다는 것이다. 사람들에게 차이점들이 있을 경우, 일체성은 누군가가 결국 "양보"(gives way)를 할 때만 이루어질 수 있다. 그럴 때에만 평화가 회복된다. 내가 속한 장로교단의 한 지도자가 내게 와서는 내가 제기한 동성결혼에 대한 비판 때문에 교회의 일체성이 깨질 수도 있다는 이야기를 한 적이 있다. 그는 내게 "이 문제 때문에 교회를 쪼갤 생각이십니까?"라고 물었다. 바로 그것이다. 일체성을 추구하다 보면 내키지는 않지만 타협을 해야 할 때가 있을 것이다.

(4) 사명(Mission). 교회는 예수가 세상에서 사명을 가지셨던 것처럼 사명, 존재이유를 가지고 있다. 교회가 일체성을 이루고 그 삶과 경험들에 있어서 높은 품격을 유지하면 하나님께 영광이 될 뿐만 아니라 세상을 향해서도 더욱 강력하게 증거를 할 수 있다(요 17:22). 기독교인들은 세상 속에서 그리스도의 일을 한다. 그들은 그리스도의 손과 발로서, 어디를 가건 그곳에 하나님의 나라를 실현시킨다. 이 말의 뜻은 교회가 그 대적들로부터 심한 어려움을 겪게 될 때(요 17:14), 그리스도와의 일체성과 교인들 상호간의 일체성이 그 대적들을 향해 강력한 증거의 역할을 하게 되리라는 것이다. 이것은 20세기에 베트남, 인도, 스리랑카, 에티오피아, 그리고 수단과 같은 지역에서 들을 수 있던 이야기이다. 심한 박해에 직면했을 때 교회의 일체성은 그 대적들에게 너무나 큰 인상을 주었기 때문에 많은 이들이 개종을 하여 교회에 합류했다.[28]

그러나 이 주제로부터 다른 긴장이 나타난다. 교회가 세상으로부터 자신을 분리해 낸다면, 교회는 세상에서 살고 있는 불신자들과 연결될 가능성을 잃게 된다. 다시 말해서 경건의 추구는 교회가 세상과 접촉할 수 있는 능력과 타협을 해야 한다는 것이다. 예를 들자면, 옛 소련연방의 세르게이 니콜라예프(Sergei Nikolaev)

---

28. 1998년 11월 16일자 *Christianity Today*지는 모든 대륙의 교회 지도자들이 쓴 전세계 교회의 현황보고서를 제시하고 있다.

목사는 교회가 75년동안 격리되어 있었을 때 무슨 일이 발생했는지에 대해 썼다. 그들은 일반 러시아인들과 함께 이야기할 수 있는 일상적인 언어를 잃어버렸다. 불신자들은 기독교인들을 불편하게 여겼고, 기독교인들도 낯선 사람들이 자신들의 문안으로 들어오는 것을 불편하게 여겼다.[29] 정결함과 거룩함, 그리고 세상으로부터의 교회의 분리는 때로는 세상의 증인이 되어야 한다는 교회의 사명과 충돌한다. 교회 지도자들은 어디에 경계선을 그어야 할 지 세심하게 주의를 기울여야 한다.

교회의 이런 성격들은—초월성, 가르침, 교제, 그리고 사명—우리가 추구하는 핵심적인 것들, 그리고 예수가 교회 안에서 보기를 원하시는 것들을 개괄적으로 그려 준다. 이것들은 그 위에 건강한 교회가 세워질 수 있는 기둥들이다. 영국의 독립적인 은사주의 교회들의 연합체는 모든 모임들을 위한 조직의 목표들을 가지고 있다. 예배(worship), 말씀(word), 환영(welcome), 그리고 증거(witness). 내가 목사들에게 이것들의 의미가 무어냐고 물었을 때, 나는 그것이 내가 위에서 설명할 것과 동일한 것임을 발견했다. 교회는 세상과는 다른 공동체이어야 한다. 그것은 능력 있는 초자연적 하나님을 경험해야 하고, 하나님의 말씀에 기초를 두어야 하며, 그 지체들을 양육하고 가족을 만들어야 하고, 세상 속에서 그리스도를 위해 일한다는 것이 무엇인지를 이해해야 한다. 누가 이런 명령에 대해 이의를 제기할 수 있겠는가?

나는 여러 다양한 교회에서 예배를 드릴 때마다 위의 네 가지 요점들을 마음에 두었다. 어떤 보수적인 교회들에서는 훌륭한 가르침과 강한 공동체의식이 있었지만 초월성은 찾아볼 수 없었다. 어떤 교회들의 경우에는 예배는 정말 훌륭했지만 가르침은 거의 혹은 아예 없었다.[30] 어떤 교회들은 실천과 사명(그것이 사회활동이든 복음전도이든)에는 완전히 헌신되어 있었지만 하나님의 말씀에 대한 교육이나 초월적인 예배 경험은 거의 없었다. 우리들 각자는 자신의 교회의 성격을 점검해 보고 예수가 마지막 기도에서 제공하고 계신 교회에 대한 비전을 기준으로 자신의 교회의 모습을 평가해 보아야 한다.

그 무엇보다도 이것이 의미하는 것은 교회는 세상이 도저히 흉내낼 수 없는 높

29. Ibid., 54-55.
30. 하나의 예를 들면, 내가 6개월 동안 예배를 드렸던 미국 밖에 있는 어떤 활발한 교회에서는 성만찬이 가정그룹들 속에서 이루어졌다. 그러나 목사는 그 리더들에게 성만찬을 어떻게 인도해야 하는지, 그리고 그것의 신학적 의미는 무엇인지에 대해 가르치지 않았다. 심지어 누가 성만찬을 인도해야 하는가에 대해서 질문조차 제기되지 않았다.

은 수준의 삶을 보여줌으로써 세상이 교회를 주목하도록 해야 한다는 것이다. 그리고 세상 역시 그렇게 되기를 간절히 바라고 있다. 중요한 것은 교회는 천박하고 쓸모 없는 선물들을 세상에 제공하기 위해 하나님이 창조하신 것이 아니라는 것이다. 교회가 자신의 정체성을 잃고 교회가 속해 있는 문화의 부산물이 될 때 그런 결과가 나타난다. 그러나 그리스도의 진정한 교회는 값을 매길 수 없는 선물, 세상이 간절히 추구하고 있는 그 무엇을 세상에 제공한다. 기독교인들이 그리스도와 하나가 되고 서로간에 하나가 될 때, 교회의 성장은 실제로 피할 수 없는 것이 된다.

요한복음 18:1-19:16a

1 예수께서 이 말씀을 하시고 제자들과 함께
기드론 시내 건너편으로 나가시니 그곳에 동
산이 있는데 제자들과 함께 들어가시니라
2 그곳은 가끔 예수께서 제자들과 모이시는 곳
이므로 예수를 파는 유다도 그곳을 알더라
3 유다가 군대와 대제사장들과 바리새인들에
게서 얻은 아랫사람들을 데리고 등과 횃불과
무기를 가지고 그리로 오는지라
4 예수께서 그 당할 일을 다 아시고 나아가 이
르시되 너희가 누구를 찾느냐
5 대답하되 나사렛 예수라 하거늘 이르시되 내
가 그니라 하시니라 그를 파는 유다도 그들
과 함께 섰더라
6 예수께서 그들에게 내가 그니라 하실 때에
그들이 물러가서 땅에 엎드러지는지라
7 이에 다시 누구를 찾느냐고 물으신대 그들이
말하되 나사렛 예수라 하거늘
8 예수께서 대답하시되 너희에게 내가 그니라
하였으니 나를 찾거든 이 사람들이 가는 것
은 용납하라 하시니
9 이는 아버지께서 내게 주신 자 중에서 하나
도 잃지 아니하였사옵나이다 하신 말씀을 응
하게 하려 함이러라
10 이에 시몬 베드로가 칼을 가졌는데 그것을
빼어 대제사장의 종을 쳐서 오른편 귀를 베
어버리니 그 종의 이름은 말고라
11 예수께서 베드로더러 이르시되 칼을 칼집에
꽂으라 아버지께서 주신 잔을 내가 마시지
아니하겠느냐 하시니라
12 이에 군대와 천부장과 유대인의 아랫사람들
이 예수를 잡아 결박하여
13 먼저 안나스에게로 끌고 가니 안나스는 그
해의 대제사장인 가야바의 장인이라
14 가야바는 유대인들에게 한 사람이 백성을 위
하여 죽는 것이 유익하다고 권고하던 자러라
15 시몬 베드로와 또 다른 제자 한 사람이 예수
를 따르니 이 제자는 대제사장과 아는 사람
이라 예수와 함께 대제사장의 집 뜰에 들어
가고
16 베드로는 문 밖에 서 있는지라 대제사장을
아는 그 다른 제자가 나가서 문 지키는 여자
에게 말하여 베드로를 데리고 들어오니
17 문 지키는 여종이 베드로에게 말하되 너도
이 사람의 제자 중 하나가 아니냐 하니 그가
말하되 나는 아니라 하고
18 그때가 추운 고로 종과 아랫사람들이 불을
피우고 서서 쬐니 베드로도 함께 서서 쬐더라
19 대제사장이 예수에게 그의 제자들과 그의 교
훈에 대하여 물으니
20 예수께서 대답하시되 내가 드러내 놓고 세상
에 말하였노라 모든 유대인들이 모이는 회당
과 성전에서 항상 가르쳤고 은밀하게는 아무
것도 말하지 아니하였거늘
21 어찌하여 내게 묻느냐 내가 무슨 말을 하였
는지 들은 자들에게 물어 보라 그들이 내가
하던 말을 아느니라
22 이 말씀을 하시매 곁에 섰던 아랫사람 하나
가 손으로 예수를 쳐 이르되 네가 대제사장
에게 이같이 대답하느냐 하니
23 예수께서 대답하시되 내가 말을 잘못하였으
면 그 잘못한 것을 증언하라 바른 말을 하였
으면 네가 어찌하여 나를 치느냐 하시더라
24 안나스가 예수를 결박한 그대로 대제사장 가
야바에게 보내니라
25 시몬 베드로가 서서 불을 쬐더니 사람들이
묻되 너도 그 제자 중 하나가 아니냐 베드로

가 부인하여 이르되 나는 아니라 하니
26 대제사장의 종 하나는 베드로에게 귀를 잘린
사람의 친척이라 이르되 네가 그 사람과 함
께 동산에 있는 것을 내가 보지 아니하였느냐
27 이에 베드로가 또 부인하니 곧 닭이 울더라
28 그들이 예수를 가야바에게서 관정으로 끌고
가니 새벽이라 그들은 더럽힘을 받지 아니하
고 유월절 잔치를 먹고자 하여 관정에 들어
가지 아니하더라
29 그러므로 빌라도가 밖으로 나가서 그들에게
말하되 너희가 무슨 일로 이 사람을 고발하
느냐
30 대답하여 이르되 이 사람이 행악자가 아니었
더라면 우리가 당신에게 넘기지 아니하였겠
나이다
31 빌라도가 이르되 너희가 그를 데려다가 너희
법대로 재판하라 유대인들이 이르되 우리에
게는 사람을 죽이는 권한이 없나이다 하니
32 이는 예수께서 자기가 어떠한 죽음으로 죽을
것을 가리켜 하신 말씀을 응하게 하려 함이
러라
33 이에 빌라도가 다시 관정에 들어가 예수를
불러 이르되 네가 유대인의 왕이냐
34 예수께서 대답하시되 이는 네가 스스로 하는
말이냐 다른 사람들이 나에 대하여 네게 한
말이냐
35 빌라도가 대답하되 내가 유대인이냐 네 나라
사람과 대제사장들이 너를 내게 넘겼으니 네
가 무엇을 하였느냐
36 예수께서 대답하시되 내 나라는 이 세상에
속한 것이 아니니라 만일 내 나라가 이 세상
에 속한 것이었더라면 내 종들이 싸워 나로
유대인들에게 넘겨지지 않게 하였으리라 이
제 내 나라는 여기에 속한 것이 아니니라
37 빌라도가 이르되 그러면 네가 왕이 아니냐
예수께서 대답하시되 네 말과 같이 내가 왕
이니라 내가 이를 위하여 태어났으며 이를
위하여 세상에 왔나니 곧 진리에 대하여 증
언하려 함이로라 무릇 진리에 속한 자는 내
음성을 듣느니라 하신대
38 빌라도가 이르되 진리가 무엇이냐 하더라 이
말을 하고 다시 유대인들에게 나가서 이르되
나는 그에게서 아무 죄도 찾지 못하였노라
39 유월절이면 내가 너희에게 한 사람을 놓아
주는 전례가 있으니 그러면 너희는 내가 유
대인의 왕을 너희에게 놓아 주기를 원하느냐
하니
40 그들이 또 소리 질러 이르되 이 사람이 아니
라 바라바라 하니 바라바는 강도였더라

19:1 이에 빌라도가 예수를 데려다가 채찍질하
더라
2 군인들이 가시나무로 관을 엮어 그의 머리에
씌우고 자색 옷을 입히고
3 앞에 가서 이르되 유대인의 왕이여 평안할지
어다 하며 손으로 때리더라
4 빌라도가 다시 밖에 나가 말하되 보라 이 사
람을 데리고 너희에게 나오나니 이는 내가
그에게서 아무 죄도 찾지 못한 것을 너희로
알게 하려 함이로라 하더라
5 이에 예수께서 가시관을 쓰고 자색 옷을 입
고 나오시니 빌라도가 그들에게 말하되 보라
이 사람이로다 하매
6 대제사장들과 아랫사람들이 예수를 보고 소
리 질러 이르되 십자가에 못 박으소서 십자
가에 못 박으소서 하는지라 빌라도가 이르되
너희가 친히 데려다가 십자가에 못 박으라
나는 그에게서 죄를 찾지 못하였노라
7 유대인들이 대답하되 우리에게 법이 있으니
그 법대로 하면 그가 당연히 죽을 것은 그가
자기를 하나님의 아들이라 함이니이다
8 빌라도가 이 말을 듣고 더욱 두려워하여
9 다시 관정에 들어가서 예수께 말하되 너는
어디로부터냐 하되 예수께서 대답하여 주지
아니하시는지라
10 빌라도가 이르되 내게 말하지 아니하느냐 내
가 너를 놓을 권한도 있고 십자가에 못 박을
권한도 있는 줄 알지 못하느냐
11 예수께서 대답하시되 위에서 주지 아니하셨
더라면 나를 해할 권한이 없었으리니 그러므

로 나를 네게 넘겨 준 자의 죄는 더 크다 하
시니라
12 이러하므로 빌라도가 예수를 놓으려고 힘썼
으나 유대인들이 소리 질러 이르되 이 사람
을 놓으면 가이사의 충신이 아니니이다 무릇
자기를 왕이라 하는 자는 가이사를 반역하는
것이니이다
13 빌라도가 이 말을 듣고 예수를 끌고 나가서
돌을 깐 뜰(히브리 말로 가바다)에 있는 재판
석에 앉아 있더라
14 이 날은 유월절의 준비일이요 때는 제육시라
빌라도가 유대인들에게 이르되 보라 너희 왕
이로다
15 그들이 소리 지르되 없이 하소서 없이 하소
서 그를 십자가에 못 박게 하소서 빌라도가
이르되 내가 너희 왕을 십자가에 못 박으랴
대제사장들이 대답하되 가이사 외에는 우리
에게 왕이 없나이다 하니
16a 이에 예수를 십자가에 못 박도록

원 의미

우리는 요한복음에서 몇 차례에 걸쳐 주요한 문학적 전이(transition)들을 살펴보았다. 표적의 책(the Book of Signs, 요 1-12장)과 영광의 책(the Book of Glory, 요 13-21장)은 예수의 공적 사역과 그의 체포 이전에 며칠 동안 이루어진 일들 사이를 깔끔하게 나눈다. 표적의 책은 기적들(표적들)과 공적 강화들로 가득 차 있다. 영광의 책은 다락방에서의 예수의 말씀으로 시작된다. 그 말씀은 특히 발을 씻기심과 유다의 떠남 이후에 나타난다(요 13장). 예수의 교훈과 약속의 말씀이 있은 후 긴 기도가 이어진다(요 14-17장). 이렇게 해서 제자들과의 생활과 사역이 끝난다.

요한복음 18:1은 영광의 책 중에서 완전히 새로운 섹션을 연다. 예수는 이제 우리가 요한복음 전체를 통해 고대해 왔던 그 "때"(hour)의 정점을 향해 나아가신다. 만약 고별강화가 어둠의 도래에 대한 준비였다면, 18-19장에서 드디어 어둠이 도착한다. 예수는 체포, 구금되신다. 그는 유대교의 대제사장과 빌라도에 의해 심문을 받으신다. 그리고 나서 그는 십자가에 못 박히신다. 그러나 우리가 앞으로 보게 되겠지만 요한은 이 이야기에 중요한 신학적 의미를 집어넣는다. 그것을 통해 요한은 독자인 우리가 20-21장에 기록된 부활의 승리를 고대하도록 돕는다. "빛이 어둠에 비치되 어둠이 빛을 이기지 못했다"(요 1:5, NIV 각주. 이곳에서 사용된 헬라어 동사 '*katalambano*'는 '이기다'와 '깨닫다'의 두 가지 뜻을 가지고 있다. 따라서 '깨닫다'로 해석한 한글성경의 번역도 가능하지만 위와 같은 NIV 각주의 번역도 전혀 무리 없이 가능하다.-옮긴이). 요한복음의 마지막 부분에서 시계추는 원래의 높은 위치로 되돌아간다. 예수의 영광, 그의 빛과 진리는 마지막 장들을 통해 빛을 발하며 그가 참으로 세상과 죽음을 이겼음을 보인다(요 16:33).

요한복음의 고난[1] 이야기

나는 서론부분에서 요한복음의 역사적 정당성의 문제가 항상 학문적 논쟁의 주제였다는 사실을 언급했었다. 도드(C. H. Dodd)가 1963년에 "제4복음서 내의 역사적 전승"(historical tradition in the Fourth Gospel)을 썼을 때, 그는 예수의 체포, 재판, 그리고 죽음에 대한 설명부터 시작했다. 왜냐하면 이 부분은 공관복음과 겹치는 곳이 너무나 많기 때문이다.[2] 오늘날에도 그 논쟁은 계속되고 있다. 특히 고난 설화와 관련된 부분에서 그러하다. 도드(Dodd)와 같은 어떤 학자들은 고난 이야기의 역사적 성격에 대해 확신을 가지고 있다.[3] 그러나 다른 이들을 이에 대해 회의적이다.[4] 물론 여기서 이 논쟁을 속속들이 파헤치고 그 대표자들을 나열하는 것은 가능하지도 않고 필요하지도 않다. 나는 단지 중요한 것들만 개괄적으로 소개하고자 한다.

예수에 관한 이야기들이 기록되고 다시 말해졌을 때, 의심할 바 없이 고난 이야기는 매우 중요한 위치를 차지했을 것이다. 왜냐하면 그것은 근본적인 질문에 대해 답을 제시해 주기 때문이다. 예수는 왜 체포되고 죽임을 당했는가? 만약 그가 진리의 사람이었다면, 만약 그의 기적들이 인상깊은 것이었다면, 그 자신의 백성들이 그를 죽이려 했다는 것은 말이 되지 않는다. 예수에 대한 신뢰와 고난 이야기는 잘 어울리지 않는다. 만약 그가 메시야였다면, 그의 생의 마지막 며칠 동안 예루살렘에서는 그에게 무슨 일이 발생한 것인가?

---

1. "Passion"은 학자들이 일반적으로 예수의 체포, 재판, 그리고 죽음을 지칭할 때 사용하는 용어이다. Passion은 라틴어 동사 *patior, pati, passum sum*, "고난 당하다"(to suffer)에서 왔다. Passion은 그러므로 예수의 고난을 지칭한다.
2. C. H. Dodd, *Historical Tradition in the Fourth Gospel* (Cambridge: Cambridge Univ. Press, 1963), 21-151; 이에 대한 비판적 논평으로는, D. A. Carson, "Historical Tradition in the Fourth Gospel: After Dodd, What?" in R. T. France and D. Wenham, eds., *Gospel Perspectives II* (Sheffield: JSOT Press, 1981), 83-146; 요한의 이야기들 중 약 95퍼센트는 요한복음에만 등장한다. 공관복음과 평행을 이루는 자료의 대부분은 성전청결(요 2장), 오병이어 기적(요 6장), 그리고 재판장면(요 18-20장)에서 발견된다.
3. F. F. Bruce, "The Trial of Jesus in the Fourth Gospel," in R. T. France and D. Wenham, eds., *Gospel Perspectives I* (Sheffield: JSOT Press, 1980), 7-20; J. A T. Robinson, *The Priority of John* (London: SCM, 1985), 212-95; 고난 이야기에 대한 훌륭한 글을 보기 원한다면, R. E. Brown, *The Death of the Messiah*, 2 vols. (New York: Doubleday, 1994).
4. 가장 최근의 것으로는, J. Ashton, *Understanding the Fourth Gospel* (Oxford: Clarendon. 1991), 485-514, 및 Ashton의 책에서 인용된 문헌들이 있다.

사복음서 모두는 동일한 기본적 줄거리를 지니고 있다. 예수는 예루살렘 근처에서 체포되셨고, 재판을 받아 유죄판결을 받으셨고, 십자가에서 죽임을 당하셨다. 이 줄거리 속에서 각 복음서들은 일관적인 세부사항들을 보여주고 있다. (1) 예수와 제자들은 성을 떠나 감람산 서쪽 기슭으로 자리를 옮긴다, (2) 유다가 예수를 체포하려는 사람들과 함께 도착한다, (3) 예수가 대제사장에 의해 심문을 받으신다, (4) 예수가 로마인 본디오 빌라도에게 심문을 받으신다, (5) 빌라도가 예수의 무죄를 추정하고 자신의 죄수들 중 한 명을 놓아주겠다고 제안한다, (6) 군중들은 바라바를 놓아 달라고 외친다, (7) 빌라도는 예수를 죽이도록 명령을 내린다, (8) 예수가 두 사람과 함께 십자가에 못 박히신다, (9) 군인들이 예수의 옷을 나누어 갖는다, (10) 예수에게 포도주가 제공된다, (11) 예수가 운명하신다, (12) 아리마대 요셉이 장례를 위해 예수의 시신을 요구한다.

요한복음도 이 개요와 세부사항들을 공유한다. 그러므로 요한은 고난 이야기에 있어서 건전한 역사적 전승들과 연결되지 않았다고 주장하는 것은 어리석은 일이다. 그러나 요한은 여러 개의 독립적인 세부사항들을 추가하고 있고 몇 가지는 생략하고 있다. 요한복음에서 생략된 것들 중 몇 가지를 들자면. (1) 입맞춤을 통한 배반, (2) 겟세마네 동산에서의 예수의 기도, (3) 제자들의 졸음, (4) 종의 귀를 고치심, (5) 구레네 시몬, (6) 희롱하는 군중들, (7) 십자가에서의 예수의 부르짖음.

요한은 또한 여러 세부사항들을 추가하고 있다. (1) 체포장면에서 예수가 자신의 정체를 밝히셨을 때 로마군인들이 땅에 엎드러짐, (2) 예수와 안나스와의 대화, (3) 예수와 빌라도와의 대화, (4) 십자가의 푯말내용에 대한 요한의 강조, (5) 예수의 의복에 대한 완전한 묘사, (6) 십자가에서 사랑하시는 제자에게 마리아를 맡기심, (7) 예수의 다리들이 부러질 위기를 겪음, (8) 예수가 군병의 창에 찔리심, (9) 예수의 장례에서 니고데모가 요셉에게 합세함.

이 생략들과 추가들이 중요하게 보일 수도 있지만, 그것들을 모두 한데 모아 하나의 조리 있는 이야기 속으로 통합해 넣는 것은 어려운 일이 아니다. 그러나 요한복음의 이야기가 마가복음에 직접적으로 의존하고 있다고 믿는 학자들(Barrett, Haenchen)에게 있어서는, 요한복음은 신뢰할 수 있는 이야기로서는 낮은 점수를 받는다. 그러나 요한복음이 공관복음에 대해 상당히 독립적이라고 보는 학자들(Dodd, Beasley-Murray)에게 있어서는, 추가된 이야기들이 공관복음과 평행을 이루는 자료들로부터 유래할 수 있는 한, 요한복음의 이야기는 큰 신뢰성을 얻게 된다. 사실 어떤 학자들은 심지어 요한이 공관복음의 설명을 베끼고 있는 것은 아니지만, 요한은 그럼에도 불구하고 어쩌면 마가복음을 읽은 독자들 사이에서 자신의 복음서가 회람되리라는 것을 가정했을 것이라고 확신한다.[5]

예를 들어 요한복음 18:13-28은 예수에 대한 유대인들의 심문을 기록하며 두 대제사장들을 포함시킨다. 안나스(상당한 권력을 행사하던 전직 대제사장)와 가야바(현직 대제사장). 마가복음은 대제사장의 이름을 밝히지 않지만 예수가 대제사장에게 심문을 받았다는 사실을 기록한다. 요한복음은 안나스의 집에서의 모임이(요 18:13) 공식적인 산헤드린 재판이 아니었음을 분명히 밝히고 있다. 가야바가 18:14에서 언급되고 있고, 18:24에서 예수에 대한 안나스의 심문이 끝난 후, 요한복음은 이렇게 적고 있다. "안나스가 예수를 결박한 그대로 대제사장 가야바에게 보내니라." 마가복음의 독자들은 그 이후부터 요한복음 18:28에서 예수가 빌라도에게 보내지기 전까지 성전 고위층에 의한 끔찍한 재판과 판결이 있었음을 즉시 깨달을 것이다. 이런 세부사항들은 상당히 많다. 우리는 이어지는 주석에서 그것들 중 대부분을 검토할 것이다. 무엇보다도 기억해야 할 것은 요한이 이야기의 극적인 분위기를 더 높였다는 것이다. 그는 여기저기에 이름들을 집어넣고 대화들과 사건들을 포함시켰다. 그것들은 우리로 하여금 무슨 일이 일어나고 있는지에 대해 더 분명한 인식을 갖게 한다.

고난 이야기를 서로 조화시킬 수 있는 가능성이 있지만, 요한복음에는 또한 중요한 신학적 강조들이 존재한다. 요한의 이야기를 따라가기 위해서는 우리가 그것들을 이해해야만 한다. (1) 마르틴 켈러(Martin Kähler)는 언젠가 공관복음은 "긴 서론부를 지닌 고난설화"(passion narratives with extended introductions)라고 불릴 수 있을 것이라는 유명한 (그리고 문제성 있는) 발언을 했다.[6] 즉 복음서들은 예수의 생의 마지막 일주일의 사건들에 의해 주도되고 있다는 것이다(마가복음에서는 그것이 전체의 40퍼센트이다). 그러나 켈러는 이것은 요한복음에서는 사실이 아니라고 주장한다. 요한복음은 십자가 위에서의 예수의 죽음을 '필요로 하지'(need) 않는다는 것이다.

몇 년 후 케제만(E. Käsemann)은 이 견해를 받아들여 더 발전시켰다. 그는 요한에게 있어서 예수의 고난은 부록 혹은 "당혹스러운 것"(embarrassment)이라고 믿

5. R. Bauckham, "John for Readers of Mark," *The Gospels for All Christians: Rethinking the Gospel Audiences* (Grand Rapids: Eerdmans, 1998), 157-58.

6. M. Kähler, *The So-Called Historical Jesus and the Historic Biblical Christ* (Philadelphia: Fortress, 1892, 1964); 다음에서 재인용, J. Ashton, *Understanding the Fourth Gospel*, 495.

는다.[7] 만약 우리가 희생과 속죄라는 바울의 생각을 떠올리지 않고 요한복음을 읽는다면, 만약 우리가 공관복음의 이야기를 잊으려고 노력한다면, 우리는 십자가에 대한 요한의 견해가 물위로 떠오르는 것을 보게 될 것이다. 겟세마네의 고뇌가 사라졌다. 골고다의 상처도 사라졌다. 요한에게 있어서 십자가는 높아짐의 수단이다. 예수는 요한복음 전체에서 그랬던 것처럼 자신의 영광을 드러내시고 있다.

그러나 십자가를 요한복음의 추신(postscript) 정도로 본 케제만의 생각은 틀렸다. 요한복음은 처음부터 그 "때"(hour)를 향해 줄기차게 나아간다(예를 들어, 요 2:4; 7:30; 8:20). 그리고 이 주제는 고난강화에서도 계속해서 나타난다. 예수의 죽음과 그 효과는 계속 언급되어 왔고(요 6:51-58) 심지어 가야바의 입을 통해서도 암시된다(11:49-50). 그러나 요한이 한 일은 십자가 위의 예수에 관한 하나의 새로운 신학적 개념을 만들어 낸 것이다. 그의 고난여정에 있어서 예수는 주권자이시다. 그는 희생자가 아니다. 십자가는 그가 자발적으로 선택하신 운명이며 따라서 그가 그것을 통제하신다.

그렇기 때문에 그가 체포되실 때 유다가 그를 사람들에게 넘기는 것이 아니라 예수 자신이 앞으로 나서신다(요 18:4). 그리고 예수가 질문을 던지신다. "너희가 누구를 찾느냐?"—이 질문은 요한복음 1:38에 등장하는 이 복음서에서의 예수의 첫 번째 말씀과 평행을 이룬다. "[너희가] 무엇을 구하느냐?" 예수는 제자들을 보호하신다(요 18:8). 그래서 그들 중 하나도 잃지 않으실 것이다(요 17:12). 마찬가지로 요한복음 19:11에서 예수는 권세에 대한 빌라도의 잘못된 생각을 바로잡아 주신다. 십자가 위에서 예수는 "다 이루었다"(요 19:30)라고 외치신다. 그것은 십자가는 일이며 완성된 목표라는 선언이다. 애쉬튼(Ashton)은 그것을 다음과 같이 (아마도 너무 입심 좋게) 표현한다. "만약 하나님이 이 고난 연극의 작가라면, 예수는 주연배우이다.—그러나 그는 제작자이자 감독이기도 하다!"[8]

영광, 승리, 그리고 주권에 대한 이런 강조는 요한복음 18:28-19:16의 문학적 구조에서도 나타난다. 예수가 빌라도를 만나실 때 우리는 요한복음의 마지막 큰 오해들 중 하나를 만난다. 한쪽 차원에서 보자면 이것은 단순히 예수에 대한 심문과 그에게 가해신 해악을 설명하고 있지만, 다른 차원에서 보자면 이것은 독자인 우리도 하여금 사건의 보다 깊은 진실을 보게 한다. 이 이야기는 아치형의 구조를

7. E. Käsemann, *The Testament of Jesus: The Gospel of John in Light of Chapter 17* (London: SCM, 1968).
8. Ashton, *Understanding the Fourth Gospel*, 490.

이룬다. 그렇기 때문에 대칭구조(symmetry) 혹은 평행구조(parallelism)를 보기 위해서는 바깥쪽 "연"(聯, stanza)들의 상호관계에 주목해야 한다. 다음을 보라:

연(Stanza) A, 18:28-32(빌라도의 방 외부)
이른 아침
유월절
유대 지도자들은 (합법적으로) 사람을 죽일 수 없다.
예수의 죽음의 유형
예수를 죽여 달라는 유대인들의 탄원

  연(Stanza) B, 18:33-38a(내부)
  빌라도의 생각이 예수와 맞지 않음
  예수의 기원: 이 세상에 속하지 않음
  예수는 수동적이심: 그는 이 세상에 속하지 않음

    연(Stanza) C, 18:38b-40(외부)
    빌라도가 예수에게서 죄를 찾지 못함
    빌라도가 예수를 밖으로 데리고 나옴: 그는 '풀려날 수 있다.'

      연(Stanza D), 19:1-3(내부)
      1 예수가 채찍질을 당하심
        2 예수가 면류관을 쓰심
          3 예수가 왕복을 입으심
        2´ 예수가 "왕"으로서 환호를 받으심
      1´ 예수가 매를 맞으심

    연(Stanza) C´, 19:4-8(외부)
    빌라도가 예수에게서 죄를 찾지 못함
    빌라도가 예수를 밖으로 데리고 나옴: 그가 석방될 것인가?

  연(Stanza) B´, 19:9-11(내부)
  빌라도의 권세는 그 자신의 것이 아니다.
  "너는 어디로부터냐"
  예수는 수동적이심: 빌라도의 권세는 위로부터 주어진 것이다.

연(Stanza) A´, 19:12-16(외부)
시간이 늦음(6시)

유월절
유대 군중들이 사형을 요구함
십자가에 달리심
유대 지도자들이 예수의 죽음을 얻어냄

이와 같은 평행구조(혹은, 교차대구법, chiasm)는 성경본문에서 오래 전부터 인식되어 왔다. 이야기를 전달하는 매개체로서 그것은 구조를 형성하고 이야기가 드라마의 형식을 갖추도록 해 준다. 특히 여기서의 경우 그것은 중요한 숫자인 7을 제공한다. 우리는 심지어 빌라도가 궁전(praetorium) 안과 밖을 오가는 것에 따라 각 연에 꼬리표를 붙일 수도 있다. 연(Stanza) A에서 그는 밖으로 나온다. 연 B에서는 안에 있고, 연 C에서는 밖으로 나온다, 등등. 이 심문 과정에 있어서 연들이 역으로 배열될 수 있다. 그리고 또한 평행적인 주제들이 등장하는 것이 분명하다(A와 A′, B와 B′, C와 C′, D). 그러나 가장 중요한 특징, 이 구조의 "정점"(climax) 혹은 전환점은 예수의 대관식(D)이다. 가운데 연은 그 자체가 반전이다. 그것은 아이러니컬하게도 예수가 왕관을 쓰셨고 왕복을 입으셨다고 우리에게 말하고 있다. 그 일을 한 사람들은 예수에게 상처를 주려는 의도를 가지고 있었지만, 더 깊은 수준에서 보자면 예수는 실제로 왕으로 인정을 받고 계셨던 것이다. 같은 주제가 십자가 위에서도 나타난다. 빌라도는 십자가 위에 적힌 명패의 내용을 바꿀 것을 거부한다. "나사렛 예수 유대인의 왕"(요 19:19). 그 이유는 무엇인가? 왜냐하면 이 사건들은 (참으로) 예수의 대관식과 연관되어 있기 때문이다.[9]

요한복음에서 찾아볼 수 있는 두 번째 중요한 신학적 주제는 요한의 재판 이야기 속에서 "유대인들"의 위치와 관련된 것이다. 우리는 고난 기간동안 복음서들 속에서 유대 당국자들이 수행한 역할의 발전을 눈여겨보아야 한다. 마가복음에서 예수가 정죄를 당한 후 빌라도는 이 사건들에 대해 "놀랍게 여겼다"(amazed, 막 15:5). 마태복음에서 빌라도는 "크게 놀랐고"(great amazement, 마 27:14), 그의 아내로부터 경고의 메시지를 받았으며(마 27:19), 모든 책임으로부터 손을 씻었다

9. 대부분의 주석가들은 이 구절들 속에서 어떤 문학적 구조를 인식한다. 참조. Bultmann, *John*, 501,648; Brown, *John*, 2:857-59; idem, "The Passion According to John: Chapters 18-18," *Worship* 49 (1975): 126-34; idem., *The Death of the Messiah*, 757-59; B. D. Ehrman, "Jesus' Trial Before Pilate: John 18:28-19:6," *BTB* 13 (1983): 124-31; G. H. Giblin, "John' Narration of the Hearing Before Pilate (John 18:28-19:16a)," *Bib* 67 (1986): 221-39.

(마 27:24-25). 누가복음에서 빌라도는 세 차례나 예수의 무죄를 선언한다(눅 23:4, 14, 22). 요한복음에서는 빌라도가 예수의 무죄를 확인할 뿐만 아니라 예수를 석방하려는 적극적인 노력까지 보인다(요 18:38-40; 19:12a). 그리고 그는 로마에 대한 자신의 충성심에 의문이 제기되고 나서야 겨우 예수의 십자가형에 동의한다(요 19:12b). 이 모든 것들은 비난의 화살을 유대 지도자들에게 돌리는 것처럼 보인다. 믿을 수 없을 정도로 요한은 18-19장에서 "유대인"을 스물 두 번이나 언급한다. 다음 몇 세기 동안의 기독교문학은 유대 지도자들에 대한 비난을 계속 이어갔다.[10]

이것은 기독교인들이 매우 조심스럽게 다루어야 할 문제이다. 요한복음의 이 장들에 대한 뜨거운 논쟁이 특히 20세기 동안 벌어졌다. 오늘날 유대인들이 예민한 반응을 보이는 것은 이해할 만하다. 왜냐하면 유대교에 대한 이런 초상은 많은 파렴치한 기독교인들로 하여금 비양심적인 반유대주의(anti-Judaism) 운동에 빠지도록 만들었기 때문이다. 서구의 유대인 증오의 유산은 "하나님을 살해한 자들"(God-killers)이라는 중세의 비난으로부터 시작하여 나치의 죽음의 수용소들과 성경을 등에 업은 백인우월주의 그룹들로 이어져 내려온다. 우리가 요한의 고난 이야기를 어떻게 다루든지, 우리는 그것을 그 어떤 형태로든 인종증오의 수간으로 사용하는 자를 결코 용납할 수 없다.

이에 대한 해결 방법 중 하나는 (이것은 유대인들의 두려움을 달래고 유대교와 기독교 사이의 대화를 촉진하려는 학자들이 자주 사용하는 방법이다) 요한복음을 비역사화(dehistoricize) 하는 것이다. 그래서 이곳에 실린 유대교에 대한 모든 언급들은 회당을 핍박하기 위해 후대의 기독교인들이 만들어 낸 선전용 문구들이라고 보는 것이다. 그러나 고난 이야기에 있어서 로마만이 '유일한'(only) 책임자였다고 주장하는 것은 역사적으로 옳지 못하다. 그렇다고 해서 유대 지도자들만이 예수의 죽음에 대해 책임이 있다고 말하는 것도 잘못이다. 이 음모에 있어서 많은 사람들이 역할을 수행했다고 보는 것이 타당할 것이다. 카슨(Carson)이 지적하듯이 핍박을 감행할 수 있는 자들은 권력을 손에 쥔 자들이다. 그리고 1세기 중반의 예루

10. 십자가의 책임을 빌라도가 아니라 유대인들에게 돌리는 일은 그 다음 삼백 년동안 완성되었다. 《베드로복음서》(the Gospel of Peter)에서는 (빌라도가 아니라) 헤롯이 사형을 언도한다. 마태복음의 시리아(Syriac) 사본에서는 이야기가 개작되어 유대인들이 단독으로 예수를 괴롭히고 그를 십자가에 못 박는다. 터툴리안(Tertullian)은 심지어 빌라도가 마음속으로는 기독교인이었을 것이라고 생각했다. 그리고 많은 전설들은 빌라도의 개종에 대해 이야기한다. 에티오피아(Ethiopian)와 이집트 콥틱(Coptic) 전승들에서는 빌라도와 그의 아내 프라다(Prada)가 성인(聖人)이 되며 그들을 위한 경축일은 6월 25일이다. 더 많은 자료를 위해서는, Brown, *John*, 2:794-95.

살렘에서 권력을 쥐고 있던 자들은 산헤드린이라는 점을 모든 사람은 인정해야 한다.[11]

브라운(Brown)은 가야바와 빌라도 사이에 상당한 결탁이 있었음을 우리가 추정해야 한다는 점을 상기시킨다. 가야바는 십팔 년동안 대제사장의 자리에 있었다. 그것은 헤롯대왕부터 예루살렘 멸망까지의 기간 중 가장 오랜 재위기간이었다. 그 중 십 년의 기간을 본디오 빌라도와 함께 했다.[12] 이상하게도 빌라도가 총독의 자리에서 물러난 그 해에 가야바 역시 대제사장직에서 물러났다.

그러나 여기서 유대 지도자들이 함께 책임을 공유하고 있다고 해서 그것이 인종차별주의를 정당화시켜 주는 것은 아니다. 복음서들을 기록한 최초의 기독교인들은 유대인들이었다. 성전 혹은 회당 지도자들과의 그들의 논쟁은 신학적인 것이었지 인종적인 것이 아니었다. 그들의 생각에 대해 "반(反)유대주의"(anti-Semitism)라는 딱지를 붙이는 것은 역사적으로 부적절한 일이다. 복음서의 고난 이야기 속을 흐르고 있는 긴장들은 예수의 메시야성에 관한 유대 내부적 논쟁들에서 파생된 '유대 내부적 긴장'(inner-Jewish tension)이다.

그리고 우리가 앞으로 보게 되겠지만 요한이 예수의 죽음에 대해 오직 "유대인들"만을 비난한다고 주장하는 것은 잘못된 것이다. 요한의 이야기 등장하는 가장 중요한 주제들 중 하나는 빌라도의 크게 두드러진 역할이다. 그의 군인들은 이 이야기에서 눈에 띄는 역할을 담당한다. 빌라도는 진리를 거절할 뿐만 아니라 예수가 그를 가르치고 지도해 주어야 하는 형편없고 무능한 인물로 그려지고 있다.[13]

예수의 체포(요 18:1-11)

요한복음 18장의 첫 문장은 고난 이야기를 고별강화와 연결시킨다. 예수는 이 가르침들(고별강화와 기도)을 마치신 후, 그가 자주 가셨던 성밖에 있는 동산으로 제자들을 이끌고 가셨다(요 18:2; cf. 눅 22:39). 공관복음 역시 이 이동에 대해 언급한다(마 26:30; 막 14:26; 눅 22:39). 그때가 유월절이었기 때문에 그들은 그날 밤에 예루살렘 근교에 머물러 있어야 했는데, 베다니는 그 허용범위를 넘어서는

11. Carson, *John*, 575.
12. Brown, *John*, 2:798.
13. 참조. D. Rensberger, "The Politics of John: The Trial of Jesus in the Fourth Gospel," *JBL* 103 (1984): 395-411.

곳에 있었다. 예루살렘 성 동쪽에는 기드론(Kidron) 골짜기라고 불리는 가파른 계곡이 있었다.[14] 이 계곡은 강바닥으로서 대부분 말라 있다가 겨울에 비가 올 때만 물이 흐른다.[15]

여기서 그들은 공관복음이 "겟세마네"(Gethsemane)라고 부르고 있는 동산을 찾는다. 동산이라고는 하지만 유럽이나 북미의 잘 가꾸어진 정원을 상상해서는 안 된다. 그것은 작은 감람나무 숲이었다("겟세마네"는 올리브 기름을 짜는 착유기[搾油機]를 뜻한다. 마 26:36; 막 14:32). 감람나무들이 감람산 서쪽기슭에서 많이 자라고 있었다.[16] 여기서 공관복음은 감람원에서의 예수의 기도를 기록하고 있다(막 14:32-42). 요한복음은 그것을 언급하지 않는다.

체포자들의 도착에 대한 요한의 설명은(요 18:3-9) 공관복음과는 달리 극적인 요소들을 가지고 있다(막 14:43-50). 유다도 (그는 요 13:30에서 이야기로부터 떠났다) 그 장소를 알고 있었기 때문에(요 18:2) 사람들을 그곳으로 인도해 올 수 있었다.[17] 공관복음은 체포당시 유대 경비병들을 언급할 뿐이지만 요한은 유대인 경찰들과 함께 나타난 "파견된 군인들"(a detachment of soldiers)을 지적한다(요 18:3).[18]

이 무장한 무리들 중에 로마 "파견대"(detachment, 헬라어 *speiras*)가 있다는 사실은 많은 이들에게 역사적 문제를 안겨 주었다. 로만 보병대(cohort, legion을 10등분한 부대로 300-600명으로 구성됨-옮긴이)는 일천 명(760명의 보병과 240명의 기병)으로 구성될 수 있었고 천부장(chiliarch, 문자적으로 '천명의 지도자' 이며 일반적으로 지휘관[commander], 대장[captain], 혹은 사령관[tribune]으로 번역된다)의 지휘를 받았다. 이 군인들은 틀림없이 예루살렘에 있는 안토니아 요새

---

14. 헬라어 스펠링은 *Kedron*이다. 그러나 이것은 칠십인경(LXX)의 스펠링을 반영한 것이다. Kidron은 히브리어에서 온 것이며 이것이 전통적인 이름이다.
15. 그렇기 때문에 칠십인경(LXX)의 민수기 34:5에서는 그것이 강으로 나오고 4 Kings 3:16에서는 계곡으로 나온다(LXX의 성경 이름들이 현대어 성경과 차이가 난다. LXX의 1 Kings는 사무엘상, 2 Kings는 사무엘하, 3 Kings는 열왕기상, 그리고 4 Kings는 열왕기하이다.-옮긴이).
16. 오늘날 이 정원은 오래 된 올리브 숲을 가진 '열방교회'(The Church of All Nations)에서 보존하고 있다. 그 나무들 북쪽에서 올리브 기름을 짜는 데 사용되었던 고대의 착유기가 발견되었다. 리델 스코트(Liddel and Scott) 헬라어 사전은 그 용어가 당시 모든 과수원에서 흔히 사용되었다는 것을 보여준다.
17. 요한은 유다가 (어떤 비평자들이 주장하듯이) 그들을 통솔했다고는 말하지 않는다. 그는 단지 잘 알려진 동산으로 그들을 이끌었을 뿐이고 그것으로 그의 임무는 끝났다.
18. 어떤 주석가들은 이들이 로마 군인들이 아니고 다만 요한이 유대 군인들에 대해 로마식 명칭을 사용했을 뿐이라고 주장한다. 그러나 그런 것 같지는 않다. 요 18:12은 두 종류의 군인들을 조심스럽게 구분하고 있다. 그리고 그곳에서 로마 군인들은 자신들의 "지휘관"(commander) 혹은 통솔자와 함께 있는 것으로 묘사되고 있다.

(Antonia Fortress)에 주둔했을 것이다. 그러나 그들 모두가 이곳 겟세마네에 있다고 생각할 필요는 없다. 그들은 다만 자신들의 지휘관을 호위하기에 충분한 숫자였을 것이다(요 18:12). 그들은 무기를 지니고 있었다(요 18:3b).[19]

로마인들은 축제기간 동안에는 도시의 분위기가 폭발적으로 끓어 오른다는 것을 알고 있었다. 따라서 그때가 되면 정기적으로 보강병력이 예루살렘으로 왔다. 로마인들은 처음부터 예수에게 관심을 가지고 있었을 것이다. 어쩌면 빌라도는 이전부터 이 일에 개입하고 있었을 지도 모른다. 대제사장들과 바리새인들의 존재는 요한복음의 다른 곳에서 그들이 나타났던 일을 상기시킨다(요 7:32, 45; 11:47, 57). 가야바의 지도하에(요 11:53) 이전부터 예수를 죽일 계획을 세웠던 제사장 계급의 관료들과 교사들인 이 지도자들은 이제 그들의 계획을 실행에 옮기고 있다. 그러므로 요한의 그림은 분명하다. 온 세상이—유대인이건 이방인이건—예수를 대적하기 위해 왔다. 그러므로 그 다음에 벌어질 사건들의 책임은 그들 모두에게 있다.

그러나 예수는 놀라시지 않는다(요 18:4). 마가복음 14:42에 따르자면 예수는 유다가 오기 전에 그가 올 것을 아신다. 마찬가지로 여기서도 예수는 자신이 체포될 것이라는 사실을 미리 아신다(요 1:47-48; 6:6; 13:1). 그는 움츠러들지 않으신다. 그는 자신의 생명을 자기 자신의 의지 아래 내려놓으시기로 이미 결정하셨다(요 10:18). 그러므로 예수는 앞으로 나서셔서 첫 번째 질문을 던지신다. "너희가 누구를 찾느냐?"(요 18:4, 이 질문은 요한복음에서의 예수의 첫 번째 말씀을 반향한다. 요 1:38). 그 대답은 놀랍다(요 18:5): "나사렛 예수라." 요한복음에서 예수가 나사렛 출신이라고 밝히고 있는 것은 오직 이곳과 십자가의 명패(요 19:19),[20] 그리고 요한복음 1:45 뿐이다. 비록 요한은 나사렛 이야기를 언급하고 있지 않지만 공관복음 기자들에게 알려졌던 자료들을 그도 잘 알고 있었다. 공관복음에 비추어 보자면 유다가 그에게 입을 맞추어 신호를 보낸 것이 지금이었을 것이다(막 14:44).

예수는 평이하게 자신을 밝히신다(요 18:5-7). 그러나 이것은 단순히 자기의 정체를 밝히는 것 이상의 엄청난 의미를 지닌 일이었다. 예수는 우리가 요한복음 다른 곳에서 보아 온 "나는…이다"(I am) 형식문을 사용하신다(예를 들어, 요 4:26;

19. F. F. Bruce, "The Trial of Jesus in the Fourth Gospel," 9.

20. 이 명칭은 공관복음(마 2:23; 26:71; 눅 18:37)에서는 일반적으로 사용되었고 사도행전에도 여섯 번 등장한다.

8:24, 58). 그것은 의심할 바 없이 하나님의 거룩한 이름을 상기시킨다.[21] 요한은 18:6에서 이것을 강조한다. "예수께서 그들에게 '내가 그니라' 하실 때에 그들이 물러가서 땅에 엎드러지는지라."

이 구절은 군기 빠진 병사들이 뒤로 물러가 넘어지는 모습을 그린 것도 아니고 (Carson), 군중들에게 미치는 예수의 인품의 심리적 효과에 관한 것도 아니다 (Morris). 오히려 요한은 여기서 그의 많은 아이러니컬한 장면들 중 하나를 창조해 내고 있다. 예수의 말씀은 심지어 그 말씀의 뜻을 이해하지 못하는 자들에게서도 반응을 이끌어 낸다. 이것이 바로 성경이 말하는 주님 앞에서의 거룩한 두려움의 반응이다(겔 1:28; 단 10:9; 행 9:4; 22:7; 26:14; 계 1:17). 이것은 죽을 인간들에게 하나님이 계시되는 신현이다. 이에 대한 유일한 반응은 땅에 엎드리는 것이다(Barrett, Brown, Beasley-Murray, 참조. 겔 1:28; 사 6:5).

예수는 앞으로 나서실 뿐 아니라(그러므로 자신의 체포에 있어서 주도권을 행사하신다) 제자들이 체포당하지 않도록 보호하신다(요 18:8-9). 이를 통하여 그는 자신이 요한복음 17:12에서 하신 말씀을 이루신다(cf. 요 6:39). 예수는 하나님이 그에게 주신 자들 중에 하나도 잃지 않으셨다. 예수는 자기를 잡으려는 자들로 하여금 두 번씩이나 그들이 찾고 있는 것은 오직 예수라고 말하게 하신다(요 18:5, 7). 이것은 우리가 가지고 있는 예수의 이미지를 기억나게 한다. 그것은 요한복음 10장의 목자의 이미지이다.—그는 자신의 양들을 위하여 목숨을 내놓을 뿐만 아니라(요 10:11, 17-18) 그들을 보존하며 그들이 늑대들의 희생물이 되지 않도록 하신다(요 10:12).

오직 요한복음만이 칼을 뽑아 대제사장의 종(요한복음은 그의 이름을 말고라고 부르고 있다)을 친 것이 베드로라고 밝히고 있다(요 18:10-11; cf. 마 26:51-53; 막 14:46-47; 눅 22:49-51). 말고라는 이름이 스가랴 11:6('말고'[*malchus*]의 뜻은 "나의 왕"[my king]이다)에 그 기원을 두고 있다는 주장은 부자연스럽다. 그러나 여기서 요한이 어떤 아이러니컬한 이중적 의미를 보고 있다는 것은 불가능한 일은 아니다. 왜냐하면 예수의 왕권이라는 것은 요한복음 18장과 19장에서 계속 등장하는 주제이기 때문이다. 베드로의 칼은 '마카이라'(*machaira*)라고 불리는 (아마도 일상복에 착용하고 다니던) 길이가 짧은 칼이었다. 베드로의 어설픈 칼 사용은 그 당시의 상황이 혼란스러웠음을 암시한다. 우리는 제사장의 종에 대해서는 요한복

21. 헬라어 구문은 출 3:14에서 사용되었던 *ego eimi*이다. 요 4:26; 8:58의 주석 참조.

음과 누가복음이 모두 그가 오른쪽 귀를 잃었었다고 말하는 것 외에는 아는 바가 없다. 누가복음은 예수가 그의 귀를 고쳐 주시는 것으로 그 장면을 끝맺고 있다.[22]

그리고 나서 예수는 아버지가 그에게 마시라고 주신 "잔"(cup)을 지적하신다(요 18:11). 이 언급은 공관복음에서의 겟세마네 기도를 연상시킨다(막 14:36; 그러나 요 12:27-28 참조). 그러나 지금 예수의 운명과 싸움을 벌이고 있는 것을 베드로이다. 그는 십자가를 포함하고 있는 그 "잔"을 용납할 수 없다. 그와는 대조적으로 예수는 이것이 하나님의 뜻임을 이해하시며 그것을 받아들이기를 주저하지 않으신다.

예수, 베드로, 그리고 안나스(요 18:12-27)

요한의 설명에 따르자면 예수는 그때 안나스에게 끌려가셔서(요 18:12-14) 심문을 받으셨다(요 18:19-24). 그리고 같은 시간에 베드로도 법정 뜰에서 질문을 받았다(요 18:15-18, 25-27). 이 평행적 이야기들의 문학적 상호결합은 우리로 하여금 그들을 비교하고 그들의 상징적 가치에 대해 묵상해 보도록 만든다.

완전히 무장한 자들에게 체포되신 예수는(무장한 로마인들과 유대인들이 계속해서 함께 일하는 것에 주목하라, 요 18:12) 가야바의 장인인 안나스에게로 끌려가셨다. 그들은 기드론 계곡으로부터 서쪽으로 성을 가로질러 걸어가서, 고고학자들이 최근에 부유한 "위쪽 도시"(upper city)를 발굴해 낸 예루살렘 서쪽 언덕으로 올라갔다. 아마도 거기 안나스의 집이 있었을 것이다.[23]

안나스는 비록 신약성경에서는 가야바보다 낮은 인물로 나오지만 상당히 유명한 사람이었다(눅 3:2; 요 18:13, 24; 행 4:6). 요세푸스(Josephus)는 그가 주후 6년에 대제사장에 임명되었다가 빌라도의 전임자인 발레리우스 그라투스(Valerius Gratus)에 의해 주후 15년에 퇴임되었다고 전한다. 그러나 그는 퇴임 후에도 큰 영향력을 행사했으며 대중들의 지지를 받았다. 왜냐하면 유대교는 로마인들이 대제사장직을 통제하는 것에 대해 분노했기 때문이다(예를 들어, 안나스의 제사예복들

---

22. 마태복음은 경고를 덧붙인다. "칼을 가지는 자는 다 칼로 망하느니라." 마태복음은 또한 만약 폭력이 해결책이 될 수 있었다면 예수는 엄청난 수의 하늘의 군대를 동원하실 수 있었다고 설명한다.

23. 그들은 성전뜰 안으로 들어간 후 그곳 서쪽 벽에 설치된 다리를 건너갔을 수도 있다(하지만 그럴 경우 군중들과 마주치게 될 위험이 있다). 보다 가능성이 높은 것은 그들이 오늘날의 "다윗성"(City of David) 남쪽을 횡단하거나 빙 둘러 돌아갔을 것이라는 것이다. 그들은 서쪽의 언덕을 올라가 성 서쪽에 있는 새로운 "위쪽"(upper) 구역으로 갔을 것이다.

은 안토니아 요새[Antonia Fortress]에 보관되었다). 안나스의 다섯 아들들뿐만 아니라 그의 사위인 가야바도 대제사장이 되었다. 그러므로 안나스는 큰 권력을 누리고 있었고 영향력 있는 제사장 집안의 족장과 같은 인물이었다. 그는 재산, 권력, 그리고 탐욕으로 유명했다.

요한이 안나스를 "대제사장"이라고 부르는 것 때문에 혼란스러워 할 필요는 없다. 왜냐하면 요한도 가야바가 현직 대제사장이고, 예루살렘에는 대제사장이 오직 '하나' 밖에 있을 수 없다는 것을 잘 알고 있었기 때문이다(요 18:24). 유대교는 대제사장직이 종신직이라는 것을 알고 있었다(민 35:25). 그렇기 때문에 로마가 대제사장들을 퇴임시켰을 때도 예의상 그들을 계속해서 대제사장이라고 불렀다. '미쉬나' (*Mishnah*)는 그런 퇴임 제사장들도 계속 거룩성을 지니고 있다고 주장한다(*Horayoth* 3:1-2, 4). 그리고 누가는 그의 복음서에서 안나스를 언급할 때 그 관례를 따르고 있는 것이다(눅 3:2).

만약 안나스가 가야바 뒤에 있는 실세였다면 예수가 먼저 안나스에게 끌려가신 것은 이해할 만한 일이다. 만약 가야바가 로마와 관련하여 자신의 지지기반을 넓히려 하고 있었다면 이 만남은 아마도 사전에 계획된 것이었을 것이다(가야바는 예수를 죽이기로 처음으로 결정을 내린 사람이다. 요 11:49-51). 예수는 요한복음 18:24까지 안나스와 함께 계시기 때문에 그때까지 사용되는 모든 "대제사장"이라는 호칭은 안나스를 지칭하는 것으로 보아야 한다(요 18:15, 16, 19, 22). 그러므로 요한복음 18:19-24에 실린 심문은 안나스의 질문의 요점을 보여준다.[24] 어떤 해석자들은 어쩌면 가야바와 안나스가 이 심문에서 자리를 함께 했을 수도 있다고 본다(그럴 경우 "대제사장"이라는 호칭은 가야바를 뜻하는 것이다). 그러나 이런 견해는 요한복음 18:24과 충돌한다.[25]

각 복음서들은 예수가 유대 당국자들에 의해 심문을 받는 동안 베드로가 예수를 부인한 사건을 기록하고 있다. 어떤 면에서 볼 때 예수는 이것을 예언하셨다(요 13:38). 그는 단순히 자신의 체포라는 사건뿐만 아니라 이에 대한 제자들의 반응

24. 어떤 사본들은 19-23절을 가야바의 것으로 돌림으로써 요한복음을 공관복음과 조화시키려고 시도한다. 어떤 사본은 요 18:24을 더 앞쪽으로 보내거나 18:24에서 "그리고 나서"(then, 헬라어 *oun*)를 제거해 버린다. KJV는 요 18:24에 있어서 이 두 번째 해결책을 따랐다(한글개역개정판도 마찬가지이다.-옮긴이): "안나스가 예수를 결박한 그대로 대제사장 가야바에게 보내니라." 이것은 그 앞의 다섯 절을 가야바에게 속한 것으로 만든다. 그러나 요한복음에 대한 이런 수정은 불필요하다. 마테라(F. J. Matera)는 공관복음에 나타나는 가야바 재판의 핵심을 요한복음 속에 집어넣었다고 주장한다(참조. "Jesus Before Annas: John 18:13-14, 19-24," *ETL* 66.1 [1990]: 38-55).

25. A. Mahoney, "A New Look at an Old Problem (John 18:12-14: 19-24)," *CBQ* 27 (1965): 137-44.

까지도 미리 알고 계셨다. 그러나 베드로의 부인은 비극이었다. 왜냐하면 (요한복음과 공관복음을 막론하고) 복음서 이야기들 속에서 베드로는 뛰어난 인물로 묘사되고 있는데, 그의 부인은 예수가 그를 잃은 것을 뜻하기 때문이다.

베드로 옆에는 "다른 제자"가 있었지만 그의 이름은 등장하지 않는다(요 18:15). 이것은 이상하다. 왜냐하면 요한은 사람들의 이름을 꼼꼼하게 기록하고 있기 때문이다(안나스, 가야바, 시몬 베드로, 말고). 이 사람은 요한복음 다른 곳에 등장하면서 보통 세베대의 아들로 인식되고 있는 사랑하시는 제자인가?(그가 이곳에 있는 것은 타당성이 없지 않다) 많은 이들은 이에 반대한다. 어떻게 갈릴리의 어부가 "대제사장과 아는 사람"일 수 있고(요 18:15b), 경비병이 지키던 그의 법정 뜰에 들어갈 수 있고, 하녀와 대화를 나누고, 베드로를 안으로 들일 수 있었겠는가?(요 18:16) 아마도 이 사람은 무명의 예루살렘 제자였을 것이다. 혹은 한 해석자가 설득력 없이 주장하듯이, 아마도 그는 유다가 아니었을까(그는 당시 권세자들에게 잘 알려져 있었을 것이다).

그러나 그가 바로 사랑하시는 제자였다는 견해가 크게 추천을 받을 만하다. 요한복음에서 사랑하시는 제자는 베드로 옆에 자주 나타난다(요 13:23-26; 20:2-10; 21:7-8, 20-24). 그것은 공관복음에서도 마찬가지이다(막 5:37; 9:2; 13:13; 14:33). 사랑하시는 제자는 심지어 십자가 앞에까지 신실하게 예수를 좇아갔고 그곳에서 예수는 그에게 말을 건네셨다(요 19:25-27). 체포의 순간에 그가 거기 있었다는 사실은 예수에 대한 그의 충성을 드러낸다. 그의 충성심은 요한복음에 잘 나타나 있다. 우리는 또한 어부들은 가난하고, 무식하고, 사회적으로 변두리에 있던 자들이었다고—그렇기 때문에 예루살렘의 지도자들과 알고 지낼 수 없는 자들이었다고—속단해서는 안 된다. 요한의 아버지인 세베대는 종들을 고용한 자였다(막 1:20). 브라운(Brown)은 (세베대의 아들) 요한이 예수의 친척이었을 수 있다는 흥미로운 (그리고 가능성이 큰) 주장을 했다. 그것은 또한 예수의 어머니를 돌보아야 하는 요한복음 19:26-27에서의 사랑하시는 제자의 책임을 설명해 준다(우리는 19장에서 이 이론을 다시 검토해 볼 것이다).[26] 만약 요한이 예수의 사촌이었다면, 마리아와 예루살렘 제사장들과의 관계 때문에(눅 1:36-45) 요한 역시 예루살렘과 관계를 맺을 수 있었을 것이다.

베드로가 법정 뜰로 들어오려고 할 때 문을 지키던 젊은 여인이 그를 알아보고

---

26. Brown, *John*, 1:xcvii; 2:905-6.

그가 예수의 제자들 중 하나가 아니냐고 물었다(요 18:17-18). 각 복음서들은 어린 소녀가 이 질문을 던졌다고 말하고 있다. (헬라어 단어 *me*로 시작되는) 그 질문의 형식은 부정적 답변을 기대하고 있다. 그녀는 조심스러웠지만 호기심이 많았다. 그녀는 예수를 따르던 자들 중 많은 이들이 그곳에 있다는 것을 알고 있었다. 우리는 그녀의 질문을 이렇게 바꿀 수 있을 것이다. "이 사람은 누구죠? 설마 그 사람의 제자들 중 또 한 사람은 아니겠죠? 그런가요?" 혹은 이렇게 볼 수도 있다. "당신은 그 사람의 제자들 중 하나일 리가 없어요. 그렇죠?"

베드로는 겁이 났다. 왜냐하면 작은 법정 뜰 안에는 군인들과 다른 종들도 있었기 때문이다(요 18:18a). 그들 중 어떤 이들은 심지어 베드로가 말고를 공격한 것을 기억할지도 모른다. 그리고 그녀는 말고를 알고 있을 지도 모른다. 그렇기 때문에 베드로는 문에서 뜰 안으로 들어오기 위해 자신이 예수의 제자라는 사실을 부인했다. 그 "다른" 제자의 침묵은 그의 정체를 밝히려는 여종의 노력의 실패가 아니라 예수에 대한 그의 꺾이지 않은 충성심을 보여주고 있다. 그때는 밤이었고 (예수를 체포하기 위해 등을 사용한 것을 기억하라. 요 18:3) 아직 봄이었기 때문에, 베드로와 사랑하시는 제자를 포함한 안나스의 뜰에 있던 사람들은 추위를 피하기 위해 숯불[27] 주위에 서 있었다.

요한은 이제 장면을 내부로 옮긴다(요 18:19-24). 공식적인 유대 재판에서 재판장은 결코 혐의사실에 대해 피고에게 직접적인 질문을 던지지 않았다. 그 대신 그는 증인들을 소환했으며 그들의 말에 따라 판결이 내려졌다. 만약 두 사람 이상의 증언이 혐의사실을 증명해 준다면 유죄판결은 확정적이었다. 그러나 안나스는 자신이 그런 재판을 하고 있다고 생각하지 않았을 것이다. 만약 이것이 정식재판이었다면 가야바가 그것을 주재했을 테지만 그는 거기에 출석하지 않았다(요 18:24). 그것은 마치 이제 막 체포한 사람에 대한 "경찰 신문(訊問)"(police interrogation)과 같은 것이었다. 그러나 만약 예수가 유죄가 될 만한 어떤 말씀을 하신다면, 안나스 자신이 예수를 대적하는 증인이 될 것이다.

여기에 기록된 말씀은 의심할 바 없이 예수와 안나스의 만남을 간결하게 요약해 놓은 것이다. 안나스는 두 가지를 조사한다. 예수의 교훈과 그의 제자들(요 18:19). 어느 정도까지 그가 실제적으로 위협이 되는가? 그는 많은 추종자들을 거

27. 세부사항에 대한 이와 같은 관심은 요한이 목격자로서의 기억에 기초하여 역사를 기록하려고 애쓰고 있음을 보여주는 예이다(참조. 19:35). 베드로는 단지 불 앞에 서 있는 것이 아니라 숯불 앞에 서 있다(이곳에서 사용된 헬라어 단어가 그것을 지적하고 있다. 또한 요 21:9 참조).

느리고 있는가? 그는 일종의 음모를 꾸미고 있는가? 그것은 비밀음모인가? 예수는 그들의 이익을 얼마나 위협하는가? (안나스는 예수가 아니라 증인들에게 이야기를 해야 한다는) 예수의 날카로운 대답은 제사장 자신이 예수를 죄인으로 만들려 했던 시도를 폭로해 버린다. 예수는 두 번씩이나 안나스가 증인들과 증거를 제시해야 한다고 요구하신다. 다시 말해서 예수는 재판을 요구하고 계시다.

자신이 (성전과 회당에서) 공개적으로 가르쳤으며 그렇기 때문에 많은 이들이 자신의 사역을 증명해 줄 수 있다고 하셨을 때, 예수는 아마도 안나스가 자신을 거짓 선지자로 고소하기 위해 책략을 쓰고 있다는 사실을 아셨을 것이다.[28] "거짓 예언"(false prophecy)은 탈무드가 예수에 대해 적고 있는 고전적인 죄목이다(*b. Sanh.* 43a). 거짓 선지자로 정죄 되기 위해서는 그가 사람들을 "비밀스럽게 유혹했거나"(secretly entice) 혹은 "속였어야"(deceive) 했다(마 24:11, 24; 막 13:5, 22; 눅 21:8). 그것에 대한 형벌은 죽음이었다(신 13:1-11). 이전에 두 번에 걸쳐서 군중들과(요 7:12) 바리새인들은(요 7:47) 바로 그런 주장을 했었다.

예수는 그러므로 안나스에게 사법적 절차를 상기시켰고, 경비병들은 그것을 오만한 행동으로 해석했다. 그래서 그들 중 하나가 예수를 쳤다(요 18:22). 그러나 여기서 (나중에도 그렇지만) 예수가 단지 진리를 지적하시는 것을 주목하라(요 18:23). 그는 그 군인에게 직접 말씀하신다. 예수를 고소하고 있는 증인은 아무도 없다. 예수는 파괴적인 행동을 한 적이 없다. 예수가 사람들을 잘못된 길로 이끌었다는 증거도 없다. 그가 한 어떤 말도 범죄로 해석될 수 없다. 안나스는 막다른 골목에 처했다. 그의 심문은 성공적이지 못했다. 그래서 그는 예수를 현직 대제사장인 가야바에게 보낸다. 만약 그들이 예수를 기소하려면, 만약 예수 사건을 성공적으로 빌라도에게 넘기려면, 예루살렘의 최고 사법기관인 산헤드린의 명시적 지지가 필요하다.

요한은 그날 저녁 산헤드린의 주요 회의가 가야바에 의해 주도되었다는 것을 알고 있다(참조. 막 14:53). 왜냐하면 요한복음 18:24에서 예수는 새로운 장소로 이동하시기 때문이다.[29] 이것은 뻔뻔스러운 조화 이루기가 아니다. 특히 그의 독자

28. Beasley-Murray, *John*, 324-25.

29. 예수의 심문과 베드로의 부인의 장소로 전통적으로 꼽히는 곳은 오늘날 "St. Peter Gallicantu"(닭 울음의 성 베드로) 교회가 있는 곳이다. 오랫동안 이 장소가 존중되어 오긴 했지만(그곳에는 6세기의 수도원교회의 증거가 있고, 그 장소를 지목하고 있는 7세기의 문서가 있다) 가야바의 집은 그보다 훨씬 북쪽에 있는 '위쪽 도시'(Upper City)에 있었을 것이다. 최근에 그곳에서는 귀족풍의 집들이 발견되었다. 아르메니아인들(Armenians)은 '영면(永眠) 대수도원'(Dormition Abbey) 근처에 있는 다른 "가야바의 집"

들이 이미 이 이야기(특히 마가의 이야기; 위의 주석 참조)를 알고 있었을 것을 요한이 염두에 두었을 것이라는 점을 우리가 전제로 할 때 그러하다. 요한은 요한복음 18:25에서 베드로의 부인 이야기를 계속해 나간다(그는 요 18:18에서 그것을 멈췄었다). 그는 베드로가 아직 안나스의 뜰 안에 있다고 본다(그들은 아직 불 주위에 있다. 요 18:25). 그러나 공관복음에 따르자면 베드로의 부인들은 산헤드린 회의가 끝날 무렵에 가야바의 집에서 발생했다(막 14:64, 66). 요한은 부인들을 둘로 나누어 첫 번째 것은 안나스의 집에서 발생했고 두 번째와 세 번째 것은 예수가 가야바의 집에 계실 때(이것이 공관복음이 제시하는 배경이다) 발생한 것으로 적고 있다.

그러나 예수가 가야바에게 보내졌다고 요한이 말할 때, 그것은 반드시 예수가 그 도시의 다른 쪽으로 보내졌다는 의미일 필요는 없다. 그는 단지 '가야바에게' 보내졌다. 가야바는 그 근처에 있었을 수도 있다(한 법정에서 다른 법정으로 이동하듯이 말이다).[30] 우리는 예수와 안나스와의 대화는 가야바가 필요한 산헤드린 의원들을 모으는 중에 같은 장소에서 발생했다고 볼 수도 있다. 공관복음의 설명에 따르자면 가야바는 많은 산헤드린 의원들과 함께 그날 밤 예수를 만난다(막 14:55). 다음 날 새벽에 산헤드린은 그 결정을 공고히 하기 위해 다시 모인다(막 15:1). 요한의 설명은 늦은 밤의 모임을 시사한다. 그렇다면 우리는 예수가 아침에 빌라도에게 끌려가시는 요한복음 18:28 이전에 긴 단절이 있는 것으로 생각해야 한다.

요한은 예수가 가야바와 함께 계신 동안 베드로는 뜰 안에서 증인으로서의 역할에 계속 실패하고 있는 모습을 보여준다(요 18:25-27).[31] 베드로가 계속 불을 쬐고 있는 모습은 (아마도 요 18:25a의 숯불일 것이다) 이 장면을 요한복음 18:15-18과 연관시킨다. 그러나 이제 드라마는 긴장을 더해 간다. 불 주위에는 군인들과 종들이 있고, 이제 '그들'이 베드로의 신분을 밝히려 한다. "너도 그 제자 중 하나가 아니냐"(요 18:25b, cf. 17절). 베드로는 두 번째로 예수를 부인한다. 그때 베드로가 염려했던 일이 현실로 다가온다. 베드로가 공격했던 말고의 친척이 목소리를 높인다. "네가 그 사람과 함께 동산에 있던 것을 내가 보지 아니하였느냐"(요 18:26). 그러자 베드로는 세 번째로 예수를 부인하고 그때 닭이 운다. 그 닭소리는 베드로

(house of Caiaphas)을 제시한다.

30. Barrett, *John*, 529.

31. 베드로의 부인들의 역사성을 방어하는 훌륭한 글을 보려면, Beasley-Murray, *John*, 325-26.

의 큰 실패에 대한 예수의 예언을 상기시킨다(요 13:38).[32] 그런 닭울음은 봄에는 새벽 3시부터 5시 사이에 들릴 수 있었다. 그것은 성전에서 나팔을 울리기 위한 신호가 되기도 했다(*m. Sukk.* 5.4).

그러나 베드로의 부인들을 예수의 여러 심문들 사이에 끼워 넣으면서 요한은 신학적 요점을 지적하고 있다. 브라운(Brown)은 그것을 잘 지적하고 있다. "요한복음은 극적인 대조를 구성하고 있다. 예수는 질문들에 맞서면서 그 어느 것도 부인하시는 않는 반면, 베드로는 질문들에 겁을 먹고 모든 것을 부인한다."[33] 물론 베드로의 세 번에 걸친 부인은 요한의 이야기에 다시 등장할 것이다. 왜냐하면 요한복음 21:15-17에서 베드로는 갈릴리에서 예수를 만나고 예수에 대한 자신의 사랑을 확증할 수 있는 세 번의 기회가 주어지기 때문이다.

빌라도 앞에서의 예수(에피소드 1, 요 18:28-40)

비록 산헤드린이 이스라엘의 최고 사법기구이기는 했지만 그것은 사형을 집행할 권한을 가지고 있지 않았다(요 18:31). 그러므로 산헤드린이 예수를 사형에 처하려면 로마총독을 개입시켜야 했다. 죄수들의 사형을 집행하는 권한은 로마총독들에게 주어진 가장 배타적인 권한들 중 하나였다.[34] 이것과 관련하여 산헤드린은 오직 하나의 예외만을 가지고 있었다. 성전의 성소를 침범하는 자는 심지어 그가 로마 시민이라 할지라도 죽임을 당할 수 있었다. 로마 장군 티투스(Titus)가 주후 70년에 성전을 점령했을 때, 심지어 그마저도 그 안에 들어가기를 망설이며 그곳을 지키던 유대인들에게 로마의 맹세를 상기시켰다.[35]

본디오 빌라도는 유대 지역에 파송된 다섯 번째 로마 총독이었다.[36] 그는 주후

32. 공관복음은 많은 세부사항들을 추가하고 있다. 누가복음은 닭이 울 때 예수가 법정 뜰에 계셨고 그가 직접적으로 베드로를 바라보셨다고 적고 있다. 마가복음은 이것이 두 번째 닭울음이었다고 적고 있다. 당시 예루살렘에서 가금류의 사육이 금지되었었는지에 대해서는 논란이 있다. 참조. Jeremias, *Jerusalem in the Time of Jesus*, 47-48.

33. Brown, *John*, 2:842.

34. A. N. Sherwin-White, *Roman Society and Law in the New Testament* (Oxford: Oxford Univ. Press, 1963), 36; F. F. Bruce, "The Trial of Jesus In the Fourth Gospel," 12.

35. Josephus, *Wars*, 6:124; 행 24:6에서 바울에 대한 고소내용이 그가 성전을 더럽히려고 했다는 것이었음을 기억하라. 바울은 이로 인하여 생명을 잃을 위기에 처했다. 그를 보호하기 위해 로마인들은 바울을 성전의 사법적 관할구역 밖으로 데리고 나왔다.

36. 이 기간동안 빌라도의 호칭은 "장관"(prefect, 라틴어 *praefectus*)이었을 것이다. 1961년에 이스라엘 가이사랴의 지중해 해변에서 그의 호칭과 이름이 새겨진 유물이 발견되었다.

26년부터 36년까지 그곳을 다스렸다. 총독으로서 그는 가이사랴에 많은 군대를 거느리고 있었다(가이사랴는 로마와 연결될 수 있는 가장 훌륭한 항구였다). 그는 대부분의 시간을 가이사랴에서 보냈다. 예루살렘은 유대인들의 중심지였다. 빌라도는 예루살렘에 머물 때에는 도시의 서쪽 언덕에 있는 헤롯대왕의 옛 궁전을 사용했을 것이다. 빌라도는 또한 성전 북서쪽 모서리에 위치해 있던 새로 단장한 유대인의 요새에 군대를 주둔시켰다. 그곳의 이름은 안토니아 요새(Antonia Fortress)였다(그것은 빌라도의 후원자였던 마크 안토니[Mark Antony]의 이름을 딴 것이다). 유대와 헬라의 많은 문헌들은 빌라도에 대해 많은 것을 말해 주고 있다. 그것들 중 대부분은 그에 대해 대단히 비판적이다. 그는 잔인한 지도자였다. 유대인들에 대한 그의 잔학한 행동들은 전설적인 것이었다. 로마의 하급귀족층에 속해 있던 그는 자신의 취약성을 잘 알고 있었다. 그래서 그는 로마에 있는 주권자들에게 잘 보이기 위해 유대지역을 엄격하게 다스렸다(요 19:12의 주석 참조).

아침 일찍 유대 지도자들은 예수를 "프라이토리움"(Praetorium, NIV에는 "로마 총독의 궁전"[palace of the Roman governor]이라 번역됨. 한글성경에는 '관정' 으로 번역됨-옮긴이)으로 데려갔다. 그것은 빌라도의 거처를 말한다(요 18:28). 그것은 안토니아 요새였을 수도 있고 헤롯의 궁전이었을 수도 있다(순례자들의 전승은 일반적으로 안토니아 요새를 지적한다). 두 가지 역사적 사실들이 중요하다. (1) 그들은 이방인과의 접촉을 통해 "의식적으로 불결해지는 것"(ritually unclean)을 원하지 않았기 때문에 빌라도가 있던 곳으로 들어가지 않았다.[37] 제의적 부정함에는 여러 등급이 있었다. 어떤 경우에는 저녁에 목욕을 하는 것으로 부정함이 완화될 수 있었지만 어떤 경우에는 성전에서 희생제사를 드려야 했다. 시편 51편의 다윗의 기도는 이런 소망을 들려준다. "우슬초로 나를 정결하게 하소서 내가 정하리이다. 나의 죄를 씻어 주소서. 내가 눈보다 희리이다"(시 51:7). 예를 들어, 시체에 접촉했을 경우에는 유월절 행사를 치르는 것을 칠일 동안 연기해야 했다(민 9:6-11). 유대인의 이런 관습 때문에 이 이야기 속에서 빌라도는 자신이 머물고 있는 건물에서 자주 밖으로 나와야 했다. 이 대화들은 프라이토리움의 주랑(柱廊) 사이에서 이루어졌을 수도 있다. 왜냐하면 그곳은 제의적 부정함이 해당되지 않는 곳

37. 이방인과 그들의 불결함에 대한 유대인의 두려움은 로마인들이 유산된 아기들이나 조산아들을 자기들의 집에 묻거나 하수구에 버린다는 소문에 근거하고 있었다는 충분한 증거가 있다. 그들을 만진다면 유대인들은 "시체를 만진 부정함"(corpse impurity)을 갖게 될 것이다(cf. *m. Oholoth* 18:7: "이방인들의 거주지는 부정하다").

이었기 때문이다(*m. Oboloth* 18:9).

(2) 요한복음 18:28에서 그들이 정결한 상태로 먹으려 했던 식사는 어떤 것인가? 나는 목요일 저녁에 잡수신 예수의 식사가 유월절 만찬이었다고 앞에서 주장한 바 있다(그날은 니산월[Nisan] 15일로서 공관복음 이야기와 조화를 이룬다. 요 13:1의 주석 참조). 유월절 저녁 만찬이 있던 날 다음 날에도 또 다른 제의적 식사가 있었다. 그것은 '차기가'(*chagiga*)라는 것으로서 유월절 첫 아침에 드리는 절기 제사와 함께 하는 식사였다(민 28:16-25). 이 날(니산월 15일)에 또한 7일간에 걸친 무교절 축제가 시작된다. 무교절은 유월절을 바로 뒤따른다.[38] 그러므로 축제에서의 그들의 역할에 비추어 보았을 때 지도자들은 그 어떤 제의적 불결함에 대해서도 신경을 쓰지 않을 수 없었다. 그들은 이미 지난밤에 지나가 버린 유월절 식사가 아니라 니산월 21일까지 유월절 기간 내내 계속될 많은 식사들과 여러 행사들 때문에 걱정이 되었던 것이다.

로마 당국자들은 이미 예수의 체포에 관여했기 때문에, 빌라도는 산헤드린이 고소하는 내용에 대해 이미 개략적인 보고를 들어 알고 있었을 것이다. 혹은 내가 전에 주장했던 것처럼, 가야바는 나름대로의 정치적 선을 가지고 있어서 그 자신이 빌라도에게 보고를 했을 수도 있다. 이 장면의 더 깊은 아이러니는 자신들의 종교적 불결을 염려하는 지도자들이 지금 예수를 죽일 궁리를 하고 있으며 '그'가 바로 악인이라고 주장하고 있다는 것이다(요 18:29). 산헤드린의 고소는 빌라도에게는 의미가 없었을 것이다. 그는 틀림없이 그것을 유대인들 내부의 다툼으로 보았을 것이다. 그렇기 때문에 그는 자신이 조사에 참여하기를 거부한다. 그리고 유대인들 자신의 사법적 권한으로 충분하다고 그들에게 말한다(요 18:30). 그러나 그들은 이것은 사형에 해당되는 사건이므로 빌라도가 개입되어야 한다고 '요구한다'(require).

그런 요구를 받은 빌라도는 프라이토리움으로 돌아가 이 사건의 사실관계를 가리기 위해 정식 심문(라틴어 *cognitio*)을 시작한다. 만약 그것이 일상적인 사소한 범죄라면 그것을 다루기 위한 지방법원제도가 있었다. 그러나 그 범죄가 제국의 이익을 위협하는 것이라거나 혹은 사형에 해당되는 것이라면 총독이 개인적인 책임을 져야 했다. "네가 유대인의 왕이냐"(요 18:33b)라는 빌라도의 첫 번째 질문은

---

38. 신약시대에는 유월절과 무교절이 시간적으로 하나로 통합되었다. 니산월 15일(유월절 양을 먹는 저녁)은 또한 니산월 15일부터 21일까지 계속된 무교절 축제의 첫째 날이었다. 이 의견에 반대하는 견해로서는, Morris, *John*, 688-89.

정치적 의미를 담고 있다. "왕"(king)은 정치적인 호칭으로서 헤롯대왕 이후로는 그 땅에서 그 호칭을 가진 유대인은 없었다(마 2:1; Josephus, *Ant.* 14:385). 로마는 (빌라도와 같은) 총독을 세운 이후로 왕을 인정한 적이 없다.

하지만 빌라도는 왜 이런 질문을 할 생각을 했을까? 분명히 산헤드린이 그것을 개인적으로 알려 주었거나(cf. 요 18:35), 혹은 예수의 대한 유대인들의 고소 내용 가운데 그것이 포함되어 있었을 것이다(요한복음에는 그 고소의 요약이 등장한다). 누가복음은 그것을 이렇게 기록한다. "[산헤드린 지도자들이 예수를] 고발하여 이르되 우리가 이 사람을 보매 우리 백성을 미혹하고 가이사에게 세금 바치는 것을 금하며 자칭 왕 그리스도라 하더이다 하니"(눅 23:2). 그런 고소는 분명히 빌라도의 관심을 끌었을 것이다. 예수는 정치적 선동에 관련되었는가? 예수는 그 머리가 메시야에 대한 생각으로 가득 차 있고, 잘 무장된 한 떼의 추종자들을 거느린 유대인 테러리스트 혹은 혁명가들 중 하나인가?

예수는 직접적인 대답을 주시지 않고 빌라도의 질문의 출처를 물으신다(요 18:34). 로마인의 정치적 질문은 "당신이 로마에 도전하고 있는 자칭 왕인가?" 일 것이다. 이에 대한 대답은 "아니다" 일 것이다. 그러나 유대인들의 질문은 "당신이 이스라엘의 메시야적 왕인가?" 일 것이다. 이에 대한 대답은 "그렇다" 일 것이다.[39] 빌라도는 어떤 종류의 왕을 의미하고 있는가? 이것은 '그의' (his) 질문인가? 만약 그렇다면 그가 '왕' 이라는 용어로 의미하는 것은 무엇인가? 빌라도는 벌써 판단을 내릴 것을, 예수에 대한 평가를 내릴 것을 강요받고 있다. 하지만 빌라도는 뒤로 물러선다(요 18:35a). 그는 자신이 유대인들의 신학적 싸움과 관련된 문제에 관심이 있을 것 같냐고 예수에게 퉁명스럽게 묻는다. 그러나 만약 왕권이 문제가 되고 있다면 빌라도는 그것이 어떤 종류의 왕권인지 밝혀야만 한다. 공관복음에서 예수는 간단하게 "네가 [내가 왕이라고] 말하였도다"(마 26:25)라고 응수하신다. 예수는 왕이 예수에게 적용된 호칭이라는 것은 인정하지만 그 용어에 부가된 정치적 의미는 확인해 주시지 않는다(참조. 요 18:37).

그러나 공관복음에서와는 달리 요한복음에서 예수는 자신의 왕권에 대한 정의를 들려주신다(요 18:36). 이것은 요한복음에서 예수가 자신의 나라(헬라어 *basileia*; 또한 참조. 요 3:3, 5; 마태복음에는 *basileia*가 55회 등장한다)에 대해 언급하시는 몇 안 되는 곳들 중 하나이다. 예수는 자신의 통치권이 이 세상과는 다른

39. 참조. Morris, *John*, 680.

(other-worldly) 본질을 지니고 있음을 지적하심을 통해 모든 정치적 의미들을 비껴 가신다. 그것은 이 세상에서 발원된 것이 아니다. 그러므로 예수는 가이사의 경쟁자가 아니다. 그의 나라에 대한 진정한 테스트는 그의 제자들의 행위 속에서 볼 수 있다. 그들은 로마의 통치에 대항하여 싸우지 않을 것이다. 그는 로마에 위협이 되지 않는다. 베드로가 말고를 베었을 때 보여주었던 유일한 폭력의 예는 예수에 의해 그 즉시 질책을 받았다(요 18:11).

그러나 빌라도는 고백을 기대하며 계속 밀어붙인다. 만약 "왕"이라는 것이 예수가 스스로 선택한 호칭이라면, 그것은 고소를 위한 사유가 될 수 있다. 요한복음 18:37a을 의역하자면 "그래서 당신은 어쨌든 자신이 어떤 종류의 왕이라고 내게 말하고 있는 것인가?"가 될 것이다. 예수의 대답(요 18:37b)은 도드(Dodd)에 의해 잘 의역되고 있다. "왕은 '당신의' 단어이지 나의 단어가 아니다."[40] 무엇이 그의 나라가 '아닌가'(not)를 말씀하셨기 때문에 이제 예수는 무엇이 그의 나라인지를 말씀하실 수 있다.—그것은 진리의 나라이다. 그의 사명은 하늘에서 시작되었고 그래서 그는 거룩한 사명을 가지고 계시다. 그는 세상에 진리를 계시하러 오셨다. 진리를 발견할 때마다 그것을 지적하시기 위해서가 아니라, 자기 자신과, 그의 음성(그것은 하나님의 음성이다), 그리고 그의 말씀(그것은 하나님의 말씀이다)을 계시하시기 위해서이다. 그러므로 "진리"(truth)는 일차적으로 신실함(혹은 정직함)에 대한 헌신이 아니다. 오히려 진리는 '신학적'(theological) 용어이다. "진리"는 우리가 하나님을 볼 때 보는 것이다. 그러므로 예수는 "진리"(the truth)이시다(요 14:6; 요일 2:20-23). 그는 빛 속에서 삶을 살아온 실체이시다. 그는 하나님과 영적으로 연결되어 있기 때문에 '참으로'(genuinely) 신실하며 정직하시다.

물론 "진리"는 빌라도에게도 낯선 개념은 아니다. 모든 사람들은 적어도 자신의 노력이 참된 것이라고 주장하고 싶어한다. 그러므로 자신이 진리를 위해 일하고 있다는 예수의 계시는 자신과 연합하라는 초청을 빌라도에게 제공하시는 것이다. 빌라도에게 있어서 예수를 정죄하는 것은 바로 진리를 정죄하는 것이다. 그러므로 예수는 빌라도와 서로 자리를 바꾸신 것이다. 요한복음 9:29에서 예수는 자신이 심판을 위해, 인간들 속에 있는 것을 드러내기 위해 세상에 왔다고 말씀하셨다. 아이러니컬하게도 예수는 처음부터 빌라도에게 질문을 하고 계셨다. 이제 빌라도는 도전을 받았다(그는 진리의 편에 설 것인가 아니면 거짓의 편에 설 것인가?). 그리

40. Dodd, *Historical Tradition in the Fourth Gospel*, 99. 다음에서 재인용, Beasley-Murray, *John*, 331.

고 이제 그는 예수에게 대답을 해야 한다. 그러나 "진리가 무엇이냐?"라는 이 냉소적인 질문은 그의 참된 위치를 드러낸다. 그는 하나님의 것들을 인식할 수 없고 빛을 거절할 것이다(요 3:21). 그는 하나님에 의해 예수에게 주어진 자들 중에 속하지 않았다(요 17:6). 그는 자신의 질문에 대한 답을 기다리지 않는다. 왜냐하면 진리의 존재를 믿지 않기 때문이다. 그리고 그는 그 방을 떠난다.

빌라도는 산헤드린에서 온 자들에게로 돌아오자 예수는 무죄라고 선언한다. "나는 그에게서 아무 죄도 찾지 못하였노라"(요 18:38). 이제 그는 판결을 내렸다(그것은 두 번이나 반복된다. 요 19:4, 6). 이제 빌라도에게 주어진 더 깊은 질문은 그가 자신이 '본' 진리에 따라 행동할 것이냐 하는 것이다. 그가 여기서 보는 것은 로마를 위협하는 사람이 아니다. 예수는 테러리스트(terrorist)의 조건을 만족시키지도 않는다. 그렇기 때문에 빌라도는 축제기간 동안 한 죄수를 풀어 주었던 유월절 특별사면 전통에 호소해 보기로 한다. 이에 대한 성경외적 증거는 없지만,[41] 공관복음은 그것이 빌라도의 습관(막 15:6) 혹은 총독들의 일반적 관행(마 27:15)이었다고 말하고 있다. 요한은 그것이 존중받던 유대 관습이었으며 따라서 사면의 결과는 전적으로 산헤드린의 손에 달려 있었다고 말한다.

모든 것들 중 가장 깊은 아이러니가 요한복음 18:39-40에 등장한다. 거기에서 빌라도는 예수를 "유대인의 왕"이라고 부른다. 그의 동기를 해석하는 것은 어렵다. 사면의 관습을 들고 나온 것으로 보아 그가 예수를 석방하기를 원하는 것은 분명하다. 빌라도가 여기서 왕이라는 호칭을 사용하는 것은 예수가 왕이라는 주장이 로마에 대해서는 아무 의미가 없다는 사실을 확인해 주고 있는 것이다. 그러나 요한과 그의 제자들은 이것을 예수의 참된 정체성을 밝히는 것으로 볼 수 있다. 이것은 요한의 드라마들이 여러 층을 지니고 있음을 보여 주는 또 다른 예이다.

그러나 아이러니는 종종 충격을 준다. 그 장면은 예수 대신 바라바를 풀어 달라는 군중들의 요구로 끝난다(요 18:40).[42] 예수는 로마에게 정치적 위협이 되지 않았지만 바라바는 위협이 되는 인물이었다. 번역본들은 바라바를 설명하는 헬라어 단어인 '레스테스'(*lestes*)를 서로 다르게 번역해 주고 있다. RSV와 KJV가 택하고

---

41. '미쉬나'(*Mishnah*)가 *Pesachim* 8:6에서 이 전통을 언급하고 있는 듯하다.
42. 바라바(Barabbas)는 부르는 이름(personal name)이 아니고 그의 아버지를 밝혀 주는 성이다. 이를테면 시몬 바요나에서 '바요나'(*Bar-jonah*, 요나의 아들)와 같은 것이다. 바라바(바르-아바스, Bar-Abbas)의 뜻은 '아바'(Abba, 아버지)의 아들이다. 마 27:17의 다양한 사본들은 그의 전체이름을 보여준다. 예수 바라바(Jesus Barabbas). 많은 학자들은 "예수"(Jesus)가 들어간 사본을 원래의 것으로 본다. 필사자들은 예수 그리스도와의 혼동을 피하기 위해 그 이름을 제거했을 것이다.

있는 "강도"(robber)라는 번역은 분명히 잘못된 것이다. NIV의 의역은 좀더 진실에 가깝다("그런데 바라바는 폭동에 가담했던 자였다"[Now Barabbas had taken part in a rebellion]). '레스테스'는 폭력적인 자로서 강탈을 한 자일 수도 있고(예를 들어, 사마리아 사람의 비유에서. 눅 10:30; cf. 고후 11:26), 혹은 반란에 가담하여 싸운 자일 수도 있다. 요세푸스(Josephus)는 셀롯인(Zealot) 지도자들에 대해 이 용어를 사용한다. 그런 사람은 게릴라 전사이거나 혹은 로마인들의 시각에서 봤을 때는 "테러리스트"였다.[43]

다시 말해서, 로마에 진정으로 위협이 되는 자, 이스라엘에 대한 군사적 점령에 도전을 가할 능력이 있음이 입증된 자, 폭력적 성향이 있음을 실제로 드러낸 자는 석방되어 풀려났다. 그와는 대조적으로, 아무 위험도 없고, 그를 따르는 자들이 싸움도 하지 않을 것이 분명한 예수는 계속 구속된 상태로 남겨졌다.

빌라도 앞에서의 예수(에피소드 2, 요 19:1-16a)

요한복음은 그 다음에 발생하는 일들에 대해 공관복음과는 약간 다른 이야기를 들려준다. 공관복음은 예수가 빌라도의 판결에 따라 재판 이후 (그리고 십자가에 달리시기 직전에도, 막 15:15) 채찍질을 당하셨다고 기록하고 있는 반면, 요한복음은 예수가 빌라도에게서 두 번째 심문을 받는 동안 채찍질을 당하셨다고 말한다(요 19:1). 마찬가지로 공관복음은 가시관과 군인들의 조롱을 재판 이후로 말하는 반면, 요한복음은 그것을 좀더 이른 시점에 기록한다(요 19:3). 그러나 그런 학대가 한 번 이상 연이어 발생할 수 있었다는 것은 상상할 수 없는 일이 아니다(브라운[Brown]에게는 실례지만). 그러나 요한복음은 빌라도가 다른 동기를 가지고 있었다고 말한다. 첫 번째 채찍질은 예수를 놓아주기 위한 사전작업이었다. 누가복음 23:16 역시 군중들이 바라바의 석방을 요구했을 때, 빌라도는 예수를 때린 후 놓아주겠다고 말했다고 기록하고 있다.

로마법은 채찍질을 세 종류로 나누고 있었다. 푸스티가치오(*fustigatio*), 플라겔라치오(*flagellatio*), 그리고 베르베라치오(*verberatio*). 이것은 전자에서 후자로 갈수록 더 심한 형벌이었다. 그러나 복음서의 원래의 독자들이 그 차이를 이해했을

43. 마가복음은 바라바가 "민란 중에"(in the uprising) 살인을 하고 체포되었다고 덧붙이고 있다(막 15:7). 그리고 마가복음은 바라바가 "성중에서 일어난 민란"(insurrection in the city)에 참여했다고 말한다(눅 23:19). 아마도 그 성은 예루살렘을 말할 것이다.

지는 의문이다. 가장 낮은 단계의 형벌(*fustigatio*)은 단지 벌을 주고 경고하는 것이 필요한 말썽꾼들에게 사용되었다.[44] 세 번째 단계의 채찍질(*verberatio*)은 가장 심한 것으로서 사형집행의 일부로 사용되었는데 일반적으로 십자가형에 대한 준비로 가해졌다. 의심할 바 없이 마가복음 15:15에서 예수가 십자가형을 앞두고 계실 때 마가가 그린 것은 이 끔찍한 채찍질이었을 것이다. 우리는 요한복음 19:16이 의미하는 것도 같은 것이라고 보아야 할 것이다(비록 언급되지는 않았지만 그것은 십자가형 자체의 일부였을 것이다). 현재의 장면에서 빌라도는 '푸스티가치오'를 선택한다(요 19:1). 그것은 예수가 앞으로는 좀더 신중하도록 가르치기 위해서 뿐만 아니라 그의 죽음을 원하는 군중들에게 만족을 주기 위해서였다.[45]

채찍질은 일반적으로 군인들의 일이었기 때문에 바로 그들이 또한 예수를 조롱하고 그에게 상처를 주기 시작했다. 예수를 조롱하기 위한 왕관은 아마도 가시가 달린 가지를 둥글게 말아서 만들었을 것이다. 그들은 예수에게 고통을 주기 위해 그것을 머리에 눌러 씌웠을 것이다. 예수의 왕권에 대한 조롱으로서, 그 가시관의 모습은 "거룩한"(divine) 통치자들이 썼던 화관들을 모방했을 것이다(그들의 이미지들은 많은 동전에 새겨져 있다).[46] 그것은 아마도 가시대추야자(thorny date palm)로 만들었을 것이다. 그것의 가시는 길이가 12인치(약 30센티미터)가 넘는 것도 있다. 군인들은 가시들이 (인도인들의 머리장식물처럼) 반원형의 화관 전체에서 바깥쪽으로 똑바로 솟아오르도록 만들었을 것이다. 이것은 예수를 그의 머리로부터 빛이 "발산되는"(radiating) 신적인 왕(god-king)처럼 보이게 했을 것이다.

예수에게 입힌 예복은 아마도 군인들의 옷이었을 것이다. 예수를 왕으로 조롱하는 그림이 그 옷으로 완성되었다. 자주색 옷감은 비싼 것이었기 때문에(자주색 염료는 조개류[shellfish]에게서 채취되었다) 그 옷의 색은 아마 "왕의 자주색"(royal purple)을 흉내낸 암적색이었을 것이다(계 17:4; 18:16). 예수에게 그런 복장을 입히고 그들은 조롱을 했다. 그들은 가이사에게 하듯이 "유대인의 왕이여 평안할지어다!"라고 인사한 후 그를 때렸다. 마가복음은 또한 그들이 예수의 손에 쥐어져 있던 갈대 홀을 빼앗아 그것으로 그를 때리고, 그에게 침을 뱉고, 그의 앞에

44. A. N. Sherwin-White, *Roman Society and Roman Law in the New Testament* (Oxford: Oxford Univ. Press, 1963), 27; R. E. Brown, *The Death of the Messiah*, 1:851-53.

45. F. F. Bruce, "The Trial of Jesus in the Fourth Gospel," 15.

46. 참조. H. St. J. Hart. "The Crown of Thorns in John 19:2-5," *JTS* 3 (1953): 66-75. 하르트(Hart)의 논문 속에는 종려나무와 동전들의 사진들, 그리고 the Museum of Classical Archaeology, Cambridge에서 전시되고 있는 흉상 위에 씌워진 종려나무로 만든 멋진 화관들의 사진들이 포함되어 있다.

서 꿇어 절을 했다고 덧붙이고 있다(막 15:19).[47]

빌라도가 예수를 밖으로 데리고 나왔을 때(요 19:4-5) 그의 의도는 분명히 잔인하게 굴욕을 당한 예수를 사람들에게 보여주고, 자신이 그에게 형벌을 가했다는 것을 증명함으로써 그를 이제 풀어 주려는 것이었다. 요한복음의 유명한 어구인 "보라 이 사람이로다"(요 19:5, 라틴어 *Ecce homo!*[이 라틴어의 번역은 "여기 이 사람이 있다!"와 "이 사람을 보라!"가 모두 가능하다.-옮긴이])는 예수의 가련한 모습을 보여줌으로써 군중들의 동정심을 유발하려는 빌라도의 노력을 보여주는 말이다.[48] 예수는 고통스러운 상태에 계시다. 그는 의심할 바 없이 많은 피를 흘리고 계시고 끔찍스러울 정도로 상처를 입고 계시다. 빌라도는 두 번째로 예수가 무죄하다고 선언한다(요 19:4). 그러나 빌라도의 제의는 청중들이 예수의 죽음을 요구함으로써 실패로 돌아간다(요 19:6). 우리는 거의 빌라도의 분노를 느낄 수 있다. 지도자들은 예수에게 동정을 느끼는 것이 아니라 그를 십자가에 못 박기를 요구하고 있다. 혐오를 느낀 빌라도는 다시 그들에게 이렇게 말한다. "너희가 친히 데려다가 십자가에 못 박으라 나는 그에게서 죄를 찾지 못하였노라"(요 19:6). 빌라도는 무죄한 사람의 죽음에 대한 책임을 피하려고 노력한다(여기서 마태복음은 빌라도가 모든 책임을 면하기 위해 손을 물로 씻었다고 덧붙이고 있다. 마 27:24).

이미 청중들은 빌라도에게 자신들에게는 사형을 집행할 수 있는 권한이 없음을 상기시킨 바 있다(요 18:31). 그렇기 때문에 이제 그들은 빌라도에게 '그들의 법에 따르자면' 예수가 사형을 당해야 함을 보여 주어야 한다(요 19:7). 공관복음이 보여주는 가야바 앞에서의 재판에서는 신성모독이 예수의 진짜 죄목이었다(막 14:61-64). 그리고 이곳 요한복음 19:7에서 사용된 언어는 그 이전의 배경으로부터 나온 것이다. 마태복음과 마가복음은 모두 대제사장이 예수에게 그가 하나님의 아들이냐고 묻는 장면을 보여준다(마 26:63; 막 14:61). 이에 대해 (자기 자신을 하나님의 아들로 묘사하는) 예수의 대답이 사형판결을 가져온다. 요한의 설명은 동일한 배경을 반향하고 있다. "우리에게 법이 있으니 그 법대로 하면 그가 당연히 죽을 것은 그가 자기를 하나님 아들이라 함이니이다"(요 19:7).

---

47. 해석자들은 공관복음에서 소개하고 있는 조롱과 학대의 세부적인 사항들은 (요한복음의 경우처럼) 재판 도중에 발생한 장면이 아니고 재판 이후 십자가형 직전의 장면임을 분명히 해야 한다.

48. 예루살렘에는 '에케 호모 수도원: 시온 자매수도원'(Ecce Homo Convent: the Convent of the Sisters of Zion)이 있는데, 그것은 전통적으로 이 사건의 장소로 지목되고 있는 안토니아 요새(Antonia Fortress)의 잔재들 속에 위치하고 있다. 그곳에 있는 '에케 호모 아치 길'(Ecce Homo Arch, 이 길은 Via Dolorosa를 가로지른다)은 하드리안(Hadrian) 황제 시대의 것이다.

유대 지도자들은 이전에 이미 예수가 왕이라고 말함을 통해 자신들의 "정치적 카드"를 사용했다. 이제 그들은 종교적 고소를 하고 있다. 만약 빌라도가 이 지방에서 진정으로 자신의 책무를 다하려 한다면 그는 이 지역의 법을 지킴을 통해(그 법이 로마제국의 이익과 상관이 없을 경우) 평화를 유지해야 한다. 예수는 '그들의 법'을 어겼고 따라서 죽어야 한다. 레위기 24:16은 "여호와의 이름을 모독하면 그를 반드시 죽일지니"라고 말씀하고 있다.

하나님의 아들이라고 주장하는 것은 불법적인 것이었는가? 그렇지 않다. 이스라엘의 왕들은 이 명칭을 즐겼다(참조. 시편 2, 45, 89, 그리고 110편). 그리고 (쿰란 문헌과 같은) 많은 중간기 유대문헌들 속에서는 메시아에 대해 이 명칭이 사용되고 있다.[49] 그러나 이 언어는 또 다른 염려를 드러내고 있다. 예수는 "아들"이라는 용어를 사용해 더 많은 것을 말씀하고 있다. 즉 자신이 하나님 자신의 권위를 가지셨음을 암시하신 것이다. 요한복음 5:18은 이를 분명히 보여준다. "유대인들이 이로 말미암아 더욱 예수를 죽이고자 하니 이는 안식일을 범할 뿐만 아니라 하나님을 자기의 친아버지라 하여 자기를 하나님과 동등으로 삼으심이러라."

빌라도는 힘이 빠졌다(요 19:8). 요한복음은 빌라도가 '이전보다' 더 두려워했다고 말한다. 그것은 아침 동안 그의 심리상태가 어떠했겠는지를 우리에게 보여준다. 이 심문에는 그가 싫어하는 그 무언가가 있다. 그들은 왜 그토록 이 사람을 죽이려 하는 것일까? 빌라도가 영적 통찰력을 가지지는 않았겠지만 그는 대단히 미신적인 사람이었을 것이다. 그 당시 신들이 세상 속에 모습을 드러낸다는 생각은 드문 것이 아니었다. 사도행전 14:11은 루스드라 사람들이 바울과 바나바를 신들의 현현으로 여겼음을 보여준다.

빌라도가 예수를 다시 프라이토리움 안으로 데리고 들어왔을 때(요 19:9), 그가 던진 첫 번째 질문은 퉁명스러운 것이었다. "너는 어디로부터냐?"(요 19:9). (이 질문은 요 18:33, 38에서의 그의 이전의 두 질문들과 어울린다.) 그 질문은 요한복음 19:8에서의 그의 두려움에서 나온 것이었다. 그것은 예수의 출생지를 묻는 것이 아니다. 질문의 의미는 그것보다 깊다.[50] 예수는 하늘로부터 내려온 "신적인 사람"(divine man)인가?[51] 예수가 빌라도의 종교적 지도(map) 위에 "등장했다"(appeared).

49. W. Horbury, *Jewish Messianism and the Cult of Christ* (London: SCM, 1998), 109-27, 145.

50. 눅 23:6-7에서 빌라도는 예수의 출신지역에 대해 묻는다. 그리고 그가 갈릴리 출신임을 알자 그를 축제 때문에 예루살렘에 와 있던 헤롯 안디바에게 보낸다.

51. Barrett, *John*, 542은 Dodd, *Historical Tradition*, 114를 인용한다. "이 에피소드 전체는 전적으로 인물에

그리고 그것이 그를 걱정스럽게 한다. 그러나 예수는 자신을 빌라도의 종교적 도식에 맞추는 것은 아무 소용이 없을 것이라는 것을 아시고 대답을 해 주시지 않는다(cf. 마 27:14; 막 14:61; 15:5).

권세에 대한 빌라도와 예수의 대화는(요 19:10-11) 요한복음 18:33-38에서의 대화와 비교가 된다. 이것이 예수가 말씀을 하시는 유일한 에피소드들이다. 각 경우에 빌라도가 먼저 질문을 던지지만 그것은 오직 좌절과 괴로움을 더해 줄 뿐이다. 예수와 빌라도는 서로를 "비껴 가는"(past) 대화를 나눈다. 그들의 대화는 전혀 다른 수준에서 이루어진다. 그런 오해는 요한복음의 강화와 대화들의 특징이다. 세속적인 질문은 영적으로 심오한 대답을 발견하지만 그것을 이해하지는 못한다. 물론 빌라도는 예수를 십자가형에 처할 권세를 가지고 있다(요 19:10). 그러나 (진리와 마찬가지로) 예수의 대답은 '참된'(true) 권세의 본질을 설명한다. 권세는 하늘로부터("위로부터", from above) 온 것이다. 그리고 그곳은 예수의 출처이기도 하다. 그 의미는 뚜렷하다. "위로부터" 오신 예수가 더 큰 권세를 가지고 계시다. 빌라도가 누리고 있는 권세는 단지 (같은 차원에 있어서) 그보다 서열이 높은 가이사가로부터 받은 특권일 뿐이다.

그러나 심지어 여기서도 빌라도는 그 말의 '이중적 의미'(double entendre)를 놓치고 있다. 가이사와 빌라도 위에 있는 실제 권력자는 하나님이시다. 그러므로 빌라도는 자랑할 수 있는 근거가 없다. 그 누구도 아들(Son)의 생명을 그에게서 취할 수 없다(요 10:18). '그 누구도!'(No one!) 하나님은 빌라도가 예수에 대해 이런 권세를 갖도록 허락하셨다. 왜냐하면 그것은 "그때"(the hour)의 일들을 위해 필요한 한 부분이기 때문이다. 예수는 반드시 죽어야 한다. 이 이야기 속에서 빌라도는 자신이 가진 권세를 사용하여 예수를 풀어 주기 위해 노력했다. 그러나 그 결과는 실패였다. 이 때를 위한 하나님의 계획 앞에서 빌라도는 '무력하다'(powerless).

요한복음 19:11b의 "더 큰 죄"(greater sin)는 해석하기 어렵다. 예수를 고소자들에게 "넘겨준"(handed over, 헬라어 *paradidomi*) 자의 가장 분명한 후보자는 유다이다. 그는 "배신자"(betrayer, 이 단어는 동일한 헬라어 동사를 사용한다)이다. 그러나 그는 예수의 체포 이후 이야기에서 자취를 감추었다(요 18:5). 요한복음

게 집중되어 있다. 아무리 보아도 여기서 신학적 동기들은 아무런 역할도 하고 있지 않다.…요한복음이 신학적 관심사에 의해 크게 지배되고 있는 책임을 고려한다면 이 에피소드의 이런 특징은 대단히 놀라운 것이다."

18:30에서 유대 지도자들은 함께 예수를 "넘긴다"(hand over). 그래서 아마 그들에게 책임이 있을 지도 모른다. 그러나 예수는 한 사람을 지목하시는 듯하다("나를 네게 넘겨 준 '자', the one", 저자의 강조). 가장 최선의 해결책은 그를 대제사장 가야바로 보는 것이다. 그가 예수의 체포를 추진한 자이고 예수의 죽음을 위한 이론적 근거를 마련한 자이다(요 11:49-53).

첫 번째 대화는 빌라도가 예수를 풀어 주려고 노력하는 것으로 끝났다(요 18:38). 이제 같은 일이 발생한다. 예수의 대답들의 본질은 예수가 무죄라는 것이 확실하고 따라서 그가 풀려나야 한다는 빌라도의 확신을 강화시켰다. 요한복음 18:12의 동사는 미완료과거(imperfect)이다. 그것은 계속적인 동작을 뜻한다("빌라도는 예수를 풀어 주려고 '계속 노력했다', kept trying"). 그러나 그 노력은 소용이 없었다. 갑자기 극적인 일이 발생한다. 유대 지도자들은 그들이 한 가지 무기를 더 가지고 있다는 것을 안다. 그들은 총독을 유순하게, 자기들이 하자는 대로 하도록 만들 수 있는 또 하나의 수단을 가지고 있다. "이 사람을 놓으면 가이사의 친구가 아니니이다"(요 19:12, 개역개정판에는 '가이사의 충신' 으로 번역되어 있다.-옮긴이). 조금 전에 이 지도자들은 "소리를 질렀다"(shouted). 그들은 예수를 십자가에 못 박을 것을 요구했다(요 19:6); 이제 그들은 다시 소리를 지른다. 그들은 방금 전처럼 똑같이 목소리를 높이면서, 만일 빌라도가 자신들의 말을 듣지 않으면 그도 마찬가지로 고통을 당하게 될 것이라고 주장한다.

"가이사의 친구"(Friend of Caesar)는 공식적인 명칭이었다(라틴어, *amicus Caesaris*). 그것은 원로원 의원들처럼 황제에게 특별한 충성과 봉사를 보인, 선택된 자들에게 부여되는 호칭이었다.[52] 만약 빌라도가 가이사의 친구가 아니라면 그는 가이사의 원수이다. 그리고 티베리우스(Tiberius) 황제는 그의 원수들을 신속히 제거하는 것으로 유명했다. 역사가 수에토니우스(Suetonius)는 단지 아우구스투스(Augustus)의 동상들을 옮겼다거나 혹은 그에 대한 비판을 했다는 이유로 티베리우스가 로마의 지도자들을 죽인 이야기를 들려주고 있다(Lives of the Caesars, 3.58).[53]

---

52. 함멜(Hammel)의 주장은 한 번도 뒤집힌 적이 없다. E. Hammel, "φίλος τοῦ Καίσαρι (John 19:12)," *TLZ* 77 (1952): 205-20; Brown, *John*. 2:879는 추가적인 정보를 제공한다.

53. '친구' (*Amicus*)라는 명칭을 잃게 되었을 때 무슨 일이 생길 지를 보여 주는 가장 좋은 예는 이집트의 전(前) 총독이었던 코르넬리우스 갈루스(C. Cornelius Gallus)에게서 찾을 수 있다. 아우구스투스(Augustus)는 그에 대한 우정을 철회하고 배은망덕과 반역의 혐의로 그를 고소했다. 그는 더 이상 로마 제국의 영토 안으로 들어올 수 없었고 로마 원로원에 의해 탄핵과 각종 사법적 제재를 받았다. 결국 그

이 상황에서 아이러니는 로마에 대한 증오로 가득 넘치는 지방의 유대 지도자들이 충분히 충성스럽지 못하다는 이유로 총독을 질책하고 있다는 것이다. 그러나 빌라도로서는 걱정할 만한 이유가 있다. 유대인들은 로마 원로원으로 대표단을 보내 총독들의 정책에 대해 불만을 토하곤 했다. 그럴 경우 총독들의 직위는 위험에 처하게 된다. 빌라도는 자신의 친구들이 그런 경우를 당하는 것을 보아 왔다.[54] 그러므로 빌라도의 무력함은 더욱 분명해진다(요 19:11). 그리고 그의 결심은 단숨에 꺾여 버린다. 예수의 운명은 정치적인 것이 되었다. 만약 예수가 자신이 왕이라고 주장한다면, 사실이 어떤 것이든지(요 18:38), 정치적 위급성은 그의 죽음을 요구한다.

이 때부터 사건은 빠르게 진행된다(요 19:13-16). 빌라도는 예수와 함께 베란다로 나와서 총독의 재판석(혹은 최고행정관석, 헬라어 *bema*; 행 25:6, 17; cf. 롬 14:10; 고후 5:10)에 앉는다. 그곳에서 그는 판결을 내릴 준비를 한다(요 19:16). 요한은 그곳은 "돌을 깐 뜰"(the stone pavement, 헬라어 *lithostrothos*)이라고 부연해서 설명한다. 그리고 그곳이 히브리어(즉, 아람어)로는 "가바다"(Gabbatha)라고 불렸다는 사실도 덧붙인다(아마도 "연단"[platform] 혹은 "높은 곳"[high place]이라는 뜻일 것이다).[55] 그러나 이 부분에서 중요한 것은 이제 빌라도가 자신의 직책에 따른 목소리를 내기 위해 자리를 잡았다는 것이다.

요한복음 19:13의 해석을 둘러싸고 얼마 동안 기묘한 논쟁이 있었다. 오늘날 대부분의 성경들은 이 부분을 빌라도가 "앉았다"(sat down)라고 번역하고 있다. 그러나 여기서 사용된 동사(카씨조 *kathizo*)는 목적어를 필요로 하는 타동사로도 사용될 수 있다. 그 경우 "빌라도가 예수를 데리고 나와 [그를] 재판장의 자리에 앉혔다"라는 해석이 가능하다.[56] 만약 이 해석이 옳다면 빌라도는 계속해서 예수를

는 주전 26년에 자살했다(Suetonius, *Lives of the Caesars*, 2.66). 참조. E. Stauffer, *Jesus and His Story* (London, SCM, 1960), 109.

54. 이것은 요 19:12와 연결될 수 있는 흥미로운 접촉점이다. 빌라도의 후견인은 아일리우스 세자누스(Aelius Sejanus)였을 것이다. 타키투스(Tacitus)는 그에 대해 이렇게 적고 있다. "어떤 사람이 세자누스와 더 친해지면 더 친해질수록 그는 황제와의 우정을 더욱 강조한다"(*Annals*, 6.8). 세자누스가 주후 31년에 왕위에서 물러났을 때 그의 친구들 중 많은 이들이 죽임을 당했다. 만약 그것이 같은 시대였다면(같은 시대였을 것이다) 가야바는 이 위협이 빌라도에 대해 갖는 힘을 알고 있었을 것이다. 빌라도는 자신의 약점에 대해 두려움을 갖고 있었다.

55. 이 "돌을 깐 뜰"은 오늘날 예루살렘의 '고난의 길'(Via Dolorosa) 위에 있는 '시온 자매수도원'(Convent of the Sisters of Zion)에서 발견되었다고 주장되고 있다. 그곳은 순례자들이 전통적으로 중요시했던 곳이다. 수도원의 돌을 깐 뜰은 안토니아(Antonia) 요새의 잔해 내부에 있다. 요세푸스는 그곳이 플로루스(Florus) 총독이 실외 재판석으로 사용했던 곳이라고 적고 있다(*Wars* 2.301).

조롱하고 있는 것이다. 빌라도는 '그를' '재판석'(*bema*)에 앉히고 그의 왕권을 선언하고 있다(요 19:14). 그러나 여기에서도 이중적 의미가 사용되었을 것이다(그것은 요한이 흔히 즐겨 사용하는 것이다). 왜냐하면 요한복음 전체에 걸쳐서 예수는 심판을 가져오시는 분으로 묘사되고 있기 때문이다(요 3:18-21; 5:22-30; 8:26; 9:39; 12:48). 그리고 이제 예수는 자신을 고소하는 자들을 재판하는 자로서 보좌에 앉으신다. 이미 왕이 되신 예수는(요 19:1-3) 이제 재판장이 되신다.

이런 해석이 유혹적이기는 하지만 현대의 학자들과 번역본들은 그런 독법을 따르기를 꺼린다. 빌라도가 요한복음 19:12의 심각한 위협들 이후에 그런 행동을 했을까? 브루스(Bruce)는 이렇게 말한다. "[빌라도가] 하지 않았을 것 같은 일들이 몇 가지 있다. 피고소인을 재판장의 자리에 앉히는 것은 [그런 일들 가운데] 하나이다."[57] 더구나 '카씨조'는 다른 곳에서는 자동사로 사용되었다(예를 들어, Josephus, *Wars*, 2.172는 빌라도가 재판석에 앉는 것을 묘사할 때 같은 구문을 사용했다). 그러므로 이 구절에 대한 상징적 (그리고 신학적) 독법은 사건에 대한 보다 직설적이고 역사적인 해석에 자리를 내주어야 한다. 빌라도가 자리에 앉아 재판을 했다.

이 마지막 장면은 빌라도의 빈정거림으로 가득 차 있다. "보라 너희 왕이로다"(요 19:14b)는 "보라 이 사람이로다"(요 19:5)를 반향한다. 그리고 이제 빌라도는 이 유대인의 왕을 십자가에 못 박도록 허용한다. 대제사장들(이스라엘의 위대한 "목자들", shepherds)은 결론부분에 신랄한 목소리를 덧붙여 자신들의 신성모독죄의 기반을 놓는다. "가이사 외에는 우리에게 왕이 없나이다"(요 19:15b)라고 말은 오직 하나님만이 이스라엘의 왕이시라는 성경의 선언에 정면으로 위배되는 것이다(삼상 8:7; 10:19). 이스라엘을 다스렸던 왕들은(이를테면 다윗왕) 오직 하나님의 임명을 받아 그렇게 했던 것이다. 예수를 거부함으로 그들은 하나님 자신을 거부했다. 그것은 예수가 예언하셨던 것이다. "아들을 공경하지 아니하는 자는 그를 보내신 아버지도 공경하지 아니하느니라"(요 5:23).

요한은 이 사건이 "유월절 예비일 여섯 시에" 발생했다고 적고 있다(요 19:14). (NIV에서는 "유월절 주간의 예비일, 약 여섯 시에"[the day of Preparation of Passover Week, about the sixth hour]). 여기서 두 가지 문제가 나타난다. (1) 마가

---

56. 이런 독법은 훨씬 후대에 기록된 베드로복음서에 처음 등장한다.

57. "The Trial of Jesus in the Fourth Gospel," 17.

복음 15:25은 예수가 제삼시에 십자가에 못 박히셨다고 말씀한다. 마가복음과 요한복음은 모두 일출시에 낮시간이 시작되는 시간체계를 사용했을 것이다(로마인들과 유대인들이 모두 이 습관을 사용했다). 그러므로 마가복음은 십자가의 시간을 오전 9시로 보고 있는 반면 요한복음은 그것을 낮 12시로 보고 있다. 이 문제를 해결하기 위한 다양한 시도들이 있었다. 필사자들의 오류, (자정으로부터 시간을 세는) 로마 시간의 사용, 심지어 예수가 유월절이 시작될 때 십자가에 못 박히시기를 바라는 요한의 바램. 그러나 우리는 두 복음서의 시간들을 모두 개략적인 것으로 보아야 할 것이다. 왜냐하면 이처럼 정확하게 시간을 표현하는 것은 일상적인 것이 아니었기 때문이다. 그 당시 그 누구도 지금과 같은 정밀한 시간단위를 사용하지 않았다. 다시 말해서 예수는 늦은 아침에(in the late morning) 십자가에 달리셨다.

(2) 우리가 이 날을 유대교의 유월절 식사 '이전의'(before) 날로 이해한다면(즉, 니산월 14일), 요한은 사람들이 모든 일을 마치고(제육시는 정오였다), 집에 있는 누룩을 모아 불태우고, 수많은 어린양들이 성전에서 죽임을 당하는 때를 지적하고 있는 것이다. 그러나 이 견해를 채택한다는 것은 전날 밤, 즉 목요일 밤에 있었던 예수의 식사가 유월절 만찬이 아니었다는 뜻이다. 그런데 공관복음은 그것이 유월절 만찬이었다고 지적하고 있다. 요한복음 13:1(cf. 요 13:29; 18:28, 그리고 19:31)에 대한 주석에서 나는 요한이 유월절은 목요일 밤이었으며 금요일 오전은 니산월 15일이었다는 공관복음의 주장에 동의하고 있다고 말했다. 요한복음 19:14의 "예비일"(preparation, 헬라어 '파라스큐애', *paraskeue*)을 해석하는 최선의 방법은 그것을 '안식일의 예비일'(preparation for the Sabbath) 혹은 금요일로 해석하는 것이다. 요한복음 19:31은 이를 암시하고 있다. 마가복음 15:42이 '파라스큐애'를 정확히 그런 의미로 사용하고 있음을 주목하라. "이 날은 준비일 곧 안식일 전날이므로." "예비일"(day of Preparation)이라는 어구가 안식일 외에 다른 날과 관련하여 사용된 증거가 전혀 없다. "파라스큐애"는 "금요일"이다. 요한은 이 사건이 유월절 금요일 즉, 유월절 주간의 금요일에 발생했다고 말하고 있다.[58]

예수가 십자가에 못 박히기 위해 "넘겨지셨을"(handed over) 때(요 19:16a), 로마군 수비대가 그를 맡았다. 일반적으로 십자가형의 집행과 같은 일은 그들의 몫

58. 이 견해에 대한 탁월하고도 설득력 있는 변론을 위해서는, Carson, *John*, 603-4; Morris, *John*, 708은 유월절에 대한 카슨의 견해에 동의하지는 않지만 요 19:14이 "유월절 주간의 금요일"(Friday of Passover week)을 지칭하고 있다고 본다.

이었다.[59] 여기서 마가복음 15:15b은 십자가형을 위한 예수의 준비상황을 자세히 기록하고 있다(비록 오직 요한만이 그 전에 발생한 채찍질에 대해 기록하고 있지만. 요 19:1). 이전에 빌라도의 사람들이 예수에게 가했던 것은 개선책으로서의 채찍질이었지만, 이제 군인들은 '베르베라치오'(*verberatio*)의 채찍질을 가한다(요 19:1의 주석 참조). 블린츨러(Blinzler)는 이에 대해 최선의 설명을 제공하고 있다.

> 범죄자는 옷이 벗겨지고, 말뚝이나 기둥에 묶이거나, 때로는 단순히 바닥에 내던져졌다. 그리고 수많은 고문자들에 의해 그들이 지칠 때까지 매를 맞았다. 범죄자의 살은 피를 흘리며 갈기갈기 찢겨졌다. 각 지역에서 이것은 군인들의 일이었다. 채찍질에는 관습적으로 세 가지의 도구들이 사용되었다. 회초리(rods)는 자유인에게 사용되었다. 군사적 형벌을 위해서는 막대기(sticks)가 사용되었다. 그러나 노예들에게는 매질용 막대기(scourges)나 채찍(whips)이 사용되었다. 채찍의 가죽끈들 끝에는 흔히 못을 붙이거나 몇 개의 뼛조각, 납조각을 사슬 모양으로 붙였다. 예수에 대한 채찍질은 이 마지막 도구로 이루어졌다. 범죄자들이 채찍질을 당하다가 자주 쓰러져 죽곤 했던 것은 놀랄 일이 아니다. 이런 채찍질은 오직 예외적인 경우에만 사형집행에 앞서서 실시되었다. 요세푸스는 갈릴리의 타리카이(Galilean Tarichae)에서 자신의 적들 중 어떤 이들이 내장이 겉으로 보일 때까지 채찍질을 당하는 것을 자신이 직접 보았다고 적고 있다. 화를 선포한 선지자였던 예수스 바르 하난(Jesus bar Hanan)의 경우, 행정장관 알비누스(Albinus)는 뼈들이 보일 때까지 그에게 채찍질을 가했다.…이것은 마가복음 15:15의 작은 단어인 '프라겔로사스'(*phragellosas*, 채찍질하다)가 무엇을 의미하는지 알게 해 준다.[60]

이것은 두렵고 무시무시한 묘사이지만, 골고다를 향해 걸어가시기 전에 예수가 당하셨던 끔찍한 일을 정확히 그려 주고 있다(요 19:17). 그는 많은 피를 흘리셨다. 그의 옷은 피로 흠뻑 젖었다. 머리에 씌워진 가시관은 이제 깊숙이, 고통스럽게 그의 머리를 찔렀다. 그는 거의 혼수상태에 빠질 지경이었다. 예수는 상당한 거리를

---

59. 요한은 빌라도가 문자적으로 "그들에게"(to them) 예수를 넘겼다고 말한다. 이것은 유대 지도자들일 수가 없다. 왜냐하면 그들은 사형을 집행할 권한이 없었기 때문이다. 빌라도는 예수를 체포한 자들이 원했던 운명에 예수를 내어 준 것이다.

60. J. Blinzler, *Der Prozess Jesu* (Regensburg: Verlag Pustet, 1969[4]): 321-22, 다음에서 번역, 인용됨, Beasley-Murray, *John*, 335-36. 고대의 십자가형에 대한 충분한 연구를 위해서는, M. Hengel, *Crucifixion* (Philadelphia: Fortress, 1977).

스스로 십자가를 메고 가셨다(요 19:17a). 그러나 공관복음에 따르자면 그의 상태가 너무나 심해졌기 때문에 그는 목적지까지 십자가를 메고 가실 수 없었다. 그래서 북아프리카의 구레네(Cyrene, 오늘날의 리비아, Libya)에서 온 시몬이라는 방문객이 그를 위해 그것을 지고 가야 했다. '비아 돌로로사'(Via Dolorosa, "고난의 길", The Way of Suffering)에 있던 방문객들은 놀라운 광경과 함께 길을 따라 흐르는 피를 보았을 것이다.

상황잇기

본 장 첫 부분에서 지적한 바와 같이(요 18:1의 주석 참조), 예수의 체포와 재판 이야기는 최초의 기독교인들에게 대단히 중요했다. 그것은 아마도 사람들 사이에서 회람되고 있던, 예수의 삶에 대한 첫 번째 설명들 중 하나였을 것이다. 그것은 근본적인 질문들에 대해 대답을 제시했다. '메시야가 어떻게 그리고 왜 죽었는가?' 그렇기 때문에 그 이야기는 놀라운 정확성과 밀도(density)를 담고 있다. 또한 그 가운데는 역사의 부수적인 부분에 대한 세밀한 묘사들이 흔히 포함되어 있는데, 그것은 이 이야기가 목격자의 증언에 근거하고 있음을 보여주는 것이다. 요한은 그의 이야기가 증인의 보고에 근거하고 있음을 명확하게 밝힌다(요 19:35). 그리고 그는 상세한 사항들에 대한 그의 지식을 확증해 주는 부연설명들을 곳곳에 추가하고 있다(예를 들어, 요 18:1, 3, 10, 13, 18, 28; 19:13, 17, 20).

그러나 이것 역시 더 큰 벽걸이 융단 속으로 짜여져 들어간다. 그 속에서 각 복음서 기자들은—특히 요한은—이 일들에 대한 해석, 그것의 의미에 대한 조망을 제공하고 있다. 그러므로 우리의 과제는 단지 이야기의 역사적 세부사항들을 이해하는 것이 아니라 그것의 신학적 의미를 분별해 내는 것이다. 예를 들어, 재판을 받는 동안 "왕"(king)이라는 호칭이 예수에게 주어졌다는 것과 일곱 개의 조심스럽게 구성된 장면들 속에서 빌라도와 성전 지도자들이 서로 실랑이를 벌였다는 것은 역사적 사실이다. 그러나 요한은 그 속에 있는 깊은 아이러니가 겉으로 드러나도록 이야기를 구성한다. 예수는 참으로 이스라엘의 왕이시며 이것은 그의 대관식이다.

해석학적 결정들. 해석자의 첫 번째 임무는 본문의 구조에 대해 어떤 결정을 내려서 각 섹션들이 그 구조 속에서 나름대로의 자리를 갖도록 해주는 것이다. 요한복음 19:1에서 장이 나뉘도록 한 것은 전적으로 임의적인 것이다. 19장은 빌라도와의 중요한 사건들을 중간에 끊어짐이 없이 이어서 보여주려고 한다. 빌라도 사건들의 문학적 구조가 보여주듯이(위를 보라), 이것은 우리가 19:1-5에서 그 아이러니컬한 절정을 볼 수 있도록 설계된 단일한 이야기이다. 십자가 이야기는 예수가 골고다를 향해 길을 나서시는 19:16b에서 시작된다.

그렇다면 어떤 구조패턴이 가장 적당할까? 나는 이 섹션을 다음과 같이 나누는 것이 가장 적당하다고 생각한다. (1) 예수의 체포(요 18:1-11); (2) 예수에 대한 유대인들의 재판(요 18:12-14, 19-24); (3) 베드로의 부인들(요 18:15-18, 25-27); (4) 예수에 대한 로마인의 재판은 두 개의 부분으로 나뉜다. (4a) 에피소드 1, 왕권과 진리(요 18:28-40); 그리고 (4b) 에피소드 2, 십자가의 준비(요 19:1-16a). 십자가와 장례 이야기들은 다섯 번째(요 19:16b-37)와 여섯 번째(요 19:38-42) 섹션으로 쉽게 추가될 수 있다.

우리의 두 번째 관심사는 고난 이야기를 바라보는 해석학적 조망에 관한 것이다. 복음서 연구에는 항상 긴장이 있다. 왜냐하면 해석자로서 나는 요한복음의 설명을 공관복음 이야기의 세부사항들 속에 통합시켜 넣을 것인지 아니면 요한의 이야기를 그의 내적인 문학세계 속에서만 읽어야 할지 선택을 해야 하기 때문이다. 나는 첫 번째 해석 전략을 피할 수 없다고 믿는다. 특히 요한복음의 많은 자료들이 다른 세 복음서들과 겹치고 있을 경우에는 더욱 더 그러하다.

요한복음 18-19장보다 그것이 더 분명하게 드러나는 곳은 없다. 우리의 청중들은 (요한의 청중들과 마찬가지로) 이를테면 마가복음의 설명의 대충의 윤곽을 알고 있을 것이다. 그들은 예수를 심문했던 것이 가야바라는 사실을 상기할 것이다. 그러나 요한복음에서 안나스가 유대 지도자들을 대표해 말하는 것을 보고 깜짝 놀랄 것이다. 나는 해석자로서 불가피하게 이야기를 구성하는 모든 역사적 세부사항들을 통제해야만 한다. 왜냐하면 나의 관심사는 단지 요한의 문학세계가 아니라 그 유월절에 예루살렘에서 발생한 '역사적 사건들' (the historical events) 전체이기 때문이다.

요한복음을 다른 복음서들과 통합시키는 일은 논란의 여지가 많은 일이다. 그것은 틀림없이 많은 신약 학자들의 강한 반대에 직면하게 될 것이다. 하지만 나는 이것이 내가 내려야 할 결정이라고 생각한다. '내가 신학자로서 추구하는 것은 예수의 고난과 죽음이지 단지 예수의 죽음에 대한 요한의 이해가 아니다.' 이 말의 뜻은 내가 공관복음의 평행들과 씨름을 해야 한다는 것이다. 심지어 그것들을 요한복음과 조화시키는 것이 어렵거나 혹은 불가능하더라도 말이다. 그것이 또한 의미하는 것은 이야기의 어떤 측면(이를테면, 산헤드린의 역할, 로마정복의 역사, 십자가형의 본질)의 중요성을 조명해 줄 수 있는 성경외적 자료들과도 내가 씨름을 해야 한다는 것이다. 그것은 요한이 그의 독자들이 잘 알고 있다고 전제로 하는 것들이다.

일단 이렇게 말을 했지만 그러나 나는 또한 요한의 목소리에 귀를 기울이기를 원한다. 그의 이야기는 이 사건들에 대한 그의 독특한 이해라는 렌즈를 통해 그것들을 바라보도록 나를 초대한다. 나는 잠시 공관복음 이야기를 옆에 밀어 놓고 요한이 우리를 위해 조심스럽게 그려 놓은 초상화에 집중해야 한다. 이것이 뜻하는 것은 내가 요한의 고난 연극의 내부 세계를 경험할 필요가 있다는 것이다. 나는 그것의 무대를 잘 알아야 하고, 그것의 상징들을 이해해야 하며, 대본 속에서 펼쳐지는 등장인물들의 언행을 잘 관찰해야 한다.

비유를 들어 설명하자면, 프랑스 대혁명의 모든 세부사항들에 대해 아는 것과 그것을 빅토르 위고(Victor-Marie Hugo)의 『레 미제라블』(*Les Miserables*)의 눈을 통해 보는 것은 상당히 다른 것이다. 그 연극은 배경 속에 있는 혁명으로부터 잠시 떠나도록 우리를 초청한다(그러나 그 세부사항들을 잊어서는 안 된다). 그것은 1815부터 1832까지 등장인물들이 겪었던 고난의 여정을 우리가 추적할 수 있도록 하기 위해서이다. 물론 위고는 (개인적 주제들을 탐구하기 위해) 자신의 이야기를 소설화하는 반면 요한은 그렇게 하지 않는다. 그러나 요한은 선택적으로 이 이야기를 들려주고 있다. 그것을 통해 요한은 그렇지 않았으면 우리가 놓쳤을 시각을 우리에게 제공해 준다. 요한은 체포, 재판, 그리고 십자가에 대해 그 자신만의 독특한 시각을 가지고 있다. 그의 시각들은 그 결정적인 주간(週間)에 발생한 일들의 실재를 왜곡시키지 않는다. 오히려 그 시각들은 그 실재의 요소들을 믿음의 눈을 통해 바라봄으로써 그것들을 또렷이 부각시킨다.

예수의 죽음에 대한 책임. 그렇다면 예수의 고난에 대한 요한의 주요 시각들은 어떤 것인가? 두 가지 중요한 주제들이 부각된다. 첫째로, 요한은 예수의 죽음에 대한 책임을 묻고 있다. 요한은 예수를 정죄함에 있어서 성전 지도자들의 역할을 강조하도록 빌라도 이야기를 전개하고 있다. 빌라도는 여러 번 예수의 무죄를 주장하며 그를 놓아주려고 한다. 이에 대한 응답으로 지도자들은 예수의 죽음과 바라바의 석방을 요구한다. 빌라도는 여러 차례에 걸쳐서 예수를 "왕"(king)이라고 부른다. 그리고 아이러니컬하게도 빌라도는 그의 군대로 하여금 예수에게 왕관을 씌우게 한다. 그러나 산헤드린은 자신들의 참된 왕으로서 가이사를 지목한다.

내가 요한복음 18장의 초두에서 지적한 바와 같이 요한은 예수의 죽음에 대한 유대교의 계속적인 책임을 지적하지 '않고'(not) 있다는 사실을 기억하는 것이 대단히 중요하다. 수세기를 이어 온 기독교인들의 반(反)유대주의는 방어할 수도 없고 이 본문에 닻을 내릴 수도 없다. 그러나 일단 말은 이렇게 했지만, 우리는 요한은 예수의 죽음의 책임이 유대인 지도자들에게 있다고 보고 있다는 사실을 직시해야 한다. 유대교는 이 유월절에 그 지도자들에 의해 '배신당했다'. 가야바와 안나스는 그들의 종교적 출세와 정치적 성공에 대한 헌신이 예수 안에서 일하시는 하나님을 보려는 의욕을 넘어서는 자들을 대표한다. 그들은 요한복음 10장이 말하는 위험한 목자들이 되었다. 그들의 자기보존 욕구는 양떼의 복지에 대한 관심을 압도해 버렸다. 이제 해석자로서 나는 어려운 질문을 던져야 한다. 이 자료를 제시하면서 나는 단순히 역사적 이야기를 들려주고 있는가(예수가 산헤드린의 사주를 받은 빌라도의 손에 의해 죽었다), 아니면 그 이야기를 넘어서서 하나의 패러다임, 즉 지금도 존재하고 있는 악한 목자들의 모델을 제시하고 있는가?

예수의 왕권. 요한복음 18장과 19장에 계속해서 등장하는 또 다른 중요한 주제는 예수의 왕권과 관련된 것이다. 동산에서 부상을 당한 사람에서부터('말고'의 뜻은 "나의 왕"이다) 예수와 빌라도의 계속적인 대화에 이르기까지 "왕"이라는 용어가 여러 차례 등장한다. 심지어 십자가 위에도 빌라도는 사람들이 요구했던 "자칭 유대인의 왕"(This Man Said, I Am King of the Jews. 요 19:21)이라는 명패 대신 "유대인의 왕"(King of the Jews)이라는 명패를 붙였다. 요한의 조망에 있어서 놀라운 점은 그의 무대 위에 있는 배우들은 그것이 진행되고 있음을 '모르는' 가운데 이 모든 것들이 진행된다는 것이다. 예수의 표적들과 강화들에 대해 항상 오해가 있었듯이, 세상에 계신 그리스도 안에서 역사하는 하나님의 계시는 자연적인 눈으로는 인식될 수 없다.

그러나 필자인 요한은 딜레마를 가지고 있다. 만약 진행되는 과정을 우리가 보기를 그가 원한다면, 그는 독자들에게 표면 아래를 볼 수 있는 "눈"(eye)을 주어야 한다. 그는 독자들을 이야기의 실체를 아는 "내부 사람들"(insiders)로 만들어야 한다. 그래서 우리가 이 배우들의 교정불가능한 태도와 흐린 시야를 볼 수 있어야 한다. 만약 우리가 이런 시각을 얻게 된다면, 즉 만약 우리가 이 사람들이 어둠 속에서 넘어지는 것을 보고, 자신들 가운데 계신 참된 왕을 알아보지 못하는 것을 본다면, 요한은 그들의 상태를 통해 '우리에게' 도전을 가하고 있는 것이다. 만약 예수의 왕권이 예루살렘의 정치 속에 함몰되어 버릴 수 있었다면, 그런 일은 오늘날에도 발생할 수 있지 않겠는가? 만약 그 시대에 정치인들과 저명한 신학자들이 하나님의 아들을 학대했다면, 그런 일은 지금 또 반복될 수 있지 않겠는가? 물론 이것은 해석학적 결정을 필요로 하는 일이다. 우리는 그 이야기 속에서 의미의 패러다임을 찾아냄을 통해 요한의 이야기를 그 역사적 배경에서 끄집어내어 오늘날의 세상 속으로 가져와야 한다. 그렇게 될 때 우리는 요한의 배우들이 섰던 것과 같은 무대 위에 설 수 있다.

그러나 이야기가 어두움에도 불구하고, 요한은 하나님의 영광이 그래도 역사하고 있다는 사실을 재빨리 우리에게 확신시킨다. 지금 이스라엘 앞에 제시되고 있는 '이분이 바로 영광의 왕이시다'(This is the King of glory). 하나님은 이 사건들 속에서 역사하고 계시다(이것은 그가 처음부터 계획하셨던 "그때"다). 그리고 예수는 아직도 모든 것을 통제하고 계시다. 그가 질문을 던지시고 심판을 하신다. 오직 그분만이 "위로부터" 오는 능력을 가지고 계시다. 세상은 하나님과 그의 아들을 함부로 대하고 있지만 결국은 하나님이 승리하실 것이다. 하나님의 영광과 능력은 인간 대적들에 의해 억압되거나 제한될 수 없다.

이차적 주제들. 이 두 개의 주제들 외에도 본문에서 끄집어 낼 수 있는 몇 개의 이차적 주제들이 있다. 우리는 그것들의 의미를 탐구하고자 한다. (1) 예수가 요한복음 19:11에서 빌라도의 권세에 대해 언급하실 때, 그는 국가의 신적 권위를 인정하신 것인가? 해석자들은 이에 대해 자주 긍정적인 견해를 밝혔다. 그리고 그것은 교회가 정부의 권력을 바라보는 태도에 있어서 영속적인 영향력을 끼쳐 왔다.

(2) 예수가 자신의 나라는 "이 세상에 속한 것이 아니다"라고 하실 때, 그는 하나님의 사람들과 교회가 세속 세계 속에서의 삶을 어떻게 보아야 하는지에 대해 지침을 주고 계신 것인가? 이것은 예수를 따르는 자들은 탈정치적이고 세상에 개입하지 말아야 한다는 뜻인가? 베드로가 동산에서 싸우지 말았어야 했듯이 우리도 기독교인들은 의회에서 싸워서는 안 되는 것일까?

(3) 베드로의 부인들은 이 장들의 일차적 주제는 아니다(비록 그것이 설교에서 가장 자주 사용되는 구절들이기는 하지만 말이다). 베드로의 부인은 제자도의 연약성과 하나님의 주권적 지식 및 우리를 지탱해 주시는 능력에 대해 중요한 것들을 암시해 주고 있다. 요한복음에 있어서 베드로의 역할은 중요하다. 우리는 요한복음 21장에서 그것을 다시 살필 것이다. 그러나 여기서 우리는 마가복음에서 발견되는 것과 그리 다르지 않은 초상화의 시작을 본다.

현대적 의미

이 장들을 조심스럽게 읽으면 요한이 예수의 고난에 대해 대단히 세련된 뉘앙스를 풍기는 글을 제시하고 있다는 것을 알게 된다. 요한은 여러 층들의 의미를 가진 최상급의 글을 기록하고 있다. 우리는 그 층들을 하나씩 드러내야 한다.

지도자들의 배신. 이것은 협동이 아니라 공모에 대한 이야기이다. 이것은 공적인 유익을 위해 제사장들과 행정관료들이 서로 힘을 합해 일하는 것에 대한 이야기가 '아니다.' 물론 주요 배우들 중 하나인 가야바는 자신이 그렇게 일하고 있다는 주장을 펼치고 싶을 것이다. "한 사람이 백성을 위하여 죽어서 온 민족이 망하지 않게 되는 것이 너희에게 유익한 줄을 생각하지 아니하는도다"(요 11:50). 하지만 이야기의 독자인 우리들은 사실을 더 잘 알고 있다.—이 죽음이 가져다 줄 유익은 가야바가 이해할 수 있는 것이 아니다. 가야바는 옳았지만 또한 철저히 틀렸다. 그것이 바로 요한의 풍자의 핵심이다.

이것은 공모에 대한 이야기, 어떤 부정한 목적을 가진 비밀 협잡의 이야기, 모략과 음모에 관한 이야기이다. 이것은 지도자들의 배신에 관한 이야기이다. 이것은 유대교의 대제사장들이 어떻게 하나님에 대한 헌신을 저버리고 로마군과 결탁하여 음모를 꾸몄는지를 보여 주는 이야기이다. 놀라운 것은 그 지도자들은 기꺼이 예수를 바라바와 바꾸고(요 18:40) 하나님을 가이사와 바꾸려 한다는 점이다(요 19:16); 실용적 목표들에 대한 그들의 추구는 테러리스트와 선한 목자를, 그리고 티베리우스(Tiberius)의 동상과 아브라함의 하나님을 구분하지 못하게 만든다. 유대교 전체가 예수를 거부한 것은 아니다.—종려주일에 그에게 환호를 보냈던 군중들은 그를 따랐던 자들이 많았음을 증거한다. 그러나 유대교의 지도자들은 예수의 성공을 방해하기 위해 자신들이 할 수 있는 모든 일을 다 했다.

요한이 산헤드린의 행위를 질책하고, 산헤드린의 고소 이야기를 들려주며, 산헤드린이 예루살렘의 훌륭한 사법제도를 준수하지 않은 부분들을 지적하는 것은 쉬운 일일 것이다. 그러나 요한은 우리에게 그것보다 더 중요한 이야기를 들려주려고 한다. 우리가 보아 온 것처럼 요한복음에는 의미의 여러 층들이 존재한다(우물가의 여인 이야기는 단지 유대인과 사마리아인의 예배만이 아니라 우리의 예배에 관한 이야기이기도 하다. 요 4:21-24). 나는 이 이야기 속에도 '이중적 의미'(double entendre)가 있다고 본다.

이 드라마에서 가장 눈에 띄는 배우는 빌라도이다. 그는 대사가 가장 많고, 예수의 운명을 직접적으로 결정짓는 거의 모든 중요한 장면들 속에 등장한다. 비록 그가 체포장면에는 등장하지 않지만, 그는 그 배경 속에 있다. 즉 군대가 그를 대표하고 있는 것이다. 이 사건에 대해 미리 연구를 하지 않았다면 당시의 그 어떤 총독도 한 사람을 체포하기 위해 그와 같은 규모의 군인들을 파견하지 않았을 것이다. 밤새 진행된 심문 이후에 예수가 드디어 자신에게 넘겨졌을 때 빌라도는 모든 옳은 질문들을 한다. 그러나 그것들은 모두 이유가 잘못된 질문들이었다. 그는 진리를 들었을 때 그것을 거부한다. 그는 도전을 받았을 때 심지어 진리라는 개념 자체에 대해 조롱을 한다. "진리가 무엇이냐?"(요 18:38a)라는 불길한 말은 오늘날에도 들려 오고 있다. 요한은 우리가 그 소리를 듣기를 원한다.

빌라도를 통해 우리는 모든 분야에 있어서 우리를 둘러싸고 있는 세상 지도자들의 배신을 보게 된다. 도덕적 기준을 제시해 달라는 질문을 받았을 때, 또 덕목들에 기초하여 그들의 활동을 점검하려 할 때, 우리는 빌라도가 했던 말을 다시 듣게 된다. "덕목이 무엇이냐?" "옳다는 게 무엇이냐?" "진리가 무엇이냐?" 1998년의 가장 유명했던 장면들 중 하나는 빌 클린턴(Bill Clinton)이 자신에 대한 변호가 무용지물이 되어 결국 모니카 르윈스키(Monica Lewinski)와의 끔찍한 관계를 인정하게 되었을 때 던졌던 "성적 교제라는 게 뭡니까?"라는 질문이다. 그것은 다른 세기에 재연된 빌라도였다. 30년 전에 우리는 B52폭격기가 베트남을 초토화했을 때, 린든 존슨(Lyndon Johnson)이 "정의롭고 항구적인 평화"(just and lasting peace)에 대해 공적으로 이야기하는 것을 들었다. "무엇이 평화인가?"라는 것은 누구도 대답할 수 없는 질문이었다. 나는 1990년대 초에 걸프전이 진행되는 동안 미 해군의 예비 군목이었다. 강제로 징집되어 끌려온 수많은 이라크 군인들 머리 위로 융단폭격을 가하는 일과 수년간의 봉쇄조치를 통해 수많은 이라크 어린이들을 굶어 죽게 하는 일의 도덕적 의미 때문에 나는 늘 마음이 무거웠다. "정의라는 게 뭡니까?"라고 네 개의 금줄이 있는 제복을 입은 한 해군 장교가 내게 물었다. 그는 빌라도의 제복을 입고 있었다.

우리 세계의 빌라도들은 자기 자신의 이익을 보호하기 위해 얼마나 자주 실용주의와 편의성의 노선을 따르고 있는가? 그들은 정의를 이야기하고 진리를 위해 일하는 듯하다. 그러나 그들이 한쪽 코너에 몰려서 사회적 파장이 예상되는 결정을 하도록 강요를 받으면, 그들은 대개 무너지고 만다. "진리가 무엇인가?"라는 질문은 진리에 대해 정말로 듣기 싫을 때 던지는 질문이다. 결국 빌라도는 세상에 속한 자이고, 그는 어둠으로 가득 찬 체제를 대표한다. 빌라도가 이 재판에서 무엇인가가 잘못되고 있다고 느낀 것처럼, 그도 빛을 직관적으로 느낄 지 모른다. 빌라도가 예수를 풀어 주려 노력한 것처럼, 그도 진리를 향한 제스처를 보일 지 모른다. 그러나 타협을 종용하는 자들이 도착했을 때, 그리고 여론조사자들이 무엇이 미래를 보장해 줄 것인지를 귀띔해 주었을 때, 진리에 대한 헌신은 헌 신발처럼 팽개쳐지고 만다. '빌라도는 예수를 죽였다.' 그는 자신의 본능이 이야기하는 대로 행동할 수 있는 단호함을 갖지 못했다("나는 그에게서 아무 죄도 찾지 못하였노라", 요 18:38). '그는 실패한 지도자이다.'

그러나 요한복음의 클라이맥스에서 가장 불쾌한 인물은 안나스와 가야바이다. 그들은 이 이야기 전체와 연관되어 있다. 가야바는 촉매 역할을 하는 자이며, 행동가이고, 산헤드린의 영악한 지도자이다. 그는 다른 이들이 알지 못하는 것을 그들에게 말해 주려 한다("너희가 아무 것도 알지 못하는도다", 요 11:49). 그리고 예수를 어떻게 처리해야 할 지에 대한 비밀은 그만이 알고 있다. 지도자들이 예수를 죽일 방도를 찾고 있다는 소문이 예루살렘 거리에서 들릴 때(요 7:19,25), 우리는 그 뒤에서 가야바의 그림자를 볼 수 있다. 예수를 체포할 때 빌라도의 군인들과 함께 가야바의 성전 경비병들이 있었다. 그는 심지어 예수를 체포하기 위해 자기 사람들 몇 명을 유다에게 붙여 주기도 했다(이것은 대단히 놀라운 광경이다!). 예수의 관점에서 보았을 때 예수를 빌라도에게 넘긴 것은 가야바이다. 가야바는 이 결정에 대해 책임을 지게 될 것이다(요 19:11).

이 장들 속 그 어디에서도 유다가 자신의 행위 때문에 정죄 되고 있지 않다는 사실은 이상하다. 그는 커다란 게임 속에 있는 작은 졸개일 뿐이다. 그는 의심할 바 없이 겟세마네에서 한쪽 구석으로 밀려났다. 후에 예수가 성전의 실제 막후세력들과 정면으로 부딪치셨을 때, 그는 어둠의 정점에 도달했다.

성전 지도자들과의 대화에서 예수가 요구하신 것은 단지 공정한 재판이었다. (공관복음에서와 같은) 신학적 논쟁은 없었다. 우리는 심지어 안나스의 목소리도 듣지 못한다. 예수는 단지 증인들이 등장하고 증거가 제시되는 공정한 재판을 원할 뿐이다. 예수는 그가 공적으로 한 일들이 알려져서 모든 이들이 그것을 보고 결정을 내릴 수 있게 되기를 바란다. 그러나 예수는 원하는 것을 얻지 못한다. 그에게 돌아온 대답은 구타였다(요 18:23).

이 요구의 내용은 요한복음 '전체'(entire)에 걸쳐서 '정확히'(precisely) 우리가 가지고 있는 것이다. 표적들, 증인들, 강화(講話)들.—이 모든 것들은 우리가 예수의 진리에 대해 결정을 내릴 수 있도록 하기 위해 우리 앞에 주어진 것이다. 그러므로 요한은 예수의 재판의 핵심을 파악한 후 그것을 자신의 복음서의 구조 속에 조직화해 넣은(organized into) 것이다.[61] 우리는 지금 열 여덟 개의 장들 속에 예수에 대한 증거들을 가지고 있다. 그러므로 이 지도자들이 사용할 수 있는 증거들을 '우리는 알고 있다.' 이 재판의 기초를 '우리는 알고 있다.' 우리가 복음서를 읽을 때 우리는 이 지도자들과 나란히 서서 예수가 하신 말씀과 행위를 평가하고 있다. 요한복음 5장, 8장, 그리고 10장을 읽을 때, 우리는 심야에 벌어진 예수에 대한 심문의 내용을 떠올리게 된다.

안나스와 가야바를 통해 우리는 지도자들의 종교적 배신이 겉으로 드러나는 것을 본다. 그러나 우리가 행간을 읽을 때, 우리는 이 사람들에게는 신학이 문제가 되지 '않았음'을 보게 된다. 가야바의 관심사는 국가의 보전과 정치적 결과였다(요 11:50). 그는 부하들에게 바라바의 석방을 요구하라고 명령했다. 그것은 가능한 한 빨리 예수의 십자가형을 요구하기 위해서였다. 그리고 부하들은 임무를 잘 수행했다. 그들은 빌라도의 우유부단함을 보자 정치적 강수를 쓰기 시작했다(요 19:12). 그들은 자신들이 빌라도의 정치경력에 치명적 위협을 가할 수 있음을 보이며 예수를 로마제국의 진짜 적으로 몰아붙였다. 이 무대 위에서의 그들의 마지막 말은 요한복음 19:15에 등장한다. 그곳에서 그들은 로마에 대한 애국의 깃발을 성전의 가장 높은 벽보다 더 높은 곳으로 끌어올린다. 그들은 가이사를 하나님보다 더 높인다.

우리는 이 사람들을 어떻게 해야 할까? 이것은 정의의 실패에 관한 이야기를 넘어서는 그 '이상의'(more) 것이다. 이것은 무죄한 사람이 불의하게 죽임을 당하는 불쾌한 사건 이상의 것이다. 이것은 종교적 타락의 이야기, 영적 지도자들이 양을 도살하고 양떼를 파멸시키는 이야기이다(cf. 겔 34장). 이것은 성전에서가 아니라 로마 앞에서 무릎을 꿇은 제사장들의 이야기이다. 그 제사장들은 하나님의 백성을 권력의 기초로, 사회적 구조물로, 다른 정치세력들 중 하나의 세력으로, 변화의 정치 속에서 변화의 대행자로 보아왔고, 자기들 자신에 대해서는 로마 원로원으로부터 파견된 이방인 권력자와 능숙하게 권력을 거래하는 자들로 여겨왔다. 그러나 그들은 자신들이 조심스럽게 쌓아 올린 균형을 깨뜨릴 수 있는 한 사람을 제거하기 위해 비밀 음모를 꾸미면서 자신들의 영혼을 희생시켰다.

결국 빌라도와 마찬가지로 그들도 세상 속에 있다. 그러나 불쾌하게도 그들은 빌라도가 보이는 주저하는 태도나 후회하는 모습을 전혀 보이지 않는다. 그들은

---

61. 나는 요한복음 5장 서론에서 이 문학적 방법에 대해 설명했다. 이런 시각에 대해 알아보려면, F. J. Matera, "Jesus Before Annas: John 18:13-14, 19-24," *ETL* 66.1 (1990): 38-55.

윤리의 전문가로 훈련을 받았기 때문에 윤리가 어떻게 왜곡될 수 있다는 것을 안다. 종교적 언어에 능숙한 신학자들로서, 그들은 신학을 대중에게 적용하기 위해 그것을 어떻게 조작해야 하는지 알고 있다. '가야바는 그가 실제 인물인 것과 마찬가지로 또한 하나의 비유이다.' 그는 워싱턴에서 정치적 행동단체들과 거래를 하는 기독교인이다. 그는 고대로부터 소중하게 간직해 온 신앙을 끊어 버림으로써 교단에서 높은 자리를 얻는 신학자이다.—아니 그들이 하는 일은 현대 세계를 위해, 가이사의 존경을 얻기 위해, 교회를 세상의 입맛에 맞게 만들기 위해 신앙을 수정하는 것이다. '가야바는 예수를 죽인다.' 그는 신학적 지혜와, 어렵게 얻은 종교적 명성 때문에, 그만 하나님에 대한 통찰을 잃어버렸다. '그는 실패한 지도자이다.' [62]

왕이신 예수. 본 장 앞부분에서 나는 예수와 빌라도와의 대화의 문학적 구조를 개략적으로 소개한 바 있다. 그것은 요한의 이야기 구성이 중심적 전환점인 요한복음 19:1-3에 초점을 맞추도록 설계되어 있음을 보이기 위해서였다. "왕"이라는 단어는 일곱 개의 교차대구적 섹션들 모두에 등장하지만 중심에 있는 섹션은 예수의 "대관식"(coronation)이라고 불릴 만하다. 아이러니컬하게도 예수는 그곳에서 왕복과 왕관을 받으신다. 그곳의 행들이 어떻게 서로를 "비춰 주고"(mirror) 있는지 주목하라.

1 이에 빌라도가 예수를 데려다가 채찍질하더라
  2 군병들이 가시나무로 관을 엮어 그의 머리에 씌우고
    3 **자색 옷을 입히고**
  2′ 앞에 가서 이르되 "**유대인의 왕이여 평안할지어다**" 하며
1′ **손으로 때리더라**

이 구조는 이 이야기 속에서 무엇이 진행되고 있는지를 더 깊게 들여다 볼 수 있게 해 주는 실마리이다. 요한의 고난 이야기는 하나의 주제를 추구하는 교향곡과 같다. 예수의 떠나심의 슬픔, 많은 이들이 그를 거부함, 제자들의 당황, 유다의

62. 오늘날 또 다른 비유가 있다. 예수의 무덤은 전 세계에서 온 수백만의 순례객들이 찾는 곳이다. 가야바의 무덤과 "유골함"(bone box)이 최근에 예루살렘에서 불도저 작업 중 발견되었다. 그의 유골함(ossuary)은 오늘날 서(西)예루살렘에 있는 이스라엘 박물관(Israel Museum)의 한 구석에서 찾을 수 있다.

배신, 베드로의 배신들, 그리고 예수의 임박한 죽음.—이것들은 모두 요한복음 전체에 걸쳐서 암시되고 있는 그 "때"(hour)의 일부이다. 특히 공관복음의 고난 이야기를 이미 알고 있는 독자들에게는 이 주제가 더욱 비극적으로 느껴졌을 것이다.

하지만 여기에는 표면을 향해 떠오르는 이차적 주제가 있다. 그것은 꾸준히 제기되기는 하지만 공격적으로 자신을 밝히지는 않기 때문에 우리가 자세히 본문을 들여다보지 않으면 놓치기 쉬운 것이다. 이것은 우리가 생각하는 비극이 아니다. 이것은 공포의 순간이 아니다. 소망스러운 어떤 일, 우리가 처음 볼 때는 보이지 않는 어떤 일이 발생하고 있다. 이 장면, 이때는 빌라도와 가야바에게 속하지 않았다. '그것은 예수에게 속했다.' 예수가 상황을 통제하고 계시다. 요한복음 18:4은 그 어떤 것도 예수를 놀라게 하지 않을 것이라고 초두에 밝히고 있다. 예수가 질문을 던지시고 사건을 주도하신다. 그가 앞으로 나서시고 자신을 체포하려는 자들에게 질문을 던지셔서 그들로 땅에 엎드러지게 하신다. 겟세마네에서 땅에 엎드러진 것은 단지 경비병들만이 아니다(요 18:6). 안나스와 빌라도도 거꾸로 넘어지고 있고, 자신들이 대답할 수 없는 질문들 때문에 곤욕을 치르고 있다.

요한의 이야기는 중세시대 드라마와 같다. 영토를 유린당한 참된 왕은 한시적으로 왕위를 잃은 채 군중들 속에서 활동한다. 그를 알아보는 자들은 선택받은 소수뿐이다. 그는 왕관을 쓰지 않고 일반인들이 입는 가죽옷이나 양털 옷을 입는다. 그러나 연극을 보는 이들은 왕위 찬탈자들이 결국 멸망당할 것임을 안다. 설사 왕이 사로잡혀서 죽을 위협에 처해 있다 해도 누군가가 개입하여 사태를 역전시키고 왕에게 승리를 안겨 줄 것이다. 예수는 참된 왕, 숨겨진 왕이시다. 그의 승리의 때가 다가오고 있다.

간단한 실천을 통해 이 이차적 주제를 드러낼 수 있다. 이 이야기 속에서 "왕"(혹은 나라[왕국], 왕권)이라는 단어가 나올 때마다 연필로 동그라미를 그리고 어떤 일이 발생하는지 보도록 하자. 그의 대적들이 그에게 하고 있는 모든 일들에도 불구하고 예수는 이스라엘의 왕이시다. 그들이 그것을 인정하려 들지 않음에도 불구하고 예수는 '참된'(true) 왕이시다. 아마도 이것을 볼 때, 우리는 요한복음의 가장 큰 "오해"(misunderstanding)를 발견하게 될 것이다. 요한이 가장 즐기는 영적 아이러니는 사람들이 예수의 정체성 혹은 메시지의 표면만을 이해한다는 것이다. 우물가의 여인은 그가 강을 보여줄 것이라고 생각한다. 밤에 찾아왔던 예루살렘의 랍비는 예수가 그를 다시 어머니의 자궁 속으로 보낼 것이라고 생각한다. 그러나 요한은 자신들의 무지를 드러내는 사람들에 대한 이야기를 기뻐한다. 요한은 그들의 말을 통해서 '그들이'(they) 보지 못하는 진리들을 드러낸다. 요한복음 9:40에서 바리새인들은 맹인이 아니다.―그러나 다시 생각해 보면 그들은 사실 맹인이다. 요한복음 6:15에서 통제할 수 없는 군중들에 의해 환호를 받으시는 예수는 왕이 아니시다.―그러나 다시 생각해 보면 그는 사실 왕이시다. 예수는 왕권을 주장하는 자로서 십자가형을 받아야 한다.―그러나 다시 생각해 보면 그는 사실 왕이시다!

요한의 신학적 메시지는 그 모든 어둠에도 불구하고 그때는 사실 '영광의 때'라는 것이다. 예수는 십자가에 못 박히는 것이 아니라 "들어 올려질"(lifted up, 요 3:14; 8:28; 12:32, 34) 것이다. 그는 희생자가 아니라 자신의 왕좌를 차지하는 왕이시다. 그는 자신의 죽음을 하늘의 자리로 돌아가는 길, 축하의 자리로 변화시키고 계시다. '그리고 세상이 이 영광에 대해 어떻게 생각하고 그것에 대해 무슨 일을 하든지, 그들은 이 제왕의 영광을 억누를 수 없다.' 하나님의 역사하심을 아주 조금이라도 인식하는 자들은 그가 거기 계시다는 것을 인정하고 그의 임재에 대해 어쩔 수 없이 경의를 표하지 않을 수 없다. 그들은 자신들이 억누르려 하는 진리를 직관적으로 인식한다. 하나님에 대한 진리는 어쩔 수 없이 알려진다. 바울은 이것에 대해 다음과 같이 말한다. "그러므로 그들이 핑계하지 못할지니라. 하나님을 알되 하나님을 영화롭게도 아니하며 감사하지도 아니하고 오히려 그 생각이 허망하여지며 미련한 마음이 어두워졌나니"(롬 1:20-21).

요한의 고난 이야기는 비극의 이야기인 것이 맞다. 그러나 그것은 예수의 비극이 아니다. 그것은 인간들의 비극이다. 어둠 속에서 눈이 먼 자들은 아무리 노력을 해도 자신들 가운데 계신 참된 왕을 알아보지 못한다. 그럼에도 불구하고 그들의 (그들 자신은 알지 못하는) 반사작용과 그들의 직관은 아직도 활동하고 있다. 그들은 종교적이다. 그들은 영적 두려움과 질문들을 가지고 있다. 빌라도는 "너는 '어디로부터냐?'"라고 묻는다(요 19:9). 그러나 어둠 속에서의 생활은 그들로 하여금 빛을 직관적으로는 알지만 그것을 보거나, 인식하거나, 혹은 그것에 굴복하지는 못하도록 만들었다.

그러므로 요한의 이야기는 세상 속에서 발생하는 모든 일들에도 불구하고 하나님은 자신의 목적들을 이루시고 자신의 영광을 드러내실 것이라고 말하고 있다. 그 어떤 인간도 그것을 막을 수 없다. 만약 하나님께서 영광을 드러내시기로 의도하신다면 그 어떤 인간도 하나님의 영광을 억누를 수 없다. 하나님은 역사를 주관하신다. 심지어 소망이 거의 보이지 않고, 이와 같이 적대적이고 어둠에 묻힌 것처럼 보이는 역사의 장도 하나님의 통제 아래 있다. 만약 하나님이 특히 그 해의 예루살렘의 '이'(this) 유월절에 대해서도 주권을 가지고 계셨다면, 만약 제삼자가 보기에는 모든 것이 패배요 재앙처럼 보이는 그런 곳에서도 하나님이 영광을 보이시고 그의 목적들을 완수하실 수 있다면, 지금 우리의 역사 속에서도 하나님은 그렇게 하실 수 있을 것이다. 만약 하나님이 이 "때"도 영광으로(with glory) 변화시키실 수 있었다면, 그분은 그 어떤 때건 변화시키실 수 있을 것이다.

세 개의 이차적 주제들. (1) 요한복음 19:11에서의 교회와 국가. 예수와 빌라도와의 마지막 대화에서(요 19:8-11) 빌라도는 자신이 권력자라는 사실을 강조한다. 빌라도는 이렇게 묻는다. "내가 너를 놓을 권한도 있고 십자가에 못 박을 권한도 있는 줄 알지 못하느냐?"(요 19:10). 이에 대해 예수가 대답하신다. "위에서 주지 아니하셨더라면 나를 해할 권한이 없었으리니"(요 19:11). 예수는 빌라도가 하나님에 의해 권위를 인정받은 권력을 누리고 있다는 말씀하시고 있는 것인가? 그렇다면 이 말씀은 바울이 로마서 13:1에서 하는 말과 잘 들어맞는다. "각 사람은 위에 있는 권세들에게 복종하라 권세는 하나님으로부터 나지 않음이 없나니 모든 권세는 다 하나님께서 정하신 바라."

나치즘의 망령 혹은 국가권력의 남용과 맞서 씨름해야 했던 (이를테면 불트만과 같은) 독일 해석자들 중에서는 이 본문이 실제적인 신학적 고뇌의 기초가 되었다.[63] 때로는 다른 시대의 사건들을 본문 속에 "주입해서 읽는 것"(reading in)처럼 보이는 그들의 해결책은 그럼에도 불구하고 어떤 진리를 가지고 있다. 예수는 빌라도에게 그의 권력은 궁극적으로 황제에게서가 아니라 하나님께로부터 온 것이라는 점을 상기시키신다. 이것은 국가가 하는 일은 하나님의 승인을 즐기고 있다는 말이 아니라 국가의 대표자들은 하나님의 주목의 대상이 되고 있다는 말이다. 그러므로 빌라도는 그리스도에 의해 계시된 진리, 하나님에게 그 기원을 두고 있는 진리를 따르든지, 아니면 세상과 그 방법들을 따르든지 선택을 해야 한다. 국가가 하나님에 대한 복종을 포기하면, 그것은 즉시 어두워지고 세상에 의해 통제를 받게 된다. 어떤 작가는 이렇게 쓰고 있다. "로마 총독이 유대인들에게 '누구를 선택하겠느냐, 예수냐 바라바냐?' 라고 하며 선택을 제시하는 자리에서 유대인들은 로마 총독에게 '누구를 선택하겠느냐, 그리스도냐 가이사냐?' 라고 하며 선택을 제시하고 있다.[64] 빌라도는 예수의 죽음에 대해 거의 관심이 없다. 그러나 지금

63. Haenchen, *John*, 2:182-83의 각주 참조. 또한 참조. T. W. Gillespie, "The Trial of Politics and Religion: A Sermon on John 18:28-19:16," *Ex Auditu* 2 (1986): 69-73.

이 순간, 그는 선택에 직면해 있다. 그의 실제적 권력은 가이사로부터 온 것인가, 아니면 하나님께로부터 온 것인가? 빌라도는 전자를 선택한다.

다시 말해서 요한복음 19:11은 하나님이 국가의 일 속에서 사역하고 계심을 말한다(롬 13:1). 그러나 그것은 총독이 가지고 있는 권리가 하나님으로부터 부여받은 것임을 보증해 주기 위해서가 아니다. 오히려 그것은 총독을 억제하고, 자신이 가진 권력이 제한을 가진 것임을 기억하도록 하기 위해서이다. 그 역시 하나님께 대하여 책임을 져야 하고 세상 속에서의 하나님의 역사하심에 복종해야 한다. 사실 요한의 관점에서 볼 때 역사하시는 하나님의 능력의 가장 좋은 본보기는 "그 때"에 빌라도에게 주어진 역할 속에서 찾을 수 있다. 빌라도에게는, 자신이 그것을 인식하건 못 하건, 하나님의 구원계획 속에서의 임무가 할당되었다.

(2) 요한복음 18:36에서의 정치와 종교. 빌라도와의 첫 번째 대화에서 총독은 예수에게 그의 왕권에 대해 묻는다. 의심할 바 없이 빌라도는 예수의 대답을 무해한 것으로 보았을 것이다. 그것은 빌라도가 그냥 무시해 버려도 좋은 감상적인 대답이다. "내 나라는 이 세상에 속한 것이 아니니라. 만일 내 나라가 이 세상에 속한 것이었더라면 내 종들이 싸워 나로 유대인들에게 넘겨지지 않게 하였으리라. 이제 내 나라는 여기에 속한 것이 아니니라"(요 18:36). 물론 문맥 속에서 예수는 그가 정말로 정치적 위협이 될 수 있을 지에 대한 빌라도의 모든 염려를 제거하시고 있다. 예수는 자신이 왕이심을 부인하시지 않는다. 그러나 그는 자신의 나라를 로마 제국과 같은 것으로 만들기를 거부하신다. '예수는 빌라도가 말하는 그런 왕이 아니시다.' 그는 권능에 대한 세속적 해석을 받아들이지 않으실 것이다.

하지만 기독교인에게 이것은 무엇을 의미하는가? 만약 우리의 충성이 그리스도, 즉 그의 나라가 이 세상에 속한 것이 아니고, 세속 사회의 시민 질서에 대해 아무런 주장도 하지 않으시는 그리스도를 향한 것이라면, 이것은 기독교인들은 세상에 관여하지 말고 세상일에 대해 소극적이어야 한다는 의미인가? 요한복음 18:36과 같은 구절들은 세상 속에서의 기독교인들의 중립성(혹은 무관심)을 옹호하기 위한 근거로서 자주 사용되었다.

교회와 국가 (혹은 "국가와 문화", Christ and culture) 사이의 신학적 문제를 논의하는 것은 이 글의 범위를 벗어나는 일이지만, 이 구절이 어떻게 사용되어야 할 지에 대해 최소한 어떤 지침을 설정할 수는 있을 것이다. ⓐ 이 구절에 대한 해석은

---

64. C. E. Evans, "The Passion of John," *Explorations in Theology* 2 (London: SCM, 1977): 61.

철저히 그 역사적 배경에 의해 제한을 받는다. 예수는 빌라도의 질문 속에 있는 그런 명칭과 왕관을 받아들이기를 거절하고 계시다. 예수는 통치권을 위해 다투는 그런 세속적 왕이 아니시다. 그는 다른 수많은 가이사들처럼 군대를 기르고 궁전들을 건축하지 않으신다.

ⓑ 예수가 그의 하늘의 왕권을 지적하시는 것은 그 영토가 아니라 그 나라의 기원과(18:37b) 성격을 설명하시기 위해서이다. 그는 '다른'(different) 곳에서 오신 '다른' 왕이시다. 그는 통치권을 두고 빌라도와 다투지 않으신다. 예수는 '로마제국'에 의해 임명을 받으신 것이 아니라 하나님에 의해 보냄을 받으셨다.

ⓒ 그러므로 요한복음 18:36은 하늘에 기원을 두고 계신 예수가 (그리고 그의 추종자들이) 세상과 그 통치체제들에 대해 (비록 빌라도와 같은 자들이 차지하고 있는 권력의 자리를 탐하는 것은 아니지만) 무언가 말씀하실 수 있는 가능성을 열어 두고 있다. 예수는 진리에 대해 그리고 권력의 올바른 사용에 대해 빌라도에게 말씀하실 무언가를 가지고 계실 것이다. 사실 요한복음의 여러 곳에서 예수는 (유대) 세계의 체제들에 대해 도전을 가해 오셨다. 기독교인들에게도 그와 같은 일을 할 권한이 있다.

(3) 요한복음 18:15-18, 25-27에서의 베드로의 부인들. 베드로의 부인에 관한 이야기는 공관복음에도 평행구들이 등장하지만 요한복음에 있어서는 독특한 특징을 가지고 있다. 요한복음에서 이 시점까지의 베드로의 인물소개를 훑어보는 것이 유익할 것이다. 베드로의 성급한 성격과 단점들을 계속 비판적으로 소개하고 있는 마가복음과는 달리 요한복음은 지금까지는 베드로에 대해 긍정적으로 묘사해 주고 있다. 베드로는 모범적인 제자였고 예수의 첫 번째 회심자들 가운데 하나였다(요 1:42). 많은 이들이 예수의 충격적인 말씀을 듣고 떠나갔을 때도, 그는 영생을 찾을 수 있는 곳은 예수 이외에는 아무 데도 없다고 주장하며 그 자리를 지켰다(요 6:68). 베드로는 예수를 깊이 존경했기 때문에 예수가 자신의 발을 씻으시는 것을 거절했다(요 13:6). 그러나 발을 씻는 것이 제자도의 전제조건임을 알았을 때 그는 온 몸을 씻어 달라고 요구했다(요 13:9). 다락방에서 제자들이 다가오는 죽음에 대한 예언을 예수에게 들었을 때, 베드로는 용기 있게 나서면서 자신은 절대로 주님을 부인하지 않을 것이라고 했다(요 13:37). 동산에서 베드로는 비록 진지하기는 했지만 충동적으로 그의 주님을 칼로 방어하려고 노력했다(요 18:10). 예수가 죄수로서 끌려가셨을 때, 베드로는 예수 혼자 그 어려움을 겪게 내 버려두기를 거부하고 그를 따라갔다(요 18:15a).

이런 훌륭한 인물소개는 대제사장의 집에서의 그의 큰 실수로 인해 그늘에 가리우게 된다. 이것으로부터 많은 교훈들을 끌어낼 수 있다. 베드로의 탁월성과 또 믿음의 수호자요 제자들의 리더로서의 그의 역할에도 불구하고, 그는 아직도 예수를 부인할 수 있다. 이것은 경고이다. 부인과 불신앙은 가장 강력한 제자에게조차 항상 아주 가까운 곳에 있다. 나는 베드로가 말고의 친척과 군인들의 무리로 인해 위협을 느끼며 불 옆에 있었을 때 예수를 부인한 것을 이해할 수 있다. 하지만 문간에 있던 젊은 여인이 그의 소매를 잡으며 물었을 때도 믿음을 그렇게 빨리 저버려야 했을까? 우리는 이 장면의 비참함을 놓치지 말아야 한다.

그러나 아마도 요한복음에서 가장 눈에 띄는 것은 베드로에 대한 예수의 계속적인 관심일 것이다. 우리는 이것을 요한복음 21장에서 보게 될 것이다. 그러나 여기서 미리 조금 살펴볼 수는 있다. 요한은 예수가 후에 갈릴리에서 베드로를 만났을 때 그와의 관계를 새롭게 하셨다고 보고하고 있다(요 21:1-17). 베드로는 여전히 깊이 사랑을 받는 사람, 잘못을 용서받은 사람, 그리고 자신의 주님을 위해 해야 할 일이 있는 사람이었다.

> 다락방에서 자신의 충성심을 주장한 것은 진짜 베드로였다. 동산의 달빛 속에서 혼자 칼을 빼든 것은 진짜 베드로였다. 그의 주님을 홀로 내버려둘 수 없기에 예수를 따른 것은 진짜 베드로였다. 그러나 긴장 때문에 부서져서 자신의 주님을 부인한 것은 진짜 베드로가 '아니었다'(not). '그리고 예수는 오직 진짜 베드로만을 보실 수 있었다.' … 예수의 용서의 사랑은 너무나 크기 때문에 그는 오직 진짜 우리만을 보신다. 그는 심지어 우리가 패배했을 때에도 우리의 불신앙이 아니라 우리의 충성을, 죄로 인한 패배가 아니라 선에 대한 우리의 추구를 보신다.[65]

65. W. Barclay, 다음에서 재인용, Morris, *John*, 672n.60.

요한복음 19:16b-42

16b 그들에게 넘겨 주니라
17 그들이 예수를 맡으매 예수께서 자기의 십자
가를 지시고 해골(히브리 말로 골고다)이라
하는 곳에 나가시니
18 그들이 거기서 예수를 십자가에 못 박을새
다른 두 사람도 그와 함께 좌우편에 못 박으
니 예수는 가운데 있더라
19 빌라도가 패를 써서 십자가 위에 붙이니 나
사렛 예수 유대인의 왕이라 기록되었더라
20 예수께서 못 박히신 곳이 성에서 가까운 고
로 많은 유대인이 이 패를 읽는데 히브리와
로마와 헬라 말로 기록되었더라
21 유대인의 대제사장들이 빌라도에게 이르되
유대인의 왕이라 쓰지 말고 자칭 유대인의
왕이라 쓰라 하니
22 빌라도가 대답하되 내가 쓸 것을 썼다 하니라
23 군인들이 예수를 십자가에 못 박고 그의 옷
을 취하여 네 깃에 나눠 각각 한 깃씩 얻고
속옷도 취하니 이 속옷은 호지 아니하고 위
에서부터 통으로 짠 것이라
24 군인들이 서로 말하되 이것을 찢지 말고 누
가 얻나 제비 뽑자 하니 이는 성경에 그들이
내 옷을 나누고 내 옷을 제비 뽑나이다 한 것
을 응하게 하려 함이러라 군인들은 이런 일
을 하고
25 예수의 십자가 곁에는 그 어머니와 이모와
글로바의 아내 마리아와 막달라 마리아가 섰
는지라
26 예수께서 자기의 어머니와 사랑하시는 제자
가 곁에 서 있는 것을 보시고 자기 어머니께
말씀하시되 여자여 보소서 아들이니이다 하
시고
27 또 그 제자에게 이르시되 보라 네 어머니라
하신대 그때부터 그 제자가 자기 집에 모시
니라
28 그 후에 예수께서 모든 일이 이미 이루어진
줄 아시고 성경을 응하게 하려 하사 이르시
되 내가 목마르다 하시니
29 거기 신 포도주가 가득히 담긴 그릇이 있는
지라 사람들이 신 포도주를 적신 해면을 우
슬초에 매어 예수의 입에 대니
30 예수께서 신 포도주를 받으신 후에 이르시되
다 이루었다 하시고 머리를 숙이니 영혼이
떠나가시니라
31 이 날은 준비일이라 유대인들은 그 안식일이
큰 날이므로 그 안식일에 시체들을 십자가에
두지 아니하려 하여 빌라도에게 그들의 다리
를 꺾어 시체를 치워 달라 하니
32 군인들이 가서 예수와 함께 못 박힌 첫째 사
람과 또 그 다른 사람의 다리를 꺾고
33 예수께 이르러서는 이미 죽으신 것을 보고
다리를 꺾지 아니하고
34 그 중 한 군인이 창으로 옆구리를 찌르니 곧
피와 물이 나오더라
35 이를 본 자가 증언하였으니 그 증언이 참이
라 그가 자기의 말하는 것이 참인 줄 알고 너
희로 믿게 하려 함이니라
36 이 일이 일어난 것은 그 뼈가 하나도 꺾이지
아니하리라 한 성경을 응하게 하려 함이라
37 또 다른 성경에 그들이 그 찌른 자를 보리라
하였느니라
38 아리마대 사람 요셉은 예수의 제자이나 유대
인이 두려워 그것을 숨기더니 이 일 후에 빌
라도에게 예수의 시체를 가져가기를 구하매
빌라도가 허락하는지라 이에 가서 예수의 시
체를 가져가니라

39 일찍이 예수께 밤에 찾아왔던 니고데모도 몰약과 침향 섞은 것을 백 리트라쯤 가지고 온지라
40 이에 예수의 시체를 가져다가 유대인의 장례 법대로 그 향품과 함께 세마포로 쌌더라
41 예수께서 십자가에 못 박히신 곳에 동산이 있고 동산 안에 아직 사람을 장사한 일이 없는 새 무덤이 있는지라
42 이 날은 유대인의 준비일이요 또 무덤이 가까운 고로 예수를 거기 두니라

원 의미

고난 이야기 속에 등장하는 이 섹션은 방금 발생한 사건과 밀접하게 연결되어 있다. 그러므로 예수의 재판과 죽음을 요한이 어떻게 취급하고 있는가에 관한 우리의 예비적 설명이(요 18:1의 각주 참조) 이 절들에도 적용될 수 있을 것이다. 예수는 예루살렘 동쪽 계곡에 있는 올리브 과수원(혹은 동산)에서 체포되셔서 유대인들의 최고회의(산헤드린) 지도자들에게 심문을 받으셨다. 그리고 그는 로마 총독(빌라도)에게 넘겨지셨고 이제 십자가형을 앞두고 계신다(요 19:16a). 우리는 이야기가 전개될 때 아직도 빌라도의 존재를 느끼게 될 것이다(요 19:19, 38). 그리고 우리가 요한복음 18:1-19:16a에서 보아 온 여러 주제들이 요한의 기록 속에 계속 나타날 것이다. 이 장면은 분명히 비극이지만 예수는 이스라엘의 왕이시다. 그리고 빌라도는 가능한 가장 강한 어조로 이를 확인해 줄 것이다. 십자가에서 예수 스스로가 자신이 왕이라고 선포하신 것이 아니라 빌라도가 "나사렛 예수, 유대인의 왕"이라고 명패에 기록했다. 이것은 선언이자 선포였고 산헤드린 지도자들에게는 도전이었다. 그래서 그들은 그 문구를 바꾸기를 원했다.

그러나 요한은 예수의 죽음 속에서 그리스도의 영광과 귀환의 아이러니컬한 드라마 이상의 것을 본다. 요한은 이 사건들이 또한 신학적 의미를 지니고 있다는 것을 인식하고 이야기를 전개시킨다. 십자가상에서의 예수의 죽음은 단지 왕의 (하늘로의) 귀환에 관한 것이 아니라 또한 양떼를 돌봄, 그의 희생, 그리고 성령에 대한 것이다.—이 주제들은 예수가 다음 날 오후에 닥칠 위기를 대비해 제자들을 준비시키실 때 다락방에서 말씀하셨던 것이다. 그러므로 요한은 일상적인 사건들 속에 숨겨져 있는 상징적 의미를 보는 것을 즐거워한다. 그것은 십자가와 그 상세한 부분들(십자가의 명패, 예수의 옷, 예수의 마지막 말씀들)뿐만 아니라 예수의 어머니, 다리를 부러뜨림, 그리고 창으로 찌름과 같은 다른 관련된 장면들을 통해서도 사실임이 밝혀질 것이다.

예수가 골고다로 향하심(요 19:16b-24)

예수가 프라이토리움(Praetorium)에서 나가실 때, 그는 십자가를 위해 완전히 "준비되었다"(요 19:16a의 주석 참조). 그는 많은 피를 흘렸고 거의 쇼크 상태였다. 그러나 죄수가 로마 군인들이 지켜보는 가운데 형벌의 장소까지 자신의 십자가를 지고 가는 것이 당시의 전통이었다. 예수가 그 일을 하셨다(요 19:17). 요한은 "그들이"(they) 예수를 이끌고 나왔다고 말한다. 모호한 표현이긴 하지만 우리는 그들은 로마 군인들이었을 것이라고 안전하게 추정할 수 있다(요 19:1의 유사한 어구 참조).

십자가의 세로목(라틴어 *staticulum*)은 일반적으로 처형 장소에 보관되었다. 희생자는 가로목(라틴어 *patibulum*)을 지고 가야 했다.[1] 그 가로목은 멍에처럼 그의 목 뒤에 놓였고 그는 팔들을 양쪽으로 뻗어 가로목 뒤쪽을 잡았다. 고대의 저자들은 이 관습을 잘 알고 있었다. 우리는 요한의 독자들도 이것을 알고 있었다고 가정해야 한다. 그러나 가로목조차도 예수에게는 너무 무거웠다. 그래서 공관복음은 군병들이 가로목을 예수에게서 떼어 내어 북아프리카 구레네(Cyrene)에서 온 시몬이라는 구경꾼에게 지웠다고 적고 있다(막 15:21; 눅 23:26).

탈무드에 기록된 후대의 전승에 따르자면, 예루살렘의 귀부인들은 죄수가 감각을 잃도록 해 주기 위해 마취성분이 든 포도주를 제공하곤 했다고 한다(*b. Sanh.* 43a). 누가복음은 예수가 그들을 바라보며 말씀을 하셨다고 적고 있다(눅 23:28-31). 요한은 이 자세한 사항에 대해서는 침묵하고 오직 최소한의 이야기만을 들려주고 있다. 예수가 걸어가신 경로(전통적으로 예루살렘의 '비아 돌로로사'[*Via Dolorosa*]로 알려져 있다)는 빌라도의 프라이토리움에서 성벽 밖에 있는 장소까지였을 것이다. 지나가던 사람들은 그 광경을 보았을 것이다. 어떤 이들은 심지어 말을 걸거나 예수를 조롱하기도 했다(마 27:39; 막 15:29).[2] 요한은 그 길에 대해서

---

1. 라틴어에서 동일한 단어인 *patibulum*이 문을 잠그는 가로대 혹은 배의 (돛)활대의 끝(yardarm)을 지칭하는 데 사용되었다. 플루타르크(Plutarch)는 이렇게 적고 있다. "처형 장소로 가는 모든 죄수들은 자신의 십자가를 등에 지고 날라야 한다." *Divine Vengence*, 554 A & B (Loeb, Plutarch, *Moralia*, 7).
2. 오늘날 예루살렘의 Via Dolorosa는 성 스데반 문(St. Stephen's Gate) 서쪽의 무슬림 구역(Muslim Quarter)에 있는 안토니아 요새(Antonia Fortress)의 잔해로부터 시작하여('시온의 자매 수도원'[The Sisters of Zion Convent], '채찍질 수도원'[The Monastery of Flagellation]) 기독교 구역(Christian Quarter)에 있는 '성묘교회'(the Church of the Holy Sepulchre)까지 서쪽으로 이어진다. 그 길은 개략적인 것이다. 왜냐하면 예루살렘은 주후 70년에 파괴되었고 그 이후 수차례에 걸쳐 재건되었기 때문이다.

는 아무런 설명도 하지 않는다. 그는 단지 십자가의 장소가 "해골의 처소"(the place of the Skull) 혹은 (아람어로) "골고다"(Golgotha)라고 불리는 곳이었다고 말한다.[3] "성벽 밖에서의"(outside the walls) 공개처형은 사람들에게 충격과 경고를 주기 위해 고안된 것이다. 그러나 요한은 의심할 바 없이 여기서 다른 의미를 보고 있다. 예수는 이스라엘 백성들이 예루살렘의 대로상에서 자신들의 왕을 볼 수 있도록 높이 들어 올려지셨다.

십자가형의 구체적인 방법에 대해서는 논란이 있다. 우리는 수많은 노예들과 죄수들이 십자가에 못 박혔다는 것을 안다. 그러나 그 과정을 완전하게 기술해 놓은 자료는 가지고 있지 않다. 그리고 최근 1968년에 예루살렘의 기밧 하미브타르(Giv'at ha-Mivtar)에 있는 동굴 묘에서 단 한 구의 십자가에 못 박힌 유골을 발견했을 뿐이다.[4] 그러나 문헌상의 증거들에 따르자면 십자가형은 하층계급, 노예들, 외국인들, 그리고 범죄자들을 위한 형벌이었음이 분명하다. 희생자는 바닥에 눕혀져서 나무 위로 팔을 길게 뻗었다. 못을 박거나 끈으로 묶어서 그의 팔을 고정시킨 후, 그의 몸을 가로목 위로 끌어올려 고정시켰다.

십자가 위에서는 다양한 자세가 가능하다. 그러나 기독교 미술에 나타나는 모습은 가장 가능성이 없는 것이다(못이 발의 윗부분에 박힌 그림).[5] 로마인들은 양 발목에 함께 못을 박았다. 그럴 경우 발목은 포개진 채 발은 양쪽으로 벌려져야 한다. 그들은 또한 세로목 중간에 작은 나뭇조각(*sedile*)을 댔는데, 그것은 사람이 그 위에 앉아서 몸이 찢어지지 않도록 하기 위해서였다. 우리가 반드시 기억해야 할 것은 십자가 위에서의 죽음의 원인은 못을 박음이 아니었다는 것이다. 출혈, 호흡곤란, 그리고 쇼크 등의 많은 요인들이 함께 작용했다. 요세푸스가 (그는 티투스[Titus]의 예루살렘 정복 기간 동안 많은 십자가형들을 목격했다) 십자가형을 왜 "죽음들 중 가장 비참한 것"(the most wretched of deaths)이라고 했는지 쉽게 이해할 수 있다(*Wars*, 7.6.4).

---

3. 이것에 상응하는 라틴어 단어는 *calvaria*이다. 이것은 기독교 명칭인 '갈보리'(Calvary)의 어원을 설명해 준다(그것은 위클리프[Wycliff]의 번역을 통해 유명하게 되었다). 탁월한 고고학적, 역사적 증거에 비추어 보았을 때 오늘날 성묘교회(the Holy Sepulcher)는 예수의 십자가의 위치로 가장 정확한 곳이다(요 19:38-42의 주석 참조).
4. 십자가형에 관한 최근의 설명으로는, R. E. Brown, *The Death of the Messiah*, 2:945-52.
5. 우리는 다양한 자세의 십자가형에 대한 기록을 가지고 있다. 어떤 이들은 거꾸로 못 박혔으며, 어떤 이들은 가로목 없이 세로목 위에서 손을 머리 위로 올린 채 못 박혔다. 십자가 형태 중에는 "X"자 형도 있었는데 예수가 가로목을 운반해 가셨기 때문에 이 형태는 (그리고 세로목만으로 구성된 형태는) 예수에게 적용될 수 없다.

각 복음서들은 예수가 "다른 두 명"과 함께 십자가에 못 박히셨다고 말한다. 마가복음과 마태복음은 예수의 좌우편의 이 사람들이 "강도들"(bandits, 헬라어 *lestes*)이었다고 말한다.—그 용어는 요한복음에서 바라바에게 사용되었던 것이다(요 18:40의 주석 참조). 이 단어의 가장 좋은 번역은 "테러리스트"(terrorist)이다. 그것은 예수의 잘못된 처형의 아이러니를 배가시킨다. 다른 테러리스트는 풀려난 반면 예수는 테러리스트들과 함께 나란히 십자가에 달려 계신다(요 19:18). 각 복음서들은 또한 예수가 그들 사이에 위치해 계셨다고 말한다. 그것은 두드러진 자리를 지칭할 수도 있고 어쩌면 시편 22:16을 반향할 수도 있다("개들이 나를 에워쌌으며 악한 무리가 나를 둘러 내 수족을 찔렀나이다"). 이사야서의 고난당하는 종도 마찬가지로 "범죄자들"(the transgressors) 사이에서 죽는 것으로 그려지고 있다(사 53:12).

요한의 이야기는 요한복음 19:19-22에 주어진 중요한 세부사항들에 집중하고 있다. 범죄자의 이름과 그 죄목을 써서 공중에게 공개하는 것이 로마인들의 관습이었다. 그 명패는 십자가로 향하는 길에서 누군가가 죄수의 앞에서 들고 가거나 혹은 죄수의 목에 걸었다. 오직 요한만이 "명패"(title)에 해당하는 정확한 기술적 용어를 사용하고 있다(헬라어 *titlos*, 라틴어 *titulus*). 또한 요한만이 그 명패가 빌라도의 명령에 의한 것이었고, 그것은 또한 유대인들의 최고회의에 대한 "빌라도의 복수"(Pilate's revenge)일 수 있다는 것을 밝히고 있다.[6] 그들이 골고다에 이르렀을 때 그 명패는 십자가의 "예수 위쪽에"(over Jesus) 붙여졌다(마 27:37; 눅 23:38). 나사렛 예수, 유대인의 왕.

중요한 것은 "명패"(*titulus*)에 사용된 언어이다. 그것은 라틴어와 아람어 그리고 그리스어로 기록되었다. 유대인들의 비문은 종종 여러 언어로 기록되었다. 갈릴리 벳 셰아림(Bet Shearim)의 공동묘지는 유대인들의 세계 속에 헬라문화가 현존해 있었음을 보여 주는 많은 예들을 제공한다. 로마인들은 아마도 라틴어를 알았을 것이다. 유대인들은 아람어를 읽었을 것이다. 그리고 그리스어는 지중해 세계의 공용어였다. 사실 빌라도는 그 명패를 통해 세상을 향한 선포를 했던 것이다. 이제는 온 세계가 예수의 왕권을 눈으로 확인할 수 있다.

그 명패에 대해 대제사장들이 분노하고 모욕을 느낀 것은 이상한 일이 아니다(요 19:20-21). 그들은 그 명패가 예수의 왕권에 대한 로마의 일종의 풍자적 시인

6. Beasley-Murray, *John*, 346.

을 포함하고 있다는 사실을 이해했다. 그리고 그들은 그것을 좋아하지 않았다. "이 사람은 '내가 유대인의 왕이다' 라고 말했다"(This man said, 'I am King of the Jews.' NRSV)가 그들이 강력히 제시한 대안이었다. 그러나 빌라도는 이 이야기 속에서 처음으로 그들에게 뜻을 굽히지 않는다. 그는 거짓을 공표하기를 거부한다(비록 진리에 따라 행동할 용기는 없었지만). 그렇게 해서 그 장면이 끝나고 예수의 왕권은 견고히 확립된다.

로마 군인들이 십자가형 도중에 죄수의 옷에 대한 권리를 주장하는 것은 흔한 일이었다.[7] 공관복음은 이에 대해 간단히 언급하는 반면 요한복음은 이를 좀더 자세히 설명하고 있다(요 19:23-24). 그들은 예수의 "옷"(clothes)을[8] 취하여 그것을 넷으로 나누었다. 이것은 십자가형을 집행한 군인들이 의심할 바 없이 네 명이었다는 사실을 암시해 준다. 이 네 "부분들"(parts)은 예수가 소유하셨던 것들에 대한 추측을 야기한다. 틀림없이 거기에는 머리수건, 허리띠, (어쩌면) 샌들, 겉옷(요 13:4), 그리고 "속옷"(undergarment) 혹은 튜닉(tunic)이 포함되어 있었을 것이다. 이 마지막 물품은 그 가치 때문에 특별한 관심을 끌었을 것이다. 군인들은 그것이 "이은 데가 없는"(seamless) 옷이었기 때문에 그것을 찢어 나누려 하지 않았다. 하지만 그런 옷이 반드시 특별하고 사치스러운 것이었을 필요는 없다. 많은 농부들은 그런 옷을 가질 수 있었다. 그것은 얇고 긴 가운으로서 겉옷의 안감 역할을 했다.

군인들은 속옷을 얻기 위해 제비를 뽑았다. 요한은 그것을 시편 22:18의 성취로 본다(요 19:24에 인용됨). 요한이 예수의 솔기 없는 속옷에 대해 언급하는 것은 우연이 아니다. 왜냐하면 그것이 전체 장면의 중심이 되기 때문이다. 그러나 해석자들은 여기서 주의를 해야 한다. 요한은 이중적 의미를 즐기는 경향이 있다. 그렇기 때문에 우리는 이중적 의미가 없는 본문 속에서도 그것을 찾으려 드는 경우가 있다. 예수의 솔기 없는 속옷이 바로 그런 경우이다. 요세푸스는 대제사장의 튜닉이 "솔기가 없는"(seamless) 것이라고 적고 있다. "이 의복은 두 부분으로 구성되지 않았고, 어깨 위와 옆구리 부분에서 바느질로 이어 붙이지도 않았다. 그것은 머리를 끼우기 위한 구멍을 가지고 있는 통째로 짜여진 긴 의복이다."(*Ant.* 3.7.4 [159-

---

7. 이것은 예수가 나체 상태로 십자가에 달렸는가 하는 문제를 야기한다. 우리는 확실히 알 수 없다. 그것은 분명 로마인들의 습관이었다. 그러나 유대인들이 나체를 혐오하는 것을 인정하고 로마인들이 양보를 했다는 유대인들의 증거도 있다. 그러므로 예수는 허리를 두르는 간단한 옷을 걸치고 계셨을 지도 모른다. 그러나 초기 교부들의 설명과 그림에서는 종종 예수가 나체인 것으로 그려지고 있다.
8. 여기서 사용된 헬라어 *himatia*는 (이곳에서처럼 복수형일 경우) 일반적인 "옷"(clothes)을 지칭할 수 있다(Barrett, *John*, 550).

61]). 요세푸스의 기록은 금실과 술들(fringes)로 장식된 긴 겉옷을 지칭하는 듯하다. 요한이 염두에 둔 것이 이것이었는지는 알기가 어렵다. 만약 요한이 염두에 둔 것이 그런 것이었다면, 그것은 (신약에 흔히 등장하는 주제인) 십자가상에서의 예수의 제사장 사역에 대한 암시가 될 수 있다.

다른 학자들은 요한복음 13장에서 예수가 제자들을 섬기기 위해 겉옷을 벗으신 일을 상기한다. 그 섬김은 "그때"와 십자가의 빛 속에서 해석된다. 또 다른 해석자들(특히 초기 교부들)은 교회의 "솔기 없는" 일체성에 대해 생각한다. 그러나 이 견해는 문제가 있는 것처럼 보인다. 왜냐하면 그 옷은 예수로부터 탈취되기 때문이다. 단지 튜닉은 (아마도 그의 어머니가 만들어 준) 값나가는 옷이었다기 보다 일반적인 견해가 가장 좋은 해석일 것이다. 유대인들이 튜닉을 솔기 없이 만든 이유는 직물을 혼합해서는 안 된다는 율법규정을 확실히 지키기 위해서였다(신 22:11). 이 튜닉은 우리가 '상황잇기' 섹션에서 검토하게 될 문제를 야기한다. 우리는 요한이 의도했던 것 이상의 것을 본문 속에 집어넣지 않도록 주의해야 한다.

예수의 마지막 행위와 죽음(요 19:25-30)

십자가에 못 박힌 사람이 뭔가를 선언하거나 자신의 재산을 분배하는 일은 그리 이상한 일은 아니었다. 요세푸스는 주후 70년에 예루살렘이 티투스(Titus)에 의해 정복되었을 때 예루살렘 주위에서 십자가에 달린 많은 친구들을 만난 일에 대해 말한다. 각 복음서들은 십자가상에서의 예수의 중요한 말씀들을 기록하고 있다. 기독교 전통에 따르자면 그것들은 성경에 있는 가장 신성하고 고귀한 언급들 중 일부이다.

요한은 십자가 밑에 있던 사람들에 대해 기록하고 있다.[9] 그들은 (1) 그의 어머니, (2) 그의 이모, (3) "글로바의 아내" 마리아, (4) 막달라 (마을 출신의) 마리아, 그리고 (5) 사랑하시는 제자였다. 우리는 "글로바의 마리아"(Mary of Clopas)에 대해 아는 바가 없다. 그러나 막달라 마리아는 (갈릴리 바다 서쪽에 있는) 디베랴 바로 북쪽에 있는 마을 출신이었다. 마가복음과 누가복음은 그녀가 예수의 사역 덕분에 수많은 귀신들로부터 자유함을 얻었다고 적고 있다(막 16:9; 눅 8:2). 예수의

9. 예수는 얼마나 높이 달리셨을까? 십자가는 6, 7피트(약 1.83-2.14미터) 이상 높지는 않았을 것이다. 그 정도면 희생자의 다리를 올리기에는 충분한 높이이다. 이것이 바로 성 밖에서 십자가에 달린 희생자들이 때로 야생동물들에 의해 공격을 받은 이유이다. 예수는 어머니와 친구들에게 쉽게 말씀을 하실 수 있었다.

"이모"(aunt)에 대한 요한의 언급은 가장 호기심을 자극한다. 브라운(Brown)은 인상 깊은 연구에서 사복음서에 등장하는 십자가 주위의 인물들의 이름들을 분석했다. 그는 누가 거기 있었는지뿐만 아니라 그들 중 많은 이들의 정체까지도 밝혀냈다.[10] 그 연구에서 가장 중요한 특징은 "예수의 어머니의 자매"가 마태복음이 말하는 "세베대의 아들들의 어머니"(마 27:56)와 동일 인물임을 강력하게 주장하고 있다는 점이다. 요한복음과 마태복음은 이 여인들이 모두 십자가 주위에 있었다고 말한다. '그들은 같은 인물일 수 있다. 그렇다면 세베대의 아들들과 예수는 사촌이 된다.'

만약 이것이 사실이라면(나는 그럴 수 있다고 믿는다), 그것은 이 젊은이들의 어머니가 왜 예수로부터 특별한 호의를 기대할 수 있었는지를 설명해 준다(마 20:20; 막 10:35). 또한 그것은 현재의 구절들(요 19:26-27)에서 예수가 어머니와 사랑하시는 제자가 그의 앞에 서 있는 것을 보셨을 때 왜 그들에게 말씀을 하셨는지를 설명하는 데 도움을 준다. 예수는 지금 가족의 책임에 호소하시고 있다. 요한은 마리아를 모시는 제자가 될 것이다. 예수가 어머니를 부르시는 방법은("여자여", Woman!) 존경을 표하는 것이다(그것은 무례한 것이 아니다. 요 2:4의 주석 참조). 예수는 마리아를 요한(사랑하시는 제자)에게 맡기셔서 그의 보호와 돌봄을 받도록 하고 계시다.

예수의 형제들이 그를 떠났다는 사실을 생각할 때 이 모든 것이 이해가 된다(요 7:5). 이야기 속에 요셉이 존재하지 않는 것으로 보아 마리아는 혼자였을 것이다. 그녀는 내내 예수를 지원해 왔다. 그런데 그가 죽으면 당시의 문화 속에서 여인은 위험에 처하게 된다. 사랑하시는 제자는 마리아를 자신의 가족으로 받아들이라는 요청을 받는다. 그리고 그는 그 말씀에 순종한다(요 19:27b). 우리는 이것 때문에 놀라지 말아야 한다. 예수의 문화에 있어서 확장된 가족관계는 대단히 중요했다. 그들에게 있어서 사촌은 아주 친밀한 사이였다. 예수에게 있어서 확장된 가족들과 연결되어 있는 것은 자연스러운 일이었을 것이다.

십자가상에서의 예수의 두 번째 말씀은 목마름에 대한 외침이다(요 19:28). 오직 요한만이 그것을 기록하고 있다. 그의 옷을 잃음이 성경의 성취였던 것과 마찬가지로 요한은 이 외침 역시 성경의 성취라고 말하고 있다. 예수는 그것을 행하기 위해 세상에 보내진 사역이 완성되었다는 것을 충분히 알고 계신다. 그는 아버지

---

10. R. E, Brown, *The Death of the Messiah*, 2:1013-26. 도표 참조. 2:1016.

의 이름을 계시하셨고, 자신에게 주어진 자들을 모으셨으며, 하나님의 사랑을 보이셨고, 그의 말씀을 계시하셨다. 모든 것이 완성되었다. 그러나 그는 또한 이 모든 일들이 하나님의 계획의 성취라는 사실을 아신다. 십자가는 하나님이 그에게 하라고 보내신 일의 일부이다. 목마름의 외침은 중동지역의 태양 아래서 죽어 가는 사람의 절망적인 외침이 아니다. 예수는 성경을 성취하기 위해 말씀하신다. "내가 목마르다"는 시편 69:21을 떠올린다. "그들이 쓸개를 나의 음식물로 주며 목마를 때에는 초를 마시게 하였사오니"(cf. 요 2:17; 15:25도 역시 시 69편을 인용한다).

그러자 군인들은 예수에게 초를 해면에 적셔서 제공했다(요 19:29). 이 음료는(헬라어 *oxos*) 묽게 희석한 포도주로서 군인들과 농부들이 마셨다. 우리는 예수가 골고다를 향해 걸어갈 때 그에게 주어졌던 약을 섞은 포도주와 이 음료를 혼동해서는 안 된다(막 15:23). 예수는 앞서 주어졌던 마취제는 거절하셨다. 지금 군인들은 우슬초(작은 관목) 가지에 해면을 끼워 그것을 예수에게 내밀었다. 이것이 가능했던 이유는 십자가가 공중 높이 들려져 있지 않았기 때문이다. 십자가는 군인이 손을 뻗어 예수에게 신 포도주를 건넬 수 있을 정도로 낮았다. 관목의 잔가지들은 너무 쉽게 휘기 때문에 이 일에 사용될 수 없었을 것이다. 아마도 관목의 중심 줄기가 사용되었을 것이다.

마가복음과 마태복음은 해면이 뻣뻣한 가지 혹은 막대기(헬라어 *kalamos*)에 끼워졌다고 말한다. 여기서 우슬초라는 구체적인 언급은 중요하다. 왜냐하면 그 식물은 유월절에 이스라엘 집의 문설주와 인방에 어린양의 피를 바르는 데 사용되었기 때문이다(출 12:22). 이것은 예수와 유월절을 연결시키는 직접적 암시인가? 이것은 예수가 유월절 희생양임을 암시하고 있는가? 요한은 계속해서 유월절을 암시할 것이기 때문에(요 19:31-37), 우리는 그 가능성을 열어 둘 필요가 있다.

마가복음은 예수가 숨을 거두시기 직전에 큰 소리를 지르셨다고 소개하지만 그 내용은 우리에게 말하지 않는다(막 15:37). 우리는 그것을 요한복음 19:30과 비교하고자 하는 유혹을 받는다. "예수께서 신 포도주를 받으신 후에 이르시되 다 이루었다 하시고." 예수는 자신의 일을 다 이룬 줄을 아시고(요 19:28) 이제 그것을 큰 음성으로 말씀하신다(요 19:30a). 이것은 수난 이야기 전체를 통해 우리가 느끼는 것, 즉 여기서 예수가 자신이 의도하는 바를 이루고 계시다는 사실을 확인해 준다. 그는 희생자가 '아니라' 하나님의 명령을 수행하고 있는 종이다. 이것은 처량한 외침이 '아니라'("결국 다 끝나 버리고 말았구나", At last it is over) 승리의 선언이다("성취되었다", It is accomplished).

이 순간에 요한은 예수가 머리를 숙이시고 "영혼을 넘기셨다"(handed over the spirit)라고 말한다(NIV, gave up his spirit). "영혼"(spirit, 헬라어 *pneuma*)은 아마도 (요 11:33; 13:21과 마찬가지로) 의인화된(anthropomorphic) 표현일 것이다. 여기서는 예수가 자신의 생명을 넘기셨다는(giving up his life) 뜻이다. 이것은 마태복음 27:50("영혼이 떠나시니라") 그리고 누가복음 23:46("아버지 내 영혼을 아버지 손에 부탁하나이다")과 비교될 수 있다. 헬라어에서 이것은 죽음을 표현하는 관용어이다.

그러나 요한은 여기서 일반적인 동사를 사용하지 않는다. 그 동사는 "포기함"(give up)을 뜻하지 않는다. 헬라어 '파라디도미'(*paradidomi*)는 "넘겨줌"(hand over)을 뜻하는데, 헬라어 문헌 그 어디에서도 '*paradidomi to pneuma*'는 죽음을 뜻하는 것으로 사용되지 않는다.[11] 요한이 아버지와 같이 그의 영혼을 받는 자에 대해 언급하지 않는다는 사실에 주목하라(누가복음에는 아버지가 언급된다). 이 동사는 후계자에게 무언가를 넘긴다는 의미이다.[12] 이 표현은 요한복음의 특징적인 이중적 의미의 하나로 볼 수도 있다. 이 동사는 성령을 선물로 주심(이것은 예수가 약속하신 사역의 일부이다)이 이미 십자가상에서 시작되고 있었음을 미묘하지만 평이하게 표현해 주고 있다. 이것은 성령이 "그때"와 연관되어 있다는, 우리가 앞서 배운 사실과도 잘 들어맞는다(요 7:39; 16:7); 참으로 성령은 예수의 죽음의 열매이다. 그래서 예수는 자신이 가장 사랑했던 사람들, 십자가 밑에 있는 이상적인 제자들을 직접 바라보시며 머리를 숙이신다.—그리고 우리는 그들을 예수의 선물의 수령자들로 본다. "성령은 실제로 주어지지는 않고(요 20:22) 상징적이고 예견적인 방법으로 주어진다.—희생의 순간이 와서 시대가 바뀔 때—인간들을 향한 하나님의 움직이심이 바로 성령이다."[13]

만약 예수의 죽음의 순간에 성령이 어느 정도 "풀려났다"(loosed)는 것이 사실이라면, 이 상징주의는 이 구절들 속에 있는 물과 목마름의 이미지들을 통해 요한

---

11. Parsch, *Pneuma und Wort*, 328; Burge, *The Anointed Community*, 134. 칠십인경(LXX)의 사 53:12에서 이 동사가 죽음을 지칭하기는 하지만 완전히 다른 형태로 쓰인다.

12. Büchsel, "παραδίδωμι," *TDNT* 2:169-72; BAGD, 614-15.

13. Burge, *Anointed Community*, 135; cf. Hoskyns, *John*, 633; T. Smail, *Reflected Glory: The Spirit in Christ and Christians* (London: Hodder, 1975), 106-7; E. A. Russell, "The Holy Spirit in the Fourth Gospel," *IBS* 2 (1980): 90; 어떤 해석자들은(Carson, *John*, 621) 요 20:22이 요 19:30에 상징주의를 적용하는 것을 금하고 있다고 믿는다. 그러나 그런 태도는 중요한 신학적 전환점들에서 신학적 상징들을 창조해 내려는 요한의 욕망을 부적절하게 제한하는 것이다.

복음 19:28에서도 동일하게 작용하고 있다고 볼 수 있을 것이다.[14] 그의 속에서 생수의 강이 흐르는 자가(요 7:37) 목마르다고 외쳤다는 사실은 놀랍다. 예수는 "내가 주는 물을 마시는 자는 영원히 목마르지 아니하리니"(요 4:14)라고 말씀하셨다. '생수의 근원이신 분이 지금 목말라 하신다!' 다른 곳에서 요한이 "목마름"(thirst)이라는 용어를 사용할 때, 그것은 항상 모든 목마름을 만족시켜 줄 수 있는 자로서의 예수의 사역을 지시하고 있다(요 4:13-15; 6:35; 7:37). 그의 생명이 빠져나갈 때, 성령이 방출될 때(요 19:30), 그리고 이 생수가 쏟아 부어질 때(요 19:34), 예수는 그 비워짐을 날카롭게 인식하시고, 그것을 타는 목마름으로 느끼신다. 이 이미지는 요한복음 19:34에서 곧 다시 등장한다.

마지막 장면은 다시 한 번 우리에게 유월절 배경을 보여준다(요 19:31-37). 요한은 그날이 "예비일"(day of Preparation, 요 19:31)이었음을 우리에게 상기시킨다. 예비일의 가장 자연스러운 해석은 유월절의 준비일이 아니라 안식일의 준비일이다(요 13:1; 18:28의 주석 참조). 구절들의 균형은 이 사실을 분명히 해 준다. 항상 정결을 강조하는 유대인들이(요 11:55; 18:28) 지금 시체들을 십자가에서 내리기를 원하고 있다. 왜냐하면 어둠이 다가와서 안식일이 시작되려고 하고 있기 때문이다. 신명기 21:22-23은 유용한 배경을 제공한다. "사람이 만일 죽을 죄를 범하므로 네가 그를 죽여 나무 위에 달거든 그 시체를 나무 위에 밤새도록 두지 말고 그날에 장사하여."[15] 그러므로 우리는 십자가상의 명패를 바꾸어 달라고 요청했던 바로 그 유대인들이(요 19:21) 두 번째의 요청을 했을 것이라고 추측할 수 있다. 율법을 향한 영적 헌신에 대한 관심 때문에 그들은 세 사람을 십자가에서 떼어 내기를 원했다.

로마인들의 관습은 전시효과를 위해 십자가에 달린 자들을 오랫동안 그대로 내버려두는 것이었다. 어떤 자들은 며칠씩 십자가에 매달려 있기도 했다. 성 밖에서 십자가에 매달린 희생자들은 종종 야생동물들과 독수리들의 습격을 받았다. 죽음을 앞당기기 위해 군인들은 커다란 해머로 다리를 가격하기도 했다. 그러면 희생자들은 기절하게 되고, 부러진 뼈가 몸무게로 인하여 살을 뚫고 나와 피를 많이 쏟

14. Brown, *John*, 2:930; Lindars, *John*, 581.

15. 요세푸스도 우리에게 같은 이야기를 들려준다. 그는 이두메인들(Idumeans)의 불경건성을 다음과 같이 비난한다. "그들은 시신을 묻지 않고 내버릴 정도로 불경건하다. 반면 유대인들은 정성을 다해 장례를 치르는 습관이 있다. 유대인들은 저주를 받아 십자가에 달린 자들을 거기서 내려서 해가 지기 전에 무덤에 묻는다."(*Wars*, 4.5.2 [317]).

게 된다. 1968년에 발견된 십자가에서 죽은 자의 유골은 이것을 증명해 주고 있다. 그것은 남성의 유골인데 정강이뼈가 완전히 으스러져 있다. 그의 왼쪽 종아리뼈들(경골과 비골)이 깨져 있는데 그것은 로마인들이 몽둥이로 내리친 증거이다.[16] 유대 지도자들은 이 세 사람의 죽음을 앞당기는 것뿐만 아니라 예수의 몸을 훼손하여 그를 더욱 수치스럽게 만들기 위해 이 관습에 관심을 가졌던 것이 아닐까?

그러나 그런 일은 발생하지 않았다. 군인들은 예수 옆에 있던 자들의 발을 부러뜨렸다(요 19:32). 그러나 그들이 예수에게 왔을 때—여기서 요한은 이 점을 아주 분명히 한다.—그들은 발을 부러뜨리지 않았다. 왜냐하면 예수는 이미 죽으셨기 때문이다(요 19:33). 그러나 그들이 예수의 죽음을 확신했다면 그들 중 하나가 예수를 시험해 보기 위해 창을 사용한 것은 이상한 일이다. 그러나 그는 창으로 예수의 옆구리를 찔렀고, 상처에서는 물과 피가 흘러나왔다.

주석가들과 의사들은 이 물과 피가 흘러나온 현상을 오랫동안 연구했다. 우리는 그들의 작업을 아주 간단하게 요약할 수 있을 뿐이다. 물론 그것을 설교에 적용할 수 있다면 멋지겠지만, 오늘날 예수의 심장이 "터져 버렸다"(bursts)라는 견해를 주장하는 사람은 거의 없다.[17] 두 개의 견고한 이론들이 존재한다. (1) 바빗(P. Barbet)은 창이 예수의 심장을 관통했으며 그래서 심장의 피와 심낭의 액체가 동시에 방출되었을 수 있다고 주장했다.[18] 오늘날 많은 의사들과 해석자들은 이 견해를 선호한다. (2) 외과의사인 세이버(A. F. Sava)는 이 이론에 반대한다. 왜냐하면 바빗은 그의 증거를 죽은 지 24시간이 경과한 시신들에게서 얻어냈기 때문이다. 죽은 지 4-6시간이 지난 시신을 대상으로 한 실험에서 그는 같은 결과를 얻어내지 못했다. 그러나 외상성 사고(특히 흉곽의 손상)를 당한 희생자들의 경우 폐를 둘러싸고 있는 막과 폐 사이에 많은 양의 체액(fluids)이 쌓인다. 어떤 경우에는 2리터의 체액이 누적되기도 한다. 죽은 지 2-4시간이 지난 시신으로 실험을 했을 경우 핏빛의 장액(serum)은 진홍빛의 아래쪽 층과 담황색의 위쪽 층으로 나누인다. 세이버에 따르자면 예수의 몸속에 많은 양의 체액이 쌓이도록 만든 것은 채찍질이었다.

---

16. N. Haas, "Anthropological Observations on the Skeletal Remains from Giv'at haMivtar," *IEJ* 20 (1970): 38-59 (많은 그림과 사진들 포함)
17. 이 견해를 처음으로 주장한 사람은, J. C. Stroud, M.D., *The Physical Cause of the Death of Christ* (London: Hamilton & Adams, 1847, rev. 1871).
18. P. Barbet, *A Doctor at Calvary: The Passion of Our Lord Jesus Christ as Described by a Surgeon* (New York: Doubleday, 1953); 또한 W. D. Edwards, W. J. Gabel, F.E. Hosmer, "On the Physical Death of Jesus Christ," *Journal of the American Medical Association* 255 (1986): 1455-63.

창에 의해 그 체액이 쏟아져 나온 것이다.[19]

이 의학적 논쟁은 틀림없이 계속될 것이다. 그러나 우리가 확신할 수 있는 것은 여기서 요한의 주된 관심사는 그의 독자들로 하여금 예수가 확실히 사망하셨다는 사실을 알게 하는 것이라는 점이다. 신학적으로 이것은 몇 가지 이유들 때문에 중요하다. 요한은 예수의 완전한 인성을 확증하기 위해 노력하고 있다. 성육신하신 예수의 생명은 그의 살에 의존하고 있다(요 1:14). 이미 요한의 시대에 잘못된 교사들은 그리스도의 참된 성육신에 대해 의심을 품고 있었다(요일 4:1-6). 그리고 요한일서 5:6-9에서 요한은 이 사건을 암시하고 있을 수도 있다.

그러나 그날 발생한 많은 사건들에서와 마찬가지로 요한은 의심할 바 없이 창으로 찌른 사건의 표면적 의미를 넘어서는 어떤 상징을 본다. 대부분의 복음주의자들은 (물과 피의 이미지 속에서 세례와 주의 만찬을 보듯이) 여기서 성만찬의 상징을 보는 것을 탐탁하게 생각하지 않는다. 그러나 여기서 성만찬의 상징을 보는 것은 가장 초기 수세기 동안 교회가 일반적으로 가졌던 시각이었다. 가장 유망한 시각은 여기서 유월절의 상징을 보는 것이다. 요한은 어쩌면 십자가에 달리신 예수가 유월절 희생제물이심을 지적하고 있는지도 모른다. 예를 들어, 요한은 예수의 다리가 부러지지 않았음을 지적하는데, 그 이유는 유월절 희생제물은 뼈가 부러져서는 안 되기 때문일 것이다. 어린양은 온전한 희생제물이어야 한다. 우리가 혹시 이 미묘한 점을 놓칠 것을 대비하여 요한은 단락의 마지막 부분에서 출애굽기 12:46이 명시하고 있는 유월절의 요구사항을 적시하고 있다. "이 일이 일어난 것은 그 뼈가 하나도 꺾이지 아니하리라 한 성경을 응하게 하려 함이라"(요 19:36; 또한 참조. 신 9:12; 시 34:20).

그러나 유월절에 대한 신학적 암시들은 더 있다. 매싱버더 포드(J. Massyngberde Ford)는 유월절 희생제사가 드려질 때 성전 관계자들의 책임 가운데 하나는 어린양이 희생제물로 바쳐지기 전에 '이미'(already) 죽은 것이 아니라는 점을 확인하는 것이었음을 성공적으로 밝혔다. 성전 관계자들은 어린양의 목을 베었을 때 "쏟아져 나오는"(spurt forth) 피의 강력한 줄기를 보고 그것을 판단했다.[20] 후기의 탈무드에 따르자면 그 피는 '물 (혹은 액체)처럼'(as water [or fluid]) 흘러야 했다. 미쉬나(*Mishnah*)는 합당한 희생제물을 판별하는 지침을 제공하고 있는데, 흐르는

19. A. E. Sava, "The Wound in Christ's Side," *CBQ* 19 (1957): 343-46; 여러 이론들을 개관하기 위해서는, J. Wilkinson, "The Incident of the Blood and Water in John 19:34," SJT 28 (1975), 149-72.

20. J. Massyngberde Ford, "Mingled Blood from the Side of Christ (John XIX.34)," *NTS* 15 (1969): 337-38.

액체 상태의 피가 중요한 기준이었다(*m. Hullin* 2.6). 십자가 위의 예수의 이미지는 중요한 유월절 상징을 다시 일깨워 준다. 그는 '살아 있는' 희생제물이었다. 정말로 생명이 그로부터 취해졌다.

대부분의 해석자들은 요한의 상징주의가 지적하고 있는 것은 예수의 죽음으로부터 오는 생명과 정결케 됨이 이제 이르렀다는 사실이라는 데 대해 동의한다. 그리스도의 죽음은 영원한 생명과 새롭게 됨의 기초이다(요 6:53-54). 히브리서 9:19에 따르자면 모세는 피, 물, 그리고 우슬초로 첫 번째 언약을 시작했다. 마찬가지로 예수는 그의 죽음을 통해 또 다른 언약을 시작하시고 있다. 그러나 우리는 또한 다른 상징들을 보아야 한다. 물은 예수의 몸으로부터 흐른다. 요한복음 7:37-39에 따르자면 예수는 초막절에 자기 자신과 "그의 배로부터"(from his belly) 흐르는 물에 관한 약속을 주신다. 그 물은 마시기를 원하는 모든 자들을 위한 것이다. 사실 그것은 은유이다. 요한은 재빨리 그것을 해석해 준다. 이 물은 오직 예수가 영광을 받으실 때에야 오실 성령을 뜻한다. 요한복음에서 물과 성령은 자주 함께 등장한다(요 3:5; 4:10-24; 7:37-39). 그리고 그것은 놀라운 일이 아니다. 유대교에서도 같은 연결을 만들어 냈다(겔 36:25-32; 47:1-12).

그러나 가장 눈에 띄는 것은 물과 성령의 이 조합은 초막절에 그 닻을 내리고 있다는 점이다.—초막절은 요한복음 7장의 배경이다(이것은 우리가 요 19:34를 이해하는 것을 돕는다). 우리가 요한복음 7장에서 발견한 것처럼 초막절은 늦은 가을에 펼쳐지는 물의 축제를 포함하고 있었다. 그 기간 동안 이스라엘은 모세가 므리바에서 바위를 쳤을 때 물이 나온 기적을 기억했다(출 17:6). 모세가 쳤던 이 바위가 유대인들의 이야기의 중요한 부분이 되었다. 그것은 물과 생명을 주는 바위였다! 어떤 랍비 전설들에 따르자면 이 바위는 광야에서 이스라엘 백성을 따라다녔다! 물이 나온 바위는 심지어 스가랴에 의해 기술된 미래의 약속들 속에도 통합되어 들어갔다(슥 13:1; 14:8). 그것은 예루살렘으로부터 솟아나는 영원한 물줄기의 모델이 되었다. 이 영원한 물이 참으로 의미하는 것이 무엇이냐는 질문을 받았을 때 랍비들의 대답은 간단했다. 그것은 성령을 지칭한다.[21]

중간기시대 초기의 랍비 주석들은 이 바위와 물 이야기를 확장시키는 것을 즐겼다. 그때 그 기적을 상상력을 동원하여 분석한 광범위한 전승들이 발전되었을 것이다. 바울은 심지어 광야의 바위가 그리스도라는 것을 말하기 위해 고린도전서

21. 참조. Burge, *Anointed Community*, 92; Schnackenburg, *John*, 2:156.

10:4에서 이것을 인용하고 있다. 중간기시대의 유대 주석들에 따르자면 학자들은 모세가 바위를 두 번 쳤다고 주장했다. 처음 쳤을 때는 피가 나왔고 두 번째 쳤을 때에야 비로소 물이 나왔다.[22]

그러므로 요한복음 19:34은 19:30과 결합되어 그리스도의 죽음이 단지 생명을 줄 뿐만 아니라 성령의 약속이 그 죽음을 통해 이제 실현된다는 것을 암시해 주고 있다. 그렇다면 19:34은 예수가 '초막절에' 말씀하신 7:38의 상징적 실현이다. "그의 심장(heart, 혹은 배, belly)으로부터 생수의 강이 흘러나리라"(RSV).

비록 요한복음 19:35이 사랑하시는 제자를 언급하고 있지는 않지만 틀림없이 그가 이 일의 목격자일 것이다. 왜냐하면 그는 이미 십자가 밑에 있었다고 소개되었기 때문이다(요 19:26). 이것은 범상치 않은 구절이다(cf. 또한 요 21:24). 왜냐하면 이 구절에서 요한이 단지 예수에 관한 전승들의 수집자가 아니라 또한 목격자였음이 분명하게 확인되기 때문이다. 여기서 사용된 가장 단순한 용어들이 의미하는 것은 이곳에 기록된 사건들은 참되고 신뢰할 만하다는 것이다. 요한복음 속에 있는 그의 말들은 예수의 생애를 위한 증거의 일부이다. 우리는 처음부터 그 증거를 읽으며 그것의 무게를 측정해 오고 있는 중이다. 신뢰할 만한 동일한 태도가 요한일서 1:1-4에도 나타난다. 요한은 자신의 사도 사역의 근거는 그가 거기 있었다는 사실이라고 말한다. 그 자신의 눈과 손이 발생한 일들의 실재성을 증명한다.

요한은 십자가 위의 예수에 대한 묘사를 성경을 인용하는 것으로 마무리한다(요 19:36-37). 예수의 다리를 부러뜨리기에 실패한 것과 군인의 창이 그를 찌른 것 모두가 구약 구절들을 상기시키고 그 구절들은 이 사건에 의미를 부여해 준다. 우리는 예수의 다리를 부러뜨리는 일의 실패를 해석하는 것을 출애굽기 12:46이 어떻게 돕는지를 보았다(요 19:33 참조). 그래서 요한은 여기서 그 구절을 의역한다. 그러나 요한은 또한 스가랴 12:10을 지적한다. 그 구절에서 선지자는 이스라엘이 선지자(혹은 하나님? 혹은 메시야?)를 어떻게 바라볼 것인지, 그리고 선지자가 이스라엘의 위험천만한 불신 때문에 얼마나 애통해 할 것인지를 날카롭게 묘사하고 있다. "그들이 그 찌른 바 그를 바라보고 그를 위하여 애통하기를 독자를 위하

22. *Midrash Rabbah Exodus* 3:13 [Ex 4:9], "그가 바위를 치자 '보라 그가 반석을 쳐서 물을 내시니 시내가 넘쳤으나' [시 78:20]라고 말한 것처럼 피가 흘러나왔다." "그가 바위를 두 번 친 것은 이런 이유 때문이다. 즉 그가 처음 바위를 쳤을 때는 피를 나왔고 두 번째에 드디어 물이 나왔다." 그러나 어떤 학자들은 이런 해석의 시기를 중세시대로 늦게 잡는다. 랍비 자료들에 대해 충분히 살펴보려면, Burge, *The Anointed Community*, 87-99; 또한 L. Ginzberg, *The Legends of the Jews*, 7 vols. (Philadelphia: Jewish Publish Society, 1925, 1953), 2:322; 5.421n.132.

여 애통하듯 하며 그를 위하여 통곡하기를 장자를 위하여 통곡하듯 하리로다." 요한은 십자가 밑에 서서—그는 예수의 놀라운 사역의 목격자이다.—세상을 구원하기 위해 보내심을 받은 바로 그 메신저, 하나님의 아들을 바라보면서 이스라엘의 상징성에 대해 생각하고 있다.

예수의 장례(요 19:38-42)

십자가 현장에 대해 요한이 기록한 대부분의 것들은 독특하게 요한의 것임에 반해 예수의 장례 이야기는 다른 복음서들과 그 자료를 공유하고 있는 것들이다(마 27:57-61; 막 15:42-47; 눅 23:50-56). 각 복음서 기자들은 요셉이라는 이름의 사람이 빌라도에게 예수의 시신을 청구하였다는 사실을 확인해 주고 있다. 그는 부자였으며(마 27:57), 산헤드린 공회원이었다(막 15:43; 눅 23:50). 그러므로 그는 예루살렘에 거주하고 있었을 것이다. 이것은 왜 그가 성 바로 바깥에 무덤을 가지고 있었는지를 설명해 준다.

원래 요셉은 "아리마대"(Arimathea) 출신이었다. 그러나 고고학자들은 그곳의 위치를 정하는 데 성공하지 못했다. 가장 최선의 추측은 그것을 예루살렘 북쪽 유대 지역에 있는 라마(Ramah[Ramathaim-zophim]) 혹은 라말라(Ramallah)로 보는 것이다.[23] 라마는 사무엘의 삶에 있어서 중요한 역할을 했다(삼상 1:1, 19; 2:11; 7:17). 그렇기 때문에 그곳은 유대적 전통이 강한 도시였다. 누가복음은 아리마대가 '유대 성읍'(Judean town)이었다고 말한다(눅 23:51). 누가복음은 또한 요셉이 하나님의 나라를 고대하는 용기 있는 자로서 예수를 고소하는 일에 찬성하지 않았다고 말한다(눅 23:51).[24]

요한은 이런 세부사항들을 거의 포함시키지 않고 있다. 그러나 요한은 요셉이 예수의 제자들 중 하나였으며(요 19:38; cf. 마 27:57) 그가 비밀스럽게 찾아온 이유는 산헤드린 지도부를 두려워했기 때문이라는 사실을 덧붙인다.[25] 이것은 예수에 대한 산헤드린의 고소에 그가 찬성하지 않았다는 사실을 가지고 설명될 수 있을 것이다(눅 23:51). 그러나 당국자들 중에서 비밀스럽게 예수를 따르는 자들에

---

23. S. Porter, "Joseph of Arimathea," *ABD* 3:971-72.
24. 베드로복음서(The *Gospel of Peter*) 2:3은 요셉이 빌라도의 친구였다고 말한다.
25. 이것은 요한이 "유대인"(the Jews)이라는 용어를 특별한 의미로 사용한다는 것을 보여주는 좋은 예이다. 요한은 요셉이 "유대인을 두려워했다"(feared the Jews. NIV)라고 말한다. 요셉 자신이 유대인이었다. 그

대한 요한복음 12:42-43의 말씀에 비추어 볼 때, 요셉에 대한 요한의 기술은 비판적이라고 볼 수 있을 것이다. 그들은 두려움 때문에 공개적으로 자신의 믿음을 드러내기를 거부했다. "그들은 사람의 영광을 하나님의 영광보다 더 사랑하였더라" (요 12:43).

니고데모는(요 19:39) 산헤드린의 또 다른 공회원이었다(요 7:50; 또한 요 3:1-10 참조). 그는 요셉의 일에 동참한다. 그들에 대한 요한의 묘사는 비판적이었다. 그러나 요셉과 니고데모는 이 마지막 행위, 즉 위험을 수반하는 공개적인 행동을 통해 자신들의 이미지를 회복한다. 산헤드린은 시신들이 일몰 전에 처리되어야 한다는 것을 이해하고 있었다(요 19:31). 그들은 아마도 예수의 시신을 성 밖 공동묘지에 두려 했을 것이다(Josephus, *Ant.* 5.1.14[44]). 요셉은 시신에 손을 댐으로 생길 수 있는 제의적 불결의 위험을 감수한다(불결하게 될 경우 그는 모든 축제의식에 참여할 수 없다). 예수의 시신을 수습하는 행위가 그의 정치적, 종교적 경력에 오점이 될 수 있음은 말할 필요도 없다. 예수를 위신을 갖춘 무덤에 장사지낸다는 것은 산헤드린이 범죄자라고 선언한 이 사람을 어느 정도 인정한다는 것, 어느 정도 그에게 명예를 돌린다는 의미를 갖는다.

이 두 사람은 전에 한 번도 사용해본 적이 없는, 십자가 근처에 있는(요 19:42) 동산 무덤에 예수를 장사지낸다(요 19:41).[26] 요한은 이것이 "유대인의 장례 법대로"(요 19:40b) 이루어졌다고 말한다. 주후 1세기에 사람들은 헝겊과 향품으로 시신을 단단히 감쌈으로 장례식을 예비했다. 사람들은 가루 형태의 향품을 시신을 싸는 헝겊 사이에 넣거나 아니면 시신 밑에 두었을 것이다. 그들은 또한 종종 눈 위에 동전을 놓았고 얼굴을 수건으로 덮었다(요 20:7).

니고데모는 상당한 양의 장례용 향품을 가져왔다. 몰약(myrrh)은 이집트에서

런데 어떻게 그가 "유대인"을 두려워할 수 있는가? 요한이 뜻하는 것은 요셉이 "유대 지도자들"(the Jewish leaders)을 두려워했다는 것이다.

26. 예루살렘을 찾는 많은 방문객들은 예수의 매장 장소로 주장되는 "두 장소들"(two sites) 때문에 종종 혼란스러워 하지만, 지식이 있는 방문객들은 개신교의 "동산무덤"(Garden Tomb)은 주전 6세기의 무덤이라는 것을 안다. 그 증거에 대한 훌륭한 글로는, J. MacRay, *Archaeology and the New Testament* (Grand Rapids: Baker, 1991), 206-17. 또한 참조. G. Barkay, "The Garden Tomb. Was Jesus Buried Herd?" *BAR* 12.2 (1986): 40-53, 56-57; 그리고 D. Bahat, "Does the Holy Sepulchre Church Mark the Burial of Jesus?" *BAR* 12.3 (1986): 26-45; 두 논문은 모두 이곳에서 볼 수 있다. *Archaeology and the Bible: The Best of B A R Archaeology in the World of Herod, Jesus and Paul* (Washington D.C.: Biblical Archaeology Society, 1990), 226-70. 성묘교회(the Church of the Holy Sepulchre)에 관한 훌륭한 글로는, J. Wilkinson, *Jerusalem as Jesus Knew It: Archaeology as Evidence* (London: Thames & Hudson, 1978), 123-59.

흔히 사용하던 방부제 가루였다. 침향(aloe)은 일반적으로 향품으로 사용되던, 가루로 만든 백단(白檀, sandalwood)이었다. 이 두 향품들의 무게는 약 75파운드(약 34킬로그램)였다.[27] 이것은 상당한 양이다. 이것은 또한 예수의 첫 공식 등장을 알렸던 가나에서의 풍부한 포도주를 상기시킨다(요 2:1-10). 헤롯대왕이 죽었을 때 수백 명의 종들이 향품을 날랐다(Josephus, *Ant.* 17,9.8 [199]). 그리고 주후 1세기에 가말리엘 장로(Gamaliel the Elder)가 죽었을 때 80파운드의 향품이 태워졌다.[28] 75파운드나 되는 양의 향품은 예수에 대한 경의의 표시였다. 우리는 또한 마리아가 베다니에서 이미 예수의 장례를 위하여 상징적으로 그에게 기름을 부었던 것을 기억해야 한다(요 12:1-8). 공관복음 전승에 따르자면 십자가 주위에 있던 여인들은 일요일에 예수에게 기름을 붓기 위해 찾아온다(막 16:1). 의심할 바 없이 그들은 요셉과 니고데모가 한 일을 몰랐을 것이다.

1세기의 유대인들은 예루살렘 성벽을 둘러싼 석회암 언덕에 동굴 무덤을 팠다. 복음서들에 기록된 예수의 무덤의 형태는 다음의 특징들을 지니고 있다. (1) 굴리는 돌(A rolling stone). 무덤의 문은 지름이 4-6피트(122-183센티미터) 정도인 바퀴 형태의 무거운 돌이었다. 그것은 바닥의 얕은 홈통을 따라 끼워졌으며 무덤 입구 양쪽의 짧은 벽에 고정되어 세워졌다. 굴리는 돌은 몇 번이고 반복 사용될 수 있었지만 그것을 굴리기 위해서는 엄청난 힘이 필요했다. 그렇기 때문에 여인들은 자신들을 도울 사람을 찾을 수 있을지에 대해(막 16:3), 그리고 로마 경비병과 봉인에 대해 염려했던 것이다(마 27:65-66). 공관복음에 따르자면 지진에 의해 예수의 무덤이 열렸다(마 28:2).[29]

(2) 장례실(A burial chamber). 무덤 안으로 들어가면 사각형으로 된 준비실이 있었고 그 가장자리에는 빙 둘러 가며 돌로 된 벤치들이 있었다. 그 벤치 위에 시신을 눕히고 장례를 준비했다. 공관복음이 "[예수를] 바위 속에 판 자기 새 무덤에 넣어 두고"(마 27:60)라고 할 때 이 벤치를 말하는 것이다. 요한복음 20:5은 예수의 수의가 이곳 한쪽에 놓여 있었다고 말한다.

(3) 장례용 벽감(壁龕, burial niches [or kokhim]). 준비된 시신은 6피트(약 183센

27. 로마식 무게단위에 있어서 여기서 사용된 헬라어 단어(*litra*)는 약 12온스(ounces)였다. 요한은 니고데모가 "일백 리트라"를 가져왔다고 말한다. 그것은 현대의 파운드로 약 75파운드이다(NIV의 설명 참조).

28. Brown, *John*, 2:960.

29. 예수가 굴리는 돌무덤에 묻혔다는 사실은 최근에 도전을 받았다. A. Kloner, "Did a Rolling Stone Close Jesus' Tomb?" *BAR* 25.5 (1999), 22-29. 클로너(Kloner)에 따르자면 유대에서 발견된 제2성전시대의 900개의 무덤들 중에서 오직 네 개만이 굴리는 돌무덤이다.

티미터) 깊이의(높이는 약 24인치[약 61센티미터]) 작은 터널 속에 밀어 넣어졌다. 그 터널은 일반적으로 벤치 위의 벽을 파내어 만들었다(혹은 이런 벽감들을 위한 다른 방이 있기도 했다). 시신은 부패될 때까지 이곳에 놓여졌다.[30]

(4) 유골함(bone boxes[or ossuaries]). 시신이 모두 부패되고 나면 사람들은 뼈들을 모아 석회석으로 만든 장식된 "유골함"(bone box)에 넣은 후 그것을 무덤 바닥에 보관했다. 이 무덤들은 값이 비쌌고 일반적으로 여러 개의 벽감들과 유골함들을 포함하고 있었다. "가족묘"(family tombs)는 일반적이었다. 예수가 "새"(new) 무덤에 장사되었다고 요한이 말할 때 그 뜻은 그곳에 이미 사용된 벽감과 유골함이 없었다는 것이다. 예수는 새로 판 '벽감'(*kokh*)에 놓인 첫 번째 사람이었다.[31]

상황잇기

해석자로서 나에게 중요한 것은 요한의 십자가의 신학을 파악하는 것이다. 요한은 단지 공관복음에서 시작된 모자이크를 더 크게 확대 보충한 것이 아니다. 각 복음서 기자들은 자기 자신의 색채가 강한 벽걸이 융단을 짜는 신학자들이다. 그들은 자신의 교회에서 사용되고 있는 전승들에 의존하기는 했지만 그럼에도 불구하고 그들의 책들은 저자의 관심과 특성을 드러내고 있다. 만약 내가 요한의 십자가 이야기를 소개하면서 부주의하게 "골고다에서 죽어 가는 예수"(Jesus dying on Golgotha)라는 일반적 주제로 넘어가 버린다면, 나는 요한이 제공하고 있는 독특하고 비할 바 없는 메시지를 놓치게 될 것이다. 요한은 자신의 렌즈를 통해 바라볼 것을 우리에게 요청하고 있다. 그것은 누가의 렌즈도 아니고 마태의 렌즈도 아니다. 요한의 렌즈를 통해 우리는 새로운 시각, 오랜 이야기에 대한 신선한 평가를 얻을 수 있다.

요한복음과 공관복음. 그러므로 모든 해석자가 넘어야 할 첫 번째 허들은 요한복음과 공관복음에 대하여 결정을 내리는 것이다. 이것은 내가 요한복음 18:1-19:16a에서 기술했던 것과 동일한 고뇌이다. 왜냐하면 이곳의 고난 이야기 속에서 우리는 다른 세 개의 복음서들과 겹치는 자료들을 상당히 많이 가지고 있기 때문

30. 다른 형태의 무덤으로는 '아르코솔리움'(*arcosolium*)이라는 것이 있었다. 그것은 개별적 선반들 위에 장식된 아치를 둔 형태인데 시신은 코킴(*kokhim*)이 아니라 그 선반 위에 놓였다.

31. 이런 형태의 무덤의 훌륭한 예들을 동쪽 예루살렘의 소위 말하는 왕들의 무덤(Tomb of the Kings)에서 찾을 수 있다. 이것은 사실은 주후 1세기의 아디아베네(Adiabene, 북쪽 메소포타미아 소재)의 헬레나 여왕(Queen Helena)의 무덤이다. 이 무덤은 이런 모든 건축적 특징들을 보여준다. 헬레나(Helena)에 대해서는, Josephus, *Ant* 20:2-4 [17-96].

이다. 그러나 지금 가지고 있는 요한복음의 섹션은 (이를테면) 마가복음의 섹션과 동일한 것이 아니다. 요한이 비록 동일한 사건(십자가상의 예수)을 배경으로 하여 글을 쓰고 있기는 하지만, 그는 완전히 '다른'(different) 에피소드들을 들려주고 있다. 십자가상의 예수를 조롱하는 군중은 없다. 구레네 시몬도 등장하지 않는다. 절망스러운 외침도 없다.

그러나 요한은 우리가 다른 곳에서 들은 적이 없는 일들을 소개하지는 않는다. 다만 다른 예언들이 성취되었고, 다른 말씀들이 예수로부터 나왔다. 예수는 자신의 어머니에게 말씀하시며 그녀를 자신의 사랑하시는 제자에게 맡기신다. 예수가 돌아가실 때 우리는 창을 찌름과 피와 물에 대해 읽는다. 이것은 예수의 다리가 왜 부러지지 않았는가에 대한 설명과 결합된다. 여기서 우리는 심지어 요셉과 니고데모가 장례를 위해 예수의 몸에 기름을 부었다는 것까지 배운다. 그것은 여인들이 일요일에 장례용 향품을 가지고 찾아올 여지를 주지 않는다.

나는 이 세부사항들을 조화시키고 싶은 유혹을 받고 있고 또 어느 정도는 그렇게 해야 한다. 왜냐하면 나는 나의 구원의 중심점인 십자가상의 예수의 죽음에 대해 신학적으로 헌신되어 있기 때문이다. 그러나 나는 그것들을 그대로 내버려두어야 한다는 느낌을 동일하게 강하게 받는다. 요한의 이야기는 그 자체의 용어들로 읽어야 한다. 그의 벽걸이 융단은 그것을 풀어서 다른 것들과 섞어 짜지 말고, 있는 그대로의 모습으로 보아야 한다.

해석과 상징주의. 해석자가 넘어야 할 두 번째 허들은 훨씬 더 어려운 도전이다. 그것은 본 장의 상징주의에 대해 어떤 해석학적 경계선들을 설정하는 일이다. 지금까지로 보아 확실한 것은 요한은 언어유희와 이중적 의미를 즐기는 작가라는 것이다. 그는 때로는 보다 깊은 의미를 직접적으로 우리에게 이야기하고(예를 들어, 요 2:21; 11:49-53), 때로는 우리가 그것을 추측해 보도록 여지를 남겨 놓는다(예를 들어, 요 35:4, 10). 하지만 그가 단지 십자가에서 목격한 사건들을 기술하면서(요 19:35) 우리가 표면 아래를 보고 미묘하게 혹은 비유적으로 표현된 의미를 알아내야 한다고 주장할 때, 우리는 그것을 어떻게 알 수 있을까?

현재의 섹션 속에는 아홉 개의 에피소드들이 있다. 그것들은 각각 어느 정도의 상징적 해석을 요구한다. (1) 헬라어, 아람어, 그리고 라틴어로 기록된 십자가상의 예수의 명칭, (2) 군인들이 취한 솔기 없는 의복, (3) 십자가 아래 있는 예수의 어머니와 사랑하시는 제자, (4) 성령을 분명히 주시는 것과 연관된 십자가상에서의 예수의 말씀, (5) 십자가에 달린 자들의 다리를 부러뜨림, (6) 예수의 옆구리에서 나온 피와 물, (7) 무덤 속의 예수를 위해 사용된 장례용 향품들, (8) 니고데모와 아리마대 요셉, 그리고 (9) 새로 만든 무덤.

각 경우에 있어서 해석자들은 두 번째 의미가 있는지 궁금해 했다. 예를 들어서 예수의 옆구리에서 나온 피와 물은(요 19:34) 단지 그 장면의 폭력성을 시사할 수도 있다. 그러나 이미 주후 4세기에 주석가들은 창세기 2:21과 이브의 창조를 지적했다(그녀는 아담의 측면에서 나왔다). 중세 초기의 해석자들에게 있어서 요한복음 19:34는 교회의 탄생을 뜻했다. 그리스도의 "신부"(bride)인 교회가 이제 예수의 옆구리로부터 분리되어 나온다. 터툴리안(Tertullian)과 아퀴나스(Aquinas)에게 있어서 물은 물로 인한 세례를, 그리고 피는 순교로 인한 세례를 뜻했다. 다른 이들에게 있어서 이 상징들은 성만찬과 세례라는 성례의 제정을 뜻했다.

오늘날 이런 생각을 따르는 개신교 주석가들은 거의 없다. 하지만 유사한 주장들이 오늘날에도 나돌고 있다. 무덤이 있던 동산을 생각해 보자. 며칠 후 예수는 이곳에 나타나 막달라 마리아를 만나실 것이다(요 20:1). 이것은 에덴동산 위에서의 연극이 아닐까? 혹은 그리스도의 솔기 없는 튜닉을 생각해 보자: 이것은 교회의 솔기 없는 일체성을 말하는 것이 아닐까? 어떤 이들은 요한복음 19:40에서 예수에게 사용된 향품들에 주목하면서 그것이 하나님께 바쳐진 "향기로운"(sweet-smelling) 희생제물을 뜻한다고 주장했다. 다른 이들은 여기서 니고데모에 대한 언급에 주목하면서 요한복음 3장에서의 물과 중생에 대한 언급을 떠올린다. 그리고 이것이 세례에 대한 또 다른 성례전적 암시일지도 모른다고 추측한다.

이 모든 것에 있어서 어떤 해석적 통제가 '반드시'(must) 있어야 한다. 우리는 요한이 사용한 이미지들을 마음대로 다른 것들과 연관시킬 수 있는 허가증을 가지고 있지 않다. 만약 통제가 가해지지 않으면 교사들이나 설교자들은 고난 이야기를 갑자기 그 위에 어떤 그림이라도 그릴 수 있는 캔버스로 만들 수 있다. 어떤 상징들은 그 본문 속에 '존재하지 않는다.' 예를 들어, 나는 솔기 없는 튜닉이라는 것이 단지 그것이 값비싼 것이라는 사실 이외에 그 어떤 이차적인 의미를 지니고 있는지에 대해 심각하게 의심한다. 하지만 요한이, 이를테면 구약의 어떤 구절을 인용한다든지, 혹은 십자가의 사건들을 그의 복음서의 다른 곳에서 암시한다든지 하여 나에게 어떤 암시를 준다면, 그것은 나에게 이야기의 표면 아래를 보도록 허가증을 주는 것이다.

그러므로 두 개의 해석학적 원칙들이 우리의 작업을 통제해야 한다. (1) 상징들은 1세기 유대교 혹은 헬레니즘의 보다 넓은 문화적 문맥 속에 확실하게 닻을 내리고 있어야 한다. 즉 그것은 요한의 청중들이 잘 알고 있던 배경 속에서 나온 것이어야 한다. 십자가 위에서의 예수의 죽음이 바로 이런 경우이다. 거기에는 유월절 상징들이 풍부한데, 요한은 (유월절 의식을 알고 있는) 그의 청중들이 그것을 즉시 알아차릴 것이라고 생각하고 있다. "서양 호랑가시나무와 담쟁이덩굴"(the holly and the ivy)을 언급하는 영국 시가 즉시 성탄절 시즌을 상기시키듯이, 우리는 요한이 '그의' 문화 속에서 같은 일을 하는 것을 허용해야 한다.

(2) 상징들은 또한 요한이 그의 이야기의 다른 곳에서 제공했던 문학적 실마리 속에 닻을 내리고 있어야 한다. 예를 들어, 우리가 물과 피에 대한 기술을 요한복음에서의 물에 대한 다른 언급들 특히 그리스도 자신으로부터 흘러나오는 물에 대한 예언(요 7:37-39; cf. 요 4:15)과 연관시키는 것은 정당한 것이다. 이 경우에 나는 요한복음을 문학적 통일체로 취급하여 본문간의 연결 의미를 캐내기 위한 열쇠로 사용해야 한다. 요한은 자신이 19장에서 무엇을 쓸 것을 알면서 12장을 썼다. 어쩌면 요한은 글을 다 쓴 후 12장으로 돌아와 그것을 수정했을 수도 있다. 암시들과 연결들을 정밀하게 다듬는 것이다. 아리마대 요셉이 요한복음 19:38에서 성전 지도자들을 두려워하는 비밀스러운 제자로 기술되고 있는 것은 우연이 아니다. 요한복음 12:42-43을 보면 요한이 어떤 '유형'(type)의 제자를 머릿속에 그리고 있는지를 알게 된다. 그 이미지와 요셉은 정확하게 일치한다.

주요 주제들. 우리가 요한복음 19:16b-42을 세심하게 살펴보면, 다음과 같은 세 가지 주요 주제들이 분명하게 드러난다. (1) 요한복음 18:28-19:16a에서 중요한 역할을 수행했던 예수의 왕권이라는 주제가 이곳에서도 계속해서 나타난다. 만약 예수가 정말로 "유대인의 왕"(요 18:19)이시라면, 우리는 현재의 섹션에서 왕권 주제들이 등장할 것을 기대해야 한다. 십자가에서 그는 (단지 못 박히신 것이 아니라) "들어 올려지셨다"(lifted up). 그리고 그가 죽으셨을 때 그는 일반적인 죄수와는 전혀 다른 방식으로 무덤에 묻히셨다.

(2) 요한의 신학은 단지 영광에 대한 주장들만을 통합시키는 것이 아니라 예수가 십자가상에서 죽어 가는 희생제물이라는 생각까지도 통합시킨다. 그리고 우리는 이 이미지에 대한 이해를 그가 죽는 절기 즉, 유월절로부터 이끌어 내야만 한다. 요한복음 19장에 정말로 유월절 모티브가 존재하는가에 대해 최근 몇 년 동안 논쟁이 있어 왔다. 때로는 주석들도 이에 대해 언급할 것이다.[32] 그러나 요한이 희생

32. C. H. Dodd, *Interpretation of the Fourth Gospel*, 424, 그리고 많은 주석들.

제사의 신학을 가지고 있다는 것, 그리고 구원과 영생은 단지 하나님에 대한 예수의 계시뿐만 아니라 그의 죽음에 의존하고 있다는 사실은 주석적으로 타당할 뿐 아니라 방어가 가능하다는 사실을 우리는 분명히 알아야 한다. 이것이 뜻하는 것은 십자가상의 예수에 대한 요한의 견해는 그리스도의 죽음에 대한 신약 모든 곳의 언급들과 조화를 이룬다는 것이다. 요한의 생각에 있어서 "예수의 피가 우리를 모든 죄에서 깨끗하게"(요일 1:7) 하신다는 것은 의심할 여지가 없다. 그러므로 우리는 19장의 십자가를 구속적 희생의 장소로 확신을 가지고 바라볼 수 있다.

(3) 요한은 또한 십자가와 성령을 연관시킨다. 예수의 죽음은 단지 그의 삶의 정점이 아니다. 그리고 그의 십자가 사역 역시 단지 추종자들이 그것을 통해 영생을 얻을 수 있는 희생이 아니다. 예수의 죽음은 영적인 삶과 갱신을 위한 새로운 기회의 문들을 활짝 연다. 간단히 말해서 예수의 죽음에 대한 기술 속에는 성령에 대한 상징주의가 작용하고 있다. 우리는 이것을 상세히 살필 필요가 있다. 기독교인들은 그리스도의 일을 속죄사역에 제한된 것으로 보는 경향이 있다. 그러나 사실 그의 사역의 다른 특징, 십자가로부터의 다른 선물은 그가 아버지께로의 영광스러운 귀환을 시작하신 그 획기적인 "때"(hour)에 주어진 그의 성령이다.

이차적 주제들. 우리가 주목할 가치가 있는 이차적 주제들이 또한 많이 있다. (1) 요한은 예수가 승리자이시지 희생자가 아니라는 사실을 우리가 확실히 보기를 원한다. 요한은 심지어 골고다에서도 변함이 없는 예수의 힘과 통제권을 드러내 주는 미묘한 실마리들을 이야기 속에 배치해 놓았다.

(2) 이야기 마지막에 요셉과 니고데모가 등장하는 것은 놀랍다. 그들은 요한복음 12:42-43에 언급된 것과 같은 "비밀 제자들"(secret disciples)인가? 만약 그렇다면 요한은 무슨 말을 하려는 것일까? 그들은 이야기 속의 다른 주요 남성 대적자들(빌라도, 안나스, 가야바)과 비교되어야 하는가?

(3) 요한복음에서 무덤은 (공관복음에서처럼) 부활과 연관된 것이 아니라 십자가와 연관되었다. 무덤은 요한복음 20장에서의 부활을 위한 발판의 역할이 아니라 골고다에서 발전된 주제들의 계속과 완성의 역할을 한다. 이것은 부활이 중요하지 않다는 말이 아니다. 부활이 단지 이야기에 딸린 첨부에 불과하다고 말하는 해석자들은 분명히 틀린 것이다. 그러나 요한은 성금요일(Good Friday)에 전개된 드라마와 그 무덤과의 관계를 우리가 보기를 원한다. 그는 무덤이 (예를 들어, 마태복음에서 그렇듯이) 단지 부활을 변호하기 위한 역할만을 담당하는 것을 원하지 않는다.

현대적 의미

그리스도의 십자가는 요한복음 전체를 통해 우리가 고대해 왔던 '위대한 표적'(the great sign)이다. 표적의 책(요 1-12장)에 기록된 각 사건들은 더 큰 다른 사건, "그때"(the hour)를 그 특징으로 하는 사건을 지적해 왔다. 이 기적들은 눈앞의 사건들을 넘어서는 의미를 지닌 "표적들"이었다. 가나의 돌항아리, 새 성전, 갈릴리에서의 산 떡, 예루살렘의 실로암, 베다니의 나사로—이 모든 것들은 그 자체로서도 중요한 표적들이다. 그러나 그것들의 더 깊은 의미는 "그때"를 기다려 왔다. 그때는 그리스도가 가장 위대한 표적을 행하실 때이다. 그 표적의 역사적 실재성은 그것의 보다 깊은 의미와 잘 어울린다.

그의 죽음에 있어서 예수는 다른 모든 표적들이 약속했던 선물을 제공하신다. 갈릴리의 떡은(요 6장) 하늘의 떡을 가리켰다. 그것은 예수가 세상의 생명을 위해 자신의 살을 주실 때 먹게 될 것이다(요 6:51). 사마리아의 물(요 4장) 혹은 초막절의 물(요 7장)은 참으로 성령을 뜻한다(요 4:24; 7:39). 그 물이 분배되기 위해서는 그때를 기다려야 한다(요 4:23; 7:39). 새 성전은 오직 그리스도가 죽었다가 다시 부활하신 후에야 그 참된 의미를 발견하게 될 것이다(요 2:21-22). 나사로 이야기의 더 깊은 중요성은 어떤 마을의 한 남자가 지금 생존하고 있다는 사실이 아니라 죽음과 삶을 통치하시는 '그분'(the man)이 지금 현존하신다는 사실에 있다. 그러므로 그분 자신의 죽음은 해결하기 어려운 어려움을 안겨 줄 것이다.

그러므로 십자가는 가장 위대한 표적이다. 그 표적의 실재성에 비추어 보았을 때 다른 모든 표적들은 마치 그림자와 같다. 다른 표적들은 그 실체의 윤곽을 그려 주었을 뿐 그 완전한 형태를 보여주지는 못했었다. 다른 모든 표적들의 효과는 사라질 것이다. 나사로도 다시 죽을 것이며, 갈릴리의 군중들도 다음날이 되면 다시 배가 고플 것이다. 그러나 이 마지막 표적, 이 위대한 표적은 결코 다시 반복되지 않을 일을 성취했다. 그때는 영원한 결과들을 가진 일을 가져온다.

그러나 그것은 표적이기 때문에 어둠 속에서 살고 있는 자들, 세상에 속한 자들은 아직도 그 의미를 놓칠 수 있다(요 1:5). 대제사장들에게 예수는 단지 죽어 가는 인간일 뿐이다. 빌라도는 뭔가 거대하고 중요한 일이 여기서 진행되고 있음을 느낀다. 그러나 그는 자신의 본능에 따라 행동할 수 있는 도덕적 용기를 결여하고 있다. 그러나 말은 이렇게 했지만, 우리는 또한 이 획기적 사건의 실재성과 진리성이 너무나 강하기 때문에 심지어 그런 자들의 삶 속에서도 그것이 강권적으로 능력을 발휘한다는 점을 알아야 한다. 가야바는 예수의 죽음을 나라를 위한 구원으로 묘사할 수밖에 없었다(요 11:50). 빌라도는 예수를 유대인의 왕이라고 묘사할 수밖에 없었다(요 18:39). 어둠에도 불구하고, 진리를 억누르려는 모든 시도들에도 불구하고 빛은 밝게 빛나며 승리하고 있다. 참으로 이것은 모든 성경이 성취되는 "영광의"(of glory) 때이다(요 19:24, 28, 36-37). 그때 예수는 자신이 보냄 받은 목적을 성취하시고(요 19:30), 아버지께로의 귀환을 시작하신다.

왕이신 예수. 우리는 요한복음 18:1-19:16a에서 예수가 '이름을 숨기고 있는'(incognito) 이스라엘의 왕이심을 보았다. 요한은 왕으로서의 예수의 영광이 그의 고난 이야기의 중심 주제가 되도록 이야기를 구성한다. 십자가와 장례 장면에서 요한은 다시 이 주제로 돌아온다. 예를 들어, 우리는 예수가 십자가에서, 마치 영광 중에 들려지듯이, "들려 올려졌다는"(lifted up) 것을 이미 알고 있다(요 3:14; 8:28; 12:32, 34). 여기서 십자가 위에 쓰인 명패("나사렛 예수, 유대인의 왕"), 즉 바뀌지 '않을'(not) 명패는 그 이미지를 분명하게 만든다.

예수는 단지 이스라엘만의 왕이 아니시다. 요한은 예수의 명패가 지중해 지역의 모든 주요 언어로 기록되었음을 밝힌다. 헬라어, 라틴어, 그리고 아람어. 이 왕은 한 지방의 영주가 아니라 지존의 통치자이시다. 그의 권위는 이제 "이방의"(foreign) 언어를 말하는 사람들을 모두 포함시켜 버린다. 예수는 이 우리에 들지 않은 "다른 양들"(요 10:16)을 가지고 계시다. 그들 역시 죽는 목자로서의 예수의 영웅적 행위 때문에 유익을 얻게 될 것이다(요 10:17). 이들은 아람어를 말하지 않는 양들, 이스라엘의 우리 밖에 있는 양들이다. 그러므로 십자가상의 이 명패는 가이사랴를 향하는 베드로의 큰 발걸음을 예견한다. 그곳에서 베드로는 예수의 라틴어를 말하는 양들 중 한 명에게 복음을 전했다(행 10:30-48). 십자가상의 명패는 또한 헬라어를 말하는 안디옥 교회를 예견한다(행 11:19). 하나님 나라 안에서의 안디옥교회의 위치는 예루살렘의 다른 기독교인들에 의해 도전을 받았었다. 예수는 '전세계적인'(global) 왕이시다. 하나님의 눈으로 볼 때 십자가의 명패에는 이 세 언어들 외에도 수없이 많은 언어들이 적혀 있었다. 러시아어, 스와힐리(Swahili)어, 스웨덴어, 벰바(Bemba)어(잠비아 북동부 벰바족의 언어-옮긴이), 아랍어, 스페인어, 요한복음 19:20은 거기에 제한이 존재하지 않음을 주장한다.

그러나 만약 예수가 왕이시라면 그는 왕의 장례식을 누릴 자격이 있으시다. 왕의 장례식은 많은 비용이 들었다. 헤롯대왕은 말년에는 경멸을 받았다. 그러나 요세푸스는 그의 장례식이 정성을 다해 치러졌음을 기록하고 있다. 그의 관을 안치하는 틀은 금으로 만들어졌고 귀한 보석들로 치장되었다. 그의 시신은 자주색 옷감으로 감싸졌고, 머리에는 금관이 씌워졌으며, 손에는 금홀이 들렸다. 장례행렬은 예루살렘부터 (베들레헴 동쪽의) 헤로디움(Herodium)까지 이어졌는데 그 행렬의 길이가 8"스타디아"(8 stadia, 약 1,500미터)였다고 한다. 오백 명의 노예들이 향유와 향품들을 날랐다.[33]

그렇다면 우리가 예수의 무덤에 대해 읽을 때 유사한 주제들이 많이 등장하는 것은 우연이 아니다. 그의 무덤은 빈민의 무덤이 아니었다. 한 부자가 '많은 돈을 들여'(at great expense) 무덤을 제공했다. 그 무덤은 의심할 바 없이 예루살렘 주변의 호화로운 가족무덤들 중에 위치했을 것이다. 한 종교 지도자가 '많은 돈을 들여' 엄청난 양의 장례용 향품을 예수의 무덤에 가지고 왔다. 그것은 통상적으로 이스라엘의 왕들을 위해 사용되던 비용이었다. 예레미야가 시드기야에게 바벨론이 예루살렘을 점령할 것이라고 했을 때, 그는 왕이 칼에 죽지 않고 명예롭게 죽을 것이라고 확신시켰다. "평안히 죽을 것이며 사람이 너보다 먼저 있은 네 조상들 곧 선왕들에게 분향하던 것같이 네게 분향하며 너를 위하여 애통하기를 슬프다 주여 하리니"(렘 34:5). 예수는 왕들을 위해 사용되었던 만큼의 많은 양의 향품과 함께 장사되셨다.

더구나 요한은 예수가 "동산"(garden)에 장사되셨다고 말한다. 이것은 놀랍다. 왜냐하면 이스라엘의 왕들 역시 동산에 장사되었기 때문이다(왕하 21:18, 26). 다윗 왕의 무덤은 동산으로 간주되었다(느 3:16 LXX). 그리고 사도행전 2:29에 따르자면 그것은 신약시대에 잘 알려져 있었다. 그러므로 이런 배경은 유대인의 왕인 예수의 왕으로서의 죽음과 장례에 대해 완벽한 클라이맥스를 제공한다. 예루살렘에도 범죄자들과 노예들을 위한 묘지가 있었다. 사도행전 1장에 따르자면 유다가 묻힌 곳이 바로 그런 곳이었다. 그러나 예수는 마치 오직 그만을 위해 판 것과 같은 훌륭하고, 아름답고, 특이한 무덤에 장사되셨다.

현대 세계에 있어서 "왕가의 장례식"(royal burials)에 해당되는 이미지를 찾는다는 것은 어려운 일이다. 최근의 기억 중에서는 의심할 바 없이 1997년 9월 6일에 거행되었던 웨일즈의 왕녀 다이애나(Diana) 영국 황태자비의 장례식이 가장 좋은 예가 될 것이다. 장례식날 아침, 그녀의 관과 엄청난 장례행렬이 켄싱턴(Kensington) 궁전에서부터 런던의 웨스트민스터 대성당(Westminster Abbey)까지 이동해 왔다. 영국의 삼천백만 명의 사람들과 전 세계 이십억 명의 사람들이 그 과정을 지켜보

33. Josephus, *Ant* 17:8.3 [196-99].

는 가운데 웨스트민스터 대성당의 테너벨(tenor bell)이 매분마다 종을 울렸다.[34] 한 시간 동안 장례식이 진행되는 동안 멘델스존(Mendelssohn), 바흐(Bach), 드보르작(Dvorak), 보건 윌리엄스(Vaughan Williams), 그리고 엘가(Elgar)의 오르간 음악이 곁들여졌다. 그리고 실제로 대영제국의 모든 왕족들이 그곳에 참석했다. 장례식이 끝난 후 다이애나의 관은 그녀의 부모의 집이 있는 알토프(Althorp)의 멋진 호수 한 가운데 있는 섬으로 운반되었다.[35]

아마도 그런 "왕가의 장례식"(royal funeral)에 대한 가장 훌륭한 문학적 이미지는 톨킨(J. R. R. Tolkien)의 3부작 『반지의 제왕』(*The Lord of the Rings*)에서 찾을 수 있을 것이다. 중간 지구(Middle Earth)의 운명을 결정하는 최후의 전투를 마친 후 위대한 왕 테오덴(Thèoden)과 용감한 귀부인 에오윈(Eowyn)은 펠레노(Pelennor)의 전장에서 시체로 발견된다. 엄숙한 노래들이 불려지고, 왕의 무덤이 준비된다. 그리고 제후들과 귀족들이 장엄한 의식 속에서 그들의 시신을 영원한 안식의 처소로 이송한다(Book 5, chs. 6-8). 왕이 없는 문화 속에서 살고 있는 우리는 그 장관을 상상하기 힘들다. 이것이 니고데모와 요셉이 만들고 있는 그림이다. 예수는 왕이시다!

십자가와 희생제물. 요한복음 초두에서 우리는 세례요한에 의해 예수를 소개받았다. "보라 세상 죄를 지고 가는 하나님의 어린양이로다"(요 1:29). 그 구절에 대한 해석에서 내가 밝혔던 것처럼 이것을 유월절 어린양에 대한 언급으로 보기는 어렵다. 그러나 예수를 '희생제사의'(sacrificial) 어린양이라고 보는 것은 분명히 가능하다. 고난 이야기에 있어서 요한은 그것이 유월절 기간에 발생했음을 조심스럽게 우리에게 상기시킨다. 유월절이 되면 유대인들은 어린양의 피를 통한 이집트로부터의 탈출과 보호를 경축했다. 비록 예수는 이미 전날 밤에 유월절 식사를 하셨고, 예루살렘의 양들은 이미 죽임을 당했지만, 유월절 희생양으로서의 예수의 이미지는 놓칠 수 없는 것이다. 예수의 다리들은 꺾이지 않았다. 왜냐하면 꺾인 뼈를 가진 양은 희생제물로 성전에 바쳐질 수 없었기 때문이다. 예수의 상처는 그가 자격 있는 어린양임을 증명해 주었다. 어떤 제사장도 그가 절기의 엄격한 요구조건들을 충족시키는, 받아들여질 수 있는 희생제물임을 부정할 수 없었다.

이것과 요한복음 19:17을 특이하게 연결시키려는 시도가 있었다. 그 구절에서

---

34. 약 580,000개의 이메일 메시지가 전세계로부터 왕녀의 집으로 전송되었다.
35. 다이애나와 그녀의 장례식에 관해 자세히 알기 위해서는 영국의 공식 웹사이트를 찾아갈 것: http://www.royal.gov.uk/start.htm.

요한은 예수가 골고다를 향해 자기 '자신의'(own) 십자가를 지고 가셨다는 점을 강조한다. 크리소스톰(Chrysostom)과 같은 초대교부들은 이 구절을 보며 창세기 22:6을 상기했다. 그곳에서 이삭은 자신의 희생제사에 필요한 (아브라함에 의해 그의 등에 지워진) 나무를 지고 간다. 주후 1세기 유대교에 있어서 이삭은 자발적으로 죽음을 받아들인 자의 모델로 인식되고 있었다. 그리고 가장 흥미로운 것은 그의 희생의 날짜가 니산월 15일 즉, 유월절날로 간주되고 있었다는 점이다. 그리고 "하나님이 자기를 위하여 친히 준비하시리라"(창 22:8)라는 말씀은 어린 양 희생제물을 위한 기초가 되었다. 유대 해석자들은 일반적으로 이 말씀에 기초하여 이삭의 (거의 죽을 뻔한) 희생제물을 유월절 이야기의 어린양에 비유했다.[36] 예수가—뼈가 꺾일 수 없는 어린양으로서—유월절에 자신의 나무 십자가를 지고 가셨을 때, 유대인 독자들은 즉시 이삭을 떠올렸을 것이다. 이삭은 아브라함의 소중한 아들로서 매년 이맘때가 되면 그의 이야기가 소중하게 반복해서 들려졌다. 창세기 22장은 이삭을 "독자"(the only son)라고 표현한다. 칠십인경(LXX)은 그것을 "사랑하는"(헬라어 *agapetos*) 아들이라고 번역했다.

예수를 개인의 죄를 덮는 희생제물로 보는 것은 요한과 그의 추종자들에게 중요했다. 빛 속에서 걷는다는 것은 그리스도의 피를, 죄를 씻는 수단으로 가지는 것을 뜻한다(요일 1:7). 바울은 이 적용을 좀더 강조한다. 그를 따르는 자들에게 의롭게 될 것을 요구하면서 바울은 유월절 용어를 사용한다. "너희는 누룩 없는 자인데 새 덩어리가 되기 위하여 묵은 누룩을 내버리라. 우리의 유월절 양 곧 그리스도께서 희생되셨느니라"(고전 5:7). 다시 말해서 가장 초기의 기독교인들에게 있어서 예수를 그들을 위해 죽는 희생제물의 어린 양, 심지어 유월절 어린 양으로 보는 것은 흔한 일이었다.

그러므로 십자가 위에서 죽어 가시는 그리스도를 볼 때, 우리 역시 그의 죽음이 우리의 생명을 위해 가져다주는 유익들에 대해 즉시 생각해 보아야 한다. 유대교에서는 출애굽 이야기 속의 어린 양의 피가 그들을 죽음에서 구원하고 노예상태로부터 해방을 이끌었다고 보았다. 예수의 죽음 역시 보호와 자유 그리고 생명을 가져다준다. 자신의 죽음에 대한 가장 분명한 교훈 속에서 예수는 그의 이 생명의 선물이 구원을 위해 필수적이라고 말씀하신다(요 6:51-58). 우리는 단지 예수에 의해

36. 해석 역사를 살피기 위해서는, Brown, *John*, 2:917; 또한 참조. G. Vermes, "Redemption and Genesis 22: The Binding of Isaac and the Sacrifice of Jesus," in G. Vermes, *Scripture and Tradition in Judaism* (Leiden: Brill, 1961). 192-227.

계몽되는 것이 아니다. 우리는 자신들이 '구원된 것으로'(saved) 보아야 한다. 우리는 이집트에서의 노예상태와 같은 비참한 위기상황에서 구출되었다. 그 유월절 기간에 십자가 위에서 죽어 가는 예수를 보았을 때 요한이 깨달은 것의 깊이를 제대로 인식하기 위해서는 유월절 이야기의 애절함이—즉, 노예생활의 비참함과 구속의 전율이—우리의 마음속에서 재창조되어야 한다.

오늘날의 사람들을 위해 이 이야기를 재창조하기 위해서는 유월절 이야기와 예수의 그것에의 참여를 극적으로 재현해야 할 뿐만 아니라 우리가 고귀한 희생의 의미를 재경험하는 것을 도와 줄 현대의 이야기들을 발굴해야 한다. 설교집들에는 그런 이야기들이 많이 등장한다. 그러나 나는 때때로 그것들이 갈보리에서의 예수의 희생의 깊이를 경감시키고 있지는 않은지 두렵다. 그런 이야기들 중 많은 것들이 감정적으로 과장된 것들이지만 나는 최근에 참으로 놀라운 이야기를 발견했다. 알브레흐트 뒤러(Albrecht Dürer)는 독일 르네상스 시대의 유명한 화가였다. 그는 1471년부터 1528년까지 독일 뉘른베르크(Nürnberg)에서 살았다. 많은 기독교인들은 그가 조각한 유명한 요한계시록의 말 탄 기사 목판화를 보았을 것이다. 뒤러는 1508년에 유명한 "기도의 손 습작"(Study of Praying Hands)을 그렸다. 그 그림의 모델은 그의 가장 친한 친구였던 프란츠 크니히슈타인(Franz Knigstein)이었다. 이 두 젊은이는 가난했지만 화가가 되려는 열정을 지니고 있었다. 그들은 서로 약속을 하고 "지푸라기를 뽑았다"(drew straws, 요즘 말로 하자면 "제비를"[lots] 뽑았다). 제비뽑기에서 이긴 사람이 미술학교에 가서 공부를 하고 다른 친구는 일을 해서 그 친구의 학비를 대 준다. 그리고 한 친구가 유명한 화가가 되면 이번에는 그가 고향에 돌아와 일해서 다른 친구가 미술을 공부하도록 해 준다는 것이 그들의 약속의 내용이었다.

뒤러가 제비뽑기에서 이겼다. 후에 뒤러가 뉘른베르크에 있는 친구에게 돌아왔을 때, 그는 친구가 고된 노동 때문에 병에 걸린 것을 발견했다. 그의 손가락들은 노동 때문에 너무 망가져서 더 이상 도저히 미술을 공부할 수 없는 상태가 되어 있었다. 그 손가락들은 뒤틀어지고 구부러져서 붓을 잡을 수조차 없었다. 뒤러는 깊은 슬픔에 잠겼다. 그가 어쩌다가 기도하는 친구의 모습을 보았을 때, 그는 친구의 희생과 경건에 너무나 큰 감동을 받아서 프란츠의 손을 모델로 그의 "기도의 손 습작"을 그렸다. 그 그림은 뒤러가 평생 동안 잊지 못할 그의 친구의 희생에 대한 증거물이 되었다.[37]

십자가와 성령. 요한의 십자가 이야기의 가장 도발적인 주제들 중 하나는 예수의 죽음의 시간에 발생한 많은 사건들이 성령의 사역을 시사하고 있다는 것이다. 나는 요한복음 19:30과 34절에 대한 주석에서 이 주제가 어떻게 드러나는가 하는 것을 밝힌 바 있다. 죽음의 순간에 예수는 자신의 영혼을 "포기하는"(give up) 것이 아니라 그것을 아버지에게 "넘겨 드린다"(hands over). 같은 방식으로 예수의 옆구리로부터 흐르는 물은 7:37-39과 초막절의 물을 떠올리게 한다. 거기서 예수는 물이 그 자신으로부터 흘러날 것이라고 약속하신다. 표적의 책 전체에 있어서 물은 자주 성령의 선물과 연결된다. 요한복음 1장에서 예수의 물세례는 그가 성령의 기름부음을 받으심으로 대체된다. 예수와 니고데모와의 대화에서 물과 성령은 새로운 생명을 가져다주는 통합체(unity)를 형성한다. 요한복음 4장에서 예수는 사마리아 여인에게 생수를 제공하신다. 그 물은 (우리는 이것을 나중에 배운다) 성령을 상징한다. 그것은 요한복음 7장에서 초막절에 다시 생수로 제공된다. 표적의 책 전체에 있어서 물은 일반적으로 앞으로 주어질 메시야적 선물과 연결된다. 그 선물은 일반적으로 "그때" 예수가 "들려 올려질"(lifted up) 때 도래할 것이다.

예수의 고별강화에서 그는 성령에 대한 분명한 약속을 하시며 그의 죽음과 떠남을 성령의 오심과 연관시키신다. "그러하나 내가 너희에게 실상을 말하노니 내가 떠나가는 것이 너희에게 유익이라. 내가 떠나가지 아니하면 보혜사가 너희에게로 오시지 아니할 것이요"(요 16:7). 다시 말해서 성령의 오심은 예수의 떠나심에 의존한다. 예수가 죽으실 때, 그가 아버지께로 돌아감을 시작하실 때, 성령의 도착은 그의 선물들의 징표가 될 것이다. 사실 (우리가 요한복음 14장과 16장에서 본 바와 같이) 예수와 성령(파라클레테)의 정체성은 너무나 밀접하게 연관되어 있어서 그들을 구별하는 것은 거의 불가능하다. 약속된 성령은 예수가 떠나신 후 그의 역할을 담당하실 예수의 또 다른 자아(alter-ego)가 되실 것이다.

그리스도와 성령 사이의 이런 관계성-그리스도의 약속들과 성령의 선물-의 결과, 삼위일체에 관한 우리의 직관에도 불구하고, 성령은 요한복음에 있어서 그리스도의 삶의 한 측면이 된다. 성령은 그리스도의 삶과 밀접하게 연관된 그리스도의 영(Spirit)이다. 요한의 언어에 있어서 기독교인들은 성령을 받는 것이 아니라 그리스도의 삶이 끝났을 때 선물로서 주어지는 그리스도 자신의 영을 가지는 것이다(참조. 요일 4:13). 그래서 우리는 목마름을 경험하는 생수의 근원의 아이러니를

37. 이 이야기를 처음으로 들은 것은 1998년 11월 1일 Cambridge 소재 Cambridge Community Church의 Stephen Campbell 목사를 통해서였다. 인터넷상의 많은 웹페이지들이 이 이야기의 자세한 사항들을 알려주고 있다.

본다. 그래서 우리는 죽음의 순간에 십자가 위에 나타나는 상징들을 본다. 즉 예수의 삶이 끝났을 때 성령은 자유롭게 되신다. 요한의 생각에 있어서 예수 그리스도는 값비싼 향수병과 같다. 그 안에는 하나님의 향기로운 성령이 채워져 있다. 그것은 그의 삶 전체에 걸쳐서 제공하시는 선물이지만 "그때"가 되어 향수병이 깨질 때까지는 참으로 넓게 퍼져 나갈 수는 없다. 향수병이 산산조각이 나면 그 내용물의 향기가 온 세상을 채우게 될 것이다.[38]

이것이 갖는 영적 의미들은 중요하다. 이것이 뜻하는 것은, 만약 우리가 구원이라고 할 때 의미하는 것이 정죄로부터의 자유와 영생에 대한 약속이라면, 그리스도의 선물은 단지 구원의 선물이 아니라는 것이다. 요한은 이를 재차 확인해 주고 있다. 그는 그리스도의 선물이 변화시킴(transformation) 및 새롭게 함(renewal)과 관련되어 있음을 이해했다. 예수는 단지 영원한 심판으로부터의 자유가 아니라 '생명'(life)을 제공하신다. 예수는 '자기 자신'(himself)을 제공하신다. 그리고 이 선물의 매개체는 성령이다. 성령을 통하여 그와 아버지는 신자들 속에 내주하실 것이다(요 14:23). 예수는 사람들이 하나님의 능력을 통해 하나님의 자녀들이 되도록 하기 위해 세상 속으로 오셨다(요 1:12). 이 기적은 오직 하나님의 영이 그들 속으로 들어가 그들을 변화시킴으로써만 발생할 수 있다. 그러므로 요한복음에서 십자가와 성령은 분리될 수 없는 통합체다. 왜냐하면 성령은 예수 자신의 삶을 통합시키는 요소(integral feature)이기 때문이다.

이 모든 것들은 요한복음 20장에서의 성령을 주심을 예견한다. 그곳에서 요한의 이미지들이 완성될 것이다. 부활주일에 예수는 추종자들 속에 내주하시기 위해 어떤 낯선 능력을 보내시지 않는다. 예수는 그들에게 숨을 내쉬시며 그들에게 인격적인 것을 주신다. 그리고 그들을 자신의 영과 생명으로 채우신다(요 20:22).

그러므로 그 어떤 복음주의 신학이라도, 만약 그것이 '신학적 기반 위에서'(on theological grounds) 성령을 얕보거나, 소위 말하는 은사주의(charismatic) 기독교인들을 비판한다면, 그 신학은 요한복음과는 정면으로 충돌하고 있다는 사실을 알아야 한다. 그러나 그 어떤 은사주의 신학이라도, 만약 그것이 십자가를 무시하고 오직 새롭게 됨(renewal)과 충만케 됨(infilling)만을 찬양한다면, 그 신학은 마찬가지로 사도 요한과는 낯선 것이 될 것이다. 요한에게 있어서 그리스도의 사역은 역

38. 나는 다음의 글에서 이 견해에 대한 충분한 신학적 지원을 제공했다. *The Anointed Community: The Holy Spirit in the Johannine Tradition* (Grand Rapids: Eerdmans, 1987), 49-110.

사적 희생제사와 성령 모두를 포함한다.

세 개의 이차적 주제들. (1) 승리자로서의 예수. 요한복음 18:1-19:16a의 재판 과정 전체에 있어서 우리는 요한이 예수를 어떻게 승리의 왕으로 그리고 있는가 하는 것을 보았다. 예수는 그를 체포한 자들보다 더 많은 것을 알고 계시며 그 사건들의 과정을 통제하고 계신다. 예수는 이 이야기에 있어서 '희생자'(victim)가 아니시다. 십자가 이야기에서도 같은 주제가 등장한다. 예수는 자신의 십자가를 스스로 지고 가시며 누구의 도움도 필요로 하지 않으신다(요 19:17). 그의 대적들은 십자가 위에 적힌 왕이라는 명패를 바꿀 능력이 없다. "다 이루었다"(요 19:30)라는 그의 마지막 외침도 중요하다. 여기서 사용된 단어는 "끝에 이르게 하다"(to bring to an end)라는 뜻도 있지만 "채우다"(to fulfill) 혹은 "완전에 이르게 하다"(bring to completion)라는 의미도 가지고 있다. 요한복음 4:34에서 예수는 자신의 "양식"(food)은 하나님의 뜻을 행하고 그의 일을 "온전히 이루는"(completing) 것이라고 말씀하신다. 요한복음 17:4에서 예수는 같은 동사를 또 사용하신다. "아버지께서 내게 하라고 주신 일을 내가 '이루어' 아버지를 이 세상에서 영화롭게 하였사오니." 이제 십자가 위에서 예수는 그의 거룩한 임무들을 완전케 하심으로 모든 일을 다 이루셨다.

이것은 왜 중요한가? "다 이루었다"(It is finished)라는 말씀은 하나님이 그 아들의 삶을 통해 하시기로 작정하신 모든 일들을 완성하는 데 성공하셨음을 우리에게 보이는 증표이다. 예수 그리스도 안에서 하나님 자신이 일하셨다. 하나님은 우리를 향한 사랑을 드러내셨으며, 우리의 생명을 위한 자신의 뜻을 계시하셨고, 더 이상의 보충을 필요로 하지 않는 화해를 가져다 주셨다. '예수의 승리는 우리의 안전의 기초이다.'(Jesus' victory is the basis of our security.) 하나님에 대한 나의 확신과 나의 구원에 대한 보장은 나 자신의 종교적 성취에 그 닻을 내릴 수 없다. "다 이루었다." 하나님을 만족시키기 위해 필요했던 것은 우리도 역시 만족시켜야(satisfy us as well) 한다. 이것이 복음의 좋은 소식이다.

(2) **무덤과 십자가.** 공관복음에서 예수의 무덤은 우리가 그것으로부터 부활을 기다리는 전주곡으로서의 역할을 한다. 무덤은 닫히고, 봉해지고, 거기에는 경비병이 배치된다. 그리고 모든 사람들이 기다리고 있을 때 천사들이 도착하고 지진으로 무덤이 열린다. 이제 무덤은 그 안에 계신 분을 억류해 둘 수 없다. 마태, 마가, 그리고 누가가 무덤을 볼 때, 그것은 예수의 부활에 대한 초기 기독교인들의 변증에 있어서 중요한 부분을 이루는 부활주일과 신학적으로 연결되어 있다.

물론 요한의 부활 이야기에도 예수의 무덤이 등장한다(요 20:1-10). 그러나 거기에는 경비병이나 봉인, 혹은 그 앞을 가로막고 있는 거대한 돌에 대한 언급이 없다. 이 무덤은 위대한 왕의 휴식의 처소이고, 십자가상에서의 그의 사역의 정점이며, 가야바와 빌라도의 손을 거치는 그의 여행의 종착점이다. 요한에게 있어서 부활은 문제(예수의 죽음과 장례)의 해결책이 아니라 지상에서 하늘로 향하는 예수의 길 위에서의 또 다른 발걸음이다. 그러므로 무덤 이야기는 부활주일을 위한 변증적 자료들을 제공해 준다기보다는 골고다에서 전개된 주제들을 우리에게 지적해 주고 있다.

무덤은 우울하고 지친 패배의 장소가 아니다. 무덤은 십자가와 마찬가지로 영광과 승리의 장소이다. 세속적 사용에 의해 더럽혀지지 않은("아직 사람을 장사한 일이 없는 '새' 무덤이 있는지라", 요 19:41, 저자의 강조) 무덤의 방들은 예루살렘의 두 지도급 인사들이 예수의 휴식을 위해 가져온 왕의(regal) 향품들의 향기로 가득하다. 여기서 우리는 성금요일 예배를 준비할 때 주의해야 할 것이 있다. 우리가 제단을 천으로 덮을 때, 우리가 촛불을 끄고 조용히 예배실을 나설 때, 우리는 사실 예수의 패배, 우리 주님의 순교를 기념하고 있지는 않는가? 그것은 요한의 이해가 아니다. 예수는 그의 일을 "이루셨다"(finished). 시간이 마지막을 향해 다가가고 있다.

(3) **요셉과 니고데모.** 많은 학자들은 아리마대 요셉과 니고데모는 단지 역사적 인물일 뿐 아니라 또한 상징으로서의 의미를 지니고 있다고 주장해 왔다. 나도 동의한다. 여러 면에 있어서 그들에 대한 요한복음 19:38-39에서의 묘사는 요한이 12:42-43에서 제공하는 신랄한 교훈과 일치하는 점이 있다. "그러나 관리 중에도 그를 믿는 자가 많되 바리새인들 때문에 드러나게 말하지 못하니 이는 출교를 당할까 두려워함이라. 그들은 사람의 영광을 하나님의 영광보다 더 사랑하였더라." 요셉은 그들 중 하나인가? 니고데모는 어떤가? 만약 요한이 위의 구절에서 어떤한 유형의 제자들을 설명한 것이라면, 이 두 사람은 두 개의 삶을 사는 바로 그런 유형의 제자들이었음에 틀림없다. 그들은 유대 지도부의 핵심에 속해 있었지만 예수와도 비밀리에 통하고 있었다. 니고데모는 심지어 7:50-51에서 예수를 변호하기도 하고, 요한은 19:38에서 요셉을 제자라고 부른다.

요한복음 12:32에서 예수는 그가 땅에서 들렸을 때 "모든 사람을 그에게로" 이끌 것이라고 예언하신다. 이제 예수가 십자가상에서 들렸기 때문에 요셉과 니고데모가 이끌려 온다. 그들은 자신들의 이중적인 위치에서 벗어나 엄청난 위험을 감수하고 예수에게 발걸음을 옮긴다. 그들은 예수의 명예를 공개적으로 인정한다. 대제사장 가야바와 산헤드린 공회원인 요셉 사이의 대화를 상상해 보자. 왜 예수가 명예로운 장례를 누릴 자격이 있는가? 왜 그를 사기꾼들이나 방랑자들과 함께 묻지 않았는가? 이 사람들은 예수의 명예를 지키기 위해 자신들의 개인적인 명예를 위험에 내맡겼다. 이런 식으로 예수를 장사지낸 것은 의심할 바 없이 예루살렘의 모든 동료들 앞에서 자신의 입장을 큰 소리로 표명한 것과 마찬가지의 일이었다.

우리가 안드레, 베드로, 빌립, 나다나엘(요 1:35-51), 그리고 사마리아 여인(요 4:27-42)에게서 본 제자도의 모델들은 모두 참된 제자들 가운데서 자신의 믿음을 드러내 보이는 일의 중요성을 지적하고 있다. 상당한 사회적 지위를 지니고 있는 전문가들로서 요셉과 니고데모는 참된 제자도의 서클 안으로 걸어 들어가 믿는 자들의 공동체에 합류한 것이다. 여기에는 주목해야 할 요소들이 많이 있다. 특히 자신들의 믿음을 공적으로 드러내는 것이 위험을 수반하게 되는 사람들을 위해 요한은 두 사람의 순수한 본보기를 제시하고 있다. 그들은 예수를 영광스럽게 하기 위해 자신들의 상당한 위치를 사용했다.—그리고 그렇게 함을 통해 그들은 그리스도의 참된 추종자가 되는 것을 선택했다.

요한복음 20:1-31

1 안식 후 첫날 일찍이 아직 어두울 때에 막달
라 마리아가 무덤에 와서 돌이 무덤에서 옮
겨진 것을 보고
2 시몬 베드로와 예수께서 사랑하시던 그 다른
제자에게 달려가서 말하되 사람들이 주님을
무덤에서 가져다가 어디 두었는지 우리가 알
지 못하겠다 하니
3 베드로와 그 다른 제자가 나가서 무덤으로
갈새
4 둘이 같이 달음질하더니 그 다른 제자가 베
드로보다 더 빨리 달려가서 먼저 무덤에 이
르러
5 구부려 세마포 놓인 것을 보았으나 들어가지
는 아니하였더니
6 시몬 베드로는 따라와서 무덤에 들어가 보니
세마포가 놓였고
7 또 머리를 쌌던 수건은 세마포와 함께 놓이
지 않고 딴 곳에 쌌던 대로 놓여 있더라
8 그때에야 무덤에 먼저 갔던 그 다른 제자도
들어가 보고 믿더라
9 (그들은 성경에 그가 죽은 자 가운데서 다시
살아나야 하리라 하신 말씀을 아직 알지 못
하더라)
10 이에 두 제자가 자기들의 집으로 돌아가니라
11 마리아는 무덤 밖에 서서 울고 있더니 울면
서 구부려 무덤 안을 들여다보니
12 흰 옷 입은 두 천사가 예수의 시체 뉘었던 곳에
하나는 머리 편에, 하나는 발 편에 앉았더라
13 천사들이 이르되 여자여 어찌하여 우느냐 이
르되 사람들이 내 주님을 옮겨다가 어디 두
었는지 내가 알지 못함이니이다
14 이 말을 하고 뒤로 돌이켜 예수께서 서 계신
것을 보았으나 예수이신 줄은 알지 못하더라
15 예수께서 이르시되 여자여 어찌하여 울며 누
구를 찾느냐 하시니 마리아는 그가 동산지기
인 줄 알고 이르되 주여 당신이 옮겼거든 어
디 두었는지 내게 이르소서 그리하면 내가
가져가리이다
16 예수께서 마리아야 하시거늘 마리아가 돌이
켜 히브리 말로 랍오니 하니 (이는 선생님이
라는 말이라)
17 예수께서 이르시되 나를 붙들지 말라 내가
아직 아버지께로 올라가지 아니하였노라 너
는 내 형제들에게 가서 이르되 내가 내 아버
지 곧 너희 아버지, 내 하나님 곧 너희 하나님
께로 올라간다 하라 하시니
18 막달라 마리아가 가서 제자들에게 내가 주를
보았다 하고 또 주께서 자기에게 이렇게 말
씀하셨다 이르니라
19 이 날 곧 안식 후 첫날 저녁 때에 제자들이
유대인들을 두려워하여 모인 곳의 문들을 닫
았더니 예수께서 오사 가운데 서서 이르시되
너희에게 평강이 있을지어다
20 이 말씀을 하시고 손과 옆구리를 보이시니
제자들이 주를 보고 기뻐하더라
21 예수께서 또 이르시되 너희에게 평강이 있을
지어다 아버지께서 나를 보내신 것 같이 나
도 너희를 보내노라
22 이 말씀을 하시고 그들을 향하사 숨을 내쉬
며 이르시되 성령을 받으라
23 너희가 누구의 죄든지 사하면 사하여질 것이
요 누구의 죄든지 그대로 두면 그대로 있으
리라 하시니라
24 열두 제자 중의 하나로서 디두모라 불리는
도마는 예수께서 오셨을 때에 함께 있지 아
니한지라

25 다른 제자들이 그에게 이르되 우리가 주를
보았노라 하니 도마가 이르되 내가 그의 손
의 못 자국을 보며 내 손가락을 그 못 자국에
넣으며 내 손을 그 옆구리에 넣어 보지 않고
는 믿지 아니하겠노라 하니라
26 여드레를 지나서 제자들이 다시 집 안에 있
을 때에 도마도 함께 있고 문들이 닫혔는데
예수께서 오사 가운데 서서 이르시되 너희에
게 평강이 있을지어다 하시고
27 도마에게 이르시되 네 손가락을 이리 내밀어
내 손을 보고 네 손을 내밀어 내 옆구리에 넣
어 보라 그리하여 믿음 없는 자가 되지 말고
믿는 자가 되라
28 도마가 대답하여 이르되 나의 주님이시요 나
의 하나님이시니이다
29 예수께서 이르시되 너는 나를 본 고로 믿느
냐 보지 못하고 믿는 자들은 복되도다 하시
니라
30 예수께서 제자들 앞에서 이 책에 기록되지
아니한 다른 표적도 많이 행하셨으나
31 오직 이것을 기록함은 너희로 예수께서 하나
님의 아들 그리스도이심을 믿게 하려 함이요
또 너희로 믿고 그 이름을 힘입어 생명을 얻
게 하려 함이니라

원 의미

요한복음 20장은 아마도 요한복음에서 가장 덜 이해되고 있는, 그러면서도 신학적으로 중요한 장 중 하나일 것이다. 본 장의 가장 중요한 가치는 예수의 부활에 대한 기록 속에 있다. 공관복음과는 달리 요한은 부활주일 아침에 발생한 일들에 대해 훨씬 상세한 사항들을 알려준다. 마태와 마가는 부활 이후의 나타나심에 대해 최소한의 정보만을 제공해 줄 뿐이다. 마태복음은 무덤에서 예수가 막달라 마리아 그리고 “다른 마리아”(the other Mary)와 만나신 것에 대해 보고한다(마 28:2). 그리고 후에 그가 제자들을 만나셨을 때(마 28:9) 그들이 “예수의 발을 붙잡고 경배한 것”(clasped his feet and worshiped him)에 대해 말한다. 마가복음은 여인들의 무리 속에 막달라 마리아와 야고보의 어머니 마리아 그리고 살로메가 포함되어 있었다고 말한다(막 16:1). 그러나 마가복음의 더 짧은 종결부(shorter ending)는(막 16:8까지) 부활이후의 나타나심을 소개하지 않고 있다.[1] 누가복음 역시 여인들의 방문을 언급하며 마가복음의 명단에 요안나의 이름을 추가한다(눅 24:10). 그러나 누가복음에 있어서 그날의 가장 중요한 이야기는 누가복음 24:13-35에 등장한다. 거기서 예수는 엠마오로 향하는 두 제자들에게 나타나신다.[2]

1. 마가복음의 더 긴 종결부(longer ending)는 막달라 마리아에게 나타나심뿐만 아니라(막 16:9) 다른 다양한 나타나심에 대해서도 언급하고 있다. 그러나 막 16:9-20은 의심할 바 없이 마가복음의 원본에 속한 부분이 아니다.
2. 막 16:12-13과 비교하라: “그 후에 그들 중 두 사람이 걸어서 시골로 갈 때에 예수께서 다른 모양으로 그

요한복음은 우리를 새로운 방향으로 이끈다. 본 장은 세 개의 섹션으로 나누어진다. (1) 요한은 공관복음 이야기를 풍부하게 보충하면서 본 장을 시작한다. 그는 예수와 막달라 마리아 사이의 개인적 재회에 대해 우리에게 말한다(요 20:1-18). 이 이야기는 공관복음의 최소한의 무덤 이야기들 속에 쉽게 끼워 넣어질 수 있지만, 요한에게 있어서 이것은 우리에게 예수에 대한 일들을 말해 주기 위한, 그리고 부활하신 주님과 변화된 관계를 갖는다는 것이 기독교인들에게 무엇을 의미하는지를 말해 주기 위한 중요한 수단이다. 신약성경에서 "빈 무덤"(empty tomb)에 대해 가장 명확하게 묘사하고 있는 곳이 바로 이곳이다. 베드로와 사랑하시는 제자가 무덤까지 달려간다. 그리고 그들은 예수의 부활의 증거를 지적하는 목격자들이 된다.

(2) 예수는 예루살렘에 숨어 있는 사도들에게 부활주일에 나타나신다(요 20:19-23). 이것은 사도들의 증거에 힘을 보태 준다. 이제 그들은 빈 무덤뿐만 아니라 무덤으로부터 살아 나오신 예수를 개인적으로 목격했다. 그러나 다시 한 번 말하지만, 이것은 이 이야기에 있어서 요한의 유일한 관심사가 아니다. 예수의 임재는 그 이상의 것을 가져다준다. 그것은 이 예수를 경험한다는 것과 그의 영으로 가득 찬 제자들 중 하나가 된다는 것이 무엇을 의미하는지에 대한 교훈과 설명이다. 해석자들 간의 오랜 논쟁의 대상이 되었던 단락에서 예수는 제자들에게 숨을 내쉬시며 그들을 자신의 영으로 채우신다.

(3) 이전에 요한복음에 두 번 등장했던 제자인 도마가(요 11:16; 14:5) 부활주일에 거기 없었다는 사실 때문에 이야기는 예상치 못했던 전기를 맞는다. 일주일 후 예수는 다시 나타나셔서 도마에게 증거를 제시하시고 다른 제자들도 그 증거로 인하여 기뻐한다. 또 다시 이 에피소드는 사도들의 목격에 의한 굳건한 증거의 중요성을 강조한다(이제 도마도 다른 제자들에게 합류할 수 있다). 그러나 이전의 두 섹션들에서처럼 여기에서도 한 걸음 더 나아간다. 예수는 그런 증거를 넘어서는 것을 가리키시며, 도마와 자신을 따르는 자들(교회)에게 그런 증거의 가치와 그것을 소유하는 특권에 대해 말씀하신다. 이 마지막 섹션에 이어 요약구절들이 등장하는데 아마도 원래는 요한복음이 거기서 끝났을 것이다(요 20:30-31).

요한은 독자인 우리에게 두 개의 중요한 주제들을 소개하기 위해 요한복음 20장을 설계했다. 그것은 예수의 부활에 대한 역사적 증거와 예수의 부활의 시대 속에

들에게 나타나시니 두 사람이 가서 남은 제자들에게 알리었으되 역시 믿지 아니하니라."

서 그의 제자가 된다는 것의 본질적 의미이다. (1) 요한복음의 첫 장부터 우리는 요한이 예수의 "재판"(trial)을 위한 증거들을 어떻게 편집하고 있는가 하는 것을 보아 왔다. 우리는 독자로서 그 증거를 평가하고 판단을 내리는 배심원이었다. 이제 요한은 가장 중요한 증거를 제공한다. 그것은 예수의 부활이다. 그것은 예수의 신적인 정체성에 대한 최종적 증거이다.

(2) 그러나 다른 주제 역시 본 장 속에 등장하고 있다. 예수는 그가 제자들을 고아와 같이 내버려두지 않을 것이라고 약속하셨다(요 14:18). 예수는 부활과 승천 이후에 그들을 버리거나 외롭게 내버려두지 않으실 것이다. 오히려 고별강화(요 14-17장)의 몇 군데에서 예수는 성령 즉, 파라클레테를 보내실 것을 약속하셨다. 성령은 그를 따르는 자들에게 고별 축복으로 주어진 것이다. 요한복음 20장은 약속과 성취의 관계로서 그런 장들과 연관되어 있다. 성령의 기름부음 장면에 대한 요한의 묘사는 이전의 장들에서 주어졌던 이미지들을 연상시킨다.

마리아와 빈 무덤(요 20:1-18)

"막달라 마리아"(Mary Magdalene)라는 이름은 갈릴리 막달라(Magdala) 마을에서 온 마리아를 지칭한다(막달라는 갈릴리 호수 서쪽의 도시인 디베랴의 북쪽에 있다). 그녀는 요한복음에서 십자가에서 처음 등장한다(요 19:25). 그리고 이 중요하고 긴 부활주일 에피소드에도 등장한다. 복음서들 중 다른 곳에서는 그녀는 누가복음 8:1-3에서 예수를 헌신적으로 따랐던 갈릴리의 여인들의 명단에 언급된다.[3] 예수는 다른 여인들과 마찬가지로 막달라 마리아에게서 많은 귀신들을 내쫓아 주셨다. 그녀는 예수를 돌보아 드리기 위해 예루살렘까지 예수를 따라왔다(마 27:55). 그리고 그녀는 골고다에서 예수의 옆에 설 정도로 용감했다(요 19:25).

마리아가 (다른 여인들과 함께) 무덤으로 돌아온 것은 금요일에 있었던 예수의 장례가 급히 진행되었다는 것, 혹은 요셉과 니고데모에 의해 완료된 준비작업에 대해(요 19:40) 여인들이 알지 못했다는 것을 시사한다. 혹은 어쩌면 니고데모는 그가 준비해 온 향품의 양이 너무 많았기 때문에 금요일에는 예수의 몸에 향품을 다 사용할 시간이 없었을 지도 모른다. 여인들은 예수의 장례에 공헌 하기를 원한다(막 16:1). 그래서 그들은 안식일이 끝나자 마자 향품을 가져왔다. 마가복음은

3. 마리아는 눅 7:36-50에서 "죄인"(sinner)이라고 묘사된 여인과 혼동되어서는 안 된다.

그들이 도착했을 때는 일요일 새벽이었다고 말한다. 그러나 요한은 그때가 너무 이른 아침이어서 "아직 어두울"(요 20:1) 때였다고 말한다.

금요일에 예수는 무덤 내부의 준비실에 있는 장례 준비용 벤치 위에 남겨졌다. 의심할 바 없이 여인들은 그들이 안식일 이후에 돌아와 돌을 굴려 내고 장례절차를 마친 후, 무덤의 장례용 벽감들(burial niches) 중 하나에 예수의 시신을 밀어 넣을 수 있을 것이라고 생각했을 것이다(유대인들의 장례 풍습에 관하여는 요 19:38-42의 주석 참조). 마리아의 도착에 대해서는 나중에 베드로와 요한이 도착했을 때와 같은 상세한 묘사가 없는데(요 20:6-7), 이는 의심할 바 없이 어둠 때문일 것이다.

굴리는 돌로 입구를 막은 무덤은 다시 열기 위해서 그렇게 만든 것이다.[4] 바퀴 형태의 돌문은 수년 후 다른 가족이 죽었을 경우 바닥의 홈을 따라 굴려서 열 수 있었다. 공관복음은 여인들이 누가 그들을 도와 무거운 돌을 움직여 줄 수 있을지에 대해 염려했다고 말한다. 마리아는 무덤 문이 한쪽으로 굴려진 것을 보고 즉시 누군가가 무덤 안으로 들어갔다고 생각했다. 아마도 누군가가 밤에 왔었거나 혹은 지금 무덤 안에 있을 것이다. 공관복음은 여인들이 안쪽으로 들어갔다고 말한다. 그리고 아마도 마리아의 도망(요 20:2)은 무덤 안에서의 천사의 나타남과 연관이 있을 것이다(참조. 막 16:5). 요한이 이 세부사항에 대해 말을 하지는 않지만 마리아가 무덤의 내부를 살피고, 예수가 거기 안 계신 것을 확인한 후, 다른 이들을 찾기 위해 도망을 쳤을 것이라고 어렵지 않게 상상할 수 있다.

베드로와 "그 다른 제자"(아마도 사랑하시는 제자 혹은 요한일 것이다. 그는 요 13:23, 18:15-16: 19:35에서도 언급되고 있다)에게 한 마리아의 보고는 당황과 두려움의 분위기를 담고 있다. "사람들"("'사람들' 이 주님을 무덤에서 가져다가")이란 아마도 성전의 권위자들을 말한 것이다(cf. 요 18-19장). 예수의 대적인 그들은 지금 (어쩌면) 그분에게 또 다시 무슨 일을 했을 것이다. 마리아가 자신을 가리키며 복수형을 사용한 것은("어디 두었는지 '우리가' 알지 못하겠다 하니") 그녀가 혼자가 아니라 (공관복음에 열거된) 다른 여인들과 함께 있다는 사실을 암시한다. 그런 상황에서 여인 혼자 어둠 속에서 성 밖으로 나온다는 것은 상상하기 힘든 일이다.[5]

4. 내가 이것을 언급하는 이유는 기독교 변증가들이 무덤문의 무게에 대해 언급하면서 그것을 여는 것은 불가능하다고 말하는 경우가 있기 때문이다. 물론 무덤 문을 여는 것은 어려웠지만 결코 불가능한 것은 아니었다.

베드로와 사랑하시는 제자는[6] 발생한 일을 보기 위해 즉시 무덤으로 달려갔다(요 20:4-5). 베드로가 먼저 떠나지만 다른 제자가 먼저 '도착한다'. 그 다음에는 두 사람과 그들의 무덤 관찰을 비교하는 유별난 묘사가 이어진다. 사랑하시는 제자는 먼저 도착하지만 안으로 들어가지 않고 수의를 본다. 베드로는 두 번째로 도착하여 무덤 안으로 들어가 훨씬 더 자세히 수의를 본다. 그러고 나서 그 다른 제자가 들어간다. 그가 베드로와 함께 모든 것을 보았을 때 그는 "믿는다"(believes). 이상하게도 이야기는 베드로의 믿음에 대해서는 침묵한다.

수의에 대한 요한의 묘사는 어떤 예상치 못했던 세부사항을 포함하고 있다. 몸을 싸는 옷(헬라어 *othonion*)은 요한복음 19:40에서 언급된 것과 동일하다. 마찬가지로 (손수건 형태의) 얼굴용 천도 나사로 이야기에서 자세히 언급된 것이다(요 11:44).[7] 그런 작은 천들은 틀림없이 (입이 벌어지는 것을 방지하기 위해서) 턱 밑을 두른 후 머리 윗부분에서 묶었을 것이다. 그러므로 요한이 그 수건이 "감겨져 있었다"(rolled up, "쌌던 대로 놓여 있더라"—개역개정판)라고 했을 때 의미하는 것은, 그것이 장례 당시처럼 타원형의 형태를 유지하고 있었다는 뜻일 것이다. 이 물품들은 "그곳에 놓여 있었다"(lying there).—이 말의 뜻은 그것들이 예수가 계시던 바로 그곳에 있었다는 것이다. 20:7의 설명에 비추어 볼 때 옷은 납작하게 놓여 있었던 것으로 보인다. 그 반면 얼굴용 수건은 둥글게 말린 채 다른 쪽에 놓여 있었다.

그렇다면 그 장면은 무질서하거나 어수선한 것이 아니다. 오히려 목적을 가진 어떤 일이 여기서 발생한 것처럼 보인다. 만약 누군가가 단순히 예수의 시신을 훔쳤다면, 그 옷들은 틀림없이 시신과 함께 사라졌거나 혹은 적어도 바닥에 흩어져 있었을 것이다. 하지만 우리가 보는 장면은 몸은 사라졌지만 옷은 원래 그대로인 모습이다. 예수의 몸은 단지 그것들을 뒤에 남겨 놓고 떠나셨다. 우리는 또한 많은 양의 장례용 향품들도 의복 주위에 놓여 있었을 것이라고 상상할 수 있다(참조. 요 19:40).

사랑하시는 제자가 들어갔을 때 그가 "믿은 것"(believe)은 무엇인가?(요

---

5. Morris, *John*, 734.
6. 이야기에서는 그를 단지 "그 다른 제자"(the other disciple)라고 언급하고 있지만, 그를 (본서의 '서론'[Introduction]에서 열거한 주장들을 전제로 할 때) 사랑하시는 제자 혹은 심지어 요한이라고 부르는 것은 적절치 못한 일은 아닐 것이다.
7. 눅 19:20에서 세 번째 종은 그의 돈을 안전하게 숨겨 두기 위해 "수건"(napkin)을 사용한다(cf. 행 19:12).

20:8b) 그것은 몇 가지 이유들 때문에 설명하기 어렵다. 8절에 따르자면 그들은 죽음으로부터의 예수의 부활에 관한 성경을 알지 못했다. 그렇다면 요한은 어떻게 해서 믿을 수 있단 말인가? 우리가 부활에 대한 언급 없이 이 설명만을 읽는다면 이 말의 가장 분명한 의미는 제자가 20:2에서의 마리아의 말, 즉 예수가 사라졌다는 말을 믿었다는 것이다. 그러나 이 해결책은 너무 지나치게 단순해 보인다. 왜냐하면 요한복음 전체에 있어서 이 제자는 단순히 그가 보는 것에 대한 믿음이 아니라 예수 안에서 역사하시는 하나님의 능력과 예수에 대한 믿음을 드러내는 자이기 때문이다. 요한복음의 다른 곳에서 "믿다"(to believe)라는 동사가 목적어 없이 절대적 용법으로 사용될 때는 그리스도에 대한 확고하고 완전한 믿음을 가리킨다(cf. 요 5:44; 6:47). 빈 무덤은 예수가 추종자들에게 믿을 것을 요구하시는 요한복음 내의 다른 표적들과 유사하다(요 4:48). 눈으로 볼 수 있는 것 아래에는 믿음을 요구하는 중요한 의미가 존재한다.

사랑하시는 제자는 비록 아직 이 일들의 더 넓은 '성경적, 신학적 배경'(biblical and theological context)은 파악하지 못했지만(요 20:9) 이 빈 무덤의 깊은 의미를 꿰뚫었다. "그들은…. 말씀을 '아직' 알지 못하더라"(필자의 강조)라는 말의 뜻은 결국은 모든 것이 그들의 생각 속에서 명확하게 될 것이라는 것이다. 이런 통찰은 누가복음 24:13-35의 엠마오 이야기와 비슷하다. 예수라는 인격체는 계시되었지만, 그럼에도 불구하고 이 부활이 의미하는 보다 넓은 의미를 파악하기 위해서는 제자들은 마음을 열 필요가 있었다. 따라서 사랑하시는 제자는 이제 예수가 살아계시다는 것을 믿는다. 그러나 그는 이 부활을 필연적인 것으로 만든 성경적, 신학적 기반을 알지 못한다.

누가복음은 무덤의 여인들이 자신들의 경험을 제자들에게 이야기했을 때 그들이 그것을 믿지 못했다는 비극을 언급한다("그들의 말이 허탄한 듯이 들려", 눅 24:11). 요한은 두 제자들이 집으로 떠나고 난 후 마리아가 어떻게 부활하신 주님과 최초의 가장 심오한 순간을 경험했는가 하는 것을 말한다(요 20:11-18). 막달라 마리아는 사도들과 비교했을 때는 예수와 가장 친밀했던 자들 중 하나라고 보기가 힘든 자이다. 하지만 두 남자들에게는 나타나기를 거부했던 천사들이 그녀가 무덤을 살펴보자 그녀에게 자신들을 드러낸다. 각 복음서들은 무덤에서의 (혹은 무덤 내부에서의) 천사들의 임재에 대해 말한다. 여기서 마리아의 근심은 천사들의 말에 의해 완화된다. 그들은 예수의 사라짐의 수수께끼를 풀어 주지는 않지만 질문을 통해("여자여 어찌하여 우느냐") 슬픔은 지금 이 순간 요구되는 것이 아니라는 사실을 주장한다.

그러나 인상적인 것은 그들의 임재이다. 예수의 시신을 옮겨간 것은 강도들이 '아니다.' 오히려 여기서 발생한 일은 하나님의 능력에서 비롯된 것이다. 이 장면은 무덤이 예수가 죽지 않았다는 증거임을 다시 한 번 확증해 준다. 그들의 임재는 또한 이 상황을 해석해 준다. 즉 우리는 예수의 진리를 확증해 주는 하나님의 신적 개입을 보고 있다(그것은 행 2:32에서의 베드로의 설명과 다르지 않다. "이 예수를 하나님이 살리신지라 우리가 다 이 일에 증인이로다").

마리아의 더 깊은 슬픔에 대한 해결은 그녀가 예수를 개인적으로 볼 때만 찾아올 것이다. 그녀는 몸을 구부리고 무덤을 살펴보다가(요 20:11b) 뒤에서 다가오는 사람의 소리를 듣는다. 그리고 그녀는 갑자기 한 사람을 만난다. 그녀는 그가 무덤 주위의 동산을 관리하는 동산지기라고 결론 내린다(요 20:15). 그는 천사가 했던 말을 반복하지만("여자여 어찌하여 울며"), 질문은 좀더 깊은 수준으로 발전된다. "누구를 찾느냐?" 동산지기이기 때문에 그가 예수의 시신을 옮겼을 지도 모른다는 그녀의 결론은 그녀 앞에 서 있는 사람의 소리를 그녀가 듣지 못했음을 시사한다. 그녀의 마음은 무덤 문제에 머물고 있다. 그러나 예수는 그녀의 관심을 돌리려고 시도하신다. 예수의 질문은 그녀에게 다른 방향을 제시한다. 그와의 만남이라는 실재가 무덤의 수수께끼보다 더 중요하다. 무덤은 이제 지난 과거의 일이다. 그것은 (가장 초기의 기독교인들이 그렇게 했던 것처럼) 이제 무시해 버려야 할 동굴에 지나지 않는다. 그리고 오직 살아 계신 예수만이 중요하다.

예수가 마리아의 이름을 부르실 때(요 20:16), 그녀는 즉시 그를 알아보고 기뻐하면서 친숙한 히브리어 호칭인 "라보니"(Rabboni)를 사용한다(요한은 이것을 우리를 위해 "선생"[teacher]이라고 번역한다). 요한복음 20:17에서의 예수의 온건한 질책은("나를 붙들지 말라") 마리아가 그를 안았음을 암시한다.[8] 그러나 예수의 설명은 해석자들 사이에 엄청난 혼란을 야기했다. 예수는 마리아에게 그가 아직 아버지께로 올라가지 못했으니 자신을 붙들지 말라고 말씀하신다(요 20:17a). 그리고 가서 그가 지금 아버지께로 올라가신다고 그의 제자들에게 말하라고 지시하신다(요 20:17b).

이것의 뜻은 "그때"의 마지막 단계가 진행되고 있다는 것이다. 예수에 대한 배

---

8. 마 28:9은 여인들이 부활주일에 동산에서 예수를 보고 "그의 발을 붙잡았다(*ekratesan*)"고 말한다. 요한복음에서는 예수가 *haptomai*라는 동사를 사용하시는데 둘은 거의 동의어이다.

반, 재판, 십자가, 그리고 부활이 완성되었다. 그리고 이제 남아 있는 유일한 일은 그가 그곳으로부터 내려온 곳으로 다시 돌아가는 것이다(요 17:5). 그러나 그렇게 하기 전에 예수는 자신의 고별강화에서 하셨던 약속을 지키셔야 한다. 그를 따르는 자들을 고아와 같이 쓸쓸히 버려두지 않기 위해(요 14:18), 그는 작별 선물로 그들에게 성령을 주실 것이다.

이 섹션의 요점은 마리아의 붙잡음을 예수가 주도적으로 바로잡아 주신다는 것이다. 왜 예수는 마리아가 그를 만지는 것을 금하실까? 어떤 주석들은 거의 믿을 수 없을 정도의 창의적인 해결책들을 제공한다. (1) 어떤 이들은 예수가 '문자적인'(literal) 손 댐 자체를 금하신다고 주장한다. 그러나 이것은 거의 신뢰성이 없다. 왜냐하면 예수는 후에 도마에게 바로 그 일을 하도록 요구하시기 때문이다(요 20:26-29). 예수의 상처들이 아직 아팠다거나 아니면 예수는 그녀가 시신을 만짐으로 제의적으로 더럽혀지지 않도록 그녀에게 친절하게 경고를 하셨다는 주장들은 설득력이 없다. 부활 그 자체가 그런 가능성들을 일축해 버린다. 어떤 이들은 예수가 제사장으로서 승천하실 것이며 따라서 그의 임무를 위해 "흠이 없고 구분되어"(unstained and separated, 히 7:26) 있어야 한다고 주장한다. 그러나 요한복음 어디에서도 예수가 그런 접촉을 두려워하신 적이 없다.[9]

(2) 다른 학자들은 예수의 말씀을 바꾸려 시도한다. "나를 붙들지 말라"의 헬라어 어구는 '메 무 합투'(*me mou haptou*)이다. 만약 필사자가 원래의 '메 프투'(*me ptou*)를 잘못 읽은 것이라면, 예수가 하셨던 말씀은 "두려워 말라"(do not fear)가 된다. 다른 이들은 부정부사(negative adverb)가 나중에 추가된 것이고, 예수가 원래 하신 말씀은 '무 합투'(*mou haptou*), 즉 "나를 만져라"일지도 모른다고 주장한다. 그렇다면 요한복음 20:27에서 도마에게 자신을 만지라고 하셨듯이 마리아에게도 같은 말씀을 하신 것이 된다. 하지만 그 어떤 본문이건 그것을 수정할 때는 극도의 주의를 기울여야 한다. 이 경우에 수정을 지지해 줄 근거가 전혀 없다.

(3) 믿을 수 없게도 언젠가 불트만(Bultmann)은 부활에 대한 요한의 신학적 전망이 여기서 위장되어 있다고 주장했다. 마리아는 예수를 만져서는 안 된다. 왜냐하면 예수는 부활의 몸을 가지고 있지 않았기 때문이다. 불행하게도 이것은 본 장의 모든 증거들과 충돌한다.

9. 가장 희한한 해결책은 예수의 수의가 무덤에 남겨져 있었으므로 그런 붙잡음은 적절치 않았다는 주장이다.

(4) 가장 훌륭한 해결책은 그 금지를 예수와 마리아 사이의 변화된(transformed) 관계에 대한 신학적 혹은 영적 주석으로 보는 것이다. 마리아는 예수를 '본다'(sees). 그리고 우리는 즉시 요한복음 14:18-19에서의 고별 약속을 떠올린다. 머지않아 그들은 그를 '보고'(see) 기뻐할 것이다. 마리아가 이곳을 떠난 후 그녀는 바로 그 사실을 제자들에게 보고한다. "내가 주를 '보았다'(seen)"(요 20:18). 마리아는 예수의 부활이 그와 제자들 사이의 보통의 관계를 회복시키는 것이라고 생각했다. 마리아의 말은 예수가 요한복음 16:22에서 하신 말씀을 떠올리게 한다. "내가 다시 너희를 보리니 너희 마음이 기쁠 것이요 너희 기쁨을 빼앗을 자가 없으리라." 마리아는 그녀의 부활하신 주님 안에서 발견한 그 기쁨을 붙들려고 노력한다. 자신을 붙잡지 말라고 말씀하실 때, 예수는 자신의 영원한 "회귀"(return)와 임재는 다른 형태로 와야 한다고 말씀하고 있는 것이다. 그녀는 자신이 동산에서 발견한 것을 껴안을 수 없다. 일들(things)은 변화되었다. 예수의 수정은 예수의 육체적 현존으로부터 영적인 것으로 방향을 재설정해 주시는 것이다. 그것은 이제 막 주어질 성령에 대한 준비이다.

우리는 요한복음 16장에서 같은 주제를 발견한다. 예수의 '오심'(coming)은 한 차원에서는 부활 안에서 발견된다. 그러나 그것은 성령(파라클레테)의 오심 속에서 더 심오한 방법으로 발견될 것이다(그것은 예수가 다른 모습으로 오시는 것이다). 그러므로 요한복음 20:17의 "아직 아니"(not yet)는 7:39의 "아직 아니"와 일치한다. "예수께서 아직 영광을 받지 않으셨으므로 성령이 아직 그들에게 계시지 아니하시더라." 성령의 오심은 아직 미래의 일이다(요 20:22). 그리고 이것은 예수가 그들에게 영원토록 돌아오시는 중요한 선물이 될 것이다. 그러므로 마리아와의 이야기는 예수의 삶 속에서 그리고 각 제자들과의 관계 속에서 진행되고 있는 변화(transition)를 강조하는 '해석적 매개체'(interpretative vehicle)로 볼 수 있다. 마리아에게는 예수의 제자들에게 그의 "오심"을 준비시킬 책임이 주어진다. 그것은 (다락방에서 만나게 될) 육체적인 오심뿐만 아니라 보다 심오하게는 성령 안에서의 "오심"이다.

예수는 자신의 떠나심을 지적하심을 통해 이 관계의 변화를 강조하신다. "내가 아직 아버지께로 올라가지 아니하였노라"(요 20:17). 그러나 우리는 이것을 그녀가 그를 붙잡음을 통해 그의 출발을 가로막고 있거나 그의 계획들을 방해하고 있음을 암시하는 것으로 읽어야 한다. 헬라어 문장은 쉽게 번역될 수 있다. "나에게 매달리지(cling to me) 말아라. 왜냐하면(since, 헬라어 *gar*) 내가 아직 아버지께로 올라가지 않았기 때문이다. 나의 형제들에게 가서 내가 올라간다고 말하여라…."[10] 예수의 임박한 출발은 단지 그녀가 예수를 놓아 드려야 하는 이유일 뿐 아니라 그녀가 제자들에게 가야 하는 임무의 기초이다. 예수는 그가 가기 전에 그녀가 그들을 보기를 원하신다. 그러므로 마리아는 두 번째로 새 소식을 지닌 안내자가 된다(요 20:18). 오직 그녀만이 빈 무덤에 대한 소식을 전할 뿐만 아니라(요 20:2), 부활하신 예수가 오셨으며, 그녀가 그를 "보았으며"(seen), 따라서 요한복음 16:19-22에서의 예수의 약속이 성취되고 있음을 전하는 자이다. "조금 있으면 나를 보지 못하겠고 또 조금 있으면 '나를 보리라'"(저자의 강조).

예수와 다락방(요 20:19-23)

중요한 평행단락인 누가복음 24:33-43은 예수를 따르는 자들이 어떻게 곧장 갈릴리로 돌아가지 않고 예루살렘에 남아 있었는가 하는 것에 대해 말한다. 여기서 예수는 예상치 못하게 그들에게 나타나셨다. 그들은 두려워했다. 그리고 그들의 의심은 예수가 상처들을 보이시고 식사를 잡수심으로 증거를 제시해 주셨을 때에야 사라졌다.

요한은 동일한 장면을 그리지만 거기에는 중요한 차이들이 있다. 그때는 부활주일 저녁이었고(요 20:19) 문들은 닫혀 있었다(혹은 NIV가 의역하는 것처럼 문들은 "잠겨져"[locked] 있었다). 두려움이 그들의 심장을 움켜쥐었다. 그리고 그들은 의심할 바 없이 예수의 비극적 운명이 곧 자신들의 운명이 될 것이라고 결론 내렸을 것이다. 성전 당국자들(헬라어 "유대인들", the Jews)은 그들을 찾아서 체포할 것이다. 그러나 그 대신에 예수가 그들에게 "오셔서"(comes) 그들 가운데 서신다. 의심할 바 없이 이 나타나심은 기적적인 것이다. 왜냐하면 요한은 이제 막 우리에게 문이 굳게 닫혀져 있었다고 말했기 때문이다. 그러나 예수가 어떻게 그들 사이에 육체로 나타나셨는가 하는 것은 우리가 알 수 없다.

"너희에게 평강이 있을지어다"라는 그의 말씀은(이것은 요 20:19과 21절에서 반복되어 나타난다) 표준적인 히브리 인사말이었다(삿 6:23; 19:20; 삼상 25:6; 요삼 1:15). 그것은 오늘날에도 중동지역에서 사용된다. 그러나 여기서 이 말씀은

---

10. 이 독법은 *gar*를 인과적인(causal) 것이 아니라 예견적인(anticipatory) 것으로 보고 있다. 참조. J. McGehee, "A Less Theological Reading of John 20:17," *JBL* 105 (1986): 299-302.

단순한 인사를 훨씬 뛰어넘는 것이다. 심오한 개인적 차원에서 예수는 세상에서의 그의 사역과 임재의 본질을 요약하시고 있다. 평강은 그의 나라의 선물이다. 요한복음 14:27과 16:33에서 예수는 이 평강이 그들에 대한 그의 선물이 될 것이라고 약속하셨다. 이제 그는 평강을 가지고 오셨다.

그의 나타나심에 대한 제자들의—그들이 예수의 상처의 증거를 본 후의—반응(요 20:20) 역시 약속된 것의 성취이다. "내가 진실로 진실로 너희에게 이르노니 너희는 곡하고 애통하겠으나 세상은 기뻐하리라 너희는 근심하겠으나 '너희 근심이 도리어 기쁨이 되리라'…지금은 너희가 근심하나 내가 다시 너희를 보리니 '너희 마음이 기쁠 것이요' 너희 기쁨을 빼앗을 자가 없으리라"(요 16:20, 22, 저자의 강조). 그들이 방안에서 예수를 보자, 그들은 기쁨으로 가득 찼다.[11]

요한복음 전체에 있어서 예수는 하나님에 의해 보내심을 받은 자로 기술되었다(예를 들어, 요 4:3; 5:23; 6:38). 이제 그의 사역이 거의 끝난 시점에서 그의 마지막 임무는 자신이 아버지에 의해 파송을 받았듯이 그의 제자들을 파송하시는 것이다. 그러므로 예수가 세상 속에서 하나님의 특별한 대표자(혹은 대리인)이었듯이 그의 제자들은 예수의 대리인들이 된다. 그들은 세상 속에서 일하면서 하나님의 실재성과 예수의 말씀의 진리를 증거한다.

그러나 요한복음에 있어서 예수의 파송의 한 가지 특징은 능력을 부여하심이다. 하나님은 아들을 보내셨을 뿐만 아니라 그를 성령으로 능력 있게 하셨다. 예를 들어, 예수의 세례에 있어서 중심적 사건은 (요한이 볼 때는) 물세례 자체가 아니라 예수에게 임하신 성령으로 기름부음을 받으신 일이었다. 예수에 대한 첫 번째 소개는 하나님의 말씀을 전한 세례요한의 선지자적 언급에서 비롯되었다. "성령이 내려서 누구 위에든지 머무는 것을 보거든 그가 곧 성령으로 세례를 베푸는 이인 줄 알라 하셨기에"(요 1:33).

이 이미지는 많은 방법으로 강화된다. 요한복음 3:34에서 예수는 하나님이 성령을 '한량없이' (without measure) 주신 한 분(one person)으로 알려진다(cf. 요 6:27). 무엇보다도 예수는 그 안에서 성령이 살아 있는 샘(living spring)처럼 흐르는 분(One), 생명과 상쾌하게 됨과 새롭게 됨의 근원으로 묘사된다. 그것들은 그가 영광을 받으신 이후에 주어질 것이다(요 4:15; 7:37-39; 19:30, 34). 그러므로 보

11. 이 구절들 모두에 있어서 "기뻐하다"(rejoice, 헬라어 *chairo*)의 사용은 요한복음 16장과 20장 사이의 직접적 연결을 제공한다. 이 연결들은 요 20:22의 성령의 선물을 성령(파라클레테)에 대한 약속들의 성취로 보는 주장에 있어서 중요한 부분이다. 계속 이어지는 주장을 참조하라.

냄을 받았다는 것(요 20:21), 하나님의 대리인으로 하나님의 일을 수행한다는 것은 예수가 능력을 받으신 것처럼 능력을 받음을 뜻한다. 우리는 예수가 성령의 기름부음을 받으신 것처럼 성령을 받아야 한다. 그것은 또한 예수가 약속하신 것이다.

따라서 요한복음 20:22은 요한복음 전체의 정점이 된다. 그의 공생애 전체를 통해 암시되었고, 다락방에서 약속되었고, 십자가에서 상징화되었던 성령은 이제 도발적이고 개인적인 방법으로 제자들에게 주어진다. 예수는 (그들에게) 숨을 내쉬시며 말씀하신다. "[그] 성령을 받으라."[12] 요한복음 20:22은 초막절에 주어진 말씀을 성취한다. 그곳에서 예수가 말씀하신 생수는 성령을 뜻했는데, 그것은 예수가 영광을 받으실 때까지는 주어질 수 없는 것이었다(요 7:39). 이제 영광의 때가 그 정점에 달했다. 예수는 떠나신다. 그리고 그는 자신 안에 있는 성령을 그들의 삶 속에 두신다.

이것은 요한복음에서 가장 논란이 되는 구절들 중 하나이다.[13] 모든 해석자들은 요한의 이야기에 있어서 부활주일의 기름부음의 신학적 의미를 어떻게든 문자로 표현해야 한다. 많은 이들은 여기서의 기름부음과 사도행전 2장에서의 성령의 주어짐을 구분한다. 일반적으로 세 가지의 주석적 입장들이 있다.

(1) **상징.** 어떤 이들에게 있어서 요한복음 20장에서의 설명은 요한복음에서의 예수의 많은 표적들과 마찬가지로 상징적 동작의 하나이다. 제자들은 성령을 받지 않았다. 그들에게 제공된 것은 성령이 어떤 것일지를 보여주는 상징이었다. 이것은 사도행전 2장과의 편리한 조화를 제공하는 반면(이럴 경우 성령의 유일한 주어짐은 오순절에만 발생한다), 요한복음에 있어서 기름부음이 결정적 사건이 되게 하는 데는 실패한다. 예수가 숨을 내쉬심은 하나님이 아담을 만드실 때의 창세기 2:7의 헬라어 본문을 상기시킨다(cf. 겔 37:5-14).[14] 예수는 에덴동산에서 죄가 폐허로 만들어 놓은 것을 재창조하신다. 그리고 요한복음 20:22의 명령형("받으라")은 요한복음 14:17의 약속을 직접적으로 지적하고, 그들이 (요 19:26-27; 20:27에

12. 정관사 '그'(the)는 헬라어 본문에는 없다. 마찬가지로 대부분의 영어 성경들은 "'그들에게'(*on them*) 숨을 내쉬시며"라고 번역하고 있지만, 헬라어 본문에는 '그들에게'가 없다. 그러나 그것들은 동사로부터 자연스럽게 유추할 수 있는 것들이다. 분명히 예수는 단지 "공기를 내뿜으시거나"(exhale) "한숨을 쉬지는"(sigh) 않으셨을 것이다.
13. 어떤 비판적인 독자들은 내가 이 문제 많은 구절을 어떻게 다루는지를 보기 위해 곧장 이 본문을 찾을지도 모른다. 나는 다음의 책에서 이 주제를 자세히 논했다. *The Anointed Community: The Holy Spirit in the Johannine Tradition*, 114-49. 나의 주장에 대해 비판적인 상세한 글로서는, M. Turner, *The Holy Spirit and Spiritual Gifts* (Peabody, Mass., Hendrickson, 1996), 90-102.
14. 두 경우 모두에 있어서 헬라어 동사 *emphysao*가 사용되었다.

서처럼) 즉시 겪게 될 경험을 암시한다. 세상은 성령을 '받을 수'(receive) 없다. 오직 예수를 따르는 자들만이 성령을 받을 것이다.[15]

(2) **부분적 기름부음(A partial anointing).** 다른 해석자들은 이것을 사도행전 2장과 조화시키기 위해 제자들이 7주 후에 주어질 완전한 성령의 선물을 위해 준비될 수 있도록 이때는 다만 부분적으로만 성령을 경험한 것이 아닌가 하는 의견을 내놓았다. 이 견해의 장점은 요한복음 20장의 기름부음을 실제적 사건으로 본다는 것이다. 하지만 그것은 어떤 종류의 사건이었는가? 이 입장이 주장하는 것은 여기서의 기름부음은 성령에 대한 부분적 선물이었으며 고별강화에서 약속된 성령(파라클레테)의 완전한 주어짐은 아니었다는 것이다. 그들은 파라클레테에 대한 약속은 고도로 개인적인데 반해 성령에 대한 이 약속은 이상하게도 비인격적이라고 한다.[16] ⓐ 어쩌면 이것은 제자들로 하여금 성직 사역을 위한 채비를 갖추게 하는 "성직 수여 선물"(ordination gift)일 것이다. 앞뒤의 구절들(요 20:21, 23)이 세상에서의 제자들의 사명을 지적하고 있다. ⓑ 어쩌면 이 선물은 생명과 회심(conversion)의 능력을 말하는지 모른다. 요한복음 6:33에서 생명과 성령은 직접적으로 연관되었다. 그리고 여기서 어쩌면 우리는 이것을 예수를 따르는 자들의 회심으로 보아야 할지도 모른다. 이를 통해 그들은 "구원을 받고"(saved) 예수의 메시야적 정체성을 완전히 받아들인다. ⓒ 아마도 예수의 육체적 임재가 우리가 요한복음 20:22를 그 동안 기다려 왔던 성령의 선물로 해석하는 것을 막을 지도 모른다. 예수의 영광(요 7:39)과 떠나심(요 16:7)은 이 선물의 전제조건이다. 그러므로 요한이 보기에 이것은 진짜 성령의 선물이긴 하지만 나중에 오순절이 되어서야 완전하게 될 것이다. 어떤 해석자가 말했듯이, 이것은 예수의 승천보다 먼저 주어진 태아적(embryonic) 파라클레테(Paraclete)이다.

(3) **진짜 기름부음.** 문제의 핵심은 요한이 다른 성령의 선물을 기대하지 않고 있

15. 카슨의 주석은 의심할 바 없이 상징적 해석 중에서 가장 자세한 것이다. 그러나 그의 견해에 대한 상세한 비판을 다음의 글에서 찾을 수 있다. T. R. Hatina, "John 20:22 in Its Eschatological Context: Promise or Fulfillment?" *Bib* 74.2 (1993): 196-219; 또한 참조. R. W. Lyon, "John 20:22 Once More," *Asbury Theological Journal* 43.1(1988): 73-85; J. van Rossum, "The 'Johannine Pentecost': John 20:22 in Modern Exegesis and in Orthodox Theology," *Saint Vladimir's Theological Quarterly* 35 (1991): 149-67; J. Swetnam, "Bestowal of the Spirit in the Fourth Gospel," *Bib* 74.4 (1993): 556-76.

16. 어떤 이들은 요한복음 20:22이 정관사를 결여하고 있다는 사실을 지적한다. "성령을 받으라"는 "'그' 성령을 받으라"와 같지 않다. 그러나 그런 주장은 부자연스럽다. 정관사는 요 1:32에서 예수가 세례시에 기름부음을 받으실 때도 빠져 있다. 누가도 때로 정관사를 생략하지만 그럼에도 불구하고 성령의 완전한 주어짐을 가리킨다(행 2:4; 8:7, 15).

다는 것이다. 그는 어떤 것이 올 것이라는 암시를 전혀 주지 않는다. 그리고 만약 우리가 사도행전의 이야기를 가지고 있지 않다면, 우리는 요한복음 20장이 예수의 모든 약속들을 성취하고 있다고 쉽게 결론 내릴 것이다. 동시에 누가는 부활주일에 다른 성령을 주심이 발생했다는 사실을 전혀 암시하지 않는다. 누가는 예수의 승천 이후 오순절에 주어지는 하나의 성령 주심만을 지적한다. 이것은 많은 학자들로 하여금 요한의 신학적 조망 안에서는 요한복음 20:22이 참으로 제자들이 성령으로 기름부음을 받은 순간이라고 결론을 내리게 만들었다. 본 장의 언어는 요한복음 14-16장의 약속들과 긴밀하게 연관되어 있으며 또한 참된 사건의 모든 특징들을 가지고 있다. 그리고 예수에 의해 사용된 어구는("성령을 받으라") 초기 기독교인들이 성령의 선물에 대해 사용했던 형식문으로서 쉽게 알아차릴 수 있는 것이었을 것이다.[17]

이 견해는 (나는 이것이 확실하다고 보는데) 요한복음 20장이 사도행전 2장에게 볼모로 잡혀서는 안 된다는 것과, 우리가 이 성령의 선물을 부활주일에 발생한 참된 변화의(transforming) 경험으로 볼 것을 요구한다. 요한복음은 성취(종말론적 성취)에 대한 기대를 계속적으로 드러내고 있다. 요한복음으로부터 이 요소를 제거한 해석은 이 복음서의 신학을 심각하게 훼손하고 있는 것이다. 부활하신 예수가 제자들과 함께 사셨던 기간은 의심할 바 없이 놀라운 영적 경험의 기간이었다. 그와 함께 있고 그를 이해한다는 것, 그의 참된 모습을 본다는 것은 하나님의 성령의 선물을 필요로 했다(누가는 이를 잘 알았다. 눅 24:13-35). 나는 성령이 제자들을 만지고 변화시키셨을 때 그들이 압도적인 영광을 여러 차례 경험했을 것이라고 믿는다.—그리고 그 모든 것은 예수가 부활주일에 그들에게 돌아오셨을 때 시작되었다. 그들이 오순절에 다른 방법으로 다시 한 번 능력을 받았다는 사실은 그들이 그 이전에 성령의 충만을 받았다는 사실의 가능성을 제거하지 않는다.

성령의 선물은 세상 속에서의 교회의 사역의 여러 측면들을 개괄적으로 설명해주는 두 메시지들과 함께 그 틀이 잡힌다. 20:21에서 우리는 제자들이 예수의 사명과 평행을 이루는 자신들의 사명을 어떻게 즐겁게 감당할 것인가 하는 것을 보았다(cf. 요 17:18a). 그리고 요한복음 20:23에서 예수는 죄를 용서하는 그들의 능력을 지적하신다(그것은 의심할 바 없이 그 사명의 일부이다). 이 구절을 이해하기

---

17. 요 7:39; 14:17; 롬 8:15; 고전 2:12; 고후 11:4; 갈 3:2,14. 이 어구는 특히 사도행전에서 자주 사용된다. 행 1:8; 2:38; 8:15,17,19; 10:47; 19:2.

위해서는 마태복음 16:19과 18:18의 밀접한 평행구를 살펴야 한다. 그곳에서도 예수는 사역 도중에 제자들에게 능력을 부여하신다(cf. 눅 24:47). 이 구절들은 교회 내에서 심각한 분열을 야기했다. 예수는 그를 따르는 자들 모두에게(분명히 사도들보다 더 많은 사람들이 거기 있었을 것이다) 이 능력을 주고 계신 것인가? 혹은 이것은 지도자들, 사도들만을 위한 직무인가? 그래서 오직 후대의 지도자들과 감독들, 사도의 계승자들만을 위한 것인가? 레이몬드 브라운(Raymond Brown)은 이 해석들의 소란스러운 역사를 설명한다. 그 역사를 보면 아무리 열성적인 주석가라 해도 머리를 흔들게 될 것이다.[18]

개신교의 견해는 보다 포괄적인 교회의 사역, 특히 세례주기와 제자 만들기 사역을(이것 역시 예수가 부활 이후 위임하신 사역들 중 일부이다. 마 28:19; 막 16:16) 지적해 왔다. 요한이 예수의 사역을 기술할 때, 그도 역시 구원과 심판 사이의 긴장을 암시한다. 예수는 인류를 구원하기 위해 세상에 오셨다(요 3:16-17). 그러나 구원을 거부하는 자들, 계시를 거부하는 자들에게는 눈멂과 심판이 남아 있을 뿐이다(요 9:39).

따라서 예수의 죽음은 세상의 구원을 가져오기도 하지만 세상의 심판을 가져오기도 한다. "때"(hour), 즉 세상을 구원할 때가 왔을 때 예수는 "이제 이 세상에 대한 심판이 이르렀으니"(요 12:31)라고 말씀하신다. 마찬가지로 그리스도의 영을 가지고 세상 속에서 예수의 일을 이어가고 있는 기독교인들은 그들의 선포를 통해 예수의 심판과 구원의 사역을 계속해 나가고 있다. 하나님이 그리스도 안에서 계시하신 것을 지적함을 통해, 어둠 속에서 하나님의 빛을 드러냄을 통해, 심판과 구원의 전망이 갑자기 모든 사람들 앞에 제시된다. 기독교인들은 변덕스럽게 용서를 나누어주지 않는다(혹은 어떤 사람의 죄를 계속 유지시키지도 않는다). 예수의 삶이 하나님의 지시에 대한 반응이었듯이(요 14:31), 기독교인들 역시 성령 안에 계신 예수(Jesus-in-Spirit)의 지시하심이 없이는 아무 것도 할 수 없다(요 15:5). 그들의 삶 역시 세상 속에서 자신의 영을 통해 예수가 지시하시는 것에 대한 반응이 되어야 한다.

---

18. Brown, *John*, 2:1039-45.

도마와 예수(요 20:24-29)

우리는 요한복음에서 이미 도마를 만난 적이 있다. 요한복음 11:16에서 도마는 혹시 자신이 죽게 된다 해도 예수를 따르겠다고 헌신했었다. 그것은 충성스러운(비록 비관적이긴 하지만) 감정이었다. 14:5에서 그는 예수가 떠나심에 대해 말씀하셨을 때 자신이 그의 말씀을 잘 알아듣지 못함을 순순히 인정했다. 이 마지막 에피소드에서 예수가 부활주일에 예루살렘에서 제자들에게 자신을 드러내셨을 때, 도마는 그곳에 있지 않았다(요 20:24). 예수가 부활하셨으며 그들을 방문하셨다는 말을 들었을 때도("우리가 주를 보았노라", cf. 20:18, 20) 도마는 여전히 회의적이고 완고했다. 그는 증거를 요구했다(요 20:25). 이 요구는 요한복음 4:48에 등장하는 가버나움의 왕의 신하 사건을 연상시킨다. "예수께서 이르시되 너희는 표적과 기사를 보지 못하면 도무지 믿지 아니하리라." 그때도 예수를 믿음으로 신뢰하기 전에 확실한 증거를 요구하던 사람들이 있었다.

이어지는 설명은 도마의 경험이 다른 제자들의 것과 대단히 유사했다는 사실을 우리에게 보이기 위해 애쓰고 있다. 다시 한 번 그날은 안식일 다음 날(요 20:26a), 즉 일주일 후 일요일이었다.[19] 또 다시 제자들은 문이 닫힌 가운데 방안에 있다. 그리고 예수는 그들에게 나타나셔서 인사를 하신다. 이 모든 것들은 부활주일에 일어났던 일을 조심스럽게 복사하고 있다(요 20:19-23).

예수는 요한복음 20:25에서의 도마의 도전을 들으셨다. 그가 요구한 증거, 즉 예수의 상처를 보고 만지는 것이 이제 제공되었다(요 20:26).[20] 도마는 예수가 사신 것을 볼 수 있었을 뿐만 아니라 못 자국과 창 자국도 만질 수 있었다. 요한은 예수의 초청에 의해 도마가 그런 행동을 했는지의 여부는 말하지 않는다. 20:29에 따르자면 도마는 눈으로 봄을 통해 믿음에 이르게 되었다.[21] 요한은 예수의 상처들의

---

19. 헬라어는 "팔일 후에"라고 말하는데 이것은 날을 셀 때 당일을 포함시키는 유대인들의 관습을 반영한 것이다. 그러므로 예수의 두 나타나심은 모두 일요일에 발생했다. 바나바 서신(*Epistle of Barnabas*) 15:9에도 마찬가지로 일요일이 여덟 번째 날로 기술되어 있다.

20. 눅 24:38-39의 평행구절에 주목하라: "예수께서 이르시되 어찌하여 두려워하며 어찌하여 마음에 의심이 일어나느냐? 내 손과 발을 보고 나인 줄 알라 또 나를 만져 보라. 영은 살과 뼈가 없으되 너희 보는 바와 같이 나는 있느니라."

21. 사도 교부 이그나티우스(Ignatius)는 제자들이 예수를 만졌다고 확신했다. 주후 110년에 서머나 사람들(Smyrnaeans)에게 쓴 글에서 그는 이렇게 말했다. "나는 그가 부활 이후에도 육체 속에 계셨음을 알고 또 믿는다. 그가 베드로 및 그와 함께 있던 자들에게 오셨을 때 그들에게 이렇게 말씀하셨다. '나를 만져 보라. 내게 손을 대 보고 내가 육체가 없는 유령이 아님을 확인하라.' 그러자 그들은 즉시 그를 만져 보

본질에 대해서는 어떤 정보도 주지 않는다. 그것들은 치료가 되었는가? 그것들은 고통스러운가? 예수가 아직도 고통을 겪고 있다거나 죽음의 위험 속에 있다고 생각하는 것은 그의 부활의 능력과 특성을 오해하고 있는 것이다.

"믿음 없는 자가 되지 말고 믿는 자가 되라"라는 예수의 권고는 헬라어에 있어서 훌륭한 리듬을 가지고 있다. (문자적 해석) "믿지 않는 자[*apistos*]가 되지 말고 믿는 자[*pistos*]가 되라"(요 20:27). 도마는 변화되도록, 그래서 예수를 보고 그를 믿음으로 받아들인 다른 제자들처럼 되도록 도전을 받고 있다. "나의 주님이시요 나의 하나님이시니이다"(20:28)라는 그의 응답은 놀람의 말도 아니고 하나님을 찬양하는 것도 아니다. 그것은 예수에 대한 도마의 진심 어린 믿음의 고백이다. 그러므로 우리는 "예수의 부활에 대한 가장 심한 의심꾼이 죽음으로부터 일어나신 주님에 대한 가장 위대한 고백을 하는 것"을 본다.[22]

이 말은 요한복음 1:1-18에 있는, 말씀이신 그리스도에 대한 찬양과 짝을 이루며 요한복음의 끝맺음 틀(closing frame)을 형성한다. 요한복음이 끝나 가는 시점에서 예수의 정체성에 대한 이보다 더 명확한 묘사는 상상할 수 없다. 요한계시록 4:11에서 장로들은 하나님의 보좌 앞에 엎드려서 비슷한 말의 찬송을 한다. "우리 주 하나님이여 영광과 존귀와 권능을 받으시는 것이 합당하오니 주께서 만물을 지으신지라 만물이 주의 뜻대로 있었고 또 지으심을 받았나이다."[23]

그러나 이 단락의 정점은 요한복음 20:29이다. 이 구절의 전반절은 질문(RSV, NRSV)이 아니라 진술(KJV, NEB, NIV)이다. 예수는 도마의 믿음을 얕보는 것이 아니라("그래서 '이제'[now] 네가 나를 보았기 때문에 믿느냐?") 단지 사실을 인용하신다("네가 나를 보았기 때문에 믿었구나"). 도마의 믿음은 봄(sight)에 닻을 내리고 있다. 그리고 예수는 축복의 말씀을 하시는데, 그것은 보고 믿는 자들을 위한 것이 아니다.—그러나 보고 믿는 것은 요한복음 전체에 있어서 틀림없이 덕목들 중 하나였다. 예수는 '보지 않고'(not seen) 믿는 자들을 축복하신다. 여기서 예수는 도마를 넘어서, 사도들의 범위를 넘어서, 교회의 세계, 사도들의 증언을 통해 믿음을 갖게 된 자들을 지적하신다. 이 구절들 속에서 병렬로 나열된 것은 눈으로 봄

고 믿었다. 그들은 그의 살과 피에 밀접하게 연합되었다…비록 그는 영적으로는 아버지와 연합된 분이셨지만 부활 후에 그는 육체로 구성된 사람처럼 먹고 마시셨다."(*Smyr.* 3:1-3).

22. Beasley-Murray, *John*, 385.

23. Brown, *John*, 2:1047은 "주 하나님"(Lord and God)이라는 표현이 라틴어에서 현직 황제 도미티안(Domitian, A.D. 81-96)에게 사용되었다고 말한다. "*Dominus et Deus noster*"(우리의 주님과 신).

에 근거한 믿음과 증거하는 자들의 말에 근거한 믿음이다. 도마가 보는 것을 필요로 했다고 해서 그의 믿음이 꼭 흠이 있는 것은 아니다. 그는 단지 특권을 누렸을 뿐이다. 이 제자들이 경험한 것과 같은 선물을 누렸던 이들은 아마 없었을 것이다.

예수는 이 복음서를 읽고 있는 사람들, 도마가 누렸던 것처럼 예수의 상처를 만져 볼 기회를 갖지 못한 (우리와 같은) 사람들을 염두에 두고 계시다. 그를 만져 보는 것보다 더한 특권은 없을 것이다. 그러나 요한은 표적들의 기록(즉, 그의 복음서)을 우리에게 제공했다(요 20:31). 그것은 같은 정도로 우리를 도울 수 있다. 우리가 도마가 했던 것과 같은 일을 하지는 않지만 우리는 그의 이야기를 가지고 있다. 그리고 이것은 우리에게 믿음을 위한 정당한 근거를 제공해 주어야 한다.

결론(요 20:30-31)

많은 학자들에게 있어서 이 구절들은 요한복음의 결론을 구성한다.[24] 요한은 예수가 제자들에게 많은 다른 표적들을 제공했으며 여기 제공된 것들은 단지 그 일부를 수집한 것에 불과하다는 사실을 인정한다(요 20:30). 이 말이 뜻하는 것은 요한은 예수에 대한 전승들의 풍부한 자원을 알고 있다는 것과 그가 편집자로서 그 자신의 문학적 요구들에 맞추기 위해 조심스럽게 자료들을 선별해야 했다는 것이다.

요한복음 20:31에서 요한은 복음서를 기록하는 목적을 밝힌다. 믿음은 생명으로 이끌고, 이 생명은 하나님의 아들 예수 그리스도의 능력을 통해 주어진 선물이다. 하지만 어떤 의미에서 요한은 믿음을 요청하고 있는 것일까? 이상하게도 서로 다른 사본들이 "믿다"(believe)에 대해 서로 다른 철자를 기록하고 있다. 그리고 그 차이는 중요할 수 있다. (1) 그 동사는 "부정과거 가정법"(*pisteusēte*), 혹은 (2) "현재 가정법"(*pisteuēte*)일 수 있다. 단지 헬라어 철자 "s"(*sigma*) 한 개가 그들을 구분한다.

이것이 복음서에 미치는 차이를 알아내기 위해 얼마나 많은 주석적 노력이 기울여졌는지를 보면 놀라울 뿐이다. 부정과거 가정법(aorist subjunctive) 동사의 시제는 요한이 사람들을 믿음으로 인도하기 위해 글을 쓰고 있음을 암시한다("너희

24. 많은 학자들에게 있어서 요한복음은 원래 20:31에서 마치고 21장은 후에 부록으로 추가되었다. 아마도 요 21장은 요한이 죽은 후에(요 21:22-23), 요 21:24에서 자신의 정체를 밝히고 있는 그의 가장 가까운 추종자들에 의해 추가되었을 것이다.

가 믿게 되기 위해"[that you come to believe]). 반면에 현재 가정법(present subjunctive)은 요한이 기독교인들의 믿음을 더 깊은 단계로 인도하고 있음을 암시한다("너희로 계속 믿게 하기 위해"[that you may continue believing]). 첫 번째 것은 복음전도를 뜻하고 두 번째 것은 격려를 뜻한다. 사본적 증거로는 이 문제를 결정할 수 없다. 증거들의 다수는 부정과거(첫 번째 경우)를 지지하지만 현재형은 중요한 사본들에 의해 증명이 되었기 때문에 무시할 수 없다.[25]

많은 학자들은 우리가 이 동사를 그렇게 세밀하게 문법적으로 구분할 수 있는가에 대해 의심한다. 요한복음의 목적은 그의 저술 의도와 그가 독자들에 대해 가지고 있던 가정들을 바라보는 좀더 넓은 시각을 가지고 연구되어야 한다. 만약 우리가 그렇게 한다면, 요한은 그의 독자들이 최소한 예수의 삶과 생각에 있어서 기본적인 것들을 알고 있었다는 것을 전제로 하고 있는 것처럼 보인다. 그들은 심지어 공관복음 중 하나를 읽었을 것이다.[26] 우리는 이것을 오늘날 우리의 요한복음 사용에서 본다. 요한복음은 기독교인들에 의해 사랑 받는 복음서이다. 이것은 성숙한 신자들이 예수 그리스도에 대한 통찰을 얻기 위해 연구할 수 있는 "영적 복음서"(spiritual gospel)이다. 요한복음의 고별강화(요 14-16장)를 살짝 살펴보기만 해도 우리는 예수가 자신이 죽은 후 세상 속에서 '믿는 자들로서'(as believers) 살아야 할 삶을 위해 어떻게 제자들을 준비시키시는가 하는 것을 볼 수 있다.

하지만 그렇다고 해서 요한복음은 믿음을 갖지 않은 자들에게는 별 도움이 되지 않는다는 말은 절대 아니다. 믿지 않는 자들을 괴롭히는 믿음과 의심의 문제는 또한 자주 기독교인들에게 짐이 되는 문제이기도 하다. 요한복음은 예수와 세상 속에서의 그의 사명에 대한 가장 분명하고 핵심을 찌르는 설명을 통해 두 종류의 청중들 모두를 섬기고 있다. 요한은 우리의 믿음을 강하게 만들기 위해 글을 쓰고 있다. 우리의 출발점이 어디인가 하는 것은 상관이 없다.

---

25. United Bible Society의 헬라어 번역 위원회에서는 독법의 불확실성 때문에 시그마를 꺾쇠괄호 속에 두기로(πιστεύ[σ]ητε) 결정했다. 참조. B. Metzger, *A Textual Commentary on the Greek New Testament* (London: UBS, 1971), 256.
26. 참조. R. Bauckham, "John for Readers of Mark," in R. Bauckham, ed., *The Gospels for All Christians: Rethinking the Gospel Audience* (Grand Rapids: Eerdmans, 1998), 147-71. Bauckham은 요한이 내적으로는 그의 독자들이 마가복음을 읽었을 것을 전제로 하고 있다고 주장한다.

상황잇기

본 장은 서른 한 절의 짧은 분량 속에 수많은 중요한 신학적 주제들을 담고 있다. 각 주제들은 조심스럽게 관심을 기울일 가치가 있다. 요한은 예수의 공적 사역 이야기의 끝에 다다랐다. 예수가 세례요한에 의해 세례를 받던 날부터 예수에 대한 요한의 관심은 다만 사실을 기술하는 것이 아니었다. 예수는 제자들을 위한 약속들을 가지고 계신 하나님의 아들이었다. 예수는 단지 세례를 받으신 분이 아니라 제자들에게 성령으로 세례를 주실 분이시다(요 1:33). 그는 성전인 자신의 몸을 무너뜨리고 그것을 다시 세우실 것이다(요 2:19). 그는 중생과(요 3:3) 생명의 물(요 4:10) 뿐만 아니라 세상의 생명을 위해 심지어 자신의 살까지(요 6:51) 제공하실 것이다. 그는 단지 자기 양떼를 돌보는 목자가 아니시다. 그는 생명을 다시 얻기 위해 생명을 버리는 목자이시다(요 10:17).

요한복음의 이야기는 계속적으로 '앞쪽을'(forward) 가리킨다. 그것이 가리키는 것은 설화들 속에 신비스럽게 묘사되고 있는 약속들이다. 그것들은 예루살렘에서 펼쳐질 클라이맥스 장면들을 고대하게 한다. 우리는 반복해서 "그때"에 대해 듣는다. 그때는 세상 속에서의 예수의 사역의 정점이다. 그때가 되면 예수의 죽음과 부활 그리고 아버지께로의 귀환이 발생할 것이다. 그리고 제자들은 사실상 모든 이야기들 속에 암시된 약속들을 통해 변화를 경험하게 될 것이다. 요한복음 11장의 나사로 이야기는 애도하는 친구들과 가족들에 의해 둘러싸여 있는 한 죽은 사람에 대한 전형적인 이야기이다. 그러나 그 이야기는 그 이상이다. 그것은 생명과 부활의 주님(Master)에 대한 이야기이다. 그는 단지 무덤으로부터 나사로를 불러낼 뿐만 아니라, 이 행위를 통해 그 자신의 무덤, 그 자신의 부활, 그리고 죽음으로부터의 그 자신의 충격적인 회복을 미리 보여주고 있다.

요한복음 20장은 그러므로 다른 모든 이야기들이 지적하고 있는 요한의 이야기의 '대단원'(denouement)이다. 여기서 줄거리와 약속의 신비들이 풀린다. 이것은 연극의 마지막 해결점이다. 그곳에서 주연배우인 예수는 무대의 중심으로 걸어가 모든 것을 밝힌다.[27]

믿음의 네 가지 예들. 예수는 단지 앞장들에서 약속되었던 모든 것들을 드러내시고 공급해 주시는 것만이 아니다. 우리는 믿음의 네 가지 예들, 네 가지의 서로 다

27. 나는 요한복음 21장이 참으로 복음서에 대한 부록이라고 주장할 것이다. 이것은 21장이 중요하지 않다는 뜻은 아니다. 그러나 요 21장은 클라이맥스인 20장에 이어 이야기를 완성시키는 "후기"(afterword) 혹은 마침 장면이다.

른 장면들을 볼 수 있다. 그 장면들은 부활하신 주님의 실체를 경험했을 때 제자들이 예수에게 보인 반응들을 보여준다.

(1) 베드로와 사랑하시는 제자는 무덤으로 달려간다. 비록 부활하신 주님은 보이지 않았지만 그들은 부활의 증거들을 본다. 그리고 사랑하시는 제자는 믿을 것을 선택한다.
(2) 마리아는 자신의 이름을 부르는 남자를 만난다. 그리고 그녀는 그가 예수임을 알아차린다. "내가 주를 보았다"가 그녀의 보고내용이다. 그 보고는 고별강화에서 예수가 주신 약속들을 반향한다.
(3) 제자들이 다락방에 모여 있다. 그들은 부활의 증거를 보는 것만이 아니라 예수를 보고, 그의 말씀을 듣고, 성령을 받는다. 에피소드들이 쌓여 가고, 우리는 또 무엇을 기대할 수 있을지 궁금해한다!
(4) 마지막 장면에서 우리는 도마를 만나는데 그는 우리와 전혀 다르지 않은 사람이다. 그는 부활의 구체적인 증거가 주어질 때만 믿음이 실체가 될 수 있는 사람이다. 그는 빈 무덤을 경험하지도 않았고 예수를 보거나 그의 음성을 듣지도 못했다. 그러므로 그에게 믿음은 강압적이고 불가능한 것으로 보였다. 도마는 예루살렘의 이야기를 '멀리 떨어져서'(from a distance) 읽는 우리를 위해 대리인의 역할을 한다. 우리는 보고를 듣고, 요한의 복음서를 읽고, 믿으라는 도전을 즉시 받는다. 도마는 자신이 원하는 것을 얻고 그래서 믿는다. 그러나 그는 예수의 상처를 만질 수 없는데도 불구하고 믿는 자들에게 선포하신 그 축복은 놓치고 만다. 예수가 지적하신 사람들은 현대 세계 속에서 살면서 믿음을 간직하고 있는 바로 우리와 같은 자들이다.

신학적 건물 블록들(building blocks). 이 네 이야기들은 함께 우리에게 일차적인 신학적 건물 블록들을 제공한다. 그것들은 본 장 속의 요한의 생각의 중심에 놓여 있다. 이것들을 인식하는 것은 요한의 메시지의 신학적 중심을 알아내는 데 도움이 될 것이다. 세 가지 주제들이 우리의 관심을 끈다.

(1) 요한은 부활의 실재성에 대해 우리에게 말하고 있다. 죽음을 이기는 예수의 생명의 능력과 확실성의 어떤 측면이 각 이야기들에 퍼져 있다. 성금요일 이후 비통에 잠겨 있던 제자들에게 영감을 불어넣은 것은 어떤 착각이나 환상 혹은 상상이 아니다. '무덤은 비어 있었다.' 베드로와 요한은 무덤으로 달려가서 증거를 검

토했다. 그리고 놀라움과 희망을 가지고 그곳으로부터 나왔다. 마찬가지로 마리아가 예수를 만났을 때, 그는 유령이 아니라 진짜 인간이었다. 예수는 의심할 바 없이 변화되어(transformed) 있었지만 말하고, 듣고, 껴안을 수 있는 진짜 인간이었다. 다락방에서 예수가 자신을 소개하실 때(요 20:20), 그는 자신이 유령이 아니라 십자가에 매달렸던 자와 같은 사람이라는 사실을 즉시 증명하셨다. 그는 육체를 가진 인간, 상처를 가진 인간이었다. 그는 너무나 실제적이었기 때문에 나중에 도마는 그를 만져 보도록 초청을 받았다.

요한에게 있어서 부활의 실재성은 예수 그리스도의 진리를 평가함에 있어서 중요한 역할을 담당한다. 부활은 요한복음 11:25의 단언을 증명한다. 만약 예수가 부활이요 생명이라면, 무덤 밖으로 나올 수 있는 그 자신의 능력이 그가 옳다는 것을 증명해 주는 첫 번째 증거가 된다. 요한은 그가 선포하는 예수에 대해, 즉 그의 교회가 믿음으로 받아들이고 있는 예수에 대해 쓸 때, 이 실재성을 늘 염두에 두고 있었다. 그의 첫 번째 서신의 서두를 읽어보자(요일 1:1-2).

> 태초부터 있는 생명의 말씀에 관하여는 우리가 들은 바요 '눈으로 본 바요 자세히 보고 우리의 손으로 만진 바라.' 이 생명이 나타내신 바 된지라 이 영원한 생명을 우리가 보았고 증언하여 너희에게 전하노니 이는 아버지와 함께 계시다가 우리에게 나타내신 바 된 이시니라.(저자의 강조)

요한은 오직 이 구절들이 소개하고 있는 부활 이후의 예수의 방문만을 지적하는 것 같지는 않다. 그는 부활 이후에도 전혀 감소되지 않았던 예수의 구체적인 실재성을 언급하고 있다. 예수의 실재성은 요한의 의식 속에 깊은 인식을 남겼고, 그는 그것을 결코 잊을 수 없었다. 그 실재성은 부활주일 이후에도 변함이 없었다. 부활하신 예수는 그 어떤 역사적 자료와도 다르지 않은 역사적 실체였다. 부활하신 예수는 모든 사람의 믿음의 일부가 될 필요가 있다. 마찬가지로 오늘날 현대 세계 속에서 이 부활에 대한 우리의 이해를 점검해 보는 것이 대단히 중요하다. 많은 현대 신학에 있어서 눈에 띄는 특징들 중 하나는 기독교 신앙에 있어서 예수의 가치는 인정하면서도 부활의 역사성은 내던져 버리려 하는 것이다. 우리는 그것을 탐구해 볼 필요가 있다.

(2) 요한은 또한 제자들이 부활하신 예수와의 관계를 어떻게 인식해야 하는가에 대해서도 말해 주고 있다. 나의 주석에서 밝힌 바와 같이 요한복음 20장은 요한

복음 14-16장의 고별강화에서 제공된 모든 약속들의 성취이다. 고별강화 속에서 예수는 그의 돌아가심과 성령의 능력을 통한 내주하심에 대해 말씀하셨다.

마리아에 관한 요한의 사랑스러운 이야기는 부활은 예수가 그들 사이에서 다시 옛날처럼 육신을 가지고 사시게 되는 것을 뜻한다는 (마리아와 같은) 제자들의 오해를 수정해 주고 있다. 반대로 예수는 영광스럽게 되신다. 제자들 사이에서의 그의 임재방식은 달라져야 한다. 마리아는 예수가 그들과 함께 살고, 일하셨던 방식에 예수를 "붙들어 둘"(hold on) 수 없다. 마리아는 예수와의 친밀성의 본질에 대해 다시 생각해 봐야 한다. 그것은 새로운 친밀성, 영적 친밀성이 될 것이며, 성령의 오심으로 실현될 것이다. 그리고 그것은 다락방에서의 다음 에피소드에서 성취될 것이다.

다락방에서 주어진 선물은 동산에서 마리아가 열망했던 것의 만족으로 볼 수 있다. 예수는 제자들의 삶 속으로 들어가기를 원하시며, 그들 속에 완전히 내주하시기를 원하시고, 그들에게 (그의 숨을 통해 상징화 된) 성령을 제공하기를 원하신다. 그것은 그가 3일 전에 제공하신 소망을 성취하시기 위해서이다. 요한일서에서 저자는 기독교인들에게 정체성과 능력을 주어 그들을 세상과 구별되게 하는 것이 무엇인지를 설명하려고 애쓴다. 요한은 "'그의 성령'을 우리에게 주시므로 우리가 그 안에 거하고 그가 우리 안에 거하시는 줄을 아느니라"라고 말한다(요일 4:13, 저자의 강조). 성령은 예수의 영이다. 그것은 그의 친구들 속에서의 그리스도의 강력한 임재이다. 우리는 이 강조가 우리를 위해 무엇을 의미하는지, 그리고 그것이 오늘날 기독교인의 경험을 위해 어떤 가능성들을 제공하는지 탐구해 볼 필요가 있다.

(3) 요한복음 20장은 믿음에 대해 우리에게 할 말이 많이 있다. 우리는 그 사실에 대해 놀라서는 안 된다. 왜냐하면 이 구절들의 마지막에서 요한은 믿음을 촉진시키는 일이 복음서의 첫 부분에서부터 자신의 목적이었다고 말하고 있기 때문이다. "오직 이것을 기록함은 너희로 예수께서 하나님의 아들 그리스도이심을 믿게 하려 함이요 또 너희로 믿고 그 이름을 힘입어 생명을 얻게 하려 함이니라"(요 20:31).

이 정점을 이루는 장 속에서 우리는 믿음의 이야기들과 독특한 경험들의 목록을 가지고 있다. 베드로와 요한은 무덤의 증거를 가지고 있다. 마리아는 만남의 "증거"(evidence)를 즐긴다. 사도들은 (다른 이들과 함께) 결국 성령을 경험한다. '그러나 스포트라이트는 도마에게 비추인다.' 그는 자기 자신의 "증거"가 그들의 증거와 일치할 때까지 믿기를 거부한다(요 20:25). 그에게 믿음을 위한 객관적 증거가 주어졌을 때(요 20:27), 예수는 그의 믿음을 인정하신다(요 20:29). 그러나 증거에 대한 그런 요구가 모든 사람에 대해 다 충족될 수는 없으리라는 것을 지적하신다. 참으로 축복을 받은 사람들은 도마와는 달리 육체적 증거가 제공되지 '않는' (not) 상황에서도 믿는 자들이다.

물론 이것은 사도 시대 이후를 사는 우리에게 쉬운 숙제를 던지고 있는 것은 아니다. 믿음은 객관적 기준에 기초해야 하는 것인가? 만약 그렇다면, 우리는 그것을 찾기 위해 어디로 가야 하는가? 혹은 믿음은 내적인 소망의 경험으로서 객관적 실체와는 상관이 없는 것인가? 믿음은 완전히 경험적이고 정서적인 것, 내부감정적(inner-emotional)이거나 심리학적인 결정으로서, 우리가 어떻게 살고 생각해야 하는가에 대해서는 영향을 미치지만 (빈 무덤과 같은) 어떤 특정한 역사적 사건들에는 닻을 내리고 있지 않은 것인가?

이 주제는 요한서신에도 나타난다. 그곳에서 요한은 믿음이라는 주제에 큰 관심을 나타낸다("믿음"[faith]과 관련된 단어들이 모두 21회 등장한다). 그것은 요한서신의 주요 주제들 중 하나이다. "예수께서 그리스도이심을 믿는 자마다 하나님께로부터 난 자니 또한 낳으신 이를 사랑하는 자마다 그에게서 난 자를 사랑하느니라"(요일 5:1). 그렇다면 믿음의 특징은 무엇인가? 우리가 요한의 생각을 현대 세계에 적용시기키 위해서는 이 주제에 대해 탐구해 보아야 한다.

현대적 의미

부활과 성령과 믿음! 기독교인의 삶에 있어서 이 세 주제들보다 더 중심적인 것이 있을까? 요한이 볼 때 성숙한 기독교인들은 이것들이 무엇을 의미하는지에 대해 잘 정리된 이해를 가지고 있어야 한다. 각 주제들은 요한의 기독론과 직접 연결되어 있고, 그렇기 때문에 예수는 우리의 제자도의 중심이 되신다. 부활은 하나님으로부터 진리와 은혜를 가져다주는 거룩한 메신저, 하나님의 아들로서의 예수의 정체성을 확인해 준다. 성령은 '성령 안의 예수'(Jesus-in-Spirit)가 제자들 속에 내주하시는 것이다. 성령은 그들을 그의 메신저로 만들며 그래서 그들은 예수와 마찬가지로 하나님의 은혜와 진리를 세상에 전달하게 될 것이다. 그들은 (예수처럼) 자신들이 "듣고 보는"(hear and see) 것을 반향한다. 왜냐하면 예수와 마찬가지로 하나님의 영이 그들 속에 계시기 때문이다. 믿음은 하나님의 약속들과 능력 주심 아래서 우리가 세상을 어떻게 살아야 할 지를 정의해 준다. 믿음은 우리에게 확신과 소망을 제공한다. 그래서 우리가 세상 속에서 무엇을 경험하든지 그리스도에 대한 우리의 헌신을 타협하지 않도록 만들어 준다.

부활의 진정성. 1994년 10월에 시카고에 있는 무디 기념 교회(Moody Memorial Church)에서는 부활에 대해 상당히 다른 견해를 가지고 있는 두 학자들간에 중요하고 격렬한 논쟁이 벌어졌다. 신문 잡지의 칼럼니스트인 윌리엄 버클리(William F. Buckley Jr.)가 사회를 맡았고, 탤봇신학교(Talbot School of Theology, Los Angeles)의 윌리엄 레인 크레이그(William Lane Craig)와 더폴대학교(DePaul University, Chicago)의 존 도미닉 크로산(John Dominic Crossan)이 복음서들에 나타난 예수라는 인물의 역사성에 대해 의견을 피력하도록 초청을 받았다. 버클리는 위대한 신약 학자인 고(故) 조지 래드(George Ladd)를 인용하면서 저녁행사를 시작했다.

> 기독교 종교의 스캔들의 독특성은 역사적 사건들을 통해 계시가 전달된다는 점에 있다. 기독교는 단지 삶의 규범 혹은 종교철학이 아니다. 그것은 역사의 실제 사건들에 뿌리를 두고 있다. 어떤 사람들에게 있어서 이것은 곤혹스러운 일이다. 왜냐하면 그것이 뜻하는 것은 기독교의 진리는 어떤 역사적 사실들과 풀릴 수 없게 묶여져 있다는 것이기 때문이다. 그래서 그 사실들이 참이 아닌 것으로 증명이 된다면, 기독교는 거짓으로 판명나게 될 것이다. 이것은 기독교를 독특하게 만드는 것이다. 왜냐하면 다른 세계 종교들과는 달리 현대인은 역사적 증거를 통해 기독교의 증거를 실제로 증명할 수 있는 수단을 가지고 있기 때문이다.[28]

버클리는 이 인용의 중요성을 올바르게 인식했다. 왜냐하면 그것은 논쟁의 핵심이 된 문제를 정확하게 강조해 주고 있기 때문이다. 역사적 사건들은 기독교에 있어서 중요한가? 역사 속에서의 거룩한 사건들은 방어될 수 있는가? 만약 기독교의 주요 주장들 중 하나—예수의 부활—가 비역사적인 것으로 증명된다면, 우리의 믿음에는 어떤 일이 생길까?

논쟁이 전개되자, 예수의 역사성에 대한 논의는 재빨리 예수의 '부활'(resurrec-

---

28. 논쟁의 내용 전체를 읽어보기 원한다면, P. Copan, ed., *Will the Real Jesus Please Stand Up? A Debate Between William Lane Craig and John Dominic Crossan* (Grand Rapids: Baker, 1998). 그 논쟁은 약 43쪽에 걸쳐 기록되었다. 그 기록 뒤에는 양측 주장을 개괄해 주는 논문들을 붙여서 책을 만들었다. 첫 부분에서의 버클리의 래드 인용은 24쪽에 등장한다.

tion)의 역사성에 대한 논의로 바뀌었다. 크로산에게 있어서 부활은 역사적 사실이 아니라 은유였다. 그의 주장에 따르자면 은유는 진리를 내포하지만 그렇다고 해서 그것이 반드시 역사 속에서 발생한 실제적 사건에 기초를 두고 있어야 할 필요는 없다. 예수의 부활에 대한 기독교의 관념은 환상이나 환각 혹은 성경읽기에서 기원한 믿음에서 왔을 수도 있다. 그러나 그것은 역사 속에서의 증거로부터 온 것은 아니다.[29] 크레이그의 대답은 방어 가능한 역사적 사실로서의 부활에 대한 그의 관심과 전문지식을 재확인해 주었다.[30] 그러나 크레이그가 효과적으로 드러낸 사실은 크로산에게 있어서 역사적 부활의 '부재'(absence)는 그의 기독교 이해에 어떤 차이도 만들어 내지 않는다는 것이다.

이 논쟁은 해가 지날수록 그 열기가 더해졌다. 크로산의 동료이자 신약학자인 마커스 보르그(Marcus Borg)는 그의 저술과 개인적 활동을 통해 기독교인들이 예수의 역사성에 대해 다시 생각해 보아야 한다는 주장을 계속 펼쳤다.[31] 그에게 있어서 부활은 단지 아무런 문제가 되지 않는다. 예수의 부활한 몸의 육체성은 단지 후기의 예수 추종자들이 만들어 낸 신화일 뿐이다. 이에 대해 반대하는 학자로는 영국의 신약신학자인 라이트(N. T. Wright)가 있다. 그는 여러 차례 공적 논쟁에서 보르그와 맞부딪쳤으며 최근에는 두 학자 사이의 충돌을 적나라하게 드러낸 책이 출판되었다.[32]

우리는 이 논쟁에서 무엇이 문제인가 하는 것을 이해하고 있다. 예수와 그의 부활의 역사성에 대한 우리의 방어는 성경의 신뢰가능성에 대한 우리의 헌신에 일차적으로 의존하고 있는 것이 아니다. 그것보다 더 근본적인 무엇인가가 문제가 되

---

29. 크로산(Crossan)은 그의 견해에 대한 광범위한 인기로 유명하다. 사실 그는 개인적으로는 예수가 얕은 범죄자들의 무덤에 묻혔고 그의 시신은 들개들에게 먹혔다고 믿는다. 물론 이에 대한 증거는 전혀 없다. 그의 글들을 참조하라. *Jesus: A Revolutionary Biography* (San Francisco: Harper, 1994), and *The Birth of Christianity: Discovering What Happened in the Years Immediately After the Execution of Jesus* (San Francisco: Harper, 1999).

30. 참조. W. L. Craig, *The Historical Argument for the Resurrection of Jesus* (New York: Edwin Mellen, 1989), and *Assessing the New Testament Evidence for the Historicity of the Resurrection of Jesus* (New York, Edwin Mellen, 1989).

31. 크로산(Crossan)과 함께 보르그(Borg)는 유명한 "예수 세미나"(Jesus Seminar)의 창립멤버이다. 그의 인기 있는 책들로는, *Meeting Jesus Again for the First Time* (San Francisco; Harper. 1995).

32. M. J. Borg and N. T Wright, *The Meaning of Jesus: Two Visions* (San Francisco, Harper, 1998). 라이트는 많은 책들을 썼다. 현재의 주제를 위해서는, *Who Was Jesus?* (Grand Rapids: Eerdmans, 1992). 보다 전문적인 책으로는, *Jesus and the Victory of God* (Minneapolis: Fortress. 1996). 그의 최근의 책을 참조하라. *The Challenge of Jesus: Rediscovering Who Jesus Was and Is* (Downers Grove: InterVarsity, 1999). 라이트는 런던 웨스트민스터 대성당(Westminster Abbey, London)의 Canon Theologian이다.

고 있다. 지난 삼백 년 동안 신학자들과 철학자들은 역사와 신학(혹은 계시) 사이의 관계에 대해 논쟁해 왔다.[33] 예수에 관한 신약 이야기는 실제 사실과는 거의 상관없는 신화적 초상화를 우리에게 제공하고 있다고 주장되고 있다. 일단 예수를 메시야라고 믿게 되자 경건하지만 방향이 잘못된 헌신자들이 그에 대한 신화와 전설들을 만들어 냈다고 한다. 복음서들 속에서 초자연주의를 제거해 버리려 했을 때, 부활은 그 첫 번째 희생물이 되었다.

이 노선에 속한 학자들은 객관적 사실들은 우리가 손에 넣을 수 없는 것이라고 주장한다(왜냐하면 역사 기록들은 발생한 일에 대한 있는 그대로의 설명을 결코 우리에게 제공해 주지 않기 때문이다). 그러나 그들은 또한 그런 사실들은 신학적으로 중요하지 않다고 주장한다. 진정한 믿음은 역사적 사건의 신뢰가능성에 의존하지 않는다고 한다. 어떤 학자가 말한 것처럼, "역사의 우연적 진리들은 결코 이성의 필연적 진리의 증거가 될 수 없다."[34] 이 학자들에게 있어서 진리는 역사의 장 밖에서—특히 이성이나 개인적 경험의 영역에서—추구된다. 그리고 종교적 연구는 성경시대로부터 기독교인의 생각 속에서 성장해 온 신화와 미신의 층들을 벗겨 내는 일을 해야 한다. 일단 이 작업이 완성되면 우리가 다음에 해야 할 일은 신화적 이야기가 전달하려고 시도했던, 시간을 초월한 진리를 찾아내는 일이다. 마커스 보르그의 말을 들어보자.

> 지금 나는 부활주일을 대단히 다르게 바라본다. 나에게 있어서 무덤이 비었는가 아닌가 하는 것은 아무 상관이 없다. 부활주일에 예수의 물리적 몸에 어떤 놀라운 일이 발생했는가의 여부도 내게는 상관이 없다. 내가 주장하고 싶은 것은 무덤이 비지 않았다거나 그의 몸에 아무 일도 발생하지 않았다는 것이 아니라 단지 그런 것은 아무 상관이 없다는 것이다. 내가 볼 때는 부활주일의 진실여부는 이 문제에 있어서 중요한 것이 아니다.[35]

---

33. 참조. D. Fuller, *Easter Faith and History* (London: Tyndale, 1965). 혹은 보다 최근의 책으로는, C. Brown, ed., *History, Criticism and Faith* (Downers Grove: InterVarsity, 1977), idem, "Historical Jesus, Quests of," in J. Green, S. McKnight, I. H. Marshall, *Dictionary of Jesus and the Gospels* (Downers Grave: InterVarsity, 1992), 326-41.
34. G. Lessing, 다음에서 재인용, Fuller, *Easter Faith and History*, 34. 레싱에게 있어서 역사와 신학 사이의 단절은 그가 넘을 수 없는 "넓고 흉한 도랑"(broad ugly ditch)이 되었다. 그는 "계시는 인간의 이성이 스스로의 힘으로 도달할 수 없었던 그 어떤 것도 인류에게 가져다주지 않는다"라고 쓰고 있다.
35. M. Borg, *The Meaning of Jesus*, 131.

예수의 역사성에 대한 논쟁이 결국 그의 부활에 초점을 맞추는 이유는 이 하나의 사건, 역사성에 대한 이 하나의 주장이 가장 반대할 만한 것이 되기 때문이다. 부활주일은 예수가 무덤으로부터 살아난 것과 같은 굉장하고 신적인 사건들이 역사 속에서 발생했다고 주장한다. 부활주일은 그런 사건들이 역사 속의 진짜 사건으로 규정되고 연구되어야 할 뿐만 아니라 그것들이 신앙을 위한 신뢰할 만한 토대로 간주될 수 있다고 주장한다. 우리는 '역사 속에서 활동하시는 하나님' 을 믿는다. 그리고 그 활동들은 인간들에 대한 그의 진지한 계시로 간주되어야 한다.

점점 더 많은 신약 학자들이 신학과 역사 사이의 이런 분리는 받아들일 수 없는 것이라는 데 대해 동의했다. 그런 믿음은 필연적으로 그 어떤 객관적이고 역사적인 기반도 가지고 있지 않은 현대판 영지주의(Gnosticism)로 이끌게 될 것이다.[36] 학자들은 단지 기독교 신학에서 역사의 절대적 필요를 위해서만이 아니라[37] 복음서들 자체의 확실성과 놀라운 신뢰성을 위해 그런 주장을 해 온 것이다.[38] (보르그[Borg]나 크로산[Crossan]처럼) 역사 없는 기독교, 거룩한 사건들에 닻을 내리지 않은 기독교를 주장해 온 사람들은 점점 더 거절당하고 있는 회의주의의 시대를 대표한다. 그들의 목소리는 크고 대중에게 잘 선전되고 있지만 그것은 요한이 주장하고 있는 믿음과는 충돌하는 이전의 회의주의 시대로 돌아가고 있는 것이다.

부활에 대한 요한의 설명은 만약 그것이 부활주일에 참된 역사적 사건들이 발생했다는 독특한 확언이 아니라면 아무 것도 아닌 것이다. 이것이 바로 빈 무덤의 특징과(수의가 놓인 모습) 예수의 부활한 몸의 성격에(그의 많은 상처들) 대해 그토록 세부적으로 설명하고있는 이유이다. 요한은 보르그와 크로산이 거부하는 바로 그 것을 확언하려 노력하고 있다. 이 예수는 환상이 아니라 실재 사람이다. 그는 부활의 능력에 의해 변화되기는(transformed) 했지만 말할 수 있고 만져질 수 있는 부활한 사람이다. 도마는 (마치) 고대의 신학적 회의론자처럼 드라마 속으로 걸어 들어온다. 그는 거룩한 사건들은 역사 속에서 발생하지 않으며, 자신이 실체를 확인해 보기 전까지는 그것을 믿지 않을 것이라고 주장한다. 그러므로 도마의 에피소드는 현대의 의심 많은 자들을 위한 극적인 선물이다.

---

36. 나는 여기서 1953년에 행했던 E. Käsemann의 유명한 강의 "The Problem of the Historical Jesus"를 생각하고 있다. 그의 책 참조. *Essays on New Testament Themes* (Naperville, Ill.: Allenson, 1964). 15-47.

37. 참조. C. Stephen Evans, *The Historical Christ and the Jesus of Faith: Incarnational Narrative as History* (Oxford: Oxford Univ. Press, 1996).

38. 참조. C. Blomberg, *The Historical Reliability of the Gospels* (Downers Grove: InterVarsity, 1987).

우리는 도마처럼 믿도록 초청을—아니 도전을—받고 있다. 그러나 요한은 우리가 동일한 기회들을 가지고 있지 않다는 사실을 완벽하게 이해하고 있다. "보지 못하고 믿는 자들은 복되도다." 이것이 바로 요한복음 20장의 이야기 속에서 사랑하시는 제자가 가장 중요한 인물들 중 하나가 되는 이유이다. 그는 무덤 안을 들여다보고, 증거를 보고, 믿는다(요 20:8). 그는 부활하신 예수를 보지 못하지만, 그 뒤에 남겨진 것을 본다. 그는 돌과 직물로 구성된, 역사 속에서의 하나님의 활동의 유물을 보고는 믿기로 결정한다.

이것이 오늘날 우리의 상황이다. 요한은 우리가 예수를 따르기를 원한다면 믿음은 단지 합리적 선택이 아니라 필수적인 결정임을 우리에게 설득하기 위해 그가 모을 수 있는 최선의 증거들을 모아 우리에게 제공했다. 예수는 그의 지속적인 타당성을 우리의 생각이나 윤리 속에서 찾을 수 있는 어떤 '생각'(idea)의 체계가 아니다. 예수는 인격체이시다.—그는 인간 역사 속으로 성육신하신 하나님이시다.—그리고 그는 세상에 계실 때, 우리가 보고 판단하고 신뢰할 수 있는 표식들을 남기셨다. 부활은 예수의 이력에 있어서 머릿돌과 같은 사건이다. 그것은 그의 성육신 이후 발생한 일들의 실체를 보여준다. 부활이 없다면 기독론적 사고의 하부구조는 붕괴해 버리고 예수는 몇 가지 선한 생각을 가진 유대 선생들 중 하나가 되고 만다.

바울은 고린도전서 15:14에서 같은 점을 지적한다. "그리스도께서 만일 다시 살아나지 못하셨으면 우리가 전파하는 것도 헛것이요 또 너희 믿음도 헛것이며." 존 업다이크(John Updike)도 그의 시 "부활주일의 일곱 연(聯)들"(Seven Stanzas at Easter)에서 같은 생각을 보여준다.

> 실수하지 말라: 만약 그가 일어나셨다면
> 그것은 그의 몸(His Body)이 일어나신 것이다.
> 만약 분해되었던 세포들이 다시 조합하고,
> 분자들이 다시 배열을 이루고,
> 아미노산이 다시 열을 내지 않는다면,
> 교회는 무너질 것이다.…
>
> 은유, 유추, 모호한 초월성 같은 것으로
> 하나님을 조롱하지 말자.
> 그 사건을 비유라고,

이전 시대의 신뢰하기 힘든
희미한 표적이라고 말하지 말자.
우리는 문을 통해 들어가기로 하자.
돌문이 굴려졌다. 종이로 만든 문이 아니다.
이야기 속의 돌이 아니다.
무겁고 딱딱한 진짜 돌문이
오랜 시간 동안 깎아서 만든 육중한 돌문이
우리를 위해 옆으로 비켜줄 것이다.
오, 그때 보이는 저 밝은 빛…[39]

성령의 중심성. 동산에서 예수와 마리아가 만나는 극적인 장면을 그린 가장 유명한 그림들 중 하나가 이태리 파두아(Padua)에 있는 중세 프레스코(fresco)화이다. 지오토 디 본디니(Giotto di Bondini)가 그린 그림에서 예수는 무덤에서 걸어 나오시면서 그의 오른손을 뻗어 무릎을 꿇고 간구하고 있는 마리아가 가까이 오지 못하도록 막으시고 있다. 그녀는 두 팔을 벌리고 예수에게 접근하려 하지만 그는 한 팔로는 마리아를 멀리 떨어뜨리시고 다른 팔로는 승리자의 깃발을 드신 채 걸어가 버리신다. 이것은 불행한 장면이다. 그리고 요한복음 20장의 해석에 미친 이 그림의 영향은 비극적이다. 예수는 멀리 떨어져 계시다. 그는 떠나가고 계시고 이 여인에 의해 붙잡히실 수 없다. "나를 붙들지 말라"(요 20:17)가 아마도 그의 말씀일 것이다.[40]

동산의 마리아의 그림은 요한복음 20장에서 눈에 띄는 이미지이다. 그러나 본디니는 그 이야기의 강조점을 완전히 놓치고 있다. 이 이야기는 이어지는 다락방 이야기와 연합하여 예수가 이제 막 제자들과 시작하시려고 하는 새로운 교제와 내주하심에 대해 말하고 있다. 그러나 이야기 속에 숨어 있는 다른 주제들이 그 길을

39. J. Updike, "Seven Stanzas at Easter," from *Telephone Poles and Other Poems* (New York: A. Knopf, 1963).

40. Giotto di Bondini(1267-1337)는 유명하고 영향력이 큰 중세 이탈리아 화가였다. 이 그림, *Noli me tangere*("나를 만지지 말라")는 the Capella Scrovegni, Padua에 있으며, http://gallery.euroweb.hu/html/g/giotto/padova/3christ/index.html. > scene 37에서도 그림을 볼 수 있다. (현재[2010년 2월]는 웹사이트 주소가 바뀌었다. http://www.wga.hu/index1.html > search > noli me tangere > 9th picture-옮긴이) 그 프레스코화에 대한 해석을 보려면, Teresa Okure, "The Significance Today of Jesus' Commission to Mary Magdalene," IRM 81 (1992): 177-88.

예비한다.

그 이야기 속에서는 많은 성경적 이미지들이 암시되고 있다. 신약 세계의 사람들은 성경의 이야기들과 은유들을 잘 알고 있었기 때문에 그들에 대해서는 풍부한 이미지들을 마음껏 사용할 수 있었다. 오늘날 우리와는 거리가 멀어 보이는 암시들도 그들에게는 익숙하고도 분명한 의미를 지닌 것이었을 것이다. 예를 들어, 오직 요한만이 이 사건들이 동산에서 발생했다고 말한다.—그 동산은 향품으로 가득 차 있다(요 19:39).—이것은 즉시 아가서의 이미지를 연상시킨다(아 1:3, 12; 3:6; 4:6, 10; 5:1, 13). 마리아는 향품으로 가득 찬 동산에서 사랑하는 사람을 찾은 여인, 그와 함께 있고 싶어 하는 여인, 그를 안고 싶어 하는 여인이다.[41] 그러므로 이 배경은 우리에게 친밀함과 연합, 지극한 기쁨, 그리고 새롭게 됨을 지적해 준다.

요한은 마리아의 이름이 갖는 상징적 중요성도 놓치지 않았다. 미리암은 모세의 가장 유명한 누이였다. 그녀는 나일강 위에 놓인 아기 모세의 여행을 지켜보았다. 유프라테스(Euphrates)의 듀라 유로포스(Dura Europos)에 있는 한 고대 유대인 회당에는 이 장면을 조심스럽게 그린 프레스코화가 있다. 물위에 떠 있는 모세의 침대는 관과 무덤이 된다. 아기 모세는 그곳으로부터 생명으로 일어선다(따라서 죽음을 면한다).[42] 구약의 미리암은 심지어 선지자가 되어(출 15:20-21; 민 12:1-2) 이스라엘에게 메시지를 전한다. 요한은 이야기 속에서 그녀의 이름을 헬라어 '마리아'(Maria)로 부르는 반면, (새 모세이신) 예수는 요한복음 20:16에서 그를 만나셨을 때 특이하게도 그 이름의 히브리어 형태인 미리암(Miriam)을 사용하신다(헬라어 *Mariam*, 히브리어 *Miryam*). 그는 그녀를 "미리암 막달레네"(Miriam Magdalene)로 부르신다. 여기서 막달레네는 히브리어 명사 '믹달'(*migdal*) 즉 "도시 사람"(towner)을 암시한다. 새 모세를 돌보는 사람, 이 친밀한 협조자는 이제 단순한 "마리아"(Mary)에서 미리암으로, 사도들에게 선지자적 메시지를 전해주는 '믹달'로 변화되었다. 여성들은 특사 혹은 메신저의 지위를 (혹시 있었다 해도) 거의 누리지 못했다. 중요한 사건에 대한 법적인 증인의 역할은 더욱

41. 참조. J. D. Derrett, "Miriam and the Resurrection (John 20:16)," *Downside Review* 111 (1993): 174-86. 서방교회의 예식서(liturgy)에서 성 막달라 마리아 축일(7월 22일)은 아가서와의 연관성을 분명히 보여준다.

42. 이 프레스코화는 현재 다마스커스 국립 미술관(National Gallery, Damascus)에 있지만 듀크대학교(Duke University)의 웹사이트에서도 찾아볼 수 있다. http://www.duke.edu/~nwb/synagoge/durplan.html#kraelp51. 참조. E. J. Bickerman, "Symbolism in the Dura Synagogue: A Review Article," *TR* 58 (1965): 127-51.

맡기 힘들었다. 마리아에게 달려가서 소식을 전하도록 하신 것은 예수가 그녀에게만 허락하신 커다란 명예였다.[43]

어떤 해석자들은 요한이 "동산"(garden)이라는 주제와 연결되는 수많은 성경 주제들을 의도적으로 포함시키고 있다고 믿고 있다. 만약 그렇다면 요한복음 20:15에서 마리아가 예수의 정체를 못 알아보고 그를 동산지기라고 생각한 것은 우연이 아니다. 니콜라스 와이엇(Nicholas Wyatt)은 유대교에서 에덴동산을 거룩한 땅(Holy Land) 안에 위치시킨 역사적 증거들을 보인 후, 에덴동산의 주제들이 당시의 문헌들 속에 얼마나 많이 등장하는지를 보여준다. 만약 그 이미지가 여기서 작동하고 있다면(여기서 많은 이들은[44] 우리에게 주의를 줄 것이다.) 이 이야기에서 우리는 "낙원"(Paradise) 안에서 동산의 지배자 자신 즉, 예수를 만나고 있는 여인을 보고 있는 것이다.[45]

그러므로 이야기의 전체적 윤곽은 지오토 디 본디니가 그린 것처럼 마리아가 뒤로 밀려나는 것이 아니다. 오히려 그것은 개인적 돌봄과 열망의 감정을 자극하는 친밀한 장면이다. 향품이 가득한 동산에서 한 여인이 그녀의 주님을 찾고 있는 것은 강력한 성경적 이미지이다. '그러나 마리아의 소원은 유보되어야 한다.' 그녀는 예수의 과거의 삶의 특징을 이루는 예수와의 관계를 "붙들 수"(hold on) 없다. 그녀는 다른 메시지를 전해 줄 특사가 되어야 한다. 예수는 친구들을 버리지 않고 그들에게 오실 것이다. 그가 오실 때, 예수는 자신이 그들과 함께 누리기를 원하는 내적 삶의 모습을 보여주실 것이다.

이것이 바로 현재의 주제에 있어서 예수의 다락방 등장이 중앙무대를 차지하는 이유이다. 그의 도착은 이전의 고별사에서 그가 약속하신 많은 것들을 성취한다('원 의미'에서의 주석 참조). 무엇보다도 그의 도착은 선물과 함께 찾아온다. 그는 그들에게 숨을 내쉬시며 그들에게 "성령"(Holy Spirit)을 주신다. 이 "동산의 주인"(master of the garden)이 이제 추종자들에게 숨을 내쉬시며 그들의 삶을 변화시키신다. 우리는 요한이 여기서 창세기 2장에서의 하나님의 위대한 창조사역을 반향하고 있다는 것을 의심할 수 없다. 그 옛 이야기 속의 다른 동산에서 하나님의 숨

---

43. G. O'Collins and D. Kendall, "Mary Magdalene as Major Witness to Jesus' Resurrection," *TS* 48 (1987): 631-46. 여인을 주요 증인으로 보기를 주저하는 이런 태도는 고전 15:5-8의 바울의 증인 목록에서도 나타난다. 그곳에서 마리아의 이름은 (그리고 그 어떤 여인의 이름도) 발견되지 않는다!

44. Brown, *John*, 2:990; Barrett, *John*, 560.

45. N. Wyatt, "'Supposing Him to be the Gardener,' (John 20:15): A Study of the Paradise Motif in John." *ZNW* 81 (1990): 21-38.

이 인간에게 들어갔고, 생명이 세상에 들어왔다. 이제 새로운 동산지기, 하나님의 아들이 같은 일을 하신다.

요한일서 4:13에서 요한은 우리가 그리스도 안에 있음을 보증하는 것은 그가 성령의 선물을 주심이라고 말한다. "'그의 성령을' 우리에게 주시므로 우리가 그 안에 거하고 그가 우리 안에 거하시는 줄을 아느니라"(RSV, 저자의 강조). 이것은 비인격적인 영이 아니다. 이것은 하나님으로부터의 모호한 영감이 아니다. 이것은 제자들 속에 내주하시는 예수 '자신'(himself)이시다. 그는 요한복음 14:23에 약속하신 것처럼 그곳에 거하신다. 예수는 마리아 및 그의 제자들과의 친밀함을 원하신다. 그러나 그 친밀성은 성령의 중개를 통해 경험될 것이다. 요한복음 14-16장의 성령의 사역이 그토록 개인적인 이유는 그가 예수의 영(그 자신의 영)이시기 때문이다. 그 성령이 영광의 때에 쏟아 부어지신다. 동산 장면의 친밀성이 이제 만족된다. 마리아의 소원이 풀렸다. 예수는 마리아가 이전에는 이해할 수 없었던 방법으로 그녀의 속에서 거하실 것이다.

요한복음에 있어서 그리스도와 성령의 이 조심스러운 연합은 중요한 신학적 주제를 이룬다. 제자도는 예수에 대한 믿음뿐만 아니라 성령을 통한 아들의 내주하심을 통해 정의된다. 어떤 신학 전통들은 예수와 성령을 분리한다. 그들은 그리스도를 구원자로 받아들이는 일은 하나의 일이고 성령을 받아들이는 일은 또 다른 필수적 경험이라는 것이다. 그러나 요한복음에서는 이것은 받아들일 수 없는 분리이다. 그리스도를 받아들임은 성령을 얻음이다. 성령으로 충만해지는 것은 우리 속에 계신 예수 그리스도의 생생한 임재를 경험하는 것이다. 기독교인의 변화는 우리 속에서의 그리스도의 사역을 통해 이루어진다. 우리는 성령의 인도하심으로 새롭게 되어 그에게 영광을 돌리게 된다(골 1:27).

다른 신학적 전통들, 특히 복음주의 공동체 속에 있는 전통들은 성령을 기독론 속에서 사라지게 만듦으로써 또 다른 신학적 문제를 창조해 낸다. 이 기독교인들에게 있어서 성령의 일차적 증거는 회심과 성화 속에서 발견된다. 예수를 믿는 것은 제자의 표식이다. 그러나 보다 신비롭고 불가사의한 성령의 사역에 대해서는 거의 말하지 않는다. 개인적 확신은 하나님의 임재하심의 가장 큰 증거이다. 그러나 하나님의 능력에 대해서는 거의 말하지 않는다. 이 전통 속에 있는 자들에게는 아마도 요한이 그들로 하여금 오늘날 하나님의 영의 깊이와 능력을 재발견하도록 만들었을 것이다. 그것을 발견하는 방법은 어쩌면 우리를 불편하게 만들지도 모른다. 요한 자신의 교회는 분명히 "영적"(pneumatic, 혹은 우리가 오늘날 쓰는 용어로는 은사주의적[charismatic])이었을 것이다. 그의 서신들의 증거(그리고 요한복음에서의 성령에 대한 그의 강조)는 이것을 분명하게 해 준다. 그러나 이 경험세계의 바깥쪽에 있는 자들은 그것의 중요성을 종종 보지 못한다.

제드 브래드포드 롱(Zeb Bradford Long)과 더글러스 맥머리(Douglas McMurry)는 이 능력을 발견한 장로교(U.S.A.) 목회자들이다. 그들의 최근 책인 『능력을 받으라: 성령의 길을 예비하라』(*Receiving the Power: Preparing the Way for the Holy Spirit*)는 아시아와 미국에서의 중요한 성령의 역사들을 순서대로 기록한 것으로서 꼭 읽어보기를 권하는 책이다.[46] 만약 이것이 사역이라면, 만약 이것이 예수가 제자들 속에 내주하시며 그들에게 능력을 주신다는 것의 의미라면, 사역에 있어서 어떤 새롭고 놀라운 방향전환이 필요할 것이다.

1세기의 요한의 제자들 가운데서는 성령을 지니고 있다는 것이 기독교 제자도의 독특한 특징들 중 하나였다. 그러나 이것은 단지 능력에 관한 문제는 아니었다. 요한복음 20장의 일차적 주제는 예수가 그의 제자들과 함께 나누기를 원하시는 관계이다. 마리아의 이야기는 이 관계의 특징이 되어야 하는 친밀성을 강조한다. 다락방의 이야기는 이것이 성령의 사역에 의해 형성된 관계임을 강조한다. 기독교 제자도는 예수 그리스도와의 연합이다. 그것은 능력을 주고, 변화를 일으키며, 신비적이다. 그것은 이해하고 숫자를 세는 우리의 이성적 능력을 초월한다. 그것을 감소시키는 것은 예수가 첫 번째 부활주일에 그의 첫 추종자들과 함께 성취하고자 하셨던 일을 놓쳐 버리는 것이다.

믿음의 필요성. 이렇게 해서 요한은 그의 복음서의 주요한 부분을 끝냈다. 이제 선택은 우리의 것이다. 이 스무 개의 장들 속에서 예수의 삶의 많은 에피소드들을 읽은 후, 우리는 판단을 내리도록 초청을 받는다. 요한복음 5장부터 우리는 예수의 재판이 열리는 곳은 빌라도나 대제사장이 있는 예루살렘의 법정이 '사실은'(really) 아님을 배웠다. 예수의 재판이 열리는 곳은 사실은 전세계이다. 고소들이 오고 간다. 큰 의미를 지니고 있는 하나님의 행위들(표적들)이 제시된다. 그리고 우리는 사람들이 두 패로 나누어지는 것을 보아왔다. '그 누구도 중립에 머물 수 없다.' 어떤 자들은 자신에 대한 예수의 주장이 너무 지나치다고 보고 분노에 차서 그를 방해하는 일을 했다. 다른 이들은 그의 행위를 보고, 그의 말을 들은 후 그가

---

46. Z. Long and D McMurry, *Receiving the Power: Preparing the Way for the Holy Spirit* (Grand Rapids: Baker, 1996).

참으로 세상을 위한 하나님의 진리를 가지고 있는 하나님의 메신저, 하나님의 아들임을 믿기로 결심했다. 우리에게 주어진 집요한 질문은 이것이다. 우리는 그들 중 어느 편에 설 것인가?

요한은 문학적 전문기술을 통해 우리를 드라마 속에 위치시키고 우리로 하여금 예수에 대한 여러 증거들을 살펴보도록 만들었다. 요한은—예루살렘, 에베소, 로마, 싱가포르, 루사카(Lusaka), 캠브리지, 그리고 시카고에 있는—자신의 독자들이 그 자신 혹은 도마가 가졌던 것과 같은 경험을 갖지 못할 것임을 알고 있다. 우리는 멀리서 증거를 바라본다. 하지만 그럼에도 불구하고 우리가 간직해야 할 훌륭한 증거가 아직 있다.—즉 읽혀져야 하는 역사적 이야기가 있다.—그리고 그 이야기는 방어가 가능할 뿐 아니라 합리적인 믿음을 만들어 내기에 충분하다. 우리는 사랑하시는 제자와 함께 빈 무덤을 바라보며 서 있다(요 20:8). 우리는 거기 있는 것들이 예수의 수의임을 알아본다. 요한은 우리가 동산에서 이루어졌던 것과 같은 결정을 하도록 우리를 초청한다. "그때에야 무덤에 먼저 갔던 그 다른 제자도 들어가 보고 '믿더라'"(요 20:8, 저자의 강조).

요한복음 전체에 걸쳐서 믿음과 보는 것이 결합되어 나타난다(요 6:36; 11:40; 6:46-47; 20:25-29). 그러나 이것은 예수를 보는 것과 믿기를 선택하는 것 이상의 것을 의미한다. 이것들 전체는 다른 종류의 비전에 대해 말해 주고 있다. 많은 사람들은 예수를 보고 놀랐다. 그러나 그들로 하여금 그의 영광을 보고, 그의 아들 됨을 인정하고, 그의 목자로서의 음성에 응답하도록 만든 것은 '믿음을 통한 봄'이었다. 믿음은 비전과 지식을 허용한다. 그러나 그들의 시각이 아직도 세상에 의해 형성된 채로 남아 있는 자들은 그 비전과 지식에 접근할 수 없다.

도드(C. H. Dodd)가 말한 대로 "이제는 육체의 눈으로는 그를 볼 수 없다. 그러나 믿음에는 그의 영광을 볼 수 있는 능력이 아직 남아 있다."[47] 그러므로 우리는 요한의 이야기를 읽고 비전과 지식을 발견하도록 초청을 받았다. 그것은 예수 그리스도라는 역사적 인물에게 모든 것을 투자하는 것이다.

요한이 그의 복음서에서 "믿음"(헬라어 *pistis*)이라는 명사를 단 한 번도 사용하지 않은 것은 놀랍다. 그러나 "믿다"(헬라어 *pisteuo*)라는 동사는 거의 백 번이나 등장한다. 이 동사는 공관복음 전체에서도 겨우 35회 등장할 뿐이다. 그리고 바울은 그의 서신서 전체에서 이 동사를 약 100회 사용한다. 요한의 관심은 (믿음의 내

47. Dodd, *The Interpretation of the Fourth Gospel*, 186.

용보다는) 믿는다는 행위를 강조하는 것이다. 신약의 그 어느 곳에서보다도 요한복음에서는 이 동사 다음에 전치사가 더 많이 사용되고 있다(*eis*, into). 그것은 우리가 단지 믿는 것이 아니라 우리의 믿음을 누군가의 속에 두는 것을 의미한다. 대부분의 경우에 그것은 예수 속에 믿음을 두는 것이다(예를 들어, 요 3:16; 4:50; 8:30; 12:11; 14:1).

그렇다면 믿음은 신조(creed)의 문제라기보다는 관계의 문제이다.[48] 어떤 경우에는 믿음이란 주어진 메시지가 진리이고 신뢰할 만하다는 것을 받아들이는 것을 뜻한다(요 2:22). 그러나 대부분의 경우에 있어서 믿음은 예수가 행하신 사역들에 대한 신뢰로부터 나오며(요 2:11; 10:38) 모든 소망을 그에게 두고자 하는 열망이 그 결과로 나타난다.[49] 믿음은 인격적이며 변화를 야기한다. 왜냐하면 믿음은 자신이 능력 있고 신뢰할 만함을 증명해 보이신 인격체에게 의존하고 있기 때문이다. 믿음은 그것을 통해 영생과 하나님의 자녀가 되는 능력을 얻을 수 있는 결단이다(요 1:12; 3:16). 그래서 믿음은 예수의 공동체의 일원임을 보여주는 표식이다.

---

48. D. Guthrie, *New Testament Theology* (Downers Grove: InterVarsity, 1981), 581.
49. 요한신학에 대한 불트만(Bultmann)의 철저한 연구에서 그는 믿음이 신자의 중심적 경험이라는 사실을 올바르게 간파해 냈다. 그러나 그는 예수 그리스도가 믿음의 대상이라는 사실을 부인한다. 그에 따르자면 믿음이란 실존적 결단이고, 세상과 그 가치들에 대항하며 사는 종말론적 삶이다(*Theology of the New Testament* [London, SCM, 1955], 2:75-94).

요한복음 21:1-25

1 그 후에 예수께서 디베랴 호수에서 또 제자
들에게 자기를 나타내셨으니 나타내신 일은
이러하니라
2 시몬 베드로와 디두모라 하는 도마와 갈릴리
가나 사람 나다나엘과 세베대의 아들들과 또
다른 제자 둘이 함께 있더니
3 시몬 베드로가 나는 물고기 잡으러 가노라
하니 그들이 우리도 함께 가겠다 하고 나가
서 배에 올랐으나 그날 밤에 아무 것도 잡지
못하였더니
4 날이 새어갈 때에 예수께서 바닷가에 서셨으
나 제자들이 예수이신 줄 알지 못하는지라
5 예수께서 이르시되 얘들아 너희에게 고기가
있느냐 대답하되 없나이다
6 이르시되 그물을 배 오른편에 던지라 그리하
면 잡으리라 하시니 이에 던졌더니 물고기가
많아 그물을 들 수 없더라
7 예수께서 사랑하시는 그 제자가 베드로에게
이르되 주님이시라 하니 시몬 베드로가 벗고
있다가 주님이라 하는 말을 듣고 겉옷을 두
른 후에 바다로 뛰어 내리더라
8 다른 제자들은 육지에서 거리가 불과 한 오
십 칸쯤 되므로 작은 배를 타고 물고기 든 그
물을 끌고 와서
9 육지에 올라보니 숯불이 있는데 그 위에 생
선이 놓였고 떡도 있더라
10 예수께서 이르시되 지금 잡은 생선을 좀 가
져오라 하시니
11 시몬 베드로가 올라가서 그물을 육지에 끌어
올리니 가득히 찬 큰 물고기가 백쉰세 마리
라 이같이 많으나 그물이 찢어지지 아니하였
더라
12 예수께서 이르시되 와서 조반을 먹으라 하시
니 제자들이 주님이신 줄 아는 고로 당신이
누구냐 감히 묻는 자가 없더라
13 예수께서 가셔서 떡을 가져다가 그들에게 주
시고 생선도 그와 같이 하시니라
14 이것은 예수께서 죽은 자 가운데서 살아나신
후에 세 번째로 제자들에게 나타나신 것이라
15 그들이 조반 먹은 후에 예수께서 시몬 베드
로에게 이르시되 요한의 아들 시몬아 네가
이 사람들보다 나를 더 사랑하느냐 하시니
이르되 주님 그러하나이다 내가 주님을 사랑
하는 줄 주님께서 아시나이다 이르시되 내
어린 양을 먹이라 하시고
16 또 두 번째 이르시되 요한의 아들 시몬아 네
가 나를 사랑하느냐 하시니 이르되 주님 그
러하나이다 내가 주님을 사랑하는 줄 주님께
서 아시나이다 이르시되 내 양을 치라 하시고
17 세 번째 이르시되 요한의 아들 시몬아 네가
나를 사랑하느냐 하시니 주께서 세 번째 네
가 나를 사랑하느냐 하시므로 베드로가 근심
하여 이르되 주님 모든 것을 아시오매 내가
주님을 사랑하는 줄을 주님께서 아시나이다
예수께서 이르시되 내 양을 먹이라
18 내가 진실로 진실로 네게 이르노니 네가 젊
어서는 스스로 띠 띠고 원하는 곳으로 다녔
거니와 늙어서는 네 팔을 벌리리니 남이 네
게 띠 띠우고 원하지 아니하는 곳으로 데려
가리라
19 이 말씀을 하심은 베드로가 어떠한 죽음으로
하나님께 영광을 돌릴 것을 가리키심이러라
이 말씀을 하시고 베드로에게 이르시되 나를
따르라 하시니
20 베드로가 돌이켜 예수께서 사랑하시는 그 제
자가 따르는 것을 보니 그는 만찬석에서 예

수의 품에 의지하여 주님 주님을 파는 자가
누구오니이까 묻던 자더라
21 이에 베드로가 그를 보고 예수께 여짜오되
주님 이 사람은 어떻게 되겠사옵나이까
22 예수께서 이르시되 내가 올 때까지 그를 머
물게 하고자 할지라도 네게 무슨 상관이냐
너는 나를 따르라 하시더라
23 이 말씀이 형제들에게 나가서 그 제자는 죽
지 아니하겠다 하였으나 예수의 말씀은 그가
죽지 않겠다 하신 것이 아니라 내가 올 때까
지 그를 머물게 하고자 할지라도 네게 무슨
상관이냐 하신 것이러라
24 이 일들을 증언하고 이 일들을 기록한 제자
가 이 사람이라 우리는 그의 증언이 참된 줄
아노라
25 예수께서 행하신 일이 이 외에도 많으니 만
일 낱낱이 기록된다면 이 세상이라도 이 기
록된 책을 두기에 부족할 줄 아노라

원 의미

학자들은 요한복음 21장의 문헌역사(literary history)와 역할에 대해 의견이 나뉜다.[1] 어떤 이들은 이것을 앞선 스무 장들과 밀접하게 연관된 중요하고도 필요한 복음서의 결론으로 본다. 다른 이들은 이 마지막 장은 요한복음에 대한 추가물이라고 결론을 내린다. 그들이 볼 때 이것은 앞선 스무 장을 저술한 같은 저자 혹은 그의 제자들(그들은 요 21:24에서 자신의 정체를 밝힌다)에 의해 기록된 추가물이다. 가장 큰 문제는 요한복음의 이야기 전개에 있어서 21장은 외적인 것으로 보인다는 것이다. 요한복음 20:29은 부활주일 이야기를 축복으로 끝맺는다. 그리고 20:30-31은 책 전체에 대한 훌륭한 마무리를 제공한다. 그리고 어떤 학자들이 볼 때는 이 일곱 제자들이 갈릴리로 떠난 것, 자신들의 이전 생업을 다시 시작한 것, 그리고 예수를 즉시 알아보지 못한 것은 요한복음 20장에 기록되어 있는 놀라운 경험들에 비추어 볼 때 이상한 일이다.

그러나 동시에 사본 전승에 있어서 요한복음이 마지막 장 없이 회람되었다는 증거는 전혀 없다.[2] 그리고 요한복음이 20장에서 끝나는 것처럼 보인다고 하더라

1. 해석학적 주요 문제들에 대한 최근의 개요를 보기 위해서는, F. Neirynck, "John 21," *NTS* 36 (1990): 321-36; T. Wiarda, "John 21:1-23: Narrative Unity and Its Implication," *JSNT* 46 (1992): 53-71; 그리고 W. S. Vorster, "The Growth and Making of John 21," in F. Nelrynck, ed., *The Four Gospels* (Louvain: Leuven Univ. Press, 1992), 2207-21. 또한 참조. C. Osborne, "John 21: Test Case for History and Redaction in the Resurrection Narratives," in R. T. France and D. Wenham, ed., *Gospel Perspectives II: Studies of History and Tradition in the Four Gospels* (Sheffield: JSOT Press, 1981), 293-328.
2. 5세기 혹은 6세기의 시리아 사본 한 개가 본 장을 결여하고 있다. 그러나 그것은 본 장을 포함한 부분이 분실되었기 때문인 것으로 보인다.

도, 결코 의도된 적이 없던 일관성의 기준을 요한복음에 대해 강요하는 것은 적절치 못하다.[3] 어떤 학자들은 요한이 '반드시'(should) 해야 했던 일에 대한 자신들의 예언을 과신하는 경향이 있다.[4] 본 장에 대한 어휘연구도 마찬가지로 통합성을 시사해 주고 있다. 요한복음 21장에는 1-20장에서는 나타나지 않았던 단어가 28개 등장한다. 그러나 21장에는 새로운 주제(고기잡이)가 등장한다. 그 주제 하나만으로도 새로운 어휘들이 필요하다.[5] 오늘날 대부분의 학자들은 현재의 장이 (누군가에 의해) 가장 이른 단계의 요한복음 속으로 완전히 통합되어 들어간 것으로 보고 있다.

이 구절들과 요한복음의 나머지 부분을 이어주는 연결고리들의 목록은 상당히 길다. 다음을 참조하라. 디베랴 바다, 시몬 베드로의 이름들, 쌍둥이 도마, 가나의 나다나엘; "물고기"에 해당하는 헬라어 단어(*opsarion*, 요 21:6, 9, 11); 베드로와 사랑하시는 제자 사이의 대조; 예수의 "숯불"(charcoal fire); 떡과 물고기를 나누어 주심(cf. 요 6:11); 예수가 나타나신 횟수를 셈(요 21:14); 시몬의 아버지의 이름인 "요한", 양의 은유; '아멘'(*amen*)을 두 번씩 사용; "참된 증인"의 강조(요 21:24; cf. 요 19:35); (세 번에 걸친 부인 이후의) 세 번에 걸친 베드로의 회복; 요한복음 21:19의 삽입어구와(cf. 요 12:33) 사랑하시는 제자를 "예수의 품에 의지하였던 자"(cf. 요 13:25)라고 부르는 것.[6] 이 용어들 혹은 주제들은 요한복음의 다른 곳에도 등장한다.

예를 들어, 요한복음 18:18은 21:9에서 언급된 것과 똑같은 숯불에 대해 말한다(헬라어 *anthrakia*). 그리고 이 헬라어 단어는 신약성경 전체에 있어서 다른 곳에서는 나타나지 않는다. 이 연결고리들은 너무나 분명하기 때문에 본 장은 요한의 설화의 한 부분이거나 혹은 나중에 어떤 작가가 요한의 문체를 의도적으로 모방하여 자신의 생각을 통합해 넣은 부분일 것이다.

---

3. Morris, *John*, 758.

4. 전형적인 예로서, Brown, *John*, 2:1077-82은 만약 21장이 요한복음의 원래의 부분이었다면 요한복음의 저자는 마무리 구절들을(요 20:30-31) 21장 끝부분으로 옮겼어야 한다고 주장한다. Barrett(577)은 이렇게 적고 있다. "…새로운 자료를 자신의 책에 첨부하기를 원하는 저자가 이렇게 어색한 방식으로 일을 처리했다는 것은 상상하기 힘들다. 그는 요한복음 20:30 앞에 보충 자료를 추가하고, 인상적인 결론구절들은 그대로 놓아두었어야 했을 것이다."

5. 헬라어 단어들의 목록을 보려면, Barrett, *John*, 576.

6. 이것들의 긴 목록을 보기 위해서는, Brown, *John*, 2:1077-80; 또한 V. C. Pfitzner, "They Knew It Was the Lord: The Place and Function of John 21:1-14 in the Gospel of John," *Lutheran Theological Journal* 20 (1986): 68-69.

우리의 딜레마는 21장의 문체와 형태는 요한적인(Johannine) 것으로 보이는 반면, 그것이 요한복음 이야기의 주된 힘(main force)을 방해하는 것처럼 보인다는 것이다. 최선의 설명은 이 이야기들을 이차적인 것이기는 하지만 진정으로 요한적인 것으로 보는 것이다. 요한복음 21:24-25(그리고 또한 어쩌면 20-23절)을 제외하고는 21장의 대부분은 1-20장의 저자와 동일인물이 쓴 것이다. 그러므로 이 글의 저자로서 사랑하시는 제자(그는 세베대의 아들 요한일 가능성이 높다)를 지목하는 것은 불합리한 일이 아니다.[7]

그러나 이제 요한의 교회에 위기가 닥쳤을 것이다. 요한이 죽었거나 죽음에 임박했을 것이다(참조. 요 21:23). 그리고 요한복음 21:24("우리는 그의 증언이 참된 줄 아노라")에서 자신의 정체를 밝히고 있는 신실한 제자들이 요한의 마지막 이야기들을 수집하고 그것을 그의 복음서에 추가시켰다. 20:31은 예수가 보이신 다른 많은 표적들이 있다고 말한다. 이 추종자들이 그것들 중 하나, 즉 기적적으로 물고기를 잡은 사건을 복음서에 추가시켰다. 아마도 이것은 요한이 쓴 이야기인데 소실되는 것을 방지하기 위해 그의 복음서에 추가된 것 같다. 이 편집자들은 솜씨가 좋아서 21장의 내용이 그 이전의 이야기들과 잘 연결되도록 예술적으로 작업을 했다(cf. 요 21:14, "이것은 예수께서…세 번째로 제자들에게 나타나신 것이라"). 그들은 아마도 영광스러운 서언(요 1:1-18)도 추가했을 것이다. 그것은 사도가 그의 생애 마지막에, 특히 그의 첫 번째 서신을 통해 싸웠던 문제들에 대해 요한복음도 대적해 싸울 수 있도록 하기 위해서였다.[8]

만약 부록(appendix)이라는 것이 이전의 자료와는 전혀 연관성이 없는 추가라고 정의된다면, 우리는 요한복음 21장을 '후기'(epilogue)로 보아야 할 것이다. 후기는 이전의 주제들을 발췌하여 발전시키고, 그 주제들에 대한 확고한 결론을 도출해낸다.[9] 요한은 예수의 부활에 대한 또 하나의 증거를 추가하는 것에 관심이 있었던 것이 아니다. 만약 독자가 요한복음 20장의 설명에 의해 확신을 얻지 못했다면, 이 추가된 이야기들은 도움이 되지 못할 것이다.

요한복음 21장은 두 개의 전혀 다른 주제들을 발전시킨다. (1) 교회의 사도적 사

---

7. 요한복음의 저자에 관련된 논의를 위해서는 본서의 '서론'(Introduction)을 참조하라.

8. 나는 다음의 글에서 요한서신에서 다루어지는 문제들과 요한복음 사이의 관계에 대해 약술했다. *The Letters of John* (NIVAC: Grand Rapids. Zondervan, 1996), 20-27.

9. P. F. Ellis, "The Authenticity of John 21," *SVTQ* 36 (1992): 17-15; 그리고 Breck, "John 21, Appendix, Epilogue or Conclusion?" *SVTQ* 36 (1992): 27-49.

명은 물고기를 많이 잡음을 통해서뿐만 아니라 베드로와 예수의 개인적 대화를 통해서도 상징화 된다. 이것은 공관복음에서도 볼 수 있는 주제이다. 예수를 따르는 자들의 사역은 그의 부활과 떠나가심을 따라야 한다는 것을 지적하지 않고서는 그 어떤 복음서도 완성될 수 없다(참조. 마 28:16-20; 막 16:14-20 [비록 이것은 추가이지만]; 눅 24:44-53). 바다에서 잡은 물고기들과 베드로가 사랑해 주어야 할 양들은 예수가 마찬가지로 사랑하시는 자들, 즉 제자들의 말을 통해 나중에 그리스도를 믿게 될(요 17:20) 세상에 있는 자들을 암시한다.—그들은 아직 예수의 양 우리 안에 있지 않는 자들일 것이다(요 10:16).

(2) 요한은 베드로라는 인물에게 집중한다. 그의 이름은 본 장 전체에서 발견된다. 베드로의 세 번에 걸친 부인은(요 18:15-18, 25-27) 세 번에 걸친 사랑고백과 짝을 이룬다. 또한 배에서 예수를 알아본 것은 사랑하시는 제자였지만(요 21:7), 주님을 보고자 하는 열정 때문에 바닷가로 달려간 것은 베드로였고, 후에 많은 물고기를 잡도록 초청을 받은 것도 베드로였다. 이것은 베드로의 회복이다. 예수는 이 쓰러진 제자 속에서 선한 것의 참된 잠재력을 보신다. 그래서 예수는 베드로에 대한 특별한 개인적 관심을 드러내실 뿐만 아니라 베드로가 심지어 "하나님께 영광을 돌릴"(요 21:19) 죽음에 이르기까지 예수를 따를 것임을 예언하신다.

고기잡이 기적(요 21:1-14)

요한복음과 누가복음에 따르자면 부활하신 예수는 예루살렘에서 제자들에게 나타나셨지만(눅 24장; 요 20장), 다른 복음서들은 그들이 예수를 만나게 될 장소로서 갈릴리를 지목한다. 마가복음 16:7(cf. 마 28:7)은 천사의 말을 기록하고 있다. "가서 그의 제자들과 베드로에게 이르기를 '예수께서 너희보다 먼저 갈릴리로 가시나니 전에 너희에게 말씀하신 대로 너희가 거기서 뵈오리라' 하라." 하지만 이것들은 서로 충돌하지 않는다. 제자들은 단지 예수의 사역 기간 동안 그들의 "본거지"(base)였던 곳으로 돌아가라는 지시를 받았을 뿐이다. 그리고 그들은 그곳에서 또 새로운 지시를 받는다. 요한의 이야기에 있어서 예수는 이미 부활주일과 팔 일 후에 나타나셨다. 그리고 이제 세 번째로 (그리고 마지막으로) 예수는 갈릴리 해변에 나타나신다. 요한복음 21:14은 친절하게도 나타나신 횟수를 기록해 주고 있다.

디베랴 바다는 바로 갈릴리 바다로서 예루살렘 북쪽 75마일(약 120킬로미터) 지점에 있다. 그 바다는 갈릴리와 골란(Golan)의 언덕들로 둘러싸여 있다(요 6:1

의 주석 참조). 벳세다와 가버나움의 어촌들은 주요 제자들이 살던 중요한 곳이었다. 베드로는 벳세다(히브리어로 "물고기의 집", house of fish, 참조. 요 1:44) 출신이었다. 그는 자신이 오랫동안 손대지 않았던 고기잡이를 다시 시작하기로 결심했다.[10] 다른 제자들도 그곳에 있었다. 그러나 몇 명의 제자들은 다른 곳 출신이었다(나다나엘은 가나 출신이다). 요한복음 21:2에 나열된 일곱 명은 베드로의 야간 고기잡이에 동참하기로 결심했다.

고기는 해가 떠오르기 전 이른 새벽시간에 가장 잘 잡혔다(NIV "밤", night). 그리고 가족들은 일반적으로 둘씩 짝을 지어 작업했다(cf. 눅 5:2). 그들은 주로 고기떼를 포위하기 위해 포위그물(compound nets. 혹은 세겹그물, trammel nets)을 사용했다. 그 그물은 수직으로 물속에 드리워졌는데 한쪽 끝에는 코르크를 달아 물위에 뜨게 하고 다른 쪽에는 돌이나 금속을 매달아 물속에 가라앉게 했다. 일단 고기떼를 포위하고 나면 배들을 사용해 그물을 팽팽하게 만든 후 그 안쪽에 있는 물고기들 위로 납추가 달린 (지름이 약 10피트[약 3미터]쯤 되는) "투망"(cast nets)을 던졌다. 고기로 가득 찬 그물은 수영자(swimmer)에 의해 비워지거나 배 위로 끌어올려졌다. 그물 벽에 갇힌 나머지 물고기들 역시 그들에 의해 잡혔다.[11] 베드로 일행은 해변에서 약 100야드(약 91.44미터) 떨어진 얕은 물에서 이 방법을 사용하고 있었다(요 21:8). 그리고 베드로는 바닷물 속으로 들어가 투망을 점검하고 있었던 것으로 보인다(요 21:7).[12]

그들은 그날 아침에 고기잡이에 성공하지 못했고 그래서 낙심했다. 해가 뜨자 그들은 일을 정리하고 있었다. 그때 어떤 뜻밖의 목소리가 해변에서 들렸다. 그 목소리는 그들에게 반대편에 그물을 던지라고 지시했다. "그물을 배 오른편에 던지라 그리하면 잡으리라"라고 예수가 외치셨다(요 21:6). 투망을 아무렇게나 바다에 던지는 것은 사실상 아무 소용이 없는 일이었다. 어부들은 오직 포위그물로 가두

---

10. 공관복음에서 베드로는 또한 가버나움과 연관되어 나타난다(막 1:29-31). 베드로는 아마 후에 그곳으로 이주했을 것이다.

11. 갈릴리에서의 고기잡이에 대해서는, G. Burge, "Fishers of Men: The Maritime Life of Galilee's North Shore," *Christian History* 59 (199B): 36-37; M. Nun, *The Sea of Galilee and Its Fishermen in the New Testament* (Kibbutz Ein Gev, Israel: np, 1989).

12. 눅 5:1-11에서의 기적적인 고기잡이와 이것을 비교하는 것은 흥미롭다. 누가복음의 이야기에서 사람들은 포위그물(compound nets) 작업을 마치고 해변에 올라와 그물에 걸린 물고기들을 떼어내며 그물을 씻거나 손질하고 있었다. 예수는 그들에게 다시 바다로 나가서 고기들을 포위하는 커다란 그물을 내리라고 지시하신다(요 5:6); 그들은 바다에서 엄청난 고기떼를 포위한다. 요한의 이야기에서 베드로는 그의 그물(단수형: 즉 그의 투망)을 던지라는 지시를 받는다.

어 놓은 고기 떼를 향해서만 투망을 던졌다. 그러나 이 낯선 사람은 해변에서 커다란 고기떼를 보았을 지도 모른다. 그래서 베드로는 재빨리 그물을 머리 위로 휘둘렀다가 그것을 낙하산을 펼치듯이 바다 위로 던졌다. 그리고 그물추가 물속으로 들어가는 것을 바라보았다.

이렇게 얕은 물에서는 고기들이 기적적으로 잡힌 것을 금방 알아볼 수 있었다. 그물에 걸린 물고기는 백 마리가 넘었다(나중에 세어 보니 153마리였다). 그 무게는 배가 감당할 수 있는 범위를 넘어서는 것이었다. 최근에 갈릴리에 있는 키부츠 기노사르(Kibbutz Ginosar)의 멤버들이 1세기의 어선을 발견했다(지금 그것은 Ginosar에 있는 the Beit Yigal Allon Museum에 전시되고 있다). 그 어선의 크기는 우리에게 힌트를 준다.[13] 그 길이는 26.5피트(약 8미터) 너비는 7.5피트(약 2.3미터)이다. 만약 이 어선이 베드로의 배와 비슷한 것이라면 일곱 명의 남자들은 그 배를 꽉 채웠을 것이다.—이것은 그들이 두 척의 배를 사용했을 것이라는 사실을 지지해 준다.[14]

사랑하시는 제자는 해변에 계신 예수를 즉시 알아보고(요 21:7) 그 소식을 베드로에게 알렸다. 그 다음에 베드로가 한 행동은 불필요한 혼동을 야기했다(그것은 NIV에서는 의역에 의해 모호하게 되어 있다). 어떤 번역들은 헬라어의 문자적 의미를 반영하여, 베드로는 그가 주님이라는 말을 들었을 때 "옷을 입었다. 왜냐하면 그는 나체였기 때문이다"(put on his clothes for he was naked)라고 번역하고 있다. 여기서의 생각은 베드로가 바다에 다이빙하기 위해 허리에 두르는 옷을 입고 있었는데(완전히 나체로 있었다는 것은 상상하기 어렵다) 예수를 만나기 위해 옷을 차려 입었다는 것이다. 그러나 이럴 경우 문제는 바다 속으로 뛰어들기 위해 '완전히 옷을 입는 것'(fully clothed)이 이상하다는 것이다.

보다 그럴듯한 해석은 "옷을 입다"(to dress, 헬라어 *diazonymmi*)라는 동사의 뜻을 몸에 두르다(wrapping) 혹은 옷을 쑤셔 넣다(tucking)로 보는 것이다(예복이나 토가[toga, 로마의 긴 겉옷]의 경우 그렇게 한다). 요한복음 13:4에서 예수는 발을 씻기시기 위해 몸에 수건을 "두르신다"(wraps, 헬라어 *diazonymmi*). 여기서 베드로는 배 위에서 입는 작업복(헬라어 *epedytes*)을 걸치고 있지만 주님을 만나기

13. 기노사르(Ginosar) 보트는 유명하며 인터넷으로도 볼 수 있다. http://mahal.zrc.ac.il/ancient-boat/anc-boat.htm 혹은 직접 방문할 수도 있는데 그곳은 디베랴(Tiberius)에서 90번 고속도로를 타고 북쪽으로 2마일(약 3.2킬로미터) 정도 떨어진 곳에 있다(Kibbutz Nof Ginosar 내부).

14. 요한은 요 21:6과 21:8에서 배를 뜻하는 두 개의 서로 다른 단어들을 사용한다. 후자가 더 작은 배이다.

위해 해변까지 수영을 하려고 한다. 그는 '작업복 밑으로는'(underneath the smock) 옷을 안 입었기 때문에(헬라어 *gymnos*), 예수가 해변에 계시다는 말을 들었을 때, 작업복을 허리띠 속으로 집어넣어 수영하기 편한 복장을 만든 후 물 속으로 뛰어든다.[15]

다른 사람은 그 누구도 베드로와 같은 충동적 반응을 보이지 않았다. 요한은 다른 이들은 그들의 배를 해변에 댄 후 터질 듯한 그물을 천천히 끌고 왔다고 말한다(요 21:8). 해변 항구에 배를 대는 대신, 그들은 물이 얕아지자 돌로 만든 닻을 내렸을 것이다. 북쪽 해안에서는 물이 빨리 얕아졌다. 나중에 베드로는 그물로 달려가 그것을 배에서 떼어낸 후 해안으로 끌고 왔다.

유대교에서 고기를 많은 잡는 것은 하나님의 호의와 축복의 상징이었다(*T. Zebulon* 6:1-8); 이것이 바로 정확히 예수가 하신 일이다. 예수는 불을 피워서 그들을 맞음으로, 그리고 빵과 함께 물고기를 구우심으로 그들을 더욱 축복하셨다(그것은 1세기의 갈릴리에서의 주 메뉴였다). 베드로는 그물에 걸린 153마리의 물고기들을 해변으로 끌고 오라는 말씀을 들었다. 그러나 그것은 예수의 아침식사를 보충하기 위한 것이 아니라 책임 있는 어부들이 당연히 그렇게 하듯이 잡은 물고기들을 보존하기 위해서였다. 갈릴리의 (쿠르시[Kursi]와 같은) 작은 항구들에는 돌로 만든 물통이 있었다. 사람들은 새로 잡은 물고기를 나중에 손질하기 전까지 그곳에 신선하게 보관해 두었다.[16] 베드로는 물고기들을 그 물통들 중 하나에 넣거나 그물 채 얕은 물에 보관해 두었을 것이다.

먹는 동안 그들은 그가 예수라는 사실을 알고 있었지만 묻기를 두려워했다고 요한은 말한다(요 21:12). 이것은 특이하다. 동산에서 (예수를 친숙하게 알고 있던) 마리아는 예수와 이야기를 하면서도 그가 동산지기일 것이라고 오해했다. 마리아는 오직 나중에 예수가 그녀의 이름을 부르셨을 때에야 그를 알아보았다(요 20:16). 제자들도 지금 같은 일을 한다. 예수의 부활 이후의 나타나심은 모든 사람에게 휴식(pause)을 주는 특징을 갖는다. 그는 동일한 예수이지만, 부활주일의 사건들은 또한 그를 완전히 다르게 만들었다. 예수가 "떡과 물고기"를 제공하신 것은 그가 요한복음 6:11의 기적적인 먹이심에서 하신 일과 정확하게 평행을 이룬다. 그리고 이것은 의심할 바 없이 모든 불확실성을 제거하는 표식으로서의 역할을 한

---

15. 언어에 대한 논의를 위해서는, Brown, *John*, 2:1072; Barrett, *John*, 580-81.
16. 참조. M. Nun, "The Ports of Galilee. Modern Drought Reveals Harbors from Jesus' Time," *BAR* 25 (July/August 1999): 18-31.

다(cf. 눅 24:30에서도 제자들은 식사를 하다가 동일하게 예수를 알아본다).

사람들은 153마리의 물고기를 두고 많은 상상을 했다. 어떤 이들에게 있어서 이것은 단지 기적의 크기를 보여주기 위해 제시된 물고기의 숫자일 뿐이다(비록 눅 5장의 평행기적은 그런 숫자를 제공하고 있지 않지만). 다른 이들은 더 깊은 상징성을 본다. 가장 인기 있는 설명은 제롬(Jerome)에게서 시작된다. 그는 고대의 선원들은 물고기의 종류가 153가지라고 알고 있었다고 주장한다. 그렇다면 예수의 기적은 "많은 종(種)들"(many species), 즉 그물로 건져야 하는 많은 나라들을 상징한다. 제롬은 이런 주석의 근거로서 박물학자인 오피안(Oppian)을 지적하지만 오피안의 글에서는 그런 주장이 발견되지 않는다. 고대인들은 물고기의 종류가 153가지라고 믿지 '않았다.' 그보다 더 이전 시대의 작가인 플리니(Pliny)는 심지어 자신의 연구에 따르자면 세상에는 74종류의 물고기(그리고 30종류의 갑각류)가 있다고 주장했다.[17]

헬라어와 히브리어의 각 알파벳에는 숫자로서의 의미가 있고, 이 숫자체계는 상징적 의미를 위한 암호가 되었기 때문에(이것을 '게마트리아' [*gematria*]라고 한다), 어떤 이들은 153에서 숫자적 의미를 찾아내 보려고 노력했다(많은 이들이 계 13:18의 666을 가지고 이런 작업을 하듯이). 예를 들어, 헬라어 단어 "시몬"과 "물고기"의 합은 153이다. "사랑의 교회"(church of love)를 히브리어로 하면 그것도 153이다. 한 학자는 최근에 히브리어 단어인 '피스가'(*Pisgah*)를 주장했다. 그것은 모압 땅에 있는 산인데 모세는 죽기 전에 이스라엘 땅을 본 후 그곳에서 자신을 따르는 자들에게 사명을 맡겼다(신 3:27; 34:1).[18]

1958년에는 에스겔서를 지적하는 더 나은 제안이 제시되었다.[19] 에스겔 47장은 말세에 예루살렘으로부터 한 시내가 흐를 것이며, "엔게디에서부터 에네글라임까지"(En-Gedi to En-Egalaim) 물고기들이 가득하게 될 것이라고 말한다(겔 47:9-10). 엔게디는 17이며 에네글라임은 153이다. 17이라는 숫자는 중요하다. 왜냐하면 그것은 153의 "삼각형 숫자"(triangular number)이기 때문이다(1+2+3+4⋯+17=153). 그리고 고대의 수학자들과 학자들은 이 수열들을 연구했다.[20] 일단 우리가 153과 17 사이의 관계를 알고 나면 끝없는 상상을 펼칠 수 있다. 어거스틴

17. 그의 *Nat. Hist.* 9.16 [43]을 참조.

18. O. T. Owen, "One Hundred and Fifty Three Fishes," *ExpTim* 100 (1988): 52-54. *ExpTim*(Expository Times)에 이 논문에 대한 많은 응답의 글들이 올라왔다.

19. J. A. Emerton, *JTS* 9 (1958): 86-89; 또한 11 (1960): 335-36.

(Augustine)은 17이라는 숫자에 주목하여 "10"가지 계명들에 순종하기 위해, "7" 가지 성령의 선물들에 의해 영감을 받은, 153명의 신자들에 대해 생각했다. 오리겐(Origen)은 153은 삼위일체를 상징하기 위해 분리되어야 한다고 생각했다. 153 = (50×3)+3.

교부적 해석자들은 그런 해석들이 얼마나 멋질 수 있는가 하는 것을 보여주기도 하지만 그런 일을 하는 것에 대해 우리에게 경고를 해 주기도 한다. 알렉산드리아(Alexandria)의 키릴(Cyril)은 그 숫자가 100명의 이교도와 50명의 유대인들 그리고 삼위일체를 뜻한다고 생각했다! 요한은 상징적 의미를 마음속에 가지고 있었을 것이다. 하지만 우리는 단지 그것이 무엇이었겠는지를 추측할 수 있을 뿐이다. 요한복음에서 숫자가 함께 등장하는 다른 기적들과 마찬가지로(가나의 포도주, 갈릴리에서의 먹거리), 이 숫자는 단지 하늘의 좋은 선물들을 통제하시는 그분으로부터의 지극히 풍요로운 축복을 뜻할 수도 있다. 나는 그리스 수학자들이 153을 숫자적으로 중요한 것으로 알아보고 그것을 "완벽하고 독특한 고기잡이"(perfect and unique catch of fish)의 상징으로 보았을 것이라고 상상한다.[21]

요한은 이것이 예수가 부활 이후 세 번째로 자신을 드러내신 것임을 상기시키며 이 섹션(요 21:14)을 마무리한다. 의심할 바 없이 요한은 예수가 부활주일에 마리아와 열 두 제자들에게 나타나셨던 사건과(요 20:11-23), 일주일 후 다락방에서 도마를 위해 나타나셨던 사건을(요 20:26-29) 염두에 두고 있었을 것이다. 이 언급은 요한복음 21:1-14을 요한복음 20장의 이야기들과 밀접하게 연결시킨다.

베드로의 회복(요 21:15-17)

식사를 마친 후 그들이 멋진 고기잡이에 대해 생각하며 해변에 앉아 있을 때 예수가 베드로와의 대화를 시작하셨다. 이 순간의 엄숙한 성격은 예수가 베드로에게

---

20. 수학자들은 등변삼각형을 그려서 이것을 설명할 것이다. 삼각형의 위쪽 모서리에서부터 차례로 숫자를 하나씩 더해 가며 점을 찍어 나간다(처음에는 한 개, 그 다음 줄에는 두 개, 그 다음 줄에는 세 개, etc.). 그렇게 해서 아래쪽 변에 17개까지 점을 찍었을 때 삼각형에 찍힌 점들의 수를 다 합하면 153개가 된다.
21. Hoskyns, *John*, 556: Hoskyns는 A. L. Heath, *A History of Greek Mathematics* (Oxford: Clarendon, 1921), 76 (reprint: New York: Dover, 1981)를 지적한다. 다른 이론에 따르자면 잡힌 물고기는 154마리였다.—153마리와 불 위에 있는 한 마리! 그리고 이 새 숫자는 헬라어 단어 "날"(day, 헬라어 *hemera*)을 뜻한다. 왜냐하면 예수는 그런 고기잡이를 가능하게 하신 빛이시기 때문이다. K. Candwell, "The Fish on the Fire: John 21:9," *ExpTim* 102 (1990): 12-14.

말을 거시는 방식에 의해 강조된다. "요한의 아들 시몬아." 시몬은 사도의 원래의 이름이었다. 그러나 예수는 그에게 "베드로"(Peter, 헬라어 *petros*, 뜻은 반석[rock], 마 16:18)라는 새 이름을 주셨다. 베드로의 이름은 요한복음에 자주 등장하지만[22] 이런 형태는 아니다. 여기서 예수가 베드로에게 질문을 던지는 매 경우마다 그는 이 완전하고도 공식적인 형태의 이름을 사용하신다.

우리는 이 구절들이 요한복음 21:1-14의 고기잡이 기적과 밀접하게 연관되어 있음을 명심해야 한다. 그러므로 예수가 베드로에게 "네가 '이것들보다' (more than these) 나를 더 사랑하느냐"라고 물으실 때, 우리는 "이것들"(these)의 의미를 밝히기 위해 그 배경을 반드시 살펴야 한다. (한글개역개정판은 이 부분을 "이 사람들보다"라고 해석하고 있으나 헬라어 원문에는 사람과 사물에 다 사용될 수 있는 대명사[영어의 these에 해당]가 등장한다.-옮긴이) 예수는 "네가 이 배들과 고기들을 사랑하는 것보다 나를 더 사랑하느냐?"라고 묻고 계신 것인가? 혹은 "너는 함께 일하는 이 사람들을 사랑하는 것보다 나를 더 사랑하느냐?"라고 묻고 계신 것인가? 이 두 질문들은 서로 연관되어 있다. 왜냐하면 베드로는 자신의 원래 직업인 고기잡이를 다시 시작했고 그의 주위에는 친구들이 있기 때문에 예수는 그에게 선택을 요구하셨을 수도 있다. 베드로는 자신의 옛 직업을 사랑하는가, 아니면 사역에 대한 철저한 사명감을 가지고 그리스도의 제자가 되려고 하는가?

우리는 예수가 베드로의 부인을 예언하셨을 때 목소리를 높였던 것은 베드로라는 사실을 기억해야 한다. 공관복음에서 베드로는 다른 사람들이 도망할지라도 자신은 끝까지 신실할 것이라고 말했다(마 26:33; 막 14:29). 요한복음은 죽음의 경고에도 불구하고 예수를 따르겠다는 베드로의 열정을 우리에게 소개해 주고 있다. "주여 내가 지금은 어찌하여 따라갈 수 없나이까 주를 위하여 내 목숨을 버리겠나이다"(요 13:37; cf. 요 15:12-13). 그리고 이 이야기의 가장 깊은 아이러니는 베드로가 이 맹세를 한 후 그리스도를 세 번이나 부인했다는 것이다. 그러나 현재의 상황 속에서 예수는 모든 일들을 아는 분이시다(요 1:42; 2:25; 16:30). 그리고 그는 이 끔찍한 실패에도 불구하고 베드로는 여전히 믿음과 헌신의 사람이라는 사실을 이해하신다. 그렇다면 예수는 이렇게 물으시는 것인지도 모른다. "너는 [참으로] 이 다른 사람들이 나를 사랑하는 것보다 나를 더 사랑하느냐?" 예수는 베드로에게 그의 이전 맹세들의 힘을 점검해 보라고 요구하고 계시다.

---

22. "베드로"(Peter)는 34회 등장하며 그 중 15회는 "시몬"(Simon)이라는 이름과 함께 등장한다.

베드로의 회복의 첫 번째 단계는 예수가 베드로에게 "물고기"(the fish)를 해변으로 가져오라고 요구하실 때 찾아온다(요 21:10). 심지어 이 평범한 일조차 베드로를 특별하게 만든다. 예수는 이 사람들 중에 지도자로서의 베드로의 위치를 인정해 주고 계신 것이다. 예수는 어쩌면 이 사람들을 "사람을 낚는 어부"(마 4:19)로 만들어 주시겠다던 자신의 부름을 기억하고 계신지도 모른다. 그래서 이제 "잡음"(catch)은 베드로의 책임이 될 것이다. 그러나 고기잡이는 베드로의 미래를 위한 일차적 은유가 되지 않을 것이다.

요한복음 21:15-17에서의 예수의 세 번의 질문들은 아마도 성경 전체 중에서 가장 유명한 질문과 대답들일 것이다. 예수는 세 번 베드로에게 자신을 사랑하느냐고 물으시고 베드로는 세 번 자신의 사랑을 확언한다. 각 경우에 베드로는 예수의 양떼를 돌보도록 사명을 받는다. 그러나 이 단락에서 사용된 언어 속에는 미묘한 차이가 있다. 그 변화를 헬라어로 살펴보는 것이 도움이 될 것이다.

[15] 예수: 네가 나를 사랑[*agapao*]하느냐? 베드로: 나는 당신을 사랑합니다[*phileo*].
[16] 예수: 네가 나를 사랑[*agapao*]하느냐? 베드로: 나는 당신을 사랑합니다[*phileo*].
[17] 예수: 네가 나를 사랑[*phileo*]하느냐? 베드로: 나는 당신을 사랑합니다[*phileo*].

해석자들은 결정을 내려야만 한다. 사랑을 나타내는 이 두 단어들은 어떤 숨겨진 의미상의 차이를 가지고 있는가? 어떤 주석가들은 '필레오'(*phileo*)는 열등한 형태의 사랑을 나타내며 따라서 예수는 그의 사랑의 수준을 올리도록 베드로에게 도전을 가하고 계시다고 주장한다. 사실 예수는 베드로에게 "너는 나를 위해 심오한 사랑을 가지고 있느냐?"라고 물으시는데 베드로는 "예, 주님, 저는 당신을 좋아하고 있습니다"(I am fond of you)라고 대답한다. 결국(요 21:17) 예수는 베드로의 낮고 제한적인 애정에 맞추어 기대수준을 낮추신다. 이런 뉘앙스가 NIV역에 나타난다. NIV는 첫째 단어에 대해서는 "참으로 사랑하느냐"(truly love), 그리고 둘째 단어에 대해서는 "사랑합니다"(love)로 번역해 놓았다.

이 견해가 가진 문제들 중 하나는 만약 대화가 아람어로 이루어졌다면 헬라어의 그런 단어변화(variation)들은 아예 존재하지 않았을 것이라는 사실이다.—그러나 대화가 아람어로 이루어졌다는 설명은 그들의 대화의 뉘앙스를 표현하기 위해 요한이 헬라어를 사용하고 있다는 사실과 요한의 단어선택은 여전히 중요하다는 사실을 제대로 인식하지 못한다. 또 다른 난점은 베드로는 ('아가파오'와 '필레오'

의 차이를 강조하는 입장에서 보자면) "아니오"라고 말해야 할 때 이상하게도 두 번씩이나 "예"라고 대답을 한다는 것이다. 베드로가 두 번 "너는 나를 사랑(*apagao*) 하느냐?"라고 질문을 받았을 때, 베드로는 "아니오, 나는 주님을 그렇게 깊이 사랑하지는 않습니다"라고 대답했어야 한다. 하지만 베드로는 비록 그가 '필레오'를 사용하기는 하지만, 예수가 묘사하고 있는 그런 종류의 사랑을 자신이 참으로 가지고 있다고 인정하는 것처럼 보인다.

이것은 많은 주석가들로 하여금 '아가파오'와 '필레오' 사이의 단어변화를 중요하지 않게 생각하도록 만들었다. 그들은 그 두 단어를 단지 동의어로 본다. 예를 들어, 칠십인경(LXX)에서 요셉에 대한 야곱의 사랑은 두 동사 모두로 표현된다(창 37:3-4). 잠언 8:17에서 두 단어 모두가 한 히브리어 동사를 표현하기 위해 사용된다. 이것이 주요 사전들(lexicons)과[23] 문법학자들의 견해이다. 터너(N. Turner)는 요한이 이야기에 변화를 주기 위해 "불필요한"(needless) 동의어들을 일상적으로 사용하는 것을 지적한다.[24] 요한은 사랑, 보내다, 치료하다, 질문하다, 말하다, 행하다, 먹이다, 양, 그리고 알다에 대해 두 가지 단어들을 사용한다. 그리고 대부분의 경우 이 단어변화는 단지 단조로움을 피하기 위한 것이다.

레온 모리스(Leon Morris)는 이 정서를 반영한다. "요한의 용법을 근거로 하여 살펴보자면 이 두 동사들 사이에서 의미상의 차이를 찾아볼 수 없다."[25] 예수와 베드로와의 대화의 초점은 예수의 대한 베드로의 사랑의 질이 아니라 그리스도의 양떼를 돌보라는 위임에 맞춰져 있다. 베드로가 근심한 것은(요 21:17) 예수가 사랑을 위한 동사를 바꾸셨기 때문이 아니라 같은 질문을 세 번이나 반복하셨기 때문이다.

사랑에 대한 확언 다음에 베드로에게 주어진 짐들에 대해서도 같은 설명을 할 수 있다. 여기에도 또한 단어변화가 있다. 그러나 그것은 전혀 신학적인 중요성을 갖지 않는다. 예수는 그의 "양떼"(flock)를 돌보도록 세 번 베드로에게 사명을 맡기신다.

---

23. 참조. BAGD, 4.
24. N. Turner, *A Grammar of New Testament Greek: Vol. 4 Style* (Edinburgh: T. & T. Clark, 1976), 76-77.
25. Morris, *John*, 770; 또한 Barrett, *John*, 584, Carson, *John*, 676-77, 기타 많은 책들. 요한의 단어변화의 수많은 예들에 대한 상세한 연구를 위해서는, L. Morris, "Variation—A Feature of the Johannine Style," in his *Studies in the Fourth Gospel* (Grand Rapids: Eerdmans, 1969), 293-319.

(1) 내 어린 양(*arnion*)을 먹이라(*basko*)
(2) 내 양(*probaton*)을 치라(*poimaino*)
(3) 내 양(*probaton*)을 먹이라(*basko*)

이 단어들의 연결 속에서 보다 깊은 의미를 찾으려는 시도들에 대해서는 극도의 주의를 기울여야 한다.

베드로와 사랑하시는 제자의 죽음(요 21:18-23)

요한복음에서 죽음과 영광은 너무나 밀접히 연결되어 있기 때문에 요한은 예수의 죽음을 일상적으로 단지 "그의 영광"(his glorification)이라고 부른다(예를 들어, 요 12:23). 같은 상관관계가 이제 베드로에게 적용된다(요 21:19). 베드로의 제자도는 그리스도의 양떼를 먹이는 사역뿐만 아니라(요 21:15-17) 하나님께 영광을 돌리는 순교의 죽음도 포함할 것이다. "내가 너희에게 진실을 말한다"(I tell you the truth, NIV)는 "진실로, 진실로"(truly, truly)라는 이중형식문을 드러낸다(요 1:51의 주석 참조). 이것은 예수가 가장 중요한 말씀을 하실 때만 사용하시는 표현이다. 베드로의 젊은 시절의 특징은 자유이다. 그는 스스로 옷을 입고 자신이 원하는 곳으로 자유롭게 갔다. 이것은 예수의 시대에 잘 알려진 격언이었을 것이다.[26] 이와 대조적으로 베드로의 노년의 특징은 제한이다. 그때가 되면 남들이 베드로에게 옷을 입혀주고 그를 이끌 것이다.

어떤 해석자들은 예수가 단지 베드로의 의존성에 대해 언급하실 뿐이라고 생각한다. 그러나 이것을 요한의 전형적인 이중적 의미의 또 다른 예로 볼 수도 있다. 예수는 베드로에게 언젠가 어떤 사람이 "네 팔을 벌리리니"(요 21:18)라고 말씀하신다. 이 언어는 분명하게 십자가를 지시한다. 여기서 사용된 헬라어 단어는 많은 초기 기독교 작가들에 의해 십자가 위에서의 죽음을 지시할 때 사용되었다.[27] 만약 이것이 사실이라면—나는 그렇다고 확신하는데—우리는 요한복음 21:18에서 십자가에 대한 또 다른 암시를 가지고 있는 것이다. 늙었을 때 베드로는 "옷이 입

26. Barrett, *John*, 585; Bultmann, *John*, 713.
27. Barrett, *John*, 585는 사 65:2(LXX, "손을 펴서", hands spread out)가 *Ep. Barnabas* 12:4, Justin (*First Apol.* 35), Irenaeus (*Apost. Preaching*, 79), 그리고 Cyprian (*Test.* 2.20)에서 십자가형에 대한 전조로 사용된 것을 지적한다.

혀지는"(dressed, NIV) 것이 아니라, 많은 희생자들이 밧줄로 십자가에 "고정되었듯이"(fastened), "묶일"(헬라어 *zonnyo*) 것이다. 그를 인도하는 자들은 자비롭지 않을 것이다. 그들은 베드로가 원하지 않는 곳으로 강제로 그를 데려갈 것이다.

우리는 의심할 바 없이 이 구절들을 요한복음 13:36-38과 함께 읽어야 한다. 그곳에서 베드로는 예수를 위해 "자신의 생명을 내어놓겠다는" 용감한 약속을 한다. 예수는 예수가 가려고 하는 곳으로 지금은 베드로가 갈 수 없지만 "나중에는" 그를 "따르게" 될 것이라고 약속하신다. 예수는 자신의 영광의 때를 내다보고 계시다. 그리고 요한복음 13:37과 21:18 모두에서 그는 베드로의 운명을 예언하고 계시다. 베드로는 예수를 위해 자신의 생명을 내어놓을 것이다(요 13:38); 그도 역시 십자가에 달릴 것이다. 그도 역시 자신의 주님과 같은 방법으로 하나님께 영광을 돌릴 것이다. 그러나 그 일은 미래에 발생할 것이다. 요한복음 21:19의 "나를 따르라"는 이제 날카롭고 자극적인 의미를 갖는다. 베드로는 십자가까지 예수를 따를 것이다.

요한복음 21:20-23에서는 이제 사랑하시는 제자에게 관심이 옮겨진다. 그 이름은 13:23에 처음 등장한다(그리고 요 19:26; 20:2; 21:7, 20에 등장한다). 그리고 다른 중요한 곳에서의 익명의 제자도 그와 연결될 수 있을 것이다(요 1:37; 19:36). "세베대의 아들들"이 베드로의 고기잡이에 동참했다는 사실에 주목하라(요 21:2). 이것은 사랑하시는 제자를 요한으로 볼 수 있는 가능성을 높여준다.[28] 요한복음 전체에 있어서 이 제자는 신실함과 헌신의 본보기이다. 예를 들어, 요한복음은 마지막 식사 때 부인함에 대해 예수에게 말을 했던 자가 바로 그였다는 사실을 우리에게 상기시킨다(요 21:20b). 그는 십자가에서도 신실하게 예수 곁에 서 있었다(요 19:26). 그리고 나중에 그는 빈 무덤에서 신앙을 고백한 첫 번째 사람이었다(요 20:8). 이곳 해변에서 베드로는 예수를 "따르라"(follow)는 지시를 듣는다(요 21:19). 그러나 우리는 예수가 사랑하시는 제자인 요한은 이미 그를 "따르고 있는"(following) 것을 본다(요 21:20). 또한 그는 한 차원에서는 예수가 베드로에게 개인적으로 말씀하실 때 그를 가까이에서 따르는 자이지만, (다른 차원에서는) 베드로가 경쟁해야 하는 이상적인 "따르는 자"(follower)이기도 하다.

자신에게 맡겨진 사명과 회복됨에 의해 고무된 베드로는(요 21:22), 예수에게

28. 본서의 서론과 저자에 대한 설명을 참조하라. 사랑하시는 제자가 세베대의 아들이라는 주장에 대한 암시적 변호(suggestive defense)를 보기 위해서는, Brown, *John*, 2:1119-20.

요한의 운명에 대해 직접적으로 묻는다. "주여 이 사람은 어떻게 되겠사옵나이까." 요한은 유사한 사명을 받을 것인가? 그는 유사한 영광스러운 순교를 함께 나눌 것인가? 우리는 베드로의 말 속에서, 두 사람이 무덤으로 경주하듯 달려갔던 일을 연상시키는(요 20:4), 어떤 경쟁심을 느낄 수 있지 않은가? 예수의 대답은 뜻밖의 것은 아니라 해도 베드로가 원했던 내용은 아니다. 요한이 어떻게 언제 죽을 지를 아는 것은 베드로의 특권이 아니다.—혹은 요한은 예수가 권능으로 재림하실 때까지 살아 있을 수도 있다(cf. 요 14:3; 요일 2:28). 또 다시 예수는 사도에게 자신을 "따르라"라고 말씀하신다. 그리고 이번에는 그 형태가 강세형이다(cf. 요 21:19).[29] 이를 의역하자면 이렇다. "베드로야, 이 문제는 네가 관심을 둘 문제가 아니다. 이것은 나의 문제이다. '너'에게는 하나의 의무가 있다. 나를 따르라."

교회에서는 얼마 동안 예수의 말씀에 대한 이상한 오해가 나돌고 있었는데 요한복음 21:23은 그 오해를 풀었다. 의심할 바 없이 요한의 추종자들 중 많은 이들은 그들이 사랑하는 지도자가 예수가 다시 오실 때까지 죽지 않고 세상에 머물러 있을 것이라고 믿었을 것이다. 요한의 교회의 제자들은 재림의 희망을 생생하게 간직하고 있었고 요한이 늙어감에 따라 그들의 기대는 더욱 커졌을 것이다.

물론 문제는 요한이 죽었는데 그리스도가 재림하시지 않았다면 교회의 원수들은 기독교 신앙을 조롱할 큰 기회를 얻게 된다는 것이다(벧후 3:4; cf. 마 16:28; 살전 4:15). 요한복음은 예수의 원래의 말씀을 반복해서 들려준다(요 21:23b). 그것은 베드로에게 주신 교훈이 경건한 기독교인들에게 올바로 이해되도록 하기 위함이다. 요한복음은 이 구절의 하반절에서 강세형의 "그러나"(헬라어 *alla*)를 사용한다. 그것은 마치 이렇게 말하는 것과 같다. "'그러나' 일을 분명히 하자.—예수는 요한이 죽지 않을 것이라고 말씀하지 '않으셨다'(not)." 베드로가 요한에 대해 함부로 상상을 해서는 안 되는 것과 마찬가지로, 요한의 추종자들은 사도의 운명과 관련된 종말론을 모두 버려야 한다.

요한은 그 당시 이미 사망했는가? 주석자들의 의견은 나뉜다. 어떤 이들은 요한이 다만 상당히 늙었을 뿐이라고 믿는다. 왜냐하면 만약 요한이 이미 죽었다면, 그를 따르는 자들이 "그는 죽지 않을 것이다"라고 말하는 것은 상상하기 어렵기 때문이다. 그러나 다른 이들은 요한복음 21:23이 아마도 다른 목적을 가지고 있을 것이라고 확신 있게 말한다. 아마도 요한을 따르는 자들은 한 때 그가 죽지 않을 것

29. 나를 따르라는 두 번째 문장은 헬라어 강세대명사 '쉬'(*sy*)를 사용하고 있다.

이라고 믿었는데, 그가 그만 죽었고 그래서 공동체는 혼란에 빠졌을 것이다. 그들은 요한의 생존을 전제로 한 종말론을 만들었는데, 이제 그것이 무너져 버렸다. 요한을 따르는 자들은 그의 사도권을 너무나 존중했었기 때문에, 그들은 이제 요한의 죽음으로 인해 야기된 혼란에 대해 편집자로서의 설명을 통해 대답한다. 어쩌면 바로 이 때 그들은 이 복음서의 마지막 손질을 마치고(아마도 이 때 요한복음 서론과 21장을 추가하지 않았을까?) 그들의 지도자에게 "사랑하시는 제자"(the Beloved Disciple)라는 유명한 이름을 부여했을 것이다.

요한의 증거에 대한 확증(요 21:24-25)

요한의 제자들은 이제 공개적으로 그들의 지도자의 작품의 진실성을 확증한다. 그들이 "'우리는' 그의 증언이 참된 줄 '아노라'"(저자의 강조)라고 썼을 때, 우리는 즉시 이야기 속의 그들의 존재를 알아차리게 된다. 여기 신뢰할 수 있는 요한의 증거와 독자로서의 우리들 사이에 제삼자가 서 있다. 헌신과 겸손함으로 그들은 이제 복음서의 마지막 부분을 적고 있다.

요한복음 21:21-23에 기술된 "사랑하시는 제자", 즉 예수와의 친밀한 관계가 그의 삶의 특징이었던 그 사람은 이 복음서에 기록된 이야기들의 목격자임이 확인된다. 이 제자는 이야기 속에서 만들어진 어떤 이상적인 신앙의 인물이 아니다. 그는 자신의 삶을 통해 신자들의 공동체를 세웠던, 하지만 그의 죽음은 그들의 믿음을 뒤흔들어 놓았던 실제 인물이다. 그는 다른 세대들이 유익을 얻을 수 있도록 하기 위해 예수의 삶의 사건들을 보고(참조. 요 19:35), 그것들을 기록한(요 21:24) 인물이다. "이것들"(요 21:24)이란 단지 요한복음 21장의 에피소드들만이 아니라 요한복음 전체의 이야기들을 말한다. 그리고 요한은 (세례요한과 수많은 표적들과 같은) 많은 증거들을 목격한 마지막 목격자이다. 그는 자신의 복음서에 그리스도를 위한 증거들을 마지막으로 기록해 놓고 있다.

이 작가들과 편집자들은 교회전승이 주장하듯이 에베소 교회의 장로들인가? 알렉산드리아의 클레멘트(Clement of Alexandria)에 따르자면, 요한은 단지 그의 제자들과 동료 감독들(bishops)이 그에게 복음서를 쓸 것을 강권했기 때문에 요한복음을 기록했다.[30] 우리는 이 전승을 확인할 수 없다. 그러나 우리는 요한복음

30. Eusebius, *Church History*, 6.14.7.

21:24의 "우리"(we)를 심각하게 고려해야 한다. 요한의 사역의 결과 사도의 증언을 보존하는 데 헌신된 공동체가 생겨났다. 그들에게 있어서 예수의 일들이 진실인 이유는 요한과 같은 사람들이 역사 속에서 그것들을 보고 정확하게 기록했기 때문이다. 이 복음서는 환상적인 상상도 아니고 예수의 초상화를 다시 그리고 있는 변덕스러운 이야기도 아니다. 그것은 실제 발생한 사건의 기록이고, 그것을 본 사람에 의해 주어졌다.[31]

(요 21:24의 간단한 편집자 삽입에 이어지는) 요한복음의 마무리 구절은 요한 자신의 손에서 나왔을 수도 있다.[32] 요한은 그의 복음서에 기록된 것들 외에도 예수의 삶에는 훨씬 더 많은 일들이 있었음을 상기시킨다. 이것은 그가 기록하지 않은 다른 이야기들(공관복음 이야기들?)을 요한이 알고 있었을 가능성을 또 다시 제기한다(cf. 요 20:30). 우리가 할 수 있는 최선의 말은 요한복음은 그 어떤 단일 작품보다도 폭넓은 시각을 지닌, 예수 이야기에 대한 부분적 소개—그러나 또한 충분한 소개—라는 것이다.

장난스럽고 즐거운 과장법을 사용하여 요한은 심지어 세상의 모든 책들도 예수의 이야기를 다 포함할 수는 없다고 말한다. 그런 표현은 고대에 있어서 일반적인 것이었다. 1세기의 랍비였던 요하난 벤 자카이(Johanan ben Zakkai)는 이렇게 적고 있다. "만약 모든 하늘이 양피지이고, 모든 나무들을 펜으로 만들고, 모든 물들이 잉크라고 해도, 그것들은 내가 스승들로부터 전해 받은 지혜를 기록하는 데 충분치 '못할' 것이다. 그런데 내가 현자들의 지혜로부터 배운 것은 바다에 뛰어든 파리가 몸에 묻힌 물의 양만큼 밖에 되지 않는다."[33] 요한 역시 유사한 겸손으로 그의 복음서를 끝맺는다. 그 이야기는 그가 상상할 수 있는 그 어떤 것보다 더 크다. 그의 작품은, 우리가 읽기에는 영광스럽지만, 그의 이야기가 기술하고 있는 그 분의 영광과 비교할 때는 초라하게 빛을 잃고 만다.

---

31. 모리스(Morris)는 요한이 그가 기록한 것들의 실제 목격자임을 보여 주는 모든 증거들을 요한복음 전체에 걸쳐서 샅샅이 찾아서 제공해 주고 있다. 참조. "Was the Author of the Fourth Gospel an 'Eyewitness'?" in L. Morris, *Studies in the Fourth Gospel* (Grand Rapids: Eerdmans, 1969), 139-214.
32. 학자들은 요 21:25에서의 문체의 변화를 지적한다. "나는 추측한다"(I suppose)는 이 마지막 구절을 요 21:24과는 다르게 만든다.
33. Hoskyns, *John*, 561에서 재인용.

상황잇기

교회의 사역. 많은 면에 있어서 본 장(긴 에필로그)은 요한복음에 있어서, 마태복음, 마가복음, 그리고 누가복음의 마지막 절들이 하는 역할을 한다. 마태는 그의 복음서를 대위임령(Great Commission)으로 끝맺는다. 그곳에서 예수는 자신을 따르는 자들을 갈릴리 산으로 데려가신 후 그들에게 세상으로 가서 제자들을 만들라는 의무를 주신다(마 28:16-20). 이 의무는 교회와 그 사역에 초점이 맞춰져 있다. 그것은 예수를 따르는 자들을 양육하고 돌볼 수 있도록 제자들에게 능력과 사명을 준다. 누가복음의 마지막 부분도 비슷하다(눅 24:44-53); 누가는 초점을 예루살렘으로 돌린다. 그곳에서 예수는 그들을 세상에서의 증인으로 부르신다.—사람들은 성령에 의해 능력을 받고, 예수의 삶의 사건들에 대해 증거를 하고, 새로운 신자들을 제자도에 합류시킬 것이다. 또 다시 주제는 교회와 그 사역이다. 비록 마가복음의 더 긴 종결부(막 16:9-20)는 분명히 근거가 없는 것이지만, 후대의 필사자는 유사한 주제들을 포함시킴을 통해 누가복음 16:8의 극적인 종결을 보충해 줄 필요를 느꼈다. 제자들은 선포자로서 세상 속으로 가도록 사명을 받았다. 그들은 예수의 강력한 표적들을 재창조하며, 새로운 신자들을 신앙의 공동체 속으로 데려온다. 다시 한 번, 예수의 이야기는 교회와 세상 속에서의 교회의 사역을 강조하며 끝난다.

요한복음의 끝맺음 구조는 다른 복음서와 동일한 주제들을 반향해 주지만 또한 자신만의 관심사를 통해 그것을 보충해 주고 있다. 이것들은 부활의 실재성이나 예수의 메시지의 진리성을 확인해 주는 이야기들이 아니다. 요한복음 21장의 고기잡이 기적은 믿지 않는 자들로 하여금 그리스도의 부활을 믿게 만들려고 하는 표적이 '아니다.' 요한복음 21장은 세상 속에서의 교회의 책임과 사역을 일깨워 주는, 교회에게 들려주는 에필로그이다. 본 장에서의 주요 이야기—고기잡이 기적과 아침에 모닥불 주위에서 이어지는 예수와의 대화—는 그리스도의 나라 속으로 들어오는 자들에 대해 책임을 지라는 사도적 사명을 강화해 준다. 베드로는 어부와 목자가 되어야 한다. 어떤 추종자들은 심지어 순교자가 되도록 부름을 받았을 것이다. 그러나 그들 각자는 순종하며 예수를 따름으로써 하나님께 영광을 돌려야 할 사명이 있다.

우리는 요한복음 전체를 통하여 이차적이고 상징적인 의미들을 보아 왔다. 요한은 아이러니와 언어유희를 사용하는 것을 즐긴다. 그러나 우리는 또한 그 의미를 찾아내기 위해서는 상당히 주의를 기울일 필요가 있다는 것을 알게 되었다. 예

를 들어, 고기잡이는 숫자적 상징주의와는 상관이 없는 것으로 보인다. 이것은 가나에서의 많은 양의 포도주(요 2장), 혹은 예수의 떡의 분배(요 6장)와 같이 다만 풍부함을 보여주는 기적일 뿐이다. 그럼에도 불구하고 그 기적적인 표적은 예수가 지금 지적해 주려고 하는 베드로의 사역을 상징하고 있을 지도 모른다. 사랑하시는 제자가 우리에게 그 이야기의 가장 중요한 것을 지적해 주고 있는 것은 우연이 아니다. 이것이 많은 경우에 있어서 그의 문학적 역할이었다. 그는 다른 사람은 알아보지 못할 때 예수의 정체를 알아본 사람이다(요 21:7). 그리고 베드로가 예수를 향해 해변으로 달려갈 때 그는 물고기와 함께 있으면서 그것들을 뭍으로 끌어오려고 애썼다. 요한의 인식능력과 통찰은 또 다시 베드로의 열정을 이겼다. 물고기는—실제적인 선물이자 하나님의 사역의 상징이기 때문에—무시되어서는 안 된다.

예수는 제자들에게 사명을 일러주기를 원하신다. 그것은 세상 속에서 예수의 사역을 계속 지속시키는 것이다. 그들이 지금 가지고 있는 성령은(요 20:22) 단지 재확신과 위로를 위한 개인적 선물이 아니다. 성령은 세상 속에서의 그들의 증거에 영감을 불어넣어 줄 것이고(요 15:26-27), 그들이 필연적으로 만나게 될 시련 속에서 그들을 강하게 만들어 줄 것이다(요 16:7-11). 그것은 그리스도의 구원 사역에 대한 지식을 세상에 전해 주는 목회사역을 의미할 것이다(요 20:23). 그것은 새로운 신자들을 새 양떼 속으로 모으는 것이다(요 10:16). 여기서 말하는 새 양떼란 그리스도가 아직 모으시지 않았지만 그가 지금 불러 모으기를 원하고 계신 자들이다. 그리스도의 일은 이제 교회와 그의 제자들의—본 장에서는 좁게 베드로에게 초점이 맞춰져 있다.—일이다. 그는 예수의 양떼를 먹이고 돌봐야 한다(요 21:15-17).

이차적 주제들. 여기에는 또한 교회의 사역을 위한 예수의 교훈이라는 주요 메시지와 함께 등장하는 몇 가지의 이차적 주제들이 있다. (1) 베드로와 예수의 화해 이야기는 베드로의 치료의 이야기이다. 허세로 가득 찬 충성의 약속에 이어 예수를 세 번씩이나 부인했던 베드로가 이제 그리스도에 대한 사랑을 세 번 확인하는 것은 우연이 아니다. 그리스도를 위해 일하는 성직자들과 평신도들을 위해 이 본문을 기초로 많은 말을 할 수 있고 또 그래야 한다. 그러나 본문을 통해 꼭 이루어져야 하는 일은 그리스도와의 관계에 대한 그들 자신의 무모한 자신감을 치료하는 일이다.

(2) 베드로와 사랑하시는 제자 사이의 부드러운 경쟁관계는 본 장에서 그 정점에 달한다. 그 두 사람 사이에서 정확히 무슨 일이 일어났는지를 알 수 있는 충분한 정보를 우리는 가지고 있지 않다. 그러나 요한복음 21:21에서 베드로는 결국 자

신의 감정을 드러낸다. "주여 이 사람은 어떻게 되겠습니까? 우리의 대화의 주변부에 있는 이 사람은 어떻게 되겠습니까? 당신께 영광을 돌림에 있어서 그의 죽음이 나와 경쟁이 되겠습니까?" 예수의 책망은 우리들 각자를 향한 것이다.

(3) 오늘날의 청중을 위해 요한복음 21장을 전개시켜 나가려면, 우리는 또한 베드로의 삶에 있어서 개인적 이슈들을 점검하여 그것들을 오늘날의 사역 속에서 개인적 건강을 위한 패러다임으로 만들어야 한다. 교회의 사역은—물고기들을 모으고, 양떼를 먹이는 일—목회자들의 개인적 역사(histories)가 하나님의 영에 의해 치료되고 새롭게 되기 전까지는 진전될 수 없다.

현대적 의미

요한복음 21장은 제자도와 리더십에 관한 것이다. 이야기가 전개됨에 따라 베드로는 (사랑하시는 제자, 요한과 함께) 스포트라이트 속에 남아 있으면서, 그리스도의 양떼를 치는 목자가 된다는 것이 무엇인지를 우리에게 보여준다. 제자들은 이제 예수의 부활을 목격했을 뿐만 아니라 또한 성령을 경험했다. 그들은 진리를 알고 또 진리의 영을 경험했다. 한 가지 질문이 남는다.

그들은 그것을 가지고 무엇을 할 것인가? 그들은 예수와 함께 하는 이 영적인 순간들을 단지 개인적인 것으로 만들 것인가? 아니면 이 순간들은 그들을 중요한 어떤 곳으로 인도해 갈 것인가?

기적적인 고기잡이는 의심할 바 없이 '놀라움'(surprise)일 뿐 아니라 '상징'(symbol)이기도 하다. 예수는 아직도 제자들의 든든한 후원자이시다. 그는 그들이 수고하며 일할 때에 그들을 도우신다. 그러나 그 이상이다. 예수는 그들의 일을 지시하기를 원하신다. 예수의 도움을 받아 그들은 도저히 믿을 수 없을 정도로 많은 고기를 잡게 될 것이다. 이 상징성은 교회와 그 사역에 적용될 수 있다. 아버지가 지시하시는 방향에 따라 예수가 일하셨듯이, 제자들은 예수의 말씀에 따라 일해야 한다. 예수가 그들의 동업자이고 그와 함께 있을 때 성공은 보장된다.

그러나 우리는 두 은유들을 혼합하여 이 "고기잡이" 속에서 그들이 먹이고 돌봐야 할 양떼를 보아야 한다. 그들은 예수가 자신의 삶과 말씀을 통해 보여주신 목자로서의 본보기를 살펴야 한다(요 10장). 오늘날의 교회 지도자들은 베드로에게 지워진 짐을 또한 자신들의 소명으로 인식해야 한다. 그리스도의 교회는 결단력 있는 지도자들을 필요로 한다. 이천 년 동안의 교회 역사가 그것을 보여주고 있다. 그러나 그 역할을 감당할 수 있다고 주장할 자들 중 많은 이들은 베드로의 삶을 통

해 드러난 약함과 부족함을 지니고 있다. 사실 우리는 본 장에서의 베드로의 문학적 역할을 우리들 자신의 리더십의 반영으로 볼 수도 있다. 그 리더십은 개인적 고뇌와 상처를 통해 완전해진다. 베드로의 치료를 통해 우리는 자신의 치료에 대한 통찰을 얻을 수 있다.

베드로와 예수. 처음으로 거룩한 땅(Holy Land)을 방문하여 자신의 경험을 기록으로 남긴 순례자들 중에 에게리아(Egeria)라는 여성이 있다. 그녀는 유럽의 대서양 연안으로부터 여행을 왔으며 거룩한 땅에서 3년을(A.D. 381-384) 머물렀다는 사실 외에는 그녀에 대해 알려진 것은 거의 없다. 4세기의 여행은 위험하고 어려웠다. 그녀의 용기는 그녀를 만났던 많은 주교들을 틀림없이 놀라게 했을 것이다. 에게리아는 거룩한 장소들뿐만 아니라 수도원들을 열심히 방문했다. 그녀는 또한 사순절부터 부활주일까지 예루살렘의 의식들에 참여하기를 원했다. 우리는 그녀의 기록을 통해 예루살렘의 예배의식에 대한 가장 오랜 자료를 가지게 되었다.[34]

갈릴리를 방문했을 때 그녀는 헬라어로 "헵타파곤"(Heptapagon)이라고 하는 "일곱 샘들"(Seven Springs)의 위치를 확인했다.[35] 이곳에서 그녀의 관심은 예수의 기적적인 먹이심의 기적들에 집중되었다. 갈릴리의 북쪽 해안에서 그녀는 한 작은 비잔틴 교회로 인도되었다. 사람들은 그녀를 돌로 만든 제단으로 데려간 후 이곳이 요한복음 21장에서 예수가 제자들에게 떡과 물고기를 주신 장소라고 말했다. 9세기에 그곳은 '숯의 장소'(The Place of Coals)라고 불리고 있었다. 왜냐하면 예수가 그곳에서 "숯불"(charcoal fire)을 피우시고(요 21:9) 물고기를 구우셨기 때문이다. 이 특별한 여인에게 있어서 그곳은 중요한 목적지였다. 왜냐하면 그곳은 한 남자의 인생을 바꾼 순간을 떠올리게 했기 때문이다.

오늘날 개신교도들은 잘 가꾸어진 정원과 밭들을 가지고 있는 이 아름다운 프란체스코(Franciscan) 명승지를 거의 찾지 않는다.[36] 우리는 에게리아가 보았던 교회 계단을 아직도 볼 수 있다(그것은 아마도 2, 3세기에 만들어졌을 것이다). 우리

34. 에게리아의 여행에 대한 포괄적이고 주석이 달린 편집본을 보려면, J. Wilkinson, *Egeria's Travels to the Holy Land* (Jerusalem: Ariel Publishing, 1981).

35. 오늘날 가버나움 바로 서쪽에 있는 이곳은 아랍어로 '타브가'(Tabgha)라는 이름을 가지고 있다. 그것은 헬라어 단어 '헵타파곤'(Heptapagon)에서 유래한 것이다. 그곳에는 "신선한 물이 나오는 일곱 샘들"(seven fresh water springs)이 있다.

36. 오병이어 교회(the Chapel of the Multiplication of the Loaves and the Fishes), 즉 전통적인 타브가(Tabgha)에서 간선도로로 걸어 나와 오른쪽으로 돌아서 (동쪽으로) 오 분만 걸으라. 그러면 우측에 그 문이 보일 것이다.

는 그곳에서 예수가 제자들을 조반으로 초대하신 해변도 볼 수 있다. 프란체스코회 사람들은 갈릴리 해변의 예배당 근처에 가장 섬세하다고 할 수 있는 동상을 세웠다. 그것은 실물 크기의 동상인데, 베드로가 해변에서 예수를 만나는 모습이다. 예수는 베드로에 대한 자신의 사랑을 새롭게 하시며 그에게 사명을 맡기시고 있다. 예수는 하나님의 이 위대한 사람에게 용서와 사명을 모두 주시고 있다. 그곳을 방문하는 기독교인들은 에게리아가 알았던 것을 느낄 수 있다. 이곳에서는 범상치 않은 어떤 것이 솟아난다. 그리고 그것은 베드로에 대해서뿐 아니라 우리에 대해서도 말하고 있다.

베드로는 끔찍한 잘못을 저질렀다. 예수가 심문을 받으실 때 그가 세 번 예수를 부인한 일은 네 복음서들 모두가 기록하고 있는 몇 안 되는 이야기들 중 하나이다. 베드로의 부인함에 대한 소식은 복음전도자들 사이에 널리 퍼졌고, 사복음서 기자들은 그 이야기를 너무나 중요한 것으로 여겼기 때문에 그 누구도 그것을 빠뜨리지 않았다. 누가는 베드로가 예수를 부인했을 뿐만 아니라 닭이 울 때 예수가 (예수는 그때 분명히 대제사장의 뜰에 계셨을 것이다) 직접 베드로를 바라보셨다고 기록하고 있다. 베드로는 즉시 자신의 충성의 약속뿐만 아니라 예수의 예언을 기억해 냈다. 그리고 그는 밖으로 나가서 심하게 통곡했다(눅 22:62).

'참된' (true) 사역은 이제 베드로에게 불가능했다. 한편으로 베드로는 하나님의 나라를 위해 일하고 예수에 대한 신앙을 깊게 만드는 일로 나머지 인생을 보냈을 수도 있다. 그는 타협하는 자들을 용납하지 못하는, 가장 열정적인 사도들 중 하나가 될 수도 있었다. 그는 극도의 진지함으로 제자도를 받아들이지 않는 자들을 도저히 용납하지 못했을 것이다. 표면상으로는 이 모든 에너지들이 아주 멋지게 보였을 것이다. 그러나 그것은 단지 그의 이전까지의 삶에서의 실패들을 보상하려는—심지어 지나치게 보상하려는—몸부림이었을 수도 있다. (열정적인 보수주의자들에게서 흔히 나타나는) 이런 종류의 기독교는 파괴적이다. 그것은 단지 개신교적 고행일 뿐인 영적 통제를 산출한다. "나는 하나님에 대해 실패했었으므로, 나는 나 자신에 대해 실패했었으므로, 나는 보상해야 할 것이 너무 많다." 그런 사역자는 예수가 요한복음 16:22에서 그를 따르는 자들에게 약속하신 "기쁜 마음" (rejoicing heart)에 대해 전혀 모른다.

다른 한 편, 베드로는 절망에 가득 찬 사람이 될 수도 있었다. 자기 자신의 연약함을 너무나 잘 알고, 예수가 그것을 이미 보셨다는 사실을 알고, 또한 동료 사도들이 그것에 대해 알고 있다는 사실을 알면서, 어떻게 그 누군가의 존경을 기대할 수

있었겠는가? 물론 베드로는 그의 죄의 꾸러미를 마음의 가장 깊은 구석에 처박아 두고는 사역을 계속해 나갈 수도 있었을 것이다. 하지만 그것은 그의 영혼을 손상시켰을 것이다. 자기비판, 의기소침, 그리고 ("십자가의 신학"[theology of the cross]으로 위장된) 영적 비관주의가 그의 사역의 특징이 되었을 것이다. 이 짐은 그의 에너지를 약화시켰을 것이다. 그러나 자기 자신과 하나님을 또 다시 실망시킬 수는 없다는 두려움 때문에, 그는 멈출 수가 없었다. 자신도 깨닫지 못하는 사이에, 그가 전하는 기독교는 자기 자신과 다른 이들에게 파괴적인 것이 되었다. 이와 같은 사역자도 요한복음 16장에서 예수가 다락방에서 약속하신 "기쁜 마음"에 대해서는 아무 것도 모른다.

예수는 이런 것들을 원하지 않으셨다. 그의 첫 번째 계획은 아주 좋은 유머를 선물해 주는 것이었다. 물고기로 가득 찬 그물을 당기는 그의 친구들을 바라보며 지긋이 미소를 지으시는 예수의 모습을 나는 상상해 볼 수 있다. 예수는 전에도 해변에서 이런 일을 하신 적이 있다(눅 5:1-11 참조). 사역 초기에 예수는 극적인 고기잡이를 통해 그들의 관심을 끄셨다. 그리고 그 일을 통해 그들은 갈릴리에서 함께 사역하게 되었다. "내가 너에게 사람을 잡는 법을 가르쳐 주겠다"라고 그가 말씀하셨다. 그러자 그들은 자신들의 배를 버려두고 예수를 따랐다(누가가 이것을 기록하고 있다). 이제 예수는 그들의 옛 기억을 되살리심을 통해 그들의 관심을 다시 끄셔야 한다. 베드로가 그의 그물이 찢어지도록 고기가 가득 찬 것을 보았을 때, 사도가 탄 배로부터의 사도의 비명소리는 몇 마일 밖에서도 들을 수 있는 것이었을 것이다.

이 일을 행하신 분이—고기잡이 기적을 행하시는 분인—예수라는 사실을 알았을 때, 베드로가 해변을 향해 달려간 것은 이상한 일이 아니다. 베드로는 그의 기억들을 치료하고, 그의 과거의 끔찍한 그림들과 소리들을—법정 뜰, 모닥불, 젊은 여종—고치실 수 있는 유일한 분에게도 달려간 것이다. 그 기적은 베드로의 실패에도 불구하고 예수가 아직 그의 편이시라는 것을 보여준다. 예수는 친구들을 위해 따뜻한 식사를 준비하시고, 그물을 물고기로 가득 채우시는 유머를 보여주신다. 그리고 베드로의 사랑을 확인하기 위한 세 번의 초대는 베드로를 괴롭히던 부인함의 기억으로부터 그를 구해 냈다. 지난번에 베드로는 '숯불' 옆에서 예수를 부인했다(요 18:18). 지금 예수는 또 다른 '숯불' 옆으로 베드로를 부르신다(요 21:9). 그리고 그 숯불을 통해 베드로의 기억을 끌어내시고 그것을 제거해 주신다.

사역을 하고 있는 많은 목회자들과 평신도들은 갈릴리 타브가(Tabgha)의 해변

을 방문한 후 요한복음 21장을 다시 읽을 필요가 있다. 교회의 사역은 하나님의 은혜스러운 용서를 통해 우리의 파괴적인 기억의 짐들이 내려진 후에야 앞으로 전진할 수 있다. 그 짐들을 내려놓은 후에야 우리는 능력을 받고, 변화를 받고, 기쁜 마음으로 예수를 증거할 준비가 될 것이다.[37]

베드로와 요한. 우리는 베드로와 사랑하시는 제자(혹은 요한)를 거의 거리낌 없이 비교한 예를 많이 보아왔다. 요한복음 뒷부분에서 요한은 훌륭한 통찰력과 지혜를 갖춘 사람으로 나타난다. 요한은 다락방에서 예수와의 친밀한 대화를 즐긴 사람이지만(요 13:21-30) 베드로는 요한을 통해서만 예수에게 물을 수 있었다. 요한복음 18장에서 요한은 대제사장에게 알려진 사람이었고 그렇기 때문에 베드로를 뜰 안으로 들어오게 할 수 있었다. 그리고 예수가 십자가에 달려 계실 때 요한은 신실하게 예수의 어머니와 함께 서 있었다. 그는 그곳에 있음으로써 예수를 지지했을 뿐만 아니라 예수의 고통과 죽음의 증인이 되었다(요 19:25-37). 비록 빈 무덤에 먼저 도착한 것은 베드로였지만 안을 들여다보고 믿은 것은 요한이었다(요 20:1-10). 그리고 현재의 에피소드에서도 예수를 알아본 것은 요한이었다(베드로는 잘 감지하지 못한 듯하다). 그리고 베드로가 해변으로 가고 있는 동안 요한은 뒤에 남아 물고기들을 해변으로 끌어왔다(요 20:1-14).

요한복음 해석역사에 있어서 학자들은 이 소위 말하는 경쟁관계를 설명할 수 있는 멋진 이론을 만들어 내기 위해 노력해 왔다. 예를 들어, 어떤 이들은 이 두 인물들이 1세기의 주도권을 놓고 다투던 두 경쟁 교회들—헬라교회와 유대교회—의 상징일 뿐이라고 주장했다.[38] 그런 이론들의 문제점은 단지 그것들이 본질상 추론적인 것에 불과하다는 사실뿐만 아니라 그것들이 요한복음의 역사적 기억을 부인한다는 데 있다. 나는 이것을 베드로와 요한의 관계에 대한 진짜 회상이라고 보기를 더 좋아한다. 모든 자료들은 베드로를 어쩌면 충동적이기도 하지만 그럼에도 불구하고 가치 있는 역량을 지닌 강력한 지도자로 그리고 있다. 이것이 아마도 공관복음에서 예수가 베드로를 야고보, 요한과 함께 지도자로 키우신 이유일 것이다. 본 장에서도 베드로가 "나는 물고기 잡으러 가노라"(요 21:3)라고 선언하자 다른

37. 기억의 치료에 대해서는 많은 책들이 있다. 두 권의 훌륭한 책을 꼽는다면, D. and M. Linn, *Healing Life's Hurts: Healing Memories Through Five Stages of Forgiveness* (New York: Paulist, 1988), 그리고 Francis MacNutt, *Healing* (Anniversary Edition: Notre Dame, Ind. Ave Maria, 1999).

38. 이것은 19세기 튀빙겐(Tübingen) 신학자였던 페르디난트 크리스티안 바우르(Ferdinand Christian Baur, 1792-1860)의 견해였다.

이들이 뒤따른다. 사도행전에서도 이야기가 전개되어 감에 따라 베드로의 탁월성과 능력이 강조되고 그는 초대교회의 활동적이고 신뢰할 만한 지도자가 된다.

공관복음의 그림도 요한을 제자 지도자들(disciple-leaders)의 내부 서클 안에 둔다. 요한은 예수의 가장 강력한 기적들 중 일부를 목격하도록 초청을 받았고(막 5:37) 심지어 변화산 사건도 함께 경험했다(막 9:2). 사도행전의 앞부분에서 요한은 베드로와 함께 기독교 신앙을 조리 있게 변호하는 자가 된다. 요한의 서신들을 대충만 읽어 보아도 그가 상당한 리더십을 가지고 있었음을 알 수 있다. 위기에 맞설 줄 알았고, 생각에 있어서 결단력이 있던 요한은 그의 공동체를 괴롭히던 이단을 파악했고 그것과 대항해 싸우기로 결심했다.

그러나 요한은 남들과는 다른 특징을 가지고 있었다. 그의 복음서의 문체와 그의 서신들의 형식은 그 특징의 힌트를 보여준다. 요한은 지각이 예민한 추상적인 사상가였다. 그는 예수의 내적 의미를 탐구했다. 베드로는 그 존재 자체로서 리더십을 발휘할 수 있는 인물이었던 반면 요한은 그렇지는 못했을 수도 있다. 그러나 요한은 자신의 신앙과 통찰력과 지성을 통해 그것을 보충했다. 예를 들어, 요한복음의 서론은 다른 복음서에서는 찾아볼 수 없는 높은 수준의 통찰력을 보여주고 있다.

강한 두 남자들; 하나의 기독교 운동. 그러나 요한은 다른 이들은 놓쳐 버렸을지도 모르는 그리스도의 위격(personhood)의 측면들을 파악해 내는 직관적 능력을 가지고 있었다. 그리스도의 몸의 지도자가 되기 위해서는 다양한 은사들을 필요로 했다. 그리고 요한은 자기 나름대로의 독특한 은사들을 지니고 있었다. 우리는 이에 대해 감사해야 한다. 나중에 몇 세기 동안 기독교 신학자들이 삼위일체의 본질 혹은 성육신의 성격에 대해 논쟁을 벌일 때, 그들은 도움을 얻기 위해 자주 요한의 문헌들을 참조했다.

> 따라서 요한과 베드로의 사역은 달랐을 것이다. 베드로는 목자, 요한은 통찰자(seer)가 되었을 것이다. 베드로는 설교자, 요한은 저술가가 되었을 것이다. 베드로는 기초를 닦는(foundational) 증인, 요한은 신실한 저자가 되었을 것이다. 베드로는 순교의 고통과 수난 속에서 죽었을 것이고, 요한은 장수하다가 고요한 평정 속에서 죽었을 것이다.[39]

---

39. B. Milne, *The Message of John* (Downers Grove: InterVarsity, 1993), 319.

베드로에게 다시 사명을 확인시키신 후 (그리고 예수에 대한 베드로의 사랑을 재확인하신 후) 예수는 베드로가 언젠가 순교를 통해 자신의 뒤를 따를 것임을 계시하신다. 베드로는 자신의 용기와 능력으로 하나님께 영광을 돌리게 될 기회를 갖게 될 것이다. 그러나 베드로는 자기 자신의 제자도에 대해 생각하는 대신 우리를 놀라게 하는 의외의 행동을 한다. 그는 요한은 어떻게 될 것인지 알기를 원한다. 요한도 역시 그런 기회를 갖게 될 것인가? 베드로는 남들보다 우월한 죽음을 맞게 될 것인가? 요한복음 21:22에서의 예수의 질책은 근엄하다.

개인적인 경쟁과 다툼은 교회의 사역을 파괴한다. 서로 다른 은사를 가진 사람들은 자주 어깨 너머로 (베드로가 요한을 보듯이) 다른 사람들을 살피면서 혹시 다른 사람이 자신보다 더 큰 성공을 거두고 있는지 알고 싶어 한다. 이것은 우리가 갈릴리의 타브가 해변을 방문해야 하는 또 다른 좋은 이유이다. 그곳은 베드로가 예수 그리스도와의 관계를 회복한 장소일 뿐 아니라 예수의 훈계의 장소이다. 그러므로 베드로의 치료는 두 가지 방향으로 진행되어야 한다. 그리스도의 양떼는 많은 목자들을 필요로 한다. 그리고 (감사하게도) 각 사람들은 공동체 속에 다양한 은사들을 가지고 들어올 것이다.[40]

베드로와 교회. 그리스도에 대한 베드로의 회복은 교회에 대한 그의 봉사를 가능하게 만들었다. 그의 양떼를 먹이고 돌보라는 예수의 명령은 베드로의 평생의 사명이 되었다. 그는 예수에 대한 자신의 사랑을 확인한다. 그러나 이제 그는 이것이 훨씬 더 많은 것을 의미하고 있다는 사실을 이해한다. 예수는 우리에게 (말하자면) 배우자 없는 "싱글(single)로서" 오시지 않는다. 그는 "결혼하셨다"(married). 그리고 그가 사랑하시고 그녀를 위해 자신을 희생하시는 그의 신부는 교회이다(엡 5:25).[41] 그리스도와 관계를 가지고 있고 그를 진정으로 사랑한다는 것은 우리도 교회를 사랑해야 한다는 것을 의미한다. 예수는 우리가 교회를 헐뜯는 것을 용납하실 수 없다. 왜냐하면 그것은 (인간적으로 보자면) 우리가 가장 좋은 친구의 배우자를 헐뜯는 것과 마찬가지이기 때문이다.

베드로—그리고 우리들 각자—는 그리스도의 몸을 포용하고, 사랑하고, 돌보고,

40. 다양한 성격과 영적 형성 사이의 관계를 밝힌 흥미로운 책으로는, C. P. Michael and M. C. Norrisey, *Prayer and Temperament: Different Prayer Forms for Different Personality Types* (Charlottesville, Va.: Open Door, 1991). 저자들은 MBTI(Myers-Briggs Type Indicator) 성격유형검사를 사용하여 패러다임을 만들며, 신약의 인물들을 자주 그 유형들을 통해 분석한다.

41. Milne, *The Message of John*, 318.

보호하도록 부름을 받았다. 베드로의 서신들을 살펴보면 그가 이 임무에 얼마나 헌신되어 있는가 하는 것을 알 수 있다. 만년에 베드로는 같은 사명을 감당해야 하는 당대의 교회 지도자들에게 이렇게 말하고 있다.

> 너희 중 장로들에게 권하노니 나는 함께 장로 된 자요 그리스도의 고난의 증인이요 나타날 영광에 참여할 자니라. 너희 중에 있는 하나님의 양 무리를 치되 억지로 하지 말고 하나님의 뜻을 따라 자원함으로 하며 더러운 이득을 위하여 하지 말고 기꺼이 하며 맡은 자들에게 주장하는 자세를 하지 말고 양 무리의 본이 되라. 그리하면 목자장이 나타나실 때에 시들지 아니하는 영광의 관을 얻으리라(벧전 5:1-4).

요한복음 21장의 주요 이미지들은(물고기와 양) 둘 다 우리에게 교회의 사역에 대해 말한다. 우리는 그리스도가 지시하시는 자들을 불러 모아야 하고, 그의 양떼에 속한 자들을 먹여야 한다. 이것은 그리스도에 대한 우리의 헌신에 의해 영감을 받아야 하는 노동, 하나님의 지시를 받는 노동이다.

그러나 예수 역시 이 노력에 동참하신다는 사실에 주목하라. 그리스도가 우리를 위해 하셔야 하는 일을 설명하기 위해 우리가 이 기적적인 고기잡이 이야기를 사용한다면 그것은 이것을 오용하는 것이다. 우리는 자주 이 이야기를 예수가 베드로에게 주신 권고, 즉 "한 번 더 시도해 보라"(one more try)는 권고로 본다. 좀더 노력을 한다면, 좀더 부지런히 일한다면, 그리고 피로를 극복하고 좀더 끈기 있게 노력한다면, 예수는 우리를 축복하실 수 있다고 한다. 우리가 그렇게 한다면 예수가 우리의 열매 있는 사역, 교회를 섬기는 일에 동참하실 것이라고 한다. 그러나 이것은 그 이야기의 의미가 아니다. 투망을 바다에 던지는 것, 그것도 특별히 해가 뜬 후에, 둘러싸는 그물도 없는 상태에서 던지는 것은 절망스러운 행위이다. 전문적인 어부라면 그 누구도 자신이 물고기를 많이 잡을 수 있을 것이라고 생각하지 않을 것이다.

예수는 새로운 기술이나 새로운 에너지가 아니라 믿음을 요구하고 계시다. 예수는 터무니없거나 기상천외하게 보이는 일을 하도록 베드로에게 도전하셨다. 그러나 그 일을 함을 통해 베드로는 자신의 수고의 열매는 하나님으로부터의 선물임을 확실히 깨닫게 되었다. 힘이 아무리 좋고 전문지식이 아무리 뛰어나다 해도 이렇게 많은 고기를 잡을 수는 없다. 예수는 우리의 일에 참여하기를 원하신다. 그리고 그의 지시를 따를 때 우리의 일의 짐은 우리의 어깨를 떠나게 될 것이다.

하지만 예수는 어떻게 교회의 일에 계속해서 참여하시는가? 예수는 그의 목자들의 일을 어떻게 도우시는가? 그 대답은 성령에 대한 지속적인 강조에서 찾을 수 있다. 그것은 요한복음뿐만 아니라 베드로와 요한의 다섯 개의 짧은 서신들 속에서도 발견할 수 있다. 베드로와 요한은 모두 성령이 단지 모호한 영적 영향력이 아니라 추종자들 속에서 살고 계시는 예수 자신의 영이라는 것을 이해하고 있다(벧전 1:11; 요일 3:24; cf. 요 14:23). 그러므로 교회의 사역은 우리의 사명감을 연료로 삼는 종교적 에너지가 아니다. 그것은 하나님의 능력주심과 결합된, 사역으로의 부르심이다. 그것은 그리스도 자신이 (성령을 통해) 우리의 노력 속에서 또 그 노력을 통해 일하고 계시다는 것을 알면서 사역하는 것이다.

그러므로 사역이란 치료받은 사람들의 봉사이다. 그들은 자신들의 개인적 역사(histories)를 (그리고 약점을) 잘 이해하고 있으며, 자신들의 상처를 하나님 앞에서 적나라하게 드러내고, 하나님의 영에 의해 변화를 받았을 뿐만 아니라 용서도 경험한 사람들이다. 그들은 (그리스도가 "그물을 던져"[net] 건져내라고 하시는 자들을 찾고 있는) 어부들이며 (양떼 속에 들어온 자들을 먹이는) 목자들이다. 그러나 무엇보다도 그들은 '그들이 예수 그리스도를 사랑하기 때문에' 교회를 사랑하는 사람들이다. 예수는 선한 목자이셨기 때문에 그들은 사람들을 섬기고 바로 인도하는 선한 목자가 되기 위하여 열심히 노력한다. 그리고 그들은 어떤 경우에 있어서는 (베드로가 그랬던 것처럼) 그들의 소명 속에 희생이 포함되어 있을 수도 있다는 것을 안다.

(심지어 죽음에 이르는) 희생에 대한 이와 같은 깨달음이 베드로의 인생 전체를 통해 그에게 남아 있었다. 베드로후서 1:12-15에서 사도는 자신의 삶과 죽음의 현실에 대해 썼다. 그의 사역은 항상 치열한 것이었다. 그 이유에 대해 베드로는 이렇게 말한다. "이는 '우리 주 예수 그리스도께서 내게 분명하게 지시하신 것같이' 나도 나의 장막을 벗어날 것이 임박한 줄을 앎이라"(벧후 1:14, NRSV).

그런 선한 목자들은 자신의 사역을 통해 자아(ego)와 개인적인 영광을 추구하지 않으며, 겉으로는 소위 교회들과 기구들(목회사역들, 교단들, 대학들, 혹은 선교단체들)의 "탁월성"(excellence)을 추구한다고 하면서 실재로는 자신들의 야망을 추구하는 일을 하지 않는다. 그들은 경쟁심리 때문에 다른 목자들에게 상처를 주지 않는다. 반면 잘못된 자들은 늘 어깨 너머로 다른 사람들을 보며 그들이 영광을 누리게 되지는 않을지 살핀다. 선한 목자들은 단지 "나를 따르라"(follow me)는 예수의 말씀을 듣고 순종한다. 그들은 다른 사람의 제자도보다는 자기 자신의 제자

도에 대해 더 많이 생각한다.

그 결과는 겸손하게 예수를 증거함으로써 하나님께 영광을 돌리는 풍성한 삶이다(요 21:24). 베드로는 예수가 해변에서 주신 이 교훈을 잘 이해했다. 그의 두 서신에 적힌 베드로의 목회적 교훈들은 반복해서 기독교 지도자의 처신을 지적하고 있다. "그러므로 모든 악독과 모든 기만과 외식과 시기와 모든 비방하는 말을 버리고"(벧전 2:1). "너희가 진리를 순종함으로 너희 영혼을 깨끗하게 하여 거짓이 없이 형제를 사랑하기에 이르렀으니 마음으로 뜨겁게 서로 사랑하라"(벧전 1:22). 베드로는 그의 마음속에서 시기함과 비교가 사라진 목회자였다. 그것은 그가 돌보는 양들에 대한 그의 위대한 사랑을 촉진시켰다.

이런 프로파일(profile)은 의심할 바 없이 또한 요한의 삶에도 적용될 수 있다. 요한은 자신의 복음서를 썼고 그의 증거를 우리에게 제공해 주었다. 그의 세 편의 서신들은 그가 교회를 사랑하고 자신의 온 힘을 다해 교회를 방어한 사람이라는 사실을 보여준다.

요한의 제자들은 그가 "사랑하시는 제자"(Beloved Disciple)였다는 것을 알았다. 왜냐하면 예수가 그에게 특별한 애정을 가지고 계셨기 때문이다. 그러나 이 명칭은 또한 다른 의미를 가지고 있다(우리는 그의 복음서에서 셀 수 없이 많은 이중적 의미들을 보지 않았는가?). 이 놀라운 명칭은 또한 그들 자신의 목자에 대한 한 교회의 사랑을 표현해 주고 있다. 요한은 자신이 인도했던 자들로부터도 '그와 같은' (likewise) 사랑을 받았다. 그리고 그의 헌신된 제자들에 의해 끝맺음되고 있는 이 사랑받는 복음서는 교회를 위한 요한의 증거와 사역의 기념물로서 우뚝 서 있다.